# 就業服務乙級技術士
# 技能檢定完全指導手冊（第十三版）

張秋蘭　編著

 全華圖書股份有限公司

# 作者簡介

張秋蘭

1. **學歷**：日本國立京都大學經濟學博士
   私立中國文化大學勞工研究所碩士
   私立中國文化大學勞工關係學系學士

2. **現職**：私立大葉大學國際企業管理學系副教授
   私立大葉大學學務處職涯發展中心主任

3. **經歷**：私立大葉大學人事室主任
   私立大葉大學人事室第一組組長
   私立中國文化大學勞工關係學系兼任助理教授
   私立大葉大學人力資源暨公共關係學系助理教授、副教授

4. **專長**：人力資源管理、組織行為、勞務與人力派遣管理、員工福利管理、
   全球化勞動力、人力資源管理法規與實務、產業關係

5. **證書**：私立就業服務機構專業人員證書（私業專字第 01091 號）
   全球職涯發展師（GCDF）
   職能導向課程品質認證「訓練規劃與評量課程」證書（BHRT110054）

# 十三版序

自 2007 年 4 月起,技術士技能檢定乙級納入就業服務職業類別以來,就業服務隨即成為國內第一張國家級人力資源管理相關證照。另一方面,就業服務的蓬勃發展與服務內容多元化,促使越來越多專業工作者投入此一專業領域。然而,就業服務所運用的知識包含範圍廣泛,對想加入此一專業工作的新進人員,產生令人不知如何入門的困惑。再從歷屆報考乙級就業服務技術士人數與及格人數觀之,歷屆及格率平均在 10％以下,相較於近年大學指定考試錄取率,前者有過低之現象,可想見就業服務的專業性並非一時能養成之。

在個人參與多次就業服務乙級技術士檢定輔導班專業課程講師的經驗中,個人認為對新入門的從業人員,教科書的提供應能發揮有效的入門功能。基於此,個人將過去撰寫過的各專業科目講義精簡編制匯集成教科書,希望提供給讀者對就業服務一個完整且具系統性的介紹,使讀者更能貼近就業服務理論與實務。第一版於 101 年 5 月出版後,受到讀者的肯定,再接再厲修訂,目前已邁入第十三版,希望對讀者提供最新的資訊。

本書得以完成首先要感謝夫婿蔡明廷先生,由於他的貼心,讓我平日能充分享受在研究、教學與服務的工作中,享受工作與生活間步調和諧。另外,也要感謝過去邀約我授課的協會與顧問管理公司,使我的出書作業因授課關係而加速撰寫。同時,筆者也要感謝全華圖書商管部編輯的細心校稿與潤飾,讓本書得以問世。最後,因筆者才疏學淺,本書若有疏漏或偏誤之處,敬請各位先進與讀者不吝指正與賜教。

張秋蘭 謹識

2024 年 4 月

# 就業服務專業人員證照考試制度

　　根據就業服務法第 36 條規定，私立就業服務機構應設置符合規定資格及數額之就業服務專業人員。又依私立就業服務機構許可及管理辦法第 6 條規定須設置符合法令規定的就業服務專業人員數額。私立就業服務機構或其分支機構從業人員人數在 5 人以下者，應置就業服務專業人員至少 1 人。從業人員人數在 6 人以上 10 人以下者，應置就業服務專業人員至少 2 人。從業人員人數逾 10 人者，應置就業服務專業人員至少 3 人，並自第 11 人起，每逾 10 人應另增置就業服務專業人員 1 人。

　　根據勞動力發展署技能檢定統計，截至 2023 年 12 月為止檢定通過就業服務乙級技術士證照考試人數達 11,369 人（圖 0-1）。就業服務乙級技術士之檢定架構分學科與術科二者。自 106 年起加考技術士技能檢定共同規範考科，工作倫理與職業道德以及職業安全兩科，並加入學科考試選擇題內，合計 80 題命題。另外，自 107 年第一梯次起，學科 80 題中改為 60 題為單選題 20 題為複選題，除此，勞動部勞動力發展署技能檢定中心技能檢定規範網頁提供合計 400 題題庫，供報檢人下載閱讀，請報檢人自行至該網頁下載考題，以利準備技能檢定考試順利達陣。

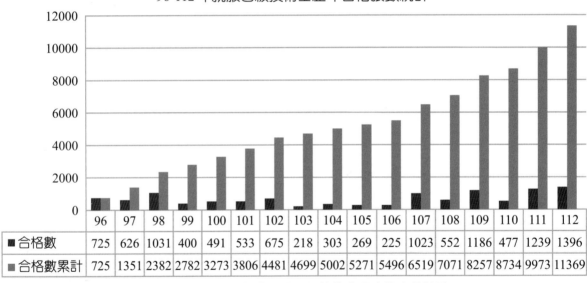

| 96-112 年就服乙級技術士歷年合格張數統計 | | | | | | | | | | | | | | | | |
|---|---|---|---|---|---|---|---|---|---|---|---|---|---|---|---|---|
| | 96 | 97 | 98 | 99 | 100 | 101 | 102 | 103 | 104 | 105 | 106 | 107 | 108 | 109 | 110 | 111 | 112 |
| ■合格數 | 725 | 626 | 1031 | 400 | 491 | 533 | 675 | 218 | 303 | 269 | 225 | 1023 | 552 | 1186 | 477 | 1239 | 1396 |
| ■合格數累計 | 725 | 1351 | 2382 | 2782 | 3273 | 3806 | 4481 | 4699 | 5002 | 5271 | 5496 | 6519 | 7071 | 8257 | 8734 | 9973 | 11369 |

圖 0-1　96-112 年就業服務乙級技術士證合格人數統計

# 使用指南

**重要觀點**

重要觀點專欄解說。

 **重要觀點**

◎ 自然失業率：自然失業率是一個長期均衡的狀態，當工資及物價處於均衡時，通貨膨脹率亦處於固定，又稱充分就業下的失業率或長期均衡失業率。因此自然失業率為一個在沒有通貨膨脹壓力之下，最大限度的失業率，亦即摩擦性失業率及結構性失業率加總之和。

應考準備時間有限，建議直接閱讀附註 ✪ 者。
✪ 數目愈多表示命題機率越高。

（三）循環性失業（cyclical unemployment）　　　　　　✪✪✪✪✪

　　1. 定義

　　「**循環性失業**」係指當總體經濟景氣陷入衰退或蕭條時，導致新工作機會無力開創，甚至原有就業水準下降而產生的失業。循環性失業的特徵是勞動需求不足導致工作機會缺乏，故又稱為「總需求不足失業」或「週期性失業」。

---

 **立即演練 3**

（　）1. 下列何者是職業分析流程的最先階段？　①進行機構調查　②選定所要分析的職業　③擬定機構調查計畫　④產生職業資料

（　）2. 下列何者是職業分析流程的最後階段？　①進行機構調查　②整理職業資料　③進行職業分析　④擬定調查計畫

（　）3. 我國的職業分析手冊，不包括下列何項？　①職業分析的內容　②工作說明書　③職業分析的用途　④行業分析

（　）4. 以下何者不是職業分析中從業人員條件？　①最低學歷　②工作職責　③工作經驗　④職業性格

**立即演練**

「立即演練」網羅歷屆考題，提供充分練習。

---

七、勞動統計調查　　　　　　　　【＊983 術科第九題：981 術科第九題】✪✪

　　為掌握就業市場的變動，下列九種與就業有關的勞動統計調查極具參考價值，分別介紹各類統計調查之主辦單位、調查項目及其內容如下：

（一）人力資源調查（辦理單位：主計處）

　　1. 明瞭民間人力供應情形：蒐集民間 15 歲以上人口之數量、品質、地區分布等情形，以便規劃供應經濟及社會發展所需之人力。

　　2. 明瞭勞動力就業狀況，可瞭解國內失業者尋職管道：探討勞動力、就業及失業之人數，以及行業、職業、從業身分、教育、經濟、能力、志趣等情形，以供人力規劃、職業訓練及就業輔導決策之參據，屬家計部門調查。　【＊992-53：991-77：983-50：981-52：972-13】

【＊983 術科第九題】代表 98 年度第 3 梯次術科問答題第九題解析。

書中呈現【＊992-53】代表 99 年度第 2 梯次學科選擇題第 53 題。

(101 年 8 月增加一梯次學科、書中以【＊1018 月】表示)

# 目次

# 目次

# 常考法規迅速查詢

# 第 1 篇

# 就業市場基礎概論

 **重點摘要**

# Chapter 1 就業市場供需理論

| | | 961 | 963 | 971 | 972 | 981 | 983 | 991 | 992 | 1001 | 1002 | 1011 | 1012 |
|---|---|---|---|---|---|---|---|---|---|---|---|---|---|
| 第1章 | 學科 題數 | 8 | 5 | 6 | 9 | 12 | 16 | 11 | 17 | 10 | 8 | 7 | 7 |
| | %(80題中出現題數) | 10% | 6% | 8% | 11% | 15% | 20% | 14% | 21% | 13% | 10% | 9% | 9% |
| | 術科 題數 | 無 | 第九題 | 第七題 | 無 | 第八題 | 第九題 | 第十題 | 第一題 | 第五題 | 第五題 | 第八題 | 無 |
| | %(10題中出現題數) | 0 | 10% | 10% | 0 | 10% | 10% | 10% | 10% | 10% | 10% | 10% | 0% |

| | | 1018月 | 1013 | 1021 | 1022 | 1023 | 1031 | 1032 | 1033 | 1041 | 1042 | 1043 |
|---|---|---|---|---|---|---|---|---|---|---|---|---|
| 第1章 | 學科 題數 | 6 | 9 | 8 | 5 | 7 | 6 | 4 | 7 | 6 | 9 | 10 |
| | %(80題中出現題數) | 8% | 11% | 10% | 6% | 9% | 8% | 5% | 9% | 8% | 11% | 13% |
| | 術科 題數 | 本年度增加一梯次學科考試 | 無 | 第八題 | 第六題 | 第六題 | 無 | 第六題 | 第八題 | 第七題 | 無 | 第八題 |
| | %(10題中出現題數) | | 0% | 10% | 10% | 10% | 0% | 10% | 10% | 10% | 0% | 10% |

| | | 1051 | 1052 | 1053 | 1061 | 1062 | 1063 | 1071 | 1072 | 1073 | 1081 | 1082 | 1083 |
|---|---|---|---|---|---|---|---|---|---|---|---|---|---|
| 第1章 | 學科 題數 | 9 | 3 | 6 | 3 | 3 | 2 | 3 | 3 | 1 | 2 | 3 | 1 |
| | %(80題中出現題數) | 11% | 4% | 8% | 4% | 4% | 3% | 4% | 4% | 1% | 3% | 4% | 1% |
| | 術科 題數 | 無 | 無 | 第七題 | 無 | 第七題 | 無 | 第十題 | 無 | 第八題第九題 | 第六題 | 第六題第七題 | 無 |
| | %(10題中出現題數) | 0% | 0% | 10% | 0% | 10% | 0% | 10% | 0% | 20% | 10% | 20% | 0% |

| | | 1091 | 1092 | 1093 | 1101 | 1102 | 1103 | 1111 | 1112 | 1113 | 1121 | 1122 | 1123 |
|---|---|---|---|---|---|---|---|---|---|---|---|---|---|
| 第1章 | 學科 題數 | 3 | 4 | 2 | 0 | 4 | 1 | 1 | 3 | 1 | 0 | 1 | 1 |
| | %(80題中出現題數) | 4% | 5% | 3% | 0% | 5% | 1% | 1% | 4% | 1% | 0% | 1% | 1% |
| | 術科 題數 | 無 | 第六題 | 無 | 第九題 | 無 | 無 | 第六題 | 第三題第十題 | 無 | 第六題 | 第六題 | 無 |
| | %(10題中出現題數) | 0% | 10% | 10% | 10% | 0% | 0% | 10% | 20% | 0% | 10% | 10% | 0% |

## 1-1　就業市場分析基本概念

### 一、勞動力

⬤⬤⬤⬤⬤

　　根據國際勞工組織（ILO）對勞動力所下的定義，通常係以國民完成義務教育的年齡為最低年齡，在此年齡以上者稱為工作年齡人口。因此，所謂**勞動力**係指在資料標準週內（每個月含 15 日之一週），至少年滿 15 歲、具有工作能力及工作意願、在工作或正在找工作的人口，包括就業者及失業者（圖 1-1）等民間人口。

【*1112-43；1042-72；1033-66；1033-57；1013-14；1018 月 -60；1012-43；992-47；981-18；1101 術科第九題；971 術科第七題】

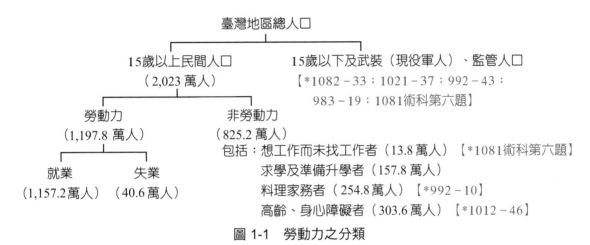

圖 1-1　勞動力之分類

資料來源：行政院主計總處，人力資源調查統計，資料時間 113 年 2 月。

### 立即演練 1

(　　)1. 下列哪一種人不屬於勞動人口？　①職業軍人　②幫丈夫看店的太太　③一般公司的工讀生　④領取失業給付的人

(　　)2. 我國勞動力計算的年齡下限年齡是多少歲？　①15 歲　②18 歲　③20 歲　④無年齡下限

(　　)3. 目前我國行政院主計處勞動力調查多久進行一次？　①每週　②每月　③每季　④每年

(　　)4. 勞動力參與率是勞動力除以民間人口數，試問下列哪一種人不屬於民間人口？　①身心障礙者　②65 歲以上老人　③職業軍人　④公務人員

[解]　1.①　　2.①　　3.②　　4.③

## 二、勞動力參與率

⊕⊕⊕⊕⊕

**勞動力參與率**指（民間）勞動力除以 15 歲以上民間人口之比率。

【*1122-4；1102-7；1091-60；1063-39；1043-10；1022-65；1011-58；1111 術科第六題；1101 術科第九題；1092 術科第六題；1062 術科第七題；1041 術科第七題；1001 術科第五題】

 **重要觀點**

◎ 103 年 10 月勞動力參與率為 58.64%。112 年 1 月勞動力參與率為 59.17%，男性勞動力參與率為 67.05%，女性勞動力參與率為 51.70%。 【*1021-20；992-05】

◎ 依據行政院主計總處的人力資源調查統計，在年齡屬性項目，都採取 5 歲的年齡組距，進行統計結果的分析。 【*1033-52；1021-18】

◎ 影響勞動力參與率降低的一些因素，如怯志性勞動者增加，大專學生延期畢業。

【*1083-59；1012-18；983-77；972-17】

◎ 影響勞動力參與率上升的一些因素，如實施立即上工計畫。 【*983-46】

◎ 潛在勞動力係指不含高齡、身心障礙者之非勞動力。 【*1011 術科第 8 題】

 **立即演練 2**

(  ) 1. 當經濟不景氣持續一段時間後，失業率上升幅度往往會縮小，而勞動力參與率會下降。試問這是下列哪一種效果所致？ ①怯志工作者效果 ②附加工作者效果 ③福利依賴效果 ④供給曲線後彎效果

(  ) 2. 請問下列哪一種情形會造成失業率與勞動參與率都下降？ ①許多家庭主婦因先生失業而外出找工作 ②學生畢業之後投入職場找工作 ③許多人因長期失業而放棄找工作 ④許多公務員提前退休

(  ) 3. 有關於勞動力參與率（labor force participation rate）的內容敘述，下列何者是正確？ ①勞動力參與率為測度社會問題的重要指標之一 ②就臺灣地區情勢而言，其顯著性低於失業率 ③為了解人力資源的運用情形，無法根據勞動力的各項表徵，計算各種不同特性的勞動力參與率 ④當經濟停滯或衰退時，勞動力增加不及工作年齡人口的增加，勞動力參與率即呈下降

(  ) 4. 假設 15 歲以上民間人口有 19,500 千人，勞動力參與率為 60%，則勞動力人數約為多少千人（四捨五入）？ ①11,500 千人 ②11,600 千人 ③11,700 千人 ④11,800 千人

解 1. ① 2. ③ 3. ④ 4. ③

## 三、就業

　　我國**就業者**之定義係指在調查資料標準週（每個月含 15 日之一週）內，年滿 15 歲且符合下列情形之一者：　　　　　　　　　　　　　　　　　　　　　　　　　【*1012-46：1001-60：1122 術科第六題】

　　1. 從事有酬工作（不論時數多寡）【*1062-58：981-28】，或每週工作 15 小時以上之無酬家屬工作。

　　　　　　　　　　　　　　　　　　　　　　　【*1082-12：1043-23：1011-78：981-04：981-66】

　　2. 有工作而未做之有酬工作者。

　　3. 已受雇用領有報酬但因故未開始工作者，視為就業者。

### （一）就業率

　　就業者佔勞動力之比率。而依經濟合作暨發展組織（OECD）定義的就業率，乃指就業者佔 15 ～ 64 歲工作年齡人口之百分比率。　　　　　　　　　　　　　　【*1043-21：1011-30】

### （二）「全日工作」與「部分時間工作」之就業型態區分方法

　　根據主計處之判別標準，就業型態可區分為「全日工作」與「部分時間工作」，分別說明如下：

**1. 場所單位有規定正常上班時數**

　　(1)凡受訪者每週應工作之時數，達到場所單位規定之正常上班時數時，即屬「全日工作者」；反之則屬「部分時間工作者」。

　　(2)此項認定係以每週應工作時數來判定，並非以資料標準週一週之情形來判定；亦即不受資料標準週加班、請假或季節性因素等特殊狀況之影響。

**2. 場所單位未規定正常工時**

　　(1)季節性工作者：例如農夫，其工作時數受天候之季節性因素影響極大，致每週工作時數不定。因此，凡以農事工作為主業，而經常性從事農事工作者，一律歸入「全日工作者」；至於幫忙農事工作之無酬家屬工作者，若其工作時數與主要農事工作者一致，亦比照主要農事工作者，歸入「全日工作者」；若其工作時數明顯較少，則應歸入「部分時間工作者」。

　　(2)無固定雇主與廠外按件計酬之受僱者：例如營建工或家庭代工，雖其為不同雇主工作，但若均從事於同一工作性質之工作時，其工作時數應予以合併計算。原則上凡非屬季節性（即旺季或淡季）之期間，大致平均每週工作時數超過 35 小時者，即歸為「全日工作者」；反之，則屬「部分時間工作者」。

　　(3)自雇身分者：例如自營麵攤業主、計程車司機等，其工作時數可任由其自行安排而不受約束，原則上凡非屬季節性之期間，其大致平均每週工作時數超過 35 小時者【*1051-70】，一律歸入「全日工作者」；未達 35 小時者，則由受訪者以其當初選擇該項工作之情形主觀的來認定。

### （三）就業者之從業身分區分　　　　　　【*992-29：1032 術科第六題：981 術科第八題】

　　就業者之從業身分如圖 1-2 所示，分別介紹如下：

　　1. 雇主：指自己經營或合夥經營事業而僱有他人幫助工作之就業者。

　　　　　　　　　　　　　　　　　　　【*1111-2：1092-29：1081-14：1072-34：1071-26：983-63】

　　2. 自營作業者：指自己經營或合夥經營事業而未僱有他人之就業者。

　　3. 受僱者：指為薪資或其他經濟報酬而受僱者，並分為受私人僱用者及受政府僱用者二類。

　　4. 無酬家屬工作者：指幫同戶長或其他家屬從事營利工作而不支領薪資之就業者，如幫父親看店。

　　　　　　　　　　　　　　　　　　　　　　　　　　　　　　【*1023-9：981-66】

圖 1-2　就業者之從業身份

## （四）就業者之工作時間與工作型態統計　　　　　　　　【*1032 術科第六題；981 術科第八題】

　　從表 1-1 人力運用調查可查知當前臺灣非典型工作以臨時性或人力派遣工作者的型態最多
【*1103-15；1092-38；1051-61】。

表 1-1　就業者之工作時間與工作型態統計　　　　　　單位：千人

| 項目別 (100/102) | | 總計 | 工作時間 | | 工作型態 | |
| --- | --- | --- | --- | --- | --- | --- |
| | | | 全日工作者 | 部分時間工作者 | 臨時性或人力派遣工作 | 非臨時性或人力派遣工作 |
| 總計 | 100/5 | 10,670 | 10,292 | 378 | 531 | 10,139 |
| | 102/5 | 10,939 | 10,539 | 400 | 759 | 10,349 |
| | 105/5 | 11,247 | 10,836 | 411 | 621 | 10,626 |
| | 107/5 | 11,411 | 10,988 | 423 | 637 | 10,773 |
| | 109/5 | 11,462 | 11,041 | 421 | 634 | 10,828 |
| 雇主 | 100/5 | 481 | 480 | 1 | 0 | 480 |
| | 102/5 | 468 | 466 | 2 | 0 | 468 |
| | 105/5 | 446 | 422 | 4 | 0 | 446 |
| | 107/5 | 446 | 441 | 5 | 1 | 446 |
| | 109/5 | 445 | 444 | 1 | 2 | 443 |
| 自營作業者 | 100/5 | 1,323 | 1,290 | 33 | 8 | 1,315 |
| | 102/5 | 1,320 | 1,293 | 27 | 6 | 1,314 |
| | 105/5 | 1,320 | 1,291 | 29 | 9 | 1,311 |
| | 107/5 | 1,326 | 1,299 | 27 | 10 | 1,316 |
| | 109/5 | 1,317 | 1,284 | 33 | 12 | 1,304 |
| 無酬家屬工作者 | 100/5 | 576 | 565 | 11 | 3 | 573 |
| | 102/5 | 569 | 551 | 18 | 1 | 568 |
| | 105/5 | 575 | 557 | 14 | 4 | 570 |
| | 107/5 | 577 | 559 | 18 | 9 | 568 |
| | 109/5 | 557 | 542 | 15 | 4 | 552 |
| 受僱者 | 100/5 | 8,290 | 7,957 | 333 | 519 | 7,770 |
| | 102/5 | 8,582 | 8,228 | 354 | 583 | 7,999 |
| | 105/5 | 8,906 | 8,542 | 364 | 607 | 8,299 |
| | 107/5 | 9,062 | 8,690 | 372 | 618 | 8,444 |
| | 109/5 | 9,144 | 8,771 | 373 | 616 | 8,528 |
| 私人僱用者 | 100/5 | 7,254 | 6,941 | 313 | 469 | 6,785 |
| | 102/5 | 7,562 | 7,221 | 341 | 530 | 7,032 |
| | 105/5 | 7,880 | 7,533 | 347 | 556 | 7,324 |
| | 107/5 | 8,043 | 7,694 | 349 | 564 | 7,479 |
| | 109/5 | 8,123 | 7,773 | 350 | 564 | 7,559 |

| 項目別 (100/102) | | 總計 | 工作時間 | | 工作型態 | |
|---|---|---|---|---|---|---|
| | | | 全日工作者 | 部分時間工作者 | 臨時性或人力派遣工作 | 非臨時性或人力派遣工作 |
| 受政府僱用者 | 100/5 | 1,036 | 1,016 | 19 | 51 | 985 |
| | 102/5 | 1,020 | 1,007 | 13 | 52 | 968 |
| | 105/5 | 1,026 | 1,009 | 17 | 51 | 976 |
| | 107/5 | 1,019 | 996 | 23 | 54 | 965 |
| | 109/5 | 1,020 | 998 | 22 | 52 | 968 |

註：中華民國 100 年、102 年、105 年、107 年與 109 年各年 5 月人力運用統計調查狀況。

資料來源：中華民國統計資訊網，人力運用調查統計結果分析。

表 1-2　就業者主要工作為部分時間、臨時性或人力派遣工作之主要原因－按主要工作從業身分統計

【*1121 術科第六題】

（資料時間：107 年 5 月）
單位：千人

| 項目別 | 總計 | 兼差 | 兼顧家務 | 求學及受訓 | 找不到全時、正式工作 | 職類特性 | 健康不良或傷病 | 準備就業與證照考試 | 偏好此類工作型態 | 其他 |
|---|---|---|---|---|---|---|---|---|---|---|
| 總計 | 814 | 10 | 110 | 137 | 194 | 234 | 14 | 7 | 107 | 1 |
| 雇主、自營作業者與無酬家屬工作者 | 58 | 0 | 17 | 5 | 6 | 13 | 1 | 1 | 14 | 1 |
| 受僱者 | 756 | 10 | 92 | 132 | 188 | 221 | 13 | 6 | 93 | - |

資料來源：中華民國統計資訊網，人力運用調查統計結果分析。107 年 5 月。

## 立即演練 3

( )1. 請問下列哪一項不屬於就業？　①老闆的女兒每天晚上去麵攤幫老闆洗 2 小時的碗筷　②去擔任非營利機構的正職員工　③擺了一整天的地攤卻沒人買　④大學生每禮拜去當 2 小時的家教

( )2. 下列哪一項屬於行政院主計處對從業身分的分類名稱？　①無酬家屬工作者　②派遣勞工　③受第三部門僱用者　④正職員工

( )3. 根據行政院主計處的定義，下列哪一項是屬於雇主的定義？　①自己經營而未僱用他人工作者　②合夥經營而未僱用他人工作者　③自己經營而僱用他人工作者　④為薪資而受僱者

( )4. 如果從事有酬工作，則至少每週工作幾小時才能符合就業條件？　①1 小時　②5 小時　③10 小時　④15 小時

( )5. 下列何者屬於無酬家屬工作？　①照顧失能的父親　②修理自家的電視　③幫助父親看店　④打掃自家廚房

( )6. 下列何者不屬於低度就業現象？　①工資不足　②工時不足　③職業與教育不相稱　④工作地點偏遠

( )7. 下列哪一項不是政府實施立即上工計畫所可能產生的影響？　①就業人數增加　②勞動力參與率下降　③薪資上升　④失業率下降

解　1.①　　2.①　　3.③　　4.①　　5.③　　6.④　　7.②

## 四、失業 ✦✦✦✦

我國目前**失業人口**之定義，係參採國際勞工組織（ILO）之規定，與先進國家所公布之失業率定義相同。即凡在資料標準週內，年滿十五歲，同時具有下列三項條件者，謂之失業人口。

1. 無工作。　　　　　　　　　　　　　　　【*1093-68；1043-8；1021-70；1011-74；1062 術科第七題】

2. 隨時可以工作。

3. 正在尋找工作（尋找工作的方法包括委託親友師長介紹、向私立就業服務機構求職、應徵廣告、招貼、向公立就業服務機構求職、參加政府考試分發等）或等待工作結果。

 **重要觀點**

◎ 依失業定義的原則，下列情況認定為失業：(1) 已登記參加促進就業方案，但尚未找到工作；(2) 有尋職行動之退休人員；(3) 正領取失業給付者。　　　　　　【*983-44】

◎ 外界常認為「想工作而未找工作者」係「隱藏性失業者」，應將其納入失業統計中，惟我國仍依據國際勞工組織（ILO）及世界各國勞動力調查慣例，將「想工作而未找工作者」納入非勞動力，而不列為官方正式公布之失業人數中。

◎ 人力資源調查所指之「失業週數」為何？　　　　　　　　　　　　　　【*992-59】

**失業週數**係按「失業者截至調查資料標準週最後一日為止之找尋工作時間」而得，如果有個人長期沒有工作，但是期間找工作的行動並不持續，則僅能計算最近一次找工作所持續的總共時間。　　　　　　　　　　　　　　　　　　　　　　　【*1023 術科第六題】

97 年 11 月失業者平均失業週數為 26.7 週，初次尋職者為 28.1 週。113 年 2 月失業者平均失業週數為 21.0 週，初次尋職者失業週數為 22.9 週。

◎ **次要工作者效果**（added worker effect）或者**附加工作者效果**（additional worker effect）是指經濟不景氣時，因家庭中主要工作者被解僱或減薪時，家中的次要工作者就會進入勞動市場，以填補家中所得減少的部分，故當經濟不景氣時，次要工作者效果會使勞動參與率提高。附加工作者效應多指已婚婦女的丈夫失業，勞動市場會增加已婚婦女的勞動力供給。附加工作者理論假設，已婚婦女都是次要勞動市場的勞動者，相較於其配偶較少會永久地進入勞動市場上比他們的合作夥伴的假設。然而根據統計，卻也發現已婚婦女並不一定是次級市場的工作者，因此，附加工作者效果並不是一個普遍的現象。

◎ **受失業波及人口**是依據按月人力資源調查之失業者家庭戶內人口特性及其就業、失業狀況推估而得，考慮情形如下：　　　　　　　　　　　　　　　　　【*1041 術科第七題】

1. 若失業者為單身戶，或是戶內有其他就業者之非單身戶中，屬 15 至 24 歲之青少年或 60 歲以上之中老年失業人口，因其影響僅及於個人，受失業波及人數僅以該個人推計。

2. 若失業者屬非單身戶且戶內並無其他就業者，或是戶內有其他就業者但該失業者之年齡介於 25 至 59 歲者（可能為家計主要負責人），則受失業波及人數，以全戶人口扣除就業者推計。

將上述 1、2 項受失業者波及人數加總，即得出整體受失業波及人口數。

◎「身心障礙者勞動狀況調查」，以臺灣地區 15 歲以上身心障礙者為調查母體，103 年 6 月及 108 年 5 月。調查統計結果，(1)103 年 6 月身心障礙者勞動力參與率為 19.7%（108 年 5 月為 20.7%）、失業率為 11.0%（108 年 5 月為 8.1%）；(2) 身心障礙就業者從事之行業以「製造業」占 20.3%（108 年 5 月為 26.7%）最多，職業別則以「基層技術工及勞力工」占 31.3%（108 年 5 月為 24.5%）最多；(3) 身心障礙者失業者未找到工作之主要原因為「工作內容不合適」占 29.3%（108 年 5 月為 21.6%）。　　　　　　　　　　　　　　　　　　　　　【*1043-76】

◎ 就業保險法之**非自願離職**定義　　　　　　　　　　　　【*1002 術科第四題；972 術科第三題】

失業者是否可以申請失業給付，主要根據就業保險法中所規定之非自願性離職，亦即下列二項條件之一者，始可申請相關給付。

1. 被保險人因投保單位關廠、遷廠、休業、解散、破產宣告離職（雇主的原因被解僱）；或因勞動基準法第 11 條（雇主的原因被解僱）、第 13 條但書（雇主的原因被解僱）、第 14 條（雇主的原因，離職）及第 20 條（雇主的原因被解僱）規定各款情事之一離職。

　　【*1051 術科第四題；1021 術科第五題；1013 術科第五題；1002 術科第四題；972 術科第三題；963 術科第二題】

2. 被保險人因定期契約屆滿離職，逾一個月未能就業，且離職前一年內，契約期間合計滿六個月以上者，視為非自願離職，並準用前項之規定。

　　　　　　　　　　　　　　【*1011-44；1051 術科第四題；972 術科第三題；971 術科第六題】

◎ 勞動基準法第 11 條

　　　　　　【*1103 術科第五題；1023 術科第四題；983 術科第五題；972 術科第二題；961 術科第一題】

非有下列情事之一者，雇主不得預告勞工終止勞動契約：

一、歇業或轉讓時。

二、虧損或業務緊縮時。

三、不可抗力暫停工作在一個月以上時。

四、業務性質變更，有減少勞工之必要，又無適當工作可供安置時。

五、勞工對於所擔任之工作確不能勝任時。

◎ 勞動基準法第 13 條　　　　　　　　　　　　　　　　　　【*1023 術科第四題】

勞工在第 50 條規定之停止工作期間或第 59 條規定之醫療期間，雇主不得終止契約。但雇主因天災、事變或其他不可抗力致事業不能繼續，經報主管機關核定者，不在此限。

◎ 勞動基準法第 14 條（勞工得不經預告終止契約之情形）

有下列情形之一者，勞工得不經預告終止契約：　　　　　　　【*1023 術科第八題】

一、雇主於訂立勞動契約時為虛偽之意思表示，使勞工誤信而有受損害之虞者。

二、雇主、雇主家屬、雇主代理人對於勞工，實施暴行或有重大侮辱之行為者。

三、契約所訂之工作，對於勞工健康有危害之虞，經通知雇主改善而無效果者。

四、雇主、雇主代理人或其他勞工患有惡性傳染病，對共同工作之勞工有傳染之虞，且重大危害其健康者。<105.11.16 修訂 >

五、雇主不依勞動契約給付工作報酬，或對於按件計酬之勞工不供給充分之工作者。

六、雇主違反勞動契約或勞工法令，致有損害勞工權益之虞者。

勞工依前項第一款、第六款規定終止契約者，應自知悉其情形之日起，三十日內為之【*1123-11；1103-43；1062-51】。但雇主有前項第六款所定情形者，勞工得於知悉損害結果之日起，三十日內為之。

有第一項第二款或第四款情形，雇主已將該代理人解僱或已將患有，或患有法定傳染病者依衛生法規已接受治療時，勞工不得終止契約。<105.11.16 修訂>

第十七條規定於本條終止契約準用之。

◎ 勞動基準法第 20 條　　　　　　　　　　　　　　　　　　　　　　　【*983-40】

事業單位改組或轉讓時，除新舊雇主商定留用之勞工外，其餘勞工應依第 16 條規定期間預告終止契約，並應依第 17 條規定發給勞工資遣費。其留用勞工之工作年資，應由新雇主繼續予以承認。

 **立即演練 4**

( )1. 依政府之勞動力狀況調查所稱之「失業者」，是指在資料標準週內年滿 15 歲，所具備相關條件者之謂，下列條件何者不包括在內？ ①想工作而未找工作 ②無工作 ③隨時可以工作 ④已找到工作在等待結果

( )2. 下列何者不屬於廣義失業的條件？ ①有工作意願 ②有工作能力 ③沒有工作 ④有在找工作

( )3. 下列哪一項不算是失業？ ①已登記參加促進就業方案，但尚未找到工作 ②已經找到工作，下個月就可以開始上班 ③有尋職行動之退休人員 ④正領取失業給付者

( )4.「有沒有工作」是認定一個勞工是否失業的主要指標之一。根據行政院主計處的標準，一個勞工一週從事無酬家屬工作最少超過幾個小時就會被歸類為「有工作」？ ①25 小時 ②15 小時 ③5 小時 ④1 小時

( )5. 請問下列哪一種情形會造成失業率與勞動力參與率都下降？ ①許多家庭主婦因先生失業而外出找工作 ②學生畢業之後投入職場找工作 ③許多公務員提前退休 ④許多人因長期失業而放棄找工作

**解** 1.① 　 2.④ 　 3.② 　 4.② 　 5.④

## 五、失業率之定義與計算

**失業率**係指失業者在勞動力中所占之比率【*1102-7；1082-41；1042-58；1021-34；1021-49；983-68】。一般又分為狹義與廣義失業率二種計算方法。

【*1111 術科第六題；1101 術科第九題；1041 術科第七題；1023 術科第六題】

## （一）狹義失業率之計算方法

狹義失業率，為主計處發布失業率所採的公式，計算勞動力中失業者所佔的百分比，即下式：

$$狹義失業率(\%) = \frac{失業者}{勞動力} \times 100\% = \frac{失業者}{(失業者+就業者)} \times 100\%$$

## （二）廣義失業率的定義

【*1042-69；1033-27；972-10】

廣義的失業率是將失業者人數也納入「想工作而未找工作且隨時可以開始工作者」的人口數，計算勞動力中廣義的失業者所佔的百分比，即下式：

$$廣義失業率(\%) = \frac{失業者+想工作而未找工作且隨時可以開始工作者}{失業者+想工作而未找工作且隨時可以開始工作者+就業者} \times 100\%$$

## ☆ 動動腦

失業率與廣義失業率有什麼不同？　　　　　　　　　　　　　　　　　【*1023 術科第六題】

解 失業率係指失業者在勞動力中所占之比率，而廣義的失業率較狹義的失業率多納入了非勞動力之中的「想工作而未找工作且隨時可以開始工作者」。

## 重要觀點

◎ 從判斷經濟景氣變化角度而言，失業率是一種預測經濟景氣的落後指標。

【*991-21；1001 術科第五題】

◎ 人力資源調查訪問表中，詢問受訪者離開上一個工作的主要原因（亦即非初次尋職）所列選項有 (1) 工作場所業務緊縮或歇業緊縮 (2) 對原有工作不滿意 (3) 健康不良 (4) 季節性或臨時性工作結束 (5) 女性結婚或生育 (6) 退休 (7) 家務太忙 (8) 其他。

【*1072-80；1032-42；1082 術科第六題】

## （三）長期失業者

### 1. 長期失業族群特性

依據行政院主計處 100 年人力運用調查統計結果顯示，長期失業者的特性主要為 25-44 歲，佔 63.75%、大專及以上佔 41.95%，具有年輕化、高學歷化的失業族群特性。　【*991-49】

### 2. 長期失業者資格認定文件

【*1092-58；1081-24；1052-11；1022-10；1021-8；992-66；991-34；992 術科第七題；983 術科第七題】

就業服務法第 24 條第 1 項第 6 款規定，符合下列規定之具有工作能力及工作意願之長期失業者，有致力促進其就業必要，並自中華民國 98 年 4 月 1 日生效。

(1)連續失業期間達一年以上。【*1051-79】

(2)辦理勞工保險退保當日前三年內，保險年資合計滿六個月以上。

(3)最近一個月內有向公立就業服務機構辦理求職登記者。

**3.** 針對長期失業者，政府協助其就業的資源包括　　　【*1071 術科第七題；983 術科第七題】

(1) 立即上工計畫。　　　　　　　　(5) 創業貸款利息補貼。

(2) 求職交通補助金。　　　　　　　(6) 就業推介媒合津貼。

(3) 臨時工作津貼。　　　　　　　　(7) 多元開發就業計畫。

(4) 職業訓練生活津貼。

 **重要觀點**

◎ 所謂工作能力及工作意願：檢具公立就業服務中心辦理求職登記紀錄，並輔以個案認定。

◎ 所謂辦理勞工保險退保當日前 3 年內，保險年資合計滿 6 個月以上：勞工保險年資可依就業服務資訊系統或勞保局電子閘門查詢勞工保險加退保期間或由求職者自行提供勞工保險加、退保明細表等相關文件（其真實性由受理單位自行認定），俾核計加保年資。

◎ 所謂連續失業期間達 1 年以上：可依就業服務資訊系統或勞保局電子閘門查詢勞工保險加退保期間或由求職者自行提供勞工保險加、退保明細表等相關文件（其真實性由受理單位自行認定），俾核計失業期間。

 **立即演練 5**

(　) 1. 行政院主計總處每月都會公布國內失業者平均失業週數，試問該平均失業週數是指下列哪一項？　①國內失業者從失業到就業平均所需時間　②國內失業者平均已經失業的期間　③國內失業者從失業到退出職場平均所需時間　④國內失業者平均預期未來還會失業多久的期間

(　) 2. 根據行政院主計總處的資料，2009 年下列哪一個年齡層失業率最高？　① 15 ～ 24 歲　② 25 ～ 44 歲　③ 45 ～ 64 歲　④ 65 歲以上

(　) 3. 從判定經濟景氣變化的角度來看，失業率屬於下列哪一種指標？　①領先指標　②同時指標　③落後指標　④平均指標

(　) 4. 下列何者是勞動力過剩會出現的現象？　①失業率上升　②工資率上升　③失業率下降　④缺工率上升

(　) 5. 下列哪一種現象最能表示失業問題已獲得改善？　①失業率下降，勞動參與率下降　②失業率下降，勞動參與率上升　③失業率上升，勞動參與率下降　④失業率上升，勞動參與率上升

(　) 6. 下列哪一項是屬於失業率的定義？　①失業人數占民間人口的比率　②失業人數占勞動力的比率　③失業人數占非勞動力的比率　④失業人數占就業人數的比率

(　) 7. 依據行政院主計總處的人力資源調查，有關非初次尋職之失業者失業原因中，下列何者錯誤？　①工作場所歇業　②業務緊縮　③健康不良　④未打過工的應屆畢業生。

**解** 1. ②　　2. ①　　3. ③　　4. ①　　5. ②　　6. ②　　7. ④

# 六、就業市場

【*1053-52：992 術科第一題】✪✪✪

## （一）消費市場與勞動市場

【*992-72】

消費市場又稱產品市場，勞動市場又稱就業市場，消費市場與勞動市場之關係如圖 1-3。

一般消費市場(產品市場)

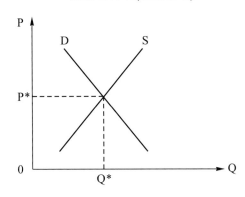

S:供給曲線(廠商)
D:需求曲線(消費者)
P:商品的市場價格
Q:商品數量

(a)

就業市場(勞動市場)

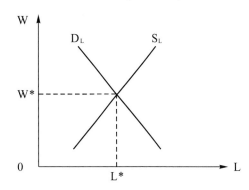

$S_L$:勞動供給曲線(求職)
$D_L$:勞動需求曲線(求才)
W:工資率(每單位勞動報酬)
L:勞動量

(b)

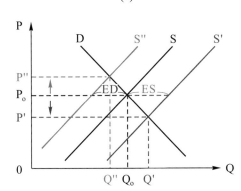

(c)

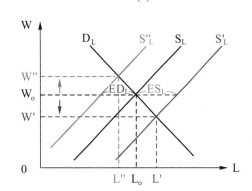

(d)

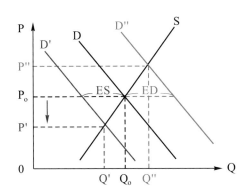

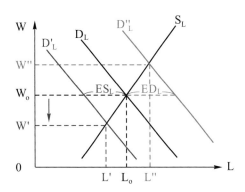

ES:超額供給 ➡ P↓ 直至供給再度等於需求
ED:超額需求 ➡ P↑ 直至供給再度等於需求

$ES_L$:超額供給 ➡ W↓ 直至勞動供給再度等於勞動需求
$ED_L$:超額需求 ➡ W↑ 直至勞動供給再度等於勞動需求

圖 1-3　消費市場與勞動市場

消費市場主要由消費供給與消費需求二股力量，共同決定產品的均衡價格 P* 與均衡的生產量 Q*（圖 1-3(a)）。一旦消費市場中廠商生產量形成，會影響廠商在就業市場裡勞動力的需求變化（求才需求），再透過求職者勞動力的供給，就業市場也會像消費市場一樣，產生就業市場上均衡工資與均衡僱用人數（圖 1-3(b)）。

但是，不管是消費市場或就業市場中，會有許多因素影響供給曲線與需求曲線發生變動，市場會形成超額供給（生產過剩）或超額需求（不足）（圖 1-3(c)），以及超額勞動需求（缺工）或超額勞動供給（勞力過剩）（圖 1-3(d)）的情形，再度形成新的價格水準（工資）與產品生產量（僱用人數）。

【*1051-27：1043-34：1018 月 -69】

 **立即演練 6**

（　）1. 下列哪一種現象是因為勞動供給增加所造成？　①就業人數增加，薪資下跌　②就業人數與薪資皆上升　③就業人數減少，薪資上升　④以上皆非

（　）2. 下列何者不是影響勞動需求的主要因素？　①產品市場的供需狀況　②生產技術　③工資率　④勞工職業偏好

（　）3. 降低薪資所得稅可以透過「所得效果」與「替代效果」來影響勞動供給。下列對這兩種效果的說明有哪一項是錯誤的？　①所得效果會使勞動供給減少　②替代效果會使勞動供給增加　③薪資所得越低者，替代效果越大　④薪資所得越低者，替代效果越小

（　）4. 在什麼情況下，減少引進外勞人數反而造成本國勞工就業人數減少？　①規模效果大於替代效果　②規模效果等於替代效果　③規模效果小於替代效果　④無法確定

**解** 1.①　　2.④　　3.④　　4.①

## （二）就業市場供需分析

**1. 影響就業市場需求面的因素**　　【*1113-14：1072-23：1071-53：971-75：1053 術科第七題】

(1)生產單位設置地點的遷移（如關廠、歇業）。

(2)產品或服務需求型態的改變。

(3)生產技術的改變。

(4)勞動市場薪資水準的改變。

(5)關稅。

(6)經濟景氣。

**2. 影響就業市場供給面的因素**

(1)就業人數。

(2)教育投資的改變（如大專生延畢）。

(3) 在職訓練容量的改變。

(4) 職業訓練政策的改變。

 **重要觀點**

◎ 勞力過剩會出現失業率上升的現象【*1062-46；1011-4；981-09；972-33】；勞動力短缺會出現工資率上升、失業率下降、外勞引進需求提升。　　　　　　　　　　　　　　　【*1102-22；981-37】

◎ 失業問題獲得改善的現象是失業率下降、勞動參與率提升。　　　【*972-35；1001 術科第五題】

◎ 當某種工作出現工資率下降，缺工人數增加的現象，政府應採取協助雇主改善勞動條件與勞動待遇的作為。　　　　　　　　　　　　　　　　　　　　　　　【*1102-3；972-44】

◎ 當勞動市場發生工資不足、工時不足與職業與教育不相稱的問題時，稱為低度就業現象。
　　　　　　　　　　　　　　【*1123-68；1112-68；1053-18；972-80；1082 術科第七題】

◎ 當經濟不景氣時，勞動市場中的勞動需求，常會產生企業倒閉增加、企業求才減少、臨時勞力增加等特別的現象。　　　　　　　　　　　　　　　　　　　　　　【*1013-43】

◎ 「景氣對策信號」的主要目的在於藉燈號以提示應採的景氣對策，並綜合判斷短期未來的景氣是否將進入過熱或衰退，景氣指標可分為景氣對策信號及景氣動向指標，而景氣對策信號係藉一組類似交通管制信號紅、黃、綠、藍燈的標幟，每一種燈號給予不同的分數來對當時的景氣對策發出不同的信號，供做政府採取因應措施的參考。

　　　　　　　　　　　　　　　　　【*1018 月 -42；1121 術科第六題；1021 術科第八題】

1. 藍燈（1 分）：表示景氣衰退，政府須採取強力刺激景氣復甦的政策。　【*1061-5；1013-63】

2. 黃藍燈（2 分）：表示景氣欠佳，亦為注意性燈號，均宜密切注意其後續之景氣動向，而適時採取因應措施。　　　　　　　　　　　　　　　　【*1052-34；1073 術科第八題】

3. 綠燈（3 分）：表示當時的景氣穩定。

4. 黃紅燈（4 分）：注意性燈號、表示景氣活絡，宜密切注意其後續之景氣動向，而適時採取因應措施。　　　　　　　　　　　　　　　　　　　　　　　【*1081 術科第六題】

5. 紅燈（5 分）：表示景氣過熱，政府宜採取緊縮措施，使景氣逐漸恢復正常狀況。

◎ 近年政府推動相關措施中，有哪些施策會影響勞動市場？　　　　　　　【*1073-28】

1. 刺激景氣政策（消費券、薪資補貼計畫）。

2. 擴大公部門就服（10 萬人）。

3. 減少外勞引進。

4. 失業者職業訓練（3 年 7 萬、立即上工計畫）。

5. 綜所稅延繳 3 個月。

6. 擬延長失業給付到 9 個月。

7. 大學生在校修習就業學程。

8. 職業訓練（充電加值計畫）。

9. 貿易自由化與兩岸簽署 ECFA。

**立即演練 7**

( )1. 根據行政院主計處的調查,下列哪一個行業 2010 年的薪資成長率最低? ①製造業 ②金融保險業 ③住宿餐飲業 ④支援服務業

( )2. 當某種工作出現工資率下降,缺工人數增加的現象,政府應採取下列哪一項因應措施來解決缺工問題? ①辦理與這種工作有關的職業訓練,以增加勞動供給 ②協助雇主改善勞動條件與勞動待遇 ③協助企業將生產線移至海外 ④加強就業訊息流通

( )3. 請問下列哪一項不是政府降低鋼鐵進口關稅之後可能會產生的影響? ①國內汽車業薪資上漲 ②國內汽車業就業人數增加 ③國內鋼鐵業薪資上漲 ④國內鋼鐵業就業人數減少

( )4. 近年來國內平均薪資水準持續下跌,試問下列哪一項是造成薪資水準下跌的可能因素? ①進口減少 ②大學生延畢人數增加 ③出口減少 ④引進外勞人數減少

( )5. 如果某一產業就業人數在減少,但薪資水準卻在增加,請問造成這種現象最可能的原因是哪一項? ①政府開放該產業可以引進外勞 ②該產業的工作比較辛苦 ③該產業的廠商大量外移 ④該產業的出口需求增加

( )6. 當某種工作出現工資率下降,缺工人數增加的現象,政府採取下列哪一項因應措施最能解決缺工問題? ①加強就業訊息流通 ②辦理與工作有關的職業訓練,以增加勞動供給 ③協助雇主改善勞動條件與勞動待遇 ④協助企業將生產線移至海外

( )7. 如果政府縮減外勞名額,下列哪一種情形在短期間內最可能發生? ①本國勞工薪資上漲 ②國內失業率下降 ③企業生產成本增加 ④國內勞動參與率上升

( )8. 金融海嘯之後是否會出現「無工作的景氣復甦」,是目前各國最關注的議題之一。請問下列哪一項因素最可能導致我國出現「無工作的景氣復甦」? ①人口老化導致工作人口減少 ②教育普及造成婦女勞動參與率上升 ③發展內需產業,減少出口依賴 ④臺灣接單、海外生產

( )9. 下列有關就業市場基本概念的定義,哪一項是正確的? ①民間工作年齡人口:15 歲以上的民間人口,包括武裝勞動力 ②勞動力:具工作意願的民間工作年齡人口 ③無酬家屬工作者:不論每週工作時數,均屬就業者 ④失業率:失業者佔勞動力的比率

( )10.當前就業市場特性的敘述,下列哪一項不正確? ①男性勞動力參與率高於女性 ②男性失業率低於女性 ③服務業的就業人數比率高於工業 ④受私人僱用比率高於受政府僱用比率

( )11.國內常有職業婦女因生育而辭去工作,回家照顧小孩,試問這種現象對國內勞動市場,最可能產生下列哪一種影響? ①失業人口增加 ②勞動人口增加 ③失業人口減少 ④勞動人口減少

( 　)12.景氣指標可分為景氣對策信號及景氣動向指標，而景氣對策信號係藉一組類似交通管制信號燈的標幟，來對當時的景氣對策發出不同的信號，供政府採取因應措施的參考。其中「藍燈」信號表示何種意涵？　①表示景氣進入衰退　②表示景氣趨於衰退　③表示景氣過熱　④表示景氣尚穩

( 　)13.當勞動市場發生勞動短缺現象時，可能不會出現下列哪種現象？　①工資率上升　②失業率降低　③失業率升高　④外勞引進

( 　)14.下列哪一項最不可能是近 2 年金融海嘯期間對臺灣勞動市場的衝擊？　①對歐美市場出口增加　②失業率上升　③無薪休假增加　④勞雇爭議件數增加

( 　)15.請問下列哪一項不是金融海嘯對我國就業市場的影響？　①失業率上升　②平均薪資減少　③外勞僱用人數增加　④缺工率降低

( 　)16.下列哪一項政策工具最有可能造成「無就業機會的景氣復甦」？　①增加出口　②增加公共建設　③增加貨幣供給　④發放消費券

( 　)17.近年來，許多大學生擔心找不到工作，紛紛延遲畢業時間。試問這種現象對就業市場會產生哪一種影響？　①就業人數增加　②勞動力參與率下降　③失業率上升　④缺工人數下降

( 　)18.下列哪一項不是造成國內大學畢業生失業率居高不下的原因？　①大學畢業生人數增加　②大學生延畢人數增加　③企業不願僱用無工作經驗者　④大學教育內容無法契合職場需要

( 　)19.郭小煜於 106 年 9 月 1 日至 110 年 6 月 30 日在大學日間部求學，107 年 7 月 1 日至 109 年 6 月 30 日期間曾在飲料店打工，並參加勞工保險，110 年 6 月 30 日畢業後一直未就業，111 年 1 月 1 日至公立就業服務機構辦理求職登記，並同時希望能辦理身分認定為長期失業者。公立就業服務機構認定結果為不符合，請問他未符合長期失業者之哪一項要件？　①連續失業期間達 1 年以上　②辦理勞工保險退保當日前 3 年內，保險年資合計滿 6 個月以上　③於最近 1 個月內有向公立就業服務機構辦理求職登記者　④非勞動力

解 1.③　　2.②　　3.③　　4.③　　5.②　　6.③　　7.③　　8.④　　9.④　　10.②

11.④　　12.①　　13.③　　14.①　　15.③　　16.③　　17.②　　18.②　　19.①

## 七、勞動統計調查　【*1031-65：1053 術科第七題：1033 術科第八題：983 術科第九題：981 術科第九題】✪✪

為掌握就業市場的變動，下列十種與就業有關的勞動統計調查極具參考價值，分別介紹各類統計調查之主辦單位、調查項目及其內容如下：

（一）人力資源調查（辦理單位：主計總處）

1. 明瞭民間人力供應情形：蒐集民間 15 歲以上人口之數量、品質、地區分布等情形，以便規劃供應經濟及社會發展所需之人力。

2. 明瞭勞動力就業狀況，可瞭解國內失業者尋職管道：探討勞動力、就業及失業之人數，以及行業、職業、從業身分、教育、經濟、能力、志趣等情形，以供人力規劃、職業訓練及就業輔導決策之參據，屬家計部門調查。　　【*1061-69；1023-17；992-53；991-77；983-50；981-52；972-13】

3. 本調查之地區範圍為臺灣地區，包括臺灣省、臺北市及高雄市，而以現住此一地區內之普通住戶與共同事業戶戶內年滿 15 歲，自由從事經濟活動之民間人口為對象，但不包括武裝勞動力、監管人口及外籍勞工【*1031-65】。調查兼採派員面訪與電話訪問方式【*1023-26】，由臺北市、高雄市暨臺灣省各縣市政府遴選調查員擔任。調查時期定為每月辦理一次，以各月含 15 日之一週為資料標準週，而於次週查填標準週內發生之事件，並以標準週最後一日午夜 12 時正為分界，校正各種人口異動情形；在此時以前死亡或遷出者不予調查，而以後死亡或遷出者，仍應調查。　　　　　　　　　　　　　　　　　　【*1012-17；963-43】

4. 抽樣設計

   (1)抽樣母體：以最近一年連結公務檔案整理完成之「按戶籍村里別統計資料檔」為抽樣母體。

   (2)本調查採用「分層二段隨機抽樣法」，第一段樣本單位定為村里，而第二段樣本單位定為戶。　　　　　　　　　　　　　　　　　　　　　　　【*1091-41；983-39】

   (3)進行第一段抽樣設計時，先將戶籍登記整理而得之村里概況，按主計處研訂之分層準則予以分層。臺灣地區 23 縣市各為單一副母體，而各副母體分別依各村里產業結構及教育程度為分層標準，釐定適當層數。

   (4)第二段樣本由第一段中選樣本村里之最新戶籍資料名冊抽出。

5. 樣本大小及抽出率：本調查估計抽出第一段樣本約為 520 個村里；第二段樣本戶約 20,000 戶，總抽出率約 2.7 ，包括年滿 15 歲人口約 6 萬人。依照臺灣地區的總抽出樣本按牛曼配置分配給 23 縣市。

6. 就業、失業統計調查結果應用實例

   (1)財政部應用人力資源調查縣市別行業就業人口數等指標，編算中央統籌分配稅款，撥付款項供縣市行政業務支用。

   (2)經濟部工業局應用人力資源調查縣市別失業率資料，辦理地方政府整體拓商績效評比作業。

   (3)適合用來比較縣市別就業市場差異【*1031-52】。例如因應 97 年下半年金融海嘯致失業率上升，國發會（原為經建會）協調相關部會推動「97 ～ 98 年短期促進就業措施」、「98 ～ 101 年促進就業方案」、「六大新興產業」；勞動部（原為勞委會）推動「立即上工計畫」、「公部門短期就業專案」，訂定中高齡中長期促進就業措施，舉辦多場「就業博覽會」；教育部訂定「培育優質人力促進就業計畫」、「大專畢業生至企業職場實習方案」等多項政策，提供民眾就業機會，有效紓解失業狀況。

   (4)內政部 98 年 6 月參考所轄區內就業人數及失業率等統計指標評，估縣市合併改制直轄市計畫。

(5)各縣市運用本處人力資源調查統計年報結果，編印縣市別統計要覽，供縣市施政參考。

(6)直轄市、縣市政府之失業情形，人力資源調查報告 6 個月發布一次【*1033-29】。

## （二）人力運用調查（辦理單位：主計總處） ✿✿

1. 明瞭臺灣地區勞動力運用、移轉及就業、失業狀況等短期變動情勢，供為訂定人力政策、推動職業訓練、改善企業經營等決策之參據。

2. 人力運用調查之調查對象，主要係以居住於臺灣地區之普通住戶與共同事業戶，其戶內年滿 15 歲，自由從事經濟活動之本國籍民間人口為主（不包括武裝勞動力及監管人口），目前調查樣本約 2 萬戶（近 6 萬人），調查方式係採派員實地訪問法【*981-70】。統計標準時間以每年 5 月含 15 日之一週為資料標準週；於資料標準週次週查填標準週內發生之事件。

【*1011 術科第八題】

3. 統計項目定義

(1)潛在勞動力：指非勞動力人口扣除高齡、身心障礙者。

**註**：也就是想工作而未找工作者、求學及準備升學者以及料理家務者。【*1011 術科第八題】

(2)白領就業者：指民意代表、主管及經理人員、專業人員、技術員及助理專業人員、事務支援人員。

(3)藍領就業者：指技藝有關工作人員、機械設備操作及勞力工。

(4)新進重行就業比率：指某特性之新進及重行就業者占該特性全體就業者之比率。

(5)毛移轉率：指各行（職）業之轉業（包含移入及移出）人數占上年全年該業平均就業人數之比率。

(6)淨移轉率：指各行（職）業之異動淨值（移入減移出）占上年全年該業平均就業人數之比率。

4. 人力運用調查之主要項目，可歸納如下

(1)第一部分針對就業者查填其主要工作之每月收入【*1031-37】、每週經常性工時、現職工作期間、去年換工作次數、上次工作之場所與所擔任職務、離開上次工作之原因、獲得現職之方法、現在是否想換或增加額外工作，以了解就業者之人力運用及工作變換情形。

【*1092-11：992-80】

(2)第二部分查填失業者希望找尋之職業與希望待遇、找尋工作過程中有無工作機會及未去就業原因、尋找工作期間之生活費用來源。

(3)第三部分針對有工作能力之非勞動力查填其去年工作情形與停止工作原因、去年找工作情形與停找工作原因、就業意願與希望待遇，以了解潛在勞動力供應情形；另外，對於有配偶或同居之女性查填其子女之年齡，以了解子女年齡對有偶婦女勞動參與之影響情形。

**重要觀點**

◎ 人力運用調查可獲得的資訊：(1) 國內男性薪資受僱者在現職的平均工作年資；(2) 提供各行職業本國勞工（不含外籍勞工）的平均薪資資料；(3) 提供國內縣市別薪資或工作所得、分析不同縣市之間勞動移動的情形；(4) 提供有關失業者尋職方法；(5) 各縣市非典型工作者占總就業人數的比率。　【*1103-15；1031-37；1002-19；1001-7；992-80；983-71；981-70；971-07】

### （三）受僱員工動向調查（辦理單位：主計總處）　　　　　　　　　　　　　　　【*1002-69】

1. 在明瞭受僱員工人數、進退率、平均薪資、平均工時、勞動生產力與單位產出勞動成本。

2. 統計地區範圍及對象：統計地區範圍為臺灣地區（包括臺灣省、臺北市及高雄市）；統計對象包括工業及服務業（即九大行業）公民營企業之場所單位及其受僱員工。

3. 統計標準時間：資料時期除註明特定時期者外，受僱員工人數係指月底情況（營造業為月內資料）；員工進退、工時、薪資等係指全月情況。

### （四）受僱員工薪資調查（辦理單位：主計總處）

1. 受僱員工薪資調查旨在就工商業場所人力需求面，按月蒐集臺灣地區各行業事業單位受僱員工人數、薪資、工時及進退狀況等資料，以明瞭整體勞動市場人力需求以及工時與薪資變動趨勢，(1) 提供政府規劃經濟及社會發展所需之人力及產業政策、規劃學校教育、職業訓練、就業服務；(2) 提供公民營企業調整員工薪資、改善經營管理、訂定人力計畫及提撥退休金；(3) 提供政府訂定基本工資及調整軍公教人員待遇；(4) 編算生產力統計及廠商勞務成本；(5) 提供人力需求、薪資及生產力發展趨勢之分析，並供國際間相關資料之比較之用途。

2. 名詞定義

(1) 受僱員工人數：依支領薪資原則，計算月底現有受僱員工人數；包括所有本國或外國籍之職員及工員、專任及兼任、全勤及部分時間參加作業之常僱員工、臨時員工、契約員工、建教合作工讀生（全月不參加工作者除外）、學徒及養成工等；如因公（出國考察、受訓、外調及後備軍人應教育召集）、病、事、例、休、婚、娩假，而有若干時日未參加工作者，仍應計算在內。但不包括：參加作業而不支領薪資之雇主、自營作業者及無酬家屬工作者；僅支車馬費未實際參加作業之董、監事、顧問；應徵召服常備兵役保留底缺或支領部分薪資與留職停薪、全月未參加作業者；不在廠地工作之計件工作者。在統計上分為經常員工及臨時員工兩類。

①**經常員工**：指受僱期間已經或預期達 6 個月以上之員工，包括勞動契約屬不定期契約之員工，或雖屬定期契約，但僱用期間超過 6 個月之員工等。

②**臨時員工**：指與雇主訂立定期契約（口頭或書面），而僱用期間不滿 6 個月之員工。

(2) 受僱員工進退人數：包括本月內實際進入及退出工作之受僱員工人數。

① 進入

**新進**：指以前不曾受僱於本單位之新進員工。

**召回**：指過去曾離職連續停薪一個月以上之員工，至本月又被召回在原場所單位工作之員工。

**其他進入**：指除新進及召回員工外如從同一企業單位所屬之不同場所單位轉入者，或應徵召服兵役保留職缺而復職者均屬之。

② 退出

**辭職**：指受僱員工主動提出申請終止僱傭關係者。

**解僱（資遣）**：指雇主因業務縮減、更換生產方法、裝置自動化設備、工作場所遷移或毀損、原料不足、季節工或臨時工屆期等原因，依規定對受僱員工終止勞動契約，而非故意損害員工權益者，包括資遣或優惠資遣。

**退休（優惠退休）**：員工年齡或服務年資達一定期限，終止僱傭關係且員工需領取退休金者，包括退休及優惠退休。

**其他退出**：包括留職停薪、死亡、傷病而無法工作及調往同一企業單位所屬不同場所者。

(3) 月底在職受僱員工全月實際工作總人時數：指本月底整體受僱員工在本月內實際工作時數總合，包含正常工作時數及加班工作時數。

① **正常工作時數**：指受僱員工於場所單位規定應工作時間內之實際工作總人時數，亦即不含例假日、國定假日、停工檢修、員工輪休、自強活動以及員工請假未工作之總人時數。

② **加班工作時數**：指受僱員工在正常工作時間以外之有酬工作總人時數。

(4) 月底在職受僱員工薪資總額：採給付原則，指本月內實際支付月底在職受僱員工之薪資總額，包含經常性薪資、加班費及其他非經常性薪資。

① **經常性薪資**：指每月給付受僱員工之工作報酬，包括本薪與按月給付之固定津貼及獎金；如房租津貼、交通費、膳食費、水電費、按月發放之工作（生產績效、業績）獎金及全勤獎金等；若以實物方式給付者，應按實價折值計入；以上均不扣除應付所得稅、保險費及工會會費。

② **加班費**：指因延長工作時間所給付之報酬。

③ **其他非經常性薪資**：係指非按月發放之工作（生產、績效、業績）獎金、年終獎金、員工紅利（含股票紅利及現金紅利）、端午、中秋或其他節慶獎金、差旅費、誤餐費、補發調薪差額等。

3. 薪資及生產力統計調查結果應用實例

(1) 國發會運用加班工時統計資料，作為按月編製景氣領先指標之用。

(2) 勞動部運用受僱員工人數、薪資、工時、流動率等統計資料，編製人力需求調查統計結果、評估外籍勞工政策、規劃基本工資調整、計算員工退休準備金提撥率及訂定法定工時之參考。

(3)行政院永續發展委員會，將製造業勞動力生產指數，列為評估臺灣環境永續程度指標之一。

(4)行政院婦女權益促進委員會運用女性勞動需求統計資訊，作為制定婦女政策之參據。

(5)統計指標供教育部訂定大學學雜費基本調幅、行政院衛生署規劃全民健康保險醫療給付費用總額範圍、民眾訴訟及法界判定薪資賠償、營造業標售工程、公民營企業調整員工薪資及政府因應物價問題相關政策制定之參考。

## （五）家庭收支調查（辦理單位：主計總處）

1. 本調查採分層二段隨機抽樣方法，以村里為第一段抽樣單位，村里內之戶為第二段抽樣單位。分層方面，以縣市為副母體，另為提升分層效果，將原分都市、城鎮、鄉村3層，自97年起改依各村里之就業人口產業結構及教育程度為分層變數，對各縣市每一村里進行分層，共計分為6層。樣本配置方式，臺北市配置樣本2,000戶，高雄市1,500戶，臺北縣1,502戶，臺灣省8,774戶，各層樣本戶數均以層內母體戶數占該區域母體戶數比例配置。

2. 統計項目：家庭收支調查項目包括家庭戶口組成、家庭設備及住宅概況及所得收支與消費支出，據以計算家庭設備普及率、自有住宅率及平均每戶可支配所得、消費及儲蓄。

3. 家庭收支：**經常性收入**包括受僱人員報酬、產業主所得、財產所得收入、自用住宅及其他營建物設算租金收入、經常移轉收入及雜項收入；**經常性支出**包括非消費性支出（包括利息支出及經常移轉支出）及消費支出。

4. 家庭消費支出：包括食品費、衣著鞋襪費、房地租及水費、燃料及燈光、家具及家庭設備、家事管理費、保健及醫療費、運輸交通與通訊費、娛樂消遣及教育文化費，及各項支出。

## （六）事業人力僱用狀況調查（辦理單位：主計總處）

1. 本調查辦理初期（民國80年10月至84年4月）為每半年辦理乙次，採工業及服務業二部門輪流辦理，自85年以後改為按年辦理且調查範圍擴大至工業及服務業全體。

2. 本調查之基本問項可分為二部分

(1)各職類短缺員工概況及僱用條件。　　　　　　　　　　　　【*1071-60；983 術科第九題】

(2)人員過剩及解決措施，同時就歷次辦理時，配合當時社經狀況及政策需要進行機動問項調整設計，歷次規劃項目大致包括外籍員工僱用情形、未來人員需求計畫、中高齡勞工僱用意願、部分時間僱用情形等。　　　　　　　　　　　　　　　　　　　【*971-11】

 **重要觀點**

◎ 政府單位出版之經常性調查統計中，可以瞭解各行業缺工狀況之相關調查，計有(1)主計總處每年出版的事業人力僱用狀況調查；(2)勞動部按年辦理之職類別薪資調查。

### （七）職業類別薪資調查（辦理單位：勞動部按年辦理）

1. 調查目的：為瞭解事業單位各職類受僱者之薪資水準，勞動部按年辦理「職類別薪資調查」，調查範圍為工業及服務業，惟不包括自行開業之雇主及自營作業者（如演藝明星或自由業者）。　　　　　　　　　　　　　　　　　　　　　　　　【*992-55：991-80】

2. 調查項目：(1) 一般概況：事業單位名稱（全銜）、詳細地址、主要營業項目或產品名稱等；(2) 職類別受僱員工人數；(3) 職類別報酬給付總額：經常性薪資、非經常性薪資、紅利、其他津貼；(4) 未來 1 年預計增減員工人數；(5) 工作時間概況：每週工作日數、每週正常工作時數、每日正常工作時數、變形工作時間情形；(6) 初入職場者及受僱滿三年人員薪資給付情形；(7) 職業訓練概況。

 **重要觀點**

◎ 政府單位出版之統計報告中，有將外籍勞工列入調查對象的調查報告，有 1. 主計總處每年出版的受僱員工薪資調查，2. 勞動部辦理之職業類別薪資調查。　　　　　　【*1002-49】

### （八）性別僱用管理調查（辦理單位：勞動部辦理）

1. 調查目的：瞭解事業單位對勞工之僱用管理實況及性別平等工作法實施狀況，提供政府推動婦女勞動政策參考。

2. 調查對象：參加勞工保險之事業單位（不含僱用三人以下之事業單位）。調查地區範圍為臺灣地區。

3. 調查項目：包括事業單位對勞工的僱用管理、性騷擾防治狀況以及性別平等工作措施之實施情形等。

4. 抽樣方法：以勞工保險事業檔為母體，採「分層比例隨機抽樣」，按十六個行業別、員工規模別（4 ～ 29 人、30 ～ 249 人、250 人以上）及地區別（北部地區、中部地區、南部地區、東部地區）按分層比例隨機抽樣，抽出約 6,000 份，預計回收有效樣本 3,000 份以上。

### （九）視覺障礙者勞動狀況調查（辦理單位：勞動部辦理）

1. 調查目的：為蒐集臺灣地區視覺障礙者之工作現況、職業訓練與就業服務需求，俾提供本會釐定職業訓練與就業服務等相關政策之參考。

2. 調查對象：以戶籍設於本調查區域範圍內，15 ～ 64 歲且領有政府機關發給之視覺障礙手冊及多重障礙（含視覺障礙）手冊者。調查地區範圍為臺灣地區。

3. 抽樣方法：採分層隨機抽樣，抽樣設計及樣本配置原則如下：

   (1)抽樣母體：以戶籍設於本調查區域範圍內，15 ～ 64 歲且領有政府機關發給之視覺障礙手冊及多重障礙（含視覺障礙）手冊者。

(2)抽樣規劃：有投保勞工保險者全面訪查（內含有直轄市、縣（市）政府核發（理療）按摩執業許可證者 1,782 筆），餘分為視障者及含視障之多重身心障礙者 2 個副母體，各副母體分別採「分層隨機抽樣法」進行抽樣。各副母體依身心障礙等級（極重度、重度、中度及輕度）及年齡別（15～24 歲、25～44 歲及 45～64 歲）分層。各層依比例配置以隨機抽樣法抽出所需樣本，預計完成調查 6,000 份以上有效樣本。

（十）勞動統計月報（辦理單位：勞動部辦理）

1. 編製目的

蒐集與勞動相關的統計，供為政府釐訂勞動政策及檢視施政成果之參據，並供為事業單位改善勞動條件，增進員工福祉之參考。自 1993 年 1 月起按月彙編，於每月 5 日出版。

2. 編輯內容

(1)本月報內容包括人力資源、薪資、工作時間等基礎性勞動統計，並將本部各單位執行公務產生之公務統計，有關各縣市之勞動統計亦重點刊載。

(2)統計地區範圍，除勞動經濟指標及勞動狀況依資料來源機關統計臺灣地區外，餘均以臺閩地區為範圍。

3. 刊載之勞動部特有統計項目：全國勞工工會組織率、勞資爭議人數涉及率、基本工資、積欠工資墊償基金、勞工退休準備金、退休準備金（舊制）家數提存率、勞工退休金（新制）家數提繳率、勞工退休金（新制）人數提繳率、職業災害千人率、受聘僱外國人職災千人率、求供倍數、求職就業率、求才利用率、有效人數。

## 八、就業市場統計方法

（一）季節調整法：許多總體經濟的時間數列季（月）資料，因受到自然氣候、風俗習慣、生產週期或假期等因素影響，往往具有季節性變化，這些季節性變化對時間數列資料會產生嚴重干擾，增加研究分析的困難。季節調整即是指對時間數列所隱含的季節性因素，以統計方法加以調整，使得總體經濟數據能更精確反映景氣循環的變動狀況便於分析比較。國家發展委員會於 2016 年起採用美國普查局（Bureau of Census）發布之 X-13ARIMA-SEATS，該季調方式整合 X-12-ARIMA 及 SEATS 優點，並提供更多模型診斷工具。　　　　　　【*1092 術科第六題】

（二）季節變動法：季節變動預測法又稱季節周期法、季節指數法、季節變動趨勢預測法，季節變動預測法是對包含季節波動的時間序列進行預測的方法。要研究這種預測方法，首先要研究時間序列的變動規律。季節變動是指價格由於自然條件、生產條件和生活習慣等因素的影響，隨著季節的轉變而呈現的周期性變動。這種周期通常為 1 年。季節變動的特點是有規律性的，每年重覆出現，其表現為逐年同月（或季）有相同的變化方向和大致相同的變化幅度。季節變動的衡量指標主要有：反映季節變動規律的季節變動衡量指標有季節指數、季節比重和季節變差等。趨勢值有兩種：一是水平趨勢，二是斜坡趨勢。【*1042-34；1071 術科第十題】季節指數的計算公式為：季節指數 (%)=（歷年同季平均數 / 趨勢值）×100%

（三）密度比例法：利用某一類人力與人口或勞動力或不同類人力間的比例關係，以推估此類人力的需求」之推計方法。例如，以醫師（白領智慧工作者）與人口比例推估醫師需求。

【*1021-13；1092 術科第六題；1071 術科第十題】

（四）循環變動法：描述資料如何對趨勢長期的循環移動，每一循環的長度稱為此循環的周期循環周期的計算可由量測數列中一高峰到下一高峰的時間長度，或是由一谷底到下一谷底的長度。

（五）時間數列：依時間發生先後順序排列的一群性質相同之統計資料，稱為時間數列（time series）。一般影響時間數列變動的成分主要有四個：長期趨勢、季節變動、循環變動和不規則變動。季節變動是所有週期變動中最主要的一種，其變動幅度可由月資料或季資料求得，而其週期恰為 1 年。　　　　【*1052-37；1042-17；1032-65；1022-8；1018 月 -70；1071 術科第十題】

 **立即演練 8**

（　　）1. 下列哪一項調查資料最適合用來分析不同縣市之間勞動移動的情形？　①人力運用調查　②受僱員工動向調查　③人口普查　④人力資源調查

（　　）2. 請問下列哪一項資料最適合用來分析性別薪資差異？　①職類別薪資調查　②人力運用調查　③受僱員工動向調查　④婦女婚育與就業調查

（　　）3. 下列哪一個調查可以幫助瞭解國內失業者尋職管道？　①受僱員工動向調查　②人力資源調查　③人口普查　④勞工生活狀況調查

（　　）4. 如果要知道國內男性薪資受僱者在現職的平均工作年資，則必須查下列哪一個調查結果？　①受僱員工動向調查　②事業人力僱用狀況調查　③職類別薪資調查　④人力運用調查

（　　）5. 下列哪一項調查可以提供國內縣市別薪資或工作所得資料？　①職類別薪資調查　②人力運用調查　③人力資源調查　④受僱員工薪資調查

（　　）6. 請問下列哪一項調查可以提供各行職業本國勞工（不含外籍勞工）的平均薪資資料？　①職類別薪資調查　②受僱員工動向調查　③人力運用調查　④事業人力僱用狀況調查。

（　　）7. 下列哪一項調查可以提供有關失業者尋職方法的資料？　①人力運用調查　②勞動力調查　③受僱員工動向調查　④家庭收支調查

（　　）8. 下列哪一項調查資料最不適合用來分析縣市別的就業市場狀況？　①職類別薪資調查　②人力運用調查　③人力資源調查　④工商普查

（　　）9. 下列哪一項調查不是行政院主計處負責辦理？　①勞動力調查　②家庭收支調查　③職類別薪資調查　④事業人力僱用狀況調查

( )10.職類別薪資調查是國內重要的調查資料，下列對該調查資料的說明中有哪一項是錯誤的？　①該調查是由勞委會辦理　②該調查的薪資資料屬單月資料　③該調查的調查項目有涵蓋各職類僱用人數　④該調查不將外勞薪資與人數列入統計

( )11.下列哪一項調查資料可以用來分析不同教育程度者之失業率？　①職類別薪資調查　②人力資源調查　③受僱員工動向調查　④工商普查

( )12.勞動力調查無法提供哪些資訊？　①缺工人數　②就業人數　③失業人數　④失業週數

( )13.我國人力資源調查是採取哪種抽樣方式？　①簡單隨機抽樣　②系統抽樣　③分層抽樣　④立意抽樣

( )14.下列哪一項調查屬於政府家計部門調查？　①職類別薪資調查　②勞動力調查　③受僱員工動向調查　④事業人力僱用狀況調查

( )15.下列哪一項調查是屬於家計部門調查？　①職能別薪資調查　②受僱員工動向調查　③人力資源調查　④受僱員工薪資調查

( )16.下列哪一項調查可以提供缺工的相關資訊？　①勞動力調查　②勞工生活狀況調查　③事業人力僱用狀況調查　④家庭收支調查

解　1.①　　2.②　　3.②　　4.④　　5.②　　6.③　　7.①　　8.①　　9.③　　10.④
11.②　　12.①　　13.③　　14.②　　15.③　　16.③

## 1-2　失業型態

　　從勞動經濟學觀點，失業可分為「**自願性失業**」與「**非自願性失業**」兩類，分別介紹如下：

### 一、自願性失業

　　自願性失業係指個人失業係由本身因素所導致，包括下列情況：

1. 無適當理由而離職。
2. 因本身行為不檢而離職。
3. 在無適當理由下拒絕申請或拒絕接受一個合適工作。
4. 在無適當理由下未能掌握推薦的合適工作機會。
5. 在無適當理由下未能依照就業服務單位建議去尋找合適工作機會。
6. 在無適當理由下拒絕接受安排參加職業訓練。

**重要觀點**

◎ 隱藏性失業者：以家務、在學或準備升學等理由而退出勞動市場者。

隱藏性失業為勞力低度運用的一種，即表面上是從事經濟活動（如領取不足的工資、工作時數不足、職業與教育不相稱），但實際上卻處於低度運用狀態。此類人員係參與非就業性活動的第二種選擇，主要因為無適當的工作機會來適合其教育程度，或因特殊風俗的關係，使部分女性形成隱藏性失業。嚴格來說，隱藏性失業並非真正失業，而只是「低度就業」而已。「隱藏性失業」與「怯志工作者效果」間的關連性極高。　　【\*1002-60；972-80】

◎ 奢侈性失業者：想工作但卻未去找工作者（怯志工作者）。

「怯志工作者」係指想工作而未找工作且隨時可以開始工作者中，過去一年曾找過工作，但因認為無工作機會，或本身資歷限制無法找到合適工作機會而放棄找尋工作者。

【\*1042-18；1032-60；1013-2；1018 月 -79】

◎ 怯志工作者效果理論

當經濟不景氣持續一段時間後，失業率上升幅度往往會縮小，但怯志工作者認為無工作機會，或礙於本身資歷限制無法找到合適工作機會而放棄找尋工作，使整體勞動力參與率呈現下降。　　【\*1023-4；1021-45；1013-2；1018 月 -79；1002-60；992-51；991-38；983-33】

◎ 附加工作者效果　　　　　　　　　　　　　　　　　　　　　　　　　　【\*1023-44；991-38】

失業率為經濟發展的落後指標，除非經濟能轉趨成長，否則失業率恐難明顯轉佳。景氣開始衰退之際，勞動市場會產生「附加工作者效果」，例如因家中有人失業、遭減薪等，導致家裡原先為非勞動力的成員被迫出來找工作，由非勞動力變成勞動力，因此經濟走衰初期，勞動參與率、失業率會雙雙走揚。

 **立即演練 9**

（　　）1. 下列哪一種現象最可能是因為「怯志工作者效果」所造成？　①失業率下降，勞動力參與率下降　②失業率上升，勞動力參與率上升　③失業率下降，勞動力參與率上升　④失業率上升，勞動力參與率下降

（　　）2. 根據「怯志工作者效果」的理論，當失業率大幅增加時，勞動力參與率會有何變化？　①上升　②不變　③下降　④無法確定

（　　）3. 下列哪一種效果與「隱藏性失業」關連性最高？　①附加工作者效果　②怯志工作者效果　③工資向下調整僵固效果　④工資遞延給付效果

（　　）4. 下列哪一種情況最不可能是「附加工作者效果」？　①勞動參與率下降　②失業率上升　③薪資下降　④非勞動人口減少

**解**　1.④　　2.③　　3.②　　4.①

## 二、非自願性失業 【*991 術科第十題】

非自願性失業係指個人具有工作能力與意願，但因工作條件不合（指摩擦性失業）、產業結構改變（指結構性失業）、或景氣循環影響（指循環性失業）等因素，而無法找到適當工作所導致的失業。

非自願性失業可分為「摩擦性失業」、「結構性失業」、「循環性失業」與「季節性失業」等類型，相關內容及因應之道如下說明：

### （一）摩擦性失業（Frictional Unemployment） ✪✪✪✪✪

**1. 定義**

「**摩擦性失業**」係指由一個工作或職業轉換到另一個工作或職業，所造成的短期失業現象。

【*1112 術科第三題】

**2. 形成原因**

造成摩擦性失業的原因，通常是因就業資訊缺乏以及尋找工作不力所造成，而個人技能不足、經驗不足、或季節的關係而無法獲得工作亦是原因，也肇因於「人求事」與「事求人」的不協調情況。

【*1061-56；1001-8】

**3. 因應對策** 【*1011-39；1112 術科第三題】

(1)加強就業資訊流通。 【*971-04】

(2)加強就業媒合功能。 【*1112-58；1043-40；983-35】

(3)多元就業服務管道的開設。

(4)消彌就業歧視現象。

(5)舉辦就業博覽會。 【*1031-77】

### （二）結構性失業（Structural Unemployment） ✪✪✪✪✪

**1. 定義**

「**結構性失業**」係指因產業結構轉變或區域經濟發展的變化，造成求才與求職發生不能配合的失業狀態【*1093-57；1092-48；1112 術科第三題】。例如：貿易自由化、或產業因新技術的採用、新產品的開發，而使一些不具有新技能的勞工喪失工作，或由於經濟結構改變使得某些類型的工作消失，而失業者對新創的工作機會又缺乏技能可以勝任而失業，這種類型的失業屬於社會經濟結構發生問題，以致影響生產與消費，或勞力供需結構失衡，導致勞工長期失業。

【*1011-66；1002-32；991-23】

結構性失業產生的現象通常呈現出大量的長期失業，但又有缺工現象。

【*1023-52；981-37；972-58】

**2. 形成原因** 【*983-24】

(1)產業結構改變造成需求面的改變，更換了某些行業對技術的要求。在轉變過程中，某些技能逐漸被淘汰，而另一些新的技能則大量短缺。

(2)年輕而無經驗的勞工，無法達到工作職位的技術要求。

(3)政府支出的鉅大改變，將使某一產業或地區減少就業機會。

(4)制度性的因素，如新的勞工立法，可能減低雇主對員工實施在職訓練的興趣，而對公司在職員工訓練費用的免稅，則可以促進勞工與工作間的配合。

(5)技術性失業：乃由於產業改變生產方法，以致不諳新方法者失業，或因採取自動化而大量裁員以致失業等。或因技術的改良與生產設備的更新所致，非技術性及技術較差的勞工即產生失業。技術性失業為結構性失業之一種，結構性尚包括產品喪失市場所造成的失業，而技術性失業則在產品市場仍然存在，只是生產方式改變所造成的失業。

【*1052-47：1051-56：1073 術科第九題】

**3. 因應對策**　　　　　　　　　　　　　　　　　　　　　【*992-57：1112 術科第三題】

增加教育與職業訓練的機能【*1051-57：1023-14】，期使勞力供需結構產生均衡。政府部門促使技術人力進步與產業升級能同時進行，大量提供人力投資與培育方案，刺激職業訓練市場的運作。解決結構性失業，勞動部推 6 大新興產業（生物科技、觀光旅遊、綠色能源、醫療照護、精緻農業、文化創意）的職業訓練計畫，讓結構性失業者和 ECFA 簽署後失業的民眾，可以在新興產業中找到工作。目前亦推展「五加二」產業之產業人才投資訓練計畫。

【*992-24】

 **重要觀點**

◎ 自然失業率：自然失業率是一個長期均衡的狀態，當工資及物價處於均衡時，通貨膨脹率亦處於固定，又稱充分就業下的失業率或長期均衡失業率。因此自然失業率為一個在沒有通貨膨脹壓力之下，最大限度的失業率，亦即摩擦性失業率及結構性失業率加總之和。

◎「五加二」產業創新研發計畫，包括物聯網（亦稱亞洲矽谷計畫）、生物醫學、綠能科技、智慧機械、國防產業、新農業與循環經濟、數位經濟、文創、半導體與積體電路設計。

## （三）循環性失業（**Cyclical Unemployment**）　　　　　　✪✪✪✪✪

**1. 定義**

「**循環性失業**」係指當總體經濟景氣陷入衰退或蕭條時，導致新工作機會無力開創，甚至原有就業水準下降而產生的失業。循環性失業的特徵是勞動需求不足導致工作機會缺乏，故又稱為「總需求不足失業」或「週期性失業」。

【*1033-24】

**2. 形成原因**　　　　　【*1013-7：1002-63：992-63：991-10：983-27：992 術科第一題：963 術科第九題】

循環性失業大多發生於經濟景氣循環的低谷時期，此時期企業生產減少，造成勞動總需求減少，而使失業增加。此種失業主要係有效需求不足所造成的失業，當勞動需求下降，在現行的工資率下，某些勞工會被解僱。2007 年金融海嘯對勞動市場的衝擊，導致失業率上升、無薪假增加、勞雇爭議件數增加、平均薪資減少。

**3. 因應對策**

  (1)就服法第 23 條（經濟不景氣時之應變措施）

    中央主管機關於經濟不景氣致大量失業時，得鼓勵雇主協商工會或勞工，循縮減工作時間、調整薪資、辦理教育訓練等方式【*1102-75；1071 術科第二題】，以避免裁減員工；並得視實際需要，加強實施職業訓練或採取創造臨時就業機會、辦理創業貸款利息補貼等輔導措施；必要時，應發給相關津貼或補助金，促進其就業。【*1061-52；1033-23；1023-38；1012-28；1013 術科第六題】

  (2)作法

    實施財政、經濟及金融等措施、降低稅率、增加公共投資、加強資訊基礎建設、提昇產業競爭力，以創造就業機會。

 **重要觀點**

◎ 近幾年來，政府陸續推動許多短工計畫，由各政府部門僱用失業勞工，僱用時間大多為半年或 1 年，這類計畫最適合解決短期循環性失業問題。　　　　　【*992-17；963 術科第九題】

## （四）季節性失業（Seasonal Unemployment）

**1. 定義**

「**季節性失業**」導因於季節氣候的變化，影響產業活動的進行，致使員工失業。【*1073 術科第九題】

**2. 形成原因**

就氣候言，農產品與農產加工業在生產上有鮮明的季節性；而冷飲業則在銷售上亦有季節性色彩。就消費者購買習性言，其與節慶有關的消費品，無論是在生產上或銷售上，均有其季節性。

**3. 因應對策**

協助此種產業活動遇有淡季時，進行教育人才投資，或提供非典型就業服務工作，減緩此類產品的勞工在淡季的失業現象。

# 三、非自願性失業成因綜合整理　　　　　【*991 術科第十題】★★★★★

非自願性失業的類型最常見為循環性失業、結構性失業、摩擦性失業。而這三種失業類型在「失業」與「缺工」的人數增減有不同表徵，表 1-3 綜合分析這三類型的失業問題特徵與解決對策。

表 1-3　非自願性失業成因

| 類型 | 失業成因 | 失業／缺工 | 現象持續時間長短 | 解決對策 |
|---|---|---|---|---|
| 循環性失業 | 大多發生於經濟景氣循環的低谷時期，因在此時期企業生產減少，造成勞動總需求減少，而使失業增加。 | 受景氣影響的產業其失業人數規模大。 | 失業期間較摩擦性失業長、結構性失業短。 | 推動短期工作計畫。 |
| 結構性失業 | 社會經濟結構發生問題，以致影響生產與消費，或勞力供需結構失衡。 | 失業人數規模大。 | 勞工長期失業。 | 加強失業勞工職業訓練。 |
| 摩擦性失業 | 就業資訊缺乏以及尋找工作不力所造成，而個人技能不足、經驗不足、或季節的關係而無法獲得工作亦是原因。 | 失業人數規模較少。 | 失業期間較短。 | 加強就業媒合功能。 |

**立即演練 10**

( 　)1. 下列何者是解決摩擦性失業的最有效方法？　①加強職業訓練　②振興經濟　③加強就業資訊流通　④提供公共就業機會

( 　)2. 下列哪一項是摩擦性失業？　①因為年紀大而找不到工作　②因為沒有公司在徵人而失業　③農民因為作物已經收割而沒有工作　④因為不知道附近工廠有適合自己的工作而失業

( 　)3. 下列何者屬於結構性失業的因應措施？　①財政金融措施　②加強教育訓練　③強化就業資訊流通　④增加臨時工作機會

( 　)4. 貿易自由化往往會使一個國家容易出現下列哪一種失業問題？　①循環性失業　②結構性失業　③摩擦性失業　④季節性失業

( 　)5. 如果就業市場中有大量長期失業，又有缺工現象，請問這種失業屬於哪種失業？　①循環性失業　②結構性失業　③摩擦性失業　④季節性失業

( 　)6. 下列哪一項是造成「結構性失業」的主要原因？　①經濟景氣不佳而無法獲得工作　②產業結構改變而無法獲得工作　③對工作不滿意而離職，一時之間找不到工作　④季節因素影響而無法獲得工作

( 　)7. 就業市場缺工與失業現象並存，而且失業週期很長，這是哪種失業類型的表徵？　①循環性失業　②結構性失業　③摩擦性失業　④季節性失業

( 　)8. 因金融海嘯造成國內經濟不景氣，導致失業率上升。試問這是屬於哪一種失業問題？　①循環性失業　②結構型失業　③摩擦性失業　④季節性失業

( 　)9. 下列哪一種失業通常不被列入自然失業率的計算？　①循環性失業　②結構性失業　③摩擦性失業　④季節性失業

( 　)10.近幾年來，政府陸續推動許多短工計畫，亦即由各政府部門僱用失業勞工，僱用時間大多為半年或 1 年，試問這類計畫最適合解決哪一類失業問題？　①短期循環性失業問題　②結構性失業問題　③摩擦性失業問題　④隱藏性失業問題

( 　)11.近幾年來，政府推動薪資補貼計畫，補貼企業僱用失業勞工，請問此類計畫對勞動市場不可能產生下列哪一種影響？　①失業人數減少　②非勞動力增加　③所得分配惡化　④就業人數增加

( 　)12.經濟景氣的變化會產生勞力供需失調現象，當景氣好時，「失業」人數會減少，「缺工」情況會增加，以及該現象持續時間不會太長；當景氣不好時，「失業」人數會增加，「缺工」情況會降低，以及該現象持續時間會長。此是屬於哪一種類型的失業問題？　①循環性失業　②結構性失業　③季節性失業　④摩擦性失業。

( 　)13.下列何者不是近幾年來政府為解決失業問題所採取的因應措施？　①加強職業訓練　②加強就業服務　③提高就業安定費　④降低基本工資

解　1.③　　2.④　　3.②　　4.②　　5.②　　6.②　　7.②　　8.①　　9.①　　10.①
11.②　　12.①　　13.④

## 考情趨勢分析

| | | 年度梯次 | 961 | 963 | 971 | 972 | 981 | 983 | 991 | 992 | 1001 | 1002 | 1011 | 1012 |
|---|---|---|---|---|---|---|---|---|---|---|---|---|---|---|
| 第2章 | 學科 | 題數 | 7 | 2 | 3 | 6 | 3 | 7 | 11 | 7 | 10 | 9 | 8 | 5 |
| | | %（80題中出現題數） | 9% | 3% | 4% | 8% | 4% | 9% | 14% | 9% | 13% | 10% | 10% | 6% |
| | 術科 | 題數 | 第八題 | 無 | 無 | 無 | 第十題 | 第六題 | 第一題 | 第三題 | 第八題 | 第八題 | 第六題 | 第七題 |
| | | %（10題中出現題數） | 10% | 0% | 0% | 0% | 10% | 10% | 10% | 10% | 10% | 10% | 10% | 10% |

| | | 年度梯次 | 1018月 | 1013 | 1021 | 1022 | 1023 | 1031 | 1032 | 1033 | 1041 | 1042 | 1043 |
|---|---|---|---|---|---|---|---|---|---|---|---|---|---|
| 第2章 | 學科 | 題數 | 5 | 4 | 4 | 3 | 3 | 3 | 3 | 3 | 2 | 2 | 5 |
| | | %（80題中出現題數） | 6% | 5% | 5% | 4% | 4% | 4% | 4% | 4% | 3% | 3% | 6% |
| | 術科 | 題數 | 本年度增加一梯次學科考試 | 第十題 | 第七題 | 無 | 無 | 第六題 | 無 | 第九題 | 第六題 | 無 | 無 |
| | | %（10題中出現題數） | | 10% | 10% | 0% | 0% | 10% | 0% | 10% | 10% | 0% | 0% |

| | | 年度梯次 | 1051 | 1052 | 1053 | 1061 | 1062 | 1063 | 1071 | 1072 | 1073 | 1081 | 1082 | 1083 |
|---|---|---|---|---|---|---|---|---|---|---|---|---|---|---|
| 第2章 | 學科 | 題數 | 5 | 6 | 2 | 4 | 4 | 5 | 3 | 1 | 4 | 4 | 0 | 3 |
| | | %（80題中出現題數） | 6% | 8% | 3% | 5% | 5% | 6% | 4% | 1% | 5% | 5% | 0% | 4% |
| | 術科 | 題數 | 第九題 | 無 | 無 | 無 | 無 | 無 | 無 | 無 | 無 | 無 | 第八題 | 第六題 |
| | | %（10題中出現題數） | 10% | 0% | 0% | 0% | 0% | 0% | 0% | 0% | 0% | 0% | 10% | 10% |

| | | 年度梯次 | 1091 | 1092 | 1093 | 1101 | 1102 | 1103 | 1111 | 1112 | 1113 | 1121 | 1122 | 1123 |
|---|---|---|---|---|---|---|---|---|---|---|---|---|---|---|
| 第2章 | 學科 | 題數 | 3 | 4 | 2 | 3 | 4 | 2 | 3 | 5 | 7 | 5 | 4 | 3 |
| | | %（80題中出現題數） | 4% | 5% | 3% | 4% | 5% | 3% | 4% | 6% | 9% | 6% | 5% | 4% |
| | 術科 | 題數 | 第六題 | 第九題 | 無 | 無 | 第九題 | 無 | 第六題 | 無 | 第六題 | 第六題 | 第六題 | 無 |
| | | %（10題中出現題數） | 10% | 10% | 0% | 0% | 10% | 0% | 10% | 0% | 10% | 10% | 10% | 0% |

## 2-1　職業基本概念

### 一、職業　✪✪✪

　　「職業」係指個人所擔任的工作或職務種類，一個職業往往包含著若干的任務，而一個任務之中又往往含有若干工作單元，由一組具有高度相似性的「工作」所組成；工作單元係指構成職務的基本單元，而在每一個單元裡，還包含有一個個不同的動作【*1121-70；1102-70；1101-64；1081-25；1072-66；1013-17；1113 術科第六題】。通常「工作」則指個人以獲取報酬（含現金或實物報酬）目的而執行的一組作業項目及職務，故職業分類之對象須具有報酬性，包括受僱者、雇主、自營作業者、及幫家人從事營利工作而不支領薪資之無酬家屬工作者。但不包括義務從事社會公益工作之義工，及有收益而無工作者，如醫院之義工、就業服務站志工、依靠財產生活者【*1062-9；1012-57；1001-41；992-38；983-21】。此外，凡幫同家人工作間接獲得報酬，而工作時間在一般規定三分之一以上者亦認為有職業【*1043-13；1011-52】。因此，職業須具備下列條件：　　　　　　　　　　　【*1018 月 -45；1001-42；991-2；961-71】

1. 須有報酬：係指因工作而獲得現金或實物之報酬。
2. 有繼續性：係指非機會性；但從事季節性或週期性之工作亦認為有繼續性。
3. 為善良風俗所認可：如從事工作雖可獲得報酬，但不為善良風俗所認可，則不認定為其職業。

　　職業與行業不同，行業係指經濟活動部門之種類，包括從事生產各種有形物品及提供各種服務之經濟活動在內，因此每一行業，因分工之關係，常需不同職業之工作者；而同一職業之工作者，常分布於不同之行業。　　　　　　　　　　　　　　　　　　　　　【*1113-63；1052-39】

### 二、職業分類原則　✪✪

　　主計處對職業分類原則主要建構在工作內容及所需技術上，相同工作性質的工作應歸屬同一職業【*1113-61】。所謂「技術」係指執行特定工作的能力【*1113-61】，可由「技術層次」及「技術領域」等兩個層面加以分類，其定義及衡量因素分述如下：

　　　　　　　　　　　　　　【*1112-61；1102-67；1091-10；1033-58；1031-26；1031-62；1018 月 -56】

#### （一）技術層次

　　技術層次（Skill Level）指工作所涉及之複雜程度及範圍，分為四個技術層次【*1113-61；1023-6】，主要應用於大類之劃分，可依工作特性及工作所需之教育程度、職業訓練或工作經驗作為衡量因素，在某些職業，工作經驗或職業訓練可以取代正規教育程度。四個技術層次之定義如下。　　　　　　　　　　　　　　　　　　　　　　　　　　　　　　　　【*1112-77】

1. **第一技術層次**
   (1)工作特性：通常指單純及例行性勞力工作，可以使用手、工具或簡單的電子設備。
   (2)所需技術型態：通常需要體力或耐力，其中部分工作需具備簡單讀寫與計算能力，惟此技術並非該職業所需之主要條件。
   (3)所需教育程度或訓練：部分職業需完成國小教育，某些工作則需要短期職業訓練。
   (4)典型職業範例：如清潔工、貨物搬運工、園藝工及廚房助手等。

2. **第二技術層次**

(1)工作特性：通常指操作或維修電子與機械設備，駕駛機動車輛，或資料之運算、整理及儲存。

(2)所需技術型態：通常需具備熟練的手動操作技巧、閱讀安全操作手冊等相關資訊、填寫工作紀錄及精準的資料運算等能力；對某些職業而言，具備良好的人際溝通技巧也是必要條件。

(3)所需教育程度或訓練：通常需完成國中教育，但部分職業需具備高中（職）教育程度；在某些職業，相關工作經驗或職業訓練可取代正規教育程度。

(4)典型職業範例：如出納員、美髮師、商店銷售人員、裁縫師、電工、巴士駕駛及汽車維修人員等。

3. **第三技術層次**

(1)工作特性：通常為執行複雜的技術性及實務性工作，需具備專業領域的實務經驗及技術知識。

(2)所需技術型態：通常需具備高階讀寫與計算能力，以及良好的溝通技巧，包括理解複雜書面資料、準備實務應用報告及參與溝通協調。

(3)所需教育程度或訓練：通常需完成中等教育後再就讀高等教育機構之職業教育學程；在某些職業，相關工作經驗與職業訓練可以取代正規教育程度。

(4)典型職業範例：如工程技術員、法務秘書、商業銷售代表、電腦技術員、廣播及視聽技術員等。

4. **第四技術層次**

(1)工作特性：通常需以專業領域之理論及實務應用知識為基礎，以解決複雜問題並作決策，包括分析與研究特定領域之人文知識、診斷與治療疾病、對他人傳授知識、為營造及生產過程進行結構或機械之設計等。

(2)所需技術型態：通常需具備優越的讀寫與計算能力，以及出色的溝通技巧，包括理解複雜書面資料，並以書籍、報告及口述等方式傳達其理論或實務應用觀念。

(3)所需教育程度或訓練：通常需完成高等教育，正規教育之學位證書為進入本類職業之必要條件，惟某些職業，可以工作經驗與職業訓練取代正規教育程度。

(4)典型職業範例：如行銷經理、工程師、醫師、學校教師、護理師及電腦系統分析師等。

## （二）技術領域

技術領域（Skill Specialization）指工作所需技術的種類，主要應用於中、小、細類，可依工作所需具備之知識領域、使用工具與機械、生產所需物料及產品種類等差異作為劃分基礎。

## 三、編碼系統及歸類原則

### (一) 編碼系統

　　主計總處職業分類系統自 99 年 5 月 1 日起，實行第 6 次中華民國職業標準分類修訂，共分 10 大類【*1062-37；1051-21；1023-33；1018 月 -64；1002-9；992-68；991-55】、其編碼方式依 ISCO，大、中、小、細類分別採用 1、2、3、4 位 編碼【*1122-10；1101-19；1091-22；992-46；991-54；971-79；963-34；961-23】；中、小、細類之末碼若為「0」，表示該層級不再細分，末碼若為「9」，則表示其他項類別【*1112-20；1001-32】，如表 2-1。

### (二) 歸類原則

　　職業之歸類原則在於工作的本質及所負擔的責任，相同或相似性質的工作應歸入同一職業，而不考慮工作者個人技術或特質之差異性，例如新進老師與擁有 20 年教學經驗的王牌老師歸類相同。

　　若工作內容及所負責任需具備不同程度之訓練或工作經驗之技巧，即涉及不同技術層次之作業項目時，考量需具備較高技術能力始能執行該項工作，故依技術層次較高者歸類，例如宅急便的送貨員，其工作內容包括開車 (技術層次二) 及搬運貨物 (技術層次一)，應歸入技術層次較高的 8322 細類「小客車及小貨車駕駛人員」。

　　若工作內容涉及貨品生產及配銷等不同工作程序，且均屬相同技術層次時，應以生產性工作進行職業歸類，例如麵包店之麵包師傅同時從事麵包烘製 (技術層次二) 及販售工作 (技術層次二)，則不能歸類為 5220 細類「商店銷售有關人員」，應歸入 7912 細類「麵包、點心及糖果製造人員」。

 **重要觀點**

◎ 民國 99 年以前職業分類原則，係按個人從事之有酬工作，將其性質相似或相近者分別歸類並做有系統之排列。惟職業種類繁多，通常無一定之原則可循，一般多按下列條件，選擇其適用者作為分類之準則【*991-22；981-72；961-80】：(1) 在職務上所負之責任；(2) 專業知識、技術及資歷；(3) 生產之物品或提供勞務之種類；(4) 工作環境、工作程序或使用之原料。

◎ 凡從事兩種工作以上之工作者，(1) 以從事時間較長之工作判定為其職業【*1102-33；1043-62；1011-76；992-33；983-14；981-7】，不能確定時，則以 (2) 收入較多之工作判定為其職業【*1002-29】。如仍無法確定，則以 (3) 距調查時最近之工作判定為其職業。若在同一處所從事兩種以上工作之工作者，則按 (4) 技術性較高工作，判定其職業。　　　　　　　　　　【*991-41】

表 2-1　職業分類實例【*1002-9；1122 術科第六題；1113 術科第六題；1092 術科第九題；1033 術科第九題】

| 大類 | | 中類 | | 小類 | | 細類 | |
|---|---|---|---|---|---|---|---|
| 1 | 民意代表、主管及經理人員【*1033 術科第九題】 | 11 | 民意代表、高階主管及總執行長 | 111 | 民意代表及高階主管人員 | 1111 | 民意代表 |
| | | | | 112 | 總經理及總執行長 | 1120 | 總經理及總執行長 |
| | | 12 | 行政及商業經理人員 | 121 | 企業服務及行政經理人員 | 1211 | 財務經理人員 |
| | | | | | | 1212 | 人力資源經理人員 |
| 2 | 專業人員【*1102 術科第九題】 | 21 | 科學及工程專業人員 | 212 | 數學、精算及統計學專業人員 | 2120 | 數學、精算及統計學專業人員 |
| | | 22 | 醫療保健專業人員 | 223 | 牙醫師 | 2230 | 牙醫師 |
| | | 24 | 商業及行政專業人員 | 242 | 行政專業人員 | 2422 | 人事及員工培訓專業人員【*1063-55；1041-73】 |
| | | | | 243 | 行銷、公關及技術銷售專業人員 | 2432 | 公關專業人員 |
| | | 25 | 資訊及通訊專業人員 | 251 | 軟體與應用程式開發人員及分析師 | 2513 | 網站及多媒體程式開發人員 |
| | | 26 | 法律、社會及文化專業人員 | 261 | 法律專業人員 | 2611 | 律師及公設辯護人 |
| 3 | 技術員及助理專業人員【*1102 術科第九題；1033 術科第九題】 | 33 | 商業及行政助理專業人員【*1061-40】 | 332 | 銷售及採購代理人與經紀人 | 3321 | 保險代理人【*1023-65】 |
| | | | | 333 | 企業支援服務代理人 | 3333 | 職業介紹人及承包人【*1043-67；1011-67】 |
| | | 34 | 法律、社會、文化及有關助理專業人員 | 343 | 藝術、文化及烹飪助理專業人員 | 3431 | 攝影師 |
| 4 | 事務支援人員【*1102 術科第九題】 | 49 | 其他事務支援人員 | 491 | 人事事務人員 | 4910 | 人事事務人員 |
| 5 | 服務及銷售工作人員【*1102 術科第九題；1033 術科第九題】 | 53 | 個人照顧工作人員 | 532 | 個人健康照顧工作人員 | 5320 | 個人健康照顧工作人員 |
| 6 | 農、林、漁、牧業生產人員 | 60 | 農、林、漁、牧業生產人員 | 605 | 漁業生產人員 | 6053 | 遠洋漁撈人員 |
| 7 | 技藝有關工作人員 | 74 | 電力及電子設備裝修人員 | 742 | 電子設備裝修人員 | 7421 | 資訊及通訊設備裝修人員 |
| 8 | 機械設備操作及組裝人員 | 81 | 生產機械設備操作人員 | 814 | 橡膠、塑膠及紙製品機械操作人員 | 8142 | 塑膠製品機械操作人員 |
| | | 83 | 駕駛及移運設備操作人員 | 833 | 大客車及大貨車駕駛人員 | 8332 | 大貨車駕駛人員 |
| 9 | 基層技術工及勞力工 | 91 | 清潔工及幫工【*1102 術科第九題】 | 911 | 家庭及類似場所清潔工及幫工 | 9112 | 辦公室、旅館及類似場所清潔工及幫工【*1121 術科第六題】 |
| 0 | 軍人【*1033 術科第九題】 | 01 | 軍人 | 010 | 軍人 | 0100 | 軍人 |

資料來源：主計總處職業標準分類查詢系統，http://www.dgbas.gov.tw/public/Attachment/05320393571.pdf。

## 立即演練 1

( )1. 工作者本身所擔任之職務或工作是為　①行業　②職業　③專業　④無業

( )2. 下列何者不是中華民國職業分類典中「職業」須具備的條件？　①須有報酬　②有繼續性　③為善良風俗所認可　④機會性

( )3. 當前中華民國職業分類典共分為幾大類？　①10 大類　②12 大類　③16 大類　④19 大類

( )4. 根據職業之分類原則，當工作者在同一處所從事兩種以上工作時，應以下列哪一項標準判定其職業？　①收入較多者　②工作時間較長者　③技術性較高者　④由工作者自行選擇

( )5. 凡從事兩種工作以上之工作者，首先以何種特質判定為其職業？　①收入較多之工作　②技術性較高之工作　③職位較高之工作　④從事時間較長之工作

( )6. 中華民國職業分類典的職業分類中，小、細類代碼尾數代表「其他類」之代碼為何？　①0　②1　③2　④9

( )7. 目前我國臺灣地區職業分類標準計分為幾層？　①三層　②四層　③五層　④六層

( )8. 目前我國行政院主計處職業分類的分類碼，最多為幾位碼？　①3 位碼　②4 位碼　③5 位碼　④6 位碼

( )9. 下列哪一項不屬於職業？　①檳榔西施　②教師　③就業服務站志工　④司機

( )10. 職業是指個人所擔任之工作或職務，但須具備部分條件，下列何者不符合該等條件？　①公務人員　②就業服務人員　③義工　④演藝人員

( )11. 以下何者為職業？　①營建業　②秘書　③公共行政業　④大眾傳播業

( )12. 下列何者不屬於職業的分類？　①行政主管　②事務工作人員　③農林漁牧工作人員　④個人服務業

( )13. 每一行業，因分工之關係，當需不同職業之工作者；而同一職業之工作者，常分布於不同之行業，以下何者為職業？　①娛樂業　②演藝人員　③社會服務業　④大眾傳播業

( )14. 下列何者不是職業的分類原則？　①專業知識與技能　②工作環境、工作程序或使用之原料　③經濟活動部門之種類　④職務上所負之責任

( )15. 下列哪一項工作性質不宜做為職業分類的參考原則？　①工作待遇　②工作環境　③專業知識　④職務責任

( )16. 民國 99 年新修訂中華民國職業標準分類，下列何者不是新修訂的職業大類？　①技藝有關工作人員　②軍人　③服務及銷售工作人員　④技術員及助理專業人員

( )17. 「所需技術」是我國職業分類的重要原則之一，現行分類標準是將所需技術分為幾個層次？　①10　②9　③4　④3

解　1.②　2.④　3.①　4.③　5.④　6.④　7.②　8.②　9.③　10.③
11.②　12.④　13.②　14.③　15.①　16.④　17.③

## 2-2 職業分析方法

### 一、職業分析 ✪✪✪✪

#### (一)定義

職業分析是一種蒐集及分析職業資料的手段【*1063-61】，透過對一個職業所涵蓋的職務或工作內容所做的分析【*1102-70；1062-40】，以正確完整地蒐集及分析職業資料，並以簡明、扼要方式加以表達，以供就業服務、職業輔導、人事管理和職業訓練等的參考。【*1121-78；1121-26；1092-65；1092-7；1091-66；1033-25；1032-69；1012-59；1091 術科第六題】

職業分析主要採用文件分析、晤談、觀察、討論等方法，經由選定擬分析職業、擬訂機構調查計畫，進行機構調查、擬訂職業分析計畫、進行職業分析及評定、整理所得資料等程序，以蒐集工作執行概況、從業人員條件（最低學歷、所需技術訓練、工作經驗、學業能力、性向、工作屬性、工作特質）及待遇（生手、熟手、老手）【*1121-75；1111-21；1093-69；1083-67；1071-63；1021-25】、升遷等方面的資料，供使用者參考。【*1122-79；1122-68；1122-24；1121-29；1092-76；1081-64；1051 術科第九題】

#### (二)整合性工作分析

勞動部過去曾設計的整合性工作分析，繪製機構調查表與職業分析表。機構調查表是用來記載一個機構的概況。機構調查表所收集的資訊包括：1.機構基本資料（機構名稱、機構地址、負責人姓名與職稱、電話、總從業人員數）；2.機構之主要業務；3.組織系統。機構代號有五碼，後三碼代表受調查機構的序號【*1092-5；1073-13；1021-13】。職業分析表共有六張表，1.基本資料與職業概述【*1021-25】，2.從業人員分析，3.工作執行分析，4.體能需求【*1021-30】，5.環境狀況【*1021-10】，6.職業資料總表。

### 二、職業分析手冊

為利職業分析的進行，勞動力發展署於民國 77 年修訂編印完成「職業分析手冊」。本手冊除對職業分析的意義、職業分析的內容（責任、技巧、機械設備、工作環境、最低學歷、工作經驗、證照、體能、待遇、升遷、職業性格、其他職業的關聯【*1113-6；1102-70；1092-76；1081-64；1071-37；1051-55；1041-71；1022-33；1013-44；1012-45；991-31；972-69；972-76；1051 術科第九題；1013 術科第十題；983 術科第六題；961 術科第八題】）、用途、流程、方法有所說明外，並附有完整的職業分析表格，使用者可參照其填寫方法，據以實地進行分析。【*1103-9；1102-67；1012-32；972-9】

### 三、職業分析方法

職業分析是蒐集、檢視及解析某職位的主要工作活動，及從事這些活動所須具備特質的過程；工作說明書（Job Description）與工作規範（Job Specification）是工作分析的最終成果【*1002-47】。工作說明書旨在描述工作性質、任務、責任、工作內容等的說明；工作規範，是由工作說明書中指出完成該項工作的工作者應具備的資格與條件。【*1113-5；1101-75；1052-58】

工作分析相關資料的蒐集方法如下： ✪✪✪✪

【*972-23；1082 術科第八題；1002 術科第八題；992 術科第三題；961 術科第八題】

1. 訪談法：員工個別面談、與相同工作員工群體面談、全然瞭解工作分析之主管面談。

【*1012-37】

2. 觀察法：在工作現場實際觀察某一職業工作者的工作情形，並將工作活動的資料有系統地記錄下來。再用「類推法」依據觀察內涵後，加以判斷從事該職業所需之責任、知識、技能及精神動力的職業資料。

【*1123-39；1033-43】

3. 工作日誌法：可要求員工記下每天的工作日誌，做什麼工作、工作內容與工作所花的時間。

4. 問卷調查法：設計並分發問卷給選定的員工，讓員工自己填寫問卷，要求在一定的期間內填寫，以獲取有關的資訊。

5. 實作法：由研究者實際從事所欲分析的工作，並配合工作日誌，研究該工作所需要的技能、知識、體力、態度等資料。

6. 文件分析法：依據現有的書面資料，進行分析獲得職業資料。

【*1123-38；1113-24；1103-47；1073-35；1013-23】

7. 職能工作分析法：是由美國勞工部於 1930 年發展而成。將各項工作以數量化的基礎來加以評等、分類及比較。如執行任務所需特別指示之程度、執行任務所需要推論與判斷的程度、執行任務所需的數理能力、表達與語言能力。

8. 職位分析問卷法：由美國普渡大學所發展的一種非常結構性的問卷，它是分析任何與員工活動有關的工作專門問卷。分析人員必須熟悉該問卷題目內容、了解評分的過程與方法、並對分析的職務內容相當了解。

9. 資料處理法：依據規定方式將現有的資料進行編號、歸檔及建立目錄，以便於查閱資料的方法。

【*1042-24】

10.類推法：依據觀察某一職業內涵後，加以判斷從事該職業所需之責任、知識、技能及精神動力的職業資分析方法。

【*1063-19；1022-5】

## 四、職業分析的程序　✪✪✪

職業分析的六個程序如下：【*1081-69；1018 月 - 6；1002-47；991-17；971-67；1041 術科第六題；1001 術科第八題】

整理職業資料包括「撰寫工作說明書」與「工作規範」，分別說明如下：

**1. 撰寫工作說明書**

工作說明書需明列工作所涵括的任務（Task）、義務（Duties）和責任（Responsibility），簡稱 TDRs。【*1113-5；1101-75】

**2. 工作規範**

在職者必須具備的相關知識（Knowledge）、能力（Abilities）/態度（Attitudes）、技術（Skills）、及其他特質（Other Characteristics）的清單，簡稱 KASO。

【*1101-75；1052-80；1051-72；1011-45；1001-29；983-75；1013 術科第十題】

## 五、工作說明書

撰寫工作說明書時，應包含下列幾項：

1. 工作識別：該工作擁有者之職務頭銜。

2. 工作摘要：描述工作的一般性質，只需列出其主要功能或活動。

3. 職責與任務：陳述工作的主要職責。

4. 現職者的職權：任職者之權限。

5. 績效標準：說明員工在工作說明書中所列各項任務所需達到的績效標準。

6. 工作條件：記載與工作有關的一般工作條件。

7. 工作規範：有經驗與無經驗人員。

## 六、工作分析資訊的用途　　　　　　　　【*1041 術科第六題；1012 術科第七題】

1. 招募與甄選。
2. 薪酬給付水準。
3. 績效評估。
4. 職業訓練。
5. 工作職責的分配完整。
6. 職業介紹。
7. 職業輔導。
8. 職業評鑑。
9. 企業合理化經營。
10. 防止職災。

## 七、職務設計與職務再設計

### （一）職務設計

**職務設計**（或稱**工作設計**）係指定義工作執行的方式及所含任務的過程，為有效設計工作，設計者必須確實瞭解工作本身（經由工作分析得知），及它在整體工作流程中所佔的地位，設計者可依不同的方式進行工作設計。

### （二）職務再設計

**職務再設計**（或稱**工作再設計**）運用職業分析方法【*1073-52；992-16；983-13】，針對工作者的特性，尤其是中高齡者或身心障礙者，依其現存能力，將現有職務加以重行安排，並透過工作分析，按身心障礙者的特性，分派適當工作，或重新設計與安排，以期發揮事配合人之功能，充分運用人力資源。

 **重要觀點**

◎ 日本學者神代雅晴倡議日本政府應鼓勵日本企業應對企業內各種工作進行職務評價，且以職務評價為基礎，建立外部勞動市場對中高齡勞動者工作能力的診斷與評估。為此他提出中高齡勞工有效率的績效方程式為 $P = f(W, A, C, M)$，其中「P」代表中高齡者工作績效；「W」代表改善工作條件與環境（包括輔具的研發與職務再設計）的適配；「A」代表知能（技術＋知識＋經驗）；「C」代表工作適應能力與適齡指標；「M」代表為工作意願。　【*1001-10】

## 立即演練 2

( 　　 ) 1. 「簡化工作流程」是屬於職務再設計的哪一個項目？　①改善工作環境　②改善工作場所機具或設備　③改善工作條件　④調整工作內容

( 　　 ) 2. 職務再設計為下列何種方法的應用？　①行業分析　②薪資分析　③職業分析　④職業心理測驗分析

( 　　 ) 3. 日本學者神代雅晴（2002）倡議中高齡勞工的工作能力與績效方程式為 $P = f(W、A、C、M)$，其中「W」代表為何？　①工作環境改善　②完成工作的能力　③適應工作的能力　④工作動機

( 　　 ) 4. 下列哪一項職務再設計的花費最少？　①改善工作環境　②改善工作場所機具或設備　③改善工作條件　④調整工作內容。

**解**　1.④　　2.③　　3.①　　4.④

---

## 八、全民共通核心職能

　　經濟環境變遷快速，就業者的挑戰因而增加，在訓練的對策方面，有需要在訓練內容、訓練對象、訓練方法三方面有所因應。勞動力發展署（前行政院勞委會職業訓練局）特邀集學者專家進行多次討論，認為不含操作技術之「全民共通核心職能課程」，最能促進就業者學習的能力與呈現工作績效，以克服挑戰，期使我們的就業者具有國際的競爭力。以下分別介紹全民共通核心職能課程的三個領域。

### （一）全民共通核心職能課程內容

　　全民共通核心職能課程內容分為三個領域（簡稱 3C 職能課程）。　　　　　　　　【*1053-80】

**1. 動機職能（Driving Competencies，簡稱 DC）**

　　用意在增進勞動力的「認知」的訓練，建立勞動力「有我」條件。　　　　　　　　【*992-69】

表 2-2　動機職能課程

| 課程內容 | 學習目標 |
|---|---|
| D1 工作願景與工作倫理 | 建構工作願景與職業倫理 |
| D2 專業精神與自我管理 | 數立專業精神與培植自律自制能力 |
| D3 群我倫理 | 激勵社會化意識與自我表現之驅動力 |

**2. 行為職能（Behavioral Competencies，簡稱 BC）**

　　用意在增進勞動力的「認同」的訓練，建立勞動力「有他」條件。

表 2-3　行為職能課程

| 課程內容 | 學習目標 |
|---|---|
| B1 職場認知與自我定位 | 具備組織機制與任務權責之認知能力—自覺知識之開發 |
| B2 團隊精神與互動協作能力 | 建立團隊精神意識，積極融入團隊 |
| B3 同儕關係與體諒包容意識 | 察覺同儕關係增進體諒包容 |
| B4 溝通調和與跨單位合作 | 學習溝通調和概念，養成互動合作觀念與能力 |

**3.** 知識職能（**Knowledge Competencies**，簡稱 **KC**）

用意在增進勞動力的「認識」的訓練，建立勞動力「客觀」條件。

表 2-4　知識職能課程

| 課程內容 | 學習目標 |
|---|---|
| K1 環境知識的學習與創新 | 資訊轉換與跨領域語言之運用能力—環境知識之開發 |
| K2 價值概念與成本意識 | 價值概念與成本意識之制度化能力的養成與發展—客觀知識之開發 |
| K3 問題反應與分析解決 | 建立問題反映與分析解決之洞察能力—解題知識之開發 |

## （二）全民共通核心職能課程的訓練對象

1. 不分職位，從總經理到基層員工都必須學習「共通核心職能」。
2. 不分產業，任何產業的從業人員都必須具有「共通核心職能」。

## （三）全民共通核心職能課程的訓練方法之特色

1. 學科教學之外，必須有體驗課程搭配。例如：(1) 講授法；(2) 討論教學法；(3) 工作指導法；(4) 個案研討法；(5) 角色扮演法；(6) 遊戲競賽法；(7) 視聽教學法；(8) 電腦輔助教學法；(9) 敏感度訓練法；(10) 現場觀摩法。
2. 授課者講得少，學習者講得多、做得多。
3. 可透過網路學習 e-learning 等多元化方式進行學習。

# 九、職能基準

## （一）職能（**Competency**）

　　職能（Competency）成功完成某項工作任務或為了提高個人與組織現在與未來績效所應具備的知識、技能、態度或其他特質等能力組合。就其淵源，職能此一名詞首先是由美國哈佛大學教授 McClelland 於 1973 年所提出，係強調應該注重實際影響學習績效的「職能」，而非智商。而分析多位人力資源專家的研究後，可理解「職能」是一種以「能力」為發展的建構模式，是透過將高績效工作者所共同具有的職能因素歸納整理，即可找出此項工作之職能模式。換言之，職能是用以描述在執行某項工作時所需具備的關鍵能力，其目的在找出並確認哪些是導致工作上卓越績效所需的能力及行為表現，以協助組織或個人瞭解如何提升其工作績效，使組織在進行人力資源管理的各項功能與人員訓練發展實務時，能更切合實際需要。　　　　　　　　　　　　【*1061-44】

## （二）職能基準（Occupational Competency Standard, OCS）

職能基準指產業創新條例第 18 條所述，為由中央目的事業主管機關或相關依法委託單位所發展，為完成特定職業（或職類）工作任務，所需具備的能力組合。此能力組合應包括該特定職業（或職種）之主要工作任務、行為指標、工作產出、對應之知識、技能等職能內涵的整體性呈現。在職能的分類上，是為專業職能，闡述專業職能是員工從事特定專業工作（依部門）所需具備的能力。產業職能基準的內涵中，職能的建置必須考量產業發展之前瞻性與未來性，並兼顧產業中不同企業對於該專業人才能力之要求的共通性，以及反應從事該職業（專業）能力之必要性。因此，職能基準不以特定工作任務為侷限，而是以數個職能基準單元，以一個職業或職類為範疇，框整出其工作範圍描述、發展出其工作任務，展現以產業為範疇所需要能力內涵的共通性與必要性。

## （三）產業職能基準

目前我國產業職能基準，主要透過蒐集國內外相關資料，如國內經濟部、教育部、考選部及國外如美國、澳洲、新加坡、香港等國家或地區發展國家職能之經驗，歸納在職能基準建置方面的經驗，從中萃取重點面向，作為參考，依據產業職能基準特性，將諸多指標依照系統分析理論中，以 McGrath（1964）輸入（Input）－過程（Process）－產出（Output）模式（簡稱為 I-P-O），作為指標檢核構面，並訪談專家蒐集各構面下相關指標意見，綜整完成草稿擬定，再經由專家會議進行確認。初步擬定之檢核構面與指標依 McGrath（1964）I-P-O 模式整理分成需求面（Input）－流程面（Process）－成果面（Output）三大面向【\*1061-44：1061-33】，各面向重點要求如下：

1. 需求面：檢視發展職能基準的需求之合理性。

    此構面主要在檢視職能基準是否依據產業與勞動力之需求發展，以及考慮未來應用效益。產業職能基準發展之初，應依據產業面重要性而定，例如：是否符合國內產業政策重點發展方向，或者有區域性產業發展之需求。接著檢視該職能基準對於該職業是否具有重要性及影響力，例如：能提升所屬及相關產業產品或服務附加價值、與國際接軌或跨產業人才流動有幫助、具轉型或新興需求、人才缺口或職缺成長率大等。確定該職能基準發展之需求後，仍必須考慮未來應用的方式及可能影響的人員規模。

2. 流程面：檢視發展職能基準程序之系統性及公正性。

    此構面主要在檢視發展產業職能基準的過程中，是否依專業屬性、職業工作性質、工作程序等選擇合適的職能分析方法，分析過程所規劃設計工具是否恰當，是否有具實務經驗的利害關係人參與，所設計之驗證方法及程序是否恰當等。

3. 成果面：檢視職能基準產出的完整性。

    此構面主要在檢視產業職能基準產出項目是否完備，職能基準中的「工作描述」與「工作任務」是否符合該職業（類）實際現況，各項「職能內涵」是否應涵蓋從事該職業（類）實際所需之重要項目，「行為指標」是否能具體反應能力展現的程度，並作為成果評量的依據。依據上開各項重點要求，爰就各品質構面發展審核指標，包含說明、要求條件、檢附文件，以及針對品質審查專家團隊審查作業之審核重點。

### （四）職能分級

職能基準係指為完成特定職業或職類工作任務，所應具備之能力組合，包括該特定職業或職類之職能級別、各主要工作任務、對應行為指標、工作產出、知識、技能、態度等職能內涵。因此，職能基準表之內涵，應針對上述各項目內涵進行發展。其中有關各職能基準訂定級別之主要目的，在於透過級別標示，區分能力層次以做為培訓規劃的參考，職能級別之規劃內容，共分為 6 級，主要係參考新加坡、香港（兩者皆參考自實施分級成熟之澳洲資歷架構並調整為較易運作），以及學理上較成熟之美國教育心理學家布魯姆（Bloom）教育目標理論等，經加以研析萃取後，研訂符合我國國情之職能 6 級別能力內涵。

1. 第一級能力內涵：能夠在可預計及有規律的情況中，在密切監督及清楚指示下，執行常規性及重複性的工作。且通常不需要特殊訓練、教育及專業知識與技術。

2. 第二級能力內涵：能夠在大部分可預計及有規律的情況中，在經常性監督下，按指導進行需要某些判斷及理解性的工作。需具備基本知識、技術。

3. 第三級能力內涵：能夠在部分變動及非常規性的情況中，在一般監督下，獨立完成工作。需要一定程度的專業知識與技術及少許的判斷能力。

4. 第四級能力內涵：能夠在經常變動的情況中，在少許監督下，獨立執行涉及規劃設計且需要熟練技巧的工作。需要具備相當的專業知識與技術，及作判斷及決定的能力。

5. 第五級能力內涵：能夠在複雜變動的情況中，在最少監督下，自主完成工作。需要具備應用、整合、系統化的專業知識與技術及策略思考與判斷能力。

6. 第六級能力內涵：能夠在高度複雜變動的情況中，應用整合的專業知識與技術，獨立完成專業與創新的工作。需要具備策略思考、決策及原創能力。

## 立即演練 3

( ) 1. 下列何者是職業分析流程的最先階段？ ①進行機構調查 ②選定所要分析的職業 ③擬定機構調查計畫 ④產生職業資料

( ) 2. 下列何者是職業分析流程的最後階段？ ①進行機構調查 ②整理職業資料 ③進行職業分析 ④擬定調查計畫

( ) 3. 我國的職業分析手冊，不包括下列何項？ ①職業分析的內容 ②工作說明書 ③職業分析的用途 ④行業分析

( ) 4. 以下何者不是職業分析中從業人員條件？ ①最低學歷 ②工作職責 ③工作經驗 ④職業性格

( ) 5. 下列何者不是「職業分析」的內容？ ①職業內容 ②從業人員條件 ③職業相關資料 ④勞動市場需求

( ) 6. 下列何者不是職業分析內容中有關「從業人員條件」的項目？ ①從業人員的工作經驗 ②從業人員的學歷 ③升遷或轉換工作的途徑 ④從業人員的證照。

(　　) 7. 下列何者不是職業分析的方法？　①自然觀察法　②訪問法　③焦點團體法　④小組討論法

(　　) 8. 下列何者是職業目標的特質？　①脫離貧窮，降低社會成本　②促進國際交流　③促進區域人口流動　④勞資關係和諧

(　　) 9. 職業分析內容或稱為 KASO，其中的「O」代表為何？　①能力　②從業者職業心理特質　③技術　④知識

(　　)10. 下列何者不是職業分析的意義？　①一種收集職業資料的手段　②一種分析從事職業所需要條件的方法　③由分析者針對特定職業之要素加以觀察、分析的方式　④獲取社會之行業變遷資料的手段

(　　)11. 下列何者不是職業分析的用途？　①職業訓練　②職業介紹　③績效考核　④獲工作者互相支持

(　　)12. 大同、小花、大山是同班同學，最近三人大學畢業而且一起參與工作面談，大同強調工作倫理與專業精神，大山強調溝通協調技能與衝突化解能力，小花強調環境知識的學習與創新。請問若從勞動部勞動力發展署「全民共通核心職能（3Cs）」來看，下列敘述何者正確？　①大同傾向動機職能、小花傾向知識職能、大山傾向行為職能　②大同傾向行為職能、小花傾向動機職能、大山傾向知識職能　③大同傾向知識職能、小花傾向行為職能、大山傾向動機職能　④大同、小花、大山三人都傾向行為職能。

(　　)13. 根據勞動部勞動力發展署的職能基準發展指引，下面哪一個不是發展具有品質之職能基準（Occupational Competency Standard-OCS）所需考慮的面向？　①需求面：檢視發展職能基準的需求之合理性　②知識面：檢視發展職能基準的知識之完整性　③流程面：檢視發展職能基準程序之系統性及公正性　④成果面：檢視職能基準產出的完整性

**解** 1.②　　2.②　　3.④　　4.②　　5.④　　6.③　　7.③　　8.①　　9.②　　10.④　　11.④　　12.①　　13.②

---

## 2-3　行業概念與分析方法

### 一、行業

**行業**係指經濟活動部門之種類，包括從事生產各種有形商品與提供各種服務之經濟活動在內。

【*1002-61；992-48；983-59；1113 術科第六題】

## 重要觀點

◎ 行業與職業之區別

行業指工作者工作場所隸屬之經濟活動部門，職業則指工作者個人本身所擔任之職務或工作。以酒廠所僱司機為例，在職業分類中司機屬其職業為「運輸工具駕駛員」，其行業則屬製造業之「飲料製造業」【\*1123-67；1113-68；1102-49】。簡言之，所謂行業，係指經濟活動部門之種類，而非個人所擔任之工作，每一類行業均有其主要經濟活動，但因分工關係，往往需要各種不同職業之工作人員，例如成衣製造工廠歸屬行業標準分類之 12 中類「成衣及服飾品製造業」，廠內含有廠長、出納員、倉庫管理員、作業員等多種不同職業的工作人員。反過來說，同一種職業之工作人員，亦常分布於各種不同之行業，例如出納員在製造業、營造業、批發及零售業等各個行業類別中均會出現。【\*1112-74；1083-69；1002-79；981-22；972-6；971-29；961-77】

## 二、行業標準分類歸類原則

### （一）一般原則

行業標準分類係以場所單位之附加價值最大的主要經濟活動作為判定行業基礎【\*1083 術科第六題】，而不論其組織型態為公司組織、合夥組織或獨資經營，為民營或公營，亦不論其營運方式為傳統通路或電子商務；個人單獨作業，無固定工作場所者，則依其從事經濟活動所生產之商品或所提供之服務歸類。若無法取得附加價值資料，可採生產總額、營業額等產出替代指標或勞動報酬、工時、員工人數等投入替代指標作為判定依據【\*1031 術科第六題】。惟前述替代指標有其使用上之限制，宜審慎運用，茲說明如下：

**1. 產出替代指標**

產出替代指標之選取必須足以反映生產活動實況，並吻合產出衡量方式。例如，在統計期間，場所單位所生產之產品如大部分未出售而成為存貨，此時若以營業額作為替代指標，將低估其附加價值，因此必須同時考量存量變動的狀況；另如同時從事買賣及其他經濟活動，在買賣部分，不宜採用營業額作為替代指標，而應採用商業毛利較佳。

**2. 投入替代指標**

以勞動報酬作為替代指標時，必須考量其資本密集程度，因為資本密集程度較高的行業，通常其附加價值中折舊占較高比重，勞動報酬則相對較低；另相同的產品以手工製造之資本密集程度通常較工廠大量生產者為低。亦即，勞動報酬相同的二項經濟活動，資本密集度高者，應有較高的附加價值。

### （二）複合活動之處理

**1. 獨立多元（Independent Multiple）活動**

各場所單位之主要經濟活動，按其性質相同或相似者分別歸屬於一類；如該場所單位同

時從事多種獨立之經濟活動時，依聯合國 ISICRev.4 規定，應採「由上而下法（Top-down Method）」之程序判定，以確保歸類結果與場所單位實際經濟活動之一致性。

**2. 垂直整合（Vertical Integrated）活動**

係指同一場所單位從事不同生產程序之一貫化生產活動，以上一階段的產出作為下一階段的投入，例如在同一場所單位中，從伐木到鋸木，或從採土到製磚，或從人造纖維到紡紗、織布等一貫化生產活動。其場所單位行業的歸類方式應與其他形式之複合活動處理方式相同，即採「由上而下法」之程序，判定其主要經濟活動之行業歸屬。

**3. 水平整合（Horizontal Integrated）活動**

係指同一場所單位使用相同的生產要素從事兩種以上生產活動，因中間原料重疊，釐析不易，難以計算各項產品之附加價值並據以歸屬行業時，可採替代指標，改以產品之生產總額或營業額，按其最大者歸屬行業。惟部分生產活動中，若必然有副產品伴隨產出，即使副產品之特性與主產品差異極大，仍應考量將其與主產品歸在同一類別，例如天然甘油是製造肥皂過程中必然產生的副產品，兩項生產過程無法分離，故同歸屬 1930 細類「清潔用品製造業」。

## （三）電子商務活動

電子商務係指經由網際網路或其他電子媒介從事商品或服務所有權移轉之商業交易行為，雖和傳統銷售方式不同，但無關行業標準分類之歸類原則，故不論是採用電子商務或傳統銷售手法之經營模式，均依該經濟活動之實際內涵分別歸入適當類別，例如專門透過網際網路販售旅行產品之旅遊業者，其經濟活動內涵與傳統業者相同，是代客安排旅程、代購交通客票、代辦出國簽證手續等相關服務，歸入 7900 細類「旅行及相關代訂服務業」。本原則唯一的例外為 G 大類「批發及零售業」，專門從事透過網際網路銷售商品者，不依其銷售商品種類歸類，而歸入 487 小類「其他無店面零售業」項下的 4871 細類「電子購物及郵購業」。

## （四）維修活動

本行業標準分類將各種維修活動分別歸屬不同大類，其中：(1) 產業用機械設備（含飛機及船舶）之維修歸屬 3400 細類「產業用機械設備維修及安裝業」；(2) 工程維修歸屬 F 大類「營造業」之適當類別；(3) 電腦及其週邊設備、通訊傳播設備、視聽電子產品、汽機車、自行車及其他家庭用品之維修，歸屬 95 中類「個人及家庭用品維修業」之適當類別。

## （五）委外生產活動

以收取費用或訂契約為基礎之經濟活動單位，與自負盈虧及風險從事生產活動之生產單位歸為同類；另若委託他人生產，惟對產品之構想具有影響力，且提供製造產品之原材料，並以自己名義出售商品或服務及承擔風險，則其產品視為自己生產之商品或服務。

## （六）政府活動

政府所從事之經濟活動依其特性歸入適當之類別，而非全歸入 O 大類「公共行政及國防；強制性社會安全」項下。例如，公立學校歸入 P 大類「教育服務業」、公立醫院歸入 8610 細類「醫院」，但政府機關基於行政管理目的而從事類似民間經濟活動者，歸入 O 大類「公共行政及國防；強制性社會安全」。

### 三、行業統計標準

行業標準分類定期每 5 年修訂乙次，2011 年 3 月 1 日起第 9 次修訂，修訂結果計分為 19 大類、89 中類、254 小類、551 細類【*1111-57；1061-48；1053-42】，行業標準分類分為大、中、小、細類等 4 個層級【*1083 術科第六題】，其編碼方法大類採英文字母編碼，中、小、細類分別採用 2、3、4 位數編碼；小、細類代碼尾數「0」代表與上一層級同，尾數「9」代表其他類，如表 2-5【*1001-40；1001-64；991-65；1031 術科第六題】。2016 年 1 月起第 10 次修訂，援例以聯合國最新版國際行業標準分類（簡稱 ISIC）為基準，並參考各產業經濟重要性及調查實務可行性等進行檢討，修訂結果計分為 19 大類、88 中類、247 小類、517 細類【*1083-12】。2021 年 1 月起第 11 次修訂，製造業之小類 089（其他食品製造）之新增細類 0898（保健營養食品製造業）等類別，請參閱表 2-5【*1122 術科第六題；1111 術科第六題】。目前勞動基準法適用行業別是以第六次為主。

表 2-5　行業分類編碼系統【第 11 次修正代號 @】

| 大類 | | 中類 | | 小類 | | 細類 | |
|---|---|---|---|---|---|---|---|
| A | 農、林、漁、牧業 | 01 | 農、牧業 | 011 | 農作物栽培業 | 0111 | 稻作栽培業 |
| B | 礦業及土石採取業 | 05 | 石油及天然氣礦業 | 050 | 石油及天然氣礦業 | 0500 | 石油及天然氣礦業 |
| C | 製造業 @ | 08 | 食品及飼品製造業 @ | 089 | 其他食品製造業 @ | 0898 | 保健營養食品製造業 @ |
| | | 12 | 成衣及服飾品製造業【*1031 術科第六題】 | 122 | 針織成衣製造業 | 1222 | 針織內衣及睡衣製造業 |
| | | 16 | 印刷及資料儲存媒體複製業 | 161 | 印刷及其輔助業【*1031 術科第六題】 | 1611 | 印刷業 |
| | | 19 | 其他化學製品製造業 | 193 | 清潔用品及化粧品製造業 | 1931 | 清潔用品製造業 @ |
| | | | | | | | 化粧品製造業 @ |
| | | 25 | 金屬製品製造業 | 253 | 金屬容器製造業 | 2531 | 鍋爐、金屬貯槽及壓力容器製造業 |
| | | 29 | 機械設備製造業 | 291 | 金屬加工用機械設備製造業 | 2912 | 金屬切削工具機製造業 |
| | | | | 292 | 其他專用機械設備製造業 | 2921 | 農用及林用機械設備製造業 |
| | | | | | | 2925 | 木工機械設備製造業 |
| | | | | 293 | 通用機械設備製造業 | 2938 | 動力手工具製造業 |
| | | 30 | 汽車及其零件製造業 | 303 | 汽車零件製造業 | 3030 | 汽車零件製造業 |
| D | 電力及燃氣供應業 @ | 35 | 電力及燃氣供應業 | 352 | 氣體燃料供應業 | 3520 | 氣體燃料供應業 |

| 大類 | | 中類 | | 小類 | | 細類 | |
|---|---|---|---|---|---|---|---|
| E | 用水供應及污染整治業 @ | 38 | 廢棄物清除、處理及資源回收處理業 | 383 | 資源回收處理業 | 3830 | 資源回收處理業 |
| F | 營造業 @ | 42 | 土木工程業 | 422 | 公用事業設施工程業 | 4220 | 公用事業設施工程業 |
| G | 批發及零售業 @【*1031 術科第六題】 | 45-46 | 批發業 | 461 | 建材批發業 | 4615 | 金屬建材批發業 |
| | | | | 464 | 機械器具批發業 | 4643 | 農用及工業用機械設備批發業 |
| H | 運輸及倉儲業 @【*1032-46】 | 49 | 陸上運輸業 | 493 | 汽車客運業 | 4931 | 公共汽車客運業 |
| I | 住宿及餐飲業 @【*1121 術科第六題】 | 55 | 住宿服務業 | 551 | 短期住宿服務業 | 5510 | 短期住宿服務業 |
| | | 56 | 餐飲業 | 563 | 飲料業 | 5631 | 飲料店 |
| J | 資訊及通訊傳播業 @ | 58 | 出版業 | 581 | 新聞、雜誌（期刊）、書籍及其他出版業 | 5811 | 新聞出版業 |
| K | 金融及保險業 @ | 64 | 金融中介業 | 641 | 存款機構 | 6411 | 中央銀行 |
| L | 不動產業 @ | 68 | 不動產經營及相關服務業 | 681 | 不動產經營業 | 6811 | 不動產租售業 |
| M | 專業、科學及技術服務業 @【*1031 術科第六題】 | 71 | 建築、工程服務及技術檢測、分析服務業 | 711 | 建築、工程服務及相關技術顧問業 | 7112 | 工程服務及相關技術顧問業 |
| N | 支援服務業 @【*1113-15；1043-46；1031-58】 | 77 | 租賃業 | 772 | 運輸工具租賃業 | 7721 | 汽車租賃業 |
| | | 78 | 人力仲介及供應業【*1063-49】 | 781 | 人力仲介業【*1062-14；1011-35】 | 7810 | 人力仲介業 |
| | | | | 782 | 人力供應業【*1093-50；1001-35】 | 7820 | 人力供應業【*1011-80；1002-53】 |
| | | 79 | 旅行及相關代訂服務業 | 790 | 旅行及相關代訂服務業 | 7900 | 旅行及相關代訂服務業 |
| | | 80 | 保全及私家偵探服務業 | 800 | 保全及私家偵探服務業 | 8001 | 保全服務業 |
| O | 公共行政及國防；強制性社會安全 @ | 83 | 公共行政及國防；強制性社會安全 | 831 | 公共行政業 | 8311 | 政府機關 |
| P | 教育業 @ | 85 | 教育業 | 855 | 大專校院 | 8550 | 大專校院 |

| 大類 | | 中類 | | 小類 | | 細類 | |
|---|---|---|---|---|---|---|---|
| Q | 醫療保健及社會工作服務業@ | 86 | 醫療保健服務業 | 861 | 醫院 | 8610 | 醫院 |
| | | 87 | 居住型照顧服務業 | 871 | 居住型護理照顧服務業@ | 8711 | 居住型長期照顧服務業@ |
| | | | | | | 8719 | 其他居住型護理照顧服務業@ |
| | | | | 879 | 其他居住型照顧服務業@ | 8791 | 居住型身心障礙者照顧服務業@ |
| | | | | | | 8792 | 居住型老人照顧服務業@ |
| | | | | | | 8799 | 未分類其他居住型照顧服務業@ |
| | | 88 | 其他社會工作服務業 | 881 | 居家式及社區式長期照顧服務業@ | 8811 | 居家式長期照顧服務業@ |
| | | | | | | 8812 | 社區式長期照顧服務業@ |
| | | | | 889 | 未分類其他社會工作服務業@ | 8891 | 兒童及少年之社會工作服務業@ |
| | | | | | | 8899 | 其他未分類社會工作服務業@ |
| R | 藝術、娛樂及休閒服務業@ | 90 | 創作及藝術表演業 | 901 | 創作業 | 9010 | 創作業 |
| S | 其他服務業@ | 94 | 宗教、職業及類似組織 | 942 | 職業團體 | 9421 | 工商業團體 |
| | | 96 | 未分類其他服務業 | 963 | 殯葬及寵物生命紀念相關服務業@ | 9630 | 殯葬及寵物生命紀念相關服務業@ |

 **重要觀點**

◎ 支援服務業：從事支援一般企業運作之各種活動（少部分亦支援家庭）之行業，如租賃、人力仲介及供應、旅行及相關代訂服務、保全及私家偵探、建築物及綠化服務、業務及辦公室支援服務等。　　　　　　　　　　　　　　　　　【*1031-58；1011-35；1001-35】。

◎ 人力仲介業：從事職業介紹及人才推薦等人力仲介服務之行業。經營網際網路職業介紹服務等亦歸入本類。　　　　　　　　　　　　　　　　　　　　　　　　　　【*1031-58】

◎ 人力供應業：從事於特定期間內派遣所屬員工至客戶場所，以支援其工作之行業，如人力派遣服務。派遣員工在客戶場所工作期間，不受人力派遣業者之直接監督。提供人力資源事務管理服務，但不負責客戶員工之指揮及管理者，亦歸入人力供應業類。　　　　　【*1002-53】

◎ 非傳統行業劃分法

第一級產業：以直接取自天然資源或將天然資源加以培育利用者，如農業（林業、漁業、牧業）。其不但直接滿足人們生活的基本需求，同時也為其他產業提供原料，是各級產業的基礎。

【*1071-23：1018 月 -78】

第二級產業：第一級產業所生產的產品，有些可以直接使用，有些必須經過加工製造後，才能送至市場銷售，這種加工製造的過程即為第二級產業活動，一般稱為工業或製造業。

第三級產業：第三級產業指不生產物質產品的行業，即服務業。而工業產品必須透過運輸、批發、零售的過程方能到達消費者的手上，這些零售、批發業即為商業；運輸、倉儲、金融保險業等即為服務業，我們將這些產業合稱為第三級產業。

【*1063-40：1032-46：1022-58】

第四級產業（Quaternary sector of industry）：從第三級產業分支出來。指以提供智能型服務為特徵的產業領域，曾一直歸入第三產業。一般認為，與其內容主要是以資訊、研發及管理為主的產業，科學研究相關的高新技術產業以及教育產業屬於第四產業。

## 立即演練 4

( 　) 1. 行業統計標準分類基於成本、統計資料銜接及國際間修訂週期等考量，自民國 80 年後定期每幾年修訂 1 次？　①2　②3　③4　④5

( 　) 2. 中華民國行業統計標準分類目前進行第幾次修訂？　① 11　② 15　③ 17　④ 19

( 　) 3. 目前行政院主計處的行業統計標準分類共分為幾大類？　①十大類　②十二大類　③十六大類　④十九大類

( 　) 4. 下列哪一項不屬於行業？　①早餐店　②派遣勞工　③人壽保險公司　④電子花車業

( 　) 5. 下列何者不屬於行業的分類？　①製造業　②銀行業　③司機　④工商服務業

( 　) 6. 下列何者為行業？　①就業服務人員　②公務人員　③大學教授　④支援服務業

( 　) 7. 新修訂的中華民國行業統計標準分類新增三大行業，下列何者不是新增的行業大類？　①用水供應及污染整治　②專業、科學及技術服務業　③出版影音及資、通訊業　④支援服務業

( 　) 8. 坊間俗稱的人力（勞動）派遣業，在 100 年新修訂的中華民國行業標準分類中，屬於哪一個業別？　①職業介紹服務業　②人力仲介業　③人力供應業　④其他就業服務業

( 　) 9. 依據行政院主計總處之人力資源調查統計報告中的「運輸及倉儲業」是屬於何種產業？　①一級產業　②二級產業　③三級產業　④四級產業

解　1.④　2.①　3.④　4.②　5.③　6.④　7.②　8.③　9.③

# Chapter **3** 就業市場資訊

| | 年度梯次 | 961 | 963 | 971 | 972 | 981 | 983 | 991 | 992 | 1001 | 1002 | 1011 |
|---|---|---|---|---|---|---|---|---|---|---|---|---|
| 第3章 | 學科 題數 | 3 | 3 | 2 | 5 | 4 | 2 | 0 | 2 | 1 | 0 | 1 |
| | 學科 %（80題中出現題數） | 4% | 4% | 3% | 6% | 5% | 3% | 0% | 3% | 1% | 0% | 1% |
| | 術科 題數 | 第九題 | 無 | 第七題 | 無 | 第九題 | 無 | 無 | 第七題 第八題 | 無 | 第六題 | 無 |
| | 術科 %（10題中出現題數） | 10% | 0% | 10% | 0% | 10% | 0% | 0% | 20% | 0% | 10% | 0% |

| | 年度梯次 | 1012 | 1018月 | 1013 | 1021 | 1022 | 1023 | 1031 | 1032 | 1033 | 1041 | 1042 | 1043 |
|---|---|---|---|---|---|---|---|---|---|---|---|---|---|
| 第3章 | 學科 題數 | 1 | 5 | 2 | 5 | 10 | 10 | 4 | 10 | 4 | 5 | 4 | 1 |
| | 學科 %（80題中出現題數） | 1% | 6% | 3% | 6% | 13% | 13% | 5% | 13% | 5% | 6% | 5% | 1% |
| | 術科 題數 | 第一題 | 本年度增加一梯次學科考試 | 第四題 | 無 | 第八題 | 無 | 無 | 無 | 無 | 無 | 第六題 | 無 |
| | 術科 %（10題中出現題數） | 10% | | 10% | 0% | 10% | 0% | 0% | 0% | 0% | 0% | 10% | 0% |

| | 年度梯次 | 1051 | 1052 | 1053 | 1061 | 1062 | 1063 | 1071 | 1072 | 1073 | 1081 | 1082 | 1083 |
|---|---|---|---|---|---|---|---|---|---|---|---|---|---|
| 第3章 | 學科 題數 | 2 | 1 | 4 | 5 | 3 | 4 | 3 | 2 | 2 | 1 | 1 | 3 |
| | 學科 %（80題中出現題數） | 3% | 1% | 5% | 6% | 4% | 5% | 4% | 3% | 3% | 1% | 1% | 4% |
| | 術科 題數 | 第八題 | 第六題 第八題 | 無 | 第七題 | 無 | 第六題 | 第二題 第三題 | 第四題 第八題 | 第五題 第八題 | 無 | 第三題 | 第七題 |
| | 術科 %（10題中出現題數） | 10% | 20% | 0% | 10% | 0% | 10% | 20% | 20% | 20% | 0% | 10% | 10% |

| | 年度梯次 | 1091 | 1092 | 1093 | 1101 | 1102 | 1103 | 1111 | 1112 | 1113 | 1121 | 1122 | 1123 |
|---|---|---|---|---|---|---|---|---|---|---|---|---|---|
| 第3章 | 學科 題數 | 3 | 3 | 3 | 3 | 0 | 1 | 1 | 2 | 1 | 1 | 1 | 5 |
| | 學科 %（80題中出現題數） | 4% | 4% | 4% | 4% | 0% | 1% | 1% | 3% | 1% | 1% | 1% | 6% |
| | 術科 題數 | 無 | 第二題 第四題 第六題 | 無 | 無 | 無 | 第三題 第六題 | 無 | 無 | 無 | 無 | 無 | 第六題 |
| | 術科 %（10題中出現題數） | 0% | 30% | 0% | 0% | 0% | 20% | 0% | 0% | 0% | 0% | 0% | 10% |

## 3-1　就業市場資訊與運用

### 一、就業市場資訊　　　　　　　　　　　　　　　　　　　　　✿✿✿

　　臺灣地區公立就業服務機構辦理就業市場資訊的蒐集、分析與發布工作，最早係於 1968 年 1 月由臺灣省政府在臺灣省高雄區就業輔導中心試辦就業市場實驗報告。而依據就業服務法令規定，職業訓練局於 1994 年完成「就業市場資訊作業基準手冊」（Handbook for Employment Market Information）編製，統一作業程序。其編製目的 1. 奠立地區性就業市場資訊的發布制度；2. 減少勞動者的失業；3. 加速求職求才雙方的媒合。　　　　　　　　　　　【*1103-79；1022-07；1021-76】

　　就業市場資訊是指就業市場動態及影響因素、勞動力特質、以及人力供需媒合過程記錄等各種資訊而言。一般就業市場資訊應包括：1. 人口結構資料；2. 全國經濟變動情勢；3. 地區性工商活動報導；4. 教育統計資料；5. 人力資源資料；6. 職業訓練消息；7. 求職求才消息；8. 勞動條件資料；9. 職業指導資料報導；10. 技能檢定消息；11. 新職類特徵報導；12. 有關法令增修訂報導等資訊。　　　　　　　　　　　　　　　　　　　　　　　　　　　【*1072 術科第八題】

　　就業市場資訊的內容也應依需要資訊的對象不同而作不同的選擇。對求職人而言，最關心就業機會、工作條件及事業發展等資訊；對求才者而言，最想瞭解當地就業市場的工資率、各職類人力的供應是否充裕，以及各企業或各行業間對勞力的競爭情況等資訊；對就業有關的行政主管與規劃人員而言，最想知道人力供需或其盈缺、失調原因的分析等資訊。針對各界不同的需要，以及各地區不同的特性，就業市場資訊的彙編，即應以滿足求職人、雇主或其他應用者的需要為導向。　　　　　　【*1091-61；1041-68；1033-61；1022-36；1021-76；971 術科第七題；961 術科第九題】

## 重要觀點

◎ 就業服務法第 16 條（公立就業服務機構應提供就業市場之資訊）

　　公立就業服務機構應蒐集、整理、分析其業務區域內之薪資變動、人力供需及未來展望等資料，提供就業市場資訊。【*1052-22；992-31；1061 術科第五題；1043 術科第四題；1013 術科第四題】

◎ 就業服務的經濟資源：包括就業安定基金之孳息、政府預算、民間贊助經費。　　　【*971-41】

◎ 就業服務的社會人力資源：包括各行各業專業資源、組織資源、內在創新知識資源。
　　　　　　　　　　　　　　　　　　　　　　　　　　　　　　　　　　　　【*963-32】

◎ 就業服務的物力資源：包括土地、開放空間、建築物、設施設備。　　　　　　【*961-28】

◎ 政府建置台灣就業通網站的 5 個原則：　　　　　　　　　　　　　【*1061 術科第七題】

　　1. 整合性：全國性之就業資訊網，整合公私部門職缺

　　2. 服務性：以免費為原則

　　3. 保密性：對雇主與求職人之資料，除推介就業之必要外，不對外公開

　　4. 即時性：會員可即時獲得職場及政府就業政策等相關資訊。

　　5. 便利性：與四大超商合作，就業市場資訊貼近民眾生活，資源隨手可得。

**立即演練 1**

( )1. 有關就業服務的經濟資源之敘述，下列何者較不適當？ ①就業安定基金之孳息 ②政府預算 ③組織資源 ④民間贊助經費

( )2. 有關就業服務的社會人力資源之敘述不包括下列何項？ ①民間贊助經費 ②各行各業專業資源 ③組織資源 ④內在創新知識資源

( )3. 下列敘述何者不屬於就業服務的物力資源？ ①民間捐款 ②土地、開放空間 ③建築物 ④設施設備

**解** 1.③ 2.① 3.①

## 二、就業市場資訊功能

就業市場資訊功能有以下四點：

1. 有助於判斷整體勞動市場的實際運作及消除摩擦性失業問題。
2. 可促進勞動供需媒合之進行。
3. 節省勞動使用與提供雙方的時間與相關成本。
4. 可落實國民就業政策及保障國民工作權。

## 三、就業市場資訊發佈方式與內容　【*1072 術科第八題；971 術科第七題】✿✿✿

### （一）就業市場分析季報

係由公立就業服務中心定期發布的一種就業市場報告。

### （二）就業市場月報

由公立就業服務機構每月定期編印一種就業市場報告。

### （三）就業市場特報

公立就業服務機構，針對就業市場情勢需要，選定主題（如產業人力需求狀況等），利用抽樣調查方式，蒐集業務區內與主題有關的資訊，再輔以可用相關資料，做綜合性深入分析，編印成專題性或突發性就業問題之研究報告予以發布，供做勞動供需參考之就業市場資訊、機關辦理人力規劃、就業服務、職業訓練或瞭解各行業勞動力供需狀況的參考。

【*1071-40；1063-66；1042-32；1041-55；1032-7；1018 月 -5；981-39；972-27；1092 術科第六題】

### （四）就業市場快報

係由公立就業服務機構編輯，其發布目的在適時蒐集就業有關消息，並以最迅捷的方式，利用海報、求才卡或報紙提供就業訊息。　【*1022-62】

### （五）就業市場情勢月報

就業市場情勢月報原由行政院經濟建設委員會人力規劃處編印，分析每月就業市場情勢，收錄國內外有關人力發展重要訊息及針對特殊問題作專題分析。配合國家發展委員會成立，本月報發行至 103 年第 1 期為止，續由勞動力發展署編撰。

## 四、就業市場資訊收集方法

就業市場資訊收集方法可分為「普查」與「抽查」兩種，分別說明如下：

1. 普查：針對所有對象，逐一進行資料收集的方式。

2. 抽查：針對調查對象，已隨機或非隨機的方式抽取一定的樣本，加以調查之後，在以樣本調查結果推論母體的方式。

 **重要觀點**

◎ 為了解我國就業與失業的現況，主計處每個月進行人力資源統計調查，調查資料收集方式為，平均每月由臺灣地區總戶數中抽取約 2 萬個樣本戶，抽出率為 0.28%，高於韓國之 0.23%，日本之 0.09% 與美國之 0.05%，樣本數具代表性。

## 五、公立就業服務專用統計名詞　【*1112-66；1072-65】❁❁❁❁

### （一）求才利用率

求才利用率是指有效求才僱用人數占新登記求才人數之百分比【*1041-4；1032-47；1032-71；1022-57；1123 術科第六題；1103 術科第六題；1042 術科第六題】，計算方式如下。一般係利用公立就業服務機構的業務統計，就其中的成功推介就業人數佔求才登記人數的百分比，計算求才利用率【*1063-57】。

$$求才利用率 = \frac{推介就業人數（成功推介就業人數）}{求才人數（求才新登記人數）}$$

 **重要觀點**

◎ 求才利用率是反映就業市場中求才機會被利用的程度。　　　　　【*1032-47；1032-71】

◎ 求才利用率愈高表示求才機會被利用的程度愈高。　　　　　　　【*1032-47；1032-71】

◎ 求才利用率的高低並無法反映出就業市場的榮枯。　　　　　　　【*1032-47；1032-71】

◎ 若資料充分可求性別、年齡、教育程度和職業等類別的求才利用率。　【*1032-47；1032-71】

### （二）求職與求才有效人數

**「求職人數」**是指具有工作能力者，前往公立就業服務機構登記求職，或自行在台灣就業通登錄求職之人數；「求才人數」則指雇主前往公立就業服務機構登記求才，或自行在台灣就業通登錄求才之人數【*1103 術科第六題】。「新登記」專指在當月內辦理求職或求才登記及登錄之人數，如新登記求職人數、新登記求才人數。【*1033-69】

**求職（求才）有效人數**，係指各就業服務機構當月新登記求職人數（求才人數）外，尚包括有效期限內已辦理登記而尚未介紹就業或尚未填補之求才空缺，其延至本月仍需予以保留。求職（求才）登記有效期限訂為二個月（含登記當月在內計算）。【*1013-31；1018 月 -11；972-56；1103 術科第六題】

計算方式：一般職業介紹的求職、求才人數於本月新登記者，無論有無約定均列入本月有效人數；一般職業介紹求職、求才人數於上月登記，其於有效期間（或約定期限）內尚未推介就業者均列入本月有效人數。亦即有效期間已推介就業、自行就業與不再求職，已介紹補實與自行招雇，及另有約定期限，期滿者均予減除，其餘方列為本月有效人數；代招代考的報名人數與求才人數於錄用月份列為新登記及有效求職、求才人數，其未錄用或未補實者不得列為次月有效人數。

## （三）求職就業率

求職就業率指安置就業人數（有效求職推介就業人數）除以新登記求職人數之比率【*1053-58：1021-15：1123 年術科第六題：1103 術科第六題：1063 術科第六題：1042 術科第六題】。計算方式如下：

$$求職就業率 = \frac{安置就業人數}{求職人數}$$

## （四）求供倍數　　　　　　　　　　　　　　　　　　　　　　★★★★★

求供倍數指求才人數除以求職人數之比率。計算方式如下：【*1052-23：1032-15：1022-16：1013-64：972-30：1123 術科第六題：1103 術科第六題：1092 術科第六題：1063 術科第六題：1042 術科第六題：1012 術科第一題：1123 術科第五題】

$$求供倍數 = \frac{求才人數（有效）}{求職人數（有效）} \quad 或 \quad 求供倍數 = \frac{求才人數（新登記）}{求職人數（新登記）}$$

 **重要觀點**

◎ 求供倍數是反映就業市場榮枯的重要指標之一。

◎ 求供倍數等於 1，即表示當時就業市場的勞力供需處於平衡狀態，平均每一位求職人恰有一個工作機會供其運用。　　　　　　　　【*1063 術科第六題：1042 術科第六題：1012 術科第一題】

◎ 當求供倍數大於 1，表示就業市場的勞力需求大於勞力供給，且比值愈大，就業市場的需求即愈超過供給，亦即就業市場對人力需求愈殷切，而勞力不足現象亦愈明顯。
　　　　　　　　　　　　　　　【*1063 術科第六題：1042 術科第六題：1012 術科第一題】

◎ 當求供倍數小於 1，不但表示勞力供給超過勞力需求，其比值愈小，就業市場勞力供給超過勞力需求愈多，就業市場對人力需求愈有限，勞力過剩現象亦趨明顯。
　　　　　　　　　　　　　　　【*1063 術科第六題：1042 術科第六題：1012 術科第一題】

◎ 求供倍數的大小和失業率的高低，呈反向關係，當求供倍數愈大，失業率即愈低；反之，求供倍數愈小，失業率愈高。　　　　　　【*1073 術科第八題：1012 術科第一題】

◎ 資料充分可求性別、年齡、教育程度和職業等類別的求供倍數。

## （五）網際網路就業服務資訊系統

網際網路就業服務資訊系統指求職、求才者，透過公立就業服務機構就業資訊區架設之電腦及「台灣就業通」，所獲得各項服務之系統。

## 六、公立就業服務機構之就業服務統計速報

公立就業服務機構之就業服務統計速報資料，一般包括項目如下：　　【*1032-74：971 術科第七題】

1. 一般會按年月份公佈就業服務之服務的類別（一般職業介紹、代招代考、應屆國中、高中職畢業生就業輔導），並彙整勞動力發展署補助縣市政府設置就業服據點資料（民國 95 年 1 月起）中、求職、求才及推介就業人數的情況。

    (1) 總計：求職人數、求才人數、求職推介就業人數、求才僱用人數。

    (2) 一般職業介紹：求職人數（公立就業服務機構登記求職、在全國就業 e 網登錄求職）、求才人數、求職推介就業人數、求才僱用人數。　　　　　　　　　　　【*981-45】

    (3) 就業甄選（代招代考）：求職人數、求才人數、求職推介就業人數、求才僱用人數。

    (4) 應屆國中、高中職畢業生就業輔導：求職人數、求才人數、求職推介就業人數、求才僱用人數。

2. 就業服務概況方面，提供求職人數、求才人數、求供倍數、求職推介就業人數（於就服機構登記求職者，經推介成功人數）、求才僱用人數（於就服機構登記求才者，經推介成功或利用勞動部資訊找到所需人才之人數）、求職就業率及求才利用率。

3. 按職業別統計求職、求才未能推介原因類型

    (1) 有效求職者未能推介就業之原因

    　　統計上「與求職者就業意願不合」、「求職者本身條件不合」、「已錄取未報到人數」、「求才廠商已另行補實人數」、「已另自行覓妥職業者人數」等因素進行分析。

    (2) 雇主提供之有效求才機會未能補實之原因

    　　統計上「求職者無法聯繫人數」、「雇主所提供之條件不合」、「求職者本身條件不合」、「已錄取未報到者」、「廠商已錄用額滿」、「求職者已自行就業」等因素進行分析。

 **立即演練 2**

(　　) 1. 有關求供倍數的敘述，以下何者為非？　①係指求職人數除以求才人數的比值　②它是反映就業市場的重要指標之一　③當求供倍數大於 1 時，表示勞力需求大於勞力供給　④當求供倍數等於 1 時，表示勞力供需處於平衡狀態

(　　) 2. 依據勞動力發展署之就業服務統計速報所稱之「有效」，是指當月新登記人數外，尚包括有效期限內已辦理登記，延至當月仍需予以介紹者。而有效期限一般定為多久？　① 1 個月　② 2 個月　③ 3 個月　④ 6 個月

(　　) 3. 根據行政院主計總處的調查，下列哪一種尋職方法是目前國內一般勞工最常使用的方式？　①透過親友介紹　②向公立就業服務機構登記求職　③向私立就業服務機構登記求職　④參加政府考試

(　　) 4. 在政府官方網站可取得的就業市場供需資訊中，最不常進行調查統計的是下列哪一項？　①失業率　②勞動力參與率　③求供倍數比　④勞動供需預測

(　　) 5. 依就業服務法規定，下列哪一項不屬於公立就業服務機構依法應蒐集、整理、分析的就業市場資訊？　①未來展望　②勞動派遣人數　③薪資變動　④人力供需

解　1.①　　2.②　　3.①　　4.④　　5.②

## 七、就業市場資訊的來源　✦✦✦

就業市場資訊的來源，可分為下列幾種途徑。　【*1061-62；1032-13；1022 術科第八題；1013 術科第四題；981 術科第九題；961 術科第九題】

### （一）中央政府【*1111-72；1083-68】

1. 行政院主計總處：人力資源調查統計、薪資與生產力調查統計、薪情平臺。
2. 行政院國家發展委員會：人力規劃預測資料、我的 E 政府 - 專題報導 - 就業情報站。
3. 行政院勞動部：勞動統計月報、行業職業就業指南、國際勞動統計、勞動情勢統計要覽。
4. 行政院勞動部勞動力發展署：就業市場情勢月報、職業分類典、就業好伙伴電子報【*1021-09】、台灣就業通（集結「全國就業 e 網」、「職訓 e 網」、「身心障礙者就業開門網」以及「微型創業鳳凰網」、「技能檢定」的整合性網站 http://www.taiwanjobs.gov.tw/Internet/index/index.aspx）。　【*1062-36】
5. 行政院經濟部：經濟統計指標、工業生產變動。
6. 行政院原住民族委員會：就業狀況統計調查、原 job。
7. 教育部青年發展署：青年資源讚。

### （二）地方政府

1. 臺北市政府就業服務處之台北人力銀行（OK Work 台北人力網站）。
2. 新北市政府就業服務中心。
3. 臺中市勞工局就業服務處。
4. 臺南市勞工局職訓就服中心。
5. 高雄市政府勞工局職訓就業中心。

### （三）其他

1. 民間市場：私立就業服務機構、人力銀行、人力網站（ex: 才庫人力網、生涯精靈網、全人通就業服務網、就業情報網站【*1042-62；1032-37；1021-09】）。
2. 學校：校園現場徵才活動。
3. 一步一腳印：企業訪問。

## 八、全國就業 e 網與台灣就業通

### （一）全國就業 e 網簡介（目前已整合至「台灣就業通」網站）

1. 網址：http://www2.csic.khc.edu.tw/07/0703/employment%20information/employment/workaboutstation.htm　【*1018 月 -54；971-21；961-26】
2. 設立法源：就業服務法第 22 條（全國性就業資訊網之建立）。
   中央主管機關為促進地區間人力供需平衡並配合勞工保險失業給付之實施，應建立全國性之就業資訊網。　【*992-15；1043 術科第四題】

3. 設立過程

「全國就業 e 網」是由勞動部勞動力發展署規劃建置（民國 92 年 6 月 3 日正式設立）的，其整合了各地就業服務中心站台之求職求才資料，人事行政局、銓敘部、退輔會等公部門職缺資訊及全國大專校院之校園聯名網的服務，可謂是唯一完整整合政府、民間、校園求職、求才資訊之就業網站，堪稱「旗艦級國家就業服務網站」【*1033-51】。為提供更安全、更安心的就業服務，全國就業 e 網結合專業客服建立完整的審核機制，加上系統的全面資料保密，讓民眾擁有安心的求職環境。此外，「全國就業 e 網」更是國內唯一全年無休 24 小時服務的就業服務單位，隨時有專業客服人員提供線上最即時的查詢服務與解答，讓求職求才零障礙。同時提供媒合快遞服務，每天以 email、傳真或自動語音的方式，將最新媒合資訊傳送給求職或求才者，達到一對一客戶關係管理的層次。定期性、人性化、客製化的語音關懷與服務，聯繫確認求職求才狀況，讓所有履歷表和職缺都維持在最新的更新狀態。

針對各種弱勢族群的需求，結合政府體系或民間的資源，共同提供最貼心的關懷服務，並在網站服務上特別針對各特定對象規劃設立了多元專區，例如青少年打工專區、新鮮人專區、身心障礙者、中高齡就業、婦女就業、原住民就業、更生人就業、公務專區及教育專區等，各類對象都有專屬的就業專區，只要加入會員，人人都是 VIP。同時導入會員機制，使用網站系統功能及語音電腦管制，提供各項便民服務措施，並引進網路行銷工具，透過電子傳單之發送及使用者行為追蹤分析等，有效的將各項資訊傳遞給會員，讓會員可以隨時獲得職場及政府就業政策等相關資訊。民眾還可以在網站上查到政府部門用人資訊，及政府短期就業計畫方案處理進度查詢等，以及各類職訓、創業等資訊，以期為民眾打造一個「全民終身就業網」及貼心的「全民生涯規劃網」。

## （二）整合性網站連結—台灣就業通

民國 103 年起勞動力發展署再將「全國就業 e 網」、「職訓 e 網」、「身心障礙就業開門網」、「微型創業鳳凰網」以及「技能檢定中心」等結成整合性服務系統，台灣就業通資訊網，並委外民間經營維運【*1041-35；1051 術科第八題】。

除此，政府與三大人力銀行（104、1111、518）合作擴大服務範圍，可查得到 104、1111 和 518 等人力銀行相關的職缺，讓找工作變得迅速、有效又便利。也與四大超商（7-ELEVEN、OK、萊爾富、全家）合作，透過全國一萬多個門市觸控式設備【*1052 術科第八題】，提供工作機會、徵才活動，與職訓課程查詢，相關資訊整合的目的就是希望能推出更便利的平臺、更完善的資訊，讓民眾擁有更安全的求職環境，並且可以找到最適合自己發展的職業。

## （三）勞動力發展署就業服務科技客服中心（台灣就業通客服中心）

「台灣就業通」除運用網路及實體通路提供完善資訊外，並提供全年無休 24 小時免付費客服專線 0800-777-888 及全國 358 個就業服務據點，藉由網路、電話和專業客服人員等管道，協助民眾線上登錄履歷、立即媒合職缺，以及提供各項就業相關資訊。此外，就業服務科技客服中心自民國 95 年開始陸續整合 e 政府共通平臺與校園聯名網服務，將服務對象擴及大專新鮮人、公部門

與各階層民眾，做到「科技就服一點通，求職求才真輕鬆」的目標。科技客服中心 95 年一通電話解決率高達 90%，不僅具體提升就業服務績效，更建立與求職民眾及求才廠商的良好互動關係，成功拉近公部門與民眾間的距離。

1. 求職服務信箱：findjob@mail.ejob.gov.tw
2. 求才服務信箱：findpeople@mail.ejob.gov.tw
3. 客服專線：0800-777-888【*1018 月 -32；981-71；963-49；1052 術科第八題】；傳真：(02)7733-5388
4. 服務時間：週一到週日 00：00 ～ 24：00

 **重要觀點**

◎ 政府所設立之就業服務網站，依「就業服務法」第 13 條規定，所提供的求才與求職等就業服務工作，以免費為原則，積極宣導「求職防騙」之徵才騙術手法案例。

◎ 利用台灣就業通，可以計算出求職人數、求才人數及求供倍數。　　　　　【*1012-26；963-23】

## 九、購買式的就業服務

**購買式服務**（Purchase of Service, POSC）意指政府機構和其他組織或個人簽訂合同以購買服務，提供給予政府機構的受益人。也可稱之為「公辦民營」，由政府提供房舍、設備，民間提供福利服務性機構，並得就其所提供之設施或服務，酌收必要費用等。或稱「契約式購買服務（Purchase of Service Contracting）」，是屬於機構委託的形式。這種結合相關公私資源發展出所謂購買式的就業服務制度，其優缺點說明如下。　　　　　【*1002 術科第六題】

### （一）優點

1. 業務上可以擴展服務項目和服務對象及地區。
2. 減少政府財政支出（人事費用），提升工作士氣，補充各種專業人力及服務人員。
3. 使被服務使用者獲得效率、多元、可近性的服務，並了解各種社會資源而有效運用。
4. 增加民眾參與的機會。
5. 促進政府革新進步。

### （二）缺點

1. 政府援用法令及契約規範限制過多。
2. 民間資源在經營管理上需負龐大財務虧損之風險責任。
3. 與政府部門間協調溝通不易（依法行政），且會計核銷繁雜。
4. 民間機構提供的服務常無法持續。
5. 與政府合作或委辦的補助經費不足或未能補助專業人力的費用致無法提升服務品質。

## 立即演練 3

(　　) 1. 依據行政院主計總處年人力運用調查統計結果顯示，長期失業者的特性主要為 25-44 歲佔 63.75%、大專及以上佔 41.95%；面對這些年輕化、高學歷化的失業族群，如果你是就業服務員，下列何種屬不適當的就業協助方式？　①建立正確職業觀念　②協助參加職業訓練　③給予雇主僱用長期失業者的誘因，使渠等有機會進入職場　④建議領完失業給付後再找工作

(　　) 2. 公立就業服務機構，有時會針對就業市場情勢需要，選定主題（如產業人力需求狀況等），利用抽樣調查方式，蒐集業務區內與主題有關的資訊，再輔以可用相關資料，做綜合性深入分析，編印成專題性或突發性就業問題之研究報告，供做勞動供需參考之就業市場資訊報告稱為　①就業市場快報　②就業市場月報　③就業市場特報　④就業市場季報

(　　) 3. 依據行政院勞動部勞動力發展署之就業服務統計速報所指：具有工作能力者，前往公立就業服務機構登記求職，或自行在台灣就業通登錄求職之人數稱為什麼？　①求職人數　②求才人數　③求供倍數　④求職求才人數

(　　) 4. 依就業服務法規定，下列有關建立全國性的就業資訊網的敘述，哪一項不正確？　①由中央主管機關負責　②配合失業給付的實施　③配合勞工退休金條例的實施　④促進地區間人力供需的平衡

(　　) 5. 利用台灣就業通的資料，我們可以明確計算出下列哪一項數據？　①失業率　②薪資變動率　③求供倍數　④就業率

(　　) 6. 台灣就業通為提供求職求才 24 小時之就業服務資訊諮詢服務，成立了就業服務科技客服中心，其免費付費電話號碼為何？　① 0800-393393　② 0800-0204　③ 0800-777888　④ 0800-113556

(　　) 7. 請問下列哪一種就業歧視可以透過加強就業媒合服務而獲得改善？　①雇主歧視　②同儕歧視　③顧客歧視　④統計歧視

解　1. ④　　2. ③　　3. ①　　4. ③　　5. ③　　6. ③　　7. ④

---

## 3-2　產業人才投資方案

### 一、產業人才投資方案適用對象

產業人才投資方案包含「勞工在職進修計畫」及「勞工團體辦理勞工在職進修計畫」二大計畫。各計畫目的為提升在職勞工知識、技能、態度，結合民間訓練單位辦理多元化實務導向的訓練

課程,並補助參訓勞工 80％或 100％訓練費用,每人 3 年內最高補助 7 萬元【*1042-44】,以激發勞工自主學習,加強專業知識或技能,累積個人人力資本,提高職場競爭力,提升國家整體人力資本目標。適用對象以年滿 15 歲以上具就保、勞保或農保身分之在職勞工,且符合下列資格之一:

1. 本國籍勞工。
2. 與中華民國境內設有戶籍之國民結婚,且獲准居留在臺灣地區工作之外國人、大陸地區人民。
3. 符合入出國及移民法第 16 條第 3 項、第 4 項規定之單一中華民國國籍之無戶籍國民,及取得居留身分之泰國、緬甸、印度或尼泊爾地區無國籍人民,且依就業服務法第 51 條第 1 項第 1 款規定取得工作許可者。
4. 跨國(境)人口販運被害人,並取得工作許可者。

　　方案課程報名方式係採線上報名機制,招訓與遴選方式係以線上報名時間先後順序為準,以維公開公平原則。產業人才投資方案線上報名需請先至台灣就業通網站(http://www.taiwanjobs.gov.tw/Internet/index/index.aspx)加入會員,成為台灣就業通網站會員後,再至線上報名。

## 二、產業人才投資方案經費補助

### (一)一般勞工在職進修計畫

　　依據各訓練單位所訂定訓練課程收費標準,一般參訓學員須先繳付 100％ 訓練費,俟結訓合格後,再補助學員 80％ 訓練費用,其餘費用由學員自行負擔。勞工團體辦理勞工在職進修計畫－依據各訓練單位所訂定訓練課程收費標準,一般參訓學員先行繳納 100％ 或 50％ 訓練費,俟結訓合格後,再補助參訓學員 80％ 或 30％ 訓練費用,其餘費用由學員自行負擔。上述二項計畫每位學員 3 年內合計最高補助金額為新臺幣 7 萬元。

### (二)特定對象全額補助在職進修計畫

　　依據就業服務法第 24 條規定屬特定對象在職勞工,須依訓練單位收費標準先行繳納訓練費,結訓合格後,再補助學員 100％ 訓練費用。除此,下列特定對象亦適用之。

1. 65 歲以上者。
2. 因犯罪行為被害而死亡者之配偶、直系親屬或其未成年子女之監護人;因犯罪行為被害受重傷者之本人、配偶、直系親屬或其未成年子女之監護人。

## 3-3　就業促進津貼實施辦法

就業促進津貼實施辦法(民國 111 年 4 月 29 日修正)

第一章　總則

第 1 條　本辦法依據就業服務法(以下簡稱本法)第二十三條第二項及第二十四條第四項規定訂定之。

第 2 條　本辦法之適用對象如下：<109.1.8 修正>【*1093-11；1091-36；1082-52；1043-61；1083 術科第七題】

　　　　一、非自願離職者。

　　　　二、本法第二十四條第一項各款所列之失業者。

　　　　前項所定人員須具有工作能力及工作意願。<109.1.8 修正>

第 3 條　前條第一項所定人員有下列情事之一，不適用本辦法：<109.1.8 修正>　　　　　【*1091-36】

　　　　一、已領取公教人員保險養老給付或勞工保險老年給付。

　　　　二、已領取軍人退休俸或公營事業退休金。

　　　　前項人員符合社會救助法低收入戶或中低收入戶資格、領取中低收入老人生活津貼或身
　　　　心障礙者生活補助費者，得適用本辦法。

第 4 條　中央主管機關得視國內經濟發展、國民失業及經費運用等情形，發給下列就業促進津貼：
　　　　<111.4.29 修正>【*1123-27；1101-68；1092-68；1071-65；1061-18；1032-61；1023-40；1011-17；1002-
　　　　57；981-47；971-28；1092 術科第二題；1082 術科第三題；1001 術科第二題；992 術科第八題】✪✪✪✪✪

　　　　一、求職交通補助金。

　　　　二、臨時工作津貼。

　　　　三、職業訓練生活津貼。

　　　　前項津貼發給業務，得委任、委託公立就業服務機構或職業訓練單位辦理。

　　　　　　　　　　　　　　　　　　　　　　　　　　　　　　　　　　【*1123-27；1112-55】

　　　　第一項津貼之停止發給，應由中央主管機關公告之。

第 5 條　第二條第一項所定人員，領取前條第一項第一款至第三款津貼者，除檢具國民身分證正反
　　　　面影本及同意代為查詢勞工保險資料委託書外，並應備下列文件：<111.4.29 修正>【*1053-57】

　　　　一、獨力負擔家計者：本人及受扶養親屬戶口名簿等戶籍資料證明文件影本；其受撫養親
　　　　　　屬為年滿十五歲至六十五歲者，另檢具該等親屬之在學或無工作能力證明文件影本。
　　　　　　<109.1.8 修正>　　　　　　　　　　　　　　　　　　　【*1062-70；1033-76；1023-39】

　　　　二、身心障礙者：身心障礙手冊或證明影本。<107.6.12 修正>

　　　　三、原住民：註記原住民身分之戶口名簿等戶籍資料證明文件影本。<109.1.8 修正>

　　　　四、低收入戶或中低收入戶：低收入戶或中低收入戶證明文件影本。

　　　　五、二度就業婦女：因家庭因素退出勞動市場之證明文件影本。

　　　　六、家庭暴力被害人：直轄市、縣（市）政府開立之家庭暴力被害人身分證明文件、保
　　　　　　護令影本或判決書影本。

　　　　七、更生受保護人：出監證明或其他身分證明文件影本。

　　　　八、非自願離職者：原投保單位或直轄市、縣（市）主管機關開具之非自願離職證明文
　　　　　　件影本或其他足資證明文件。

　　　　九、其他經中央主管機關規定之文件。

## 第二章　津貼申請及領取

### 第一節　求職交通補助金

第 6 條　第二條第一項所定人員親自向公立就業服務機構辦理求職登記後，經公立就業服務機構諮詢並開立介紹卡推介就業，而有下列情形之一者，得發給求職交通補助金：<109.1.8 修正 >

一、其推介地點與日常居住處所距離三十公里以上。

【*1123-6：1101-38：1032-44：1023-35：992-20】✪✪✪

二、為低收入戶、中低收入或家庭暴力被害人。

第 7 條　申請前條補助金者，應備下列文件：

一、第五條規定之文件。

二、補助金領取收據。

三、其他經中央主管機關規定之文件。

第 8 條　第六條補助金，每人每次得發給新臺幣五百元。但情形特殊者，得核實發給，每次不得超過新臺幣一千二百五十元。　　　　　　　【*1123-24：1112-55：1021-43】✪✪✪

前項補助金每人每年度以發給四次為限。　　　　　【*1083-4：1073-4：1063-30：963-73】

第 9 條　領取第六條補助金者，應於推介就業之次日起七日內，填具推介就業情形回覆卡通知公立就業服務機構，逾期未通知者，當年度不再發給。

### 第二節　臨時工作津貼　　　　　　　　　　　　　　　　　　　　【*1072-64】✪✪

第 10 條　公立就業服務機構受理第二條第一項所定人員之求職登記後，經就業諮詢並推介就業，有下列情形之一者，公立就業服務機構得指派其至用人單位從事臨時性工作，並發給臨時工作津貼：<109.1.8 修正 >

一、於求職登記日起十四日內未能推介就業。

二、有正當理由無法接受推介工作。

前項所稱正當理由，係指工作報酬未達原投保薪資百分之六十，或工作地點距離日常居住處所三十公里以上者。

第一項所稱用人單位，係指政府機關（構）或合法立案之非營利團體，並提出臨時工作計畫書，經公立就業服務機構審核通過者。但不包括政治團體及政黨。<110.7.2 修正 >

用人單位應代發臨時工作津貼，並為扣繳義務人，於發給津貼時扣繳稅款。

第 11 條　用人單位申請前條津貼，應備下列文件：

一、執行臨時工作計畫之派工紀錄及領取津貼者之出勤紀錄表。

二、經費印領清冊。

三、臨時工作計畫執行報告。

四、領據。

五、其他經中央主管機關規定之文件。

第 12 條　第十條津貼發給標準，按中央主管機關公告之每小時工資核給，且一個月合計不超過月基本工資，最長六個月。<110.7.2 修正 >

【*1101-32；1093-12；1071-12；1032-59；1023-60；1022-55；972-55；1103 術科第三題】✪✪✪✪✪

第 13 條　領取第十條津貼者，經公立就業服務機構推介就業時，應於推介就業之次日起七日內，填具推介就業情形回覆卡通知公立就業服務機構。期限內通知者，應徵當日給予四小時或八小時之有給求職假。　　　　　【*1061-44；1042-55；1031-57；1022-73】✪✪

前項求職假，每週以八小時為限。　　　　　　　　　　　　　【*1022-73；983-53】

第一項人員之請假事宜，依用人單位規定辦理；用人單位未規定者，參照勞動基準法及勞工請假規則辦理。請假天數及第一項求職假應計入臨時工作期間。

第 14 條　公立就業服務機構得不定期派員實地查核臨時工作計畫執行情形。

用人單位有下列情形之一，得終止其計畫：

一、規避、妨礙或拒絕查核。

二、未依第十條第三項之臨時工作計畫書及相關規定執行，經書面限期改正，逾期未改正者。

三、違反勞工相關法令。

臨時工作計畫經終止者，公立就業服務機構應以書面限期命用人單位繳回終止後之津貼，逾期未繳回，依法移送行政執行。　　　　　　　【*1061-53；1031-28】

第 15 條　臨時工作計畫經終止，致停止臨時工作之人員，公立就業服務機構得指派其至其他用人單位從事臨時性工作，並發給臨時工作津貼。

前項工作期間應與原從事之臨時工作合併計算。

第 16 條　領取第十條津貼者，有下列情形之一，應予以撤銷、廢止、停止或不予給付臨時工作津貼：

一、於領取津貼期間已就業。

二、違反用人單位之指揮及規定，經用人單位通知公立就業服務機構停止其臨時性工作。

三、原從事之臨時性工作終止後，拒絕公立就業服務機構指派之其他臨時性工作。

四、拒絕公立就業服務機構推介就業。

第 17 條　用人單位應為從事臨時工作之人員辦理參加勞工保險、勞工職業災害保險及全民健康保險。<111.4.29 修正 >

第三節　**職業訓練生活津貼**

第 18 條　第二條第一項第二款人員經公立就業服務機構就業諮詢並推介參訓，或經政府機關主辦或委託辦理之職業訓練單位甄選錄訓，其所參訓性質為各類全日制職業訓練，得發給職業訓練生活津貼。【*1022-56；1083 術科第七題】　　　　　　　　　✪✪✪

前項所稱全日制職業訓練，應符合下列條件：

【*1092-77；1062-26；1051-4；1041-60；1031-43；1001-69；992-21】

一、訓練期間一個月以上。

二、每星期上課四日以上。

三、每日訓練日間四小時以上。

四、每月總訓練時數一百小時以上。

第 19 條　申請前條津貼者，應備下列文件，於開訓後十五日內向訓練單位提出：

一、第五條規定之文件。

二、津貼申請書。

三、其他經中央主管機關規定之文件。

第 20 條　第十八條津貼每月按基本工資百分之六十發給【*1123-53；1122-30；1091-17；1053-11】，最長以六個月為限。申請人為身心障礙者，最長發給一年。　【*1083-24；1021-78；1072 術科第四題；1071 術科第三題】

第十八條津貼依受訓學員實際參加訓練時間以三十日為一個月計算，一個月以上始發給；超過三十日之畸零日數，應達十日以上始發給，並依下列方式辦理：

一、十日以上且訓練時數達三十小時者，發給半個月。

二、二十日以上且訓練時數達六十小時者，發給一個月。

第 21 條　申領第十八條津貼者，有下列情形之一者，應予撤銷、廢止、停止或不予核發職業訓練生活津貼：<109.1.8 修正>

一、於領取津貼期間已就業、中途離訓或遭訓練單位退訓。

二、同時具有第二條第一項第一款及第二款身分者，未依第二十六條第二項優先請領就業保險法職業訓練生活津貼。

**第四節　創業貸款利息補貼** <109.1.8 修正><111.4.29 刪除該節>

第 22 條　（刪除）<111.4.29 修正>

第 23 條　（刪除）<111.4.29 修正>

第 24 條　（刪除）<111.4.29 修正>

**第三章　津貼申請及領取之限制** <109.1.8 修正>

第 25 條　第二條第一項所定人員，依本辦法、就業保險促進就業實施辦法領取之臨時工作津貼及政府機關其他同性質之津貼或補助，二年內合併領取期間以六個月為限。

第 26 條　第二條第一項第二款人員，依本辦法、就業保險法領取之職業訓練生活津貼及政府機關其他同性質之津貼或補助，二年內合併領取期間以六個月為限。但申請人為身心障礙者，以一年為限。

前項人員同時具有第二條第一項第一款身分者，應優先請領就業保險法所定之職業訓練生活津貼。

第一項人員領取就業保險法之失業給付或職業訓練生活津貼期間，不得同時請領第十八條之津貼。

前項情形於扣除不得同時請領期間之津貼後，賸餘之職業訓練生活津貼依第二十條第二項規定辦理。

第 27 條　（刪除）<111.4.29 修正>

第 28 條　不符合請領資格而領取津貼或有溢領情事者，發給津貼單位得撤銷或廢止，並以書面限期命其繳回已領取之津貼；屆期未繳回者，依法移送行政執行。

因不實領取津貼經依前項規定撤銷者，自撤銷之日起二年內不得申領本辦法之津貼。

【＊1082 術科第三題】

第 29 條　中央主管機關、公立就業服務機構或職業訓練單位為查核就業促進津貼執行情形，必要時得查對相關資料，津貼領取者不得規避、妨礙或拒絕。

領取津貼者違反前項規定時，發給津貼單位得予撤銷或廢止，並以書面限期命其繳回已領取之津貼；屆期未繳回者，依法移送行政執行。

## 第四章　附則

第 30 條　本辦法所規定之書表、文件，由中央主管機關另定之。

第 31 條　本辦法之經費，由就業安定基金支應。

第 32 條　本辦法自發布日施行。

本辦法中華民國一百十一年四月二十九日修正發布之條文，自一百十一年五月一日施行。

## 3-4　青年跨域就業促進

### 青年跨域就業促進補助實施辦法（民國 111 年 5 月 3 日）

第 1 條　本辦法依就業服務法第二十四條第四項規定訂定之。<110.7.28 修正 >

第 2 條　本辦法適用對象為年滿十八歲至二十九歲，未在學而有就業意願且初次跨域尋職之本國籍青年（以下簡稱未就業青年）。但畢業於高級中等學校者，不受年滿十八歲之限制。<111.5.3 修正 >

前項所稱初次跨域尋職，指於開立介紹卡推介就業前未曾參加勞工保險或勞工職業災害保險，且推介或就業地點與日常居住處所距離三十公里以上者。<111.5.3 修正 >

未就業青年在學期間曾參加前項保險，且於開立介紹卡推介就業前未曾再參加者，視為未曾參加。<111.5.3 修正 >

第 3 條　本辦法所定雇主，為就業保險投保單位之民營事業單位、團體或私立學校。

前項所稱團體，指依人民團體法或其他法令設立者。但不包括政治團體及政黨。<110.7.28 修正 >

第 4 條　本辦法所定跨域就業補助，分下列四種：　　　　【＊1071 術科第二題；1052 術科第六題】

一、求職交通補助金。

二、異地就業交通補助金。

三、搬遷補助金。

四、租屋補助金。

第 5 條　未就業青年親自向公立就業服務機構辦理求職登記，經諮詢及開立介紹卡推介就業，推介地點與其日常居住處所距離三十公里以上者，公立就業服務機構得發給求職交通補助金。

第 6 條　前條之未就業青年申請求職交通補助金，應檢附下列文件：

一、補助金領取收據。

二、其他中央主管機關規定之文件。

第 7 條　求職交通補助金，每人每次得發給新臺幣五百元。但情形特殊者，得於新臺幣一千二百五十元內核實發給。

每人每年度合併領取前項補助金及依就業促進津貼實施辦法領取之求職交通補助金，以四次為限。

第 8 條　領取求職交通補助金者，應於推介就業之次日起七日內，填具推介就業情形回覆卡通知公立就業服務機構，逾期未通知者，當年度不再發給。

第 9 條　未就業青年親自向公立就業服務機構辦理求職登記，經諮詢及開立介紹卡推介就業，並符合下列情形者，得向就業當地轄區之公立就業服務機構申請核發異地就業交通補助金：　　　　　　　　　　　　　　　　　　　　　　　【*1073 術科第五題】

一、就業地點與原日常居住處所距離三十公里以上。

二、因就業有交通往返之事實。

三、連續三十日受僱於同一雇主。

前項第三款受僱之認定，自未就業青年到職投保就業保險生效之日起算。

第 10 條　前條之未就業青年於連續受僱滿三十日之日起九十日內，得向就業當地轄區公立就業服務機構申請異地就業交通補助金，並應檢附下列文件：

一、異地就業交通補助金申請書。

二、補助金領取收據。

三、本人名義之國內金融機構存摺封面影本。

四、本人之身分證影本。

五、同意代為查詢勞工保險資料委託書。

六、居住處所查詢同意書。

七、其他中央主管機關規定之文件。

前項之未就業青年，得於每滿三個月之日起九十日內，向就業當地轄區之公立就業服務機構申請補助金。

第 11 條　異地就業交通補助金，依下列規定核發：【*1123-49：1113-17：1081-17】

一、未就業青年就業地點與原日常居住處所距離三十公里以上未滿五十公里者，每月發給新臺幣一千元。　　　　　　　　　　　　　　　　　　　　　【*1073 術科第五題】

二、未就業青年就業地點與原日常居住處所距離五十公里以上未滿七十公里者，每月發給新臺幣二千元。

三、未就業青年就業地點與原日常居住處所距離七十公里以上者，每月發給新臺幣三千元。

前項補助金最長發給十二個月。　　　　　　　　　　　　　　　　　　【＊1073 術科第五題】

補助期間一個月以三十日計算，其末月期間逾二十日而未滿三十日者，以一個月計算，未滿二十日者不予發給補助。

第 12 條　未就業青年親自向公立就業服務機構辦理求職登記，經諮詢及開立介紹卡推介就業，並符合下列情形者，得向就業當地轄區之公立就業服務機構申請核發搬遷補助金：

【＊1073 術科第五題】

一、就業地點與原日常居住處所距離三十公里以上。

二、因就業而需搬離原日常居住處所，搬遷後有居住事實。

三、就業地點與搬遷後居住處所距離三十公里以內。

四、連續三十日受僱於同一雇主。

前項第四款受僱之認定，自未就業青年到職投保就業保險生效之日起算。

第 13 條　前條之未就業青年向就業當地轄區公立就業服務機構申請搬遷補助金者，應檢附下列文件於搬遷之日起九十日內為之：

一、搬遷補助金申請書。

二、補助金領取收據。

三、本人名義之國內金融機構存摺封面影本。

四、搬遷費用收據。

五、搬遷後居住處所之居住證明文件。

六、本人之身分證影本。

七、同意代為查詢勞工保險資料委託書。

八、居住處所查詢同意書。

九、其他中央主管機關規定之必要文件。

前項第四款所稱搬遷費用，指搬運或寄送傢俱與生活所需用品之合理必要費用。但不含包裝人工費及包裝材料費用。

第 14 條　搬遷補助金，以搬遷費用收據所列總額核實發給，最高發給新臺幣三萬元。

【＊1092-14；1073 術科第五題】

第 15 條　未就業青年親自向公立就業服務機構辦理求職登記，經諮詢及開立介紹卡推介就業，並符合下列情形者，得向就業當地轄區之公立就業服務機構申請核發租屋補助金：

【＊1073 術科第五題】

一、就業地點與原日常居住處所距離三十公里以上。

二、因就業而需租屋，並有居住事實。

三、就業地點與租屋處所距離三十公里以內。

四、連續三十日受僱於同一雇主。

前項第四款受僱之認定，自未就業青年到職投保就業保險生效之日起算。

第 16 條　前條之未就業青年於受僱且租屋之日起九十日內，得向就業當地轄區公立就業服務機構申請租屋補助金，並應檢附下列文件：

一、租屋補助金申請書。

二、補助金領取收據。

三、本人名義之國內金融機構存摺封面影本。

四、房租繳納證明文件。

五、房屋租賃契約影本。

六、租賃房屋之建物登記第二類謄本。

七、本人之身分證影本。

八、同意代為查詢勞工保險資料委託書。

九、居住處所及租賃事實查詢同意書。

十、其他中央主管機關規定之必要文件。

前項之未就業青年，得於受僱且租屋每滿三個月之日起九十日內，向就業當地轄區之公立就業服務機構申請補助金。

第 17 條　租屋補助金，自受僱且租賃契約所記載之租賃日起，以房屋租賃契約所列租金總額之百分之六十核實發給，每月最高發給新臺幣五千元，最長十二個月。

【*1121-50；1073 術科第五題】

前項補助期間一個月以三十日計算，其末月期間逾二十日而未滿三十日者，以一個月計算，未滿二十日者不予發給補助。

第 18 條　未就業青年申領租屋補助金或異地就業交通補助金，於補助期間得互相變更申領，其合併領取期間以十二個月為限。　　　　　　　　　　　　　　　　【*1093-6】

第 19 條　未就業青年申請本辦法之補助不符申請規定之文件，經公立就業服務機構通知限期補正，屆期未補正者，不予受理。

第 20 條　中央主管機關及公立就業服務機構為查核本辦法執行情形，得查對相關資料，申請或領取補助金者不得規避、妨礙或拒絕。

第 21 條　申領異地就業交通補助金、搬遷補助金或租屋補助金者，有下列情形之一，公立就業服務機構應不予發給補助；已發給者，經撤銷後，應追還之：

一、未於公立就業服務機構推介就業之次日起七日內，填具推介就業情形回覆卡通知公立就業服務機構。

二、為雇主、事業單位負責人或房屋出租人之配偶、直系血親或三親等內之旁系血親。

三、於同一事業單位或同一負責人之事業單位離職未滿一年再受僱者。

四、搬遷後居住處所為其戶籍所在地。

五、規避、妨礙或拒絕中央主管機關或公立就業服務機構查核。

六、不實申領。

七、其他違反本辦法之規定。

領取補助金者，有前項情形之一，經公立就業服務機構書面通知限期繳回，屆期未繳回

者，依法移送強制執行。

第 22 條　本辦法所規定之書表及文件，由中央主管機關定之。

第 23 條　本辦法所需經費，由就業安定基金項下支應。

中央主管機關得視預算額度之調整，發給或停止本辦法之津貼，並公告之。

第 24 條　本辦法自發布日施行。

本辦法中華民國一百十一年五月三日修正發布之條文，自一百十一年五月一日施行。

<111.5.3 修正 >

## 立即演練 4

( 　 ) 1. 未就業青年申領租屋補助金或異地就業交通補助金，於補助期間得互相變更申領，其合併領取期間以幾個月為限？　①2　②3　③10　④12　個月

( 　 ) 2. 依就業促進津貼實施辦法規定，中高齡者親自向公立就業服務機構辦理求職登記後，經公立就業服務機構諮詢並開立介紹卡推介就業，其推介地點與日常居住處所距離多少公里以上，得發給求職交通補助金？　①20公里　②30公里　③40公里　④50公里

( 　 ) 3. 下列哪一項非屬依就業促進津貼實施辦法所發放之津貼？　①臨時工作津貼　②勞工子女教育補助金　③求職交通補助金　④職業訓練生活津貼

( 　 ) 4. 依就業促進津貼實施辦法規定，臨時工作津貼每小時為新臺幣多少元？　①66元　②95元　③115元　④政府公告之時薪

( 　 ) 5. 以下何者非為就業促進津貼實施辦法所定之津貼？　①臨時工作津貼　②職業訓練生活津貼　③敬老津貼　④求職交通補助金

( 　 ) 6. 就業促進津貼實施辦法所定之求職交通補助金，每人每次原則得發給新臺幣500元。但每人每年度最多以發給幾次為限？　①1次　②2次　③3次　④4次

( 　 ) 7. 根據公立就業服務站的設置，諮詢服務區的個案管理員，可以依據求職者的需要提供之個案管理服務，不包括下列哪一項？　①轉介衛生機構　②申請社會福利補助　③就業諮詢　④職訓諮詢

( 　 ) 8. 當求職者專長經評估不適合當前就業市場需求時，可建議他向哪一個單位求助？　①張老師　②健康保險機構　③職業訓練機構　④生命線與補習班

解　1.④　　2.②　　3.②　　4.④　　5.③　　6.④　　7.②　　8.③

# Note

第 **2** 篇

# 人力資源相關法令

 **重點摘要**

# Chapter 4　勞動條件

考情趨勢分析

| 第4章 | 年度梯次 | | 961 | 963 | 971 | 972 | 981 | 983 | 991 | 992 | 1001 | 1002 | 1011 |
|---|---|---|---|---|---|---|---|---|---|---|---|---|---|
| | 學科 | 題數 | 11 | 10 | 12 | 11 | 9 | 16 | 14 | 5 | 10 | 5 | 10 |
| | | %（80題中出現題數） | 14% | 13% | 15% | 14% | 11% | 20% | 18% | 6% | 13% | 6% | 13% |
| | 術科 | 題數 | 第一題第二題第四題 | 第一題第二題第四題 | 第一題第二題 | 第一題第二題 | 第二題 | 第一題第五題 | 無 | 無 | 第三題第四題 | 第二題 | 第三題 |
| | | %（10題中出現題數） | 30% | 30% | 20% | 20% | 10% | 20% | 0% | 0% | 20% | 10% | 10% |

| 第4章 | 年度梯次 | | 1011 | 1012 | 1018月 | 1013 | 1021 | 1022 | 1023 | 1031 | 1032 | 1033 | 1041 | 1042 | 1043 |
|---|---|---|---|---|---|---|---|---|---|---|---|---|---|---|---|
| | 學科 | 題數 | 10 | 10 | 9 | 10 | 10 | 7 | 11 | 11 | 12 | 12 | 7 | 8 | 9 |
| | | %（80題中出現題數） | 13% | 13% | 11% | 13% | 13% | 9% | 14% | 14% | 15% | 15% | 9% | 10% | 11% |
| | 術科 | 題數 | 第三題 | 第二題第五題 | 本年度增加一梯次學科考試 | 第三題 | 第一題第二題 | 第三題第四題第五題 | 第四題第五題第八題 | 第三題第五題第七題 | 無 | 第一題第二題第五題 | 第一題 | 第一題 | 第一題第二題 |
| | | %（10題中出現題數） | 10% | 20% | | 10% | 20% | 30% | 30% | 30% | 0% | 30% | 10% | 10% | 20% |

| 第4章 | 年度梯次 | | 1051 | 1052 | 1053 | 1061 | 1062 | 1063 | 1071 | 1072 | 1073 | 1081 | 1082 | 1083 |
|---|---|---|---|---|---|---|---|---|---|---|---|---|---|---|
| | 學科 | 題數 | 9 | 7 | 11 | 18 | 18 | 12 | 8 | 7 | 10 | 11 | 11 | 10 |
| | | %（80題中出現題數） | 11% | 9% | 14% | 23% | 23% | 15% | 10% | 9% | 13% | 14% | 14% | 13% |
| | 術科 | 題數 | 第一題第二題 | 第一題第二題 | 第一題第二題 | 第一題第二題第四題第九題 | 第一題第二題 | 第三題第五題第四題 | 第四題第五題 | 第一題第六題 | 第二題第三題第十題 | 第一題第二題第五題 | 第四題第五題 | 第三題第四題第五題第七題第九題 |
| | | %（10題中出現題數） | 20% | 20% | 20% | 40% | 20% | 30% | 20% | 20% | 30% | 30% | 20% | 50% |

| 第4章 | 年度梯次 | | 1091 | 1092 | 1093 | 1101 | 1102 | 1103 | 1111 | 1112 | 1113 | 1121 | 1122 | 1123 |
|---|---|---|---|---|---|---|---|---|---|---|---|---|---|---|
| | 學科 | 題數 | 10 | 7 | 11 | 11 | 12 | 8 | 9 | 10 | 11 | 15 | 16 | 11 |
| | | %（80題中出現題數） | 13% | 9% | 14% | 14% | 15% | 10% | 11% | 13% | 14% | 19% | 20% | 14% |
| | 術科 | 題數 | 第三題第四題第五題 | 第三題第四題第五題第八題 | 第四題第六題第七題 | 第五題 | 第四題第五題第七題 | 第五題 | 第四題第五題 | 第二題第四題第五題 | 第四題第五題第七題 | 第三題第四題第五題第七題 | 第三題第四題第五題第七題 | 第四題 |
| | | %（10題中出現題數） | 30% | 40% | 30% | 10% | 30% | 10% | 20% | 30% | 30% | 40% | 40% | 10% |

## 4-1　人力資源相關法令體系

　　目前我國人力資源相關法律規範雇主與員工的權利義務關係，可以用圖 4-1 作為輪廓。當雇主與員工簽訂勞動契約後，勞資關係便已形成，雙方在個別勞資關係與集體勞資關係各有相關勞動法規範彼此權利與義務。另外，為促進勞動市場的活絡，也有許多相關法令，促進勞動市場供需的平衡。

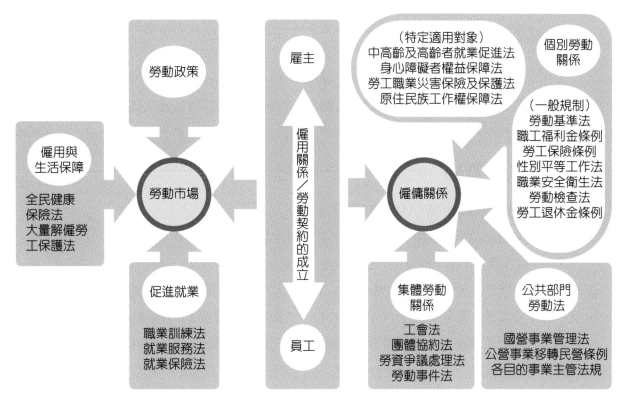

圖 4-1　人力資源相關法令體系

## 4-2　勞動基準

### 勞動基準法（民國 109 年 6 月 10 日修正）

第一章　總則

第 1 條　（立法目的暨法律之適用）

　　　　　為規定勞動條件最低標準，保障勞工權益，加強勞雇關係，促進社會與經濟發展，特制定本法；本法未規定者，適用其他法律之規定。

　　　　　雇主與勞工所訂勞動條件，不得低於本法所定之最低標準。

第 2 條　（定義）

　　　　　本法用辭定義如左：

　　　　　一、勞工：謂受雇主僱用從事工作獲致工資者。

**重要觀點**

1. 受雇主僱用從事工作獲致工資者，包含部分工時工作者、外籍勞工。
2. 董事、監察人因與公司間係屬委任關係，非勞基法所稱勞工（公司法192與216條）。
3. 依公司法委任之經理人及依民法553條委任有為商號管理事務及為其簽名之權利之經理人，均非勞基法所稱勞工。

　　二、雇主：謂僱用勞工之事業主、事業經營之負責人或代表事業主處理有關勞工事務之人。

　　三、工資：謂勞工因工作而獲得之報酬；包括工資、薪金及按計時、計日、計月、計件以現金或實物等方式給付之獎金、津貼及其他任何名義之經常性給與均屬之。
【*1101 術科第五題】　　　　　　　❂❂❂

**重要觀點**

**勞動基準法施行細則第 10 條（113.3.27 修正）**

◎ 其他任何名義之經常性給與，係指下列各款以外之給與：

(1) 紅利；(2) 獎金：指年終獎金、競賽獎金、研究發明獎金、特殊功績獎金、久任獎金、節約燃料物料獎金及其他非經常性獎金；(3) 春節、端午節、中秋節給與之節金；(4) 醫療補助費、勞工及其子女教育補助費；(5) 勞工直接受自顧客之服務費；(6) 婚喪喜慶由雇主致送之賀禮、慰問金或奠儀；(7) 職業災害補償費；(8) 勞工保險及雇主以勞工為被保險人加入商業保險支付之保險費；(9) 差旅費、差旅津貼、交際費；(10) 工作服、作業用品及其代金。

　　四、平均工資：謂計算事由發生之當日前六個月內所得工資總額除以該期間之總日數所得之金額【*1101-57】。工作未滿六個月者，謂工作期間所得工資總額除以工作期間之總日數所得之金額。工資按工作日數、時數或論件計算者，其依上述方式計算之平均工資，如少於該期內工資總額除以實際工作日數所得金額百分之六十者，以百分之六十計。　　　　　　　❂❂❂

**重要觀點**

◎ 計算平均工資時，下列各款期日或期間，均不列入計算。

　1. 發生計算事由之當日。

　2. 因職業災害尚在醫療中者。

　3. 依勞基法第五十條第二項（年資未滿6個月申請產假）減半發給工資者。

　4. 雇主因天災、事變或其他不可抗力而不能繼續其事業，致勞工未能工作者。

　5. 依勞工請假規則請普通傷病假者。

6. 依性別平等工作法請生理假、產假、家庭照顧假或安胎休養，致減少工資者。

7. 留職停薪者。

◎ 計算平均工資時，下列各款期間之工資日數均列入計算。

1. 勞工定期固定支領之伙（膳）食津貼：事業單位每月實際到職人數，核發伙（膳）食津貼，或將伙（膳）食津貼交由伙食團體辦理者，以其具有對每一在職從事工作之勞工給予工作報酬之意思，視為勞工提供勞務所得之經常性給予。

2. 按月發給久任津貼，屬工資。

3. 特別休假工資列入平均工資。

五、事業單位：謂適用本法各業僱用勞工從事工作之機構。

六、勞動契約：指約定勞雇關係而具有從屬性之契約。　<108.5.15. 增修>

七、派遣事業單位：指從事勞動派遣業務之事業單位。

八、要派單位：指依據要派契約，實際指揮監督管理派遣勞工從事工作者。<108.5.15. 增修>

九、派遣勞工：指受派遣事業單位僱用，並向要派單位提供勞務者。　<108.5.15. 增修>

十、要派契約：指要派單位與派遣事業單位就勞動派遣事項所訂立之契約。<108.5.15. 增修>

第 3 條　（適用行業之範圍）

本法於下列各業適用之：

一、農、林、漁、牧業。

二、礦業及土石採取業。

三、製造業。

四、營造業。

五、水電、煤氣業。

六、運輸、倉儲及通信業。

七、大眾傳播業。

八、其他經中央主管機關指定之事業。

依前項第八款指定時，得就事業之部分工作場所或工作者指定適用。

本法適用於一切勞雇關係。但因經營型態、管理制度及工作特性等因素適用本法確有窒礙難行者，並經中央主管機關指定公告之行業或工作者，不適用之。

前項因窒礙難行而不適用本法者，不得逾第一項第一款至第七款以外勞工總數五分之一。

 **重要觀點**

自民國 73 年起，中央主管機關分階段指定適用勞基法之行業。目前除下列各業及工作者不適用勞基法外，其餘一切勞雇關係，均適用勞基法：

> （一）不適用之各業
>
> 1. 農田水利會、2. 國際組織及外國機構、3. 未分類其他餐飲業（依行業標準分類第6版）、4. 家事服務業。
>
> （二）不適用之各業工作者
>
> 1. 公務機構〔技工、工友、駕駛人、臨時人員、清潔隊員、停車場收費員、國會助理、地方民代助理除外〕之工作者，2. 公立各級學校及幼稚園、特殊教育事業、社會教育事業、職業訓練事業等〔技工、工友、駕駛人、臨時人員除外〕之工作者。3. 公立醫療院所〔技工、工友、駕駛人、臨時人員除外〕之工作者。4. 公立社會福利機構〔技工、工友、駕駛、臨時人員除外〕之工作者。5. 公立學術研究及服務業〔技工、工友、駕駛人、臨時人員除外〕之工作者。6. 公立藝文業〔技工、工友、駕駛人、臨時人員除外〕之工作者。7. 私立各級學校之編制內教師、職員及編制外僅從事教學工作之教師。8. 國防事業〔非軍職人員除外〕之工作者。9. 非醫療保健服務業之住院醫師。10. 職業運動業之教練、球員、裁判人員。11. 未分類其他組織中，國際交流基金會、教育文化基金會、社會團體、地方民意代表聘（遴）、僱用之助理人員、依立法院通過之組織條例所設立基金會之工作者及大廈管理委員會，適用勞基法。除上開情形外，其餘皆不適用。
>
> （三）其他不適用者：
>
> 1. 事業單位之雇主、委任經理人。2. 技術生、養成工、見習生、建教合作班之學生。

第 4 條　（主管機關）

　　　　本法所稱主管機關：在中央為勞動部；在直轄市為直轄市政府；在縣（市）為縣（市）政府。

第 5 條　（強制勞動之禁止）

　　　　雇主不得以強暴、脅迫、拘禁或其他非法之方法，強制勞工從事勞動。

【違者處五年以下有期徒刑、拘役或科或併科新臺幣七十五萬元以下罰金】

第 6 條　（抽取不法利益之禁止）

　　　　任何人不得介入他人之勞動契約，抽取不法利益。

【違者處三年以下有期徒刑、拘役或科或併科新臺幣四十五萬元以下罰金】

第 7 條　（勞工名卡之置備暨登記）　　　　【罰則：處新臺幣二萬元以上三十萬元以下罰鍰】

　　　　雇主應置備勞工名卡，登記勞工姓名、性別、出生年月日、本籍、教育程度、住址、身分證統一號碼、到職年月日、工資、勞工保險投保日期、獎懲、傷病及其他必要事項。

　　　　前項勞工名卡，應保管至勞工離職後五年。

第 8 條　（雇主提供工作安全之義務）

　　　　雇主對於僱用之勞工，應預防職業上災害，建立適當之工作環境及福利設施。其有關安全衛生及福利事項，依有關法律之規定。

## 第二章　勞動契約　　　　　　　　　　　　　　　　　　　✪✪✪

第 9 條　（定期勞動契約與不定期勞動契約）

【＊1063-9；1061-77；992-64；991-28；983-57；971 術科第二題】✪✪✪✪

勞動契約,分為定期契約及不定期契約。臨時性、短期性、季節性及特定性工作得為定期契約【*1122-64】;有繼續性工作應為不定期契約。派遣事業單位與派遣勞工訂定之勞動契約,應為不定期契約。<108.5.15.增修>【罰則:處新臺幣二萬元以上三十萬元以下罰鍰】【*1082 術科第四題】

定期契約屆滿後,有左列情形之一者,視為不定期契約:

一、勞工繼續工作而雇主不即表示反對意思者。

二、雖經另訂新約,惟其前後勞動契約之工作期間超過九十日,前後契約間斷期間未超過三十日者。

前項規定於特定性或季節性之定期工作不適用之。　　　　　　　　　　　【*1011-1】

 ## 相關法規

**勞動基準法施行細則第 6 條(臨時性、短期性、季節性及特定性工作之定義)**　　　【*983-66】

勞基法第九條第一項所稱臨時性、短期性、季節性及特定性工作,依左列規定認定之:

一、臨時性工作:係指無法預期之非繼續性工作,其工作期間在六個月以內者。

二、短期性工作:係指可預期於六個月內完成之非繼續性工作。

三、季節性工作:係指受季節性原料、材料來源或市場銷售影響之非繼續性工作,其工作期間在九個月以內者。　　　　　　　　　　　　　　　　　　　　　　　【*971 術科第二題】

四、特定性工作:係指可在特定期間完成之非繼續性工作。其工作期間超過一年者,應報請主管機關核備。

註:特定性定期契約:不得以定型化契約報核。

**相關資訊**

1. 「非繼續性工作」如何認定

勞動基準法中針對從事繼續性工作之勞工與非繼續性工作之勞工之保護有所差別。行政機關歷來對於從事非繼續性工作之定期契約工採取嚴格性之解釋,以避免雇主對受僱人力之濫用。

(1) 勞基法中所稱「非繼續性工作」係指雇主非有意持續維持之經濟活動,而欲達成此經濟活動所衍生之相關職務工作而言。

(2) 至於實務上認定工作職務是否為非繼續性,當視該事業單位之職務(工作)說明書等相關文件載明之職務;或企業內就同一工作是否有不定期契約工及定期契約工同時從事該相同工作,如有之,應視為有繼續性工作之認定參據。

2. 「定期性工作」如何認定

(1) 短期性工作是指工作標的可於預見期間內完成,完成後別無同樣工作標的者。

(2) 季節性工作如番茄之生產有其季節性,例如確定每年 12 月到 3 月間公司可收購番茄並需加工處理,因故僱用加工製造工作之勞工,簽定季節性定期契約。

(3) 勞動契約是否符合定期契約,除應符合有關期間之要件外,尚須依事實認定契約所約定之工作,是否為該事業單位非繼續性之工作,與企業營業預算無關。

(4) 特定性工作是指某工作標的係屬於進度中之一部分,當完成後其所需之額外勞工或特殊技能之勞工,因無工作標的而有不需要者。

**勞動基準法施行細則第 7 條（勞動契約應記載事項）** <113.3.27 修正>

勞動契約應依本法有關規定約定左列事項：

一、工作場所及應從事之工作。

二、工作開始及終止之時間、休息時間、休假、例假、休息日、請假及輪班制之換班。

三、工資之議定、調整、計算、結算及給付之日期與方法。

四、有關勞動契約之訂定、終止及退休。

五、資遣費、退休金及其他津貼、獎金。

六、勞工應負擔之膳宿費、工作用具費。

七、安全衛生。

八、勞工教育及訓練。

九、福利。

十、災害補償及一般傷病補助。

十一、應遵守之紀律。

十二、獎懲。

十三、其他勞資權利義務有關事項。

第 9-1 條　【104.12.16 增修】

未符合下列規定者，雇主不得與勞工為離職後競業禁止之約定：　【*1052 術科第一題】

一、雇主有應受保護之正當營業利益。

二、勞工擔任之職位或職務，能接觸或使用雇主之營業秘密。　　　【*1062-67】

三、競業禁止之期間、區域、職業活動之範圍及就業對象，未逾合理範疇。

四、雇主對勞工因不從事競業行為所受損失有合理補償。

前項第四款所定合理補償，不包括勞工於工作期間所受領之給付。

違反第一項各款規定之一者，其約定無效。

離職後競業禁止之期間，最長不得逾二年。逾二年者，縮短為二年。【*1071-59；1052-13】

 **重要觀點**

◎ 勞動基準法施行細則 <108.2.14 修正>

第 7-1 條　離職後競業禁止之約定，應以書面為之，且應詳細記載本法第九條之一第一項第三款及第四款規定之內容，並由雇主與勞工簽章，各執一份。

第 7-2 條　本法第九條之一第一項第三款所為之約定未逾合理範疇，應符合下列規定：

一、競業禁止之期間，不得逾越雇主欲保護之營業秘密或技術資訊之生命週期，且最長不得逾二年。

二、競業禁止之區域，應以原雇主實際營業活動之範圍為限。

三、競業禁止之職業活動範圍，應具體明確，且與勞工原職業活動範圍相同或類似。

四、競業禁止之就業對象，應具體明確，並以與原雇主之營業活動相同或類似，且有競爭關係者為限。

第 7-3 條　本法第九條之一第一項第四款所定之合理補償，應就下列事項綜合考量：

一、每月補償金額不低於勞工離職時一個月平均工資百分之五十。

二、補償金額足以維持勞工離職後競業禁止期間之生活所需。

三、補償金額與勞工遵守競業禁止之期間、區域、職業活動範圍及就業對象之範疇所受損失相當。

四、其他與判斷補償基準合理性有關之事項。

前項合理補償，應約定離職後一次預為給付或按月給付。

第 10 條　（工作年資之合併計算）

定期契約屆滿後或不定期契約因故停止履行後，未滿三個月而訂定新約或繼續履行原約時，勞工前後工作年資，應合併計算。　　　　　　　　　　　　　【\*1031-47】

第 10-1 條　【104.12.16 增修】

雇主調動勞工工作，不得違反勞動契約之約定，並應符合下列原則：

【\*1053 術科第二題】

一、基於企業經營上所必須，且不得有不當動機及目的。但法律另有規定者，從其規定。

二、對勞工之工資及其他勞動條件，未作不利之變更。

三、調動後工作為勞工體能及技術可勝任。

四、調動工作地點過遠，雇主應予以必要之協助。

五、考量勞工及其家庭之生活利益。

第 11 條　（經濟性解僱預告始得終止勞動契約）【\*1103 術科第五題；1023 術科第四題；983 術科第五題；972 術科第二題；961 術科第一題】

非有下列情形之一者，雇主不得預告勞工終止勞動契約：　　　❺❺❺❺❺

一、歇業或轉讓時。　　　　　　　　　　　【此款解僱又稱為經濟性解僱】

【事業單位改組或轉讓期間，新雇主有義務將未來相關勞動條件內容告知勞工或與勞工協議後簽訂新約，若被商定留用之勞工，如因其勞動條件有不利益之變動而拒絕另訂新約，或因個人因素拒絕留用，原雇主準依本款規定予以資遣】

二、虧損或業務緊縮時。　　　　　【此款解僱又稱為經濟性解僱】【\*961 術科第一題】

三、不可抗力暫停工作在一個月以上時。　　　　　【此款解僱又稱為經濟性解僱】

四、業務性質變更，有減少勞工之必要，又無適當工作可供安置時。

【此款解僱又稱為最後手段原則】【\*972 術科第二題】

五、勞工對於所擔任之工作確不能勝任時。

註：目前實務上法院相關判決，多援引解僱最後手段原則。

## 相關法規

**大量解僱勞工保護法（民國 104 年 7 月 1 日）**　　　　　　　　　　　　【*983-66】

第 2 條　本法所稱大量解僱勞工，指事業單位有勞動基準法第十一條所定各款情形之一【*1103
術科第五題】、或因併購、改組而解僱勞工，且有下列情形之一：

一、同一事業單位之同一廠場僱用勞工人數未滿三十人者，於六十日內解僱勞工逾
　　十人。　　　　　　　　　　　　　　　　　　　　　　　　　　【*1103 術科第五題】

二、同一事業單位之同一廠場僱用勞工人數在三十人以上未滿二百人者，於六十日
　　內解僱勞工逾所僱用勞工人數三分之一或單日逾二十人。

　　　　　　　　　　　　　　【1123 術科第五題；*1093 術科第五題；961 術科第一題】

三、同一事業單位之同一廠場僱用勞工人數在二百人以上未滿五百人者，於六十日內
　　解僱勞工逾所僱用勞工人數四分之一或單日逾五十人。　　【*972-16；1021 術科第二題】

四、同一事業單位之同一廠場僱用勞工人數在五百人以上者，於六十日內解僱勞工
　　逾所僱用勞工人數五分之一或單日逾八十人。【*1102-56；1042-49；1032-12；1011-59；
　　963-30】

五、同一事業單位於六十日內解僱勞工逾二百人或單日逾一百人。

　　　　　　　　　　　　　　　　　　　　　　　　　　【*1083-7；1041-13；1033-14】

前項各款僱用及解僱勞工人數之計算，不包含就業服務法第四十六條所定之定期契
約勞工。

**就業服務法（民國 112 年 5 月 10 日）**

第 33 條　雇主資遣員工時，應於員工離職之十日前，將被資遣員工之姓名、性別、年齡、住
址、電話、擔任工作、資遣事由及需否就業輔導等事項，列冊通報當地主管機關及
公立就業服務機構【*1113-9；1103-58；1092-47；1052-69；1051-25；1041-80；1113 術科第三題；
1093 術科第三題；1042 術科第四題】。但其資遣係因天災、事變或其他不可抗力之情事所
致者，應自被資遣員工離職之日起三日內為之。【處 3 ～ 15 萬元罰鍰】【*1083-31；1061-2；
1051-24；1033-56；1031-71；1021-36；1013-78；1012-47；992-42；1051 術科第四題；102 術科第三題；
961 術科第一題】

公立就業服務機構接獲前項通報資料後，應依被資遣人之志願、工作能力，協助其
再就業。【*1092-53】

第 12 條　（懲戒解僱無須預告即得終止勞動契約）　【*991-47；983-49；981-15；963-51；1023 術科第八題】

　　　　　　　　　　　　　　　　　　　　　　　　　　　　　　　　　★★★★

勞工有下列情形之一者，雇主得不經預告終止契約：

一、於訂立勞動契約時為虛偽意思表示，使雇主誤信而有受損害之虞者。

二、對於雇主、雇主家屬、雇主代理人或其他共同工作之勞工，實施暴行或有重大侮辱
　　之行為者。

三、受有期徒刑以上刑之宣告確定，而未諭知緩刑或未准易科罰金者。

四、違反勞動契約或工作規則，情節重大者。

五、故意損耗機器、工具、原料、產品，或其他雇主所有物品，或故意洩漏雇主技術
　　上、營業上之秘密，致雇主受有損害者。　　　　　　　　　　【*972 術科第二題】

六、無正當理由繼續曠工三日，或一個月內曠工達六日者。

【*1041-76；1011 術科第三題；963 術科第二題】

雇主依前項第一款、第二款及第四款至第六款規定終止契約者，應自知悉其情形之日
起，三十日內為之。<稱除斥期間>　　　　　　　　【*1061-71；1011 術科第三題；972 術科第二題】

> 註：勞工於工作中故意或過失損壞產品或其他物品，其觸犯刑事部分，雇主可訴請司
> 　　法機關辦理；關於民事賠償部分可由雇主與勞工協商取得賠償金額及清償方式，
> 　　如未能達成協議，其賠償非雇主單方面所能認定者，應循司法途徑解決，不得逕
> 　　自扣發工資。

第 13 條　（解僱限制終止勞動契約之禁止暨例外）

【罰則：處新臺幣九萬元以上四十五萬元以下罰鍰】✪✪✪

勞工在第五十條規定之停止工作期間或第五十九條規定之醫療期間，雇主不得終止契
約。但雇主因天災、事變或其他不可抗力致事業不能繼續，經報主管機關核定者，不在
此限。　　　　　　　　　　　　　　　　　　　　　　　　　　【*1023 術科第四題】

第 14 條　（勞工得不經預告終止契約之情形）

有下列情形之一者，勞工得不經預告終止契約：　　　　　　　　【*1023 術科第八題】

一、雇主於訂立勞動契約時為虛偽之意思表示，使勞工誤信而有受損害之虞者。

二、雇主、雇主家屬、雇主代理人對於勞工，實施暴行或有重大侮辱之行為者。

三、契約所訂之工作，對於勞工健康有危害之虞，經通知雇主改善而無效果者。

四、雇主、雇主代理人或其他勞工患有惡性傳染病，對共同工作之勞工有傳染之虞，且
　　重大危害其健康者。<105.11.16 修訂>

五、雇主不依勞動契約給付工作報酬，或對於按件計酬之勞工不供給充分之工作者。

六、雇主違反勞動契約或勞工法令，致有損害勞工權益之虞者。

【例如未經同意任意調動工作地點，勞工不同意工作時間變更，因而終止勞動契約。】

勞工依前項第一款、第六款規定終止契約者，應自知悉其情形之日起，三十日內為之。
但雇主有前項第六款所定情形者，勞工得於知悉損害結果之日起，三十日內為之。

【*1123-11；1103-43；1062-51】

有第一項第二款或第四款情形，雇主已將該代理人解僱或已將患有，或患有法定傳染病
者依衛生法規已接受治療時，勞工不得終止契約。<105.11.16 修訂>

第十七條規定於本條終止契約準用之。

第 15 條　（勞工須預告始得終止勞動契約之情形）　　　　　　　　　　　【*983-8】

特定性定期契約期限逾三年者，於屆滿三年後，勞工得終止契約。但應於三十日前預告
雇主。　　　　　　　　　　　　　　　　　　　　　　【*1122-31；1091-57；1033-3】

不定期契約，勞工終止契約時，應準用第十六條第一項規定期間預告雇主。

第 15-1 條　【104.12.16 增修】

未符合下列規定之一，雇主不得與勞工為最低服務年限之約定：　【*1053 術科第一題】

一、雇主為勞工進行專業技術培訓，並提供該項培訓費用者。

二、雇主為使勞工遵守最低服務年限之約定，提供其合理補償者。

前項最低服務年限之約定，應就下列事項綜合考量，不得逾合理範圍：

【*1052 術科第二題】

一、雇主為勞工進行專業技術培訓之期間及成本。

二、從事相同或類似職務之勞工，其人力替補可能性。

三、雇主提供勞工補償之額度及範圍。

四、其他影響最低服務年限合理性之事項。

違反前二項規定者，其約定無效。

勞動契約因不可歸責於勞工之事由而於最低服務年限屆滿前終止者，勞工不負違反最低服務年限約定或返還訓練費用之責任。

第 16 條 （雇主終止勞動契約之預告期間）【罰則：處新臺幣二萬元以上三十萬元以下罰鍰】 ✪✪✪✪✪

雇主依第十一條或第十三條但書規定終止勞動契約者，其預告期間依左列各款之規定：

【*1102-73；961-22；1121 術科第四題；1013 術科第三題】

一、繼續工作三個月以上一年未滿者，於十日前預告之。

二、繼續工作一年以上三年未滿者，於二十日前預告之。

三、繼續工作三年以上者，於三十日前預告之。 【*1121 術科第四題；972 術科第二題】

勞工於接到前項預告後，為另謀工作得於工作時間請假外出。其請假時數，每星期不得超過二日之工作時間，請假期間之工資照給。 【*1121 術科第四題】

雇主未依第一項規定期間預告而終止契約者，應給付預告期間之工資。【*1121 術科第四題】

第 17 條 （資遣費之計算）【未依規定之標準或期限給付者，處新臺幣三十萬元以上一百五十萬元以下罰鍰，並限期令其給付，屆期未給付者，應按次處罰。】【*1111 術科第五題】 ✪✪✪✪✪

雇主依前條終止勞動契約者，應依下列規定發給勞工資遣費：

一、在同一雇主之事業單位繼續工作，每滿一年發給相當於一個月平均工資之資遣費。

二、依前款計算之剩餘月數，或工作未滿一年者，以比例計給之。未滿一個月者以一個月計。 【*1121-49；1113-10；1102-47；1101-60；1091-37；1043-74；961 術科第一題】

前項所定資遣費，雇主應於終止勞動契約三十日內發給。 【*1083-8；1111 術科第五題】

第 17-1 條 <108.6.19 增修> ✪✪✪✪✪

要派單位不得於派遣事業單位與派遣勞工簽訂勞動契約前，有面試該派遣勞工或其他指定特定派遣勞工之行為。【違者處新臺幣九萬元以上四十五萬元以下罰鍰】

要派單位違反前項規定，且已受領派遣勞工勞務者，派遣勞工得於要派單位提供勞務之日起九十日內【*1102 術科第五題；1083 術科第四題】，以書面【*1102 術科第五題】向要派單位提出訂定勞動契約之意思表示。

要派單位應自前項派遣勞工意思表示到達之日起十日內【*1102 術科第五題；1083 術科第四題】，與其協商訂定勞動契約。逾期未協商或協商不成立者【*1102 術科第五題】，視為雙方自期滿翌日成立勞動契約，並以派遣勞工於要派單位工作期間之勞動條件為勞動契約內容。 【*1083 術科第四題】

派遣事業單位及要派單位不得因派遣勞工提出第二項意思表示，而予以解僱、降調、減薪、損害其依法令、契約或習慣上所應享有之權益，或其他不利之處分。

【違者處新臺幣九萬元以上四十五萬元以下罰鍰】

派遣事業單位及要派單位為前項行為之一者，無效。

派遣勞工因第二項及第三項規定與要派單位成立勞動契約者，其與派遣事業單位之勞動契約視為終止，且不負違反最低服務年限約定或返還訓練費用之責任。

前項派遣事業單位應依本法或勞工退休金條例規定之給付標準及期限，發給派遣勞工退休金或資遣費。【違者處新臺幣三十萬元以上一百五十萬元以下罰鍰，並限期令其給付，屆期未給付者，應按次處罰】

第 18 條　（勞工不得請求預告期間工資及資遣費之情形）

有左列情形之一者，勞工不得向雇主請求加發預告期間工資及資遣費：

一、依第十二條或第十五條規定終止勞動契約者。

二、定期勞動契約期滿離職者。

第 19 條　（發給服務證明書之義務）

勞動契約終止時，勞工如請求發給服務證明書，雇主或其代理人不得拒絕。

【罰則：處新臺幣二萬元以上三十萬元以下罰鍰】【*961 術科第一題】

第 20 條　（改組或轉讓時勞工留用或資遣之有關規定）　【此條解僱又稱為經濟性解僱】【*983-40】

事業單位改組或轉讓時，除新舊雇主商定留用之勞工外，其餘勞工應依第十六條規定期間預告終止契約，並應依第十七條規定發給勞工資遣費。其留用勞工之工作年資，應由新雇主繼續予以承認。

**註1**：「事業單位改組或轉讓」，係指事業單位因公司法之規定變更其組織型態，或其所有權（所有資產、設備）因移轉而消滅其原有之法人人格；或獨資或合夥事業單位之負責人變更而言。

**註2**：企業併購法（民國 104 年 7 月 8 日發布）

第 15 條　公司進行合併時，消滅公司提撥之退休準備金，於支付未留用或不同意留用勞工之退休金後，得支付資遣費；所餘款項，應自公司勞工退休準備金監督委員會專戶全數移轉至合併後存續公司或新設公司之勞工退休準備金監督委員會專戶。

公司進行收購財產或分割而移轉全部或一部營業者，讓與公司或被分割公司提撥之勞工退休準備金，於支付未留用或不同意留用勞工之退休金後，得支付資遣費；所餘款項，應按隨同該營業或財產一併移轉適用勞動基準法退休金制度工作年資勞工之比例，移轉至受讓公司之勞工退休準備金監督委員會專戶。

讓與公司或被分割公司依前項規定比例移轉勞工退休準備金前，其提撥之勞工退休準備金，應達到勞工法令相關規定申請暫停提撥之數額。但其具有適用勞動基準法退休金制度工作年資之勞工，已全數隨

同移轉至受讓公司，所餘款項，應全數移轉至受讓公司之勞工退休準備金監督委員會專戶。

第 16 條 併購後存續公司、新設公司或受讓公司應於併購基準日三十日前，以書面載明勞動條件通知新舊雇主商定留用之勞工。該受通知之勞工，應於受通知日起十日內，以書面通知新雇主是否同意留用，屆期未為通知者，視為同意留用。

留用勞工於併購前在消滅公司、讓與公司或被分割公司之工作年資，併購後存續公司、新設公司或受讓公司應予以承認。

第 17 條 公司進行併購，未經留用或不同意留用之勞工，應由併購前之雇主終止勞動契約，並依勞動基準法第十六條規定期間預告終止或支付預告期間工資，並依法發給勞工退休金或資遣費。

前項所定不同意留用，包括經同意留用後，於併購基準日前因個人因素不願留用之情形。

## 立即演練 1

( ) 1. 下列依勞動基準法相關規定之敘述，何者正確？ ①臨時性工作，係指無法預期之非繼續性工作，其工作期間在 9 個月以內者 ②短期性工作，係指可預期於 9 個月內完成之非繼續性工作 ③季節性工作，係指受季節性原料、材料來源或市場銷售影響之非繼續性工作，其工作期間在 9 個月以內者 ④特定性工作，係指可在特定期間完成之非繼續性工作，其工作期間超過 9 個月者，應報請主管機關核備

( ) 2. 特定性定期契約期限逾 3 年者，於屆滿 3 年後，勞工得終止契約，但應於幾日前預告雇主？ ① 15 日 ② 20 日 ③ 30 日 ④ 40 日

( ) 3. 依據勞動基準法規定，遇到下列哪一種情況時，雇主得不經預告勞工終止勞動契約？ ①違反勞動契約情節重大者 ②勞工無正當理由一個月曠工五日者 ③勞工對於所擔任的工作確實不能勝任 ④不可抗力暫停工作一個月以上者

( ) 4.「勞動基準法」對於雇主預告終止勞動契約的期間訂定有具體的規定，下列哪一項有關預告期間的規定是正確的？ ①繼續工作未滿三個月者，雇主應於三日前預告 ②繼續工作三個月以上一年未滿者，於七日前預告 ③繼續工作一年以上三年未滿者，於二十日前預告 ④繼續工作三年以上者，於二十日前預告

( ) 5. 勞動基準法第 9 條第 2 項第 2 款規定，定期契約屆滿後，雖另訂新約，惟前後勞動契約如符合下列何一要件，則視為不定期契約？ ①前後勞動契約之工作期間超過 60 日，前後契約間斷期間未超過 20 日者 ②前後勞動契約之工作期間超過 70 日，前後契約間斷期間未超過 20 日者 ③前後勞動契約之工作期間超過 80 日，前後契約間斷期間未超過 30 日者 ④前後勞動契約之工作期間超過 90 日，前後契約間斷期間未超過 30 日者

( )6. 依勞動基準法規定，下列有關勞動契約的敘述，何者錯誤？ ①勞動契約須以書面為之 ②分為定期契約及不定期契約 ③特定性工作得為定期契約 ④有繼續性工作應為不定期契約

( )7. 依勞動基準法規定，勞工有下列何者情形時，雇主得不經預告終止勞動契約？ ①無正當理由繼續曠工 3 日 ②對所擔任之工作確不能勝任時 ③受有諭知緩刑之判決確定 ④違反工作規則，情節輕微

( )8. 依勞動基準法施行細則第 6 條之規定，下列關於不同性質定期工作最長期限之敘述，何者錯誤？ ①臨時性工作不得超過 6 個月 ②短期性工作不得超過 9 個月 ③季節性工作不得超過 9 個月 ④特定性工作超過 1 年者，應報請主管機關核備

( )9. 下列何者非屬勞動基準法第 12 條第 1 項所列舉，雇主得不經預告終止勞動契約之情事？ ①勞工於訂立勞動契約時為虛偽意思表示，使雇主誤信而有受損害之虞者 ②勞工對於所擔任之工作確不能勝任時 ③違反勞動契約或工作規則、情節重大者 ④無正當理由 1 個月內曠職達 6 日者

( )10. 下列有關勞動基準法第 20 條之敘述，何者錯誤？ ①適用對象為事業單位轉讓或改組時 ②新舊雇主有商定留用勞工之權利 ③經雇主商定留用而拒絕者，不得請求發給資遣費 ④留用勞工之工作年資，應由新雇主繼續予以承認

( )11. 依勞動基準法規定，離職後競業禁止之期問，最長不得逾多久？ ①1 年 ②2 年 ③3 年 ④4 年

解 1.③ 2.③ 3.① 4.③ 5.④ 6.① 7.① 8.② 9.② 10.③ 11.②

---

## 第三章 工資

**第 21 條** （工資之議定暨基本工資）

工資由勞雇雙方議定之。但不得低於基本工資。

【罰則：處新臺幣二萬元以上一百萬元以下罰鍰 <105.12.21 修正 >】【*1093-31；971 術科第一題】

前項基本工資，由中央主管機關設基本工資審議委員會擬訂後，報請行政院核定之。

【*1123 術科第四題】

前項基本工資審議委員會之組織及其審議程序等事項，由中央主管機關另以辦法定之。

 **重要觀點**

◎ 基本工資指勞工在正常工作時間內所得之報酬。

1. 延長工時工資、休息日、休假日、例假日工作加給之工資均不計入。

2. 計件工資之勞工所得基本工資，以每日工作八小時之生產額或工作量換算。

3. 勞工工作時間每日少於八小時者，基本工資得按工作時間比例計算。

4. 113 年 1 月 1 日起，每月基本工資調整為新臺幣 27,470 元；每小時基本工資調整為 183 元。

【*1043-75；1031-55；1023-11；1022-69；1021-38；1012-36；1018 月 -9】

◎ 實施基本工資制度國家：(1) 中國大陸；(2) 美國（時薪制）；(3) 英國；(4) 日本；(5) 韓國（最低時薪制）。 【*963-33】

◎ 勞工遭遇職業災害在醫療中不能工作時，雇主應按其原領工資數額予以補償

　1. 原領工資：係指該勞工遭遇職業災害前一日正常工作時間所得之工資。

　2. 計月者：以遭遇職業災害前最近一個月工資除以三十所得之金額為其一日之工資。

　3. 最近一個月工資：係指領月薪之勞工發生職業災害前已領或已屆期可領之最近一個月工資。

**第 22 條**　（工資之給付標的及受領權人）　【罰則：處新臺幣二萬元以上一百萬元以下罰鍰 <105.12.21 修正 >】

工資之給付，應以法定通用貨幣為之。但基於習慣或業務性質，得於勞動契約內訂明一部以實物給付之。工資之一部以實物給付時，其實物之作價應公平合理，並適合勞工及其家屬之需要。

工資應全額直接給付勞工。但法令另有規定或勞雇雙方另有約定者，不在此限。

**第 22-1 條**　<108.5.15 增修 >

派遣事業單位積欠派遣勞工工資，經主管機關處罰或依第二十七條規定限期令其給付而屆期未給付者，派遣勞工得請求要派單位給付。要派單位應自派遣勞工請求之日起三十日內給付之。

【*1123 術科第四題；1092 術科第三題；1091 術科第三題；1082 術科第四題】

要派單位依前項規定給付者，得向派遣事業單位求償或扣抵要派契約之應付費用。 【*1091 術科第三題】

**第 23 條**　（工資之給付時間或次數）　【罰則：處新臺幣二萬元以上一百萬元以下罰鍰 <105.12.21 修正 >】✪✪✪

工資之給付，除當事人有特別約定或按月預付者外，每月至少定期發給二次【*991-56；1123 術科第四題】，並應提供工資各項目計算方式明細；按件計酬者亦同。

雇主應置備勞工工資清冊，將發放工資、工資各項目計算方式明細、工資總額等事項記入。工資清冊應保存五年。 【*1022-1；961-75】

註：勞工可簽名同意工資每月發給一次。

勞基法施行細則第 14-1 條 <107.2.27 修正 >

本法第二十三條所定工資各項目計算方式明細，應包括下列事項：

一、勞雇雙方議定之工資總額。

二、工資各項目之給付金額。

三、依法令規定或勞雇雙方約定，得扣除項目之金額。

四、實際發給之金額。

雇主提供之前項明細，得以紙本、電子資料傳輸方式或其他勞工可隨時取得及得列印之資料為之。

**第 24 條** （延長工作時間時工資加給之計算方法）

【罰則：處新臺幣二萬元以上一百萬元以下罰鍰 <107.1.31 修正 >】❶❷❸❹❺

雇主延長勞工工作時間者，其延長工作時間之工資依下列標準加給之：

【*1021-64；981-53；971-70；1051 術科第二題】

一、延長工作時間在二小時以內者，按平日每小時工資額加給三分之一以上。

二、再延長工作時間在二小時以內者，按平日每小時工資額加給三分之二以上。

三、依第三十二條第四項規定，延長工作時間者，按平日每小時工資額加倍發給之。

雇主使勞工於第三十六條所定休息日工作，工作時間在二小時以內者，其工資按平日每小時工資額另再加給一又三分之一以上【*1061-29；1063 術科第四題】；工作二小時後再繼續工作者，按平日每小時工資額另再加給一又三分之二以上。【*1103-77；1062-73；1063 術科第四題】

**第 25 條** （性別歧視之禁止）

雇主對勞工不得因性別而有差別之待遇。工作相同、效率相同者，給付同等之工資。

【罰則：處新臺幣二萬元以上一百萬元以下罰鍰】【*971 術科第一題】

**第 26 條** （預扣工資之禁止）

雇主不得預扣勞工工資作為違約金或賠償費用。【罰則：處新臺幣九萬元以上四十五萬元以下罰鍰】【*971 術科第一題；963 術科第一題；961 術科第一題】

**註**：所謂的違約金，係以民法第 250 條定義：「當事人得約定債務人於債務不履行時，應支付違約金。違約金，除當事人另有訂定外，視為因不履行而生損害之賠償總額。其約定如債務人不於適當時期或不依適當方法履行債務時，即須支付違約金者，債權人除得請求履行債務外，違約金視為因不於適當時期或不依適當方法履行債務所生損害之賠償總額。所謂「預扣勞工工資」係指在違約、賠償等事實未發生或其事實已發生，但責任歸屬、範圍大小、金額多寡等未確定前，產生預先扣發勞工工資作為違約金或賠償費用。

**第 27 條** （主管機關之限期命令給付）

雇主不按期給付工資者，主管機關得限期令其給付。

【罰則：處新臺幣二萬元以上一百萬元以下罰鍰 <105.12.21 修正 >，並得公布該事業單位或事業主之名稱、負責人姓名、處分期日、違反條文及罰鍰金額，並限期令其改善；屆期未改善者按次處罰】【*1082-3；1012-64】

**註**：雇主未依規定給付年終獎金或工資之情事者，應檢具事實逕向當地勞工行政主管機關申訴解決。（案例：太子汽車、2012 年 6 月華隆紡織苗栗頭份廠積欠員工薪資個案）

**第 28 條** （工資優先權及積欠工資墊償基金）　　　<104.2.4 修法 >【*971 術科第一題】❶❷❸

雇主有歇業、清算或宣告破產之情事時，勞工之下列債權受償順序與第一順位抵押權、質權或留置權所擔保之債權相同，按其債權比例受清償；未獲清償部分，有最優先受清償之權：

【*1123-70；1102-65；1101-78；1042 術科第一題】

一、本於勞動契約所積欠之工資未滿六個月部分。

二、雇主未依本法給付之退休金。

三、雇主未依本法或勞工退休金條例給付之資遣費。

雇主應按其當月僱用勞工投保薪資總額及規定之費率，繳納一定數額之積欠工資墊償基金，作為墊償下列各款之用： 【罰則：處新臺幣二萬元以上三十萬元以下罰鍰】

一、前項第一款積欠之工資數額。

二、前項第二款與第三款積欠之退休金及資遣費，其合計數額以六個月平均工資為限。

積欠工資墊償基金，累積至一定金額後，應降低費率或暫停收繳。

第二項費率，由中央主管機關於萬分之十五範圍內擬訂，報請行政院核定之。

雇主積欠之工資、退休金及資遣費，經勞工請求未獲清償者，由積欠工資墊償基金依第二項規定墊償之；雇主應於規定期限內，將墊款償還積欠工資墊償基金。

積欠工資墊償基金，由中央主管機關設管理委員會管理之。基金之收繳有關業務，得由中央主管機關，委託勞工保險機構辦理之。基金墊償程序、收繳與管理辦法、第三項之一定金額及管理委員會組織規程，由中央主管機關定之。

**註**：1. 雇主未依規定給付工資之情事者，應檢具事實逕向當地勞工行政主管機關申訴解決。（案例：2011 年太子汽車積欠員工薪資個案、2012 年 6 月華隆紡織苗栗頭份廠積欠員工薪資個案）

　　　2. 勞工申請工資墊償程序

　　　　(1) 雇主發生歇業、清算或宣告破產，勞工取得雇主積欠工資之金額證明，可申請前 6 個月內所積欠薪資。

　　　　(2) 同公司勞工請求積欠工資墊償，以 1 次共同申請為原則，由勞工代表人申請。

　　　　(3) 若公司已歇業，須待當地勞工局處開立證明，確定已終止生產、營業。

　　　　(4) 備齊相關申請文件後，連同積欠工資期間的「出勤紀錄」、「薪資帳冊」、「身分證正反面影本」一起送勞保局申請。

 **相關法規**

**大量解僱勞工保護法（民國 104 年 7 月 1 日）**

第 12 條　事業單位於大量解僱勞工時，積欠勞工退休金、資遣費或工資，有下列情形之一，經主管機關限期令其清償；屆期未清償者，中央主管機關得函請入出國管理機關禁止其代表人及實際負責人出國： 【*971-5；1032 術科第四題；1031 術科第五題】

一、僱用勞工人數在十人以上未滿三十人者，積欠全體被解僱勞工之總金額達新臺幣三百萬元。 【*1002-67；1032 術科第四題】

二、僱用勞工人數在三十人以上未滿一百人者，積欠全體被解僱勞工之總金額達新臺幣五百萬元。 【*1032 術科第四題】

三、僱用勞工人數在一百人以上未滿二百人者，積欠全體被解僱勞工之總金額達新臺幣一千萬元。　【*972-74；961-14；1032 術科第四題】

四、僱用勞工人數在二百人以上者，積欠全體被解僱勞工之總金額達新臺幣二千萬元。　【*1032 術科第四題；1031 術科第五題】

事業單位歇業而勞工依勞動基準法第十四條第一項第五款或第六款規定終止勞動契約，其僱用勞工人數、勞工終止契約人數及積欠勞工退休金、資遣費或工資總金額符合第二條及前項各款規定時，經主管機關限期令其清償，屆期未清償者，中央主管機關得函請入出國管理機關禁止其代表人及實際負責人出國。

前二項規定處理程序及其他應遵行事項之辦法，由中央主管機關定之。

第 29 條　（優秀勞工之獎金及紅利）

事業單位於營業年度終了結算，如有盈餘，除繳納稅捐、彌補虧損及提列股息、公積金外，對於全年工作並無過失之勞工，應給予獎金或分配紅利。

註：營業年度係指 1 月 1 日至 12 月 31 日。

 **重要觀點**

◎ 工資給付原則

原則一：不得低於基本工資（1. 工資由勞雇雙方議定 2. 工資之議定、調整、計算、結算應於勞動契約中約定）。

原則二：以法定通用貨幣給付為原則，實物給付為例外（僱用外勞時，如於勞動契約中訂明提供膳宿及其折價金額，只要作價公平合理，於法並無不合）。

原則三：工資應全額直接給付（1. 不得任意扣減、扣押 2. 法令另有規定或勞雇雙方另有約定者，不在此限）、定期給付（除當事人有特別約定或按月預付者外，每月至少定期發給兩次）、男女同工同酬（1. 雇主對勞工不得因性別而有差別之待遇 2. 工作相同、效率相同，給付同等工資）。

原則四：預扣工資之禁止（1. 雇主不得預扣勞工工資，作為違約金或賠償費用 2. 預扣：係指在違約、賠償等事實未發生前或其事實已發生，但責任歸屬、金額多寡、範圍大小未確定前，雇主預先扣發工資作為違約金或賠償費用之意）、主管機關之限期給付（雇主不按期給付工資者，主管機關得限期令其給付）。

原則五：積欠工資優先受償（次於抵押權之最優先）、積欠工資墊償基金制度（1. 繳交積欠工資墊償基金 2. 歇業、清算或宣告破產，積欠工資 3. 墊償範圍：本於勞動契約所積欠之工資未滿六個月部分 4. 補繳）。

## 立即演練 2

( ) 1. 雇主延長勞工之工作時間，如其延長在 2 小時之內者，應按平日每小時工資額加給多少？ ①二分之一以上 ②三分之一以上 ③四分之一以上 ④五分之一以上

( ) 2. 下列哪一個國家沒有實施基本工資？ ①中國大陸 ②新加坡 ③英國 ④日本

( ) 3. 根據「勞動基準法」規定，勞工發現事業單位違反勞動基準法時，得向下列那個單位或個人進行申訴？ ①工會 ②同業公會 ③勞工 ④勞工檢查機構

( ) 4. 下列有關「勞動基準法」工資的規定是不正確的？ ①延長工作時間在二小時以內者，按平日每小時工資額加給三分之一以上 ②雇主應置備勞工工資清冊，工資清冊應保存十年 ③工資不得低於基本工資 ④雇主應每月繳納一定數額的積欠工資墊償基金

( ) 5. 依勞動基準法規定，下列有關工資的敘述，何者錯誤？ ①勞雇雙方議定之工資，不得低於基本工資 ②勞工工作相同，效率相同者，雇主給付同等之工資 ③工資之給付，除當事人有特別約定或按月預付者外，每月至少定期發給 1 次；按件計酬者亦同 ④雇主不得預扣勞工工資作為違約金或賠償金

( ) 6. 依勞動基準法規定，雇主延長勞工之工作時間連同正常工作時間，1 日不得超過多少小時？ ①6 小時 ②8 小時 ③10 小時 ④12 小時

解 1.② 2.② 3.④ 4.② 5.③ 6.④

## 第四章 工作時間、休息、休假

**第 30 條** （每日暨每週之工作時數） ✪✪✪

勞工正常工作時間，每日不得超過八小時，每週不得超過四十小時 <104.6.3 修正>。
【罰則：處新臺幣二萬元以上一百萬元以下罰鍰 <105.12.21 修正>】【*1093-31；1043-42；1001-49；983-18；971-17；1112 術科第二題】

前項正常工作時間，雇主經工會同意，如事業單位無工會者，經勞資會議同意後，得將其二週內二日之正常工作時數，分配於其他工作日。其分配於其他工作日之時數，每日不得超過二小時。但每週工作總時數不得超過四十八小時。 【罰則：處新臺幣二萬元以上一百萬元以下罰鍰 <105.12.21 修正>】【*1011-38】【兩週變形工時，四班二輪制適用】

第一項正常工作時間，雇主經工會同意，如事業單位無工會者，經勞資會議同意後，得將八週內之正常工作時數加以分配。但每日正常工作時間不得超過八小時，每週工作總時數不得超過四十八小時。 【罰則：處新臺幣二萬元以上一百萬元以下罰鍰 <105.12.21 修正>】【*1011-38】【八週變形工時，四班三輪制適用】

前二項規定，僅適用於經中央主管機關指定之行業。

雇主應置備勞工出勤紀錄，並保存五年。 【罰則：處新臺幣九萬元以上四十五萬元以下罰鍰】【*1101-52；1082-35；1051-9；1013-41】

前項出勤紀錄，應逐日記載勞工出勤情形至分鐘為止。勞工向雇主申請其出勤紀錄副本或影本時，雇主不得拒絕。　【罰則：處新臺幣二萬元以上一百萬元以下罰鍰 <105.12.21 修正 >】

雇主不得以第一項正常工作時間之修正，作為減少勞工工資之事由。

【罰則：處新臺幣二萬元以上一百萬元以下罰鍰 <105.12.21 修正 >】

第一項至第三項及第三十條之一之正常工作時間，雇主得視勞工照顧家庭成員需要，允許勞工於不變更每日正常工作時數下，在一小時範圍內，彈性調整工作開始及終止之時間。

第 30-1 條　（工作時間變更原則）　✪✪✪

中央主管機關指定之行業，雇主經工會同意，如事業單位無工會者，經勞資會議同意後，其工作時間得依下列原則變更：

一、 四週內正常工作時數分配於其他工作日之時數，每日不得超過二小時，不受前條第二項至第四項規定之限制。　【*1011-38】【四週變形工時】

二、 當日正常工時達十小時者，其延長之工作時間不得超過二小時。

三、 女性勞工，除妊娠或哺乳期間者外，於夜間工作，不受第四十九條第一項之限制。但雇主應提供必要之安全衛生設施。

依民國八十五年十二月二十七日修正施行前第三條規定適用本法之行業，除第一項第一款之農、林、漁、牧業外，均不適用前項規定。

第 31 條　（坑道或隧道內工作時間之計算）

在坑道或隧道內工作之勞工，以入坑口時起至出坑口時止為工作時間。

第 32 條　（雇主延長工作時間之限制及程序）

【罰則：處新臺幣二萬元以上一百萬元以下罰鍰 <107.1.31 修正 >】✪✪✪

雇主有使勞工在正常工作時間以外工作之必要者，雇主經工會同意，如事業單位無工會者，經勞資會議同意後，得將工作時間延長之。

前項雇主延長勞工之工作時間連同正常工作時間，一日不得超過十二小時【*1102-52；1091-14；1001-49】。延長之工作時間，一個月不得超過四十六小時【*983-10；963 術科第二題】，但雇主經工會同意，如事業單位無工會者，經勞資會議同意後，延長之工作時間，一個月不得超過五十四小時，每三個月不得超過一百三十八小時。【*1072 術科第一題】

雇主僱用勞工人數在三十人以上，依前項但書規定延長勞工工作時間者，應報當地主管機關備查。

因天災、事變或突發事件，雇主有使勞工在正常工作時間以外工作之必要者，得將工作時間延長之。但應於延長開始後二十四小時內通知工會；無工會組織者，應報當地主管機關備查。延長之工作時間，雇主應於事後補給勞工以適當之休息。

在坑內工作之勞工，其工作時間不得延長。但以監視為主之工作，或有前項所定之情形者，不在此限。

第 32-1 條　<107.1.31 新增>

　　雇主依第三十二條第一項及第二項規定使勞工延長工作時間，或使勞工於第三十六條所定休息日工作後，依勞工意願選擇補休並經雇主同意者，應依勞工工作之時數計算補休時數。

　　前項之補休，其補休期限由勞雇雙方協商；補休期限屆期或契約終止未補休之時數，應依延長工作時間或休息日工作當日之工資計算標準發給工資；未發給工資者，依違反第二十四條規定論處。

 **重要觀點**

◎ 延長工作時間係指每日工作時間超過 8 小時（或變更後之正常工時）之部分。

◎ 勞工無法於延長時間內工作，雇主不得扣發全勤獎金。

◎ 勞動基準法施行細則第 22 條　<113.3.27 修正>

本法第 32 條第 2 項但書所定每三個月，以每連續三個月為一週期，依曆計算，以勞雇雙方約定之起迄日期認定之。

本法第 32 條第 5 項但書所定坑內監視為主之工作範圍如下：

一、從事排水機之監視工作。

二、從事壓風機或冷卻設備之監視工作。

三、從事安全警報裝置之監視工作。

四、從事生產或營建施工之紀錄及監視工作。

◎ 勞動基準法施行細則第 22-2 條　<113.3.27 修正>

本法第 32 條之 1 所定補休，應依勞工延長工作時間或休息日工作事實發生時間先後順序補休。補休之期限逾依第 24 條第 2 項所約定年度之末日者，以該日為期限之末日。

前項補休期限屆期或契約終止時，發給工資之期限如下：

一、補休期限屆期：於契約約定之工資給付日發給或於補休期限屆期後 30 日內發給。

二、契約終止：依第九條規定發給。

勞工依本法第 32 條之 1 主張權利時，雇主如認為其權利不存在，應負舉證責任。

第 33 條　（主管機關命令延長工作時間之限制及程序）

　　第三條所列事業，除製造業及礦業外，因公眾之生活便利或其他特殊原因，有調整第三十條、第三十二條所定之正常工作時間及延長工作時間之必要者，得由當地主管機關會商目的事業主管機關及工會，就必要之限度內以命令調整之。

【罰則：處新臺幣二萬元以上一百萬元以下罰鍰 <105.12.21 修正>】

第 34 條　（晝夜輪班制之更換班次）　　【罰則：處新臺幣二萬元以上一百萬元以下罰鍰 <105.12.21 修正>】

　　勞工工作採輪班制者，其工作班次，每週更換一次【*1032-43】。但經勞工同意者不在此限。

依前項更換班次時，至少應有連續十一小時之休息時間。【*1061-6】。但因工作特性或特殊原因【*1073 術科第二題】，經中央目的事業主管機關商請中央主管機關公告者，得變更休息時間不少於連續八小時。<107.1.31 修正>

雇主依前項但書規定變更休息時間者，應經工會同意，如事業單位無工會者，經勞資會議同意後，始得為之。雇主僱用勞工人數在三十人以上者，應報當地主管機關備查。

<107.1.31 修正>

第 35 條　（休息）　　　　　　　　【罰則：處新臺幣二萬元以上一百萬元以下罰鍰<105.12.21 修正>】

勞工繼續工作四小時，至少應有三十分鐘之休息。但實行輪班制或其工作有連續性或緊急性者，雇主得在工作時間內，另行調配其休息時間。【*1113-73；1103-67；1083-66；1001-71】

## 重要觀點

◎ 休息時間不屬工作時間。

◎ 高溫、異常氣壓、高架、精密作業、重體力勞動或其他對於勞工具有特殊危害作業標準中所規定之休息時間，應計入實際工時。

◎ 待命時間屬工作時間。

第 36 條　（例假）　　　　<107.1.31 修正>【罰則：處新臺幣二萬元以上一百萬元以下罰鍰】

勞工每七日中至少應有二日之休息，其中一日為例假，一日為休息日。　【*1063-65】

雇主有下列情形之一，不受前項規定之限制：

一、依第三十條第二項規定變更正常工作時間者，勞工每七日中至少應有一日之例假，每二週內之例假及休息日至少應有四日。

二、依第三十條第三項規定變更正常工作時間者，勞工每七日中至少應有一日之例假，每八週內之例假及休息日至少應有十六日。

三、依第三十條之一規定變更正常工作時間者，勞工每二週內至少應有二日之例假，每四週內之例假及休息日至少應有八日。

雇主使勞工於休息日工作之時間，計入第三十二條第二項所定延長工作時間總數。但因天災、事變或突發事件，雇主使勞工於休息日工作之必要者，其工作時數不受第三十二條第二項規定之限制。

經中央目的事業主管機關同意，且經中央主管機關指定之行業，雇主得將第一項、第二項第一款及第二款所定之例假，於每七日之週期內調整之。

前項所定例假之調整，應經工會同意，如事業單位無工會者，經勞資會議同意後，始得為之。雇主僱用勞工人數在三十人以上者，應報當地主管機關備查。

**相關法規**

**勞動基準法施行細則第 22-3 條** <113.3.27 修正>

本法第 36 條第 1 項、第 2 項第 1 款及第 2 款所定之例假，以每 7 日為一週期，依曆計算。雇主除依同條第 4 項及第 5 項規定調整者外，不得使勞工連續工作逾 6 日。

**第 37 條** （休假） <105.12.21 修法>【罰則：處新臺幣二萬元以上一百萬元以下罰鍰】

內政部所定應放假之紀念日、節日、勞動節及其他中央主管機關指定應放假日，均應休假。

中華民國一百零五年十二月六日修正之前項規定，自一百零六年一月一日施行。

 **相關法規**

**勞動基準法施行細則第 23-1 條** <113.3.27 修正>

本法第 37 條所定休假遇本法第 36 條所定例假及休息日者，應予補假。但不包括本法第 37 條指定應放假之日。

前項補假期日，由勞雇雙方協商排定之。

**第 38 條** （特別休假） <107.1.31 修正>【罰則：處新臺幣二萬元以上一百萬元以下罰鍰】❸❸❸

勞工在同一雇主或事業單位，繼續工作滿一定期間者，應依下列規定給予特別休假：

【*1061 術科第一題】

一、六個月以上一年未滿者，三日。

二、一年以上二年未滿者，七日。

三、二年以上三年未滿者，十日。

四、三年以上五年未滿者，每年十四日。

五、五年以上十年未滿者，每年十五日。

六、十年以上者，每一年加給一日，加至三十日為止。　　【*1103-21：1083-39：1062-28】

前項之特別休假期日，由勞工排定之。但雇主基於企業經營上之急迫需求或勞工因個人因素，得與他方協商調整。

雇主應於勞工符合第一項所定之特別休假條件時，告知勞工依前二項規定排定特別休假。

勞工之特別休假，因年度終結或契約終止而未休之日數，雇主應發給工資【*1061-54】。

但年度終結未休之日數，經勞雇雙方協商遞延至次一年度實施者，於次一年度終結或契約終止仍未休之日數，雇主應發給工資。　　【*1071 術科第五題】

雇主應將勞工每年特別休假之期日及未休之日數所發給之工資數額，記載於第二十三條所定之勞工工資清冊，並每年定期將其內容以書面通知勞工。

勞工依本條主張權利時，雇主如認為其權利不存在，應負舉證責任。

**相關法規**

**勞動基準法施行細則第 24 條** <113.3.27 修正>

勞工於符合本法第 38 條第 1 項所定之特別休假條件時，取得特別休假之權利；其計算特別休假之工作年資，應依第 5 條之規定。

依本法第 38 條第 1 項規定給予之特別休假日數，勞工得於勞雇雙方協商之下列期間內，行使特別休假權利：

一、以勞工受僱當日起算，每 1 週年之期間。但其工作 6 個月以上 1 年未滿者，為取得特別休假權利後 6 個月之期間。

二、每年 1 月 1 日至 12 月 31 日之期間。

三、教育單位之學年度、事業單位之會計年度或勞雇雙方約定年度之期間。

雇主依本法第 38 條第 3 項規定告知勞工排定特別休假，應於勞工符合特別休假條件之日起 30 日內為之。

**勞動基準法施行細則第 24-1 條** <113.3.27 修正>

本法第 38 條第 4 項所定年度終結，為前條第二項期間屆滿之日。

本法第 38 條第 4 項所定雇主應發給工資，依下列規定辦理：

一、發給工資之基準：

（一）按勞工未休畢之特別休假日數，乘以其 1 日工資計發。

（二）前目所定 1 日工資，為勞工之特別休假於年度終結或契約終止前 1 日之正常工作時間所得之工資。其為計月者，為年度終結或契約終止前最近 1 個月正常工作時間所得之工資除以 30 所得之金額。

二、發給工資之期限：

（一）年度終結：於契約約定之工資給付日發給或於年度終結後 30 日內發給。

（二）契約終止：依第 9 條規定發給。

**勞動基準法施行細則第 24-2 條** <113.3.27 修正>

本法第 38 條第 5 項所定每年定期發給之書面通知，依下列規定辦理：

一、雇主應於前條第二項第二款所定發給工資之期限前發給。

二、書面通知，得以紙本、電子資料傳輸方式或其他勞工可隨時取得及得列印之資料為之。

第 39 條　（假日休息工資照給及假日工作工資加倍）

<105.12.21 修正>【罰則：處新臺幣二萬元以上一百萬元以下罰鍰】

第三十六條所定之例假、休息日、第三十七條所定之休假及第三十八條所定之特別休假，工資應由雇主照給【*1091-72】。雇主經徵得勞工同意於休假日工作者，工資應加倍發給【*1121-2；1113-59；1111-3；1093-31】。因季節性關係有趕工必要，經勞工或工會同意照常工作者，亦同。

**相關法規**

**勞動基準法施行細則第 24-3 條** <113.3.27 修正>

本法第 39 條所定休假日，為本法第 37 條所定休假及第 38 條所定特別休假。

**第 40 條**　（假期之停止加資及補假）　　<105.12.21 修正>【罰則：處新臺幣二萬元以上一百萬元以下罰鍰】

因天災、事變或突發事件，雇主認有繼續工作之必要時，得停止第三十六條至第三十八條所定勞工之假期。但停止假期之工資，應加倍發給，並應於事後補假休息。

【\*1112 術科第五題】

前項停止勞工假期，應於事後二十四小時內，詳述理由，報請當地主管機關核備。

【\*1022-78】

**註**：1. 非因勞基法第四十條所列天災、事變或突發事件，縱使勞工同意，亦不得使勞工於例假工作。

2. 勞工如有於例假日出勤之事實，亦不因事業單位違法應受處罰而影響其權益，當日工資仍應加倍發給。

**第 41 條**　（主管機關得停止公用事業勞工之特別休假）

公用事業之勞工，當地主管機關認有必要時，得停止第三十八條所定之特別休假。假期內之工資應由雇主加倍發給。　　<105.12.21 修正>【罰則：處新臺幣二萬元以上一百萬元以下罰鍰】

**第 42 條**　（不得強制正常工作時間以外之工作情形）

勞工因健康或其他正當理由，不能接受正常工作時間以外之工作者，雇主不得強制其工作。　　　　　　【違者處六個月以下有期徒刑、拘役或科或併科新臺幣三十萬元以下罰金】

**第 43 條**　（請假事由）

勞工因婚、喪、疾病或其他正當事由得請假；請假應給之假期及事假以外期間內工資給付之最低標準，由中央主管機關定之。<105.12.21 修正>【罰則：處新臺幣二萬元以上一百萬元以下罰鍰】

 **相關法規**

**勞工請假規則**（民國 112 年 5 月 1 日）

**第 1 條**　（訂定之依據）

本規則依勞動基準法（以下簡稱本法）第四十三條規定訂定之。

**第 2 條**　（婚假）

勞工結婚者給予婚假八日，工資照給。

**第 3 條**　（喪假之規定）

勞工喪假依左列規定：　　　　　　　　　　　　　　　　　　　　【\*983-74】

一、父母、養父母、繼父母、配偶喪亡者，給予喪假八日，工資照給。

二、祖父母、子女、配偶之父母、配偶之養父母或繼父母喪亡者，給予喪假六日，工資照給。

三、曾祖父母、兄弟姊妹、配偶之祖父母喪亡者，給予喪假三日，工資照給。

第 4 條　（普通傷病之規定）　　　　　　　　　　　　　　　　　　★★★

勞工因普通傷害、疾病或生理原因必須治療或休養者，得在下列規定範圍內請普通

傷病假：　　　　　　　　　　　　　　【*981-27：972-39：1011 術科第三題】

一、未住院者，一年內合計不得超過三十日。

二、住院者，二年內合計不得超過一年。

三、未住院傷病假與住院傷病假二年內合計不得超過一年。

經醫師診斷，罹患癌症（含原位癌）採門診方式治療或懷孕期間需安胎休養者，其治療或休養期間，併入住院傷病假計算。

普通傷病假一年內未超過三十日部分，工資折半發給，其領有勞工保險普通傷病給付未達工資半數者，由雇主補足之。

第 5 條　（普通傷病假逾期之處理）

勞工普通傷病假超過前條第一項規定之期限，經以事假或特別休假抵充後仍未痊癒者，得予留職停薪。但留職停薪期間以一年為限。

第 6 條　（公傷病假）

勞工因職業災害而致失能、傷害或疾病者，其治療、休養期間，給予公傷病假。

第 7 條　（事假）

勞工因有事故必須親自處理者，得請事假，一年內合計不得超過十四日。事假期間不給工資。

第 8 條　（公假）

勞工依法令規定應給予公假者，工資照給，其假期視實際需要定之。勞工因妊娠未滿三個月流產未請產假，而請普通傷病假者，亦同。<112.5.1 增修 >

第 9 條　（因請假扣發全勤獎金之禁止）

雇主不得因勞工請婚假、喪假、公傷病假及公假，扣發全勤獎金；勞工因妊娠未滿三個月流產未請產假，而請普通傷病假者，亦同。<112.5.1 增修 >

第 10 條　（請假手續）

勞工請假時，應於事前親自以口頭或書面敘明請假理由及日數。但遇有急病或緊急事故，得委託他人代辦請假手續。辦理請假手續時，雇主得要求勞工提出有關證明文件。

第 11 條　（違反規定之處理）

雇主或勞工違反本規則之規定時，主管機關得依本法有關規定辦理。

第 12 條　（施行日）

本規則自發布日施行。

### 立即演練 3

(    )1. 勞工工作採輪班者,更換班次時,至少應有連續幾小時之休息時間? ①9 ②10 ③11 ④12

(    )2. 依勞動基準法規定,勞工繼續工作4小時,至少應有多少分鐘之休息? ①15分鐘 ②30分鐘 ③45分鐘 ④60分鐘

(    )3. 勞工繼續工作滿一定期間者,雇主應給予特別休假;下列那一項計算方式是錯誤的? ①1年以上2年未滿者7日 ②2年以上3年未滿者10日 ③3年以上5年未滿者14日 ④10年以上者一律30日

(    )4. 勞動基準法法定正常工作時間為何? ①每週40小時 ②每週48小時 ③兩週84小時 ④兩週86小時

(    )5. 依勞動基準法第32條第2項規定,雇主延長勞工之工作時間,1個月不得超過幾小時? ①40小時 ②42小時 ③44小時 ④46小時

(    )6. 雇主延長勞工之工作時間,如其延長在2小時之內者,應按平時每小時工資額加給多少? ①二分之一以上 ②三分之一以上 ③四分之一以上 ④五分之一以上

(    )7. 下列關於勞工請假規則之敘述,何者錯誤? ①勞工結婚者應給予婚假7日,工資照給 ②勞工父母喪亡者應給予喪假8日,工資照給 ③勞工未住院之普通傷害,得請1年內不超過30日之普通傷病假 ④勞工依法令應給予公假者,工資照給

(    )8. 勞動基準法有關勞工請假的規定,下列哪一項是正確的? ①勞工婚假十天,工資照給 ②勞工事假一年內不超過三週 ③雇主得因勞工請喪假,扣發全勤獎金 ④勞工因普通傷病必須治療、未住院者,一年合計不超過三十日

(    )9. 下列關於勞動基準法變形工時之敘述,何者錯誤? ①勞動基準法設有2週與8週兩種變形工時制度 ②雇主採取變形工時,應經工會同意,如事業單位無工會者,應經勞資會議同意 ③雇主採取變形工時之期間,其工時總數仍應符合法令工時之規定 ④雇主採取變形工時之期間,每週工作總時數不得超過48小時

(    )10. 依勞動基準法規定,雇主應置備勞工簽到簿或出勤卡,逐日記載勞工出勤情形。此項簿卡應保存至少多久? ①6個月 ②5年 ③2年 ④3年

**解** 1.③ 2.② 3.④ 4.① 5.④ 6.② 7.① 8.④ 9.① 10.②

---

## 第五章 童工、女工

### 第44條 (童工及其工作性質之限制) <104.12.16 新修>

十五歲以上未滿十六歲之受僱從事工作者,為童工。【*1018月-43;961-59;1071術科第五題】

童工及十六歲以上未滿十八歲之人不得從事危險性或有害性之工作。【違者處六個月以下有期徒刑、拘役或科或併科新臺幣三十萬元以下罰金】 【*1111-55;1052-3;1071術科第五題】

**重要觀點**

◎ 105 年 1 月 1 日起，童工基本工資適用成年工相同規範，取消「不得低於 70% 基本工資」之規範。　【*1001-25；961-24】

**第 45 條　（未滿十五歲之人之僱傭）**

雇主不得僱用未滿十五歲之人從事工作。但國民中學畢業或經主管機關認定其工作性質及環境無礙其身心健康者，不在此限。【違者處六個月以下有期徒刑、拘役或科或併科新臺幣三十萬元以下罰金】　【*1018 月 -43】

前項受僱之人，準用童工保護之規定。　【違反規定之處罰適用罰則章規定】

第一項工作性質及環境無礙其身心健康之認定基準、審查程序及其他應遵行事項之辦法，由中央主管機關依勞工年齡、工作性質及受國民義務教育之時間等因素定之。

未滿十五歲之人透過他人取得工作為第三人提供勞務，或直接為他人提供勞務取得報酬未具勞僱關係者，準用前項及童工保護之規定。　【違反規定之處罰適用罰則章規定】

 **相關法規**

**無礙身心健康認定基準**

勞動基準法第四十五條無礙身心健康認定基準及審查辦法（民國 111 年 5 月 31 日）

第 1 條　本辦法依勞動基準法（以下簡稱本法）第四十五條第三項規定訂定之。

第 2 條　雇主或受領勞務者使下列人員從事勞動（以下簡稱工作者），應依本辦法申請許可：

一、國民中學未畢業，且未滿十五歲受僱從事工作者。

二、未滿十五歲透過他人取得工作為第三人提供勞務，或直接為他人提供勞務取得報酬，且未具勞僱關係之工作者。

第 3 條　有下列情形之一者，工作者不得從事：

一、坑內及局限空間作業。

二、吊掛、空中及高架作業。

三、水中作業、水面作業及無安全防護措施之岸邊作業。

四、光線及噪音影響身心健康之作業環境。

五、農藥之噴灑及家禽、家畜及水產養殖之投藥及消毒工作。

六、違反公共秩序及善良風俗。

七、經醫師評估超出生理或心理負擔能力。

八、職業安全衛生法、兒童及少年福利與權益保障法及其他法令所禁止從事之工作。

九、其他經主管機關認定有礙身心健康之工作。

第 4 條　工作者之工作時間，應符合下列規定：

一、年齡未滿六歲者，每日不得超過二小時。

二、年齡六歲以上未滿十二歲者，每日不得超過三小時。

三、年齡十二歲以上未滿十五歲者，每日不得超過四小時。

前項第一款未滿六個月之工作者，每次工作時間不得超過三十分鐘。

各學期間假期之工作日數，不得超過該假期總日數之三分之二，工作時間適用本法第四十七條及第四十八條規定。開學前七日內不得工作。

非於本國境內學校就學之工作者，不適用前項之規定。

未滿十二歲之工作者從事廣播、電視及電影事業之節目演出、舞臺及馬戲團演出、有聲媒體錄製、廣告之拍攝錄製、模特兒展演、才藝及民俗技藝表演之工作時，工作場所應有法定代理人陪同。

第 5 條　工作者之待命及準備時間，應計入工作時間。繼續工作二小時，至少應有十五分鐘之休息。

工作者應於每週星期六或星期日擇一日全日休息，作為例假。

雇主或受領勞務者應置備簽到簿或出勤卡，逐次記載工作者之工作時間及休息時間。

第 6 條　雇主或受領勞務者，應對符合勞工保險條例、勞工職業災害保險及保護法、全民健康保險法所定應參加保險為保險對象之工作者，辦理參加保險。

非屬勞工職業災害保險及保護法所定應參加保險為保險對象之工作者，雇主或受領勞務者應為其投保商業保險，或依勞工職業災害保險及保護法第十條規定辦理參加保險。<111.5.31 修正 >

第 7 條　雇主或受領勞務者，應於工作者勞務提供起始日起前九十日至二十日之期間，檢具下列文件向勞務提供地之直轄市、縣 ( 市 ) 政府 ( 以下簡稱地方主管機關 ) 申請許可：

一、申請書。

二、雇主或受領勞務者之身分證明文件、公司登記或商業登記證明、工廠登記證明及特許事業許可證等文件之影本。

三、工作者之戶口名簿影本或護照影本。

四、勞工保險、勞工職業災害保險或商業保險投保計畫書及全民健康保險卡之影本。<111.5.31 修正 >

五、學籍所在地或就讀學校之學校同意書。

六、法定代理人之同意書。

七、其他中央主管機關規定之文件。

依前項規定取得許可之雇主或受領勞務者，應自工作者提供勞務起始日起十日內，檢具相關投保證明文件向地方主管機關備查。

第一項許可期間，每次最長為一年。

第 8 條　前條申請案件涉及數個勞務提供地者，雇主或受領勞務者得向其中任一勞務提供地之地方主管機關提出申請。

前項地方主管機關許可後，應副知各勞務提供地之地方主管機關。

第 9 條　地方主管機關許可後，原依第七條第一項規定檢具之文件有變更時，雇主或受領勞務者應將變更後必要文件併同原許可文件，依第七條規定申請變更許可，其許可期間至原許可期間屆滿時止。

第 10 條　雇主或受領勞務者提出申請時，有下列情形之一者，地方主管機關應不予受理：

一、不符第七條第一項規定之申請期間。

二、檢具之文件不齊全，經通知限期補正，屆期未補正。

第 11 條　雇主或受領勞務者申請許可時，有下列情形之一者，地方主管機關應不予許可；已許可者，得撤銷或廢止其許可：

一、申請文件有虛偽或不實記載。

二、違反第三條至第七條規定。

三、實際從事工作與原許可之工作不符。

四、妨礙工作者受國民義務教育之權利。

五、未依第七條第二項規定提供相關投保證明文件。

六、其他違反本法或本辦法之規定。

第 12 條　主管機關應將第七條第一項所列各款資料登錄於中央主管機關指定之資訊系統。所登錄之資料主管機關得作為研究及統計之用。

第 13 條　為工作者之權益及健康福祉，主管機關得定期、不定期實施勞動檢查；教育主管機關得就從事勞務有無影響工作者受國民義務教育之權利進行評估並追蹤輔導；社政主管機關得就工作者從事勞務有無違反兒童及少年福利與權益保障法規，進行輔導諮詢。

第 14 條　本辦法之書表格式，由中央主管機關定之。

第 15 條　本辦法施行前已依本法第四十五條規定取得認定者，應自本辦法施行之日起一年內，向地方主管機關申請許可。

第 16 條　本辦法自發布日施行。

本辦法修正條文自中華民國一百十一年五月一日施行。

第 46 條　（法定代理人同意書及其年齡證明文件）

未滿十八歲 <104.12.16 修正 > 之人受僱從事工作者，雇主應置備其法定代理人同意書及其年齡證明文件。　　　　　　　　　　　　【罰則：處新臺幣二萬元以上三十萬元以下罰鍰】【*1041-21】

第 47 條　（童工工作時間之嚴格限制）　　　　　　　　　　　　　　　　　　　　　❋❋❋

童工每日之工作時間不得超過八小時，每週工作不得超過四十小時，例假日不得工作。

【違者處六個月以下有期徒刑、拘役或科或併科新臺幣三十萬元以下罰金】【*1032-23；1002-54；961-62；1071 術科第五題】

第 48 條　（童工夜間工作之禁止）

童工不得於午後八時至翌晨六時之時間內工作。【違者處六個月以下有期徒刑、拘役或科或併科新臺幣三十萬元以下罰金】【*1101-15；961-62；1071 術科第五題】

第 49 條　（女工深夜工作之禁止及其例外）

雇主不得使女工於午後十時至翌晨六時之時間內工作。但雇主經工會同意，如事業單位無工會者，經勞資會議同意後，且符合下列各款規定者，不在此限：<105.12.21 修正>【罰則：處新臺幣二萬元以上一百萬元以下罰鍰】【*1093-19；1083-30；981-73；971-32；963-60；1012 術科第五題】【依司法院釋字第 807 號解釋公布後，勞動基準法第 49 條第 1 項規定違憲，自該日起失其效力】

一、提供必要之安全衛生設施。

二、無大眾運輸工具可資運用時，提供交通工具或安排女工宿舍。

前項第一款所稱必要之安全衛生設施，其標準由中央主管機關定之。但雇主與勞工約定之安全衛生設施優於本法者，從其約定。<104.3.31 修正>【事業單位僱用女性勞工夜間工作場所必要之安全衛生設施標準】【依司法院釋字第 807 號解釋公布後，勞動基準法第 49 條第 1 項規定違憲，自該日起失其效力】

女工因健康或其他正當理由，不能於午後十時至翌晨六時之時間內工作者，雇主不得強制其工作。【違者處六個月以下有期徒刑、拘役或科或併科新臺幣三十萬元以下罰金】【*1018 月 -43；1071 術科第五題；963 術科第二題】

第一項規定，於因天災、事變或突發事件，雇主必須使女工於午後十時至翌晨六時之時間內工作時，不適用之。【依司法院釋字第 807 號解釋公布後，勞動基準法第 49 條第 1 項規定違憲，自該日起失其效力】

第一項但書及前項規定，於妊娠或哺乳期間之女工，不適用之。【罰則：處新臺幣九萬元以上四十五萬元以下罰鍰】【*1018 月 -43；963 術科第二題】

第 50 條　（分娩或流產之產假及工資）　　【罰則：處新臺幣九萬元以上四十五萬元以下罰鍰】★★★★★

女工分娩前後，應停止工作，給予產假八星期；妊娠三個月以上流產者，應停止工作，給予產假四星期。　　　　　　　　　　　　　　　　　　　【*963 術科第二題】

前項女工受僱工作在六個月以上者，停止工作期間工資照給；未滿六個月者減半發給。

【*1103-8；1073-24；1072-6；1002-59】

 **重要觀點**

◎ 性別平等工作第 15 條 <112.8.16 修正>

雇主於女性受僱者分娩前後，應使其停止工作，給予產假八星期；妊娠三個月以上流產者，應使其停止工作，給予產假四星期；妊娠二個月以上未滿三個月流產者，應使其停止工作，給予產假一星期；妊娠未滿二個月流產者，應使其停止工作，給予產假五日。【罰則：新臺幣二萬元以上三十萬元以下罰鍰；雇主有違法規定行為者，公布其姓名或名稱、負責人姓名，並限期令其改善；屆期末改善者，應按次處罰】【*1062-34；1061-19；1002 術科第二題；963 術科第二題】

產假期間薪資之計算，依相關法令之規定。

受僱者經醫師診斷需安胎休養者，其治療、照護或休養期間之請假及薪資計算，依相關法令之規定。

受僱者妊娠期間，雇主應給予產檢假七日。<111.1.12 修正>【*1082-55；1071-34；1042-57】

受僱者陪伴其配偶妊娠產檢或其配偶分娩時，雇主應給予陪產檢及陪產假七日。<111.1.12 修正>【罰則：新臺幣二萬元以上三十萬元以下罰鍰；雇主有違法規定行為者，公布其姓名或名稱、負責人姓名，並限期令其改善；屆期未改善者，應按次處罰】【*1051-48；1031-30】

產檢假、陪產檢及陪產假期間，薪資照給。<111.1.12 修正>【罰則：新臺幣二萬元以上三十萬元以下罰鍰；雇主有違法規定行為者，公布其姓名或名稱、負責人姓名，並限期令其改善；屆期未改善者，應按次處罰】【*1073-18；1063-78；1043-41；1021-65】

雇主依前項規定給付產檢假、陪產檢及陪產假薪資後，就其中各逾五日之部分得向中央主管機關申請補助。但依其他法令規定，應給予產檢假、陪產檢及陪產假各逾五日且薪資照給者，不適用之。<111.1.12 修正>

前項補助業務，由中央主管機關委任勞動部勞工保險局辦理之。<111.1.12 修正>

第 51 條　（妊娠期間得請求改調較輕易工作）　　　　【罰則：處新臺幣九萬元以上四十五萬元以下罰鍰】

女工在妊娠期間，如有較為輕易之工作，得申請改調，雇主不得拒絕，並不得減少其工資。

第 52 條　（哺乳時間）

子女未滿一歲須女工親自哺乳者，於第三十五條規定之休息時間外，雇主應每日另給哺乳時間二次，每次以三十分鐘為度。

前項哺乳時間，視為工作時間。

註：性別平等工作法第 18 條

子女未滿二歲須受僱者親自哺（集）乳者，除規定之休息時間外，雇主應每日另給哺乳時間六十分鐘為度。　　　【罰則：新臺幣二萬元以上三十萬元以下罰鍰；雇主有違法規定行為者，公布其姓名或名稱、負責人姓名，並限期令其改善；屆期未改善者，應按次處罰。】<105.05.18 新修>【*1002-25；1041 術科第一題；1033 術科第二題】

受僱者於每日正常工作時間以外之延長工作時間達一小時以上者，雇主應給予哺（集）乳時間三十分鐘。　　　　【*1053-10】

前二項哺（集）乳時間，視為工作時間。

## 立即演練 4

( ) 1. 依勞動基準法規定，113 年 1 月 1 日起月基本工資多少元？ ① 26,000 ② 26,008 ③ 27,470 ④ 25,500

( ) 2. 根據勞動基準法規定，童工是屬於下列哪一項的年齡層？ ①十歲以上未滿十二歲者 ②十二歲以上未滿十四歲者 ③十四歲以上未滿十五歲者 ④十五歲以上未滿十六歲者

( ) 3. 根據勞動基準法規定，童工不得於下列哪一項時間內工作？ ①午後八時到翌晨六時 ②午後十時到翌晨六時 ③午後九時到翌晨六時 ④午後七時到翌晨六時

( ) 4. 根據勞動基準法規定，對女性勞工的保護，下列說明何者有誤？ ①提供給女性勞工的哺乳時間，視為工作時間 ②不得使女性勞工在午後十時到翌晨六時工作 ③哺乳時間是休息時間以外，雇主給予的時間 ④女工在妊娠期間，如有較為輕易之工作，得申請改調，雇主不得拒絕，並不得減少其工資

( ) 5. 有關產假與相關規定，下列何者是錯誤的？ ①女性受僱者分娩前後，應使其停止工作，給予產假八星期 ②妊娠或哺乳期間之女工不能於午後十時至翌晨六時之時間內工作 ③女工妊娠三個月以上流產者，應停止工作，給予產假四星期 ④產假期間薪資之計算雇主全額給付

( ) 6. 依勞動基準法規定，女工受僱工作未滿 6 個月者，其因分娩於產假停止工作期間，工資發給之規定為何？ ①不予發給 ②減半發給 ③工資照給 ④加倍發給

( ) 7. 依勞動基準法規定，童工每日工作時間不得超過 8 小時，例假日之工作時間規定為何？ ①不得超過 2 小時 ②不得超過 4 小時 ③不得超過 6 小時 ④不得工作

( ) 8. 依勞動基準法規定，下列敘述何者不正確？ ① 15 歲以上未滿 16 歲之受僱從事工作者，為童工 ②雇主不得僱用未滿 15 歲之人從事工作，但國民中學畢業或經主管機關認定其工作性質及環境無礙其身心健康者，不在此限 ③因天災、事變或突發事件，雇主得使妊娠或哺乳期間之女工於午後 10 時至翌晨 6 時之時間內工作 ④女工因健康或其他正當理由，不能於午後 10 時至翌晨 6 時之時間內工作者，雇主不得強制其工作

解 1. ③ 2. ④ 3. ① 4. ② 5. ④ 6. ② 7. ④ 8. ③

## 第六章 退休

### 第 53 條 （勞工自請退休之情形） ◍◍◍◍

勞工有下列情形之一，得自請退休：【*1011-72；991-73；971-2；1043 術科第二題；981 術科第二題】

一、工作十五年以上年滿五十五歲者。

二、工作二十五年以上者。

三、工作十年以上年滿六十歲者。

**第 54 條**　（強制退休之情形）　●●●●

勞工非有下列情形之一，雇主不得強制其退休：【*1011-72；972-72；1081 術科第一題；1022 術科第五題；981 術科第二題】

一、年滿六十五歲者。

二、身心障礙不堪勝任工作者。<107.11.21 修正>

前項第一款所規定之年齡，對於擔任具有危險、堅強體力等特殊性質之工作者，得由事業單位報請中央主管機關予以調整。但不得少於五十五歲。　　　　　　　【*1053-13；972-75】

**第 55 條**　（退休金之給與標準）【罰則：未依規定之標準或期限給付者，處新臺幣三十萬元以上一百五十萬元以下罰鍰，並限期令其給付，屆期未給付者，應按次處罰。】　●●●

勞工退休金之給與標準如左：　　　　　【*1013-74；972-73；981 術科第二題；961 術科第二題】

一、按其工作年資，每滿一年給與兩個基數。但超過十五年之工作年資，每滿一年給與一個基數，最高總數以四十五個基數為限【*1043 術科第二題】。未滿半年者以半年計；滿半年者以一年計。

二、依第五十四條第一項第二款規定，強制退休之勞工，其身心障礙係因執行職務所致者，依前款規定加給百分之二十。<107.11.21 修正>【*1123-14；1122-11；1063-79；1053-65】

前項第一款退休金基數之標準，係指核准退休時一個月平均工資。

第一項所定退休金，雇主應於勞工退休之日起三十日內給付【*1043 術科第二題】，如無法一次發給時，得報經主管機關核定後，分期給付。本法施行前，事業單位原定退休標準優於本法者，從其規定。

**第 56 條**　（勞工退休準備金）

雇主應依勞工每月薪資總額百分之二至百分之十五範圍內，按月提撥勞工退休準備金，專戶存儲，並不得作為讓與、扣押、抵銷或擔保之標的；其提撥之比率、程序及管理等事項之辦法，由中央主管機關擬訂，報請行政院核定之。

【罰則：處新臺幣二萬元以上三十萬元以下罰鍰】

雇主應於每年年度終了前，估算前項勞工退休準備金專戶餘額，該餘額不足給付次一年度內預估成就第五十三條或第五十四條第一項第一款退休條件之勞工，依前條計算之退休金數額者，雇主應於次年度三月底前一次提撥其差額，並送事業單位勞工退休準備金監督委員會審議。　　　　　【違反規定者，處新臺幣九萬元以上四十五萬元以下罰鍰。】

第一項雇主按月提撥之勞工退休準備金匯集為勞工退休基金，由中央主管機關設勞工退休基金監理委員會管理之；其組織、會議及其他相關事項，由中央主管機關定之。

前項基金之收支、保管及運用，由中央主管機關會同財政部委託金融機構辦理。最低收益不得低於當地銀行二年定期存款利率之收益；如有虧損，由國庫補足之。基金之收支、保管及運用辦法，由中央主管機關擬訂，報請行政院核定之。

雇主所提撥勞工退休準備金，應由勞工與雇主共同組織勞工退休準備金監督委員會監督之。委員會中勞工代表人數不得少於三分之二；其組織準則，由中央主管機關定之。

【*1073-27；1042-22；981-67；971-59】

雇主按月提撥之勞工退休準備金比率之擬訂或調整，應經事業單位勞工退休準備金監督委員會審議通過，並報請當地主管機關核定。

金融機構辦理核貸業務，需查核該事業單位勞工退休準備金提撥狀況之必要資料時，得請當地主管機關提供。

金融機構依前項取得之資料，應負保密義務，並確實辦理資料安全稽核作業。

前二項有關勞工退休準備金必要資料之內容、範圍、申請程序及其他應遵行事項之辦法，由中央主管機關會商金融監督管理委員會定之。

第 57 條　（勞工年資之計算）

勞工工作年資以服務同一事業者為限。但受同一雇主調動之工作年資，及依第二十條規定應由新雇主繼續予以承認之年資，應予併計。

第 58 條　（退休金之時效期間）　　　　　　　　　　　　　　●●●

勞工請領退休金之權利，自退休之次月起，因五年間不行使而消滅。　【*981 術科第二題】

勞工請領退休金之權利，不得讓與、抵銷、扣押或供擔保。

勞工依本法規定請領勞工退休金者，得檢具證明文件，於金融機構開立專戶，專供存入勞工退休金之用。

前項專戶內之存款，不得作為抵銷、扣押、供擔保或強制執行之標的。

## 立即演練 5

(　　) 1. 雇主得強制從事一般工作性質之勞工退休年齡為多少？　①年滿 50 歲　②年滿 55 歲　③年滿 60 歲　④年滿 65 歲

(　　) 2. 對於擔任具有危險等特殊性質工作的勞工，其強制退休年齡得由事業單位報請中央主管機關予以調整，但不得少於？　①60 歲　②58 歲　③55 歲　④50 歲

(　　) 3. 根據勞動基準法規定，雇主所提撥的退休準備金，應由勞工與雇主共同組織退休準備金監督委員會監督之，委員會中勞工代表人數不得少於　①二分之一　②三分之二　③四分之三　④五分之四

(　　) 4. 依勞動基準法規定，勞工退休金基數的標準，係指核准退休時？　①1 個月的基本工資　②1 個月的底薪　③1 個月的平均工資　④1 個月的月薪

(　　) 5. 根據「勞動基準法」的規定，事業單位應依每月薪資總額百分之二至百分之十五的範圍內按月提撥勞工退休準備金，事業單位的提撥率不用考量到下列哪一因素？　①勞工工作年資　②今後五年退休勞工人數　③薪資結構　④最近三年的勞動流動率

(　　) 6. 依勞動基準法第 53 條規定，下列有關勞動自請退休之敘述，何者錯誤？　①工作 15 年以上年滿 55 歲　②工作 10 年以上年滿 60 歲　③工作滿 25 年以上　④年滿 65 歲

解　1.④　　2.③　　3.②　　4.③　　5.④　　6.④

# 第七章　職業災害補償

## 第 59 條　（職業災害之補償方法及受領順位）

<107.11.21 修正 >【罰則：處新臺幣二萬元以上一百萬元以下罰鍰】✪✪✪

勞工因遭遇職業災害而致死亡、失能、傷害或疾病時，雇主應依下列規定予以補償。但如同一事故，依勞工保險條例或其他法令規定，已由雇主支付費用補償者，雇主得予以抵充之：　　　　　　　　　　　　　　【*1031 術科第七題；1021 術科第一題；1002 術科第二題；972 術科第一題】

一、勞工受傷或罹患職業病時，雇主應補償其必需之醫療費用。職業病之種類及其醫療範圍，依勞工保險條例有關之規定。　　　　　　　　　　　　　　　【此款稱為醫療補償】

二、勞工在醫療中不能工作時，雇主應按其原領工資數額予以補償。但醫療期間屆滿二年仍未能痊癒，經指定之醫院診斷，審定為喪失原有工作能力，且不合第三款之失能給付標準者，雇主得一次給付四十個月之平均工資後，免除此項工資補償責任。
　　　　　　　　　　　　　　　【此款稱為工資補償】【*1022-31；1051 術科第二題】

三、勞工經治療終止後，經指定之醫院診斷，審定其身體遺存障害者，雇主應按其平均工資及其失能程度，一次給予失能補償。失能補償標準，依勞工保險條例有關之規定。　　　　　　　　　　　　　　　　　　　　　　　　　　　　　【此款稱為殘障補償】

四、勞工遭遇職業傷害或罹患職業病而死亡時，雇主除給與五個月平均工資之喪葬費外，並應一次給與其遺屬四十個月平均工資之死亡補償。其遺屬受領死亡補償之順位如下：　　　　　　　　　　　　　　　　　　　　　　　　　　　　【此款稱為死亡補償】

（一）配偶及子女。　　（二）父母。　　（三）祖父母。

（四）孫子女。　　　　（五）兄弟姊妹。

**註**：1. 勞動基準法施行細則第 31 條

　　　本法第 59 條第 2 款所稱原領工資，係指該勞工遭遇職業災害前一日正常工作時間所得之工資。其為計月者，以遭遇職業災害前最近一個月正常工作時間所得之工資除以三十所得之金額，為其一日之工資。罹患職業病者依前項規定計算所得金額低於平均工資者，以平均工資為準。

　　2. 勞動基準法施行細則第 32 條

　　　依本法第 59 條第 2 款但書規定給付之補償，雇主應於決定後十五日內給與。在未給與前雇主仍應繼續為同款前段規定之補償。

　　3. 勞動基準法施行細則第 33 條

　　　雇主依本法第 59 條第 4 款給與勞工之喪葬費應於死亡後三日內，死亡補償應於死亡後十五日內給付。　　　　　　　　　　　　　　　　　　　　　【*1012-79】

　　4. 勞動基準法施行細則第 34 條

　　　本法第 59 條所定同一事故，依勞工保險條例或其他法令規定，已由雇主支付費用補償者，雇主得予以抵充之。但支付之費用如由勞工與雇主共同負擔者，其補償之抵充按雇主負擔之比例計算。勞工因遭遇職業災害而致死亡或殘廢時，雇主已依勞工保險條例規定為其投保，並經保險人核定為職業災害保險事故者，雇主依本法第 59 條規定給予之補償，以勞工之平均工資與平均投保薪資之差額，依本法第 59 條第 3 款及第四款規定標準計算之。

5. 勞工保險條例第 36 條

職業傷害補償費及職業病補償費，均按被保險人平均月投保薪資百分之七十發給，每半個月給付一次；如經過一年尚未痊癒者，其職業傷害或職業病補償費減為平均月投保薪資之半數，但以一年為限。

【*1102-48；1093-30；1013-34；1081 術科第一題；1021 術科第一題】

6. 勞工保險條例第 54 條

被保險人遭遇職業傷害或罹患職業病，經治療後，症狀固定，再行治療仍不能期待其治療效果，經保險人自設或特約醫院診斷為永久失能，並符合失能給付標準規定發給一次金者，得按其平均月投保薪資，依規定之給付標準，增給百分之五十，請領失能補償費。 【*1081 術科第一題】

前項被保險人經評估為終身無工作能力，並請領失能年金給付者，除依第 53 條規定發給年金外，另按其平均月投保薪資，1 次發給 20 個月職業傷病失能補償一次金。

【*1018 月 -55】

7. 職業安全衛生法第 37 條 <108.5.15 修正 >

事業單位工作場所發生職業災害，雇主應即採取必要之急救、搶救等措施，並會同勞工代表實施調查、分析及作成紀錄。

事業單位勞動場所發生下列職業災害之一者，雇主應於八小時內通報勞動檢查機構： 【*1122-33；1092-10；1061-37】

一、發生死亡災害。

二、發生災害之罹災人數在三人以上。

三、發生災害之罹災人數在一人以上，且需住院治療。

四、其他經中央主管機關指定公告之災害。

勞動檢查機構接獲前項報告後，應就工作場所發生死亡或重傷之災害派員檢查。

事業單位發生第二項之災害，除必要之急救、搶救外，雇主非經司法機關或勞動檢查機構許可，不得移動或破壞現場。

第 60 條 （補償金抵充賠償金）

雇主依前條規定給付之補償金額，得抵充就同一事故所生損害之賠償金額。

第 61 條 （補償金之時效期間）<106.12.27 修正 >

第五十九條之受領補償權，自得受領之日起，因二年間不行使而消滅。 【*1082-1】

受領補償之權利，不因勞工之離職而受影響，且不得讓與、抵銷、扣押或供擔保。

勞工或其遺屬依本法規定受領職業災害補償金者，得檢具證明文件，於金融機構開立專戶，專供存入職業災害補償金之用。

前項專戶內之存款，不得作為抵銷、扣押、供擔保或強制執行之標的。

第 62 條 （承攬人中間承攬人及最後承攬人之連帶雇主責任）

事業單位以其事業招人承攬，如有再承攬時，承攬人或中間承攬人，就各該承攬部分所使用之勞工，均應與最後承攬人，連帶負本章所定雇主應負職業災害補償之責任。

事業單位或承攬人或中間承攬人，為前項之災害補償時，就其所補償之部分，得向最後承攬人求償。

第 63 條　（事業單位之督促義務及連帶補償責任）

承攬人或再承攬人工作場所，在原事業單位工作場所範圍內，或為原事業單位提供者，原事業單位應督促承攬人或再承攬人，對其所僱用勞工之勞動條件應符合有關法令之規定。

事業單位違背職業安全衛生法有關對於承攬人、再承攬人應負責任之規定，致承攬人或再承攬人所僱用之勞工發生職業災害時，應與該承攬人、再承攬人負連帶補償責任。

<108.6.19 修法>

第 63-1 條　<108.6.19 修法>

要派單位使用派遣勞工發生職業災害時，要派單位應與派遣事業單位連帶負本章所定雇主應負職業災害補償之責任。【*1083 術科第四題】

前項之職業災害依勞工保險條例或其他法令規定，已由要派單位或派遣事業單位支付費用補償者，得主張抵充。

要派單位及派遣事業單位因違反本法或有關安全衛生規定，致派遣勞工發生職業災害時，應連帶負損害賠償之責任。【*1083 術科第四題】

要派單位或派遣事業單位依本法規定給付之補償金額，得抵充就同一事故所生損害之賠償金額。　　　　　　　　　　　　　　　　　　　　　　【*1092 術科第三題】

## 第八章　技術生

第 64 條　（技術生之定義之最低年齡）

雇主不得招收未滿十五歲之人為技術生。但國民中學畢業者，不在此限。

　　　　　　【違者處六個月以下有期徒刑、拘役或科或併科新臺幣三十萬元以下罰金】【*1001-63】

稱技術生者，指依中央主管機關規定之技術生訓練職類中以學習技能為目的，依本章之規定而接受雇主訓練之人。

本章規定，於事業單位之養成工、見習生、建教合作班之學生及其他與技術生性質相類之人，準用之。　　　　　　　　　　　　　　　　　　　　　　　　【罰則：適用罰則章規定】

第 65 條　（書面訓練契約及其內容）

雇主招收技術生時，須與技術生簽訂書面訓練契約一式三份，訂明訓練項目、訓練期限、膳宿負擔、生活津貼、相關教學、勞工保險、結業證明、契約生效與解除之條件及其他有關雙方權利、義務事項，由當事人分執，並送主管機關備案。

　　　　　　　　　　　　　　　　　　　　　　　【罰則：處新臺幣二萬元以上三十萬元以下罰鍰】

前項技術生如為未成年人，其訓練契約，應得法定代理人之允許。

第 66 條　（收取訓練費用之禁止）　　　　　　　　　　　　　　　　　　　　✿✿✿

雇主不得向技術生收取有關訓練費用。

　　　　　　　　　　　　　　【罰則：處新臺幣二萬元以上三十萬元以下罰鍰】【*1001-63；992-25】

第 67 條　（技術生之留用及留用期間之限制）　　　　　　　　　　　　　　　✿✿✿

技術生訓練期滿，雇主得留用之，並應與同等工作之勞工享受同等之待遇。雇主如於技術生訓練契約內訂明留用期間，應不得超過其訓練期間。

　　　　　　　　　　　　　　　　　【罰則：處新臺幣二萬元以上三十萬元以下罰鍰】【*1001-63】

第 68 條 （技術生人數之限制） ✪✪✪

技術生人數，不得超過勞工人數四分之一。勞工人數不滿四人者，以四人計。

【罰則：處新臺幣二萬元以上三十萬元以下罰鍰】【*1101-39；1093-32；1033-64；963-76】

第 69 條 （準用規定）

本法第四章工作時間、休息、休假，第五章童工、女工，第七章災害補償及其他勞工保險等有關規定，於技術生準用之。 【罰則：適用罰則章規定】

技術生災害補償所採薪資計算之標準，不得低於基本工資。

## 重要觀點

◎ 勞動基準法施行細則第 35 條（技術生工作範圍之限制） 【*972-21；963-61】

雇主不得使技術生從事家事、雜役及其他非學習技能為目的之工作。但從事事業場所內之清潔整頓，器具工具及機械之清理者不在此限。

## 第九章　工作規則

第 70 條 （工作規則之內容） 【罰則：處新臺幣二萬元以上三十萬元以下罰鍰】✪✪✪

雇主僱用勞工人數在三十人以上者，應依其事業性質，就左列事項訂立工作規則，報請主管機關核備後並公開揭示之： 【*1121-55；1113-43；1073-48；992-62；991-4；981-38】

一、工作時間、休息、休假、國定紀念日、特別休假及繼續性工作之輪班方法。

二、工資之標準、計算方法及發放日期。

三、延長工作時間。

四、津貼及獎金。

五、應遵守之紀律。

六、考勤、請假、獎懲及升遷。

七、受僱、解僱、資遣、離職及退休。

八、災害傷病補償及撫卹。

九、福利措施。

十、勞雇雙方應遵守勞工安全衛生規定。

十一、勞雇雙方溝通意見加強合作之方法。

十二、其他。

第 71 條 （工作規則之效力）

工作規則，違反法令之強制或禁止規定或其他有關該事業適用之團體協約規定者，無效。 【*1113-29；1111-10】

## 第十章　監督與檢查

第 72 條 （勞工檢查機構之設置及組織）

中央主管機關，為貫徹本法及其他勞工法令之執行，設勞工檢查機構或授權直轄市主管機關專設檢查機構辦理之；直轄市、縣（市）主管機關於必要時，亦得派員實施檢查。

前項勞工檢查機構之組織，由中央主管機關定之。

第 73 條　（檢查員之職權）

　　檢查員執行職務，應出示檢查證，各事業單位不得拒絕。事業單位拒絕檢查時，檢查員得會同當地主管機關或警察機關強制檢查之。

　　　　　　　　【拒絕、規避或阻撓勞工檢查員依法執行職務者，處新臺幣三萬元以上十五萬元以下罰鍰】

　　檢查員執行職務，得就本法規定事項，要求事業單位提出必要之報告、紀錄、帳冊及有關文件或書面說明。如需抽取物料、樣品或資料時，應事先通知雇主或其代理人並掣給收據。

　　**註**：事業單位對檢查結果有異議時，應於通知送達後十日內向檢查機構以書面提出。

　　　　　　　　　　　　　　　　　　　　　　　　　　　　　　　　　　　　　【\*971-8】

第 74 條　（勞工之申訴權及保障）<105.12.21 修法 >【罰則：處新臺幣二萬元以上三十萬元以下罰鍰】【\*1062-3】

　　勞工發現事業單位違反本法及其他勞工法令規定時，得向雇主、主管機關或檢查機構申訴。　　　　　　　　　　　　　　　　　　　　　　　　　　　　　　　　　　　　【\*963-74】

　　雇主不得因勞工為前項申訴，而予以解僱、降調、減薪、損害其依法令、契約或習慣上所應享有之權益，或其他不利之處分。【\*1062 術科第一題】

　　雇主為前項行為之一者，無效。

　　主管機關或檢查機構於接獲第一項申訴後，應為必要之調查，並於六十日內將處理情形，以書面通知勞工。【\*1112-34；1061-41】

　　主管機關或檢查機構應對申訴人身分資料嚴守秘密，不得洩漏足以識別其身分之資訊。

　　違反前項規定者，除公務員應依法追究刑事與行政責任外，對因此受有損害之勞工，應負損害賠償責任。【\*1062-56】

　　主管機關受理檢舉案件之保密及其他應遵行事項之辦法，由中央主管機關定之。

 **立即演練 6**

（　）1. 下列有關勞動基準法所定「技術生」之敘述，何者不正確？　①雇主可以招收國民中學畢業者為技術生　②雇主招收技術生時，須與技術生簽訂書面訓練契約　③雇主可以向技術生收取必要之訓練費用　④技術生訓練期滿，雇主得留用之

（　）2. 下列有關技術生之敘述，何者不正確？　①雇主不得招收未滿 15 歲之人為技術生　②雇主招收技術生時，須與其簽訂書面契約　③雇主於必要時，得向技術生收取有關訓練費用　④技術生人數，不得超過勞工人數四分之一

（　）3. 依勞動基準法規定，雇主不得使技術生從事下列哪一項工作？　①事業場所內之清潔工作　②事業場所器具的清理工作　③事業場所內機械的清理工作　④家事的工作

（　）4. 雇主招收技術生時，技術生人數不得超過勞工人數的　①二分之一　②三分之一　③四分之一　④五分之一

( 　 ) 5. 依勞動基準法第 70 條規定，雇主僱用勞工人數在多少人以上者，應依其事業性質，訂立工作規則，報請主管機關核備後並公開揭示之？　① 10 人　② 20 人　③ 30 人　④ 40 人

( 　 ) 6. 事業單位對於勞工檢查機構檢查有異議時，應於通知送達後多少日內向檢查機構以書面提出？　①三日　②五日　③七日　④十日

**解**　1. ③　　2. ③　　3. ④　　4. ③　　5. ③　　6. ④

---

## 第十一章 罰則　　　　　　　　　　　　　　　　　　　　★★★

**第 75 條**　（罰則一）

違反第五條規定者，處五年以下有期徒刑、拘役或科或併科新臺幣七十五萬元以下罰金。

**第 76 條**　（罰則二）

違反第六條規定者，處三年以下有期徒刑、拘役或科或併科新臺幣四十五萬元以下罰金。

**第 77 條**　（罰則三）

違反第四十二條、第四十四條第二項、第四十五條第一項、第四十七條、第四十八條、第四十九條第三項或第六十四條第一項規定者，處六個月以下有期徒刑、拘役或科或併科新臺幣三十萬元以下罰金。

**第 78 條**　（罰則四）　　　　　　　　　　　　　　　　　　　　＜108.6.19 修正＞

未依第十七條、第十七條之一第七項、第五十五條規定之標準或期限給付者，處新臺幣三十萬元以上一百五十萬元以下罰鍰，並限期令其給付，屆期未給付者，應按次處罰。

違反第十三條、第十七條之一第一項、第四項、第二十六條、第五十條、第五十一條或第五十六條第二項規定者，處新臺幣九萬元以上四十五萬元以下罰鍰。

**第 79 條**　（罰則五）　　　　　　　　　　　　　　　　　　　　＜105.12.21 修正＞

有下列各款規定行為之一者，處新臺幣二萬元以上一百萬元以下罰鍰：

一、違反第二十一條第一項、第二十二條至第二十五條、第三十條第一項至第三項、第六項、第七項、第三十二條、第三十四條至第四十一條、第四十九條第一項或第五十九條規定。

二、違反主管機關依第二十七條限期給付工資或第三十三條調整工作時間之命令。

三、違反中央主管機關依第四十三條所定假期或事假以外期間內工資給付之最低標準。

違反第三十條第五項或第四十九條第五項規定者，處新臺幣九萬元以上四十五萬元以下罰鍰。

違反第七條、第九條第一項、第十六條、第十九條、第二十八條第二項、第四十六條、第五十六條第一項、第六十五條第一項、第六十六條至第六十八條、第七十條或第七十四條第二項規定者，處新臺幣二萬元以上三十萬元以下罰鍰。

有前三項規定行為之一者，主管機關得依事業規模、違反人數或違反情節，加重其罰鍰至法定罰鍰最高額二分之一。

第 79-1 條　（罰則六）

違反第四十五條第二項、第四項、第六十四條第三項及第六十九條第一項準用規定之處罰，適用本法罰則章規定。

第 80 條　（罰則七）

拒絕、規避或阻撓勞工檢查員依法執行職務者，處新臺幣三萬元以上十五萬元以下罰鍰。

第 80-1 條　（罰則八）

違反本法經主管機關處以罰鍰者，主管機關應公布其事業單位或事業主之名稱、負責人姓名、處分期日、違反條文及罰鍰金額，並限期令其改善；屆期未改善者，應按次處罰。<109.6.10 修正>　　　　　　　　　　　　　　　【*1012-64】

主管機關裁處罰鍰，得審酌與違反行為有關之勞工人數、累計違法次數或未依法給付之金額，為量罰輕重之標準。【*1113 術科第五題】

第 81 條　（處罰之客體）

法人之代表人、法人或自然人之代理人、受僱人或其他從業人員，因執行業務違反本法規定，除依本章規定處罰行為人外，對該法人或自然人並應處以各該條所定之罰金或罰鍰。

但法人之代表人或自然人對於違反之發生，已盡力為防止行為者，不在此限。

法人之代表人或自然人教唆或縱容為違反之行為者，以行為人論。

第 82 條　（罰鍰之強制執行）

本法所定之罰鍰，經主管機關催繳，仍不繳納時，得移送法院強制執行。

## 第十二章 附則

第 83 條　（勞資會議之舉辦及其辦法）

為協調勞資關係，促進勞資合作，提高工作效率，事業單位應舉辦勞資會議。其辦法由中央主管機關會同經濟部訂定，並報行政院核定。

第 84 條　（公務員兼具勞工身分時法令之適用方法）

公務員兼具勞工身分者，其有關任（派）免、薪資、獎懲、退休、撫卹及保險（含職業災害）等事項，應適用公務員法令之規定。但其他所定勞動條件優於本法規定者，從其規定。　　　　　　　　　　　　　　　　　　　　　　　　　　　　　【*983-26】

第 84-1 條　（另行約定之工作者）　　【*1082-51；1071-17；983-4；1001 術科第三題】❀❀❀❀

經中央主管機關核定公告下列工作者，得由勞雇雙方另行約定，工作時間、例假、休假、女性夜間工作，並報請當地主管機關核備，不受第三十條、第三十二條、第三十六條、第三十七條、第四十九條規定之限制。

一、監督、管理人員或責任制專業人員。

二、監視性或間歇性之工作。

三、其他性質特殊之工作。

前項約定應以書面為之，並應參考本法所定之基準且不得損及勞工之健康及福祉。

**相關法規**

**勞動基準法施行細則第 50 條之 1**

本法第 84 條之 1 第 1 項第 1 款、第 2 款所稱監督、管理人員、責任制專業人員、監視性或間歇性工作，依左列規定：

一、監督、管理人員：係指受雇主僱用，負責事業之經營及管理工作，並對一般勞工之受僱、解僱或勞動條件具有決定權力之主管級人員。

二、責任制專業人員：係指以專門知識或技術完成一定任務並負責其成敗之工作者。

三、監視性工作：係指於一定場所以監視為主之工作。

四、間歇性工作：係指工作本身以間歇性之方式進行者。

**勞動基準法施行細則第 50 條之 2**

雇主依本法第 84 條之 1 規定將其與勞工之書面約定報請當地主機關核備時，其內容應包括職稱、工作項目、工作權責或工作性質、工作時間、例假、休假、女性夜間工作等有關事項。

第 84-2 條　（工作年資之計算）　　　　　　　　　　　　　　　✪✪✪✪

勞工工作年資自受僱之日起算，適用本法前之工作年資，其資遣費及退休金給與標準，依其當時應適用之法令規定計算；當時無法令可資適用者，依各該事業單位自訂之規定或勞雇雙方之協商計算之。適用本法後之工作年資，其資遣費及退休金給與標準，依第十七條及第五十五條規定計算。　　　　　　【*961 術科第二題】

第 85 條　（施行細則）

本法施行細則，由中央主管機關擬定，報請行政院核定。

第 86 條　（施行日期）

本法自公布日施行。但中華民國八十九年六月二十八日修正公布之第三十條第一項及第二項規定，自中華民國九十年一月一日施行；一百零四年二月四日修正公布之第二十八條第一項，自公布後八個月施行；一百零四年六月三日修正公布之條文，自一百零五年一月一日施行；一百零五年十二月二十一日修正公布之第三十四條第二項施行日期，由行政院定之、第三十七條及第三十八條，自一百零六年一月一日施行。

本法中華民國一百零七年一月十日修正之條文，自一百零七年三月一日施行。

**相關法規**

**勞資會議實施辦法（民國 103 年 4 月 14 日）**

第 1 條　本辦法依勞動基準法第八十三條規定訂定之。

第 2 條　事業單位應依本辦法規定舉辦勞資會議；其分支機構人數在三十人以上者，亦應分別舉辦之【*1032-25；972-4】，其運作及勞資會議代表之選舉，準用本辦法所定事業單位之相關規定。

事業單位人數在三人以下者，勞雇雙方為勞資會議當然委員，不受第三條、第五條至第十一條及第十九條規定之限制。

第 3 條　勞資會議由勞資雙方同數代表組成，其代表人數視事業單位人數多寡各為二人至十五人。但事業單位人數在一百人以上者，各不得少於五人。　　　　　　　　【\*972-4】

勞資會議勞方代表得按事業場所、部門或勞工工作性質之人數多寡分配，並分別選舉之。

第 4 條　勞資會議之資方代表，由事業單位於資方代表任期屆滿前三十日就熟悉業務、勞工情形之人指派之。

第 5 條　勞資會議之勞方代表，事業單位有結合同一事業單位勞工組織之企業工會者，於該工會會員或會員代表大會選舉之；事業場所有結合同一廠場勞工組織之企業工會者，由該工會會員或會員代表大會選舉之。

事業單位無前項工會者，得依下列方式之一辦理勞方代表選舉：

一、事業單位自行辦理者，由全體勞工直接選舉之。

二、事業單位自行辦理，其事業場所有勞資會議者，由事業場所勞工依分配名額就其勞方代表選舉之；其事業場所無勞資會議者，由該事業場所全體勞工依分配名額分別選舉之。

三、勞工有組織、加入事業單位或事業場所範圍外之企業工會者，由該企業工會辦理，並由全體勞工直接選舉之。

第一項勞方代表選舉，事業單位或其事業場所應於勞方代表任期屆滿前九十日通知工會辦理選舉，工會受其通知辦理選舉之日起逾三十日內未完成選舉者，事業單位應自行辦理及完成勞方代表之選舉。

依前二項規定，由事業單位辦理勞工代表選舉者，應於勞方代表任期屆滿前三十日完成新任代表之選舉。

第 6 條　事業單位單一性別勞工人數逾勞工人數二分之一者，其當選勞方代表名額不得少於勞方應選出代表總額三分之一。　　　　　　　　【\*972-4 舊法】

勞資會議勞方代表之候補代表名額不得超過應選出代表總額。

勞資會議勞方代表出缺時，由候補代表遞補之；其遞補順序不受第一項規定之限制。

第 7 條　勞工年滿十五歲，有選舉及被選舉為勞資會議勞方代表之權。　　【\*972-4 舊法】

第 8 條　代表雇主行使管理權之一級業務行政主管人員，不得為勞方代表。

第 9 條　依第五條辦理選舉者，應於選舉前十日公告投票日期、時間、地點及方式等選舉相關事項。

第 10 條　勞資會議代表之任期為四年，勞方代表連選得連任，資方代表連派得連任。

勞資會議代表之任期，自上屆代表任期屆滿之翌日起算。但首屆代表或未於上屆代表任期屆滿前選出之次屆代表，自選出之翌日起算。

資方代表得因職務變動或出缺隨時改派之。勞方代表出缺或因故無法行使職權時，由勞方候補代表依序遞補之。

前項勞方候補代表不足遞補時，應補選之。但資方代表人數調減至與勞方代表人數同額者，不在此限。

勞方候補代表之遞補順序，應依下列規定辦理：

一、事業單位依第三條第二項辦理勞資會議勞方代表分別選舉者，以該分別選舉所產生遞補名單之遞補代表遞補之。

二、未辦理分別選舉者，遞補名單應依選舉所得票數排定之遞補順序遞補之。

第 11 條　勞資會議代表選派完成後，事業單位應將勞資會議代表及勞方代表候補名單於十五日內報請當地主管機關備查；遞補、補選、改派或調減時，亦同。

第 12 條　勞資會議代表在會議中應克盡協調合作之精神，以加強勞雇關係，並保障勞工權益。

勞資會議代表應本誠實信用原則，共同促進勞資會議之順利進行，對於會議所必要之資料，應予提供。

勞資會議代表依本辦法出席勞資會議，雇主應給予公假。

雇主或代表雇主行使管理權之人，不得對於勞資會議代表因行使職權而有解僱、調職、減薪或其他不利之待遇。

第 13 條　勞資會議之議事範圍如下：

一、報告事項

（一）關於上次會議決議事項辦理情形。

（二）關於勞工人數、勞工異動情形、離職率等勞工動態。

（三）關於事業之生產計畫、業務概況及市場狀況等生產資訊。

（四）關於勞工活動、福利項目及工作環境改善等事項。

（五）其他報告事項。

二、討論事項

（一）關於協調勞資關係、促進勞資合作事項。

（二）關於勞動條件事項。

（三）關於勞工福利籌劃事項。

（四）關於提高工作效率事項。

（五）勞資會議代表選派及解任方式等相關事項。

（六）勞資會議運作事項。

（七）其他討論事項。

三、建議事項

工作規則之訂定及修正等事項，得列為前項議事範圍。

第 14 條　勞資會議得議決邀請與議案有關人員列席說明或解答有關問題。

第 15 條　勞資會議得設專案小組處理有關議案、重要問題及辦理選舉工作。

第 16 條　勞資會議之主席，由勞資雙方代表各推派一人輪流擔任之。但必要時，得共同擔任之。

第 17 條　勞資會議議事事務，由事業單位指定人員辦理之。

第 18 條　勞資會議至少每三個月舉辦一次，必要時得召開臨時會議。

第 19 條　勞資會議應有勞資雙方代表各過半數之出席，協商達成共識後應做成決議；無法達成共識者，其決議應有出席代表四分之三以上之同意。

第 20 條　勞資會議代表因故無法出席時，得提出書面意見。

前項勞資會議未出席代表，不列入第一項出席及決議代表人數之計算。

第 20 條　勞資會議開會通知，事業單位應於會議七日前發出【*1033-44】，會議之提案應於會議三日前分送各代表。

第 21 條　勞資會議紀錄應記載下列事項，並由主席及紀錄人員分別簽署：

一、會議屆、次數。

二、會議時間。

三、會議地點。

四、出席、列席人員姓名。

五、報告事項。

六、討論事項及決議。

七、臨時動議及決議。

前項會議紀錄，應發給出席及列席人員。

第 22 條　勞資會議之決議，應由事業單位分送工會及有關部門辦理。

勞資雙方應本於誠實信用原則履行前項決議，有情事變更或窒礙難行時，得提交下次會議復議。

第 23 條　勞資會議之運作及代表選舉費用，應由事業單位負擔。

第 24 條　本辦法未規定者，依會議規範之規定。

第 25 條　本辦法自發布日施行。

## 立即演練 7

(　　) 1. 請問下列哪一項有關勞資會議實施的規定是不正確的？　①勞資會議由勞資雙方同數代表組成　②事業單位女性勞工人數佔勞工人數二分之一以上者，女性勞工當選名額不得少於勞工應選出代表總額的三分之一　③勞工年滿 16 歲有選舉勞資會議勞方代表之權　④事業單位分支機構人數在 10 人以上者，應分別舉辦勞資會議

(　　) 2. 下列關於勞動基準法第 84 條之 1 責任工時之敘述，何者錯誤？　①適用者僅限於經中央主管機關核定公告之工作者　②工作時間、例假、休假與女性夜間工作等，不受勞動基準法相關規定之限制　③勞雇雙方有關工作時間等事項須另行約定，同時送請主管機關備查　④勞雇雙方有關工作時間等事項之約定，須以書面為之

(　　) 3. 下列關於勞動基準法第 84 條所稱公務員兼具勞工身份者之敘述，何者錯誤？　①薪資、獎懲應適用公務員法令之規定　②退休、撫恤應適用公務員法令之規定　③保險、職業災害應適用公務員法令之規定，不得適用勞動基準法　④休假、特別休假應適用勞動基準法之規定，不得適用公務員法令

解　1.④　　2.③　　3.④

## 4-3　勞退新制

### 勞工退休金條例（民國 108 年 5 月 15 日修正）

**第一章　總則**

第 1 條　為增進勞工退休生活保障，加強勞雇關係，促進社會及經濟發展，特制定本條例。

勞工退休金事項，優先適用本條例。本條例未規定者，適用其他法律之規定。

第 2 條　本條例所稱主管機關：在中央為勞動部；在直轄市為直轄市政府；在縣（市）為縣（市）政府。

第 3 條　本條例所稱勞工、雇主、事業單位、勞動契約、工資及平均工資之定義，依勞動基準法第二條規定。

第 4 條　中央主管機關為監理本條例與勞動基準法第五十六條第三項規定勞工退休基金之管理及運用業務，應聘請政府機關代表、勞工代表、雇主代表及專家學者，以勞動基金監理會（以下簡稱監理會）行之。<108.5.15 修正 >

前項監理會之監理事項、程序、人員組成、任期與遴聘及其他相關事項之辦法，由中央主管機關定之。<108.5.15 修正 >

第 5 條　勞工退休金之收支、保管、滯納金之加徵及罰鍰處分等業務，由中央主管機關委任勞動部勞工保險局（以下稱勞保局）辦理之。

第 6 條　雇主應為適用本條例之勞工，按月提繳退休金，儲存於勞保局設立之勞工退休金個人專戶。

除本條例另有規定者外，雇主不得以其他自訂之勞工退休金辦法，取代前項規定之勞工退休金制度。

**第二章　制度之適用與銜接**

第 7 條　本條例之適用對象為適用勞動基準法之下列人員，但依私立學校法之規定提撥退休準備金者，不適用之：　　【*1101 術科第五題；1093 術科第六題；1033 術科第一題】❀❀❀

一、本國籍勞工。

二、與在中華民國境內設有戶籍之國民結婚，且獲准居留而在臺灣地區工作之外國人、大陸地區人民、香港或澳門居民。

三、前款之外國人、大陸地區人民、香港或澳門居民，與其配偶離婚或其配偶死亡，而依法規規定得在臺灣地區繼續居留工作者。

四、前二款以外之外國人，經依入出國及移民法相關規定許可永久居留，且在臺灣地區工作者。<108.5.15 修正 >

本國籍人員、前項第二款及第四款規定之人員具下列身分之一，得自願依本條例規定提繳及請領退休金：<108.5.15 修正 >【*983-42；1083 術科第三題】

一、實際從事勞動之雇主。

二、自營作業者。

三、受委任工作者。

四、不適用勞動基準法之勞工。

**相關法規**

**勞工退休金條例施行細則** <110.7.12 修正>

第 4-2 條　本條例第 7 條第 2 項第 2 款所稱自營作業者，指有下列情形之一，並獲致報酬，且未僱用有酬人員幫同工作者：

一、自己經營或合夥經營事業。

二、獨立從事勞動或技藝工作。

第 20 條　實際從事勞動之雇主及不適用勞動基準法之本國籍工作者或委任經理人，依本條例第 7 條第 2 項規定自願提繳退休金時，其提繳率不得高於百分之六。

前項雇主自願提繳時，應與所僱用之勞工併同辦理。

第一項工作者及經理人自願提繳時，雇主得在百分之六之提繳範圍內，另行為其提繳。　　　　　　　　　　　　　　　　　　　　　　　　　　　　　　　　[*1033 術科第一題]

**重要觀點**

1. 雇主為具有外籍配偶或陸、港、澳配偶身分之勞工申報提繳退休金時，應檢附在我國之居留證影本，以茲證明。

2. 103 年 1 月 15 日修法後才納入適用勞退新制的外籍配偶及陸、港、澳配偶或勞退新制施行 5 年後才取得本國籍、外籍配偶或陸、港、澳配偶身分的勞工亦享有選擇其退休金制度的權益，具前開身分的勞工，可以書面方式向雇主表明繼續適用勞退舊制；另為避免勞雇雙方日後爭議，勞工選擇繼續適用舊制之書面聲明，應一式二份並親自簽名，分由勞雇雙方各自留存。

3. 實務上適用勞動基準法之事業單位，並不以公司型態的組織為限，事業單位中許多非屬公司法之「委任經理人」且非自行執業之專職受委任人員，亦與事業單位間存有委任關係，應給予同等權益對待，新制修法將委任經理人擴大為「受委任工作者」。

第 8 條　本條例施行前已適用勞動基準法之勞工，於本條例施行後仍服務於同一事業單位者，得選擇繼續適用勞動基準法之退休金規定。但於離職後再受僱時，應適用本條例之退休金制度。　　　　　　　　　　　　　　　　　　　　　　　　　　　　　　　　✪✪

公營事業於本條例施行後移轉民營，公務員兼具勞工身分者繼續留用，得選擇適用勞動基準法之退休金規定或本條例之退休金制度。

第 8-1 條　下列人員自下列各款所定期日起，應適用本條例之退休金制度：<108.5.15 增修>

一、第七條第一項第二款、第三款人員及於中華民國九十九年七月一日後始取得本國籍之勞工，於本條例一百零二年十二月三十一日修正之條文施行日。

二、第七條第一項第四款人員，於本條例一百零八年四月二十六日修正之條文施行日。

三、前二款人員於各該修正條文施行後始取得各該身分者，為取得身分之日。

前項所定人員於各該修正條文施行前已受僱且仍服務於同一事業單位者，於適用本條例之日起六個月內，得以書面向雇主表明選擇繼續適用勞動基準法之退休金規定。

依前項規定向雇主表明選擇繼續適用勞動基準法之退休金規定者，不得再變更選擇適用本條例之退休金制度。

勞工依第一項規定適用本條例退休金制度者，其適用本條例前之工作年資依第十一條規定辦理。

雇主應為依第一項及第二項規定適用本條例退休金制度之勞工，向勞保局辦理提繳手續，並至遲於第一項及第二項規定期限屆滿之日起十五日內申報。【罰則：雇主未辦理申報提繳、停繳手續、置備名冊或保存文件，經限期改善，屆期未改善者，處新臺幣二萬元以上十萬元以下罰鍰，並按月處罰至改正為止】

第 9 條　雇主應自本條例公布後至施行前一日之期間內，就本條例之勞工退休金制度及勞動基準法之退休金規定，以書面徵詢勞工之選擇；勞工屆期未選擇者，自本條例施行之日起繼續適用勞動基準法之退休金規定。勞工選擇繼續自本條例施行之日起適用勞動基準法之退休金規定者，於五年內仍得選擇適用本條例之退休金制度。　　　　　　【*1113 術科第五題】

雇主應為適用本條例之退休金制度之勞工，依下列規定向勞保局辦理提繳手續：

【罰則：處新臺幣二萬元以上十萬元以下罰鍰，並按月連續處罰至改正為止】

一、依第一項規定選擇適用者，應於本條例施行後十五日內申報。

二、依第二項規定選擇適用者，應於選擇適用之日起十五日內申報。

三、本條例施行後新成立之事業單位，應於成立之日起十五日內申報。　　【*1061-75】

 **相關法規**

**勞工退休金條例施行細則第 5 條** <110.7.12 修正>

雇主依本條例第九條第一項規定以書面徵詢勞工，應由勞工親自簽名。書面徵詢格式一式二份，雇主及勞工各留存一份。

雇主應將徵詢結果填具勞工退休金制度選擇及提繳申報表寄交勞保局，並留存一份。

勞工依本條例第九條第一項規定選擇本條例勞工退休金制度時，除依第一項規定以書面向雇主表明外，並得以書面向勞保局聲明。雇主申報如與勞工聲明不同者，以勞工聲明為準。

勞工依本條例第九條第二項規定選擇適用本條例退休金制度時，應以書面為之，並親自簽名。

勞工依本條例第八條之一第一項或第二項規定選擇適用勞動基準法之退休金規定時，應以書面為之，並親自簽名；該書面一式二份，雇主及勞工各留存一份。

**勞工退休金條例施行細則第 9 條**

勞工同期間受僱於二個以上之雇主者，各該雇主應依本條例第六條規定分別提繳。

**勞工退休金條例施行細則第 10 條**

勞工遭遇職業災害，醫療中不能工作之期間，雇主應以勞動基準法第 59 條第 2 款規定之原領工資，依月提繳工資分級表按月為勞工提繳退休金。

第 10 條　勞工適用本條例之退休金制度後，不得再變更選擇適用勞動基準法之退休金規定。

第 11 條　本條例施行前已適用勞動基準法之勞工，於本條例施行後，仍服務於同一事業單位而選擇適用本條例之退休金制度者，其適用本條例前之工作年資，應予保留。【*1111 術科第五題】

✪✪✪

前項保留之工作年資，於勞動契約依勞動基準法第十一條、第十三條但書、第十四條、第二十條、第五十三條、第五十四條或職業災害勞工保護法第二十三條、第二十四條規定終止時，雇主應依各法規定，以契約終止時之平均工資，計給該保留年資之資遣費或退休金，並於終止勞動契約後三十日內發給。【罰則：處新臺幣三十萬元以上一百五十萬元以下罰鍰，並限期令其給付；屆期未給付者，應按次處罰】<108.5.15 修正罰則 >

第一項保留之工作年資，於勞動契約存續期間，勞雇雙方約定以不低於勞動基準法第五十五條及第八十四條之二規定之給與標準結清者，從其約定。【*1111 術科第五題；961 術科第二題】

公營事業之公務員兼具勞工身分者，於民營化之日，其移轉民營前年資，依民營化前原適用之退休相關法令領取退休金。但留用人員應停止其領受月退休金及相關權利，至離職時恢復。

### 📖 相關法規

**勞工退休金條例施行細則第 11 條** <110.7.12 修正 >

事業單位依勞動基準法第 20 條規定改組、轉讓或依企業併購法、金融機構合併法進行併購者，其留用勞工依本條例第 9 條第 1 項、第 2 項、第 11 條第 1 項或第 35 條第 1 項規定選擇適用之退休金制度及保留之工作年資，併購後存續、新設或受讓之事業單位應予承受。

第 12 條　勞工適用本條例之退休金制度者，適用本條例後之工作年資，於勞動契約依勞動基準法第十一條、第十三條但書、第十四條及第二十條或職業災害勞工保護法第二十三條、第二十四條規定終止時，其資遣費由雇主按其工作年資，每滿一年發給二分之一個月之平均工資，未滿一年者，以比例計給；最高以發給六個月平均工資為限【*1072-29；1062-10；1002-18；1121 術科第四題】，不適用勞動基準法第十七條之規定。　　【罰則：處新臺幣三十萬元以上一百五十萬元以下罰鍰，並限期令其給付；屆期未給付者，應按次處罰】<108.5.15 修正罰則 >【*1061-80】✪✪✪

依前項規定計算之資遣費，應於終止勞動契約後三十日內發給。　　【罰則：處新臺幣三十萬元以上一百五十萬元以下罰鍰，並限期令其給付；屆期未給付者，應按次處罰】<108.5.15 修正罰則 >

選擇繼續適用勞動基準法退休金規定之勞工，其資遣費依同法第十七條、第五十五條及第八十四條之二規定發給。

第 13 條　為保障勞工之退休金，雇主應依選擇適用勞動基準法退休制度與保留適用本條例前工作年資之勞工人數、工資、工作年資、流動率等因素精算其勞工退休準備金之提撥率，繼續依勞動基準法第五十六條第一項規定，按月於五年內足額提撥勞工退休準備金，以作為支付退休金之用。　　【未繼續按月提撥勞工退休準備金者，處新臺幣二萬元以上三十萬元以下罰鍰，並應按月連續處罰，不適用勞基法之罰鍰規定】<108.5.15 修正 >

勞雇雙方依第十一條第三項規定，約定結清之退休金，得自勞動基準法第五十六條第一項規定之勞工退休準備金專戶支應。　　【*961 術科第二題】

依第十一條第四項規定應發給勞工之退休金，應依公營事業移轉民營條例第九條規定辦理。

**相關法規**

**勞工退休金條例施行細則第 12 條** <110.7.12 修正 >

勞工得將依本條例第十三條第二項規定約定結清之退休金，移入勞保局之個人退休金專戶或依本條例投保之年金保險；於未符合本條例第二十四條第一項或第二十四條之二第一項規定之請領退休金條件前，不得領回。

勞工依前項規定全額移入退休金者，其所採計工作年資，始得併計為本條例第二十四條及第二十四條之二第一項之工作年資；移入時，應通知勞保局或保險人。

## 第三章　退休金專戶之提繳與請領

第 14 條　雇主應為第七條第一項規定之勞工負擔提繳之退休金，不得低於勞工每月工資百分之六。

> 【罰則：未按時提繳或繳足退休金者，自期限屆滿之次日起至完繳前一日止，每逾一日加徵其應提繳金額百分之三之滯納金至應提繳金額之一倍為止】【雇主欠繳之退休金，經限期命令其繳納，逾期不繳納者依法移送強制執行。雇主如有不服，得依法提起行政救濟】

　　　　　　　　　　　　　　　　【*1073-46；1001-5；992-79；991-78；1122 術科第四題；1022 術科第四題】

雇主得為第七條第二項第三款或第四款規定之人員，於每月工資百分之六範圍內提繳退休金。　　　　　　　　　　　　　　　　　　　　　　　　　【*1033 術科第一題】

第七條規定之人員，得在其每月工資百分之六範圍內，自願提繳退休金；其自願提繳之退休金，不計入提繳年度薪資所得課稅。　　　　<108.5.15 增修 >【*1001-5；1103 術科第五題；1081 術科第二題；1072 術科第一題；1021 術科第二題】

第七條第二項第一款至第三款規定之人員，得在其每月執行業務所得百分之六範圍內，自願提繳退休金；其自願提繳之退休金，不計入提繳年度執行業務收入課稅。

　　　　　　　　　　　　　　　　　　　　　　<108.5.15 增修 >【*1083 術科第三題】

第一項至第三項所定每月工資及前項所定每月執行業務所得，由中央主管機關擬訂月提繳分級表，報請行政院核定之。<108.5.15 增修 >

 **相關法規**

**勞工退休金月提繳工資分級表** <113.1.1 生效 >

表 4-1　勞工退休金月提繳工資分級表　　　　　　【*1091 術科第五題】

| 級距 | 級 | 實際工資 | 月提繳工資 | 6% 勞退金額 |
|---|---|---|---|---|
| 第一組<br>（最低組） | 1 | 1,500 元以下 | 1,500 元 | 90 元 |
| | 5 | 6,001 元至 7,500 元 | 7,500 元 | 450 元 |
| ↓ | ↓ | ↓ | ↓ | ↓ |
| 第十一組<br>（最高組） | 55 | 110,101 元至 115,500 元 | 115,500 元 | 6,930 元 |
| | 62 | 147,901 元以上 | 150,000 元 | 9,000 元 |

**勞工退休金條例施行細則第 15 條** <110.7.12 修正>

依本條例第十四條第一項及第三項規定提繳之退休金，由雇主或委任單位按勞工每月工資總額，依月提繳工資分級表之標準，向勞保局申報。

勞工每月工資如不固定者，以最近三個月工資之平均為準。

新進勞工申報提繳退休金，其工資尚未確定者，暫以同一工作等級勞工之工資，依月提繳工資分級表之標準申報。

適用本條例之勞工同時為勞工保險或全民健康保險之被保險人者，除每月工資總額低於勞工保險投保薪資分級表下限者外，其月提繳工資金額不得低於勞工保險投保薪資或全民健康保險投保金額。

✪✪✪

第 15 條　於同一雇主或依第七條第二項、前條第三項自願提繳者，一年內調整勞工退休金之提繳率，以二次為限【＊1102-16；1023-57】。調整時，雇主應於調整當月底前，填具提繳率調整表通知勞保局，並自通知之次月一日起生效；其提繳率計算至百分率小數點第一位為限。

勞工之工資如在當年二月至七月調整時，其雇主應於當年八月底前，將調整後之月提繳工資通知勞保局；如在當年八月至次年一月調整時，應於次年二月底前通知勞保局，其調整均自通知之次月一日起生效。

　　【罰則：雇主違反申報、通知規定者，處新臺幣五千元以上二萬五千元以下罰鍰】【＊1022 術科第四題】

雇主為第七條第一項所定勞工申報月提繳工資不實或未依前項規定調整月提繳工資者，勞保局查證後得逕行更正或調整之，並通知雇主，且溯自提繳日或應調整之次月一日起生效。

第 16 條　勞工退休金自勞工到職之日起提繳至離職當日止。但選擇自本條例施行之日起適用本條例之退休金制度者，其提繳自選擇適用本條例之退休金制度之日起至離職當日止。

第 17 條　依第七條第二項自願提繳退休金者，由雇主或自營作業者向勞保局辦理開始或停止提繳手續，並按月扣、收繳提繳數額。

前項自願提繳退休金者，自申報自願提繳之日起至申報停止提繳之當日止，提繳退休金。

第 18 條　雇主應於勞工到職、離職、復職或死亡之日起七日內，列表通知勞保局，辦理開始或停止提繳手續。【罰則：處新臺幣二萬元以上十萬元以下罰鍰，並按月連續處罰至改正為止】【＊1123-29；1121-18；1031-17；1018 月 -18；991-30；1122 術科第四題】

✪✪✪

 **相關法規**

**勞工退休金條例施行細則第 29 條** <110.7.12 修正>

雇主應將每月為勞工所提繳之退休金數額，於勞工薪資單中註明或另以其他書面方式或以電子資料傳輸方式通知勞工。勞工自願提繳之退休金數額，亦應一併註明，年終時應另掣發收據。

第 19 條　雇主應提繳及收取之退休金數額，由勞保局繕具繳款單於次月二十五日前寄送事業單位，雇主應於再次月底前繳納。【罰則：未按時提繳或繳足退休金者每逾一日加徵其應提繳金額百分之三之滯納金至應提繳金額之一倍為止】　　　　　　　　　　　　　　　【*1111-18：1041-7】

勞工自願提繳退休金者，由雇主向其收取後，連同雇主負擔部分，向勞保局繳納。其退休金之提繳，自申報自願提繳之日起至離職或申報停繳之日止。

雇主未依限存入或存入金額不足時，勞保局應限期通知其繳納。

自營作業者之退休金提繳，應以勞保局指定金融機構辦理自動轉帳方式繳納之，勞保局不另寄發繳款單。

第 20 條　勞工留職停薪、入伍服役、因案停職或被羈押未經法院判決確定前，雇主應於發生事由之日起七日內【*1123-29：1081-20】以書面向勞保局申報停止提繳其退休金。勞工復職時，雇主應以書面向勞保局申報開始提繳退休金。【罰則：處新臺幣二萬元以上十萬元以下罰鍰，並按月連續處罰至改正為止】

因案停職或被羈押勞工復職後，應由雇主補發停職期間之工資者，雇主應於復職當月之再次月底前補提繳退休金。【罰則：未按時提繳或繳足退休金者，自期限屆滿之次日起至完繳前一日止，每逾一日加徵其應提繳金額百分之三之滯納金至應提繳金額之一倍為止】【*1122-45：1101-48：1032-48】

第 21 條　雇主提繳之金額，應每月以書面通知勞工。【罰則：雇主違反申報、通知規定者，處新臺幣五千元以上二萬五千元以下罰鍰】【*991-32：1081 術科第二題】✪✪✪

雇主應置備僱用勞工名冊，其內容應包括勞工到職、離職、出勤工作紀錄、工資、每月提繳紀錄及相關資料，並保存至勞工離職之日起五年止。【罰則：處新臺幣二萬元以上十萬元以下罰鍰，並按月連續處罰至改正為止】【*1022 術科第五題】

勞工依本條例規定選擇適用退休金制度相關文件之保存期限，依前項規定辦理。

第 22 條　（刪除）

第 23 條　退休金之領取及計算方式如下：　　　　　　　　　　　　　　　　　　✪✪✪

一、月退休金：勞工個人之退休金專戶本金及累積收益，依據年金生命表，以平均餘命及利率等基礎計算所得之金額，作為定期發給之退休金。

二、一次退休金：一次領取勞工個人退休金專戶之本金及累積收益。

前項提繳之勞工退休金運用收益，不得低於以當地銀行二年定期存款利率計算之收益【*1073-59：1062-54】；有不足者，由國庫補足之。<108.5.15 增修>

第一項第一款所稱年金生命表、平均餘命、利率及金額之計算，由勞保局擬訂，報請中央主管機關核定。

第 24 條　勞工年滿六十歲，得依下列規定之方式請領退休金：<105.11.16 修法>【*983-60：971-2：1062術科第二題：1023 術科第五題：981 術科第二題：961 術科第二題】　　　✪✪✪✪✪

一、工作年資滿十五年以上者，選擇請領月退休金或一次退休金。

二、工作年資未滿十五年者，請領一次退休金。

依前項第一款規定選擇請領退休金方式，經勞保局核付後，不得變更。

第一項工作年資採計，以實際提繳退休金之年資為準。年資中斷者，其前後提繳年資合併計算。

勞工不適用勞動基準法時，於有第一項規定情形者，始得請領。

第 24-1 條　勞工領取退休金後繼續工作者，其提繳年資重新計算【*1042-45】，雇主仍應依本條例規定提繳勞工退休金；勞工領取年資重新計算之退休金及其收益次數，一年以一次為限。　　　　　　　　　　　　　　　　　【*1082-57：1032-38】❸❸❸

第 24-2 條　勞工未滿六十歲，有下列情形之一，其工作年資滿十五年以上者，得請領月退休金或一次退休金。但工作年資未滿十五年者，應請領一次退休金：

　　一、領取勞工保險條例所定之失能年金給付或失能等級三等以上之一次失能給付。　　　　　　　　　　　　　　　　　　　　　　　【*1101-42：1033-70】❸❸❸

　　二、領取國民年金法所定之身心障礙年金給付或身心障礙基本保證年金給付。

　　三、非屬前二款之被保險人，符合得請領第一款失能年金給付或一次失能給付之失能種類、狀態及等級，或前款身心障礙年金給付或身心障礙基本保證年金給付之障礙種類、項目及狀態。

　　依前項請領月退休金者，由勞工決定請領之年限。

第 25 條　勞工開始請領月退休金時，應一次提繳一定金額，投保年金保險，作為超過第二十三條第三項所定平均餘命後之年金給付之用。

　　前項規定提繳金額、提繳程序及承保之保險人資格，由中央主管機關定之。

第 26 條　勞工於請領退休金前死亡者，應由其遺屬或指定請領人請領一次退休金。　　　【*1061-50】

　　已領取月退休金勞工於未屆第二十三條第三項所定平均餘命或第二十四條之二第二項所定請領年限前死亡者，停止給付月退休金。其個人退休金專戶結算賸餘金額，由其遺屬或指定請領人領回。<108.5.15 增修 >

第 27 條　依前條規定請領退休金遺屬之順位如下：　　　【*1111-49：1101-55：1071-47：1022-29】

　　一、配偶及子女。

　　二、父母。

　　三、祖父母。

　　四、孫子女。

　　五、兄弟、姊妹。

　　前項遺屬同一順位有數人時，應共同具領，如有未具名之遺屬者，由具領之遺屬負責分配之；如有死亡或拋棄或因法定事由喪失繼承權時，由其餘遺屬請領之。但生前預立遺囑指定請領人者，從其遺囑。

　　勞工死亡後，有下列情形之一者，其退休金專戶之本金及累積收益應歸入勞工退休基金：<108.5.15 增修 >【*1103-24：1051-46】

　　一、無第一項之遺屬或指定請領人。

　　二、第一項之遺屬或指定請領人之退休金請求權，因時效消滅。

第 28 條　勞工或其遺屬或指定請領人請領退休金時，應填具申請書，並檢附相關文件向勞保局請領；相關文件之內容及請領程序，由勞保局定之。

　　　　請領手續完備，經審查應予發給月退休金者，應自收到申請書次月起按季發給【*1123-36；1052-49】；其為請領一次退休金者，應自收到申請書之日起三十日內發給。

　　　　勞工或其遺屬或指定請領人請領之退休金結算基準，由中央主管機關定之。

　　　　第一項勞工之遺屬或指定請領人退休金請求權，自得請領之日起，因十年間不行使而消滅。<108.5.15 增修>【*1082 術科第四題】

### 相關法規

**勞工退休金條例施行細則第 40 條** <110.7.12 修正>

本條例第 28 條第 2 項所定月退休金，以定期方式按季發給；其核發日期如下：

（一）一月至三月份之月退休金，於二月底前發給。

（二）四月至六月份之月退休金，於五月三十一日前發給。

（三）七月至九月份之月退休金，於八月三十一日前發給。

（四）十月至十二月份之月退休金，於十一月三十日前發給。

前項申請之第一次月退休金經勞保局審查核可者，自收到申請書之次月起核發至當季止。

第 29 條　勞工之退休金及請領勞工退休金之權利，不得讓與、扣押、抵銷或供擔保。

　　　　勞工依本條例規定請領月退休金者，得檢具勞保局出具之證明文件，於金融機構開立專戶，專供存入退休金之用。<108.5.15 增修>　　　　　　　　　　【*1093-1；1051-47；1043-4】

　　　　前項專戶內之存款，不得作為抵銷、扣押、供擔保或強制執行之標的。

第 30 條　雇主應為勞工提繳之金額，不得因勞工離職，扣留勞工工資作為賠償或要求勞工繳回。約定離職時應賠償或繳回者，其約定無效。【罰則：扣留勞工工資者，處新臺幣一萬元以上五萬元以下罰鍰】【*1021-40】

第 31 條　雇主未依本條例之規定按月提繳或足額提繳勞工退休金，致勞工受有損害者，勞工得向雇主請求損害賠償。

　　　　前項請求權，自勞工離職時起，因五年間不行使而消滅。

第 32 條　勞工退休基金之來源如下：

　　　　一、勞工個人專戶之退休金。

　　　　二、基金運用之收益。

　　　　三、收繳之滯納金。

　　　　四、其他收入。

第 33 條　勞工退休基金除作為給付勞工退休金及投資運用之用外【*1073 術科第二題】，不得扣押、供擔保或移作他用；其管理、運用及盈虧分配之辦法，由中央主管機關擬訂，報請行政院核定之。

　　勞工退休金之管理、經營及運用業務，由勞動部勞動基金運用局（以下簡稱基金運用局）辦理；該基金之經營及運用，基金運用局得委託金融機構辦理，委託經營規定、範圍及經費，由基金運用局擬訂，報請中央主管機關核定之。<108.5.15 增修 >

　　【罰則：非指定之投資運用項目者，處新臺幣二百萬元以上一千萬元以下罰鍰】

第 34 條　勞保局與基金運用對於勞工退休金及勞工退休基金之財務收支，應分戶立帳，並與其辦理之其他業務分開處理；其相關之會計報告及年度決算，應依有關法令規定辦理，並由基金運用局彙整，報請中央主管機關備查。<108.5.15 增修 >

　　勞工退休基金之收支、運用及其積存金額及財務報表，基金運用局應按月報請中央主管機關備查，中央主管機關應按年公告之。<108.5.15 增修 >

## 第四章　年金保險

第 35 條　事業單位僱用勞工人數二百人以上，經工會同意，或無工會者，經勞資會議同意後，得為以書面選擇投保年金保險之勞工，投保符合保險法規定之年金保險。【*1001-6：1112 術科第五題】　　　　　　　　　　　　　　　　　　　　　　　　　　　❀❀

　　前項選擇投保年金保險之勞工，雇主得不依第六條第一項規定為其提繳勞工退休金。

　　第一項所定年金保險之收支、核准及其他應遵行事項之辦法，由中央主管機關定之；事業單位採行前項規定之年金保險者，應報請中央主管機關核准。

　　第一項年金保險之平均收益率不得低於第二十三條之標準。

第 35-1 條　保險人應依保險法規定專設帳簿，記載其投資資產之價值。

　　　　勞工死亡後無遺屬或指定請領人者，其年金保險退休金之本金及累積收益，應歸入年金保險專設帳簿之資產。

第 35-2 條　實施年金保險之事業單位內適用本條例之勞工，得以一年一次為限，變更原適用之退休金制度，改為參加個人退休金專戶或年金保險，原已提存之退休金或年金保險費，繼續留存。雇主應於勞工書面選擇變更之日起十五日內，檢附申請書向勞保局及保險人申報。　　　【罰則：雇主未辦理申報提繳、停繳手續、置備名冊或保存文件，經限期改善，屆期未改善者，處新臺幣二萬元以上十萬元以下罰鍰，並按月處罰至改正為止】

第 36 條　雇主每月負擔之年金保險費，不得低於勞工每月工資百分之六。

　　前項雇主應負擔之年金保險費，及勞工自願提繳之年金保險費數額，由保險人繕具繳款單於次月二十五日前寄送事業單位，雇主應於再次月月底前繳納。雇主應提繳保險費之收繳情形，保險人應於繳納期限之次月七日前通知勞保局。　　　　　　　<105.11.16 修正 >

　　【未於期限內通知勞保局者，處新臺幣六萬元以上三十萬元以下罰鍰，並限期令其改善；屆期未改善者，應按次處罰】

　　勞工自願提繳年金保險費者，由雇主向其收取後，連同雇主負擔部分，向保險人繳納。其保險費之提繳，自申報自願提繳之日起至離職或申報停繳之日止。

　　雇主逾期未繳納年金保險費者，保險人應即進行催收，並限期雇主於應繳納期限之次月月底前繳納，催收結果應於再次月之七日前通知勞保局。

　　【罰則：未按時繳納或繳足保險費者，處其應負擔金額同額之罰鍰，並按月處罰至改正為止】

第 37 條　年金保險之契約應由雇主擔任要保人，勞工為被保險人及受益人。事業單位以向一保險人投保為限。保險人之資格，由中央主管機關會同該保險業務之主管機關定之。

第 38 條　勞工離職後再就業，所屬年金保險契約應由新雇主擔任要保人，繼續提繳保險費。新舊雇主開辦或參加之年金保險提繳率不同時，其差額應由勞工自行負擔。但新雇主自願負擔者，不在此限。

前項勞工之新雇主未辦理年金保險者，應依第六條第一項規定提繳退休金。除勞雇雙方另有約定外，所屬年金保險契約之保險費由勞工全額自行負擔；勞工無法提繳時，年金保險契約之存續，依保險法及各該保險契約辦理。

第一項勞工離職再就業時，得選擇由雇主依第六條第一項規定提繳退休金。

勞工離職再就業，前後適用不同退休金制度時，選擇移轉年金保險之保單價值準備金至個人退休金專戶，或個人退休金專戶之本金及收益至年金保險者，應全額移轉，且其已提繳退休金之存儲期間，不得低於四年。

第 39 條　第七條至第十三條、第十四條第二項至第五項、第十五條、第十六條、第二十條、第二十一條、第二十四條、第二十四條之一、第二十四條之二、第二十七條第一項、第二項、第二十九條至第三十一條規定，於本章所定年金保險準用之。

【罰則：處新臺幣三十萬元以上一百五十萬元以下罰鍰，並限期令其給付；屆期末給付者，應按次處罰】<108.5.15 修正罰則 >【罰則：雇主未辦理申報提繳、停繳手續、置備名冊或保存文件，經限期改善，屆期末改善者，處新臺幣二萬元以上十萬元以下罰鍰，並按月處罰至改正為止】【罰則：扣留勞工工資者，處新臺幣一萬元以上五萬元以下罰鍰】【罰則：雇主違反申報、通知規定者，處新臺幣五千元以上二萬五千元以下罰鍰】

## 第五章　監督及經費

第 40 條　為確保勞工權益，主管機關、勞動檢查機構或勞保局必要時得查對事業單位勞工名冊及相關資料。　　　　　　　　　　　　　　　　　【罰則：處新臺幣三萬元以上三十萬元以下罰鍰】

勞工發現雇主違反本條例規定時，得向雇主、勞保局、勞動檢查機構或主管機關提出申訴，雇主不得因勞工提出申訴，對其做出任何不利之處分。

　　　　　　　　　　　　　　　　　　　　　　　【罰則：處新臺幣三萬元以上三十萬元以下罰鍰】

第 41 條　受委託運用勞工退休基金之金融機構，發現有意圖干涉、操縱、指示其運用或其他有損勞工利益之情事者，應通知基金運用局。基金運用局認有處置必要者，應即通知中央主管機關採取必要措施。<108.5.15 增修 >

第 42 條　主管機關、勞保局、基金運用局、受委託之金融機構及其相關機關、團體所屬人員，不得對外公布業務處理上之秘密或謀取非法利益，並應善盡管理人忠誠義務，為基金謀取最大之利益。<108.5.15 增修 >

第 43 條　勞保局及基金運用局辦理本條例規定行政所須之費用，應編列預算支應。<108.5.15 增修 >

第 44 條　勞保局及基金運用局辦理本條例規定業務之一切帳冊、單據及業務收支，均免課稅捐。<108.5.15 增修 >

## 第六章　罰則

第 45 條　受委託運用勞工退休基金之機構違反第三十三條第二項規定，將勞工退休基金用於非指定之投資運用項目者，處新臺幣二百萬元以上一千萬元以下罰鍰，中央主管機關並應限期令其附加利息歸還。

第 45-1 條　雇主有下列各款情事之一者，處新臺幣三十萬元以上一百五十萬元以下罰鍰，並限期令其給付；屆期未給付者，應按次處罰：<108.5.15 增修 >

一、違反第十一條第二項或第十二條第一項、第二項規定之給與標準或期限。

二、違反第三十九條準用第十一條第二項或第十二條第一項、第二項規定之給與標準或期限。

第 46 條　保險人違反第三十六條第二項規定，未於期限內通知勞保局者，處新臺幣六萬元以上三十萬元以下罰鍰，並限期令其改善；屆期未改善者，應按次處罰。

第 47 條　（刪除）<108.5.15 修法 >

第 48 條　事業單位違反第四十條規定，拒絕提供資料或對提出申訴勞工為不利處分者，處新臺幣三萬元以上三十萬元以下罰鍰。<105.11.16 修正 >

第 49 條　雇主違反第八條之一第五項、第九條、第十八條、第二十條第一項、第二十一條第二項、第三十五條之二或第三十九條規定，未辦理申報提繳、停繳手續、置備名冊或保存文件，經限期改善，屆期未改善者，處新臺幣二萬元以上十萬元以下罰鍰，並按月處罰至改正為止。

第 50 條　雇主違反第十三條第一項規定，未繼續按月提撥勞工退休準備金者，處新臺幣二萬元以上三十萬元以下罰鍰，並應按月處罰，不適用勞動基準法之罰鍰規定。<108.5.15 修法 >

主管機關對於前項應執行而未執行時，應以公務員考績法令相關處罰規定辦理。

第一項收繳之罰鍰，歸入勞動基準法第五十六條第三項勞工退休基金。<108.5.15 修法 >

第 51 條　雇主違反第三十條或第三十九條規定，扣留勞工工資者，處新臺幣一萬元以上五萬元以下罰鍰。

第 52 條　雇主違反第十五條第二項、第二十一條第一項或第三十九條申報、通知規定者，處新臺幣五千元以上二萬五千元以下罰鍰。

第 53 條　雇主違反第十四條第一項、第十九條第一項或第二十條第二項規定，未按時提繳或繳足退休金者，自期限屆滿之次日起至完繳前一日止，每逾一日加徵其應提繳金額百分之三之滯納金至應提繳金額之一倍為止。　　　　　　【*1081-16；1012-7；1122 術科第四題】

前項雇主欠繳之退休金，經勞保局限期命令繳納，屆期未繳納者，依法移送強制執行。

雇主有不服，得依法提起行政救濟。　　　　　　　　　　　　　　<108.5.15 修法 >

雇主違反第三十六條及第三十九條規定，未按時繳納或繳足保險費者，處其應負擔金額同額之罰鍰，並按月連續處罰至改正為止。

第一項及第二項之規定，溯自中華民國九十四年七月一日生效。

第 53-1 條　<108.5.15 增修 >

雇主違反本條例，經主管機關或勞保局處以罰鍰或加徵滯納金者，應公布其事業單位或事業主之名稱、負責人姓名、處分期日、違反條文及處分金額；受委託運用勞工退休基金之機構經依第四十五條規定處以罰鍰者，亦同。

第 54 條　依本條例加徵之滯納金及所處之罰鍰，受處分人應於收受通知之日起三十日內繳納；屆期未繳納者，依法移送行政執行。<108.5.15 修法>　　　　　　　　　　　　　　【*1053-75】

第三十九條所定年金保險之罰鍰處分及移送行政執行業務，委任勞保局辦理之。<108.5.15 修法>

第 54-1 條　<108.5.15 增修>

雇主未依本條例規定繳納退休金或滯納金，且無財產可供執行或其財產不足清償者，由其代表人或負責人負清償責任。

前項代表人或負責人經勞保局限期令其繳納，屆期未繳納者，依法移送行政執行。

第 55 條　法人之代表人或其他從業人員、自然人之代理人或受僱人，因執行業務違反本條例規定，除依本章規定處罰行為人外，對該法人或自然人並應處以各該條所定之罰鍰。但法人之代表人或自然人對於違反之發生，已盡力為防止行為者，不在此限。

法人之代表人或自然人教唆或縱容為違反之行為者，以行為人論。

## 第七章　附則

第 56 條　事業單位因分割、合併或轉讓而消滅者，其積欠勞工之退休金，應由受讓之事業單位當然承受。

第 56-1 條　<108.5.15 增修>

勞保局對於雇主未依本條例規定繳納之退休金及滯納金，優先於普通債權受清償。【*1082 術科第四題】

第 56-2 條　<108.5.15 增修>

勞工退休金不適用下列規定：

一、公司法有關公司重整之債務免責規定。

二、消費者債務清理條例有關清算之債務免責規定。

三、破產法有關破產之債務免責規定。

第 56-3 條　<108.5.15 增修>

勞保局為辦理勞工退休金業務所需必要資料，得請相關機關提供，各該機關不得拒絕。

勞保局依前項規定取得之資料，應盡善良管理人之注意義務，相關資料之保有、處理及利用等事項，應依個人資料保護法之規定為之。

第 57 條　本條例施行細則，由中央主管機關定之。

第 58 條　本條例自公布後一年施行。

本條例修正條文，除已另定施行日期者外，自公布日施行。

## 立即演練 8

(　) 1. 依勞工退休金條例規定，雇主每月負擔之勞工退休金提繳率，不得低於勞工每月工資百分之多少？　①百分之五　②百分之六　③百分之七　④百分之八

(　) 2. 根據勞工退休金條例規定，在符合以下哪一條件下，勞工可以請領月退休金？①年滿 55 歲，工作年資滿 15 年　②工作年資滿 25 年　③年滿 60 歲，工作年資滿 20 年　④年滿 60 歲，工作年資滿 15 年

(　) 3. 依勞工退休金條例第 18 條規定，雇主應於勞工到職、離職、復職或死亡之日起幾日之內，列表通知勞保局，辦理開始或停止提繳手續？　①3 日　②5 日　③7 日　④9 日

(　) 4. 依勞工退休金條例規定，下列敘述何者錯誤？　①雇主提繳之金額，應每月以書面通知勞工　②雇主應自備僱用勞工名冊　③勞工適用勞工退休金條例之退休金制度後，不得再變更選擇適用勞動基準法之退休金規定　④事業單位得以其他自訂之勞工退休金制度，取代勞工退休金條例規定之勞工退休金制度

(　) 5. 勞工退休金條例不適用下列哪一對象？　①適用勞基法的本國籍勞工　②實際從事勞動的雇主　③受僱從事家庭看護工作的外籍勞工　④經雇主同意為其提繳的委任經理人

(　) 6. 下列有關勞工退休金條例所定「退休金專戶之提繳」之敘述，何者不正確？①雇主每月負擔之勞工退休金提繳率，不得低於勞工每月工資百分之六　②勞工得在其每月工資百分之六範圍內，自願另行提繳退休金　③勞工自願提繳部分，得自當年度個人綜合所得總額中全數扣除　④勞工於同一雇主辦理自願提繳者，不得再行調整勞工退休金之提繳率

(　) 7. 依勞工退休金條例第 35 條規定，事業單位僱用勞工人數多少人以上，並經工會同意，得投保符合保險法規定之年金保險，而不依第 6 條第 1 項規定提繳勞工退休金？　①100 人　②150 人　③200 人　④250 人

(　) 8. 依勞工退休金條例規定，請領手續完備，經審查應予發給月退休金者，勞保局應自收到申請書次月起，至遲多久發給？　①1 個月　②2 個月　③按季　④6 個月

(　) 9. 依勞工退休金條例規定加徵之滯納金及所處之罰鍰，受處分人應於收受通知之日起，至遲幾日內繳納？　①10 日　②20 日　③30 日　④40 日

解　1.②　　2.④　　3.③　　4.④　　5.③　　6.④　　7.③　　8.③　　9.③

## 4-4　性別平等工作

性別平等工作法（民國 112 年 8 月 16 日修正）

**第一章　總則**

第 1 條　為保障工作權之性別平等，貫徹憲法消除性別歧視、促進性別地位實質平等之精神，爰制定本法。<112.8.16 增修>

工作場所性騷擾事件，除校園性騷擾事件依性別平等教育法規定處理外，依本法規定處理。<112.8.16 增修>

第 2 條　雇主與受僱者之約定優於本法者，從其約定。　　　　　　　　　　　❂❂❂

本法於公務人員、教育人員及軍職人員，亦適用之。但第三十二條之一、第三十二條之二、第三十三條、第三十四條、第三十八條及第三十八條之一之規定，不適用之。<112.8.16 增修>

公務人員、教育人員及軍職人員之申訴、救濟及處理程序，依各該人事法令之規定。

本法於雇主依勞動基準法規定招收之技術生及準用技術生規定者，除適用高級中等學校建教合作實施及建教生權益保障法規定之建教生外，亦適用之。但第十六條及第十七條之規定，不在此限。

實習生於實習期間遭受性騷擾時，適用本法之規定。

第 3 條　本法用辭定義如下：

一、受僱者：謂受雇主僱用從事工作獲致薪資者。

二、求職者：謂向雇主應徵工作之人。

三、雇主：指僱用受僱者之人、公私立機構或機關。代表雇主行使管理權之人或代表雇主處理有關受僱者事務之人，視同雇主。要派單位使用派遣勞工時，視為第八條、第九條、第十二條、第十三條、第十八條、第十九條及第三十六條規定之雇主。

四、實習生：指公立或經立案之私立高級中等以上學校修習校外實習課程之學生。

五、要派單位：指依據要派契約，實際指揮監督管理派遣勞工從事工作者。

六、派遣勞工：指受派遣事業單位僱用，並向要派單位提供勞務者。　【*1112-40；1092-44】

七、派遣事業單位：指從事勞動派遣業務之事業單位。

八、薪資：謂受僱者因工作而獲得之報酬；包括薪資、薪金及按計時、計日、計月、計件以現金或實物等方式給付之獎金、津貼及其他任何名義之經常性給與。

九、復職：指回復受僱者申請育嬰留職停薪時之原有工作。

第 4 條　本法所稱主管機關：在中央為勞動部；在直轄市為直轄市政府；在縣（市）為縣（市）政府。　　　　　　　　　　　　　　　　　　　　　　　　　【*1093 術科第五題】

本法所定事項，涉及各目的事業主管機關職掌者，由各該目的事業主管機關辦理。

第 5 條　各級主管機關應設性別平等工作會，處理審議、諮詢及促進性別平等工作事項。<112.8.16 增修>

前項性別平等工作會應置委員五人至十一人【\*1121-25；1041-31】，任期二年，由具備勞工事務、性別問題之相關學識經驗或法律專業人士擔任之；其中經勞工團體、性別團體<112.8.16 修正>推薦之委員各二人；女性委員人數應占全體委員人數二分之一以上【\*1112-17；1081-41；1073-22；1033-13】；政府機關代表不得逾全體委員人數三分之一<112.8.16 增修>。

前二項性別平等工作會組織、會議及其他相關事項，由各級主管機關另定之。<112.8.16 修正>

地方主管機關設有就業歧視評議委員會者，第一項性別平等工作會得與該委員會合併設置，其組成仍應符合第二項規定。<112.8.16 修正>

第 6 條　直轄市及縣（市）主管機關為婦女就業之需要應編列經費，辦理各類職業訓練、就業服務及再就業訓練，並於該期間提供或設置托兒、托老及相關福利設施，以促進性別工作平等。

中央主管機關對直轄市及縣（市）主管機關辦理前項職業訓練、就業服務及再就業訓練，並於該期間提供或設置托兒、托老及相關福利措施，得給予經費補助。

第 6-1 條　主管機關應就本法所訂之性別、性傾向歧視之禁止、性騷擾之防治及促進工作平等措施納入勞動檢查項目。　　　　　　　　　　【\*1111-74；1062-6；1091 術科第三題】

## 第二章　性別歧視之禁止

第 7 條　雇主對求職者或受僱者之招募、甄試、進用、分發、配置、考績或陞遷等，不得因性別或性傾向而有差別待遇【\*1053-53】。但工作性質僅適合特定性別者，不在此限。【罰則：處新臺幣 30～150 萬元以下罰鍰；雇主有違法規定行為者，公布其姓名或名稱、負責人姓名，並限期令其改善；屆期未改善者，應按次處罰。】

第 8 條　雇主為受僱者舉辦或提供教育、訓練或其他類似活動【\*1073-75】，不得因性別或性傾向而有差別待遇。【罰則：處新臺幣 30～150 萬元以下罰鍰；雇主有違法規定行為者，公布其姓名或名稱、負責人姓名，並限期令其改善；屆期未改善者，應按次處罰。】

第 9 條　雇主為受僱者舉辦或提供各項福利措施【\*1073-75】，不得因性別或性傾向而有差別待遇。【罰則：處新臺幣 30～150 萬元以下罰鍰；雇主有違法規定行為者，公布其姓名或名稱、負責人姓名，並限期令其改善；屆期未改善者，應按次處罰。】

第 10 條　雇主對受僱者薪資之給付，不得因性別或性傾向而有差別待遇；其工作或價值相同者，應給付同等薪資。但基於年資、獎懲、績效或其他非因性別或性傾向因素之正當理由者，不在此限。【罰則：處新臺幣 30～150 萬元以下罰鍰；雇主有違法規定行為者，公布其姓名或名稱、負責人姓名，並限期令其改善；屆期未改善者，應按次處罰。】【\*1083-78；1071 術科第四題】

雇主不得以降低其他受僱者薪資之方式，規避前項之規定。

第 11 條　雇主對受僱者之退休、資遣、離職及解僱，不得因性別或性傾向而有差別待遇。【罰則：處新臺幣 30～150 萬元以下罰鍰；雇主有違法規定行為者，公布其姓名或名稱、負責人姓名，並限期令其改善；屆期未改善者，應按次處罰。】

工作規則、勞動契約或團體協約，不得規定或事先約定受僱者有結婚、懷孕、分娩或育兒之情事時，應行離職或留職停薪；亦不得以其為解僱之理由。【罰則：處新臺幣 30～150 萬元以下罰鍰；雇主有違法規定行為者，公布其姓名或名稱、負責人姓名，並限期令其改善；屆期未改善者，應按次處罰。】【\*1083 術科第三題；1043 術科第一題】

違反前二項規定者，其規定或約定無效；勞動契約之終止不生效力。

## 第三章　性騷擾之防治

第 12 條　本法所稱性騷擾，指下列情形之一：<112.8.16 修正>　　【\*1113-37：1012 術科第五題】✪✪✪

一、受僱者於執行職務時，任何人以性要求、具有性意味或性別歧視之言詞或行為，對其造成敵意性、脅迫性或冒犯性之工作環境，致侵犯或干擾其人格尊嚴、人身自由或影響其工作表現。

二、雇主對受僱者或求職者為明示或暗示之性要求、具有性意味或性別歧視之言詞或行為，作為勞務契約成立、存續、變更或分發、配置、報酬、考績、陞遷、降調、獎懲等之交換條件。

本法所稱權勢性騷擾，指對於因僱用、求職或執行職務關係受自己指揮、監督之人，利用權勢或機會為性騷擾。<112.8.16 增修>

有下列情形之一者，適用本法之規定：<112.8.16 增修>

一、受僱者於非工作時間，遭受所屬事業單位之同一人，為持續性性騷擾。

二、受僱者於非工作時間，遭受不同事業單位，具共同作業或業務往來關係之同一人，為持續性性騷擾。

三、受僱者於非工作時間，遭受最高負責人或僱用人為性騷擾。

前三項性騷擾之認定，應就個案審酌事件發生之背景、工作環境、當事人之關係、行為人之言詞、行為及相對人之認知等具體事實為之。<103.12.10：112.8.16 增修>

【\*1112-78：1121 術科第五題】

中央主管機關應建立性別平等人才資料庫、彙整性騷擾防治事件各項資料，並作統計及管理。<112.8.16 增修>

第十三條、第十三條之一、第二十七條至第三十條及第三十六條至第三十八條之一之規定，於性侵害犯罪，亦適用之。<112.8.16 增修>

第一項第一款所定情形，係由不特定人於公共場所或公眾得出入場所為之者，就性騷擾事件之調查、調解及處罰等事項，適用性騷擾防治法之規定。<112.8.16 增修>

本法所稱最高負責人，指下列之人：<112.8.16 增修>【最高負責人或僱用人經地方主管機關認定有性騷擾者，處新臺幣一萬元以上一百萬元以下罰鍰 <112.8.16 增修>】

一、機關（構）首長、學校校長、各級軍事機關（構）及部隊上校編階以上之主官、行政法人董（理）事長、公營事業機構董事長、理事主席或與該等職務相當之人。

二、法人、合夥、設有代表人或管理人之非法人團體及其他組織之對外代表人或與該等職務相當之人。

第 13 條　雇主應採取適當之措施，防治性騷擾之發生，並依下列規定辦理：

【\*983-78：1111 術科第五題：1093 術科第五題：1021 術科第一題】✪✪✪

一、僱用受僱者十人以上未達三十人者，應訂定申訴管道，並在工作場所公開揭示。【罰則：雇主違反規定，經限期改善，屆期未改善者，處新臺幣一萬元以上十萬元以下罰鍰：應公布其名稱、負責人姓名、處分期日、違反條文及罰鍰金額，並限期令其改善：屆期未改善者，應按次處罰 <112.8.16 增修>】

二、僱用受僱者三十人以上者，應訂定性騷擾防治措施、申訴及懲戒規範，並在工作場
　　所公開揭示。【罰則：雇主違反規定，處新臺幣二萬元以上三十萬元以下罰鍰；應公布其名稱、負
　　責人姓名、處分期日、違反條文及罰鍰金額，並限期令其改善；屆期未改善者，應按次處罰 <112.8.16
　　修訂 >】【*983-78；1111 術科第五題；1093 術科第五題；1021 術科第一題】

雇主於知悉性騷擾之情形時，應採取下列立即有效之糾正及補救措施【*1081 術科第一題；
1043 術科第一題；1031 術科第五題】；被害人及行為人分屬不同事業單位，且具共同作業或
業務往來關係者，該行為人之雇主，亦同 <112.8.16 增修 >【雇主違反規定，處新臺幣二萬元以上
一百萬元以下罰鍰；應公布其名稱、負責人姓名、處分期日、違反條文及罰鍰金額，並限期令其改善；屆
期未改善者，應按次處罰 <112.8.16 增修 >】：

一、雇主因接獲被害人申訴而知悉性騷擾之情形時：
　　（一）採行避免申訴人受性騷擾情形再度發生之措施。
　　（二）對申訴人提供或轉介諮詢、醫療或心理諮商、社會福利資源及其他必要之服
　　　　　務。
　　（三）對性騷擾事件進行調查。
　　（四）對行為人為適當之懲戒或處理。
二、雇主非因前款情形而知悉性騷擾事件時：
　　（一）就相關事實進行必要之釐清。
　　（二）依被害人意願，協助其提起申訴。
　　（三）適度調整工作內容或工作場所。
　　（四）依被害人意願，提供或轉介諮詢、醫療或心理諮商處理、社會福利資源及其
　　　　　他必要之服務。

雇主對於性騷擾事件之查證，應秉持客觀、公正、專業原則，並給予當事人充分陳述意
見及答辯機會，有詢問當事人之必要時，應避免重複詢問；其內部依規定應設有申訴處
理單位者，其人員應有具備性別意識之專業人士。<112.8.16 增修 >

雇主接獲被害人申訴時，應通知地方主管機關；經調查認定屬性騷擾之案件，並應將處
理結果通知地方主管機關。<112.8.16 增修 >

地方主管機關應規劃整合相關資源，提供或轉介被害人運用，並協助雇主辦理第二項各
款之措施；中央主管機關得視地方主管機關實際財務狀況，予以補助。<112.8.16 增修 >

雇主依第一項所為之防治措施，其內容應包括性騷擾樣態、防治原則、教育訓練、申訴
管道、申訴調查程序、應設申訴處理單位之基準與其組成、懲戒處理及其他相關措施；
其準則，由中央主管機關定之。<112.8.16 增修 >

**相關法規**

**工作場所性騷擾防治措施準則第 3 條（113.1.17 修正）**

僱用受僱者三十人以上之雇主，除依前條規定辦理外，應依本準則規定，訂定性騷擾防治措施、申訴及懲戒規範，並公開揭示之。

前項規範之內容，應包括下列事項：

一、實施防治性騷擾之教育訓練。

二、性騷擾事件之申訴、調查及處理程序，並指定人員或單位負責。

三、以保密方式處理申訴，並使申訴人免於遭受任何報復或其他不利之待遇。

四、對調查屬實行為人之懲戒或處理方式。

五、明定最高負責人或僱用人為被申訴人時，受僱者或求職者得依本法第三十二條之一第一項第一款規定，逕向地方主管機關。

第 13-1 條 <112.8.16 增修>

性騷擾被申訴人具權勢地位，且情節重大，於進行調查期間有先行停止或調整職務之必要時，雇主得暫時停止或調整被申訴人之職務；經調查未認定為性騷擾者，停止職務期間之薪資，應予補發。

申訴案件經雇主或地方主管機關調查後，認定為性騷擾，且情節重大者，雇主得於知悉該調查結果之日起三十日內，不經預告終止勞動契約。

## 第四章　促進工作平等措施

第 14 條　女性受僱者因生理日致工作有困難者，每月得請生理假一日，全年請假日數未逾三日，不併入病假計算，其餘日數併入病假計算。【罰則：新臺幣二萬元以上三十萬元以下罰鍰；雇主有違法規定行為者，公布其姓名或名稱、負責人姓名，並限期令其改善；屆期未改善者，應按次處罰。】

【*1122-7：1032-77：1073 術科第二題：1011 術科第三題】

前項併入及不併入病假之生理假薪資，減半發給。　　　　　　　　　【*1093-2：1041-2】

✪✪✪✪✪

第 15 條　雇主於女性受僱者分娩前後，應使其停止工作，給予產假八星期；妊娠三個月以上流產者，應使其停止工作，給予產假四星期；妊娠二個月以上未滿三個月流產者，應使其停止工作，給予產假一星期；妊娠未滿二個月流產者，應使其停止工作，給予產假五日。

【罰則：新臺幣二萬元以上三十萬元以下罰鍰；雇主有違法規定行為者，公布其姓名或名稱、負責人姓名，並限期令其改善；屆期未改善者，應按次處罰】【*1062-34：1061-19：1002 術科第二題：963 術科第二題】

產假期間薪資之計算，依相關法令之規定。

受僱者經醫師診斷需安胎休養者，其治療、照護或休養期間之請假及薪資計算，依相關法令之規定。

受僱者妊娠期間，雇主應給予產檢假七日。<111.1.12 修正>　　　【*1082-55：1071-34：1042-57】

受僱者陪伴其配偶妊娠產檢或其配偶分娩時，雇主應給予陪產檢及陪產假七日。<111.1.12 修正>【罰則：新臺幣二萬元以上三十萬元以下罰鍰；雇主有違法規定行為者，公布其姓名或名稱、負責人姓名，並限期令其改善；屆期未改善者，應按次處罰】【＊1051-48；1031-30；1122 術科第五題】

產檢假、陪產檢及陪產假期間，薪資照給。<111.1.12 修正>【罰則：新臺幣二萬元以上三十萬元以下罰鍰；雇主有違法規定行為者，公布其姓名或名稱、負責人姓名，並限期令其改善；屆期未改善者，應按次處罰】【＊1073-18；1063-78；1043-41；1021-65】

雇主依前項規定給付產檢假、陪產檢及陪產假薪資後，就其中各逾五日之部分得向中央主管機關申請補助。但依其他法令規定，應給予產檢假、陪產檢及陪產假各逾五日且薪資照給者，不適用之。<111.1.12 修正>

前項補助業務，由中央主管機關委任勞動部勞工保險局辦理之。<111.1.12 修正>

 **相關法規**

1. **勞基法第 50 條（分娩或流產之產假及工資）**

   女工分娩前後，應停止工作，給予產假八星期；妊娠三個月以上流產者，應停止工作，給予產假四星期。　　　　　　　　　　　　　　　　　　　　【＊963 術科第二題】

   前項女工受僱工作在六個月以上者，停止工作期間工資照給；未滿六個月者減半發給。

   　　　　　　　　　　　　　　　　　　　　　　　　　【＊1073-24；1072-6；1002-59】

2. **性別平等工作法施行細則第 7 條（民國 113 年 1 月 7 日修正）**

   本法第 15 條第 5 項規定之七日陪產檢及陪產假，除陪產檢於配偶妊娠期間請假外，受僱者陪產之請假，應於配偶分娩之當日及其前後合計十五日期間內為之。【＊1111 術科第五題】

3. **性別平等工作法施行細則第 8 條（民國 113 年 1 月 7 日修正）**

   受僱者於依本法第 16 條第 1 項規定申請育嬰留職停薪期間屆滿前分娩或流產，於復職後仍在本法第 15 條第 1 項所定之產假期間時，雇主仍應依本法規定給予產假。但得扣除自分娩或流產之日起至復職前之日數。

★★★★★

第 16 條　受僱者任職滿六個月後【＊1042-4；1033 術科第二題舊法】，於每一子女滿三歲前【＊1061-57】，得申請育嬰留職停薪，期間至該子女滿三歲止，但不得逾二年【＊1072 術科第一題】。同時撫育子女二人以上者，其育嬰留職停薪期間應合併計算，最長以最幼子女受撫育二年為限。【罰則：新臺幣二萬元以上三十萬元以下罰鍰；雇主有違法規定行為者，公布其姓名或名稱、負責人姓名，並限期令其改善；屆期未改善者，應按次處罰。】【＊1103-6；1013-54；1011-65；1001-38；1041 術科第一題】

受僱者於育嬰留職停薪期間，得繼續參加原有之社會保險，原由雇主負擔之保險費，免予繳納【＊1113-39；1063-4】；原由受僱者負擔之保險費，得遞延三年繳納。　【罰則：新臺幣二萬元以上三十萬元以下罰鍰；雇主有違法規定行為者，公布其姓名或名稱、負責人姓名，並限期令其改善；屆期未改善者，應按次處罰。】【＊1061-45；1011-65】

依家事事件法、兒童及少年福利與權益保障法相關規定與收養兒童先行共同生活之受僱者，其共同生活期間得依第一項規定申請育嬰留職停薪。

育嬰留職停薪津貼之發放，另以法律定之。

育嬰留職停薪實施辦法，由中央主管機關定之。　　　　　　　　　　【*963 術科第二題】

 **相關法規**

**性別平等工作法施行細則第 12 條（子女的定義）**
本法第十六條第一項、第十八條第一項及第十九條所稱子女，指婚生子女、非婚生子女及養子女。

❂❂❂❂❂

第 17 條　前條受僱者於育嬰留職停薪期滿後，申請復職時，除有下列情形之一，並經主管機關同意者外，雇主不得拒絕：

【罰則：新臺幣二萬元以上三十萬元以下罰鍰；雇主有違法規定行為者，公布其姓名或名稱、負責人姓名，並限期令其改善；屆期未改善者，應按次處罰。】<103.06.18 新修 >【*1083-64；1081-70；1011-65；992-76；1051 術科第一題；1001 術科第四題】

一、歇業、虧損或業務緊縮者。

二、雇主依法變更組織、解散或轉讓者。

三、不可抗力暫停工作在一個月以上者。

四、業務性質變更，有減少受僱者之必要，又無適當工作可供安置者。

雇主因前項各款原因未能使受僱者復職時，應於三十日前通知之，並應依法定標準發給資遣費或退休金。　　　　　　　　　【*1112-47；1081-56；1032-10；1011-65；1051 術科第四題】

第 18 條　子女未滿二歲須受僱者親自哺（集）乳者，除規定之休息時間外，雇主應每日另給哺（集）乳時間六十分鐘。

【罰則：新臺幣二萬元以上三十萬元以下罰鍰；雇主有違法規定行為者，公布其姓名或名稱、負責人姓名，並限期令其改善；屆期未改善者，應按次處罰。】<105.5.18 新修 >【*1002-25；1041 術科第一題；1033 術科第二題】

受僱者於每日正常工作時間以外之延長工作時間達一小時以上者，雇主應給予哺（集）乳時間三十分鐘。　　　　　　　　　　　　　　　　　<105.5.18 新修 >【*1053-10】

前二項哺（集）乳時間，視為工作時間。

❂❂❂❂❂

第 19 條　受僱於僱用三十人以上雇主之受僱者，為撫育未滿三歲子女，得向雇主請求為下列二款事項之一：　　　　　　　【罰則：新臺幣二萬元以上三十萬元以下罰鍰；雇主有違法規定行為者，公布其姓名或名稱、負責人姓名，並限期令其改善；屆期未改善者，應按次處罰。】【*1102-74；1052-62；1013-77；1018 月 -66；1113 術科第五題；1041 術科第一題；1033 術科第二題；1031 術科第五題】

一、每天減少工作時間一小時【*1062-71】；減少之工作時間，不得請求報酬。

　　　　　　　　　　　　　　　　　　　　　　　　　　　　　　【*1101 術科第五題】

二、調整工作時間。

受僱於僱用未滿三十人雇主之受僱者，經與雇主協商，雙方合意後，得依前項規定辦理。<111.1.12 增修>

★★★★★

**第 20 條**　受僱者於其家庭成員預防接種<100.1.5 修正>、發生嚴重之疾病或其他重大事故須親自照顧時，得請家庭照顧假；其請假日數併入事假計算，全年以七日為限。【罰則：新臺幣二萬元以上三十萬元以下罰鍰；雇主有違法規定行為者，公布其姓名或名稱、負責人姓名，並限期令其改善；屆期未改善者，應按次處罰。】<103.06.18 新修>【*1093-20；1023-50；1012-61；1001-4；1041 術科第一題】

家庭照顧假薪資之計算，依各該事假規定辦理。

**第 21 條**　受僱者依前七條之規定為請求時，雇主不得拒絕。

受僱者為前項之請求時，雇主不得視為缺勤而影響其全勤獎金、考績或為其他不利之處分。【罰則：新臺幣二萬元以上三十萬元以下罰鍰；雇主有違法規定行為者，公布其姓名或名稱、負責人姓名，並限期令其改善；屆期未改善者，應按次處罰。<103.06.18 新修>

**第 22 條**　<刪除><111.1.12 修正>

**第 23 條**　僱用受僱者一百人以上之雇主【*1093-8；1053-37】，應提供下列設施、措施：

<105.5.18 新修>【*1041 術科第一題】

一、哺（集）乳室。

二、托兒設施或適當之托兒措施。

主管機關對於雇主設置哺（集）乳室、托兒設施或提供托兒措施，應給予經費補助。

有關哺（集）乳室、托兒設施、措施之設置標準及經費補助辦法，由中央主管機關會商有關機關定之。

**第 24 條**　主管機關為協助因結婚、懷孕、分娩、育兒或照顧家庭而離職之受僱者獲得再就業之機會，應採取就業服務、職業訓練及其他必要之措施。【*1092 術科第三題】

**第 25 條**　雇主僱用因結婚、懷孕、分娩、育兒或照顧家庭而離職之受僱者成效卓著者，主管機關得給予適當之獎勵。【*1063 術科第五題】

## 第五章　救濟及申訴程序

**第 26 條**　受僱者或求職者因第七條至第十一條或第二十一條之情事，受有損害者，雇主應負賠償責任。

**第 27 條**　受僱者或求職者因遭受性騷擾，受有財產或非財產上損害者<112.8.16 修正>，由雇主及行為人連帶負損害賠償責任。但雇主證明其已遵行本法所定之各種防治性騷擾之規定，且對該事情之發生已盡力防止仍不免發生者，雇主不負損害賠償責任。

如被害人依前項但書之規定不能受損害賠償時，法院因其聲請，得斟酌雇主與被害人之經濟狀況，令雇主為全部或一部之損害賠償。

雇主賠償損害時，對於性騷擾行為人，有求償權。【*1082 術科第五題】

被害人因遭受性騷擾致生法律訴訟，於受司法機關通知到庭期間，雇主應給予公假。【罰則：新臺幣二萬元以上三十萬元以下罰鍰；雇主有違法規定行為者，公布其姓名或名稱、負責人姓名，並限期令其改善；屆期未改善者，應按次處罰。】<105.5.18；112.8.16 修正>【*1121-32；1112-7；1092-35；1081-55】

行為人因權勢性騷擾，應依第一項規定負損害賠償責任者，法院得因被害人之請求，依侵害情節，酌定損害額一倍至三倍之懲罰性賠償金。<112.8.16 增修>

前項行為人為最高負責人或僱用人，被害人得請求損害額三倍至五倍之懲罰性賠償金。<112.8.16 增修>

第 28 條 受僱者或求職者因雇主違反第十三條第二項之義務，受有損害者，雇主應負賠償責任。

第 29 條 前三條情形，受僱者或求職者雖非財產上之損害，亦得請求賠償相當之金額。其名譽被侵害者，並得請求回復名譽之適當處分。【*1082 術科第五題】

第 30 條 第二十六條至第二十八條之損害賠償請求權，自請求權人知有損害及賠償義務人時起，二年間不行使而消滅。自有性騷擾行為或違反各該規定之行為時起，逾十年者，亦同。

【*1022-80：1122 術科第五題】

第 31 條 受僱者或求職者於釋明差別待遇之事實後，雇主應就差別待遇之非性別、性傾向因素，或該受僱者或求職者所從事工作之特定性別因素，負舉證責任。

第 32 條 雇主為處理受僱者之申訴，得建立申訴制度協調處理。

第 32-1 條 <112.8.16 增修>

受僱者或求職者遭受性騷擾，應向雇主提起申訴。但有下列情形之一者，得逕向地方主管機關提起申訴：

一、被申訴人屬最高負責人或僱用人。

二、雇主未處理或不服被申訴人之雇主所為調查或懲戒結果。

受僱者或求職者依前項但書規定，向地方主管機關提起申訴之期限，應依下列規定辦理：【裁處權時效，自地方主管機關收受申訴人依第 32-1 條第 1 項但書規定提起申訴之日起算】

一、被申訴人非具權勢地位：自知悉性騷擾時起，逾二年提起者，不予受理；自該行為終了時起，逾五年者，亦同。

二、被申訴人具權勢地位：自知悉性騷擾時起，逾三年提起者，不予受理；自該行為終了時起，逾七年者，亦同。

有下列情形之一者，依各款規定辦理，不受前項規定之限制。但依前項規定有較長申訴期限者，從其規定：

一、性騷擾發生時，申訴人為未成年，得於成年之日起三年內申訴。

二、被申訴人為最高負責人或僱用人，申訴人得於離職之日起一年內申訴。但自該行為終了時起，逾十年者，不予受理。

申訴人依第一項但書規定向地方主管機關提起申訴後，得於處分作成前，撤回申訴。撤回申訴後，不得就同一案件再提起申訴。

第 32-2 條 <112.8.16 增修>

地方主管機關為調查前條第一項但書之性騷擾申訴案件，得請專業人士或團體協助；必要時，得請求警察機關協助。

地方主管機關依本法規定進行調查時，被申訴人、申訴人及受邀協助調查之個人或單位應配合調查，並提供相關資料，不得規避、妨礙或拒絕。<112.8.16 增修>【被申訴人違反規定，無正當理由而規避、妨礙、拒絕調查或提供資料者，處新臺幣一萬元以上五萬元以下罰鍰，並得按次處罰】

地方主管機關依前條第一項第二款受理之申訴，經認定性騷擾行為成立或原懲戒結果不當者，得令行為人之雇主於一定期限內採取必要之處置。【雇主違反地方主管機關依此項限期為必要處置之命令，處新臺幣二萬元以上一百萬元以下罰鍰；應公布其名稱、負責人姓名、處分期日、違反條文及罰鍰金額，並限期令其改善；屆期未改善者，應按次處罰】

前條及前三項有關地方主管機關受理工作場所性騷擾申訴之範圍、處理程序、調查方式、必要處置及其他相關事項之辦法，由中央主管機關定之。

性騷擾之被申訴人為最高負責人或僱用人時，於地方主管機關調查期間，申訴人得向雇主申請調整職務或工作型態至調查結果送達雇主之日起三十日內，雇主不得拒絕。【雇主違反規定，處新臺幣一萬元以上五萬元以下罰鍰；應公布其名稱、負責人姓名、處分期日、違反條文及罰鍰金額，並限期令其改善；屆期未改善者，應按次處罰】

第 32-3 條　<112.8.16 增修>

公務人員、教育人員或軍職人員遭受性騷擾，且行為人為第十二條第八項第一款所定最高負責人者，應向上級機關（構）、所屬主管機關或監督機關申訴。

第十二條第八項第一款所定最高負責人或機關（構）、公立學校、各級軍事機關（構）、部隊、行政法人及公營事業機構各級主管涉及性騷擾行為，且情節重大，於進行調查期間有先行停止或調整職務之必要時，得由其上級機關（構）、所屬主管機關、監督機關，或服務機關（構）、公立學校、各級軍事機關（構）、部隊、行政法人或公營事業機構停止或調整其職務。但其他法律別有規定者，從其規定。

私立學校校長或各級主管涉及性騷擾行為，且情節重大，於進行調查期間有先行停止或調整職務之必要時，得由學校所屬主管機關或服務學校停止或調整其職務。

依前二項規定停止或調整職務之人員，其案件調查結果未經認定為性騷擾，或經認定為性騷擾但未依公務人員、教育人員或其他相關法律予以停職、免職、解聘、停聘或不續聘者，得依各該法律規定申請復職，及補發停職期間之本俸（薪）、年功俸（薪）或相當之給與。

機關政務首長、軍職人員，其停止職務由上級機關或具任免權之機關為之。

第 33 條　受僱者發現雇主違反第十四條至第二十條之規定時，得向地方主管機關申訴。其向中央主管機關提出者，中央主管機關應於收受申訴案件，或發現有上開違反情事之日起七日內，移送地方主管機關。　　　　　　　　　　　　　　　　　【*1021-1；1122 術科第五題】

地方主管機關應於接獲申訴後七日內展開調查【\*1083-14；1122 術科第五題】，並得依職權對雙方當事人進行協調。

前項申訴處理辦法，由地方主管機關定之。

第 34 條　受僱者或求職者發現雇主違反第七條至第十一條、第十三條第二項、第二十一條或第三十六條規定時，得向地方主管機關提起申訴。<112.8.16 修正 >

前項申訴，地方主管機關應經性別平等工作會審議。雇主、受僱者或求職者對於地方主管機關審議後所為之處分有異議時，得於十日內向中央主管機關性別平等工作會申請審議或逕行提起訴願【\*1122-50；1082-17；1018 月 -33】；如有不服中央主管機關性別平等工作會之審定，得逕行提起行政訴訟。<112.8.16 增修 >

地方主管機關對於第三十二條之一第一項但書所定申訴案件，經依第三十二條之二第一項及第二項規定調查後，除情節重大或經媒體報導揭露之特殊案件外，得不經性別平等工作會審議，逕為處分。如有不服，得提起訴願及進行行政訴訟。<112.8.16 增修 >

第一項及第二項申訴審議處理辦法，由中央主管機關定之。<112.8.16 修正 >

第 35 條　法院及主管機關對差別待遇事實之認定，應審酌性別平等工作會所為之調查報告、評議或處分。<112.8.16 修正 >

第 36 條　雇主不得因受僱者提出本法之申訴或協助他人申訴，而予以解僱、調職或其他不利之處分。　　　　　　　　　　　　　　　　【罰則：處新臺幣二萬元以上三十萬元以下罰鍰】【\*1073-72】

第 37 條　受僱者或求職者因雇主違反本法之規定，而向法院提出訴訟時，主管機關應提供必要之法律扶助。【\*1101-25；1012-4】

前項法律扶助辦法，由中央主管機關定之。

受僱者或求職者為第一項訴訟而聲請保全處分時，法院得減少或免除供擔保之金額。

受僱者或求職者因雇主違反本法之規定，或遭受性騷擾，而向地方主管機關提起申訴，或向法院提出訴訟時，主管機關應提供必要之法律諮詢或扶助；其諮詢或扶助業務，得委託民間團體辦理。<112.8.16 增修 >【\*1101-25；1012-4】

前項法律扶助辦法，由中央主管機關定之。

地方主管機關提供第一項之法律諮詢或扶助，中央主管機關得視其實際財務狀況，予以補助。<112.8.16 增修 >

受僱者或求職者為第一項訴訟而聲請保全處分時，法院得減少或免除供擔保之金額。

**立即演練 9**

(　　)1. 受僱者 A 君於育嬰留職停薪期滿後，申請復職時，依性別平等工作法規定，其雇主甲於符合法定情形之一，並經主管機關同意時，得拒絕 A 君復職之申請。下列何者不屬於上開法定情形？　①歇業、虧損或業務緊縮　②不可抗力暫停工作在 1 個月以上　③雇主依法變更組織、解散或轉讓　④A 君對所擔任之工作確不能勝任時

(　　)2. 依性別平等工作法規定，下列何者非屬主管機關應納入勞動檢查之項目？　①性騷擾之防治　②促進工作平等措施　③容貌歧視之禁止　④性別歧視之禁止

(　　)3. 小明的女兒要接受預防接種，需小明親自照顧時，依性別平等工作法之規定，小明得請家庭照顧假；其請假日數併入事假計算，全年以幾日為限？　①3 日　②5 日　③7 日　④9 日

(　　)4. 依性別平等工作法規定，受僱者妊娠期間，雇主應給予產檢假，產檢假期間之薪資應如何發給？　①加倍發給　②照給　③不予發給　④減半發給

(　　)5. 性別平等工作法規定，女性受僱者分娩前後，雇主應給予多久之產假？　①6 週　②7 週　③8 週　④9 週

(　　)6. 依性別平等工作法第 16 條規定，受僱者任職滿 6 個月後，於每一子女滿幾歲前，得申請育嬰留職停薪？　①1 歲　②2 歲　③3 歲　④4 歲　【103.12.11 新修】

(　　)7. 雇主於勞動契約中，事先與受僱者約定，受僱者有懷孕之情事時，應行離職。依性別平等工作法第 11 條規定，該約定　①有效　②無效　③得撤銷　④得廢止

(　　)8. 依性別平等工作法第 16 條規定，受僱者於育嬰留職停薪期間，得繼續參加原有之社會保險，原由受僱者負擔之保險費，得遞延多久繳納？　①1 年　②2 年　③3 年　④4 年

(　　)9. 依性別平等工作法第 16 條規定，育嬰留職貼薪津貼之發放，另以「法律」定之。請問我國目前有關育嬰留職停薪津貼之發放，系規範在　①就業服務法　②勞動基準法　③就業保險法　④勞工保險條例

(　　)10. 依性別平等工作法規定，受僱者於每日正常工作時間以外之延長工作時間最低達幾小時以上者，雇主應給予哺（集）乳時間 30 鐘？　①1 小時　②2 小時　③3 小時　④4 小時

(　　)11. 雇主僱用受僱者多少人以上，應訂定性騷擾防治措施、申訴及懲戒辦法？　①20 人　②30 人　③40 人　④50 人

(　　)12. 下列何者不屬於性別平等工作法規範之範疇？　①性別、性傾向歧視之禁止　②性騷擾之防治　③促進工作平等措施　④性侵害犯罪之防治

(　　)13. 下列那一項權利，並未規定於性別平等工作法中？　①女性生理假　②女性育嬰假　③女性之配偶陪產假　④兩性平等教育訓練假

( )14. 依性別平等工作法規定，受僱於僱用 30 人以上雇主之受僱者，為撫育未滿 3 歲
子女，得向雇主請求每天減少工作時間 1 小時；減少工作時間之報酬如何請求？
①不得請求報酬　②請求減半發給　③請求工資照給　④請求加倍發給

( )15. 依性別平等工作法規定，僱用之受僱者最低達幾人以上，雇主即應提供哺（集）乳
室、托兒設施或適當之托兒措施？　①100 人　②150 人　③200 人　④250 人。

**解** 1.④　　2.③　　3.③　　4.②　　5.③　　6.③　　7.②　　8.③　　9.③　　10.①
11.②　　12.④　　13.④　　14.①　　15.①

---

## 第六章　罰則

第 38 條　雇主違反第二十一條第二十七條第四項或第三十六條規定者，處新臺幣二萬元以上三十
萬元以下罰鍰。

有前項規定行為之一者，應公布其姓名或名稱、負責人姓名，並限期令其改善；屆期未
改善者，應按次處罰。　　　　　　　　　　　　　　　　　　　　　　　<105.5.18 增修>

第 38-1 條　雇主違反第七條至第十條、第十一條第一項、第二項，處新臺幣三十萬元以上
一百五十萬元以下罰鍰。　　　　　　　　　　　　　　　　　【*1043 術科第一題】

雇主違反第十三條第一項後段、第二項規定者，處新臺幣十萬元以上五十萬元以
下罰鍰。　　　　　　　　　　　　　　　　　　　　　　　【*1043 術科第一題】

有前二項規定行為之一者，應公布其姓名或名稱、負責人姓名，並限期令其改
善；屆期未改善者，應按次處罰。　　　　　　　　　　　　【*1043 術科第一題】

雇主違反第七條至第十條、第十一條第一項、第二項規定者，處新臺幣三十萬元
以上一百五十萬元以下罰鍰。<112.8.16 修正>

雇主違反第十三條第二項規定或地方主管機關依第三十二條之二第三項限期為必
要處置之命令，處新臺幣二萬元以上一百萬元以下罰鍰。<112.8.16 增修>

雇主違反第十三條第一項第二款規定，處新臺幣二萬元以上三十萬元以下罰鍰。
<112.8.16 修正>

雇主違反第十三條第一項第一款規定，經限期改善，屆期未改善者，處新臺幣一
萬元以上十萬元以下罰鍰。<112.8.16 增修>

雇主違反第三十二條之二第五項規定，處新臺幣一萬元以上五萬元以下罰鍰。
<112.8.16 增修>

有前條或前五項規定行為之一者，應公布其名稱、負責人姓名、處分期日、違反
條文及罰鍰金額，並限期令其改善；屆期未改善者，應按次處罰。<112.8.16 增修>

第 38-2 條　<112.8.16 增修>

最高負責人或僱用人經地方主管機關認定有性騷擾者，處新臺幣一萬元以上一百
萬元以下罰鍰。

被申訴人違反第三十二條之二第二項規定，無正當理由而規避、妨礙、拒絕調查或提供資料者，處新臺幣一萬元以上五萬元以下罰鍰，並得按次處罰。

第一項裁處權時效，自地方主管機關收受申訴人依第三十二條之一第一項但書規定提起申訴之日起算。

第 38-3 條　<112.8.16 增修 >

第十二條第八項第一款之最高負責人經依第三十二條之三第一項規定認定有性騷擾者，由地方主管機關依前條第一項規定處罰。

前項裁處權時效，自第三十二條之三第一項所定受理申訴機關收受申訴人依該項規定提起申訴之日起算，因三年期間之經過而消滅；自該行為終了時起，逾十年者，亦同。

第 38-4 條　<112.8.16 增修 >

性騷擾防治法第十條、第二十五條及第二十六條規定，於本法所定性騷擾事件，適用之。

## 第七章　附則

第 39 條　本法施行細則，由中央主管機關定之。

第 39-1 條　<112.8.16 增修 >

本法中華民國一百十二年七月三十一日修正之本條文施行前，已受理之性騷擾申訴案件尚未終結者，及修正施行前已發生性騷擾事件而於修正施行後受理申訴者，均依修正施行後之規定終結之。但已進行之程序，其效力不受影響。

第 40 條　本法自中華民國九十一年三月八日施行。

本法修正條文，除中華民國九十七年一月十六日修正公布之第十六條及一百十一年一月十二日修正公布之條文施行日期由行政院定之；一百十二年七月三十一日修正之第五條第二項至第四項、第十二條第三項、第五項至第八項、第十三條、第十三條之一、第三十二條之一至第三十二條之三、第三十四條、第三十八條之一至第三十八條之三自一百十三年三月八日施行外，自公布日施行。

## 4-5 　勞工保險

### 一、勞工保險條例（民國 110 年 4 月 28 日）

#### 第一章　總則

第 1 條　為保障勞工生活，促進社會安全，制定本條例；本條例未規定者，適用其他有關法律。

第 2 條　勞工保險之分類及其給付種類如下：　　　　　　【*961 術科第四題】✪✪✪

一、普通事故保險：分生育、傷病、失能、老年及死亡五種給付。　【*1072-72：1071-64】

二、職業災害保險：分傷病、醫療、失能及死亡四種給付。　　　　【*1013 術科第三題】

📖：第 2 條、第 31 條、第 32 條及第 39 條至第 52 條有關生育給付分娩費及普通事故保險醫療給付部分，於全民健康保險施行後，停止適用。

第 3 條　勞工保險之一切帳冊、單據及業務收支，均免課稅捐。

第 4 條　勞工保險之主管機關：在中央為勞動部；在直轄市為直轄市政府。

## 第二章　保險人、投保單位及被保險人

第 5 條　中央主管機關統籌全國勞工保險業務，設勞工保險局為保險人，辦理勞工保險業務。為監督勞工保險業務及審議保險爭議事項，由有關政府代表、勞工代表、資方代表及專家各佔四分之一為原則，組織勞工保險監理委員會行之。

勞工保險局之組織及勞工保險監理委員會之組織，另以法律定之。

勞工保險爭議事項審議辦法，由中央主管機關擬訂，報請行政院核定之。

第 6 條　年滿十五歲以上，六十五歲以下之左列勞工，應以其雇主或所屬團體或所屬機構為投保單位，全部參加勞工保險為被保險人：【*1082-77】　❀❀❀

一、受僱於僱用勞工五人以上之公、民營工廠、礦場、鹽場、農場、牧場、林場、茶場之產業勞工及交通、公用事業之員工。

二、受僱於僱用五人以上公司、行號之員工。

三、受僱於僱用五人以上之新聞、文化、公益及合作事業之員工。

四、依法不得參加公務人員保險或私立學校教職員保險之政府機關及公、私立學校之員工。

五、受僱從事漁業生產之勞動者。

六、在政府登記有案之職業訓練機構接受訓練者。

七、無一定雇主或自營作業而參加職業工會者。

八、無一定雇主或自營作業而參加漁會之甲類會員。

前項規定，於經主管機關認定其工作性質及環境無礙身心健康之未滿十五歲勞工亦適用之。

前二項所稱勞工，包括在職外國籍員工。

第 7 條　前條第一項第一款至第三款規定之勞工參加勞工保險後，其投保單位僱用勞工減至四人以下時，仍應繼續參加勞工保險。

第 8 條　左列人員得準用本條例之規定，參加勞工保險：

一、受僱於第六條第一項各款規定各業以外之員工。　　　　　【*1121 術科第四題】

二、受僱於僱用未滿五人之第六條第一項第一款至第三款規定各業之員工。

三、實際從事勞動之雇主。

四、參加海員總工會或船長公會為會員之外僱船員。

前項人員參加保險後，非依本條例規定，不得中途退保。

第一項第三款規定之雇主，應與其受僱員工，以同一投保單位參加勞工保險。

第 9 條　被保險人有左列情形之一者，得繼續參加勞工保險：　　【*1011-27；1061 術科第二題】

一、應徵召服兵役者。

二、派遣出國考察、研習或提供服務者。

三、因傷病請假致留職停薪，普通傷病未超過一年【*1051-2】，職業災害未超過二年者【*1043-6】。

四、在職勞工，年逾六十五歲繼續工作者。

五、因案停職或被羈押，未經法院判決確定者。

第 9-1 條　被保險人參加保險，年資合計滿十五年【*1102-20：991-14】，被裁減資遣而自願繼續參加勞工保險者，由原投保單位為其辦理參加普通事故保險，至符合請領老年給付之日止。【*1111 術科第五題】

前項被保險人繼續參加勞工保險及保險給付辦法，由中央主管機關定之。

第 10 條　各投保單位應為其所屬勞工，辦理投保手續及其他有關保險事務，並備僱用員工或會員名冊。

前項投保手續及其他有關保險事務，投保單位得委託其所隸屬團體或勞工團體辦理之。

保險人為查核投保單位勞工人數、工作情況及薪資，必要時，得查對其員工或會員名冊、出勤工作紀錄及薪資帳冊。

【投保單位查對時，拒不出示者，處新臺幣六千元以上一萬八千元以下罰鍰】

前項規定之表冊，投保單位應自被保險人離職、退會或結（退）訓之日起保存五年。

【投保單位查對時，違反規定者處新臺幣六千元以上一萬八千元以下罰鍰】【*1061-39】

第 11 條　符合第六條規定之勞工，各投保單位應於其所屬勞工到職、入會、到訓、離職、退會、結訓之當日，列表通知保險人【*1051 術科第二題】；其保險效力之開始或停止，均自應為通知之當日起算。但投保單位非於勞工到職、入會、到訓之當日列表通知保險人者，除依本條例第七十二條規定處罰外，其保險效力之開始，均自通知之翌日起算。　●●

第 12 條　被保險人退保後再參加保險時，其原有保險年資應予併計。

被保險人於八十八年十二月九日以後退職者，且於本條例六十八年二月二十一日修正前停保滿二年或七十七年二月五日修正前停保滿六年者，其停保前之保險年資應予併計。

前項被保險人已領取老年給付者，得於本條施行後二年內申請補發併計年資後老年給付之差額。

## 第三章　保險費

第 13 條　本保險之保險費，依被保險人當月投保薪資及保險費率計算。　●●

普通事故保險費率，為被保險人當月投保薪資百分之七點五至百分之十三；本條例中華民國九十七年七月十七日修正之條文施行時，保險費率定為百分之七點五，施行後第三年調高百分之零點五，其後每年調高百分之零點五至百分之十，並自百分之十當年起，每兩年調高百分之零點五至上限百分之十三。但保險基金餘額足以支付未來二十年保險給付時，不予調高。

職業災害保險費率，分為行業別災害費率及上、下班災害費率二種，每三年調整一次，由中央主管機關擬訂，報請行政院核定，送請立法院查照。　【*1001-37】

僱用員工達一定人數以上之投保單位，前項行業別災害費率採實績費率，按其前三年職業災害保險給付總額占應繳職業災害保險費總額之比率，由保險人依下列規定，每年計算調整之：

一、超過百分之八十者，每增加百分之十，加收其適用行業之職業災害保險費率之百分之五，並以加收至百分之四十為限。

二、低於百分之七十者，每減少百分之十，減收其適用行業之職業災害保險費率之百分之五。

前項實績費率實施之辦法，由中央主管機關定之。

職業災害保險之會計，保險人應單獨辦理。

第 14 條　前條所稱月投保薪資，係指由投保單位按被保險人之月薪資總額，依投保薪資分級表之規定，向保險人申報之薪資；被保險人薪資以件計算者，其月投保薪資，以由投保單位比照同一工作等級勞工之月薪資總額，按分級表之規定申報者為準。被保險人為第六條第一項第七款、第八款及第八條第一項第四款規定之勞工，其月投保薪資由保險人就投保薪資分級表範圍內擬訂，報請中央主管機關核定適用之。

被保險人之薪資，如在當年二月至七月調整時，投保單位應於當年八月底前將調整後之月投保薪資通知保險人；如在當年八月至次年一月調整時，應於次年二月底前通知保險人【*1061-78】。其調整均自通知之次月一日生效【*1062-27】。

第一項投保薪資分級表，由中央主管機關擬訂，報請行政院核定之。

第 14-1 條　投保單位申報被保險人投保薪資不實者，由保險人按照同一行業相當等級之投保薪資額逕行調整通知投保單位，調整後之投保薪資與實際薪資不符時，應以實際薪資為準。

依前項規定逕行調整之投保薪資，自調整之次月一日生效。

第 14-2 條　依第八條第一項第三款規定加保，其所得未達投保薪資分級表最高一級者，得自行舉證申報其投保薪資。但最低不得低於所屬員工申報之最高投保薪資適用之等級。

 **相關法規**

**勞工保險投保薪資分級表（民國 113 年 1 月 1 日起適用）**　　【*1093 術科第六題；1022 術科第四題】

表 4-2　勞工保險投保薪資分級表

| 投保薪資等級 | 月薪資總額 | 月投保薪資 |
| --- | --- | --- |
| 第 1 級 | 27,470 元以下 | 27,470 元 |
| 第 2 級 | 27,471 元至 27,600 元 | 27,600 元 |
| ↓ | ↓ | ↓ |
| 第 13 級 | 43,901 元以上 | 45,800 元 |

**註**：勞工保險普通事故保險費率自 108 年 1 月 1 日起由 9.5% 調整為 10%；92 年 1 月 1 日起就業保險費率 1%【*1091 術科第五題】，110 年 1 月 1 日普通事故保險費率為 10.5%【*1101 術科第五題】；112 年 1 月 1 日起調高至 12%【*1121 術科第五題】。

第 15 條　勞工保險保險費之負擔，依左列規定計算之：【*1082-77】　❸❸❸

　　　　一、第六條第一項第一款至第六款及第八條第一項第一款至第三款規定之被保險人，其普通事故保險費由被保險人負擔百分之二十，投保單位負擔百分之七十，其餘百分之十，由中央政府補助【*1121 術科第五題】；職業災害保險費全部由投保單位負擔。
　　　　　　【*1103 術科第五題；1083 術科第三題】

　　　　二、第六條第一項第七款規定之被保險人，其普通事故保險費及職業災害保險費，由被保險人負擔百分之六十，其餘百分之四十，由中央政府補助。

　　　　三、第六條第一項第八款規定之被保險人，其普通事故保險費及職業災害保險費，由被保險人負擔百分之二十，其餘百分之八十，由中央政府補助。

　　　　四、第八條第一項第四款規定之被保險人，其普通事故保險費及職業災害保險費，由被保險人負擔百分之八十，其餘百分之二十，由中央政府補助。

　　　　五、第九條之一規定之被保險人，其保險費由被保險人負擔百分之八十，其餘百分之二十，由中央政府補助。

第 16 條　勞工保險保險費依左列規定，按月繳納：

　　　　一、第六條第一項第一款至第六款及第八條第一項第一款至第三款規定之被保險人，其應自行負擔之保險費，由投保單位負責扣、收繳，並須於次月底前，連同投保單位負擔部分，一併向保險人繳納。

　　　　二、第六條第一項第七款、第八款及第八條第一項第四款規定之被保險人，其自行負擔之保險費，應按月向其所屬投保單位繳納，於次月底前繳清，所屬投保單位應於再次月底前，負責彙繳保險人。

　　　　三、第九條之一規定之被保險人，其應繳之保險費，應按月向其原投保單位或勞工團體繳納，由原投保單位或勞工團體於次月底前負責彙繳保險人。

　　　　勞工保險之保險費一經繳納，概不退還。但非歸責於投保單位或被保險人之事由所致者，不在此限。

第 17 條　投保單位對應繳納之保險費，未依前條第一項規定限期繳納者，得寬限十五日；如在寬限期間仍未向保險人繳納者，自寬限期滿之翌日起至完納前一日止，每逾一日加徵其應納費額百分之零點一滯納金；加徵之滯納金額，以至應納費額之百分之二十為限。
　　　　　　　　　　　　　　　　　　　　　　　　　　　　　　　　　　　　　　　【*972-26】

　　　　加徵前項滯納金十五日後仍未繳納者，保險人應就其應繳之保險費及滯納金，依法訴追。投保單位如無財產可供執行或其財產不足清償時，其主持人或負責人對逾期繳納有過失者，應負損害賠償責任。

　　　　保險人於訴追之日起，在保險費及滯納金未繳清前，暫行拒絕給付。但被保險人應繳部分之保險費已扣繳或繳納於投保單位者，不在此限。

　　　　第六條第一項第七款、第八款及第八條第一項第四款規定之被保險人，依第十五條規定負擔之保險費，應按期送交所屬投保單位彙繳。如逾寬限期間十五日而仍未送交者，其投保單位得適用第一項規定，代為加收滯納金彙繳保險人；加徵滯納金十五日後仍未繳納者，暫行拒絕給付。
　　　　　　　　　　　　　　　　　　　　　　　　　　　　　　　　　　　　　　　【*1052-55】

第九條之一規定之被保險人逾二個月未繳保險費者【*1053-23】，以退保論。其於欠繳保險費期間發生事故所領取之保險給付，應依法追還。

第 17-1 條　勞工保險之保險費及滯納金，優先於普通債權受清償。　　　　　　【*1051-19：1043-7】

第 18 條　被保險人發生保險事故，於其請領傷病給付或住院醫療給付未能領取薪資或喪失收入期間，得免繳被保險人負擔部分之保險費。

前項免繳保險費期間之年資，應予承認。

## 第四章　保險給付

### 第一節　通則

第 19 條　被保險人於保險效力開始後停止前，發生保險事故者，被保險人或其受益人得依本條例規定，請領保險給付。　　　　　　　　　　　　　　　　　　　　　❂❂

以現金發給之保險給付，其金額按被保險人平均月投保薪資及給付標準計算。被保險人同時受僱於二個以上投保單位者，其普通事故保險給付之月投保薪資得合併計算，不得超過勞工保險投保薪資分級表最高一級。但連續加保未滿三十日者，不予合併計算。

前項平均月投保薪資之計算方式如下：

一、年金給付及老年一次金給付之平均月投保薪資：按被保險人加保期間最高六十個月之月投保薪資予以平均計算【*1011-50】；參加保險未滿五年者，按其實際投保年資之平均月投保薪資計算。但依第五十八條第二項規定選擇一次請領老年給付者，按其退保之當月起前三年之實際月投保薪資平均計算；參加保險未滿三年者，按其實際投保年資之平均月投保薪資計算。

二、其他現金給付之平均月投保薪資：按被保險人發生保險事故之當月起前六個月之實際月投保薪資平均計算；其以日為給付單位者，以平均月投保薪資除以三十計算。

第二項保險給付標準之計算，於保險年資未滿一年者，依其實際加保月數按比例計算；未滿三十日者，以一個月計算。

被保險人如為漁業生產勞動者或航空、航海員工或坑內工，除依本條例規定請領保險給付外，於漁業、航空、航海或坑內作業中，遭遇意外事故致失蹤時，自失蹤之日起，按其平均月投保薪資百分之七十【*1062-59】，給付失蹤津貼；於每滿三個月之期末給付一次，至生還之前一日或失蹤滿一年之前一日或受死亡宣告判決確定死亡時之前一日止。被保險人失蹤滿一年或受死亡宣告判決確定死亡時，得依第六十四條規定，請領死亡給付。　　　　　　　　　　　　　　　　　　　　　　　　　　　❂❂❂❂

第 20 條　被保險人在保險有效期間發生傷病事故，於保險效力停止後一年內【*1092-41：1073-17：1023-41】，得請領同一傷病及其引起之疾病之傷病給付、失能給付、死亡給付或職業災害醫療給付。

被保險人在保險有效期間懷孕，且符合本條例第三十一條第一項第一款或第二款規定之參加保險日數，於保險效力停止後一年內，因同一懷孕事故而分娩或早產者，得請領生育給付。

第 20-1 條 被保險人退保後，經診斷確定於保險有效期間罹患職業病者，得請領職業災害保險失能給付。

前項得請領失能給付之對象、職業病種類、認定程序及給付金額計算等事項之辦法，由中央主管機關定之。

第 21 條 （刪除）

第 21-1 條 （刪除）

第 22 條 同一種保險給付，不得因同一事故而重複請領。

第 23 條 被保險人或其受益人或其他利害關係人，為領取保險給付，故意造成保險事故者，保險人除給與喪葬津貼外，不負發給其他保險給付之責任。 【*1063-34；1073 術科第三題】

第 24 條 投保單位故意為不合本條例規定之人員辦理參加保險手續，領取保險給付者，保險人應依法追還；並取消該被保險人之資格。

第 25 條 被保險人無正當理由，不接受保險人特約醫療院、所之檢查或補具應繳之證件，或受益人不補具應繳之證件者，保險人不負發給保險給付之責任。

第 26 條 因戰爭變亂或因被保險人或其父母、子女、配偶故意犯罪行為，以致發生保險事故者，概不給與保險給付。

第 27 條 被保險人之養子女，其收養登記在保險事故發生時未滿六個月者，不得享有領取保險給付之權利。 【*1023-10】

第 28 條 保險人為審核保險給付或勞工保險監理委員會為審議爭議案件認有必要者，得向被保險人、受益人、投保單位、各該醫院、診所或領有執業執照之醫師、助產士等要求提出報告，或調閱各該醫院、診所及投保單位之病歷、薪資帳冊、檢查化驗紀錄或放射線診斷攝影片（Ｘ光照片）及其他有關文件，被保險人、受益人、投保單位、各該醫院、診所及領有執業執照之醫師或助產士等均不得拒絕。

第 29 條 被保險人、受益人或支出殯葬費之人領取各種保險給付之權利，不得讓與、抵銷、扣押或供擔保。

依本條例規定請領保險給付者，得檢具保險人出具之證明文件，於金融機構開立專戶，專供存入保險給付之用。<110.4.28 修正> 【*1092-50；1032-8】

前項專戶內之存款，不得作為抵銷、扣押、供擔保或強制執行之標的。

被保險人已領取之保險給付，經保險人撤銷或廢止，應繳還而未繳還者，保險人得以其本人或其受益人請領之保險給付扣減之。

被保險人有未償還第六十七條第一項第四款之貸款本息者，於被保險人或其受益人請領保險給付時逕予扣減之。【*1113 術科第五題】

前項未償還之貸款本息，不適用下列規定，並溯自中華民國九十二年一月二十二日施行：

一、消費者債務清理條例有關債務免責之規定。

二、破產法有關債務免責之規定。

三、其他法律有關請求權消滅時效規定。

第四項及第五項有關扣減保險給付之種類、方式及金額等事項之辦法，由中央主管機關

定之。

　　保險人應每年書面通知有未償還第六十七條第一項第四款貸款本息之被保險人或其受益人之積欠金額，並請其依規定償還。

第 29-1 條　依本條例以現金發給之保險給付，經保險人核定後，應於十五日內給付之，年金給付應於次月底前給付。如逾期給付可歸責於保險人者，其逾期部分應加給利息。　　　　　　　　　　　　　　　　　　　　　　　　　　　　【*1113-51；1031-59】

第 30 條　領取保險給付之請求權，自得請領之日起，因五年間不行使而消滅。

　　　　　　　　　　　　　　　　　　　　　　　　　　　　【*1021-39；983-70】✪✪✪

第二節　　生育給付

第 31 條　被保險人合於左列情形之一者，得請領生育給付：　　　　　　【*1081-71；981-3；971-69】✪✪
　　　　一、參加保險滿二百八十日後分娩者。
　　　　二、參加保險滿一百八十一日後早產者。　　　　　　　　　　　　　　　　　　　　【*1061-25】
　　　　三、參加保險滿八十四日後流產者。　　　　　　　　　　　　　　　　　　　　　　【*1062-79】
　　　　被保險人之配偶分娩、早產或流產者，比照前項規定辦理。

第 32 條　生育給付標準，依左列各款辦理：
　　　　一、被保險人或其配偶分娩或早產者，按被保險人平均月投保薪資一次給與分娩費三十日，流產者減半給付。【*1082 術科第五題】
　　　　二、被保險人分娩或早產者，除給與分娩費外，並按其平均月投保薪資一次給與生育補助費六十日。　　　　　　　　　　　　　　　　　　　【*1041-10；1033-11；1072 術科第一題】
　　　　三、分娩或早產為雙生以上者，分娩費及生育補助費比例增給。　　　　　　　　　【*1042-74】
　　　　被保險人難產已申領住院診療給付者，不再給與分娩費。
　　　　被保險人同時符合相關社會保險生育給付或因軍公教身分請領國家給予之生育補助請領條件者，僅得擇一請領。但農民健康保險者，不在此限。

 **重要觀點**

◎ 生育給付分娩費給付，於全民健康保險施行後停止適用。

◎ 全民健康保險施行後，男性被保險人之配偶分娩、早產、流產及女性被保險人流產者，均不得請領生育給付，僅女性被保險人分娩或早產可以請領生育給付。女性被保險人只要在勞保退保前已確定懷孕，符合參加保險日數，在退保一年內生產，得請生育給付。生育補助費是在家休養，無法從事工作所給予的薪資補助。

◎ 早產係妊娠週數大於 20 週，小於 37 週生產者；或胎兒出生時體重大於 500 公克，少於 2,500 公克者，依照中華民國婦產科醫學會 79 年 12 月 20 日第 079 號函釋規定。

第三節　　傷病給付

第 33 條　被保險人遭遇普通傷害或普通疾病住院診療，不能工作，以致未能取得原有薪資，正在治療中者，自不能工作之第四日起，發給普通傷害補助費或普通疾病補助費。

第 34 條　被保險人因執行職務而致傷害或職業病不能工作，以致未能取得原有薪資，正在治療中者，自不能工作之第四日起【*1113-53；1082-28；1081-47；1033-73】，發給職業傷害補償費或職業病補償費。職業病種類表如附表一。

前項因執行職務而致傷病之審查準則，由中央主管機關定之。

第 35 條　普通傷害補助費及普通疾病補助費，均按被保險人平均月投保薪資半數發給，每半個月給付一次，以六個月為限【*1033-37】。但傷病事故前參加保險之年資合計已滿一年者，增加給付六個月【*1082-21；1063-42】。

❂❂

第 36 條　職業傷害補償費及職業病補償費，均按被保險人平均月投保薪資百分之七十發給，每半個月給付一次；如經過一年尚未痊癒者，其職業傷害或職業病補償費減為平均月投保薪資之半數，但以一年為限。　　　　　【*1102-48；1093-30；1013-34；1081 術科第一題；1021 術科第一題】

第 37 條　被保險人在傷病期間，已領足前二條規定之保險給付者，於痊癒後繼續參加保險時，仍得依規定請領傷病給付。

第 38 條　（刪除）

### 第四節　醫療給付

第 39 條　醫療給付分門診及住院診療。

第 39-1 條　為維護被保險人健康，保險人應訂定辦法，辦理職業病預防。

前項辦法，應報請中央主管機關核定之。

第 40 條　被保險人罹患傷病時，應向保險人自設或特約醫療院、所申請診療。

第 41 條　門診給付範圍如左：【*1121-64】

一、診察（包括檢驗及會診）。

二、藥劑或治療材料。

三、處置、手術或治療。

前項費用，由被保險人自行負擔百分之十。但以不超過中央主管機關規定之最高負擔金額為限。　　　　　　　　　　　　　　　　　　　　　　　　　【*971-69】

第 42 條　被保險人合於左列規定之一，經保險人自設或特約醫療院、所診斷必須住院治療者，由其投保單位申請住院診療。但緊急傷病，須直接住院診療者，不在此限。

一、因職業傷害者。

二、因罹患職業病者。

三、因普通傷害者。

四、因罹患普通疾病，於申請住院診療前參加保險之年資合計滿四十五日者。

第 42-1 條　被保險人罹患職業傷病時，應由投保單位填發職業傷病門診單或住院申請書（以下簡稱職業傷病醫療書單）申請診療；投保單位未依規定填發者，被保險人得向保險人請領，經查明屬實後發給。

被保險人未檢具前項職業傷病醫療書單，經醫師診斷罹患職業病者，得由醫師開具職業病門診單；醫師開具資格之取得、喪失及門診單之申領、使用辦法，由保險人擬訂，報請中央主管機關核定發布。

第 43 條 （住院診療給付範圍）

住院診療給付範圍如左：

一、診察（包括檢驗及會診）。

二、藥劑或治療材料。

三、處置、手術或治療。

四、膳食費用三十日內之半數。

五、勞保病房之供應，以公保病房為準。

前項第一款至第三款及第五款費用，由被保險人自行負擔百分之五。但以不超過中央主管機關規定之最高負擔金額為限。

被保險人自願住較高等病房者，除依前項規定負擔外，其超過之勞保病房費用，由被保險人負擔。

第二項及第四十一條第二項之實施日期及辦法，應經立法院審議通過後實施之。

第 44 條 醫療給付不包括法定傳染病、麻醉藥品嗜好症、接生、流產、美容外科、義齒、義眼、眼鏡或其他附屬品之裝置、病人運輸、特別護士看護、輸血、掛號費、證件費、醫療院、所無設備之診療及第四十一條、第四十三條未包括之項目。但被保險人因緊急傷病，經保險人自設或特約醫療院、所診斷必須輸血者，不在此限。

第 45 條 被保險人因傷病住院診療，住院日數超過一個月者，每一個月應由醫院辦理繼續住院手續一次。

住院診療之被保險人，經保險人自設或特約醫院診斷認為可出院療養時，應即出院；如拒不出院時，其繼續住院所需費用，由被保險人負擔。

第 46 條 被保險人有自由選擇保險人自設或特約醫療院、所診療之權利，但有特殊規定者，從其規定。

第 47 條 （刪除）

第 48 條 被保險人在保險有效期間領取醫療給付者，仍得享有其他保險給付之權利。

第 49 條 被保險人診療所需之費用，由保險人逕付其自設或特約醫療院、所，被保險人不得請領現金。

第 50 條 在本條例施行區域內之各級公立醫療院、所符合規定者，均應為勞工保險之特約醫療院、所。各投保單位附設之醫療院、所及私立醫療院、所符合規定者，均得申請為勞工保險之特約醫療院、所。

前項勞工保險特約醫療院、所特約及管理辦法，由中央主管機關會同中央衛生主管機關定之。

第 51 條 各特約醫療院、所辦理門診或住院診療業務，其診療費用，應依照勞工保險診療費用支付標準表及用藥種類與價格表支付之。

前項勞工保險診療費用支付標準表及用藥種類與價格表，由中央主管機關會同中央衛生主管機關定之。

保險人為審核第一項診療費用，應聘請各科醫藥專家組織診療費用審查委員會審核之；其辦法由中央主管機關定之。

第 52 條　投保單位填具之門診就診單或住院申請書，不合保險給付、醫療給付、住院診療之規定，或虛偽不實或交非被保險人使用者，其全部診療費用應由投保單位負責償付。

特約醫療院、所對被保險人之診療不屬於醫療給付範圍者，其診療費用應由醫療院、所或被保險人自行負責。

註：第 39 條至第 52 條有關普通事故保險醫療給付部分，於全民健康保險施行後，停止適用。

### 第五節　失能給付

第 53 條　被保險人遭遇普通傷害或罹患普通疾病，經治療後，症狀固定，再行治療仍不能期待其治療效果，經保險人自設或特約醫院診斷為永久失能，並符合失能給付標準規定者，得按其平均月投保薪資，依規定之給付標準，請領失能補助費。

前項被保險人或被保險人為身心障礙者權益保障法所定之身心障礙者，經評估為終身無工作能力者，得請領失能年金給付。其給付標準，依被保險人之保險年資計算，每滿一年，發給其平均月投保薪資之百分之一點五五；金額不足新臺幣四千元者，按新臺幣四千元發給。

前項被保險人具有國民年金保險年資者，得依各保險規定分別核計相關之年金給付，並由保險人合併發給，其所需經費由各保險分別支應。

本條例中華民國九十七年七月十七日修正之條文施行前有保險年資者，於符合第二項規定條件時，除依前二項規定請領年金給付外，亦得選擇一次請領失能給付，經保險人核付後，不得變更。

❂❂

第 54 條　被保險人遭遇職業傷害或罹患職業病，經治療後，症狀固定，再行治療仍不能期待其治療效果，經保險人自設或特約醫院診斷為永久失能，並符合失能給付標準規定發給一次金者，得按其平均月投保薪資，依規定之給付標準，增給百分之五十，請領失能補償費。【*1081 術科第一題】

前項被保險人經評估為終身無工作能力，並請領失能年金給付者，除依第五十三條規定發給年金外，另按其平均月投保薪資，一次發給二十個月職業傷病失能補償一次金。

【*1018 月 -55】

註：現行勞工保險制訂失能給付標準及附表作為失能給付之依據，含括 12 種失能種類、221 個失能項目，失能等級共分為 15 等級，其附表列有「終身無工作能力」之失能項目計有 20 項，係可依規定請領失能年金給付之項目（98 年 1 月 1 日前有保險年資者得選擇一次給付）。

第 54-1 條　前二條失能種類、狀態、等級、給付額度、開具診斷書醫療機構層級及審核基準等事項之標準，由中央主管機關定之。

前項標準，應由中央主管機關建立個別化之專業評估機制，作為失能年金給付之依據。

前項個別化之專業評估機制，應於本條例中華民國九十七年七月十七日修正之條文公布後五年施行。

**註**：民國 102 年 8 月 13 日實施之「失能年金給付個別化專業評估機制」，將由專業醫療團隊依被保險人全人損傷百分比、未來工作收入減損、職業、年齡等，綜合評估其工作能力減損程度，作為失能年金給付之依據。內容如下：（一）為了確保現行符合請領年金規定之被保險人權益不受影響，如被保險人選擇領取年金給付，而其工作能力喪失符合失能給付標準附表之「終身無工作能力」（計有 20 失能項目），可依現行作業辦理，免經「失能年金給付評估機制」評估，按月發給年金給付。（二）被保險人失能症狀程度未達終身無工作能力，不符現行失能給付標準附表所列「終身無工作能力」之項目，惟欲請領失能年金給付者，則需經「個別化」專業評估機制，由專業醫療團隊依被保險人全人損傷百分比、未來工作收入減損、職業、年齡等，綜合評估其工作能力後，工作能力減損達 70％，且無法返回職場者，亦得發給失能年金。

✪✪

**第 54-2 條** 請領失能年金給付者，同時有符合下列條件之眷屬時，每一人加發依第五十三條規定計算後金額百分之二十五之眷屬補助，最多加計百分之五十： 【*1041-23】

一、配偶應年滿五十五歲且婚姻關係存續一年以上。但有下列情形之一者，不在此限：

（一）無謀生能力。

（二）扶養第三款規定之子女。

二、配偶應年滿四十五歲且婚姻關係存續一年以上，且每月工作收入未超過投保薪資分級表第一級。

三、子女應符合下列條件之一。但養子女須有收養關係六個月以上：

（一）未成年。

（二）無謀生能力。

（三）二十五歲以下，在學，且每月工作收入未超過投保薪資分級表第一級。

前項所稱無謀生能力之範圍，由中央主管機關定之。

第一項各款眷屬有下列情形之一時，其加給眷屬補助應停止發給：

一、配偶：

（一）再婚。

（二）未滿五十五歲，且其扶養之子女不符合第一項第三款所定請領條件。

（三）不符合第一項第二款所定請領條件。

二、子女不符合第一項第三款所定之請領條件。

三、入獄服刑、因案羈押或拘禁。

四、失蹤。

前項第三款所稱拘禁，指受拘留、留置、觀察勒戒、強制戒治、保安處分或感訓
處分裁判之宣告，在特定處所執行中，其人身自由受剝奪或限制者。但執行保護
管束、僅受通緝尚未到案、保外就醫及假釋中者，不包括在內。

第 55 條　被保險人之身體原已局部失能，再因傷病致身體之同一部位失能程度加重或不同部位發
生失能者，保險人應按其加重部分之失能程度，依失能給付標準計算發給失能給付。但
合計不得超過第一等級之給付標準。

前項被保險人符合失能年金給付條件，並請領失能年金給付者，保險人應按月發給失能
年金給付金額之百分之八十，至原已局部失能程度依失能給付標準所計算之失能一次金
給付金額之半數扣減完畢為止。

前二項被保險人在保險有效期間原已局部失能，而未請領失能給付者，保險人應按其加
重後之失能程度，依失能給付標準計算發給失能給付。但合計不得超過第一等級之給付
標準。

第 56 條　保險人於審核失能給付，認為有複檢必要時，得另行指定醫院或醫師複檢，其費用由保
險基金負擔。

被保險人領取失能年金給付後，保險人應至少每五年審核其失能程度【*1113-60；1072-
53】。但經保險人認為無須審核者，不在此限。

保險人依前項規定審核領取失能年金給付者之失能程度，認為已減輕至不符合失能年金
請領條件時，應停止發給其失能年金給付，另發給失能一次金。

第 57 條　被保險人經評估為終身無工作能力，領取失能給付者，應由保險人逕予退保。

第六節　老年給付

第 58 條　年滿六十歲有保險年資者，得依下列規定請領老年給付：　　　　　　　　❸❸❸

一、保險年資合計滿十五年者，請領老年年金給付。　　　　　　　　　　　【*1001-50】

二、保險年資合計未滿十五年者，請領老年一次金給付。

本條例中華民國 97 年 7 月 17 日修正之條文施行前有保險年資者，於符合下列規定之一
時，除依前項規定請領老年給付外，亦得選擇一次請領老年給付，經保險人核付後，不
得變更：　　　　　　　　　　　　　　　　　　　　　　【*1113-75；983 術科第一題】

一、參加保險之年資合計滿一年，年滿六十歲或女性被保險人年滿五十五歲退職者。

二、參加保險之年資合計滿十五年，年滿五十五歲退職者。

三、在同一投保單位參加保險之年資合計滿二十五年退職者。

四、參加保險之年資合計滿二十五年，年滿五十歲退職者。

五、擔任具有危險、堅強體力等特殊性質之工作合計滿五年，年滿五十五歲退職者。

依前二項規定請領老年給付者，應辦理離職退保。

被保險人請領老年給付者，不受第三十條規定之限制。

第一項老年給付之請領年齡，於本條例中華民國九十七年七月十七日修正之條文施行之
日起，第十年提高一歲，其後每二年提高一歲，以提高至六十五歲為限。

被保險人已領取老年給付者，不得再行參加勞工保險。

被保險人擔任具有危險、堅強體力等特殊性質之工作合計滿十五年，年滿五十五歲，並辦理離職退保者，得請領老年年金給付，且不適用第五項及第五十八條之二規定。

第二項第五款及前項具有危險、堅強體力等特殊性質之工作，由中央主管機關定之。

第 58-1 條　老年年金給付，依下列方式擇優發給：　　　　　　　　　　　✪✪✪

　　　　一、保險年資合計每滿一年，按其平均月投保薪資之百分之零點七七五計算，並加計新臺幣三千元。　　　　　　　　　　　　　　　　　【*1092-26；1072-38】

　　　　二、保險年資合計每滿一年，按其平均月投保薪資之百分之一點五五計算。

第 58-2 條　符合第五十八條第一項第一款及第五項所定請領老年年金給付條件而延後請領者，於請領時應發給展延老年年金給付。每延後一年，依前條規定計算之給付金額增給百分之四，最多增給百分之二十。　　　　　　　　　　　　【*1031-51】

　　　　被保險人保險年資滿十五年，未符合第五十八條第一項及第五項所定請領年齡者，得提前五年請領老年年金給付，每提前一年，依前條規定計算之給付金額減給百分之四，最多減給百分之二十。

第 59 條　依第五十八條第一項第二款請領老年一次金給付或同條第二項規定一次請領老年給付者，其保險年資合計每滿一年，按其平均月投保薪資發給一個月；其保險年資合計超過十五年者，超過部分，每滿一年發給二個月，最高以四十五個月為限。　　【*1091-74】

　　　　被保險人逾六十歲繼續工作者，其逾六十歲以後之保險年資，最多以五年計，合併六十歲以前之一次請領老年給付，最高以五十個月為限。　　　　　　【*1091-74】

第 60 條　（刪除）

第 61 條　（刪除）

第七節　死亡給付

第 62 條　被保險人之父母、配偶或子女死亡時，依左列規定，請領喪葬津貼【*1092 術科第五題】：
　　　　　　　　　　　　　　　　　　　　　　　　　　　　　　✪✪✪✪

一、被保險人之父母、配偶死亡時，按其平均月投保薪資，發給三個月。

　　　　　　　　　　　　　　　　　　　【*971-1；961-44；1092 術科第五題】

二、被保險人之子女年滿十二歲死亡時，按其平均月投保薪資，發給二個半月。

　　　　　　　　　　　　　　　　　　　　　　　　　　　　　【*1053-76】

三、被保險人之子女未滿十二歲死亡時，按其平均月投保薪資，發給一個半月。

　　　　　　　　　　　　　　　　　　　　　　【*1033-48；1018 月 -49】

第 63 條　被保險人在保險有效期間死亡時，除由支出殯葬費之人請領喪葬津貼外，遺有配偶、子女、父母、祖父母、受其扶養之孫子女或受其扶養之兄弟、姊妹者，得請領遺屬年金給付。　　　　　　　　　　　　　　　　　【*1081-63；963 術科第四題】✪✪✪

前項遺屬請領遺屬年金給付之條件如下：

一、配偶符合第五十四條之二第一項第一款或第二款規定者。

二、子女符合第五十四條之二第一項第三款規定者。

三、父母、祖父母年滿五十五歲，且每月工作收入未超過投保薪資分級表第一級者。

四、孫子女符合第五十四條之二第一項第三款第一目至第三目規定情形之一者。

五、兄弟、姊妹符合下列條件之一：

（一）有第五十四條之二第一項第三款第一目或第二目規定情形。

（二）年滿五十五歲，且每月工作收入未超過投保薪資分級表第一級。

第一項被保險人於本條例中華民國九十七年七月十七日修正之條文施行前有保險年資者，其遺屬除得依前項規定請領年金給付外，亦得選擇一次請領遺屬津貼，不受前項條件之限制，經保險人核付後，不得變更。

第 63-1 條　被保險人退保，於領取失能年金給付或老年年金給付期間死亡者，其符合前條第二項規定之遺屬，得請領遺屬年金給付。　　　　　　　　　【*963 術科第四題】

前項被保險人於本條例中華民國九十七年七月十七日修正之條文施行前有保險年資者，其遺屬除得依前項規定請領年金給付外，亦得選擇一次請領失能給付或老年給付，扣除已領年金給付總額之差額，不受前條第二項條件之限制，經保險人核付後，不得變更。

被保險人保險年資滿十五年，並符合第五十八條第二項各款所定之條件，於未領取老年給付前死亡者，其符合前條第二項規定之遺屬，得請領遺屬年金給付。

前項被保險人於本條例中華民國九十七年七月十七日修正之條文施行前有保險年資者，其遺屬除得依前項規定請領年金給付外，亦得選擇一次請領老年給付，不受前條第二項條件之限制，經保險人核付後，不得變更。

第 63-2 條　前二條所定喪葬津貼、遺屬年金及遺屬津貼給付標準如下：　　❂❂❂❂❂

一、喪葬津貼：按被保險人平均月投保薪資一次發給五個月。但其遺屬不符合請領遺屬年金給付或遺屬津貼條件，或無遺屬者，按其平均月投保薪資一次發給十個月。　　　　　【*1122-49；1112-39；1111-9；1093-39；1072-13；1021-32】

二、遺屬年金：

（一）依第六十三條規定請領遺屬年金者：依被保險人之保險年資合計每滿一年，按其平均月投保薪資之百分之一點五五計算。

（二）依前條規定請領遺屬年金者：依失能年金或老年年金給付標準計算後金額之半數發給。

三、遺屬津貼：　　　　　　　　　　　　　【*1023 術科第五題；963 術科第四題】

（一）參加保險年資合計未滿一年者，按被保險人平均月投保薪資發給十個月。

（二）參加保險年資合計已滿一年而未滿二年者，按被保險人平均月投保薪資發給二十個月。　　　　　　　　　　　　　　　　　　　　　【*1012-40】

（三）參加保險年資合計已滿二年者，按被保險人平均月投保薪資發給三十個月。

前項第二款之遺屬年金給付金額不足新臺幣三千元者，按新臺幣三千元發給。

遺屬年金給付於同一順序之遺屬有二人以上時，每多一人加發依第一項第二款及前項規定計算後金額之百分之二十五，最多加計百分之五十。

【*1102-32；1062-60；1013-4】

第 63-3 條　遺屬具有受領二個以上遺屬年金給付之資格時，應擇一請領。

本條例之喪葬津貼、遺屬年金給付及遺屬津貼，以一人請領為限。符合請領條件者有二人以上時，應共同具領，未共同具領或保險人核定前如另有他人提出請領，保險人應通知各申請人協議其中一人代表請領，未能協議者，喪葬津貼應以其中核計之最高給付金額【*1092 術科第五題】，遺屬津貼及遺屬年金給付按總給付金額平均發給各申請人。

同一順序遺屬有二人以上，有其中一人請領遺屬年金時，應發給遺屬年金給付。但經共同協議依第六十三條第三項、第六十三條之一第二項及第四項規定一次請領給付者，依其協議辦理。

保險人依前二項規定發給遺屬給付後，尚有未具名之其他當序遺屬時，應由具領之遺屬負責分與之。

第 63-4 條　領取遺屬年金給付者，有下列情形之一時，其年金給付應停止發給：

一、配偶：

（一）再婚。

（二）未滿五十五歲，且其扶養之子女不符合第六十三條第二項第二款所定請領條件。

（三）不符合第六十三條第二項第一款所定請領條件。

二、子女、父母、祖父母、孫子女、兄弟、姊妹，於不符合第六十三條第二項第二款至第五款所定請領條件。

三、有第五十四條之二第三項第三款、第四款規定之情形。

第 64 條　被保險人因職業災害致死亡者，除由支出殯葬費之人依第六十三條之二第一項第一款規定請領喪葬津貼外，有符合第六十三條第二項規定之遺屬者，得請領遺屬年金給付及按被保險人平均月投保薪資，一次發給十個月職業災害死亡補償一次金。　　　　【*1012-20】

前項被保險人之遺屬依第六十三條第三項規定一次請領遺屬津貼者，按被保險人平均月投保薪資發給四十個月。　　　　【*1023 術科第五題】✪✪✪

第 65 條　受領遺屬年金給付及遺屬津貼之順序如下：

一、配偶及子女。

二、父母。

三、祖父母。

四、孫子女。

五、兄弟、姊妹。

前項當序受領遺屬年金給付或遺屬津貼者存在時，後順序之遺屬不得請領。

前項第一順序之遺屬全部不符合請領條件，或有下列情形之一且無同順序遺屬符合請領條件時，第二順序之遺屬得請領遺屬年金給付：

一、在請領遺屬年金給付期間死亡。

二、行蹤不明或於國外。

三、提出放棄請領書。

四、於符合請領條件起一年內未提出請領者。

前項遺屬年金嗣第一順序之遺屬主張請領或再符合請領條件時，即停止發給，並由第一順序之遺屬請領；但已發放予第二順位遺屬之年金不得請求返還，第一順序之遺屬亦不予補發。

### 第八節　年金給付之申請及核發

第 65-1 條　被保險人或其受益人符合請領年金給付條件者，應填具申請書及檢附相關文件向保險人提出申請。

前項被保險人或其受益人，經保險人審核符合請領規定者，其年金給付自申請之當月起，按月發給，至應停止發給之當月止。

遺屬年金之受益人未於符合請領條件之當月提出申請者，其提出請領之日起前五年得領取之給付，由保險人依法追溯補給之【*1103-11】。但已經其他受益人請領之部分，不適用之。

第 65-2 條　被保險人或其遺屬請領年金給付時，保險人得予以查證，並得於查證期間停止發給，經查證符合給付條件者，應補發查證期間之給付，並依規定繼續發給。

領取年金給付者不符合給付條件或死亡時，本人或其法定繼承人應自事實發生之日起三十日內，檢具相關文件資料，通知保險人，自事實發生之次月起停止發給年金給付。【*1102-24；1062-30；1052-67】

領取年金給付者死亡，應發給之年金給付未及撥入其帳戶時，得由其法定繼承人檢附申請人死亡戶籍謄本及法定繼承人戶籍謄本請領之；法定繼承人有二人以上時，得檢附共同委任書及切結書，由其中一人請領。

領取年金給付者或其法定繼承人未依第二項規定通知保險人致溢領年金給付者，保險人應以書面命溢領人於三十日內繳還；保險人並得自匯發年金給付帳戶餘額中追回溢領之年金給付。

第 65-3 條　被保險人或其受益人符合請領失能年金、老年年金或遺屬年金給付條件時，應擇一請領失能、老年給付或遺屬津貼。【*1111-65；1093-74；1081-62】

第 65-4 條　本保險之年金給付金額，於中央主計機關發布之消費者物價指數累計成長率達正負百分之五時，即依該成長率調整之。【*1111-33；1042-23；1032-75】

註：勞保年金於 98 年開辦，98 年至 102 年之 CPI 累計成長率為 5.20%【*1032-75】，已達法定調整標準，自 103 年 5 月起調高年金給付金額，其他年度申請者，因 CPI 累計成長率尚未達 5%，故不予調整。

表 4-3　98 年度起各申請年度 CPI 累計成長率計算情形

| 申年度 | 當年 | 累計成長率 | | 調整時點 | 計算公式 |
|---|---|---|---|---|---|
| 98 | 97.66 | 98～102 年 | 5.20% | 自 103 年 5 月起調整 | 【(102.74/97.66)-1】* 100% = 5.20% |
| 99 | 98.6 | 99～102 年 | 4.20% | 未達法定調整標準 | 【(102.74/98.6)-1】* 100% = 4.20% |
| 100 | 100 | 100～102 年 | 2.74% | 未達法定調整標準 | 【(102.74/100)-1】* 100% = 2.74% |
| 101 | 101.93 | 101～102 年 | 0.79% | 未達法定調整標準 | 【(102.74/101.93)-1】* 100% = 0.79% |
| 102 | 102.74 | 102～102 年 | 0.00% | 未達法定調整標準 | 【(102.74/102.74)-1】* 100% = 0% |

第 65-5 條　保險人或勞工保險監理委員會為處理本保險業務所需之必要資料，得洽請相關機關提供之，各該機關不得拒絕。

保險人或勞工保險監理委員會依規定所取得之資料，應盡善良管理人之注意義務，確實辦理資訊安全稽核作業，其保有、處理及利用，並應遵循電腦處理個人資料保護法之規定。

## 第五章　保險基金及經費

第 66 條　勞工保險基金之來源如左：【*1123-65；1112-67；1093-62】

一、創立時政府一次撥付之金額。

二、當年度保險費及其孳息之收入與保險給付支出之結餘。

三、保險費滯納金。

四、基金運用之收益。

第 67 條　勞工保險基金，經勞工保險監理委員會之通過，得為左列之運用：【*1112-79】

一、對於公債、庫券及公司債之投資。

二、存放於公營銀行或中央主管機關指定之金融機構。

三、自設勞保醫院之投資及特約公立醫院勞保病房整修之貸款；其辦法，由中央主管機關定之。

四、對於被保險人之貸款。

五、政府核准有利於本基金收入之投資。

勞工保險基金除作為前項運用及保險給付支出外，不得移作他用或轉移處分；其管理辦法，由中央主管機關定之。基金之收支、運用情形及其積存數額，應由保險人報請中央主管機關按年公告之。

第一項第四款對於被保險人之貸款資格、用途、額度、利率、期限及還款方式等事項，應由保險人報請中央主管機關公告之。

第 68 條　勞工保險機構辦理本保險所需之經費，由保險人按編製預算之當年六月份應收保險費百分之五點五全年伸算數編列預算，經勞工保險監理委員會審議通過後，由中央主管機關撥付之。

第 69 條　勞工保險如有虧損，在中央勞工保險局未成立前，應由中央主管機關審核撥補。

## 第六章　罰則

第 70 條　以詐欺或其他不正當行為領取保險給付或為虛偽之證明、報告、陳述及申報診療費用者，除按其領取之保險給付或診療費用處以二倍罰鍰外，並應依民法請求損害賠償；其涉及刑責者，移送司法機關辦理。特約醫療院、所因此領取之診療費用，得在其已報應領費用內扣除。【*1122-18；1112-8】

第 71 條　勞工違背本條例規定，不參加勞工保險及辦理勞工保險手續者，處一百元以上、五百元以下罰鍰。

✪✪✪✫

第 72 條　投保單位違反本條例規定，未為其所屬勞工辦理投保手續者，按自僱用之日起，至參加保險之前一日或勞工離職日止應負擔之保險費金額，處四倍罰鍰。勞工因此所受之損失，並應由投保單位依本條例規定之給付標準賠償之。【*1102-37；1063-35；1022-45；1002-52】

投保單位未依本條例之規定負擔被保險人之保險費，而由被保險人負擔者，按應負擔之保險費金額，處二倍罰鍰。投保單位並應退還該保險費與被保險人。　【*1022 術科第四題】

投保單位違反本條例規定，將投保薪資金額以多報少或以少報多者，自事實發生之日起，按其短報或多報之保險費金額，處四倍罰鍰，並追繳其溢領給付金額。勞工因此所受損失，應由投保單位賠償之。

投保單位於保險人依第十條第三項規定為查對時，拒不出示者，或違反同條第四項規定者，處新臺幣六千元以上一萬八千元以下罰鍰。

投保單位於本條例中華民國九十七年五月十六日修正生效前，依第十七條第一項規定加徵滯納金至應納費額一倍者，其應繳之保險費仍未向保險人繳納，且未經保險人處以罰鍰或處以罰鍰未執行者，不再裁處或執行。

第 73 條　本條例所規定之罰鍰，經催告送達後，無故逾三十日，仍不繳納者，移送法院強制執行。

## 第七章　附則

第 74 條　失業保險之保險費率、實施地區、時間及辦法，由行政院以命令定之。

第 74-1 條　被保險人於本條例中華民國九十七年七月十七日修正之條文施行前發生失能、老年或死亡保險事故，其本人或其受益人領取保險給付之請求權未超過第三十條所定之時效者，得選擇適用保險事故發生時或請領保險給付時之規定辦理。

第 74-2 條　本條例中華民國九十七年七月十七日修正之條文施行後，被保險人符合本保險及國民年金保險老年給付請領資格者，得向任一保險人同時請領，並由受請求之保險人按其各該保險之年資，依規定分別計算後合併發給；屬他保險應負擔之部分，由其保險人撥還。

前項被保險人於各該保險之年資，未達請領老年年金給付之年限條件，而併計他保險之年資後已符合者，亦得請領老年年金給付。

被保險人發生失能或死亡保險事故，被保險人或其遺屬同時符合國民年金保險給付條件時，僅得擇一請領。

第 75 條 （刪除）

第 76 條 被保險人於轉投軍人保險、公務人員保險或私立學校教職員保險時，不合請領老年給付條件者，其依本條例規定參加勞工保險之年資應予保留，於其年老依法退職時，得依本條例第五十九條規定標準請領老年給付。

前項年資之保留辦法，由中央主管機關擬訂，報請行政院核定之。

第 76-1 條 本條例第二條、第三十一條、第三十二條及第三十九條至第五十二條有關生育給付分娩費及普通事故保險醫療給付部分，於全民健康保險施行後，停止適用【*1072-72；1071-64】。

第 77 條 本條例施行細則，由中央主管機關擬訂，報請行政院核定之。

第 78 條 本條例施行區域，由行政院以命令定之。

第 79 條 本條例自公布日施行。

本條例中華民國九十七年七月十七日修正條文施行日期，除另定施行日期者外，由行政院定之。

本條例中華民國一百年四月八日修正之第十五條之施行日期，由行政院定之。

 **立即演練 10**

(　　) 1. 依勞工保險條例規定，被保險人員參加保險，年資合計滿多少年，被裁減資遣而自願繼續參加勞工保險者，由原投保單位為其辦理參加普通事故保險，至符合請領老年給付之日止？ ①5 年 ②10 年 ③15 年 ④20 年

(　　) 2. 依勞工保險條例第 30 條規定，領取保險給付之請求權，自得請領之日起因幾年間不行使而消滅？ ①1 年 ②2 年 ③3 年 ④5 年

(　　) 3. 勞工保險之投保單位、被保險人、受益人或全民健康保險醫事服務機構，對勞工保險局有關保險權益事項之核定發生爭議而申請審議時，應於接到勞工保險局核定通知文件之翌日起幾日內，經由勞工保險局向勞工保險監理委員會申請審議？ ①30 日 ②40 日 ③50 日 ④60 日

(　　) 4. 勞工保險醫療給付之門診給付費用，被保險人應自行負擔百分之多少？ ①百分之 10 ②百分之 15 ③百分之 20 ④百分之 25

(　　) 5. 勞工保險被保險人參加保險滿幾日後分娩者，得請領生育給付？ ①280 日 ②90 日 ③300 日 ④310 日

(　　) 6. 依勞工保險條例第 13 條規定，職業災害保險費率，每幾年可調整 1 次，並由中央主管機關擬訂，報請行政院核定，送請立法院查照？ ①1 年 ②2 年 ③3 年 ④4 年

(　　) 7. 投保單位對應繳納之勞工保險費，如在寬限 15 日期間仍未向保險人繳納者，自寬限期滿之翌日起至完納前 1 日止；加徵之滯納金額，以至應納費額多少為上限？ ①百分之十 ②百分之二十 ③百分之五十 ④1 倍

（　）8. 勞工保險被保險人之紓困貸款額度，最高為新臺幣多少元？　①10 萬元　②15 萬元　③20 萬元　④30 萬元

（　）9. 投保單位違反勞工保險條例規定，未為其所屬勞工辦理投保手續者，按自僱用之日起，至參加保險之前一日或勞工離職日止應負擔之保險費金額，處幾倍罰鍰？　①2 倍　②3 倍　③4 倍　④5 倍

（　）10. 勞工保險被保險人於傷病事故前參加保險之年資合計未滿 1 年者，其普通傷害補助費及普通疾病補助費，均按其平均月投保薪資半數發給，最長以幾個月為限？　①3 個月　②6 個月　③9 個月　④12 個月

（　）11. 勞工保險被保險人之父母或配偶死亡時，按其平均月投保薪資，發給幾個月之喪葬津貼？　①1 個月　②2 個月　③3 個月　④4 個月

（　）12. 依勞工保險條例規定，下列何者不屬於普通事故保險之給付？　①傷病　②失能　③死亡　④醫療

（　）13. 下列何者非屬勞工保險條例第 2 條所稱普通事故保險給付？　①傷病給付　②醫療給付　③失能給付　④老年給付

（　）14. 下列何種勞工保險被保險人不得請領生育給付？　①參加保險滿二百八十天分娩者　②參加保險滿一百八十一天後早產者　③參加保險滿八十天流產者　④參加保險滿八十四天後流產者

（　）15. 依勞工保險條例第 58 條第 1 項規定，年滿 60 歲有保險年資者，其保險年資合計滿多少年，得請領老年年金給付？　①10 年　②15 年　③20 年　④25 年

（　）16. 依勞工保險條例規定，領取年金給付者有不符給付條件或死亡之情事時，本人或其法定繼承人應自事實發生之日起至遲幾日內，檢具相關文件資料，通知勞工保險局自事實發生之次月起停止發給年金給付？　①10 日　②20 日　③30 日　④40 日

（　）17. 依勞工保險條例規定，無一定雇主或自營作業而參加職業工會之被保險人，未依規定將負擔之保險費按期送交所屬投保單位彙繳，經逾寬限期而加徵滯納金最長多久後仍未繳納者，暫行拒絕保險給付？　①5 日　②10 日　③15 日　④30 日

（　）18. 依勞工保險條例規定，被保險人參加保險年資合計滿 15 年，被裁減資遣而自願繼續參加勞工保險者，最長逾多久未繳保險費者，以退保論？　①1 個月　②2 個月　③3 個月　④4 個月

解　1.③　2.④　3.④　4.①　5.①　6.③　7.②　8.①　9.③　10.②
11.③　12.④　13.②　14.③　15.②　16.③　17.③　18.②

## 二、勞工保險被保險人因執行職務而致傷病審查準則（民國 105 年 3 月 21 日）

第 1 條　　本準則依勞工保險條例（以下簡稱本條例）第三十四條第二項規定訂定之。

第 2 條　　被保險人因執行職務而致傷病之審查，除法令另有規定外，依本準則辦理。

第 3 條　被保險人因執行職務而致傷害者，為職業傷害。

被保險人於勞工保險職業病種類表規定適用職業範圍從事工作，而罹患表列疾病，為職業病。

第 4 條　被保險人上、下班，於適當時間，從日常居、住處所往返就業場所，或因從事二份以上工作而往返於就業場所間之應經途中發生事故而致之傷害，視為職業傷害。

被保險人為在學學生或建教合作班學生，於上、下班適當時間直接往返學校與就業場所之應經途中發生事故而致之傷害，亦同。

第 5 條　被保險人於作業前後，發生下列事故而致之傷害，視為職業傷害：

一、於作業開始前，在等候中，因就業場所設施或管理之缺陷所發生之事故。

二、因作業之準備行為及收拾行為所發生之事故。

三、於作業終了後，經雇主核准利用就業場所設施，因設施之缺陷所發生之事故。

四、因勞務管理上之必要，或在雇主之指揮監督下，從飯廳或集合地點赴工作場所途中或自工作現場返回事務所途中，為接受及返還作業器具，或受領工資等例行事務時，發生之事故。

第 6 條　被保險人於作業時間中斷或休息中，因就業場所設施或管理之缺陷發生事故而致之傷害，視為職業傷害。

第 7 條　被保險人於工作時間中基於生理需要於如廁或飲水時發生事故而致之傷害，視為職業傷害。

第 8 條　被保險人於必要情況下，臨時從事其他工作，該項工作如為雇主期待其僱用勞工所應為之行為而致之傷害，視為職業傷害。

第 9 條　被保險人因公差由日常居、住處所或就業場所出發，至公畢返回日常居、住處所或就業場所期間之職務活動及合理途徑發生事故而致之傷害，視為職業傷害。

第 10 條　被保險人經雇主指派參加進修訓練、技能檢定、技能競賽、慶典活動、體育活動或其他活動，由日常居、住處所或就業場所出發，至活動完畢返回日常居、住處所或就業場所期間因雇主指派之活動及合理途徑發生事故而致之傷害，視為職業傷害。

本條例第六條第一項第七款、第八款及第八條第一項第四款規定之被保險人，經所屬團體指派參加前項各類活動，由日常居、住處所或就業場所出發，至活動完畢返回日常居、住處所或就業場所期間因所屬團體指派之活動及合理途徑發生事故而致之傷害，亦同。

第 11 條　被保險人由於執行職務關係，因他人之行為發生事故而致之傷害，視為職業傷害。

第 12 條　被保險人執行職務受動物或植物傷害，為職業傷害。

第 13 條　被保險人於執行職務時，因天然災害直接發生事故導致之傷害，不得視為職業傷害。但因天然災害間接導致之意外傷害或從事之業務遭受天然災害之危險性較高者，不在此限。

第 14 條　被保險人利用雇主為勞務管理所提供之附設設施，因設施之缺陷發生事故而致之傷害，視為職業傷害。

第 15 條　被保險人參加雇主舉辦之康樂活動或其他活動，因雇主管理或提供設施之瑕疵發生事故而致之傷害，視為職業傷害。

第 16 條　被保險人因職業傷害或罹患職業病，經雇主同意直接往返醫療院所診療或下班後直接前往診療後返回日常居住處所應經途中發生事故而致之傷害，視為職業傷害。

第 17 條　被保險人於工作日之用餐時間中或為加班、值班，如雇主未規定必須於工作場所用餐，而為必要之外出用餐，於用餐往返應經途中發生事故而致之傷害，視為職業傷害。

第 18 條　被保險人於第四條、第九條、第十條、第十六條及第十七條之規定而有下列情事之一者，不得視為職業傷害：

一、非日常生活所必需之私人行為。

二、未領有駕駛車種之駕駛執照駕車。

三、受吊扣期間或吊銷駕駛執照處分駕車。

四、經有燈光號誌管制之交岔路口違規闖紅燈。

五、闖越鐵路平交道。

六、酒精濃度超過規定標準、吸食毒品、迷幻藥或管制藥品駕駛車輛。

七、駕駛車輛違規行駛高速公路路肩。

八、駕駛車輛不按遵行之方向行駛或在道路上競駛、競技、蛇行或以其他危險方式駕駛車輛。

九、駕駛車輛不依規定駛入來車道。

第 19 條　被保險人因執行職務而罹患中央主管機關依據勞工保險職業病種類表第八類第二項規定核定增列之職業病種類或有害物質所致之疾病，為職業病。

第 20 條　被保險人罹患之疾病，經勞動部職業疾病鑑定委員會鑑定為執行職務所致者，為職業病。

第 21 條　被保險人疾病之促發或惡化與作業有相當因果關係者，視為職業病。

　第 21-1 條　被保險人罹患精神疾病，而該項疾病與執行職務有相當因果關係者，視為職業病。

第 22 條　（刪除）

　第 22-1 條　本準則於本條例第六條第一項第六款之被保險人，亦適用之。

第 23 條　本準則自發布日施行。

## 4-6 身心障礙者權益

### 一、身心障礙者權益保障法（民國 110 年 1 月 20 日修正）

#### 第一章　總則

第 1 條　為維護身心障礙者之權益，保障其平等參與社會、政治、經濟、文化等之機會，促進其自立及發展，特制定本法。

第 2 條　本法所稱主管機關：在中央為衛生福利部；在直轄市為直轄市政府；在縣（市）為縣（市）政府。

本法所定事項，涉及各目的事業主管機關職掌者，由各目的事業主管機關辦理。

前二項主管機關及各目的事業主管機關權責劃分如下：

一、主管機關：身心障礙者人格維護、經濟安全、照顧支持與獨立生活機會等相關權益之規劃、推動及監督等事項。

二、衛生主管機關：身心障礙者之鑑定、保健醫療、醫療復健與輔具研發等相關權益之規劃、推動及監督等事項。

三、教育主管機關：身心障礙者教育權益維護、教育資源與設施均衡配置專業服務人才之培育等相關權益之規劃、推動及監督等事項。

四、勞工主管機關：身心障礙者之職業重建、就業促進與保障、勞動權益與職場安全衛生等相關權益之規劃、推動及監督等事項。　　　　　　　　　　　[*1051-15]

五、建設、工務、住宅主管機關：身心障礙者住宅、公共建築物、公共設施之總體規劃與無障礙生活環境等相關權益之規劃、推動及監督等事項。

六、交通主管機關：身心障礙者生活通信、大眾運輸工具、交通設施與公共停車場等相關權益之規劃、推動及監督等事項。

七、財政主管機關：身心障礙者、身心障礙福利機構及庇護工場稅捐之減免等相關權益之規劃、推動及監督等事項。

八、金融主管機關：金融機構對身心障礙者提供金融、商業保險、財產信託等服務之規劃、推動及監督等事項。

九、法務主管機關：身心障礙者犯罪被害人保護、受刑人更生保護與收容環境改善等相關權益之規劃、推動及監督等事項。

十、警政主管機關：身心障礙者人身安全保護與失蹤身心障礙者協尋之規劃、推動及監督等事項。

十一、體育主管機關：身心障礙者體育活動、運動場地及設施設備與運動專用輔具之規劃、推動及監督等事項。

十二、文化主管機關：身心障礙者精神生活之充實與藝文活動參與之規劃、推動及監督等事項。

十三、採購法規主管機關：政府採購法有關採購身心障礙者之非營利產品與勞務之規劃、推動及監督等事項。

十四、通訊傳播主管機關：主管身心障礙者無障礙資訊和通訊技術及系統、網路平臺、通訊傳播傳輸內容無歧視等相關事宜之規劃、推動及監督等事項。

十五、科技研究事務主管機關：主管身心障礙者輔助科技研發、技術研究、移轉、應用與推動等事項。

十六、經濟主管機關：主管身心障礙輔具國家標準訂定、產業推動、商品化開發之規劃及推動等事項。

十七、其他身心障礙權益保障措施：由各相關目的事業主管機關依職權規劃辦理。

第 3 條　中央主管機關掌理下列事項：

一、全國性身心障礙福利服務權益保障政策、法規與方案之規劃、訂定及宣導事項。

二、對直轄市、縣（市）政府執行身心障礙福利服務權益保障之監督及協調事項。

三、中央身心障礙福利經費之分配及補助事項。

四、對直轄市、縣（市）身心障礙福利服務之獎助及評鑑之規劃事項。

五、身心障礙福利服務相關專業人員訓練之規劃事項。

六、國際身心障礙福利服務權益保障業務之聯繫、交流及合作事項。

七、身心障礙者保護業務之規劃事項。

八、全國身心障礙者資料統整及福利服務整合事項。

九、全國性身心障礙福利機構之輔導、監督及全國評鑑事項。

十、輔導及補助民間參與身心障礙福利服務之推動事項。

十一、其他全國性身心障礙福利服務權益保障之策劃及督導事項。

第 4 條　直轄市、縣（市）主管機關掌理下列事項：

一、中央身心障礙福利服務權益保障政策、法規及方案之執行事項。

二、直轄市、縣（市）身心障礙福利服務權益保障政策、自治法規與方案之規劃、訂定、宣導及執行事項。

三、直轄市、縣（市）身心障礙福利經費之分配及補助事項。

四、直轄市、縣（市）身心障礙福利服務之獎助與評鑑之規劃及執行事項。

五、直轄市、縣（市）身心障礙福利服務相關專業人員訓練之規劃及執行事項。

六、身心障礙者保護業務之執行事項。

七、直轄市、縣（市）轄區身心障礙者資料統整及福利服務整合執行事項。

八、直轄市、縣（市）身心障礙福利機構之輔導設立、監督及評鑑事項。

九、民間參與身心障礙福利服務之推動及協助事項。

十、其他直轄市、縣（市）身心障礙福利服務權益保障之策劃及督導事項。

第 5 條　本法所稱身心障礙者，指下列各款身體系統構造或功能，有損傷或不全導致顯著偏離或喪失，影響其活動與參與社會生活，經醫事、社會工作、特殊教育與職業輔導評量等相關專業人員組成之專業團隊鑑定及評估，領有身心障礙證明者：【*1083 術科第五題】

一、神經系統構造及精神、心智功能。

二、眼、耳及相關構造與感官功能及疼痛。

三、涉及聲音與言語構造及其功能。

四、循環、造血、免疫與呼吸系統構造及其功能。

五、消化、新陳代謝與內分泌系統相關構造及其功能。

六、泌尿與生殖系統相關構造及其功能。

七、神經、肌肉、骨骼之移動相關構造及其功能。

八、皮膚與相關構造及其功能。

第6條　直轄市、縣（市）主管機關受理身心障礙者申請鑑定時，應交衛生主管機關指定相關機構或專業人員組成專業團隊，進行鑑定並完成身心障礙鑑定報告。

前項鑑定報告，至遲應於完成後十日內送達申請人戶籍所在地之衛生主管機關。衛生主管機關除核發鑑定費用外，至遲應將該鑑定報告於十日內核轉直轄市、縣（市）主管機關辦理。

第一項身心障礙鑑定機構或專業人員之指定、鑑定人員之資格條件、身心障礙類別之程度分級、鑑定向度與基準、鑑定方法、工具、作業方式及其他應遵行事項之辦法，由中央衛生主管機關定之。

辦理有關身心障礙鑑定服務必需之診察、診斷或檢查等項目之費用，應由直轄市、縣（市）衛生主管機關編列預算支應，並由中央衛生主管機關協調直轄市、縣（市）衛生主管機關公告規範之。

前項身心障礙鑑定之項目符合全民健康保險法之規定給付者，應以該保險支應，不得重複申領前項費用。

第7條　直轄市、縣（市）主管機關應於取得衛生主管機關所核轉之身心障礙鑑定報告後，籌組專業團隊進行需求評估。

前項需求評估，應依身心障礙者障礙類別、程度、家庭經濟情況、照顧服務需求、家庭生活需求、社會參與需求等因素為之。

直轄市、縣（市）主管機關對於設籍於轄區內依前項評估合於規定者，應核發身心障礙證明，據以提供所需之福利及服務。

第一項評估作業得併同前條鑑定作業辦理，有關評估作業與鑑定作業併同辦理事宜、評估專業團隊人員資格條件、評估工具、作業方式及其他應遵行事項之辦法，由中央主管機關會同中央衛生主管機關定之。

第8條　各級政府相關目的事業主管機關，應本預防原則，針對遺傳、疾病、災害、環境污染及其他導致身心障礙因素，有計畫推動生育保健、衛生教育等工作，並進行相關社會教育及宣導。

第9條　主管機關及各目的事業主管機關應置專責人員辦理本法規定相關事宜；其人數應依業務增減而調整之。

身心障礙者福利相關業務應遴用專業人員辦理。

第10條　主管機關應遴聘（派）身心障礙者或其監護人代表、身心障礙福利學者或專家、民意代表與民間相關機構、團體代表及各目的事業主管機關代表辦理身心障礙者權益保障事項；其中遴聘身心障礙者或其監護人代表及民間相關機構、團體代表之比例，不得少於三分之一。

前項之代表，單一性別不得少於三分之一。

第一項權益保障事項包括：

一、整合規劃、研究、諮詢、協調推動促進身心障礙者權益保障相關事宜。

二、受理身心障礙者權益受損協調事宜。

三、其他促進身心障礙者權益及福利保障相關事宜。

第一項權益保障事項與運作、前項第二款身心障礙權益受損協調之處理及其他應遵行事項之辦法，由各級主管機關定之。

第 11 條　各級政府應至少每五年舉辦身心障礙者之生活狀況、保健醫療、特殊教育、就業與訓練、交通及福利等需求評估及服務調查研究，並應出版、公布調查研究結果。【*1051-31】

行政院每十年辦理全國人口普查時，應將身心障礙者人口調查納入普查項目。

第 12 條　身心障礙福利經費來源如下：

一、各級政府按年編列之身心障礙福利預算。

二、社會福利基金。

三、身心障礙者就業基金。

四、私人或團體捐款。

五、其他收入。

前項第一款身心障礙福利預算，應以前條之調查報告為依據，按年從寬編列。

第一項第一款身心障礙福利預算，直轄市、縣（市）主管機關財政確有困難者，應由中央政府補助，並應專款專用。

第 13 條　身心障礙者對障礙鑑定及需求評估有異議者，應於收到通知書之次日起三十日內，以書面向直轄市、縣（市）主管機關提出申請重新鑑定及需求評估，並以一次為限。

依前項申請重新鑑定及需求評估，應負擔百分之四十之相關作業費用；其異議成立者，應退還之。

逾期申請第一項重新鑑定及需求評估者，其相關作業費用，應自行負擔。

第 14 條　身心障礙證明有效期間最長為五年。但身心障礙情況符合第六條第三項所定辦法有關身心障礙無法減輕或恢復之基準，免重新鑑定者，直轄市、縣（市）主管機關應核發無註記有效期間之身心障礙證明，並每五年就該個案進行第七條之需求評估。

領有記載有效期間之身心障礙證明者，應於效期屆滿前九十日內向戶籍所在地之直轄市、縣（市）主管機關申請辦理重新鑑定及需求評估。

身心障礙者於其證明效期屆滿六十日前尚未申請辦理重新鑑定及需求評估者，直轄市、縣（市）主管機關應以書面通知其辦理。

身心障礙者有正當理由，無法於效期屆滿前申請重新鑑定及需求評估者，應於效期屆滿前附具理由提出申請，經直轄市、縣（市）主管機關核可者，得於效期屆滿後六十日內辦理。

身心障礙者障礙情況改變時，應自行向直轄市、縣（市）主管機關申請重新鑑定及需求評估。

直轄市、縣（市）主管機關發現身心障礙者障礙情況改變時，得以書面通知其於六十日內辦理重新鑑定與需求評估。

經依第二項至前項規定申請重新鑑定及需求評估，其身心障礙情況符合第六條第三項所定辦法有關身心障礙無法減輕或恢復之基準，免重新鑑定者，直轄市、縣（市）主管機關應依第一項但書規定辦理。

中華民國一百零一年七月十一日前執永久效期身心障礙手冊者，直轄市、縣（市）主管機關得逕予換發無註記有效期間之身心障礙證明。

第 15 條　依前條第一項至第三項規定辦理重新鑑定及需求評估者，於原證明效期屆滿至新證明生效期間，得經直轄市、縣（市）主管機關註記後，暫以原證明繼續享有本法所定相關權益。

經重新鑑定結果，其障礙程度有變更者，其已依前項規定以原證明領取之補助，應由直轄市、縣（市）主管機關於新證明生效後，依新證明之補助標準予以追回或補發。

身心障礙者於障礙事實消失或死亡時，其本人、家屬或利害關係人，應將其身心障礙證明繳還直轄市、縣（市）主管機關辦理註銷；未繳還者，由直轄市、縣（市）主管機關逕行註銷，並取消本法所定相關權益或追回所溢領之補助。

第 16 條　身心障礙者之人格及合法權益，應受尊重及保障，對其接受教育、應考、進用、就業、居住、遷徙、醫療等權益，不得有歧視之對待。【違反規定，處新臺幣十萬元以上五十萬元以下罰鍰。】【公務員執行職務違反規定者，應受懲處】

公共設施場所營運者，不得使身心障礙者無法公平使用設施、設備或享有權利。【違反規定者，應令限期改善；屆期未改善者，處新臺幣一萬元以上五萬元以下罰鍰，並命其接受四小時之講習。】

公、私立機關（構）、團體、學校與企業公開辦理各類考試，應依身心障礙應考人個別障礙需求，在考試公平原則下，提供多元化適性協助，以保障身心障礙者公平應考機會。

第 17 條　身心障礙者依法請領各項現金給付或補助，得檢具直轄市、縣（市）主管機關出具之證明文件，於金融機構開立專戶，並載明金融機構名稱、地址、帳號及戶名，報直轄市、縣（市）主管機關核可後，專供存入各項現金給付或補助之用。

前項專戶內之存款，不得作為抵銷、扣押、供擔保或強制執行之標的。

第 18 條　直轄市、縣（市）主管機關應建立通報系統，並由下列各級相關目的事業主管機關負責彙送資訊，以掌握身心障礙者之情況，適時提供服務或轉介：

一、衛生主管機關：疑似身心障礙者、發展遲緩或異常兒童資訊。

二、教育主管機關：疑似身心障礙學生資訊。

三、勞工主管機關：職業傷害資訊。

四、警政主管機關：交通事故資訊。

五、戶政主管機關：身心障礙者人口異動資訊。

直轄市、縣（市）主管機關受理通報後，應即進行初步需求評估，並於三十日內主動提供協助服務或轉介相關目的事業主管機關。

第 19 條　各級主管機關及目的事業主管機關應依服務需求之評估結果，提供個別化、多元化之服務。

第 20 條　為促進身心障礙輔具資源整合、研究發展及服務，中央主管機關應整合各目的事業主管機關推動辦理身心障礙輔具資源整合、研究發展及服務等相關事宜。

前項輔具資源整合、研究發展及服務辦法，由中央主管機關會同中央教育、勞工、科技研究事務、經濟主管機關定之。

## 第二章　保健醫療權益

第 21 條　中央衛生主管機關應規劃整合醫療資源，提供身心障礙者健康維護及生育保健。

直轄市、縣（市）主管機關應定期舉辦身心障礙者健康檢查及保健服務，並依健康檢查結果及身心障礙者意願，提供追蹤服務。

前項保健服務、追蹤服務、健康檢查項目及方式之準則，由中央衛生主管機關會同中央主管機關定之。

第 22 條　各級衛生主管機關應整合醫療資源，依身心障礙者個別需求提供保健醫療服務，並協助身心障礙福利機構提供所需之保健醫療服務。

第 23 條　醫院應為身心障礙者設置服務窗口，提供溝通服務或其他有助於就醫之相關服務。

醫院應為住院之身心障礙者提供出院準備計畫；出院準備計畫應包括下列事項：

一、居家照護建議。

二、復健治療建議。

三、社區醫療資源轉介服務。

四、居家環境改善建議。

五、輔具評估及使用建議。

六、轉銜服務。

七、生活重建服務建議。

八、心理諮商服務建議。

九、其他出院準備相關事宜。

前項出院準備計畫之執行，應由中央衛生主管機關列入醫院評鑑。

第 24 條　直轄市、縣（市）衛生主管機關應依據身心障礙者人口數及就醫需求，指定醫院設立身心障礙者特別門診。

前項設立身心障礙者特別門診之醫院資格條件、診療科別、人員配置、醫療服務設施與督導考核及獎勵辦法，由中央衛生主管機關定之。

第 25 條　為加強身心障礙者之保健醫療服務，直轄市、縣（市）衛生主管機關應依據各類身心障礙者之人口數及需要，設立或獎助設立醫療復健機構及護理之家，提供醫療復健、輔具服務、日間照護及居家照護等服務。

前項所定機構及服務之獎助辦法，由中央衛生主管機關定之。

第 26 條　身心障礙者醫療復健所需之醫療費用及醫療輔具，尚未納入全民健康保險給付範圍者，直轄市、縣（市）主管機關應依需求評估結果補助之。

前項補助辦法，由中央衛生主管機關會同中央主管機關定之。

## 第三章　教育權益

第 27 條　各級教育主管機關應根據身心障礙者人口調查之資料，規劃特殊教育學校、特殊教育班或以其他方式教育不能就讀於普通學校或普通班級之身心障礙者，以維護其受教育之權益。

各級學校對於經直轄市、縣（市）政府鑑定安置入學或依各級學校入學方式入學之身心障礙者，不得以身心障礙、尚未設置適當設施或其他理由拒絕其入學。

各級特殊教育學校、特殊教育班之教師，應具特殊教育教師資格。

第一項身心障礙學生無法自行上下學者，應由政府免費提供交通工具；確有困難，無法提供者，應補助其交通費；直轄市、縣（市）教育主管機關經費不足者，由中央教育主管機關補助之。

第 28 條　各級教育主管機關應主動協助身心障礙者就學；並應主動協助正在接受醫療、社政等相關單位服務之身心障礙學齡者，解決其教育相關問題。

第 29 條　各級教育主管機關應依身心障礙者之家庭經濟條件，優惠其本人及其子女受教育所需相關經費；其辦法，由中央教育主管機關定之。

第 30 條　各級教育主管機關辦理身心障礙者教育及入學考試時，應依其障礙類別、程度、學習及生活需要，提供各項必需之專業人員、特殊教材與各種教育輔助器材、無障礙校園環境、點字讀物及相關教育資源，以符公平合理接受教育之機會與應考條件。

第 30-1 條　中央教育主管機關應依視覺功能障礙者、學習障礙者、聽覺障礙者或其他感知著作有困難之特定身心障礙者之需求，考量資源共享及廣泛利用現代化數位科技，由其指定之圖書館專責規劃、整合及典藏，以可接觸之數位格式提供圖書資源，以利視覺功能障礙者及其他特定身心障礙者之運用。

前項受指定之圖書館，對於視覺功能障礙者及前項其他特定身心障礙者提出需求之圖書資源，應優先提供。

第一項規劃、整合與典藏之內容、利用方式及所需費用補助等辦法，由中央教育主管機關定之。

第 30-2 條　經中央教育主管機關審定之教科用書，其出版者應於該教科用書出版時，向中央教育主管機關指定之機關（構）或學校提供所出版教科用書之數位格式，以利製作專供視覺功能障礙者及前條第一項其他特定身心障礙者接觸之無障礙格式。各級政府機關（構）出版品亦同。

前項所稱數位格式由中央教育主管機關指定之。

第 31 條　各級教育主管機關應依身心障礙者教育需求，規劃辦理學前教育，並獎勵民間設立學前機構，提供課後照顧服務，研發教具教材等服務。

公立幼兒園、托兒所、課後照顧服務，應優先收托身心障礙兒童，辦理身心障礙幼童學前教育、托育服務及相關專業服務；並獎助民間幼稚園、托兒所、課後照顧服務收托身心障礙兒童。

第 32 條　身心障礙者繼續接受高級中等以上學校之教育，各級教育主管機關應予獎助；其獎助辦法，由中央教育主管機關定之。

中央教育主管機關應積極鼓勵輔導大專校院開辦按摩、理療按摩或醫療按摩相關科系，並應保障視覺功能障礙者入學及就學機會。

前二項學校提供身心障礙者無障礙設施，得向中央教育主管機關申請補助。

## 第四章　就業權益　　　　　　　　　　　　　　　　　　　　　❶❷❸❹❺

第 33 條　各級勞工主管機關應參考身心障礙者之就業意願，由職業重建個案管理員評估其能力與需求【*1112 術科第四題】，訂定適切之個別化職業重建服務計畫，並結合相關資源，提供職業重建服務，必要時得委託民間團體辦理。　【*1043-32；1083 術科第五題；1063 術科第三題】

前項所定職業重建服務，包括職業重建個案管理服務、職業輔導評量、職業訓練、就業服務、職務再設計、創業輔導及其他職業重建服務。【*1071-70；1021-55；1122 術科第七題；1083 術科第九題；1061 術科第九題；1031 術科第三題；1012 術科第二題】

前項所定各項職業重建服務，得由身心障礙者本人或其監護人向各級勞工主管機關提出申請。【*1102 術科第七題；1081 術科第五題；1063 術科第三題】

第 34 條　各級勞工主管機關對於具有就業意願及就業能力，而不足以獨立在競爭性就業市場工作之身心障礙者，應依其工作能力，提供個別化就業安置、訓練及其他工作協助等支持性就業服務。【*1072 術科第六題；1063 術科第三題】

各級勞工主管機關對於具有就業意願，而就業能力不足，無法進入競爭性就業市場，需長期就業支持之身心障礙者，應依其職業輔導評量結果，提供庇護性就業服務。

【*1123-7；1101-12；1063-52；1122 術科第七題；1093 術科第四題；1063 術科第三題】

第 35 條　直轄市、縣（市）勞工主管機關為提供第三十三條第二項之職業訓練、就業服務及前條之庇護性就業服務，應推動設立下列機構：　　　　　　　　　　　　【*1023-15】

一、職業訓練機構。

二、就業服務機構。

三、庇護工場。

前項各款機構得單獨或綜合設立。機構設立因業務必要使用所需基地為公有，得經該公有基地管理機關同意後，無償使用。

第一項之私立職業訓練機構、就業服務機構、庇護工場，應向當地直轄市、縣（市）勞工主管機關申請設立許可，經發給許可證後，始得提供服務。【違反規定，經直轄市、縣（市）政府勞工主管機關令其停止提供服務，並限期改善，未停止服務或屆期未改善】【由直轄市、縣（市）勞工主管機關處新臺幣二萬元以上十萬元以下罰鍰】　　　　　　　　　　　　　【*1093 術科第四題】

未經許可，不得提供第一項之服務。但依法設立之機構、團體或學校接受政府委託辦理者，不在此限。【*1112 術科第四題】

第一項機構之設立許可、設施與專業人員配置、資格、遴用、培訓及經費補助之相關準則，由中央勞工主管機關定之。

## 重要觀點

**註**：身心障礙者職業重建服務專業人員遴用及培訓準則（112.9.23 修正）

第1條　本準則依身心障礙者權益保障法第三十五條第五項及第三十七條第二項規定訂定之。

第2條　本準則所稱主管機關：在中央為勞動部；在直轄市為直轄市政府；在縣（市）為縣（市）政府。

第3條　本準則所稱專業人員及其職務內容如下：　【*1102-1；1081-79；1053-77；1113 術科第七題】

一、職業訓練師：直接擔任職業技能與相關知識教學事項。

二、職業訓練員：辦理職業技能訓練事項。

三、職業輔導評量員：辦理職業輔導評量計畫擬定、個案職業輔導評量、撰寫職業輔導評量報告及提供個案就業建議等事項。

四、就業服務員：辦理就業服務計畫擬定、就業諮詢、就業機會開發、推介就業、追蹤輔導、職務再設計及就業支持等事項。

五、職業重建個案管理員：辦理就業轉銜、職業重建諮詢、開案評估、擬定初步職業重建服務計畫、分派或連結適當服務、資源整合與獲取、服務追蹤及結案評定等事項。

六、督導：協助專業人員專業知能提升、情緒支持與團隊整合及溝通等事項。

第4條　身心障礙者職業訓練機構聘任職業訓練師，其資格應符合職業訓練師甄審遴聘辦法規定。

第5條　身心障礙者職業訓練機構聘任之職業訓練員，應具備下列資格之一：

一、取得應聘職類相關甲級或乙級技術士證。

二、取得應聘職類相關丙級技術士證，並從事該職類相關工作三年以上。

三、政府尚未辦理該應聘職類丙級以上技術士技能檢定者：

（一）大專校院相關科、系、所或學位學程畢業，從事該職類相關工作年資一年以上。

（二）大專校院非相關科、系、所或學位學程畢業，從事該職類相關工作年資三年以上。

（三）高中（職）畢業，且從事該職類相關工作年資五年以上。

（四）曾擔任與應聘職類相關工作年資六年以上。

四、在應聘職類上有特殊表現，具相關教學或工作經驗累計達六年以上者。

第6條　職業輔導評量員應具備下列資格之一：

一、大專校院復健諮商研究所畢業。

二、取得身心障礙者職業重建服務職業輔導評量員學分學程證明，且從事就業服務、職業重建個案管理或職能治療相關工作一年以上。<112.9.23 增修 >

　　三、完成職業輔導評量專業訓練一百六十小時以上，成績及格取得結訓證明，並具
　　　　備下列資格之一：
　　　　（一）領有社會工作師、職能治療師、物理治療師、心理師或特殊教育教師證書。
　　　　（二）大專校院社會工作、職能治療、物理治療、特殊教育、勞工關係、人力資
　　　　　　　源、心理或輔導之相關科、系、所或學位學程畢業，且從事就業服務、職
　　　　　　　業重建個案管理或職能治療相關工作一年以上。
　　　　（三）取得就業服務乙級技術士證，且從事就業服務、職業重建個案管理或職能
　　　　　　　治療相關工作一年以上。<112.9.23 增修 >

從事職業重建個案管理工作二年以上，且完成六十小時職業輔導評量專業訓練者，
經直轄市、縣（市）主管機關報請中央主管機關同意後，得先行提供職業輔導評量服
務，並於執行業務期間由具職業輔導評量督導資格者予以輔導。<112.9.23 增修 >

前項人員應於進用後二年內，完成第一項第三款專業訓練時數，成績及格並取得結訓
證明，始得繼續提供職業輔導評量服務。<112.9.23 增修 >

第 7 條　就業服務員應具備下列資格之一：<112.9.23 修正 >
　　一、領有社會工作師、職能治療師、物理治療師、心理師或特殊教育教師證書。
　　二、取得就業服務乙級技術士證。
　　三、大專校院復健諮商、社會工作、職能治療、物理治療、特殊教育、勞工關係、
　　　　人力資源、心理或輔導、長期照護之相關科、系、所或學位學程畢業。<112.9.23
　　　　修正 >
　　四、非屬前款所定相關科、系、所或學位學程畢業，完成身心障礙者就業服務相關
　　　　專業訓練八十小時以上或取得身心障礙者職業重建服務學分學程證明。
　　五、高中（職）畢業，且從事就業服務或身心障礙者福利服務相關工作三年以上，並
　　　　完成身心障礙者就業服務相關專業訓練八十小時以上。

本準則施行前進用之就業服務助理員，應於就業服務督導之指導下，協助辦理就業
服務事項。

第一項就業服務員至遲應於初次進用後一年內完成身心障礙者就業服務相關專業訓
練三十六小時以上，成績及格取得結訓證明，始得繼續提供服務。但經直轄市、縣
（市）主管機關同意者，得延後一年完成。<112.9.23 修正 >

第 8 條　職業重建個案管理員應具備下列資格之一，並於進用前完成身心障礙者職業重建個案
管理員專業訓練三十六小時以上，成績及格取得結訓證明：<112.9.23 修正 >
　　一、領有社會工作師、職能治療師、物理治療師、心理師或特殊教育教師證書，且
　　　　從事身心障礙者就業服務、職業輔導評量或成人個案管理工作一年以上。
　　二、大專校院復健諮商研究所畢業，且從事身心障礙者就業服務、職業輔導評量或
　　　　成人個案管理工作一年以上。

三、大專校院社會工作、職能治療、物理治療、特殊教育、勞工關係、人力資源、心理或輔導之相關科、系、所或學位學程畢業,或取得就業服務乙級技術士證,且從事身心障礙者就業服務、職業輔導評量或成人個案管理工作一年以上。

四、非屬前款所定大專校院相關科、系、所或學位學程畢業,取得身心障礙者職業重建服務學分學程證明,且從事身心障礙者就業服務、職業輔導評量或成人個案管理工作二年以上。

五、非屬第三款所定大專校院相關科、系、所或學位學程畢業,且從事身心障礙者就業服務或職業輔導評量工作四年以上。<112.9.23 增修 >

職業重建個案管理員於進用前,未完成前項所定之專業訓練,經直轄市、縣(市)主管機關報請中央主管機關同意後,得先行提供服務,並應於進用後一年內完成訓練,成績及格取得結訓證明者,始得繼續提供服務。

第 9 條 督導應具備下列資格:

一、符合第三條第一款至第五款規定專業人員資格之一。

二、完成督導專業訓練三十六小時以上,成績及格取得結訓證明。

三、從事所督導業務之工作三年以上。

其他具有實際輔導前項第一款規定之人員三年以上,並經中央主管機關專案審查具有所需督導專業能力者,不受前項規定之限制。

第 10 條 符合本準則規定之專業人員應申請資格認證證明,其證明之有效期間為三年。

專業人員於取得資格認證證明後,每三年接受下列各款繼續教育,合計應達六十小時以上,並於三年期間屆滿前三個月內,提出完成繼續教育證明文件,辦理資格認證證明更新:【*1083-37】

一、專業課程。

二、專業相關法規課程。

三、專業倫理課程。

四、專業品質課程。

前項第三款及第四款所定繼續教育之課程,合計應達六小時;逾六小時者,以六小時計。

專業人員依第七條第三項規定完成之專業訓練,不計入第二項繼續教育課程。

第二項繼續教育之課程及時數認定,中央主管機關得委辦直轄市、縣(市)主管機關或委託專業機關(構)、團體辦理。

專業人員符合第二項規定者,發給三年效期之完成繼續教育證明文件。

第 10-1 條 <112.9.23 增修>

　　專業人員離開職場三個月以上，致未完成前條第二項之繼續教育時數且資格認證證明失效者，經直轄市、縣（市）主管機關報請中央主管機關同意後，得先行提供服務。

　　前項人員應於一年內完成繼續教育時數二十小時以上，始得繼續提供服務，及申請資格認證證明更新。

第 11 條　第十條第二項規定每三年接受繼續教育期間之計算，得扣除專業人員因故未執行職務三個月以上之期間。<112.9.23 修正>

　　前項期間之扣除，應由專業人員提具證明，送中央主管機關辦理審查。<112.9.23 修正>

第 12 條　持有教育部規定學程或相關科、系、所或學位學程之學分證明者，得向中央主管機關申請抵免第六條至第九條規定專業訓練相關課程時數。

　　第五條至第八條所定相關科、系、所或學位學程畢業，及身心障礙者職業重建服務學分學程證明，由中央主管機關認定之。

　　前二項所定專業訓練時數抵免、專業人員資格及身心障礙者職業重建服務學分學程之認定，中央主管機關得委託專業機構或團體辦理。

第 13 條　本準則所定之專業訓練、繼續教育及身心障礙者職業重建服務學分學程之時數、課程及抵免規定，由中央主管機關公告，並刊登政府公報。

　　前項所定專業訓練、繼續教育，主管機關應視轄區內需求規劃辦理，並得委託大專校院、專業機構或團體辦理。

　　第一項所定身心障礙者職業重建服務學分學程，得由各大專校院辦理。

第 14 條　有下列各款情事之一者，不得申請專業人員資格認證；已取得資格認證者，應予撤銷或廢止：<112.9.23 增修>

　　一、受監護或輔助宣告，尚未撤銷。

　　二、犯性侵害犯罪防治法第二條第一款之罪、性騷擾防治法第二十五條第一項之罪、兒童及少年性剝削防制條例所定之罪、刑法第三百十九條之一至第三百十九條之四之罪，經有罪判決確定。

　　三、犯貪污罪，經有罪判決確定。

　　四、犯家庭暴力罪，經有罪判決確定。

　　五、犯前三款以外與業務有關之故意犯罪行為，經有罪判決確定。

　　前項第一款所定原因消滅後，得依本準則規定申請專業人員資格認證。

第 15 條 第十條第二項所定資格認證證明更新，專業人員應檢附原資格認證證明及完成繼續
教育證明文件，向中央主管機關申請並經認證後，始得繼續提供服務；其有依第十
條之一或第十一條規定申請扣除期間者，另應檢附同意扣除期間或先行提供服務之
核定文件。<112.9.23 修正>

前項所定繼續教育證明文件，以資格認證更新申請日前三年內有效。

新發資格認證證明之有效期間，以原資格認證證明期間屆滿之翌日起算。

但逾三年期間屆滿後申請資格認證更新經核定者，以申請日起算。

專業人員未於規定期間申請資格認證證明更新者，資格認證證明自期間屆滿之翌日
失其效力。

第 16 條 專業人員應遵守職業重建服務倫理守則之規定。

前項所定倫理守則，由中央主管機關公告之。

第 17 條 辦理身心障礙者職業重建服務之機關（構）或團體，應遴派其專業人員參加相關在職
進修及繼續教育課程。

主管機關應輔導前項辦理身心障礙者職業重建服務之機關（構）或團體遴派其專業人
員，參加相關在職進修及繼續教育課程。

第 18 條 專業訓練成績及格或完成繼續教育者，應發給結訓證明，並載明訓練起迄日期、課
程及時數。

第 19 條 本準則所需經費來源如下：

一、身心障礙者就業基金。

二、主管機關編列預算。

三、其他收入。

第 20 條 本準則自發布日施行。

第 36 條 各級勞工主管機關協調各目的事業主管機關及結合相關資源，提供庇護工場下列輔導項
目：

一、經營及財務管理。

二、市場資訊、產品推廣及生產技術之改善與諮詢。

三、員工在職訓練。

四、其他必要之協助。

第 37 條 各級勞工主管機關應分別訂定計畫，自行或結合民間資源辦理第三十三條第二項職業輔
導評量、職務再設計及創業輔導。

前項服務之實施方式、專業人員資格及經費補助之相關準則，由中央勞工主管機關定之。

**重要觀點**

註：身心障礙者職業輔導評量實施方式及補助準則（103.6.13）

第 1 條　本準則依身心障礙者權益保障法第 37 條第 2 項規定訂定之。

第 2 條　本準則所稱主管機關：在中央為勞動部；在直轄市為直轄市政府；在縣（市）為縣（市）政府。

第 3 條　本準則所規定之身心障礙者職業輔導評量（以下簡稱職業輔導評量），由主管機關辦理，並得委託學校、醫療機構或其他專業機構、團體辦理。

第 4 條　辦理職業輔導評量，應具備固定空間及職業輔導評量專用工具；其空間應至少六十平方公尺。

第 5 條　職業輔導評量服務對象如下：

一、有就業或接受職業訓練意願，經評估需要職業輔導評量者。

二、依本法第 34 條第 2 項規定需為其提供庇護性就業服務之個案，或已於庇護工場就業經評估不適合庇護性就業之個案。

三、醫療復健穩定，有就業意願，經評估需要職業輔導評量者。

四、國民中學以上之應屆畢業生，有就業意願，經評估需要職業輔導評量者。

五、其他經主管機關認定之個案。

第 6 條　職業輔導評量之內容，按身心障礙者之個別需求，依下列項目實施之：

一、身心障礙者狀況與功能表現。

二、學習特性與喜好。

三、職業興趣。

四、職業性向。

五、工作技能。

六、工作人格。

七、潛在就業環境分析。

八、就業輔具或職務再設計。

九、其他與就業有關需求之評量。

第 7 條　職業輔導評量之方式，按身心障礙者之個別狀況，依下列項目實施之：　【*1071-77】

一、標準化心理測驗。

二、工作樣本。

三、情境評量。

四、現場試做。

五、其他有關之評量方式。

第 8 條　職業輔導評量服務程序如下：

一、接案晤談後，擬定個別化職業輔導評量計畫，並應徵得當事人或其監護人之書面同意後執行之。

二、利用各類職業輔導評量方法評量個案潛能。

三、召開評量結果說明會。

四、提供具體就業建議等有關事項。

五、撰寫職業輔導評量報告。

六、職業輔導評量報告完成後，應移覆相關單位，並追蹤其成效。

職業輔導評量，應由職業輔導評量員辦理。

前項職業輔導評量員之遴用及培訓，應依身心障礙者職業重建服務專業人員遴用及培訓準則辦理。

第 9 條　依前條規定辦理職業輔導評量，除經當地主管機關同意外，其時程累計不得逾五十小時，且自接案晤談日起至移覆職業輔導評量報告日止，不得逾二十一日。

第 10 條　辦理職業輔導評量之機關（構）應為受評者建立個案檔，以利個案管理及追蹤輔導。

職業輔導評量員對個案基本資料及各項評量結果，除經當事人或其監護人同意，或其他法律規定得提供外，應予保密。

第 11 條　接受職業輔導評量服務者或其監護人，對於職業輔導評量程序、工具之使用與評量結果之解釋及運用，認為不合理致其權益受損者，得向當地主管機關申訴。

第 12 條　主管機關得定期辦理評鑑，並對辦理職業輔導評量績優單位，得予獎勵。

第 13 條　中央主管機關應研究發展職業輔導評量所需之必要工具。

第 14 條　主管機關對受託辦理職業輔導評量單位，得提供下列補助：

一、服務費或人事費。

二、評量工具費。

三、行政管理費。

四、督導費。

五、其他經主管機關核定項目。

第 15 條　本準則所需經費來源如下：

一、身心障礙者就業基金。

二、主管機關編列預算。

三、其他收入。

第 16 條　本準則自發布日施行。

本準則中華民國一百零三年六月十三日修正條文，自一百零三年二月十七日施行。

☆☆☆☆☆

第 38 條　各級政府機關、公立學校及公營事業機構員工總人數在三十四人以上者，進用具有就業能力之身心障礙者人數，不得低於員工總人數百分之三。【公務員執行職務違反規定者，應受懲處】【各級政府勞工主管機關對於違反規定者，得公告之】【*1101-12；1063-62；1053-77；1042-38；1033-26；1031-72；1013-25；1012-55；1011-61】

私立學校、團體及民營事業機構員工總人數在六十七人以上者，進用具有就業能力之身心障礙者人數，不得低於員工總人數百分之一，且不得少於一人。【違反項規定由直轄市、縣（市）勞工主管機關處新臺幣二萬元以上十萬元以下罰鍰】【各級政府勞工主管機關對於違反規定者，得公告之】【*1043-31；1021-68；1102 術科第四題】

前二項各級政府機關、公、私立學校、團體及公、民營事業機構為進用身心障礙者義務機關（構）；其員工總人數及進用身心障礙者人數之計算方式，以各義務機關（構）每月一日參加勞保、公保人數為準；第一項義務機關（構）員工員額經核定為員額凍結或列為出缺不補者，不計入員工總人數。

前項身心障礙員工之月領薪資未達勞動基準法按月計酬之基本工資數額者，不計入進用身心障礙者人數及員工總人數。但從事部分工時工作，其月領薪資達勞動基準法按月計酬之基本工資數額二分之一以上者，進用二人得以一人計入身心障礙者人數及員工總人數。　　　　　　　　　　　　　　　　　　【*1121-39；1021-50；1018 月 -14；1102 術科第四題】

辦理庇護性就業服務之單位進用庇護性就業之身心障礙者，不計入進用身心障礙者人數及員工總人數。

依第一項、第二項規定進用重度以上身心障礙者，每進用一人以二人核計。

【*1102 術科第四題】

警政、消防、關務、國防、海巡、法務及航空站等單位定額進用總人數之計算範圍，得於本法施行細則另定之。　　　　【*1092-69；1063-51；1011-47；1061 術科第四題；1033 術科第五題】

依前項規定不列入定額進用總人數計算範圍之單位，其職務應經職務分析，並於三年內完成。

前項職務分析之標準及程序，由中央勞工主管機關另定之。

註：施行細則第 13 條

本法第 38 條第 7 項所定下列單位人員，不予計入員工總人數：

一、警政單位：依警察人員人事條例任官授階，擔任警勤區工作、犯罪偵防、交通執法、群眾抗爭活動處理、人犯押送、戒護、刑事案件處理、警衛安全之警察任務之人員。

二、消防單位：實際從事救災救護之人員。

三、關務單位：擔任機動巡查、理船、艦艇駕駛、輪機之人員。

四、國防單位：從事軍情、國安情報及特勤工作之人員。

五、海巡單位：從事海岸、海域巡防、犯罪查緝、安全檢查、海難救助、海洋災害救護及漁業巡護之人員。

六、法務單位：擔任調查、法警事務、駐衛警察及矯正機關安全警戒勤務、收容人教化工作之人員。

七、航空站：實際從事消防救災救護之人員。

第 38-1 條 事業機構依公司法成立關係企業之進用身心障礙者人數達員工總人數百分之二十以上者，得與該事業機構合併計算前條之定額進用人數。 ✪✪✪✪✪

【*1061-76；1032-79；1023-24；1013-36；1012-39；1011-55】

事業機構依前項規定投資關係企業達一定金額或僱用一定人數之身心障礙者應予獎勵與輔導。

前項投資額、僱用身心障礙者人數、獎勵與輔導及第一項合併計算適用條件等辦法，由中央各目的事業主管機關會同中央勞工主管機關定之。

第 39 條 各級政府機關、公立學校及公營事業機構為進用身心障礙者，應洽請考試院依法舉行身心障礙人員特種考試，並取消各項公務人員考試對身心障礙人員體位之不合理限制。

第 40 條 進用身心障礙者之機關（構），對其所進用之身心障礙者，應本同工同酬之原則【*1091 術科第四題】，不得為任何歧視待遇，其所核發之正常工作時間薪資，不得低於基本工資。

【違反規定者，由直轄市、縣（市）勞工主管機關處新臺幣十萬元以上五十萬元以下罰鍰】【*1063-11；1062-52；1032-51；1023-37；1091 術科第四題】 ✪✪✪✪✪

庇護性就業之身心障礙者，得依其產能核薪【*1063-52；1053-12】；其薪資，由進用單位與庇護性就業者議定，並報直轄市、縣（市）勞工主管機關核備【*1093 術科第四題】。

第 41 條 經職業輔導評量符合庇護性就業之身心障礙者，由辦理庇護性就業服務之單位提供工作，並由雙方簽訂書面契約。【提供庇護性就業服務之單位違反規定者，直轄市、縣（市）勞工主管機關應令限期改善；屆期未改善者，處新臺幣六千元以上三萬元以下罰鍰，並得按次處罰】【*1092 術科第四題】

接受庇護性就業之身心障礙者，經第三十四條之職業輔導評量單位評量確認不適於庇護性就業時，庇護性就業服務單位應依其實際需求提供轉銜服務，並得不發給資遣費。

第 42 條 身心障礙者於支持性就業、庇護性就業時，雇主應依法為其辦理參加勞工保險、全民健康保險及其他社會保險，並依相關勞動法規確保其權益。 【*1063-52】

庇護性就業者之職業災害補償所採薪資計算之標準，不得低於基本工資。

【*1123-10；1031-41】

庇護工場給付庇護性就業者之職業災害補償後，得向直轄市、縣（市）勞工主管機關申請補助；其補助之資格條件、期間、金額、比率及方式之辦法，由中央勞工主管機關定之。

第 43 條 為促進身心障礙者就業，直轄市、縣（市）勞工主管機關應設身心障礙者就業基金；其收支、保管及運用辦法，由直轄市、縣（市）勞工主管機關定之。 ✪✪✪✪✪

進用身心障礙者人數未達第三十八條第一項、第二項標準之機關（構），應定期向所在地直轄市、縣（市）勞工主管機關之身心障礙者就業基金繳納差額補助費；其金額，依差額人數乘以每月基本工資計算。【未依規定定期繳納差額補助費者，自期限屆滿之翌日起至完納

前一日止，每逾一日加徵其未繳差額補助費百分之零點二滯納金。但以其未繳納之差額補助費一倍為限。】【滯納金之收入，應繳入直轄市、縣（市）政府身心障礙者就業基金專款專用】【*1113 術科第四題；1102 術科第四題；1022 術科第三題】

直轄市、縣（市）勞工主管機關之身心障礙者就業基金，每年應就收取前一年度差額補助費百分之三十撥交中央勞工主管機關之就業安定基金統籌分配；其提撥及分配方式，由中央勞工主管機關定之。【*1031-76；1018 月 -76】

第 44 條 前條身心障礙者就業基金之用途如下：

一、補助進用身心障礙者達一定標準以上之機關（構），因進用身心障礙者必須購置、改裝、修繕器材、設備及其他為協助進用必要之費用。

二、核發超額進用身心障礙者之私立機構獎勵金。

三、其他為辦理促進身心障礙者就業權益相關事項。

前項第二款核發之獎勵金，其金額最高按超額進用人數乘以每月基本工資二分之一計算。【*1113 術科第四題】

第 45 條 各級勞工主管機關對於進用身心障礙者工作績優之機關（構），應予獎勵。

前項獎勵辦法，由中央勞工主管機關定之。

第 46 條 非視覺功能障礙者，不得從事按摩業。

各級勞工主管機關為協助視覺功能障礙者從事按摩及理療按摩工作，應自行或結合民間資源，輔導提升其專業技能、經營管理能力，並補助其營運所需相關費用。

前項輔導及補助對象、方式及其他應遵行事項之辦法，由中央勞工主管機關定之。

醫療機構得僱用視覺功能障礙者於特定場所從事非醫療按摩工作。

醫療機構、車站、民用航空站、公園營運者及政府機關（構），不得提供場所供非視覺功能障礙者從事按摩或理療按摩工作【*1083-77；1071-77；1111 術科第四題】。其提供場地供視覺功能障礙者從事按摩或理療按摩工作者應予優惠。【違反規定，直轄市、縣（市）勞工主管機關得令限期改善；屆期未改善者，處新臺幣一萬元以上五萬元以下罰鍰，並得按次處罰。】【罰鍰之收入，應納入直轄市、縣（市）政府身心障礙者就業基金，專供作促進視覺功能障礙者就業之用】

第一項規定於中華民國一百年十月三十一日失其效力。【*1033-65；1023-53】

第 46-1 條 政府機關（構）及公營事業自行或委託辦理諮詢性電話服務工作，電話值機人數在十人以上者，除其他法規另有規定外，應進用視覺功能障礙者達電話值機人數十分之一以上。但因工作性質特殊或進用確有困難，報經電話值機所在地直轄市、縣（市）勞工主管機關同意者，不在此限。【*1062-13；1033-15；1031-46；1011-49】

於前項但書所定情形，電話值機所在地直轄市、縣（市）勞工主管機關與自行或委託辦理諮詢性電話服務工作之機關相同者，應報經中央勞工主管機關同意。

第 47 條 為因應身心障礙者提前老化，中央勞工主管機關應建立身心障礙勞工提早退休之機制，以保障其退出職場後之生活品質。【*1031-74；1061 術科第四題】

## 第五章　支持服務

第48條　為使身心障礙者不同之生涯福利需求得以銜接，直轄市、縣（市）主管機關相關部門，應積極溝通、協調，制定生涯轉銜計畫，以提供身心障礙者整體性及持續性服務。

前項生涯轉銜計畫服務流程、模式、資料格式及其他應遵行事項之辦法，由中央主管機關會同中央目的事業主管機關定之。

第49條　身心障礙者支持服務，應依多元連續服務原則規劃辦理。

直轄市、縣（市）主管機關應自行或結合民間資源提供支持服務，並不得有設籍時間之限制。

第50條　直轄市、縣（市）主管機關應依需求評估結果辦理下列服務，提供身心障礙者獲得所需之個人支持及照顧，促進其生活品質、社會參與及自立生活：

一、居家照顧。

二、生活重建。

三、心理重建。

四、社區居住。

五、婚姻及生育輔導。

六、日間及住宿式照顧。

七、家庭托顧。

八、課後照顧。

九、自立生活支持服務。

十、其他有關身心障礙者個人照顧之服務。

第51條　直轄市、縣（市）主管機關應依需求評估結果辦理下列服務，以提高身心障礙者家庭生活品質：

一、臨時及短期照顧。

二、照顧者支持。

三、照顧者訓練及研習。

四、家庭關懷訪視及服務。

五、其他有助於提昇家庭照顧者能力及其生活品質之服務。

前條及前項之服務措施，中央主管機關及中央各目的事業主管機關於必要時，應就其內容、實施方式、服務人員之資格、訓練及管理規範等事項，訂定辦法管理之。

第52條　各級及各目的事業主管機關應辦理下列服務，以協助身心障礙者參與社會：

一、休閒及文化活動。

二、體育活動。

三、公共資訊無障礙。

四、公平之政治參與。

五、法律諮詢及協助。

六、無障礙環境。

七、輔助科技設備及服務。

八、社會宣導及社會教育。

九、其他有關身心障礙者社會參與之服務。

前項服務措施屬付費使用者，應予以減免費用。

第一項第三款所稱公共資訊無障礙，係指應對利用網路、電信、廣播、電視等設施者，提供視、聽、語等功能障礙國民無障礙閱讀、觀看、轉接或傳送等輔助、補助措施。

前項輔助及補助措施之內容、實施方式及管理規範等事項，由各中央目的事業主管機關定之。

第一項除第三款之服務措施，中央主管機關及中央各目的事業主管機關，應就其內容及實施方式制定實施計畫。

第 52-1 條　中央目的事業主管機關，每年應主動蒐集各國軟、硬體產品無障礙設計規範（標準），訂定各類產品設計或服務提供之國家無障礙規範（標準），並藉由獎勵與認證措施，鼓勵產品製造商或服務提供者於產品開發、生產或服務提供時，符合前項規範（標準）。

中央目的事業主管機關應就前項獎勵內容、資格、對象及產品或服務的認證標準，訂定辦法管理之。

第 52-2 條　各級政府及其附屬機關（構）、學校所建置之網站，應通過第一優先等級以上之無障礙檢測，並取得認證標章。

前項檢測標準、方式、頻率與認證標章核發辦法，由目的事業主管機關定之。

第 53 條　運輸營運者應於所服務之路線、航線或區域內，規劃適當路線、航線、班次、客車（機船）廂（艙），提供無障礙運輸服務。

前項路線、航線或區域確實無法提供無障礙運輸服務者，各級交通主管機關應依實際需求，邀集相關身心障礙者團體代表、當地運輸營運者及該管社政主管機關研商同意後，不適用前項規定。

大眾運輸工具應規劃設置便於各類身心障礙者行動與使用之無障礙設施及設備。未提供對號座之大眾運輸工具應設置供身心障礙者及老弱婦孺優先乘坐之博愛座，其比率不低於總座位數百分之十五，座位應設於鄰近車門、艙門或出入口處，至車門、艙門或出入口間之地板應平坦無障礙，並視需要標示或播放提醒禮讓座位之警語。

國內航空運輸業者除民航主管機關所訂之安全因素外，不得要求身心障礙者接受特殊限制或拒絕提供運輸服務。【國內航空運輸業者違反規定限制或拒絕提供身心障礙者運輸服務及違反規定向陪伴者收費，該管交通主管機關應責令業者於一定期限內提具改善計畫，報請該管交通主管機關核定後辦理。逾期不提出計畫或未依計畫辦理改善者，處新臺幣一萬元以上五萬元以下罰鍰，並得按次處罰。

原核定執行計畫於執行期間如有變更之必要者，得報請原核定機關同意後變更，並以一次為限。】

第三項大眾運輸工具無障礙設施項目、設置方式及其他應遵行事項之辦法，應包括鐵路、公路、捷運、空運、水運等，由中央交通主管機關分章節定之。【國內航空運輸業者違反所定辦法設置無障礙設施者，該管交通主管機關應責令業者於一定期限內提具改善計畫，報請該管交通主管機關核定後辦理。逾期不提出計畫或未依計畫辦理改善者，處新臺幣一萬元以上五萬元以下罰鍰，並得按次處罰。原核定執行計畫於執行期間如有變更之必要者，得報請原核定機關同意後變更，並以一次為限。】

大眾運輸工具之無障礙設備及設施不符合前項規定者，各級交通主管機關應令運輸營運者於一定期限內提具改善計畫。但因大眾運輸工具構造或設備限制等特殊情形，依當時科技或專業水準設置無障礙設備及設施確有困難者，得由運輸營運者提具替代改善計畫，並訂定改善期限。

前項改善計畫應報請交通主管機關核定；變更時亦同。

第 54 條　市區道路、人行道及市區道路兩旁建築物之騎樓，應符合中央目的事業主管機關所規定之無障礙相關法規。

第 55 條　有關道路無障礙之標誌、標線、號誌及識別頻率等，由中央目的事業主管機關定之。

直轄市、縣（市）政府應依前項規定之識別頻率，推動視覺功能障礙語音號誌及語音定位。

第 56 條　公共停車場應保留百分之二停車位，作為行動不便之身心障礙者專用停車位，車位未滿五十個之公共停車場，至少應保留一個身心障礙者專用停車位。非領有專用停車位識別證明者，不得違規占用。【公共停車場未依規定保留一定比率停車位者，目的事業主管機關應令限期改善；屆期未改善者，處其所有人或管理人新臺幣一萬元以上五萬元以下罰鍰】

前項專用停車位識別證明，應依需求評估結果核發。

第一項專用停車位之設置地點、空間規劃、使用方式、識別證明之核發及違規占用之處理，由中央主管機關會同交通、營建等相關單位定之。

提供公眾服務之各級政府機關、公、私立學校、團體及公、民營事業機構設有停車場者，應依前三項辦理。

第 57 條　新建公共建築物及活動場所，應規劃設置便於各類身心障礙者行動與使用之設施及設備。未符合規定者，不得核發建築執照或對外開放使用。

公共建築物及活動場所應至少於其室外通路、避難層坡道及扶手、避難層出入口、室內出入口、室內通路走廊、樓梯、升降設備、哺（集）乳室、廁所盥洗室（含移動式）、浴室、輪椅觀眾席位周邊、停車場等其他必要處設置無障礙設備及設施。其項目與規格，由中央目的事業主管機關於其相關法令或依本法定之。

公共建築物及活動場所之無障礙設備及設施不符合前項規定者，各級目的事業主管機關應令其所有權人或管理機關負責人改善。但因軍事管制、古蹟維護、自然環境因素、建築物構造或設備限制等特殊情形，設置無障礙設備及設施確有困難者，得由所有權人或

管理機關負責人提具替代改善計畫，申報各級目的事業主管機關核定，並核定改善期限。【違反規定未改善或未提具替代改善計畫或未依核定改善計畫之期限改善完成者，各級目的事業主管機關除得勒令停止其使用外，處其所有權人或管理機關負責人新臺幣六萬元以上三十萬元以下罰鍰，並限期改善；屆期未改善者，得按次處罰至其改善完成為止；必要時，得停止供水、供電或封閉、強制拆除。】

第 58 條　身心障礙者搭乘國內大眾運輸工具，憑身心障礙證明，應予半價優待。

身心障礙者經需求評估結果，認需人陪伴者，其必要陪伴者以一人為限，得享有前項之優待措施。

第一項之大眾運輸工具，身心障礙者得優先乘坐，其優待措施並不得有設籍之限制。

國內航空業者除民航主管機關所訂之安全因素外，不認同身心障礙者可單獨旅行，而特別要求應有陪伴人共同飛行者，不得向陪伴人收費。

前四項實施方式及內容之辦法，由中央目的事業主管機關定之。

第 58-1 條　直轄市、縣（市）主管機關辦理復康巴士服務，自中華民國一百零一年一月一日起不得有設籍之限制。

第 59 條　身心障礙者進入收費之公營風景區、康樂場所或文教設施，憑身心障礙證明應予免費；其為民營者，應予半價優待。

身心障礙者經需求評估結果，認需人陪伴者，其必要陪伴者以一人為限，得享有前項之優待措施。

第 60 條　視覺、聽覺、肢體功能障礙者由合格導盲犬、導聾犬、肢體輔助犬陪同或導盲犬、導聾犬、肢體輔助犬專業訓練人員於執行訓練時帶同幼犬，得自由出入公共場所、公共建築物、營業場所、大眾運輸工具及其他公共設施。

前項公共場所、公共建築物、營業場所、大眾運輸工具及其他公共設施之所有人、管理人或使用人，不得對導聾幼犬、肢體輔助幼犬及合格導盲犬、導聾犬、肢體輔助犬收取額外費用，且不得拒絕其自由出入或附加其他出入條件。【違反規定者，應令限期改善；屆期未改善者，處新臺幣一萬元以上五萬元以下罰鍰，並命其接受四小時之講習。】

導盲犬、導聾犬、肢體輔助犬引領視覺、聽覺、肢體功能障礙者時，他人不得任意觸摸、餵食或以各種聲響、手勢等方式干擾該導盲犬。

有關合格導盲犬、導聾犬、肢體輔助犬及其幼犬之資格認定、使用管理、訓練單位之認可、認可之撤銷或廢止及其他應遵行事項之辦法，由中央主管機關定之。

第 60-1 條　中央主管機關應會同中央勞工主管機關協助及輔導直轄市、縣（市）政府辦理視覺功能障礙者生活及職業重建服務。　　　　　　　　　　【＊1073 術科第十題】

前項服務應含生活技能及定向行動訓練，其服務內容及專業人員培訓等相關規定，由中央主管機關會同中央勞工主管機關定之。　　　　【102 年 02 月 01 日施行】

第二項於本條文修正公布後二年施行。

## 重要觀點

視覺功能障礙者生活重建及職業重建服務要點　　　　　　<106.7.20 修正 >【*1073 術科第十題】

一、視障者生活重建服務內容

　　直轄市、縣（市）政府辦理視障者生活重建服務內容，應依視障者個別需求，提供下列重建服務：

　　（一）個案管理（含評估及擬訂重建處遇計畫）。

　　（二）功能性視覺評估及視光學評估。

　　（三）定向行動訓練。

　　（四）生活技能訓練。

　　（五）資訊溝通能力及輔具訓練。

　　（六）心理支持。

　　（七）家庭支持。

　　（八）社交活動及人際關係之訓練。

　　（九）轉銜服務。

　　（十）其他生活重建及資源連結服務。

二、視障者職業重建服務內容

　　直轄市、縣（市）政府辦理視障者職業重建服務內容，應依視障者個別需求，提供下列重建服務：

　　（一）職業重建個案管理服務（含職涯諮商及評量、擬訂職業重建服務計畫）。

　　（二）功能性視覺評估、視光學評估及職業輔導評量服務。

　　（三）職前適應訓練。

　　（四）資訊溝通能力及就業輔具訓練。

　　（五）職場環境定向行動訓練。

　　（六）職業訓練。

　　（七）就業服務。

　　（八）創業輔導。

　　（九）職務再設計。

　　（十）其他職業重建及資源連結服務。

第 61 條　　直轄市、縣（市）政府應設置申請手語翻譯服務窗口，依聽覺功能或言語功能障礙者實際需求，提供其參與公共事務所需之服務；並得依身心障礙者之實際需求，提供同步聽打服務。

　　　　　　前項受理手語翻譯或同步聽打之服務範圍及作業程序等相關規定，由直轄市、縣（市）主管機關定之。

依第一項規定提供手語翻譯服務，應於本法公布施行滿五年之日起，由手語翻譯技術士技能檢定合格者擔任之。

第 62 條　直轄市、縣（市）主管機關應按轄區內身心障礙者人口特性及需求，推動或結合民間資源設立身心障礙福利機構，提供生活照顧、生活重建、福利諮詢等服務。

前項機構所提供之服務，應以提高家庭照顧身心障礙者能力及協助身心障礙者參與社會為原則，並得支援第五十條至第五十二條各項服務之提供。

第一項機構類型、規模、業務範圍、設施及人員配置之標準，由中央主管機關定之。

第一項機構得就其所提供之設施或服務，酌收必要費用；其收費規定，應報由直轄市、縣（市）主管機關核定。

第一項機構，其業務跨及其他目的事業者，得綜合設立，並應依各目的事業主管機關相關法規之規定辦理。【收費規定未依規定報主管機關核定，或違反規定超收費用，令其一個月內改善；屆期未改善者，處新臺幣三萬元以上十五萬元以下罰鍰，並按次處罰】

第 63 條　私人或團體設立身心障礙福利機構，應向直轄市、縣（市）主管機關申請設立許可。

【未依規定申請許可設立，處其負責人新臺幣六萬元以上三十萬元以下罰鍰及公告其姓名，並令限期改善。】【經依規定限期令其改善，屆期未改善者，再處其負責人新臺幣十萬元以上五十萬元以下罰鍰，得按次處罰，並公告其名稱，且得令其停辦。經依前項規定令其停辦而拒不遵守者，處新臺幣二十萬元以上一百萬元以下罰鍰，並得按次處罰】。

依前項規定許可設立者，應自許可設立之日起三個月內，依有關法規辦理財團法人登記，於登記完成後，始得接受補助，或經主管機關核准後對外募捐並專款專用。【財團法人應辦理登記而未依規定辦理者，處其負責人新臺幣六萬元以上三十萬元以下罰鍰及公告其姓名，並令限期改善。】【經依規定限期令其改善，屆期未改善者，再處其負責人新臺幣十萬元以上五十萬元以下罰鍰，得按次處罰，並公告其名稱，且得令其停辦。經依前項規定令其停辦而拒不遵守者，處新臺幣二十萬元以上一百萬元以下罰鍰，並得按次處罰。】但有下列情形之一者，得免辦理財團法人登記：

一、依其他法律申請設立之財團法人或公益社團法人申請附設者。

二、小型設立且不對外募捐、不接受補助及不享受租稅減免者。

第一項機構未於前項規定期間辦理財團法人登記，而有正當理由者，得申請直轄市、縣（市）主管機關核准延長一次，期間不得超過三個月；屆期不辦理者，原許可失其效力。

【財團法人應辦理登記而未依規定期限辦理者，處其負責人新臺幣六萬元以上三十萬元以下罰鍰及公告其姓名，並令限期改善】【限期改善期間，不得增加收容身心障礙者，違者另處其負責人新臺幣六萬元以上三十萬元以下罰鍰，並得按次處罰。】【經依規定限期令其改善，屆期未改善者，再處其負責人新臺幣十萬元以上五十萬元以下罰鍰，得按次處罰，並公告其名稱，且得令其停辦。經依前項規定令其停辦而拒不遵守者，處新臺幣二十萬元以上一百萬元以下罰鍰，並得按次處罰】

第一項機構申請設立之許可要件、申請程序、審核期限、撤銷與廢止許可、停辦、擴充與遷移、督導管理及其他相關事項之辦法，由中央主管機關定之。【停辦、擴充或遷移未依規定辦法辦理，應令其一個月內改善；屆期未改善者，處新臺幣三萬元以上十五萬元以下罰鍰，並按次處罰】

第 63-1 條　有下列情事之一者，不得擔任身心障礙福利機構之業務負責人：

一、有施打毒品、暴力犯罪、性騷擾、性侵害行為，經有罪判決確定。

二、行為不檢損害身心障礙者權益，其情節重大，經有關機關查證屬實。

主管機關對前項負責人應主動進行查證。

現職工作人員於身心障礙福利機構服務期間有第一項各款情事之一者，身心障礙福利機構應即停止其職務，並依相關規定予以調職、資遣、令其退休或終止勞動契約。

第 64 條　各級主管機關應定期輔導、查核及評鑑身心障礙福利機構，其輔導、查核及改善情形應納入評鑑指標項目，其評鑑結果應分為以下等第：【評鑑發現有 1. 業務經營方針與設立目的或捐助章程不符。2. 違反原許可設立之標準。3. 財產總額已無法達成目的事業或對於業務財務為不實之陳報。

4. 經主管機關評鑑為丙等或丁等情形之一者，應令限期改善；屆期未改善者，處新臺幣五萬元以上二十五萬元以下罰鍰，並按次處罰】

一、優等。

二、甲等。

三、乙等。

四、丙等。

五、丁等。

前項機構經評鑑成績優等及甲等者，應予獎勵；經評鑑成績為丙等及丁等者，主管機關應輔導其改善。

第一項機構之定期輔導、查核及評鑑項目、方式、獎勵及輔導、改善等事項之辦法，由中央主管機關定之。　　　　　　　　　　　　　　　　　　　　　　　<102.2.1 施行 >

第三項於本條文修正公布後二年施行。

第 65 條　身心障礙福利機構應與接受服務者或其家屬訂定書面契約，明定其權利義務關係。【未與接受服務者或其家屬訂定書面契約或將不得記載事項納入契約，應令其一個月內改善；屆期未改善者，處新臺幣三萬元以上十五萬元以下罰鍰，並按次處罰。】

直轄市、縣（市）主管機關應與接受委託安置之身心障礙福利機構訂定轉介安置書面契約，明定其權利義務關係。

前二項書面契約之格式、內容，中央主管機關應訂定定型化契約範本及其應記載及不得記載事項。

身心障礙福利機構應將中央主管機關訂定之定型化契約書範本公開並印製於收據憑證交付立約者，除另有約定外，視為已依第一項規定訂約。

第 66 條　身心障礙福利機構應投保公共意外責任保險及具有履行營運之擔保能力，以保障身心障礙者權益。【未投保公共意外責任險或未具履行營運擔保能力，而辦理身心障礙福利機構，應令其一個月內改善；屆期未改善者，處新臺幣三萬元以上十五萬元以下罰鍰，並按次處罰。】

前項應投保之保險範圍及金額，由中央主管機關會商中央目的事業主管機關定之。

第一項履行營運之擔保能力，其認定標準，由所在地直轄市、縣（市）主管機關定之。

第 67 條　身心障礙者申請在公有公共場所開設零售商店或攤販，申請購買或承租國民住宅、停車位，政府應保留一定比率優先核准；其保留比率，由直轄市、縣（市）政府定之。

【公務員執行職務違反規定者，應受懲處】

前項受核准者之經營條件、出租轉讓限制，依各目的事業主管機關相關規定辦理；其出租、轉讓對象應以其他身心障礙者為優先。

身心障礙者購買或承租第一項之商店或攤販，政府應提供低利貸款或租金補貼；其辦法由中央主管機關定之。

第 68 條　身心障礙福利機構、團體及符合設立庇護工場資格者，申請在公共場所設立庇護工場，或申請在國民住宅提供居住服務，直轄市、縣（市）政府應保留名額，優先核准。

【公務員執行職務違反規定者，應受懲處】

前項保留名額，直轄市、縣（市）目的事業主管機關於規劃興建時，應洽商直轄市、縣（市）主管機關後納入興建計畫辦理。

第一項受核准者之經營條件、出租轉讓限制，依各目的事業主管機關相關規定辦理；其出租、轉讓對象應以身心障礙福利相關機構或團體為限。

第 69 條　身心障礙福利機構或團體、庇護工場，所生產之物品及其提供之服務，於合理價格及一定金額以下者，各級政府機關、公立學校、公營事業機構及接受政府補助之機構、團體、私立學校應優先採購。

各級主管機關應定期公告或發函各義務採購單位，告知前項物品及服務，各義務採購單位應依相關法令規定，採購該物品及服務至一定比率。【接受政府補助之機構、團體、私立學校無正當理由違反規定者，由各目的事業主管機關處新臺幣二萬元以上十萬元以下罰鍰。】【公務員執行職務違反規定者，應受懲處】

前二項物品及服務項目、比率、一定金額、合理價格、優先採購之方式及其他應遵行事項之辦法，由中央主管機關定之。

第 69-1 條　各級主管機關應輔導視覺功能障礙者設立以從事按摩為業務之勞動合作社。

前項勞動合作社之社員全數為視覺功能障礙，並依法經營者，其營業稅稅率應依加值型及非加值型營業稅法第十三條第一項規定課徵。

## 第六章　經濟安全

第 70 條　身心障礙者經濟安全保障，採生活補助、日間照顧及住宿式照顧補助、照顧者津貼、年金保險等方式，逐步規劃實施。

前項年金保險之實施，依相關社會保險法律規定辦理。

第 71 條　直轄市、縣（市）主管機關對轄區內之身心障礙者，應依需求評估結果，提供下列經費補助，並不得有設籍時間之限制：

一、生活補助費。

二、日間照顧及住宿式照顧費用補助。

三、醫療費用補助。

四、居家照顧費用補助。

五、輔具費用補助。

六、房屋租金及購屋貸款利息補貼。

七、購買停車位貸款利息補貼或承租停車位補助。

八、其他必要之費用補助。

前項經費申請資格、條件、程序、補助金額及其他相關事項之辦法，除本法及其他法規另有規定外，由中央主管機關及中央目的事業主管機關分別定之。

直轄市、縣（市）主管機關為辦理第一項第一款、第二款、第六款、第七款業務，應於會計年度終了前，主動將已核定補助案件相關資料，併同有關機關提供之資料重新審核。但直轄市、縣（市）主管機關於申領人申領資格變更或審核認有必要時，得請申領人提供相關證明文件。

不符合請領資格而領取補助者，由直轄市、縣（市）主管機關以書面命本人自事實發生之日起六十日內繳還；屆期未繳還者，依法移送行政執行。

第 71-1 條　為辦理前條補助業務所需之必要資料，主管機關得洽請相關機關（構）、團體、法人或個人提供之，受請求者有配合提供資訊之義務。

主管機關依前項規定所取得之資料，應盡善良管理人之注意義務，確實辦理資訊安全稽核作業，其保有、處理及利用，並應遵循個人資料保護法之規定。

第 72 條　對於身心障礙者或其扶養者應繳納之稅捐，依法給予適當之減免。納稅義務人或與其合併申報納稅之配偶或扶養親屬為身心障礙者，應准予列報身心障礙特別扣除額，其金額於所得稅法定之。

身心障礙者或其扶養者依本法規定所得之各項補助，應免納所得稅。

第 73 條　身心障礙者加入社會保險，政府機關應依其家庭經濟條件，補助保險費。

前項保險費補助辦法，由中央主管機關定之。

## 第七章　保護服務

第 74 條　傳播媒體報導身心障礙者或疑似身心障礙者，不得使用歧視性之稱呼或描述，並不得有與事實不符或誤導閱聽人對身心障礙者產生歧視或偏見之報導。

身心障礙者涉及相關法律事件，未經法院判決確定其發生原因可歸咎於當事人之疾病或其身心障礙狀況，傳播媒體不得將事件發生原因歸咎於當事人之疾病或其身心障礙狀況。　　　　　　　　　　　　　　【違反規定，由目的事業主管機關處新臺幣十萬元以上五十萬元以下罰鍰。】

第 75 條　對身心障礙者不得有下列行為：

一、遺棄。

二、身心虐待。

三、限制其自由。

四、留置無生活自理能力之身心障礙者於易發生危險或傷害之環境。

五、利用身心障礙者行乞或供人參觀。

六、強迫或誘騙身心障礙者結婚。

七、其他對身心障礙者或利用身心障礙者為犯罪或不正當之行為。

【經主管機關查明屬實者，處新臺幣六萬元以上三十萬元以下罰鍰，並令限期改善：屆期未改善者，得按次處罰】【違反各款規定情形之一者，處新臺幣三萬元以上十五萬元以下罰鍰，並得公告其姓名。】【身心障礙者之家庭照顧者或家庭成員違反各款規定情形之一者，直轄市、縣（市）主管機關應令其接受八小時以上五十小時以下之家庭教育及輔導，並收取必要之費用：其收費規定，由直轄市、縣（市）主管機關定之。】

【拒不接受家庭教育及輔導或時數不足者，處新臺幣三千元以上一萬五千元以下罰鍰，經再通知仍不接受者，得按次處罰至其參加為止。】

第 76 條　醫事人員、社會工作人員、教育人員、警察人員、村（里）幹事及其他執行身心障礙服務業務人員，知悉身心障礙者有前條各款情形之一者，應立即向直轄市、縣（市）主管機關通報，至遲不得超過二十四小時。

村（里）長及其他任何人知悉身心障礙者有前條情形者，得通報直轄市、縣（市）主管機關。

前二項通報人之身分資料，應予保密。

直轄市、縣（市）主管機關知悉或接獲第一項及第二項通報後，應自行或委託其他機關、團體進行訪視、調查，至遲不得超過二十四小時，並應於受理案件後四日內提出調查報告。調查時得請求警政、醫院及其他相關單位協助。

第一項、第二項及前項通報流程及後續處理辦法，由中央主管機關定之。

第 77 條　依法令或契約對身心障礙者有扶養義務之人，有喪失扶養能力或有違反第七十五條各款情形之一，致使身心障礙者有生命、身體之危難或生活陷於困境之虞者，直轄市、縣（市）主管機關得依本人、扶養義務人之申請或依職權，經調查評估後，予以適當安置。

前項之必要費用，除直轄市、縣（市）主管機關依第七十一條第一項第二款給予補助者外，由身心障礙者或扶養義務人負擔。

第 78 條　身心障礙者遭受第七十五條各款情形之一者，情況危急非立即給予保護、安置或其他處置，其生命、身體或自由有立即之危險或有危險之虞者，直轄市、縣（市）主管機關應予緊急保護、安置或為其他必要之處置。

直轄市、縣（市）主管機關為前項緊急保護、安置或為其他必要之處置時，得請求檢察官或當地警察機關協助。

第 79 條　前條之緊急安置服務，得委託相關身心障礙福利機構辦理。安置期間所必要之費用，由前條第一項之行為人支付。

前項費用，必要時由直轄市、縣（市）主管機關先行支付，並檢具支出憑證影本及計算書，請求前條第一項之行為人償還。

前項費用，經直轄市、縣（市）主管機關以書面定十日以上三十日以下期間催告償還，而屆期未償還者，得移送法院強制執行。

第 80 條　第七十八條身心障礙者之緊急保護安置，不得超過七十二小時；非七十二小時以上之安置，不足以保護身心障礙者時，得聲請法院裁定繼續保護安置。繼續保護安置以三個月為限；必要時，得聲請法院裁定延長之。

繼續保護安置期間，直轄市、縣（市）主管機關應視需要，協助身心障礙者向法院提出監護或輔助宣告之聲請。

繼續保護安置期滿前，直轄市、縣（市）主管機關應經評估協助轉介適當之服務單位。

第 81 條　身心障礙者有受監護或輔助宣告之必要時，直轄市、縣（市）主管機關得協助其向法院聲請。受監護或輔助宣告之原因消滅時，直轄市、縣（市）主管機關得協助進行撤銷宣告之聲請。

有改定監護人或輔助人之必要時，直轄市、縣（市）主管機關應協助身心障礙者為相關之聲請。

法院為身心障礙者選定之監護人或輔助人為社會福利機構、法人者，直轄市、縣（市）主管機關應對其執行監護或輔助職務進行監督；相關監督事宜之管理辦法，由中央主管機關定之。

第 82 條　直轄市、縣（市）主管機關、相關身心障礙福利機構，於社區中提供身心障礙者居住安排服務，遭受居民以任何形式反對者，直轄市、縣（市）政府應協助其排除障礙。

第 83 條　為使無能力管理財產之身心障礙者財產權受到保障，中央主管機關應會同相關目的事業主管機關，鼓勵信託業者辦理身心障礙者財產信託。

第 84 條　法院或檢察機關於訴訟程序實施過程，身心障礙者涉訟或須作證時，應就其障礙類別之特別需要，提供必要之協助。

刑事被告或犯罪嫌疑人因精神障礙或其他心智缺陷無法為完全之陳述時，直轄市、縣（市）主管機關得依刑事訴訟法第三十五條規定，聲請法院同意指派社會工作人員擔任輔佐人。

依刑事訴訟法第三十五條第一項規定得為輔佐人之人，未能擔任輔佐人時，社會福利機構、團體得依前項規定向直轄市、縣（市）主管機關提出指派申請。

第 85 條　身心障礙者依法收容於矯正機關時，法務主管機關應考量矯正機關收容特性、現有設施狀況及身心障礙者特殊需求，作必要之改善。

## 第八章　罰則

第 86 條　違反第十六條第一項規定，處新臺幣十萬元以上五十萬元以下罰鍰。

違反第七十四條規定，由目的事業主管機關處新臺幣十萬元以上五十萬元以下罰鍰。

第 87 條　違反第四十條第一項規定者，由直轄市、縣（市）勞工主管機關處新臺幣十萬元以上
　　　　　五十萬元以下罰鍰。

第 88 條　違反第五十七條第三項規定未改善或未提具替代改善計畫或未依核定改善計畫之期限改
　　　　　善完成者，各級目的事業主管機關除得勒令停止其使用外，處其所有權人或管理機關負
　　　　　責人新臺幣六萬元以上三十萬元以下罰鍰，並限期改善；屆期未改善者，得按次處罰至
　　　　　其改善完成為止；必要時，得停止供水、供電或封閉、強制拆除。

　　　　　前項罰鍰收入應成立基金，供作改善及推動無障礙設備與設施經費使用；基金之收支、
　　　　　保管及運用辦法，由中央目的事業主管機關定之。

第 89 條　設立身心障礙福利機構未依第六十三條第一項規定申請許可設立，或應辦理財團法人登
　　　　　記而未依第六十三條第二項或第三項規定期限辦理者，處其負責人新臺幣六萬元以上
　　　　　三十萬元以下罰鍰及公告其姓名，並令限期改善。

　　　　　於前項限期改善期間，不得增加收容身心障礙者，違者另處其負責人新臺幣六萬元以上
　　　　　三十萬元以下罰鍰，並得按次處罰。

　　　　　經依第一項規定限期令其改善，屆期未改善者，再處其負責人新臺幣十萬元以上五十萬
　　　　　元以下罰鍰，得按次處罰，並公告其名稱，且得令其停辦。

　　　　　經依前項規定令其停辦而拒不遵守者，處新臺幣二十萬元以上一百萬元以下罰鍰，並得
　　　　　按次處罰。

第 90 條　身心障礙福利機構有下列情形之一，經主管機關查明屬實者，處新臺幣六萬元以上三十
　　　　　萬元以下罰鍰，並令限期改善；屆期未改善者，得按次處罰：
　　　　　一、有第七十五條各款規定情形之一。
　　　　　二、提供不安全之設施設備或供給不衛生之餐飲。
　　　　　三、有其他重大情事，足以影響身心障礙者身心健康。

第 91 條　身心障礙福利機構停辦或決議解散時，主管機關對於該機構服務之身心障礙者，應即予
　　　　　適當之安置，身心障礙福利機構應予配合。不予配合者，強制實施之，並處新臺幣六萬
　　　　　元以上三十萬元以下罰鍰；必要時，得予接管。

　　　　　前項接管之實施程序、期限與受接管機構經營權及財產管理權之限制等事項之辦法，由
　　　　　中央主管機關定之。

　　　　　第一項停辦之機構完成改善時，得檢附相關資料及文件，向主管機關申請復業；經主管
　　　　　機關審核後，應將復業申請計畫書報經中央主管機關備查。

第 92 條　身心障礙福利機構於主管機關依第九十條、第九十三條、第九十四條規定限期改善期
　　　　　間，不得增加收容身心障礙者，違者另處新臺幣六萬元以上三十萬元以下罰鍰，並得按
　　　　　次處罰。

　　　　　經主管機關依第九十條、第九十三條第一款至第三款規定令其限期改善；屆期仍未改善
　　　　　者，得令其停辦一個月以上一年以下，並公告其名稱。

經主管機關依第九十三條第四款規定令其限期改善屆期仍未改善者，應令其停辦一個月以上一年以下，並公告其名稱。

停辦期限屆滿仍未改善或違反法令情節重大者，應廢止其許可；其屬法人者，得予解散。

依第二項、第三項規定令其停辦而拒不遵守者，再處新臺幣二十萬元以上一百萬元以下罰鍰，並得按次處罰。

第 93 條　主管機關依第六十四條第一項規定對身心障礙福利機構輔導或評鑑，發現有下列情形之一者，應令限期改善；屆期未改善者，處新臺幣五萬元以上二十五萬元以下罰鍰，並按次處罰：

一、業務經營方針與設立目的或捐助章程不符。

二、違反原許可設立之標準。

三、財產總額已無法達成目的事業或對於業務財務為不實之陳報。

四、經主管機關評鑑為丙等或丁等。

第 94 條　身心障礙福利機構有下列情形之一者，應令其一個月內改善；屆期未改善者，處新臺幣三萬元以上十五萬元以下罰鍰，並按次處罰：

一、收費規定未依第六十二條第四項規定報主管機關核定，或違反規定超收費用。

二、停辦、擴充或遷移未依中央主管機關依第六十三條第四項規定所定辦法辦理。

三、違反第六十五條第一項規定，未與接受服務者或其家屬訂定書面契約或將不得記載事項納入契約。

四、違反第六十六條第一項規定，未投保公共意外責任險或未具履行營運擔保能力，而辦理身心障礙福利機構。

第 95 條　違反第七十五條各款規定情形之一者，處新臺幣三萬元以上十五萬元以下罰鍰，並得公告其姓名。

身心障礙者之家庭照顧者或家庭成員違反第七十五條各款規定情形之一者，直轄市、縣（市）主管機關應令其接受八小時以上五十小時以下之家庭教育及輔導，並收取必要之費用；其收費規定，由直轄市、縣（市）主管機關定之。

拒不接受前項家庭教育及輔導或時數不足者，處新臺幣三千元以上一萬五千元以下罰鍰，經再通知仍不接受者，得按次處罰至其參加為止。

第 96 條　有下列情形之一者，由直轄市、縣（市）勞工主管機關處新臺幣二萬元以上十萬元以下罰鍰：

一、職業訓練機構、就業服務機構、庇護工場，違反第三十五條第三項規定，經直轄市、縣（市）政府勞工主管機關令其停止提供服務，並限期改善，未停止服務或屆期未改善。

二、私立學校、團體及民營事業機構無正當理由違反第三十八條第二項規定。

第 97 條　接受政府補助之機構、團體、私立學校無正當理由違反第六十九條第二項規定者，由各目的事業主管機關處新臺幣二萬元以上十萬元以下罰鍰。

第 98 條　違反第四十六條第一項者，由直轄市、縣（市）勞工主管機關處新臺幣一萬元以上五萬元以下罰鍰；其於營業場所內發生者，另處罰場所之負責人或所有權人新臺幣二萬元以上十萬元以下罰鍰，並令限期改善；屆期未改善者，按次處罰。

違反第四十六條第五項規定，直轄市、縣（市）勞工主管機關得令限期改善；屆期未改善者，處新臺幣一萬元以上五萬元以下罰鍰，並得按次處罰。

前二項罰鍰之收入，應納入直轄市、縣（市）政府身心障礙者就業基金，專供作促進視覺功能障礙者就業之用。

第 99 條　國內航空運輸業者違反第五十三條第四項規定限制或拒絕提供身心障礙者運輸服務及違反第五十八條第四項規定而向陪伴者收費，或大眾運輸工具未依第五十三條第六項規定所定辦法設置無障礙設施者，該管交通主管機關應責令業者於一定期限內提具改善計畫，報請該管交通主管機關核定後辦理。逾期不提出計畫或未依計畫辦理改善者，處新臺幣一萬元以上五萬元以下罰鍰，並得按次處罰。原核定執行計畫於執行期間如有變更之必要者，得報請原核定機關同意後變更，並命其接受四小時之講習。

公共停車場未依第五十六條第一項規定保留一定比率停車位者，目的事業主管機關應令限期改善；屆期未改善者，處其所有人或管理人新臺幣一萬元以上五萬元以下罰鍰。

第 100 條　違反第十六條第二項或第六十條第二項規定者，應令限期改善；屆期未改善者，處新臺幣一萬元以上五萬元以下罰鍰，並命其接受四小時之講習。

第 101 條　提供庇護性就業服務之單位違反第四十一條第一項規定者，直轄市、縣（市）勞工主管機關應令限期改善；屆期未改善者，處新臺幣六千元以上三萬元以下罰鍰，並得按次處罰。

第 102 條　公務員執行職務有下列行為之一者，應受懲處：

一、違反第十六條第一項規定。

二、無正當理由違反第三十八條第一項、第六十七條第一項、第六十八條第一項或第六十九條第二項規定。

第 103 條　各級政府勞工主管機關對於違反第三十八條第一項或第二項之規定者，得公告之。未依第四十三條第二項規定定期繳納差額補助費者，自期限屆滿之翌日起至完納前一日止，每逾一日加徵其未繳差額補助費百分之零點二滯納金。但以其未繳納之差額補助費一倍為限。　　　　　　　　　　　　　　　　　　　　　　　　　　　　　　　【*1013-67】

前項滯納金之收入，應繳入直轄市、縣（市）政府身心障礙者就業基金專款專用。

第 104 條　本法所定罰則，除另有規定者外，由直轄市、縣（市）主管機關處罰之。

第 104-1 條　違反第五十九條規定者，經主管機關令限期改善，仍不改善者，予以警告；經警告仍不改善者，處新臺幣一萬元以上五萬元以下罰鍰；其情節重大者，並得公告其事業單位及負責人姓名。

## 第九章　附則

第 105 條　各級政府每年應向其民意機關報告本法之執行情形。　　　　　　【*1072-14；1032-49；1023-74】

第 106 條　中華民國九十六年七月十一日修正公布之條文全面施行前已領有身心障礙手冊者，應依直轄市、縣（市）主管機關指定期日及方式，辦理重新鑑定及需求評估或換發身心障礙證明；屆期未辦理者，直轄市、縣（市）主管機關應主動協助其辦理相關申請程序；無正當理由拒絕辦理者，直轄市、縣（市）主管機關得逕予廢止身心障礙手冊。

依前項規定辦理重新鑑定及需求評估或換發身心障礙證明之身心障礙者，於直轄市、縣（市）主管機關發給身心障礙證明前，得依中華民國九十六年七月十一日修正公布前之規定，繼續享有原有身心障礙福利服務。

無法於直轄市、縣（市）主管機關指定期日辦理重新鑑定及需求評估者，應於指定期日前，附具理由向直轄市、縣（市）主管機關申請展延，經認有正當理由者，得予展延，最長以六十日為限。

直轄市、縣（市）主管機關應於中華民國九十六年七月十一日修正公布之條文全面施行後七年內，完成第一項執永久效期手冊者之相關作業。

第 107 條　中華民國九十六年六月五日修正之第三十八條自公布後二年施行；第五條至第七條、第十三條至第十五條、第十八條、第二十六條、第五十條、第五十一條、第五十六條及第七十一條，自公布後五年施行；九十八年六月十二日修正之條文，自九十八年十一月二十三日施行。

第 108 條　本法施行細則，由中央主管機關定之。

第 109 條　本法除另定施行日期者外，自公布日施行。

## 立即演練 11

(　　) 1. 依身心障礙者權益保障法規定，各級政府機關、公立學校及公營事業機構員工總人數在 34 人以上者，進用具有就業能力之身心障礙者人數，不得低於員工總人數之多少比率？　①1%　②2%　③3%　④4%

(　　) 2. 依身心障礙者權益保障法規定，事業機構依公司法成立關係企業之進用身心障礙者人數達員工總人數至少達多少比率，得與該事業機構合併計算第 38 條之定額進用人數？　①10%　②20%　③30%　④40%

(　　) 3. 雇主進用身心障礙者人數未達法定進用標準，依身心障礙者權益保障法規定，應定期向所在地直轄市、縣（市）勞工主管機關之身心障礙者就業基金繳納何種費用？　①代金　②怠金　③差額補助費　④罰鍰

(　　) 4. 依身心障礙者權益保障法第 43 條規定，直轄市、縣（市）勞工主管機關之身心障礙者就業基金，每年應就收取前 1 年差額補助費百分之多少撥交行政院勞工委員會之就業安定基金統籌分配？　①10%　②20%　③30%　④40%

（　　）5. 依身心障礙者權益保障法第 38 條規定，僱用身心障礙員工從事部分工時工作，其月領薪資至少達勞動基準法按月計酬之基本工資數額多少以上時，進用 2 人得以 1 人計入身心障礙者人數及員工總人數？　①五分之一　②四分之一　③三分之一　④二分之一

（　　）6. 依據身心障礙者權益保障法規定，各級政府應多久時間向其民意機關報告本法之執行情形？　①每 3 個月　②每 6 個月　③每 1 年　④每 2 年

（　　）7. 依據身心障礙者權益保障法條文，非視覺功能障礙者，不得從事按摩業之規定，該規定於何時起失其效力？　①民國 100 年 8 月 31 日　②民國 100 年 9 月 30 日　③民國 100 年 10 月 31 日　④民國 100 年 11 月 30 日

（　　）8. 依據身心障礙者權益保障法第 41 條第 1 項規定，進用身心障礙者之機關（構），對其所進用之身心障礙者，應本同工同酬之原則，不得為任何歧視待遇，其所核發之正常工作時間薪資，不得低於基本工資。如違反此規定者，應處以新臺幣多少罰鍰？　①5 萬元以上 25 萬元以下罰鍰　②6 萬元以上 30 萬元以下罰鍰　③10 萬元以上 50 萬元以下罰鍰　④30 萬元以上 150 萬元以下罰鍰

（　　）9. 假設立法院的員工總人數為 1,000 人，請問依身心障礙者權益保障法第 38 條規定，應進用具有就業能力的身心障礙者人數至少不得低於多少人？　①10 人　②20 人　③30 人　④40 人

（　　）10. 依據身心障礙者職業重建服務人員遴用及培訓準則規定，下列何者不屬職業重建服務人員？　①就業服務員　②職業輔導評量員　③社會工作員　④職業訓練員

（　　）11. 何種就業的型態可容許以產能核薪　①一般性就業　②支持性就業　③庇護性就業　④社區日間作業措施

解 1.③　2.②　3.③　4.③　5.④　6.③　7.③　8.③　9.③　10.③

11.③

## 二、推動職務再設計服務計畫（111 年 4 月 7 日）

（一）為營造友善工作環境，協助員工減緩因身心障礙、年齡增長或產業變動等因素所致工作障礙，增進其工作效能，促進其穩定就業，特訂定本計畫。

（二）本計畫所稱職務再設計，指以排除員工工作障礙，提升其工作效能，所進行之改善工作設備、工作條件、工作環境、提供就業輔具及調整工作方法之措施。

【*991 術科第一題；981 術科第十題】

（三）本計畫任務分工如下：

**1. 勞動部**（以下簡稱本部）：

(1) 本計畫之訂定、修正及解釋。

(2) 統籌規劃及總體執行之協調。

(3) 總體推廣宣導事項之規劃。

(4) 聯繫會報之召開。

　　(5) 訂定直轄市、縣(市)政府(以下簡稱地方政府)申請本部經費補助之自籌比率。

　　(6) 職務再設計專家學者名冊之核定。

**2. 勞動部勞動力發展署所屬分署及受委辦機關(以下簡稱公立就業服務機構):**

　　(1) 本計畫預算之編列、執行及管控。

　　(2) 本計畫執行之管控、查核、成效分析檢討及成果交流。

　　(3) 本計畫之宣導、教育研習、申請案受理、審查、核定、補助款核撥銷、輔具回收、追蹤持續就業狀況及滿意度調查等事項。

　　(4) 補助地方政府辦理身心障礙者職務再設計業務之申請受理、審查及核定。

　　(5) 徵選機關(構)或團體擔任職務再設計專案單位。

　　(6) 於全國職務再設計資訊管理應用系統登錄相關資料。

**3. 地方政府:**

　　(1) 依據轄區雇主及身心障礙者需求,研提辦理身心障礙者職務再設計年度計畫,採自辦或委託專案單位等方式辦理。

　　(2) 身心障礙者職務再設計年度計畫自籌經費之編列、執行及管控,申請本部補助經費納入預、決算。

　　(3) 依本部提供之專家學者名冊遴聘職務再設計輔導、審查委員。

　　(4) 受理身心障礙者職務再設計申請案之諮詢與補助審核及核定。

　　(5) 核撥申請案補助經費並追蹤後續就業及使用情形。

　　(6) 辦理成果發表、參訪觀摩等相關交流活動。

　　(7) 提報前一年執行情形、當年度月報表及辦理成效。

　　(8) 於全國職務再設計資訊管理應用系統登錄相關資料。

**4. 專案單位:**

　　(1) 受理公立就業服務機構及地方政府之個案轉介。

　　(2) 實地訪視員工工作現場,評估員工因障礙造成工作之影響,並提出改善內容、方式、製作期程及所需費用等,報請公立就業服務機構或地方政府核定。

　　(3) 依個案在職場所遭遇問題,進行職務再設計改善、輔具使用訓練及後續追蹤輔導。

　　(4) 統籌辦理受委託轄區輔具回收、改良及再運用。

　　(5) 協助辦理職務再設計之推廣及教育訓練。

　　(6) 統計分析申請案相關數據資料。

　　(7) 於全國職務再設計資訊管理應用系統登錄相關資料。

(四) 專案單位應具職務再設計評估、研發、設計、改良、改裝及製作能力,並具備下列資格之一:

　1. 核准立案之非營利財團、社團法人機構或團體,其捐助章程或組織章程明列有就業促進相關事項。

　2. 公私立學校、政府機關或醫療機構。

專案單位應配置職務再設計業務執行人員至少二人，其資格應為大專校院人因工程、醫學工程、機械工程、電機工程、電子工程、工業工程、工（商）業設計、職能治療、物理治療、語言治療、復健諮商、社會工作、心理學系、諮商輔導、特殊教育、職業安全衛生、勞工等相關系所畢業，並具備二年以上職務再設計或輔具相關服務經驗者。

（五）本計畫適用對象如下：　　　　　　　　　　　　　　　　　　　　✪✪✪

1. 身心障礙者。
2. 年滿四十五歲至六十五歲之中高齡者。
3. 逾六十五歲之高齡者。
4. 經醫療院所診斷為失智症，且尚未取得身心障礙證明者。　　　　【*1102 術科第七題】
5. 劣耳聽力閾值在四十分貝以上，且與優耳聽力閾值相差二十五分貝以上，且未取得身心障礙證明之單側聽損者。
6. 原因應貿易自由化產業調整支援方案指定產業所屬事業單位之勞工。

　　前項各款所定人員，應具下列資格之一：

1. 本國國民。
2. 與在本國境內設有戶籍之國民結婚，且獲准在臺灣地區居留之外國人、大陸地區人民、香港或澳門居民。
3 前款之外國人、大陸地區人民、香港或澳門居民，與其配偶離婚或其配偶死亡，而依法規規定得在臺灣地區繼續居留工作。

（六）下列人員或單位有第七點至第九點所定情形時，得向公立就業服務機構或地方政府申請職務再設計服務：　　　　　　　　　　　　　　【*1092 術科第八題】

1. 前點第一項第一款至第四款受僱者。
2. 僱用前點所定對象之公民營事業機構、政府機關、學校或團體。
3. 自營作業者。
4. 公私立職業訓練機構。
5. 接受政府委託辦理職業訓練之單位。
6. 接受政府委託或補助辦理居家就業服務之單位。

（七）前點所定人員或單位，有以下情形之一者，得檢具申請文件向所在地地方政府申請身心障礙者職務再設計服務：

1. 有意願提供身心障礙者就業機會，於辦理招募面試作業時，需要評量工具或相關專業人力協助。
2. 身心障礙者因生理或心理功能之限制，無法達到預期工作績效。
3. 身心障礙者初進職場，有職務再設計之需要。
4. 身心障礙者工作上需要輔具或其他與工作職務相關之職場人力協助。
5. 身心障礙者工作地點變更或職場遷移。

6. 身心障礙者因職務調整或工作流程變更，致工作有困難。

7. 因職業災害致身心障礙者重返職場或轉換工作。

8. 身心障礙者接受以就業為目標之職業訓練，而有職務再設計之需要。

9. 身心障礙者居家就業，而有職務再設計之需要。

10. 第五點第一項第四款人員有就業意願，而有職務再設計之需要。

（八）第六點第一款至第三款所定人員或雇主，有下列情形之一者，得向工作所在地之公立就業服務機構申請中高齡者及高齡者職務再設計（以下簡稱中高齡職務再設計）服務：

1. 有意提供中高齡者及高齡者就業機會，進行招募並確定僱用。

2. 中高齡者及高齡者因年齡漸增，生理及心理改變，致工作有障礙或無法達到預期工作績效。

3. 中高齡者及高齡者工作上需要輔具協助。

4. 中高齡者及高齡者因職務調整或工作流程變更，致工作有困難。

（九）第六點第一款至第三款所定人員或雇主，有下列情形之一者，得向工作所在地之公立就業服務機構申請單側聽損者職務再設計服務：

1. 有意提供單側聽損者就業機會，進行招募並確定僱用。

2. 單側聽損者因單側聽損問題，致工作有障礙或無法達到預期工作績效。

3. 單側聽損者工作上需要輔具協助。

（十）第六點第二款所定雇主為原因應貿易自由化調整支援方案指定產業所屬事業單位，為協助其勞工排除工作障礙，而有職務再設計需求者，得向所在地之公立就業服務機構申請因應貿易自由化就業協助職務再設計服務。

（十一）本計畫補助範圍，包括下列各項改善項目或方法所需費用：

【*991 術科第一題；981 術科第十題】

1. 改善工作設備或機具：為提高個案工作效能，增進其生產力，所進行工作設備或機具之改善。

2. 提供就業輔具：為排除個案工作障礙，增加、維持或改善個案就業能力之輔助器具。

3. 改善工作條件：

(1) 為改善個案工作狀況，提供必要之工作協助，如職場適應輔導、彈性工作安排等。

(2) 為身心障礙者就業提供所需手語翻譯、聽打服務、視力協助或其他與工作職務相關之職場人力協助。 【*1013-80】

(3) 調整工作方法：透過評量分析及訓練，按個案特性，分派適當工作，如工作重組、調派其他員工共同合作、簡化工作流程、調整工作場所等。

(4) 改善職場工作環境：為穩定個案就業，所進行與工作場所環境有關之改善。

【*1002-7；1001-53】

(5) 為協助身心障礙者就業有關之評量、訓練所需之職務再設計服務。

前項各款所定項目或方法，有下列情形之一者，不予補助：

1. 非屬協助排除第五點所定人員之就業或工作障礙事項。
2. 身心障礙者權益保障法第五十七條第三項規定之公共建築物，依法應改善。
3. 職業安全衛生法所定雇主責任。

符合第五點第一項第二款、第三款規定之受僱者及自營作業者，其申請項目限與職務直接相關，且非屬生財工具之個人就業輔具，並以改善工作流程之輔具為優先。

符合第五點第一項第一款、第四款規定之受僱者，其申請項目限與就業直接相關之就業輔具。但與生活輔具、生財工具難以區隔，經審查得由個人提出申請，並得同時申請生活輔具及職務再設計輔具補助者，由地方政府就個案之障礙特性、就業需求性、迫切性、合理性及職場使用時間占全日使用時數之比例等因素審查，其補助額度應以社政補助為優先，再就其最高補助之餘額據以評估。

（十二）每一申請個案每人每年補助金額以新臺幣（以下同）十萬元為限。但另有特殊需求，經公立就業服務機構或地方政府專案評估核准者，不在此限。

前項個案同時具中高齡者或高齡者及身心障礙者身分時，得依個別身分之工作障礙成因，分別計算補助金額上限。

（十三）申請身心障礙者職務再設計服務應檢具下列文件：

1. 申請書（附件一之一至附件一之三）。
2. 身心障礙者證明或醫療院所確診失智症之診斷證明。
3. 國民身分證影本或有效期間居留證影本。
4. 第六點第二款、第四款至第六款所定單位依法設立登記或立案之證明文件。
5. 依所提申請個案身分擇一檢附：
   (1) 僱用承諾書（附件二）。
   (2) 勞工保險或公教人員保險投保證明。但已領取公教人員保險養老給付、勞工保險老年給付、軍人退休俸或公營事業退休金者，再受僱於勞工保險之投保單位，應檢附職業災害保險之投保證明文件影本。
   (3) 就業保險投保證明或僱用證明（屬勞工保險條例規定之非強制投保單位者檢附）。
   (4) 接受職業訓練或居家就業服務證明。
   (5) 從事自營作業而參加職業工會之勞工保險投保證明。
6. 各目的事業主管機關核發之相關職業登記、營業登記、許可、執照、立案、核定、備查等證明文件或公益彩券傳統型及立即型彩券經銷證明文件（屬自營作業者檢附）。
7. 二家以上工作證明或職業工會開立之證明（屬無一定雇主者檢附）。
8. 其他經本部、公立就業服務機構及地方政府規定之文件。

（十四）申請中高齡職務再設計服務應檢具下列文件：

1. 申請書（附件一之一至附件一之三）。
2. 國民身分證影本或有效期間居留證影本。

3. 第六點第二款所定雇主依法設立登記或立案之證明文件。

4. 依所提申請個案身分擇一檢附：

(1) 僱用承諾書（附件二）。

(2) 勞工保險投保證明。但已領取公教人員保險養老給付、勞工保險老年給付、軍人退休俸或公營事業退休金者，再受僱於勞工保險之投保單位，應檢附職業災害保險之投保證明文件影本。

(3) 就業保險投保證明或僱用證明（屬勞工保險條例規定之非強制投保單位者檢附）。

(4) 從事自營作業而參加職業工會之勞工保險投保證明。

5. 各目的事業主管機關核發之相關職業登記、營業登記、許可、執照、立案、核定、備查等證明文件（屬自營作業者檢附）。

6. 二家以上工作證明或職業工會開立之證明（屬無一定雇主者檢附）。

7. 其他經本部、公立就業服務機構及地方政府規定之文件。


（十五）**申請單側聽損者職務再設計服務應檢具下列文件：**

1. 申請書（附件一之一至附件一之三）。

2. 本部指定之醫療單位（附件一之五）所開具之近六個月內聽力鑑定證明。

3. 國民身分證影本或有效期間居留證影本。

4. 第六點第二款所定雇主依法設立登記或立案之證明文件。

5. 依所提申請個案身分擇一檢附：

(1) 僱用承諾書（附件二）。

(2) 勞工保險投保證明。但已領取公教人員保險養老給付、勞工保險老年給付、軍人退休俸或公營事業退休金者，再受僱於勞工保險之投保單位，應檢附職業災害保險之投保證明文件影本。

(3) 就業保險投保證明或僱用證明（屬勞工保險條例規定之非強制投保單位者檢附）。

(4) 從事自營作業而參加職業工會之勞工保險投保證明。

6. 各目的事業主管機關核發之相關職業登記、營業登記、許可、執照、立案、核定、備查等證明文件（屬自營作業者檢附）。

7. 二家以上工作證明或職業工會開立之證明（屬無一定雇主者檢附）。

8. 其他經本部、公立就業服務機構及地方政府規定之文件。

（十六）**申請因應貿易自由化就業協助職務再設計服務應檢具下列文件：**

1. 申請書（附件一之一至附件一之三）。

2. 國民身分證影本或有效期間居留證影本。

3. 第六點第二款所定雇主依法設立登記或立案之證明文件。

4. 勞工保險投保證明或就業保險投保證明或僱用證明。但已領取公教人員保險養老給付、勞工

保險老年給付、軍人退休俸或公營事業退休金者，再受僱於勞工保險之投保單位，應檢附職業災害保險之投保證明文件影本。

5. 其他經本部、公立就業服務機構及地方政府規定之文件。

（十七）申請者未備齊第十三點至前點所定之文件，公立就業服務機構或地方政府應通知其於十四日內補正；屆期未補正者，不予受理。

（十八）公立就業服務機構或地方政府受理職務再設計服務申請後，發現個案工作障礙之原因，非申請之職務再設計服務可協助時，得經申請者同意後，逕將申請文件影送適用服務之公立就業服務機構或地方政府辦理後續申請事宜。

（十九）公立就業服務機構或地方政府辦理職務再設計，應邀請專家學者擔任輔導委員或轉介專案單位提供下列諮詢及服務：

1. 提供雇主進用第五點所定人員之諮詢服務。

2. 配合申請之實際需要，會同訪視及提供工作適應輔導。

3. 提供職務再設計申請案之訪視、規劃、設計之專業協助及指導等工作。

4. 協助雇主從安全性、生產力、成本效益等面向考量，以最有利方式協助個案穩定就業。
前項所定輔導委員，得依本部提供之專家學者名冊邀請。

（二十）公立就業服務機構或地方政府於申請者備齊文件後，原則於三十五日內完成審查，其申請者補正資料時間、安排訪視時間與輔具試用、設計、研發及改製所需時間得不計入，並依下列方式辦理資格審查、實地訪視及審查核定：

1. 資格審查：依申請文件書面審查，並運用面談、電話等對於申請案進行瞭解並提供諮詢服務。

2. 實地訪視：針對資格審查合格之申請案，安排相關專長之輔導委員或轉介專案單位派員實地訪視評估，並填寫訪視評估與建議表（附件三）、身心障礙者職場人力協助需求篩檢表（附件四，非申請重度肢體障礙者或含肢體障礙之多重障礙者職場人力協助者免附）或專案單位接案評估表（附件五），並依據訪視評估結果填具改善方案經費估算表（附件六）。

3. 審查核定：

(1) 申請項目屬身心障礙者職場人力協助服務，所提需求單純且協助金額為一萬元以下者，得不安排訪視及召開審查會議，逕行審查核定。

(2) 申請案之改善方式單純，藉由調整工作內容、工作流程或簡易輔具之協助即可解決個案所遇問題，且改善金額為一萬元以下者，得不召開審查會議，逕行審查核定。

(3) 為鼓勵僱用單位優先以工作方法調整或工作條件改善為第五點所定人員進行職務再設計，對於提供其工作方法調整及工作條件改善之僱用單位，得於審查會議由輔導委員就其改善情形之實用性及效益評估，核給每個案最高一萬元之補助。

(4) 申請案之改善金額逾一萬元者，應邀請三位輔導委員，召開審查會議進行審查；轉介專案單位協助之個案者，得邀專案單位派員列席提供意見。但於召開身心障礙者職務再設計審查時，其委員組成應包括訪視之輔導委員，並得邀請身心障礙者團體代表及公立就業服務機構代表各一名列席。

(5) 依申請案之需要性、必要性、可行性、預算之合理性與解決個案職場上問題及困難之程度等進行評估，並決定補助項目及金額。

(6) 個案職務再設計改善方式複雜，需個別化之研發、設計、改良、訓練等專業協助者，經審查會評估有必要，得轉介專案單位進行改善。

(7) 核定申請案之內容，應包括補助類別、項目、內容、數量、地點及金額等事項。

申請案經審查核定後，由公立就業服務機構或地方政府將審查結果及改善建議函復申請者，並副知審查委員、轉介單位及列席單位等。

（二十一）**專案單位受理個案轉介，應辦事項如下：**

1. 前往個案服務單位進行實地訪視，並於接案後十五個工作日內將改善內容、方式、製作期程及所需費用等項目，報請公立就業服務機構或地方政府核定。

2. 依個案在職場所遭遇之問題，進行職務再設計之研發、設計改良、改裝、製作及維修等工作。

3. 撰寫個案改善成果報告，內容應包括個案基本資料、個案服務單位基本資料、個案就業問題診斷與分析、職務再設計改善及製作流程、改善及製作項目與金額、職務再設計前後效益評估及圖片、照片等資料。

4. 完成個案改善後，報請公立就業服務機構或地方政府派員查驗；並提供個案後續追蹤輔導。

5. 輔具使用訓練及試用評估。

（二十二）**專案單位辦理前點所列事項，得支給個案改善費、出席費、差旅費及管理費。但於委託區域職務再設計專案單位計畫已編列相同性質之相關經費者，不得重複支給：**

1. 個案改善費：

(1) 專案單位進行有關職務再設計之研發、設計、製造、改良、訓練等，每案改善額度最高以十萬元為限。但有特殊需求，經公立就業服務機構或地方政府專案評估核准者，不在此限。

(2) 個案職務再設計所需改善費用（如材料費等），由專案單位進行改善後，檢據經費支出憑證及個案改善成果報告等，向轉出之公立就業服務機構或地方政府請領經費。

(3) 專案單位進行職務再設計之研發、設計、製造、改良、訓練等，得依本部一般常用經費編列標準及結報應行注意事項規定支給工作人員費，每日最高支給三人，每案每人以十五日為限。

2. 出席費：為協助個案所進行之訪視作業，每次訪視以二人為原則，每人得依本部一般常用經費編列標準及結報應行注意事項規定支給出席費，每一個案之訪視次數以四次為限。

3. 差旅費：依國內出差旅費報支要點辦理。

4. 管理費：各項費用扣除工作人員費、出席費、稿費、鐘點費及差旅費等合計之百分之十。

（二十三）申請者所提申請案經核定後，須變更核定內容者，應以書面說明變更之必要性，並經原核定單位重新安排輔導委員進行訪視評估及重新核定後，始得依變更事項辦理。

（二十四）申請者對核定結果有疑義者，除得於處分送達日次日起三十日內提起訴願外，亦得於前開期限內向原核定單位提請複審。公立就業服務機構或地方政府受理複審申請案之次日起三十日內，得依本部提供之專家學者名冊邀請審查委員至少三人，就書面資料或至現場評估進行複審，並以一次為限。

前項申請者所提為身心障礙者職務再設計服務複審者，得邀請身心障礙者團體代表一名列席。

（二十五）公立就業服務機構得編列預算，補助地方政府辦理職務再設計。

地方政府受補助辦理身心障礙者職務再設計，應依補助地方政府辦理身心障礙者職務再設計補助作業規定辦理（附件七）。

（二十六）申請者經核定補助後，應配合辦理事項如下：

1. 應接受公立就業服務機構或地方政府實地、電話查核及評鑑，並提供本計畫相關文件備查。

2. 經查核有缺失者，應依限完成改善。

3. 配合公立就業服務機構或地方政府各項輔導追蹤事宜。

（二十七）申請者有下列所定情形之一者，公立就業服務機構或地方政府得不予補助、撤銷或廢止其一部或全部；已領取補助者，經撤銷或廢止後，應返還之：

1. 未實際進用第五點所定人員。

2. 規避、妨礙或拒絕公立就業服務機構或地方政府查核。

3. 經查核有缺失，複查時仍未改善。

4. 不實申領，經查證屬實。

5. 違反相關勞工法令，情節重大。

6. 以同一事由已領取政府機關相同性質之補助。

7. 其他違反本計畫之規定。

前項已領取補助者，公立就業服務機構或地方政府應以書面行政處分確認其返還範圍，並限期命其返還之，屆期未返還者，依法移送行政執行。

第一項不實申領者，公立就業服務機構或地方政府得對其停止補助二年。

公立就業服務機構或地方政府追蹤已領取補助者後續就業狀況，發現其就業未達三個月者，應限期命其返還已補助經費。但經審查有不可歸責之事由者，不在此限。

（二十八）申請者應於所提補助項目執行完畢三十日內，檢具下列文件，並本誠信原則對所提出支出憑證之支付事實及真實性負責，向公立就業服務機構或地方政府申請補助撥款並辦理核銷；核銷時，除應詳列支出用途外，並應列明全部實支經費總額及各機關實際補（捐）助金額：

1. 核准函影本。
2. 領據正本（附件八）。
3. 成果報告正本（附件九，個人申請者免附）。
4. 投保就業相關證明（於申請時已檢附者免附）。
5. 會計報告或收支清單正本（附件十）。
6. 發票或收據等原始憑證正本。

前項所定應備文件未備齊，經公立就業服務機構或地方政府通知補正者，應於公立就業服務機構或地方政府通知補正期限內補正。

（二十九）公立就業服務機構及地方政府應建立輔具回收機制，再行利用所補助之輔具。

屬全額補助且具重複使用性質之輔具，經審查會議決議應予回收且未逾使用年限，受補助單位於補助後二年內，其補助項目之職位出缺、結束職業訓練或居家就業服務後，未能進用有相同輔具需求之第五點所定人員時，應報請公立就業服務機構或地方政府回收輔具（附件十一）。

前項輔具屬衛生福利部身心障礙者輔具費用補助基準表所定輔具者，其使用年限從其規定，未規定者，依行政院財物標準分類之使用年限規定。二者均未規定者，其使用年限為二年。

（三十）公立就業服務機構或地方政府應定期追蹤查核申請者之執行情形，追蹤個案後續就業狀況（附件十二）及滿意度調查（附件十三），並建立完整補助案件檔案備查。本部或公立就業服務機構得隨時派員瞭解本計畫辦理情形。

地方政府未依本計畫規定辦理、無正當理由拒絕或推諉查核者，得酌減或不予其次年度之計畫補助經費。

（三十一）本計畫所需經費由本部、公立就業服務機構及各地方政府相關預算支應。

補助之發給或終止，得視經費額度調整，並公告之。

## 4-7　中高齡及高齡者就促

### 一、中高齡者及高齡者就業促進法（民國 108 年 12 月 4 日）

**第一章　總則**

**第 1 條** 為落實尊嚴勞動，提升中高齡者勞動參與，促進高齡者再就業，保障經濟安全，鼓勵世代合作與經驗傳承，維護中高齡者及高齡者就業權益，建構友善就業環境，並促進其人力資源之運用，特制定本法。

中高齡者及高齡者就業事項，依本法之規定；本法未規定者，適用勞動基準法、性別平等工作法、就業服務法、職業安全衛生法、就業保險法、職業訓練法及其他相關法律之規定。

**第 2 條** 本法所稱主管機關：在中央為勞動部；在直轄市為直轄市政府；在縣（市）為縣（市）政府。

**第 3 條** 本法用詞，定義如下：

一、中高齡者：指年滿四十五歲至六十五歲之人。

二、高齡者：指逾六十五歲之人。

三、受僱者：指受雇主僱用從事工作獲致薪資之人。

四、求職者：指向雇主應徵工作之人。

五、雇主：指僱用受僱者之人、公私立機構或機關。代表雇主行使管理權或代表雇主處理有關受僱者事務之人，視同雇主。

**第 4 條** 本法適用對象為年滿四十五歲之下列人員：

一、本國國民。

二、與在中華民國境內設有戶籍之國民結婚，且獲准在臺灣地區居留之外國人、大陸地區人民、香港或澳門居民。

三、前款之外國人、大陸地區人民、香港或澳門居民，與其配偶離婚或其配偶死亡，而依法規規定得在臺灣地區繼續居留工作者。

**第 5 條** 雇主應依所僱用之中高齡者及高齡者需要，協助提升專業知能、調整職務或改善工作設施，提供友善就業環境。

**第 6 條** 中央主管機關為推動中高齡者及高齡者就業，應蒐集中高齡者及高齡者勞動狀況，辦理供需服務評估、職場健康、職業災害等相關調查或研究，並進行性別分析，其調查及研究結果應定期公布【*1122-66；1121-66】

**補充資料**

中高齡者及高齡者就業促進法施行細則（109.12.3）

第 2 條　中央主管機關應至少每三年，公布本法第六條所定調查及研究之結果。

【*1121-48】

第 7 條　中央主管機關應會商中央目的事業主管機關及地方主管機關，至少每三年訂定中高齡者及高齡者就業計畫。

地方主管機關應依前項就業計畫，結合轄區產業特性，推動中高齡者及高齡者就業。

> **補充資料**
>
> 中高齡者及高齡者就業促進法施行細則（109.12.3）
>
> 第 3 條　依本法第 7 條訂定中高齡者及高齡者就業計畫，應包括下列事項：【*1121-62】
>
> 　　　　一、推動中高齡者及高齡者之職務再設計。
>
> 　　　　二、促進中高齡者及高齡者之職場友善。
>
> 　　　　三、提升中高齡者及高齡者之職業安全措施與輔具使用。
>
> 　　　　四、辦理提升中高齡者及高齡者專業知能之職業訓練。
>
> 　　　　五、獎勵雇主僱用失業中高齡者及高齡者。
>
> 　　　　六、推動中高齡者及高齡者之退休後再就業。
>
> 　　　　七、推動銀髮人才服務。
>
> 　　　　八、宣導雇主責任、受僱者就業及退休權益。
>
> 　　　　九、其他促進中高齡者及高齡者就業之相關事項。
>
> 　　　　前項計畫，應依目標期程及辦理情形適時檢討，以落實其成效。

第 8 條　主管機關得遴聘受僱者、雇主、學者專家及政府機關之代表，研議、諮詢有關中高齡者及高齡者就業權益事項；其中受僱者、雇主及學者專家代表，不得少於二分之一。

前項代表中之單一性別、中高齡者及高齡者，不得少於三分之一。【*1123-14】

第 9 條　為協助中高齡者及高齡者就業，主管機關得提供職場指引手冊。

第 10 條　為傳承中高齡者與高齡者智慧經驗及營造世代和諧，主管機關應推廣世代交流，支持雇主推動世代合作。

第 11 條　主管機關應推動中高齡者與高齡者就業之國際交流及合作。

## 第二章　禁止年齡歧視

第 12 條　雇主對求職或受僱之中高齡者及高齡者，不得以年齡為由予以差別待遇。【違者處新臺幣三十萬元以上一百五十萬元以下罰鍰】【公布其姓名或名稱、負責人姓名，並限期令其改善；屆期未改善者，應按次處罰】

前項所稱差別待遇，指雇主因年齡因素對求職者或受僱者為下列事項之直接或間接不利對待：

一、招募、甄試、進用、分發、配置、考績或陞遷等。

二、教育、訓練或其他類似活動。

三、薪資之給付或各項福利措施。

四、退休、資遣、離職及解僱。

第 13 條　前條所定差別待遇，屬下列情形之一者，不受前條第一項規定之限制：

一、基於職務需求或特性，而對年齡為特定之限制或規定。

二、薪資之給付，係基於年資、獎懲、績效或其他非因年齡因素之正當理由。

三、依其他法規規定任用或退休年齡所為之限制。

四、依本法或其他法令規定，為促進特定年齡者就業之相關僱用或協助措施。

第 14 條　求職或受僱之中高齡者及高齡者於釋明差別待遇之事實後，雇主應就差別待遇之非年齡因素，或其符合前條所定之差別待遇因素，負舉證責任。

第 15 條　求職或受僱之中高齡者及高齡者發現雇主違反第十二條第一項規定時，得向地方主管機關申訴。

地方主管機關受理前項之申訴，由依就業服務法相關規定組成之就業歧視評議委員會辦理年齡歧視認定。

第 16 條　雇主不得因受僱之中高齡者及高齡者提出本法之申訴或協助他人申訴，而予以解僱、調職或其他不利之處分。【違者處新臺幣二萬元以上三十萬元以下罰鍰】【公布其姓名或名稱、負責人姓名，並限期令其改善；屆期未改善者，應按次處罰】

第 17 條　求職或受僱之中高齡者及高齡者，因第十二條第一項之情事致受有損害，雇主應負賠償責任。

前項之損害賠償請求權，自請求權人知有損害及賠償義務人時起，二年間不行使而消滅。自有違反行為時起，逾十年者，亦同。

## 第三章　穩定就業措施

第 18 條　雇主依經營發展及穩定留任之需要，得自行或委託辦理所僱用之中高齡者及高齡者在職訓練，或指派其參加相關職業訓練。

雇主依前項規定辦理在職訓練，中央主管機關得予訓練費用補助，並提供訓練輔導協助。

第 19 條　雇主對於所僱用之中高齡者及高齡者有工作障礙或家屬需長期照顧時，得依其需要為職務再設計或提供就業輔具，或轉介適當之長期照顧服務資源。

雇主依前項規定提供職務再設計及就業輔具，主管機關得予輔導或補助。

第 20 條　雇主為使所僱用之中高齡者與高齡者傳承技術及經驗，促進世代合作，得採同一工作分工合作等方式為之。

雇主依前項規定辦理時，不得損及受僱者原有勞動條件，以穩定其就業。

雇主依第一項規定辦理者，主管機關得予輔導或獎勵。

第 21 條　雇主繼續僱用符合勞動基準法第五十四條第一項第一款所定得強制退休之受僱者達一定比率及期間，中央主管機關得予補助。

第 22 條　前四條所定補助、獎勵之申請資格條件、項目、方式、期間、廢止、經費來源及其他相關事項之辦法【在職中高齡者及高齡者就業促進辦法 <109.12.3>】，由中央主管機關定之。

【*1121 術科第三題】

## 第四章　促進失業者就業

第 23 條　公立就業服務機構為協助中高齡者及高齡者就業，應依其能力及需求，提供職涯輔導、就業諮詢與推介就業等個別化就業服務及相關就業資訊。

第 24 條　中央主管機關為提升中高齡者及高齡者工作技能，促進就業，應辦理職業訓練。

雇主依僱用人力需求，得自行或委託辦理失業之中高齡者及高齡者職業訓練。

雇主依前項規定辦理職業訓練，中央主管機關得予訓練費用補助。

第 25 條　主管機關為協助中高齡者及高齡者創業或與青年共同創業，得提供創業諮詢輔導、創業研習課程及創業貸款利息補貼等措施。

第 26 條　主管機關對於失業之中高齡者及高齡者，應協助其就業，提供相關就業協助措施，並得發給相關津貼、補助或獎助。

第 27 條　前三條所定補助、利息補貼、津貼或獎助之申請資格條件、項目、方式、期間、廢止、經費來源及其他相關事項之辦法【失業中高齡者及高齡者就業促進辦法 <109.12.3>】，由中央主管機關定之。

## 第五章　支持退休後再就業

第 28 條　六十五歲以上勞工，雇主得以定期勞動契約僱用之。

第 29 條　雇主對於所僱用之中高齡者，得於其達勞動基準法第五十四條第一項第一款所定得強制退休前一年，提供退休準備、調適及再就業之相關協助措施。

雇主依前項規定辦理時，中央主管機關得予補助。

第 30 條　雇主僱用依法退休之高齡者，傳承其專業技術及經驗，中央主管機關得予補助。

第 31 條　前二條所定補助之申請資格條件、項目、方式、期間、廢止、經費來源及其他相關事項之辦法【退休中高齡者及高齡者再就業補助辦法 <109.12.3>】，由中央主管機關定之。

第 32 條　中央主管機關為提供退休之中高齡者及高齡者相關資料供查詢，以強化退休人力再運用，應建置退休人才資料庫，並定期更新。

退休人才資料庫之使用依個人資料保護法相關規定辦理。

## 第六章　推動銀髮人才服務

第 33 條　中央主管機關為促進依法退休或年滿五十五歲之中高齡者及高齡者就業，應辦理下列事項，必要時得指定或委託相關機關（構）、團體推動之：

一、區域銀髮就業市場供需之調查。

二、銀髮人力資源運用創新服務模式之試辦及推廣。

三、延緩退休、友善職場與世代合作之倡議及輔導。

四、就業促進之服務人員專業知能培訓。

五、銀髮人才服務據點工作事項之輔導及協助。

第 34 條　地方主管機關得成立銀髮人才服務據點，辦理下列事項：

一、開發臨時性、季節性、短期性、部分工時、社區服務等就業機會及就業媒合。

二、提供勞動法令及職涯發展諮詢服務。

三、辦理就業促進活動及訓練研習課程。

四、促進雇主聘僱專業銀髮人才傳承技術及經驗。

五、推廣世代交流及合作。

地方主管機關辦理前項服務，中央主管機關得予補助，其申請資格條件、項目、方式、期間、廢止、經費來源及其他相關事項之辦法【地方政府成立銀髮人才服務據點補助辦法

<109.12.3>】，由中央主管機關定之。

第 35 條　地方主管機關應定期向中央主管機關提送銀髮人才服務據點執行成果報告。

中央主管機關對地方主管機關推動銀髮人才服務據點應予監督及考核。

## 第七章　開發就業機會

第 36 條　中央主管機關為配合國家產業發展需要，得會商中央目的事業主管機關，共同開發中高齡者及高齡者就業機會。

第 37 條　公立就業服務機構應定期蒐集、整理與分析其業務區域內中高齡者及高齡者從事之行業與職業分布、薪資變動、人力供需及未來展望等資料。

公立就業服務機構應依據前項調查結果，訂定中高齡者及高齡者工作機會之開發計畫。

第 38 條　公立就業服務機構為協助中高齡者及高齡者就業或再就業，應開發適合之就業機會，並定期於勞動部相關網站公告。

第 39 條　主管機關為協助雇主僱用中高齡者及高齡者，得提供相關人力運用指引、職務再設計及其他必要之措施。

第 40 條　主管機關對於促進中高齡者及高齡者就業有卓越貢獻者，得予獎勵。

前項所定獎勵之申請資格條件、項目、方式、期間、廢止、經費來源及其他相關事項之辦法，由中央主管機關定之。

## 第八章　罰則

第 41 條　違反第十二條第一項規定者，處新臺幣三十萬元以上一百五十萬元以下罰鍰。

違反第十六條規定者，處新臺幣二萬元以上三十萬元以下罰鍰。

第 42 條　有前條規定行為之一者，應公布其姓名或名稱、負責人姓名，並限期令其改善；屆期未改善者，應按次處罰。

第 43 條　本法所定之處罰，由地方主管機關為之。

## 第九章　附則

第 44 條　本法施行細則，由中央主管機關定之。

第 45 條　本法施行日期，由行政院定之。

# 二、失業中高齡者及高齡者就業促進辦法（民國 109 年 12 月 3 日）

## 第一章　總則

第 1 條　本辦法依中高齡者及高齡者就業促進法（以下簡稱本法）第二十七條規定訂定之。

第 2 條　本辦法所稱雇主，為就業保險投保單位之民營事業單位、團體或私立學校。

前項所稱定團體，指依人民團體法或其他法令設立者。但不包括政治團體及政黨。

第 3 條　本法第二十七條所定補助、利息補貼、津貼或獎助如下：

一、職業訓練補助。

二、創業貸款利息補貼。

三、跨域就業補助。

四、臨時工作津貼。

五、職場學習及再適應津貼。

六、僱用獎助。

## 第二章　職業訓練之補助

第 4 條　失業之中高齡者及高齡者，參加中央主管機關自辦、委託或補助辦理之職業訓練課程，全額補助其訓練費用。

申請前項補助者，應檢附下列文件、資料，向辦理職業訓練單位提出，送中央主管機關審核：

一、身分證明文件影本。

二、其他經中央主管機關規定之文件、資料。

第 5 條　中央主管機關為提升失業之高齡者工作技能，促進就業，得自辦、委託或補助辦理高齡者職業訓練專班。

前項高齡者職業訓練專班，應符合下列規定：

一、訓練對象為經公立就業服務機構或受託單位就業諮詢並推介參訓，且由職業訓練單位甄選錄訓之高齡者。

二、訓練專班之規劃應切合高齡者就業市場，且其課程、教材、教法及評量方式，應適合失業之高齡者身心特性及需求。

第 6 條　雇主依本法第二十四條第二項規定辦理訓練，並申請訓練費用補助者，最低開班人數應達五人，且訓練時數不得低於八十小時。達五人，且訓練時數不得低於八十小時。

達五人，且訓練時數不得低於八十小時。

第 7 條　雇主依前條規定申請訓練費用補助者，應檢附下列文件、資料，送中央主管機關審核：

一、申請書。

二、招募計畫書，其內容應包括僱用結訓中高齡者及高齡者之勞動條件。

三、訓練計畫書。

四、依法設立登記之證明文件影本。

五、其他經中央主管機關規定之文件、資料。

經核定補助者，補助標準分為下列二類，其餘未補助部分，由雇主自行負擔，不得向受訓學員收取任何費用：

一、由雇主自行辦理訓練：補助訓練費用百分之七十。

二、雇主委託辦理訓練：補助訓練費用百分之八十五。

第 8 條　依第六條辦理職業訓練結訓後，雇主應依招募計畫書之勞動條件全部僱用；未僱用者，其全部或一部之訓練費用不予補助。但中途離退訓、成績考核不合格或因個人因素放棄致未僱用者，不在此限。

前項僱用人數於結訓一個月內離職率達百分之三十以上，不予補助已離職者之訓練費用。

第 9 條　失業之中高齡者及高齡者參加職業訓練，中央主管機關得發給職業訓練生活津貼；其申請資格條件、方式、期間及不予核發、撤銷或廢止等事項，準用就業促進津貼實施辦法第三條、第十八條至第二十一條及第二十六條規定。

## 第三章　創業貸款利息補貼

第 10 條　失業之中高齡者及高齡者，符合下列規定，並檢具相關文件、資料，經中央主管機關同意核貸，得向金融機構辦理創業貸款：

一、登記為所營事業之負責人，並有實際經營該事業之事實。

二、未同時經營其他事業。

三、三年內曾參與政府創業研習課程至少十八小時。

四、所營事業設立登記未超過五年。

五、所營事業員工數未滿五人。

六、貸款用途以購置或租用廠房、營業場所、機器、設備或營運週轉金為限。

前項失業者與二十九歲以下之青年共同創業，向金融機構辦理貸款時，應檢具共同實際經營該事業之創業計畫書。

前項共同創業者不得為配偶、三親等內血親、二親等內血親之配偶、配偶之二親等內血親或其配偶。

第 11 條　創業貸款之利率，按中華郵政股份有限公司二年期定期儲金機動利率加百分之零點五七五機動計息。　　　　　　　　　　　　　　　　　　　　　　【*1073-38】

第 12 條　第十條所定創業貸款，其利息補貼之最高貸款額度為新臺幣二百萬元【*1061-60；1051-67；1031-25；1001-34】；所營事業為商業登記法第五條規定得免辦理登記之小規模商業，並辦有稅籍登記者，利息補貼之最高貸款額度為新臺幣五十萬元。

貸款人貸款期間前二年之利息，由中央主管機關全額補貼。　　　　　　　【*1073-38】

貸款人符合第十條第二項規定者，貸款期間前三年之利息，由中央主管機關全額補貼；第四年起負擔年息百分之一點五，利息差額由中央主管機關補貼，但年息低於百分之一點五時，由貸款人負擔實際全額利息。

前項利息補貼期間最長七年。　　　　　　　　　　　　　　　　　　　　【*1001-34】

第 13 條　貸款人有下列情形之一者，自事實發生之日起停止或不予補貼利息；已撥付者，由承貸金融機構向貸款人追回，並返還中央主管機關：

一、所營事業停業、歇業或變更負責人。

二、貸款人積欠貸款本息達六個月。

前項第二款情形於貸款人清償積欠貸款本息且恢復正常繳款後，得繼續補貼利息。

第 14 條　同一創業貸款案件，曾領取政府機關其他相同性質創業貸款利息補貼或補助者，不得領取本辦法之創業貸款利息補貼。

## 第四章　跨域就業補助

第 15 條　本辦法所定跨域就業補助項目如下：

一、求職交通補助金。

二、異地就業交通補助金。

三、搬遷補助金。

四、租屋補助金。

第 16 條　失業之中高齡者及高齡者，親自向公立就業服務機構辦理求職登記，經諮詢及開立介紹卡推介就業，有下列情形之一者，得發給求職交通補助金：

一、推介地點與日常居住處所距離三十公里以上。

二、為低收入戶、中低收入戶或家庭暴力被害人。

除前項規定外，其他補助資格條件、核發金額及相關事項，準用就業促進津貼實施辦法第三條、第八條及第九條規定。

第 17 條　申請前條補助，應檢附下列文件、資料：

一、身分證明文件影本。

二、同意代為查詢勞工保險資料委託書。

三、補助金領取收據。

四、其他經中央主管機關規定之文件、資料。

第 18 條　失業之中高齡者及高齡者依本辦法、就業促進津貼實施辦法及就業保險促進就業實施辦法申領之求職交通補助金應合併計算，每人每年度以四次為限。

第 19 條　符合下列各款情形之失業者，親自向公立就業服務機構辦理求職登記，經諮詢及開立介紹卡推介就業，得向就業當地轄區之公立就業服務機構申請核發異地就業交通補助金：

一、高齡者、失業期間連續達三個月以上中高齡者或非自願性離職中高齡者。

二、就業地點與原日常居住處所距離三十公里以上。

三、因就業有交通往返之事實。

四、連續三十日受僱於同一雇主。

第 20 條　中高齡者及高齡者申請前條異地就業交通補助金，其申請程序、應備文件、資料、核發標準、補助期間及不予核發或撤銷等事項，準用就業保險促進就業實施辦法第二十七條、第二十八條及第三十六條規定。

第 21 條　符合下列各款情形之失業者，親自向公立就業服務機構辦理求職登記，經諮詢及開立介紹卡推介就業，得向就業當地轄區之公立就業服務機構申請核發搬遷補助金：

一、高齡者、失業期間連續達三個月以上中高齡者或非自願性離職中高齡者。

二、就業地點與原日常居住處所距離三十公里以上。

三、因就業而需搬離原日常居住處所，搬遷後有居住事實。

四、就業地點與搬遷後居住處所距離三十公里以內。

五、連續三十日受僱於同一雇主。

第 22 條　中高齡者及高齡者申請前條搬遷補助金，其申請程序、應備文件、資料、核發標準及不予核發或撤銷等事項，準用就業保險促進就業實施辦法第三十條、第三十一條及第三十六條規定。

第 23 條　符合下列各款情形之失業者，親自向公立就業服務機構辦理求職登記，經諮詢及開立介紹卡推介就業，得向就業當地轄區之公立就業服務機構申請核發租屋補助金：

一、高齡者、失業期間連續達三個月以上中高齡者或非自願性離職中高齡者。

二、就業地點與原日常居住處所距離三十公里以上。

三、因就業而需租屋，並在租屋處所有居住事實。

四、就業地點與租屋處所距離三十公里以內。

五、連續三十日受僱於同一雇主。

第 24 條　中高齡者及高齡者申請前條租屋補助金，其申請程序、應備文件、資料、核發標準、補助期間及不予核發或撤銷等事項，準用就業保險促進就業實施辦法第三十三條、第三十四條及第三十六條規定。

第 25 條　中高齡者及高齡者申領租屋補助金或異地就業交通補助金，僅得按月擇一申領。

第 26 條　中高齡者及高齡者依本辦法及就業保險促進就業實施辦法申領之租屋補助金、異地就業交通補助金及搬遷補助金應合併計算，租屋補助金及異地就業交通補助金申領期間最長十二個月；搬遷補助金最高新臺幣三萬元。

## 第五章　臨時工作津貼

第 27 條　失業之中高齡者及高齡者，親自向公立就業服務機構辦理求職登記，經就業諮詢並推介就業，有下列情形之一者，得指派其至用人單位從事臨時性工作，並發給臨時工作津貼：

一、於求職登記日起十四日內未能推介就業。

二、有正當理由無法接受推介工作。

公立就業服務機構發給前項津貼之適用對象，準用就業促進津貼實施辦法第三條規定。

第一項正當理由、用人單位及津貼發給方式，準用就業促進津貼實施辦法第十條第二項至第四項規定。

第 28 條　前條津貼發給標準，按中央主管機關公告之每小時基本工資核給，且不超過每月基本工資，最長六個月。

第 29 條　用人單位申請津貼應備文件、資料，準用就業促進津貼實施辦法第十一條規定。

失業之中高齡者及高齡者申領第二十七條津貼，其請假及給假事宜，準用就業促進津貼實施辦法第十三條規定。

公立就業服務機構查核及終止用人單位計畫，準用就業促進津貼實施辦法第十四條及第十五條規定。

失業之中高齡者及高齡者申領第二十七條津貼，其撤銷、廢止、停止或不予給付臨時工作津貼情形，準用就業促進津貼實施辦法第十六條規定。

用人單位辦理保險事項，準用就業促進津貼實施辦法第十七條規定。

第 30 條　依本辦法、就業促進津貼實施辦法及就業保險促進就業實施辦法申領之臨時工作津貼應合併計算，二年內申領期間最長六個月。

## 第六章　職場學習及再適應津貼

第 31 條　失業之中高齡者及高齡者，親自向公立就業服務機構辦理求職登記，經公立就業服務機構評估後，得推介至用人單位進行職場學習及再適應。

第 32 條　前條所稱用人單位，指依法登記或取得設立許可之民間團體、民營事業單位、公營事業機構、非營利組織或學術研究機構。但不包括政治團體及政黨。

用人單位應向當地轄區公立就業服務機構提出職場學習及再適應工作計畫書,經公立就業服務機構審核通過後,進用其推介之中高齡者及高齡者。

前項計畫執行完畢後,用人單位得向公立就業服務機構申請職場學習及再適應津貼、用人單位行政管理及輔導費。

第 33 條 用人單位請領職場學習及再適應津貼期間,應以不低於中央主管機關公告之基本工資進用。

職場學習及再適應津貼,按每小時基本工資核給,且不超過每月基本工資。

前項津貼補助期間最長三個月,高齡者經當地轄區公立就業服務機構評估後,得延長至六個月。

中高齡者及高齡者轉換職場學習及再適應單位,其期間應合併計算,二年內合併之期間最長六個月。【*1122-58】

第 34 條 用人單位向公立就業服務機構申請第三十二條所定行政管理及輔導費,其發給金額,以實際核發職場學習及再適應津貼之百分之三十核給。

第 35 條 用人單位於計畫執行完畢或經公立就業服務機構終止六十日內,應檢附下列文件、資料,向當地轄區公立就業服務機構申請第三十二條津貼及補助:

一、計畫核准函影本。

二、領據。

三、參加計畫人員名冊。

四、津貼與行政管理及輔導費之印領清冊及工作輔導紀錄。

五、參加計畫人員之簽到表,或足以證明參與計畫之出勤文件影本。

六、參加計畫人員之勞工保險投保資料或其他資料影本。

七、延長補助之核准函影本。

八、已依身心障礙者權益保障法及原住民族工作權保障法規定,足額進用身心障礙者及原住民或繳納差額補助費、代金之文件影本。

第 36 條 公立就業服務機構補助用人單位職場學習及再適應津貼之人數限制如下:

【*1122-32：1121-37】

一、以用人單位申請日前一個月之勞工保險投保人數之百分之三十為限,不足一人者以一人計。但員工數為十人以下者,最多得補助三人。

二、同一用人單位各年度最高補助之人數不得超過十人。

第 37 條 用人單位申領職場學習及再適應津貼、行政管理費及輔導費,有下列情形之一者,公立就業服務機構得視其違反情形,撤銷或廢止全部或一部之補助;已領取者,應限期命其返還:

一、進用負責人之配偶或三親等內之親屬。

二、同一用人單位再進用離職未滿一年者。

三、進用之人員，於同一時期已領取政府機關其他相同性質之就業促進相關補助或津貼。

四、自行進用未經公立就業服務機構推介之失業者。

## 第七章　僱用獎助

第 38 條　失業期間連續達三十日以上之中高齡者及高齡者，向公立就業服務機構辦理求職登記，經就業諮詢無法推介就業者，公立就業服務機構得發給僱用獎助推介卡。

前項失業期間之計算，以辦理前項求職登記之日起回溯三十日，該期間未有參加就業保險、勞工保險或職業災害保險之紀錄。

第 39 條　雇主僱用前條之中高齡者及高齡者連續滿三十日，由公立就業服務機構發給僱用獎助。

前項所定僱用，為雇主以不定期契約或一年以上之定期契約僱用勞工。【*1122 術科第三題】

第 40 條　雇主連續僱用同一領有僱用獎助推介卡之中高齡者及高齡者，應於滿三十日之日起九十日內，檢附下列文件、資料，向原推介轄區之公立就業服務機構申請僱用獎助：

一、僱用獎助申請書。

二、僱用名冊、載明受僱者工作時數之薪資清冊、出勤紀錄。

三、受僱勞工之身分證明文件或有效期間居留證明文件影本。

四、請領僱用獎助之勞工保險、就業保險、職業災害保險投保資料表或其他足資證明投保之文件。

五、其他經中央主管機關規定之文件、資料。

前項雇主，得於每滿三個月之日起九十日內，向原推介轄區之公立就業服務機構提出僱用獎助之申請。

第一項僱用期間，一個月以三十日計算，其末月僱用時間逾二十日而未滿三十日者，以一個月計算。

第 41 條　雇主依前二條規定申請僱用獎助，依下列規定核發：

一、高齡者與雇主約定以按月計酬全時工作受僱者：依受僱人數每人每月發給新臺幣一萬五千元。　　　　　　　　　　　　　　　　　　　　　　　【*1122 術科第三題】

二、高齡者與雇主約定按前款以外方式工作受僱者：依受僱人數每人每小時發給新臺幣八十元，每月最高發給新臺幣一萬五千元。

三、中高齡者與雇主約定以按月計酬全時工作受僱者：依受僱人數每人每月發給新臺幣一萬三千元。　　　　　　　　　　　　　　　　　　　　　　　【*1122 術科第三題】

四、中高齡者與雇主約定按前款以外方式工作受僱者：依受僱人數每人每小時發給新臺幣七十元，每月最高發給新臺幣一萬三千元。

勞工依勞動基準法及性別平等工作法等相關法令規定請假，致雇主給付薪資低於前項各款核發標準之情形，依勞工實際獲致薪資數額發給僱用獎助。

同一雇主僱用同一勞工，雇主依本辦法、就業保險促進就業實施辦法申領之僱用獎助及政府機關其他相同性質之補助或津貼應合併計算；其申領期間最長十二個月。

同一勞工於同一時期受僱於二以上雇主，並符合第一項第二款或第四款規定者，各雇主均得依規定申請獎助；公立就業服務機構應按雇主申請送達受理之時間，依序核發。但獎助金額每月合計不得逾第一項第二款或第四款規定之最高金額。

第 42 條　雇主僱用第三十八條之失業者，公立就業服務機構不予核發或撤銷僱用獎助之情形，準用就業保險促進就業實施辦法第十九條第二項規定。

## 第八章　附則

第 43 條　第十九條、第二十一條、第二十三條及第四十條所定受僱或僱用期間之認定，自勞工到職投保就業保險生效之日起算。但依法不得投保就業保險者，自勞工到職投保勞工保險或職業災害保險生效之日起算。

第 44 條　雇主、用人單位或勞工申請本辦法補助、補貼、津貼或獎助之文件、資料未備齊者，應於主管機關或公立就業服務機構通知期間內補正；屆期未補正者，不予受理。

第 45 條　主管機關及公立就業服務機構為查核本辦法執行情形，得查對相關文件、資料。雇主、用人單位、依本辦法領取補助、補貼、津貼或獎助者，不得規避、妨礙或拒絕。

第 46 條　除本辦法另有規定者外，依本辦法領取補助、補貼、津貼及獎助者，有下列情形之一，主管機關或公立就業服務機構應不予核發；已發給者，經撤銷或廢止後，應限期命其返還：

一、不實請領或溢領。

二、規避、妨礙或拒絕主管機關或公立就業服務機構查核。

三、違反本辦法規定。

四、其他違反相關勞動法令，情節重大。

有前項第一款所定情事，主管機關或公立就業服務機構得停止補助二年。

第 47 條　本辦法所規定之書表及文件，由中央主管機關定之。

第 48 條　本辦法所需經費，由主管機關編列預算支應。

第 49 條　本辦法自中華民國一百零九年十二月四日施行。

# 三、在職中高齡者及高齡者穩定就業辦法（民國 109 年 12 月 3 日）

## 第一章　總則

第 1 條　本辦法依中高齡者及高齡者就業促進法（以下簡稱本法）第二十二條規定訂定之。

第 2 條　本辦法所定雇主，為就業保險投保單位之民營事業單位、團體或私立學校。

前項所稱團體，指依人民團體法或其他法令設立者。但不包括政治團體及政黨。

第 3 條　本法第三章穩定就業措施，其項目如下：

一、職業訓練之補助。

二、職務再設計與就業輔具之輔導及補助。

三、世代合作之輔導及獎勵。

四、繼續僱用之補助。

## 第二章　職業訓練之補助

第 4 條　中央主管機關補助雇主依本法第十八條第一項規定，指派所僱用之中高齡者及高齡者參加職業訓練，以國內訓練單位公開招訓之訓練課程為限。　　　　　　【*1122 術科第三題】

第 5 條　　雇主依前條指派所僱用之中高齡者或高齡者參加職業訓練，應檢附下列文件、資料，送中央主管機關審核：

一、申請書。

二、全年度訓練計畫書，其內容包括對象及經費概算總表。

三、依法設立登記之證明文件影本。

四、當年度最近一期勞工保險費用繳款單及明細表影本。

五、最近一期繳納之營業稅證明或無欠稅證明。

六、其他經中央主管機關規定之文件、資料。

雇主應就各層級中高齡及高齡勞工參訓權益予以考量，以保障基層中高齡及高齡勞工之受訓權益。

第一項第二款所定訓練計畫書經核定後，雇主應於預定施訓日三日前至補助企業辦理訓練資訊系統登錄，並於每月十日前回報前一月已施訓之訓練課程。

雇主變更訓練課程內容，應於訓練計畫原定施訓日三日前向中央主管機關申請變更。

第一項文件、資料未備齊，應於中央主管機關通知期間內補正；屆期未補正者，不予受理。

第 6 條　　雇主依第四條指派所僱用之中高齡者或高齡者參加職業訓練，得向中央主管機關申請訓練費用最高百分之七十之補助。但補助總額上限不得超過中央主管機關另行公告之金額。　　　　　　　　　　　【\*1122 術科第三題】【在職中高齡者及高齡者穩定就業訓練補助實施計畫】

第 7 條　　雇主依第五條所送之訓練計畫書，經審核通過且實施完畢者，應於當年度檢附下列文件、資料向中央主管機關申請補助：

一、請款之領據或收據及存摺封面影本。

二、實際參訓人員總名冊。

三、訓練計畫實施及經費支出明細表。

四、經費支出原始憑證明細表及支出憑證。

五、訓練紀錄表及成果報告。

六、其他經中央主管機關規定之文件、資料。

第 8 條　　雇主應依第五條核定訓練計畫書實施訓練，無正當理由連續二年單一班次參訓率低於原預定參訓人數之百分之六十，且逾核定班次三分之一者，次一年度不予受理申請。

第 9 條　　雇主於計畫執行期間有下列情形之一者，該課程不予補助，並廢止原核定處分之全部或一部：

一、未經同意，自行變更部分訓練計畫書內容，或未依核定之訓練計畫書及課程進度實施訓練。

二、未於預定施訓日三日前登錄，或施訓日之次月十日前辦理訓練課程回報。

三、同一訓練課程，已接受其他政府機關補助。

第 10 條　雇主有下列情形之一者,中央主管機關應不予補助其訓練費用;已發給者,經撤銷或廢止原核定處分後,應限期命其返還:

一、未依據核定之訓練計畫書及課程進度實施訓練,且未於期限內申請辦理變更達二次以上。

二、未依核銷作業期程辦理申領補助訓練費。

## 第三章　職務再設計與就業輔具之輔導及補助

第 11 條　雇主依本法第十九條第一項所定為職務再設計或提供就業輔具,得向主管機關申請輔導或補助。

前項補助金額,按所申請人數,每人每年以新臺幣十萬元為限。但經評估有特殊需求,經主管機關事前核准者,不在此限。　　　　　　　　　　【*1121 術科第七題】

第 12 條　前條所定職務再設計或提供就業輔具之輔導或補助項目如下:　　【*1121 術科第三題】

一、提供就業輔具:為排除中高齡者及高齡者工作障礙,維持、改善、增加其就業能力之輔助器具。

二、改善工作設備或機具:為提高中高齡者及高齡者工作效能,增進其生產力,所進行工作設備或機具之改善。

三、改善職場工作環境:為穩定中高齡者及高齡者就業,所進行與工作場所環境有關之改善。

四、改善工作條件:為改善中高齡者及高齡者工作狀況,提供必要之工作協助。

五、調整工作方法:透過分析與訓練,按中高齡者及高齡者特性,安排適當工作。

前項情形,屬職業安全衛生法所定之雇主義務或責任者,不予補助。

第 13 條　雇主依第十一條規定申請職務再設計或提供就業輔具,應檢附下列文件、資料,送主管機關審核:

一、申請書。

二、依法設立登記之證明文件影本。

三、勞工保險投保證明文件或僱用證明文件影本。

四、其他經主管機關規定之文件、資料。

前項文件、資料未備齊,應於主管機關通知期間內補正;屆期未補正者,不予受理。

第 14 條　主管機關受理職務再設計或就業輔具補助申請,為評估申請案件之需要性、必要性、可行性、預算合理性及能否解決工作障礙等,得視需要邀請專家學者至現場訪視及提供諮詢輔導,並得召開審查會議審查。

第 15 條　依第十三條規定申請補助費用,應於核定補助項目執行完畢三十日內檢附下列文件、資料,向主管機關申請撥款及經費核銷:

一、核准函影本。

二、領據。

三、成果報告。

四、會計報告或收支清單。

五、發票或收據等原始憑證。

前項文件、資料未備齊，應於主管機關通知期間內補正；屆期未補正者，不予受理。

第 16 條　雇主申請補助購置之就業輔具，符合下列各款情形，且於受補助後二年內遇該補助項目之職位出缺，而未能僱用使用相同輔具之中高齡者或高齡者，應報請主管機關回收輔具：

一、全額補助，且具重複使用性質。

二、未逾使用期限。

三、經第十四條評估、審查應予回收。

前項第二款所定使用期限，依下列順序定之：

一、屬衛生福利部身心障礙者輔具費用補助基準表所定輔具者，其使用年限從其規定。

二、依行政院主計總處財物標準分類規定之使用年限。

三、非屬前二款者，使用年限為二年。

## 第四章　世代合作之輔導及獎勵

第 17 條　本法第二十條第一項所稱促進世代合作，指雇主透過同一工作分工合作、調整內容及其他方法，使所僱用之中高齡者及高齡者與差距年齡達十五歲以上之受僱者共同工作之方式。

第 18 條　雇主依前條推動世代合作之方式如下：

一、人才培育型：由中高齡者或高齡者教導跨世代員工，傳承知識、技術及實務經驗。

二、工作分享型：由不同世代共同合作，發展職務互補或時間分工，且雙方應有共同工作時段。

三、互為導師型：結合不同世代專長，雙方互為導師，共同提升營運效率。

四、能力互補型：依不同世代職務能力進行工作重組、工作規劃或績效調整。

五、其他世代合作之推動方式。

主管機關為促進雇主辦理世代合作，推動世代交流及經驗傳承，得聘請專家學者或具實務經驗工作者，視雇主需求提供諮詢及輔導。

第 19 條　中央主管機關對推動前條世代合作項目著有績效之雇主，得公開表揚，頒發獎座（牌）及獎金。

前項獎勵活動以每二年辦理一次為原則，獎勵相關事項，由中央主管機關公告之。

## 第五章　繼續僱用之補助

第 20 條　雇主依本法第二十一條（法定強制退休年齡者）申請補助者，應符合下列資格條件：

【*1121 術科第七題】

一、繼續僱用符合勞動基準法第五十四條第一項第一款規定之受僱者，達其所僱用符合該規定總人數之百分之三十。

二、繼續僱用期間達六個月以上。

三、繼續僱用期間之薪資不低於原有薪資。

前項第一款所定受僱者，不得為雇主之配偶或三親等內之親屬。

第 21 條 符合前條所定雇主應於每年中央主管機關公告期間內，檢附下列文件、資料，向公立就業服務機構提出申請次一年度繼續僱用補助，並送中央主管機關審核：

一、申請書。

二、繼續僱用計畫書。

三、依法設立登記之證明文件影本。

四、繼續僱用者投保勞工保險或職業災害保險之證明文件。

五、繼續僱用者最近三個月之薪資證明文件。

六、其他經中央主管機關規定之文件、資料。

雇主應於繼續僱用期滿六個月之日起九十日內，檢附繼續僱用期間之僱用與薪資證明文件及中央主管機關核准函影本，向公立就業服務機構請領繼續僱用補助。

雇主申請第一項補助時，不得同時請領與本辦法相同性質之津貼或補助。

第 22 條 繼續僱用之補助，僱用日數未達三十日者不予列計，並按雇主繼續僱用期間核發，其規定如下： 【*1121 術科第七題】

一、勞雇雙方約定按月計酬方式給付薪資者，依下列標準核發：

（一）雇主繼續僱用期間滿六個月，自雇主僱用第一個月起，依受僱人數每人每月補助新臺幣一萬三千元，一次發給六個月僱用補助。

（二）雇主繼續僱用期間逾六個月，自第七個月起依受僱人數每人每月補助新臺幣一萬五千元，按季核發，最高補助十二個月。

二、勞雇雙方約定按前款以外方式給付薪資者，依下列標準核發：

（一）雇主繼續僱用期間滿六個月，自雇主僱用第一個月起，依受僱人數每人每小時補助新臺幣七十元，每月最高發給新臺幣一萬三千元，一次發給六個月僱用補助。

（二）雇主繼續僱用期間逾六個月，自第七個月起依受僱人數每人每小時補助新臺幣八十元，每月最高發給新臺幣一萬五千元，按季核發，最高補助十二個月。

雇主於申請前條補助期間，遇有勞雇雙方計酬方式變更情事，應報請公立就業服務機構備查。

## 第六章 附則

第 23 條 主管機關及公立就業服務機構為查核本辦法執行情形，得查對相關文件、資料，雇主不得規避、妨礙或拒絕。

第 24 條　除本辦法另有規定者外，雇主有下列情形之一者，主管機關應不予核發獎勵或補助；已發給者，經撤銷或廢止後，應限期命其返還：

一、不實請領或溢領。

二、執行內容與原核定計畫不符。

三、未實質僱用中高齡者及高齡者。

四、規避、妨礙或拒絕主管機關或公立就業服務機構查核。

五、以同一事由已領取政府機關相同性質之補助。

六、違反本辦法規定。

七、其他違反相關勞動法令，情節重大。

有前項第一款所定情事，主管機關得停止補助二年。

第 25 條　本辦法所規定之書表及文件，由中央主管機關定之。

第 26 條　本辦法所需經費，由主管機關編列預算支應。

第 27 條　本辦法自中華民國一百零九年十二月四日施行。

## 四、退休中高齡者及高齡者再就業補助辦法（民國 109 年 12 月 3 日）

第 1 條　本辦法依中高齡者及高齡者就業促進法（以下簡稱本法）第三十一條規定訂定之。

第 2 條　本辦法所定雇主，為就業保險投保單位之民營事業單位、團體或私立學校。

前項所稱團體，指依人民團體法或其他法令設立者。但不包括政治團體及政黨。

第 3 條　雇主依本法第二十九條提供下列協助措施者，得向中央主管機關申請補助：

一、辦理勞工退休準備與調適之課程、團體活動、個別諮詢、資訊及文宣。

二、辦理勞工退休後再就業之職涯發展、就業諮詢、創業諮詢及職業訓練。

雇主應於中央主管機關公告之受理期間提出申請。

第一項各款補助額度，同一雇主每年最高新臺幣五十萬元。【*1121-8】

第一項與第二項所定受理期間、審查及核銷作業等事項，由中央主管機關公告之。

第 4 條　雇主依前條規定申請補助，應檢附下列文件、資料，送中央主管機關審核：

一、申請書。

二、計畫書。

三、經費概算表。

四、依法設立登記之證明文件影本。

五、其他經中央主管機關規定之文件、資料。

前項文件、資料未備齊者，應於中央主管機關通知期間內補正；屆期未補正者，不予受理。

第 5 條　雇主依本法第三十條（依法退休）僱用高齡者傳承專業技術及經驗，得向中央主管機關申請下列補助：

一、傳承專業技術及經驗之實作或講師鐘點費。

二、非自有場地費。

三、其他必要之費用。

雇主應於中央主管機關公告之受理期間提出申請。

第一項補助額度，每位受僱用之高齡者每年最高補助雇主新臺幣十萬元，每位雇主每年最高補助新臺幣五十萬元；受僱用之高齡者，不得為雇主配偶或三親等以內親屬。

【*1122 術科第三題】

第一項與第二項所定受理期間、審查及核銷作業等事項，由中央主管機關公告之。

第6條　雇主依前條規定申請補助，應檢附下列文件、資料，送中央主管機關審核：

一、申請書。

二、計畫書。

三、經費概算表。

四、依法設立登記之證明文件影本。

五、講師為退休高齡者證明文件影本。

六、講師具專業技術及經驗證明文件影本。

七、僱用證明文件影本。

八、其他經中央主管機關規定之文件、資料。

前項文件、資料未備齊者，應於中央主管機關通知期間內補正；屆期未補正者，不予受理。

第7條　中央主管機關為查核本辦法執行情形，得查對相關文件、資料，雇主不得規避、妨礙或拒絕。

第8條　雇主有下列情形之一者，應不予核發補助；已發給者，經撤銷或廢止後，應限期命其返還：

一、不實請領或溢領。

二、執行內容與原核定計畫不符。

三、未實質僱用中高齡者及高齡者。

四、規避、妨礙或拒絕中央主管機關查核。

五、同一事由已領取政府機關相同性質之補助。

六、違反本辦法規定。

七、其他違反相關勞動法令，情節重大。

有前項第一款所定情事，中央主管機關得停止補助二年。

第9條　本辦法所規定之書表及文件，由中央主管機關定之。

第10條　本辦法所需經費，由中央主管機關編列預算支應。

第11條　本辦法自中華民國一百零九年十二月四日施行。

## 五、促進中高齡者及高齡者就業獎勵辦法（民國 112 年 6 月 14 日修正）

第1條　本辦法依中高齡者及高齡者就業促進法第四十條第二項規定訂定之。

第2條　本辦法適用於下列對象：【*1123-60】

一、依法登記或取得設立許可之民營事業單位、非營利組織及民間團體。

二、從事促進中高齡者及高齡者就業事項之相關人員（以下簡稱從業人員）。

政府機關（構）與公營事業單位及其從業人員，不適用本辦法。

第 3 條　前條所定適用對象之評選，分為績優單位及從業人員二組。

前項所定績優單位組，依其組織性質及規模分為下列四類：

一、中小企業類：依法辦理公司登記或商業登記，且合於中小企業認定標準之企業。

二、大型企業類：依法辦理公司登記或商業登記，且非屬中小企業之企業。

三、中小型之機構、非營利組織或團體類：經常僱用員工數未滿一百人者、診所或地區醫院。

四、大型之機構、非營利組織或團體類：經常僱用員工數滿一百人者、區域醫院或醫學中心。

第 4 條　報名績優單位組者，應符合下列各款要件：

一、積極進用中高齡者及高齡者，並促進其穩定就業，有具體實績。

二、依法登記或取得設立許可滿三年，且營運中。【*1122-25】

三、依法繳交勞工保險費、勞工職業災害保險費、全民健康保險費、提撥勞工退休準備金及提繳勞工退休金。

四、依身心障礙者權益保障法與原住民族工作權保障法，已足額進用身心障礙者及原住民，或繳納差額補助費及代金。

五、最近二年內未有重大違反相關勞動法令情事。

報名從業人員組者，應為從事促進中高齡者及高齡者就業事項相關工作滿三年，有具體事蹟，並經相關單位或人員推薦之現職從業人員。

第 5 條　第二條所定對象參加評選，應檢具下列文件、資料：

一、基本資料表。

二、協助中高齡及高齡者措施及優良實績或事蹟說明表。

三、其他經主管機關指定之相關證明文件、資料。

前項所定文件、資料、受理期間及評選作業等事項，由主管機關公告之。

第 6 條　主管機關應成立評選小組，辦理第三條所定績優單位及從業人員評選。

前項所定評選小組，置委員十一人至十九人，其組成如下：

一、專家學者代表五人至八人。

二、人力資源主管代表、非營利團體代表五人至八人。

三、主管機關代表一人至三人。

評選小組委員，任一性別比例不得少於三分之一。

第 7 條　本辦法所定績優單位及從業人員，依下列項目評選：

一、建立及推動友善中高齡者及高齡者就業機制。

二、促進中高齡者及高齡者職場穩定就業措施。

三、結合單位組織特性，辦理中高齡及高齡人力發展之前瞻性或創意性措施。

四、執行前三款所定項目具有成效及影響力。

五、其他足為楷模之事蹟。

第 8 條 本辦法之獎項如下：

一、續優單位獎。

二、續優人員獎。

前項所定獎項名額由評選小組分配之，評選小組並得視參選狀況調整或從缺。

獲獎者由主管機關公開表揚，頒發獎座（牌）及獎金，並得補助參加主管機關辦理與本項業務相關之國內外交流活動。

第 9 條 第三條所定評選，以每二年辦理一次為原則。

第 10 條 參選者於報名截止日前二年內、審查期間及獲獎後二年內，有下列情形之一，主管機關得撤銷或廢止其參選或獲獎資格，並應限期命其返還已頒發之獎金：

一、提報偽造、變造、不實或失效資料。

二、違反本辦法規定。

三、其他違反相關勞動法令，情節重大。

第 11 條 本辦法所需經費，由主管機關編列預算支應。

第 12 條 本辦法自中華民國一百零九年十二月四日施行。

本辦法修正條文自發布日施行。

## 4-8 職業災害勞工保險及保護

勞工職業災害保險及保護法（民國 110 年 4 月 30 日）

第一章 總則

第 1 條 為保障遭遇職業災害勞工及其家屬之生活，加強職業災害預防及職業災害勞工重建，以促進社會安全，特制定本法。

第 2 條 本法所稱主管機關：在中央為勞動部；在直轄市為直轄市政府；在縣（市）為縣（市）政府。

第二章 職業災害保險

第一節 保險人、基金管理、保險監理及爭議處理

第 3 條 勞工職業災害保險（以下簡稱本保險）以勞動部勞工保險局為保險人，辦理保險業務。

勞工職業災害保險基金（以下簡稱本保險基金）之投資運用管理業務，由勞動部勞動基金運用局辦理。

第 4 條 本保險之保險業務及基金投資運用管理業務，由中央主管機關監理，並適用勞工保險條例之監理規定。

第 5 條　投保單位、被保險人、受益人、支出殯葬費之人及全民健康保險特約醫院或診所，對保險人依本章核定之案件有爭議時，應自行政處分達到之翌日起六十日內，向中央主管機關申請審議，對於爭議審議結果不服時，得提起訴願及行政訴訟。

前項爭議之審議，適用勞工保險爭議事項審議辦法；其勞工保險爭議審議會委員，應有職業醫學科專科醫師及勞工團體代表，且比例合計不得低於五分之一。

**第二節　投保單位、被保險人及保險效力**

第 6 條　年滿十五歲以上之下列勞工，應以其雇主為投保單位，參加本保險為被保險人：

一、受僱於領有執業證照、依法已辦理登記、設有稅籍或經中央主管機關依法核發聘僱許可之雇主。

二、依法不得參加公教人員保險之政府機關（構）、行政法人及公、私立學校之受僱員工。

前項規定，於依勞動基準法規定未滿十五歲之受僱從事工作者，亦適用之。

下列人員準用第一項規定參加本保險：【違者，處新臺幣二萬元以上十萬元以下罰鍰，並令其限期改善；屆期未改善者，應按次處罰】

一、勞動基準法規定之技術生、事業單位之養成工、見習生及其他與技術生性質相類之人。

二、高級中等學校建教合作實施及建教生權益保障法規定之建教生。

三、其他有提供勞務事實並受有報酬，經中央主管機關公告者。

> **本法第 99 條**
>
> 依第六條第三項規定準用參加本保險之人員，其所屬投保單位或雇主有下列情形之一者，分別依各該款規定處罰：
>
> 一、違反第十二條規定，依第九十六條規定處罰。
>
> 二、違反第十五條第三項或第十九條第一款規定，依第九十七條規定處罰。
>
> 三、違反第十五條第四項規定，依第九十四條規定處罰。
>
> 四、違反第十七條第一項至第三項規定，或有前條第二款行為，依前條規定處罰。

第 7 條　年滿十五歲以上之下列勞工，應以其所屬團體為投保單位，參加本保險為被保險人：

一、無一定雇主或自營作業而參加職業工會之會員。

二、無一定雇主或自營作業而參加漁會之甲類會員。

第 8 條　年滿十五歲以上，於政府登記有案之職業訓練機構或受政府委託辦理職業訓練之單位接受訓練者，應以其所屬機構或單位為投保單位，參加本保險為被保險人。

第 9 條　下列人員得準用本法規定參加本保險：

一、受僱於經中央主管機關公告之第六條第一項規定以外雇主之員工。

二、實際從事勞動之雇主。

三、參加海員總工會或船長公會為會員之外僱船員。

前項人員參加本保險後，非依本法規定，不得中途退保。

第一項第二款規定之雇主，應與其受僱員工，以同一投保單位參加本保險。

僱用勞工合力從事海洋漁撈工作之漁會甲類會員，其僱用人數十人以下，且仍實際從事海洋漁撈工作者，得依第七條第二款規定參加本保險，不受前項規定之限制。

第 10 條　第六條至第九條規定以外之受僱員工或實際從事勞動之人員，得由雇主或本人辦理參加本保險。

勞動基準法第四十五條第四項所定之人，得由受領勞務者辦理參加本保險。

依前二項規定參加本保險之加保資格、手續、月投保薪資等級、保險費率、保險費繳納方式及其他應遵行事項之辦法，由中央主管機關定之。

第 11 條　第六條至第十條所定參加本保險之人員，包括外國籍人員。

第 12 條　符合第六條至第八條規定之勞工，投保單位應於本法施行之當日或勞工到職、入會、到訓之當日，列表通知保險人辦理投保手續。但依第六條第三項第三款公告之人員，投保單位應於該公告指定日期為其辦理投保手續。【違者，處新臺幣二萬元以上十萬元以下罰鍰，並令其限期改善；屆期未改善者，應按次處罰】

勞工於其雇主領有執業證照、依法辦理登記或設有稅籍前到職者，雇主應於領有執業證照、依法辦理登記或設有稅籍之當日，辦理前項投保手續。

前二項勞工離職、退會、結（退）訓者，投保單位應於離職、退會、結（退）訓之當日，列表通知保險人辦理退保手續。

第 13 條　符合第六條規定之勞工，其保險效力之開始自到職當日起算，至離職當日停止。但有下列情形者，其保險效力之開始，自各款所定期日起算：

一、勞工於其雇主符合第六條第一項第一款規定前到職者，自雇主領有執業證照、依法已辦理登記或設有稅籍之當日起算。

二、第六條第三項第三款公告之人員，自該公告指定日期起算。

符合第七條及第八條規定之勞工，其保險效力之開始，依下列規定辦理：

一、投保單位於其所屬勞工入會、到訓之當日通知保險人者，自通知當日起算。

二、投保單位非於其所屬勞工入會、到訓之當日通知保險人者，自通知翌日起算。

下列勞工，其保險效力之開始，自本法施行之日起算：

一、本法施行前，仍參加勞工保險職業災害保險或就業保險之被保險人。

二、受僱於符合第六條規定投保單位之勞工，於本法施行前到職，未參加勞工保險職業災害保險者。但依第六條第三項第三款公告之人員，不適用之。

第二項勞工之保險效力之停止，依下列規定辦理：

一、投保單位於其所屬勞工退會、結（退）訓之當日通知保險人者，於通知當日停止。

二、投保單位非於其所屬勞工退會、結（退）訓之當日通知保險人者，於退會、結（退）訓當日停止。

三、勞工未退會、結（退）訓，投保單位辦理退保者，於通知當日停止。

依第九條規定參加本保險者，其保險效力之開始或停止，準用第二項、第三項第一款及前項規定。

第 14 條　依第十條規定參加本保險者，其保險效力之開始，依下列規定辦理：

一、自雇主、受領勞務者或實際從事勞動之人員保險費繳納完成之實際時間起算。

二、前款保險費繳納完成時，另有向後指定日期者，自該日起算。

前項人員保險效力之停止，至雇主、受領勞務者或實際從事勞動之人員指定之保險訖日停止。

前二項保險效力之起訖時點，於保險費繳納完成後，不得更改。

第 15 條　投保單位應為其所屬勞工，辦理投保、退保手續及其他有關保險事務。

前項投保、退保手續及其他有關保險事務，第六條、第八條及第九條第一項第一款之投保單位得委託勞工團體辦理，其保險費之負擔及繳納方式，分別依第十九條第一款及第二十條第一項第一款規定辦理。

投保單位應備置所屬勞工名冊、出勤工作紀錄及薪資帳冊，並自被保險人離職、退會或結（退）訓之日起保存五年。【違者，處新臺幣二萬元以上十萬元以下罰鍰，並令其限期改善；屆期未改善者，應按次處罰】

保險人為查核投保單位勞工人數、工作情況及薪資，必要時，得查對前項相關表冊，投保單位不得規避、妨礙或拒絕。【違者，處新臺幣五萬元以上三十萬元以下罰鍰】

### 第三節　保險費

第 16 條　本保險之保險費，依被保險人當月月投保薪資及保險費率計算。

本保險費率，分為行業別災害費率及上、下班災害單一費率二種。

前項保險費率，於本法施行時，依中央主管機關公告之最近一次勞工保險職業災害保險適用行業別及費率表辦理；其後自施行之日起，每三年調整一次，由中央主管機關視保險實際收支情形及精算結果擬訂，報請行政院核定後公告。

僱用員工達一定人數以上之投保單位，第二項行業別災害費率採實績費率，按其最近三年保險給付總額占應繳保險費總額及職業安全衛生之辦理情形，由保險人每年計算調整之。

前項實績費率計算、調整及相關事項之辦法，由中央主管機關定之。

第 17 條　前條第一項月投保薪資，投保單位應按被保險人之月薪資總額，依投保薪資分級表之規定，向保險人申報。【違者，處新臺幣二萬元以上十萬元以下罰鍰】

被保險人之薪資，在當年二月至七月調整時，投保單位應於當年八月底前將調整後之月投保薪資通知保險人；在當年八月至次年一月調整時，應於次年二月底前通知保險人。

前開調整，均自通知之次月一日生效。【違者，處新臺幣二萬元以上十萬元以下罰鍰】

依第九條第一項第二款規定加保，其所得未達投保薪資分級表最高一級者，得自行舉證申報其投保薪資。【違者，處新臺幣二萬元以上十萬元以下罰鍰】

第一項投保薪資分級表，由中央主管機關擬訂，報請行政院核定後發布。

前項投保薪資分級表之下限與中央主管機關公告之基本工資相同；基本工資調整時，該下限亦調整之。

第 18 條　被保險人投保薪資申報不實者，保險人得按查核資料逕行調整投保薪資至適當等級，並通知投保單位；調整後之投保薪資與實際薪資不符時，應以實際薪資為準。

依前項規定逕行調整之投保薪資，自調整之次月一日生效。

第 19 條　本保險之保險費負擔，依下列規定辦理之：

一、第六條、第八條、第九條第一項第一款、第二款及第十條規定之被保險人，除第十條第一項所定實際從事勞動之人員，保險費應自行負擔外，全部由投保單位負擔。【違者，處新臺幣二萬元以上十萬元以下罰鍰，並令其限期改善；屆期未改善者，應按次處罰】

【*1121 術科第五題】

二、第七條第一款規定之被保險人，由被保險人負擔百分之六十，其餘百分之四十，由中央政府補助。

三、第七條第二款規定之被保險人，由被保險人負擔百分之二十，其餘百分之八十，由中央政府補助。

四、第九條第一項第三款規定之被保險人，由被保險人負擔百分之八十，其餘百分之二十，由中央政府補助。

第 20 條　本保險之保險費，依下列規定按月繳納：

一、第六條、第八條、第九條第一項第一款及第二款規定之被保險人，投保單位應於次月底前向保險人繳納。

二、第七條及第九條第一項第三款規定之被保險人，其自行負擔之保險費，應按月向其所屬投保單位繳納，於次月底前繳清，所屬投保單位應於再次月底前，負責彙繳保險人。

本保險之保險費一經繳納，概不退還。但因不可歸責於投保單位或被保險人之事由致溢繳或誤繳者，不在此限。

第 21 條　投保單位對應繳納之保險費，未依前條第一項規定限期繳納者，得寬限十五日；在寬限期間仍未向保險人繳納者，保險人自寬限期滿之翌日起至完納前一日止，每逾一日加徵其應納費額百分之零點二滯納金；加徵之滯納金額，以至應納費額百分之二十為限。【違者，處新臺幣二萬元以上十萬元以下罰鍰】

加徵前項滯納金十五日後仍未繳納者，保險人就其應繳之保險費及滯納金，得依法移送行政執行。投保單位無財產可供執行或其財產不足清償時，由其代表人或負責人負連帶清償責任。

投保單位代表人或負責人有變更者，原代表人或負責人未繳清保險費或滯納金時，新代表人或負責人應負連帶清償責任。

第 22 條　第七條及第九條第一項第三款規定之被保險人，其所負擔之保險費未依第二十條第一項第二款規定期限繳納者，得寬限十五日；在寬限期間仍未向其所屬投保單位繳納者，其所屬投保單位應準用前條第一項規定，代為加收滯納金彙繳保險人。

第七條規定之被保險人欠繳保險費者，所屬投保單位應於彙繳當月份保險費時，列報被保險人欠費名冊。

投保單位依第一項規定代為加收滯納金十五日後，被保險人仍未繳納者，保險人就其應繳之保險費及滯納金，得依法移送行政執行。

第 23 條　有下列情形之一者，保險人應暫行拒絕給付：

一、第七條及第九條第一項第三款規定之被保險人，經投保單位依前條規定代為加收滯納金十五日後，仍未繳納保險費或滯納金。

二、前款被保險人，其所屬投保單位經保險人依第二十一條第一項規定加徵滯納金十五日後，仍未繳清保險費或滯納金。但被保險人應繳部分之保險費已繳納於投保單位者，不在此限。

三、被保險人，其因投保單位欠費，本身負有繳納義務而未繳清保險費或滯納金。

四、被保險人，其擔任代表人或負責人之任一投保單位，未繳清保險費或滯納金。

前項被保險人或投保單位未繳清保險費或滯納金期間，已領取之保險給付，保險人應以書面行政處分令其限期返還。

被保險人在本法施行前，有未繳清勞工保險職業災害保險之保險費或滯納金者，準用前二項規定。

第 24 條　本保險之保險費及滯納金，優先於普通債權受清償。

第 25 條　本保險之保險費及滯納金不適用下列規定：

一、公司法有關公司重整之債務免責規定。

二、消費者債務清理條例有關清算之債務免責規定。

三、破產法有關破產之債務免責規定。

四、其他法律有關消滅時效規定。

**第四節　保險給付**

第一款　總則

第 26 條　本保險之給付種類如下：

一、醫療給付。

二、傷病給付。

三、失能給付。

四、死亡給付。

五、失蹤給付。

第 27 條　被保險人於保險效力開始後停止前，遭遇職業傷害或罹患職業病（以下簡稱職業傷病），而發生醫療、傷病、失能、死亡或失蹤保險事故者，被保險人、受益人或支出殯葬費之人得依本法規定，請領保險給付。

被保險人在保險有效期間遭遇職業傷病，於保險效力停止之翌日起算一年內，得請領同一傷病及其引起疾病之醫療給付、傷病給付、失能給付或死亡給付。

第一項職業傷病之職業傷害類型、職業病種類、審查認定基準、類型化調查審查程序及其他相關事項之準則，由中央主管機關定之。

第 28 條　以現金發給之保險給付，其金額按被保險人平均月投保薪資及給付基準計算。【*1122-77】

前項平均月投保薪資，應按被保險人發生保險事故之當月起前六個月之實際月投保薪資，平均計算；未滿六個月者，按其實際投保期間之平均月投保薪資計算。　【*1122-77】

保險給付以日為給付單位者，按前項平均月投保薪資除以三十計算。　【*1122-77】

第六條規定之勞工，其投保單位未依第十二條規定辦理投保、退保手續，且發生保險事故者，該未依規定辦理期間之月投保薪資，由保險人按其月薪資總額對應之投保薪資分級表等級予以認定。但以不高於事故發生時保險人公告之最近年度全體被保險人平均月投保薪資對應之等級為限。

前項未依規定辦理期間之月投保薪資，投保單位或被保險人未提具相關薪資資料供保險人審核時，按投保薪資分級表第一等級計算。 【*1122-71】

第 29 條　同一種保險給付，不得因同一事故而重複請領。

被保險人發生同一保險事故，被保險人、受益人或支出殯葬費之人同時符合請領本保險、勞工保險、農民健康保險、農民職業災害保險、公教人員保險、軍人保險或國民年金保險（以下簡稱其他社會保險）之給付條件時，僅得擇一請領。

第 30 條　不符合本法所定加保資格而參加本保險者，保險人應撤銷該被保險人之資格；其有領取保險給付者，保險人應以書面行政處分令其限期返還。

不符合本法所定請領條件而溢領或誤領保險給付者，其溢領或誤領之保險給付，保險人應以書面行政處分令其限期返還。

前二項給付返還規定，於受益人、請領人及法定繼承人準用之。

第 31 條　無正當理由不補具應繳之證明文件，或未依第四十七條規定接受保險人指定之醫院或醫師複檢者，保險人不發給保險給付。

第 32 條　保險人為辦理本保險業務或中央主管機關為審議保險爭議事項所需之必要資料，得洽請被保險人、受益人、投保單位、醫事服務機構、醫師或其他相關機關（構）、團體、法人或個人提供之；各該受洽請者不得規避、妨礙、拒絕或為虛偽之證明、報告及陳述。

前項所定資料如下：

一、被保險人之出勤工作紀錄、病歷、處方箋、檢查化驗紀錄、放射線診斷攝影片報告及醫療利用情形之相關資料。

二、被保險人作業情形及健康危害職業暴露相關資料。

三、投保單位辦理本保險事務之相關帳冊、簿據、名冊及書表。

四、其他與本保險業務或保險爭議事項相關之文件及電子檔案。

第一項所定提供機關（構）已建置前項資料電腦化作業者，保險人得逕洽連結提供，各該機關（構）不得拒絕。

保險人及中央主管機關依前三項規定所取得之資料，應盡善良管理人之注意義務；相關資料之保有、處理及利用等事項，應依個人資料保護法之規定為之。

第 33 條　被保險人、受益人或支出殯葬費之人領取各種保險給付之權利，不得讓與、抵銷、扣押或供擔保。

被保險人或受益人依本法規定請領現金給付者，得檢附保險人出具之證明文件，於金融機構開立專戶，專供存入現金給付之用。

前項專戶內之存款，不得作為抵銷、扣押、供擔保或強制執行之標的。

第 34 條　已領取之保險給付，經保險人撤銷或廢止，應繳還而未繳還者，保險人得自其本人或受益人所領取之本保險給付扣減之。

前項有關扣減保險給付之種類、方式、金額及其他相關事項之辦法，由中央主管機關定之。

第一項應繳還而未繳還之保險給付，優先於普通債權受清償，且不適用下列規定：

一、公司法有關公司重整之債務免責規定。

二、消費者債務清理條例有關清算之債務免責規定。

三、破產法有關破產之債務免責規定。

第 35 條　依本法以現金發給之保險給付，經保險人核定後，應在十五日內給付之；

年金給付應於次月底前給付。逾期給付可歸責於保險人者，其逾期部分應加給利息。

前項利息，以各該年一月一日之郵政儲金一年期定期存款固定利率為準，按日計算，並以新臺幣元為單位，角以下四捨五入。

第 36 條　投保單位未依第十二條規定，為符合第六條規定之勞工辦理投保、退保手續，且勞工遭遇職業傷病請領保險給付者，保險人發給保險給付後，應於該保險給付之範圍內，確認投保單位應繳納金額，並以書面行政處分令其限期繳納。

投保單位已依前項規定繳納者，其所屬勞工請領之保險給付得抵充其依勞動基準法第五十九條規定應負擔之職業災害補償。

第一項繳納金額之範圍、計算方式、繳納方式、繳納期限及其他應遵行事項之辦法，由中央主管機關定之。

第 37 條　領取保險給付之請求權，自得請領之日起，因五年間不行使而消滅。

第二款　醫療給付

第 38 條　醫療給付分門診及住院診療。

前項醫療給付，得由保險人委託全民健康保險保險人辦理。

被保險人遭遇職業傷病時，應至全民健康保險特約醫院或診所診療；其所發生之醫療費用，由保險人支付予全民健康保險保險人，被保險人不得請領現金。

前項診療範圍、醫療費用之給付項目及支付標準，除準用全民健康保險法及其相關規定辦理外，由保險人擬訂，並會商全民健康保險保險人後，報請中央主管機關核定發布。

第 39 條　被保險人遭遇職業傷病時，應由投保單位填發職業傷病門診單或住院申請書（以下簡稱醫療書單）申請診療；投保單位未依規定填發或被保險人依第十條規定自行投保者，被保險人得向保險人請領，經查明屬實後發給。

被保險人未檢具前項醫療書單，經醫師診斷罹患職業病者，得由醫師開具職業病門診單。

前項醫師開具資格、門診單之申領、使用及其他應遵行事項之辦法，由保險人擬訂，報請中央主管機關核定發布。

第 40 條　被保險人有下列情形之一者，得向保險人申請核退醫療費用：

一、遭遇職業傷病，未持醫療書單至全民健康保險特約醫院或診所診療，於事後補具。

二、於我國境內遭遇職業傷病，因緊急傷病至非全民健康保險特約醫院或診所診療。

三、於我國境外遭遇職業傷病，須於當地醫院或診所診療。

前項申請核退醫療費用，應檢附之證明文件、核退期限、核退基準、程序及緊急傷病範圍，準用全民健康保險法及其相關規定辦理。

第 41 條　投保單位填具醫療書單，不符合保險給付規定、虛偽不實或交非被保險人使用者，其全部醫療費用除依全民健康保險相關法令屬全民健康保險保險人負擔者外，應由投保單位負責償付。

全民健康保險特約醫院或診所提供被保險人之醫療不屬於本保險給付範圍時，其醫療費用應由醫院、診所或被保險人自行負責。

第一項情形，保險人應以書面行政處分命投保單位限期返還保險人支付全民健康保險保險人醫療費用之相同金額。

第三款 傷病給付

第 42 條 被保險人遭遇職業傷病不能工作，致未能取得原有薪資，正在治療中者，自不能工作之日起算第四日起，得請領傷病給付。

前項傷病給付，前二個月按被保險人平均月投保薪資發給，第三個月起按被保險人平均月投保薪資百分之七十發給，每半個月給付一次，最長以二年為限。

第四款 失能給付

第 43 條 被保險人遭遇職業傷病，經治療後，症狀固定，再行治療仍不能改善其治療效果，經全民健康保險特約醫院或診所診斷為永久失能，符合本保險失能給付標準規定者，得按其平均月投保薪資，依規定之給付基準，請領失能一次金給付。

前項被保險人之失能程度，經評估符合下列情形之一者，得請領失能年金：

一、完全失能：按平均月投保薪資百分之七十發給。

二、嚴重失能：按平均月投保薪資百分之五十發給。

三、部分失能：按平均月投保薪資百分之二十發給。

被保險人於中華民國九十八年一月一日勞工保險年金制度施行前有勞工保險年資，經評估符合失能年金給付條件，除已領取失能年金者外，亦得選擇請領失能一次金，經保險人核付後，不得變更。

被保險人請領部分失能年金期間，不得同時領取同一傷病之傷病給付。

第一項及第二項所定失能種類、狀態、等級、給付額度、開具診斷書醫療機構層級、審核基準、失能程度之評估基準及其他應遵行事項之標準，由中央主管機關定之。

第 44 條 請領失能年金者，同時有符合下列各款條件之一所定眷屬，每一人加發依前條第二項規定計算後金額百分之十之眷屬補助，最多加發百分之二十：

一、配偶應年滿五十五歲且婚姻關係存續一年以上。但有下列情形之一者，不在此限：

（一）無謀生能力。

（二）扶養第三款規定之子女。

二、配偶應年滿四十五歲且婚姻關係存續一年以上，且每月工作收入未超過投保薪資分級表第一級。

三、子女應符合下列條件之一，其為養子女者，並須有收養關係六個月以上：

（一）未成年。

（二）無謀生能力。

（三）二十五歲以下，在學，且每月工作收入未超過投保薪資分級表第一級。

前項各款眷屬有下列情形之一者，其加發眷屬補助應停止發給：

一、配偶離婚或不符合前項第一款及第二款所定請領條件。

二、子女不符合前項第三款所定請領條件。

三、入獄服刑、因案羈押或拘禁。

四、失蹤。

前項第三款所稱拘禁，指受拘留、留置、觀察勒戒、強制戒治或保安處分裁判之宣告，在特定處所執行中，其人身自由受剝奪或限制者。但執行保護管束、保外就醫或假釋中者，不包括在內。

第 45 條　被保險人領取失能年金後，保險人應至少每五年審核其失能程度。但經保險人認為無須審核者，不在此限。

前項保險人依前項規定審核領取失能年金者，認為其失能程度減輕，仍符合失能年金給付條件時，應改按減輕後之失能程度發給失能年金；其失能程度減輕至不符合失能年金給付條件時，應停止發給失能年金，另發給失能一次金。

第一項之審核，保險人應結合職能復健措施辦理。

第 46 條　被保險人之身體原已局部失能，再因職業傷病致身體之同一部位失能程度加重或不同部位發生失能者，保險人應按其加重部分之失能程度，依失能給付標準計算發給失能給付。但失能一次金合計不得超過第一等級之給付基準。

前項被保險人符合失能年金給付條件，並請領失能年金給付者，保險人應按月發給失能年金給付金額之百分之八十，至原已局部失能程度依失能給付標準所計算之失能一次金給付金額之半數扣減完畢為止。

前二項被保險人在保險有效期間遭遇職業傷病，原已局部失能，而未請領失能給付者，保險人應按其加重後之失能程度，依第四十三條規定發給失能給付。但失能一次金合計不得超過第一等級之給付基準。

請領失能年金之被保險人，因同一職業傷病或再遭遇職業傷病，致同一部位失能程度加重或不同部位發生失能者，保險人應按其評估後之失能程度，依第四十三條第二項規定發給失能年金。但失能程度仍符合原領年金給付條件者，應繼續發給原領年金給付。

前四項給付發給之方法及其他應遵行事項之標準，由中央主管機關定之。

第 47 條　保險人於審核失能給付，認為被保險人有複檢必要時，得另行指定醫院或醫師複檢。

第 48 條　被保險人經評估為終身無工作能力，領取本保險或勞工保險失能給付者，由保險人逕予退保。

第五款　死亡給付

第 49 條　被保險人於保險有效期間，遭遇職業傷病致死亡時，支出殯葬費之人，得請領喪葬津貼。

前項被保險人，遺有配偶、子女、父母、祖父母、受其扶養之孫子女或受其扶養之兄弟姊妹者，得依第五十二條所定順序，請領遺屬年金，其條件如下：

一、配偶符合第四十四條第一項第一款或第二款規定者。

二、子女符合第四十四條第一項第三款規定者。

三、父母、祖父母年滿五十五歲，且每月工作收入未超過投保薪資分級表第一級者。

四、孫子女符合第四十四條第一項第三款第一目至第三目規定情形之一者。

五、兄弟姊妹符合下列條件之一：

（一）有第四十四條第一項第三款第一目或第二目規定情形。

（二）年滿五十五歲，且每月工作收入未超過投保薪資分級表第一級。

前項當序遺屬於被保險人死亡時，全部不符合遺屬年金給付條件者，得請領遺屬一次金，經保險人核付後，不得再請領遺屬年金。

保險人依前項規定核付遺屬一次金後，尚有未具名之其他當序遺屬時，不得再請領遺屬年金，應由具領之遺屬負責分與之。

被保險人於中華民國九十八年一月一日勞工保險年金制度實施前有保險年資者，其遺屬除得依第二項規定請領遺屬年金外，亦得選擇請領遺屬津貼，不受第二項各款所定條件之限制，經保險人核付後，不得變更。

第 50 條　依第四十三條第二項第一款或第二款規定請領失能年金者，於領取期間死亡時，其遺屬符合前條第二項規定者，得請領遺屬年金。

被保險人於中華民國九十八年一月一日勞工保險年金制度施行前有保險年資者，其遺屬除得依前項規定請領年金給付外，亦得選擇一次請領失能給付扣除已領年金給付總額之差額，不受前條第二項各款所定條件之限制，經保險人核付後，不得變更。

前項差額之請領順序及發給方法，準用第五十二條及第五十三條規定。

第 51 條　前二條所定喪葬津貼、遺屬年金、遺屬一次金及遺屬津貼給付之基準如下：

一、喪葬津貼：按被保險人平均月投保薪資一次發給五個月。但被保險人無遺屬者，按其平均月投保薪資一次發給十個月。

二、遺屬年金：

（一）依第四十九條第二項規定請領遺屬年金者，按被保險人之平均月投保薪資百分之五十發給。

（二）依前條第一項規定請領遺屬年金者，依失能年金給付基準計算後金額之半數發給。

三、遺屬一次金及遺屬津貼：按被保險人平均月投保薪資發給四十個月。

遺屬年金於同一順序之遺屬有二人以上時，每多一人加發依前項第二款計算後金額之百分之十，最多加計百分之二十。

第 52 條　請領遺屬年金、遺屬一次金及遺屬津貼之順序如下：

一、配偶及子女。

二、父母。

三、祖父母。

四、受扶養之孫子女。

五、受扶養之兄弟姊妹。

前項當序受領遺屬年金、遺屬一次金或遺屬津貼者存在時，後順序之遺屬不得請領。

第一項第一順序之遺屬全部不符合請領條件，或有下列情形之一且無同順序遺屬符合請領條件時，第二順序之遺屬得請領遺屬年金：

一、死亡。

二、提出放棄請領書。

三、於符合請領條件之日起算一年內未提出請領。

前項遺屬年金於第一順序之遺屬主張請領或再符合請領條件時，即停止發給，並由第一順序之遺屬請領。但已發放予第二順序遺屬之年金，不予補發。

第 53 條　本保險之喪葬津貼、遺屬年金、遺屬一次金及遺屬津貼，以一人請領為限。符合請領條件者有二人以上時，應共同具領，未共同具領或保險人核定前另有他人提出請領，保險人應通知各申請人協議其中一人代表請領，未能協議者，按總給付金額平均發給各申請人。

同一順序遺屬有二人以上，有其中一人請領遺屬年金時，應發給遺屬年金。但經共同協議依第四十九條第五項或第五十條第二項規定請領遺屬津貼或失能給付扣除已領年金給付總額之差額者，依其協議辦理。

保險人依前二項規定發給遺屬給付後，尚有未具名之其他當序遺屬時，應由具領之遺屬負責分與之。

第 54 條　領取遺屬年金者，有下列情形之一時，其年金給付應停止發給：

一、配偶再婚或不符合第四十九條第二項第一款所定請領條件。

二、子女、父母、祖父母、孫子女、兄弟姊妹，不符合第四十九條第二項第二款至第五款所定請領條件。

三、有第四十四條第二項第三款或第四款規定之情形。

第六款　失蹤給付

第 55 條　被保險人於作業中遭遇意外事故致失蹤時，自失蹤之日起，發給失蹤給付。

前項失蹤給付，按被保險人平均月投保薪資百分之七十，於每滿三個月之期末給付一次，至生還之前一日、失蹤滿一年之前一日或受死亡宣告裁判確定死亡時之前一日止。

第一項被保險人失蹤滿一年或受死亡宣告裁判確定死亡時，其遺屬得依第四十九條規定，請領死亡給付。

第七款　年金給付之申請及核發

第 56 條　被保險人或其受益人符合請領年金給付條件者，應填具申請書及檢附相關文件向保險人提出申請。【*1122-63】

前項被保險人或其受益人，經保險人審核符合請領規定者，其年金給付自申請之當月起，按月發給，至應停止發給之當月止。【*1122-63】

遺屬年金之受益人未於符合請領條件之當月提出申請者，其提出請領之日起前五年得領取之給付，由保險人追溯補給之。但已經其他受益人請領之部分，不適用之。

第 57 條　被保險人或其受益人請領年金給付時，保險人得予以查證，並得於查證期間停止發給，經查證符合給付條件者，應補發查證期間之給付，並依規定繼續發給。

領取年金給付者不符合給付條件或死亡時，本人或其繼承人應自事實發生之日起三十日內，檢附相關文件資料通知保險人，保險人應自事實發生之次月起停止發給年金給付。【*1122-63】

領取年金給付者死亡，應發給之年金給付未及撥入其帳戶時，得由繼承人檢附載有申請人死亡日期及繼承人之證明文件請領之；繼承人有二人以上時，得檢附共同委任書及切結書，由其中一人請領。

領取年金給付者或其繼承人未依第二項規定通知保險人，致溢領年金給付者，保險人應以書面通知溢領人，自得發給之年金給付扣減之，無給付金額或給付金額不足扣減時，保險人應以書面通知其於三十日內繳還。

第 58 條　被保險人或其受益人因不同保險事故，同時請領本保險或其他社會保險年金給付時，本保險年金給付金額應考量被保險人或其受益人得請領之年金給付數目、金額、種類及其他生活保障因素，予以減額調整。

前項本保險年金給付減額調整之比率，以百分之五十為上限。

第一項有關本保險年金給付應受減額調整情形、比率、方式及其他應遵行事項之辦法，由中央主管機關定之。

第五節　　保險基金及經費

第 59 條　本保險基金之來源如下：【*1122-61】

一、設立時由勞工保險職業災害保險基金一次撥入之款項。

二、設立時由職業災害勞工保護專款一次撥入之款項。

三、保險費與其孳息之收入及保險給付支出之結餘。

四、保險費滯納金、依第三十六條第一項規定繳納之金額。

五、基金運用之收益。

六、第一百零一條之罰鍰收入。

第 60 條　本保險基金得為下列之運用：

一、投資國內債務證券。

二、存放國內之金融機構及投資短期票券。

三、其他經中央主管機關核准有利於本保險基金收益之投資。

勞動部勞動基金運用局應每年將本保險基金之運用情形及其積存數額，按年送保險人彙報中央主管機關公告之。

第 61 條　本保險基金除作為第二章保險給付支出、第六十二條編列之經費、第四章與第六章保險給付及津貼、補助支出、審核保險給付必要費用及前條之運用外，不得移作他用或轉移處分。

第三章　　職業災害預防及重建

第一節　　經費及相關協助措施

第 62 條　中央主管機關得於職業災害保險年度應收保險費百分之二十及歷年經費執行賸餘額度之範圍內編列經費，辦理下列事項：

一、職業災害預防。

二、預防職業病健康檢查。

三、職業傷病通報、職業災害勞工轉介及個案服務。

四、職業災害勞工重建。

五、捐（補）助依第七十條規定成立之財團法人。

六、其他有關職業災害預防、職業病防治、職業災害勞工重建與協助職業災害勞工及其家屬之相關事項。

前項第一款至第四款及第六款業務，中央主管機關得委任所屬機關（構）、委託、委辦或補助其他相關機關（構）、法人或團體辦理之。

第一項第五款與前項之補助條件、基準、程序及其他應遵行事項之辦法，由中央主管機關定之。

第 63 條　被保險人從事中央主管機關指定有害作業者，投保單位得向保險人申請預防職業病健康檢查。

勞工曾從事經中央主管機關另行指定有害作業者，得向保險人申請健康追蹤檢查。

前二項預防職業病健康檢查費用及健康追蹤檢查費用之支付，由保險人委託全民健康保險保險人辦理。

第一項及第二項有害作業之指定、檢查之申請方式、對象、項目、頻率、費用、程序、認可之醫療機構、檢查結果之通報內容、方式、期限及其他應遵行事項之辦法，由中央主管機關定之。

第 64 條　主管機關應規劃整合相關資源，並得運用保險人核定本保險相關資料，依職業災害勞工之需求，提供下列適切之重建服務事項：

一、醫療復健：協助職業災害勞工恢復其生理心理功能所提供之診治及療養，回復正常生活。

二、社會復健：促進職業災害勞工與其家屬心理支持、社會適應、福利諮詢、權益維護及保障。

三、職能復健：透過職能評估、強化訓練及復工協助等，協助職業災害勞工提升工作能力恢復原工作。

四、職業重建：提供職業輔導評量、職業訓練、就業服務、職務再設計、創業輔導、促進就業措施及其他職業重建服務，協助職業災害勞工重返職場。

職業災害勞工之重建涉及社會福利或醫療保健者【*1121-63】，主管機關應協調衛生福利主管機關，以提供整體性及持續性服務。

第 65 條　中央主管機關應規劃職業災害勞工個案管理服務機制，整合全國性相關職業傷病通報資訊，建立職業災害勞工個案服務資料庫。

直轄市、縣（市）主管機關應建立轄區內通報及轉介機制，以掌握職業災害勞工相關資訊，並應置專業服務人員，依職業災害勞工之需求，適時提供下列服務：

一、職業災害勞工個案管理服務。

二、職業災害勞工家庭支持。

三、勞動權益維護。

四、復工協助。

五、轉介就業服務、職業輔導評量等職業重建資源。

六、連結相關社福資源。

七、其他有關職業災害勞工及其家庭之協助。

主管機關依前二項規定所取得之資料，應盡善良管理人之注意義務；相關資料之保有、處理及利用等事項，應依個人資料保護法之規定為之。

第 66 條　為使職業災害勞工恢復並強化其工作能力，雇主或職業災害勞工得向中央主管機關認可之職能復健專業機構提出申請，協助其擬訂復工計畫，進行職業災害勞工工作分析、功能性能力評估及增進其生理心理功能之強化訓練等職能復健服務。

前項認可之職能復健專業機構辦理前項所定職能復健服務事項，得向中央主管機關申請補助。

前二項專業機構之認可條件、管理、人員資格、服務方式、申請補助程序、補助基準、廢止及其他應遵行事項之辦法，由中央主管機關會商中央衛生福利主管機關定之。

第 67 條　職業災害勞工經醫療終止後，雇主應依前條第一項所定復工計畫，並協助其恢復原工作；無法恢復原工作者，經勞雇雙方協議，應按其健康狀況及能力安置適當之工作。【違者，處新臺幣五萬元以上三十萬元以下罰鍰，並令其限期改善；屆期未改善者，應按次處罰】

為使職業災害勞工恢復原工作或安置於適當之工作，雇主應提供其從事工作必要之輔助設施，包括恢復、維持或強化就業能力之器具、工作環境、設備及機具之改善等。

前項輔助設施，雇主得向直轄市、縣（市）主管機關申請補助。

第 68 條　被保險人因職業傷病，於下列機構進行職能復健期間，得向直轄市、縣（市）主管機關請領職能復健津貼：

一、依第七十三條認可開設職業傷病門診之醫療機構。

二、依第六十六條認可之職能復健專業機構。

前項津貼之請領日數，合計最長發給一百八十日。

第 69 條　僱用職業災害勞工之事業單位，於符合下列情形之一者，得向直轄市、縣（市）主管機關申請補助：【*1123-58】

一、協助職業災害勞工恢復原工作、調整職務或安排其他工作。

二、僱用其他事業單位之職業災害勞工。

前二條及前項補助或津貼之條件、基準、申請與核發程序及其他應遵行事項之辦法，由中央主管機關定之。

第二節　職業災害預防及重建財團法人

第 70 條　為統籌辦理本法職業災害預防及職業災害勞工重建業務，中央主管機關應捐助成立財團法人職業災害預防及重建中心（以下簡稱職災預防及重建中心）；其捐助章程，由中央主管機關定之。

第 71 條　職災預防及重建中心經費來源如下：

一、依第六十二條規定編列經費之捐（補）助。

二、政府機關（構）之捐（補）助。

三、受託業務及提供服務之收入。

四、設立基金之孳息。

五、捐贈收入。

六、其他與執行業務有關之收入。

第 72 條　職災預防及重建中心應建立人事、會計、內部控制及稽核制度，報中央主管機關核定。

為監督並確保職災預防及重建中心之正常運作及健全發展，中央主管機關應就其董事或

監察人之遴聘及比例、資格、基金與經費之運用、財產管理、年度重大措施等事項，訂定監督及管理辦法。

中央主管機關對於職災預防及重建中心之業務與財務運作狀況，應定期實施查核，查核結果應於網站公開之。

中央主管機關得邀集勞工團體代表、雇主團體代表、有關機關代表及學者專家，辦理職災預防及重建中心之績效評鑑，評鑑結果應送立法院備查。

### 第三節　職業傷病通報及職業病鑑定

第 73 條　為提供職業災害勞工職業傷病診治整合性服務及辦理職業傷病通報，中央主管機關得補助經其認可之醫療機構辦理下列事項：

一、開設職業傷病門診，設置服務窗口。

二、整合醫療機構內資源，跨專科、部門通報職業傷病，提供診斷、治療、醫療復健、職能復健等整合性服務。

三、建立區域職業傷病診治及職能復健服務網絡，適時轉介。

四、提供個案管理服務，進行必要之追蹤及轉介。

五、區域服務網絡之職業傷病通報。

六、疑似職業病之實地訪視。

七、其他職業災害勞工之醫療保健相關事項。

前項認可之醫療機構得整合第六十六條之職能復健專業機構，辦理整合性服務措施。

勞工疑有職業病就診，醫師對職業病因果關係診斷有困難時，得轉介勞工至第一項經認可之醫療機構。

雇主、醫療機構或其他人員知悉勞工遭遇職業傷病者，及遭遇職業傷病勞工本人，得向主管機關通報；主管機關於接獲通報後，應依第六十五條規定，整合職業傷病通報資訊，並適時提供該勞工必要之服務及協助措施。

第一項醫療機構之認可條件、管理、人員資格、服務方式、職業傷病通報、疑似職業病實地訪視之辦理方式、補助基準、廢止與前項通報之人員、方式、內容及其他應遵行事項之辦法，由中央主管機關會商中央衛生福利主管機關定之。

第 74 條　中央主管機關為辦理職業病防治及職業災害勞工重建服務工作，得洽請下列對象提供各款所定資料，不得拒絕：

一、中央衛生福利主管機關及所屬機關（構）依法所蒐集、處理罹患特定疾病者之必要資料。

二、醫療機構所保有之病歷、醫療及健康檢查等資料。

中央主管機關依前項規定取得之資料，應盡善良管理人之注意義務；相關資料之保有、處理及利用等事項，應依個人資料保護法之規定為之。

第 75 條　保險人於審核職業病給付案件認有必要時，得向中央主管機關申請職業病鑑定。

被保險人對職業病給付案件有爭議，且曾經第七十三條第一項認可醫療機構之職業醫學科專科醫師診斷罹患職業病者，於依第五條規定申請審議時，得請保險人逕向中央主管機關申請職業病鑑定。

為辦理前二項職業病鑑定，中央主管機關應建置職業病鑑定專家名冊（以下簡稱專家名冊），並依疾病類型由專家名冊中遴聘委員組成職業病鑑定會。

前三項職業病鑑定之案件受理範圍、職業病鑑定會之組成、專家之資格、推薦、遴聘、選定、職業病鑑定程序、鑑定結果分析與揭露及其他相關事項之辦法，由中央主管機關定之。

第 76 條　職業病鑑定會認有必要時，得由中央主管機關會同職業病鑑定委員實施調查。

對前項之調查，雇主、雇主代理人、勞工及其他有關人員不得規避、妨礙或拒絕。【違者，處新臺幣五萬元以上三十萬元以下罰鍰，並令其限期改善；屆期未改善者，應按次處罰】

第一項之調查，必要時得通知當事人或相關人員參與。

## 第四章　其他勞動保障

第 77 條　參加勞工保險之職業災害勞工，於職業災害醫療期間終止勞動契約並退保者，得以勞工團體或保險人委託之有關團體為投保單位，繼續參加勞工保險，至符合請領老年給付之日止，不受勞工保險條例第六條規定之限制。

前項勞工自願繼續參加勞工保險，其加保資格、投保手續、保險效力、投保薪資、保險費負擔及其補助、保險給付及其他應遵行事項之辦法，由中央主管機關定之。

第 78 條　被保險人從事第六十三條第二項所定有害作業，於退保後，經第七十三條第一項認可醫療機構之職業醫學科專科醫師診斷係因保險有效期間執行職務致罹患職業病者，得向保險人申請醫療補助、失能或死亡津貼。

前項補助與津貼發給之對象、認定程序、發給基準及其他應遵行事項之辦法，由中央主管機關定之。

第一項所定罹患職業病者，得依第七十九條及第八十條規定申請補助。

第 79 條　被保險人遭遇職業傷病，經醫師診斷或其他專業人員評估必須使用輔助器具，且未依其他法令規定領取相同輔助器具項目之補助者，得向勞動部職業安全衛生署（以下簡稱職安署）申請器具補助。

第 80 條　被保險人因職業傷病，有下列情形之一者，得向保險人申請照護補助：

一、符合第四十二條第一項規定，且住院治療中。

二、經評估為終身無工作能力，喪失全部或部分生活自理能力，經常需醫療護理及專人周密照護，或為維持生命必要之日常生活活動需他人扶助。

第 81 條　未加入本保險之勞工，於本法施行後，遭遇職業傷病致失能或死亡，得向保險人申請照護補助、失能補助或死亡補助。

前二條及前項補助之條件、基準、申請與核發程序及其他應遵行事項之辦法，由中央主管機關定之。

第 82 條　職業災害勞工請領第七十八條至第八十一條所定津貼或補助之請求權，自得請領之日起，因五年間不行使而消滅。

第 83 條　職業災害勞工經醫療終止後，主管機關發現其疑似有身心障礙情形者，應通知當地社政主管機關主動協助。

第 84 條　非有下列情形之一者，雇主不得預告終止與職業災害勞工之勞動契約：

一、歇業或重大虧損，報經主管機關核定。

二、職業災害勞工經醫療終止後，經中央衛生福利主管機關醫院評鑑合格醫院認定身心障礙不堪勝任工作。

三、因天災、事變或其他不可抗力因素，致事業不能繼續經營，報經主管機關核定。

雇主依前項規定預告終止勞動契約時，準用勞動基準法規定預告勞工。【違者，處新臺幣五萬元以上三十萬元以下罰鍰，並令其限期改善；屆期未改善者，應按次處罰】

第 85 條　有下列情形之一者，職業災害勞工得終止勞動契約：

一、經中央衛生福利主管機關醫院評鑑合格醫院認定身心障礙不堪勝任工作。

二、事業單位改組或轉讓，致事業單位消滅。

三、雇主未依第六十七條第一項規定協助勞工恢復原工作或安置適當之工作。

四、對雇主依第六十七條第一項規定安置之工作未能達成協議。

職業災害勞工依前項第一款規定終止勞動契約時，準用勞動基準法規定預告雇主。

第 86 條　雇主依第八十四條第一項第一款、第三款，或勞工依前條第一項第二款至第四款規定終止勞動契約者，雇主應按勞工工作年資，適用勞動基準法或勞工退休金條例規定，發給勞工資遣費。但勞工同時符合勞動基準法第五十三條規定時，雇主應依勞動基準法第五十五條及第八十四條之二規定發給勞工退休金。【違者，處新臺幣三十萬元以上一百五十萬元以下罰鍰，並令其限期給付；屆期未給付者，應按次處罰】

雇主依第八十四條第一項第二款，或勞工依前條第一項第一款規定終止勞動契約者，雇主應按勞工工作年資，適用勞動基準法規定發給勞工退休金及適用勞工退休金條例規定發給勞工資遣費。【違者，處新臺幣三十萬元以上一百五十萬元以下罰鍰，並令其限期給付；屆期未給付者，應按次處罰】

不適用勞動基準法之勞工依前條，或其雇主依第八十四條規定終止勞動契約者，雇主應以不低於勞工退休金條例規定之資遣費計算標準發給離職金，並應於終止勞動契約後三十日內發給。但已依其他法令發給資遣費、退休金或其他類似性質之給與者，不在此限。【違者，處新臺幣三十萬元以上一百五十萬元以下罰鍰，並令其限期給付；屆期未給付者，應按次處罰】

第 87 條　事業單位改組或轉讓後所留用之勞工，因職業災害致身心障礙、喪失部分或全部工作能力者，其依法令或勞動契約原有之權益，對新雇主繼續存在。

第 88 條　職業災害未認定前，勞工得先請普通傷病假；普通傷病假期滿，申請留職停薪者，雇主應予留職停薪。經認定結果為職業災害者，再以公傷病假處理。【違者，處新臺幣五萬元以上三十萬元以下罰鍰，並令其限期改善；屆期未改善者，應按次處罰】

第 89 條　事業單位以其事業招人承攬，就承攬人於承攬部分所使用之勞工，應與承攬人連帶負職業災害補償之責任。再承攬者，亦同。

前項事業單位或承攬人，就其所補償之部分，對於職業災害勞工之雇主，有求償權。

前二項職業災害補償之標準，依勞動基準法之規定。同一事故，依本法或其他法令規定，已由僱用勞工之雇主支付費用者，得予抵充。

第 90 條　遭遇職業傷病之被保險人於請領本法保險給付前，雇主已依勞動基準法第五十九條規定給與職業災害補償者，於被保險人請領保險給付後，得就同條規定之抵充金額請求其返還。

遭遇職業傷病而不適用勞動基準法之被保險人於請領給付前，雇主已給與賠償或補償金額者，於被保險人請領保險給付後，得主張抵充之，並請求其返還。

被保險人遭遇職業傷病致死亡或失能時，雇主已依本法規定投保及繳納保險費，並經保險人核定為本保險事故者，雇主依勞動基準法第五十九條規定應給予之補償，以勞工之平均工資與平均投保薪資之差額，依勞動基準法第五十九條第三款及第四款規定標準計算之。

第 91 條　勞工因職業災害所致之損害，雇主應負賠償責任。但雇主能證明無過失者，不在此限。
【*1121-47】

## 第五章　罰則

第 92 條　以詐欺或其他不正當行為領取保險給付、津貼、補助或為虛偽之證明、報告、陳述及申報醫療費用者，按其領取之保險給付、津貼、補助或醫療費用處以二倍罰鍰。

前項行為人，及共同實施前項行為者，保險人或職安署得依民法規定向其請求損害賠償；其涉及刑責者，移送司法機關辦理。

第一項情形，全民健康保險特約醫院、診所因此領取之醫療費用，保險人應委由全民健康保險保險人在其申報之應領費用內扣除。

第 93 條　雇主有下列情形之一者，處新臺幣三十萬元以上一百五十萬元以下罰鍰，並令其限期給付；屆期未給付者，應按次處罰：

一、違反第八十六條第一項或第二項規定，未依勞動基準法或勞工退休金條例所定退休金、資遣費之標準或期限給付。

二、違反第八十六條第三項規定離職金低於勞工退休金條例規定之資遣費計算標準，或未於期限內給付離職金。

第 94 條　投保單位規避、妨礙或拒絕保險人依第十五條第四項規定之查對者，處新臺幣五萬元以上三十萬元以下罰鍰。

第 95 條　有下列情形之一者，處新臺幣五萬元以上三十萬元以下罰鍰，並令其限期改善；屆期未改善者，應按次處罰：

一、違反第六十七條第一項規定，未協助職業災害勞工恢復原工作或安置適當之工作。

二、違反第七十六條第二項規定，規避、妨礙或拒絕調查。

三、違反第八十四條第二項規定，未準用勞動基準法規定預告勞工終止勞動契約。

四、違反第八十八條規定，未予勞工普通傷病假、留職停薪或公傷病假。

第 96 條　投保單位或雇主未依第十二條規定，為所屬勞工辦理投保、退保手續者，處新臺幣二萬元以上十萬元以下罰鍰，並令其限期改善；屆期未改善者，應按次處罰。

第 97 條　投保單位有下列情形之一者，處新臺幣二萬元以上十萬元以下罰鍰，並令其限期改善；屆期未改善者，應按次處罰：

一、違反第十五條第三項規定，未備置相關文件或保存未達規定期限。

二、違反第十九條第一款規定，未依規定負擔保險費，而由被保險人負擔。

第 98 條　投保單位有下列情形之一者，處新臺幣二萬元以上十萬元以下罰鍰：

一、違反第十七條第一項至第三項規定，將投保薪資金額以多報少或以少報多，或未於期限內通知月投保薪資之調整。

二、經保險人依第二十一條第一項規定加徵滯納金至應納費額百分之二十，其應繳之保險費仍未向保險人繳納，且情節重大。

第 99 條　依第六條第三項規定準用參加本保險之人員，其所屬投保單位或雇主有下列情形之一者，分別依各該款規定處罰：

一、違反第十二條規定，依第九十六條規定處罰。

二、違反第十五條第三項或第十九條第一款規定，依第九十七條規定處罰。

三、違反第十五條第四項規定，依第九十四條規定處罰。

四、違反第十七條第一項至第三項規定，或有前條第二款行為，依前條規定處罰。

第 100 條　投保單位、雇主或全民健康保險特約醫院、診所違反本法經處以罰鍰者，主管機關應公布其名稱、負責人姓名、公告期日、處分期日、處分字號、違反條文、違反事實及處分金額。

主管機關裁處罰鍰，應審酌與違反行為有關之勞工人數、違反情節、累計違法次數或未依法給付之金額，為量罰輕重之標準。

第 101 條　本法施行前依法應為所屬勞工辦理參加勞工保險而未辦理之雇主，其勞工發生職業災害事故致死亡或失能，經依本法施行前職業災害勞工保護法第六條規定發給補助者，處以補助金額相同額度之罰鍰。

## 第六章　附則

第 102 條　本法之免課稅捐、保險費免繳、故意造成事故不給付、故意犯罪行為不給付、養子女請領保險給付之條件、無謀生能力之範圍、年金給付金額隨消費者物價指數調整事項、基金之管理及運用等規定，除本法另有規定外，準用勞工保險條例及其相關規定辦理。

第 103 條　勞工保險被保險人於本法施行前發生職業災害傷病、失能或死亡保險事故，其本人或受益人已依勞工保險條例規定申請保險給付者，同一保險事故之保險給付仍適用勞工保險條例規定；尚未提出申請，且該給付請求權時效依勞工保險條例規定尚未完成者，得選擇適用本法或勞工保險條例規定請領保險給付。

依前項後段規定選擇適用本法請領保險給付情形，勞工保險條例已進行之消滅時效期間尚未完成者，其已經過之期間與本法施行後之消滅時效期間，合併計算。

被保險人或其受益人依第一項規定選擇後，經保險人核付，不得變更。

第 104 條　勞工保險被保險人於本法施行前發生職業災害傷病、失能或死亡保險事故，符合下列情形之一申請補助者，應依本法施行前職業災害勞工保護法規定辦理：

一、本法施行前，已依勞工保險條例規定請領職業災害給付。

二、依前條第一項規定選擇依勞工保險條例規定請領職業災害給付。

勞工保險被保險人或受益人依前條第一項規定選擇依本法請領保險給付者，不得依本法施行前職業災害勞工保護法申請補助。

第 105 條　未加入勞工保險之勞工於本法施行前遭遇職業傷病，應依本法施行前職業災害勞工保護
　　　　　法規定申請補助。

第 106 條　本法施行前，有下列情形之一者，主管機關於本法施行後，仍依職業災害勞工保護法及
　　　　　其相關規定辦理：

　　　　一、已依職業災害勞工保護法第十一條或第十三條等規定受理職業疾病認定或鑑定，其
　　　　　　處理程序未終結。

　　　　二、已依職業災害勞工保護法第十條或第二十條受理事業單位、職業訓練機構或相關團
　　　　　　體之補助申請，其處理程序未終結。

　　　　　除本法另有規定外，自本法施行之日起，職業災害勞工保護法不再適用。

第 107 條　勞工保險條例第二條第二款、第十三條第三項至第六項、第十五條第一款至第四款、第
　　　　　十九條第五項、第六項、第二十條第一項、第二十條之一、第三十四條、第三十六條、
　　　　　第三十九條至第五十二條、第五十四條及第六十四條有關職業災害保險規定，除本法另
　　　　　有規定外，自本法施行之日起，不再適用。

第 108 條　本法施行細則，由中央主管機關定之。

第 109 條　本法施行日期，由行政院定之。

# Chapter 5　勞資爭議與解僱

| 第5章 | | 年度梯次 | 961 | 963 | 971 | 972 | 981 | 983 | 991 | 992 | 1001 | 1002 | 1011 |
|---|---|---|---|---|---|---|---|---|---|---|---|---|---|
| | 學科 | 題數 | 2 | 8 | 5 | 7 | 2 | 2 | 3 | 1 | 2 | 5 | 3 |
| | | %<br>(80題中出現題數) | 3% | 10% | 6% | 9% | 3% | 3% | 4% | 1% | 3% | 6% | 4% |
| | 術科 | 題數 | 第一題<br>第十題 | 第一題 | 無 | 無 | 第一題 | 第四題 | 第四題 | 第四題 | 無 | 第一題 | 第三題 |
| | | %<br>(10題中出現題數) | 20% | 10% | 0% | 0% | 10% | 10% | 10% | 10% | 0% | 10% | 10% |

| 第5章 | | 年度梯次 | 1012 | 1018月 | 1013 | 1021 | 1022 | 1023 | 1031 | 1032 | 1033 | 1041 | 1042 | 1043 |
|---|---|---|---|---|---|---|---|---|---|---|---|---|---|---|
| | 學科 | 題數 | 2 | 2 | 2 | 2 | 2 | 3 | 3 | 4 | 4 | 2 | 2 | 2 |
| | | %<br>(80題中出現題數) | 3% | 3% | 3% | 3% | 3% | 4% | 4% | 5% | 5% | 3% | 3% | 3% |
| | 術科 | 題數 | 第四題 | 本年度增加一梯次學科考試 | 第二題 | 第二題 | 無 | 無 | 第四題<br>第五題 | 第四題<br>第五題 | 無 | 無 | 無 | 無 |
| | | %<br>(10題中出現題數) | 10% | | 10% | 10% | 0% | 0% | 20% | 20% | 0% | 0% | 0% | 0% |

| 第5章 | | 年度梯次 | 1051 | 1052 | 1053 | 1061 | 1062 | 1063 | 1071 | 1072 | 1073 | 1081 | 1082 | 1083 |
|---|---|---|---|---|---|---|---|---|---|---|---|---|---|---|
| | 學科 | 題數 | 2 | 4 | 4 | 2 | 2 | 2 | 7 | 0 | 2 | 1 | 2 | 3 |
| | | %<br>(80題中出現題數) | 3% | 5% | 5% | 3% | 3% | 3% | 9% | 0% | 3% | 1% | 3% | 4% |
| | 術科 | 題數 | 無 | 無 | 第五題 | 無 | 無 | 無 | 無 | 第五題 | 第四題 | 無 | 無 | 無 |
| | | %<br>(10題中出現題數) | 0% | 0% | 10% | 0% | 0% | 0% | 0% | 10% | 10% | 0% | 0% | 0% |

| 第5章 | | 年度梯次 | 1091 | 1092 | 1093 | 1101 | 1102 | 1103 | 1111 | 1112 | 1113 | 1121 | 1122 | 1123 |
|---|---|---|---|---|---|---|---|---|---|---|---|---|---|---|
| | 學科 | 題數 | 2 | 2 | 3 | 3 | 4 | 2 | 5 | 2 | 5 | 1 | 4 | 0 |
| | | %<br>(80題中出現題數) | 3% | 3% | 4% | 4% | 5% | 3% | 6% | 3% | 6% | 1% | 5% | 0% |
| | 術科 | 題數 | 第四題 | 第四題 | 第五題 | 無 | 無 | 第五題 | 無 | 無 | 第五題 | 無 | 無 | 第五題 |
| | | %<br>(10題中出現題數) | 10% | 10% | 10% | 0% | 0% | 10% | 0% | 0% | 10% | 0% | 0% | 10% |

## 5-1 勞資爭議處理

### 勞資爭議處理法（民國 110 年 4 月 28 日）

**第一章　總則**

第 1 條　為處理勞資爭議，保障勞工權益，穩定勞動關係，特制定本法。

第 2 條　勞資雙方當事人應本誠實信用及自治原則，解決勞資爭議。　　　　　　　【*1073 術科第四題】

第 3 條　本法於雇主或有法人資格之雇主團體（以下簡稱雇主團體）與勞工或工會發生勞資爭議時，適用之。但教師之勞資爭議屬依法提起行政救濟之事項者，不適用之。

第 4 條　本法所稱主管機關在中央為勞動部；在直轄市為直轄市政府；在縣（市）為縣（市）政府。　　　　　　　　　　　　　　　　　　　　　　　　　　　　　　　【*981-77】

第 5 條　本法用詞，定義如下：　　　　　　　　　　　　　　　　　　　❀❀❀❀❀

一、勞資爭議：指權利事項及調整事項之勞資爭議。

【*991 術科第四題；981 術科第一題；963 術科第一題】

二、權利事項之勞資爭議：指勞資雙方當事人基於法令、團體協約、勞動契約之規定所為權利義務之爭議。【*1062-5；1103 術科第五題；1072 術科第五題；991 術科第四題；981 術科第一題；963 術科第一題】

三、調整事項之勞資爭議：指勞資雙方當事人對於勞動條件主張繼續維持或變更之爭議。【*991 術科第四題；981 術科第一題；963 術科第一題】

四、爭議行為：指勞資爭議當事人為達成其主張，所為之罷工或其他阻礙事業正常運作及與之對抗之行為。【*1002 術科第一題】

五、罷工：指勞工所為暫時拒絕提供勞務之行為。【*1063-64；1011-29】

第 6 條　權利事項之勞資爭議，得依本法所定之調解、仲裁或裁決程序處理之。【*1062-5；1072 術科第五題；981 術科第一題；963 術科第一題】

法院為審理權利事項之勞資爭議，必要時應設勞工法庭。【*1033-28】

權利事項之勞資爭議，勞方當事人有下列情形之一者，中央主管機關得給予適當扶助 <106.1.18 修正>。【*1113-71】

一、提起訴訟。

二、依仲裁法提起仲裁。

三、因工會法第三十五條第一項第一款至第四款所定事由，依本法申請裁決。

前項扶助業務，由中央主管機關得委託民間團體辦理。

前二項扶助之申請資格、扶助範圍、審核方式及委託辦理等事項之辦法，由中央主管機關定之。

第 7 條　調整事項之勞資爭議，依本法所定之調解、仲裁程序處理之。　　　　【*1082-75】

前項勞資爭議之勞方當事人，應為工會。但有下列情形者，亦得為勞方當事人：

【*1082-75；1018 月 -7；1001-56；972-45；963 術科第一題】

一、未加入工會，而具有相同主張之勞工達十人以上。【*1082-75；1031-31】

二、受僱於僱用勞工未滿十人之事業單位，其未加入工會之勞工具有相同主張者達三分之二以上。【*1121-53；1093-44；1082-75】

第 8 條　勞資爭議在調解、仲裁或裁決期間，資方不得因該勞資爭議事件而歇業、停工、終止勞動契約或為其他不利於勞工之行為【違者罰新臺幣二十萬以上六十萬以下罰鍰】【*1103-62；1102-18；1081-68；1071-22；1053-3；1013 術科第二題；1011 術科第三題】；勞方不得因該勞資爭議事件而罷工或為其他爭議行為。【工會違者罰新臺幣十萬以上三十萬以下罰鍰；勞方違者罰新臺幣一萬以上三萬以下罰鍰】【*1013 術科第二題】　✪✪✪✪✪

## 第二章　調解
✪✪✪

第 9 條　勞資爭議當事人一方申請調解時，應向勞方當事人勞務提供地之直轄市或縣（市）主管機關提出調解申請書。【*1071-35；1002-62】

前項爭議當事人一方為團體協約法第十條第二項規定之機關（構）、學校者，其出席調解時之代理人應檢附同條項所定有核可權機關之同意書。

第一項直轄市、縣（市）主管機關對於勞資爭議認為必要時，得依職權交付調解，並通知勞資爭議雙方當事人。

第一項及前項調解，其勞方當事人有二人以上者，各勞方當事人勞務提供地之主管機關，就該調解案件均有管轄權。　【仲裁程序準用】

第 10 條　調解之申請，應提出調解申請書，並載明下列事項：　【仲裁程序準用】

一、當事人姓名、性別、年齡、職業及住所或居所；如為法人、雇主團體或工會時，其名稱、代表人及事務所或營業所；有代理人者，其姓名、名稱及住居所或事務所。

二、請求調解事項。

三、依第十一條第一項選定之調解方式。

第 11 條　直轄市或縣（市）主管機關受理調解之申請，應依申請人之請求，以下列方式之一進行調解：【*963-45】
✪✪

一、指派調解人。

二、組成勞資爭議調解委員會（以下簡稱調解委員會）。

直轄市或縣（市）主管機關依職權交付調解者，得依前項方式之一進行調解。

第一項第一款之調解，直轄市、縣（市）主管機關得委託民間團體指派調解人進行調解。

第一項調解之相關處理程序、充任調解人或調解委員之遴聘條件與前項受託民間團體之資格及其他應遵行事項之辦法，由中央主管機關定之。　＜勞資爭議調解辦法 (100.4.28)＞

主管機關對第三項之民間團體，除委託費用外，並得予補助。

第 12 條　直轄市或縣（市）主管機關指派調解人進行調解者，應於收到調解申請書三日內為之。

調解人應調查事實，並於指派之日起七日內開始進行調解。　【*1031-14】

直轄市或縣（市）主管機關於調解人調查時，得通知當事人、相關人員或事業單位，以言詞或書面提出說明；調解人為調查之必要，得經主管機關同意，進入相關事業單位訪查。

【無正當理由違反者罰新臺幣一萬以上五萬以下罰鍰罰】

前項受通知或受訪查人員，不得為虛偽說明、提供不實資料或無正當理由拒絕說明。

【違反者罰新臺幣三萬以上十五萬以下罰鍰】

調解人應於開始進行調解十日內作出調解方案【*1023-61】，並準用第十九條、第二十條及第二十二條之規定。

第 13 條　調解委員會置委員三人或五人【*1113-69；1082-73】，由下列代表組成之，並以直轄市或縣（市）主管機關代表一人為主席：

一、直轄市、縣（市）主管機關指派一人或三人。

二、勞資爭議雙方當事人各自選定一人。

第 14 條　直轄市、縣（市）主管機關以調解委員會方式進行調解者，應於收到調解申請書或職權交付調解後通知勞資爭議雙方當事人於收到通知之日起三日內各自選定調解委員【*1122-13；1111-27；1071-5；1041-45】，並將調解委員之姓名、性別、年齡、職業及住居所具報；屆期未選定者，由直轄市、縣（市）主管機關代為指定。

前項主管機關得備置調解委員名冊，以供參考。

第 15 條　直轄市、縣（市）主管機關以調解委員會方式進行調解者，應於調解委員完成選定或指定之日起十四日內，組成調解委員會並召開調解會議。　　　　　【*1123 術科第五題】

第 16 條　調解委員會應指派委員調查事實，除有特殊情形外，該委員應於受指派後十日內，將調查結果及解決方案提報調解委員會。

調解委員會應於收到前項調查結果及解決方案後十五日內開會。【*1123 術科第五題】必要時或經勞資爭議雙方當事人同意者，得延長七日。

第 17 條　調解委員會開會時，調解委員應親自出席，不得委任他人代理；受指派調查時，亦同。

【仲裁程序準用】

直轄市、縣（市）主管機關於調解委員調查或調解委員會開會時，得通知當事人、相關人員或事業單位以言詞或書面提出說明；調解委員為調查之必要，得經主管機關同意，進入相關事業單位訪查。

前項受通知或受訪查人員，不得為虛偽說明、提供不實資料或無正當理由拒絕說明。

【違反者罰新臺幣三萬以上十五萬以下罰鍰】【無正當理由違反者罰新臺幣一萬以上五萬以下罰鍰罰】

第 18 條　調解委員會應有調解委員過半數出席，始得開會；經出席委員過半數同意，始得決議，作成調解方案。　【當事人無正當理由未依通知出席調解會議者，處新臺幣二千元以上一萬元以下罰鍰】

【*1113-69；1082-73】

第 19 條　依前條規定作成之調解方案，經勞資爭議雙方當事人同意在調解紀錄簽名者，為調解成立。但當事人之一方為團體協約法第十條第二項規定之機關（構）、學校者，其代理人簽名前，應檢附同條項所定有核可權機關之同意書。

第 20 條　勞資爭議當事人對調解委員會之調解方案不同意者，為調解不成立。【*1113-69】

第 21 條　有下列情形之一者，視為調解不成立：　　　　　　　　　　【*1021 術科第二題】

一、經調解委員會主席召集會議，連續二次調解委員出席人數未過半數。　　【*1032-9】

二、未能作成調解方案。　　　　　　　　　　　　　　　　　　　　　【*1082-73】

第 22 條　勞資爭議調解成立或不成立，調解紀錄均應由調解委員會報由直轄市、縣（市）主管機關送達勞資爭議雙方當事人。

第 23 條　勞資爭議經調解成立者，視為爭議雙方當事人間之契約；當事人一方為工會時，視為當事人間之團體協約。　　【*1062-5；1091 術科第四題；1012 術科第四題；963 術科第一題】❸❸❸

第 24 條　勞資爭議調解人、調解委員、參加調解及經辦調解事務之人員，對於調解事件，除已公開之事項外，應保守秘密。　　　　　　　　　　　　　　　　　【仲裁程序準用】

## 第三章　仲裁

第 25 條　勞資爭議調解不成立者，雙方當事人得共同向直轄市或縣（市）主管機關申請交付仲裁【*1101-59；1071-80；1043-54；1002-5；963-25；961-8】。但調整事項之勞資爭議，當事人一方為團體協約法第十條第二項規定之機關（構）、學校時，非經同條項所定機關之核可，不得申請仲裁。　　　　　　　　　　　　　　　　　　　　　　　【*1071-80】❹❹❹❹

勞資爭議當事人之一方為第五十四條第二項之勞工者，其調整事項之勞資爭議，任一方得向直轄市或縣（市）申請交付仲裁；其屬同條第三項事業調整事項之勞資爭議，而雙方未能約定必要服務條款者，任一方得向中央主管機關申請交付仲裁。　　　【*1071-80】

勞資爭議經雙方當事人書面同意，得不經調解，逕向直轄市或縣（市）主管機關申請交付仲裁。　　　　　　　　　　　　　　　　　　　　　　　　　　　　　【*1071-80】

調整事項之勞資爭議經調解不成立者，直轄市或縣（市）主管機關認有影響公眾生活及利益情節重大，或應目的事業主管機關之請求，得依職權交付仲裁，並通知雙方當事人。　　　　　　　　　　　　　　　　　　　　　　　　　　　　　　　　【*1071-80】

第 26 條　主管機關受理仲裁之申請，應依申請人之請求，以下列方式之一進行仲裁，其為一方申請交付仲裁或依職權交付仲裁者，僅得以第二款之方式為之：

一、選定獨任仲裁人。

二、組成勞資爭議仲裁委員會（以下簡稱仲裁委員會）。

前項仲裁人與仲裁委員之資格條件、遴聘方式、選定及仲裁程序及其他應遵行事項之辦法，由中央主管機關定之。

第 27 條　雙方當事人合意以選定獨任仲裁人方式進行仲裁者，直轄市或縣（市）主管機關應於收到仲裁申請書後，通知勞資爭議雙方當事人於收到通知之日起五日內，於直轄市、縣（市）主管機關遴聘之仲裁人名冊中選定獨任仲裁人一人具報；屆期未選定者，由直轄市、縣（市）主管機關代為指定。

前項仲裁人名冊，由直轄市、縣（市）主管機關遴聘具一定資格之公正並富學識經驗者充任、彙整之，並應報請中央主管機關備查。

第三十二條、第三十三條及第三十五條至第三十七條之規定，於獨任仲裁人仲裁程序準用之。

第 28 條　申請交付仲裁者，應提出仲裁申請書，並檢附調解紀錄或不經調解之同意書；其為一方申請交付仲裁者，並應檢附符合第二十五條第二項規定之證明文件。

第 29 條　以組成仲裁委員會方式進行仲裁者，主管機關應於收到仲裁申請書或依職權交付仲裁後，通知勞資爭議雙方當事人於收到通知之日起五日內，於主管機關遴聘之仲裁委員名冊中各自選定仲裁委員具報；屆期未選定者，由主管機關代為指定。

勞資雙方仲裁委員經選定或指定後，主管機關應於三日內通知雙方仲裁委員，於七日內依第三十條第一項及第二項或第四項規定推選主任仲裁委員及其餘仲裁委員具報；屆期未推選者，由主管機關指定。

第 30 條　仲裁委員會置委員三人或五人，由下列人員組成之：

一、勞資爭議雙方當事人各選定一人。

二、由雙方當事人所選定之仲裁委員於仲裁委員名冊中，共同選定一人或三人。

　　前項仲裁委員會置主任仲裁委員一人，由前項第二款委員互推一人擔任，為會議主席。

　　仲裁委員由直轄市、縣（市）主管機關遴聘具一定資格之公正並富學識經驗者任之。直轄市、縣（市）主管機關遴聘後，應報請中央主管機關備查。

　　依第二十五條第二項規定由中央主管機關交付仲裁者，其仲裁委員會置委員五人或七人，由勞資爭議雙方當事人各選定二人之外，再共同另選定一人或三人，並由共同選定者互推一人為主任仲裁委員，並為會議主席。

　　前項仲裁委員名冊，由中央主管機關會商相關目的事業主管機關後遴聘之。

第 31 條　主管機關應於主任仲裁委員完成選定或指定之日起十四日內【*1101-58；1093-7；1042-52】，組成仲裁委員會，並召開仲裁會議。

第 32 條　有下列情形之一者，不得擔任同一勞資爭議事件之仲裁委員：　　　【*1092-72；1071-66】

一、曾為該爭議事件之調解委員。

二、本人或其配偶、前配偶或與其訂有婚約之人為爭議事件當事人，或與當事人有共同權利人、共同義務人或償還義務人之關係。

三、為爭議事件當事人八親等內之血親或五親等內之姻親，或曾有此親屬關係。

四、現為或曾為該爭議事件當事人之代理人或家長、家屬。

五、工會為爭議事件之當事人者，其會員、理事、監事或會務人員。

六、雇主團體或雇主為爭議事件之當事人者，其會員、理事、監事、會務人員或其受僱人。

　　仲裁委員有前項各款所列情形之一而不自行迴避，或有具體事實足認其執行職務有偏頗之虞者，爭議事件當事人得向主管機關申請迴避，其程序準用行政程序法第三十三條規定。

第 33 條　仲裁委員會應指派委員調查事實，除有特殊情形外，調查委員應於指派後十日內，提出調查結果。

　　仲裁委員會應於收到前項調查結果後二十日內，作成仲裁判斷。但經勞資爭議雙方當事人同意，得延長十日。　　　　　　　　　　　　　　　　　　　　　　　【*1113-13；1051-43】

　　主管機關於仲裁委員調查或仲裁委員會開會時，應通知當事人、相關人員或事業單位以言詞或書面提出說明；仲裁委員為調查之必要，得經主管機關同意後，進入相關事業單位訪查。

　　前項受通知或受訪查人員，不得為虛偽說明、提供不實資料或無正當理由拒絕說明。

　　　　　　　　　【違反者罰新臺幣三萬以上十五萬以下罰鍰】【無正當理由違反者罰新臺幣一萬以上五萬以下罰鍰】

第 34 條　仲裁委員會由主任仲裁委員召集，其由委員三人組成者，應有全體委員出席，經出席委員過半數同意，始得作成仲裁判斷；其由委員五人或七人組成者，應有三分之二以上委員出席，經出席委員四分之三以上同意，始得作成仲裁判斷。

仲裁委員連續二次不參加會議，當然解除其仲裁職務，由主管機關另行指定仲裁委員代替之。

第 35 條　仲裁委員會作成仲裁判斷後，應於十日內作成仲裁判斷書，報由主管機關送達勞資爭議雙方當事人。

第 36 條　勞資爭議當事人於仲裁程序進行中和解者，應將和解書報仲裁委員會及主管機關備查，仲裁程序即告終結；其和解與依本法成立之調解有同一效力。

第 37 條　仲裁委員會就權利事項之勞資爭議所作成之仲裁判斷，於當事人間，與法院之確定判決有同一效力。　　　　　　　　　　　　　　【*1062-5：1012 術科第四題】❷❷

仲裁委員會就調整事項之勞資爭議所作成之仲裁判斷，視為爭議當事人間之契約；當事人一方為工會時，視為當事人間之團體協約。　　　　　　　【*1062-5：1012 術科第四題】

對於前二項之仲裁判斷，勞資爭議當事人得準用仲裁法第五章之規定，對於他方提起撤銷仲裁判斷之訴。　　　　　　　　　　　　　　　　　　　　【*1012 術科第四題】

調整事項經作成仲裁判斷者，勞資雙方當事人就同一爭議事件不得再為爭議行為；其依前項規定向法院提起撤銷仲裁判斷之訴者，亦同。　　　　　　　【*1012 術科第四題】

第 38 條　第九條第四項、第十條、第十七條第一項及第二十四條之規定，於仲裁程序準用之。

## 第四章　裁決　　　　　　　　　　　　　　　　　　　　　　　　　　　❸❸❸

第 39 條　勞工因工會法第三十五條第二項規定所生爭議，得向中央主管機關申請裁決。【*1013-26】

前項裁決之申請，應自知悉有違反工會法第三十五條第二項規定之事由或事實發生之次日起九十日內為之。　　　　　　　　　　　　　　　　　【*1091-58：1012-54】

註：工會法第 35 條雇主或代表雇主行使管理權之人，不得有下列行為：

一、對於勞工組織工會、加入工會、參加工會活動或擔任工會職務，而拒絕僱用、解僱、降調、減薪或為其他不利之待遇。

二、對於勞工或求職者以不加入工會或擔任工會職務為僱用條件。

三、對於勞工提出團體協商之要求或參與團體協商相關事務，而拒絕僱用、解僱、降調、減薪或為其他不利之待遇。

四、對於勞工參與或支持爭議行為，而解僱、降調、減薪或為其他不利之待遇。

五、不當影響、妨礙或限制工會之成立、組織或活動。

雇主或代表雇主行使管理權之人，為前項規定所為之解僱、降調或減薪者，無效。

第 40 條　裁決之申請，應以書面為之，並載明下列事項：

一、當事人之姓名、性別、年齡、職業及住所或居所；如為法人、雇主團體或工會，其名稱、代表人及事務所或營業所；有代理人者，其姓名、名稱及住居所或事務所。

二、請求裁決之事項及其原因事實。

第 41 條　基於工會法第三十五條第二項規定所為之裁決申請，違反第三十九條第二項及前條規定者，裁決委員應作成不受理之決定。但其情形可補正者，應先限期令其補正。

前項不受理決定，不得聲明不服。

第 42 條　當事人就工會法第三十五條第二項所生民事爭議事件申請裁決，於裁決程序終結前，法院應依職權停止民事訴訟程序。

當事人於第三十九條第二項所定期間提起之訴訟，依民事訴訟法之規定視為調解之聲請者，法院仍得進行調解程序。

裁決之申請，除經撤回者外，與起訴有同一效力，消滅時效因而中斷。

第 43 條　中央主管機關為辦理裁決事件，應組成不當勞動行為裁決委員會（以下簡稱裁決委員會）。【*1013-26】

裁決委員會應秉持公正立場，獨立行使職權。<110.4.28 增修 >

裁決委員會置裁決委員七人至十五人，均為兼職，其中一人至三人為常務裁決委員，由中央主管機關遴聘熟悉勞工法令、勞資關係事務之專業人士任之，任期二年，並由委員互推一人為主任裁決委員。【*1111-77；1102-66】

中央主管機關應調派專任人員或聘用專業人員，承主任裁決委員之命，協助辦理裁決案件之程序審查、爭點整理及資料蒐集等事務。具專業執業資格者，經聘用之期間，計入其專業執業年資。<106.1.18 新修 >

裁決委員會之組成、裁決委員之資格條件、遴聘方式、裁決委員會相關處理程序、前項人員之調派或遴聘及其他應遵行事項之辦法，由中央主管機關定之。<106.1.18 新修 >

第 44 條　中央主管機關應於收到裁決申請書之日起七日內，召開裁決委員會處理之。

裁決委員會應指派委員一人至三人，依職權調查事實及必要之證據，並應於指派後二十日內作成調查報告，必要時得延長二十日。

裁決委員調查或裁決委員會開會時，應通知當事人、相關人員或事業單位以言詞或書面提出說明；裁決委員為調查之必要，得經主管機關同意，進入相關事業單位訪查。

前項受通知或受訪查人員，不得為虛偽說明、提供不實資料或無正當理由拒絕說明。

【違者罰新臺幣三萬以上十五萬以下罰鍰】【無正當理由違反者罰新臺幣一萬以上五萬以下罰鍰】

申請人經依第三項規定通知，無正當理由二次不到場者，視為撤回申請【*1113-48；1053-55】；相對人二次不到場者，裁決委員會得經到場一造陳述為裁決。

裁決當事人就同一爭議事件達成和解或經法定調解機關調解成立者，裁決委員會應作成不受理之決定。

第 45 條　主任裁決委員應於裁決委員作成調查報告後七日內，召開裁決委員會，並於開會之日起三十日內作成裁決決定。但經裁決委員會應出席委員二分之一以上同意者得延長之，最長以三十日為限。

第 46 條　裁決委員會應有三分之二以上委員出席，並經出席委員二分之一以上同意，始得作成裁決決定；作成裁決決定前，應由當事人以言詞陳述意見。【*1122-8；1112-25；1033-38】

裁決委員應親自出席，不得委任他人代理。

裁決委員審理案件相關給付報酬標準，由中央主管機關定之。

第 47 條　裁決決定書應載明下列事項：

一、當事人姓名、住所或居所；如為法人、雇主團體或工會，其名稱、代表人及主事務所或主營業所。

二、有代理人者，其姓名、名稱及住居所或事務所。

三、主文。

四、事實。

五、理由。

六、主任裁決委員及出席裁決委員之姓名。

七、年、月、日。

裁決委員會作成裁決決定後，中央主管機關應於二十日內將裁決決定書送達當事人。

【*1103-50；1022-60】

第 47-1 條 <110.4.28 增修>

中央主管機關應以定期出版、登載於網站或其他適當方式公開裁決決定書。但裁決決定書含有依政府資訊公開法應限制公開或不予提供之事項者，應僅就其他部分公開之。

前項公開，得不含自然人之名字、身分證統一編號及其他足資識別該個人之資料。但應公開自然人之姓氏及足以區辨人別之代稱。

第 48 條　對工會法第三十五條第二項規定所生民事爭議事件所為之裁決決定，當事人於裁決決定書正本送達三十日內，未就作為裁決決定之同一事件，以他方當事人為被告，向法院提起民事訴訟者，或經撤回其訴者，視為雙方當事人依裁決決定書達成合意。

【*1012-54；1012 術科第四題】

裁決經依前項規定視為當事人達成合意者，裁決委員會應於前項期間屆滿後七日內，將裁決決定書送請裁決委員會所在地之法院審核。【*1012 術科第四題】

前項裁決決定書，法院認其與法令無牴觸者，應予核定，發還裁決委員會送達當事人。

法院因裁決程序或內容與法令牴觸，未予核定之事件，應將其理由通知裁決委員會。但其情形可以補正者，應定期間先命補正。

經法院核定之裁決有無效或得撤銷之原因者，當事人得向原核定法院提起宣告裁決無效或撤銷裁決之訴。

前項訴訟，當事人應於法院核定之裁決決定書送達後三十日內提起之。【*1073-32；1023-64】

第 49 條　前條第二項之裁決經法院核定後，與民事確定判決有同一效力。　　【*1012 術科第四題】

第 50 條　當事人本於第四十八條第一項裁決決定之請求，欲保全強制執行或避免損害之擴大者，得於裁決決定書經法院核定前，向法院聲請假扣押或假處分。

前項聲請，債權人得以裁決決定代替請求及假扣押或假處分原因之釋明，法院不得再命債權人供擔保後始為假扣押或假處分。

民事訴訟法有關假扣押或假處分之規定，除第五百二十九條規定外，於前二項情形準用之。

裁決決定書未經法院核定者，當事人得聲請法院撤銷假扣押或假處分之裁定。

第 51 條 基於工會法第三十五條第一項及團體協約法第六條第一項規定所為之裁決申請，其程序準用第三十九條、第四十條、第四十一條第一項、第四十三條至第四十七條規定。

前項處分並得令當事人為一定之行為或不行為。

不服第一項不受理決定者，得於決定書送達之次日起三十日內繕具訴願書，經由中央主管機關向行政院提起訴願。

對於第一項及第二項之處分不服者，得於決定書送達之次日起二個月內提起行政訴訟。

第 52 條 本法第三十二條規定，於裁決程序準用之。

## 第五章 爭議行為

✪✪✪✪✪

第 53 條 勞資爭議，非經調解不成立，不得為爭議行為【*1063-64；1011-29；1031 術科第四題】；權利事項之勞資爭議，不得罷工。

【*1063-64；1062-5；1061-31；1052-79；1011-29；1002-73；1031 術科第四題】

雇主、雇主團體經中央主管機關裁決認定違反工會法第三十五條、團體協約法第六條第一項規定者，工會得依本法為爭議行為。 【*1011-29】

註：團體協約法第 6 條

勞資雙方應本誠實信用原則，進行團體協約之協商；對於他方所提團體協約之協商，無正當理由者，不得拒絕。

勞資之一方於有協商資格之他方提出協商時，有下列情形之一，為無正當理由：

一、對於他方提出合理適當之協商內容、時間、地點及進行方式，拒絕進行協商。

二、未於六十日內針對協商書面通知提出對應方案，並進行協商。

三、拒絕提供進行協商所必要之資料。

依前項所定有協商資格之勞方，指下列工會：

一、企業工會。

二、會員受僱於協商他方之人數，逾其所僱用勞工人數二分之一之產業工會。

三、會員受僱於協商他方之人數，逾其所僱用具同類職業技能勞工人數二分之一之職業工會或綜合性工會。

四、不符合前三款規定之數工會，所屬會員受僱於協商他方之人數合計逾其所僱用勞工人數二分之一。

五、經依勞資爭議處理法規定裁決認定之工會。

勞方有二個以上之工會，或資方有二個以上之雇主或雇主團體提出團體協約之協商時，他方得要求推選協商代表；無法產生協商代表時，依會員人數比例分配產生。

第 54 條 工會非經會員以直接、無記名投票且經全體過半數同意，不得宣告罷工及設置糾察線。

【*1092 術科第四題】

下列勞工，不得罷工：　　　　　　　【*1063-64；1061-31；1013 術科第二題；1002 術科第一題】❷❷

一、教師。

二、國防部及其所屬機關（構）、學校之勞工。

下列影響大眾生命安全、國家安全或重大公共利益之事業，勞資雙方應約定必要服務條款，工會始得宣告罷工：【*1122-62；1113-62；1111-70；1061-31；1013 術科第二題；1002 術科第一題】

一、自來水事業。

二、電力及燃氣供應業。

三、醫院。

四、經營銀行間資金移轉帳務清算之金融資訊服務業與證券期貨交易、結算、保管事業及其他辦理支付系統業務事業。　　　　　　　　　　　　　　　　　【*1011-29】

前項必要服務條款，事業單位應於約定後，即送目的事業主管機關備查。

提供固定通信業務或行動通信業務之第一類電信事業，於能維持基本語音通信服務不中斷之情形下，工會得宣告罷工。

第二項及第三項所列之機關（構）及事業之範圍，由中央主管機關會同其主管機關或目的事業主管機關定之；前項基本語音通信服務之範圍，由目的事業主管機關定之。

重大災害發生或有發生之虞時，各級政府為執行災害防治法所定災害預防工作或有應變處置之必要，得於災害防救期間禁止、限制或停止罷工。　　　　　【*1092 術科第四題】

第 55 條　爭議行為應依誠實信用及權利不得濫用原則為之。

雇主不得以工會及其會員依本法所為之爭議行為所生損害為由，向其請求賠償。

工會及其會員所為之爭議行為，該當刑法及其他特別刑法之構成要件，而具有正當性者，不罰。但以強暴脅迫致他人生命、身體受侵害或有受侵害之虞時，不適用之。

第 56 條　爭議行為期間，爭議當事人雙方應維持工作場所安全及衛生設備之正常運轉。【*1032-80】

## 第六章　訴訟費用之暫減及強制執行之裁定　　　　　　　　　　　　　　　【*1011-36】

第 57 條　勞工或工會提起確認僱傭關係或給付工資之訴，暫免徵收依民事訴訟法所定裁判費之二分之一。　　　　　　　　　　　　　　　　【*1112-36；1052-32；1021-31；1011-36】

第 58 條　除第五十條第二項所規定之情形外，勞工就工資、職業災害補償或賠償、退休金或資遣費等給付，為保全強制執行而對雇主或雇主團體聲請假扣押或假處分者，法院依民事訴訟法所命供擔保之金額，不得高於請求標的金額或價額之十分之一。　　　　　　【*1011-36】

第 59 條　勞資爭議經調解成立或仲裁者，依其內容當事人一方負私法上給付之義務，而不履行其義務時，他方當事人得向該管法院聲請裁定強制執行並暫免繳裁判費；於聲請強制執行時，並暫免繳執行費。　　　　　　　　　　　　　　　　　　【*1031 術科第四題】

前項聲請事件，法院應於七日內裁定之。　　　　　　　　　　　　　　　　【*981-77】

對於前項裁定，當事人得為抗告，抗告之程序適用非訟事件法之規定，非訟事件法未規定者，準用民事訴訟法之規定。

第 60 條 有下列各款情形之一者，法院應駁回其強制執行裁定之聲請：

一、調解內容或仲裁判斷，係使勞資爭議當事人為法律上所禁止之行為。

二、調解內容或仲裁判斷，與爭議標的顯屬無關或性質不適於強制執行。

三、依其他法律不得為強制執行。

第 61 條 依本法成立之調解，經法院裁定駁回強制執行聲請者，視為調解不成立。

但依前條第二款規定駁回，或除去經駁回強制執行之部分亦得成立者，不適用之。

## 第七章　罰則

第 62 條 雇主或雇主團體違反第八條規定者，處新臺幣二十萬元以上六十萬元以下罰鍰【*1053-3】。

工會違反第八條規定者，處新臺幣十萬元以上三十萬元以下罰鍰。勞工違反第八條規定者，處新臺幣一萬元以上三萬元以下罰鍰。

第 63 條 違反第十二條第四項、第十七條第三項、第三十三條第四項或第四十四條第四項規定，為虛偽之說明或提供不實資料者，處新臺幣三萬元以上十五萬元以下罰鍰。

違反第十二條第三項、第十七條第三項、第三十三條第四項或第四十四條第四項規定，無正當理由拒絕說明或拒絕調解人或調解委員進入事業單位者，處新臺幣一萬元以上五萬元以下罰鍰。

勞資雙方當事人無正當理由未依通知出席調解會議者，處新臺幣二千元以上一萬元以下罰鍰。

## 第八章　附則

第 64 條 權利事項之勞資爭議，經依鄉鎮市調解條例調解成立者，其效力依該條例之規定。

權利事項勞資爭議經當事人雙方合意，依仲裁法所為之仲裁，其效力依該法之規定。

第八條之規定於前二項之調解及仲裁適用之。

第 65 條 為處理勞資爭議，保障勞工權益，中央主管機關應捐助設置勞工權益基金。

前項基金來源如下：　　　　　　　　　　　　　　　　　　　　【*1032 術科第五題】

一、勞工權益基金（專戶）賸餘專款。

二、由政府逐年循預算程序之撥款。

三、本基金之孳息收入。

四、捐贈收入。

五、其他有關收入。

第 66 條 本法施行日期，由行政院定之。

### 立即演練 1

(　　)1. 下列有關勞資爭議處理法之敘述，何者是錯誤的？　①勞資爭議包括權利事項與調整事項之爭議　②勞資爭議之主管機關，在地方是直轄市、縣（市）政府　③勞資爭議經調解成立或仲裁者，當事人一方不履行，他方得聲請法院裁定強制執行　④勞資爭議處理是一法定強制程序，當事人遇有爭議即須遵行

(　　) 2. 調整事項的勞資爭議，經爭議當事人雙方的申請，應交付勞資爭議仲裁委員會仲裁，下列哪一項有關勞資爭議仲裁委員會組成的規定是不正確的？　①仲裁委員會置委員三人或五人　②勞資爭議雙方當事人各選定仲裁委員一人　③由雙方當事人所選定之仲裁委員於仲裁委員名冊中，共同選定一人或三人　④由委員會互推一人為主席　　　　　　　　　　　　　　　　　　　　　　　　　【新法】

(　　) 3. 根據勞資爭議處理法的規定，以下有關權利事項勞資爭議的規定何者是不正確的？　①勞資雙方當事人基於法令的規定所為權利義務的爭議　②依調解、仲裁程序處理「修法後此選項正確」　③當事人為個別勞工，得委任其所屬工會申請調停　④調解或仲裁期間，勞工不得罷工、怠工

(　　) 4. 下列關於勞資爭議調解之敘述，何者是錯誤的？　①主管機關應組成勞資爭議調解委員會處理之　②調解的本質是和解　③調解成立者視為當事人間之契約　④調解委員全部由主管機關指定

(　　) 5. 依勞資爭議處理法規定，勞工或工會提起確認僱傭關係或給付工資之訴，暫免徵收依民事訴訟法所定裁判費多少比例？　① 1/2　② 2/3　③ 3/4　④全部

(　　) 6. 依勞資爭議處理法規定，下列何者不屬於勞資爭議之「勞方當事人」？　①工會　②個別勞工　③相同主張之勞工達 10 人以上　④事業單位勞工未滿 10 人者，經三分之二以上勞工同意

(　　) 7. 依勞資爭議處理法規定，調整事項勞資爭議之勞方當事人，應為勞工團體或勞工幾人以上？　① 7 人　② 8 人　③ 9 人　④ 10 人

(　　) 8. 勞資爭議調整事項之仲裁，應如何開啟？　①爭議當事人一方申請　②爭議當事人一方之親屬申請　③爭議當事人雙方共同申請　④主管機關經當事人一方申請應即交付

(　　) 9. 依勞資爭議處理法規定，經法院核定之裁決有無效或得撤銷之原因者，當事人於法院核定之裁決決定書送達後至遲幾日內，得向原核定之法院提起宣告裁決無效或撤銷裁決之訴？　① 10 日　② 20 日　③ 30 日　④ 40 日

(　　)10. 權利事項之勞資爭議，不得有下列何者行為？　①罷工　②申請調解　③申請仲裁　④申請裁決

(　　)11. 勞資爭議調解不成立者，依勞資爭議處理法第 25 條第 1 項規定，雙方當事人得共同向直轄市或縣（市）主管機關申請哪一項程序處理之？　①和解　②仲裁　③裁決　④協調

(　　)12. 勞資爭議當事人一方申請調解時，應向勞方當事人何處所在之直轄市、縣（市）主管機關提出調解申請書？　①住所所在地　②居所所在地　③勞務提供地　④戶籍所在地

(　　)13. 依勞資爭議處理法規定，中央主管機關為辦理工會法第 35 條及團體協約法第 6 條第 1 項之申請裁決事件，應組成何種委員會？　①訴願審議委員會　②勞資爭議調解委員會　③勞資爭議仲裁委員會　④不當勞動行為裁決委員會

解　1.④　　2.④　　3.②　　4.④　　5.①　　6.②　　7.④　　8.③　　9.③　　10.①

11.②　　12.③　　13.④

## 5-2　大量解僱勞工保護

### 一、大量解僱勞工保護法（民國 104 年 7 月 1 日）

第 1 條　為保障勞工工作權及調和雇主經營權，避免因事業單位大量解僱勞工，致勞工權益受損害或有受損害之虞，並維護社會安定，特制定本法；本法未規定者，適用其他法律之規定。

第 2 條　本法所稱大量解僱勞工，指事業單位有勞動基準法第十一條所定各款情形之一【*1103 術科第五題】、或因併購、改組而解僱勞工，且有下列情形之一：　　　❂❂❂❂❂

一、同一事業單位之同一廠場僱用勞工人數未滿三十人者，於六十日內解僱勞工逾十人。【*1103 術科第五題】

二、同一事業單位之同一廠場僱用勞工人數在三十人以上未滿二百人者，於六十日內解僱勞工逾所僱用勞工人數三分之一或單日逾二十人。　【*1123 術科第五題；1093 術科第五題；961 術科第一題】

三、同一事業單位之同一廠場僱用勞工人數在二百人以上未滿五百人者，於六十日內解僱勞工逾所僱用勞工人數四分之一或單日逾五十人。　　　【*972-16；1021 術科第二題】

四、同一事業單位之同一廠場僱用勞工人數在五百人以上者，於六十日內解僱勞工逾所僱用勞工人數五分之一或單日逾八十人。

【*1102-56；1101-2；1042-49；1032-12；1011-59；963-30】

五、同一事業單位於六十日內解僱勞工逾二百人或單日逾一百人。【*1083-7；1041-13；1033-14】

前項各款僱用及解僱勞工人數之計算，不包含就業服務法第四十六條所定之定期契約勞工。

🔖：建議記法

| 事業單位規模人數 | | 期間 | 解僱人數（情形一） | 解僱人數比例（情形二） |
|---|---|---|---|---|
| 同一事業單位之同一廠場 | 未滿 30 人 | 60 日內 | 合計逾 10 人 | 無規定 |
| | 30 － 199 人 | | 單日逾 20 人 | 逾僱用人數 3 分之 1 |
| | 200 － 499 人 | | 單日逾 50 人 | 逾僱用人數 4 分之 1 |
| | 500 人以上 | | 單日逾 80 人 | 逾僱用人數 5 分之 1 |
| 同一事業單位 | 100 人以上 | | 單日逾 100 人或合計逾 200 人 | 無規定 |

第 3 條　本法所稱主管機關：在中央為勞動部；在直轄市為直轄市政府；在縣（市）為縣（市）政府。　　　　　　　　　　　　　　　　　　　　　　　【*1093 術科第五題】

同一事業單位大量解僱勞工事件，跨越直轄市、縣（市）行政區域時，直轄市或縣（市）主管機關應報請中央主管機關處理，或由中央主管機關指定直轄市或縣（市）主管機關處理。　　　　　　　　　　　　　　【*1093-25；1071-11；1063-47；1033-7】

第 4 條　事業單位大量解僱勞工時，應於符合第二條規定情形之日起六十日前【*1061-3；1072 術科第五題】，將解僱計畫書通知主管機關及相關單位或人員，並公告揭示【處新臺幣十萬元以上五十萬元以下罰鍰，並限期令其通知或公告揭示；屆期未通知或公告揭示者，按日連續處罰至通知或公告揭示為止】【*1071-20；1062-72；1032-52；991-13；991-44；992 術科第四題；961 術科第一題】。

但因天災、事變或突發事件，不受六十日之限制。　　　　　　　❂❂❂❂❂

依前項規定通知相關單位或人員之順序如下：　【*971-22；1072 術科第五題；992 術科第四題】

一、事業單位內涉及大量解僱部門勞工所屬之工會。

二、事業單位勞資會議之勞方代表。

三、事業單位內涉及大量解僱部門之勞工。但不包含就業服務法第四十六條所定之定期契約勞工。【*963-26】

事業單位依第一項規定提出之解僱計畫書內容，應記載下列事項：

【*1053 術科第五題；992 術科第四題；983 術科第四題】

一、解僱理由。

二、解僱部門。

三、解僱日期。

四、解僱人數。

五、解僱對象之選定標準。

六、資遣費計算方式及輔導轉業方案等。

　　　　　　　　　　　　　　　　　　　　　　　　　　　　❂❂❂❂

第 5 條　事業單位依前條規定提出解僱計畫書之日起十日內，勞雇雙方應即本於勞資自治精神進行協商。【*1111-31；1102-57；1073-11；1012-63；991-43；983-62；1123 術科第五題；1053 術科第五題】

勞雇雙方拒絕協商或無法達成協議時，主管機關應於十日內召集勞雇雙方組成協商委員會，就解僱計畫書內容進行協商，並適時提出替代方案。【事業單位違者處新臺幣十萬元以上五十萬元以下罰鍰】【*1102-57；1083-3；1053-60；1021-71】

　　　　　　　　　　　　　　　　　　　　　　　　　　　　❂❂❂❂

第 6 條　協商委員會置委員五人至十一人【*1091-34；1083-3；1031-80】，由主管機關指派代表一人及勞雇雙方同數代表組成之，並由主管機關所指派之代表為主席。資方代表由雇主指派之【事業單位違者處新臺幣十萬元以上五十萬元以下罰鍰】；勞方代表，有工會組織者，由工會推派；無工會組織而有勞資會議者，由勞資會議之勞方代表推選之；無工會組織且無勞資會議者，由事業單位通知第四條第二項第三款規定之事業單位內涉及大量解僱部門之勞工推選之。【事業單位未通知解僱部門勞方代表處新臺幣十萬元以上五十萬元以下罰鍰】【*1001-45；971-51；963-4】

勞雇雙方無法依前項規定於十日期限內指派、推派或推選協商代表者，主管機關得依職權於期限屆滿之次日起五日內代為指定之。　　　【*1091-34；1052-64；1052；1031-80；1001-45】

協商委員會應由主席至少每二週召開一次。　　　　　【*1091-34；1083-3；1031-80】

第 7 條　協商委員會協商達成之協議，其效力及於個別勞工。　　　【*1091-34；1083-3；1031-80】

協商委員會協議成立時，應作成協議書，並由協商委員簽名或蓋章。

主管機關得於協議成立之日起七日內，將協議書送請管轄法院審核。　【*1023-21；1001-45】

前項協議書，法院應儘速審核，發還主管機關；不予核定者，應敘明理由。

經法院核定之協議書，以給付金錢或其他代替物或有價證券之一定數量為標的者，其協議書得為執行名義。

第 8 條　主管機關於協商委員會成立後，應指派就業服務人員協助勞資雙方，提供就業服務與職業訓練之相關諮詢。　　　　　　　　　　　　　　　　【*1111-28：1013-29】

雇主不得拒絕前項就業服務人員進駐，並應排定時間供勞工接受就業服務人員個別協助。【事業單位違者處新臺幣十萬元以上五十萬元以下罰鍰】

第 9 條　事業單位大量解僱勞工後再僱用工作性質相近之勞工時，除法令另有規定外，應優先僱用經其大量解僱之勞工。　　　　　　　　　　　　　　　　　　　　　　【*963-53】

前項規定，於事業單位歇業後，有重行復工或其主要股東重新組織營業性質相同之公司，而有招募員工之事實時，亦同。

前項主要股東係指佔原事業單位一半以上股權之股東持有新公司百分之五十以上股權。

政府應訂定辦法，獎勵雇主優先僱用第一項、第二項被解僱之勞工。

第 10 條　經預告解僱之勞工於協商期間就任他職，原雇主仍應依法發給資遣費或退休金。但依本法規定協商之結果條件較優者，從其規定。　　　　　【*1022-63：1092 術科第四題】

協商期間，雇主不得任意將經預告解僱勞工調職或解僱。【事業單位違者處新臺幣十萬元以上五十萬元以下罰鍰】　　　　　　　　　　　　　　　【*1022-63：1092 術科第四題】

第 11 條　僱用勞工三十人以上之事業單位，有下列情形之一者，由相關單位或人員向主管機關通報：　　　　　　　　　　　　　　　　　　　　　　　　　　　　❂❂❂❂❂

一、僱用勞工人數在二百人以下者，積欠勞工工資達二個月；僱用勞工人數逾二百人者，積欠勞工工資達一個月。　　　　　　　　　　【*1053-47：1113 術科第五題】

二、積欠勞工保險保險費、工資墊償基金、全民健康保險保險費或未依法提繳勞工退休金達二個月，且金額分別在新臺幣二十萬元以上。　　　【*1043-15：1018 月 -47】

三、全部或主要之營業部分停工。　　　　　　　　　　　　　【*1083-47：1051-54】

四、決議併購。

五、最近二年曾發生重大勞資爭議。　　　　　　　　　　　　　　　　【*1052-30】

前項規定所稱相關單位或人員如下：　　　　　　　　　　　　　　　　　【*992-1】

一、第一款、第三款、第四款及第五款為工會或該事業單位之勞工【*1092-24：1051-54：1092 術科第四題】；第四款為事業單位。

二、第二款為勞動部勞工保險局、衛生福利部中央健康保險署。

主管機關應於接獲前項通報後七日內查訪事業單位，並得限期令其提出說明或提供財務報表及相關資料。　　　　【事業單位違者處新臺幣三萬元以上十五萬元以下罰鍰，按次連續處罰】

主管機關依前項規定派員查訪時，得視需要由會計師、律師或其他專業人員協助辦理。

主管機關承辦人員及協助辦理人員，對於事業單位提供之財務報表及相關資料，應保守秘密。

第 12 條　事業單位於大量解僱勞工時，積欠勞工退休金、資遣費或工資，有下列情形之一，經主管機關限期令其清償；屆期未清償者，中央主管機關得函請入出國管理機關禁止其代表人及實際負責人出國：　　　　　　【*971-5：1032 術科第四題：1031 術科第五題】❂❂❂❂❂

一、僱用勞工人數在十人以上未滿三十人者，積欠全體被解僱勞工之總金額達新臺幣三百萬元。　　　　　　　　　　　　　　　　　【*1002-67：1032 術科第四題】

二、僱用勞工人數在三十人以上未滿一百人者，積欠全體被解僱勞工之總金額達新臺幣
五百萬元。　　　　　　　　　　　　　　　　　　　　　　　【*1032 術科第四題】

三、僱用勞工人數在一百人以上未滿二百人者，積欠全體被解僱勞工之總金額達新臺幣
一千萬元。　　　　　　　　　　　　　【*972-74；961-14；1032 術科第四題】

四、僱用勞工人數在二百人以上者，積欠全體被解僱勞工之總金額達新臺幣二千萬元。
　　　　　　　　　　　　　　　　　　【*1032 術科第四題；1031 術科第五題】

事業單位歇業而勞工依勞動基準法第十四條第一項第五款或第六款規定終止勞動契約，
其僱用勞工人數、勞工終止契約人數及積欠勞工退休金、資遣費或工資總金額符合第二
條及前項各款規定時，經主管機關限期令其清償，屆期未清償者，中央主管機關得函請
入出國管理機關禁止其代表人及實際負責人出國。

前二項規定處理程序及其他應遵行事項之辦法，由中央主管機關定之。

第 13 條　事業單位大量解僱勞工時，不得以種族、語言、階級、思想、宗教、黨派、籍貫、性
別、容貌、身心障礙、年齡及擔任工會職務為由解僱勞工。

違反前項規定或勞動基準法第十一條規定者，其勞動契約之終止不生效力。

主管機關發現事業單位違反第一項規定時，應即限期令事業單位回復被解僱勞工之職
務，逾期仍不回復者，主管機關應協助被解僱勞工進行訴訟。

第 14 條　中央主管機關應編列專款預算，作為因違法大量解僱勞工所需訴訟及必要生活費用。其
補助對象、標準、申請程序等應遵行事項之辦法，由中央主管機關定之。

第 15 條　為掌握勞動市場變動趨勢，中央主管機關應設置評估委員會，就事業單位大量解僱勞工
原因進行資訊蒐集與評估，以作為產業及就業政策制訂之依據。

前項評估委員會之組織及應遵行事項之辦法，由中央主管機關定之。【大量解僱勞工時勞動
市場變動趨勢評估委員會組織辦法 103.5.13】

第 16 條　依第十二條規定禁止出國者，有下列情形之一時，中央主管機關應函請入出國管理機關
廢止禁止其出國之處分：

一、已清償依第十二條規定禁止出國時之全部積欠金額。

二、提供依第十二條規定禁止出國時之全部積欠金額之相當擔保。但以勞工得向法院聲
請強制執行者為限。

三、已依法解散清算，且無賸餘財產可資清償。

四、全部積欠金額已依破產程序分配完結。

第 17 條　事業單位違反第四條第一項規定，未於期限前將解僱計畫書通知主管機關及相關單位或
人員，並公告揭示者，處新臺幣十萬元以上五十萬元以下罰鍰，並限期令其通知或公告
揭示；屆期未通知或公告揭示者，按日連續處罰至通知或公告揭示為止。

　　　　　　　　　　　　　　　　　【*1062-72；991-13；1073 術科第四題】✪✪✪

第 18 條　事業單位有下列情形之一者，處新臺幣十萬元以上五十萬元以下罰鍰：

一、未依第五條第二項規定，就解僱計畫書內容進行協商。　　　　　　【*1071-20】

二、違反第六條第一項規定，拒絕指派協商代表或未通知事業單位內涉及大量解僱部門之勞工推選勞方代表。

三、違反第八條第二項規定，拒絕就業服務人員進駐。

四、違反第十條第二項規定，在協商期間任意將經預告解僱勞工調職或解僱。

第 19 條　事業單位違反第十一條第三項規定拒絕提出說明或未提供財務報表及相關資料者，處新臺幣三萬元以上十五萬元以下罰鍰【*1122-46】；並限期令其提供，屆期未提供者，按次連續處罰至提供為止。

第 20 條　依本法所處之罰鍰，經限期繳納，屆期不繳納者，依法移送強制執行。

第 21 條　本法自公布日後三個月施行。

本法修正條文自公布日施行。

## 立即演練 2

( ) 1. 下列有關大量解僱勞工保護法所定「協商委員會」之敘述，何者不正確？　①協商委員會協商達成之協議，其效力不及於個別勞工　②協商委員會應由主席至少每 2 週召開 1 次　③協商委員會置委員 5 人至 11 人　④主管機關得於協商委員會協議成立之日起 7 日內，將協議書送請管轄法院審核

( ) 2. 主管機關依大量解僱勞工保護法規定，召集勞雇雙方組成之協商委員會，其勞方代表，如無工會組織且無勞資會議者，應如何產生？　①主管機關依職權徑予指定之　②主管機關報請管轄法院指定之　③除定期契約及未涉及大量解雇部門外之其他全體勞工推選之　④資深勞工互選之

( ) 3. 事業單位違反大量解僱勞工保護法規定，未於期限前將解僱計畫書通知主管機關及相關單位或人員，並告知揭示者，主管機關可處多少罰鍰？　①處新臺幣 3 萬元以上 15 萬元以下罰鍰　②處新臺幣 10 萬元以上 50 萬元以下罰鍰　③處新臺幣 15 萬元以上 60 萬元以下罰鍰　④處新臺幣 20 萬元以上 60 萬元以下罰鍰

( ) 4. 依大量解僱勞工保護法規定，事業單位經依規定提出解僱計畫書之日起幾日內，勞雇雙方應即本於勞資自治精神進行協商？　① 5 日　② 10 日　③ 15 日　④ 20 日

( ) 5. 事業單位大量解僱勞工時，應於符合大量解僱勞工保護法第 2 條規定情形之日起幾日前，將解僱計畫書通知主管機關及相關單位或人員，並公告揭示？　① 30 日　② 40 日　③ 60 日　④ 90 日

( ) 6. 事業單位大量解僱勞工時，下列何者非屬其解僱計畫書應通知之單位或人員？　①事業單位大量解僱勞工所屬之工會　②事業單位之定期契約勞工　③事業單位勞資會議之勞方代表　④主管機關

( ) 7. 事業單位大量解僱勞工時，其解僱計畫書除通知主管機關外，依序應優先通知何單位或人員？　①事業單位大量解僱勞工所屬之工會　②事業單位勞資會議之勞方代表　③事業單位之全體勞工　④事業單位之職工福利委員會

( 　)8. 下列關於大量解僱勞工保護法之敘述，何者是錯誤的？　①雇主有提出解僱計畫書之義務　②雇主有與勞工或其代表達成協商之義務　③雇主有優先僱用經大量解僱勞工之義務　④雇主有依主管機關命令遵期給付所積欠之勞工退休金、資遣費或工資之義務

( 　)9. 依大量解僱勞工保護法規定，主管機關接獲勞工保險局通報僱用勞工 30 人以上之事業單位積欠勞工保險費達 2 個月，且金額在新臺幣 20 萬元以上後，至遲應於幾日內查訪該事業單位？　①7 日　②10 日　③14 日　④21 日

( 　)10. 大量解僱勞工保護法訂定有所謂「通報」規定，要求相關單位或人員應進行通報，下列哪一項是所謂的「相關單位或人員」？　①勞動檢查機構或單位　②工會或事業單位的勞工　③事業單位　④中央健康保險局

( 　)11. 依大量解僱勞工保護法規定，僱用 30 人以上 200 人以下之事業單位，積欠勞工工資達 2 個月之情形時，相關單位或人員應向主管機關通報。所稱相關單位，不包括下列何單位？　①工會　②勞工保險局　③稅捐稽徵機關　④中央健康保險局

( 　)12. 大量解僱勞工保護法所稱大量解僱勞工情形之一，指在同一事業單位之同一廠場僱用勞工人數在 200 人以上未滿 500 人者，於 60 日內，須解僱逾所僱用勞工人數至少應達多少？　①二分之一　②三分之一　③四分之一　④五分之一

( 　)13. 同一事業單位僱用勞工人數在五百人以上者，於六十日內解僱勞工逾所僱用勞工人數達多少比例時，為大量勞工解僱保護法所稱大量解僱勞工之情形？　①三分之一　②四分之一　③五分之一　④十分之一

( 　)14. 事業單位依大量解僱勞工保護法規定申請僱用獎勵金時，有下列哪一種情形者，不予核發僱用獎勵金？　①依法發給資遣費、退休金　②事業單位之董事長及實際負責人受禁止出國之處分已撤銷　③依法對僱用勞工投保勞工保險　④僱用的同一勞工於同一時期已領取政府機關其他類似性質的就業促進津貼

( 　)15. 事業單位依大量解僱勞工保護法規定申請僱用獎勵金時，受僱勞工每週工作時數 32 小時以上者，每人每月核發事業單位僱用獎勵金新臺幣？　①3,000 元　②5,000 元　③8,000 元　④1 萬元

( 　)16. 依大量解僱勞工保護法規定，事業單位僱用勞工人數在 10 人以上未滿 30 人者，於大量解僱勞工時，積欠全體被解僱勞工總金額達新臺幣多少元之勞工退休金、資遣費或工資，而未依主管機關所定期限清償者，中央主管機關得函請入出國管理機關禁止事業單位代表人及實際負責人出國？　①50 萬元　②100 萬元　③200 萬元　④300 萬元

( 　)17. 依大量解僱勞工保護法規定，主管機關於協商委員會成立後，應指派何種人員協助勞資雙方，提供就業服務與職業訓練之相關諮詢？　①調解人　②仲裁人　③就業服務人員　④勞工行政人員

解　1.①　2.③　3.②　4.②　5.③　6.②　7.①　8.②　9.①　10.②

11.③　12.③　13.③　14.④　15.②　16.④　17.③

## 二、大量解僱勞工訴訟及必要生活費用補助辦法（民國105年4月29日修正）

第1條　本辦法依大量解僱勞工保護法（以下簡稱本法）第十四條規定訂定之。

第2條　符合本法第二條被解僱之勞工，有下列情形之一而訴訟者，得向勞動部（以下簡稱本部）申請訴訟補助：

　　　　一、雇主未依法給付勞工工資、資遣費或退休金者。

　　　　二、雇主違反本法第十三條第一項或勞動基準法第十一條規定解僱勞工者。

　　　　前項訴訟補助範圍，指民事訴訟程序、保全程序、督促程序、強制執行程序及文件撰擬之律師費。

第3條　符合本法第二條被解僱之勞工有前條第一項各款情形之一，因保險年資不足、雇主未依法為其投保就業保險或未依規定繳納保險費，致未得依規定請領失業給付且未就業，得向本部申請訴訟期間必要生活費用補助。

　　　　申請前項補助者，至遲應自解僱之日起六個月內為之。

　　　　申請第一項補助，應向公立就業服務機構辦理求職登記；繼續請領者，應按月向公立就業服務機構提供二次以上之求職紀錄。

　　　　領取就業保險失業給付、勞工保險傷病給付、職業訓練生活津貼、臨時工作津貼等相關津貼者，領取期間，不得同時請領第一項補助。

第4條　申請訴訟補助之勞工，其所涉及大量解僱之爭議，應先經當地勞工行政主管機關協調或調解。

第5條　申請訴訟補助案件，顯無理由或顯無實益者，不予補助。

第6條　因同一大量解僱事件申請訴訟補助之勞工，應共同提出，以一案為限。但經審核小組認定有正當理由者，不在此限。

第7條　申請訴訟補助，至遲應於第八條所定各該程序終結後三十日內為之。

第8條　訴訟補助標準如下：　　　　　　　　　　　　　　　　　　　　❸❸❸

　　　　一、個別申請者，每一審級最高補助新臺幣四萬元。　　　　　【*981-74】

　　　　二、共同申請者，每一審級最高補助新臺幣十萬元。但經審核認有正當理由者，共同申請者，律師費得增至新臺幣二十萬元。

　　　　三、保全程序每次最高補助新臺幣三萬元。

　　　　四、督促程序每次最高補助新臺幣一萬元。

　　　　五、強制執行程序每次最高補助新臺幣四萬元。

　　　　本部為前項補助時，得扣除同一案件已獲當地勞工行政主管機關補助之金額。

第9條　申請訴訟補助，應檢具申請書、相關收據與證明文件、勞資爭議協調或調解紀錄影本及下列各款之一之文件：

　　　　一、第一審：起訴狀或答辯書狀影本。

　　　　二、第二審或第三審：上訴狀或答辯書狀、第一審或第二審裁判文書影本。

　　　　三、保全程序：假扣押或假處分聲請狀、法院裁定書影本。

　　　　四、督促程序：支付命令聲請狀、支付命令影本。

五、強制執行程序：強制執行聲請狀、相關證明文件影本。

第 10 條　必要生活費用補助標準，以核定補助時就業保險第一級投保薪資百分之六十計算，補助期間以六個月為限。

第 11 條　依第九條申請補助之文件有欠缺時，經通知限期補正，屆期未補正者，該次申請不予受理。

第 12 條　本部為審核申請補助案件，應成立審核小組。

審核小組委員就審理之案件，應依行政程序法第三十二條及第三十三條規定迴避。

第 13 條　審核小組應有委員二分之一以上出席，始得開會。

委員應親自出席，不得委任他人代理。召集委員不能主持會議時，得指定委員一人代理之。委員為無給職。但專家學者得依規定支領出席費。

第 13-1 條　中央主管機關得將本辦法所定補助業務，委託民間團體辦理。

第 14 條　訴訟補助及必要生活費用補助之申請書，由本部定之。

第 15 條　本辦法自中華民國九十二年五月七日施行。

本辦法修正條文自發布日施行。

## 三、大量解僱勞工時禁止事業單位代表人及實際負責人出國處理辦法（民國102 年4 月22 日修正）

第 1 條　本辦法依大量解僱勞工保護法（以下簡稱本法）第十二條第三項規定訂定之。

第 2 條　依本辦法禁止出國之事業單位代表人如下：　　　　　　　　　　　　　　　【*963-80】

一、股份有限公司之董事長。

二、有限公司為章程特設之董事長；未設有董事長者，為執行業務之董事。

三、無限公司及兩合公司之執行業務股東；未設執行業務股東者為代表公司之股東。

四、合夥者為執行業務之合夥人。

五、獨資者為出資人或其法定代理人。

六、其他法人團體者為其代表人。

前項事業單位董事長及負責人以公司登記證明文件、商業登記證明文件、法院或主管機關備查文書所記載之人為準。

事業單位經主管機關查證另有實際負責人屬實者，亦同。

第 3 條　事業單位於大量解僱勞工而積欠勞工退休金、資遣費或工資達本法第十二條第一項所定之標準，經主管機關限期令其給付，屆期仍未給付者，主管機關應報請中央主管機關處理。

主管機關限期給付之期間，最長不得超過三十日。

第 4 條　主管機關依前條第一項規定，報請中央主管機關處理時，應載明下列事項：

一、代表人及實際負責人之姓名、性別、年齡、職業、出生年月日及住所或居所（外國住所或居所）、戶籍地址及國民身分證統一編號。

二、代表人及實際負責人為外國人者,其外文姓名、性別、出生年月日、國籍、護照號碼。

三、符合本法第十二條第一項各款之情事。

第 5 條　中央主管機關為審核禁止事業單位代表人及實際負責人出國案件,應成立審查會,置委員十三人,其中一人為召集人,由中央主管機關指派人員兼任之;其餘委員,由中央主管機關就下列人員派(聘)兼之:

一、中央主管機關代表二人。

二、內政部代表一人。

三、外交部代表一人。

四、法務部代表一人。

五、財政部代表一人。

六、經濟部代表一人。

七、專家學者五人。

第 6 條　委員任期二年,期滿得續聘之。但代表機關出任者,應隨其本職進退。

第 7 條　委員為無給職。但專家學者得依規定支領出席費。

第 8 條　委員會置執行秘書一人,由中央主管機關指派現職人員兼任之,承召集人之命,執行委員會決議事項;所需工作人員,由中央主管機關指派現職人員兼任之。

第 9 條　審查會開會時,應有二分之一以上委員出席,其決議事項應有出席委員三分之二以上同意行之。

審查會開會時,因案情需要,得邀請專家學者及與議決事項有關之其他行政機關、相關單位或人員列席,陳述事實或提供意見。

前項出席之專家學者,得依規定支領出席費。

第 10 條　委員有下列各款情形之一者,應自行迴避:

一、本人或其配偶、前配偶、四親等內之血親或三親等內之姻親或曾有此關係者為事件之當事人時。

二、本人或其配偶、前配偶,就該事件與當事人有共同權利人或共同義務人之關係者。

三、現為或曾為該事件當事人之代理人、輔佐人者。

四、於該事件曾為證人、鑑定人者。

第 11 條　中央主管機關於接獲主管機關報請事業單位有第三條之情事時,應於三日內召開審查會審查。

第 12 條　事業單位代表人及實際負責人經禁止出國者,於有本法第十六條之情形時,中央主管機關應即請入出國管理機關廢止原禁止出國處分。

第 13 條　事業單位代表人及實際負責人於有本法第十二條第一項之情形時,中央主管機關得先請入出國管理機關禁止其出國。但須於作出處分後二日內召開審查會審查追認。

前項處分,經決議不應禁止出國者,中央主管機關應即請入出國管理機關撤銷禁止出國案件。

第 14 條　本辦法自發布日施行。

## 立即演練 3

(　　) 1. 大量解僱事件之勞工個別申請訴訟補助者，每一審級最高補助金額為？　①新臺幣二萬元　②新臺幣三萬元　③新臺幣四萬元　④新臺幣五萬元

(　　) 2. 雇主大量解雇勞工時，如積欠勞工退休金、資遣費或工資，經命限期給付而未付者，依法得予何種處分？　①限制住居　②禁止通信　③強制執行　④禁止出國

(　　) 3. 事業單位僱用勞工人數在 100 人以上未滿 200 人者，於大量解僱勞工時，積欠全體被解僱勞工之資遣費總金額達新臺幣多少數額，屆期未清償者，中央主管機關得函請入出國管理機關禁止其代表人及實際負責人出國？　① 100 萬元　② 300 萬元　③ 500 萬元　④ 1,000 萬元

(　　) 4. 以下何者非大量勞工解僱保護法禁止出國之對象？　①無限公司之執行業務股東　②股份有限公司之董事長　③獨資者之出資人　④法人團體之監察人

解　1.③　　2.④　　3.④　　4.④

# Chapter 6　就業安全

| 年度梯次 | | 961 | 963 | 971 | 972 | 981 | 983 | 991 | 992 | 1001 | 1002 | 1011 |
|---|---|---|---|---|---|---|---|---|---|---|---|---|
| 第6章 | 學科 題數 | 14 | 18 | 13 | 15 | 17 | 23 | 17 | 30 | 17 | 18 | 25 |
| | %（80題中出現題數） | 18% | 23% | 16% | 19% | 21% | 29% | 21% | 38% | 21% | 23% | 31% |
| | 術科 題數 | 第一題 第三題 第四題 第五題 第六題 | 第三題 第四題 第五題 第六題 第九題 | 第五題 第六題 | 第三題 第五題 第六題 | 第三題 第四題 第五題 | 第二題 第三題 第七題 第八題 | 第五題 第六題 第八題 第九題 | 第五題 第六題 第八題 第九題 | 第一題 第二題 | 第三題 第四題 第七題 | 第一題 第二題 第四題 第五題 |
| | %（10題中出現題數） | 50% | 50% | 20% | 30% | 30% | 40% | 40% | 40% | 20% | 30% | 40% |

| 年度梯次 | | 1012 | 1018月 | 1013 | 1021 | 1022 | 1023 | 1031 | 1032 | 1033 | 1041 | 1042 | 1043 |
|---|---|---|---|---|---|---|---|---|---|---|---|---|---|
| 第6章 | 學科 題數 | 29 | 27 | 27 | 26 | 24 | 20 | 22 | 19 | 20 | 30 | 24 | 25 |
| | %（80題中出現題數） | 36% | 34% | 34% | 33% | 30% | 25% | 28% | 24% | 25% | 38% | 30% | 31% |
| | 術科 題數 | 第三題 第六題 | 本年度增加一梯次學科考試 | 第四題 第五題 第六題 | 第三題 第四題 第五題 | 第一題 第二題 第三題 | 第一題 第二題 第三題 | 第一題 第二題 | 第一題 第二題 第三題 | 第三題 第四題 | 第二題 第三題 第四題 第五題 | 第二題 第三題 第四題 第五題 | 第三題 第四題 第五題 |
| | %（10題中出現題數） | 20% | | 30% | 30% | 30% | 30% | 20% | 30% | 20% | 40% | 40% | 30% |

| 年度梯次 | | 1051 | 1052 | 1053 | 1061 | 1062 | 1063 | 1071 | 1072 | 1073 | 1081 | 1082 | 1083 |
|---|---|---|---|---|---|---|---|---|---|---|---|---|---|
| 第6章 | 學科 題數 | 25 | 27 | 24 | 14 | 16 | 20 | 13 | 21 | 19 | 20 | 19 | 17 |
| | %（80題中出現題數） | 31% | 34% | 30% | 18% | 20% | 25% | 16% | 26% | 24% | 25% | 24% | 21% |
| | 術科 題數 | 第三題 第四題 第五題 | 第三題 第四題 | 第三題 第四題 | 第三題 第五題 | 第三題 第四題 第五題 | 第一題 第二題 | 第一題 第二題 第三題 第七題 | 第二題 第三題 第四題 第八題 | 第一題 第三題 第五題 | 第二題 第三題 第四題 第五題 第七題 | 第一題 第二題 第七題 | 第一題 第二題 第五題 第七題 |
| | %（10題中出現題數） | 30% | 20% | 20% | 20% | 30% | 20% | 40% | 40% | 30% | 50% | 30% | 40% |

| 年度梯次 | | 1091 | 1092 | 1093 | 1101 | 1102 | 1103 | 1111 | 1112 | 1113 | 1121 | 1122 | 1123 |
|---|---|---|---|---|---|---|---|---|---|---|---|---|---|
| 第6章 | 學科 題數 | 15 | 18 | 13 | 16 | 16 | 22 | 18 | 16 | 15 | 14 | 12 | 17 |
| | %（80題中出現題數） | 19% | 23% | 16% | 20% | 20% | 28% | 23% | 20% | 19% | 18% | 15% | 21% |
| | 術科 題數 | 第一題 第二題 第八題 | 第一題 第二題 第三題 | 第一題 第二題 第三題 第六題 | 第一題 第二題 第三題 第四題 | 第一題 第二題 第三題 | 第一題 第二題 第三題 第四題 | 第一題 第二題 第三題 | 第一題 第二題 第三題 | 第一題 第二題 第三題 | 第一題 第二題 | 第一題 第二題 第三題 | 第一題 第二題 |
| | %（10題中出現題數） | 30% | 30% | 40% | 40% | 30% | 40% | 30% | 30% | 30% | 20% | 30% | 20% |

## 6-1　職業訓練

### 一、就業安全

　　就業安全旨在使國民就業獲得安全保障，無失業恐懼與危險。傳統上，就業安全的內涵包括就業服務、職業訓練及失業保險等三項【*1063-58】。惟國際就業安全協會（IAPES）於 1986 年年會中認定就業服務（包括就業能力發展—職業訓練）、失業保險及勞動市場資訊為就業安全的三大支柱。

### 二、職業訓練法（民國 104 年 7 月 1 日修正）

**第一章　總則**

**第 1 條**　（立法目的）

　　為實施職業訓練，以培養國家建設技術人力，提高工作技能，促進國民就業，特制定本法。

　　　　　　　　　　　　　　　　　　　　　　　　　　　　　　【*1023-71】

**第 2 條**　本法所稱主管機關：在中央為勞動部；在直轄市為直轄市政府；在縣（市）為縣（市）政府。

　　　　　　　　　　　　　　　　　　　　　　　　　　　【*1123-2；1032-11】

**第 3 條**　（職業訓練之意義及實施方式）　　　　　　　　　　　　　❀❀❀

　　本法所稱職業訓練，指為培養及增進工作技能而依本法實施之訓練。

　　職業訓練之實施，分為養成訓練、技術生訓練、進修訓練及轉業訓練。

　　　　　　　　　　　　　【*1123 術科第二題；1083 術科第五題；1011 術科第二題】

　　主管機關得將前項所定養成訓練及轉業訓練之職業訓練事項，委任所屬機關（構）或委託職業訓練機構、相關機關（構）、學校、團體或事業機構辦理。　　【*1121-58；1113-18】

　　接受前項委任或委託辦理職業訓練之資格條件、方式及其他應遵行事項之辦法，由中央主管機關定之。

**第 4 條**　（職業訓練之配合性）

　　職業訓練應與職業教育、補習教育及就業服務，配合實施。　　　　【*1043 術科第三題】

 **相關法規**

**職業訓練法施行細則第 2 條**

職業訓練法第 4 條所定職業訓練及就業服務之配合實施，依下列規定辦理：

　　　　　　　　　　　　　　【*1052-16；1021-21；1013-61；1043 術科第三題】

一、職業訓練機構規劃及辦理職業訓練時，應配合就業市場之需要。

二、職業訓練機構應提供未就業之結訓學員名冊，送由公立就業服務機構推介就業。

三、職業訓練機構應接受公立就業服務機構之委託，辦理職業訓練。

四、職業訓練機構得接受其他機構之委託，辦理職業訓練。

第 4-1 條　中央主管機關應協調、整合各中央目的事業主管機關所定之職能基準，訓練課程、能力鑑定規範與辦理職業訓練等服務資訊，以推動國民就業所需之職業訓練及技能檢定。　　　　【*1111-34；1022-32；1013-57；1012 術科第六題】❂❂

## 第二章　職業訓練機構

第 5 條　（職業訓練之種類）　　　　　　　　　　　　　　　　　❂❂❂

職業訓練機構包括左列三類：　【*1083-55；1061-12；991-58；1011 術科第二題；963 術科第六題】

一、政府機關設立者。　　　　　　　　　　　　　　　【*1022-3；1012-49】

註：如退輔會訓練中心

二、事業機構、學校或社團法人等團體附設者。

三、以財團法人設立者。

註：全國 10 所公立職業訓練機構為，1. 勞動部勞動力發展署北基宜花金馬分署（五股、泰山、基隆、六堵、宜蘭、花蓮）、2. 勞動部勞動力發展署桃竹苗分署（桃園、幼獅、苗栗、新竹）、3. 勞動部勞動力發展署中彰投分署（勞動學苑）、4. 勞動部勞動力發展署雲嘉南分署（雲林、臺南）、5. 勞動部勞動力發展署高屏澎東分署（高雄）、6. 臺北市職能發展學院、7. 新北市政府職業訓練中心、8. 高雄市政府勞工局訓練就業中心、9. 國軍退除役官兵輔導委員會退除役官兵職業訓練中心、10. 行政院農委會漁業署遠洋漁業開發中心。　　　　　　　【*1072 術科第八題】

第 6 條　（職業訓練機構之設立停辦或解散）

職業訓練機構之設立，應經中央主管機關登記或許可；停辦或解散時，應報中央主管機關核備。　　　　　　　　　　　　　　　　　　【*1071-9；1063-26】

職業訓練機構，依其設立目的，辦理訓練；並得接受委託，辦理訓練。

職業訓練機構之設立及管理辦法，由中央主管機關定之。

## 第三章　職業訓練之實施　　　　　　　　　　　　　　　　　【*1041-18】

### 第一節　養成訓練

第 7 條　（養成訓練之意義）

養成訓練，係對十五歲以上或國民中學畢業之國民，所實施有系統之職前訓練。

　　　　　　　　　　　　　　　　　　　　　　　　　　【*1023-43】

第 8 條　（辦理機構）

養成訓練，除本法另有規定外，由職業訓練機構辦理。

第 9 條　（訓練課程、時數及應具設備）

經中央主管機關公告職類之養成訓練，應依中央主管機關規定之訓練課程、時數及應具設備辦理。

第 10 條　（結訓證書之發給）

養成訓練期滿，經測驗成績及格者，由辦理職業訓練之機關（構）、學校、團體或事業機構發給結訓證書。　　　　　　　　　　　　　　　　　　【*1111-43】

### 第二節　技術生訓練

第 11 條　（技術生訓練之對象、職類及標準）　　　　　　　　　❂❂❂

技術生訓練，係事業機構為培養其基層技術人力，招收十五歲以上或國民中學畢業之國民，所實施之訓練。　　　　　　【*1103-64；1063-74；1032-76；1031-78】

技術生訓練之職類及標準，由中央主管機關訂定公告之。　　　【*1113-16：1103-1：1063-74】

第 12 條　（訂立書面契約）

事業機構辦理技術生訓練，應先擬訂訓練計畫，並依有關法令規定，與技術生簽訂書面訓練契約。　　　【*1113-16：1103-1：1063-74】

第 13 條　（訓練期間、輔導及協助）

主管機關對事業機構辦理技術生訓練，應予輔導及提供技術協助。

【*1113-16：1103-1：1063-74】

第 14 條　（結訓證書之發給）

技術生訓練期滿，經測驗成績及格者，由事業機構發給結訓證書。

 **重要觀點**

職業訓練法施行細則第 5 條

事業機構辦理技術生訓練，應由具備左列資格之技術熟練人員擔任技術訓練及輔導工作：

一、已辦技能檢定之職類，經取得乙級以上技術士證者。

二、未辦技能檢定之職類，具有五年以上相關工作經驗者。　【*1092-37：1072-26：1123 術科第二題】

## 第三節　進修訓練

第 15 條　（進修訓練之意義）　　　✪✪✪

進修訓練，係為增進在職技術員工專業技能與知識，以提高勞動生產力所實施之訓練。

【*963-75】

第 16 條　（進修訓練之方式）

進修訓練，由事業機構自行辦理、委託辦理或指派其參加國內外相關之專業訓練。

【*1092 術科第三題】

第 17 條　（報請備查之期限）

事業機構辦理進修訓練，應於年度終了後二個月內將辦理情形，報主管機關備查。

【*1062-45：1031-75：1081 術科第二題】

## 第四節　轉業訓練

第 18 條　（轉業訓練之意義）　　　✪✪

轉業訓練，係為職業轉換者獲得轉業所需之工作技能與知識，所實施之訓練。

第 19 條　（轉業訓練之計畫）

主管機關為因應社會經濟變遷，得辦理轉業訓練需要之調查及受理登記，配合社會福利措施，訂定訓練計畫。　　　【*1031-40】

主管機關擬定前項訓練計畫時，關於農民志願轉業訓練，應會商農業主管機關訂定。

第 20 條　（辦理轉業訓練之機構）

轉業訓練，除本法另有規定外，由職業訓練機構辦理。

## 第五節　殘障者職業訓練（刪除）

第 21 條　（刪除）

第 22 條 （刪除）

第 23 條 （刪除）

## 第四章 職業訓練師

第 24 條 （職業訓練師之意義）

職業訓練師，係指直接擔任職業技能與相關知識教學之人員。　　　【*1112-72：1031-2】

職業訓練師之名稱、等級、資格、甄審及遴聘辦法，由中央主管機關定之。

【*1112-72：1031-2】

第 25 條 （職業訓練師之年資及待遇）

職業訓練師經甄審合格者，其在職業訓練機構之教學年資，得與同等學校教師年資相互採計。其待遇並得比照同等學校教師。　　　【*1112-72：1031-2】

前項採計及比照辦法，由中央主管機關會同教育主管機關定之。

第 26 條 （職業訓練師之培訓）

中央主管機關，得指定職業訓練機構，辦理職業訓練師之養成訓練、補充訓練及進修訓練。

前項職業訓練師培訓辦法，由中央主管機關定之。

## 第五章 事業機構辦理訓練之費用

第 27 條 （職業訓練費之比率以及差額繳交）

應辦職業訓練之事業機構，其每年實支之職業訓練費用，不得低於當年度營業額之規定比率。其低於規定比率者，應於規定期限內，將差額繳交中央主管機關設置之職業訓練基金，以供統籌辦理職業訓練之用。【罰則：未依規定繳交者，自規定期限屆滿之次日起，至差額繳清日止，每逾一日加繳欠繳差額百分之零點二滯納金。但以不超過欠繳差額一倍為限】【*1021-74：991-71】

前項事業機構之業別、規模、職業訓練費用比率、差額繳納期限及職業訓練基金之設置、管理、運用辦法，由行政院定之。

第 28 條 （職業訓練費用之項目及審核辦法）

前條事業機構，支付職業訓練費用之項目如左：

一、自行辦理或聯合辦理訓練費用。

二、委託辦理訓練費用。

三、指派參加訓練費用。

前項費用之審核辦法，由中央主管機關定之。

第 29 條 （獨立會計科目）

依第 27 條規定，提列之職業訓練費用，應有獨立之會計科目，專款專用，並以業務費用列支。

第 30 條 （職業訓練費用報請審核期限）

應辦職業訓練之事業機構，須於年度終了後二個月內將職業訓練費用動支情形，報主管機關審核。

## 第六章　技能檢定及發證

第 31 條　（辦理技能檢定之機關）　❋❋❋

為提高技能水準，建立證照制度，應由中央主管機關辦理技能檢定。

【*1091-54；1081-11；1061-36；1032-73；1031-44；1023-49】

前項技能檢定，必要時中央主管機關得委託或委辦有關機關（構）、團體辦理。

第 31-1 條　中央目的事業主管機關或依法設立非以營利為目的之全國性專業團體，得向中央主管機關申請技能職類測驗能力之認證。　【*1063-14；1032-62；1023-69；1013-13】

前項認證業務，中央主管機關得委託非以營利為目的之專業認證機構辦理。

前二項機關、團體、機構之資格條件、審查程序、審查費數額、認證職類、等級與期間、終止委託及其他管理事項之辦法，由中央主管機關定之。

【技能職類測驗能力認證及管理辦法 <112.1.12 修正 >】

第 31-2 條　依前條規定經認證之機關、團體（以下簡稱經認證單位），得辦理技能職類測驗，並對測驗合格者，核發技能職類證書。

前項證書之效力比照技術士證，其等級比照第 32 條規定；發證及管理之辦法，由中央主管機關定之。

第 32 條　（技能檢定之分級）　❋❋❋

辦理技能檢定之職類，依其技能範圍及專精程度，分甲、乙、丙三級；不宜分三級者，由中央主管機關定之。　【*963-38；1081 術科第二題】

第 33 條　技能檢定合格者稱技術士，由中央主管機關統一發給技術士證。

技能檢定題庫之設置與管理、監評人員之甄審訓練與考核、申請檢定資格、學、術科測試委託辦理、術科測試場地機具、設備評鑑與補助、技術士證發證、管理及對推動技術士證照制度獎勵等事項，由中央主管機關另以辦法定之。【技術士技能檢定及發證辦法 <112.11.2 修正 >】

技能檢定之職類開發、規範製訂、試題命製與閱卷、測試作業程序、學科監場、術科監評及試場須知等事項，由中央主管機關另以規則定之。

第 34 條　（技術性職業人員之比照遴用）

進用技術性職位人員，取得乙級技術士證者，得比照專科學校畢業程度遴用；取得甲級技術士證者，得比照大學院校以上畢業程度遴用。　【*1093-52；1073 術科第三題】

第 35 條　（須僱用技術士之業別及比率）

技術上與公共安全有關業別之事業機構，應僱用一定比率之技術士【*1053-36；1021-27】；其業別及比率由行政院定之。

**補充資料**

技術士技能檢定及發證辦法 第 49 條 <112.11.2 修正 >　　　　　【*1103 術科第四題】

技術士證及證書不得租借他人使用。違反規定者，中央主管機關應廢止其技術士證，並註銷其技術士證書。

應檢人有下列情形之一者，撤銷其報檢資格或學、術科測試成績，並不予發證；已發技術士證及證書者，應撤銷其技術士證，並註銷其技術士證書：

一、參加技能檢定者之申請檢定資格與規定不合。

二、參加技能檢定違反學、術科測試規定。

三、冒名頂替。

四、偽造或變造應考證件。

五、擾亂試場內外秩序，經監場人員勸阻不聽。

六、以詐術或其他不正當手法，使檢定發生不正確結果。

七、其他舞弊情事。

應檢人或參與人員涉及前項所定情形之一者，中央主管機關應通知其相關學校或機關依規定究辦，其涉及刑事責任者，中央主管機關應移送檢察機關。

中央主管機關於撤銷技術士證或註銷技術士證書時，應通知相關中央目的事業主管機關。

## 第七章　輔導及獎勵

第 36 條　（主管機關之查察）

主管機關得隨時派員查察職業訓練機構及事業機構辦理職業訓練情形。

職業訓練機構或事業機構，對前項之查察不得拒絕，並應提供相關資料。

第 37 條　（獎勵、指導或補助）

主管機關對職業訓練機構或事業機構辦理職業訓練情形，得就考核結果依左列規定辦理：　　　　　　　　　　　　　　　　　　　　　　　【*1023-73】

一、著有成效者，予以獎勵。

二、技術不足者，予以指導。

三、經費困難者，酌以補助。

第 38 條　（對特殊貢獻者之獎勵）

私人、團體或事業機構，捐贈財產辦理職業訓練，或對職業訓練有其他特殊貢獻者，應予獎勵。

第 38-1 條　中央主管機關為鼓勵國民學習職業技能，提高國家職業技能水準，應舉辦技能競賽。

前項技能競賽之實施、委任所屬機關（構）或委託有關機關（構）、團體辦理、裁判人員遴聘、選手資格與限制、競賽規則、爭議處理及獎勵等事項之辦法，由中央主管機關定之。

## 第八章　罰則

第 39 條　（處罰之種類）　　　　　　　　　　　　　　　　　　✪✪✪✪✪

職業訓練機構辦理不善或有違反法令或設立許可條件者，主管機關得視其情節，分別為左列處理：　　【*1103-69；1083-76；1073-76；1011-19；1002-55；1001-2；992-14；991-68；963-63；961-74】

　　　　　一、警告。

　　　　　二、限期改善。

　　　　　三、停訓整頓。

　　　　　四、撤銷或廢止許可。

第 39-1 條　依第 31-1 條規定經認證單位，不得有下列情形： ✪✪✪

　　　　　一、辦理技能職類測驗，為不實之廣告或揭示。

　　　　　二、收取技能職類測驗規定數額以外之費用。

　　　　　三、謀取不正利益，圖利自己或他人。

　　　　　四、會務或財務運作發生困難。

　　　　　五、依規定應提供資料，拒絕提供、提供不實或失效之資料。

　　　　　六、違反中央主管機關依第 31-1 條第三項所定辦法關於資格條件，審查程序或
　　　　　　　其他管理事項規定。

　　　　　違反前項各款規定者，處新臺幣三萬元以上三十萬元以下罰鍰【*1072-30；1033-
　　　　　80】，中央主管機關並得視其情節，分別為下列處理： 【*1013-59】

　　　　　一、警告。

　　　　　二、限期改善。

　　　　　三、停止辦理測驗。

　　　　　四、撤銷或廢止認證。

　　　　　經認證單位依前項第四款規定受撤銷或廢止認證者，自生效日起，不得再核發技
　　　　　能職類證書。

　　　　　經認證單位違反前項規定或未經認證單位，核發第 31-2 條規定之技能職類證書
　　　　　者，處新臺幣十萬元以上一百萬元以下罰鍰。 【*1113-26；1011-26】

第 39-2 條　取得技能職類證書者，有下列情形之一時，中央主管機關應撤銷或廢止其證書：

　　　　　一、以詐欺、脅迫、賄賂或其他不正方法取得證書。 ✪✪✪

　　　　　二、證書租借他人使用。

　　　　　三、違反第 31-2 條第二項所定辦法關於證書效力等級、發證或其他管理事項規
　　　　　　　定，情節重大。

　　　　　經認證單位依前條規定受撤銷或廢止認證者，其參加技能職類測驗人員於生效日
　　　　　前合法取得之證書，除有前項行為外，效力不受影響。

第 40 條　（遲未繳納訓練費用差額之滯納金） ✪✪✪

　　　　　依第 27 條規定，應繳交職業訓練費用差額而未依規定繳交者，自規定期限屆滿之次日
　　　　　起，至差額繳清日止，每逾一日加繳欠繳差額百分之零點二滯納金。但以不超過欠繳差
　　　　　額一倍為限。 【*991-71】

第 41 條　（差額及滯納金之強制執行）

　　　　　本法所定應繳交之職業訓練費用差額及滯納金，經通知限期繳納而逾期仍未繳納者，得
　　　　　移送法院強制執行。

## 第九章 附則

第 42 條 （刪除）

第 43 條 （施行細則）

本法施行細則，由中央主管機關定之。

第 44 條 （生效日期）

本法自公布日施行。

本法修正條文，除中華民國 100 年 10 月 25 日修正之第 31-1 條、第 31-2 條、第 39-1 條及第 39-2 條自公布後一年施行外，自公布日施行。

## 三、職業訓練機構設立及管理辦法（民國 95 年 11 月 13 日）

第 1 條 本辦法依職業訓練法（以下簡稱本法）第六條第三項規定訂定之。

第 2 條 職業訓練機構之名稱，依下列規定：

一、政府機關設立者，依其組織法令之規定。

二、事業機構、學校、社團法人或財團法人附設者，稱職業訓練中心或職業訓練所，並冠以設立主體全銜附設字樣。

三、以財團法人設立者，稱職業訓練中心或職業訓練所，並冠以財團法人字樣。

依前項第三款設立之職業訓練機構所辦理之業務，除職業訓練外，並辦理其他業務者，其機構名稱得不受前項第三款之限制。

第 3 條 職業訓練機構應置負責人，綜理業務；並設若干單位，辦理教務、輔導、訓練技術服務、總務、人事及會計業務。但附設之職業訓練機構，其業務得由設立主體之相關單位兼辦。

第 4 條 職業訓練機構應有專用教室、訓練場所、訓練設備及配置飲水及盥洗設備等，並符合訓練品質規範。 ❷❷

專用教室面積不得少於三十平方公尺，每一學員平均使用面積不得少於一點三平方公尺；但其他法規另有特別規定者，從其規定。 【*1001-78：1123 術科第二題】

第 5 條 職業訓練機構應置職業訓練師，按其訓練容量，每十五人至少置職業訓練師一人，未滿十五人者，以十五人計算。 【*1113-46：991-45：1123 術科第二題】❸❸❸

前項職業訓練師，於事業機構、學校、社團法人或財團法人附設之職業訓練機構，得由該設立主體符合職業訓練師資格之人員調充之。

第 6 條 政府機關設立職業訓練機構及公營事業機構或公立學校附設職業訓練機構，應先報請各該直接監督機關核准後，檢附下列文件，送請中央主管機關登記及發給設立證書： 【*1101 術科第四題】

一、直接監督機關核准設立文件影本。

二、負責人資料。

三、職業訓練師名冊。

四、組織及重要管理規章。

五、開辦年度之業務計畫及預算。

六、建築物完成圖說。

七、建築物使用執照及最近一年內之有效消防安全檢查合格證明文件等影本。

八、訓練設備清冊。

前項第一款規定之文件應載明訓練實施方式、訓練職類及容量。

第 7 條　財團法人設立職業訓練機構及民營事業機構、社團法人或財團法人附設職業訓練機構之許可程序，應報請申請設立職業訓練機構所在地之地方主管機關審核後，送請中央主管機關許可及發給設立證書。　　　　　　　　　　　　　【*1071-9；1063-26；1101 術科第四題】

第 8 條　民營事業機構、社團法人或財團法人申請附設職業訓練機構，應檢附下列文件，依前條程序申請許可：

一、申請書。

二、設立計畫書。

三、土地使用分區證明及土地使用權證明文件影本。

四、場所位置圖及配置圖。

五、符合訓練品質規範之證明文件。

六、民營事業機構附設者，其設立主體之章程、股東或董事會議事錄及營利事業登記證影本。

七、社團法人附設者，其設立主體之章程、大會會議紀錄、法人登記證書影本、立案證書及直接監督機關同意附設職業訓練機構之文件影本。

八、財團法人附設者，其設立主體之章程、董事會會議紀錄、法人登記證書及直接監督機關同意附設職業訓練機構之文件影本。

第 9 條　申請以財團法人設立職業訓練機構者，應檢附下列文件，依第七條程序申請：

一、申請書。

二、設立計畫書。

三、土地使用分區證明及土地使用證明文件影本。

四、場所位置圖及配置圖。

五、捐助章程或遺囑影本。

六、捐贈財產清冊及證明文件。

七、董事名冊、戶籍謄本及印鑑；設有監察人者，其名冊、戶籍謄本及印鑑。

八、法人登記證書影本及法人印鑑。

九、董事會議紀錄。

十、直接監督機關同意設立職業訓練機構之文件影本。

第 10 條　經許可設立職業訓練機構者，應於許可後二年內，檢附下列文件，依第七條程序報請中央主管機關發給設立證書：

一、許可文件影本。

二、負責人資料與身分證影本。

三、職業訓練師名冊。

四、組織及重要管理規章。

五、開辦年度之業務計畫及預算。

六、建築物完成圖說。

七、建築物使用執照及最近一年內之有效消防安全檢查合格證明文件等影本。

八、訓練設備清冊。

未依前項期限報請核發設立證書，或有正當理由，經報請中央主管機關核准延長一年仍逾時者，依本法第三十九條規定處理之。

第 11 條　設立計畫書應記載下列事項：

一、設立目的。

二、職業訓練機構名稱及所在地。

三、設立主體名稱、所在地、負責人姓名及住所。

四、擬設訓練職類、容量、訓練實施方式、訓練期限、訓練目標及受訓資格。

五、土地面積及土地使用權取得情形。

六、建築物設計及使用權取得情形。

七、訓練設備規劃情形。

八、結訓學員就業輔導規劃情形。

九、組織編制。

十、師資及學員來源。

十一、經費概算及來源。

十二、預定開辦日期。

十三、開辦後之業務發展計畫。

第 12 條　職業訓練機構申請設立分支機構者，應報其直接監督機關或地方主管機關審核後，由中央主管機關單獨發給設立證書。但以該分支機構組織、人事及財務獨立者為限。

第 13 條　設立證書應記載下列事項：

一、名稱。

二、所在地。

三、訓練實施方式。

四、訓練職類及容量。

五、負責人。

六、許可或核准機關及許可或核准文件日期、文號。

第 14 條　職業訓練機構之名稱、所在地及負責人有變更時，應報請中央主管機關變更證書之記載【*1103-60：1083-48】；其訓練實施方式、訓練職類及容量有變更時，應報請中央主管機關核定。

前項變更事項，準用第六條及第七條規定之程序辦理。

第 15 條　職業訓練機構應備置教職員名冊、員工待遇清冊、學員名冊、學員考查記錄、課程表、教學進度表、會計簿籍、訓練設備清冊、訓練規則及其他重要規章。

前項學員名冊及考查記錄，應永久保存。

第 16 條　職業訓練機構辦理訓練，除法令另有規定外，得向學員收取必要費用，並應掣給正式收據。

繳納訓練費用之學員於開訓前退訓者，職業訓練機構應依其申請退還所繳訓練費用之七成【\*1122-22：1081-8：1063-13】；受訓未逾全期三分之一而退訓者，退還所繳訓練費用之半數；受訓逾全期三分之一而退訓者，不退費。　　　　　　　　　【\*1041-6：1002-10：983-79】

第 17 條　職業訓練機構不能依原訂業務計畫書辦理訓練，必須暫停全部訓練業務時，應於停訓前一個月，將停訓事由、停訓期間及在訓學員之安排，報各該主管機關或直接監督機關核定。　　　　　　　　　　　　　　　　　　　　　　　　　　　　　　【\*1063-25：1001-9】

直轄市、縣（市）主管機關或直接監督機關於同意停訓時應將有關資料報請中央主管機關登錄。

第一項停訓期間不得超過一年，必要時得報請各該主管機關或直接監督機關核准延長六個月。

第 18 條　職業訓練機構有下列情事之一者，主管機關得視其情節，依本法第三十九條規定處理：

一、招訓廣告或簡章內容不實者。

二、訓練場所、訓練設備、公共設施或安全衛生設施不良者。

三、訓練教材或訓練方式違反訓練目標者。

四、收費不當者。

五、經費開支浮濫者。

六、業務陳報不實者。

七、對於主管機關查核業務不予配合或妨礙其進行者。

八、經主管機關評鑑不合格或不符訓練品質規範者。

九、其他辦理不善者。

第 19 條　主管機關依本法第三十九條規定處分時，得公開之。

第 20 條　職業訓練機構停辦或解散時，應檢附停辦或解散計畫書，記載下列事項，報中央主管機關核定：

一、停辦或解散之事由。

二、在訓學員之安排計畫，並以自行完成訓練為原則。

三、免稅進口訓練用品及受政府機構獎助添置訓練設備之處理方法。

四、賸餘經費及學員所繳費用之處理方法。

五、預定停辦或解散日期。

第 21 條　職業訓練機構停辦、解散或撤銷許可時，中央主管機關應註銷其設立證書。

第 22 條　本辦法自發布日施行。

## 立即演練 1

(　　) 1. 下列有關職業訓練法第 39 條規定之敘述，何者不正確？　①職業訓練機構辦理不善時，主管機關得視其情節，為罰鍰之處分　②主管機關依職業訓練法第 39 條規定處分時，依職業訓練機構設立及管理辦法得公開之　③職業訓練機構有招訓廣告不實時，主管機關得視其情節，依職業訓練法第 39 條規定為警告之處分　④職業訓練法第 39 條規定之處分包括停訓整頓

(　　) 2. 職業訓練機構辦理不善或有違反法令或設立許可條件者，主管機關得視其情節，分別為下列處理，其中何者是錯誤？　①警告或限期改善　②停訓整頓　③撤銷許可　④處新臺幣 3 萬元以上 15 萬元以下罰鍰

(　　) 3. 依職業訓練機構設立及管理辦法第 4 條規定，職業訓練機構應有專用教室，其專用教室面積不得少於多少平方公尺？　① 10 平方公尺　② 20 平方公尺　③ 30 平方公尺　④ 40 平方公尺

(　　) 4. 下列何者非屬現行職業訓練法規定之職業訓練機構種類？　①政府機關設立者　②事業機構、學校或社團法人等團體附設者　③以社團法人設立者　④以財團法人設立者

(　　) 5. 依職業訓練機構設立及管理辦法第 17 條規定，職業訓練機構不能依原訂業務計畫書辦理訓練，必須暫停全部訓練業務時，應於停訓前幾個月，將停訓事由、停訓期間及在訓學員之安排，報各該主管機關核定？　① 1 個月　② 2 個月　③ 3 個月　④ 4 個月

(　　) 6. 依職業訓練法第 27 條規定，應繳交職業訓練費用差額而未依規定繳交者，自規定期限屆滿之次日起，至差額繳清日止，每逾 1 日加繳欠加差額百分之多少滯納金？　① 0.1%　② 0.2%　③ 0.3%　④ 0.5%

(　　) 7. 依職業訓練機構設立及管理辦法第 16 條規定，職業訓練機構辦理訓練，得向學員收取必要費用。繳納訓練費用之學員於開訓前退訓者，職業訓練機構應依其申請退還所繳訓練費用之幾成？　①五成　②六成　③七成　④八成

(　　) 8. 為增進在職技術員工專業技能與知識，以提高勞動生產力所實施之職業訓練方式，稱為何種訓練？　①進修訓練　②轉業訓練　③養成訓練　④就業訓練

(　　) 9. 經甄選聘僱之職業訓練師，由各該職業訓練機構發給聘書，先行試聘 1 年；試聘期滿成績合格者，正式聘僱，其期限，每次均為幾年？　① 1 年　② 2 年　③ 3 年　④ 4 年

(　　) 10. 依職業訓練機構設立管理辦法第 5 條規定，職業訓練機構應置職業訓練師，按其訓練容量，每幾人至少至職業訓練師 1 人？　① 5 人　② 10 人　③ 15 人　④ 20 人

(　　) 11. 依職業訓練法規定，未經技能職類測驗能力認證而核發技能職類證書之機構，依法應處以新臺幣多少元之罰鍰？　① 3 萬元以上，100 萬元以下　② 10 萬元以上，100 萬元以下　③ 30 萬元以上，150 萬元以下　④ 3 萬元以上，5 萬元以下

(　)12. 104 年 1 月 1 日起參加就業服務技能檢定，術科成績及格者，該測試成績自下年度起，保留及格成績幾年？　①2 年　②3 年　③4 年　④5 年

(　)13. 參加技能檢定人員，對於學科、術科成績有異議者，得於成績通知單送達之日起幾日內，向辦理或委託辦理之主管機關申請複查？　①15 日　②20 日　③25 日　④30 日

(　)14. 依職業訓練法施行細則第 2 條規定，職業訓練及就業服務之配合實施，下列何者不正確？　①職業訓練機構規劃及辦理職業訓練時，應配合就業市場之需要　②職業訓練機構應提供未就業之結訓學員名冊，送由公立就業服務機構推介就業　③職業訓練機構得接受公立就業服務機構之委託，辦理職業訓練　④職業訓練機構得接受其他機構之委託，辦理職業訓練

解　1. ①　　2. ④　　3. ③　　4. ③　　5. ①　　6. ②　　7. ③　　8. ①　　9. ①　　10. ③
11. ②　　12. ②　　13. ①　　14. ③

## 6-2　就業服務

### 一、就業服務法（民國 112 年 5 月 10 日修正）

**第一章　總則**【*1081 術科第七題】

第 1 條　為促進國民就業，以增進社會及經濟發展，特制定本法【*1102-5】；本法未規定者，適用其他法律之規定。

第 2 條　本法用詞定義如下：　　　　　　　　　　　　　　　　　　　　　　　⭐⭐⭐⭐⭐

　　　　一、就業服務：指協助國民就業及雇主徵求員工所提供之服務。　　　　　【*1102-5】

　　　　二、就業服務機構：指提供就業服務之機構；其由政府機關設置者，為公立就業服務機構；其由政府以外之私人或團體所設置者，為私立就業服務機構。　　　【*1123-17】

　　　　三、雇主：指聘、僱用員工從事工作者。

　　　　四、中高齡者：指年滿四十五歲至六十五歲之國民。【*1091-56；1042-7；1033-47；1013-62；983-51】

　　　　五、長期失業者：指連續失業期間達一年以上，且辦理勞工保險退保當日前三年內，保險年資合計滿六個月以上，並於最近一個月內有向公立就業服務機構辦理求職登記者。　【*1092-58；1083-51；1081-24；1052-11；1051-79；1022-10；1021-08；992-66；991-34；992 術科第七題；983 術科第七題】

第 3 條　國民有選擇職業之自由。但為法律所禁止或限制者，不在此限。

第 4 條　國民具有工作能力者，接受就業服務一律平等。

✿✿✿✿✿

第 5 條　為保障國民就業機會平等，雇主對求職人或所僱用員工，不得以種族、階級、語言、思想、宗教、黨派、籍貫、出生地 <96.5.23 增修>、性別、性傾向 <96.5.23 增修>、年齡 <96.5.23 增修>、婚姻、容貌、五官、身心障礙、星座 <107.11.28 增修>、血型 <107.11.28 增修> 或以往工會會員身分為由，予以歧視；其他法律有明文規定者，從其規定。【處 30 ～ 150 萬元罰鍰】【經處以罰鍰者，直轄市、縣（市）主管機關應公布其姓名或名稱、負責人姓名，並限期令其改善；屆期未改善者，應按次處罰。<107.11.28 增修>】【*1052-48；1042-29；1032-20；1013-24；1012-67；992-49；1101 術科第三題；1082 術科第七題；1081 術科第五題；1052 術科第三題；1041 術科第四題；983 術科第八題】

雇主招募或僱用員工，不得有下列情事：【*1113 術科第三題；1053 術科第三題；*1001 術科第六題；991 術科第六題；983 術科第八題】

一、為不實之廣告或揭示。【處 30 ～ 150 萬元罰鍰】【*1103-55；1081-32；1063-45；1052-35；981-31】

二、違反求職人或員工之意思，留置其國民身分證、工作憑證或其他證明文件，或要求提供非屬就業所需之隱私資料。　　【處 6 ～ 30 萬元罰鍰】【*1092-1；1091-1；1081-18；1022-46；1023 術科第三題】

三、扣留求職人或員工財物或收取保證金。　　　　【處 6 ～ 30 萬元罰鍰】【*1102-59】

四、指派求職人或員工從事違背公共秩序或善良風俗之工作。

　　　　　　　　　　　　　　　　　　　　　　　【處 30 ～ 150 萬元罰鍰】【*1063-15；981-5】

五、辦理聘僱外國人之申請許可、招募、引進或管理事項，提供不實資料或健康檢查檢體。　　【處 30 ～ 150 萬元罰鍰】【*1112-44；1073-60；1051 術科第五題；992 術科第九題】

六、提供職缺之經常性薪資未達新臺幣四萬元而未公開揭示或告知其薪資範圍。
　　<107.11.28 增修>　　　　　　　　　　　　　【處 6 ～ 30 萬元罰鍰】【*1091 術科第二題】

> 註：就業服務法施行細則第 1-1 條
> 本法第五條第二項第二款所定隱私資料，包括下列類別：
> 　　　　　　　　【*1071 術科第二題；1042 術科第五題；1023 術科第三題】✿✿✿
> 一、生理資訊：基因檢測、藥物測試、醫療測試、HIV 檢測、智力測驗或指紋等。　　　　　　　　　　　　　　　　　　　　【*1031-34；1112 術科第三題】
> 二、心理資訊：心理測驗、誠實測試或測謊等。
> 三、個人生活資訊：信用紀錄、犯罪紀錄、懷孕計畫或背景調查等。
> 　　　　　　　　　　　　　　　　　【*1113-28；1112-51；1111-4；1061-59】
> 雇主要求求職人或員工提供隱私資料，應尊重當事人之權益，不得逾越基於經濟上需求或維護公共利益等特定目的之必要範圍，並應與目的間具有正當合理之關聯。　　　　　　　　　　　　　　　【*1121-80；1082-70；1112 術科第三題】

第 6 條　本法所稱主管機關：在中央為勞動部；在直轄市為直轄市政府；在縣（市）為縣（市）政府。　　　　　　　　　　　　【*981-2；971-38；1043 術科第四題】✿✿✿

中央主管機關應會同行政院原住民委員會辦理相關原住民就業服務事項。

中央主管機關掌理事項如下：　　　　　　　　　【*1021-79；1018 月 -27；1018 月 -38；1011-16】

一、全國性國民就業政策、法令、計畫及方案之訂定。

二、全國性就業市場資訊之提供。

三、就業服務作業基準之訂定。

四、全國就業服務業務之督導、協調及考核。

五、雇主申請聘僱外國人之許可及管理。

六、辦理下列仲介業務之私立就業服務機構之許可、停業及廢止許可：　　　【*1112-13】

　　（一）仲介外國人至中華民國境內工作。

　　（二）仲介香港或澳門居民、大陸地區人民至臺灣地區工作。

　　（三）仲介本國人至臺灣地區以外之地區工作。

七、其他有關全國性之國民就業服務及促進就業事項。

直轄市、縣（市）主管機關掌理事項如下：　　　【*1103-55；1022-75；1018 月 -27；1018 月 -38】

一、就業歧視之認定。　　　　　　　　　　　　　　　　　　　　　　【*1082-39；1041-74】

二、外國人在中華民國境內工作之管理及檢查。　　　　　　　　　　　　【*992 術科第九題】

三、仲介本國人在國內工作之私立就業服務機構之許可、停業及廢止許可。

四、前項第六款及前款以外私立就業服務機構之管理。

五、其他有關國民就業服務之配合事項。

註：有關就業服務措施之辦理機關　　　　　　　　　　　　　　　　　　【*1018 月 -38】

　　1. 失業給付之失業認定與失業給付申請，各縣市政府就業服務臺不得辦理。

　　2. 一般求職求才業務及徵才活動，可由各地縣市政府就業服務臺、各公立就業服務
　　　機構辦理。

　　3. 雇主申請聘僱外國人前之國內招募，一律由公立就業服務機構辦理。

　　4. 申請就業保險法之僱用獎助措施，應至各公立就業服務機構辦理。

第 7 條　主管機關得聘請勞工、雇主、政府之代表及學者專家，研議、諮詢有關就業服務及促進
　　　　就業等事項【*1063-7；961-4】；其中勞工、雇主及學者專家代表，不得少於二分之一。

　　　　前項代表單一性別，不得少於三分之一。　　　　　　　　　　　　　　　❸❸❸

第 8 條　主管機關為增進就業服務工作人員之專業知識及工作效能，應定期舉辦在職訓練。

第 9 條　就業服務機構及其人員，對雇主與求職人之資料，除推介就業之必要外，不得對外公
　　　　開。　　　　　　　　　　　　【處 3 ～ 15 萬元罰鍰】【*1053-71；992-71；971-76】❸❸❸

第 10 條　在依法罷工期間，或因終止勞動契約涉及勞方多數人權利之勞資爭議在調解期間，就業
　　　　服務機構不得推介求職人至該罷工或有勞資爭議之場所工作。　　【處 6 ～ 30 萬元罰鍰】

　　　　前項所稱勞方多數人，係指事業單位勞工涉及勞資爭議達十人以上，或雖未達十人而占
　　　　該勞資爭議場所員工人數三分之一以上者。　　　　【*1072-42；1018 月 -13；983-52】

**重要觀點**

「依法」罷工相關法規

◎ 勞資爭議處理法第 53 條

勞資爭議，非經調解不成立，不得為爭議行為【*1063-64；1011-29；1031 術科第四題】；權利事項之勞資爭議，不得罷工。【*1063-64；1062-5；1061-31；1052-79；1011-29；1002-73；1031 術科第四題】

雇主、雇主團體經中央主管機關裁決認定違反工會法第 35 條（雇主或代表雇主行使管理權之人所為不當勞工行為）、團體協約法第 6 條第 1 項（誠信協商原則）規定者，工會得依勞資爭議處理法進行爭議行為。

◎ 勞資爭議處理法第 54 條　　　　　【*1063-64；1061-31；1013 術科第二題；1002 術科第二題】

工會非經會員以直接、無記名投票且經全體過半數同意，不得宣告罷工及設置糾察線。

【*1092 術科第四題】

下列勞工，不得罷工：　　　【*1122-62；1063-64；1061-31；1013 術科第二題；1002 術科第一題】

一、教師。

二、國防部及其所屬機關（構）、學校之勞工。

下列影響大眾生命安全、國家安全或重大公共利益之事業，勞資雙方應約定必要服務條款，工會始得宣告罷工：　　　【*1113-62；1111-70；1061-31；1002 術科第一題】

一、自來水事業。

二、電力及燃氣供應業。

三、醫院。

四、經營銀行間資金移轉帳務清算之金融資訊服務業與證券期貨交易、結算、保管事業及其他辦理支付系統業務事業。

前項必要服務條款，事業單位應於約定後，即送目的事業主管機關備查。

提供固定通信業務或行動通信業務之第一類電信事業，於能維持基本語音通信服務不中斷之情形下，工會得宣告罷工。

第二項及第三項所列之機關（構）及事業之範圍，由中央主管機關會同其主管機關或目的事業主管機關定之；前項基本語音通信服務之範圍，由目的事業主管機關定之。

重大災害發生或有發生之虞時，各級政府為執行災害防治法所定災害預防工作或有應變處置之必要，得於災害防救期間禁止、限制或停止罷工。　　　【*1092 術科第四題】

第 11 條　主管機關對推動國民就業有卓越貢獻者，應予獎勵及表揚。

前項獎勵及表揚之資格條件、項目、方式及其他應遵行事項之辦法，由中央主管機關定之。

## 第二章　政府就業服務　　　　　　　　　　　　　　　　　　　　　　　【*1083-79；992-71】

第 12 條　主管機關得視業務需要，在各地設置公立就業服務機構。【*1111-71】　　✪✪✪

　　　　　直轄市、縣（市）轄區內原住民人口達二萬人以上者，得設立因應原住民族特殊文化之原住民公立就業服務機構。【*1111-71；1101-44；1043-68；1012-11；992-71；983-9；1061 術科第五題】

　　　　　前兩項公立就業服務機構設置準則，由中央主管機關定之。　　　　【*1111-71；1061 術科第五題】

 **重要觀點**

◎　公立就業服務機構所置工作人員之員額，由主管機關參考下列因素定之：

　一、勞動力。二、失業率。三、廠商家數。四、學校數。五、業務量。六、業務績效。

　七、交通狀況。八、區域發展需要。九、財務狀況。　　　　　　　　【*1011 術科第四題】

第 13 條　公立就業服務機構辦理就業服務，以免費為原則【*1072 術科第二題】。但接受雇主委託招考人才所需之費用，得向雇主收取之。　　　　【*1102-5；1062-1；1032-53；1023-5】

 **相關法規**　　　　　　　　　　　　　　　　　　　　　　　　　　　　✪✪✪

### 就業服務法施行細則第 4 條

【*1113-70；1112-71；1081-76；1062-41；1043-12；1031-32；1022-21；1012-14；992-60；991 術科第五題】

本法第十三條所定接受雇主委託招考人才所需之費用如下：

(1) 廣告費；(2) 命題費；(3) 閱卷或評審費；(4) 場地費；(5) 行政事務費；(6) 印刷、文具及紙張費；(7) 郵寄費。

✪✪✪

第 14 條　公立就業服務機構對於求職人及雇主申請求職、求才登記，不得拒絕。但其申請有違反法令或拒絕提供為推介就業所需之資料者，不在此限。

【*1101-34；1091-13；992-71；1061 術科第五題】

第 15 條　（刪除）

第 16 條　公立就業服務機構應蒐集、整理、分析其業務區域內之薪資變動、人力供需及未來展望等資料，提供就業市場資訊。【*1052-22；992-31；1061 術科第五題；1043 術科第四題；1013 術科第四題】

 **相關法規**

### 就業服務法施行細則第 7 條　　　　　　　　【*1123-42；1062-18；1043-73；1042-19；1012-50】

公立就業服務機構應定期蒐集其業務區域內之薪資變動、人力供需之狀況及分析未來展望等資料，並每三個月陳報其所屬之中央、直轄市或縣（市）主管機關。

直轄市、縣（市）主管機關應彙整前項資料，陳報中央主管機關，作為訂定人力供需調節措施之參據。

第 17 條　公立就業服務機構對求職人應先提供就業諮詢【*1091-28：1061 術科第五題】，再依就業諮詢結果或職業輔導評量，推介就業、職業訓練、技能檢定、創業輔導、進行轉介或失業認定及轉請核發失業給付。　　　　　　　　　　　　　　　　　　【*1072 術科第二題】

前項服務項目及內容，應作成紀錄。

第一項就業諮詢、職業輔導及其他相關事項之辦法，由中央主管機關定之。

【公立就業服務機構就業諮詢及職業輔導實施辦法 105.5.3 修正】

 **相關法規**

**就業服務法施行細則第 8 條　（就業諮詢之內容）**

公立就業服務機構依本法第十七條規定提供就業諮詢時，應視接受諮詢者之生理、心理狀況及學歷、經歷等條件，提供就業建議；對於身心障礙者，並應協助其參加職業重建，或就其職業能力及意願，給予適當之就業建議與協助。

◎在公立就業服務機構的就業服務人員應為之行為：　　　　　　　　　　【*1022-41】

　1. 尊重求職者對選擇職業的意願。

　2. 結合轄區內之社政等相關單位共同協助就業。

　3. 協助求職者排除就業障礙。

**就業保險促進就業實施辦法第 46 條**

公立就業服務機構受理失業被保險人之求職登記，辦理下列適性就業輔導事項：

【*1122-72：1092-79：1041-24：1011-40：1081 術科第五題】

一、職涯規劃。

二、職業心理測驗。

三、團體諮商。

四、就業觀摩。

第 18 條　公立就業服務機構與其業務區域內之學校應密切聯繫，協助學校辦理學生職業輔導工作，並協同推介畢業學生就業或參加職業訓練及就業後輔導工作。

【結合大專校院辦理就業服務補助計畫 <107.8.20 修正 >】【*1122-80：1102-5：1053-69】

第 19 條　公立就業服務機構為輔導缺乏工作知能之求職人就業，得推介其參加職業訓練；對職業訓練結訓者，應協助推介其就業。【*1122-80】

第 20 條　公立就業服務機構對申請就業保險失業給付者，應推介其就業或參加職業訓練。【*1122-80】

**第三章　促進就業**

第 21 條　政府應依就業與失業狀況相關調查資料，策訂人力供需調節措施，促進人力資源有效運用及國民就業。

第 22 條　中央主管機關為促進地區間人力供需平衡並配合就業保險失業給付之實施，應建立全國性之就業資訊網。　　　　　【*1113-77：1102-41：1101-80：1072-1：992-15：1043 術科第四題】

✪✪✪✪

第 23 條　中央主管機關於經濟不景氣致大量失業時，得鼓勵雇主協商工會或勞工，循縮減工作時間、調整薪資、辦理教育訓練等方式【\*1102-75；1071 術科第二題】，以避免裁減員工；並得視實際需要，加強實施職業訓練或採取創造臨時就業機會、辦理創業貸款利息補貼等輔導措施；必要時，應發給相關津貼或補助金，促進其就業。　【\*1061-52；1033-23；1023-38；1012-28；1013 術科第六題】

✪✪✪✪✪

第 24 條　主管機關對下列自願就業人員，應訂定計畫，致力促進其就業；必要時，得發給相關津貼或補助金：【\*1082-76；1062-75；1061-67；1053-32；1043-14；1033-21；1013-56；1018 月 -27；992-32；991-60；1051 術科第三題；1022 術科第三題；1001 術科第二題】

一、獨力負擔家計者。　　　　　　　　　　　　　　　　　　　　　　【\*992 術科第六題】

二、中高齡者。　　　　　　　　　　　　　　　　　　　　　【\*992-52；991 術科第七題】

三、身心障礙者。

四、原住民。

五、低收入戶或中低收入戶中有工作能力者。<104.6.17 增修>【\*1043-58；1051 術科第三題】

六、長期失業者。<98.5.13 增修>【\*1022-10；992-66；991-34；992 術科第七題；983 術科第七題】

七、二度就業婦女。<104.6.17 增修>【\*1051 術科第三題】

八、家庭暴力被害人。<104.6.17 增修>【\*1051 術科第三題】

九、更生受保護人。<104.6.17 增修>【\*1113-2；1103-29；1051 術科第三題】

十、其他經中央主管機關認為有必要者。

前項計畫應定期檢討，落實其成效。

主管機關對具照顧服務員資格且自願就業者，應提供相關協助措施。<107.11.28 增修>

第一項津貼或補助金之申請資格、金額、期間、經費來源及其他相關事項之辦法【就業促進津貼實施辦法】，由主管機關定之。

第 25 條　公立就業服務機構應主動爭取適合身心障礙者及中高齡者之就業會，並定期公告。

第 26 條　主管機關為輔導獨力負擔家計者就業，或因妊娠、分娩或育兒而離職之婦女再就業，應視實際需要，辦理職業訓練。

第 27 條　主管機關為協助身心障礙者及原住民適應工作環境，應視實際需要，實施適應訓練。

第 28 條　公立就業服務機構推介身心障礙者及原住民就業後，應辦理追蹤訪問，協助其工作適應。

第 29 條　直轄市及縣 ( 市 ) 主管機關應將轄區內低收入戶及中低收入戶中具工作能力者，列冊送當地公立就業服務機構，推介就業或參加職業訓練。　　　　　　　　　　　【\*1102-17】

公立就業服務機構推介之求職人為低收入戶、中低收入戶或家庭暴力被害人中有工作能力者，其應徵工作所需旅費，得酌予補助。

第 30 條　公立就業服務機構應與當地役政機關密切聯繫，協助推介退伍者就業或參加職業訓練。

第 31 條　公立就業服務機構應與更生保護會密切聯繫，協助推介受保護人就業或參加職業訓練。

第 32 條　主管機關為促進國民就業，應按年編列預算，依權責執行本法規定措施。

中央主管機關得視直轄市、縣 ( 市 ) 主管機關實際財務狀況，予以補助。

❋❋❋❋❋

第 33 條　雇主資遣員工時，應於員工離職之十日前，將被資遣員工之姓名、性別、年齡、住址、電話、擔任工作、資遣事由及需否就業輔導等事項，列冊通報當地主管機關及公立就業服務機構【*1113-9；1103-58；1092-47；1052-69；1051-25；1051-25；1041-80；1113 術科第三題；1093 術科第三題；1042 術科第四題】。但其資遣係因天災、事變或其他不可抗力之情事所致者，應自被資遣員工離職之日起三日內為之。【處 3 ～ 15 萬元罰鍰】【*1083-31；1061-2；1051-24；1033-56；1031-71；1021-36；1013-78；1012-47；992-42；1051 術科第四題；1022 術科第三題；961 術科第一題】

公立就業服務機構接獲前項通報資料後，應依被資遣人員之志願、工作能力，協助其再就業。　　　　　　　　　　　　　　　　　　　　　　　　　　　　　　　　　　　　　　　【*1092-53】

第 33-1 條　中央主管機關得將其於本法所定之就業服務及促進就業掌理事項，委任所屬就業服務機構或職業訓練機構、委辦直轄市、縣（市）主管機關或委託相關機關（構）、團體辦理之。　　　　　　　　　　　　　　　　　　　　　　　　　　【*1062-12】

## 第四章　民間就業服務

第 34 條　私立就業服務機構及其分支機構，應向主管機關申請設立許可，經發給許可證後，始得從事就業服務業務；其許可證並應定期更新之。

未經許可，不得從事就業服務業務【*1122-38】。但依法設立之學校、職業訓練機構或接受政府機關委託辦理訓練、就業服務之機關（構），為其畢業生、結訓學員或求職人免費辦理就業服務者，不在此限。　<107.11.28 增修>　【處 30 ～ 150 萬元罰鍰】【*1093-5；1121 術科第一題；1113 術科第三題】

第一項私立就業服務機構及其分支機構之設立許可條件、期間、廢止許可、許可證更新及其他管理事項之辦法，由中央主管機關定之。

❋❋❋

第 35 條　私立就業服務機構得經營下列就業服務業務：

【*1111-69；1101-76；1073-77；1042-59；1041-47；1012-56；963 術科第五題】

一、職業介紹或人力仲介業務。

二、接受委任招募員工。

三、協助國民釐定生涯發展計畫之就業諮詢或職業心理測驗。

四、其他經中央主管機關指定之就業服務事項。

私立就業服務機構經營前項就業服務業務得收取費用；其收費項目及金額，由中央主管機關定之。

第 36 條　私立就業服務機構應置符合規定資格及數額之就業服務專業人員。

【處 6 ～ 30 萬元罰鍰】【*1043-3；963-72；1021 術科第三題】

前項就業服務專業人員之資格及數額，於私立就業服務機構許可及管理辦法中規定之。

❋❋❋

第 37 條　就業服務專業人員不得有下列情事：　【處 6 ～ 30 萬元罰鍰】【得廢止私立就服機構專業人員證書】

【*1043-33；1083 術科第二題；1022 術科第二題；961 術科第五題】

一、允許他人假藉本人名義從事就業服務業務。

二、違反法令執行業務。

第 38 條　辦理下列仲介業務之私立就業服務機構，應以公司型態組織之。但由中央主管機關設立，或經中央主管機關許可設立、指定或委任之非營利性機構或團體，不在此限：

【得廢止私立就服機構設立許可】

一、仲介外國人至中華民國境內工作。

二、仲介香港或澳門居民、大陸地區人民至臺灣地區工作。

三、仲介本國人至臺灣地區以外之地區工作。

第 39 條　私立就業服務機構應依規定備置及保存各項文件資料，於主管機關檢查時，不得規避、妨礙或拒絕。

【處 6 ～ 30 萬元罰鍰】 ✪✪✪

第 40 條　私立就業服務機構及其從業人員從事就業服務業務，不得有下列情事：　✪✪✪✪✪

【*1083-28；1063-44；1012-78；963-79；1002 術科第七題；992 術科第五題】

一、辦理仲介業務，未依規定與雇主或求職人簽訂書面契約。

【處 6 ～ 30 萬元罰鍰；未經許可亦同處 6 ～ 30 萬元罰鍰】【*1101 術科第三題】

二、為不實或違反第五條第一項規定之廣告或揭示。

【處 30 ～ 150 萬元罰鍰；未經許可亦同處 30 ～ 150 萬元罰鍰】【得廢止私立就服機構設立許可】

【*1041-62；1002-3；971-16】

三、違反求職人意思，留置其國民身分證、工作憑證或其他證明文件。

【處 6 ～ 30 萬元罰鍰；未經許可亦同處 6 ～ 30 萬元罰鍰】

四、扣留求職人財物或收取推介就業保證金。

【處 6 ～ 30 萬元罰鍰；未經許可亦同處 6 ～ 30 萬元罰鍰】【處私立就服機構 1 年以下停業】

【*961-45；992 術科第五題】

五、要求、期約或收受規定標準以外之費用，或其他不正利益。

【按其要求、期約或收受超過規定標準之費用或其他不正利益相當金額，處 10 ～ 20 倍罰鍰；未經許可亦同倍數】【處私立就服機構 1 年以下停業】【*1082-8；1051-39；1033-34；1043 術科第五題；1021 術科第三題；992 術科第五題；991 術科第九題】

六、行求、期約或交付不正利益。　　【處 6 ～ 30 萬元罰鍰；未經許可亦同處 6 ～ 30 萬元罰鍰】

【處私立就服機構 1 年以下停業】【*1023 術科第一題；992 術科第五題；972 術科第六題】

七、仲介求職人從事違背公共秩序或善良風俗之工作。

【處 30 ～ 150 萬元罰鍰；未經許可亦同處 30 ～ 150 萬元罰鍰】【得廢止私立就服機構設立許可】

八、接受委任辦理聘僱外國人之申請許可、招募、引進或管理事項，提供不實資料或健康檢查檢體。　　　　【處 30 ～ 150 萬元罰鍰；未經許可亦同處 30 ～ 150 萬元罰鍰】

【處私立就服機構 1 年以下停業】【*1041 術科第二題；991 術科第九題；972 術科第六題】

九、辦理就業服務業務有恐嚇、詐欺、侵占或背信情事。

【處 30 ～ 150 萬元罰鍰；未經許可亦同處 30 ～ 150 萬元罰鍰】【得廢止私立就服機構設立許可】

十、違反雇主之意思，留置許可文件或其他相關文件。

【處 6 ～ 30 萬元罰鍰；未經許可亦同處 6 ～ 30 萬元罰鍰】【*1053-19】

十一、對主管機關規定之報表，未依規定填寫或填寫不實。　　　【處 6 ～ 30 萬元罰鍰】

十二、未依規定辦理變更登記、停業申報或換發、補發證照。　　　【處 6 ～ 30 萬元罰鍰】

十三、未依規定揭示私立就業服務機構許可證、收費項目及金額明細表、就業服務專業人員證書。

【處 6 ～ 30 萬元罰鍰】

十四、經主管機關處分停止營業，其期限尚未屆滿即自行繼續營業。

【處 6～30 萬元罰鍰】【得廢止私立就服機構設立許可】

十五、辦理就業服務業務，未善盡受任事務，致雇主違反本法或依本法所發布之命令。

【處 6～30 萬元罰鍰】【*1123-32；1043-22；1042-27；1101 術科第三題；1041 術科第二題】

十六、租借或轉租私立就業服務機構許可證或就業服務專業人員證書。

【處 6～30 萬元罰鍰】【*1062-69】

十七、接受委任引進之外國人入國三個月內發生行蹤不明之情事，並於一年內達一定之
人數及比率者。 【處 6～30 萬元罰鍰】【*1032-14】

十八、對求職人或受聘僱外國人有性侵害、人口販運、妨害自由、重傷害或殺人行為。

<107.11.28 增修>【處 30～150 萬元罰鍰；未經許可亦同處 30～150 萬元罰鍰】

十九、知悉受聘僱外國人疑似遭受雇主、被看護者或其他共同生活之家屬、雇主之代
表人、負責人或代表雇主處理有關勞工事務之人為性侵害、人口販運、妨害自
由、重傷害或殺人行為【*1102 術科第二題】，而未於二十四小時內向主管機關、入
出國管理機關、警察機關或其他司法機關通報。<107.11.28 增修>【處 6～30 萬元罰鍰】
【*1102 術科第二題；1081 術科第四題】

二十、其他違反本法或依本法所發布之命令。

前項第十七款之人數、比率及查核方式，由中央主管機關定之。<107.11.28 增修>

> 註：1. 國內仲介公司辦理聘僱許可外國人數 1 人至 30 人、行蹤不明比率為 10％以
>    上；31 人以上至 100 人、行蹤不明比率為 5％以上；101 人以上至 200 人、行
>    蹤不明比率為 4％以上；201 人以上至 500 人、行蹤不明比率為 3.22％以上；
>    501 人以上、行蹤不明比率為 2.45％以上。
> 2. 外國仲介公司辦理入國引進之外國人人數 1 人至 50 人、行蹤不明比率為
>    7.82％以上；51 人至 200 人、行蹤不明比率 6.35％以上；201 人至 500 人、行
>    蹤不明比率 4.3％以上；501 人至 1,000 人、行蹤不明比率 3.33％以上；1,001
>    人以上、行蹤不明比率 2.94％以上。

第 41 條 接受委託登載或傳播求才廣告者，應自廣告之日起，保存委託者之姓名或名稱、住所、
電話、國民身分證統一編號或事業登記字號等資料二個月，於主管機關檢查時，不得規
避、妨礙或拒絕。【處 3～15 萬元罰鍰】【*1103-44；1052-12；1018 月 -22；992-56；983-47】✪✪✪

## 第五章　外國人之聘僱與管理 ✪✪✪

第 42 條 為保障國民工作權，聘僱外國人工作，不得妨礙本國人之就業機會、勞動條件、國民經
濟發展及社會安定。【*1081 術科第三題】

**相關法規**

民眾檢舉違反就業服務法相關規定獎勵金支給要點（109 年 1 月 8 日新修），民眾檢舉外國人、雇主及私立就業服務機構違反就業服務法案件之獎金，同一檢舉案最高可領取獎金為新臺幣 5 萬元。　　　　　　　　　　　　　　　　　　　　　　　　　　　　　　【*1043-64】

### 民眾檢舉獎勵金核發之認定原則一覽表

| 檢舉對象 | 檢舉獎勵金核發之認定原則 | 金額（新臺幣／每案） |
|---|---|---|
| 違法外國人 | 1. 指違反本法第四十三條規定，未經雇主申請許可在中華民國境內工作，依本法第六十八條規定，經中央、直轄市、縣（市）主管機關或入出國管理機關令其出國者。 | 二千元 |
| | 2. 指違反本法第五十二條第四項規定或有本法第七十三條第七款後段所定提供不實資料申請再入國工作情事，依本法第七十四條規定，經中央主管機關令其出國者。 | 二千元 |
| | 3. 指有本法第七十三條第一款或第二款規定情事，依本法第七十四條規定，經中央主管機關令其出國者。 | 二千元 |
| | 4. 指違反本法第七十三條第三款前段規定情事（連續曠職三日失去聯繫）之違法外國人者，依本法第七十四條規定，經中央主管機關或入出國管理機關令其出國者。 | 1. 一至三人：五千元【*1073-15；1051-74】<br>2. 四至六人：一萬元<br>3. 七至九人：一萬五千元<br>4. 十人以上：二萬元 |
| 違法雇主 | 1. 指違反本法第四十四條、第五十七條第一款或第二款規定情事，經直轄市、縣（市）主管機關依本法第六十三條規定處以罰鍰或移送檢察機關偵辦或依本法第七十二條規定，經中央主管機關廢止許可者。 | 1. 聘僱或容留非行蹤不明外勞者，五千元。<br>2. 聘僱或容留行蹤不明外勞者，依外勞人數：<br>(1) 一人：一萬元<br>(2) 二至四人：二萬元<br>(3) 五至七人：五萬元<br>(4) 八至十人：六萬元<br>(5) 十一人以上：七萬元 |
| | 2. 指違反本法第五十四條第一項第十款規定，依本法第七十二條規定，經中央主管機關廢止許可者。 | 二萬元 |
| | 3. 指有違反本法第五十七條第三款或第四款規定情事，經直轄市、縣（市）主管機關依本法第六十八條規定處以罰鍰或經限期改善，屆期未改善，依本法第七十二條規定，經中央主管機關廢止許可者。 | 五千元 |
| | 4. 指違反雇主聘僱外國人許可及管理辦法第十九條所訂「外國人生活照顧服務計畫書裁量基準」，依違反本法第五十七條第九款規定，經直轄市、縣（市）主管機關依本法第六十七條規定，處之以罰鍰或依本法第七十二條規定，經中央主管機關廢止許可者，依受管理外國人人數分級認定如下： | |
| | (1) 受管理外國人未滿十人者。 | 一萬元 |
| | (2) 受管理外國人十人以上未滿一百人者。 | 二萬元 |
| | (3) 受管理外國人一百人以上者。 | 五萬元 |
| | 5. 指對所聘僱外國人犯刑法傷害罪、妨害性自主罪、妨害風化罪、妨害自由罪，經檢察官起訴或緩起訴、聲請簡易判決處刑或依刑事訴訟法第二百五十三條規定不起訴者。 | 二萬元 |

| 檢舉對象 | 檢舉獎勵金核發之認定原則 | 金額<br>（新臺幣／每案） |
|---|---|---|
| 違法私立就業服務機構或個人 | 1. 指違反本法第四十條第五款、第七款或第九款規定，經直轄市、縣（市）主管機關依本法第六十六條或第六十五條規定處以罰鍰或移送檢察機關偵辦者。 | 二萬元 |
| | 2. 指違反本法第三十四條第二項或第四十五條規定，經直轄市、縣（市）主管機關依本法第六十五條或第六十四條第一項規定處以罰鍰或移送檢察機關偵辦者。 | 1. 媒介非行蹤不明外勞者，五千元。<br>2. 媒介行蹤不明外勞者，依媒介人數：<br>(1) 一人：二萬元<br>(2) 二至四人：五萬元<br>(3) 五人以上：七萬元 |
| | 3. 指意圖營利而違反本法第四十五條規定，經直轄市、縣（市）主管機關依本法第六十四條第二項規定移送檢察機關偵辦並經起訴或聲請簡易判決處刑者。 | 1. 媒介非行蹤不明外勞者，五千元。<br>2. 媒介行蹤不明外勞者，依媒介人數：<br>(1) 一人：二萬元<br>(2) 二至四人：五萬元<br>(3) 五人以上：七萬元 |

第 43 條　除本法另有規定外，外國人未經雇主申請許可，不得在中華民國境內工作。

【處 3 ～ 15 萬元罰鍰；即令其出國，不得再於中華民國境內工作；限期令其出國，屆期不出國者，警察機關得強制出國，於未出國前，警察機關得收容之】【*1121 術科第二題；1002 術科第三題；961 術科第三題】

第 44 條　任何人不得非法容留外國人從事工作。

【處 15 ～ 75 萬元罰鍰；5 年內再犯處 3 年以下有期徒刑、拘役或科或併科 120 萬元以下罰鍰】【法人之代表人、法人或自然人之代理人、受僱人或其他從業人員，因執行業務違反規定者，除處罰其行為人外，對該法人或自然人亦科處罰鍰或罰金】【*1121 術科第二題；1032 術科第一題；961 術科第三題】

第 45 條　任何人不得媒介外國人非法為他人工作。

【處 10 ～ 50 萬元罰鍰；5 年內再犯處 1 年以下有期徒刑、拘役或科或併科 60 萬元以下罰金；意圖違反者處 3 年以下有期徒刑、拘役或科或併科 120 萬元以下罰金】【處私立就服機構 1 年以下停業】【*1103-22；1083-61；1072-74；972-25；961-37；1051 術科第五題；1032 術科第一題；1023 術科第二題；992 術科第五題；963 術科第三題；961 術科第三題】

第 46 條　雇主聘僱外國人在中華民國境內從事之工作，除本法另有規定外，以下列各款為限：

【*1091-7；1012-66】

一、專門性或技術性之工作。

【營繕工程或建築技術工作、交通事業工作、財稅金融服務工作、不動產經紀工作、移民服務工作、律師、專利師工作、技師工作、醫療保健工作、環境保護工作、文化、運動及休閒服務工作、學術研究工作、獸醫師工作、製造業工作、批發業工作及指定之工作（英語教學助理工作）。】

二、華僑或外國人經政府核准投資或設立事業之主管。

三、下列學校教師：

（一）公立或經立案之私立大專以上校院或外國僑民學校之教師。

（二）公立或已立案之私立高級中等以下學校之合格外國語文課程教師。

（三）公立或已立案私立實驗高級中等學校雙語部或雙語學校之學科教師。

四、依補習及進修教育法立案之短期補習班之專任教師。<107.11.28 修正 >

五、運動教練及運動員。

六、宗教、藝術及演藝工作。

七、商船、工作船及其他經交通部特許船舶之船員。

八、海洋漁撈工作。【從事漁船船長、動力小船駕駛人以外之幹部船員及普通船員、箱網養殖或與其有關之體力工作 <112.3.13 修正 >。】【*1061-13】

九、家庭幫傭及看護工作。< 修法多次 >

補充說明

1. 家庭幫傭：在家庭從事房舍清理、食物烹調、家庭成員起居照料或其他與家事服務有關工作。

2. 家庭看護工作：在家庭從事身心障礙者或病患之日常生活照顧相關事務工作。

3. 機構看護工作：在規定之機構或醫院從事被收容之身心障礙者或病患日常生活照顧等相關事務工作。】

十、為因應國家重要建設工程或經濟社會發展需要，經中央主管機關指定之工作。

< 修法多次 >【*1111-7；1103-40；1062-33；1052-41；1018 月 -8；1082 術科第二題】

補充說明 此款工作包括有：

1. 製造工作：直接從事製造業產品製造或與其有關之體力工作（3K 與特殊時程）。

2. 外展製造工作：受雇主指派至外展製造服務契約履行地，直接從事製造業產品製造或與其有關之體力工作。<109.7.31 修正 >

3. 營造工作：在營造工地或相關場所直接從事營造工作或與其有關之體力工作。

4. 屠宰工作：直接從事屠宰工作或與其有關之體力工作。

5. 外展農務工作：受雇主指派至外展農務服務契約履行地，直接從事農、林、牧、養殖漁業工作或與其有關之體力工作。<111.4.29 修正 >

6. 農、林、牧或養殖漁業工作：在農、林、牧場域或養殖場，直接從事農、林、牧、養殖漁業工作或與其有關之體力工作。<111.4.29 修正 >

7. 其他經中央主管機關指定之工作。

十一、其他因工作性質特殊，國內缺乏該項人才，在業務上確有聘僱外國人從事工作之必要，經中央主管機關專案核定者。

補充說明 此款工作包括有：

1. 雙語翻譯工作：為從事本標準規定工作之外國人，擔任輔導管理之翻譯工作。

2. 廚師及其相關工作：為從事本標準規定工作之外國人，擔任食物烹調等相關之工作。

3. 中階技術工作：符合外國人從事就業服務法第 46 條第 1 項第 8 款至第 11 款工作資格及審查標準（簡稱移工工作資格審查）第 14 章所定工作年資、技術或薪資，從事下列工作：【*1112 術科第一題】

(1) 中階技術海洋漁撈工作：在移工工作資格審查第 10 條所定漁船或箱網養殖漁業區，從事海洋漁撈工作。

(2) 中階技術機構看護工作：在移工工作資格審查第 15 條所定機構或醫院，從事被收容之身心障礙者或病患之生活支持、協助及照顧相關工作。

(3) 中階技術家庭看護工作：在移工工作資格審查第 18 條所定家庭，從事身心障礙者或病患之個人健康照顧工作。

(4) 中階技術製造工作：在移工工作資格審查第 24 條所定特定製程工廠，從事技藝、機械設備操作及組裝工作。

(5) 中階技術營造工作 <112.10.13 修正 >：(5.1) 在第 42 條或第 43 條所定工程，從事技藝、機械設備操作及組裝工作。

　(5.2) 在第 47-1 條所定工程，從事技藝、機械設備操作及組裝工作。

(6) 中階技術屠宰工作：在第 48 條所定場所，從事禽畜卸載、繫留、致昏、屠宰、解體及分裝工作。<112.3.13 增修 >

(7) 中階技術外展農務工作：在移工工作資格審查第 53 條所定外展農務服務契約履行地，從事農業生產工作。

(8) 中階技術農業工作：在移工工作資格審查第 56 條第 1 項所定場所，從事農、林、牧或養殖漁業工作。<112.5.30 修正 >

(9) 其他經中央主管機關會商中央目的事業主管機關指定工作場所之中階技術工作。

　4. 其他經中央主管機關專案核定之工作。

從事前項工作之外國人，其工作資格及審查標準，除其他法律另有規定外，由中央主管機關會商中央目的事業主管機關定之。

雇主依第一項第八款至第十款規定聘僱外國人，須訂立書面勞動契約，並以定期契約為限；其未定期限者，以聘僱許可之期限為勞動契約之期限。續約時，亦同。

 ## 重要觀點

◎ 外勞政策補充

一、我國外籍勞工政策的基本原則為：(1) 補充性原則；(2) 限業限量

二、過去產業外勞的政策引進過程

1. 最初階段為專案 3K 產業。

2. 第二階段為重大投資案（分傳產與非傳產）。

3. 第三階段為常態開放 3K 製造業外勞核配。核配比分為 3 級制（15%、18%、20%）。

4. 第四階段為自由貿易港區外勞 / 本勞核配比最高為 40%。

5. 第五階段將 3K 製程核配制分成 5 級制（10%、15%、20%、25%、35%）。

6. 第六階段調整部分行業適用之核配比率，並實施外加就業安定費附加外勞數額機制（以下簡稱附加機制），放寬廠商在基本核配比率上，得附加核配比率 5% 以下、超過 5% 至 10% 以下及超過 10% 至 15% 以下，並分別外加就業安定費依次為新臺幣（以下同）3,000 元、5,000 元、7,000 元，但外勞核配比率最高上限仍為 40%。

7. 第七階段 108 年開放引進農業移工。

8. 第八階段開放中階技術移工聘請許可制度。

9. 第九階段 112 年 6 月新增製造業雇主國內承接移工增額 5% 彈性機制。

第 47 條　雇主聘僱外國人從事前條第一項第八款至第十一款規定之工作，應先以合理勞動條件在國內辦理招募，經招募無法滿足其需要時，始得就該不足人數提出申請，並應於招

募時，將招募全部內容通知其事業單位之工會或勞工，並於外國人預定工作之場所公告之。　　　　　　　　　　　　　　　　　　　　　　　　　【*1082-65；1091 術科第一題】

雇主依前項規定在國內辦理招募時，對於公立就業服務機構所推介之求職人，非有正當理由，不得拒絕。

第 48 條　雇主聘僱外國人工作，應檢具有關文件，向中央主管機關申請許可。但有下列情形之一，不須申請許可。<92.5.13；97.8.6；104.6.17 修正>　【*1012-75；1062 術科第三題】❀❀❀❀❀

一、各級政府及其所屬學術研究機構聘請外國人擔任顧問或研究工作者。　　　【*1002-38】

二、外國人與在中華民國境內設有戶籍之國民結婚，且獲准居留者。

【*1011-9；1002-38；1073 術科第一題；961 術科第三題】

三、受聘僱於公立或經立案之私立大學進行講座、學術研究經教育部認可者。<修法多次>

【*1082-43；1071-45；1061-30；1031-79；1013-73；1011-9；1002-38；992-39；983-48】

前項申請許可、廢止許可及其他有關聘僱管理之辦法，由中央主管機關會商中央目的事業主管機關定之。【雇主聘僱外國人許可及管理辦法】【違反雇主聘僱外國人許可及管理辦法得廢止其聘僱許可】【*1013 術科第九題】

第一項受聘僱外國人入境前後之健康檢查管理辦法，由中央衛生主管機關會商中央主管機關定之。【受聘僱外國人健康檢查管理辦法】【違反受聘僱外國人健康檢查管理辦法得廢止其聘僱許可】

【*1013 術科第九題】

前項受聘僱外國人入境後之健康檢查，由中央衛生主管機關指定醫院辦理之；其受指定之資格條件、指定、廢止指定及其他管理事項之辦法，由中央衛生主管機關定之。

受聘僱之外國人健康檢查不合格經限令出國者，雇主應即督促其出國。

中央主管機關對從事第四十六條第一項第八款至第十一款規定工作之外國人，得規定其國別及數額。

 **重要觀點**

◎ 就業服務法施行細則第 9-1 條 <107.6.8 修正>

本法第 48 條第 1 項第 2 款所定獲准居留，包含經入出國管理機關依入出國及移民法第 23 條第 1 項第 1 款規定許可居留、第 25 條規定許可永久居留或第 31 條第 4 項第 1 款至第 5 款規定准予繼續居留者。

◎ 雇主聘僱外國人許可及管理辦法第 6 條

外國人受聘僱在中華民國境內從事工作，除本法或本辦法另有規定外，雇主應向中央主管機關申請許可。

中央主管機關為前項許可前，得會商中央目的事業主管機關研提審查意見。

雇主聘僱本法第 48 條第 1 項第 2 款規定之外國人從事工作前，應核對外國人之外僑居留證及依親戶籍資料正本。【*1062-21；1073 術科第一題】

第 48-1 條 （首次僱用外傭應參加聘前講習）

本國雇主於第一次聘僱外國人從事家庭看護工作或家庭幫傭前，應參加主管機關或其委託非營利組織辦理之聘前講習，並於申請許可時檢附已參加講習之證明文件。 【*1062-32；1052-52】

前項講習之對象、內容、實施方式、受委託辦理之資格、條件及其他應遵行事項之辦法，由中央主管機關定之。【雇主聘僱外國人從事家庭看護工作或家庭幫傭前講習實施辦法 <109.6.20>】

 **重要觀點**

◎ 雇主聘僱外國人從事家庭看護工作或家庭幫傭前講習實施辦法第 2 條（109.6.20 修正）

本國雇主於第一次聘僱外國人從事家庭看護工作或家庭幫傭者，應於申請聘僱或接續聘僱許可前參加聘前講習。

前項聘僱家庭看護工之雇主無法參加聘前講習，得由與被看護者具有下列關係之一者，且共同居住或代雇主對家庭看護工行使管理監督地位之人參加： 【*1072 術科第三題】

一、配偶。

二、直系血親。

三、三親等內之旁系血親或繼父母、繼子女、配偶之父母或繼父母、子女或繼子女之配偶。

四、祖父母與孫子女之配偶、繼祖父母與孫子女、繼祖父母與孫子女之配偶。

五、雇主為被看護者時，受其委託處理聘僱管理事務之人。

第一項聘僱家庭幫傭之雇主無法參加聘前講習者，得由與被照顧者具有直系血親或繼父母、繼子女、配偶之父母或繼父母、子女或繼子女之配偶，且共同居住或代雇主對家庭幫傭行使管理監督地位者參加。

依前二項規定代雇主參加講習者，應提供共同居住親屬或代雇主行使外國人管理監督地位之證明文件或切結書。

◎ 雇主聘僱外國人從事家庭看護工作或家庭幫傭前講習實施辦法第 3 條

聘前講習之時數至少為一小時；其內容應包括下列事項：

一、聘僱外國人之相關法令。

二、外國人健康檢查及其罹患法定傳染病之處置。

三、聘僱外國人入國後應辦理事項。

四、外國人權益保障。

五、其他與外國人聘僱管理有關之事項。

◎ 雇主聘僱外國人從事家庭看護工作或家庭幫傭前講習實施辦法第 4 條 【*1072 術科第三題】

聘前講習得以下列方式辦理：

一、臨櫃講習：參加講習者至公立就業服務機構參加講習。

二、團體講習：同時參加講習為十人以上者，應以預約方式至直轄市或縣（市）政府所指定場所，參加講習。

三、網路講習：參加講習者至中央主管機關所建立之聘前講習網站，參加講習。

講習課程得以播放影片或多媒體簡報等方式進行。

第 49 條　各國駐華使領館、駐華外國機構、駐華各國際組織及其人員聘僱外國人工作，應向外交
部申請許可【*1123-40；1023-47；1012-19；1011-25】；其申請許可、廢止許可及其他有關聘僱
管理之辦法，由外交部會商中央主管機關定之。

【駐華外國機構及其人員特權暨豁免條例】【*1013 術科第九題】

第 50 條　雇主聘僱下列學生從事工作，得不受第四十六條第一項規定之限制【藍、白領工作類別】；
其工作時間除寒暑假外，每星期最長為二十小時：<104.6.17 新修 >

【*1062-38；1043-27；1013-68；1012-34；1001-16；983-31；1112 術科第二題】

一、就讀於公立或已立案私立大專校院之外國留學生。

二、就讀於公立或已立案私立高級中等以上學校之僑生及其他華裔學生。

 **重要觀點**

1. 聘僱在臺外籍留學生為工讀生之規定

   依就業服務法規定，雇主僱用外國留學生、僑生及華裔學生，一定要先在外籍留學生工作
   前要取得勞動部工作許可，且僅得從事與其學校修習課程與語言有關之工作，雇主僱用未
   經許可之留學生（違反第 44 條），可處新臺幣 15 萬～ 75 萬元罰鍰。外國學生工作時數新
   修正規定，外國留學生及僑生從事工作的時間除寒暑假外，每星期最長為 20 小時，工作
   許可有效期間則維持為最長 6 個月。　　　　　　　　　　　　　　【*1093-47；1012-2；1011-10】

2. 雇主欲聘僱具有學士學位但無工作經驗，在臺外籍留學生為正式員工

   104 年 7 月起實施新的計點制度（專案），符合要件（學歷＋聘僱薪資＋工作經驗＋擔任職
   務資格＋華語語文能力＋他國成長經驗＋配合政府政策）滿 70 分時，雇主向勞動部提出
   申請。　　　　　　　　　　　　　　　　　　　　　　　　　　　　　【*1093-46；1041-46】

第 51 條　雇主聘僱下列外國人從事工作，得不受第四十六條第一項【藍、白領工作類別】、第三項【藍
領外國人勞動者之書面勞動契約規範】、第四十七條【申請招募藍領外國人勞動者前，國內本國勞動者
招募義務】、第五十二條【外國人工作許可最長年限】、第五十三條第三項【藍領外國人勞動者轉換
雇主之限制】、第四項【藍領外國人勞動者轉換雇主之聘僱許可期間合併計算原則】、第五十七條第五
款【雇主未依規定安排外國人勞動者健康檢查相關事宜】、第七十二條第四款【雇主未依規定安排外國
人勞動者健康檢查相關事宜，經通知仍未辦理】及第七十四條規定【令外國人勞動者出國相關事宜】之
限制，並免依第五十五條規定【雇主聘僱藍領外國人勞動者就業安定費繳納義務】繳納就業安定
費：【*1101 術科第一題】

一、獲准居留之難民。

二、獲准在中華民國境內連續受聘僱從事工作，連續居留滿五年，品行端正，且有住
所者。　　　　　　　　　　　　　　　　　　　　　　　　　　　　　　　　【*1013-53】

三、經獲准與其在中華民國境內設有戶籍之直系血親共同生活者。　　【＊1063-12；1011-9】

四、經取得永久居留者。

前項第一款、第三款及第四款之外國人得不經雇主申請，逕向中央主管機關申請許可。

外國法人為履行承攬、買賣、技術合作等契約之需要，須指派外國人在中華民國境內從事第四十六條第一項第一款或第二款契約範圍內之工作，於中華民國境內未設立分公司或代表人辦事處者，應由訂約之事業機構或授權之代理人，依第四十八條第二項【勞動部會商目的事業主管機關發布之辦法】及第三項所發布之命令規定【外國人勞動者入境前後健康檢查管理】申請許可。

【＊1002-38】

第 52 條　聘僱外國人從事第四十六條第一項第一款至第七款及第十一款規定之工作，許可期間最長為三年，期滿有繼續聘僱之需要者，雇主得申請展延。　　＜註：第 1 款至第 7 款之工作為聘僱屆滿日前 4 個月內，第 11 款規定之工作為聘僱屆滿前 60 日內提出申請＞。【＊1071-74；1051-12】

聘僱外國人從事第四十六條第一項第八款至第十款規定之工作，許可期間最長為三年【＊1123-78；1011-5】。有重大特殊情形者，雇主得申請展延＜註：聘僱屆滿前 2 個月至 4 個月內，提出申請＞，其情形及期間由行政院以命令定之。但屬重大工程者，其展延期間＜註：聘僱屆滿前 60 日內，提出申請＞，最長以六個月為限。　【＊1123-78；1122-15；1082-50；1073-25；1071-74；1013-58；1002-65】

前項每年得引進總人數，依外籍勞工聘僱警戒指標，由中央主管機關邀集相關機關、勞工、雇主、學者代表協商之。【＊1081 術科第三題】

受聘僱之外國人於聘僱許可期間無違反法令規定情事而因聘僱關係終止、聘僱許可期間屆滿出國或因健康檢查不合格經返國治癒再檢查合格者，得再入國工作。但從事第四十六條第一項第八款至第十款規定工作之外國人，其在中華民國境內工作期間，累計不得逾十二年，且不適用前條第一項第二款之規定。＜105.11.3 修正＞【＊1123-78；1061-27；1022-43；1011-69；1002-65；992-26；972-24】

前項但書所定之外國人於聘僱許可期間，得請假返國，雇主應予同意【＊1061-27】；其請假方式、日數、程序及其他相關事項之辦法，由中央主管機關定之。

【受聘僱從事就業服務法第四十六條第一項第八款至第十款規定工作之外國人請假返國辦法】

從事第四十六條第一項第九款規定家庭看護工作之外國人，且經專業訓練或自力學習，而有特殊表現，符合中央主管機關所定之資格、條件者，其在中華民國境內工作期間累計不得逾十四年。　　　　　　　　　　　　　　【＊1053-25；1063 術科第一題】

前項資格、條件、認定方式及其他相關事項之標準，由中央主管機關會商中央目的事業主管機關定之。　　　　　　　　　　　【雇主聘僱外國人許可及管理辦法＜112.10.13 修正＞】

第 53 條　雇主聘僱之外國人於聘僱許可有效期間內，如需轉換雇主或受聘僱於二以上之雇主者，應由新雇主申請許可【＊1101-74；1023-4】。申請轉換雇主時，新雇主應檢附受聘僱外國人之離職證明文件。

第五十一條第一項第一款【獲准居留難民】、第三款【與國內設有戶籍之直系血親共同生活之外國人】及第四款【取得永久居留之外國人】規定之外國人已取得中央主管機關許可者，不適用前項之規定。【＊1101-74】

受聘僱從事第四十六條第一項第一款至第七款規定工作之外國人轉換雇主或工作者，不得從事同條項第八款至第十一款規定之工作。【禁白漂藍條款】【\*1101-74】

受聘僱從事第四十六條第一項第八款至第十一款規定工作之外國人，不得轉換雇主或工作。但有第五十九條第一項各款規定之情事【得以轉換雇主或工作之條件】，經中央主管機關核准者，不在此限。【\*1101-74】

前項受聘僱之外國人經許可轉換雇主或工作者，其受聘僱期間應合併計算之，並受第五十二條規定之限制。【\*1101-74】

第 54 條　雇主聘僱外國人從事第四十六條第一項第八款至第十一款規定之工作，有下列情事之一者，中央主管機關應不予核發招募許可、聘僱許可或展延聘僱許可之一部份或全部；其已核發招募許可者，得中止引進：　　　　　　　　　　　　　　　　　　　　　　　【\*1013-49】 ★★★★✩

一、於外國人預定工作之場所有第十條規定之罷工或勞資爭議情事。
【廢止雇主招募許可及聘僱許可之一部或全部】

二、於國內招募時，無正當理由拒絕聘僱公立就業服務機構所推介之人員或自行前往求職者。　　　　　　　　　　　　　　　　【廢止雇主招募許可及聘僱許可之一部或全部】

三、聘僱之外國人行蹤不明或藏匿外國人達一定人數或比例。
【廢止雇主招募許可及聘僱許可之一部或全部】

四、曾非法僱用外國人工作。
【廢止雇主招募許可及聘僱許可之一部或全部】【\*1032 術科第二題；1002 術科第三題】

五、曾非法解僱本國勞工。　　　　　　【廢止雇主招募許可及聘僱許可之一部或全部】

六、因聘僱外國人而降低本國勞工勞動條件，經當地主管機關查證屬實。
【廢止雇主招募許可及聘僱許可之一部或全部】

七、聘僱之外國人妨害社區安寧秩序，經依社會秩序維護法裁處。
【廢止雇主招募許可及聘僱許可之一部或全部】

八、曾非法扣留或侵占所聘僱外國人之護照、居留證件或財物。
【廢止雇主招募許可及聘僱許可之一部或全部】【\*1002-77】

 **相關法規**

勞動部 99 年 7 月 30 日勞職管字第 0990510138 號令，「非法扣留或侵占所聘僱外國人之護照、居留證件或財物」之行為，指雇主未經所聘僱外國人同意而扣留或侵占其護照、居留證件及財物，或所聘僱外國人同意雇主代為保管護照、居留證件或財物，經其請求返還，雇主無正當理由拒絕返還，或易持有為所有之行為。惟若雇主依法律有留置上開財物之權利者，自應符合各該法律之規定，始為適法。並自即日生效。

九、所聘僱外國人遣送出國所需旅費及收容期間之必要費用，經限期繳納屆期不繳納。
【廢止雇主招募許可及聘僱許可之一部或全部】

十、於委任招募外國人時，向私立就業服務機構要求、期約或收受不正利益。

【廢止雇主招募許可及聘僱許可之一部或全部】【*1023 術科第一題】

十一、於辦理聘僱外國人之申請許可、招募、引進或管理事項，提供不實資料或失效資料。 【廢止雇主招募許可及聘僱許可之一部或全部】

十二、刊登不實之求才廣告。 【廢止雇主招募許可及聘僱許可之一部或全部】

十三、不符申請規定經限期補正，屆期未補正。【廢止雇主招募許可及聘僱許可之一部或全部】

十四、違反本法或依第四十八條第二項【聘僱法】、第三項【外國人健檢】、第四十九條【駐華外國人特權豁免】所發布之命令。 【廢止雇主招募許可及聘僱許可之一部或全部】

十五、違反職業安全衛生法規定，致所聘僱外國人發生死亡、喪失部分或全部工作能力，且未依法補償或賠償 <107.11.28 增修> 【廢止雇主招募許可及聘僱許可之一部或全部】

【*1082 術科第一題】

十六、其他違反保護勞工之法令情節重大者。 【廢止雇主招募許可及聘僱許可之一部或全部】

前項第三款至第十六款規定情事，以申請之日前二年內發生者為限。 【*1041 術科第二題】

第一項第三款之人數、比例，由中央主管機關公告之。

第 55 條 雇主聘僱外國人從事第四十六條第一項第八款至第十款規定之工作，應向中央主管機關設置之就業安定基金專戶繳納就業安定費，作為加強辦理有關促進國民就業、提升勞工福祉及處理有關外國人聘僱管理事務之用。 【*1021 術科第四題】

前項就業安定費之數額，由中央主管機關考量國家經濟發展、勞動供需及相關勞動條件，並依其行業別及工作性質會商相關機關定之。 【*983-65；981-40；963-16；963-18】

雇主或被看護者符合社會救助法規定之低收入戶或中低收入戶、依身心障礙者權益保障法領取生活補助費，或依老人福利法領取中低收入生活津貼者，其聘僱外國人從事第四十六條第一項第九款規定之家庭看護工作，免繳納第一項之就業安定費。

【*1062-31；1102 術科第一題；1052 術科第三題】

第一項受聘僱之外國人有連續曠職三日失去聯繫或聘僱關係終止之情事，經雇主依規定通知而廢止聘僱許可者，雇主無須再繳納就業安定費。【*1102 術科第一題；1052 術科第三題】

雇主未依規定期限繳納就業安定費者，得寬限三十日【*1082-5；1071-13；1043-66；1021-24；1102 術科第一題】；於寬限期滿仍未繳納者，自寬限期滿之翌日起至完納前一日止，每逾一日加徵其未繳就業安定費百分之零點三滯納金。但以其未繳之就業安定費百分之三十為限。 【*1121-24；1111-6；1092-9；1092-36；1071-29；1022-72；1011-13；1102 術科第一題】

加徵前項滯納金三十日後，雇主仍未繳納者，由中央主管機關就其未繳納之就業安定費及滯納金移送強制執行【*1031-35】，並得廢止其聘僱許可之一部或全部。

主管機關並應定期上網公告基金運用之情形及相關會議紀錄。

**重要觀點**

◎ 雇主聘僱外國人從事就業服務法第四十六條第一項第八款至第十款規定之工作應繳納就業安定費數額表：

表 6-1　雇主聘僱外國人從事就業服務之工作應繳納就業安定費數額表【112 年 1 月 16 日發布】

| 工作類別及分類 | | | 雇主聘僱外國人每人每月（日）繳納數額 |
|---|---|---|---|
| 海洋漁撈工作 | 屬漁船船員工作 | | 一千九百元（每日六十三元）【*1021-80】 |
| | 屬海洋箱網養殖漁撈工作 | | 二千五百元（每日八十三元）【*1051-13】 |
| 家庭幫傭工作 | 由本國人申請 | | 五千元（每日一百六十七元）。但所聘僱外國人依外國人從事就業服務法第四十六條第一項第八款至第十一款工作資格及審查標準（以下簡稱審查標準）第八條第一項第二款規定接受入國講習者，自入國第四日起繳納。【*1042-70；983-65；981-40】 |
| | 由外國人申請 | | 一萬元（每日三百三十三元）。但所聘僱外國人依審查標準第八條第一項第二款規定接受入國講習者，自入國第四日起繳納。【*963-18】 |
| 製造工作 | 屬一般製造業、製造業重大投資傳統產業（非高科技）、特定製程及特殊時程產業 | | 二千元（每日六十七元） |
| | 屬製造業特定製程產業（其他產業） | 提高外國人核配比率百分之五以下 | 五千元（每日一百六十七元） |
| | | 提高外國人核配比率超過百分之五至百分之十以下 | 七千元（每日二百三十三元）【*1102-8；1041-9】 |
| | | 提高聘僱外國人之比率符合下列規定之一者：一、外國人核配比率超過百分之十至百分之十五以下二、屬外國人從事就業服務法第四十六條第一項第八款至第十一款工作資格及審查標準第二十八條或第三十條規定，且外國人核配比率超過百分之十五 | 九千元（每日三百元） |
| | | 提高外國人核配比率超過百分之十五 | 一萬一千元（每日三百六十七元） |
| | 屬製造業重大投資非傳統產業（高科技） | | 二千四百元（每日八十元）【*963-16】 |
| | 屬製造業特定製程產業及新增投資案（高科技） | 提高外國人核配比率百分之五以下 | 五千四百元（每日一百八十元）【*1022-44】 |
| | | 提高外國人核配比率超過百分之五至百分之十以下 | 七千四百元（每日二百四十七元） |
| | | 提高外國人核配比率超過百分之十 | 九千四百元（每日三百一十三元） |

| 工作類別及分類 | | | 雇主聘僱外國人每人每月（日）繳納數額 |
|---|---|---|---|
| 外展製造工作 | 雇主尚未指派外國人至服務契約履行地 | | 二千元（每日六十七元） |
| | 外展製造服務契約履行地屬製造業特定製程或特殊時程產業 | 服務契約履行地使用外國人名額，未提高外國人核配比率 | 二千元（每日六十七元） |
| | | 服務契約履行地使用外國人名額，屬提高外國人核配比率百分之五以下 | 五千元（每日一百六十七元） |
| | | 服務契約履行地使用外國人名額，屬提高外國人核配比率超過百分之五至百分之十以下 | 七千元（每日二百三十三元） |
| | | 服務契約履行地使用外國人名額，屬提高外國人核配比率超過百分之十至百分之十五以下 | 九千元（每日三百元） |
| | | 服務契約履行地使用外國人名額，屬提高外國人核配比率超過百分之十五 | 一萬一千元（每日三百六十七元） |
| 屠宰工作 | 領有屠宰場登記證書之屠宰場 | | 二千元（每日六十七元）【*1072-10；1053-45】 |
| | 領有屠宰場登記證書之屠宰場 | 提高外國人核配比率百分之五以下 | 五千元（每日一百六十七元） |
| | | 提高外國人核配比率超過百分之五至百分之十以下 | 七千元（每日二百三十三元） |
| | | 提高外國人核配比率超過百分之十 | 九千元（每日三百元） |
| 營造工作 | 屬一般營造工作 | | 一千九百元（每日六十三元） |
| | 屬重大公共工程營造工作 | | 三千元（每日一百元） |
| 機構看護工作 | 長期照顧機構、養護機構、安養機構、財團法人社會福利機構、護理之家機構、慢性醫院或設有慢性病床、呼吸照護病床之綜合醫院、醫院、專科醫院 | | 二千元（每日六十七元） |
| 家庭看護工作 <104.10.7修正> | 被看護者或雇主為依社會救助法所核定之低收入戶或中低收入戶 | | 免繳納 |
| | 被看護者或雇主為依老人福利法授權訂定之中低收入老人生活津貼發給辦法，領有老人生活津貼者 | | 免繳納【*1053-72】 |
| | 被看護者或雇主為依身心障礙者權益保障法授權訂定之身心障礙者生活補助費發給辦法，屬低收入戶、中低收入戶或符合家庭總收入及財產標準領有生活補助者 | | 免繳納 |
| | 被看護者或雇主非具以上身分 | | 二千元（每日六十七元）。但所聘僱外國人依審查標準第八條第一項第二款規定接受入國講習者，自入國第四日起繳納。【*1101-80；1052術科第三題】 |
| 外展看護工作 | 屬依法設立或登記之財團法人、非營利社團法人或其他以公益為目的之團體，且最近一年內曾受地方主管機關委託辦理居家照顧服務者 | | 二千元（每日六十七元） |

| 工作類別及分類 | | | 雇主聘僱外國人每人每月（日）繳納數額 |
|---|---|---|---|
| 畜牧工作、農糧工作、養殖漁業工作及其他經中央主管機關會商中央目的事業主管機關指定之農、林產業工作 | 一、畜牧工作：依畜牧法規定領有畜牧場登記證書或畜禽飼養登記證者。<br>二、農糧工作：屬具種苗業登記證者、農業發展條例第三條規定之農民或農民團體、具備產業經營事實之事業單位。<br>三、養殖漁業工作：領有目的事業主管機關核發之養殖漁業登記證、區劃漁業權執照或專用漁業權人出具之入漁證明者。<br>四、禽畜糞堆肥工作：領有中央目的事業主管機關核發之禽畜糞堆肥場營運許可證之代處理堆肥場。 | | 二千元（每日六十七元） |
| | 一、畜牧工作<br>二、農糧工作<br>三、養殖漁業工作<br>四、禽畜糞堆肥工作 | 提高外國人核配比率百分之五以下 | 五千元（每日一百六十七元） |
| 外展農務工作 | 屬農會、漁會、農林漁牧有關之合作社或非營利組織 | | 二千元（每日六十七元） |
| 適用於所有工作類別 | 一、繳納數額以新臺幣元為單位；繳納數額有小數點者，以小數點後第一位四捨五入計算。<br>二、雇主所聘僱外國人於聘僱許可期間，至我國大專校院在職進修製造、營造、農業、長期照顧等副學士以上相關課程，每學期達九學分以上，且雇主未依外國人從事就業服務法第四十六條第一項第八款至第十一款工作資格及審查標準第三十三條之一規定，申請核准再提高聘僱外國人比率百分之五者，其於外國人進修期間之就業安定費，按本表每人每月繳納數額減半計收。<br>三、依前點減半計收期間，外國人因休（退）學、轉換雇主或工作等事由而廢止聘僱許可，致外國人進修期間或聘僱許可有效期間未滿一個月者，該月就業安定費繳納數額，依外國人進修日數，按本表每日繳納數額減半計收。 | | 繳納數額以新臺幣為單位 |
| 備註 | 繳納數額以新臺幣為單位。<br>就業安定費繳納方式：<br>1. 計算方式：自所聘僱外國人入境第二天開始計算，繳至離境前一天。<br>2. 繳交方式：持勞動部所寄發之繳款通知單至銀行、便利商店或郵局劃撥繳納，並請保留收據以便核對。每三個月繳交一次。例如：1、2、3 月份帳單，於 4 月中旬寄發，雇主應於 5 月 25 日前繳納，並得寬限至 6 月 24 日止。<br>3. 無須繳費之例外：受聘僱之外國人有連續曠職三日失去聯繫或聘僱關係終止之情事，經雇主依法陳報而廢止聘僱許可者，雇主無須再繳納就業安定費。<br>4. 外勞逃逸時其就業安定費計算：88 年 6 月 30 日以前逃逸，已向勞動部辦理撤銷聘僱報備者，其就業安定費計算截止日為：(1) 至查獲離境之前一日 (2) 至聘僱期滿之前一日 (3) 至 88 年 6 月 30 日。前三項日期取其中最先到者，88 年 6 月 30 日以後逃逸，已向勞動部辦理撤銷聘僱報備者，就業安定費計算至逃逸之前一日止。 | | |

第 56 條　受聘僱之外國人有連續曠職三日失去聯繫或聘僱關係終止之情事，雇主應於三日內
【*1111-36；1073-14；1071 術科第一題】以書面載明相關事項通知當地主管機關、入出國管理
機關及警察機關 <107.11.28 增修>【*971-35；1071 術科第一題】。但受聘僱之外國人有曠職失去
聯繫之情事，雇主得以書面通知入出國管理機關及警察機關執行查察。【處 3～15 萬元罰鍰】
受聘僱外國人有遭受雇主不實之連續曠職三日失去聯繫通知情事者，得向當地主管機關
申訴。經查證確有不實者，中央主管機關應撤銷原廢止聘僱許可及限令出國之行政處分
<107.11.28 增修>。

第 57 條　雇主聘僱外國人不得有下列情事：　　　　　　　　　　　　　　　　⭐⭐⭐⭐⭐
　　　　　　　　【*1002 術科第一題；1002 術科第三題；983 術科第三題；981 術科第四題；961 術科第三題】

一、聘僱未經許可、許可失效或他人所申請聘僱之外國人。
　　　　　【處 15～75 萬元罰鍰；5 年內再犯，處 3 年以下有期徒刑、拘役或科或併科 120 萬元以下罰金】
【廢止雇主招募許可及聘僱許可之一部或全部】【*1093 術科第一題；1051 術科第五題；1023 術科第三題】

二、以本人名義聘僱外國人為他人工作。
　　　　　【處 15～75 萬元罰鍰；5 年內再犯，處 3 年以下有期徒刑、拘役或科或併科 120 萬元以下罰金】
　　　　　　　　　　　　　　　　　　　　　　　　　　【廢止雇主招募許可及聘僱許可之一部或全部】

三、指派所聘僱之外國人從事許可以外之工作。　　　　　　　　【處 3～15 萬元罰鍰】
　　　　【限期改善未改善廢止雇主招募許可及聘僱許可之一部或全部】【*1092-45；1083-49；1051-62；
　　　　　　　971-25；963-28；1113 術科第二題；1093 術科第一題；1041 術科第二題；963 術科第三題】

四、未經許可，指派所聘僱從事第四十六條第一項第八款至第十款規定工作之外國人變
　　更工作場所。　　　　　　　　　　　　　　　　　　　　　　【處 3～15 萬元罰鍰】
　　　　　【限期改善未改善廢止雇主招募許可及聘僱許可之一部或全部】【*1033 術科第四題】

五、未依規定安排所聘僱之外國人接受健康檢查或未依規定將健康檢查結果函報衛生主
　　管機關。　　　【處 6～30 萬元罰鍰】【通知辦理未辦理廢止雇主招募許可及聘僱許可之一部或全部】

六、因聘僱外國人致生解僱或資遣本國勞工之結果。
　　　　　　　　【每人處 2～10 萬元罰鍰】【廢止雇主招募許可及聘僱許可之一部或全部】【*1023-76】

七、對所聘僱之外國人以強暴脅迫或其他非法之方法，強制其從事勞動。
　　　　　　　　　　　　　　　　　　　　　　　　　【廢止雇主招募許可及聘僱許可之一部或全部】

八、非法扣留或侵占所聘僱外國人之護照、居留證件或財物。　　【處 6～30 萬元罰鍰】
　　　　　　　　　　　　　　　　　　　　　　　　　【廢止雇主招募許可及聘僱許可之一部或全部】

九、其他違反本法或依本法所發布之命令。【處 6～30 萬元罰鍰】【廢止雇主招募許可及聘僱許
　　可之一部或全部】【*1112 術科第二題】

第 58 條　外國人於聘僱許可有效期間內，因不可歸責於雇主之原因出國、死亡或發生行蹤不明之　　⭐⭐⭐⭐⭐
　　　　　情事經依規定通知入出國管理機關及警察機關滿三個月仍未查獲者，雇主得向中央主管
　　　　　機關申請遞補。<112.5.10 修正>【*1091-75；1051-10；1018 月 53；1018 月 80；1001-80；1111 術科第一題】
　　　　　雇主聘僱外國人從事第四十六條第一項第九款指定之家庭看護工作，因不可歸責之原
　　　　　因，並有下列情事之一者，亦得向中央主管機關申請遞補：<112.5.10 修正>

　　　　　　　　　　　　　　　【*1091-75；1111 術科第一題；1031 術科第二題；971 術科第五題】

一、外國人於入出國機場或收容單位發生行蹤不明之情事，依規定通知入出國管理機關及警察機關。

二、外國人於雇主處所發生行蹤不明之情事，依規定通知入出國管理機關及警察機關滿一個月仍未查獲。

【*1093-37；1043-70；1033-12；1022-48；1018 月 -53；1018 月 -80〈此款修法多次，歷屆答案不一〉】

三、外國人於聘僱許可有效期間內經雇主同意轉換雇主或工作，由新雇主接續聘僱，或經中央主管機關廢止聘僱許可逾一個月未由新雇主接續聘僱。

前二項遞補之聘僱許可期間，以補足原聘僱許可期間為限；原聘僱許可所餘期間不足六個月者，不予遞補。　　　　　　　　　　　　　　　　【*1091-75；1073-47；1032-29；1111 術科第一題】

第 59 條　外國人受聘僱從事第四十六條第一項第八款至第十一款規定之工作，有下列情事之一者，經中央主管機關核准，得轉換雇主或工作：　　　【*1092 術科第一題；972 術科第五題】

一、雇主或被看護者死亡或移民者。

二、船舶被扣押、沈沒或修繕而無法繼續作業者。

三、雇主關廠、歇業或不依勞動契約給付工作報酬經終止勞動契約者。

四、其他不可歸責於受聘僱外國人之事由者。

前項轉換雇主或工作之程序，由中央主管機關另定之。

註：原雇主行蹤不明，外國人經工作所在地之直轄市或縣（市）主管機關認定有就業服務法第 59 條第 1 項各款情事之一，且情況急迫需立即安置者，主管機關於徵詢外國人同意後，應逕行通知公立就業服務機關（構）為其辦理轉換雇主登記。　　【*1018 月 -72】

第 60 條　雇主所聘僱之外國人，經入出國管理機關依規定遣送出國者，其遣送所需之旅費及收容期間之必要費用，應由下列順序之人負擔：　　　【廢止雇主招募許可及聘僱許可之一部或全部】

【*1022-67；971-39；1083 術科第一題；1071 術科第一題；1023 術科第二題】✪✪✪✪✪

一、非法容留、聘僱或媒介外國人從事工作者。

二、遣送事由可歸責之雇主。

三、被遣送之外國人。

前項第一款有數人者，應負連帶責任。

第一項費用，由就業安定基金先行墊付，並於墊付後，由該基金主管機關通知應負擔者限期繳納；屆期不繳納者，移送強制執行。　　　【*1083 術科第一題；1023 術科第二題】

雇主所繳納之保證金，得檢具繳納保證金款項等相關證明文件，向中央主管機關申請返還。

第 61 條　外國人在受聘僱期間死亡，應由雇主代為處理其有關喪葬事務。

【處 3 ～ 15 萬元罰鍰】【*991-52】

第 62 條　主管機關、入出國管理機關、警察機關或海岸巡防機關或其他司法警察機關得指派人員攜帶證明文件，至外國人工作之場所或可疑有外國人違法工作之場所，實施檢查。

對於前項之檢查，雇主、雇主代理人、外國人及其他有關人員不得規避、妨礙或拒絕。

【處 6 ～ 30 萬元罰鍰】【*1111-52；1022-74；1051 術科第五題】

## 第六章　罰則　　　　　　　　　　　　　　　【*981-12；983-2；983-7】❋❋❋

第 63 條　違反第四十四條或第五十七條第一款、第二款規定者，處新臺幣十五萬元以上七十五萬元以下罰鍰。五年內再違反者，處三年以下有期徒刑、拘役或科或併科新臺幣一百二十萬元以下罰金。　　　　　　【*992-50；981-33；1051 術科第五題；1002 術科第三題；963 術科第三題】

法人之代表人、法人或自然人之代理人、受僱人或其他從業人員，因執行業務違反第四十四條或第五十七條第一款、第二款規定者，除依前項規定處罰其行為人外，對該法人或自然人亦科處前項之罰鍰或罰金。【*1083-61】

第 64 條　違反第四十五條規定者，處新臺幣十萬元以上五十萬元以下罰鍰。【*1051 術科第五題；1002 術科第三題；961 術科第三題】五年內再違反者，處一年以下有期徒刑、拘役或科或併科新臺幣六十萬元以下罰金。　　　　　　　　　　　　　　　　　　　【*963 術科第三題】　❋❋❋❋

意圖營利而違反第四十五條規定者，處三年以下有期徒刑、拘役或科或併科新臺幣一百二十萬元以下罰金。　　　　　　　　　　　　　　　【*1103-22；983-45】

法人之代表人、法人或自然人之代理人、受僱人或其他從業人員，因執行業務違反第四十五條規定者，除依前二項規定處罰其行為人外，對該法人或自然人亦科處各該項之罰鍰或罰金。【*1103-58】

第 65 條　違反第五條第一項、第二項第一款、第四款、第五款、第三十四條第二項、第四十條第一項第二款、第七款至第九款、第十八款規定者，處新臺幣三十萬元以上一百五十萬元以下罰鍰。　<107.11.28 增修>　【*1122-38；1073-60；983-80；981-5；961-20；961-32；992 術科第九題】　❋❋❋❋

未經許可從事就業服務業務違反第四十條第二款、第七款至第九款、第十八款規定者，依前項規定處罰之。<107.11.28 增修>

違反第五條第一項規定經處以罰鍰者，直轄市、縣（市）主管機關應公布其姓名或名稱、負責人姓名，並限期令其改善；屆期未改善者，應按次處罰。<107.11.28 增修>

第 66 條　違反第四十條第一項第五款規定者，按其要求、期約或收受超過規定標準之費用或其他不正利益相當之金額，處十倍至二十倍罰鍰。　　　　　　　　　　　❋❋❋❋

　　　　　【*1051-39；1033-34；1043 術科第五題；1021 術科第三題；991 術科第九題】

未經許可從事就業服務業務違反第四十條第一項第五款規定者，依前項規定處罰之。

第 67 條　違反第五條第二項第二款、第三款、第六款、第十條、第三十六條第一項、第三十七條、第三十九條、第四十條第一項第一款、第三款、第四款、第六款、第十款至第十七款、第十九款、第五十七條第五款、第八款、第九款或第六十二條第二項規定，處新臺幣六萬元以上三十萬元以下罰鍰。　　　　　　【*1043-22；961-45；961-46；1102 術科第二題】

未經許可從事就業服務業務違反第四十條第一項第一款、第三款、第四款、第六款或第十款規定者，依前項規定處罰之。

第 68 條　違反第九條、第三十三條第一項、第四十一條、第四十三條、第五十六條第一項、第五十七條第三款、第四款或第六十一條規定者，處新臺幣三萬元以上十五萬元以下罰鍰。　　　　　　　　　　　　　　　　　　　　　　　　　　❋❋❋

【*992-2；1041 術科題；983 術科第三題】

違反第五十七條第六款規定者，按被解僱或資遣之人數，每人處新臺幣二萬元以上十萬元以下罰鍰。

違反第四十三條規定之外國人，應即令其出國，不得再於中華民國境內工作。

【*1002 術科第三題；961 術科第三題】

違反第四十三條規定或有第七十四條第一項、第二項規定情事之外國人，經限期令其出國，屆期不出國者，入出國管理機關得強制出國，於未出國前，入出國管理機關得收容之。

【*1002 術科第三題；961 術科第三題】

第 69 條　私立就業服務機構有下列情事之一者，由主管機關處一年以下停業處分：　❀❀❀❀

【*1012-78；961-45；992 術科第五題】

一、違反第四十條第一項第四款至第六款、第八款或第四十五條規定。【*1001-26；1032 術科第一題】

二、同一事由，受罰鍰處分三次，仍未改善。　【*1102 術科第二題；1022 術科第二題】

三、一年內受罰鍰處分四次以上。　【*1013-52】

第 70 條　私立就業服務機構有下列情事之一者，主管機關得廢止其設立許可：　【*992-74】❀❀❀

一、違反第三十八條＜海外仲介業務之私立就業服務機構，應以公司型態組織之＞、第四十條第一項第二款＜不實廣告或揭示＞、第七款＜仲介求職人從事違背公共秩序或善良風俗之工作＞、第九款＜辦理就業服務業務有恐嚇、詐欺、侵占或背信情事＞或第十四款＜經主管機關處分停止營業，其期限尚未屆滿即自行繼續營業＞、第十八款＜對求職人或受聘僱外國人有性侵害、人口販運、妨害自由、重傷害或殺人行為＞規定。

二、一年內受停業處分二次以上。　【*1022 術科第二題】

私立就業服務機構經廢止設立許可者，其負責人或代表人於五年內再行申請設立私立就業服務機構，主管機關應不予受理。　＜107.11.28 修正＞【*1052-74；1042-80；1023-8；1021-61】

第 71 條　就業服務專業人員違反第三十七條規定者，中央主管機關得廢止其就業服務專業人員證書。　❀❀❀❀

【*1022 術科第二題；961 術科第五題】

第 72 條　雇主有下列情事之一者，應廢止其招募許可及聘僱許可之一部或全部：　❀❀❀❀

一、有第五十四條第一項各款所定情事之一。　【*1023 術科第一題；961 術科第三題】

二、有第五十七條第一款、第二款、第六款至第九款規定情事之一。　【*963 術科第三題】

三、有第五十七條第三款、第四款規定情事之一，經限期改善，屆期未改善。

【*963-46；972-62；1041 術科第二題；983 術科第三題；963 術科第三題】

四、有第五十七條第五款規定情事，經衛生主管機關通知辦理仍未辦理。

五、違反第六十條規定。

**註**：雇主聘僱第二類外國人違反就業服務法第 72 條規定廢止招募許可及聘僱許可裁量基準修正規定

第 73 條　雇主聘僱之外國人，有下列情事之一者，廢止其聘僱許可：　　　✪✪✪✪✪

【*1013 術科第九題；963 術科第三題】

一、為申請許可以外之雇主工作。

二、非依雇主指派即自行從事許可以外之工作。

三、連續曠職三日失去聯繫或聘僱關係終止。

四、拒絕接受健康檢查、提供不實檢體、檢查不合格、身心狀況無法勝任所指派之工作或罹患經中央衛生主管機關指定之傳染病。

五、違反依第四十八條第二項、第三項、第四十九條所發布之命令，情節重大。

六、違反其他中華民國法令，情節重大。　　　　　　　　　　　【*1012-24】

七、依規定應提供資料，拒絕提供或提供不實。　　　　　　　　✪✪✪✪✪

第 74 條　聘僱許可期間屆滿或經依前條規定廢止聘僱許可之外國人，除本法另有規定者外，應即令其出國，不得再於中華民國境內工作。　【外國人令其在期限內出國或強制出國】【*1023-25】

受聘僱之外國人有連續曠職三日失去聯繫情事者，於廢止聘僱許可前，入出國業務之主管機關得即令其出國。　　　　　　　　　【外國人令其在期限內出國或強制出國】

有下列情事之一者，不適用第一項關於即令出國之規定：

一、依本法規定受聘僱從事工作之外國留學生、僑生或華裔學生，聘僱許可期間屆滿或有前條第一款至第五款規定情事之一。

二、受聘僱之外國人於受聘僱期間，未依規定接受定期健康檢查或健康檢查不合格，經衛生主管機關同意其再檢查，而再檢查合格。

第 75 條　本法所定罰鍰，由直轄市及縣（市）主管機關處罰之。

第 76 條　依本法所處之罰鍰，經限期繳納，屆期未繳納者，移送強制執行。

## 第七章　附則

第 77 條　本法修正施行前，已依有關法令申請核准受聘僱在中華民國境內從事工作之外國人，本法修正施行後，其原核准工作期間尚未屆滿者，在屆滿前，得免依本法之規定申請許可。

第 78 條　各國駐華使領館、駐華外國機構及駐華各國際組織人員之眷屬或其他經外交部專案彙報中央主管機關之外國人，其在中華民國境內有從事工作之必要者，由該外國人向外交部申請許可。

前項外國人在中華民國境內從事工作，不適用第四十六條至第四十八條、第五十條、第五十二條至第五十六條、第五十八條至第六十一條及第七十四條規定。

第一項之申請許可、廢止許可及其他應遵行事項之辦法，由外交部會同中央主管機關定之。

第 79 條　無國籍人、中華民國國民兼具外國國籍而未在國內設籍者，其受聘僱從事工作，依本法有關外國人之規定辦理。

第 80 條　大陸地區人民受聘僱於臺灣地區從事工作，其聘僱及管理，除法律另有規定外，準用第五章相關之規定。　　　　　　　　　　　　　　　　　　【*983-3：983-12】

第81條　主管機關依本法規定受理申請許可及核發證照，應收取審查費及證照費；其費額，由中央主管機關定之。

第82條　本法施行細則，由中央主管機關定之。

第83條　本法施行日期，除中華民國 91 年 1 月 21 日修正公布之第 48 條第 1 項至第 3 項規定由行政院以命令定之，及中華民國 95 年 5 月 5 日修正之條文自中華民國 95 年 7 月 1 日施行外，自公布日施行。

 **立即演練 2**

(　　) 1. 依就業服務法規定，為保障國民就業機會平等，雇主對求職人或所僱用員工，不得予以歧視下列何者不是禁止就業歧視之事由？　①年齡　②疾病　③婚姻　④語言

(　　) 2. 依據現行的就業服務法規定，當民眾遇到不實的求才廣告，要舉證向哪一個機關提出檢具申訴？　①經濟部　②內政部　③衛生署　④直轄市、縣市政府

(　　) 3. 美美到影視公司應徵模特兒經錄取，被公司安排到某公司尾牙表演脫衣秀，經他舉證向主管機關提出檢舉，經查違反就業服務法第 5 條屬實，該公司依就業服務法應處以罰鍰新臺幣多少元？　① 10 萬以上 50 萬元以下　② 20 萬以上 100 萬元以下　③ 30 萬以上 120 萬元以下　④ 30 萬以上 150 萬元以下 罰鍰

(　　) 4. 小銘看到報紙某一公司徵求公關經理便前去應徵，結果面試主管要他先訂做制服繳交制服費方能工作，這是屬於求職防騙的哪一個案例？　①不實徵人求才　②不實演藝人員　③不實經紀公司　④不實伴遊

(　　) 5. 潘小偉 25 歲，剛出獄，未婚且為家中獨子，家中尚有年邁之雙親，請問他符合就業服務法第 24 條中哪一類之對象？　①獨力負擔家計者　②長期失業者　③更生保護人　④中高齡者

(　　) 6. 下列何者非屬就業服務法第 24 條所明定主管機關應訂計畫，致力其就業之自願就業人員？　①獨力負擔家計者　②長期失業者　③青年　④中高齡者

(　　) 7. 阿貴於 97 年 1 月 1 日至 97 年 12 月 31 日在便利商店擔任店長之工作，期間並參加勞工保險；98 年 1 月 1 日至 98 年 12 月 31 日為服兵役期間，後來一直未就業，99 年 3 月 1 日至公立就業服務機構辦理求職登記，並同時希望能辦理身分認定為長期失業者公立就業服務機構認定結果為不符合，請問他未滿足長期失業者之哪一要項？　①連續失業期間長達一年以上　②辦理勞工保險退保當日前三年內，保險年資合計滿六個月以上　③於最近一個月以內有向公立就業服務機構辦理求職登記者　④非勞動力

(　　) 8. 就業服務法第 2 條第 1 項第 4 款所定義之中高齡者，係指年滿幾歲至幾歲之國民？　① 40 歲至 60 歲　② 40 歲至 65 歲　③ 45 歲至 60 歲　④ 45 歲至 65 歲

(　　) 9. 依公立就業服務機構規定，下列何者不是個案管理員的結案標準？　①穩定就業 1 個月　②失去聯絡　③求職者死亡　④無意願接受服務

(　)10. 下列有關政府就業服務之敘述，何者不正確？　①公立就業服務機構辦理就業服務業務，以免費為原則　②直轄市、縣（市）轄區內原住民人口達2萬人以上者，得設立因應原住民族特殊文化之原住民公立就業服務機構　③公立就業服務機構對於求職人申請求職登記時，不願提供為推介就業所需之資料者，不得拒絕其申請　④公立就業服務機構推介之求職人為生活扶助戶者，其應徵所需旅費，得酌予補助

(　)11. 有關就業服務專業人員之首要責任敘述，下列何者為非？　①協助當事人學習解決問題之知識　②提供當事人主觀的資訊　③提供當事人客觀的資訊　④提供當事人完整與正確的資訊

(　)12. 依據就業服務法第9條規定：就業服務機構及其人員，對雇主與求職人之資料，除推介就業之必要外，不得對外公開該項規定是屬於就業服務專業人員之何種原則？　①保密原則　②禁止就業歧視原則　③平等原則　④公開原則

(　)13. 依據就業服務法第40條規定，下列敘述何者不屬於就業服務人員不得作為之情事？　①扣留求職人　②收取推介就業服務費財物　③違反求職人意思，留置其國民身分證　④收取推介就業保證金

(　)14. 依就業服務法規定，接受委託登載或傳播求才廣告者，自廣告之日起，應保存委託者之姓名或名稱、住所、電話等相關資料幾個月，以備主管機關檢查？　①1個月　②2個月　③3個月　④4個月

(　)15. 下列有關外籍配偶之敘述，何者正確？　①須申請工作許可始能工作　②不須申請工作許可，就可以工作　③要不要申請許可都可以　④根本不可以工作

(　)16. 依就業服務法規定，雇主資遣員工時，應於員工離職幾日前，將被資遣員工之姓名、性別、年齡、住址、電話、擔任工作、資遣事由及需否就業輔導等事項，列冊通報當地主管機關及公立就業服務機構？　①3日　②5日　③7日　④10日

(　)17. 在依法罷工期間，或因終止勞動契約涉及勞方多數人權利之勞資爭議在調解期間，就業服務機構不得推介求職人至該罷工或有勞資爭議之場所工作前開所稱勞方多數人，係指事業單位勞工涉及勞資爭議達10人以上，或雖未達10人而占該爭議場所員工人數多少以上者？　①二分之一　②三分之一　③四分之一　④五分之一

(　)18. 依就業服務法規定，下列何者非屬公立就業服務機構接受雇主委託招考人才所需之費用？　①廣告費　②命題費　③郵寄費　④訓練費

(　)19. 依就業服務法規定，直轄市，縣（市）轄區內原住民人口達多少人以上，得設立因應原住民特殊文化之原住民公立就業服務機構？　①2萬人　②3萬人　③4萬人　④5萬人

(　)20. 依就業服務法規定，主管機關得聘請勞工、雇主、政府之代表及學者專家組成下列何種委員會，以研議有關就業服務及促進就業等事項？　①就業歧視評議委員會　②就業安定基金管理委員會　③就業服務策進委員會　④兩性工作平等委員會

(　)21.依勞動部 99 年 7 月 30 日勞職管字第 0990510138 號令，下列何者不屬於就業服務法第 54 條第 1 項第 8 款所稱「非法扣留或侵占所聘僱外國人之護照、居留證件或財物（以下簡稱物品）」之行為？　①未經所聘僱外國人同意而扣留或侵占其所有物品　②無正當理由拒絕返還所聘僱外國人之物品　③易持有為所有上開物品之行為　④依法留置上開物品之行為

(　)22.雇主僱用外籍配偶時，無須考量哪一項法令？　①勞動基準法　②就業保險法　③就業服務法　④國民年金法

(　)23.雇主指派所聘僱之外國人從事許可以外之工作，依就業服務法規定，可處新臺幣多少元罰鍰？　①3 萬元至 10 萬元　②3 萬元至 15 萬元　③6 萬元至 20 萬元　④6 萬元至 30 萬元

(　)24.雇主聘僱外國人從事製造工作，屬製造業特定製程產業及新增高科技投資案，其提高外國人核配比率 5％以下者，每人每月繳納就業安定費數額為新臺幣多少元？　①5,000 元　②5,400 元　③7,000 元　④7,400 元

(　)25.大陸地區配偶在哪一個階段不可以在臺工作？　①團聚　②依親居留　③長期居留　④定居

(　)26.依就業服務法 61 條規定，外國人在受聘僱期間死亡，應由誰代為處理喪葬事務？　①外勞來源國在臺辦事處　②仲介公司　③雇主　④縣市政府

(　)27.依就業服務法規定，下列何種情形須申請許可始得在中華民國境內工作？　①各級政府及其所屬學術研究機構聘請外國人擔任顧問者　②受聘僱於公立或經立案之私立大學進行教學經教育部認可者　③外國人與在中華民國境內設有戶籍之國民結婚，且獲准居留者　④各級政府及其所屬學術研究機構聘請外國人擔任研究工作者

(　)28.雇主聘僱就讀於公立或已立案私立高級中等以上學校之僑生從事工作，除寒暑假外，每星期最長為幾小時？　①12 小時　②16 小時　③20 小時　④28 小時

(　)29.從事家庭看護工作之外國人，在我國境內工作期間，累計不得逾幾年？　①3 年　②6 年　③9 年　④12 年

(　)30.下列哪一個國家 2010 年合法外勞人數佔總就業人數的比例最高？　①香港　②臺灣　③新加坡　④韓國

(　)31.下列何者應依規定取得許可，始得在臺工作？　①外國人與在中華民國境內設有戶籍之國民結婚，且獲准居留者　②外國法人為履行承攬、買賣、技術合作等契約之需要，須指派外國人在中華民國境內從事就業服務法第 46 條第 1 項第 1 款或第 2 款契約範圍內之工作　③各級政府及其所屬學術機構聘請外國人擔任顧問或研究工作　④受聘僱於公立或私立之大學進行 6 個月內之短期講座、學術研究經教育部認可者

( )32. 依就業服務法規定，外國人在臺工作期限，下列何者不正確？ ①外籍看護工在臺工作，一次聘僱許可（含展延聘僱許可）期間最長為3年 ②補習班專任外國語文教師在臺工作許可期間最長為3年，期滿有聘僱需要者，雇主得申請展延1次，其展延期間不得超過1年 ③重大公共工程外籍營造業勞工在臺工作一次聘僱許可（含展延及再展延聘僱許可）期間最長為3年6個月 ④外籍製造業勞工在臺工作期限，累計最長為12年

( )33. 意圖營利而非法媒介外國人為他人工作者，最高可處幾年以下有期徒刑？ ①1年 ②3年 ③5年 ④7年

( )34. 雇主非法聘僱行蹤不明外勞，依就業服務法規定，可處新臺幣多少元罰鍰？ ①6萬元至30萬元 ②15萬元至75萬元 ③30萬元至90萬元 ④50萬元至150萬元

( )35. 私立就業服務機構扣留求職人財物或收取推介就業保證金者，除處罰鍰外，經主管機關限期返還，未依規定辦理者，處下列何項處分？ ①警告 ②限期改善 ③1年以下停業處分 ④廢止其設立許可

( )36. 外國人經許可受聘僱從事高速鐵路施工監造工作，如雇主初次指派其從事許可以外之港埠、碼頭施工評鑑工作，依就業服務法規定，應對雇主施以何種處罰？ ①廢止招募許可 ②廢止聘僱許可 ③處新臺幣2萬元以上10萬元以下罰鍰 ④處新臺幣3萬元以上15萬元以下罰鍰，並限期改善

( )37. 雇主辦理聘僱外國人之申請許可或管理事項，提供不實資料者，依就業服務法處以新臺幣多少元之罰鍰？ ①50萬元以上250萬元以下 ②15萬元以上75萬元以下 ③3萬元以上15萬元以下 ④30萬元以上150萬元以下

( )38. 假設仲介公司為雇主引進外勞時，提供不實的體檢資料，依就業服務法規定應處罰鍰為新臺幣多少元？ ①6萬元以上30萬元以下 ②15萬元以上30萬元以下 ③30萬元以上150萬元以下 ④30萬元以上200萬元以下

( )39. 甲將以觀光名義入國之外國人介紹給乙公司從事紡織染整工作，則甲違反之情事為何？ ①非法容留外國人從事工作 ②聘僱未經許可之外國人 ③媒介外國人非法為他人工作 ④以本人名義聘僱外國人為他人工作

( )40. 甲為自然人，其將所聘僱之外籍幫傭指派至其開設之地下工廠從事產品製造工作，則甲係違反下列何項規定？ ①指派所聘僱之外國人從事許可以外之工作 ②非法容留外國人從事工作 ③聘僱他人所申請聘僱之外國人 ④聘僱許可失效之外國人

( )41. 雇主聘僱未經許可之外國人從事工作，依就業服務法處新臺幣多少元之罰鍰？ ①30萬元以上150萬元以下 ②15萬元以上75萬元以下 ③3萬元以上15萬元以下 ④50萬元以上250萬元以下

( )42. 依就業服務法之罰則規定，下列何者正確？ ①私立就業服務機構之處罰僅限科處罰金 ②雇主之處罰得為有期徒刑、拘役、科或併科罰金 ③外國人之處罰得為有期徒刑、拘役、科或併科罰金 ④未經許可從事就業服務業務之處罰得為拘役或科處罰金

（　　）43.雇主聘僱外國人入國從事工作，應依外國人生活照顧服務計畫書確實執行，違反者依就業服務法規定予以處分，下列何者錯誤？　①罰金　②罰鍰　③廢止其聘僱許可　④廢止其招募許可

（　　）44.依法立案之短期補習班經檢舉有相當事實非法僱用外籍語文教師之情事，若其規避、妨礙或拒絕縣（市）政府主管之公務人員檢查者，應處新臺幣多少罰鍰？　①3 萬元以上 15 萬元以下　②6 萬元以上 30 萬元以下　③10 萬元以上 50 萬元以下　④15 萬元以上 75 萬元以下

（　　）45.小朱為求秘書之工作，發現雇主於面談時詢問小朱與工作無關之隱私的問題，因而依就業服務法向勞動主管機關舉發。請問下列何者可能是小朱被問及的問題？　①學歷　②語文能力　③專長　④懷孕計畫

**解**　1.②　2.④　3.④　4.①　5.③　6.③　7.①　8.④　9.①　10.③
　11.②　12.①　13.②　14.②　15.②　16.④　17.②　18.④　19.①　20.③
　21.④　22.④　23.②　24.②　25.①　26.③　27.②　28.③　29.④　30.③
　31.②　32.②　33.②　34.②　35.②　36.④　37.④　38.①　39.③　40.①
　41.②　42.②　43.①　44.②　45.④

## 二、藍領外國人工作準則

## 外國人從事就業服務法第四十六條第一項第八款至第十一款工作資格及審查標準（民國 112 年 10 月 13 日修正）

### 第一章　總則

第 1 條　本標準依就業服務法（以下簡稱本法）第四十六條第二項及第五十二條第七項規定訂定之。

第 2 條　外國人受聘僱從事本法第四十六條第一項第八款至第十一款規定之工作，其資格應符合本標準規定。

第 3 條　外國人受聘僱從事本法第四十六條第一項第八款規定海洋漁撈工作，其工作內容，應為從事漁船船長、動力小船駕駛人以外之幹部船員及普通船員、箱網養殖或與其有關之體力工作。<111.4.29 修正>【*1061-13】

第 4 條　外國人受聘僱從事本法第四十六條第一項第九款規定之工作，其工作內容如下：<111.4.29 修正>【*1103-40】

　一、家庭幫傭工作：在家庭，從事房舍清理、食物烹調、家庭成員起居照料或其他與家事服務有關工作。

　二、機構看護工作：在第十五條所定之機構或醫院，從事被收容之身心障礙者或病患之日常生活照顧等相關事務工作。

　三、家庭看護工作：在家庭，從事身心障礙者或病患之日常生活照顧相關事務工作。

第 5 條　中央主管機關依本法第四十六條第一項第十款規定指定之工作，其工作內容如下：

【*1103-40】

一、製造工作：直接從事製造業產品製造或與其有關之體力工作。

二、外展製造工作：受雇主指派至外展製造服務契約履行地，直接從事製造業產品製造或與其有關之體力工作。

三、營造工作：在營造工地或相關場所，直接從事營造工作或與其有關之體力工作。

四、屠宰工作：直接從事屠宰工作或與其有關之體力工作。

五、外展農務工作：受雇主指派至外展農務服務契約履行地，直接從事農、林、牧、養殖漁業工作或與其有關之體力工作。<110.7.30；111.4.29 修正 >

六、農、林、牧或養殖漁業工作：在農、林、牧場域或養殖場，直接從事農、林、牧、養殖漁業工作或與其有關之體力工作。<110.7.30；111.4.29 修正 >

七、其他經中央主管機關指定之工作

第 6 條　中央主管機關依本法第四十六條第一項第十一款規定專案核定之工作，其工作內容如下：

一、雙語翻譯工作：從事本標準規定工作之外國人，擔任輔導管理之翻譯工作。

二、廚師及其相關工作：從事本標準規定工作之外國人，擔任食物烹調等相關之工作。

三、中階技術工作：符合第十四章所定工作年資、技術或薪資，從事下列工作：<111.4.29 修正 >

【*1111 術科第一題】

(一)中階技術海洋漁撈工作：在第十條所定漁船或箱網養殖漁業區，從事海洋漁撈工作。

(二)中階技術機構看護工作：在第十五條所定機構或醫院，從事被收容之身心障礙者或病患之生活支持、協助及照顧相關工作。

(三)中階技術家庭看護工作：在第十八條所定家庭，從事身心障礙者或病患之個人健康照顧工作。

(四)中階技術製造工作：在第二十四條所定特定製程工廠，從事技藝、機械設備操作及組裝工作。

(五)中階技術營造工作：<112.10.13 修正 >

1.在第四十二條或第四十三條所定工程，從事技藝、機械設備操作及組裝工作。

2.在第四十七條之一所定工程，從事技藝、機械設備操作及組裝工作。

(六)中階技術屠宰工作：在第四十八條所定場所，從事禽畜卸載、繫留、致昏、屠宰、解體及分裝工作。<112.3.13 修正 >

(七)中階技術外展農務工作：在第五十三條所定外展農務服務契約履行地，從事農業生產工作。

　　　　（八）中階技術農業工作：在第五十六條第一項所定場所，從事農、林、牧或養殖漁業工作。<112.6.15 修正 >

　　　　（九）其他經中央主管機關會商中央目的事業主管機關指定工作場所之中階技術工作。

　四、其他經中央主管機關專案核定之工作。

第 7 條　外國人受聘僱從事本標準規定之工作，不得有下列情事：

　一、曾違反本法第四十三條規定者。

　二、曾違反本法第七十三條第一款、第二款、第三款之連續曠職三日失去聯繫、第五款至第七款規定之一者。

　三、曾拒絕接受健康檢查或提供不實檢體者。

　四、健康檢查結果不合格者。

　五、在我國境內受聘僱從事第三條至第五條規定工作，累計工作期間逾本法第五十二條第四項或第六項規定期限者。但從事前條規定工作者，不在此限。<105.11.16：111.4.29 修正 >【*1011-69】

　六、工作專長與原申請許可之工作不符者。

　七、未持有行為良好證明者。

　八、未滿十六歲者。【*963-24】

　九、曾在我國境內受聘僱從事本標準規定工作，且於下列期間連續三日失去聯繫者：

　　　　（一）外國人入國未滿三日尚未取得聘僱許可。

　　　　（二）聘僱許可期間賸餘不足三日。

　　　　（三）經地方主管機關安置、轉換雇主期間或依法令應出國而尚未出國期間。

　十、違反其他經中央主管機關規定之工作資格者。

第 8 條　外國人受聘僱從事第四條之工作，其年齡須二十歲以上，並應具下列資格 <111.8.15 修正 >：【*1122-26；1111-41；1043-57；1042-15；1032-4；992-54；1123 術科第一題；1063 術科第一題】

　一、入國工作前，應經中央衛生福利主管機關認可之外國健康檢查醫院或其本國勞工部門指定之訓練單位訓練合格，或在我國境內從事相同工作滿六個月以上者 <111.8.15 修正 >。

　二、從事家庭幫傭或家庭看護工作之外國人，入國時應於中央主管機關指定地點，接受八小時以上之講習，並取得完訓證明。但曾於五年內完成講習者，免予參加 <111.8.15 增修 >。　　　　　　　　　　　　　　　　　　【*1123 術科第一題】

　前項第二款之講習內容，包括下列事項：<111.8.15 增修 >

　一、外國人聘僱管理相關法令。

　二、勞動權益保障相關法令。

　三、衛生及防疫相關資訊。

　四、外國人工作及生活適應相關資訊。

　五、其他經中央主管機關規定事項。

第9條　雇主申請聘僱外國人從事下列工作，其所聘僱本法第四十六條第一項第一款或第八款至第十一款規定工作總人數，不得超過雇主申請當月前二個月之前一年僱用員工平均人數之百分之五十：<111.4.29；112.10.13 修正>　　　　　　　　　　　　　【\*1123 術科第一題】

一、製造工作或中階技術製造工作。

二、屠宰工作或中階技術屠宰工作。<112.3.13 修正>

三、第四十七條之一規定營造工作，或第六條第三款第五目之2規定中階技術營造工作。<111.4.29；112.10.13 修正>

前項僱用員工平均人數，依雇主所屬同一勞工保險證號之參加勞工保險人數計算。但雇主依第六條第三款第五目之1、第四十二條及第四十三條申請之人數，不予列計。<112.10.13 修正>

雇主申請聘僱外國人從事第四十二條或第四十三條規定營造工作，或第六條第三款第五目之1規定中階技術營造工作，其所聘僱本法第四十六條第一項第一款及第八款至第十一款規定工作總人數，不得超過以工程經費法人力需求模式計算所得人數百分之五十。但經行政院核定增加外國人核配比率者，不在此限。<112.10.13 修正>

第一項及前項雇主聘僱本法第四十六條第一項第一款規定工作之人數，經中央主管機關會商中央目的事業主管機關專案同意者，不計入所聘僱外國人總人數。<112.3.13 修正>

## 第二章　海洋漁撈工作

第10條　外國人受聘僱從事第三條之海洋漁撈工作，其雇主應具下列條件之一：<109.7.31；111.4.29 修正>

一、總噸位二十以上之漁船漁業人，並領有目的事業主管機關核發之漁業執照。

二、總噸位未滿二十之動力漁船漁業人，並領有目的事業主管機關核發之漁業執照。

三、領有目的事業主管機關核發之箱網養殖漁業區劃漁業權執照，或專用漁業權人出具之箱網養殖入漁證明。

第11條　外國人受前條第一款及第二款雇主聘僱從事海洋漁撈工作總人數之認定，應包括下列人數，且不得超過該漁船漁業執照規定之船員人數：

一、申請初次招募外國人人數。

二、幹部船員出海最低員額或動力小船應配置員額人數，至少一人。<111.4.29 修正>

三、得申請招募許可人數、取得招募許可人數及已聘僱外國人人數。

四、申請日前二年內，因可歸責於雇主之原因，經廢止外國人招募許可及聘僱許可人數。<111.11.24 修正>

前項幹部船員出海最低員額，及動力小船應配置員額，依中央目的事業主管機關公告規定及小船管理規則有關規定認定之。<111.11.24 修正>

同一漁船出海本國船員數高於前項出海最低員額者，應列計出海船員數。

外國人受前條第三款雇主聘僱從事海洋漁撈工作者，依漁業權執照或入漁證明所載之養殖面積，每二分之一公頃，得聘僱外國人一人。但不得超過雇主僱用國內勞工人數之三分之二。

前項僱用國內勞工人數，依雇主所屬同一勞工保險證號之申請當月前二個月之前一年參加勞工保險認定之。但雇主依勞工保險條例第六條規定，為非強制參加勞工保險且未成立投保單位者，得以經直轄市或縣（市）政府漁業主管機關驗章之證明文件認定之。

第四項聘僱外國人總人數之認定，應包括下列人數：<111.11.24 修正>

一、申請初次招募外國人人數。

二、得申請招募許可人數、取得招募許可人數及已聘僱外國人人數。

三、申請日前二年內，因可歸責於雇主之原因，經廢止外國人招募許可及聘僱許可人數。

前條第三款雇主與他人合夥從事第三條之箱網養殖工作，該合夥關係經公證，且合夥人名冊由直轄市或縣（市）政府漁業主管機關驗章者，其合夥人人數得計入前項僱用國內勞工人數。

第一項第三款及第六項第二款已聘僱外國人人數，應列計從事中階技術海洋漁撈工作之人數。<111.11.24 修正>

## 第三章　家庭幫傭工作

第 12 條　外國人受聘僱從事第四條第一款之家庭幫傭工作，雇主申請招募時，應具下列條件之一：<109.1.20 修正>

一、有三名以上之年齡六歲以下子女。

二、有四名以上之年齡十二歲以下子女，且其中二名為年齡六歲以下。

三、累計點數滿十六點者。【*1093-14；1013-22】

前項各款人員，與雇主不同戶籍、已申請家庭看護工、中階技術家庭看護工或已列計為申請家庭幫傭者，其人數或點數，不予列計。<111.4.29 修正>

第一項第三款累計點數之計算，以雇主未滿六歲之子女、年滿七十五歲以上之直系血親尊親屬或繼父母、配偶之父母或繼父母之年齡，依附表一計算。

📖：附表一如下

表 6-2　外籍家庭幫傭申請招募點數分類表

| 老人 | 年齡 | 75~76 歲未滿 | 76~77 歲未滿 | 77~78 歲未滿 | 78~79 歲未滿 | 79~80 歲未滿 | 80~90 歲未滿 | 滿 90 歲以上 |
|---|---|---|---|---|---|---|---|---|
| | 點數 | 1 | 2 | 3 | 4 | 5 | 6 | 7 |
| 幼兒 | 年齡 | 0-1 歲 | 1-2 歲未滿 | 2-3 歲未滿 | 3-4 歲未滿 | 4-5 歲未滿 | 5-6 歲未滿 | |
| | 點數 | 7.5 | 6 | 4.5 | 3 | 2 | 1 | |

第 13 條　外國人受聘僱從事第四條第一款之家庭幫傭工作，其雇主應符合下列條件之一：<111.4.29 修正>

一、受聘僱於外資金額在新臺幣一億元以上之公司，並任總經理級以上之外籍人員；或受聘僱於外資金額在新臺幣二億元以上之公司，並任各部門主管級以上之外籍人員。

二、受聘僱於上年度營業額在新臺幣五億元以上之公司，並任總經理級以上之外籍人員；或受聘僱於上年度營業額在新臺幣十億元以上之公司，並任各部門主管級以上之外籍人員。

三、上年度在我國繳納綜合所得稅之薪資所得新臺幣三百萬元以上；或當年度月薪新臺幣二十五萬元以上，並任公司、財團法人、社團法人或國際非政府組織主管級以上之外籍人員。

四、經中央目的事業主管機關認定，曾任國外新創公司之高階主管或研發團隊核心技術人員，且有被其他公司併購交易金額達美金五百萬元以上實績之外籍人員。

五、經中央目的事業主管機關認定，曾任國外新創公司之高階主管或研發團隊核心技術人員，且有成功上市實績之外籍人員。

六、經中央目的事業主管機關認定，曾任創投公司或基金之高階主管，且投資國外新創或事業金額達美金五百萬元以上實績之外籍人員。

七、經中央目的事業主管機關認定，曾任創投公司或基金之高階主管，且投資國內新創或事業金額達美金一百萬元以上實績之外籍人員。

前項第三款之外籍人員，年薪新臺幣二百萬元以上或月薪新臺幣十五萬元以上，且於入國工作前於國外聘僱同一名外籍幫傭，得聘僱該名外國人從事家庭幫傭工作。

第一項第四款至第七款之雇主，申請重新招募外國人時，應檢附經中央目的事業主管機關認定之雇主在國內工作實績。<111.4.29 修正 >

外國分公司之經理人或代表人辦事處之代表人，準用第一項外籍總經理之申請條件。

第 14 條　雇主依前二條聘僱家庭幫傭工作者，一戶以聘僱一人為限。

前項聘僱外國人總人數之認定，應包括下列人數：<111.4.29 修正 >

一、申請初次招募外國人人數。

二、得申請招募許可人數、取得招募許可人數及已聘僱外國人人數。

三、經同意轉換雇主或工作，尚未由新雇主接續聘僱或出國之外國人人數。

四、申請日前二年內，因可歸責於雇主之原因，經廢止外國人招募許可及聘僱許可人數。<111.11.24 修正 >

**第四章　機構看護工作** <111.4.29 修正 >

第 15 條　外國人受聘僱從事第四條第二款之機構看護工作，其雇主應具下列條件之一：

一、收容養護中度以上身心障礙者、精神病患及失智症患者之長期照顧機構、養護機構、安養機構或財團法人社會福利機構。

二、護理之家機構、慢性醫院或設有慢性病床、呼吸照護病床之綜合醫院、醫院、專科醫院。

三、依長期照顧服務法設立之機構住宿式服務類長期照顧服務機構。<108.8.26 增修 >

第 16 條　外國人受聘僱於前條雇主，從事機構看護工作總人數如下：<111.4.29；112.6.15；112.10.13 修正 >

一、前條第一款之機構，以其依法登記之許可業務規模床數每三床聘僱一人。

【*1031-6；1113 術科第一題】

二、前條第二款之護理之家機構，以其依法登記之許可床數每五床聘僱一人。【*971-6】

三、前條第二款之醫院，以其依法登記之床數每五床聘僱一人。【*1091-51】

四、前條第三款之機構，以其依法登記之許可服務規模床數每五床聘僱一人。

前項外國人人數，除第三款醫院合計不得超過本國看護工人數外，不得超過本國看護工及護理人員之合計人數。<112.10.13 修正>

前項本國看護工及護理人員人數之計算，應以申請招募許可當日該機構參加勞工保險人數為準。<112.10.13 修正>

第 17 條　外國人受前條雇主聘僱從事機構看護工作總人數之認定，應包括下列人數：<111.4.29 增修>

一、申請初次招募外國人人數。

二、得申請招募許可人數、取得招募許可人數及已聘僱外國人人數。但有下列情形之一者，不予列計：

（一）外國人聘僱許可期限屆滿日前四個月期間內，雇主有繼續聘僱外國人之需要，向中央主管機關申請重新招募之外國人人數。

（二）原招募許可所依據之事實事後發生變更，致無法申請遞補招募、重新招募或聘僱之外國人人數。

三、申請日前二年內，因可歸責於雇主之原因，經廢止外國人招募許可及聘僱許可人數。<111.11.24 修正>

第五章　家庭看護工作 <111.4.29 修正>

第 18 條　外國人受聘僱於家庭從事第四條第三款之家庭看護工作，其照顧之被看護者，應具下列條件之一：<111.4.29；112.10.13 修正>【*1002-75】

一、特定身心障礙項目之一者。<112.10.13 修正>

二、年齡未滿八十歲，經醫療機構以團隊方式所作專業評估，認定有全日照護需要者。

三、年齡滿八十歲以上，經醫療機構以團隊方式所作專業評估，認定有嚴重依賴照護需要者。【*1021-04】

四、年齡滿八十五歲以上，經醫療機構以團隊方式所作專業評估，認定有輕度依賴照護需要者。【*1052-15】

五、符合長期照顧服務申請及給付辦法第七條及第九條附表四，且由各級政府補助使用居家照顧服務、日間照顧服務或家庭托顧服務連續達六個月以上者。<112.10.13 修正>

六、經神經科或精神科專科醫師開立失智症診斷證明書，並載明或檢附臨床失智評估量表 Clinical Dementia Rating,CDR 一分以上者。<112.10.13 修正>

已依第十二條列計點數申請家庭幫傭之人員者，不得為前項被看護者。

第一項第一款特定身心障礙項目如附表二，或中央主管機關公告之身心障礙類別鑑定向度。

第一項第二款至第四款所定之醫療機構，由中央主管機關會商中央衛生福利主管機關公告。

第一項第二款至第四款所定之專業評估方式，由中央衛生福利主管機關定之。

第 19 條 雇主曾經中央主管機關核准聘僱外國人，申請重新招募許可，被看護者符合下列規定之一者，得免經前條所定醫療機構之專業評估：<112.10.13 修正>

一、附表三適用情形之一。

二、年齡滿七十五歲以上。

第 20 條 從事本法第四十六條第一項第八款至第十款規定工作之外國人，除符合本標準其他規定外，其在我國境內工作期間累計屆滿十二年或將於一年內屆滿十二年，且依附表四計算之累計點數滿六十點者，經雇主申請聘僱從事家庭看護工作，該外國人在我國境內之工作期間得累計至十四年。

第 21 條 外國人受聘僱從事第四條第三款之家庭看護工作，雇主與被看護者間應有下列親屬關係之一：【*1082-63；1052-61；1032-63】

一、配偶。

二、直系血親。

三、三親等內之旁系血親。

四、繼父母、繼子女、配偶之父母或繼父母、子女或繼子女之配偶。

五、祖父母與孫子女之配偶、繼祖父母與孫子女、繼祖父母與孫子女之配偶。

雇主或被看護者為外國人時，應經主管機關許可在我國居留。

被看護者在我國無親屬，或情況特殊經中央主管機關專案核定者，得由與被看護者無親屬關係之人擔任雇主或以被看護者為雇主申請聘僱外國人。但以被看護者為雇主者，應指定具行為能力人於其無法履行雇主責任時，代為履行。

第 22 條 外國人受聘僱於前條雇主，從事家庭看護工作或中階技術家庭看護工作者，同一被看護者以一人為限。但同一被看護者有下列情形之一者，得增加一人：<111.4.29 修正>

一、身心障礙手冊或證明記載為植物人。

二、經醫療專業診斷巴氏量表評為零分，且於六個月內病情無法改善。

前項外國人總人數之認定，應包括下列人數：<112.5.18 修正>

一、申請初次招募外國人人數。

二、得申請招募許可人數、取得招募許可人數及已聘僱外國人人數。

三、經廢止聘僱許可，同意轉換雇主或工作，尚未由新雇主接續聘僱或出國之外國人人數，但經廢止聘僱許可逾一個月尚未由新雇主接續聘僱者，不在此限。<112.5.18 修正>

四、申請日前二年內，因可歸責於雇主之原因，經廢止外國人招募許可及聘僱許可人數。<111.11.24 增修>

第 23 條　外國人受聘僱從事家庭看護工或中階技術家庭看護工作之聘僱許可期間，經主管機關認定僱主有違反本法第五十七條第三款或第四款規定情事，中央主管機關得限期令僱主安排被看護者至指定醫療機構重新依規定辦理專業評估。<111.4.29 修正 >

　　　　　僱主未依中央主管機關通知期限辦理，或被看護者經專業評估已不符第十八條第一項或前條資格者，中央主管機關應依本法第七十二條規定，廢止僱主招募許可及聘僱許可之一部或全部。

## 第六章　製造工作

第 24 條　外國人受聘僱從事第五條第一款之製造工作，其僱主之工廠屬異常溫度作業、粉塵作業、有毒氣體作業、有機溶劑作業、化學處理、非自動化作業及其他特定製程，且最主要產品之行業，經中央目的事業主管機關或自由貿易港區管理機關認定符合附表五規定，得申請聘僱外國人初次招募許可。<111.4.29：112.6.15 修正 >

　　　　　符合前項特定製程，而非附表五所定之行業者，得由中央主管機關會商中央目的事業主管機關專案核定之。<111.4.29：112.6.15 修正 >

　　　　　中央主管機關、中央目的事業主管機關或自由貿易港區管理機關，得就前二項規定條件實地查核。

第 25 條　外國人受前條所定僱主聘僱從事製造工作，其僱主向中央目的事業主管機關或自由貿易港區管理機關申請特定製程經認定者，申請初次招募人數之核配比率、僱用員工人數及所聘僱外國人總人數，應符合附表六規定。<111.4.29 修正 >【*1013-32】

　　　　　前項所定僱用員工平均人數，不列計依第二十五條之一、第二十六條第一項各款及第二十八條第三項但書規定所聘僱之外國人人數。<112.6.15 修正 >

　　第 25-1 條　僱主符合第二十四條資格，經中央主管機關核准接續聘僱其他製造業僱主所聘僱之外國人，得於第二十五條附表六核配比率予以提高百分之五。但合計第二十五條附表六核配比率、第二十六條比率不得超過僱主申請當月前二個月之前一年僱用員工平均人數之百分之四十。<112.6.15 增修 >

第 26 條　僱主依第二十五條申請初次招募人數及所聘僱外國人總人數之比率，得依下列情形予以提高。但合計第二十五條附表六核配比率、第二十五條之一比率不得超過僱主申請當月前二個月之前一年僱用員工平均人數之百分之四十：<112.6.15 修正 >

　　　　　一、提高比率至百分之五者：僱主聘僱外國人每人每月額外繳納就業安定費新臺幣三千元。

　　　　　二、提高比率超過百分之五至百分之十者：僱主聘僱外國人每人每月額外繳納就業安定費新臺幣五千元。

　　　　　三、提高比率超過百分之十至百分之十五者：僱主聘僱外國人每人每月額外繳納就業安定費新臺幣七千元。

　　　　　四、提高比率超過百分之十五至百分之二十者：僱主聘僱外國人每人每月額外繳納就業安定費新臺幣九千元。<111.11.24 修正 >

雇主依前項各款提高比率引進外國人後，不得變更應額外繳納就業安定費之數額。

第 27 條　雇主符合下列資格之一，經向中央目的事業主管機關申請新增投資案之認定者，得申請聘僱外國人初次招募許可：

一、屬新設立廠場，取得工廠設立登記證明文件。

二、符合前款規定資格及下列條件之一：

（一）高科技產業之製造業投資金額達新臺幣五億元以上，或其他產業之製造業投資金額達新臺幣一億元以上。

（二）新增投資計畫書預估工廠設立登記證明核發之日起，一年內聘僱國內勞工人數達一百人以上。

前項申請認定之期間，自本標準中華民國一百零二年三月十三日修正生效日起，至一百零三年十二月三十一日止。

第一項經認定之雇主，應一次向中央主管機關申請，且申請外國人及所聘僱外國人總人數，合計不得超過中央目的事業主管機關預估建議僱用員工人數乘以第二十五條附表六之核配比率、第二十五條之一比率加前條所定之比率。<112.6.15 修正>

前項聘僱外國人之比率，符合下列規定者，得免除前條所定應額外繳納就業安定費之數額三年：

一、第一項第一款：百分之五以下。

二、第一項第二款：百分之十以下。

第 28 條　雇主符合下列資格，向中央目的事業主管機關申請經認定後，得申請聘僱外國人初次招募許可：

一、經中央目的事業主管機關核准或認定赴海外地區投資二年以上，並認定符合下列條件之一者：

（一）自有品牌國際行銷最近二年海外出貨占產量百分之五十以上。

（二）國際供應鏈最近一年重要環節前五大供應商或國際市場占有率達百分之十以上。

（三）屬高附加價值產品及關鍵零組件相關產業。

（四）經中央目的事業主管機關核准新設立研發中心或企業營運總部。

二、經中央目的事業主管機關依前款規定核發認定函之日起三年內完成新設立廠場，並取得工廠設立登記證明文件，且符合前條第一項第二款第一目及第二目規定資格者。

前項申請認定之期間如下：

一、前項第一款：自中華民國一百零一年十一月二十二日起，至一百零三年十二月三十一日止。

二、前項第二款：中央目的事業主管機關核發前項第一款之認定函之日起三年內。

第一項經認定之雇主，應一次向中央主管機關申請，且申請外國人及所聘僱外國人人數，應依前條第三項規定計算。但雇主申請外國人之比率未達百分之四十者，得依第二十六條第一項第三款規定額外繳納就業安定費之金額，提高聘僱外國人比率至百分之四十。

前項聘僱外國人之比率，符合下列規定者，得免除第二十六條第一項各款及前項但書所定應額外繳納就業安定費之數額五年：

一、第一項第一款第一目至第三目：百分之二十以下。

二、第一項第一款第四目：百分之十五以下。

第 29 條 雇主依前二條規定申請聘僱外國人，經中央主管機關核發初次招募許可者，應於許可通知所定期間內，申請引進外國人。

前項雇主申請引進外國人，不得逾初次招募許可人數之二分之一。但雇主聘僱國內勞工人數，已達其新增投資案預估聘僱國內勞工人數之二分之一者，不在此限。

第 30 條 雇主符合行政院中華民國一百零七年十二月七日核定之歡迎臺商回臺投資行動方案，向中央目的事業主管機關申請經認定後，得申請聘僱外國人初次招募許可。

雇主符合行政院中華民國一百十年七月二十六日核定之離岸風電產業人力補充行動方案，向中央目的事業主管機關申請經認定後，得申請聘僱外國人初次招募許可。

雇主符合前二項規定者，應於認定函所定完成投資期限後一年內，一次向中央主管機關申請核發初次招募許可。

第 31 條 前條雇主申請外國人及所聘僱外國人總人數，合計不得超過中央目的事業主管機關預估僱用人數乘以第二十五條附表六核配比率、第二十五條之一比率加第二十六條所定之比率。<112.6.15 修正>

前項雇主申請外國人之比率未達百分之四十，經依第二十六條第一項第三款規定額外繳納就業安定費者，得依下列規定提高聘僱外國人之比率，但合計比率最高不得超過百分之四十：

一、前條第一項：百分之十五。

二、前條第二項：百分之十。

雇主依前二項比率計算聘僱外國人總人數，應符合第二十五條附表六規定。

第一項及前項所定僱用人數及所聘僱外國人總人數，依雇主所屬工廠之同一勞工保險證號之參加勞工保險人數計算之。但所屬工廠取得中央目的事業主管機關或自由貿易港區管理機關認定特定製程之行業，達二個級別以上者，應分別設立勞工保險證號。

第 32 條 雇主符合第三十條規定向中央目的事業主管機關申請認定之期間，應符合下列規定期間：<111.8.15 修正>

一、符合第三十條第一項規定者，自中華民國一百零八年一月一日至一百十三年十二月三十一日止。

二、符合第三十條第二項規定者，自中華民國一百十年七月一日至一百十三年六月三十日止。

雇主同一廠場申請第三十條第一項或第二項之認定，以一次為限，且中央主管機關及中央目的事業主管機關，得實地查核雇主相關資格。

第 33 條 雇主依第三十條規定申請聘僱外國人，經中央主管機關核發初次招募許可者，應於許可通知所定期間內，申請引進外國人。

雇主依前項規定申請引進之外國人人數，不得逾初次招募許可人數之二分之一。但所聘僱之國內勞工人數，已達預估聘僱國內勞工人數二分之一者，不在此限。

前項但書之國內勞工人數，於雇主未新設勞工保險證號時，應以雇主至公立就業服務機構登記辦理國內求才之日當月起，至其申請之日前新增聘僱國內勞工人數計算之。

第 33-1 條 <111.8.15 增修>

雇主所聘僱外國人於聘僱許可期間內，至我國大專校院在職進修製造、營造、農業、長期照顧等副學士以上相關課程，或就讀相關課推廣教育學分班，每學期達九學分以上，且雇主已依第二十六條第一項第三款規定聘僱外國人者，雇主得以外國人在職進修人數，申請聘僱外國人招募許可。<112.6.12 修正>

雇主依前項申請聘僱外國人之招募許可人數，經依第二十六條第一項第三款規定提高後，得再提高聘僱外國人比率百分之五。但合計比率最高不得超過百分之四十。

雇主依前二項申請聘僱外國人，應依第二十六條第一項第三款規定額外繳納就業安定費，並依第三十四條規定辦理查核。

第 34 條 雇主聘僱外國人人數，與其引進第二十四條、第二十五條及第三十七條所定外國人總人數，應符合下列規定：<111.8.15 修正>【*1002-43】

一、屬自由貿易港區之製造業者：聘僱外國人人數不得超過僱用員工人數之百分之四十。【*1018月-57】

二、屬第二十四條附表五 A+ 級行業：聘僱外國人人數不得超過僱用員工人數之百分之三十五。

三、屬第二十四條附表五 A 級行業：聘僱外國人人數不得超過僱用員工人數之百分之二十五。

四、屬第二十四條附表五 B 級行業：聘僱外國人人數不得超過僱用員工人數之百分之二十。

五、屬第二十四條附表五 C 級行業：聘僱外國人人數不得超過僱用員工人數之百分之十五。

六、屬第二十四條附表五 D 級行業：聘僱外國人人數不得超過僱用員工人數之百分之十。

前項聘僱外國人人數為一人者，每月至少聘僱本國勞工一人以上。<111.8.15；112.10.13 修正>

中央主管機關自雇主聘僱外國人引進入國或接續聘僱滿三個月起，每三個月依前二項規定查核雇主聘僱外國人之比率或人數，及聘僱本國勞工人數。<111.8.15 修正 >

第一項及第二項聘僱外國人人數、本國勞工人數及僱用員工人數，以中央主管機關查核當月之前二個月為基準月份，自基準月份起採計前三個月參加勞工保險人數之平均數計算。<111.8.15 修正 >

雇主聘僱外國人人數，與其引進第二十四條、第二十五條、第二十六條至第二十八條所定外國人總人數，及中央主管機關辦理查核雇主聘僱外國人之方式，應符合附表七規定。<111.8.15：112.6.15 修正 >

雇主聘僱第三十條所定外國人，中央主管機關除依前五項規定辦理查核外，並應依附表八規定辦理下列查核：<111.8.15：112.6.15 修正 >

一、雇主聘僱外國人人數及引進第二十四條、第二十五條、第二十六條至第二十八條、第三十一條所定外國人總人數。

二、雇主同一勞工保險證號應新增聘僱國內勞工，其勞工保險投保薪資及勞工退休金提繳工資，應符合下列規定：

（一）符合第三十條第一項規定者：均達新臺幣三萬零三百元以上。

（二）符合第三十條第二項規定者：均達新臺幣三萬三千三百元以上。

雇主聘僱外國人有下列情形之一者，應依本法第七十二條規定，廢止其未符合規定人數之招募許可及聘僱許可，並計入第二十五條附表六聘僱外國人總人數：<111.8.15 修正 >

一、聘僱外國人超過第一項所定之比率或人數，及聘僱本國勞工人數未符第二項所定人數，經中央主管機關通知限期改善，屆期未改善。

二、違反前項第二款規定。

第 35 條　雇主聘僱外國人超過前條附表七規定之人數，經中央主管機關依本法第七十二條規定廢止招募許可及聘僱許可，應追繳第二十七條及第二十八條規定免除額外繳納就業安定費之數額。

前項追繳就業安定費人數、數額及期間之計算方式如下：

一、人數：當次中央主管機關廢止招募許可及聘僱許可人數。但未免除額外繳納之就業安定費者，不予列計。

二、數額：前款廢止許可人數，依第二十六條第一項各款免除應額外繳納就業安定費數額。

三、期間：

（一）第一次查核：自外國人入國翌日至廢止聘僱許可前一日止。

（二）第二次以後查核：自中央主管機關通知雇主限期改善翌日至廢止聘僱許可前一日止。但外國人入國日在通知雇主限期改善日後，自入國翌日至廢止聘僱許可前一日止。

第 36 條　雇主聘僱外國人人數，與其引進第二十四條及第三十七條所定外國人總人數，應符合下列規定：　　　　　　　　　　　　　　　　　　　　　　　　　　　　【*1002-43】

　　　　一、屬自由貿易港區之製造業者：聘僱外國人人數不得超過僱用員工人數之百分之四十。

　　　　二、非屬自由貿易港區之製造業者：聘僱外國人人數不得超過僱用員工人數之百分之二十，且每月至少聘僱本國勞工一人以上。<111.4.29 增修 >

　　　　中央主管機關應依第三十四條第三項及第四項規定，查核雇主聘僱外國人之比率及本國勞工人數。

　　　　雇主聘僱外國人超過第一項所定之比率或人數，及聘僱本國勞工人數未符第一項第二款所定人數，經中央主管機關通知限期改善，屆期未改善者，應依本法第七十二條規定，廢止雇主超過規定人數之招募許可及聘僱許可，並計入第二十五條附表六聘僱外國人總人數。<111.4.29 增修 >

第 37 條　外國人聘僱許可期限屆滿日前四個月期間內，製造業雇主如有繼續聘僱外國人之需要，得向中央主管機關申請重新招募，並以一次為限。

　　　　前項申請重新招募人數，不得超過同一勞工保險證號之前次招募許可引進或接續聘僱許可人數。

## 第七章　外展製造工作 <111.4.29 修正 >

第 38 條　外國人受聘僱從事第五條第二款規定之外展製造工作，應由經中央目的事業主管機關會商中央主管機關指定試辦，依產業創新條例第五十條第一項成立之工業區管理機構，委由下列之一者擔任雇主：

　　　　一、財團法人。

　　　　二、非營利社團法人。

　　　　三、其他以公益為目的之非營利組織。

　　　　前項外國人受聘僱從事外展製造工作，其外展製造服務契約履行地，應經中央目的事業主管機關認定具第二十四條第一項、第二項特定製程之生產事實場域。

第 39 條　雇主經向中央目的事業主管機關提報外展製造服務計畫書且經核定者，得申請聘僱外國人初次招募許可。

　　　　前項外展製造服務計畫書，應包括下列事項：

　　　　一、雇主資格之證明文件。

　　　　二、服務提供、收費項目及金額、契約範本等相關規劃。

　　　　三、製造工作之人力配置、督導及教育訓練機制規劃。

　　　　四、外展製造服務契約履行地，使用外展製造服務之工作人數定期查核及管制規劃。

　　　　五、其他外展製造服務相關資料。

　　　　雇主應依據核定之外展製造服務計畫書內容辦理。

　　　　外國人受雇主聘僱從事外展製造工作人數，不得超過中央目的事業主管機關核定人數。

　　　　前項聘僱外國人總人數之認定，應包括下列人數：<111.11.24 修正 >

一、申請初次招募外國人人數。

二、得申請招募許可人數、取得招募許可人數及已聘僱外國人人數。

三、申請日前二年內，因可歸責於雇主之原因，經廢止外國人招募許可及聘僱許可人數。

第 40 條　雇主指派外國人從事外展製造工作之服務契約履行地，其自行聘僱從事製造工作之外國人與使用從事外展製造工作之外國人，合計不得超過服務契約履行地參加勞工保險人數之百分之四十。

前項外國人人數，依服務契約履行地受查核當月之前二個月之參加勞工保險人數計算。

第三十八條第一項所定工業區管理機構，應自外國人至服務契約履行地提供服務之日起，每三個月依第一項規定查核服務契約履行地之外國人比率，並將查核結果通知中央主管機關。

服務契約履行地自行聘僱從事製造工作之外國人及使用從事外展製造工作之外國人，合計超過第一項規定之比率者，中央主管機關應通知雇主不得再指派外國人至服務契約履行地提供服務。

第 41 條　前條雇主有下列情事之一者，中央主管機關應依本法第七十二條規定，廢止其招募許可及聘僱許可之一部或全部：<109.7.31 增修>

一、指派外國人至未具第二十四條第一項或第二項規定之生產事實場域從事外展製造工作，經限期改善，屆期未改善。

二、違反外展製造服務計畫書內容，經中央目的事業主管機關廢止核定。

三、經中央主管機關依前條第四項規定通知應停止外展製造服務，未依通知辦理。

四、經營不善、違反相關法令或對公益有重大危害。

## 第八章　營造工作

第 42 條　外國人受聘僱從事第五條第三款之營造工作，其雇主應為承建公共工程，並與發包興建之政府機關（構）、行政法人或公營事業機構訂有工程契約之得標廠商，且符合下列條件之一，得申請聘僱外國人初次招募許可：<110.7.30 修正>【*1113 術科第二題】

一、工程契約總金額達新臺幣一億元以上，且工程期限達一年六個月以上。

二、工程契約總金額達新臺幣五千萬元以上，未達新臺幣一億元，且工程期限達一年六個月以上，經累計同一雇主承建其他公共工程契約總金額達新臺幣一億元以上。但申請初次招募許可時，同一雇主承建其他公共工程已完工、工程契約總金額未達新臺幣五千萬元或工程期限未達一年六個月者，不予累計。

前項各款工程由公營事業機構發包興建者，得由公營事業機構申請聘僱外國人初次招募許可。

第一項得標廠商有下列情形之一，其與分包廠商簽訂之分包契約符合第一項規定者，經工程主辦機關同意後，分包廠商得就其分包部分申請聘僱外國人初次招募許可：

<110.7.30 修正>

一、選定之分包廠商，屬政府採購法施行細則第三十六條規定者。

二、為非屬營造業之外國公司，並選定分包廠商者。

第一項公共工程，得由得標廠商或其分包廠商擇一申請聘僱外國人初次招募許可，以一家廠商為限；其經中央主管機關核發許可後，不得變更。<110.7.30 修正 >

第 43 條　外國人受聘僱從事第五條第三款之營造工作，其雇主承建民間機構投資興建之重大經建工程（以下簡稱民間重大經建工程），並與民間機構訂有工程契約，且個別營造工程契約總金額達新臺幣二億元以上、契約工程期限達一年六個月以上，得申請聘僱外國人初次招募許可，並以下列工程為限：<110.7.30 修正 >【*1113 術科第二題】

一、經專案核准民間投資興建之公用事業工程。

二、經核准獎勵民間投資興建之工程或核定民間機構參與重大公共建設，或依促進民間參與公共建設法興建之公共工程。

三、私立之學校、社會福利機構、醫療機構或社會住宅興建工程。

四、製造業重大投資案件廠房興建工程。

雇主承建符合前項各款資格之一之民間重大經建工程，其契約總金額達新臺幣一億元以上，未達新臺幣二億元，且工程期限達一年六個月以上，經累計同一雇主承建其他民間重大經建工程契約總金額達新臺幣二億元以上者，亦得申請聘僱外國人初次招募許可。<110.7.30 修正 >

前項雇主承建其他民間重大經建工程，該工程已完工、工程契約總金額未達新臺幣一億元或工程期限未達一年六個月者，工程契約總金額不予累計。<110.7.30 修正 >

前三項雇主申請許可，應經目的事業主管機關認定符合前三項條件。<110.7.30 修正 >

第一項各款工程屬民間機構自行統籌規劃營建或安裝設備者，得由該民間機構申請聘僱外國人初次招募許可。

第 44 條　外國人受第四十二條之雇主聘僱在同一公共工程從事營造工作總人數，依個別營造工程契約所載工程金額及工期，按附表九 <111.11.24 修正 >計算所得人數百分之二十為上限。但個別工程有下列情事之一，分別依各該款規定計算之：

一、經依附表九分級指標及公式計算總分達八十分以上者，核配外國人之比率得依其總分乘以千分之四核配之。

二、中央目的事業主管機關認有增加外國人核配比率必要，報經行政院核定者。

前項所定工程總金額、工期及分級指標，應經公共工程之工程主辦機關（構）及其上級機關認定。

第 45 條　外國人受第四十三條之雇主聘僱在同一民間重大經建工程從事營造工作總人數，依個別營造工程契約所載工程總金額及工期，按前條附表九計算所得人數百分之二十為上限。但由民間機構自行統籌規劃營建或安裝設備，其個別營造工程契約金額未達新臺幣一億元 <110.7.30 修正 >，契約工程期限未達一年六個月者，不予列計。

前項所定工程總金額及工期，應經目的事業主管機關認定。但其工程未簽訂個別營造工程契約者，應由目的事業主管機關依該計畫工程認定營造工程總金額及工期。

第 46 條　雇主承建之公共工程經工程主辦機關（構）開立延長工期證明，且於延長工期期間，有聘僱外國人之需要者，應於外國人原聘僱許可期限屆滿日前十四日至一百二十日期間內，向中央主管機關申請延長聘僱許可。

民間機構自行或投資興建之民間重大經建工程經目的事業主管機關開立延長工期證明，且於延長工期期間，有聘僱外國人之需要者，應於外國人原聘僱許可期限屆滿日前十四日至一百二十日期間內，向中央主管機關申請延長聘僱許可。

前二項所定延長聘僱許可之外國人人數，由中央主管機關以原工期加計延長工期，依第四十四條附表九重新計算，且不得逾中央主管機關原核發初次招募許可人數。

第一項及第二項所定外國人之延長聘僱許可期限，以延長工期期間為限，且其聘僱許可期間加計延長聘僱許可期間，不得逾三年。

第 47 條　雇主承建之公共工程於工程驗收期間仍有聘僱外國人之需要，經工程主辦機關（構）開立工程預定完成驗收日期證明者，應於外國人原聘僱許可期限屆滿日前十四日至一百二十日期間內，向中央主管機關申請延長聘僱許可。

前項所定延長聘僱許可之外國人人數，不得逾該工程曾經聘僱之外國人人數百分之五十。<111.4.29 修正 >

經依規定通知主管機關有連續曠職三日失去聯繫之外國人，不列入前項曾經聘僱外國人人數。<111.4.29 修正 >

第一項所定外國人之延長聘僱許可期限，以工程預定完成驗收期間為限，且其聘僱許可期間加計延長聘僱許可期間，不得逾三年。

第 47-1 條　外國人受聘僱從事第五條第三款之營造工作，其符合營造業法規定之雇主，經中央目的事業主管機關認定已承攬在建工程，且符合附表九之一規定，得申請聘僱外國人初次招募許可。<112.4.15 增修 >

第 47-2 條　外國人受前條所定雇主聘僱從事營造工作，其雇主申請初次招募人數之核配比率、僱用員工人數及所聘僱外國人總人數，應符合附表九之二規定。<112.4.15 增修 >

前項所定僱用員工平均人數，不列計依第四十七條之三第一項各款規定所聘僱之外國人人數。<112.4.15 增修 >

第 47-3 條　雇主依前條申請初次招募人數及所聘僱外國人總人數之比率，得依下列情形予以提高。但合計不得超過雇主申請當月前二個月之前一年僱用員工平均人數之百分之四十：<112.4.15 增修 >

　　一、提高比率至百分之五者：雇主聘僱外國人每人每月額外繳納就業安定費新臺幣三千元。

二、提高比率超過百分之五至百分之十者：雇主聘僱外國人每人每月額外繳納就業安定費新臺幣五千元。

雇主依前條及前項申請初次招募人數及所聘僱外國人總人數，不得超過中央目的事業主管機關核定人數。<112.4.15 新增修 >

雇主依第一項各款提高比率引進外國人後，不得變更應額外繳納就業安定費之數額。<112.4.15 新增修 >

## 第九章　屠宰工作

**第 48 條**　外國人受聘僱從事第五條第四款之屠宰工作，其雇主從事禽畜屠宰、解體、分裝及相關體力工作，經中央目的事業主管機關認定符合規定者，得申請聘僱外國人初次招募許可。

中央主管機關及中央目的事業主管機關得就前項規定條件實地查核。

**第 49 條**　外國人受前條所定雇主聘僱從事屠宰工作，其雇主經中央目的事業主管機關認定符合規定者，申請初次招募人數之核配比率、僱用員工人數及所聘僱外國人總人數，應符合附表十規定。<111.4.29 修正 >【*1071-15：1052-68】

前項所定僱用員工平均人數，不列計依第五十條第一項各款規定所聘僱之外國人人數。

**第 50 條**　雇主依前條申請初次招募人數及所聘僱外國人總人數之比率，得依下列情形予以提高。但合計不得超過雇主申請當月前二個月之前一年僱用員工平均人數之百分之四十：

一、提高比率至百分之五者：雇主聘僱外國人每人每月額外繳納就業安定費新臺幣三千元。

二、提高比率超過百分之五至百分之十者：雇主聘僱外國人每人每月額外繳納就業安定費新臺幣五千元。

三、提高比率超過百分之十至百分之十五者：雇主聘僱外國人每人每月額外繳納就業安定費新臺幣七千元。

雇主依前項各款提高比率引進外國人後，不得變更應額外繳納就業安定費之數額。

**第 51 條**　雇主聘僱外國人人數，與其引進第四十八條及第四十九條所定外國人總人數，不得超過僱用員工人數之百分之二十五，且每月至少聘僱本國勞工一人以上。<111.4.29 增修 >

雇主聘僱外國人人數與其引進第四十八條至第五十條所定外國人總人數，及中央主管機關辦理查核雇主聘僱外國人之方式，應符合附表十一規定。

中央主管機關自雇主所聘僱之外國人引進入國或接續聘僱滿三個月起，每三個月應查核雇主依前二項規定聘僱外國人之比率或人數，及本國勞工人數。<111.4.29 增修 >

第一項及第二項聘僱外國人人數、本國勞工人數及僱用員工人數，以中央主管機關查核當月之前二個月為基準月份，自基準月份起採計前三個月參加勞工保險人數之平均數計算。<111.4.29 增修 >

雇主聘僱外國人超過第一項所定之比率或人數，及聘僱本國勞工人數未符第一項所定人數，經中央主管機關通知限期改善，屆期未改善者，應依本法第七十二條規定，廢止雇主超過規定人數之招募許可及聘僱許可，並計入第四十九條附表十聘僱外國人總人數。
<111.4.29 增修 >

第 52 條　外國人聘僱許可期限屆滿日前四個月期間內，屠宰業雇主如有繼續聘僱外國人之需要，得向中央主管機關申請重新招募，並以一次為限。

前項申請重新招募人數，不得超過同一勞工保險證號之前次招募許可引進或接續聘僱許可之外國人人數。

## 第十章　外展農務工作 <111.4.29 增修 >

第 53 條　外國人受聘僱從事第五條第五款規定之外展農務工作，其雇主屬農會、漁會、農林漁牧有關之合作社或非營利組織者，得申請聘僱外國人初次招募許可。

外國人從事外展農務工作，其服務契約履行地應具有從事農、林、牧或養殖漁業工作事實之場域。

依本標準規定已申請聘僱外國人從事下列工作之一者，不得申請使用外展農務服務：

一、海洋漁撈工作或中階技術海洋漁撈工作。

二、製造工作或中階技術製造工作。

三、屠宰工作。

四、農、林、牧或養殖漁業工作，或中階技術農業工作。

第 54 條　前條第一項之雇主，應向中央目的事業主管機關提報外展農務服務計畫書。

前項外展農務服務計畫書，應包括下列事項：

一、雇主資格之證明文件。

二、服務提供、收費項目及金額、契約範本等相關規劃。

三、農務工作人力配置、督導及教育訓練機制規劃。

四、其他外展農務服務相關資料。

外展農務服務計畫書經中央目的事業主管機關核定者，雇主應依據核定計畫書內容辦理。

外國人受前條雇主聘僱從事外展農務工作人數，不得超過雇主所屬同一勞工保險證號申請當月前二個月之前一年參加勞工保險之僱用員工平均人數。

前項聘僱外國人總人數之認定，應包括下列人數： <111.11.24 修正 >

一、申請初次招募外國人人數。

二、得申請招募許可人數、取得招募許可人數及已聘僱外國人人數。

三、申請日前二年內，因可歸責於雇主之原因，經廢止外國人招募許可及聘僱許可人數。

第 55 條　中央主管機關及中央目的事業主管機關得就前二條規定條件實地查核。

　　　　雇主有下列情事之一者，中央主管機關應依本法第七十二條規定，廢止其招募許可及聘僱許可之一部或全部：

　　　　一、指派外國人至未具有從事農、林、牧或養殖漁業工作事實之場域從事外展農務工作，經限期改善，屆期未改善。

　　　　二、違反相關法令或核定之外展農務服務計畫書內容，經中央目的事業主管機關或中央主管機關認定情節重大。

　　　　三、經營不善或對公益有重大危害。

## 第十一章 農林牧或養殖漁業工作 <111.4.29 增修>

第 56 條　外國人受聘僱於從事第五條第六款所定場所，從事農、林、牧或養殖漁業工作，其雇主應從事下列工作之一：<112.6.15 修正>

　　　　一、經營畜牧場從事畜禽飼養管理、繁殖、擠乳、集蛋、畜牧場環境整理、廢污處理與再利用、飼料調製、疾病防治及畜牧相關之體力工作。

　　　　二、經營蔬菜、花卉、種苗、果樹、雜糧、特用作物等栽培及設施農業農糧相關之體力工作。但不包括檳榔、荖藤及菸草等栽培相關之體力工作。

　　　　三、經營育苗、造林撫育及伐木林業相關之體力工作。

　　　　四、經營養殖漁業水產物之飼養管理、繁殖、收成、養殖場環境整理及養殖漁業相關之體力工作。<110.7.30；111.4.29 修正>

　　　　五、經營其他經中央主管機關會商中央目的事業主管機關指定之農、林、牧或養殖漁業產業相關之體力工作。

　　　　前項雇主經中央目的事業主管機關認定符合附表十二規定者，得申請聘僱外國人初次招募許可。

　　　　雇主依第一項規定聘僱外國人從事農、林、牧或養殖漁業工作，其核配比率、僱用員工人數及聘僱外國人總人數之認定，應符合附表十二規定。

## 第十二章 雙語翻譯工作

第 57 條　外國人受聘僱從事第六條第一款之雙語翻譯工作，應具備國內外高級中等以上學校畢業資格，且其雇主應為從事跨國人力仲介業務之私立就業服務機構。

第 58 條　外國人受前條雇主聘僱從事雙語翻譯工作總人數如下：<112.6.15 修正>【*1033-4；1013-5；1018 月 -61】

　　　　一、以前條之機構從業人員人數之五分之一為限。【*1051-49；1042-21；1061 術科第三題】

　　　　二、以前條之機構受委託管理外國人人數計算，同一國籍每五十人聘僱一人。

　　　　　　　　　　　　　　　　　　　　　　　　　　　　　　　　　　【*1103-14；1041-8】

　　　　前項第一款機構從業人員人數之計算，應以申請聘僱許可當日參加勞工保險人數為準。

　　　　<112.10.13 修正>

## 第十三章 廚師及其相關工作

第 59 條　外國人受聘僱從事第六條第二款之廚師及其相關工作，其雇主為從事跨國人力仲介業務之私立就業服務機構，且受委託管理從事本標準規定工作之同一國籍外國人達一百人者。　　　　　　　　　　　　　　　　　　　　　　　　　　　　　　　　【*1061 術科第三題】

第 60 條　外國人受前條雇主聘僱從事廚師及其相關工作總人數如下：【*963-71】

　　　　一、受委託管理外國人一百人以上未滿二百人者，得聘僱廚師二人及其相關工作人員一人。

　　　　二、受委託管理外國人二百人以上未滿三百人，得聘僱廚師三人及其相關工作人員二人。【*1061 術科第三題】

　　　　三、受委託管理外國人達三百人以上，每增加管理外國人一百人者，得聘僱廚師及其相關工作人員各一人。

　　　　前項受委託管理之外國人不同國籍者，應分別計算。

## 第十四章 中階技術工作 <112.3.13 增修>

第 61 條　外國人受聘僱從事第六條第三款之中階技術工作，其雇主申請資格應符合第十條、第十五條、第十八條、第二十一條、第二十四條、第四十二條、第四十三條、第四十六條至第四十七條之一、第四十八條、第五十三條或第五十六條第一項規定。<112.10.13 修正>

　　　　雇主申請聘僱外國人從事中階技術家庭看護工作，有下列情形之一者，被看護者得免經第十八條所定醫療機構專業評估：<112.10.13 修正>

　　　　一、雇主現有聘雇外國人從事第四條第三款規定家庭看護工作，照顧同一被看護者。

　　　　二、被看護者曾受前款外國人照顧，且有第十九條所列各款情形之一。

　　　　三、申請展延聘僱許可。　　　　　　　　　　　　　　　　　　　　　【*1113 術科第一題】

　　　　雇主依第四十六條規定，於延長工期期間，有申請聘僱中階技術營造工作外國人之需要者，延長聘僱許可之中階技術營造工作外國人人數，由中央主管機關以原工期加計延長工期，依第六十四條附表十四重新計算。

第 62 條　外國人受聘僱從事第六條第三款之中階技術工作，應符合附表十三 <112.6.15 修正> 所定專業證照、訓練課程或實作認定資格條件，並具備下列資格之一：<112.10.13 修正>

　　　　　　　　　　　　　　　　　　　　　　　　　　　　　　　　　　　【*1113 術科第一題】

　　　　一、現受聘僱從事本法第四十六條第一項第八款至第十款工作，連續工作期間達六年以上或受聘僱於同一雇主，累計工作期間達六年以上者。

　　　　二、曾受聘僱從事前款所定工作期間累計達六年以上出國後，再次入國工作者，其工作期間累計達十一年六個月以上者。<111.10.12 修正>

　　　　三、曾受聘僱從事第一款所定工作，累計工作期間達十一年六個月以上，並已出國者。

　　　　　　<111.10.12 修正>

　　　　四、在我國大專校院畢業，取得副學士以上學位之外國留學生、僑生或其他華裔學生。

第 63 條　外國人受聘僱從事第六條第三款之中階技術工作，其在我國薪資應符合附表十三之一所定之基本數額。　　　　　　　　　　　　　　　　　　　　　【*1123 術科第一題】

前項外國人薪資符合中央主管機關公告之一定數額以上者，不受前條附表十三有關專業證照、訓練課程或實作認定資格之限制。<112.3.13；112.6.15 修正>

第 64 條　雇主依第六十二條規定聘僱外國人從事中階技術工作，其核配比率、僱用員工人數及聘僱外國人總人數之認定，應符合附表十四 <112.6.15 修正> 規定。　　　【*1113 術科第一題】

## 第十五章 附則

第 65 條　本標準自中華民國一百十一年四月三十日施行。

本標準修正條文，除中華民國一百十一年八月十五日修正發布之第八條自一百十二年一月一日施行；一百十一年十月十二日修正發布之條文，自一百十一年四月三十日施行外，自發布日施行。<111.10.12 修正>

# 三、藍領外國人轉換雇主或工作準則

## 外國人受聘僱從事就業服務法第四十六條第一項第八款至第十一款規定工作之轉換雇主或工作程序準則（民國 113 年 1 月 3 日修正）

第 1 條　本準則依就業服務法（以下簡稱本法）第五十九條第二項規定訂定之。

第 2 條　受聘僱之外國人有本法第五十九條第一項各款規定情事之一者，得由該外國人或原雇主檢附下列文件向中央主管機關申請轉換雇主或工作：　　　【*1092 術科第一題】✪✪

一、申請書。

二、下列事由證明文件之一：

（一）原雇主或被看護者死亡證明書或移民相關證明文件。

（二）漁船被扣押、沉沒或修繕而無法繼續作業之證明文件。

（三）原雇主關廠、歇業或不依勞動契約給付工作報酬，經終止勞動契約之證明文件。

（四）其他不可歸責受聘僱外國人事由之證明文件。

三、外國人同意轉換雇主或工作之證明文件。

外國人依前項規定申請轉換雇主或工作，未檢齊相關文件者，得由主管機關查證後免附。

第 3 條　雇主或外國人申請外國人轉換雇主或工作，依雇主聘僱外國人許可及管理辦法（以下簡稱聘僱許可辦法）第七條第一項規定所公告之項目，應採網路傳輸方式申請。但有正當理由，經中央主管機關同意者，不在此限。<108.1.30；111.4.29 修正>

雇主或外國人申請外國人轉換雇主或工作之應備文件，經中央主管機關由資訊網路查得中央目的事業主管機關、自由貿易港區管理機關、公立就業服務機構、直轄市、縣（市）政府或國營事業已開具證明文件者，得免附。

前項免附之文件，由中央主管機關公告之。

第 4 條　中央主管機關廢止原雇主之聘僱許可或不予核發聘僱許可，其所聘僱之外國人有本法第五十九條第一項各款規定情事之一時，中央主管機關應限期外國人轉換雇主或工作。

原雇主【*1093 術科第二題】應於中央主管機關所定期限內，檢附第二條第一項第一款、第三款及廢止聘僱許可函或不予核發聘僱許可函影本等，向公立就業服務機構辦理轉換登記。但外國人依本法或人口販運防制法相關規定安置者，不在此限。

第 5 條　第二條第一項申請案件，中央主管機關經審核後，通知原勞動契約當事人。

原勞動契約當事人得於中央主管機關指定之資訊系統登錄必要資料，由公立就業服務機構辦理外國人轉換程序。

第 6 條　雇主申請接續聘僱外國人，應檢附下列文件：

一、申請書。

二、申請人或公司負責人之身分證明文件；其公司登記證明、有限合夥登記證明、商業登記證明、工廠登記證證明文件或特許事業許可證等影本。但依相關法令規定，免辦工廠登記證明或特許事業許可證者，不在此限。<111.4.29；112.10.13 修正>

三、申請月前二個月往前推算一年之僱用勞工保險投保人數明細表正本。但依外國人從事就業服務法第四十六條第一項第八款至第十一款工作資格及審查標準（以下簡稱審查標準）申請聘僱外國人，有下列情形之一者，免附：<111.4.29 修正>

（一）在漁船從事海洋漁撈工作或中階技術海洋漁撈工作。

（二）從事家庭幫傭工作、家庭看護工作或中階技術家庭看護工作。

（三）從事機構看護工作或中階技術機構看護工作。

四、符合第七條接續聘僱外國人資格之證明文件正本。

五、求才證明書正本。但申請接續聘僱外國人從事家庭看護工作或中階技術家庭看護工作者，免附。<111.4.29 修正>

六、外國人預定工作內容說明書。

七、直轄市或縣（市）政府依雇主聘僱外國人許可及管理辦法（以下簡稱聘僱許可辦法）第二十二條第一項第五款或第四十四條第一項第五款規定開具之證明文件。<111.4.29 修正>

雇主持招募許可函申請接續聘僱外國人，免附前項第二款、第三款、第五款及第七款文件。

第 7 條　雇主申請接續聘僱外國人，公立就業服務機構應依下列順位辦理：【*1111 術科第二題】

一、持外國人原從事同一工作類別之招募許可函，在招募許可函有效期間，得引進外國人而尚未足額引進者。<110.8.27 修正>

二、符合中央主管機關規定聘僱外國人資格，且與外國人原從事同一工作類別，於聘僱外國人人數未達審查標準規定之比率或數額上限者。<110.8.27 修正>

三、在招募許可函有效期間，得引進外國人而尚未足額引進者。

四、符合中央主管機關規定聘僱外國人資格，且聘僱外國人人數未達審查標準規定之比率或數額上限者。

五、屬製造業或營造業之事業單位未聘僱外國人或聘僱外國人人數未達中央主管機關規定之比率或數額上限，並依本法第四十七條規定辦理國內招募，經招募無法滿足其需要者。

雇主申請接續聘僱外國人從事審查標準第六條第三款所定中階技術工作（以下簡稱中階技術外國人），公立就業服務機構應依前項第二款及第四款規定順位辦理。<111.4.29 修正>

製造業雇主依審查標準第二十五條之一規定，申請接續聘僱外國人從事製造工作，應符合第一項第二款規定。<112.6.15 增修>

公立就業服務機構經審核前三項申請接續聘僱登記符合規定後，應於中央主管機關指定之資訊系統登錄必要資料。

依第一項及第三項規定申請登記，自登記日起六十日內有效。期滿後仍有接續聘僱需要時，應重新辦理登記。<111.4.29；112.6.15 修正>

第 8 條 外國人辦理轉換登記，以原從事同一工作類別為限。但有下列情事之一者，不在此限：
<110.8.27 修正>　　　　　　　　　　　　　　　　　　　　【*1092 術科第一題】✪✪✪

一、由具有前條第一項第三款或第四款規定資格之雇主申請接續聘僱。<110.8.27 修正>

二、遭受性侵害、性騷擾、暴力毆打或經鑑別為人口販運被害人。

三、經中央主管機關核准。

看護工及家庭幫傭視為同一工作類別。　　　　　　　　　　　　　　【*1092 術科第一題】

第 9 條 公立就業服務機構應依第七條第一項及第三項規定之順位、外國人期待工作地點、工作類別、賸餘工作期間及其他中央主管機關指定之條件，辦理轉換作業。不能區分優先順位時，由中央主管機關指定之資訊系統隨機決定。

公立就業服務機構辦理轉換作業，應依前項規定選定至少十名接續聘僱申請人，且其得接續聘僱外國人之人數應達辦理外國人轉換人數一點五倍。　　　　　　　【*1018 月 -25】

但得接續聘僱人數未達上開人數或比例時，不在此限。

第 10 條 公立就業服務機構應每週以公開協調會議方式，辦理接續聘僱外國人之作業。　　✪✪✪
　　　　　　　　　　　　　　　　　　　　　　　　　　【*981-10；1093 術科第二題】

前項協調會議應通知原雇主、接續聘僱申請人及外國人等相關人員參加。

原雇主、接續聘僱申請人未到場者，可出具委託書委託代理人出席。接續聘僱申請人或其代理人未出席者，視同放棄當次接續聘僱。

外國人應攜帶護照、居留證或其他相關證明文件，參加第一項之協調會議。但其護照及居留證遭非法留置者，不在此限。

外國人無正當理由不到場者，視同放棄轉換雇主或工作。

第一項之協調會議，接續聘僱申請人應說明外國人預定工作內容，並與外國人合意決定之。外國人人數超過雇主得接續聘僱外國人人數時，由公立就業服務機構協調之。

中央主管機關規定之期間內，外國人無符合第七條第一項第一款或第二款規定之申請人登記接續聘僱者，始得由符合第七條第一項第三款至第五款規定之申請人，依序合意接續聘僱。<110.8.27 修正>【*1111 術科第二題】

第 11 條 公立就業服務機構應自原雇主依第四條第二項規定辦理轉換登記之翌日起六十日內
<109.7.7 增修>【*1093 術科第二題】，依前二條規定辦理外國人轉換作業。【*1011-77；1033 術科第三題】但外國人有特殊情形經中央主管機關核准者，得延長轉換作業期間六十日，並以一次為限【*1073-41；1063-18；1021-07；972-19；1033 術科第三題】。　　　✪✪✪✪

外國人受雇主或其僱用員工、委託管理人、親屬或被看護者人身侵害，經中央主管機關廢止聘僱許可者，其申請延長轉換作業得不受前項次數限制。

經核准轉換雇主或工作之外國人，於轉換作業或延長轉換作業期間 <109.7.7 增修>，無正當理由未依前條規定出席協調會議，或已逾前二項轉換作業期間仍無法轉換雇主或工作者，公立就業服務機構應通知原雇主於公立就業服務機構協調會議翌日起十四日內【*1093 術科第二題】，負責為該外國人辦理出國手續並使其出國。但外國人有特殊情形經中央主管機關核准者，不在此限。

前項原雇主行蹤不明時，由直轄市、縣（市）主管機關洽請外國人工作所在地警察機關或移民主管機關，辦理外國人出國事宜。

符合第一項但書規定特殊情形之外國人，應於原轉換作業期間屆滿前十四日內，申請延長轉換作業期間。

第 12 條　公立就業服務機構完成外國人轉換作業後，應發給接續聘僱證明書予接續聘僱之雇主及原雇主。

第 13 條　接續聘僱之雇主應於取得接續聘僱證明書之翌日起十五日內，檢具下列文件向中央主管機關申請核發聘僱許可或展延聘僱許可： ❺❺❺❺❺

【*1111-1；1102-45；1083-53；1073-29；1041-51；1001-67；1033 術科第三題】

一、申請書。

二、申請人或公司負責人之身分證明文件、公司登記證明、有限合夥登記證明、商業登記證明、工廠登記證明、特許事業許可證等影本。但依相關法令規定，免辦工廠登記證明或特許事業許可證者，免附。<112.10.13、113.1.3 修正>

三、依第二十條規定，經當地主管機關核發受理通報之證明文件。

四、其他如附表一之文件。

雇主為人民團體者，除檢附前項第一款、第三款及第四款規定之文件外，應另檢附該團體負責人之國民身分證文件及團體立案證書影本。

第 14 條　接續聘僱之雇主聘僱許可期間最長為三年。但以遞補招募許可申請接續聘僱者，以補足所聘僱外國人原聘僱許可期間為限。

第 15 條　接續聘僱之雇主依本準則接續聘僱外國人之人數，與下列各款人數之合計，不得超過中央主管機關規定之比率或數額上限：<109.7.7；112.10.13 修正>

一、得申請招募許可人數、已取得招募許可人數及已聘僱外國人之人數。但有下列情形之一者，不予列計：

（一）已取得重新招募之外國人人數。

（二）原招募許可所依據之事實事後發生變更，致無法申請遞補招募、重新招募或聘僱之外國人人數。

二、申請接續聘僱日前二年內，因可歸責雇主之原因，經廢止招募許可及聘僱許可之人數。

第16條 原雇主行蹤不明，外國人經工作所在地之直轄市或縣（市）主管機關認定有本法第五十九條第一項各款情事之一，且情況急迫需立即安置者，主管機關於徵詢外國人同意後，應逕行通知公立就業服務機構為其辦理登記。

第17條 有下列情形之一者，申請人得直接向中央主管機關申請接續聘僱外國人，不適用第二條至第十三條規定： 【*1111 術科第二題；1092 術科第一題】

　　一、原雇主有死亡、移民或其他無法繼續聘僱外國人之事由，申請人與原被看護者有第四項規定親屬關係或申請人為聘僱家庭幫傭之原雇主配偶者。<109.7.7 修正 >【*1081-19】

　　二、審查標準第三條、第四條第二款、第五條第一款、第四款、第六款及第六條第三款第一目、第二目、第四目、第七目所定工作之自然人雇主，因變更船主或負責人，且於事由發生日當月前六個月起開始接續聘僱原雇主全部本國勞工者。<111.4.29 修正 >

　　三、承購或承租原製造業雇主之機器設備或廠房，或承購或承租原雇主之屠宰場，且於事由發生日當月前六個月起開始接續聘僱原雇主全部本國勞工者。

　　四、原雇主因關廠、歇業等因素造成重大工程停工，接續承建原工程者。

　　五、經中央主管機關廢止或不予核發聘僱許可之外國人及符合第七條第一項第一款、第二款或第二項申請資格之雇主，於中央主管機關核准外國人轉換雇主作業期間，簽署雙方合意接續聘僱證明文件者（以下簡稱雙方合意接續聘僱）<112.6.15 修正 >

　　六、外國人、原雇主及符合第七條第一項第一款、第二款或第二項申請資格之雇主簽署三方合意接續聘僱證明文件者（以下簡稱三方合意接續聘僱）。<112.6.15 修正 >

【*1111 術科第二題】

事業單位併購後存續、新設或受讓事業單位，於事由發生日當月前六個月內接續聘僱或留用原雇主全部或分割部分之本國勞工者，應直接向中央主管機關申請資料異動，不適用第二條至第十五條規定。

事業單位為法人者，其船主或負責人變更時，應向中央主管機關申請船主或負責人資料異動，不適用第二條至第十五條規定。

第一項第一款之親屬關係如下：<109.7.7 修正 >【*1081-19】

　　一、配偶。

　　二、直系血親。

　　三、三親等內之旁系血親。

　　四、繼父母、繼子女、配偶之父母或繼父母、子女或繼子女之配偶。

　　五、祖父母與孫子女之配偶、繼祖父母與孫子女、繼祖父母與孫子女之配偶。

第18條 雇主有前條第一項第三款情事，依第十五條規定接續聘僱第二類外國人總人數之比率，得依下列情形予以提高。但合計不得超過雇主申請當月前二個月之前一年僱用員工平均人數之百分之四十：<105.11.25 增修 >

　　一、提高比率至百分之五者：雇主聘僱外國人每人每月額外繳納就業安定費新臺幣三千元。

二、提高比率超過百分之五至百分之十者：雇主聘僱外國人每人每月額外繳納就業安定費新臺幣五千元。

三、提高比率超過百分之十至百分之十五者：雇主聘僱外國人每人每月額外繳納就業安定費新臺幣七千元。

四、提高比率超過百分之十五至百分之二十者：雇主聘僱外國人每人每月額外繳納就業安定費新臺幣九千元。<111.11.25 增修 >

雇主依前項各款提高比率接續聘僱外國人後，不得變更應額外繳納就業安定費之數額。

第 19 條　第十七條第一項各款所定情形，其申請期間如下：

一、第一款至第五款：應於事由發生日起六十日內提出。

【*1111-59；1102-26；1081-19；1053-38；1092 術科第一題】

二、第六款及第七款：應於雙方或三方合意接續聘僱之翌日起十五日內提出。

前項第一款事由發生日如下：<111.4.29 修正 >

一、第十七條第一項第一款：原雇主死亡、移民或其他事由事實發生日。

二、第十七條第一項第二款及第三款：漁船、箱網養殖漁業、養護機構、工廠、屠宰場、農、林、牧場域或養殖場變更或註銷登記日。

三、第十七條第一項第四款：接續承建原工程日。

第十七條第二項所定情形，應於併購基準日起六十日內提出申請。

原雇主於取得招募許可後至外國人未入國前有第十七條第一項第一款規定之情事者，符合同條第四項親屬關係之申請人，得於外國人入國後十五日內，向中央主管機關申請接續聘僱許可。

第十七條第一項第二款、第三款及第二項之原雇主已取得招募許可，且於許可有效期間尚未足額申請或引進外國人之人數者，申請人應於第一項及第二項規定期間內一併提出申請。

第 20 條　雇主接續聘僱第二類外國人及中階技術外國人者，應檢附下列文件，通知當地主管機關實施檢查：<111.4.29 修正 >【*1033 術科第三題】

一、雇主接續聘僱外國人通報單。

二、外國人生活照顧服務計畫書。

三、外國人名冊。

四、外國人入國工作費用及工資切結書。但接續聘僱中階技術外國人者，免附。

五、中央主管機關規定之其他文件。

前項雇主應於下列所定之期間，通知當地主管機關：

一、依第七條規定申請者：於公立就業服務機構發給接續聘僱證明書之日起三日內。

二、依第十七條第一項第一款至第四款及第二項規定申請者：於前條第二項及第三項所定之事由發生日起六十日內。但原雇主於取得招募許可後至外國人未入國前有第十七條第一項第一款規定之情事者，符合同條第四項親屬關係之申請人，於外國人入國後三日內。

三、依第十七條第一項第五款及第六款規定申請者：於雙方或三方合意接續聘僱日起三日內。

雇主依前二項規定通知當地主管機關後，撤回者不生效力。

雇主檢附之文件符合第一項規定者，當地主管機關應核發受理雇主接續聘僱外國人通報證明書，並依聘僱許可辦法第三十三條及第三十四條規定辦理。但核發證明書之日前六個月內已檢查合格者，得免實施第一項檢查。<111.4.29 修正>

第 21 條　接續聘僱之雇主或原雇主依本準則接續聘僱或轉出外國人時，不得以同一外國人名額，同時或先後簽署雙方或三方合意接續聘僱證明文件，或至公立就業服務機構接續聘僱或轉出外國人。

第 22 條　雇主依第十七條第一項規定申請接續聘僱外國人，應檢附下列文件：

一、申請書。

二、事由證明文件。

三、依第二十條規定，經當地主管機關核發受理通報之證明文件。<113.1.3 修正>

四、其他如附件表二之文件。

前項第二款事由證明如下：

一、依第十七條第一項第一款規定資格申請者：

（一）原雇主死亡、移民或其他無法繼續聘僱外國人相關證明文件。

（二）申請人及被看護者或受照顧人之戶口名簿影本。

二、依第十七條第一項第二款規定資格申請者：

（一）審查標準第三條、第四條第二款、第五條第一款、第四款、第六款及第六條第三款第一目、第二目、第四目、第七目所定工作之自然人雇主變更船主或負責人證明文件影本。<111.4.29 修正>

（二）原雇主聘僱本國勞工及申請人所接續聘僱本國勞工之勞保資料及名冊正本。

三、依第十七條第一項第三款規定資格申請者：

（一）工廠或屠宰場買賣發票或依公證法公證之租賃契約書影本。

（二）工廠、屠宰場或公司變更登記及註銷等證明文件影本。<113.1.3 修正>

（三）原雇主聘僱本國勞工及申請人所接續聘僱本國勞工之勞保資料及名冊影本。

四、依第十七條第一項第四款規定資格申請者：

（一）原雇主關廠歇業證明文件影本。

（二）申請人公司登記證明文件影本。

（三）申請人承接原工程之工程契約書影本。

五、依第十七條第一項第五款規定資格申請者：雙方合意接續聘僱之證明文件。

六、依第十七條第一項第六款規定資格申請者：

（一）第二條第一項第二款證明文件之一。

（二）三方合意接續聘僱之證明文件。

依第十七條第二項資格申請資料異動，應檢附下列文件：

一、申請書。

二、事由證明文件。

三、負責人之身分證明文件、申請人與原雇主公司登記證明、有限合夥登記證明、商業
　　登記證明。<112.10.13 修正 >

依第十七條第三項資格申請資料異動，應檢附下列文件：

一、申請書。

二、事業單位依法變更登記相關證明文件。

三、負責人身分證明文件。

第 23 條　受聘僱為第二類外國人或中階技術外國人，於聘僱許可期間屆滿前二個月至四個月
　　　　　內，經與原雇主協議不續聘，且願意轉由新雇主接續聘僱者（以下簡稱期滿轉換之外國
　　　　　人），原雇主應檢附下列文件向中央主管機關申請轉換雇主或工作。但外國人已於前開
　　　　　期間由新雇主申請期滿轉換並經許可者，原雇主得免向中央主管機關申請外國人轉換雇
　　　　　主或工作：

一、申請書。

二、外國人同意轉換雇主或工作之證明文件。

中央主管機關應依前項外國人之意願，於指定之資訊系統登錄必要資料。

公立就業服務機構於前項資料登錄後，應依外國人期待工作地點、工作類別及其他中央
主管機關指定之條件，辦理外國人期滿轉換作業；其程序依第九條第二項、第十條及第
十二條規定。<109.7.7 修正 >

第 24 條　雇主申請接續聘僱期滿轉換之第二類外國人，應以在招募許可函有效期間，尚未足額引
　　　　　進者為限。<111.4.29 修正 >

雇主申請接續聘僱期滿轉換之中階技術外國人，應符合審查標準規定，其聘僱外國人人
數，以尚未足額聘僱者為限。<111.4.29 修正 >

第 25 條　期滿轉換之外國人辦理轉換雇主或工作，不以原從事之同一工作類別為限。

轉換工作類別之外國人，其資格應符合審查標準規定。

第 26 條　期滿轉換之外國人，應於中央主管機關核准轉換雇主或工作之日起至聘僱許可期間屆滿
　　　　　前十四日內，辦理轉換作業。

前項所定轉換作業期間，不得申請延長。

經中央主管機關核准轉換雇主或工作之期滿轉換外國人，逾第一項轉換作業期間仍無法
轉換雇主或工作者，應由原雇主於聘僱許可期間屆滿前，負責為該外國人辦理出國手續
並使其出國。

第 27 條　符合第二十四條申請資格之雇主，於外國人聘僱許可期間屆滿前，與期滿轉換之外國人
　　　　　簽署雙方合意接續聘僱證明文件者，應直接向中央主管機關申請接續聘僱外國人，不適
　　　　　用第二條至第十三條及第二十三條規定。<109.7.7 修正 >

第 28 條　雇主接續聘僱期滿轉換之外國人，應於下列所定之日起三日內【*1061-9】，檢附第二十條第一項所定文件通知當地主管機關實施檢查：<109.7.7 修正 >

一、公立就業服務機構發給期滿轉換接續聘僱證明書之日。

二、與外國人簽署雙方合意接續聘僱證明文件之日。

雇主依前項規定通知當地主管機關後，不得撤回。但有不可歸責於雇主之事由者，不在此限。　　　　　　　　　　　　　　　　　　　　　　　　　　　　　　【*1061-9】

雇主檢附之文件符合第一項規定者，當地主管機關應核發受理雇主接續聘僱期滿轉換之外國人通報證明書，並依聘僱許可辦法第三十三條及三十四條規定辦理。但核發證明書之日前一年內已檢查合格者，得免實施第一項檢查。<111.4.29 修正 >　　　　　　　【*1061-9】

第 29 條　雇主接續聘僱期滿轉換第二類之外國人，應於簽署雙方合意接續聘僱證明文件之翌日起十五日內，檢具下列文件向中央主管機關申請核發接續聘僱許可：<113.1.3 修正 >

一、申請書。

二、申請人或公司負責人之身分證明文件；其公司登記證明、有限合夥登記證明、商業登記證明、工廠登記證明或特許事業許可證等影本。但依相關法令規定，免辦工廠登記證明或特許事業許可證者，免附。<111.4.29；112.10.13 修正 >

三、依前條規定，經當地主管機關核發受理通報之證明文件。

四、招募許可函正本。但接續聘僱中階技術外國人者，免附。<111.4.29 修正 >

五、審查費收據正本。

六、外國人向入出國管理機關申請居留之證明文件。<113.1.3 修正 >

前項第四款招募許可函未具引進效力者，應另檢附入國引進許可函及名冊正本。<111.4.29 修正 >

雇主接續聘僱期滿轉換之中階技術外國人，除檢具第一項第一款至第三款、第五款規定文件外，應另檢附下列文件：<111.4.29 修正 >

一、求才證明書。但聘僱從事中階技術家庭看護工作者，免附。

二、雇主辦理國內招募時，其聘僱國內勞工之名冊。但聘僱從事中階技術家庭看護工作者，免附。

三、直轄市或縣（市）政府依聘僱許可辦法第四十四條第一項第五款開具之證明文件。

四、受聘僱外國人之護照影本或外僑居留證影本。

五、其他應檢附文件如附表三。

雇主為人民團體者，除檢附第一項第一款、第三款至第六款及前項規定之文件外，應另檢附該團體負責人之身分證明文件及團體立案證書影本。<111.4.29；113.1.3 修正 >

中央主管機關應自期滿轉換外國人之原聘僱許可期間屆滿之翌日起核發接續聘僱許可，許可期間最長為三年。但以遞補招募許可申請接續聘僱者，以補足所聘僱外國人原聘僱許可期間為限。

第 30 條　接續聘僱外國人之雇主，應於下列所定之日起依本法之規定負雇主責任，並繳交就業安定費：

一、依第七條規定申請者，自公立就業服務機構核發接續聘僱證明書之日。

二、依第十七條第一項第一款至第四款規定申請者，自第十九條第二項規定之事由發生日。

三、依第十七條第一項第五款及第六款規定申請者，自雙方合意接續聘僱或三方合意接續聘僱日。

四、依第十七條第二項規定申請者，自第十九條第三項規定之事由發生日。

五、依第二十七條及第二十九條規定申請者，自原聘僱許可期間屆滿翌日。

前項之雇主經中央主管機關不予核發聘僱許可者，中央主管機關得核發外國人自前項所定之日起至不予核發聘僱許可日之期間之接續聘僱許可。

第一項之雇主，自第一項所定之日起對所接續聘僱外國人有本法第五十六條規定之情形者，應依規定通知當地主管機關、入出國管理機關及警察機關，並副知中央主管機關。但因聘僱關係終止而通知者，當地主管機關應依聘僱許可辦法第六十八條規定辦理。

第 31 條　接續聘僱之雇主得於聘僱許可期限屆滿前，依審查標準及相關規定辦理重新招募。但接續聘僱原經中央主管機關核准從事營造工作之外國人，接續聘僱之期限，以補足外國人原聘僱許可期限為限。<109.7.7 修正>

前項辦理重新招募外國人時，其重新招募外國人人數、已聘僱外國人人數及已取得招募許可人數，合計不得超過中央主管機關規定之比率或數額上限。

審查標準第五條第一款所定製造工作之雇主，申請前項重新招募許可之人數，以同一勞工保險證號之前次招募許可引進或接續聘僱許可人數為限。<109.7.7；111.4.29 修正>

雇主依第十三條或第十七條規定辦妥聘僱許可或展延聘僱許可後，已逾重新招募辦理期間者，得於取得聘僱許可或展延聘僱許可四個月內辦理重新招募。　　　　　【*1042-40】

雇主接續聘僱中階技術外國人，免辦理重新招募許可。<111.4.29 修正>

第 32 條　製造業雇主聘僱外國人之人數與其依第七條第一項第一款至第五款及第十七條第一項第三款規定接續聘僱外國人之人數、引進前條第一項外國人之總人數，及中央主管機關辦理查核雇主聘僱外國人之比率及方式，應符合附表四規定。<111.4.29 修正>

前項雇主，未依審查標準第二十五條規定聘僱外國人者，每月至少應聘僱本國勞工一人，始得聘僱外國人一人。<111.4.29 修正>

中央主管機關自雇主接續聘僱第一項首名外國人滿三個月起，每三個月依前二項規定查核雇主聘僱外國人之比率或人數及本國勞工人數。<111.4.29 修正>

第一項及第二項聘僱外國人人數及僱用員工人數，以中央主管機關查核當月之前二個月為基準月份，自基準月份起採計前三個月參加勞工保險人數之平均數計算。

取得審查標準第三十條資格，依第七條第一項第一款至第四款及第十七條第一項第三款規定接續聘僱外國人之製造業雇主，中央主管機關除依前四項規定辦理查核外，並應依審查標準第三十四條附表八規定辦理下列查核：<111.4.29；112.6.15 修正>

一、雇主聘僱外國人人數及引進審查標準第二十四條、第二十五條、第二十六條至第二十八條、第三十一條所定外國人總人數。

二、雇主同一勞工保險證號應新增聘僱國內勞工，其勞工保險投保薪資及勞工退休金提繳工資，應符合下列規定：

（一）符合審查標準第三十條第一項規定者：均達新臺幣三萬零三百元以上。

（二）符合審查標準第三十條第二項規定者：均達新臺幣三萬三千三百元以上。

雇主聘僱外國人超過第一項及前項第一款所定之比率或人數，及聘僱本國勞工人數未符第二項所定人數，經中央主管機關通知限期改善，屆期未改善者，或違反前項第二款規定，應依本法第七十二條規定，廢止雇主超過規定人數之招募許可及聘僱許可，並計入第十五條與審查標準第二十五條附表六之聘僱外國人總人數。<111.4.29 修正 >

第一項至第五項雇主聘僱外國人總人數，不計入中階技術外國人人數。<111.4.29 修正 >

第 33 條　屠宰業雇主聘僱外國人人數與其依第七條第一項第一款至第四款及第十七條第一項第三款規定接續聘僱外國人之人數、引進第三十一條第一項外國人總人數，及中央主管機關辦理查核雇主聘僱外國人之比率及方式，應符合附表五規定。<111.4.29 修正 >　　【*1071-15】

中央主管機關自雇主接續聘僱前項首名外國人滿三個月起，每三個月依前項規定查核雇主聘僱外國人之比率或人數。

第一項聘僱外國人人數及僱用員工人數，以中央主管機關查核當月之前二個月為基準月份，自基準月份起採計前三個月參加勞工保險人數之平均數計算。

雇主聘僱外國人超過第一項所定之比率或人數，經中央主管機關通知限期改善，屆期未改善者，應依本法第七十二條規定，廢止雇主超過規定人數之招募許可及聘僱許可，並計入分別第十五條與審查標準第四十九條附表十之聘僱外國人總人數。

第 34 條　雇主或外國人未依本準則所定期限申請者，經中央主管機關認可後，得於所定期限屆滿後十五日內，補行申請。　　　　　　　　　　　　　　　　　　　　【*1001-33】

前項雇主補行通知或申請，就同一通知或申請案別，以一次為限。

第 35 條　本準則所規定之書表格式，由中央主管機關公告之。

第 36 條　本準則自發布日施行。

本準則中華民國一百零六年七月六日修正發布之條文，自一百零七年一月一日施行；一百十一年四月二十九日修正發布之條文，自一百十一年四月三十日施行；一百十一年十月十二日修正發布之第十三條附表一、第二十九條附表三，自一百十一年八月十七日施行；一百十三年一月三日修正發布之條文，自一百十三年一月四日施行。

## 四、白領外國人工作準則

（一）外國人從事就業服務法第四十六條第一項第一款至第六款工作資格及審查標準（民國 111 年 4 月 29 日修正）

## 第一章　總則

**第 1 條**　本標準依就業服務法（以下簡稱本法）第四十六條第二項規定訂定之。

**第 2 條**　外國人受聘僱從事本法第四十六條第一項第一款、第二款、第四款至第六款規定之工作，其工作資格應符合本標準規定。

外國人受聘僱從事本法第四十六條第一項第三款規定之工作，其工作資格應符合教育部訂定之各級學校申請外國教師聘僱許可及管理辦法規定。　　　　　　【*1122 術科第一題】

**第 2-1 條**　外國人從事前條所定工作，於申請日前三年內不得有下列情事之一：　【*1123-55；1031-23】

一、未經許可從事工作。

二、為申請許可以外之雇主工作。　　　　　　　　　　　　　　　　　　【*1042-5】

三、非依雇主指派即自行從事許可以外之工作。

四、連續曠職三日失去聯繫。

五、拒絕接受健康檢查或提供不實檢體。

六、違反本法第四十八條第二項、第三項、第四十九條所發布之命令，情節重大。

七、違反其他中華民國法令，情節重大。

八、依規定應提供資料，拒絕提供或提供不實。

**第 3 條**　為保障國民工作權，並基於國家之平等互惠原則，中央主管機關得會商相關中央目的事業主管機關，就國內就業市場情勢、雇主之業別、規模、用人計畫、營運績效及對國民經濟、社會發展之貢獻，核定其申請聘僱外國人之名額。

## 第二章　專門性或技術性工作

**第 4 條**　本法第四十六條第一項第一款所稱專門性或技術性工作，指外國人受聘僱從事下列具專門知識或特殊專長、技術之工作：<109.5.18 修正>　　　【*1122 術科第一題】✪✪

一、營繕工程或建築技術工作。

二、交通事業工作。

三、財稅金融服務工作。

四、不動產經紀工作。

五、移民服務工作。

六、律師、專利師工作。

七、技師工作。

八、醫療保健工作。

九、環境保護工作。

十、文化、運動及休閒服務工作。

十一、學術研究工作。

十二、獸醫師工作。

十三、製造業工作。

十四、批發業工作。

十五、其他經中央主管機關會商中央目的事業主管機關指定之工作。　　　✪✪✪✪✪

第 5 條　外國人受聘僱從事前條工作，除符合本標準其他規定外，仍應符合下列資格之一：

【*1073-80；1063-16；1043-60；1032-64；1002-27；992-30；963-54；961-11；1122 術科第一題】

一、依專門職業及技術人員考試法規定取得證書或執業資格者。

二、取得國內外大學相關系所之碩士以上學位者，或取得相關系所之學士學位而有二年以上相關工作經驗者。

三、服務跨國企業滿一年以上經指派來我國任職者。　　　　　　　　　　【*1042-3】

四、經專業訓練，或自力學習，有五年以上相關經驗，而有創見及特殊表現者。

第 5-1 條　外國留學生、僑生或其他華裔學生具下列資格之一，除符合本標準其他規定外，依附表計算之累計點數滿七十點者，得受聘僱從事第四條之工作，不受前條規定之限制：<111.4.29 修正>　　　　　　　　　　　【*1093-46；1041-46；1122 術科第一題】

一、在我國大學畢業，取得學士以上學位。

二、在我國大專校院畢業，取得製造、營造、農業、長期照顧或電子商務等相關科系之副學士學位。中央主管機關應就前項許可之人數數額、申請期間、申請文件及核發許可程序公告之。

中央主管機關應就前項許可之人數數額、申請期間、申請文件及核發許可程序公告之。

第 6 條　為因應產業環境變動，協助企業延攬專門性、技術性工作人員，經中央主管機關會商中央目的事業主管機關專案同意者，依第五條第二款受聘僱之外國人，得不受二年以上相關工作經驗之限制。

經中央主管機關會商中央目的事業主管機關專案同意屬具創新能力之新創事業者，其依第五條第四款聘僱之外國人，得不受五年以上相關經驗之限制。

第 7 條　外國法人為履行承攬、買賣、技術合作等契約之需要，須指派所聘僱外國人在中華民國境內從事第四條範圍內之工作，其工作期間在九十日以下者，外國人資格不受第五條之限制。但自申請日起前一年內履約工作期間與當次申請工作期間累計已逾九十日者，外國人仍應符合第五條第一款（註：證照或職業資格）、第二款（註：學經歷）及第四款（註：經專業訓練，或自力學習，有五年以上相關經驗，而有創見及特殊表現者）之規定。

【*1021-52】

第 8 條　外國人受聘僱或依國際協定開放之行業項目所定契約，在中華民國境內從事第四條之工作，其薪資或所得報酬不得低於中央主管機關公告之數額。

第 8-1 條　外國人受聘僱從事營繕工程或建築技術工作，其內容應為營繕工程施工技術指導、品質管控或建築工程之規劃、設計、監造、技術諮詢。

第 9 條　聘僱前條外國人之雇主，應具備下列條件之一：

一、取得目的事業主管機關許可、登記之營造業者。

二、取得建築師開業證明及二年以上建築經驗者。　　　　　　　　　　【*1022-20】

第 10 條　外國人受聘僱於下列交通事業，其工作內容應為：

一、陸運事業：

（一）鐵公路或大眾捷運工程規劃、設計、施工監造、諮詢及營運、維修之工作。

（二）由國外進口或外商於國內承製之鐵路、公路捷運等陸上客、貨運輸機具之安裝、維修、技術指導、測試、營運之工作。

（三）國外採購之機具查驗、驗證及有助提升陸運技術研究發展之工作。

二、航運事業：

（一）港埠、船塢、碼頭之規劃、設計、監造、施工評鑑之工作。

（二）商港設施及打撈業經營管理、機具之建造與維修、安裝、技術指導、測試、營運、裝卸作業之指揮、調度與機具操作及協助提升港埠作業技術研究發展之工作。<111.4.29 修正 >

（三）船舶、貨櫃、車架之建造維修及協助提昇技術研究發展之工作。

（四）從事海運事業業務人員之訓練、經營管理及其他有助提升海運事業業務發展之工作。

（五）民航場站、助航設施之規劃建設之工作。

（六）有助提升航運技術研究發展之航空器維修採購民航設施查驗及技術指導之工作。

（七）航空事業之人才訓練、經營管理、航空器運渡、試飛、駕駛員、駕駛員訓練、營運飛航及其他有助提升航空事業業務發展之工作。

三、郵政事業：

（一）郵政機械設備系統之規劃、設計審查及施工監造之工作。

（二）有助提升郵政技術研究發展之國外採購郵用物品器材之查驗及生產技術指導之工作。

（三）郵政機械設備之研究、設計、技術支援、維修及郵政人才訓練之工作。

四、電信事業：

（一）電信工程技術之規劃、設計及施工監造之工作。

（二）有助提升電信技術研究發展之國外採購電信器材查驗、生產、技術指導之工作。

（三）電信設備之研究、設計、技術支援、技術指導及維修之工作。

（四）電信人才訓練之工作。

（五）電信加值網路之設計、技術支援之工作。

（六）廣播電視之電波技術及其設備之規劃、設計、監造、指導之工作。

五、觀光事業：

（一）觀光旅館業、旅館業、旅行業之經營管理、導遊、領隊及有助提升觀光技術研究發展之工作。

（二）觀光旅館業、旅館業經營及餐飲烹調技術為國內所缺乏者之工作。

（三）風景區或遊樂區之規劃開發、經營管理之工作。

六、氣象事業：

（一）國際間氣象、地震、海象資料之蒐集、研判、處理、供應及交換之工作。

（二）氣象、地震、海象、技術研究及指導之工作。

（三）國外採購之氣象、地震、海象儀器設備校驗、維護技術指導等有助提升氣象、地震、海象、技術研究發展之工作。

（四）氣象、地震、海象技術人才之培育與訓練及氣象、地震、海象、火山、海嘯等事實鑑定之工作。

七、從事第一款至第六款事業之相關規劃、管理工作。

第 11 條　聘僱前條外國人之雇主，應取得目的事業主管機關核發經營事業之證明。

外國人受聘僱從事前條第五款規定之觀光事業導遊人員、領隊人員或旅行業經理人工作，應分別取得中央目的事業主管機關核發之導遊執業證照、領隊執業證照或旅行業經理人結業證書。

第 12 條　外國人受聘僱從事航空器運渡或試飛工作，應具備下列資格：

一、具有雇主所需機型之航空器運渡或試飛駕駛員資格。

二、持有雇主所需機型之有效檢定證明。

三、持有有效體格檢查合格證明。

第 13 條　外國人受聘僱從事航空器駕駛員訓練工作，應具備下列資格：

一、具有航空器訓練教師資格。

二、持有雇主所需機型之有效檢定證明。

三、持有有效體格檢查合格證明。

第 14 條　外國人受聘僱從事航空器營運飛航工作，應具備下列資格：

一、具有民航運輸駕駛員資格。

二、持有雇主所需機型之有效檢定證明。

三、持有民用航空醫務中心航空人員體格檢查合格證明。

雇主聘僱國內外缺乏所需航空器機型之駕駛員時，得聘僱未取得該機型有效檢定證明之外國飛航駕駛員，經施予訓練，於取得該機型之有效檢定證明後，始得從事本條之工作。但本國合格飛航駕駛員應予優先訓練。

第 15 條　聘僱前條外國籍駕駛員之雇主，應培訓本國籍駕駛員，其所聘僱外國籍駕駛員人數總和，不得超過自申請日起前七年內所自訓之本國籍駕駛員人數及該年度自訓本國籍駕駛員計畫人數總和之二點五倍。

第 16 條　聘僱第十二條至第十四條外國人之雇主，應取得中央目的事業主管機關核發之民用航空運輸業許可證。

第 17 條　外國人受聘僱從事本國籍普通航空業之駕駛員工作，應具備下列資格：

一、具有正駕駛員資格。

二、持有雇主所需機型之有效檢定證明。

三、持有有效體格檢查合格證明。

第 18 條　聘僱前條外國人之雇主，應具備下列條件：

一、取得中央目的事業主管機關核發之中華民國普通航空業許可證。

二、所聘僱之外國人執行航空器之作業與訓練，限於未曾引進之機型。但曾引進之機型而無該機型之本國籍教師駕駛員或執行已具該機型執業資格之國籍駕駛員複訓者，不在此限。

第 19 條　前條之雇主聘僱外國人，其申請計畫應符合下列規定之一：

一、單、雙座駕駛員機種，雇主指派任一飛航任務，第一年許可全由外籍駕駛員擔任；第二年起雙座駕駛員機種至少一人，應由本國籍駕駛員擔任。

二、單座駕駛員機種，自第二年起該機種飛行總時數二分之一以上，應由本國籍駕駛員擔任飛行操作。但工作性質及技能特殊，經中央主管機關會商中央目的事業主管機關核准者，不在此限。

第 20 條　外國人受聘僱從事航空器發動機、機體或通信電子相關簽證工作，應持有有效檢定證明及具備航空器維修或相關技術領域五年以上工作經驗。

第 21 條　外國人受聘僱從事財稅金融服務工作，其內容應為：

一、證券、期貨事業：

（一）有價證券及證券金融業務之企劃、研究、分析、管理或引進新技術之工作。

（二）期貨交易、投資、分析及財務、業務之稽核或引進新技術之工作。

二、金融事業：存款、授信、投資、信託、外匯及其他中央主管機關會商中央目的事業主管機關認定之相關金融業務，以及上開業務之企劃、研究分析、管理諮詢之工作。

三、保險事業：人身、財產保險之理賠、核保、精算、投資、資訊、再保、代理、經紀、訓練、公證、工程、風險管理或引進新技術之工作。

四、協助處理商業會計事務之工作。

五、協助處理會計師法所定業務之工作。

聘僱前項第一款至第四款外國人之雇主，應取得中央目的事業主管機關核發經營證券、期貨事業、金融事業或保險事業之證明。

聘僱第一項第五款外國人之雇主，應取得會計師執業登記。

第 22 條　外國人受聘僱從事不動產經紀工作，其內容應為執行不動產仲介或代銷業務。

前項外國人應取得直轄市、縣（市）主管機關核發之不動產經紀人證書或中央目的事業主管機關指定之機構、團體發給之不動產經紀營業員證明。

第 23 條　外國人受聘僱於移民業務機構從事移民服務工作，其內容應為：

一、與投資移民有關之移民基金諮詢、仲介業務，並以保護移民者權益所必須者為限。

二、其他與移民有關之諮詢業務。

前項外國人應具備下列資格之一：　　　　　　　　　　　　　　　　　　【*1013-47】

一、從事前項之移民業務二年以上。

二、曾任移民官員，負責移民簽證一年以上。

三、具備律師資格，從事移民相關業務一年以上。

第 24 條　外國人受聘僱從事律師工作，應具備下列資格之一：

一、中華民國律師。

二、外國法事務律師。

第 25 條　聘僱前條外國人之雇主，應具備下列條件之一：

一、中華民國律師。

二、外國法事務律師。

第 25-1 條　外國人受聘僱從事專利師工作，應具備中華民國專利師資格。

聘僱前項專利師之雇主應為經營辦理專利業務之事務所，並具備下列條件之一：

一、中華民國專利師。

二、中華民國律師。

三、中華民國專利代理人。

第 26 條　外國人受聘僱執行技師業務，應取得技師法所定中央主管機關核發之執業執照。

聘僱前項外國人之雇主，應取得下列證明之一：

一、工程技術顧問公司登記證。

二、目的事業主管機關核發經營該業務之證明。

第 27 條　外國人受聘僱於醫事機構從事醫療保健工作，應具備下列資格之一：

一、取得中央目的事業主管機關核發之醫事專門職業證書之醫師、中醫師、牙醫師、藥師、醫事檢驗師、醫事放射師、物理治療師、職能治療師、護理師、營養師、臨床心理師、諮商心理師、呼吸治療師、語言治療師、聽力師、牙體技術師、助產師或視光師。

二、其他經中央主管機關會商中央目的事業主管機關認定醫療衛生業務上須聘僱之醫事專門性或技術性人員。

第 28 條　前條所稱醫事機構，以下列各款為限：

一、前條第一款所定人員之法定執業登記機構。

二、藥商。

三、衛生財團法人。

四、其他經中央主管機關會商中央目的事業主管機關認定得聘僱前條外國人之機構。

第 29 條　外國人受聘僱從事環境保護工作，其內容應為：

一、人才訓練。

二、技術研究發展。

三、污染防治機具安裝、操作、維修工作。

第 30 條　聘僱前條外國人之雇主，以下列各款為限：

一、環境檢驗測定機構。

二、廢水代處理業者。

三、建築物污水處理設施清理機構。

四、廢棄物清除處理機構。

五、其他經中央主管機關會商中央目的事業主管機關認定得聘僱前條外國人之事業。

第 31 條　外國人受聘僱從事文化、運動及休閒服務工作，其內容應為：

一、出版事業：新聞紙、雜誌、圖書之經營管理、外文撰稿、編輯、翻譯、編譯；有聲出版之經營管理、製作、編曲及引進新設備技術之工作。

二、電影業：電影片製作、編導、藝術、促銷、經營管理或引進新技術之工作。

三、無線、有線及衛星廣播電視業：節目策劃、製作、外文撰稿、編譯、播音、導播及主持、經營管理或引進新技術之工作。

四、藝文及運動服務業：文學創作、評論、藝文活動經營管理、藝人及模特兒經紀、運動場館經營管理、運動裁判、運動訓練指導或運動活動籌劃之工作。

五、圖書館及檔案保存業：各種資料之收藏及維護，資料製成照片、地圖、錄音帶、錄影帶及其他形式儲存或經營管理之工作。

六、博物館、歷史遺址及其他文化資產保存機構：對各類文化資產或其他具文化資產保存價值之保存、維護、陳列、展示（覽）、教育或經營管理之工作。

七、休閒服務業：遊樂園業經營及管理之工作。

聘僱前項第五款及第六款外國人之雇主，應取得目的事業主管機關核發從事圖書館、檔案保存業、博物館或歷史遺址等機構之證明。

第 32 條　外國人受聘僱從事研究工作，其雇主應為專科以上學校、經中央目的事業主管機關依法核准立案之學術研究機構或教學醫院。

第 33 條　外國人受聘僱於獸醫師之執業機構或其他經中央主管機會商中央目的事業主管機關認定之機構從事獸醫師工作，應取得中央目的事業主管機關核發之獸醫師證書。

第 34 條　外國人受聘僱於製造業工作，其內容應為經營管理、研究、分析、設計、規劃、維修、諮詢、機具安裝、技術指導等。　　　　　　　　　　　　　　　　　【*1072-72】

第 35 條　外國人受聘僱從事批發業工作，其工作內容應為經營管理、設計、規劃、技術指導等。

第 36 條　聘僱第四條第十五款、第二十二條第一項、第二十三條第一項、第二十九條、第三十一條第一項第一款至第四款及第七款、第三十四條或前條外國人之雇主，應符合下列條件之一：

一、本國公司：　　　　　　　　　　　　　　　　　　　　　　　　　　【*1071-72】

（一）設立未滿一年者，實收資本額達新臺幣五百萬元以上、營業額達新臺幣一千萬元以上、進出口實績總額達美金一百萬元以上或代理佣金達美金四十萬元以上。

（二）設立一年以上者，最近一年或前三年度平均營業額達新臺幣一千萬元以上、平均進出口實績總額達美金一百萬元以上或平均代理佣金達美金四十萬元以上。　　　　　　　　　　　　　　　　　　　　　　　　　　　　　【*1052-73】

二、外國公司在我國分公司或大陸地區公司在臺分公司：

（一）設立未滿一年者，在臺營運資金達新臺幣五百萬元以上、營業額達新臺幣一千萬元以上、進出口實績總額達美金一百萬元以上或代理佣金達美金四十萬元以上。

（二）設立一年以上者，最近一年或前三年度在臺平均營業額達新臺幣一千萬元以上、平均進出口實績總額達美金一百萬元以上或平均代理佣金達美金四十萬元以上。

三、經中央目的事業主管機關許可之外國公司代表人辦事處或大陸地區公司在臺辦事處，且在臺有工作實績者。

四、經中央目的事業主管機關核准設立之研發中心、企業營運總部。

五、對國內經濟發展有實質貢獻，或因情況特殊，經中央主管機關會商中央目的事業主管機關專案認定者。

第 37 條　聘僱外國人從事第四條工作之雇主為財團法人、社團法人、政府機關（構）、行政法人或國際非政府組織者，應符合下列條件之一者：<109.5.18 修正>　　　　　　　【*972-40】

一、財團法人：設立未滿一年者，設立基金達新臺幣一千萬元以上；設立一年以上者，最近一年或前三年度平均業務支出費用達新臺幣五百萬元以上。

二、社團法人：社員人數應達五十人以上。

三、政府機關（構）：各級政府機關及其附屬機關（構）。

四、行政法人：依法設置之行政法人。

五、國際非政府組織：經中央目的事業主管機關許可設立之在臺辦事處、秘書處、總會或分會。

第 37-1 條　外國人受聘僱從事本法第四十六條第一項第一款至第六款規定之工作，其隨同居留之外國籍配偶，受聘僱從事第四條之部分工時工作，其時薪或所得報酬，不得低於中央主管機關依第八條公告之數額。

雇主申請聘僱前項外國籍配偶從事工作，得不受下列規定之限制：

一、第三十六條第一款、第二款所定實收資本額、營業額、進出口實績總額、代理佣金及在臺營運資金。

二、前條第一款、第二款所定設立基金額度、平均業務支出費用額度及社員人數。

外國人之外國籍配偶，依第一項規定申請之許可工作期間，不得逾外國人之許可工作期間。

## 第三章　華僑或外國人投資或設立事業之主管工作

第 38 條　外國人受聘僱從事本法第四十六條第一項第二款規定，於華僑或外國人經政府核准投資或設立事業擔任主管，應具備下列資格之一：

一、依華僑回國投資條例或外國人投資條例核准投資之公司，其華僑或外國人持有所投資事業之股份或出資額，合計超過該事業之股份總數或資本總額三分之一以上之公司經理人。

二、外國分公司經理人。

三、經中央目的事業主管機關許可設立代表人辦事處之代表人。

四、符合第六條第二項專案同意之具創新能力之新創事業，其部門副主管以上或相當等級之人員。

雇主依前項第一款至第三款規定所聘僱之人數超過一人者，其外國人、雇主資格或其他資格，應符合第二章規定。

雇主依第一項第四款規定所聘僱之人數超過一人者，其外國人薪資或所得報酬不得低於中央主管機關依第八條公告之數額。

外國人受大陸地區公司在臺分公司或辦事處聘僱從事主管工作，準用前三項規定。

第 39 條　前條外國人之雇主，應具備下列條件之一：

一、公司設立未滿一年者，實收資本額或在臺營運資金達新臺幣五十萬元以上、營業額達新臺幣三百萬元以上、進出口實績總額達美金五十萬元以上或代理佣金達美金二十萬元以上。

二、公司設立一年以上者，最近一年或前三年在臺平均營業額達新臺幣三百萬元以上、平均進出口實績總額達美金五十萬元以上或平均代理佣金達美金二十萬元以上。

三、經中央目的事業主管機關許可設立之外國公司代表人辦事處，且有工作實績者。但設立未滿一年者，免工作實績。

四、對國內經濟發展有實質貢獻，或因情況特殊，經中央主管機關會商中央目的事業主管機關專案認定。

第 39-1 條　外國人受聘僱從事本法第四十六條第一項第一款至第六款規定之工作，其隨同居留之外國籍配偶，受聘僱從事第三十八條之部分工時工作，其時薪或所得報酬，不得低於中央主管機關依第八條公告之數額。

雇主申請聘僱前項外國籍配偶從事工作，得不受前條第一款、第二款所定實收資本額、營業額、進出口實績總額、代理佣金及在臺營運資金之條件限制。

外國人之外國籍配偶，依第一項規定申請之許可工作期間，不得逾外國人之許可工作期間。

## 第四章　教師工作（刪除）<110.10.25 修正>

第 40 條　（刪除）

第 40-1 條　（刪除）

第 41 條　（刪除）

第 42 條　（刪除）

第五章　運動、藝術及演藝工作

第 43 條　外國人受聘僱從事本法第四十六條第一項第五款規定之運動教練工作，應具備下列資格之一：

一、持有國家單項運動協會核發之國家運動教練證。

二、曾任運動教練實際工作經驗二年以上，並經國家（際）單項運動協（總）會推薦。

三、具有各該國際單項運動總會核發之教練講習會講師資格證書，並經該總會推薦者。

四、具有動作示範能力，並經各該國際（家）單項運動總（協）會推薦者。

五、具有運動專長，為促進國內體育發展，或因情況特殊，經中央主管機關會商中央目的事業主管機關專案認定者。

第 44 條　外國人受聘僱從事本法第四十六條第一項第五款規定運動員之工作，應具備下列資格之一：

一、曾代表參加國際或全國性運動競賽之運動員，持有證明文件。

二、曾任運動員實際工作經驗一年以上，並經國家（際）單項運動協（總）會推薦。

三、具有運動專長，為促進國內體育發展，或因情況特殊，經中央主管機關會商中央目的事業主管機關專案認定者。

第 45 條　聘僱前二條外國人之雇主，應具備下列條件之一：　　　　【*1081-26；1072-33；1013-6】

一、學校。

二、政府機關（構）或行政法人。

三、公益體育團體。

四、營業項目包括體育運動等相關業務之公司。

五、參與國家單項運動總會或協會主辦之體育運動競賽，附有證明文件之機構或公司。

第 46 條　外國人受聘僱從事本法第四十六條第一項第六款規定之藝術及演藝工作，應出具從事藝術、演藝工作證明文件或其所屬國官方機構出具之推薦或證明文件。但因情況特殊，經中央主管機關會商目的事業主管機關專案認定者，不在此限。

第 47 條　聘僱前條外國人之雇主，應具備下列條件之一：

一、學校、公立社會教育文化機構。

二、觀光旅館。

三、觀光遊樂業者。

四、演藝活動業者。

五、文教財團法人。

六、演藝團體、學術文化或藝術團體。

七、出版事業者。

八、電影事業者。

九、無線、有線或衛星廣播電視業者。

十、藝文服務業者。<109.5.18 增修 >

十一、政府機關或行政法人。

十二、各國駐華領使館、駐華外國機構、駐華國際組織。

## 第六章　附則

第 48 條　本標準自發布日施行。

本標準中華民國九十九年一月二十九日修正發布之第十五條，自一百零四年一月二十九日施行；一百十年十月二十五日修正發布之條文，自一百十年十月二十五日施行；一百十一年四月二十九日修正發布之條文，自一百十一年四月三十日施行。

### （二）外國專業人才延攬及僱用法（民國 110 年 7 月 7 日）

第 1 條　為加強延攬及僱用外國專業人才，以提升國家競爭力，特制定本法。

第 2 條　外國專業人才在中華民國（以下簡稱我國）從事專業工作、尋職，依本法之規定；本法未規定者，適用就業服務法、入出國及移民法及其他相關法律之規定。

第 3 條　本法之主管機關為國家發展委員會。

本法所定事項，涉及中央目的事業主管機關職掌者，由各該機關辦理。

第 4 條　本法用詞，定義如下：

一、外國專業人才：指得在我國從事專業工作之外國人。

二、外國特定專業人才：指外國專業人才具有中央目的事業主管機關公告之我國所需科技、經濟、教育、文化藝術、體育、金融、法律、建築設計、國防及其他領域之特殊專長，或經主管機關會商相關中央目的事業主管機關認定具有特殊專長者。<110.10.25 修正 >

【*1122 術科第二題】

三、外國高級專業人才：指入出國及移民法所定為我國所需之高級專業人才。<110.10.25 修正 >

四、專業工作：指下列工作：<110.10.25 修正 >

（一）就業服務法第四十六條第一項第一款至第三款、第五款及第六款所定工作。

【*1122 術科第二題】

（二）就業服務法第四十八條第一項第一款及第三款所定工作。

（三）依補習及進修教育法立案之短期補習班（以下簡稱短期補習班）之專任外國語文教師，或具專門知識或技術，且經中央目的事業主管機關會商教育部指定之短期補習班教師。

（四）教育部核定設立招收外國專業人才、外國特定專業人才及外國高級專業人才子女專班之外國語文以外之學科教師。

（五）學校型態實驗教育實施條例、公立高級中等以下學校委託私人辦理實驗教育條例及高級中等以下教育階段非學校型態實驗教育實施條例所定學科、外國語文課程教學、師資養成、課程研發及活動推廣工作。

第 5 條　雇主聘僱外國專業人才在我國從事前條第四款之專業工作，除依第七條規定不須申請許可者外，應檢具相關文件，向勞動部申請許可，並依就業服務法規定辦理。但聘僱從事就業服務法第四十六條第一項第三款及前條第四款第四目、第五目之專業工作者，應檢具相關文件，向教育部申請許可。

依前項本文規定聘僱外國專業人才從事前條第四款第三目之專業工作，其工作資格及審查標準，由勞動部會商中央目的事業主管機關定之。【短期補習班聘僱外國專業人才從事教師工作資格及審查標準 <110.10.25>】

依第一項但書規定聘僱外國專業人才從事所定之專業工作，其工作資格、審查基準、申請許可、廢止許可、聘僱管理及其他相關事項之辦法，由教育部定之。

依第一項規定聘僱從事前條第四款第四目、第五目專業工作之外國專業人才，其聘僱之管理，除本法另有規定外，依就業服務法有關從事該法第四十六條第一項第一款至第六款工作者之規定辦理。

外國專業人才經許可在我國從事前項專業工作者，其停留、居留及永久居留，除本法另有規定外，依入出國及移民法之規定辦理。

第 6 條　外國人取得國內外大學之碩士以上學位，或教育部公告世界頂尖大學之學士以上學位者，受聘僱在我國從事就業服務法第四十六條第一項第一款專門性或技術性工作，除應取得執業資格、符合一定執業方式及條件者，及應符合中央目的事業主管機關所定之法令規定外，無須具備一定期間工作經驗。

第 7 條　外國專業人才、外國特定專業人才及外國高級專業人才在我國從事專業工作，有下列情形之一者，不須申請許可：

一、受各級政府及其所屬學術研究機關（構）聘請擔任顧問或研究工作。

二、受聘僱於公立或已立案之私立大學進行講座、學術研究經教育部認可。

外國專業人才、外國特定專業人才及外國高級專業人才，其本人、配偶、未成年子女及因身心障礙無法自理生活之成年子女，經許可永久居留者，在我國從事工作，不須向勞動部或教育部申請許可。　　　　　　　　　　　　　　　【*1121-69：1122 術科第二題】

第 8 條　雇主聘僱從事專業工作之外國特定專業人才，其聘僱許可期間最長為五年，期滿有繼續聘僱之需要者，得申請延期，每次最長為五年。　　　　　　　　　　【*1121-56：1121-11】

前項外國特定專業人才經內政部移民署許可居留者，其外僑居留證之有效期間，自許可之翌日起算，最長為五年；期滿有繼續居留之必要者，得於居留期限屆滿前，向內政部移民署申請延期，每次最長為五年。該外國特定專業人才之配偶、未成年子女及因身心障礙無法自理生活之成年子女，經內政部移民署許可居留者，其外僑居留證之有效期間及延期期限，亦同。

第 9 條　外國特定專業人才擬在我國從事專業工作者，得逕向內政部移民署申請核發具工作許可、居留簽證、外僑居留證及重入國許可四證合一之就業金卡。內政部移民署許可核發就業金卡前，應會同勞動部及外交部審查。但已入國之外國特定專業人才申請就業金卡時得免申請居留簽證。

前項就業金卡有效期間為一年至三年；符合一定條件者，得於有效期間屆滿前申請延期，每次最長為三年。

前二項就業金卡之申請程序、審查、延期之一定條件及其他相關事項之辦法，由內政部會商勞動部及外交部定之。

依第一項申請就業金卡或第二項申請延期者，由內政部移民署收取規費；其收費標準，由內政部會商勞動部及外交部定之。

第 10 條　外國專業人才為藝術工作者，得不經雇主申請，逕向勞動部申請許可，在我國從事藝術工作；其許可期間最長為三年，必要時得申請延期，每次最長為三年。

前項申請之工作資格、審查基準、申請許可、廢止許可、聘僱管理及其他相關事項之辦法，由勞動部會商文化部定之。

第 11 條　外國專業人才擬在我國從事專業工作，須長期尋職者，得向駐外館處申請核發三個月有效期限、多次入國、停留期限六個月之停留簽證，總停留期限最長為六個月。

依前項規定取得停留簽證者，自總停留期限屆滿之日起三年內，不得再依該項規定申請核發停留簽證。

依第一項規定核發停留簽證之人數，由外交部會同內政部並會商主管機關及中央目的事業主管機關，視人才需求及申請狀況每年公告之。

第一項申請之條件、程序、審查及其他相關事項之辦法，由外交部會同內政部並會商中央目的事業主管機關，視人才需求定之。

第 12 條　外國專業人才或外國特定專業人才以免簽證或持停留簽證入國，經許可或免經許可在我國從事專業工作者，得逕向內政部移民署申請居留；經許可者，發給外僑居留證。

外國專業人才在我國從事專業工作及外國特定專業人才，經許可居留或永久居留者，其配偶、未成年子女及因身心障礙無法自理生活之成年子女，以免簽證或持停留簽證入國者，得逕向內政部移民署申請居留，經許可者，發給外僑居留證。

依前二項許可居留並取得外僑居留證之人，因居留原因變更，而有入出國及移民法第二十三條第一項各款情形之一者，得向內政部移民署申請變更居留原因。但有該條第一項第一款但書規定者，不得申請。

依前三項申請居留或變更居留原因，有入出國及移民法第二十四條第一項各款情形之一者，內政部移民署得不予許可；已許可者，得撤銷或廢止其許可，並註銷其外僑居留證。

前項之人有入出國及移民法第二十四條第一項第十款或第十一款情形經不予許可者，不予許可之期間，自其出國之翌日起算至少為一年，並不得逾三年。

第 13 條　外國專業人才在我國從事專業工作、外國特定專業人才依第八條第二項規定取得外僑居留證或依第九條規定取得就業金卡，於居留效期或就業金卡有效期間屆滿前，仍有居留之必要者，其本人及原經許可居留之配偶、未成年子女及因身心障礙無法自理生活之成年子女，得向內政部移民署申請延期居留。

前項申請延期居留經許可者，發給外僑居留證，其外僑居留證之有效期間，自原居留效期或就業金卡有效期間屆滿之翌日起延期六個月；延期屆滿前，有必要者，得再申請延期一次，總延長居留期間最長為一年。

第 14 條　外國專業人才在我國從事專業工作，合法連續居留五年，平均每年居住一百八十三日以上，並符合下列各款要件者，得向內政部移民署申請永久居留：

一、成年。

二、無不良素行，且無警察刑事紀錄證明之刑事案件紀錄。

三、有相當之財產或技能，足以自立。

四、符合我國國家利益。

以下列各款情形之一為居留原因而經許可在我國居留之期間，不計入前項在我國連續居留期間：

一、在我國就學。

二、經許可在我國從事就業服務法第四十六條第一項第八款至第十款工作。

三、以前二款人員為依親對象經許可居留。

外國特定專業人才在我國合法連續居留三年，平均每年居住一百八十三日以上，且其居留原因係依第八條第一項規定取得特定專業人才工作許可或依第九條規定取得就業金卡，並符合第一項各款要件者，得向內政部移民署申請永久居留。

外國專業人才及外國特定專業人才在我國就學取得大學校院碩士以上學位者，得依下列規定折抵第一項及前項之在我國連續居留期間：

一、外國專業人才：取得博士學位者折抵二年，碩士學位者折抵一年。二者不得合併折抵。

二、外國特定專業人才：取得博士學位者折抵一年。

依第一項及第三項規定申請永久居留者，應於居留及居住期間屆滿後二年內申請之。

第一項第二款及第十六條第一項第一款所定無不良素行之認定、程序及其他相關事項之標準，由內政部定之。

第 15 條　外國專業人才在我國從事專業工作、外國特定專業人才及外國高級專業人才，經內政部移民署許可永久居留者，其成年子女經內政部移民署認定符合下列要件之一，得不經雇主申請，逕向勞動部申請許可，在我國從事工作：

一、曾在我國合法累計居留十年，每年居住超過二百七十日。

二、未滿十四歲入國，每年居住超過二百七十日。

三、在我國出生，曾在我國合法累計居留十年，每年居住超過一百八十三日。

雇主聘僱前項成年子女從事工作，得不受就業服務法第四十六條第一項、第三項、第四十七條、第五十二條、第五十三條第三項、第四項、第五十七條第五款、第七十二條第四款及第七十四條規定之限制，並免依第五十五條規定繳納就業安定費。

第一項外國專業人才、外國特定專業人才及外國高級專業人才之子女於中華民國一百十二年一月一日前未滿十六歲入國者，得適用該項規定，不受該項第二款有關未滿十四歲入國之限制。

第 16 條　外國專業人才在我國從事專業工作，經內政部移民署許可永久居留後，其配偶、未成年子女及因身心障礙無法自理生活之成年子女，在我國合法連續居留五年，平均每年居住一百八十三日以上，並符合下列要件者，得向內政部移民署申請永久居留：

一、無不良素行，且無警察刑事紀錄證明之刑事案件紀錄。

二、符合我國國家利益。

外國特定專業人才依第十四條第三項規定經內政部移民署許可永久居留後，其配偶、未成年子女及因身心障礙無法自理生活之成年子女，在我國合法連續居留三年，平均每年居住一百八十三日以上，並符合前項各款要件者，得向內政部移民署申請永久居留。

前二項外國專業人才及外國特定專業人才之永久居留許可，依入出國及移民法第三十三條第一款至第三款及第八款規定經撤銷或廢止者，其配偶、未成年子女及因身心障礙無法自理生活之成年子女之永久居留許可，應併同撤銷或廢止。

依第一項及第二項規定申請永久居留者，應於居留及居住期間屆滿後二年內申請之。

第 17 條　外國高級專業人才依入出國及移民法規定申請永久居留者，其配偶、未成年子女及因身心障礙無法自理生活之成年子女，得隨同本人申請永久居留。

前項外國高級專業人才之永久居留許可，依入出國及移民法第三十三條第一款至第三款及第八款規定經撤銷或廢止者，其配偶、未成年子女及因身心障礙無法自理生活之成年子女之永久居留許可，應併同撤銷或廢止。

第 18 條　外國特定專業人才及外國高級專業人才經內政部移民署許可居留或永久居留者，其直系尊親屬得向外交部或駐外館處申請核發一年效期、多次入國、停留期限六個月及未加註限制不准延期或其他限制之停留簽證；期滿有繼續停留之必要者，得於停留期限屆滿前，向內政部移民署申請延期，並得免出國，每次總停留期間最長為一年。

第 19 條　外國專業人才、外國特定專業人才及外國高級專業人才，其本人、配偶、未成年子女及因身心障礙無法自理生活之成年子女，經內政部移民署許可永久居留後，出國五年以上未曾入國者，內政部移民署得廢止其永久居留許可及註銷其外僑永久居留證。

第 20 條　自一百零七年度起，在我國未設有戶籍並因工作而首次核准在我國居留且符合一定條件之外國特定專業人才，其從事專業工作，或依第九條規定取得就業金卡並在就業金卡有效期間受聘僱從事專業工作，於首次符合在我國居留滿一百八十三日且薪資所得超過新臺幣三百萬元之課稅年度起算五年內，其各該在我國居留滿一百八十三日之課稅年度薪資所得超過新臺幣三百萬元部分之半數免予計入綜合所得總額課稅，且不適用所得基本稅額條例第十二條第一項第一款規定。

前項一定條件、申請適用程序、應檢附之證明文件及其他相關事項之辦法，由財政部會商相關機關定之。

第 21 條　外國專業人才、外國特定專業人才及外國高級專業人才有下列情形之一者，其本人、配偶、未成年子女及因身心障礙無法自理生活之成年子女，經領有居留證明文件者，應參加全民健康保險為保險對象，不受全民健康保險法第九條第一款在臺居留滿六個月之限制：

一、受聘僱從事專業工作。

二、外國特定專業人才及外國高級專業人才，具全民健康保險法第十條第一項第一款第四目所定雇主或自營業主之被保險人資格。

第 22 條　從事專業工作之外國專業人才及外國特定專業人才，並經內政部移民署依本法規定許可永久居留者，於許可之日起適用勞工退休金條例之退休金制度。但其於本法中華民國一百十年六月十八日修正之條文施行前已受僱且仍服務於同一事業單位，於許可之日起六個月內，以書面向雇主表明繼續適用勞動基準法之退休金規定者，不在此限。

曾依前項但書規定向雇主表明繼續適用勞動基準法之退休金規定者，不得再變更選擇適用勞工退休金條例之退休金制度。

依第一項規定適用勞工退休金條例退休金制度者，其適用前之工作年資依該條例第十一條規定辦理。

雇主應為適用勞工退休金條例退休金制度之外國專業人才及外國特定專業人才，向勞動部勞工保險局辦理提繳手續，並至遲於第一項規定期限屆滿之日起十五日內申報。

第一項外國專業人才及外國特定專業人才於本法中華民國一百十年六月十八日修正之條文施行前已適用勞工退休金條例，或已依法向雇主表明繼續適用勞動基準法之退休金制度者，仍依各該規定辦理，不適用前四項規定。

第 23 條　外國專業人才、外國特定專業人才及外國高級專業人才受聘僱擔任我國公立學校現職編制內專任合格有給之教師與研究人員，及政府機關與其所屬學術研究機關（構）現職編制內專任合格有給之研究人員，其退休事項準用公立學校教師之退休規定且經許可永久居留者，得擇一支領一次退休金或月退休金。

已依前項規定支領月退休金而經內政部移民署撤銷或廢止其永久居留許可者，喪失領受月退休金之權利。但因回復我國國籍、取得我國國籍或兼具我國國籍經撤銷或廢止永久居留許可者，不在此限。

第 24 條　香港或澳門居民在臺灣地區從事專業工作或尋職，準用第五條第一項至第四項、第六條、第七條第一項、第八條至第十一條、第十三條、第二十條及第二十一條規定；有關入境、停留及居留等事項，由內政部依香港澳門關係條例及其相關規定辦理。

第 25 條　我國國民兼具外國國籍而未在我國設有戶籍，並持外國護照至我國從事專業工作或尋職者，依本法有關外國專業人才之規定辦理。但其係因歸化取得我國國籍者，得免申請工作許可。

經歸化取得我國國籍且兼具外國國籍而未在我國設有戶籍，並持我國護照入國從事專業工作或尋職者，得免申請工作許可。

第 26 條　外國專業人才、外國特定專業人才及外國高級專業人才經歸化取得我國國籍者，其成年子女之工作許可、配偶與未成年子女及因身心障礙無法自理生活之成年子女之永久居留、直系尊親屬探親停留簽證，準用第十五條至第十九條規定。

第 27 條　本法施行日期，由行政院定之。

（三）短期補習班聘僱外國專業人才從事教師工作資格及審查標準（民國 111 年 10 月 27 日）

第 1 條　本標準依外國專業人才延攬及僱用法（以下簡稱本法）第五條第二項規定訂定之。

第 2 條　為保障國民工作權，並基於國家之平等互惠原則，勞動部（以下簡稱本部）得會商相關中央目的事業主管機關，就國內就業市場情勢、雇主之業別、規模、用人計畫、營運績效及對國民經濟、社會發展之貢獻，核定雇主申請聘僱外國專業人才之名額。

第 3 條　本法第四條第四款第三目所定之專業工作，為外國專業人才受聘僱從事下列教學工作：

一、數位內容產業之技術創作或實際技術教學工作：

　　（一）數位遊戲產業：家用遊戲軟體、電腦遊戲軟體或手機遊戲軟體。

　　（二）電腦動畫動漫產業。

　　（三）體感科技產業：虛擬實境（Virtual Reality, VR）軟硬體研發技術、擴增實境（Augmented Reality, AR）軟硬體研發技術、混合實境（Mixed Reality, MR）軟硬體研發技術、互動操控應用軟硬體研發技術或光學感測應用軟硬體研發技術。

　　（四）其他對培育國內人才有實質貢獻，經中央目的事業主管機關會商教育部指定之數位內容產業。

二、專任外國語文教學工作。

三、其他具專門知識或技術，且經中央目的事業主管機關會商教育部指定之教學工作。

第 4 條　雇主聘僱從事前條第一款規定工作之外國專業人才，除符合外國人從事就業服務法第四十六條第一項第一款至第六款工作資格及審查標準第八條規定之公告月薪資外，應符合下列資格之一：

一、參與製作之作品具備國際重要獎項得獎紀錄。

二、具有國外數位內容產業四年以上工作經驗，及於國際教學機構二年以上教學經驗。

三、其他享譽國際之專業人才，經本部會商中央目的事業主管機關專案認定。

第 5 條　聘僱第三條第二款或第三款外國專業人才之雇主，應為依補習及進修教育法立案之短期補習班。<111.10.27 修正 >

聘僱第三條第一款外國專業人才之雇主，除符合前項規定外，並應符合下列各款條件：<111.10.27 修正 >

一、公司法人。

二、與國際教學機構有簽訂合作契約。但對培育國內人才有實質貢獻，經本部會商中央目的事業主管機關專案認定者，不在此限。

第 5-1 條　雇主聘僱從事第三條第二款規定工作之外國專業人才，每週從事教學相關工作時數不得少於十四小時，且應具備下列資格：【*1053-73；1051-8；1042-31；1031 術科第二題】

　　一、成年。

　　二、大專以上學校畢業。

　　三、教授之語文課程為該外籍教師護照國籍之官方語言。

　　前項外國人未取得學士學位者，另應具有語文師資訓練合格證書。

　　第一項外國人於聘僱許可有效期間內，依就業服務法第五十三條第一項規定另受聘僱於其他雇主時，其於每一新雇主每週從事教學相關工作時數，不得少於六小時。　　　　　　　　　　　　　　　　　　　　　　　　　　　　　　【*1103-31；1021-72】

　　第一項及前項外國人每週從事教學相關工作總時數，不得超過三十二小時。

第 6 條　雇主聘僱從事第三條所定工作之外國專業人才，於申請日前三年內不得有下列情事之一：

一、未經許可從事工作。

二、為申請許可以外之雇主工作。

三、非依雇主指派即自行從事許可以外之工作。

四、連續曠職三日失去聯繫。

五、拒絕接受健康檢查或提供不實檢體。

六、違反就業服務法第四十八條第二項、第三項、第四十九條所發布之命令，情節重大。

七、依規定應提供資料，拒絕提供或提供不實。

八、違反其他中華民國法令，情節重大。

第 7 條　雇主聘僱外國專業人才從事第三條所定工作，除本法另有規定外，應向本部申請許可。

本部為前項許可前，得會商中央目的事業主管機關研提審查意見。

第 8 條　雇主申請聘僱外國專業人才從事第三條所定工作，應備下列文件：

一、申請書。

二、申請人或公司負責人之身分證明文件、公司登記、特許事業許可證等影本。

三、聘僱契約書影本。

四、受聘僱外國專業人才之名冊、護照或外僑居留證影本。

五、審查費收據正本。

六、其他經本部規定之文件。

前項檢附之文件係於國外作成者，本部得要求經我國駐外館處之驗證。

第 9 條　聘僱許可有效期限屆滿日前四個月期間內，雇主有繼續聘僱外國專業人才從事第三條所定工作之必要者，於該期限內應備前條第一項第一款、第三款至第六款規定之文件，向本部申請展延聘僱許可。但聘僱許可期間不足六個月者，應於聘僱許可期間逾三分之二後，始得申請。

雇主因故不能於本標準規定期限內申請者，經本部認可後，得於十五日內補行申請，並以一次為限。

第 10 條　雇主申請聘僱外國專業人才，本部得公告其應採網路傳輸方式申請之項目。

依前項規定公告，雇主申請聘僱外國專業人才許可，應採網路傳輸方式為之。但有正當理由者，不在此限。<111.10.27 修正 > 雇主依前二項規定之方式申請者，其申請文件書面原本，應自行保存至少五年。

第 11 條　雇主申請聘僱外國專業人才之應備文件中，有經政府機關（構）或國營事業機構開具之證明文件，且得由本部自網路查知者，得免附。

前項免附之文件，由本部公告之。

第 12 條　雇主申請聘僱外國專業人才有下列情形之一者，本部應不予聘僱許可或展延聘僱許可之全部或一部：

一、提供不實資料。

二、依中央衛生福利主管機關訂定相關之受聘僱外國人健康檢查管理辦法規定，健康檢查不合格。

三、不符申請規定，經限期補正，屆期未補正。

四、有第六條各款規定情形之一。

五、其他不符本標準之規定。

第 13 條　本標準所規定之書表格式，由本部定之。

第 14 條　香港或澳門居民受聘僱從事本法第四條第四款第三目工作之資格、程序及其他相關事項，準用第二條至第十二條規定。

第 15 條　本標準自本法施行之日施行。

本標準修正條文，除中華民國一百十年十月二十五日修正發布條文，自中華民國一百十年十月二十五日施行外，自發布日施行。

## 五、受聘僱外國人健康檢查管理辦法（民國 111 年 4 月 29 日修正）

第 1 條　本辦法依就業服務法（以下簡稱本法）第四十八條第三項規定訂定之。

第 2 條　本辦法用詞定義如下：

一、第一類人員：指受聘僱從事本法第四十六條第一項第一款至第六款規定工作之外國人。

二、第二類人員：指受聘僱從事本法第四十六條第一項第八款至第十一款規定工作之外國人。

三、第三類外國人：指受聘僱從事本法第四十六條第一項第十一款規定工作之外國人，且從事雇主聘僱外國人許可及管理辦法第二條第三款之工作。<111.4.29 增修 >

四、認可醫院：指經中央衛生主管機關認可得辦理受聘僱外國人入國前健康檢查之國外醫院。

五、指定醫院：指經中央衛生主管機關指定得辦理受聘僱外國人入國後健康檢查之國內醫院。

六、都治服務：指經衛生主管機關指派之關懷員送藥及親眼目睹病人服藥之服務（Directly Observed Treatment Short-Course, DOTS）。

第 3 條　雇主申請第 4 條規定以外之第一類外國人之聘僱許可及展延聘僱許可，得免檢具該類人員之健康檢查合格證明【*1061-16】。但對於入國工作三個月以上者，中央衛生主管機關得依其曾居住國家疫情或其他特性，公告其應檢具之健康檢查證明。

第 4 條　雇主聘僱第一類外國人從事本法第 46 條第 1 項第 4 款規定之工作，申請聘僱許可及展延聘僱許可時，應檢具下列各款文件之一，送交中央主管機關：　　　　　【*981-25】

一、該人員由居住國家合格設立之醫療機構最近三個月內核發經醫師簽章之健康檢查合格證明及其中文譯本，並經我國駐外館處驗證。<111.4.29 修正 >

二、該人員由指定醫院最近三個月內核發之健康檢查合格證明。

前項健康檢查證明，應包括下列檢查項目及證明：

一、胸部 X 光肺結核檢查。

二、梅毒血清檢查。

三、身體檢查。

四、麻疹及德國麻疹之抗體陽性檢驗報告或預防接種證明。但申請展延聘僱許可者，得免檢附。

五、其他經中央衛生主管機關依其曾居住國家疫情或其他特性認定之必要檢查。

中央主管機關對於前項健康檢查任一項目不合格者，不予核發聘僱許可或展延聘僱許可。但符合下列情形之一者，不在此限：<107.12.24 修訂 >

一、因國內疫苗短缺致無法檢附前項第四款之預防接種證明，經中央衛生主管機關限期預防接種。

二、第七條第二項或第九條所定情形。

第 5 條　第二類及第三類外國人辦理健康檢查之時程如下：<111.4.29 修正 >

一、申請入國簽證時，應檢具認可醫院核發之三個月內健康檢查合格證明【*972-78】。但第三類外國人居住國家無認可醫院者，得檢具居住國家合格設立之醫療機構最近三個月內核發經醫師簽章之健康檢查合格證明及其中文譯本，並經我國駐外館處驗證。<111.4.29 增修 >

二、入國後 3 工作日內，雇主應安排其至指定醫院接受健康檢查；因故未能依限安排健康檢查者，得於延長 3 工作日內補行辦理。<105.11.22 修正 >【*1053-21；1023-2；1022 術科第一題】

三、自聘僱許可生效日起，工作滿 6 個月、18 個月及 30 個月之日前後 30 日內，雇主應安排其至指定醫院接受定期健康檢查查。<110.12.30；106.5.5 修正 >【*1083-56；1071-1；1021-59；1022 術科第一題】

前項第一款人員入國前健康檢查有任一項目不合格者，不予辦理入國簽證。

第二類及第三類外國人依本法第五十二條第五項規定請假返國者，中央衛生主管機關得依工作性質及勞動輸出國疫情或其他特性，公告其再入國後之健康檢查時程及項目，並由雇主安排其至指定醫院辦理。<106.5.5 修正 >

雇主聘僱在中華民國境內工作之第三類外國人，於申請聘僱許可時，應檢具指定醫院核發之三個月內健康檢查合格證明，並應依第一項第三款規定辦理定期健康檢查。<111.4.29 增修 >

第 6 條　前條健康檢查，應包括下列項目：　　　　　　　　　【*1103-80；1052-65；1041-75；1011-2】

一、胸部 X 光攝影檢查肺結核。

二、漢生病檢查。

三、梅毒血清檢查。

四、濃縮法腸內寄生蟲糞便檢查 ( 含痢疾阿米巴 )。

五、身體檢查。

六、麻疹及德國麻疹之抗體陽性檢驗報告或預防接種證明。但辦理前條第一項第二款、第三款之健康檢查者，得免檢附。

七、其他經中央衛生主管機關依工作性質及勞動輸出國疫情或其他特性認定之必要檢查。

第三類外國人來自中央衛生主管機關公告之特定國家、地區，得免辦理前項第二款及第四款檢查。<111.4.29 增修 >

指定醫院健康檢查項目不合格之認定及處理原則如附表。

第 7 條　雇主應於收受指定醫院核發第五條第一項第二款、第三款及第四項健康檢查證明後，送交該第二類外國人留存。<111.4.29 增修 >

前項健康檢查結果有不合格或須進一步檢查者，雇主應安排該人員依下列時程辦理再檢查及治療：

一、胸部 X 光肺結核檢查：疑似肺結核或無法確認診斷者，自收受健康檢查證明之次日起十五日內，至指定機構再檢查。

二、漢生病檢查：疑似漢生病者，自收受健康檢查證明之次日起十五日內，至指定機構再檢查。

三、梅毒血清檢查：於健康檢查證明核發之日起三十日內取得完成治療證明。

【*1093-4：1041-1】

四、腸內寄生蟲糞便檢查：於收受健康檢查證明之次日起六十五日內，至指定醫院治療後再檢查並取得陰性之證明；經確診為痢疾阿米巴原蟲陽性者，須取得治療後再檢查三次均為陰性之證明。　　　　<106.5.5 修正 >【*1081-54：1072-22：1042-51：1031-67】

第 8 條　雇主應於收受第五條第一項第二款及第四項外國人健康檢查再檢查診斷證明書或完成治療證明之次日起十五日內，檢具再檢查診斷證明書或完成治療證明正本文件，送中央主管機關備查。<111.4.29 修正 >

雇主應於收受第五條第一項第三款第二類外國人定期健康檢查再檢查診斷證明書或完成治療證明之次日起十五日內，檢具下列文件，送直轄市、縣（市）衛生主管機關備查【*1033-67】：<106.5.5 修正 >

一、中央主管機關核發之外國人聘僱許可文件。

二、再檢查或完成治療之診斷證明書正本文件。

第 9 條　受聘僱外國人經健康檢查確診為肺結核、結核性肋膜炎或漢生病者，除多重抗藥性個案外，雇主得於收受診斷證明書之次日起十五日內，檢具下列文件，送直轄市、縣（市）衛生主管機關申請都治服務：<110.12.30 修正 >

一、診斷證明書。

二、受聘僱外國人接受衛生單位安排都治服務同意書。

受聘僱外國人於完成前項都治服務藥物治療，且經直轄市、縣（市）衛生主管機關判定完成治療者，視為合格。

第 10 條　本法第 73 條第 4 款所定檢查不合格，指下列各款情形之一：<107.12.24 修訂 >

一、受聘僱外國人經確認診斷為多重抗藥性結核病。

二、受聘僱外國人未依第四條第三項但書第一款規定完成預防接種。

三、受聘僱外國人未依第七條第二項規定完成再檢查或再檢查不合格。

四、受聘僱外國人未依第九條規定配合結核病或漢生病都治服務累計達十五日以上。

★★★★☆

第 11 條　受聘僱外國人有下列各款情形之一，已逾一年未接受健康檢查者，雇主應自聘僱許可生效日之次日起七日內，安排其至指定醫院接受健康檢查：<111.4.29 修正 >【*1111-15：1043-5：1033-63：1018 月 -2】

一、第二類及第三類外國人轉換雇主或工作。

二、第二類及第三類外國人依本法重新核發聘僱許可。

三、第三類外國人依本法重新核發展延聘僱許可。

前項健康檢查結果有不合格或須進一步檢查者，依第七條至第九條規定辦理。<106.5.5 修正 >

第 12 條　第二類及第三類外國人因故未能於規定期限內辦理健康檢查時，雇主得檢具相關證明文件，報直轄市、縣（市）衛生主管機關備查，並得提前於七日內或事由消失後七日內，辦理上開健康檢查。<111.4.29 修正 >　　　【*1122-37：1092-55：1083-26：1051-32：1041-12：1032-1】

第 13 條　受聘僱從事本法第 46 條第 1 項第 7 款規定工作之外國人，其健康檢查管理，依船員法第 8 條規定辦理。

第 14 條　中央流行疫情指揮中心成立期間，中央衛生主管機關得依國內疫情防治或勞動輸出國疫情評估所需，公告調整第二類及第三類外國人依第五條第一項第二款、第三款及第十一條第一項健康檢查之辦理期限。<111.4.29 修正 >

配合前項公告致第五條第一項第三款健康檢查之日與最近一次接受健康檢查日間隔未滿三個月，雇主得於第五條第一項第三款所定健康檢查期限七日前，檢具最近一次健康檢查報告向直轄市、縣（市）衛生主管機關申請免辦理該次健康檢查。<110.12.30 修正 >

第 15 條　本辦法自中華民國一百十一年四月二十九日施行。

## 六、雇主聘僱外國人許可及管理辦法（民國 112 年 10 月 13 日修正）

### 第一章　總則

第 1 條　本辦法依就業服務法（以下簡稱本法）第四十八條第二項規定訂定之。

第 2 條　本辦法用詞定義如下：<111.4.29 修正 >

一、第一類外國人：指受聘僱從事本法第四十六條第一項第一款至第六款規定工作之外國人。

二、第二類外國人：指受聘僱從事本法第四十六條第一項第八款至第十款規定工作之外國人。

三、第三類外國人：指下列受聘僱從事本法第四十六條第一項第十一款規定工作之外國
人：【*1112 術科第一題】

（一）外國人從事就業服務法第四十六條第一項第八款至第十一款工作資格及審查
標準（以下簡稱審查標準）規定之雙語翻譯工作、廚師及其相關工作。

（二）審查標準規定中階技術工作之海洋漁撈工作、機構看護工作、家庭看護工
作、製造工作、營造工作、屠宰工作、外展農務工作、農業工作或其他經
中央主管機關會商中央目的事業主管機關指定之工作（以下併稱中階技術工
作）。<112.3.13 修正 >

（三）其他經中央主管機關專案核定之工作。

四、第四類外國人：指依本法第五十條第一款或第二款規定從事工作之外國人。

五、第五類外國人：指依本法第五十一條第一項第一款至第四款規定從事工作之外國
人。

第 3 條 中央主管機關就國內經濟發展及就業市場情勢，評估勞動供需狀況，得公告雇主聘僱前
條第一類外國人之數額、比例及辦理國內招募之工作類別。

★★★★★
第 4 條 非以入國工作為主要目的之國際書面協定，其內容載有外國人工作、人數、居（停）留
期限等者，外國人據以辦理之入國簽證，視為工作許可。

前項視為工作許可之期限最長為一年。 【*1043-50；1041-32；1013-71；1011-75】

第 5 條 外國人有下列情形之一者，其停留期間在三十日以下之入國簽證或入國許可視為工作許
可：<111.4.29 修正 > 【*1072-63；1052-63；1012-3；992-18；983-6】❀❀❀

一、從事本法第五十一條第三項規定之工作。

二、為公益目的協助解決因緊急事故引發問題之需要，從事本法第四十六條第一項第一
款規定之工作。

三、經各中央目的事業主管機關認定或受大專以上校院、各級政府及其所屬機構邀請之
知名優秀專業人士，並從事本法第四十六條第一項第一款規定之演講或技術指導工
作。

四、受各級政府機關、各國駐華使領館或駐華外國機構邀請，並從事非營利性質之表演
或活動。

經入出國管理機關核發學術及商務旅行卡，並從事本法第四十六條第一項第一款規定之
演講或技術指導工作之外國人，其停留期間在九十日以下之入國簽證或入國許可視為工
作許可。<111.4.29 修正 >

第 6 條 外國人受聘僱在我國境內從事工作，除本法或本辦法另有規定外，雇主應向中央主管機
關申請許可。<111.4.29 修正 >

中央主管機關為前項許可前，得會商中央目的事業主管機關研提審查意見。

雇主聘僱本法第四十八條第一項第二款規定之外國人從事工作前，應核對外國人之外僑
居留證及依親戶籍資料正本。 【*1062-21；1073 術科第一題】

第 7 條　雇主申請聘僱外國人或外國人申請工作許可，中央主管機關得公告採網路傳輸方式申請項目。

依前項規定公告之項目，雇主申請聘僱第一類外國人至第四類外國人申請工作許可，應採網路傳輸方式為之。但有正當理由，經中央主管機關同意者，不在此限。

雇主依前二項規定之方式申請者，申請文件書面原本，應自行保存至少五年。<111.4.29 修正 >

　　　　　　　　　　　　　　　　　　　　【*1112-6：1083-35：1061-63：1073 術科第一題】

第 8 條　雇主申請聘僱外國人之應備文件中，有經政府機關（構）或國營事業機構開具之證明文件，且得由中央主管機關自網路查知者，雇主得予免附。

前項免附之文件，由中央主管機關公告之。

　第 8-1 條　中央主管機關得應中央目的事業主管機關之請求，於其執行法定職務必要範圍內，提供外國人名冊等相關資料。<111.12.26 增修 >

## 第二章　第一類外國人聘僱許可之申請

第 9 條　雇主申請聘僱第一類外國人，應備下列文件：

一、申請書。

二、申請人或公司負責人之身分證明文件、其公司登記證明、有限合夥登記證明、商業登記證明、工廠登記證明或特許事業許可證等影本。但依相關法令規定，免辦工廠登記證明或特許事業許可證者，免附。<111.4.29：112.10.13 修正 >

三、聘僱契約書影本。

四、受聘僱外國人之名冊、護照影本或外僑居留影本及畢業證書影本。但外國人入國從事本法第四十六條第一項第二款、第五款及第六款工作者，免附畢業證書影本。

五、審查費收據正本。

六、其他經中央主管機關規定之文件。

申請外國人入國從事本法第五十一條第三項規定之工作，除應備前項第一款、第五款及第六款規定之文件外，另應備下列文件：

一、承攬、買賣或技術合作等契約書影本。

二、訂約國內、國外法人登記證明文件。<108.5.24 修正 >

三、外國法人出具指派履約工作之證明文件。

四、申請單位之登記或立案證明。特許事業應附特許證明文件影本及負責人身分證明文件。<112.10.13 修正 >

五、履約外國人之名冊、護照或外僑居留證影本及畢業證書影本。但自申請日起前一年內履約工作期間與當次申請工作期間累計未逾九十日者，免附畢業證書影本。

前二項檢附之文件係於國外作成者，中央主管機關得要求經我國駐外館處之驗證。

雇主為人民團體者，除檢附第一項第一款、第三款至第六款規定之文件外，另應檢附該團體立案證書及團體負責人之身分證明文件。<108.5.24：112.10.13 修正 >

第 10 條　依國際書面協定開放之行業項目，外國人依契約在中華民國境內從事本法第四十六條第一項第一款或第二款規定之工作，除本法或本辦法另有規定外，應由訂約之事業機構，依第一類外國人規定申請許可。

前項外國人之訂約事業機構屬自由經濟示範區內事業單位，且於區內從事本法第四十六條第一項第一款或第二款規定之工作者，得不受國際書面協定開放行業項目之限制。

前二項外國人入國後之管理適用第一類外國人規定。

申請第一項或第二項許可，除應檢附前條第一項第一款、第五款、第六款及第二項第四款規定文件外，另應備下列文件：<111.4.29 修正 >

一、契約書影本。

二、外國人名冊、護照影本、畢業證書或相關證明文件影本。但外國人入國從事本法第四十六條第一項第二款工作者，免附畢業證書或相關證明文件。

外國人從事第一項工作應取得執業資格、符合一定執業方式及條件者，另應符合中央目的事業主管機關所定之法令規定。

第 11 條　聘僱許可有效期限屆滿日前四個月期間內，雇主如有繼續聘僱該第一類外國人之必要者，於該期限內應備第九條第一項第一款、第三款至第六款規定之文件，向中央主管機關申請展延聘僱許可。但聘僱許可期間不足六個月者，應於聘僱許可期間逾三分之二後，始得申請。<111.4.29 修正 >　　　　　　　　　　　　　　　　　　　　【*1012-15】

第 12 條　第五條之外國人，其停留期間在三十一日以上九十日以下者，得於該外國人入國後三十日內依第七條規定申請許可。　　　　　　　　　　　　　　　　　　　　【*963-7】

第 13 條　中央主管機關於核發第一類外國人之聘僱許可或展延聘僱許可時，應副知外交部。

第 14 條　雇主申請聘僱第一類外國人而有下列情形之一者，中央主管機關應不予聘僱許可或展延聘僱許可之全部或一部：

一、提供不實或失效資料。

二、依中央衛生福利主管機關訂定相關之受聘僱外國人健康檢查管理辦法規定，健康檢查不合格。

三、不符申請規定，經限期補正，屆期未補正。

四、不符本法第四十六條第二項所訂定之標準。<111.4.29 修正 >

第 15 條　雇主聘僱第一類外國人，依法有留職停薪之情事，應於三日內以書面通知中央主管機關。　　　　　　　　　　　　【*1112-60；1101-5；1051-6；1031-21；1012-31】✪✪✪

第 16 條　依本法第五十一條第三項規定入國工作之外國人，除本法另有規定者外，其申請及入國後之管理適用第二條第一款第一類外國人之規定。

## 第三章　第二類外國人招募及聘僱許可之申請　　　❀❀❀❀❀

第 17 條　雇主申請聘僱第二類外國人，應以合理勞動條件向工作場所所在地之公立就業服務機構辦理求才登記後次日起，在中央主管機關依本法第二十二條所建立全國性之就業資訊網登載求才廣告，並自登載之次日起至少七日辦理招募本國勞工。但同時於中央主管機關指定之國內新聞紙中選定一家連續刊登二日者，自刊登期滿之次日起至少三日辦理招募本國勞工。<112.5.30 修正 >【*1082-60；1012-29；992-28；981-21；983-61；963-20；1032 術科第二題】

前項求才廣告內容，應包括求才工作類別、人數、專長或資格、雇主名稱、工資、工時、工作地點、聘僱期間、供膳狀況與受理求才登記之公立就業服務機構名稱、地址及電話。

雇主為第一項之招募時，應通知其事業單位之工會或勞工，並於事業單位員工顯明易見之場所公告之。　　　　　　　　　　　　　　　　　　　　　　　　　　【*1032 術科第二題】

雇主申請聘僱外國人從事家庭看護工作者，應依第十八條規定辦理國內招募。<111.4.29 修正 >

第 18 條　雇主有聘僱外國籍家庭看護工意願者，應向中央主管機關公告之醫療機構申請被看護者之專業評估。<111.4.29 修正 >

被看護者經專業評估認定具備中央主管機關規定聘僱外國人從事家庭看護工作之條件，由直轄市及縣（市）政府之長期照護管理中心推介本國籍照顧服務員，有正當理由無法滿足照顧需求而未能推介成功者，雇主得向中央主管機關申請聘僱外國籍家庭看護工。<107.3.21 修正 >

被看護者具下列資格之一者，雇主得不經前二項評估手續，直接向直轄市及縣（市）政府之長期照護管理中心申請推介本國籍照顧服務員：<107.3.21 修正 >

一、持特定重度身心障礙手冊或證明。

二、符合中央主管機關規定，免經醫療機構專業評估。

第 19 條　雇主依第十七條規定辦理國內招募所要求之專長或資格，其所聘僱之第二類外國人亦應具備之。中央主管機關必要時，得複驗該第二類外國人之專長或資格。經複驗不合格者，應不予許可。

雇主於國內招募舉辦甄選測驗，應於辦理求才登記時，將甄試項目及錄用條件送受理求才登記之公立就業服務機構備查。公立就業服務機構對該專長測驗，得指定日期辦理測驗，並得邀請具該專長之專業人士到場見證。

前項甄試項目及錄用條件，得由中央主管機關依工作類別公告之。

第 20 條　雇主依第十七條第一項規定辦理招募本國勞工，有招募不足情形者，得於同條第一項所定招募期滿次日起十五日內【*1081-43；1033-30；992-58<102.12.10 修法 由 30 日改為 15 日 >】，檢附刊登求才廣告資料、聘僱國內勞工名冊及中央主管機關規定之文件，向原受理求才登記之公立就業服務機構申請求才證明書。

原受理求才登記之公立就業服務機構，經審核雇主已依第十七條、第十九條規定辦理者，就招募本國勞工不足額之情形，應開具求才證明書。

第 21 條　雇主依規定辦理國內招募時，對於公立就業服務機構所推介之人員或自行應徵之求職

者，不得有下列情事之一：　　　　　　　　　　　　　　　　【*1091 術科第一題】

一、不實陳述工作困難性或危險性等情事。

二、求才登記之職類別屬非技術性工或體力工，以技術不合為理由拒絕僱用求職者。

三、其他無正當理由拒絕僱用本國勞工者。　　　　　　　　　　　　　❋❋❋

第 21-1 條　雇主曾以下列方式之一招募本國勞工，於無法滿足其需要時，得自招募期滿次日

起六十日內，向工作場所所在地之公立就業服務機構申請求才證明書，據以申請

聘僱第二類外國人：<112.5.30 增修 >

一、向工作場所所在地之公立就業服務機構辦理求才登記之次日起至少七日。

二、自行於本法第二十二條所建立全國性之就業資訊網登載求才廣告之次日起至

少七日。

雇主依前項規定申請求才證明書，應檢附下列文件：<112.5.30 增修 >

一、符合第十七條第一項至第三項有關合理勞動條件、求才廣告內容、通知工會

或勞工及公告之資料。

二、聘僱國內勞工名冊。

三、其他經中央主管機關規定之文件。

公立就業服務機構審核雇主已依前二項規定辦理，且未違反前條規定，應就其招

募本國勞工不足額之情形，開具求才證明書。<112.5.30 增修 >

第 22 條　雇主申請第二類外國人之招募許可，應備下列文件：

一、申請書。

二、申請人或公司負責人之身分證明文件；其公司登記證明、有限合夥登記證明、商業登

記證明、工廠登記證明或特許事業許可證等影本。但依規定免附特許事業許可證者，

不在此限。<108.5.24；112.10.13 修法 >

三、求才證明書。但聘僱外國人從事家庭看護工作者【*1103 術科第一題】，免附。

四、雇主於國內招募時，其聘僱國內勞工之名冊。但聘僱外國人從事家庭看護工作者

【*1103 術科第一題】，免附。

五、直轄市或縣（市）政府【*1103 術科第一題】就下列事項開具之證明文件：　　【*1062-2】

（一）已依規定提撥勞工退休準備金及提繳勞工退休金。

（二）已依規定繳納積欠工資墊償基金。

（三）已依規定繳納勞工保險費及勞工職業災害保險費。<111.4.29 修正 >

（四）已依規定繳納違反勞工法令所受之罰鍰。

（五）已依規定舉辦勞資會議。

（六）第二類外國人預定工作之場所，無具體事實足以認定有本法第十條規定之罷

工或勞資爭議情事。

（七）無具體事實可推斷有業務緊縮、停業、關廠或歇業之情形。

（八）無因聘僱第二類外國人而降低本國勞工勞動條件之情事。

六、審查費收據正本。

七、其他經中央主管機關規定之文件。

前項第五款第六目至第八目規定情事，以申請之日前二年內發生者為限。

雇主申請聘僱外國人有下列情形之一者，免附第一項第五款規定之證明文件：

【*1103 術科第一題】

一、聘僱外國人從事家庭幫傭及家庭看護工作。<111.4.29 修正 >

二、未聘僱本國勞工之自然人雇主與合夥人約定採比例分配盈餘，聘僱外國人從事海洋漁撈工作。

三、未聘僱本國勞工之自然人雇主，聘僱外國人從農、林、牧或養殖漁業工作。

<108.5.24：111.12.16 修正 >

雇主為人民團體者，除檢附前項第一款、第三款至第七款規定之文件外，另應檢附該團體立案證書及團體負責人之身分證明文件影本。<108.5.24：112.10.13 修法 >

第 23 條　雇主聘僱之第二類外國人因不可歸責於雇主之原因出國，而依本法第五十八條第一項規定申請遞補者，應備下列文件：

一、申請書。

二、外國人出國證明文件。

三、直轄市、縣（市）政府驗證雇主與第二類外國人終止聘僱關係證明書。但雇主與外國人聘僱關係終止而依第六十八條規定公告無須驗證或外國人無新雇主持續聘僱而出國者，免附。<112.5.18 修正 >

四、其他經中央主管機關規定之文件。

前項雇主因外國人死亡而申請遞補者，應備下列文件：

一、申請書。

二、外國人死亡證明書。

三、其他經中央主管機關規定之文件。

雇主因聘僱之第二類外國人行蹤不明，而依本法第五十八條第一項、第二項第一款或第二款規定申請遞補者，應備下列文件：

一、申請書。

二、其他經中央主管機關規定之文件。

雇主同意聘僱之家庭看護工轉換雇主或工作，而依本法第五十八條第二項第三款規定申請遞補者，應備下列文件：

一、申請書。

二、外國人由新雇主接續聘僱許可函影本。但經廢止聘僱許可逾一個月未由新雇主接續聘僱者，免附。<112.5.18 修正 >

三、其他經中央主管機關規定之文件。

第 24 條　雇主依本法第五十八條第一項規定申請遞補第二類外國人者，應於外國人出國、死亡或行蹤不明依規定通知入出國管理機關及警察機關屆滿三個月之日起，六個月內申請遞補。<112.5.18 修正>【*1051-10：1042-41】

雇主依本法第五十八條第二項規定申請遞補家庭看護工者，應依下列規定期間申請：<112.5.18 修正>

一、依本法第五十八條第二項第一款規定申請者，於發生行蹤不明情事之日起六個月內。

二、依本法第五十八條第二項第二款規定申請者，於發生行蹤不明情事屆滿一個月之日起六個月內。

三、依本法第五十八條第二項第三款規定申請者：

(一)於新雇主接續聘僱或出國之日起六個月內。

(二)於經廢止聘僱許可屆滿一個月未由新雇主接續聘僱之翌日者起六個月內。

<112.5.18 修正>

雇主逾前二項申請遞補期間，中央主管機關應不予許可。

第 24-1 條　本辦法中華民國一百十二年五月二十日修正生效前，雇主聘僱之外國人有下列情形之一者，其申請遞補應於本辦法修正生效之日起六個月內為之：<112.5.18 增修>

一、發生行蹤不明之情事，依規定通知入出國管理機關及警察機關滿三個月且未逾六個月。

二、從事家庭看護工作之外國人，於雇主處所發生行蹤不明之情事，依規定通知入出國管理機關及警察機關滿一個月且未逾三個月。

三、從事家庭看護工作之外國人，經雇主同意轉換雇主或工作，並經廢止聘僱許可逾一個月未由新雇主接續聘僱。

雇主逾前項申請遞補期間，中央主管機關應不予許可。

第 25 條　雇主申請聘僱第二類外國人，不得於辦理國內招募前六個月內撤回求才登記【*1091 術科第一題】。但有正當理由者，不在此限。　　　　　　　　　　　【*1052-7：1042-10】

第 26 條　雇主經中央主管機關核准重新申請第二類外國人，於原聘僱第二類外國人出國前，不得引進或接續聘僱第二類外國人。但有下列情形之一者，不在此限：<111.4.29 修正>

一、外國人於聘僱許可有效期間內經雇主同意轉換雇主或工作，並由新雇主接續聘僱。

二、外國人從事家庭看護工作，於聘僱許可有效期間內，經雇主同意轉換雇主或工作，並經廢止聘僱許可逾一個月尚未由新雇主接續聘僱。<112.5.18 修正>

三、外國人於聘僱許可有效期間屆滿，原雇主經許可繼續聘僱（以下簡稱期滿續聘）。

四、外國人於聘僱許可有效期間屆滿，由新雇主依外國人受聘僱從事就業服務法第四十六條第一項第八款至第十一款規定工作之轉換雇主或工作程序準則（以下簡稱轉換雇主準則）規定，許可接續聘僱（以下簡稱期滿轉換）。

五、外國人因受羈押、刑之執行、重大傷病或其他不可歸責於雇主之事由，致須延後出國，並經中央主管機關專案核定。<108.5.24 修正>

第 27 條　雇主申請聘僱第二類外國人時，於申請日前二年內，有資遣或解僱本國勞工達中央主管機關所定比例者，中央主管機關得不予許可。

第 28 條　雇主申請聘僱第二類外國人時，有下列情形之一，中央主管機關應不予許可：

一、雇主、被看護者或其他共同生活之親屬，對曾聘僱之第二類外國人，有刑法第二百二十一條至第二百二十九條規定情事之一者。

二、雇主之代表人、負責人或代表雇主處理有關勞工事務之人，對曾聘僱之第二類外國人，有刑法第二百二十一條至第二百二十九條規定情事之一者。

第 29 條　雇主申請聘僱第二類外國人時，有違反依本法第四十六條第二項所訂定之標準或依本法第五十九條第二項所定之準則者，中央主管機關應不予許可。

第 30 條　雇主申請招募第二類外國人，中央主管機關得規定各項申請文件之效期及申請程序。

雇主依前項規定申請招募第二類外國人經許可者，應於許可通知所定之日起六個月內，自許可引進之國家，完成外國人入國手續。但未能於規定期限內完成外國人入國手續者，得於期限屆滿翌日起三個月內引進。<112.10.13 修正 >

雇主未依前項規定期限完成外國人入國手續者，招募許可失其效力。<112.10.13 修正 >

第 31 條　雇主不得聘僱已進入我國境內之第二類外國人。但有下列情形之一者，不在此限。

一、經中央主管機關許可期滿續聘或期滿轉換。

二、其他經中央主管機關專案核准。

第 32 條　第二類外國人依規定申請入國簽證，應備下列文件：　　　　　　　　　　【*972-52】

一、招募許可。

二、經我國中央衛生福利主管機關認可醫院或指定醫院核發之三個月內健康檢查合格報告。

三、專長證明。

四、行為良好之證明文件。但外國人出國後三十日內再入國者，免附。　　　【*1053-26】

五、經其本國主管部門驗證之外國人入國工作費用及工資切結書。

六、已簽妥之勞動契約。

七、外國人知悉本法相關工作規定之切結書。

八、其他經中央目的事業主管機關規定之簽證申請應備文件。<111.4.29 修正 >

雇主原聘僱之第二類外國人，由雇主自行辦理重新招募，未委任私立就業服務機構，並經中央主管機關代轉申請文件者，免附前項第三款至第五款及第七款規定之文件。

第 33 條　雇主申請聘僱第二類外國人，應依外國人生活照顧服務計畫書確實執行。<111.4.29 修正 > ✪✪✪✪

前項外國人生活照顧服務計畫書，應規劃下列事項：<110.1.6 修正 >【*1073-8；1013-48；1018 月 -73；1042 術科第三題；1001 術科第一題；981 術科第三題】

一、飲食及住宿之安全衛生。

二、人身安全及健康之保護。

三、文康設施及宗教活動資訊。

四、生活諮詢服務。

五、住宿地點及生活照顧服務人員。

六、其他經中央主管機關規定之事項。

雇主聘僱外國人從事家庭幫傭或家庭看護工之工作者，免規劃前項第三款及第四款規定事項。<110.1.6 修正>【*1121-4；1103-18；1091-44；1072-35】

雇主違反第一項規定，經當地主管機關認定情節輕微者，得先以書面通知限期改善。<110.1.6 修正>【*1101 術科第二題；1082 術科第一題】

雇主於第二項第五款規定事項有變更時，應於變更後七日內，通知外國人工作所在地或住宿地點之當地主管機關。<110.1.6；111.4.29；111.12.26 修正>【*1121-13；1111-25；1051-7；1041-33；1032-66；1031-68；1002-28；983-30；1101 術科第二題】

第 34 條　雇主申請聘僱第二類外國人者，應於外國人入國後三日內，檢附下列文件通知當地主管機關實施檢查：【*1092-19；1081-6；983-1；1101 術科第二題；1021 術科第四題】　❀❀❀

一、外國人入國通報單。

二、外國人生活照顧服務計畫書。

三、外國人名冊。

四、經外國人本國主管部門驗證之外國人入國工作費用及工資切結書。但符合第三十二條第二項規定者，免附。

當地主管機關受理雇主檢附之文件符合前項規定者，應核發受理雇主聘僱外國人入國通報證明書，並辦理第十九條規定事項之檢查。但核發證明書之日前六個月內已檢查合格者，得免實施前項檢查。

期滿續聘之雇主，免依第一項規定辦理。

期滿轉換之雇主，應依轉換雇主準則之規定，檢附文件通知當地主管機關實施檢查。

外國人之住宿地點非雇主依前條第二項第五款規劃者，當地主管機關於接獲雇主依第一項或前條第五項之通報後，應訪視外國人探求其真意。<111.4.29 修正>

第 34-1 條　雇主申請聘僱外國人從事家庭幫傭或家庭看護之工作者，應於外國人入國日五日前，向中央主管機關申請並同意辦理下列事項：<111.12.26 增修>

一、安排外國人於入國日起接受中央主管機關辦理之入國講習。

二、代轉文件通知當地主管機關實施第三十三條規定事項之檢查。

三、申請聘僱許可。

第 34-2 條　雇主同意代轉前條第二款所定文件如下：<111.12.26 增修>

一、外國人生活照顧服務通報單。

二、外國人生活照顧服務計畫書。

三、經外國人本國主管部門驗證之外國人入國工作費用及工資切結書。但符合第三十二條第二項規定者，免附。

中央主管機關應將前項文件轉送當地主管機關；經當地主管機關審查文件符合前項規定者，應辦理第三十三條規定事項之檢查。但外國人入國日前六個月內已檢查合格者，得免實施檢查。<111.12.26 增修>

第 34-3 條 雇主辦理第三十四條之一第三款所定申請聘僱許可事項，應備下列文件：<111.12.26 增修>

一、申請書。

二、審查費收據正本。

三、其他經中央主管機關規定之文件。

雇主已依第三十四條之一、第三十四條之二及前項規定辦理完成者，免依第三十四條第一項及第三十六條規定辦理。<111.12.26 增修>

第 34-4 條 外國人完成第三十四條之一第一款之入國講習後，由中央主管機關發給五年效期之完訓證明。<111.12.26 增修>

前項外國人因故未完成入國講習者，雇主應安排其於入國日起九十日內，至中央主管機關所建立之入國講習網站參加入國講習，以取得五年效期之完訓證明。<111.12.26 增修>

第 35 條 當地主管機關實施第二類外國人入國工作費用或工資檢查時，應以第三十四條第一項第四款或第三十四條之二第一項第三款規定之外國人入國工作費用及工資切結書記載內容為準。<111.4.29；111.12.26 修正>

當地主管機關對期滿續聘之雇主實施前項規定檢查時，應以外國人最近一次經其本國主管部門驗證之外國人入國工作費用及工資切結書記載內容為準。<105.11.15 修正>

前三項所定外國人入國工作費用及工資切結書之內容，不得為不利益於外國人之變更。

【*1002-8】

第 36 條 雇主於所招募之第二類外國人入國後十五日內，應備下列文件申請聘僱許可：

【*1061-16；1031 術科第一題】

一、申請書。

二、審查費收據正本。

三、依前條規定，經當地主管機關核發受理通報之證明文件。

四、其他經中央主管機關規定之文件。

📝：103 年 3 月 28 日修法前原需有七項，106 年 1 月 11 日再修為四項。

第 37 條 雇主應自引進第二類外國人入國日或期滿續聘之日起，依本法之規定負雇主責任。

雇主未依第三十四條之一第三款、第三十四條之三、前條或第三十九條之三規定申請、逾期申請或申請不符規定者，中央主管機關得核發下列期間之聘僱許可：<111.4.29；111.12.26 修正>

一、自外國人入國日起至不予核發聘僱許可之日。

二、自期滿續聘日起至不予核發聘僱許可之日。

第 38 條　雇主申請聘僱在中華民國境內工作期間屆滿十二年或將於一年內屆滿十二年之外國人，從事本法第四十六條第一項第九款規定家庭看護工作，應備下列文件申請外國人之工作期間得累計至十四年之許可：

一、申請書。

二、外國人具專業訓練或自力學習而有特殊表現之評點表及其證明文件。

前項第二款所定之特殊表現證明文件，依第二十條審查標準第二十條附表四規定。

【*1052-59】

第 39 條　第二類外國人之聘僱許可有效期間屆滿日前二個月至四個月內【*1073 術科第一題：1063 術科第一題】，雇主有繼續聘僱該外國人之必要者，於該期限內應備下列文件，向中央主管機關申請期滿續聘許可：

一、申請書。

二、勞雇雙方已合意期滿續聘之證明。

三、其他經中央主管機關規定之文件。

第 40 條　第二類外國人之聘僱許可有效期間屆滿日前二個月至四個月內，雇主無繼續聘僱該外國人之必要者，於該期限內應備申請書及其他經中央主管機關規定之文件，為該外國人向中央主管機關申請期滿轉換。

【*1073 術科第一題】

原雇主申請期滿轉換時，該外國人已與新雇主合意期滿接續聘僱者，新雇主得依轉換雇主準則規定，直接向中央主管機關申請接續聘僱外國人。

第 41 條　有本法第五十二條第二項重大特殊情形、重大工程之工作，其聘僱許可有效期限屆滿日前六十日期間內，雇主如有繼續聘僱該等外國人之必要者，於該期限內應備展延聘僱許可申請書及其他經中央主管機關規定之文件，向中央主管機關申請展延聘僱許可。

## 第四章　第三類外國人聘僱許可之申請 <111.4.29 增修>

第 42 條　雇主申請聘僱第三類外國人，應先以合理勞動條件向工作場所所在地之公立就業服務機構辦理國內招募，有正當理由無法滿足需求者，得向中央主管機關申請聘僱外國人。但申請聘僱外國人從事中階技術家庭看護工作，應由直轄市及縣（市）政府之長期照護管理中心推介本國籍照顧服務員，無須辦理國內招募。

前項辦理國內招募及撤回求才登記，適用第十七條至第二十一條之一、第二十五條規定。<112.5.30 修正>

第 43 條　第二類外國人在我國境內受聘僱從事工作，符合下列情形之一，得受聘僱從事中階技術工作：

一、現受聘僱從事工作，且連續工作期間達六年以上，或受聘僱於同一雇主，累計工作期間達六年以上者。<112.10.13 修正>

二、曾受聘僱從事工作期間累計達六年以上出國後，再次入國工作者，其工作期間累計達十一年六個月以上者。<111.10.12 修正>

三、曾受聘僱從事工作，累計工作期間達十一年六個月以上，並已出國者。<111.10.12 修正>

雇主應依下列規定期間，申請聘僱前項第一款規定之外國人從事中階技術工作：

一、原雇主：於聘僱許可有效期間屆滿日前二個月申請。

二、新雇主：於前款聘僱許可有效期間屆滿日前二個月至四個月內申請，並自其聘僱許可期間屆滿之翌日起聘僱。

雇主應於聘僱許可有效期間屆滿日前二個月至四個月內，申請聘僱第一項第二款規定之外國人從事中階技術工作，並自其聘僱許可期間屆滿之翌日起聘僱。

第一項第三款規定之外國人，除從事中階技術家庭看護工作者外，應由曾受聘僱之雇主，申請聘僱從事中階技術工作。<112.3.13 修正>

第一項第三款規定之外國人從事中階技術家庭看護工作，雇主應符合下列情形之一：<112.3.13 修正>

一、曾聘僱該外國人從事家庭看護工作。

二、與曾聘僱該外國人之雇主，有審查標準第二十一條第一項親屬關係。

三、與曾受該外國人照顧之被看護者，有審查標準第二十一條第一項親屬關係。

四、為曾受該外國人照顧之被看護者本人，有審查標準第二十一條第三項規定情形。

五、與曾受該外國人照顧之被看護者無親屬關係，有審查標準第二十一條第三項規定情形。

第 44 條　雇主申請聘僱第三類外國人，應備下列文件：

一、申請書。

二、申請人或公司負責人之身分證明文件；其公司登記證明、有限合夥登記證明、商業登記證明、工廠登記證明或特許事業許可證等影本。但依相關法令規定，免辦工廠登記證明或特許事業許可證者，免附。<112.10.13 修正>

三、求才證明書。但聘僱外國人從事中階技術家庭看護工作者，免附。

四、雇主依第四十二條規定辦理國內求才，所聘僱國內勞工之名冊。但聘僱外國人從事中階技術家庭看護工作者，免附。

五、直轄市或縣(市)政府就下列事項開具之證明文件：

（一）已依規定提撥勞工退休準備金及提繳勞工退休金。

（二）已依規定繳納積欠工資墊償基金。

（三）已依規定繳納勞工保險費及勞工職業災害保險費。

（四）已依規定繳納違反勞工法令所受之罰鍰。

（五）已依規定舉辦勞資會議。

（六）第三類外國人預定工作之場所，無具體事實足以認定有本法第十條規定之罷工或勞資爭議情事。

（七）無具體事實可推斷有業務緊縮、停業、關廠或歇業之情形。

（八）無因聘僱第三類外國人而降低本國勞工勞動條件之情事。

六、受聘僱外國人之名冊、護照影本或外僑居留證影本。

七、審查費收據正本。

八、其他經中央主管機關規定之文件。

前項第五款第六目至第八目規定情事，以申請之日前二年內發生者為限。

雇主申請聘僱外國人從事中階技術工作，有下列情形之一者，免附第一項第五款規定之證明文件：

一、從事中階技術家庭看護工作。

二、未聘僱本國勞工之自然人雇主與合夥人約定採比例分配盈餘，聘僱外國人從事中階技術海洋漁撈工作。

三、未聘僱本國勞工之自然人雇主，聘僱外國人從事中階技術外展農務工作或中階技術農業工作。

雇主為人民團體者，除檢附第一項第一款、第三款至第八款規定之文件外，另應檢附該團體立案證書及團體負責人之身分證明文件影本。<112.10.13 修正 >

雇主申請聘僱第三類外國人，中央主管機關得規定各項申請文件之效期及申請程序。

第 45 條　雇主向中央主管機關申請自國外引進聘僱下列第三類外國人，外國人應依規定申請入國簽證：

一、從事雙語翻譯或廚師相關工作者。

二、曾在我國境內受其聘僱從事第二類外國人工作，且累計工作期間達本法第五十二條規定之上限者。

三、在我國大專校院畢業，取得副學士以上學位之外國留學生、僑生或其他華裔學生。

前項外國人依規定申請入國簽證，應檢附下列文件：<112.5.30 修正 >

一、聘僱許可。

二、經我國中央衛生福利主管機關認可醫院或指定醫院核發之三個月內健康檢查合格報告。但外國人居住國家，未有經中央衛生福利主管機關認可醫院或指定醫院者，得以該國合格設立之醫療機構最近三個月內核發健康檢查合格報告代之。

三、外國人知悉本法相關工作規定之切結書。

四、其他經中央目的事業主管機關規定之簽證申請應備文件。

第 46 條　雇主應自引進第三類外國人入國日或聘僱許可生效日起，依本法之規定負雇主責任。

【*1113 術科第一題】

第 47 條　雇主申請聘僱外國人從事中階技術工作，應規劃並執行第三十三條規定之外國人生活照顧服務計畫書，並依下列規定期間，通知當地主管機關實施檢查：　【*1112 術科第一題】

一、由國外引進外國人從事中階技術工作，於外國人入國後三日內。

二、於國內聘僱中階技術外國人，自申請聘僱許可日起三日內。

前項通知，除免附經外國人本國主管部門驗證之外國人入國工作費用及工資切結書外，其餘應檢附之文件、當地主管機關受理、核發證明書及實施檢查，適用第三十三條及第三十四條規定。<111.12.26；112.5.30 修正>

已在我國境內工作之第二類外國人，由同一雇主申請聘僱從事中階技術工作者，免依第一項規定通知當地主管機關實施檢查。

第 48 條　雇主有繼續聘僱第三類外國人之必要者，應備第四十四條規定之文件，於聘僱許可有效期限屆滿日前四個月內，向中央主管機關申請展延聘僱許可。

雇主無申請展延聘僱從事中階技術工作外國人之必要者，應備申請書及其他經中央主管機關規定之文件，於聘僱許可有效期間屆滿日前二個月至四個月內，為該外國人依轉換雇主準則規定，向中央主管機關申請期滿轉換，或得由新雇主依轉換雇主準則規定，申請接續聘僱為第二類或第三類外國人。

從事中階技術工作之外國人，經雇主依轉換雇主準則規定，接續聘僱為第二類外國人，除從事中階技術工作期間外，其工作期間合計不得逾本法第五十二條規定之工作年限。

第 49 條　雇主申請聘僱第三類外國人，申請及入國後管理，除第二十三條至第二十四條之一及本章另有規定外，適用第二類外國人之規定。<112.5.18 修正>

## 第五章　第四類外國人聘僱許可之申請 <111.4.29 增修>

第 50 條　本法第五十條第一款之外國留學生，應符合外國學生來臺就學辦法規定之外國學生身分。

第 51 條　前條外國留學生從事工作，應符合下列規定：<110.12.30 修正>　　　　❋❋❋

一、正式入學修習科、系、所課程，或學習語言課程六個月以上。<112.5.30 修正>

二、經就讀學校認定具下列事實之一者：

（一）其財力無法繼續維持其學業及生活，並能提出具體證明。

（二）就讀學校之教學研究單位須外國留學生協助參與工作。

外國留學生符合下列資格之一者，不受前項規定之限制：

一、具語文專長，且有下列情形之一，並經教育部專案核准：

（一）入學後於各大專校院附設語文中心或外國在華文教機構附設之語文中心兼任外國語文教師。

（二）入學後協助各級學校語文專長相關教學活動。

二、就讀研究所，並經就讀學校同意從事與修習課業有關之研究工作。

第 52 條　本法第五十條第二款之僑生，應符合僑生回國就學及輔導辦法規定之學生。

本法第五十條第二款之華裔學生，應具下列身分之一：

一、香港澳門居民來臺就學辦法規定之學生。

二、就讀僑務主管機關舉辦之技術訓練班學生。

第 53 條　第四類外國人申請工作許可，應備下列文件：<111.4.29 修正 >

　　　　一、申請書。

　　　　二、審查費收據正本。

　　　　三、其他經中央主管機關規定之文件。　　　　　　　　　　　✿✿✿

第 54 條　第四類外國人之工作許可有效期間最長為六個月。【*1121-44；1093-47；1012-2；1011-10】

　　　　前項許可工作之外國人，其工作時間除寒暑假外，每星期最長為二十小時。

第 55 條　第四類外國人申請工作許可有下列情形之一者，中央主管機關應不予許可：

　　　　一、提供不實資料。

　　　　二、不符申請規定，經限期補正，屆期未補正。

## 第六章　第五類外國人聘僱許可之申請 <111.4.29 修正 >

第 56 條　雇主申請聘僱第五類外國人，應備下列文件：

　　　　一、申請書。

　　　　二、申請人或公司負責人之身分證明文件；其公司登記證明、有限合夥登記證明、商業
　　　　　　登記證明、工廠登記證或特許事業許可證等影本。但依相關法令規定，免辦工廠登
　　　　　　記證或特許事業許可證者，免附。<111.4.29；112.10.13 修正 >

　　　　三、聘僱契約書或勞動契約書影本。

　　　　四、受聘僱外國人之護照影本。

　　　　五、受聘僱外國人之外僑居留證或永久居留證影本。

　　　　六、審查費收據正本。

　　　　七、其他經中央主管機關規定之文件。

　　　　雇主為人民團體者，除檢附前項第一款、第三款至第七款規定之文件外，另應檢附該團
　　　　體立案證書及團體負責人之身分證明文件影本。<108.5.24；112.10.13 修正 >

第 57 條　聘僱許可有效期限屆滿日前六十日期間內，雇主如有繼續聘僱該第五類外國人之必要
　　　　者，於該期限內應備前條第一項第一款、第三款至第七款規定之文件，向中央主管機關
　　　　申請展延聘僱許可。

第 58 條　第五類外國人依本法第五十一條第二項規定，逕向中央主管機關申請者，應檢附第
　　　　五十六條第一項第一款、第四款至第七款規定之文件申請許可。

第 59 條　雇主申請聘僱第五類外國人或外國人依本法第五十一條第二項規定逕向中央主管機關申
　　　　請許可，其有下列情形之一者，中央主管機關應不予聘僱許可或展延聘僱許可：

　　　　一、提供不實資料。

　　　　二、不符申請規定，經限期補正，屆期未補正。

## 第七章　入國後之管理　　　　　　　　　　　　　　　　　　✿✿✿✿✿

第 60 條　雇主聘僱本法第四十六條第一項第九款之機構看護工作、第十款所定工作及第十一款
　　　　所定中階技術工作達十人以上者，應依下列規定設置生活照顧服務人員：<111.4.29 修正 >

　　　　【*1113-8；1102-60；1082-26；1043-38；1023-72；1018 月 -61；983-7；961-25；1041 術科第三題】

一、聘僱人數達十人以上未滿五十人者，至少設置一人。

二、聘僱人數達五十人以上未滿一百人者，至少設置二人。 【*1033-55】

三、聘僱人數達一百人以上者，至少設置三人【*1062-47】；每增加聘僱一百人者，至少增置一人。<106.1.11 修正 >

前項生活照顧服務人員應具備下列條件之一：

【*1123-69；1092-66；1072-78；1071-78；1053-30；1041 術科第三題；1011 術科第五題】

一、取得就業服務專業人員證書者。

二、從事外國人生活照顧服務工作二年以上經驗者。

三、大專校院畢業，並具一年以上工作經驗者。 【*1122-44；1112-4；1051-37】

雇主違反前二項規定者，當地主管機關得通知限期改善。 ❋❋❋❋❋

第 61 條　私立就業服務機構接受前條雇主委任辦理外國人之生活照顧服務者，應依下列規定設置生活照顧服務人員： 【*972-49；961-25；1061 術科第三題；1022 術科第二題】

一、外國人人數達十人以上未滿五十人者，至少設置一人。

二、外國人人數達五十人以上未滿一百人者，至少設置二人。

三、外國人人數達一百人以上者，至少設置三人；每增加一百人者，至少增置一人。

　　<106.1.11 修正 >

前項生活照顧服務人員應具備之條件，適用前條第二項規定。

私立就業服務機構違反前二項規定者，當地主管機關得通知委任之雇主及受任之私立就業服務機構限期改善。

第 62 條　雇主委任私立就業服務機構辦理外國人生活照顧服務計畫書所定事項者，應善盡選任監督之責。

第 63 條　外國人從事本法第四十六條第一項第八款至第十一款規定之工作，經地方主管機關認定有安置必要者，得依中央主管機關所定之安置對象、期間及程序予以安置。

第 64 條　雇主聘僱第六十條之外國人達三十人以上者；其所聘僱外國人中，應依下列規定配置具有雙語能力者： 【*963-47；1041 術科第三題；1031 術科第一題】❋❋❋

一、聘僱人數達三十人以上未滿一百人者，至少配置一人。

二、聘僱人數達一百人以上未滿二百人者，至少配置二人。 【*1083-25；1021-75】

三、聘僱人數達二百人以上者，至少配置三人；每增加聘僱一百人者，至少增置一人。

雇主違反前項規定者，當地主管機關得通知限期改善。

第 65 條　雇主依本法第四十六條第三項規定與外國人簽訂之定期書面勞動契約，應以中文為之，並應作成該外國人母國文字之譯本。 ❋❋❋❋

第 66 條　雇主依勞動契約給付第二類外國人或第三類外國人之工資，應檢附印有中文及該外國人本國文字之薪資明細表，並記載下列事項，交予該外國人收存，且自行保存五年：

<111.4.29；112.5.30 修正 >【*1122-51；1093-38；1051-14；1043-59；1032-72；992-44；1012 術科第三題；971 術科第五題】

一、實領工資、工資計算項目、工資總額及工資給付方式等。

二、應負擔之全民健康保險費、勞工保險費、所得稅、膳宿費及職工福利金。

三、依法院或行政執行機關之扣押命令所扣押之金額。

四、依其他法律規定得自工資逕予扣除之項目及金額。

前項所定工資，包括雇主法定及約定應給付之工資。<111.4.29 增修 >

雇主應備置及保存下列文件，供主管機關檢查：<112.5.30 修正 >

一、勞動契約書。

二、經驗證之第二類外國人入國工作費用及工資切結書。

雇主依第三十二條第二項規定引進第二類外國人者，免備置及保存前項所定之切結書。

第一項工資，除外國人應負擔之項目及金額外，雇主應全額以現金直接給付第二類外國人或第三類外國人。但以其他方式給付者，應提供相關證明文件，交予外國人收存，並自行保存一份。<111.4.29 增修 >

第一項工資，雇主未全額給付者，主管機關得限期令其給付。

第 67 條　第二類外國人不得攜眷居留。但受聘僱期間在我國生產子女並有能力扶養者，不在此限。

第 68 條　雇主對聘僱之外國人有本法第五十六條規定之情事者（連續曠職失去聯繫），除依規定通知當地主管機關、入出國管理機關及警察機關外，並副知中央主管機關。

雇主對聘僱之第二類外國人或第三類外國人，於聘僱許可有效期間因聘僱關係終止出國，應於該外國人出國前通知當地主管機關，由當地主管機關探求外國人之真意，並驗證之；其驗證程序，由中央主管機關公告之。<111.4.29 修正 >【雇主辦理與所聘僱第二類外國人終止聘僱關係之驗證程序】【*1018 月 -23；972 術科第五題】　✪✪✪

第一項通知內容，應包括外國人之姓名、性別、年齡、國籍、入國日期、工作期限、招募許可或聘僱許可文號及外僑居留證影本等資料。　　　　　　【*972 術科第五題】

外國人未出國者，警察機關應彙報內政部警政署，並加強查緝。　　　【*972 術科第五題】

---

**補充資料**

雇主辦理與所聘僱第二類及第三類外國人終止聘僱關係之驗證程序（民國 111 年 4 月 29 日修正）

一、勞動部（以下簡稱本部）為執行雇主聘僱外國人許可及管理辦法（以下簡稱本辦法）第六十八條規定，並保護第二類及第三類外國人（以下併稱外國人）工作權益，避免遭雇主強迫終止聘僱關係致強行遭送出國，特訂定本程序。

二、雇主終止聘僱關係有下列情形之一時，免踐行驗證程序：　　　【*1042 術科第二題】

　　（一）預定於聘僱許可期限屆滿前十四日內出國。【*1103-35；1072-12；1063-67；1051-3】

　　（二）外國人於受聘僱期間罹患中央衛生主管機關指定之傳染病或健康檢查不合格，經所在地衛生主管機關不予備查。

（三）因違反就業服務法（以下簡稱本法）本法相關規定，經廢止聘僱許可或不予核發聘僱許可並限令出國。

（四）經司法機關、中央主管機關、衛生主管機關、警察機關或入出國及移民機關依相關法令限期出國。

三、驗證程序如下：

（一）雇主與外國人合意終止聘僱關係時，應通知直轄市或縣（市）政府（以下簡稱當地主管機關）；其內容包括雙方之姓名、性別、年齡、國籍、入國日期、工作期限招募許可或聘僱許可文號及終止聘僱關係事由，且需以中文及外國人母國文字作成（參考樣例如附件一）。經雇主及外國人簽名或蓋章始生效力。

（二）通知書應於外國人與雇主合意終止聘僱關係日十四日前，連同外僑居留證影本等資料送達外國人工作所在地之當地主管機關辦理驗證手續。　　【*1043-16：1042 術科第二題】

（三）當地主管機關接獲前項通知書後，依下列方式處理：

1. 依通知書查核雙方基本資料，並進行電話或親自訪談以探求其真意，於結束訪談前應提供外國人申訴電話。

2. 經電話或親自訪談仍無法探求外國人真意時，得要求當事人雙方（雇主委任代理人者須有委託書）親至指定地點辦理驗證。當地主管機關應認定雇主（或代理人）及外國人合意終止聘僱關係之事實。任一方如無正當理由拒絕到場，視為放棄陳述意見，逕依權責處理。

3. 當地主管機關依前二目方式認定雙方無異議者，應開具「直轄市、縣（市）政府驗證雇主與外國人終止聘僱關係證明書」（以下簡稱證明書，如附件二）。

4. 當地主管機關於開具證明書後，應留存證明書影本乙份備查，另將證明書影本及雇主所送通知書影本與外僑居留證影本等資料，副知第二類外國人所在地之入出國及移民機關。

5. 雇主申請證明書所需文件，得採網路傳輸方式為之。

四、當地主管機關於驗證程序中，如任一方對通知書有異議者，應依勞資爭議程序儘速處理，方式如下：

（一）經處理後雇主同意繼續聘僱者，應返還通知書及相關文件。

（二）經雙方合意終止聘僱關係者，當地主管機關應開具證明書。

五、雙方無法合意者，當地主管機關依下列方式處理：

（一）外國人有收容安置之必要，即依受聘僱從事就業服務法第四十六條第一項第八款至第十一款規定工作之外國人臨時安置作業要點辦理收容事宜，並返還通知書及相關資料。

（二）無收容安置外國人之必要，且有可歸責於外國人之事由，逕開具證明書。

（三）於處理期間外國人之居留期限已屆滿者，且無入出國及移民法規定禁止出國之情事或本會認定有留置之必要者，得逕開具證明書。

六、當地主管機關於開具證明書後，依行政程序法規定送達雇主。

七、雇主已辦理驗證程序，且經當地主管機關開具證明書者，視同已依本法第五十六條通知。

八、雇主於取得證明書後，應依預定安排出國日前辦理外國人出國，並應在外國人出國後三十日內，檢具外國人名冊及出國證明文件，通知中央主管機關。雇主並得檢附有效之證明書及其他規定文件，依規定申請遞補外國人事宜。

外國人於驗證證明書所載協議終止聘僱關係日前十四日至協議終止聘僱關係日以外期間出國者，除有第二點免踐行驗證程序規定之情事外，應重新辦理驗證程序。

第 69 條　雇主應於所聘僱之外國人聘僱許可期限屆滿前，為其辦理手續並使其出國。

聘僱外國人有下列情事之一經令其出國者，雇主應於限令出國期限前，為該外國人辦理手續並使其出國。但經入出國主管機關依法限令其出國者，不得逾該出國期限：

一、聘僱許可經廢止者。

二、健康檢查結果表有不合格項目者。

三、未依規定辦理聘僱許可或經不予許可者。

雇主應於前二項外國人出國後三十日內，檢具外國人名冊及出國證明文件，通知中央主管機關。但外國人聘僱許可期限屆滿出國，或聘僱關係終止並經當地主管機關驗證出國者，不在此限。

第 70 條　雇主因故不能於本辦法規定期限內通知或申請者，經中央主管機關認可後，得於核准所定期限內，補行通知或申請。

前項補行通知或申請，就同一通知或申請案別，以一次為限。

第 71 條　雇主依本法第五十五條第一項規定繳納就業安定費者，應自聘僱之外國人入國翌日或接續聘僱日起至聘僱許可屆滿日或廢止聘僱許可前一日止，按聘僱外國人從事之行業別、人數及本法第五十五條第二項所定就業安定費之數額，計算當季應繳之就業安定費。

【*1101-80】

雇主繳納就業安定費，應於次季第二個月二十五日前，向中央主管機關設置之就業安定基金專戶繳納；雇主得不計息提前繳納。

雇主聘僱外國人之當月日數未滿一個月者，其就業安定費依實際聘僱日數計算。

【*1101-80】

雇主繳納之就業安定費，超過應繳納之數額者，得檢具申請書及證明文件申請退還。

## 第八章　附則

第 72 條　本辦法所規定之書表格式，由中央主管機關定之。

第 73 條　本辦法自中華民國一百十一年四月三十日施行。

本辦法修正條文，除中華民國一百十一年十月十二日修正發布之條文，自一百十一年四月三十日施行；一百十一年十二月二十六日修正發布之條文，自一百十二年一月一日施行外，自發布日施行。

## 七、就業安定基金收支保管及運用辦法（民國 110 年 5 月 3 日）

第 1 條　為加強辦理有關促進國民就業、提升勞工福祉及處理有關外國人聘僱管理事務，特設置就業安定基金（以下簡稱本基金），並依預算法第二十一條規定，訂定本辦法。

第 2 條　（刪除）

第 3 條　本基金為預算法第四條第一項第二款所定之特種基金，編製附屬單位預算，下設勞工權益基金，編製附屬單位預算之分預算，以勞動部為主管機關。

第 4 條　本基金之來源如下：　　　　　　　　　　　　　　　　　　　✪✪✪

一、就業安定費收入。

二、本基金之孳息收入。

三、勞工權益基金收入。

四、其他有關收入。

前項第三款所定勞工權益基金之來源如下：

一、勞工權益基金（專戶）賸餘專款。

二、由政府循預算程序之撥款。

三、勞工權益基金之孳息收入。

四、捐贈收入。

五、其他有關收入。

第 5 條　本基金之用途如下：

一、辦理加強實施職業訓練及就業資訊等事項。

二、辦理加強實施就業安定及就業促進等事項。

三、辦理創業貸款事項。

四、辦理失業輔助及失業保險規劃事項。

五、辦理獎助雇主配合推動就業安定事項。

六、辦理提升勞工福祉事項。

七、辦理外國人聘僱管理事項。

八、辦理技能檢定、技能競賽及就業甄選等事項。

九、補助直轄市及縣（市）政府辦理有關促進國民就業、職業訓練及外國人在中華民國
　　境內工作管理事項。

十、勞工權益基金支出。

十一、管理及總務支出。

十二、其他有關支出。

直轄市及縣（市）政府申請前項第九款經費補助時，應編列配合款。

第一項第九款經費補助規定，由主管機關另定之。

第一項第十款所定勞工權益基金之用途如下：

一、勞工訴訟之法律扶助。

二、勞工訴訟期間必要生活費用之補助。

三、其他相關勞工權益扶助事項。

第 6 條　本基金之保管及運用，應注重收益性及安全性，其存儲並應依公庫法及其相關法令規定
辦理。

第 7 條　本基金為應業務需要，得購買政府公債、國庫券或其他短期票券。

第 8 條　本基金應設就業安定基金管理會（以下簡稱本會），置委員十九人至二十九人，任期二
年，其中一人為召集人，由勞動部部長兼任之；其餘由勞動部就下列人員聘兼之：

一、行政院內政衛福勞動處代表一人。

二、勞動部代表二人。

三、財政部代表一人。

四、經濟部代表一人。

五、行政院主計總處代表一人。

六、國家發展委員會代表一人。

七、直轄市或縣（市）政府代表三人。

八、勞工團體代表二人至五人。

九、雇主團體代表二人至五人。

十、專家、學者四人至八人。

本會委員任一性別比例不得少於三分之一。<110.5.3 修正 >

本會委員及派兼人員，均為無給職。

第 9 條　本會之任務如下：

一、就業安定費數額之審議。

二、本基金及下設基金收支、保管及運用之審議。

三、本基金及下設基金年度預算及決算之審議。

四、本基金及下設基金運用執行情形之考核。

五、其他有關事項。

第 10 條　本會置執行秘書一人，由勞動部指派人員兼任之，承召集人之命，執行本會決議事項及處理日常事務；所需工作人員，由勞動部就該部勞動力發展署現職人員調兼之；必要時視業務需要聘僱八人至十五人。

第 11 條　本會每三個月舉行會議一次，必要時得召開臨時會議，均由召集人召集之；召集人因故不能出席時，由召集人指定委員一人召集之。

　　　　本會會議之決議，應經過半數之委員出席及出席委員過半數之同意。

　　　　本會舉行會議時，得視需要邀請相關直轄市或縣（市）政府派員列席。

第 12 條　（刪除）

第 13 條　（刪除）

第 14 條　本基金有關預算編製與執行及決算編造，應依預算法、會計法、決算法、審計法及相關法令規定辦理。

第 15 條　本基金會計事務之處理，應依規定訂定會計制度。

第 16 條　本基金年度決算如有賸餘，應依規定辦理分配。

第 17 條　本基金結束時，應予結算，其餘存權益應解繳國庫。

第 18 條　本辦法施行日期，除中華民國九十九年四月二十九日修正發布之條文，自九十九年一月一日施行，九十九年十二月九日修正發布之條文，自一百年一月一日施行，一百零三年一月二十日修正發布之第三條至第五條及第九條條文，自一百零三年一月一日施行外，自發布日施行。

## 八、就業服務法申請案件審查費及證照費收費標準（民國 111 年 4 月 29 日）

第 1 條　本標準依就業服務法（以下簡稱本法）第八十一條規定訂定之。

第 2 條　雇主申請聘僱外國人之各項許可，應依下列標準繳納審查費：　　　❋❋❋

　　一、本法第四十六條第一項第一款、第二款、第四款至第六款規定工作之聘僱、展延聘僱許可及第五十一條第三項規定之工作許可，每件新臺幣五百元。<111.4.29 修正 >

　　　　　　　　　　　　　　　　【*1073-23；1053-28；1042-48；1022-28；981-10；963-66】

　　二、本法第四十六條第一項第八款至第十款規定工作之招募、轉換雇主（或工作）許可，每件新臺幣二百元。<111.4.29 修正 >　　　　【*1081-58；1041-67；1031-13；1021-62】

　　三、本法第四十六條第一項第八款至第十款規定工作之入國引進、聘僱、展延聘僱、遞補許可、延長招募許可，每件新臺幣一百元。<111.4.29 修正 >

　　四、本法第四十六條第一項第十一款規定工作之聘僱、展延聘僱、轉換雇主或工作許可，每件新臺幣三百元。<111.4.29 增修 >

　　五、本法第四十六條第一項第八款至第十一款規定工作之變更工作場所、變更被看護者、變更或新增受照顧人，每件新臺幣一百元。<111.4.29 增修 >

　　六、本法第五十條第一項各款之外國人申請聘僱許可，每件新臺幣一百元。

　　七、本法第五十一條第一項第一款至第四款規定工作之聘僱、展延聘僱許可，每件新臺幣一百元。

　　申請補發前項許可者，每件繳納審查費新臺幣一百元。

第 3 條　私立就業服務機構或就業服務專業人員申請許可或核發證照，應依下列標準繳納審查費或證照費：　【*1052-46】

一、私立就業服務機構或其分支機構申請設立許可，每件新臺幣五百元。

二、私立就業服務機構或其分支機構申請變更登記許可，每件新臺幣二百五十元。

　　<111.4.29 修正>

三、私立就業服務機構或其分支機構申請核發許可證，每件新臺幣二千元。

四、換發或補發前款許可證，每件新臺幣一千元。　【*1043-25】

五、核發、換發或補發就業服務專業人員證書，每件新臺幣四百元。

六、外國人力仲介公司申請認可，每件新臺幣二千元。

第 4 條　外國人申請工作許可，應繳納審查費每件新臺幣一百元。

第 5 條　申請人應依本標準向主管機關或其委託之機構繳納審查費或證照費。

前項機構由主管機關公告之。

第 6 條　本標準自中華民國一百十一年四月三十日施行。

## 立即演練 3

(　　) 1. 有關企業延攬外國人才之說法，下列何者符合就業服務法相關法規規定？　①雇主申請聘僱白領外國人（指從事就業服務法第 46 條 1 項第 1 款至第 6 款工作），該等外國人均須具有 2 年以上相關工作經驗　②雇主申請聘僱白領外國人，從事專門性及技術性工作，該等外國人均須具有 2 年以上相關工作經驗　③雇主申請聘僱具相關碩士學位外國人，從事專門性及技術性工作，該外國人須具有 2 年以上相關工作經驗　④雇主申請聘僱相關學士學位外國人，從事專門性及技術性工作，該外國人須具有 2 年以上相關工作經驗

(　　) 2. 依勞動部 98 年 8 月 20 日勞職管字第 0980503214 號令公告修正「外國人入國工作費用與工資切結書」，下列何者與該切結書規定不符？　①切結書約定切結事項，如於外國人入國工作後，有不利於外國人之變更，應經勞雇雙方合意，始得變更之　②私立就業服務機構不得接受債權人委託在臺代為收取外國人在臺工作有關之借款，違反者以就業服務法第 40 條第 5 款，收取規定標準以外費用論處　③切結書上所列來臺工作所發生費用之項目及金額，應依照勞工輸出國規定填載，並應經勞工輸出國查證屬實後驗證之　④外國人如經轉換雇主，則需與新雇主及我國私立就業服務機構重新簽署切結書

(　　) 3. 雇主申請聘僱外國人從事大眾捷運工程設計工作，該外國人因僅具相關系所之學士學位，則至少應另有幾年以上相關工作經驗？　①1 年　②2 年　③3 年　④4 年

( ) 4. 外國人受聘僱從事專門性及技術性工作，如取得國內外大學相關系所之學士學位者，需具有幾年以上相關工作經驗？ ①1年 ②2年 ③3年 ④4年

( ) 5. 為公益目的協助解決因緊急事故引發問題之需要，從事專門性技術性工作，其停留期間在幾日以下之入國簽證視為工作許可？ ①10日 ②20日 ③30日 ④60日

( ) 6. 聘僱外國人從事專門性及技術性工作之雇主為財團法人者，若設立未滿一年，其設立基金至少應達新臺幣多少元？ ①500萬 ②600萬 ③800萬 ④1,000萬

( ) 7. 外國法人為履行承攬、買賣、技術合作等契約之需要，須指派所聘僱外國人入國從事專門性及技術性之契約範圍內工作，如該外國人停留期間在15日以上90日以下者，得於該外國人入國後至遲幾日內，依規定申請許可？ ①7日 ②15日 ③21日 ④30日

( ) 8. 短期補習班聘僱外籍語文教師入國工作3個月以上者，應檢具該外國人由指定醫院核發之最近幾個月內之健康檢查合格證明，申請聘僱許可？ ①3個月 ②4個月 ③5個月 ④6個月

( ) 9. 雇主向勞動部申請聘僱航空器外國籍駕駛員之展延聘僱許可，每件應繳納審查費新臺幣多少元？ ①100元 ②200元 ③500元 ④1,000元

( )10. 依雇主申請聘僱第2類外國人，除有正當理由外，不得於辦理國內招募前幾個月內撤回求才登記？ ①1個月 ②2個月 ③3個月 ④6個月

( )11. 外國人受聘僱從事就業服務法第46條第1項第4款規定之外國語文教師工作，下列資格何者是對的？ ①滿16歲 ②每周教學相關工作時數至少14小時 ③高中畢業 ④可從事非語言教學

( )12. 下列何種被看護者所具有之條件，尚無法據以申請聘僱外籍看護工？ ①經勞委會公告之醫療機構以團隊方式所作專業評估，認定需全日24小時照護者 ②經公立醫療機構開具巴氏量表30分以下者 ③身心障礙手冊記載為植物人 ④身心障礙重度等級之失智症者

( )13. 雇主依就業服務法第58條第1項規定申請遞補第2類外國人者，應於外國人出國或死亡之日起幾個月內申請遞補？ ①1個月 ②個月 ③3個月 ④6個月

( )14. 雇主申請聘僱養護機構之外籍看護工，應以合理勞動條件向工作場所所在地之公立就業服務機構辦理求才登記，並刊登求才廣告，自刊登求才廣告期滿之次日起，至少幾日辦理招募本國勞工？ ①7日 ②15日 ③21日 ④30日

( )15. 雇主申請聘僱外籍製造工，應先辦理國內新聞紙求才登記，並刊登國內新聞組求才廣告2日，自刊登求才廣告期滿之次日起，至少幾日辦理招募本國勞工？ ①2日 ②4日 ③7日 ④8日

( )16. 雇主依規定辦理招募本國勞工，有招募不足情形者，於招募期滿次日起幾日內，得檢附相關資料文件，向原受理求才登記之公立就業服務機構申請求才證明書後，申請聘僱外籍勞工？ ①10日 ②15日 ③20日 ④30日

(　　)17.短期補習班聘僱外籍語文教師入國從事教學相關工作,下列敘述何者為非? ①不可同時受僱於 2 個雇主　②教授其護照國籍之官方語言　③須成年　④大專以上學校畢業

(　　)18.申請外籍看護工之雇主與被看護者之間,具備下列何種親屬關係時,不符合申請資格?　①配偶　②直系血親　③4 親等內之旁系血親　④1 親等之姻親

(　　)19.依受聘僱外國人健康檢查管理辦法規定,雇主應於第二類人員入國後 3 日內安排至指定醫院接受健康檢查,其檢查項目不包括下列哪一項?　①妊娠檢查　②B型肝炎表面抗原檢查　③一般體格檢查　④人類免疫缺乏病毒抗體檢查

(　　)20.目前非屬自由貿易港區之製造業雇主,以特定製程申請初次招募外勞人數及所聘僱外勞總人數,合計不得超過雇主申請當月前 2 個月之前 1 年僱用員工人數之百分比,最高比率為　①40%　②35%　③20%　④10%

(　　)21.製造業雇主聘僱外國人之人數與其引進重新招募之外國人之總人數,不得超過僱用勞工總人數百分之多少?　①百分之十　②百分之十五　③百分之十八　④百分之二十

(　　)22.下列哪一種親屬人員不得列計雇主得申請聘僱外籍家庭幫傭條件之點數?　①配偶　②子女　③直系血親尊親屬　④一親等姻親尊親屬

(　　)23.外國人受聘僱從事家庭幫傭或看護工作,須年滿幾歲以上?　①18 歲　②20 歲　③22 歲　④25 歲

(　　)24.入國從事製造工作之外籍勞工,其年齡至少應在幾歲以上?　①16 歲　②18 歲　③20 歲　④22 歲

(　　)25.雇主申請聘僱外籍製造工,應以合理勞動條件向工作場所所在地之公立就業服務機構辦理求才登記後次日起,應在國內新聞紙 1 家刊登求才廣告至少幾日?　①1 日　②2 日　③5 日　④7 日

(　　)26.雇主申請聘僱從事就業服務法第 46 條第 1 項第 8 款至第 10 款規定工作之外國人者,應於外國人入國幾日內,檢附相關文件通知當地主管機關實施檢查?　①3日　②5 日　③7 日　④10 日

(　　)27.雇主申請聘僱中階技術移工,應繳納審查費每件新臺幣多少?　①300　②400元　③500 元　④600 元

(　　)28.依外國人從事就業服務法第 46 條第 1 項第 8 款至第 11 款工作資格及審查標準,下列何者為特定製程 A 級之行業別?　①金屬表面處理及熱處理業　②塑膠製品製造業　③織造業　④玻璃及其製品製造業

(　　)29.依外國人受聘僱從事就業服務法第 46 條第 1 項第 8 款至第 11 款規定工作之轉換雇主或工作程序準則規定,雇主未依該準則所定期限申請者,得於所定期限屆滿後幾日內補行申請?　①15 日　②30 日　③45 日　④60 日

(　　)30.依就業服務法第 57 條所訂定之變更工作場所裁量基準規定,雇主調派所聘僱之外籍工作者至醫療院所附設護理之家,從事被看護者之家庭看護工作,1 年累計調派期間不得超過幾個月?　①2 個月　②4 個月　③6 個月　④12 個月

( )31. 依外國人受聘僱從事就業服務法第 46 條第 1 項第 8 款至第 11 款規定工作之轉換雇主或工作程序準則規定，接續聘僱之雇主應於取得接續聘僱證明書之翌日後幾日內，申請核發聘僱許可或展延聘僱許可？ ① 15 日 ② 30 日 ③ 45 日 ④ 60 日

( )32. 公立就業服務機構依法多久應以公開會議協調方式辦理接續聘僱外國人之作業？ ①每日 ②每週 ③每月 ④每季

( )33. 依外國人受聘僱從事就業服務法第 46 條第 1 項第 8 款至第 11 款規定工作之轉換雇主或工作程序準則規定，公立就業服務機構應自中央主管機關核准轉換或廢止聘僱許可之日起幾日內，辦理外國人轉換作業？ ① 15 日 ② 30 日 ③ 45 日 ④ 60 日

( )34. 雇主原聘僱之第 2 類外國人，由雇主自行辦理重新招募，未委任私立就業服務機構，並經中央主管機關代轉申請文件者，該第 2 類外國人於申請入國簽證時得免附下列哪個規定文件？ ①招募許可 ②專長證明 ③健康檢查合格報告 ④已簽妥之勞動契約

( )35. 雇主申請聘僱從事就業服務法第 46 條第 1 項第 9 款或第 10 款規定之外國人，應依外國人生活照顧服務計畫書確實執行，其中外國人住宿地點如有變更，至遲應於幾日內，以書面通知外國人工作所在地及住宿地點之當地主管機關？ ① 3 日內 ② 7 日內 ③ 15 日內 ④ 30 日內

( )36. 雇主聘僱外籍營造工達多少數額者，其應設置生活管理人員至少 1 人？ ① 10 人以上未滿 50 人者 ② 20 人以上未滿 80 人者 ③ 30 人以上未滿 100 人者 ④ 40 人以上未滿 120 人者

( )37. 雇主聘僱外籍製造工達多少數額者，其中具有雙語能力者，至少應有 1 人？ ① 10 人以上未滿 50 人者 ② 20 人以上未滿 80 人者 ③ 30 人以上未滿 100 人者 ④ 40 人以上未滿 120 人者

( )38. 從事跨國人力仲介業務之私立就業服務機構，受委託管理同一國籍外籍營造工，每多少人可申請 1 名外籍輔導管理之雙語翻譯人員？ ① 30 人 ② 40 人 ③ 50 人 ④ 60 人

( )39. 得從事人力資源管理顧問業務之公司，其受委託管理同一國籍之外籍製造工 189 人者，得聘僱外籍廚師最多幾人？ ① 1 人 ② 2 人 ③ 3 人 ④ 4 人

( )40. 雇主聘僱外國人住宿地點及生活照顧服務人員變更，應於變更後幾日內，以書面通知外國人工作所在地及住宿地點之當地主管機關？ ① 5 日 ② 7 日 ③ 10 日 ④ 15 日

( )41. 雇主聘僱就業服務法第 46 條第 1 項第 10 款規定之外國人幾人以上，應依規定設置生活照顧服務人員？ ① 5 人 ② 10 人 ③ 15 人 ④ 20 人

( )42. 依就業服務法、雇主聘僱外國人許可及管理辦法規定，受聘僱之外國人有連續曠職三日失去聯繫或聘僱關係終止之情事，雇主應於 3 日內以書面通知下列機關，何者是錯誤？ ①勞動部 ②當地直轄市、縣 (市) 政府 ③警政署 ④當地警察機關

（　）43. 製造業重大投資非傳統產業者之雇主，其聘僱外籍製造工，每人每月應繳交就業安定費新臺幣多少元？　① 1,500 元　② 1,900 元　③ 2,000 元　④ 2,400 元

（　）44. 在我國境內之外籍人士，其聘僱外籍家庭幫傭，每人每月應繳交就業安定費新臺幣多少元？　① 1,500 元　② 2,000 元　③ 5,000 元　④ 10,000 元

（　）45. 雇主聘僱何類勞工，所需繳納之就業安定費數額最高？　①家庭看護工　②營造業勞工　③家庭幫傭　④製造業勞工

（　）46. 私立就業服務機構刊播或散發就業服務廣告，應載明之項目不包括下列哪一項？　①機構名稱　②許可證字號　③機構地址及電話　④負責人

（　）47. 雇主聘僱外國人從事家庭看護工作，被看護者或雇主為依社會救助法所核定之低收入戶，每月應繳納就業安定費之數額為　①免費　② 1,000 元　③ 1,200 元　④ 2,000 元

（　）48. 雇主於依勞動契約給付從事家庭看護工作之外國人工資時，下列哪一項目依法不得扣除？　①膳宿費　②仲介費　③外國人應負擔之全民健康保險費　④行政執行機關之扣押命令所扣押之金額

（　）49. 雇主申請聘僱外國人從事營造工作，不得於辦理國內招募前之最長多久期間內，無正當理由撤回求才登記之情事？　① 2 個月　② 3 個月　③ 6 個月　④ 12 個月

**解**　1. ④　　2. ①　　3. ②　　4. ②　　5. ③　　6. ④　　7. ②　　8. ①　　9. ③　　10. ④
　　11. ②　　12. ②　　13. ③　　14. ①　　15. ①　　16. ②　　17. ①　　18. ③　　19 ①　　20. ②
　　21. ④　　22. ①　　23. ②　　24. ①　　25. ②　　26. ①　　27. ①　　28. ①　　29. ①　　30. ②
　　31. ①　　32. ②　　33. ④　　34. ②　　35. ④　　36. ①　　37. ④　　38. ③　　39. ④　　40. ②
　　41. ②　　42. ③　　43. ④　　44. ④　　45. ③　　46. ④　　47. ①　　48. ②　　49. ③

# 6-3　私立就業服務管理

## 一、私立就業服務機構許可及管理辦法（民國 113 年 1 月 30 日修正）

**第一章　總則**

第 1 條　本辦法依就業服務法（以下簡稱本法）第三十四條第三項及第四十條第二項規定訂定之。

第 2 條　本法所稱私立就業服務機構，依其設立目的分為營利就業服務機構及非營利就業服務機構，其定義如下：　　　　　　　　　　　　　　　　　　　　　　【＊963 術科第六題】

　　　　一、營利就業服務機構：謂依公司法所設立之公司或依商業登記法所設立之商業組織，從事就業服務業務者。

　　　　二、非營利就業服務機構：謂依法設立之財團、以公益為目的之社團或其他非以營利為目的之組織，從事就業服務業務者。

第 3 條　本法第三十五條第一項第四款所定其他經中央主管機關指定之就業服務事項如下：

一、接受雇主委任辦理聘僱外國人之招募、引進、接續聘僱及申請求才證明、招募許可、聘僱許可、展延聘僱許可、遞補、轉換雇主、轉換工作、變更聘僱許可事項、通知外國人連續曠職三日失去聯繫之核備。

二、接受雇主或外國人委任辦理在中華民國境內工作外國人之生活照顧服務、安排入出國、安排接受健康檢查、健康檢查結果函報衛生主管機關、諮詢、輔導及翻譯。

三、接受從事本法第四十六條第一項第八款至第十一款規定工作之外國人委任，代其辦理居留業務。<110.6.2 修正>

第 4 條　私立就業服務機構收取費用時，應掣給收據，並保存收據存根。　　　　✪✪✪✪✪

介紹費之收取，應於聘僱契約生效後，始得為之。　　　　【*1083-57；1053-62；991-51】

聘僱契約生效後四十日內，因可歸責於求職人之事由，致聘僱契約終止者，雇主得請求私立就業服務機構免費重行推介一次，或退還百分之五十之介紹費。

【*1123-62；1112-37；1102-25；1091-18；1041-78；1023-19；1103 術科第二題】

聘僱契約生效後四十日內，因可歸責於雇主之事由，致聘僱契約終止者，求職人得請求私立就業服務機構免費重行推介一次，或退還百分之五十之介紹費。

【*1123-56；1123-62；1022-39；1011-46】

求職人或雇主已繳付登記費者，得請求原私立就業服務機構於六個月內推介三次。但經推介於聘僱契約生效或求才期限屆滿者，不在此限。

【*1123-62；1073-36；1072-44；1063-68；1041-42；991-51；972-66】

第 5 條　本法第三十六條所稱就業服務專業人員，應具備下列資格之一者：　　　　✪

一、經中央主管機關發給測驗合格證明，並取得就業服務專業人員證書。

二、就業服務職類技能檢定合格，經中央主管機關發給技術士證，並取得就業服務專業人員證書。

參加就業服務職類技術士技能檢定者，應具備經教育部立案或認可之國內外高中職以上學校畢業或同等學力資格。

第 5-1 條　就業服務專業人員以取得一張就業服務專業人員證書為限。

就業服務專業人員經依本法第七十一條規定廢止證書者，自廢止之日起二年內不得再行申請核發證書。　　　　【*1051-17；1032-24；1023 術科第一題】

本辦法中華民國 93 年 1 月 13 日修正發布後，取得就業服務專業人員效期證書者，由中央主管機關換發就業服務專業人員證書。

第 6 條　本法第三十六條所稱就業服務專業人員之數額如下：　　　　✪✪✪

【*1113-78；963-72；1121 術科第一題；1021 術科第三題】

一、從業人員人數在五人以下者，應置就業服務專業人員至少一人。

二、從業人員人數在六人以上十人以下者，應置就業服務專業人員至少二人。

三、從業人員人數逾十人者，應置就業服務專業人員至少三人，並自第十一人起，每逾十人應另增置就業服務專業人員一人。【*1043-3】

私立就業服務機構或其分支機構依前項規定所置之就業服務專業人員，已為其他私立就業服務機構或分支機構之就業服務專業人員者，不計入前項所定之數額，且不得從事第七條第一項第四款所定之職責。

**第 7 條**　就業服務專業人員之職責如下：【*1092-59；1082-71；1022-15；1002-66；1083 術科第二題；981 術科第五題；961 術科第五題】

一、辦理暨分析職業性向。

二、協助釐定生涯發展計畫之就業諮詢。

三、查對所屬私立就業服務機構辦理就業服務業務之各項申請文件。

四、依規定於雇主相關申請書簽證。

就業服務專業人員執行前項業務，應遵守誠實信用原則。

**第 8 條**　本法第三十九條所稱各項文件資料包括：

一、職員名冊應記載職員姓名、國民身分證統一編號、性別、地址、電話及到職、離職日期等事項。

二、各項收費之收據存根，含第四條第一項規定之收據存根。

三、會計帳冊。

四、求職登記及求才登記表應記載求職人或雇主名稱、地址、電話、登記日期及求職、求才條件等事項。

五、求職、求才狀況表。

六、與雇主、求職人簽訂之書面契約。

七、仲介外國人從事本法第四十六條第一項第八款至第十一款工作之外國人報到紀錄表及外國人入國工作費用及工資切結書。

八、主管機關規定之其他文件資料。

前項文件資料應保存五年。【*1041-44】

**第 9 條**　私立就業服務機構，受理求職登記或推介就業，不得有下列情形：<110.3.23 修正>

【*1091-67】

一、推介十五歲以上未滿十六歲之童工，及十六歲以上未滿十八歲之人，從事危險性或有害性之工作。

二、受理未滿十五歲者之求職登記或為其推介就業。但國民中學畢業或經主管機關認定其工作性質及環境無礙其身心健康而許可者，不在此限。

三、推介未滿十八歲且未具備法定代理人同意書及其年齡證明文件者就業。

第 10 條　私立就業服務機構除經許可外，不得以其他形式設立分支機構，從事就業服務業務。

第 10-1 條　<112.9.4 增修>

　　　　私立就業服務機構及其分支機構申請許可，及就業服務專業人員申請證書，主管機關得公告採網路傳輸方式申請項目。

　　　　依前項規定公告之項目，私立就業服務機構及其分支機構申請許可，及就業服務專業人員申請證書，應採網路傳輸方式為之。但有正當理由，經主管機關同意者，不在此限。

## 第二章　私立就業服務機構之許可及變更

第 11 條　辦理仲介本國人在國內工作之營利就業服務機構最低實收資本總額為新臺幣五十萬元，每增設一分支機構，應增資新臺幣二十萬元。但原實收資本總額已達增設分支機構所須之實收資本總額者，不在此限。

　　　　仲介外國人至中華民國工作、或依規定仲介香港或澳門居民、大陸地區人民至臺灣地區工作、或仲介本國人至臺灣地區以外工作之營利就業服務機構，最低實收資本總額為新臺幣五百萬元【*1111-53；1091-30；972-70；963-42；1121 術科第一題】，每增設一分公司，應增資新臺幣二百萬元。但原實收資本總額已達增設分支機構所須之實收資本總額者，不在此限。

　　　　仲介外國人至中華民國工作、或依規定仲介香港或澳門居民、大陸地區人民至臺灣地區工作、或仲介本國人至臺灣地區以外工作之非營利就業服務機構，應符合下列規定：<109.2.14 修法>

一、依法向主管機關登記設立二年以上之財團法人或公益社團法人；其為公益社團法人者，應為職業團體或社會團體。

二、申請之日前二年內，因促進社會公益、勞雇和諧或安定社會秩序等情事，受主管機關或目的事業主管機關獎勵或有具體事蹟者。

第 12 條　私立就業服務機構及其分支機構之設立，應向所在地之主管機關申請許可。但從事仲介外國人至中華民國工作、或依規定仲介香港或澳門居民、大陸地區人民至臺灣地區工作、或仲介本國人至臺灣地區以外工作者，應向中央主管機關申請許可。

　　　　申請設立私立就業服務機構及其分支機構者，應備下列文件申請籌設許可：

一、申請書。

二、法人組織章程或合夥契約書。

三、營業計畫書或執行業務計畫書。

四、收費項目及金額明細表。

五、實收資本額證明文件。但非營利就業服務機構免附。

六、主管機關規定之其他文件。

主管機關於必要時，得要求申請人繳驗前項文件之正本。

經中央主管機關許可籌設之從事仲介外國人至中華民國工作、或依規定仲介香港或澳門居民、大陸地區人民至臺灣地區工作、或仲介本國人至臺灣地區以外工作者，應於申請設立許可前，通知當地主管機關檢查。

前項檢查項目由中央主管機關公告之。

第 13 條　前條經許可籌設者，應自核發籌設許可之日起三個月內，依法登記並應備下列文件向主管機關申請設立許可及核發許可證：

一、申請書。

二、從業人員名冊。

三、就業服務專業人員證書及其國民身分證正反面影本。

四、公司登記、商業登記證明文件或團體立案證書影本。

五、銀行保證金之保證書正本。但分支機構、非營利就業服務機構及辦理仲介本國人在國內工作之營利就業服務機構免附。

六、經當地主管機關依前條第四項規定檢查確有籌設事實之證明書。

七、主管機關規定之其他文件。

主管機關於必要時，得要求申請人繳驗前項文件之正本。

未能於第一項規定期限內檢具文件申請者，應附其理由向主管機關申請展延，申請展延期限最長不得逾二個月，並以一次為限。

經審核合格發給許可證者，本法第三十四條第一項及第二項之許可始為完成。

經中央主管機關許可之私立就業服務機構，並得從事仲介本國人在國內工作之就業服務業務。

第 13-1 條　主管機關得自行或委託相關機關（構）、團體辦理私立就業服務機構評鑑，評鑑成績分為 A、B 及 C 三級。　　　　　　　　　　　　【*1091 術科第八題】

前項評鑑辦理方式、等級、基準及評鑑成績優良者之表揚方式，由主管機關公告之。

第 14 條　辦理仲介外國人至中華民國工作、或依規定仲介香港或澳門居民、大陸地區人民至臺灣地區工作、或仲介本國人至臺灣地區以外工作之營利就業服務機構，依第十三條第一項第五款規定應繳交由銀行出具金額新臺幣三百萬元保證金之保證書，作為民事責任之擔保。　　　　　　　　　　　　　　　　　　【*1042-11；1121 術科第一題】

前項營利就業服務機構於許可證有效期間未發生擔保責任及最近一次經評鑑為 A 級者，每次許可證效期屆滿換發新證時，保證金依次遞減新臺幣一百萬元之額度。但保證金數額最低遞減至新臺幣一百萬元。

前二項營利就業服務機構發生擔保責任，經以保證金支付後，其餘額不足法定數額者，應由該機構於不足之日起一個月內補足，並於其許可證效期屆滿換發新證時，保證金數額調為新臺幣三百萬元。未補足者，由中央主管機關廢止其設立許可。

營利就業服務機構所繳交銀行保證金之保證書，於該機構終止營業繳銷許可證或註銷許可證或經主管機關廢止設立許可之日起一年後，解除保證責任。　　　　【*1001-23】

第 15 條 　私立就業服務機構及其分支機構申請籌設許可、設立許可或重新設立許可有下列情形之一，主管機關應不予許可：

一、不符本法或本辦法之申請規定者。

二、機構或機構負責人、經理人、董（理）事或代表人曾違反本法第三十四條第二項或第四十五條規定，受罰鍰處分、經檢察機關起訴或法院判決有罪者。

三、機構負責人、經理人、董（理）事或代表人曾任職私立就業服務機構，因其行為致使該機構有下列情事之一者：

　　（一）違反本法第四十條第一項第四款至第九款或第四十五條規定。

　　（二）違反本法第四十條第一項第二款或第十四款規定經限期改善，屆期未改善。

　　（三）同一事由，受罰鍰處分三次，仍未改善。

　　（四）一年內受罰鍰處分四次以上。

　　（五）一年內受停業處分二次以上。

四、機構負責人、經理人、董（理）事或代表人從事就業服務業務或假借業務上之權力、機會或方法對求職人、雇主或外國人曾犯刑法第二百二十一條至第二百二十九條、第二百三十一條至第二百三十三條、第二百九十六條至第二百九十七條、第三百零二條、第三百零四條、第三百零五條、第三百三十五條、第三百三十六條、第三百三十九條、第三百四十一條、第三百四十二條或第三百四十六條規定之罪，經檢察機關起訴或法院判決有罪者。

五、機構負責人、經理人、董（理）事或代表人曾犯人口販運防制法所定人口販運罪，經檢察機關起訴或法院判決有罪者。

六、非營利就業服務機構曾因妨害公益，受主管機關或目的事業主管機關處罰鍰、停業或限期整理處分。

七、營利就業服務機構申請為營業處所之公司登記地址或商業登記地址，已設有私立就業服務機構者。

八、非營利就業服務機構申請之機構地址，已設有私立就業服務機構者。

九、評鑑為 C 級，經限期令其改善，屆期不改善或改善後仍未達 B 級者。

十、申請設立分支機構，未曾接受評鑑而無評鑑成績或最近一次評鑑成績為 C 級者。

【*1031-1：1091 術科第八題】

十一、規避、妨礙或拒絕接受評鑑者。

十二、接受委任辦理聘僱許可，外國人於下列期間發生行蹤不明情事達附表一規定之人數及比率者：<113.1.30 修正>

　　（一）入國第三十一日至第九十內。

　　（二）入國三十日內，因私立就業服務機構及其分支機構未善盡受任事務所致。

【*1021-6】

前項第二款至第六款及第十二款規定情事，以申請之日前二年內發生者為限。

直轄市或縣（市）主管機關核發許可證者，不適用第一項第九款及第十二款規定。

**附表一：私立就業服務機構及其分支機構不予籌設許可、設立許可或重新申請設立許可及定期查核移送直轄市或縣（市）主管機關裁處罰鍰之行蹤不明人數及比率** <109.2.14 修法 >

| 辦理聘僱許可之外國人人數 | 行蹤不明比率及人數 |
|---|---|
| 1 ～ 30 人 | 10% 以上 |
| 31 人至 100 人 | 5% 及 3 人以上 |
| 101 人至 200 人 | 4% 及 5 人以上 |
| 201 人至 500 人 | 3.22% 及 8 人以上 |
| 501 人以上 | 2.45% 及 17 人以上 |

註一：辦理聘僱許可之外國人人數：
　　1. 第十五條第一項第十二款規定：指申請之日前二年內辦理聘僱許可之外國人總人數。
　　2. 第十五條之一規定：指查核之日前一年內辦理聘僱許可之外國人總人數。
註二：行蹤不明比率＝行蹤不明人數 ÷ 辦理聘僱許可之外國人人數。
註三：行蹤不明人數：指外國人入國後三個月內，發生連續曠職三日失去聯繫之情事，經廢止或不予核發聘僱許可之總人數。

第 15-1 條　本法第四十條第一項第十七款所稱接受委任引進之外國人入國三個月內發生行蹤不明之情事，並於一年內達一定之人數及比率者，指接受委任引進之外國人於下列期間發生行蹤不明情事達第十五條附表一規定之人數及比率者：<113.1.30 修正 >
　　一、入國第三十一日至第九十日。
　　二、入國三十日內，因私立就業服務機構及其分支機構未善盡受任事務所致。
　　中央主管機關應定期於每年三月、六月、九月及十二月，依第十五條附表一規定查核私立就業服務機構。
　　中央主管機關經依前項規定查核，發現私立就業服務機構達第十五條附表一規定之人數及比率者，應移送直轄市或縣（市）管機關裁處罰鍰。

第 16 條　外國人力仲介公司辦理仲介其本國人或其他國家人民至中華民國、或依規定仲介香港或澳門居民、大陸地區人民至臺灣地區，從事本法第四十六條第一項第八款至第十款規定之工作者，應向中央主管機關申請認可。　　　　　　　　　　　　　　【*1022-42】
　　外國人力仲介公司取得前項認可後，非依第十七條規定經主管機關許可，不得在中華民國境內從事任何就業服務業務。
　　第一項認可有效期間為二年；其申請應備文件如下：
　　一、申請書。
　　二、當地國政府許可從事就業服務業務之許可證或其他相關證明文件影本及其中譯本。
　　三、最近二年無違反當地國勞工法令證明文件及其中譯本。
　　四、中央主管機關規定之其他文件。
　　前項應備文件應於申請之日前三個月內，經當地國政府公證及中華民國駐當地國使館驗證。
　　外國人力仲介公司申請續予認可者，應於有效認可期限屆滿前三十日內提出申請。

中央主管機關為認可第一項規定之外國人力仲介公司，得規定其國家或地區別、家數及業務種類。

第 17 條　主管機關依國內經濟、就業市場狀況，得許可外國人或外國人力仲介公司在中華民國境內設立私立就業服務機構。　　　　　　　　　　　　　　　　　　【*1022-42】

外國人或外國人力仲介公司在中華民國境內設立私立就業服務機構，應依本法及本辦法規定申請許可。

第 18 條　私立就業服務機構及其分支機構變更機構名稱、地址、資本額、負責人、經理人、董（理）事或代表人等許可證登記事項前，應備下列文件向原許可機關申請變更許可：<110.3.23 修正>

一、申請書。

二、股東同意書或會議決議紀錄；屬外國公司在臺分公司申請變更負責人時，應檢附改派在中華民國境內指定之負責人授權書。

三、許可證影本。

四、主管機關規定之其他文件。

前項經許可變更者，應自核發變更許可之日起三個月內依法辦理變更登記，並應備下列文件向主管機關申請換發許可證：　　　　　　　　　　　　　　　　　【*1018 月 -36】

一、申請書。

二、公司登記、商業登記證明文件或團體立案證書影本。

三、許可證正本。

四、主管機關規定之其他文件。

未能於前項規定期限內檢具文件申請者，應附其理由向主管機關申請展延，申請展延期限最長不得逾二個月，並以一次為限。

第 19 條　私立就業服務機構及其分支機構申請變更許可，有下列情形之一，主管機關應不予許可：

一、申請變更後之機構負責人、經理人、董（理）事或代表人，曾違反本法第三十四條第二項或第四十五條規定，受罰鍰處分、經檢察機關起訴或法院判決有罪者。

二、申請變更後之機構負責人、經理人、董（理）事或代表人，曾任職私立就業服務機構，因執行業務致使該機構有下列情事之一者：

（一）違反本法第四十條第一項第四款、第六款至第九款或第四十五條規定。

（二）違反本法第四十條第一項第二款、第五款或第十四款規定經限期改善，屆期未改善。

（三）同一事由，受罰鍰處分三次，仍未改善。

（四）一年內受罰鍰處分四次以上。

（五）一年內受停業處分二次以上。

三、申請變更後之機構負責人、經理人、董（理）事或代表人從事就業服務業務或假借業務上之權力、機會或方法對求職人、雇主或外國人曾犯刑法第二百二十一條至第二百二十九條、第二百三十一條至第二百三十三條、第二百九十六條至第

二百九十七條、第三百零二條、第三百零四條、第三百零五條、第三百三十五條、第三百三十六條、第三百三十九條、第三百四十一條、第三百四十二條或第三百四十六條規定之罪，經檢察機關起訴或法院判決有罪者。

四、申請變更後之機構負責人、經理人、董（理）事或代表人曾犯人口販運防制法所定人口販運罪，經檢察機關起訴或法院判決有罪者。

五、營利就業服務機構申請變更後之營業處所之公司登記地址或商業登記地址，已設有私立就業服務機構者。

六、非營利就業服務機構申請變更後之機構地址，已設有私立就業服務機構者。

七、未依前條規定申請變更許可者。

前項第一款至第四款規定情事，以申請之日前二年內發生者為限。

## 第三章　私立就業服務機構之管理

第 20 條　私立就業服務機構為雇主辦理聘僱外國人或香港或澳門居民、大陸地區人民在臺灣地區工作之申請許可、招募、引進、接續聘僱或管理事項前，應與雇主簽訂書面契約【*1103 術科第二題】。辦理重新招募或聘僱時亦同。

前項書面契約應載明下列事項：　　　　　　　　　　　　　　　　　　　【*961 術科第六題】

一、費用項目及金額。

二、收費及退費方式。

三、外國人或香港或澳門居民、大陸地區人民未能向雇主報到之損害賠償事宜。

四、外國人或香港或澳門居民、大陸地區人民入國後之交接、安排接受健康檢查及健康檢查結果函報衛生主管機關事宜。

五、外國人或香港或澳門居民、大陸地區人民之遣返、遞補、展延及管理事宜。

六、違約之損害賠償事宜。

七、中央主管機關規定之其他事項。

雇主聘僱外國人從事本法第四十六條第一項第九款規定之家庭幫傭或看護工作，第一項之書面契約，應由雇主親自簽名。<109.2.14 修正 >

第 21 條　私立就業服務機構為從事本法第四十六條第一項第八款至第十一款規定工作之外國人 <110.6.2 修正 >，辦理其在中華民國境內工作之就業服務事項，應與外國人簽訂書面契約，並載明下列事項：　　　　　　　　　　　　　　　　　　　【*961 術科第六題】

一、服務項目。

二、費用項目及金額。

三、收費及退費方式。

四、中央主管機關規定之其他事項。

外國人從事本法第四十六條第一項第九款規定之家庭幫傭或看護工作，前項之書面契約，應由外國人親自簽名。<109.2.14 修正 >

第一項契約應作成外國人所瞭解之譯本。

第 22 條　主管機關依第十七條規定許可外國人或外國人力仲介公司在中華民國境內設立之私立就業服務機構，其負責人離境前，應另指定代理人，並將其姓名、國籍、住所或居所及代理人之同意書，向原許可機關辦理登記。

第 23 條　私立就業服務機構之就業服務專業人員異動時，應自異動之日起三十日內，檢附下列文件報請原許可機關備查：　　　　　　　　　　　【*1043-79；1033-8；1001-13】

　　　　一、就業服務專業人員異動申請表。

　　　　二、異動後之從業人員名冊。

　　　　三、新聘就業服務專業人員證書及其國民身分證正反面影本。

　　　　四、主管機關規定之其他文件。

第 24 條　私立就業服務機構之許可證，不得租借或轉讓。

　　　　前項許可證或就業服務專業人員證書污損者，應繳還原證，申請換發新證；遺失者，應備具結書及申請書，並載明原證字號，申請補發遺失證明書。　　　　　　　❶❷❸

第 25 條　私立就業服務機構許可證有效期限為二年，有效期限屆滿前三十日內，應備下列文件重新申請設立許可及換發許可證：【*1063-43；1033-32；1011-63；1121 術科第一題；1022 術科第二題】

　　　　一、申請書。

　　　　二、從業人員名冊。

　　　　三、公司登記、商業登記證明文件或團體立案證書影本。

　　　　四、銀行保證金之保證書正本。但分支機構、非營利就業服務機構及辦理仲介本國人在國內工作之營利就業服務機構免附。

　　　　五、申請之日前二年內，曾違反本法規定受罰鍰處分者，檢附當地主管機關所開具已繳納罰鍰之證明文件。

　　　　六、許可證正本。

　　　　七、主管機關規定之其他文件。

　　　　未依前項規定申請許可者，應依第二十七條之規定辦理終止營業，並繳銷許可證。未辦理或經不予許可者，由主管機關註銷其許可證。

第 26 條　私立就業服務機構暫停營業一個月以上者，應於停止營業之日起十五日內，向原許可機關申報備查。

　　　　前項停業期間最長不得超過一年；復業時應於十五日內申報備查。

第 27 條　私立就業服務機構終止營業時，應於辦妥解散、變更營業項目或歇業登記之日起三十日內，向原許可機關繳銷許可證。未辦理者，由主管機關廢止其設立許可。

第 28 條　私立就業服務機構應將許可證、收費項目及金額明細表、就業服務專業人員證書，揭示於營業場所內之明顯位置。　　　　　　　　　　　　　　　【*972 術科第六題】❶❷

第 29 條　私立就業服務機構於從事職業介紹、人才仲介及甄選服務時，應告知所推介工作之內容、薪資、工時、福利及其他有關勞動條件。

私立就業服務機構接受委任仲介從事本法第四十六條第一項第八款至第十款規定工作之外國人，應向雇主及外國人告知本法或依本法發布之命令所規定之事項。

第 30 條　私立就業服務機構應於每季終了十日內，填報求職、求才狀況表送直轄市或縣（市）主管機關。　　　　　　　　　　　　　　　　　【*1113-50；1052-78；1032-6】

直轄市及縣（市）主管機關應於每季終了二十日內彙整前項資料，層報中央主管機關備查。

第 31 條　第十六條之外國人力仲介公司或其從業人員從事就業服務業務有下列情形之一，中央主管機關得不予認可、廢止或撤銷其認可：

一、不符申請規定經限期補正，屆期未補正者。

二、逾期申請續予認可者。

三、經其本國廢止或撤銷營業執照或從事就業服務之許可者。

四、違反第十六條第二項規定者。

五、申請認可所載事項或所繳文件有虛偽情事者。

六、接受委任辦理就業服務業務，違反本法第四十五條規定，或有提供不實資料或外國人健康檢查檢體者。

七、辦理就業服務業務，未善盡受任事務，致雇主違反本法第四十四條或第五十七條規定者。

八、接受委任仲介其本國人或其他國家人民至中華民國工作、或依規定仲介香港或澳門居民、大陸地區人民至臺灣地區工作，未善盡受任事務，致外國人發生行蹤不明失去聯繫之情事者。

九、辦理就業服務業務，違反雇主之意思，留置許可文件或其他相關文件者。

十、辦理就業服務業務，有恐嚇、詐欺、侵占或背信情事，經第一審判決有罪者。

十一、辦理就業服務業務，要求、期約或收受外國人入國工作費用及工資切結書或規定標準以外之費用，或不正利益者。

十二、辦理就業服務業務，行求、期約或交付不正利益者。

十三、委任未經許可者或接受其委任辦理仲介外國人至中華民國境內工作事宜者。

十四、在其本國曾受與就業服務業務有關之處分者。

十五、於申請之日前二年內，曾接受委任仲介其本國人或其他國家人民至中華民國境內工作，其仲介之外國人入國三十日內發生行蹤不明情事達附表二規定之人數及比率者。<113.1.30 修正 >

十六、其他違法或妨礙公共利益之行為，情節重大者。

中央主管機關依前項規定不予認可、廢止或撤銷其認可者，應公告之。

附表二：外國人力仲介公司不予認可之行蹤不明人數及比率 <109.2.14 修正>

| 辦理入國引進之外國人人數 | 行蹤不明比率及人數 |
|---|---|
| 1～50 人 | 7.82% 以上 |
| 51 人至 200 人 | 6.35% 及 4 人以上 |
| 201 人至 500 人 | 4.3% 及 13 人以上 |
| 501 人至 1000 人 | 3.33% 及 22 人以上 |
| 1001 人以上 | 2.94% 及 34 人以上 |

註一：辦理入國引進之外國人人數：指申請之日前二年內辦理入國引進之外國人總人數。

註二：行蹤不明比率＝行蹤不明人數 ÷ 辦理入國引進之外國人人數。

註三：行蹤不明人數：指外國人入國後三個月內，發生連續曠職三日失去聯繫之情事，經廢止或不予核發聘僱許可之總人數。

**第 31-1 條** <112.9.4 增修>

中央主管機關應定期於每年三月、六月、九月及十二月，依第三十一條附表二規定查核外國人力仲介公司接受委任仲介其本國人或其他國家人民至中華民國境內工作，其所仲介之外國人入國後一個月內發生行蹤不明情事之人數及比率。

中央主管機關經依前項規定查核後發現，外國人力仲介公司達第三十一條附表二規定人數及比率之次數，應通知外交部及駐外館處，依下列規定日數，暫停其接受外國人委任辦理申請簽證：

一、第一次：暫停七日。

二、第二次以上：暫停日數按次增加七日，最長為二十八日。

**第 32 條** （刪除）

✪✪✪

**第 33 條** 本法第四十條第一項第十一款所稱之報表，係指：　【*1093-58；1082-18；1081-15；1052-43】

一、求職、求才狀況表。

二、從業人員名冊。

三、就業服務專業人員異動申請表。

四、外國人招募許可之申請表。

五、外國人聘僱許可之申請表。

六、外國人展延聘僱許可之申請表。

七、外國人轉換雇主或工作之申請表。

八、外國人行蹤不明失去聯繫之申報表。

九、主管機關規定之其他報表。

**第 34 條** 私立就業服務機構接受委任辦理就業服務業務，應依規定於雇主或求職人申請書（表）加蓋機構圖章，並經負責人簽章及所置就業服務專業人員簽名。

**第 35 條** 私立就業服務機構刊播或散發就業服務業務廣告，應載明機構名稱、許可證字號、機構地址及電話。　【*1101-10；1001-27】

第 36 條　從業人員或就業服務專業人員離職，私立就業服務機構應妥善處理其負責之業務及通知其負責之委任人。

第 37 條　私立就業服務機構經委任人終止委任時，應將保管之許可文件及其他相關文件，歸還委任人。

私立就業服務機構終止營業或經註銷許可證、廢止設立許可者，應通知委任人，並將保管之許可文件及其他相關文件歸還委任人，或經委任人書面同意，轉由其他私立就業服務機構續辦。　　　　　　　　　　　　　　　　　　　　　　　　　　　　　【*1021-61】

第 38 條　第十六條規定之外國人力仲介公司經廢止或撤銷認可者，於二年內重行申請認可，中央主管機關應不予認可。

第 39 條　主管機關對私立就業服務機構所為評鑑成績、罰鍰、停止全部或一部營業、撤銷或廢止其設立許可者，應公告之。

第 40 條　主管機關得隨時派員檢查私立就業服務機構業務狀況及有關文件資料；經檢查後，對應改善事項，應通知其限期改善。

主管機關依前項所取得之資料，應保守秘密，如令業者提出證明文件、表冊、單據及有關資料為正本者，應於收受後十五日內發還。

第 41 條　直轄市及縣（市）主管機關應於每季終了二十日內，統計所許可私立就業服務機構之設立、變更、停業、復業、終止營業及違規受罰等情形，層報中央主管機關備查。

第 42 條　依身心障礙者權益保障法規定向主管機關申請結合設立之身心障礙者就業服務機構，不得有下列行為：

一、未依主管機關核定設立計畫執行者。

二、規避、妨礙或拒絕會計帳目查察者。

## 第四章　附則

第 43 條　本辦法有關書表格式由中央主管機關定之。

第 44 條　本辦法自發布日施行。

本辦法中華民國一百十二年九月四日修正發布之第三十一條之一及第三十一條附表二，自一百十二年十二月十六日施行。

## 二、私立就業服務機構收費項目及金額標準（民國 106 年 4 月 6 日）

第 1 條　本標準依就業服務法（以下簡稱本法）第三十五條第二項規定訂定之。

第 2 條　本標準收費項目定義如下：　　　　　　　　　　　【*1053-43；1042-26；1011-11】

一、登記費：辦理求職或求才登錄所需之費用。

二、介紹費：媒合求職人與雇主成立聘僱關係所需之費用。　　　　　　【*1083-6；1072-27】

三、職業心理測驗費：評量求職人之職業能力等所需之費用。

四、就業諮詢費：協助求職人了解其就業人格特質，釐定其就業方向所需之費用。

【*1071-49；1031-54】

五、服務費：辦理經中央主管機關依本法第三十五條第一項第四款指定之就業服務事項所需之費用，包含接送外國人所需之交通費用。

✪✪✪

第 3 條　營利就業服務機構接受雇主委任辦理就業服務業務，得向雇主收取費用之項目及金額如下：【*1083-73】

　　一、登記費及介紹費：

　　　　（一）招募之員工第一個月薪資在平均薪資以下者，合計每一員工不得超過其第一個月薪資。　　　【*1123-31；1113-45；1103-41；1092-4；1043 術科第五題】

　　　　（二）招募之員工第一個月薪資逾平均薪資者，合計每一員工不得超過其四個月薪資。

【*1042-33】

　　二、服務費：每一員工每年不得超過新臺幣二千元。　　　　　　【*1042-33】

　　前項第一款規定之平均薪資，係指中央主管機關公告之行職業別薪資調查最新一期之工業及服務業人員每月平均薪資。

✪✪✪✪

第 4 條　營利就業服務機構接受本國求職人委任辦理就業服務業，得向本國求職人收取費用之項目及金額如下：　　　　　【*1112-62；1018 月 -4；1101 術科第三題；1043 術科第五題】

　　一、登記費及介紹費：合計不得超過求職人第一個月薪資百分之五。　【*1081-42；1052-2；981-30】

　　二、就業諮詢費：每小時不得超過新臺幣一千元。　　【*1053-46；1022-6；1018 月 -4；1011-11】

　　三、職業心理測驗費：每項測驗不得超過新臺幣七百元。　　　　　【*1071-38；1018 月 -4】

第 5 條　營利就業服務機構接受外國人委任辦理從事本法第四十六條第一項第一款至第七款或第十一款規定工作之就業服務業務，得向外國人收取費用之項目及金額如下：

　　一、登記費及介紹費：合計不得超過外國人第一個月薪資。但求職條件特殊經外國人同意者，不在此限。

　　二、服務費：每年不得超過新臺幣二千元。　　　　【*1112-62；1023-1；1018 月 -4】 ✪✪✪

✪✪✪✪✪

第 6 條　營利就業服務機構接受外國人委任辦理從事本法第四十六條第一項第八款至第十款規定工作之就業服務業務，得向外國人收取服務費。

　　前項服務費之金額，依外國人當次入國後在臺工作累計期間，第一年每月不得超過新臺幣一千八百元，第二年每月不得超過新臺幣一千七百元，第三年起每月不得超過新臺幣一千五百元。但曾受聘僱工作二年以上，因聘僱關係終止或聘僱許可期間屆滿出國後再入國工作，並受聘僱於同一雇主之外國人，每月不得超過新臺幣一千五百元。<106.4.6 修正 >

【*1103-5；1082-46；1073-64；1072-67；1063-59；1053-49；1051-20；1043-51；1042-30；1033-17；1043 術科第五題；1021 術科第三題】

　　前項費用不得預先收取。

第 7 條　非營利就業服務機構接受委任辦理就業服務業務，得向雇主、本國求職人或外國人收取費用之項目，適用第三條至第六條規定，收費金額以第三條至第六條規定金額百分之八十為上限。　　　　　　　　　　　　　　　　　　　　【*1011-15；972-51】

第 8 條　本標準自發布日施行

補充資料

## 職業介紹服務定型化契約範本【*1082-61】

契約於　　年　　月　　日經甲方攜回審閱

（本契約審閱期間至少為三日）

（求職人姓名）　　　　　　　（以下簡稱甲方）

立契約書人：

（私立就業服務機構全稱）　　　（以下簡稱乙方）


茲就甲方委任乙方辦理職業介紹等事宜，雙方合意訂定本契約書條款如下：

第一條：（服務事項）

　　　　甲方委任乙方自　　年　　月　　日起至　　年　　月　　日止辦理職業介紹等服務，

　　　雙方議定服務項目如下：

　　　（雙方議定時可自行增加或刪除）

一、介紹以下勞動條件之職業，並得辦理職業心理測驗及提供就業諮詢服務，惟經雙方
　　　同意者不在此限：

　　　（一）、工作地點：＿＿＿＿＿＿＿＿＿＿＿＿＿＿＿＿＿＿。

　　　（二）、工作內容：＿＿＿＿＿＿＿＿＿＿＿＿＿＿＿＿。

　　　（三）、希望待遇：月（日）薪新臺幣＿＿＿＿＿元以上（至＿＿＿＿元）。

　　　（四）、提供中（晚）餐：□有（免費／餐費新臺幣＿＿＿＿＿元以下）

　　　　　　　　　　　　　　　□無特別意見

　　　（五）、提供住宿：□有（免費／住宿費用新臺幣＿＿＿＿＿元以下）

　　　　　　　　　　　　　□無特別意見

　　　（六）、交通津貼：□有（新臺幣＿＿＿＿＿元以上）

　　　　　　　　　　　　　□無特別意見

　　　（七）、年終獎金：□有（新臺幣＿＿＿＿＿元以上）

　　　　　　　　　　　　　□無特別意見

　　　（八）、三節獎金：□有（新臺幣＿＿＿＿＿元以上）

　　　　　　　　　　　　　□無特別意見

　　　（九）、工作時間：每日（週／月）＿＿＿＿＿小時。

　　　（十）、輪班：□有

　　　　　　　　　　□無特別意見

　　　（十一）、月休假天數：＿＿＿＿＿天。

　　　（十二）、其他公司福利或勞動條件：＿＿＿＿＿＿＿＿＿＿＿。

二、□辦理職業心理測驗。

三、□提供就業諮詢服務。

四、□其他服務事項：_____。

第二條：（費用）

　　　　乙方為甲方辦理前條之服務，應依「私立就業服務機構收費項目及金額標準」收費，雙方議定費用如下：

　　　　一、登記費及介紹費：新臺幣 _____ 元或甲方第一個薪資的 ____ %。（合計不得超過甲方第一個月薪資百分之五）。

　　　　二、職業心理測驗費新臺幣 _____ 元（每項測驗最高不得超過新臺幣七百元）。

　　　　三、就業諮詢費新臺幣 _____ 元（每小時最高不得超過新臺幣一千元）。

　　　　非營利就業服務機構收費金額以不超過上列金額之百分之八十為上限。

　　　　乙方除前項費用外，不得以任何理由向甲方收取其他費用。

第三條：（費用給付）

　　　　甲方於簽約及登記完成時應給付乙方登記費及介紹費。

　　　　登記費及介紹費 □一次

　　　　　　　　　　　　□分 _____ 次支付。

　　　　前項甲方採分次方式給付者，其付款時間及金額如下：

　　　　一、第一次：訂於 _____ 年 _____ 月 _____ 日支付 _____ 元。

　　　　二、第二次：訂於 _____ 年 _____ 月 _____ 日支付 _____ 元。

　　　　三、第 __ 次：訂於 _____ 年 _____ 月 _____ 日支付 _____ 元。

　　　　前項甲方最後一次支付費用應於聘僱契約生效日至少四十天後。

　　　　代辦費及其他服務費給付時間由雙方約定。

　　　　乙方收取各項服務費應掣給收據或發票。

第四條：（推介次數）

　　　　甲方於給付登記費後得請求乙方於第一條所約定之期限內為甲方介紹職業至少三次，但經乙方介紹職業且聘僱契約生效後不在此限。

　　　　乙方未於第一條所約定之期限內介紹職業至少三次者，應按比例退還登記費。

第五條：（費用退還）

　　　　甲方經乙方介紹職業於聘僱契約生效日起 _____ 天內（至少四十天）因不可歸責於甲方之事由致聘僱契約終止時，得請求乙方免費重行介紹職業一次或減收約定介紹費總額百分之五十。

　　　　甲方依前項規定請求減收約定介紹費總額百分之五十時，已繳費用超過者，乙方應即退還；已繳費用不足者，甲方應予補足。

　　　　原聘僱契約如係自始無效或經撤銷而自始無效者，乙方不得收取介紹費，已收取部分並應退還。

第六條：（甲方之義務）

　　甲方應提供介紹職業時所必要之下列文件：

　　一、＿＿＿＿＿＿＿＿＿＿＿＿＿＿＿＿。

　　二、＿＿＿＿＿＿＿＿＿＿＿＿＿＿＿＿。

　　三、＿＿＿＿＿＿＿＿＿＿＿＿＿＿＿＿。

　　四、＿＿＿＿＿＿＿＿＿＿＿＿＿＿＿＿。

　　前項文件，乙方應於核閱完畢時返還甲方。

第七條：（乙方之義務與責任）

　　本契約訂定前乙方應對甲方詳細說明契約條款內容。

　　乙方應盡善良管理人之注意以有效率及妥善之態度依約提供職業介紹等服務，詳實推介雙方所議定勞動條件之職業。

　　甲方提供之資料及文件，乙方於必要時得經甲方書面同意，影印一份留存，不得使用於與本契約目的無關之用途；本契約終止或消滅時，

　　除甲方屆時另有書面同意外，乙方應將所留存影本□銷毀。

　　　　　　　　　　　　　　　　　　　　　　　□返還甲方。

　　乙方不得有要求甲方購買或推銷商品、加入直銷、招攬或購買保險及其他類似行為。

　　甲方為未成年人時，應具備甲方法定代理人同意書及其年齡證明文件；如甲方未滿十六歲，乙方應依相關法令有關保護童工之規定為甲方服務。

　　乙方不得收取推介就業服務保證金或法令規定標準以外之任何其他費用。

　　乙方所收集關於甲方之資料，以電腦處理者，其對外使用該等資料應依電腦處理個人資料保護法規定為之。

第八條：（契約之終止及損害賠償責任）

　　甲乙雙方之任何一方，得隨時終止本契約。

　　依前項規定終止契約，致他方遭受損害時，應負損害賠償責任，但因不可歸責於該當事人之事由，得終止契約者，不在此限。

　　甲方依前項規定應負損害賠償責任時，其賠償金額不得超過第二條所須支付費用之總額。

第九條：（通知之送達處所）

　　雙方意思表示之通知，均以本契約書所載之地址為送達處所，如有變更應以書面通知他方。

　　依前項送達處所所為之送達，如未能送達，以存證信函付郵日起第五天推定對他方為合法之送達。

第十條：（其他）

　　　　本契約如有未盡事宜，依有關法令、習慣及誠信與平等互惠原則公平解決之。

第十一條：（合約份數及審閱期間）

　　　　本契約一式兩份，雙方各執一份為憑，乙方不得要求收回契約書。


立契約書人：

甲方：

姓名：

身分證號碼：

聯絡地址：

聯絡電話：


乙方：

公司名稱：

負責人：

承辦人：

聯絡地址：

聯絡電話：


中　華　民　國　　　　　　　年　　　　　　　月　　　　　　　日

## 三、私立就業服務機構服務品質評鑑

　　私立就業服務機構從事跨國人力仲介服務品質評鑑要點（民國 112 年 1 月 9 日修正）

　　一、依私立就業服務機構許可及管理辦法第十三條之一，為督促從事跨國人力仲介業務之私立就業服務機構（以下稱仲介機構）注重經營管理及提昇服務品質，以維護入國工作之外國人力仲介市場秩序，並做為獎優汰劣及雇主或求職人選任私立就業服務機構之參據，特訂定本要點。

　　二、勞動部會（以下簡稱本部）以公開評選方式委託廠商（以下稱執行單位）執行本要點。

　　三、本要點所定之評鑑辦理方式，由執行單位依仲介機構所在地劃分區域邀集評鑑委員，以評鑑指標（如附表一、附表二及附表三）為基準 <113.1.1 新修正生效>，依據評鑑指標及其操作手冊至仲介機構實地就雇主及從事工作之外國人委任之仲介機構服務品質評鑑。

四、本要點所定受評鑑對象、評鑑範圍、評鑑期間、補評程序及評鑑成績公告日期如下：

(一)評鑑對象：當年度之前一年度十二月三十一日以前設立之仲介機構（含受停業處分及暫停營業）；其設有分支機構者，並就當年度辦理從事仲介就業服務法第四十六條第一項第八款至第十款規定工作之外國人聘僱許可（初次、重招、遞補、承接）及第十一款規定中階技術工作之外國人聘僱許可或展延聘僱許可申請案之分支機構，擇一為評鑑對象。但有下列情形之一，當年度不納入評鑑對象：<112.1.9 修正 >

1. 經依私立就業服務機構及其從業人員從事跨國人力仲介業務服務品質優良選拔表揚計畫得獎之仲介機構，並於得獎之次年二月底前向本部提出申請者。

2. 仲介機構或其分支機構曾有拒絕評鑑或最近二次公告之評鑑成績為 C 級者。

3. 仲介機構當年度之前二年度評鑑成績均為 A 級，且當年度及次一年度未因違反就業服務法受處分、經起訴或有罪判決者。<110.7.23 修正 >

4. 符合前目規定不納入評鑑之仲介機構，於最近一次不納入評鑑之次年度評鑑成績為 A 級，且當年度及次一年度未因違反就業服務法受處分、經起訴或有罪判決者。<112.1.9 修正 >

(二)評鑑範圍：當年度一月一日起至十二月三十一日止辦理之雇主及從事工作之外國人相關資料。

(三)評鑑期間：當年度之次一年度一月一日至九月三十日止。<110.7.23 修正 >

(四)補評程序：評鑑成績符合第一款第三目或第四目之仲介機構，於評鑑當年度及次一年度因違反就業服務法受處分、經起訴或有罪判決者，應自執行單位書面通知之次日起三十日內辦理評鑑。<110.7.23 修正 >

(五)評鑑成績公告日期：<110.7.23 修正 >

1. 評鑑成績公告日為當年度之次一年度十月三十一日。但依前款規定辦理補評程序之仲介機構，為執行單位書面通知之次日起第七十五日為成績公告日。

2. 前目成績公告日為星期日、國定假日或其他休息日者，以該日之次日為成績公告日；該日為星期六者，以其次星期一為成績公告日；該日遇天災或其他不可抗力情事者，順延之。

仲介機構應於執行單位書面通知之指定評鑑日期接受評鑑。仲介機構因故不能於執行單位書面通知評鑑日期接受評鑑者，應於通知書送達後三日內附理由向執行單位申請更改評鑑日期，其申請更改之評鑑日期不得逾原通知之評鑑日期次日起算十四日，並以一次為限。<110.7.23 修正 >

四之一、因天災、事變或其他不可抗力情事，本部得公告暫停辦理當年度評鑑作業。<111.9.16 修正 >

五、本部籌組成立「私立就業服務機構評鑑諮詢小組」（以下簡稱諮詢小組），置委員九人，協助本要點之執行，召集人與副召集人由委員互選之。

前項委員，任一性別比例不得少於三分之一。<110.7.23 修正 >

六、仲介機構評鑑結果分 A、B、C 三等級，各級之分數範圍如下：

（一）A 級：成績達評鑑指標規定之九十分以上者。

（二）B 級：成績達評鑑指標規定之七十分以上未達九十分者。

（三）C 級：成績未達評鑑指標規定之七十分者。

仲介機構設有分支機構且分支機構當年度為受評鑑對象者，以仲介機構及其分支機構評鑑成績之平均數，為該仲介機構之評鑑成績。

仲介機構除從事就業服務法第三十八條所定業務外，另有辦理於中華民國境外僱用非我國籍船員之事項者，以行政院農業委員會依境外僱用非我國籍船員許可及管理辦法第十八條規定，評鑑該仲介機構當年度之評鑑分數，及本部之評鑑分數計算平均數，為該仲介機構之評鑑成績。<111.9.16 修正 >

仲介機構僅辦理中華民國境外僱用非我國籍船員之事項者，以行政院農業委員會依境外僱用非我國籍船員許可及管理辦法第十八條規定，評鑑該仲介機構當年度之評鑑分數，為該仲介機構之評鑑成績。<111.9.16 修正 >

第一項評鑑結果依適用附表一評鑑之仲介機構、附表二評鑑之仲介機構及附表三評鑑之仲介機構分別公告於本部網站（www.mol.gov.tw）及本部勞動力發展署網站（www.wda.gov.tw）提供雇主參考，並做為加強仲介機構管理之依據。<111.9.16 修正 >

七、（刪除）

八、仲介機構申請重新設立許可時，最近二次公告之評鑑成績均為 C 級者，將依據私立就業服務機構許可及管理辦法第十五條規定不予許可。

九、仲介機構有下列情事之一，經本會通知限期接受評鑑，仍未能於評鑑期間接受評鑑者，其申請重新設立許可時，將依據私立就業服務機構許可及管理辦法第十五條規定不予許可：

（一）切結不接受評鑑。

（二）經執行單位通知評鑑日期，仲介機構未申請更改評鑑日期，於評鑑當日拒絕接受評鑑。

（三）仲介機構申請更改評鑑日期，經執行單位同意，於評鑑當日拒絕接受評鑑。

（四）評鑑過程中對評鑑委員或工作人員有恫嚇、謾罵、威脅、嘲弄、錄音或錄影等情事，經制止而不停止。

（五）評鑑過程中未提供適當之評鑑環境，經要求改善而拒絕改善。

（六）其他經提報諮詢小組討論有規避、妨礙或拒絕接受評鑑之情事，經主管機關認定屬實。

## 四、雇主聘僱本國籍照顧服務員補助辦法（民國 112 年 5 月 15 日）【*1061-52】

第 1 條　本辦法依就業服務法（以下簡稱本法）第二十三條第二項規定訂定之。

第 2 條　符合外國人從事就業服務法第四十六條第一項第八款至第十一款工作資格及審查標準（以下簡稱審查標準）之雇主，聘僱本國籍照顧服務員，照顧符合審查標準第十八條第一項規定之被看護者，得依本辦法規定申請補助金。

前項所定本國籍照顧服務員，應具有中華民國國籍，並具備下列資格之一者：<112.5.15
修正>　　　　　　　　　　　　　　　　　　　　【\*1123-54；1112-53；1112 術科第三題】

一、領有照顧服務員訓練結業證明書。

二、領有照顧服務員職類技術士證。

三、高中（職）以上學校護理、照顧相關科系、組、所、學位學程畢業。

四、完成經中央衛生福利主管機關公告之照顧服務員修業課程，並取得修業證書。

第 3 條　雇主聘僱照顧服務員，符合下列各款規定者，由公立就業服務機構發給補助金：

一、聘僱由各直轄市或縣（市）政府推介並開立推介證明之照顧服務員。

二、聘僱照顧服務員每週工作時數達四十小時，聘僱期間連續達一個月以上。

三、依勞動契約以金融機構轉帳方式發給工資。

聘僱期間依實際聘僱時間以三十日為一個月計算，其末月聘僱時間逾二十日而未滿三十
日者，以一個月計算。

第 4 條　雇主應於聘僱照顧服務員每滿三個月之次日起九十日內，檢附下列文件，向實際勞務提
供所在地之當地公立就業服務機構申請發給補助金：

一、申請書。

二、聘僱名冊、領據、印領清冊及薪資轉帳金融帳戶影本。

三、照顧服務員之身分證影本。

四、勞動契約影本。

五、各直轄市或縣（市）政府開立之推介證明。

第 5 條　本辦法之補助金，以每一被看護者發給雇主每月新臺幣一萬元，合計最長以十二個月為
限。　　　　　　　　　　　　　　　　　　　　　　　　　　　【\*1021-22；1011-53】

第 6 條　有下列情形之一者，不發給雇主補助金：

一、同一被看護者，已發給雇主合計滿十二個月補助金。

二、照顧服務員為雇主之配偶、直系血親或其配偶、配偶之直系血親或其配偶。

三、聘僱照顧服務員或被看護者，於同一時期已領取政府機關其他同性質之照顧服務相
　　關補助或津貼。【\*1123-18】

四、雇主及受推介之照顧服務員，未於七日內將推介就業與否回覆卡檢送各直轄市或縣
　　（市）政府。

五、不實申領。

六、雇主有規避、妨礙或拒絕推介單位或公立就業服務機構查核之情事。

七、因可歸責於雇主之事由致與申請案聘僱之照顧服務員發生勞資爭議，經查屬實。

八、雇主已聘僱外國人從事家庭看護工作。

第 7 條　雇主有前條各款情事之一，經公立就業服務機構撤銷或廢止補助時，補助金應繳回者，
公立就業服務機構應以書面通知限期繳回，逾期仍未繳回者，依法移送強制執行。

第 8 條　雇主有前條經撤銷或廢止補助情形時，二年內不得申領本辦法補助金。【\*1112-24；1082-15】

第 9 條　本辦法所需經費由本法第五十五條第一項之就業安定基金支應。

本辦法補助金之發給或停止，得視前項經費額度調整，並公告之。

第 9-1 條　雇主聘僱依法取得工作權之外籍配偶或大陸地區配偶照顧服務員，適用本辦法。

前項所定之照顧服務員，應具備第二條第二項各款資格之一。

雇主聘僱第一項所定之照顧服務員，申請補助金時應檢附第四條第一款、第二款、第四款、第五款規定文件及照顧服務員有效期間居留證明文件。

第 10 條　本辦法相關書表、格式，由中央主管機關另定之。

第 11 條　本辦法自發布日施行。

## 立即演練 4

(　　) 1. 自 100 年 5 月 1 日開始生效，民眾檢舉外國人、雇主及私立就業服務機構違反就業服務法案件之獎金，同一檢舉案最高可領取獎金為新臺幣多少元？　① 5 千元　② 2 萬元　③ 5 萬元　④ 10 萬元

(　　) 2. 依私立就業服務機構許可及管理辦法規定，營利就業服務機構所繳交銀行保證金之保證書，於該機構經主管機關廢止設立許可之日起幾年後，解除其保證責任？　① 1 年　② 2 年　③ 3 年　④ 4 年

(　　) 3. 依就業服務法第 69 條所訂定之現行相關裁量基準規定，私立就業服務機構違反本法第 45 條媒介外國人非法為他人工作，第 1 次違反時停業幾個月？　① 3 個月　② 6 個月　③ 9 個月　④ 12 個月

(　　) 4. 私立就業服務機構 1 年內受停業處分幾次以上者，主管機關得廢止其設立許可？　① 1 次　② 2 次　③ 3 次　④ 4 次

(　　) 5. 辦理仲介外國人至中華民國工作之營利就業服務機構，其最低實收資本總額應為新臺幣多少元？　① 500 萬　② 600 萬　③ 700 萬　④ 800 萬

(　　) 6. 某私立就業服務機構之從業人員共有 19 人，其至少應置之就業服務專業人員為幾人？　① 2 人　② 3 人　③ 4 人　④ 5 人

(　　) 7. 私立就業服務機構之就業服務專業人員異動時，應自異動日起幾日內，檢附相關資料報請原許可機關備查？　① 10 日　② 15 日　③ 30 日　④ 45 日

(　　) 8. 求職人或雇主已繳付登記費予私立就業服務機構者，原則上得請求該私立就業服務機構於 6 個月內推介幾次？　① 1 次　② 2 次　③ 3 次　④ 4 次

(　　) 9. 營利就業服務機構接受本國求職人委任辦理就業服務業務，其向求職人收取之登記費及介紹費，合計不得超過求職人第 1 個月薪資百分之多少？　①百分之五　②百分之十五　③百分之二十　④百分之三十五

(　　)10. 依就業服務法規定，接受委託登載或傳播求才廣告者，應自廣告之日起，保存委託者之姓名或名稱、住所、電話、國民身分證統一編號或事業登記字號等資料多少個月，以備主管機關檢查？　① 1 個月　② 2 個月　③ 3 個月　④ 4 個月

( )11.非營利就業服務機構得向外籍營造工收取入國工作服務費，最高為第 1 年每月新臺幣 1,800 元金額之百分之多少？ ①百分之五十 ②百分之六十 ③百分之七十 ④百分之八十

( )12.依私立就業服務機構許可及管理辦法第 7 條規定，下列何者為就業服務專業人員之專屬職責？ ①規劃接受私立就業服務機構評鑑相關事宜 ②查對所屬私立就業服務機構辦理就業服務業務之各項申請文件，並於雇主相關申請書簽證 ③聯絡國外仲介公司，並從資料庫中，適切挑選合乎雇主需求之外籍勞工 ④協助所引進之外籍勞工，辦理入國後體檢、申請居留證等手續

解 1.③ 2.① 3.② 4.② 5.① 6.② 7.③ 8.③ 9.① 10② 11.④ 12.②

## 6-4 就業保險

### 一、就業保險法（民國 111 年 1 月 12 日）

**第一章 總則**

**第 1 條** （立法目的）

為提昇勞工就業技能，促進就業，保障勞工職業訓練及失業一定期間之基本生活，特制定本法；本法未規定者，適用其他法律之規定。 【*1012-51】

**第 2 條** （主管機關）

就業保險（以下簡稱本保險）之主管機關：在中央為勞動部；在直轄市為直轄市政府；在縣（市）為縣（市）政府。 【*1012-56】

**第 3 條** （業務之監理單位、爭議審議及行政救濟程序）

本保險業務，由勞工保險監理委員會監理。 【*1102-78；1041-72；1002-74】

被保險人及投保單位對保險人核定之案件發生爭議時，應先向勞工保險監理委員會申請審議；對於爭議審議結果不服時，得依法提起訴願及行政訴訟。 【*1102-78；1011-62；1002-74】

**第二章 保險人、投保對象及投保單位**

**第 4 條** （保險人）

本保險由中央主管機關委任勞工保險局辦理，並為保險人。

【*1031-4；1012-42；1011-65；1002-74】

✪✪✪✪✪

第 5 條　　年滿十五歲以上，六十五歲以下之下列受僱勞工，應以其雇主或所屬機構為投保單位，參加本保險為被保險人：

【\*1121-46；1113-27；1101-61；1101-69；1082-27；1052-57；1051-52；983-5；1101 術科第三題】

一、具中華民國國籍者。

二、與在中華民國境內設有戶籍之國民結婚，且獲准居留依法在臺灣地區工作之外國人、大陸地區人民、香港居民或澳門居民。　　　　　　　　　　【\*1012-70】

【罰則：勞工違反規定不參加就業保險及辦理就業保險手續者，處新臺幣一千五百元以上七千五百元以下罰鍰】【投保單位違反本法規定，未為其所屬勞工辦理投保手續者，按自僱用之日起，至參加保險之前一日或勞工離職日止應負擔之保險費金額，處十倍罰鍰。勞工因此所受之損失，並應由投保單位依本法規定之給付標準賠償之】【投保單位未依本法之規定負擔被保險人之保險費，而由被保險人負擔者，按應負擔之保險費金額，處二倍罰鍰。投保單位並應退還該保險費與被保險人】【投保單位違反本法規定，將投保薪資金額以多報少或以少報多者，自事實發生之日起，按其短報或多報之保險費金額，處四倍罰鍰，其溢領之給付金額，經保險人通知限期返還，屆期未返還者，依法移送強制執行，並追繳其溢領之給付金額。勞工因此所受損失，應由投保單位賠償之】

前項所列人員有下列情形之一者，不得參加本保險：　　　　　【\*1101-61；1052-42】

一、依法應參加公教人員保險或軍人保險。

二、已領取勞工保險老年給付或公教人員保險養老給付。

三、受僱於依法免辦登記且無核定課稅或依法免辦登記且無統一發票購票證之雇主或機構。

受僱於二個以上雇主者，得擇一參加本保險。

**相關法規**

**就業保險法施行細則第 6 條** <111.4.29>

符合本法第五條第一項規定之被保險人，未參加勞工保險者，其保險費應由投保單位以保險人指定金融機構自動轉帳方式繳納之，自動轉帳之扣繳日期為次月底。

第 6 條　　（保險效力）

本法施行後，依前條規定應參加本保險為被保險人之勞工，自投保單位申報參加勞工保險生效之日起，取得本保險被保險人身分；自投保單位申報勞工保險退保效力停止之日起，其保險效力即行終止。

本法施行前，已參加勞工保險之勞工，自本法施行之日起，取得被保險人身分；其依勞工保險條例及勞工保險失業給付實施辦法之規定，繳納失業給付保險費之有效年資，應合併計算本保險之保險年資。

依前條規定應參加本保險為被保險人之勞工，其雇主或所屬團體或所屬機構未為其申報參加勞工保險者，各投保單位應於本法施行之當日或勞工到職之當日，為所屬勞工申報參加本保險；於所屬勞工離職之當日，列表通知保險人。其保險效力之開始或停止，均自應為申報或通知之當日起算。但投保單位非於本法施行之當日或勞工到職之當日為其申報參加本保險者，除依本法第三十八條規定處罰外，其保險效力之開始，均自申報或通知之翌日起算。

第 7 條　（資料查核權）

主管機關、保險人及公立就業服務機構為查核投保單位勞工工作情況、薪資或離職原因，必要時，得查對其員工名冊、出勤工作紀錄及薪資帳冊等相關資料，投保單位不得規避、妨礙或拒絕。【投保單位違反第七條規定者，處新臺幣一萬元以上五萬元以下罰鍰】

## 第三章　保險財務

第 8 條　（保險費率）

本保險之保險費率，由中央主管機關按被保險人當月之月投保薪資百分之一至百分之二擬訂，報請行政院核定之。　　　　　　　　　　　　　【*1103-37；1033-9；1011-62；991-40】

第 9 條　（保險費率之調整）

本保險之保險費率，保險人每三年應至少精算一次【*1031-20】，並由中央主管機關聘請精算師、保險財務專家、相關學者及社會公正人士九人至十五人組成精算小組審查之。

有下列情形之一者，中央主管機關應於前條規定之保險費率範圍內調整保險費率：

一、精算之保險費率，其前三年度之平均值與當年度保險費率相差幅度超過正負百分之五。

二、本保險累存之基金餘額低於前一年度保險給付平均月給付金額之六倍或高於前一年度保險給付平均月給付金額之九倍。

三、本保險增減給付項目、給付內容、給付標準或給付期限，致影響保險財務。

## 第四章　保險給付

第 10 條　（保險給付）　　　　　　　　　　　　　　　　　　　　⭐⭐⭐⭐⭐

本保險之給付，分下列五種：

【*1073-62；1042-9；1013-1；992 術科第八題；972 術科第三題；991 術科第八題；961 術科第四題】

一、失業給付。

二、提早就業獎助津貼。

三、職業訓練生活津貼。

四、育嬰留職停薪津貼。　　　　　　　　　　　　　　　　　　　　【*991-63】

五、失業之被保險人及隨同被保險人辦理加保之眷屬全民健康保險保險費補助。

【*1102 術科第三題】

前項第五款之補助對象、補助條件、補助標準、補助期間之辦法，由中央主管機關定之。

第 11 條　（給付請領條件）　　　　　　　　　　　　　　　　✪✪✪✪✪

本保險各種保險給付之請領條件如下：

一、失業給付：被保險人於非自願離職辦理退保當日前三年內，保險年資合計滿一年以上，具有工作能力及繼續工作意願，向公立就業服務機構辦理求職登記，自求職登記之日起十四日內仍無法推介就業或安排職業訓練。【*1103-78；1073-19；1032-5；1023-55；1022-66；1012-6；1012-60；1011-42；1011-56；1022 術科第三題；1011 術科第一題；963 術科第四題】

 **相關法規**

**就業保險法施行細則第 13 條** <111.4.29>

被保險人依本法第十一條第一項第一款規定請領失業給付者，應備具下列書件：

一、失業（再）認定、失業給付申請書及給付收據。

二、離職證明書或定期契約證明文件。

三、國民身分證或其他身分證明文件影本。

四、被保險人本人名義之國內金融機構存摺影本。但匯款帳戶與其請領職業訓練生活津貼之帳戶相同者，免附。

五、身心障礙者，另檢附社政主管機關核發之身心障礙證明。

六、有扶養眷屬者，另檢附下列證明文件：

　（一）受扶養眷屬之戶口名簿影本或其他身分證明文件影本。

　（二）受扶養之子女為身心障礙者，另檢附社政主管機關核發之身心障礙證明。

二、提早就業獎助津貼：符合失業給付請領條件，於失業給付請領期間屆滿前受僱工作，並參加本保險三個月以上。

【*1081-28；1053-44；1012-22；1051 術科第四題；1042 術科第四題】✪✪

 **相關法規**

**就業保險法施行細則第 14 條** <111.4.29>

被保險人依本法第十一條第一項第二款規定請領提早就業獎助津貼者，應備具下列書件：

一、提早就業獎助津貼申請書及給付收據。

二、被保險人本人名義之國內金融機構存摺影本。但匯款帳戶與其請領失業給付之帳戶相同者，免附。

三、職業訓練生活津貼：被保險人非自願離職，向公立就業服務機構辦理求職登記，經公立就業服務機構安排參加全日制職業訓練。

【*1123-9；1013-19；1012-68；1001-69；992-21；1071 術科第三題】✪✪✪

### 相關法規

**就業保險法施行細則第 15 條** <111.4.29>

被保險人依本法第十一條第一項第三款規定請領職業訓練生活津貼者，應備具下列書件：

一、職業訓練生活津貼申請書及給付收據。

二、離職證明書。

三、國民身分證或其他身分證明文件影本。

四、被保險人本人名義之國內金融機構存摺影本。但匯款帳號與其請領失業給付之帳戶
　　相同者，免附。

五、有扶養眷屬者，應檢附下列證明文件：

　　（一）受扶養眷屬之戶口名簿影本或其他身分證明文件影本。

　　（二）受扶養之子女為身心障礙者，應檢附社政主管機關核發之身心障礙證明。

**就業保險法施行細則第 16 條** <111.4.29>

本法第 11 條第 1 項第 3 款所定全日制職業訓練，應符合下列條件：<104.5.14 修正 >

【*1092-77；1062-26；1051-4；1041-60；1001-69；992-21；1071 術科第三題】

一、訓練期間 1 個月以上。

二、每星期上課 4 日以上。

三、每日訓練日間 4 小時以上。

四、每月總訓練時數 100 小時以上。

**就業保險法施行細則第 19 條** <111.4.29>

本法第 19 條第 1 項規定之職業訓練生活津貼，應按申請人實際參訓起迄時間，以 30 日
為一個月核算發放；其訓練期間未滿 30 日者，依下列方式核算發放：

一、10 日以上且訓練時數達 30 小時者，發放半個月。

二、20 日以上且訓練時數達 60 小時者，發放一個月。

前項津貼，按月於期末發給。

　　　　四、育嬰留職停薪津貼：被保險人之保險年資合計滿一年以上，子女滿三歲前，依性別
　　　　　　平等工作法之規定，辦理育嬰留職停薪。　　【*1051-73；991-63；983-32】❀❀❀❀

### 相關法規

**就業保險法施行細則第 16-1 條** <111.4.29>

被保險人依本法第十一條第一項第四款規定請領育嬰留職停薪津貼者，應備具下列書件：

一、育嬰留職停薪津貼申請書及給付收據。

二、被保險人及子女之戶口名簿影本。

三、育嬰留職停薪證明。

四、被保險人本人名義之國內金融機構存摺影本。

被保險人因定期契約屆滿離職，逾一個月未能就業，且離職前一年內，契約期間合計滿六個月以上者，視為非自願離職，並準用前項之規定。

【*1011-44；1051 術科第四題；972 術科第三題；971 術科第六題】

本法所稱非自願離職，指被保險人因投保單位關廠、遷廠、休業、解散、破產宣告離職；或因勞動基準法第十一條、第十三條但書、第十四條及第二十條規定各款情事之一離職。　　【*1051 術科第四題；1021 術科第五題；1013 術科第五題；1002 術科第四題；972 術科第三題；963 術科第二題】

第 12 條　（提供就業諮詢、推介就業或參加職業訓練）　　　　　❸❸❸

公立就業服務機構為促進失業之被保險人再就業，得提供就業諮詢、推介就業或參加職業訓練。　　　　　　　　　　　　　　　　　　　　【*1062-48；1031-39】

前項業務得由主管機關或公立就業服務機構委任或委託其他機關（構）、學校、團體或法人辦理。

中央主管機關得於就業保險年度應收保險費百分之十及歷年經費執行賸餘額度之範圍內提撥經費，辦理下列事項：　　　　　　　　　【*1081-78；1033-46；1052 術科第四題】

一、被保險人之在職訓練。

二、被保險人失業後之職業訓練、創業協助及其他促進就業措施。

三、被保險人之僱用安定措施。

四、雇主僱用失業勞工之獎助。

辦理前項各款所定事項之對象、職類、資格條件、項目、方式、期間、給付標準、給付限制、經費管理、運用及其他應遵行事項之辦法，由中央主管機關定之。【＊就業保險促進就業實施辦法；就業保險失業者創業協助辦法；就業保險之職業訓練及訓練經費管理運用辦法】

第一項所稱就業諮詢，指提供選擇職業、轉業或職業訓練之資訊與服務、就業促進研習活動或協助工作適應之專業服務。　　　【*1082-45；1053-29；981-14；971-10；983 術科第二題】

第 13 條　（申請人拒絕就業推介之情形）　　　　　　　　　　❷❷

申請人對公立就業服務機構推介之工作，有下列各款情事之一而不接受者，仍得請領失業給付：　　　　　　　　【*1073-74；1012-76；1063 術科第二題；971 術科第六題】

一、工資低於其每月得請領之失業給付數額。

二、工作地點距離申請人日常居住處所三十公里以上。　　　　　　【*1011-44】

第 14 條　（申請人拒絕就業諮詢及職業訓練之情形）　　　　　❸❸❸

申請人對公立就業服務機構安排之就業諮詢或職業訓練，有下列情事之一而不接受者，仍得請領失業給付：　　　　　　　　　　【*1073-74；1012-76；971 術科第六題】

一、因傷病診療，持有證明而無法參加者。

二、為參加職業訓練，需要變更現在住所，經公立就業服務機構認定顯有困難者。

申請人因前項各款規定情事之一，未參加公立就業服務機構安排之就業諮詢或職業訓

練，公立就業服務機構在其請領失業給付期間仍得擇期安排。

第 15 條 （拒絕受理失業給付之情形）

被保險人有下列情形之一者，公立就業服務機構應拒絕受理失業給付之申請：

一、無第十三條規定情事之一不接受公立就業服務機構推介之工作。

二、無前條規定情事之一不接受公立就業服務機構之安排，參加就業諮詢或職業訓練。

✪✪✪✪✪

第 16 條 失業給付按申請人離職辦理本保險退保之當月起前六個月平均月投保薪資百分之六十按月發給，最長發給六個月。但申請人離職辦理本保險退保時已年滿四十五歲或領有社政主管機關核發之身心障礙證明者，最長發給九個月。　【*1111-22；1092-67；1051-65；1041-26；1021-53；983-69；1102 術科第三題；1093 術科第六題；1072 術科第二題】

✪✪

中央主管機關於經濟不景氣致大量失業或其他緊急情事時，於審酌失業率及其他情形後，得延長前項之給付期間最長至九個月，必要時得再延長之，但最長不得超過十二個月。但延長給付期間不適用第十三條及第十八條之規定。　【*1092-67】

前項延長失業給付期間之認定標準、請領對象、請領條件、實施期間、延長時間及其他相關事項之辦法，由中央主管機關擬訂，報請行政院核定之。　【就業保險延長失業給付實施辦法（99.9.10）】

受領失業給付未滿前三項給付期間再參加本保險後非自願離職者，得依規定申領失業給付。但合併原已領取之失業給付月數及依第十八條規定領取之提早就業獎助津貼，以發給前三項所定給付期間為限。　【*1051 術科第四題】

依前四項規定領滿給付期間者，自領滿之日起二年內再次請領失業給付，其失業給付以發給原給付期間之二分之一為限。　【*1103 術科第三題】

依前五項規定領滿失業給付之給付期間者，本保險年資應重行起算。

> 註：就業保險延長失業給付實施辦法第 2 條（99.9.10）
>
> 中央主管機關於失業狀況符合下列情形時，得公告延長失業給付，最長發給九個月：
>
> 一、每月領取失業給付人數占每月領取失業給付人數加計每月底被保險人人數之比率，連續四個月達百分之三點三以上。　【*1103 術科第三題】
>
> 二、中央主計機關發布之失業率連續四個月未降低。
>
> 前項所定失業狀況加重達下列情形時，得再公告延長失業給付，合計最長發給十二個月：
>
> 一、每月領取失業給付人數占每月領取失業給付人數加計每月底被保險人數之比率，連續八個月達百分之三點三以上。
>
> 二、中央主計機關發布之失業率連續八個月未降低。

第 17 條 （保險之給付限制）　　　　　　　　　　　　　　　　　　✪✪✪

被保險人於失業期間另有工作，其每月工作收入超過基本工資者，不得請領失業給付【*1102 術科第三題】；其每月工作收入未超過基本工資者，其該月工作收入加上失業給付之總額，超過其平均月投保薪資百分之八十部分，應自失業給付中扣除。但總額低於基本工資者，不予扣除。　　　　　　　　　　　　　　　【*1042-28：1011 術科第一題】

領取勞工保險傷病給付、職業訓練生活津貼、臨時工作津貼、創業貸款利息補貼或其他促進就業相關津貼者，領取相關津貼期間，不得同時請領失業給付。　　　　　【*1112-15】

第 18 條 （提早就業獎助津貼）　　　　　　　　　　　　　　　　　　✪✪✪✪

符合失業給付請領條件，於失業給付請領期限屆滿前受僱工作，並依規定參加本保險為被保險人滿三個月以上者，得向保險人申請，按其尚未請領之失業給付金額之百分之五十，一次發給提早就業獎助津貼。【*1112-35：1021-73：1012-22：1011-42：1072 術科第二題：1051 術科第四題】

第 19 條 （職業訓練生活津貼）　　　　　　　　　　　　　　　　　✪✪✪✪✪

被保險人非自願離職，向公立就業服務機構辦理求職登記，經公立就業服務機構安排參加全日制職業訓練，於受訓期間，每月按申請人離職辦理本保險退保之當月起前六個月平均月投保薪資百分之六十發給職業訓練生活津貼，最長發給六個月。　　【*1123-75：1022-61：1012-68：1011-42：1093 術科第六題：1071 術科第三題：1062 術科第四題：1013 術科第五題】

職業訓練單位應於申請人受訓之日，通知保險人發放職業訓練生活津貼。中途離訓或經訓練單位退訓者，訓練單位應即通知保險人停止發放職業訓練生活津貼。【*1123-9】

第 19-1 條 被保險人非自願離職退保後，於請領失業給付或職業訓練生活津貼期間，有受其扶養之眷屬者，每一人按申請人離職辦理本保險退保之當月起前六個月平均月投保薪資百分之十加給給付或津貼【*1033-41】，最多計至百分之二十。【*1093-79：1062 術科第四題】

前項所稱受扶養眷屬，指受被保險人扶養之無工作收入之父母 <110.12.19 增修>、配偶、未成年子女或身心障礙子女。【*1093-79：1111 術科第三題：1102 術科第三題】

第 19-2 條 育嬰留職停薪津貼，以被保險人育嬰留職停薪之當月起前六個月平均月投保薪資百分之六十計算，於被保險人育嬰留職停薪期間，按月發給津貼，每一子女合計最長發給六個月。【*991-63：983-32】　　　　　　　　　　　　　　✪✪✪

前項津貼，於同時撫育子女二人以上之情形，以發給一人為限。

依家事事件法、兒童及少年福利與權益保障法相關規定與收養兒童先行共同生活之被保險人，其共同生活期間得依第十一條第一項第四款及前二項規定請領育嬰留職停薪津貼。但因可歸責於被保險人之事由，致未經法院裁定認可收養者，保險人應通知限期返還其所受領之津貼，屆期未返還者，依法移送強制執行。　<111.1.12 修正 >

第 20 條　（失業給付與職業訓練生活津貼之起算日）　　　　　　　　　❂❂❂❂❂

失業給付自向公立就業服務機構辦理求職登記之第十五日起算。

【*1063-6；1042-68；1021-44；1018 月 -29；992-23；1111 術科第三題】

職業訓練生活津貼自受訓之日起算。　　　　　【*1123-9；1018 月 -29；1111 術科第三題】

第 21 條　（投保單位故意為不合本法規定之人員辦理保險手續之處置）

投保單位故意為不合本法規定之人員辦理參加保險手續，領取保險給付者，保險人應通知限期返還，屆期未返還者，依法移送強制執行。

第 22 條　（保險給付之特別保障）

被保險人領取各種保險給付之權利，不得讓與、抵銷、扣押或供擔保。　　　【*1032-18】

被保險人依本法規定請領保險給付者，得檢具保險人出具之證明文件，於金融機構開立專戶，專供存入保險給付之用。

前項專戶內之存款，不得作為抵押、扣押、供擔保或強制執行之標的。

第 22-1 條　依本法發給之保險給付，經保險人核定後，應在十五日內給付之【*1122-55；1072-47；1071-36；1023-77】。如逾期給付可歸責於保險人者，其逾期部分應加給利息。

第 23 條　（被保險人與雇主間爭議請領給付之規定）

申請人與原雇主間因離職事由發生勞資爭議者，仍得請領失業給付。

前項爭議結果，確定申請人不符失業給付請領規定時，應於確定之日起十五日內【*992-23】，將已領之失業給付返還。屆期未返還者，依法移送強制執行。

第 24 條　（保險給付之請求期限）　　　　　　　　　　　　　　　　❂❂

領取保險給付之請求權，自得請領之日起，因二年間不行使而消滅。　　　【*992-67】

## 第五章　申請及審核

第 25 條　被保險人於離職退保後二年內，應檢附離職或定期契約證明文件及國民身分證或其他足資證明身分之證件，親自向公立就業服務機構辦理求職登記、申請失業認定及接受就業諮詢，並填寫失業認定、失業給付申請書及給付收據。　　　【*1022-49】❂❂❂

公立就業服務機構受理求職登記後，應辦理就業諮詢，並自求職登記之日起十四日內推介就業或安排職業訓練。未能於該十四日內推介就業或安排職業訓練時，公立就業服務機構應於翌日完成失業認定，並轉請保險人核發失業給付。　　　【*1018 月 -29；1011-56】

第一項離職證明文件，指由投保單位或直轄市、縣（市）主管機關發給之證明；其取得有困難者，得經公立就業服務機構之同意，以書面釋明理由代替之。　　　【*1012-6；992-73】

前項文件或書面，應載明申請人姓名、投保單位名稱及離職原因。

申請人未檢齊第一項規定文件者，應於七日內補正；屆期未補正者，視為未申請。

### 相關法規

**勞動部 92 年 1 月 21 日勞保 1 字第 0920003857 號令**

就業保險法第 25 條第 3 項直轄市、縣（市）主管機關發給離職證明文件，係指就業保險法施行後，申請人如無法自投保單位取得離職證明，而有下列情形之一者，直轄市、縣（市）主管機關應核發離職證明文件：

1. 雇主資遣員工時，已依就業服務法第 33 條規定，列冊向當地主管機關通報。
2. 關廠、歇業或雇主行蹤不明，經地方主管機關查明屬實。
3. 申請人與原雇主間因離職事由發生勞資爭議，經調解有案。
4. 其他經地方主管機關事實查證確定。

第 26 條　（辦理推介及安排訓練得要求提供文件）

　　　　公立就業服務機構為辦理推介就業及安排職業訓練所需，得要求申請人提供下列文件：

　　　　一、最高學歷及經歷證書影本。

　　　　二、專門職業及技術人員證照或執業執照影本。

　　　　三、曾接受職業訓練之結訓證書影本。

第 27 條　（辦理當次失業認定或再認定）　　　　　　　　　　　　　　　✪✪✪

　　　　申請人應於公立就業服務機構推介就業之日起七日內，將就業與否回覆卡檢送公立就業服務機構。　　　　　　　　　　　　　　　　　　　　　　　　　　　【*1011-44：1002-50】

　　　　申請人未依前項規定辦理者，公立就業服務機構應停止辦理當次失業認定或再認定。已辦理認定者，應撤銷其認定。　　　　　　　　　　　　　　　　　　　　　【*1011-44】

第 28 條　職業訓練期滿未能推介就業者，職業訓練單位應轉請公立就業服務機構完成失業認定；其未領取或尚未領滿失業給付者，並應轉請保險人核發失業給付，合併原已領取之失業給付，仍以第十六條規定之給付期間為限。

第 29 條　繼續請領失業給付者，應於前次領取失業給付期間末日之翌日起二年內，每個月親自前往公立就業服務機構申請失業再認定【*1021-77：991-62】。但因傷病診療期間無法親自辦理者，得提出醫療機構出具之相關證明文件，以書面陳述理由委託他人辦理之。

　　　　未經公立就業服務機構為失業再認定者，應停止發給失業給付。

第 30 條　（辦理失業再認定時提供求職紀錄）

　　　　領取失業給付者，應於辦理失業再認定時，至少提供二次以上之求職紀錄，始得繼續請領。未檢附求職紀錄者，應於七日內補正；屆期未補正者，停止發給失業給付。

　　　　　　　　　　　　　　　　　　　　　　　　　　　　【*1018 月 -29：1011-44】

第 31 條　（申請失業認定或再認定時之告知義務）

　　　　失業期間或受領失業給付期間另有其他工作收入者，應於申請失業認定或辦理失業再認定時，告知公立就業服務機構。

第 32 條　（受領失業給付者就業回報之義務）

　　　　領取失業給付者，應自再就業之日起三日內，通知公立就業服務機構。　　　　【*1021-33】

## 第六章　基金及行政經費

第 33 條　就業保險基金之來源如下：　　　　　　　　　　　　　　　　　　　　　【*1023-42】

　　　　一、本保險開辦時，中央主管機關自勞工保險基金提撥之專款。

　　　　二、保險費與其孳息收入及保險給付支出之結餘。

　　　　三、保險費滯納金。

　　　　四、基金運用之收益。

　　　　五、其他有關收入。

　　　　前項第一款所提撥之專款，應一次全數撥還勞工保險基金。

第 34 條　就業保險基金，經勞工保險監理委員會之通過，得為下列之運用：

　　　　一、對於公債、庫券及公司債之投資。

　　　　二、存放於公營銀行或中央主管機關指定之金融機構及買賣短期票券。

　　　　三、其他經中央主管機關核准有利於本基金收益之投資。

　　　　前項第三款所稱其他有利於本基金收益之投資，不得為權益證券及衍生性金融商品之投資。

　　　　就業保險基金除作為第一項運用、保險給付支出、第十二條第三項規定之提撥外，不得移作他用或轉移處分。基金之收支、運用情形及其積存數額，應由保險人報請中央主管機關按年公告之。

第 35 條　辦理本保險所需之經費，由保險人以當年度保險費收入預算總額百分之三點五為上限編列，由中央主管機關編列預算撥付之。　　　　　　　　　　　　　　　　　【*991-66】✪✪

## 第七章　罰則

第 36 條　（罰則）

　　　　以詐欺或其他不正當行為領取保險給付或為虛偽之證明、報告、陳述者，除按其領取之保險給付處以二倍罰鍰外，並應依民法請求損害賠償；其涉及刑責者，移送司法機關辦理。

第 37 條　（罰則）　　　　　　　　　　　　　　　　　　　　　　　　　　　　　✪✪

　　　　勞工違反本法規定不參加就業保險及辦理就業保險手續者，處新臺幣一千五百元以上七千五百元以下罰鍰。　　　　　　　　　　　　　　　　　　　　　　　　【*1001-41】

第 38 條　投保單位不依本法之規定辦理加保手續者，按自應為加保之日起，至參加保險之日止應負擔之保險費金額，處以十倍罰鍰。勞工因此所受之損失，並應由投保單位依本法規定之給付標準賠償之。

　　　　投保單位違反本法規定，將投保薪資金額以多報少或以少報多者，自事實發生之日起，按其短報或多報之保險費金額，處以四倍罰鍰【*1041-61；981-35；1103 術科第三題】，其溢領之給付金額，經保險人通知限期返還，屆期未返還者，依法移送強制執行，並追繳其溢領之給付金額。勞工因此所受損失，應由投保單位賠償之。

投保單位違反第七條規定者，處新臺幣一萬元以上五萬元以下罰鍰。

本條中華民國九十八年三月三十一日修正之條文施行前，投保單位經依規定加徵滯納金至應納費額上限，其應繳之保險費仍未向保險人繳納，且未經保險人處以罰鍰或處以罰鍰而未執行者，不再裁處或執行。

第 39 條　（強制執行）

依本法所處之罰鍰，經保險人通知限期繳納，屆期未繳納者，依法移送強制執行。

## 第八章　附則

第 40 條　（保險效力之開始或停止等相關規定之準用）

本保險保險效力之開始及停止、月投保薪資、投保薪資調整、保險費負擔、保險費繳納、保險費寬限期與滯納金之徵收及處理、基金之運用與管理，除本法另有規定外，準用勞工保險條例及其相關規定辦理。

第 41 條　勞工保險條例第二條第一款有關普通事故保險失業給付部分及第七十四條規定，自本法施行之日起，不再適用。

自本法施行之日起，本法被保險人之勞工保險普通事故保險費率應按被保險人當月之月投保薪資百分之一調降之，不受勞工保險條例第十三條第二項規定之限制。

第 42 條　（免稅）

本保險之一切帳冊、單據及業務收支，均免課稅捐。

第 43 條　（施行細則）

本法施行細則，由中央主管機關定之。

第 44 條　本法之施行日期，由行政院定之。

本法中華民國 98 年 4 月 21 日修正之第三十五條條文，自中華民國 99 年 1 月 1 日施行。

本法中華民國 101 年 12 月 4 日修正之條文，自公布日施行。

# 二、失業被保險人及其眷屬全民健康保險保險費補助辦法（民國 101 年 11 月 12 日修法）

第 1 條　本辦法依就業保險法（以下簡稱本法）第十條第二項規定訂定之。

第 2 條　依本法第十條第一項第五款規定補助全民健康保險保險費之對象如下：

一、失業之被保險人。

二、隨同被保險人辦理加保之眷屬。

前項第一款規定之被保險人，指依本法領取失業給付或職業訓練生活津貼者。

第一項第二款規定之眷屬，指被保險人離職退保當時，隨同被保險人參加全民健康保險之眷屬，且受補助期間為全民健康保險法第二條規定之眷屬或第六類規定之被保險人身分。但不包括被保險人離職退保後辦理追溯加保之眷屬。

第 3 條　符合前條規定之補助對象者，保險人應按月補助其參加全民健康保險自付部分之保險費。

前項保險費之補助，以領取失業給付或職業訓練生活津貼者，每次領取給付末日之當月份應自付之保險費部分，補助之。

依全民健康保險法所定補充保險費率計收之補充保險費，不予補助。

第 4 條　保險人應定期將領取失業給付及職業訓練生活津貼者之姓名、身分證統一編號、離職退保日、離職退保時之投保單位等資料，送交中央健康保險局於比對符合第二條規定之失業被保險人及依附其投保之眷屬資料後，逐還保險人確認之。

第 5 條　中央健康保險局依前條經保險人確認之補助對象資料，計算其應自付之全民健康保險保險費，檢據向保險人辦理請撥款項及核銷事宜。

第 6 條　本辦法自中華民國一百零二年一月一日施行。

## 三、就業保險促進就業實施辦法（民國 112 年 6 月 29 日修法）

### 第一章　總則

第 1 條　本辦法依就業保險法（以下簡稱本法）第十二條第四項規定訂定之。

第 2 條　本辦法所定雇主，為就業保險投保單位之民營事業單位、團體或私立學校。

前項所稱團體，指依人民團體法或其他法令設立者。但不包括政治團體及政黨。
<110.7.29 修正 >

第 3 條　本辦法促進就業之措施如下：<112.3.28 增修 >　　　　　　　　　❂❂❂

【*1122-78；1081-72；1033-39；1002-1；1092 術科第二題；1071 術科第七題】

一、僱用安定措施。

二、僱用獎助措施。

三、其他促進就業措施：

（一）補助求職交通、異地就業之交通、搬遷及租屋費用。

（二）推介從事臨時工作。

（三）辦理適性就業輔導。

（四）協助雇主改善工作環境及勞動條件。

（五）促進職場勞工身心健康、工作與生活平衡。

（六）促進職業災害勞工穩定就業。

（七）提升工會保障勞工就業權益之能力。

（八）促進中高齡者及高齡者就業。<112.3.28 增修 >

（九）協助受天災、事變或其他重大情事影響之勞工就業。<112.3.28 增修 >

第 4 條　中央主管機關得將本辦法所定之促進就業事項，委任所屬機關（構）、委辦直轄市、縣（市）主管機關或委託相關機關（構）、團體辦理之。

### 第二章　僱用安定措施

第 5 條　中央主管機關因景氣因素影響，致勞雇雙方協商減少工時（以下簡稱減班休息），經評估有必要時，得召開僱用安定措施諮詢會議（以下簡稱諮詢會議），辦理僱用安定措施。<108.4.16；112.6.29 修正 >【*1121-43；1052-51；1033-74；1013-40；1011-24；992-3】

第 5-1 條　諮詢會議置委員十五人至二十一人，任期三年，其中一人為召集人，由中央主管機關指派人員兼任之；其餘委員，由中央主管機關就下列人員聘（派）兼之：

<112.6.29 增修 >

一、中央主管機關代表一人。

二、行業目的事業主管機關代表三人至五人。

三、行政院主計總處代表一人。

四、國家發展委員會代表一人。

五、勞方代表二人至三人。

六、資方代表二人至三人。

七、學者專家四人至六人。

諮詢會議委員任一性別比例，不得低於全體委員人數之三分之一。

諮詢會議由召集人召集，並為主席；召集人未能出席時，由其指定委員其中一人代理之。必要時，得邀請有關單位、勞工、雇主或學者專家參加，聽取其意見。

第 5-2 條　諮詢會議得參採下列資料，就僱用安定措施啟動時機、辦理期間、被保險人薪資補貼期間、適用對象及其他相關事項提出諮詢意見：<112.6.29 增修 >

一、事業單位受景氣因素影響情形。

二、各行業發展情形及就業狀況。

三、實施減班休息事業單位家數及人數。

四、失業率。

五、資遣通報人數。

六、其他辦理僱用安定措施之資料。

> **註**：定明諮詢會議之任務為參採中央主管機關蒐集之事業單位受景氣因素影響情形資料，例如景氣對策信號（含機械及電機設備進口值、批發、零售及餐飲業營業額、工業生產指數、海關出口值等）及製造業採購經理人指數、非製造業經理人指數、失業率、勞工就業狀況、行業發展情勢等相關資料，就僱用安定措施啟動時機、被保險人薪資補貼期間、辦理期間、適用範圍及其他相關事項，提出諮詢意見。

第 6 條　中央主管機關辦理前條僱用安定措施，應公告啟動時機、辦理期間、被保險人薪資補貼期間、適用對象及其他相關事項。<112.6.29 增修 >【*1018 月 -68；992 術科第十題】

前項辦理期間，最長為十二個月。但中央主管機關於評估無辦理必要時，得於前項辦理期間屆滿前，公告終止。<112.6.29 修正 >【*1103-48；1082-47；1018 月 -68】

第 7 條　（刪除）<112.6.29 修正 >

第 8 條　（刪除）<112.6.29 修正 >

第 9 條　被保險人領取薪資補貼，應符合下列規定：<112.6.29 修正 >

一、於辦理僱用安定措施期間內，經被保險人與雇主協商同意實施減班休息期間達三十日以上，並依因應事業單位實施勞雇雙方協商減少工時相關規定辦理。

二、實施減班休息前，以現職雇主為投保單位參加就業保險達三個月以上。

三、屬全時勞工，或有固定工作日（時）數或時間之部分時間工作勞工（以下簡稱部分工時勞工）。

四、未具請領薪資補貼之事業單位代表人、負責人、合夥人、董事或監察人身分。

中央主管機關應依前項第一款規定報送之勞僱雙方協商減班休息案件認定之。被保險人於僱用安定措施啟動前，已受僱現職雇主，且領取薪資補貼前受僱一個月以上者，不受第一項第二款參加就業保險期間限制。

第 10 條　（刪除）<112.6.29 修正 >

第 11 條　（刪除）<112.6.29 修正 >

第 12 條　公立就業服務機構應依下列規定，發給被保險人薪資補貼：<112.6.29 修正 >

一、按被保險人於實施減班休息日前一個月至前三個月之平均月投保薪資，與實施減班休息後實際協議薪資差額之百分之五十發給。但被保險人於現職單位受僱未滿三個月者，依其於現職單位實際參加就業保險期間之平均月投保薪資計算。

【*1122-3：1021-17：1011-24：992 術科第十題】❂❂❂

二、前款實施減班休息後實際協議薪資，最低以中央主管機關公告之每月基本工資數額核算。但庇護性就業之身心障礙者及部分工時勞工，不在此限。

三、每月不得超過勞工保險投保薪資分級表所定最高月投保薪資，與中央主管機關公告每月基本工資差額之百分之五十。

四、薪資補貼金額採無條件進位方式計算至百位數。

同一被保險人同時受僱於二個以上雇主，得依規定分別申請薪資補貼。<112.6.29 修法 >

同一被保險人受僱於同一雇主，不得於同一減班休息期間，重複申請薪資補貼。<112.6.29 修正 >

受僱於同一雇主之被保險人於領取第一項薪資補貼期間，不得重複領取政府機關其他相同性質之補助或津貼。<112.6.29 修正 >

第 13 條　薪資補貼於減班休息實施日起算，公立就業服務機構依下列規定計算發給被保險人薪資補貼：<112.6.29 修正 >

一、一個月以三十日計算，發給一個月。

二、最末次申請之日數為二十日以上，未滿三十日者，發給一個月；十日以上，未滿二十日者，發給半個月。

薪資補貼發給期間，應於中央主管機關公告辦理僱用安定措施期間內。<112.6.29 修正 >

中央主管機關公告辦理實施僱用安定措施期間未中斷者，被保險人領取薪資補貼，其合併領取期間以二十四個月為限；該公告辦理期間中斷者，其領取補貼期間重新計算。<112.6.29 修正 >

【*992 術科第十題】

第 14 條　被保險人申請薪資補貼，檢附下列文件，於實施減班休息每滿三十日之次日起九十日內，向工作所在地之公立就業服務機構提出：<112.6.29 修正 >

一、薪資補貼申請書。

二、本人之身分證明或居留證明文件之影本。

三、被保險人當次申請補貼期間之薪資清冊或證明。

四、同意代為查詢勞工保險資料委託書。

五、本人名義之國內金融機構存摺封面影本。

六、其他中央主管機關規定之文件。

中央主管機關公告辦理僱用安定措施期間內，被保險人與雇主已於公告日前，實施減班休息期間達三十日以上者，應於公告日之次日起九十日內提出申請。<112.6.29 修正>

雇主得於前二項所定申請期間內，檢附第一項文件及委託書，代減班休息被保險人提出申請。<112.6.29 修正>

被保險人於第二次起之申請案，得免附第一項第二款及第四款規定文件；第一項第五款規定匯款帳戶未有變更者，亦得免附。<112.6.29 修正>

第 15 條　雇主與被保險人另為約定，致變更減班休息期間時，申請薪資補貼之雇主或被保險人，應於變更日之次日起七日內，通知工作所在地之公立就業服務機構。<112.6.29 修正>

第 16 條　雇主或被保險人有下列情形之一者，公立就業服務機構應不予發給薪資補貼；已發給者，經撤銷或廢止原核定之補貼者，應追還之：<112.6.29 修法>

一、未於規定期間內提出申請。

二、雇主與被保險人協商縮短減班休息期間，未依前條規定通知工作所在地之公立就業服務機構。

三、被保險人於請領薪資補貼之事業單位具有代表人、負責人、合夥人、董事或監察人身分。

第 17 條　（刪除）<112.6.29 修正>

　　　第 17-1 條　逾六十五歲或屬本法第五條第二項第二款不得參加就業保險人員，經其雇主投保勞工職業災害保險者，得依第九條、第十二條至第十四條規定領取薪資補貼，並依第六條、第十五條、第十六條、第五十三條至第五十五條規定辦理。<112.6.29 增修>

## 第三章　僱用獎助措施

第 18 條　公立就業服務機構或第四條受託單位受理下列各款失業勞工之求職登記，經就業諮詢無法推介就業者，得發給僱用獎助推介卡：　　　　　　　　　　　❂❂❂

一、失業期間連續達三十日以上之特定對象。

二、失業期間連續達三個月以上。

前項失業期間之計算，以勞工未有參加就業保險、勞工保險或勞工職業災害保險紀錄之日起算。<111.11.9 修正>

第一項第一款之特定對象如下：　　　　　　　　　　　　　　　　　　　【*1061-35】

一、年滿四十五歲至六十五歲失業者。

二、身心障礙者。

三、長期失業者。

四、獨力負擔家計者。

五、原住民。

六、低收入或中低收入戶中有工作能力者。

七、更生受保護人。

八、家庭暴力及性侵害被害人。

九、二度就業婦女。

十、其他中央主管機關認為有必要者。

第 19 條　雇主以不定期契約或一年以上定期契約 <110.7.29 修正>，僱用前條由公立就業服務機構或受託單位發給僱用獎助推介卡之失業勞工，連續滿三十日，由公立就業服務機構發給僱用獎助。　　　　　　　　　　　　　　　　　　　　　　　　　　　【*1011-73】

雇主有下列情形之一者，公立就業服務機構應不予發給僱用獎助；已發給者，經撤銷原核定之獎助後，應追還之：　　　　　　　　　　　　　　【*1101-66；1093-73】

一、申請僱用獎助前，未依身心障礙者權益保障法及原住民族工作權保障法比例進用規定，足額進用身心障礙者及原住民或繳納差額補助費、代金；或申請僱用獎助期間，所僱用之身心障礙者或原住民經列計為雇主應依法定比率進用之對象。

二、未為應參加就業保險、勞工職業災害保險之受僱勞工，申報參加就業保險或勞工職業災害保險。<111.11.9 修正>

三、僱用雇主或事業單位負責人之配偶、直系血親或三親等內之旁系血親。

四、同一雇主再僱用離職未滿一年之勞工。

五、僱用同一勞工，於同一時期已領取政府機關其他就業促進相關補助或津貼。

六、同一勞工之其他雇主於相同期間已領取政府機關其他就業促進相關補助或津貼。

七、第四條受委託之單位僱用自行推介之勞工。

八、庇護工場僱用庇護性就業之身心障礙者。

第 20 條　雇主於連續僱用同一受領僱用獎助推介卡之勞工滿三十日之日起九十日內，得向原推介轄區之公立就業服務機構申請僱用獎助，並應檢附下列證明文件：【*1113-40；1011-73】

一、僱用獎助申請書。

二、僱用名冊、載明受僱者工作時數之薪資清冊、出勤紀錄。

三、受僱勞工之身分證影本或有效期間居留證明文件。

四、請領僱用獎助之勞工保險、就業保險、勞工職業災害保險投保資料或其他足資證明投保之文件。<111.11.9 修正>

五、其他經中央主管機關規定之必要文件。

前項雇主，得於每滿三個月之日起九十日內，向原推介轄區之公立就業服務機構提出僱用獎助之申請。【*1011-73】

第一項僱用期間之認定，自勞工到職投保就業保險生效之日起算。但依法不得辦理參加就業保險者，自其勞工職業災害保險生效之日起算。<111.11.9 修正>

前項僱用期間，一個月以三十日計算，其末月僱用時間逾二十日而未滿三十日者，以一個月計算。<111.11.9 修正>

✪✪✪

第 21 條　雇主依前二條規定申請僱用獎助，依下列規定核發：<106.4.18 修正>【*1018 月 -1；1011-73】

一、勞雇雙方約定按月計酬方式給付工資者，依下列標準核發：

（一）僱用第十八條第三項第一款至第三款人員，依受僱人數每人每月發給新臺幣一萬三千元。【僱用『年滿 45 歲至 65 歲失業者』、『身心障礙者』、『長期失業者』】【*1072-3；1051-18；1043-53；1041-25；1122 術科第三題；1092 術科第二題】

（二）僱用第十八條第三項第四款至第十款人員，依受僱人數每人每月發給新臺幣一萬一千元。【僱用『、獨力負擔家計者』、『原住民』、『生活扶助戶中有工作能力者』、『更生受保護人』、『家庭暴力及性侵害被害人』、『中央主管機關認為有必要者』】【*1093 術科第三題；1092 術科第二題】

（三）僱用第十八條第一項第二款人員，依受僱人數每人每月發給新臺幣九千元。【僱用『失業期間連續達三個月以上者』】【*1111-44；1063-8；1013-11】

二、勞雇雙方約定按前款以外方式給付工資者，依下列標準核發：

（一）僱用第十八條第三項第一款至第三款人員，依受僱人數每人每小時發給新臺幣七十元，每月最高發給新臺幣一萬三千元。【僱用『年滿 45 歲至 65 歲失業者』、『身心障礙者』、『長期失業者』】

（二）僱用第十八條第三項第四款至第十款人員，依受僱人數每人每小時發給新臺幣六十元，每月最高發給新臺幣一萬一千元。【僱用『獨力負擔家計者』、『原住民』、『生活扶助戶中有工作能力者』、『更生受保護人』、『家庭暴力及性侵害被害人』、『中央主管機關認為有必要者』】【*1102-42；1091-27；1072-46；1021-19】

（三）僱用第十八條第一項第二款人員，依受僱人數每人每小時發給新臺幣五十元，每月最高發給新臺幣九千元。【失業期間連續達三個月以上】

同一雇主僱用同一勞工，合併領取本僱用獎助及政府機關其他之就業促進相關補助或津貼，最長以十二個月為限。

同一勞工於同一時期受僱於二以上雇主，並符合第一項第二款規定者，各雇主均得依規定申請獎助；公立就業服務機構應按雇主申請送達受理之時間，依序核發。但獎助金額每月合計不得超過第一項第二款各目規定之最高金額。　　　　　　　　　　　　【*1013-79】

## 第四章　其他促進就業措施　　　　　　　　　　　　　　　　　　　　　　　【*1061-22】

### 第一節　補助交通與搬遷及租屋費用　　　　　　　　　　　　　　　　　　　【*1032 術科第三題】

**第 22 條** 失業被保險人親自向公立就業服務機構辦理求職登記，經公立就業服務機構諮詢及開立
　　　　　介紹卡推介就業，有下列情形之一者，得發給求職交通補助金：　　　　　✪✪✪
　　　　　一、其推介地點與日常居住處所距離三十公里以上。
　　　　　二、為低收入或中低收入戶。

**第 23 條** 前條之勞工申請求職交通補助金，應檢附下列文件：
　　　　　一、補助金領取收據。
　　　　　二、其他中央主管機關規定之文件。
　　　　　以低收入或中低收入戶身分申請者，除檢附前項規定文件外，並應檢附低收入戶或中低
　　　　　收入戶證明文件影本。

**第 24 條** 第 22 條補助金，每人每次得發給新臺幣五百元。但情形特殊者，得於新臺幣
　　　　　一千二百五十元內核實發給。　　　　　　　　　　　　　【*963-73】✪✪✪
　　　　　每人每年度合併領取前項補助金及依就業促進津貼實施辦法領取之求職交通補助金，以
　　　　　四次為限。　　　　　　　　　　　　　　　　　　　　　　　　　　　【*963-73】

**第 25 條** 領取第 22 條補助金者，應於推介就業之次日起七日內，填具推介就業情形回覆卡通知
　　　　　公立就業服務機構，逾期未通知者，當年度不再發給。　　　　　　　　✪✪✪

**第 26 條** 失業被保險人親自向公立就業服務機構辦理求職登記，經諮詢及開立介紹卡推介就業，
　　　　　並符合下列情形者，得向就業當地轄區之公立就業服務機構申請核發異地就業交通補助
　　　　　金：　　　　　　　　　　　　　　　　　　　　　　　　　【*1032 術科第三題】
　　　　　一、失業期間連續達三個月以上或非自願性離職。
　　　　　二、就業地點與原日常居住處所距離三十公里以上。
　　　　　三、因就業有交通往返之事實。
　　　　　四、連續三十日受僱於同一雇主。

**第 27 條** 前條之勞工於連續受僱滿三十日之日起九十日內，得向就業當地轄區公立就業服務機構
　　　　　申請異地就業交通補助金，並應檢附下列證明文件：
　　　　　一、異地就業交通補助金申請書。
　　　　　二、補助金領取收據。
　　　　　三、本人名義之國內金融機構存摺封面影本。
　　　　　四、本人之身分證影本或有效期間居留證明文件。
　　　　　五、同意代為查詢勞工保險資料委託書。
　　　　　六、居住處所查詢同意書。
　　　　　七、其他中央主管機關規定之文件。
　　　　　前項之勞工，得於每滿三個月之日起九十日內，向當地轄區之公立就業服務機構申請補
　　　　　助金。

第一項受僱期間之認定，自勞工到職投保就業保險生效之日起算。但依法不得辦理參加就業保險者，自其勞工職業災害保險生效之日起算。<111.11.9 修正> ✪✪✪✪✪

第 28 條　異地就業交通補助金，依下列規定核發：　　　　　【*1041 術科第五題；1032 術科第三題】

一、勞工就業地點與原日常居住處所距離三十公里以上未滿五十公里者，每月發給新臺幣一千元。

二、勞工就業地點與原日常居住處所距離五十公里以上未滿七十公里者，每月發給新臺幣二千元。　　　　　　　　　　　　　　　　　　【*1123-5；1073-30；1043-39】

三、勞工就業地點與原日常居住處所距離七十公里以上者，每月發給新臺幣三千元。

【*1101-24；1032-33；1093 術科第三題】

前項補助金最長發給十二個月。

補助期間一個月以三十日計算，其末月期間逾二十日而未滿三十日者，以一個月計算。

第 29 條　失業被保險人親自向公立就業服務機構辦理求職登記，經諮詢及開立介紹卡推介就業，並符合下列情形者，得向就業當地轄區之公立就業服務機構申請核發搬遷補助金：

【*1083 術科第七題；1032 術科第三題】

一、失業期間連續達三個月以上或非自願性離職。

二、就業地點與原日常居住處所距離三十公里以上。

三、因就業而需搬離原日常居住處所，搬遷後有居住事實。

四、就業地點與搬遷後居住處所距離三十公里以內。

五、連續三十日受僱於同一雇主。

第 30 條　前條之勞工向就業當地轄區公立就業服務機構申請搬遷補助金者，應檢附下列證明文件於搬遷之日起九十日內為之：

一、搬遷補助金申請書。

二、補助金領取收據。

三、本人名義之國內金融機構存摺封面影本。

四、搬遷費用收據。

五、搬遷後居住處所之居住證明文件。

六、本人之身分證影本或有效期間居留證明文件。

七、同意代為查詢勞工保險資料委託書。

八、居住處所查詢同意書。

九、其他中央主管機關規定之必要文件。

前項第四款所稱搬遷，寄送傢俱或生活所需用品之合理必要費用。但不含包裝人工費及包裝材料費用。

第 31 條　搬遷補助金，以搬遷費用收據所列總額核實發給，最高發給新臺幣三萬元。

【*1121-10；1041-20；1032 術科第三題】✪✪✪

第 32 條　失業被保險人親自向公立就業服務機構辦理求職登記，經諮詢及開立介紹卡推介就業，
　　　　　並符合下列情形者，得向就業當地轄區之公立就業服務機構申請核發租屋補助金：

【*1073-5；1083 術科第七題；1032 術科第三題】❸❸❸

一、失業期間連續達三個月以上或非自願性離職。

二、就業地點與原日常居住處所距離三十公里以上。

三、因就業而需租屋，並有居住事實。

四、就業地點與租屋處所距離三十公里以內。

五、連續三十日受僱於同一雇主。

第 33 條　前條之勞工於受僱且租屋之日起九十日內，得向就業當地轄區公立就業服務機構申請租
　　　　　屋補助金，並應檢附下列證明文件：

一、租屋補助金申請書。

二、補助金領取收據。

三、本人名義之國內金融機構存摺封面影本。

四、房租繳納證明文件。

五、房屋租賃契約影本。

六、租賃房屋之建物登記第二類謄本。

七、本人之身分證影本或有效期間居留證明文件。

八、同意代為查詢勞工保險資料委託書。

九、居住處所及租賃事實查詢同意書。

十、其他中央主管機關規定之必要文件。

前項之勞工，得於每滿三個月之日起九十日內，向當地轄區之公立就業服務機構申請補
助金。

第一項受僱期間之認定，自勞工到職投保就業保險生效之日起算。但依法不得辦理參加
就業保險者，自其勞工職業災害保險生效之日起算。<111.11.9 修正>

❸❸❸

第 34 條　租屋補助金，自就業且租賃契約所記載之租賃日起，以房屋租賃契約所列租金總額之百
　　　　　分之六十核實發給，每月最高發給新臺幣五千元，最長十二個月。

【*1103-23；1093-71；1051-45；1041 術科第五題；1032 術科第三題】

前項補助期間一個月以三十日計算，其末月期間逾二十日而未滿三十日者，以一個月計
算。

【*1093-71；1032 術科第三題】

第 35 條　勞工申領租屋補助金或異地就業交通補助金，於補助期間得互相變更申領，其合併領取
　　　　　期間以十二個月為限。

第 36 條　申領搬遷補助金、租屋補助金或異地就業交通補助金者，有下列情形之一，公立就業服
　　　　　務機構應不予發給；已發給者，經撤銷後，應追還之：

一、未於公立就業服務機構推介就業之次日起七日內，填具推介就業情形回覆卡通知公
　　立就業服務機構。

二、為雇主、事業單位負責人或房屋出租人之配偶、直系血親或三親等內之旁系血親。

三、於同一事業單位或同一負責人之事業單位離職未滿一年再受僱者。

四、不符申請規定，經勞工就業當地轄區公立就業服務機構撤銷資格認定。

**第二節　推介從事臨時工作**　　　　　　　　　　　　　　　　　　　　【*1072-64】

第 37 條　公立就業服務機構受理失業被保險人之求職登記，經就業諮詢及推介就業，有下列情形之一，公立就業服務機構得指派其至政府機關（構）或合法立案之非營利團體（以下合稱用人單位）從事臨時工作：【*1092-74】　　　　　　　　　　　　❂❂❂

一、於求職登記日起十四日內未能推介就業。

二、有正當理由無法接受推介工作。

前項所稱正當理由，指工作報酬未達原投保薪資百分之六十，或工作地點距離日常居住處所三十公里以上者。

第 38 條　公立就業服務機構受理用人單位所提之臨時工作計畫申請，經審查核定後，用人單位始得接受推介執行計畫。

第 39 條　失業被保險人依第三十七條規定從事臨時工作期間，用人單位應為失業被保險人向公立就業服務機構申請臨時工作津貼。　　　　　　　　　　　　　　【*1013-66】

用人單位申請前項津貼，應備下列文件：

一、執行臨時工作計畫之派工紀錄及領取津貼者之出勤紀錄表。

二、經費印領清冊。

三、臨時工作計畫執行報告。

四、領據。

五、其他經中央主管機關規定之文件。

用人單位應代公立就業服務機構轉發臨時工作津貼，並為扣繳義務人，於發給失業被保險人津貼時扣繳稅款。

　　　　　　　　　　　　　　　　　　　　　　　　　　　　　　　　❂❂❂❂

第 40 條　前條津貼發給標準，按中央主管機關公告之每小時基本工資核給，且一個月合計不超過月基本工資，最長以六個月為限。<110.7.29 修正>　　　【*1013-66；1018 月 -63】

失業被保險人二年內合併領取前項津貼、依就業促進津貼實施辦法領取之臨時工作津貼或政府機關其他同性質津貼，最長六個月。<110.7.29 修正>　　　【*1013-66；1018 月 -63】

　　　　　　　　　　　　　　　　　　　　　　　　　　　　　　　　❂❂❂

第 41 條　領取臨時工作津貼者，經公立就業服務機構推介就業時，應於推介就業之次日起七日內，填具推介就業情形回覆卡通知公立就業服務機構。期限內通知者，應徵當日給予四小時或八小時之求職假。　　　　　　　　　【*1101-62；1092-74；1091-70】

前項求職假，每星期以八小時為限，請假期間，津貼照給。　【*1101-62；1092-74；1091-70】

第一項人員之請假事宜，依用人單位規定辦理；用人單位未規定者，參照勞動基準法及勞工請假規則辦理。請假日數及第一項求職假，應計入臨時工作期間。

第 42 條　公立就業服務機構應定期或不定期派員，實地查核臨時工作計畫執行情形。

　　　　　用人單位有下列情形之一，公立就業服務機構得終止其計畫：

　　　　　一、規避、妨礙或拒絕查核者。

　　　　　二、未依第二十七條臨時工作計畫書及相關規定執行，經書面限期改善，屆期未改善者。

第 43 條　臨時工作計畫終止後，公立就業服務機構得指派該人員至其他用人單位從事臨時工作，並發給臨時工作津貼。

　　　　　前項工作期間，應與原從事之臨時工作期間合併計算。

第 44 條　領取臨時工作津貼者，有下列情形之一，公立就業服務機構應不予發給臨時工作津貼；已發給者，經撤銷或廢止後，應追還之：

　　　　　一、同時領取本法之失業給付。

　　　　　二、於領取津貼期間已就業。

　　　　　三、違反用人單位之指揮及規定，經用人單位通知公立就業服務機構停止其臨時工作。

　　　　　四、原從事之臨時工作終止後，拒絕公立就業服務機構指派之其他臨時工作。

　　　　　五、拒絕公立就業服務機構推介就業。

第 45 條　用人單位應為從事臨時工作之人員辦理參加勞工保險、勞工職業災害保險及全民健康保險。但臨時工作之人員依法不能參加勞工保險者，應為其辦理參加勞工職業災害保險。

　　　　　<111.11.9 修正>

## 第三節　辦理適性就業輔導　　　　　　　　　　　　　　　　❋❋❋

第 46 條　公立就業服務機構受理失業被保險人之求職登記，辦理下列適性就業輔導事項：

　　　　　一、職涯規劃。　　　　　　　　　　【＊1122-72；1092-79；1041-24；1011-40；1081 術科第五題】

　　　　　二、職業心理測驗。

　　　　　三、團體諮商。

　　　　　四、就業觀摩。

## 第四節　協助雇主改善工作環境及勞動條件

第 47 條　中央主管機關為協助雇主改善工作環境，促進勞工就業，得辦理下列事項：

　　　　　一、工作環境、製程及設施之改善。

　　　　　二、人因工程之改善及工作適性安排。

　　　　　三、工作環境改善之專業人才培訓。

　　　　　四、強化勞動關係與提升勞動品質之研究及發展。

　　　　　五、其他工作環境改善事項。

第 48 條　中央主管機關為協助雇主改善工作環境及勞動條件，促進勞工就業，得訂定計畫，補助直轄市、縣（市）主管機關或有關機關辦理之。

第 49 條　中央主管機關為協助雇主辦理工作環境改善，得訂定補助計畫。

　　　　　前項補助之申請，雇主得擬定工作環境改善計畫書，於公告受理申請期間內，送中央主管機關審核。

第五節　職場勞工身心健康及生活平衡

第 50 條　中央主管機關為促進職場勞工身心健康，得協助並促進雇主辦理下列事項：　　【*1111-61】

一、工作相關疾病預防。

二、健康管理及促進。

三、勞工健康服務專業人才培訓。

四、其他促進職場勞工身心健康事項。

第 51 條　中央主管機關為協助雇主促進職場勞工身心健康，得訂定補助計畫。

前項補助之申請，雇主得擬定促進職場勞工身心健康計畫書，於公告受理申請期間內，送中央主管機關審核。

第 52 條　中央主管機關為推動勞工之工作與生活平衡，得辦理下列事項：　　　　　　【*1093-66】

一、推動合理工作時間規範及促進縮減工作時間。

二、促進職場工作平等及育嬰留職停薪權益之保護。

三、補助雇主辦理教育訓練、活動、設施及宣導。

中央主管機關為辦理前項事項，得訂定實施計畫或補助計畫。

前項補助之申請，直轄市、縣（市）主管機關、有關機關或雇主得擬定計畫書，於公告受理申請期間內，送中央主管機關審核。

第六節　促進職業災害勞工穩定就業 <112.3.28 增修 >

第 52-1 條　中央主管機關為促進職業災害勞工穩定就業，得辦理下列事項：

【*1123-80；1121-72；1102-79；1092-63；1081-74；1051-11】

一、職業災害勞工重返職場之補助。

二、雇主僱用或協助職業災害勞工復工之獎助。

三、其他促進職業災害勞工穩定就業措施。

中央主管機關為辦理前項事項，得訂定實施或補助計畫。

第七節　提升工會保障勞工就業權益能力 <112.3.28 增修 >

第 52-2 條　中央主管機關為提升工會保障勞工就業權益之能力，得辦理下列事項：

<112.3.28 增修 >

一、工會簽訂團體協約及進行勞雇對話之獎補助。

二、工會參與事業單位經營管理之補助。

三、工會協助勞工組織結社之補助。

四、工會辦理就業權益教育訓練之補助。<112.3.28 增修 >

五、其他提升工會保障勞工就業權益能力之措施。<112.3.28 增修 >

中央主管機關為辦理前項事項，得訂定實施或補助計畫。

第八節　促進中高齡者及高齡者就業 <112.3.28 增修>

第 52-3 條　中央主管機關為協助中高齡者及高齡者就業，得辦理下列事項：<112.3.28 增修>

一、職務再設計。

二、繼續僱用補助。

三、其他有關就業協助事項。

中央主管機關為辦理前項事項，得訂定實施或補助計畫。

第九節　協助受影響勞工就業 <112.3.28 增修>

第 52-4 條　中央主管機關對受天災、事變或其他重大情事影響之勞工，得辦理下列事項：

<112.3.28 增修>

一、穩定就業協助。

二、重返職場協助。

三、其他有關就業協助事項。

中央主管機關為辦理前項事項，得訂定實施或補助計畫。

# 第五章　附則

第 53 條　雇主或勞工申請本辦法之津貼或補助不符申請規定之文件，經中央主管機關或公立就業服務機構通知限期補正，屆期未補正者，不予受理。

第 54 條　中央主管機關及公立就業服務機構為查核本辦法執行情形，得查對相關資料，雇主、用人單位、領取津貼或接受補助者，不得規避、妨礙或拒絕。

第 55 條　中央主管機關或公立就業服務機構發現雇主、用人單位、領取津貼或接受補助者，有下列情形之一，應不予核發津貼或補助；已發給者，經撤銷或廢止後，應追還之：

一、不實申領。

二、規避、妨礙或拒絕中央主管機關或公立就業服務機構查核。

三、其他違反本辦法之規定。

四、違反保護勞工法令，情節重大。

前項領取津貼或接受補助者，經中央主管機關或公立就業服務機構書面通知限期繳回，屆期未繳回者，依法移送強制執行。

第 56 條　本辦法所規定之書表及文件，由中央主管機關定之。第三十六條本辦法所需經費，依本法第十二條第三項提撥之經費額度中支應。

中央主管機關得視預算額度之調整，發給或停止本辦法之津貼，並公告之。

第 57 條　本辦法所需經費，依本法第十二條第三項提撥之經費額度中支應。

中央主管機關得視預算額度之調整，發給或停止本辦法之津貼或補助，並公告之。

第 58 條　本辦法自發布日施行。

## 四、就業保險失業者創業協助辦法 （民國 109 年 4 月 23 日修正）

第 1 條　本辦法依就業保險法（以下簡稱本法）第十二條第四項規定訂定之。

第 2 條　就業保險被保險人失業而有意自行創業者（以下簡稱創業者），得向勞動部（以下簡稱本部）申請創業協助，項目如下：　　　　　　　　　　　　<106.11.29 修正 >【*1012-53】

　　　　一、創業諮詢輔導及適性分析。

　　　　二、創業研習課程。

　　　　三、創業貸款（以下簡稱本貸款）及利息補貼。

　　　　四、其他相關措施。

　　　　前項各款業務，本部得委任所屬機關（構）或委託相關機關（構）、學校、團體、法人或事業單位辦理。

第 3 條　本部為辦理創業諮詢輔導及適性分析，得遴聘顧問，依創業者需求安排顧問輔導，並酌給顧問費用。

第 4 條　本部為辦理創業研習課程，得安排實體及數位課程，提供創業者學習經營、財務、行銷等相關創業知識，必要時得安排企業見習。

　　　　創業者參加前項研習課程之時數，由本部發給研習時數證明。

　　　　本部創業研習課程委任所屬機關（構）或委託相關機關（構）、學校、團體、法人或事業單位辦理者，由受委任或受委託單位發給研習課程證明。

第 5 條　創業者申請本貸款，應具備下列各款資格：　　　　　<106.11.29 修正 >【*1091-26；1052-44】

　　　　一、接受本部創業諮詢輔導及適性分析。

　　　　二、三年內參加本部或政府機關（構）創業研習課程至少十八小時。

　　　　三、登記為所營事業之負責人，且登記日前十四日內無就業保險投保紀錄及未擔任其他事業負責人。

第 6 條　前條第三款所稱事業，指符合下列條件之一者：

　　　　一、依法完成公司登記或商業登記。

　　　　二、托嬰中心、幼兒園、兒童課後照顧服務中心或短期補習班，並依法完成立案登記。

　　　　三、商業登記法第五條所定得免申請登記之小規模商業，並辦有稅籍登記。

第 7 條　本貸款申請人，應填具申請書與檢附下列文件及資料向本部提出：

　　　　一、就業保險被保險人投保資料。

　　　　二、創業計畫書。

　　　　三、所營事業主管機關登記或稅籍登記證明文件影本。

　　　　四、國民身分證正反面影本。

　　　　五、三個月內申請人個人及所營事業之財團法人金融聯合徵信中心綜合信用報告影本。

　　　　六、就業保險失業者創業貸款切結書正本。

　　　　七、本部或政府機關（構）創業研習課程之時數證明文件影本。

　　　　前項所定文件或資料未完備，經通知限期補正，屆期未補正者，不予受理。

第 8 條　本貸款申請人經核給貸款者（以下簡稱貸款人），於貸款期間內，得以同一所營事業，再次申請本貸款。但以二次為限。<108.8.26 修正 >

再次申請本貸款者，免附前條第一項第一款與第七款所定文件及資料。

第 9 條　本貸款由承貸金融機構，以自有資金辦理。

第 10 條　本貸款之額度依申請人創業計畫所需資金貸放，最高以新臺幣二百萬元為限 <108.8.26 修正 >【*1112-73；1071-8；1041-27；1022-18；1018 月 -58；992-61】。但符合第六條第三款規定者，其貸款額度最高為新臺幣五十萬元。

貸款人依第八條規定再次申請本貸款者，其首次、再次及第三次貸款核給金額，合計不得超過前項規定之最高額度。<108.8.26 修正 >

本貸款之期間最長七年【*1112-73；1101-30；1053-64；1018 月 -58】，貸款人按月平均攤還本息。但經承貸金融機構同意，本部得於每次貸款期間內，給予繳息不繳本之寬限期一年。

第 11 條　本貸款利率，按郵政儲金二年期定期儲金機動利率加年息百分之零點五七五計息。

【*1112-73；1018 月 -58】

貸款人每次貸款期間前三年免繳利息，由本部全數補貼；第四年起固定負擔年息百分之一點五，利息差額由本部補貼【*1112-73；1018 月 -58】。但年息低於百分之一點五時，由貸款人負擔實際年息。

第 12 條　本貸款之用途以購置或租用廠房、營業場所、機器、設備或營運週轉金為限。

第 13 條　本部為審查本貸款申請案件，應成立審查會，置委員五人至十一人，其中一人為召集人，由本部指派人員兼任之；其餘委員，由本部就下列人員聘任之：

一、財團法人中小企業信用保證基金（以下簡稱信保基金）代表一人。

二、承貸金融機構代表二人至七人。

三、專家學者一人至二人。

審查會委員為無給職。但承貸金融機構代表及專家學者，得依規定支給出席費及交通費。

第 14 條　審查會委員應親自出席，不得委任他人代理。

審查會委員對審查過程所獲悉之資訊，應予保密。

第 15 條　審查會會議，應有全體委員過半數之出席，始得開會；每一申請案件，應有出席委員過半數之同意，始得轉送承貸金融機構辦理貸款事宜。

第 16 條　審查會委員有下列情形之一者，應予迴避，不得參與審查：

一、本人或其配偶擔任本貸款申請人所營事業之任何職位或創業諮詢輔導，及解任未滿一年。

二、本人或其配偶與本貸款申請人所營事業之負責人、董監事、經理人或持有百分之十以上股份之股東，有配偶、直系親屬或三親等以內旁系血親關係。

三、本人或其配偶與本貸款申請人所營事業之負責人、董監事、經理人或持有百分之十以上股份之股東，有共同經營事業或分享利益關係。

四、行政程序法第三十二條各款所定情形之一。

第 17 條　本貸款申請人或所營事業有下列情形之一者，不得核給本貸款：

一、經向票據交換所查詢其所使用之票據於受拒絕往來處分中，或知悉其退票尚未清償註記之張數已達應受拒絕往來處分之標準。

二、經向財團法人金融聯合徵信中心查詢或徵授信過程中知悉，其有債務本金逾期未清償、未依約定分期攤還超過一個月、應繳利息未繳付而延滯期間達三個月以上或有信用卡消費款項逾期未繳納，遭發卡銀行強制停卡，且授信時仍未繳清延滯款項。

三、曾依本部微型企業創業貸款、創業鳳凰婦女小額貸款或微型創業鳳凰貸款規定獲貸者。但已清償者，不在此限。

第 18 條　本貸款人申請人應於收到審查結果通知書之日起三個月內，向承貸金融機構辦理貸款。

未能於前項所定期間內辦理貸款者，在期間屆滿前，得敘明理由向本部申請展延；展延期間最長不得逾三個月，並以一次為限。

承貸金融機構辦理本貸款作業，應依前條規定審查，並查證本貸款人所營事業停業、歇業及變更負責人之情形。

承貸金融機構自本貸款人依第一項規定至承貸金融機構辦理貸款之日起，應於十四日內完成審查及撥貸。

承貸金融機構未能於前項所定期間內完成審查及撥貸者，應敘明理由向本部說明。

第 19 條　本貸款申請案件經審查會審查通過後，遭承貸金融機構退回或調整貸款金額者，本部得邀集承貸金融機構、信保基金及貸款人召開協調會議共同協商處理。

第 20 條　辦理本貸款所需支付之履行保證責任，由本部依本法第十二條第三項所提撥之經費捐助信保基金，另由信保基金提供相對資金。

前項捐助款及相對資金，不足以辦理本貸款所需支付之履行保證責任支出時，本部及信保基金應分別補足各應負擔之金額。<108.8.26 修正>

貸款人依據信保基金相關規定，申請信用保證，其保證成數為九點五成，並依貸款時信保基金公告之保證手續費年費率負擔保證手續費。<108.8.26 修正>

本貸款申請人免提保證人及擔保品。

第 21 條　承貸金融機構除信用保證費用及必要之徵信查詢規費外，不得向貸款人收取任何費用。

第 22 條　本貸款利息補貼，由承貸金融機構按月向本部申請。

承貸金融機構應按月將貸款人每月繳款明細、逾期催收及強制執行等相關資料彙送本部，據以核撥補貼利息金額。

第 23 條　貸款人所營事業有下列情形之一者，本部應自事實發生之日起停止利息補貼，由承貸金融機構代為追回溢領之補貼利息，並返還本部：

一、停業或歇業。

二、變更負責人。

第 24 條　貸款人積欠貸款本息達六個月者，本部應即停止利息補貼。但貸款人清償積欠本息且恢復正常繳款後，本部得繼續補貼。

前項貸款人積欠貸款本息期間，本部不予補貼利息；已撥付者，由承貸金融機構代為追回溢領之補貼利息，並返還本部。

貸款人積欠本息未達六個月即予清償，並恢復正常繳款者，得視同正常戶，予以利息補貼。

第 25 條　承貸金融機構未依第十八條第三項規定辦理，而貸款人有第十七條或第二十三條所定之情形，承貸金融機構應返還本部已撥付之利息補貼。<108.8.26 修正>

第 26 條　貸款人為災害防救法所定災害受災者，得於災害發生日起六個月內，向承貸金融機構提出下列申請：<109.4.23 修正>

一、暫緩繳付貸款本息六個月。

二、展延貸款還款期限六個月。

本部於災害防救法所定災害發生時，得視災害特性、受災範圍及嚴重程度，公告延長前項所定期間。

貸款人依第一項規定申請者，應檢附下列文件之一：

一、直轄市、縣（市）政府或鄉（鎮、市、區）公所開立之受災證明。

二、貸款人因災害致傷病之證明。

三、貸款人之配偶、直系血親或配偶之直系血親因災害致重傷或死亡之證明。

四、其他本部規定之文件。

貸款人有第二十三條及第二十四條規定情形者，不適用第一項規定。

承貸金融機構同意第一項各款之申請者，應報本部備查。

貸款人於暫緩繳付貸款本息期間，除有第二十三條規定之停止利息補貼情形外，由本部補貼利息。

暫緩繳付貸款本息期間屆滿後，貸款人於該期間原應繳付貸款本息之還款方式，由貸款人及承貸金融機構合意定之。

第 27 條　本部及信保基金得會同相關機構，訪查貸款人企業經營及各承貸金融機構辦理本貸款業務情形。

前項訪查業務，得委託民間團體辦理。

第 28 條　辦理本貸款之承貸金融機構、信保基金及各級承辦人員，非因故意、重大過失或違法造成之呆帳，得免除全部之損害賠償責任。

第 29 條　本部輔導之創業者或協助推動創業業務之單位，經本部評選績效優良者，得予以表揚及獎勵。

第 30 條　本辦法所需經費，由依本法第十二條第三項提撥之經費支應。

第 31 條　本辦法所規定之書表格式，由本部定之。

第 32 條　本辦法自發布日施行。

## 五、就業保險之職業訓練及訓練經費管理運用辦法（民國 104 年 9 月 25 日）

第 1 條　本辦法依就業保險法（以下簡稱本法）第十二條第四項規定訂定之。

第 2 條　本辦法之職業訓練對象（以下簡稱參訓學員）如下：

　　　　一、曾參加就業保險之失業者（以下簡稱失業者）。

　　　　二、在職之被保險人。

第 3 條　中央主管機關得委任所屬機關（構）或委託相關機關（構）、學校、團體、法人或事業單位（以下簡稱訓練單位）辦理職業訓練。

　　　　中央主管機關得對訓練單位或參訓學員予以補助。

第 4 條　中央主管機關得邀請專家學者、機關代表組成審核小組，其任務如下：

　　　　一、規劃調整職業訓練職類。

　　　　二、職業訓練經費核定。

　　　　三、審查職業訓練計畫。

　　　　四、職業訓練績效考核。

第 5 條　依本辦法得辦理之職類如下：

　　　　一、水產養殖及其他農藝園藝類。

　　　　二、土石採取及其他金屬採取類。

　　　　三、食品、紡織加工、金屬加工、電子、通信及其他製造類。

　　　　四、電路裝修、冷凍空調工程及其他營造類。

　　　　五、餐飲管理及其他飯店餐飲類。

　　　　六、汽車駕駛及其他運輸類。

　　　　七、國際金融投資及其他金融保險類。

　　　　八、電腦系統設計、資料處理、管理顧問及其他專業技術服務類。

　　　　九、照顧服務及其他福利服務類。

　　　　十、汽車修護、污染防治、美容美髮及其他服務類。

　　　　十一、其他經中央主管機關視產業發展及就業市場情況公告之職類。

第 6 條　依本法第十二條第三項提撥之經費，運用範圍如下：

　　　　一、職業訓練實施所需之下列費用：

　　　　　　（一）失業者參訓期間勞工保險費。

　　　　　　（二）結訓學員推介就業之服務費。

　　　　　　（三）材料費。

　　　　　　（四）教材費。

　　　　　　（五）撰稿費。

　　　　　　（六）學雜費。

　　　　　　（七）場地費。

（八）宣導費。

（九）教師鐘點費。

（十）教師交通費。

（十一）行政作業費。

（十二）設備維護費。

（十三）工作人員費。

（十四）文具用品費。

（十五）其他費用。

二、辦理職業訓練品質管控及評核費用。

三、參訓學員參加民間自辦之職業訓練費用。

四、其他經中央主管機關專案核定之費用。

第 7 條　訓練單位申請委託費用或補助者，應檢具下列文件向中央主管機關提出：

一、立案證明文件或法人登記證明文件影本。

二、組織章程影本（無則免附）。

三、職業訓練計畫書。

四、其他經中央主管機關規定之文件。

同一訓練計畫向不同政府機關提出申請補助者，應列明全部經費內容及向各機關申請補助之項目、金額。

第 8 條　參訓學員申請補助者，應經由訓練單位檢具下列文件向中央主管機關提出：

一、結訓證書或學分證明影本。

二、繳費收據正本。

三、補助申請書正本。

四、其他經中央主管機關規定之文件。

下列參訓學員，應另檢附身分相關證明文件：　　　　　　　　　　　　　　【*1073-70】

一、就業服務法第二十四條第一項規定人員。

二、與中華民國境內設有戶籍之國民結婚，且獲准居留依法在臺灣地區工作之外國人、大陸地區人民。

三、因犯罪行為被害死亡者之配偶、直系親屬或其未成年子女之監護人。

四、因犯罪行為被害受重傷者之本人、配偶、直系親屬或其未成年子女之監護人。

五、其他經中央主管機關認為有必要者。

第 9 條　委託或補助訓練單位之費用，其標準如下：

一、採委託辦理者，以每一參訓學員訓練費用之單價為經費之計算方式。

二、採補助辦理者：

（一）辦理職業訓練，補助額度不超過訓練單位所提計畫書總經費之百分之八十。

但經專案核定或對於辦理失業者職業訓練之訓練單位，得全額補助。【*1073-70】

（二）辦理研習會、觀摩會及相關活動，補助額度不超過訓練單位所提計畫書總經費之百分之七十。

✪✪✪

第 10 條 補助參訓學員之費用，其標準如下：　　　　　　【*1102-71；1073-70；1053-39；1012-10】

一、以經核定之訓練單位辦理訓練收費標準，補助每一參訓學員最高百分之八十訓練費用。

二、第八條第二項規定對象補助全額訓練費用。

三、每一參訓學員三年內最高補助總金額為新臺幣七萬元。

前項第三款規定之期間，自該學員參與訓練計畫初次課程開訓日起算至三年期滿。

第 11 條 參訓學員中途退訓時，委託或補助訓練單位之費用，其核發標準如下：

一、實際參訓時數未達應參訓總時數四分之一者，不予核發。

二、實際參訓時數達應參訓總時數四分之一以上，未達二分之一者，核發半數。

三、實際參訓時數達應參訓總時數二分之一以上者，全額核發。　　　　　　【*1073-70】

第 12 條 參訓學員取得結訓證書或學分證明，且缺席時數未超過總訓練時數五分之一者，得申請訓練補助費用 <104.9.25 修正>。　　　　　　【*1112-12；1053-39；1012-10】

第 13 條 中央主管機關應派員實地訪查訓練辦理情形及績效。

訓練單位有辦理職業訓練不善，經中央主管機關書面通知限期改善，屆期未改善、虛偽不實或浮報經費等情事者，中央主管機關得視其情節，依下列規定辦理：

一、不予委託或補助費用。

二、撤銷或廢止委託或補助之費用。

三、停止辦理原核定之訓練班次。

四、二年內不予受理計畫之申請。

五、二年內不予委託或補助。

訓練單位有前項第二款規定情形，經中央主管機關書面通知限期繳回，屆期仍未繳回者，依法移送強制執行。

第 14 條 參訓學員有不實申領者，中央主管機關得視其情節，不予核發補助、撤銷或廢止原核定補助，並得二年內不予補助。　　　　　　【*1121-31；1102-35；1073-20】

參訓學員有前項情形，經中央主管機關書面通知限期繳回補助費用，屆期仍未繳回者，依法移送強制執行。

第 15 條 中央主管機關得委任所屬之機關（構）辦理第四條、第五條第十一款、第七條至第十四條規定事項。

第 16 條 本辦法自發布日施行。

本辦法於中華民國一百零四年九月二十五日修正發布之條文，自一百零五年一月一日起施行。

## 立即演練 5

( 　 )1. 郭小煜於 94 年 7 月 1 日至 98 年 6 月 30 日在大學日間部求學，95 年 7 月 1 日至 97 年 6 月 30 日期間曾在飲料店打工，並參加勞工保險，98 年 6 月 30 日畢業後一直未就業，99 年 1 月 1 日至公立就業服務機構辦理求職登記，並同時希望能辦理身分認定為長期失業者公立就業服務機構認定結果為不符合，請問他未符合長期失業者之哪一項要件？　①連續失業期間達 1 年以上　②辦理勞工保險退保當日前 3 年內，保險年資合計滿 6 個月以上　③於最近 1 個月內有向公立就業服務機構辦理求職登記者　④非勞動力

( 　 )2. 下列何者文件不能成為就業保險之被保險人向公立就業服務機構辦理失業認定時，所必須檢附的非自願離職證明？　①由投保單位發給之證明　②由直轄市、縣（市）主管機關發給之證明　③村里長所發給之證明　④經公立就業服務機構之同意，以書面理由代替之書面文件

( 　 )3. 依就業保險法規定，年滿 15 歲以上，幾歲以下之受僱勞工，應以其雇主或所屬機構為投保單位，參加就業保險為保險人？　① 50 歲　② 55 歲　③ 60 歲　④ 65 歲

( 　 )4. 雇主甲為適用勞動基準法之事業單位，依就業服務法第 46 條第 2 項規定，向勞動部申請，經其核發聘僱許可後，聘僱外籍勞工 A 為其從事製造工作下列敘述何者正確？　① A 不得參加勞工保險　② A 不得參加就業保險　③甲應為 A 辦理提繳退休金　④ A 不得依勞資爭議處理法向直轄市或縣（市）主管機關申請調解勞資爭議

( 　 )5. 就業保險之保險費率，由中央主管機關按被保險人當月之月投保薪資百分之多少擬訂，報請行政院核定之？　① 0.5% 至 1%　② 1% 至 2%　③ 1.5% 至 2.5%　④ 2% 至 3%

( 　 )6. 下列何者非屬就業保險基金運用之範圍？　①存放於公營銀行或中央主管機關指定之金融機構及買賣短期票券　②其他經中央主管機關核准權益證券之投資　③對於公債、庫券及公司債之投資　④對於庫券及公司債之投資

( 　 )7. 辦理就業保險所需之經費，由保險人以當年保險費收入預算總額百分之多少為上限編列，由中央主管機關編列預算撥付之？　① 2.5%　② 3%　③ 3.5%　④ 4%

( 　 )8. 就業保險效力之開始及停止，月投保薪資等，除就業服務機構個案管理就業服務員應避免？　①勞動基準法及其相關規定　②就業服務法及其相關規定　③勞工保險條例及其相關規定　④職業訓練法及其相關規定

( 　 )9. 依照就業保險法第 12 條規定，所謂就業諮詢之範圍不包括下列何者？　①津貼申請服務　②轉業訊息提供　③職業選擇　④職業訓練訊息提供

( 　 )10. 就業保險法之保險業務，由下列何種委員會監理？　①勞工保險監理委員會　②勞工退休金監理委員會　③就業安定基金管理委員會　④就業歧視評議委員會

( )11. 下列關於就業保險法規定之敘述，何者不正確？　①被保險人對保險人核定之案件發生爭議時，應先向勞工保險局申請審議　②被保險人對於爭議審議結果不服時，得依法提起訴願及行政訴訟　③就業保險業務，依法由勞工保險監理委員會監理　④就業保險，由勞動部委任勞工保險局辦理

( )12. 領取就業保險給付之請求權，自得請領之日起，因幾年間不行使而消滅？　①1年　②2年　③3年　④4年

( )13. 依就業保險法第 29 條規定，繼續請領失業給付者，應於前次領取失業給付其間末日之翌日起幾年內，每個月親自前往公立就業服務機構申請失業再認定？　①1年　②2年　③3年　④4年

( )14. 失業給付申請人離職辦理就業保險退保已年滿 45 歲或領有社政主管機關核發之身心障礙證明者，其失業給付最長發給幾個月？　①3個月　②6個月　③9個月　④12個月

( )15. 育嬰留職停薪津貼，以被保險人育嬰留職停薪之當月起前 6 個月平均月投保薪資百分之六十計算，於被保險人育嬰留職停薪期間，按月發給津貼，每一子女合計最長發給幾個月？　①3個月　②6個月　③9個月　④12個月

( )16. 根據就業保險法規定，投保就業保險者對公立就業服務機構推介之工作，若其工資低於其離職退保前六個月平均月投保薪資多少者，仍得請領失業給付？　①百分之七十　②百分之六十　③百分之五十　④百分之四十

( )17. 依據就業保險法規定，受推介工作的工作地點距離申請人日常居住處所多少公里以上而不接受者，仍得請領失業給付？　①二十公里　②三十公里　③四十公里　④五十公里

( )18. 依就業保險法規定，被保險人非自願離職，向公立就業服務機構辦理求職登記，經公立就業服務機構安排參加全日制職業訓練，可領取職業訓練生活津貼下列何者不是全日制職業訓練之要件？　①訓練期間 1 個月　②每星期上課 4 次　③每次上課日間 3 小時　④每月總訓練時數達 100 小時

( )19. 依就業保險法規定，失業給付申請人與原雇主間因離職事由發生勞資爭議者，仍得請領失業給付但其爭議結果，確定申請人不符失業給付請領規定時，申請人應於結果確定之日起多少日內，將已領之失業給付返還？　①10 日　②15 日　③30 日　④60 日

( )20. 依就業促進津貼實施辦法規定，更生受保護人親自向公立就業服務機構辦理求職登記後，經公立就業服務機構諮詢並開立介紹卡推介就業，其推介地點與日常居住處所距離多少公里以上，得發給求職交通補助金？　①20 公里　②30 公里　③40 公里　④50 公里

( )21. 依就業保險法第 27 條規定，失業給付申請人應於公立就業服務機構推介就業之日起至遲幾日內，將就業與否回覆卡檢送公立就業服務機構？　①3 日　②5 日　③7 日　④9 日

(　)22. 以詐欺或其他不正當行為領取就業保險法所定保險給付或為虛偽之證明、報告、陳述者，應按其領取之保險給付金額，處以幾倍之罰鍰？　①1倍　②2倍　③4倍　④6倍

(　)23. 雇主僱用年滿15歲以上60歲以下之本國籍勞工，違反就業保險法規定，將投保薪資金額以多報少或以少報多者，自事實發生之日起，按其短報或多報之保險金額，處以幾倍罰鍰？　①1倍　②2倍　③3倍　④4倍

(　)24. 勞工違反就業保險法規定，不參加就業保險及辦理就業保險手續者，應處新臺幣多少元之罰鍰？　①1,000元以上5,000元以下　②1,500元以上7,500元以下　③2,000元以上10,000元以下　④10,000元以上50,000元以下

(　)25. 依就業保險促進就業實施辦法規定，公立就業服務機構應依規定，發給被保險人薪資補貼，按被保險人於實施減班休息日前一個月至前三個月之平均月投保薪資，與實施減班休息後實際協議薪資差額之百分之幾發給？　①百分之二十　②百分之三十　③百分之四十　④百分之五十

(　)26. 下列何者不屬於就業保險促進就業實施辦法第3條明定之促進就業措施？　①僱用獎助措施　②推介從事臨時工作　③補助求職交通費　④職業訓練生活津貼

(　)27. 針對身心障礙者與特定對象的就業促進協助措施中，下列何者不正確？　①提供職業訓練生活津貼的補助　②短期就業促進工作安排　③提供全自費式的職業訓練　④提供職場學習及再適應計畫

(　)28. 依就業保險失業者創業協助辦法第10條規定，申請人申請創業計畫之貸款額度，最高以新臺幣多少元為限？　①10萬元　②100萬元　③200萬元　④1,000萬元

解　1.①　　2.③　　3.④　　4.②　　5.②　　6.②　　7.③　　8.③　　9.①　　10.①

11.①　　12.②　　13.②　　14.③　　15.②　　16.②　　17.②　　18.③　　19.②　　20.②

21.③　　22.②　　23.④　　24.②　　25.④　　26.④　　27.③　　28.③

# Note

# 第 **3** 篇

# 職涯發展與諮商

 **重點摘要**

# Chapter 7　職業發展與諮商理論

| 年度梯次 | | 961 | 963 | 971 | 972 | 981 | 983 | 991 | 992 | 1001 | 1002 | 1011 | 1012 |
|---|---|---|---|---|---|---|---|---|---|---|---|---|---|
| 第7章 | 學科 題數 | 12 | 14 | 9 | 9 | 10 | 2 | 9 | 1 | 8 | 13 | 9 | 10 |
| | 學科 %(80題中出現題數) | 15% | 18% | 11% | 11% | 13% | 3% | 11% | 1% | 10% | 16% | 11% | 13% |
| | 術科 題數 | 第七題 | 第七題 | 第九題 | 第八題第九題第十題 | 無 | 無 | 無 | 無 | 無 | 第十題 | 第九題第十題 | 第八題 |
| | 術科 %(10題中出現題數) | 10% | 10% | 10% | 30% | 0% | 0% | 0% | 0% | 0% | 10% | 20% | 10% |

| 年度梯次 | | 1018月 | 1013 | 1021 | 1022 | 1023 | 1031 | 1032 | 1033 | 1041 | 1042 | 1043 |
|---|---|---|---|---|---|---|---|---|---|---|---|---|
| 第7章 | 學科 題數 | 10 | 12 | 12 | 13 | 11 | 12 | 12 | 12 | 9 | 8 | 13 |
| | 學科 %(80題中出現題數) | 13% | 15% | 15% | 16% | 14% | 15% | 15% | 15% | 11% | 10% | 16% |
| | 術科 題數 | 本年度增加一梯次學科考試 | 第七題 | 無 | 無 | 第九題第十題 | 第十題 | 第八題第九題第十題 | 第六題第七題 | 第八題 | 第七題 | 第九題 |
| | 術科 %(10題中出現題數) | | 10% | 0% | 0% | 20% | 10% | 30% | 20% | 10% | 10% | 10% |

| 年度梯次 | | 1051 | 1052 | 1053 | 1061 | 1062 | 1063 | 1071 | 1072 | 1073 | 1081 | 1082 | 1083 |
|---|---|---|---|---|---|---|---|---|---|---|---|---|---|
| 第7章 | 學科 題數 | 7 | 8 | 13 | 11 | 3 | 10 | 7 | 11 | 9 | 6 | 13 | 10 |
| | 學科 %(80題中出現題數) | 9% | 10% | 16% | 14% | 4% | 13% | 9% | 14% | 11% | 8% | 16% | 13% |
| | 術科 題數 | 第七題 | 第七題第九題第十題 | 無 | 第六題第八題 | 第八題 | 第九題第十題 | 第六題第九題 | 第七題 | 第六題第七題 | 第十題 | 無 | 第十題 |
| | 術科 %(10題中出現題數) | 10% | 30% | 0% | 20% | 10% | 20% | 20% | 10% | 20% | 10% | 0% | 10% |

| 年度梯次 | | 1091 | 1092 | 1093 | 1101 | 1102 | 1103 | 1111 | 1112 | 1113 | 1121 | 1122 | 1123 |
|---|---|---|---|---|---|---|---|---|---|---|---|---|---|
| 第7章 | 學科 題數 | 16 | 10 | 8 | 16 | 9 | 15 | 11 | 5 | 8 | 12 | 14 | 10 |
| | 學科 %(80題中出現題數) | 20% | 13% | 10% | 20% | 11% | 19% | 14% | 6% | 10% | 15% | 18% | 13% |
| | 術科 題數 | 第六題 | 第十題 | 第八題 | 第八題 | 無 | 第九題第十題 | 第八題第十題 | 第八題 | 第九題 | 第九題第十題 | 第八題第十題 | 第十題 |
| | 術科 %(10題中出現題數) | 10% | 10% | 10% | 10% | 0% | 20% | 20% | 10% | 10% | 20% | 20% | 10% |

## 7-1　職業生涯諮商理論

　　生涯輔導（Career Guidance）這個名詞出現之前，一般人耳熟能詳的是職業輔導（Vocational Guidance）。傳統職業輔導工作內容都以「幫助個人選擇職業、準備就業、安置就業，並且在職業上獲得成功」為主要。而源於職業輔導的生涯輔導，將狹義的就業安置觀點擴展為一個人的生活目標、方式與發展等的輔導【*1091 術科第六題】。金樹人（2011）指出職業輔導概念逐漸被生涯輔導取代，除在語意上更替外，在理論上也產生「範典變革」（Paradigm Shift）。也就是說與生涯輔導相關的信念、價值、論點與技術發展上，形成新的架構（概念架構）或意識型態，提供生涯研究重要的理論與解決問題的方法【*1123-41；1111-35；1091-5；1023-78】。因此職業輔導範典蛻變生涯輔導後，在生涯輔導所包涵的理論，基本概念、諮商角色、服務對象、工作內容等都有重大的變革【*1011-6】。

　　金樹人（2011）認為生涯的定義應具有下列六個特性，因此生涯輔導的信念、價值、論點與技術發展上，會不斷地形成新的架構（概念架構）或意識型態，以協助個人生涯之發展。

　　1. 方向性（亦即生活裡各種事態演進方向）。

　　2. 時間性（亦即生涯發展是一生當中連續不斷的過程）。　　　　　　　　　　【*1072-51；1031-61】

　　3. 空間性（亦即生涯係以事業的角色為主軸，也包括其他與工作有關的角色）。

　　4. 獨特性（每個人的生涯發展具有獨一無二的特性）。

　　5. 現象性（只有在個人尋求它的時候，它才存在）。

　　6. 主動性（人是生涯的主動形塑者）。　　　　　　　　　　　　　　　　　　　【*1023-31】

　　另外，金樹人（2011）認為生涯輔導與諮商歷程的架構，猶如佛學修行中的四諦「苦、集、滅、道」。「苦」即為「為果之苦」是指人活在世間所經驗的身體病痛與心靈有貪念等之苦；「集」是指「為因之集」，也就是造成這些痛苦的原因；「滅」則指「為果之滅」，確定消除苦痛與煩惱；「道」意味著「為因之道」，專指消除苦痛的修練與修行【*1091-46】。生涯輔導諮商師可遵循此四個歷程，運用適當的方法協助當事人。　　　　　　　　　　　　　　　　　【*1071-6；1023-51；1011-8】

### 一、生涯諮商理論

　　專業職涯諮商人員協助個人的職涯發展與生活適應，善用職業發展相關理論，將有助於對案主在職涯探索、職涯選擇、與職涯適應等生涯諮商，提供合理的解釋。以下簡介數個經常被應用的生涯諮商理論。

### （一）帕森斯的特質因素論（Trait and Factor Theory）

　　有「職業輔導之父」尊稱的帕森斯（Frank Parsons），原是一位鐵路工程師、波士頓大學教師。他在 1908 年設立波士頓職訓局，開啟生涯輔導運動，幫助求職者在生涯選擇時，能透過概念架構，引導出個體的職業選擇【*1121-12；1031-19】。帕森斯與威廉森（E.G. Williamson）建構特質因素論，該理論認為職業選擇應包括三要素：(1) 認識自己特質：應清楚地瞭解自己的態度、能力、興趣、智慧、局限和其他特性。(2) 認識工作世界：瞭解成功的條件及所學的知識，在不同工作所占的優勢、機會和前途。(3) 整合對自己的了解和工作世界的知識：將個人的主、客觀條件與對自己有一定可能的社會職業崗位相對照，從而選擇一種適合自己的職業。　　　【*1111-67；1043-72；1011-37】

所謂「特質」是指個人的人格特性，包括性向、興趣、成就、價值觀、個性人格及限制等，可以用測驗或量表等工具來加以評量，以反映出個人的潛能；但是特質因素論者較不重視個人心理特質是如何形成。特質因素理論主要特點是假定個人具獨特能力或特質型態，可被客觀測量，並與工作要求相適配，故又稱適配理論。

 **重要觀點**

◎ 特質因素理論是最初用來探討個人職業生涯規劃的心理測量。　　　　　　　　　【*972-59】
◎ 特質因素論學者擅長將各種心理特質進行分類。
◎ 拜「心理計量學」之優勢，特質因素論成為 19 世紀末至 20 世紀中葉，首佔職業輔導與主導就業實務長達半世紀之久的職業輔導理論。　　　　　　　　　　　　　　　【*1031-3】

## （二）威廉森的職涯輔導

　　威廉森（E.G. Williamson）從特質因素理論延伸出個人職業選擇的問題有何。他在 1939 年有系統性地整理出諮商技術的六步驟，這些步驟具有教學技巧，被視為是「指導型諮商學派」（Directive Counseling）；這些步驟也算是最早統整出一系列具體可行的生涯諮商模式與步驟。　　【*1011-7】

　　威廉森的職涯輔導六步驟，說明如下。

1. 分析（Analysis）：對諮詢者進行施測，主要目的在檢視職業選擇的問題以及獲得有用的資訊。
2. 綜合（Synthesis）：針對前一步驟所獲得的資訊或記錄，組織諮詢者的問題。
3. 診斷（Diagnosis）：解釋諮詢者的問題（描述個人獨特的特質或問題所在，比較各項側面圖與測驗常模或組型等資料，必要時進一步探索問題之成因）。　　　　　　　　　　　　　【*1031-38】
4. 預斷 / 預測（Prejudge）：依各項資料，推估諮詢者職業成功的可能性，或可能的後果。
5. 進行諮商（Counseling）/ 建議：協助諮詢者了解、接受與發現個人職業選擇的問題，與當事人晤談解決之道。
6. 後續行動及追蹤（Follow-up）：確認經過諮詢後是否有獲得適當的協助或支持。

【*992-45；1031 術科第十題；971 術科第九題】

 **重要觀點**

威廉森主張輔導員是有學問、懂技術、心理成熟的專家，為謀求受輔導者的利益，應當仁不讓的予以明確的指導，此即是「指導派諮商」。但是在 1940 年代美國社會個人主義抬頭，輔導變成個體與輔導員磋商，自己擬定目標，自行抉擇，自己解決問題，此輔導方式稱為「非指導派諮商」（non-directive counseling）。自此而後，原為職業輔導上輔助工具的「諮商」即變成輔導的重心，學者研究的主題轉變成諮商的目標、諮商的技術。

### （三）舒伯的工作價值觀與生命週期生涯發展理論 ✪✪✪✪✪

　　舒伯（Donald E. Super）是美國一位有代表性的職業管理學家。舒伯的職業生涯發展階段理論是一種縱向職業指導理論，研究著重在個人職業傾向和職業選擇過程。舒伯以美國白人作為的研究對象，把職業生涯劃分為五個主要階段：成長階段、探索階段、建立階段、維持階段和衰老階段。舒伯從發展論的觀點出發認為工作價值觀反映出與工作有關的目標，是個人內在需求及個人在從事活動時所追求的工作特性或屬性，可以代表個人想從工作中獲得其渴望的東西。

1. **工作價值觀（Work Value Inventory）**

　　一般常在進行犯罪矯治之職業策略中的職（就）業態度研究時，常選用舒伯的理論，包括職業價值觀、職業選擇及職業自我觀念【*963-56】。舒伯（1970）將職業價值分為，(1) 內在工作價值：亦即對工作本身的滿足，包括有利性、獨立性、創造性、智力激發、美或藝術有關的事物、成就及管理；(2) 外在工作價值：藉由工作作為一種途徑而達到的滿足，包括舒適的工作環境、同事、監督關係及變化性；及 (3) 外在報酬：包括安全感、聲望、經濟報酬及生活方式。舒伯認為工作價值觀是一種支持行為的引導結構。

2. **生命週期生涯發展理論**　　　　　　　　　　　　　　　　　【*1052 術科第十題】

　　舒伯（1976）將職涯定義為職涯是生活裡各種事態的連續演進方向，它綜合了人一生中依序發展的各種職業和生活角色，由此表露出個人獨特的自我發展型態，從生活廣度而言【*1103-38】，人生會從青春期到退休之間一連串有酬或無酬職位的綜合發展【*1073-39；961-72】。職業發展乃是「發展和實現自我概念的過程」。除了職業外，尚包括任何和工作有關的角色，如學生、受僱者及領退休金者，甚至也包含副業、家庭及公民的角色。舒伯用各角色之相對重要性來解釋生涯突顯的觀念，如圖 7-1 彩虹內圈呈現凹凸不平、長短不一的部分，正代表在該年齡階段不同角色的重要性，稱為生涯突顯（Life role salience），他強調每個人在所扮演的多種角色中，對各個角色所投注的時間不同，而扮演不同角色時，所感受的情緒也不同。舒伯提出生命週期生涯發展觀點，將生涯分為 5 期「成長→探索→建立→維持→衰老」，各個生涯發展階段及發展任務，說明如下。【*1111-46；11032-28；1001-51；991-24；1083 術科第十題；1081 術科第十題】

(1) 0 ～ 14 歲（成長期 growth）　　　　　　　　　　　　　　　【*1041-50】

　　經與重要他人的認同結果發展自我概念。此階段需要與幻想為此一時期最主要的特質，隨年齡增長、社會參與及現實考驗逐漸增加，興趣與能力亦逐漸重要。

　　這一階段，又具體分為 3 個成長期：

　　① 幻想期（10 歲之前）：兒童從外界感知到許多職業，對於自己覺得好玩和喜愛的職業充滿幻想和進行模仿。

　　② 興趣期（11-12 歲）：以興趣為中心，理解、評價職業，開始作職業選擇。

　　③ 能力期（13-14 歲）：開始考慮自身條件與喜愛的職業相符合否，有意識的進行能力培養。

(2) 15 ～ 24 歲（探索期 exploration）　　　　　　　　　　　　　【*1033-75】

　　此階段在學校、休閒活動及各種工作經驗中，進行自我檢討、角色探索及職業探索。此階段也可分為 3 個時期。

①試驗期（15-17歲）：綜合認識和考慮自己的興趣、能力與職業社會價值、就業機會，開始進行擇業嘗試。

②過渡期（18-21歲）：正式進入職業，或者進行專門的職業培訓，明確某種職業傾向。

③嘗試期（22-24歲）：選定工作領域，開始從事某種職業，對職業發展目標的可行性進行實驗。

(3)25～44歲（建立期establishment）

此階段尋獲適當的職域，逐步建立穩固的地位、職位，工作可能變遷但職業不會改變。這一階段是大多數人職業生涯周期中的核心部分，同時也會會產生職業發展的中期危機，可能會發現自己偏離職業目標或發現了新的目標，此時需重新評價自己的需求，處於轉折期。此階段也可分為2個時期。

①嘗試期（25-30歲）：個人在所選的職業中安頓下來。重點是尋求職業及生活上的穩定。

②穩定期（31-44歲）：致力於實現職業目標，是個富有創造性的時期。

(4)45～64歲（維持期maintenance）

此階段漸取得相當地位，重點至於如何維持地位，甚少新意、面對新進人員的挑戰。

(5)65歲以後（衰老期decline）

此階段身心狀況衰退，原工作停止，發展新的角色，減少權利和責任，適應退休後的生活，尋求不同方式以滿足需要。

舒伯認為生涯發展5階段以及各階段中的小階段，都會有不同的階段週期經歷。舒伯認為職涯是生活裏各種事態的連續演進方向，它綜合了人一生中依序發展的各種職業選擇和生活角色，他以生涯彩虹圖（圖7-1）說明工作與生活中多重角色的相互影響關係，亦即彩虹最外圍的一圈為最大的生涯生命週期，每經過一個轉型期，個人都會面對一個小的週期，同樣地再一次經歷類似「成長→探索→建立→維持→衰老」大週期相似的循環。　　　　　　　　　　　　　　【*1033-22】

在生涯彩虹圖中，縱向層面代表的是縱貫上下的生活空間【*1082-23】，是有一組織職位和角色所組成，分成子女、學生、休閒者、公民、工作者、家庭經營者六個不同的角色【*1063-48；1042-47；961-72】，他們交互影響交織，某一個角色的成功，特別是早期角色的成功，將會為其他角色提供良好的基礎；反之，某一個角色的失敗，也可能導致另一個角色的失敗。舒伯進一步指出，為了某一角色的成功付出太大的代價，也有可能導致其他角色的失敗。舒伯認為在個人發展歷程中，隨年齡的增長會扮演不同的角色，生涯彩虹圖的外圍是主要發展階段，內圈陰暗部分長短不一，表示在該年齡階段各種角色扮演的份量；在同一年齡階段可能同時扮演數種角色，因此彼此會有所重疊，但其所占比例份量則有所不同。根據舒伯的看法，一個人一生中扮演的許許多多角色就像彩虹同時具有許多色帶。從彩虹圈圈陰暗的比例中可以看出，成長階段最顯著的角色是子女；探索階段是學生；建立階段是公民和工作者；維持階段工作者的角色突然中斷，又恢復學生角色，同時公民與休閒者的角色逐漸增加，這正如一般所說的「中年危機」的出現，同時暗示這時必須再學習、再調適才有可能處理好職業與家庭生活中所面臨的問題。他認為角色除與年齡及社會期望有關外，與個人所涉入的時間及情緒程度都有關連，因此每一階段都有顯著角色，而且每個人的生命發展過程會在①家庭、②學校、③工作場所、④社會四個主要人生劇場中進行角色扮演。

【*1082-66；1071-79】

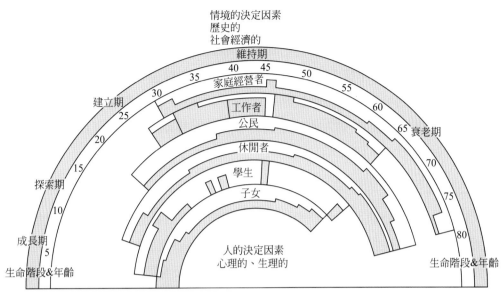

圖 7-1 生涯彩虹圖

## 3. 舒伯的七種女性生涯發展型態

舒伯（1957）認為女性以家庭生活為中心的生涯型態，因此婚姻與家庭因素是女性生涯選擇的重要關鍵。而女性生涯發展路徑可以分為七種類型。

(1) 穩定家庭主婦型（the stable homemaking pattern）

此類型女性自學校畢業後很快就結婚，婚後以家庭為生活重心，在其生涯發展過程中較少有重要的工作經驗，甚至可能完全沒工作經驗。

(2) 穩定工作型（the stable working pattern）

此類型女性生涯過程一直不間斷工作，事業為其生涯發展過程中的重心，婚前或婚後均以事業發展為重。

(3) 傳統生涯型（the conventional pattern）

婚前有工作，但婚後放棄工作，以家庭為重心。

(4) 雙軌生涯型（the double-track career pattern）

此類型女性在其一生發展過程中都不斷地兼顧工作與家庭角色。【*1122-23】

(5) 間斷生涯型（the interrupted career pattern）

此類型女性多為婚前有工作經驗，但婚後即辭職料理家務，待子女長大就學之後，再二度就業。【*1091-16】

(6) 不穩定生涯型（the unstable career pattern）

此類型女性在不同時期有不同重心，可能原先是全職的家庭主婦，但因為家庭經濟之緣故，必須不定期外出工作以貼補家用，在其生涯發展過程中有時對家庭投入較多，有時工作投入較多。【*1101-27】

(7) 多軌生涯型（the multiple trial career pattern）

此類型女性在其一生中，可以從事數個不同性質的工作，但這些工作均非其所欲追求的理想工作，也因此未建立個人事業生涯。

### （四）金仕堡格等人的職業選擇理論

金仕堡格（Eli Ginsburg）、金仕堡格（Sol W. Ginsburg）、艾克斯瑞德（Sidney Axelrad）與荷馬（John L Herma）在 1951 年出版《職業選擇》專書。他們的理論有二個重點：第一，此理論被視為首從發展性立足點，研究職業選擇發展階段理論。第二，此派職業選擇是一發展性歷程，約有 6 ～ 10 年，始於 11 歲結束於 17 歲左右。因此有 3 個發展時期，分別為：(1) 幻想時期；(2) 試驗時期；(3) 實現時期。【*1112-56：1111-14：1082-19】

### （五）泰德曼生涯發展七階段理論

泰德曼（David Tiedeman）認為生涯發展概念是不斷辨別自我認定、處理發展性任務，與解決心理社會危機的過程。這些持續活動被認為是發生在某一個時間階段內。而個體生涯決定必須透過有系統問題解決的型態來達成，因而泰德曼強調自我認定及發展含 7 階段，分別說明如下：

【*1043-69】

1. 探索：個體面對要做生涯選擇的壓力，對於何去何從無所頭緒。
2. 結晶化：個體面對生涯選擇的情緒與思考慢慢穩定，經過一段沉思，暫時性的決定已經浮現。
3. 選擇：個體進行正確的選擇。
4. 澄清：產生下決定後的後悔，經歷情緒上的患得患失與心情上起伏。
5. 歸納：正式跨入一個新的生涯環境，舊經驗面臨挑戰。
6. 革新：改頭換面，產生新的思維方式與行為習慣。
7. 整合：對於環境的適應漸趨穩定，游刃有餘、充滿自信與成熟。　　　　　【*972-32】

泰德曼及歐哈瑞（Tiedeman & O'Hara）又參考艾利克森（Erikson）與舒伯（Super）的生涯發展論，他們再將自我認定及發展 7 階段分為兩個生涯階段，亦即為預期階段與實踐階段。預期階段以探索 - 結晶化（具體化）- 選擇 - 澄清等四個順序次階段【*1121-33：1101-47：1093-15：1072-11】；實踐階段以入門 - 重整 - 統整等三個依序發展【*1122-35】。

### （六）何倫的職業選擇理論 / 人格類型理論 / 職業類型理論 / 人境適配理論 ●●●●

何倫為特質因素理論的重要學者之一。何倫（John L. Holland）認為人們會藉由工作的選擇來表達自己，包括自己的興趣和價值觀。因此測量自己的能力和興趣，可做為個人性格的一種評估，他假定每種人格類型都由一組特性，包括了在環境中面對問題時不同的態度、以及解決問題的技巧、對職業及休閒活動的偏好、生活目標、價值觀、個人信念以及問題解決風格，是故職業選擇與人格類型具有共通性。

【*1002 術科第十題】

何倫的理論重心認為個人選擇生涯是以滿足已經發展出的個人導向的偏好，職涯理論可強調有效的生涯發展從尋找個人個性和工作環境間的最佳適配職涯著手。何倫（1973）從個人與環境配適性（Person-Environment, P-E）論點，提出職業類型理論（RIASEC 理論），該理論假定個體和工作環境的適配可按理論的六種類型分類【*1113-79：1111-62：1103-73：1101-71：1073-65】：(1)「實用」R（Realistic）【*1111-29：1082-14】；(2)「研究」I（Investigation）；(3)「藝術」A（Artistic）【*1121-36：1091-21：1042-16】；(4)「社會 / 社交」S（Social）【*1033-60：1022-25】；(5)「企業」E（Enterprising）

【*1113-36；1091-43】；(6)「事務」C（Conventional）【*1121-14；1101-79；1052-26】。但是個體很少僅屬於一種人格特質或興趣類型，而是由 2 種或 3 種的興趣特質組合【*1101-41；1082-4】，因強弱程度不同，所以它是由一個主要的類型與其他次要類型組合而成。各型特質說明如下。

(1) 實用型（R）：情緒穩定、有耐性、坦誠直率，寧願行動不喜多言，喜歡在講求實際、需要動手環境中，從事明確固定的工作，依既定的規則，一步一步地製造完成有實際用途的物品。對機械與工具等事較有興趣，生活上亦以實用為重，重眼前的事，比較喜歡獨自做事。喜歡從事機械、電子、土木建築、農業等工作。　　　　　　　　　　【*1041-36】

(2) 研究型（I）：善於觀察、思考、分析與推理，喜歡用頭腦依自己的步調來解決問題，並追根究底。他不喜歡別人給他指引，工作時也不喜歡有很多規矩和時間壓力。做事時，他能提出新的想法和策略，但對實際解決問題的細節較無興趣。他不是很在乎別人的看法，喜歡和有相同興趣或專業的人討論，否則還不如自己看書或思考。喜歡從事生物、化學、醫藥、數學、天文等相關工作。

(3) 藝術型（A）：直覺敏銳、善於表達和創新。他們希望藉文字、聲音、色彩或形式來表達創造力和美的感受。喜歡獨立作業，但不要被忽略，在無拘無束的環境下工作效率最好。生活的目的就是創造不平凡的事務，不喜歡管人和被人管。和朋友的關係比較隨興。喜歡從事如：音樂、寫作、戲劇、繪畫、設計、舞蹈等工作。　　　　　　【*1032-58】

(4) 社會型（S）：對人和善，容易相處，關心自己和別人的感受，喜歡傾聽和了解別人，也願意付出時間和精力去解決別人的衝突，喜歡教導別人，並幫助他人成長。他們不愛競爭，喜歡大家一起作事，一起為團體盡力。交友廣闊，關心別人勝於關心工作。喜歡從事教師、輔導、社會工作、醫護等相關工作。

(5) 企業型（E）：精力旺盛、生活緊湊、好冒險競爭，做事有計畫並立刻行動。不願花太多時間仔細研究，希望擁有權力去改善不合理的事。他們善用說服力和組織能力，希望自己的表現被他人肯定，並成為團體的焦點人物。他不以現階段的成就為滿足，也要求別人跟他一樣努力。喜歡管理、銷售、司法、從政等工作。　　　　　【*1123-43；1041-11】

(6) 事務型（C）：個性謹慎，做事講求規矩和精確。喜歡在有清楚規範的環境下工作。他們做事按部就班、精打細算，給人的感覺是有效率、精確、仔細、可靠而有信用。他們的生活哲學是穩紮穩打，不喜歡改變或創新，也不喜歡冒險或領導。會選擇和自己志趣相投的人成為好朋友。喜歡從事銀行、金融、會計、秘書等相關工作。

【*1121-14；1101-79；1073-26；1051-63；1051-66；1042-71；1033-49；1032-67；1022-12】

圖 7-2 六角的圖形（Hexagonal model）顯示其理論分類系統與何倫碼（Holland Code）的運作。透過職業興趣測驗所得六類分數中，取出最高的前三者，稱為個人的「興趣代碼」，若代碼之間分數相差不到（含）6 分，則兩碼的位置也可以互換。如果有同分的狀況，則會有三個以上的字母構成如 A（S）RE 表示 A 與 S 同為最高分，分別以 ARE 及 SRE 查詢職業類別。若一碼分數特別高，且次一碼偏低，代表個案傾向雙碼型或單碼型。

RIASEC 六類英文字首，代表一個人、一個科系或一個職業的特性，而六類型排列順序及類型間的距離關係的概念，也顯示類型間心理相似的程度，亦即一致性（Consistency）高低程度。RIASEC 理論中除「一致性」（Consistency）是重要的分析概念外，「和諧性」（Congruence）、「區分性」（Different）、「認同度」（Identity）等四個概念用來描述個體內或同一個環境內以及個體間或不同環境間類型的關係。

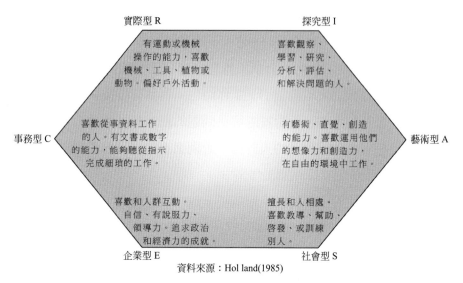

圖 7-2　何倫人格類型六角模式（RIASEC）

(1) 一致性：以興趣首碼、次碼及第三碼在六角型關係中屬於相鄰或對角關係，界定個人興趣一致性高低，而首碼與次碼在其理論六角型中處於對角位置，則有著一致性較低的現象，例如藝術型與社會型相鄰則表示個體的人格特質或興趣傾向較為一致，又例如藝術型與事務型相對則表示個體的人格特質或興趣傾向較不一致，又如 RS、CA、EI 也暗示個體的人格特質或興趣傾向較不一致。【\*1122-20；1081-53；1073-31；1063-32；1043-43；1033-78；1032-27；1022-79；1111 術科第十題；1033 術科第六題；1032 術科第九題】

如果興趣代碼前二碼是相鄰的類型（R-I、I-A、A-S、S-E、E-C、C-R）一致性高，表示興趣類型穩定，如果你的前二碼為不相鄰的或者是對角型的類型（如 R-S、I-E、A-C）一致性較低，表示興趣不穩定。例如 R I E 的一致性比 R E I 為高，前者可能穩定的留在理工的環境中求發展，後者則徘徊在實用型及企業型的環境裡。

表 7-1　RIASEC 類型之一致性程度

| 一　致　性 | 相　關　類　型　碼 |
|---|---|
| 高（類型相近） | R-I，I-A，A-S，S-E，E-C，C-R |
| 中 | R-A，I-S，A-E，S-C，E-R，C-I |
| 低（類型相反） | R-S，I-E，A-C |

(2)和諧性：指六角型理論中，解釋個人適合的職業（綜合代碼）與其職業憧憬或正從事之職業是否相符的程度。如企業型的人在企業型的環境工作，會比在事務型的環境工作，前者和諧性較高，而且和諧程度高低會影響其工作滿意度與留職意願。諧和度判斷方法只要比較綜合代碼與憧憬的職業（反應個人內心深處的渴望，自己認定的類型、個人的志向）或正從事之職業的代碼，就可以獲知諧和度，計算方式如表 7-2，5 或 6 等級表示諧和度高，即個人興趣類型較清晰和穩定。4 等和度中上，3 或 2 等級表示諧和度普通。0 或 1 等級表示諧和度低；低時，可能是個人對類型的認定有特別的理由，建議和老師進一步果抓週填答不完整，或你的興趣代碼組合太多時，或以 * 號表示，諧和度。

表 7-2　諧和度等級表

| 等　級 | 說　　　明 | 興趣代碼 | 憧憬的職業 |
| --- | --- | --- | --- |
| 6 | 完全相同 | R I E | R I E |
| 5 | 前 2 碼字母次序相同 | R I E | R I S |
| 4 | 3 碼字母相同，次序不同 | R I E<br>E R I<br>I R E | I E R<br>R E I<br>E I R |
| 3 | 首碼字母相同 | R I E | R S C |
| 2 | 興趣或憧憬的職業的前兩碼出現在對方的三碼中 | R I C<br>C E S<br>A S E | I E R<br>S C R<br>E S I |
| 1 | 興趣或憧憬的職業的首碼出現在對方的第二碼或第三碼中 | S E A | A I R |
| 0 | 興趣或憧憬的職業的首位字母並未出現在對方的三碼中 | I R E | S E A |

(3)區分性：指傾向某一類型（個人興趣）清楚的程度，當一個人在喜歡與不喜歡之間有清楚的區辨，就具有區分性【*1113-42；1103-52；1052-54；1111 術科第十題；1033 術科第六題；1032 術科第九題】。在獲得個人的興趣代碼之後，首先應看看區分值的大小，區分值高代表個人的興趣類型區分性大，反之區分值低代表個人的興趣類型區分性小，若區分值太低（在 3 分以下），且全距（最高分減最低分）低於 22，表示個人的興趣類型模糊，興趣代碼可能沒有太大的意義，應與相關人員再做進一步的探討。

(4)認同度：指可以用來評估個人目標、興趣及能力是否清晰與穩定。

當人們的特性和工作更相似，在此工作任職時間更長，滿意度將更高，成就將更大。透過測驗得知 Holland 興趣碼後，通常可透過該測驗之職業常模、美國勞動部職業訊息網 O*NET 以及國內使用生涯規劃系統的相關大學等資源，查詢契合於自己的職業。【*1021-23；1021-57；1021-66；1013-9；981-76；981-19；971-43；1012 術科第八題】

## （七）克魯巴滋等生涯選擇的社會學習理論　　　　　　【*1083 術科第十題；1073 術科第六題】

### 1. 生涯決策

諮商心理學大師、史丹佛大學心理學克魯巴滋（John D. Krumboltz）等學者以班杜拉（Albert Bandura, 1977）的社會學習理論（Social Learning Theory）為基礎，提出生涯選擇的社會學習理論（Learning Theory of Career Counseling, LTCC）。班杜拉假定人們自己對於做事能力信心的看法（自我效能），影響他們從知到行，自我效能（指強度、推論性、難度）來自於個人先前的表現成就，觀察別人而加以模仿的替代學習、聽信與生理狀態【*1103-72；1092-30；1092-80；1082-67】。社會學習理論主張，人類的行為大都經由學習而來，個體自出生就無時無刻、不知不覺中學習他人的行為，隨著年齡的增長，在行動、思想、感覺以及對事物的看法，終於變成一個為家庭及社會所接受的社會人。而這一連串的學習活動，所涉及的刺激反應，都是社會性的，所以被稱為社會學習。班杜拉強調，單是環境因素並不能決定人的學習行為。除環境因素之外，個人自己對環境中人、事、物的認識和看法，更是學習行為的重要因素。換言之，在社會環境中，環境因素、個人對環境的認知以及個人行為三者，彼此交互影響，最後才確定學到的行為。人的行為表現不單是內在力量的驅使，人所學到的行為也並非純因行為表現後受到外在環境的控制。人受環境中其他人的影響，人也能影響環境中的其他人。由於班杜拉的社會學習論中包括環境、個人與行為三項因素，因而被稱為三元學習論（Triadic Theory of Learning）。而克魯巴滋主張社會環境和學習經驗對生涯行為具有的影響，亦即可由日常生活事件（環境中積極或消極增強事件）來解釋生涯決定，主張個人的人格和行為特質主要是受獨特的學習經驗所影響，這些學習經驗包括個人在與環境事件的互動，對受到正增強或負增強之事件結果的認知性分析。他曾對高中生作一系列研究，觀察不同的增強作用對高中生職業選擇行為的影響。

克魯巴滋等學者主張生涯選擇是被生命事件顯著地影響，其過程涉及四種因素【*1122-74；1101-72；1082-62】：

(1)遺傳天賦與特殊能力（genetic and special ability）：指個人遺傳家族的一些特質，在某些程度上限制個人對職業或學校教育的選擇可能性。如：智力、特殊才能等。

(2)環境條件與事件（environmental conditions and events）：指影響教育和職業的選擇因素中，有許多是發生於外在環境，而非個人所能控制。如就學與訓練機會、社會政策、社會變遷、自然災害、社區背景、家庭等非個人所能控制的因素。

(3)學習經驗（learning experiences）【*1073 術科第六題】：可分為工具性學習經驗（instrumental learning experiences）和聯結式的學習經驗（associative learning experiences）。工具性學習經驗包括前因、行為、後果三個重要的成因。例如當事人在某個科目上屢得高分可能就願意在這個科目上努力研讀或是選修更多有關這類科目的課程。聯結式的學習經驗包含觀察學習（Observation）和古典制約（Classical conditioning）兩個類型，例如：職業的刻版印象的獲得。

(4)工作取向技術（Task approach skills）：上述各種因素交織可形成個人工作取向技能，包括解決問題能力、工作習慣、工作的標準與價值、情緒反應、知覺與認知歷程等【\*1112-64：1073-79】。

Brown, Brooks, & associates（1996）提出克魯巴滋上述四種因素交互作用的結果，會形成個人的自我觀察的推論（Self-observation generalization），即個人會產生對自己的看法與評估；以及世界觀的推論（World-view generalization）是指個體對工作世界的看法；與工作取向技術協助個人適應環境與作成符合自身能力興趣的有效決定【\*1073 術科第六題】。

個人的生涯決定會在一生中持續不斷的進行決定。克魯巴滋等人（1979）也強調個人能依據自己的行為目標與需要適當控制環境，每個人一生中的獨特學習經驗所發展出的基本力量，會影響個人的基本決定。這些學者提出之「生涯決定法」（Decision-making process）七個步驟，包括：(1) 界定問題，訂出明確的目標；(2) 擬定行動計畫，規劃達成目標的流程；(3) 澄清價值，界定個人的選擇標準；(4) 蒐集資料，找出可能的選擇；(5) 依據自己的標準，評價各種可能的選擇；(6) 系統的刪除不適合方案，挑選做最合適的選擇；(7) 開始執行行動方案。
【\*971-58：1032 術科第十題】

## 2. 善用機緣論（**Planned happen stance theory**）

Krumboltz 等學者提出過去的生涯理論極少談論意外或機會，而 Krumboltz 認為把握偶發事件（Chance Events），或是學會處理生命中的意外事件，是極為重要的能力。他擴展社會學習論的觀點，指出人成長的環境中充滿無數的意外奇緣，不管是正向、負向都會提供意想不到的學習機會，進一步培養抓住機會的態度，是相當正向、鼓勵性的理論【\*1063-37：1061-1】。他也提出生涯中處處都有偶發事件（意料外的事），並非事事都能如我們所規劃般地進行。因此，能否善用巧合機緣，抓住機會是生涯發展的關鍵能力。善用巧合與機緣的五大技巧包括：求知慾、保持好奇、具有彈性、堅持到底與敢於冒險。　　　　　　【\*1081 術科第十題】

培養抓住機會的態度：

(1)好奇（Explore things you are curious about）：探索新的學習機會，以及從機會事件中探索隱藏其中的任何可能性。

(2)堅持（Don't let indecision be a barrier in exploring new opportunities）：以開放的心態看待事物，屢戰屢敗的困頓經驗可以培養堅持力。

(3)彈性（Be flexible）：有時候機會並不符合我們原先認為的理想樣貌，卻可能反而是好的生命體驗，需要擁有充分的彈性接納，調整應對的態度。

(4)樂觀（Be optimistic）：樂觀態度面對，在行動中發現探索的樂趣。

(5)冒險（Take risks）：當事情不在預期的軌跡中發生，就進入冒險的氛圍，有其風險卻帶來新的可能。

## （八）工作調適理論

### 1. 達文斯和羅夫魁斯特的工作調適理論 【*1103-10；1102-4；1092-70】

明尼蘇達大學教授達文斯（René V. Dawis）和羅夫魁斯特（Lloyd H. Lofquist）二人花了 20 年的時間進行明尼蘇達工作調適研究計畫，於 1984 年提出著名的明尼蘇達工作調適理論（The Minnesota theory of work adjustment, TWA）。該理論與何倫的理論一樣都強調人與環境的適配，工作調適理論較強調職業適應的觀點。工作調適理論基本假定個人在其工作環境內，嘗試達成及維持正比的關係。此理論強調工作／職業這個概念，包括人類的相互作用及滿足、不滿、酬勞、壓力、需求與工作價值，與其他許多心理上的增強要素與來源【*1052-14】。工作適應理論所強調的工作適應除個人所感受到的工作滿意度之外，也強調個人能力能滿足工作要求的情形。雇主對於員工之表現則以工作適任度來衡量。Dawis 與 Lofquist 的人與工作環境之適配性或契合度，常在工商心理學的人事領域或者是生涯發展與協助被運用。 【*1013-37】

工作調適理論工作的強調 2 個向度：第一個向度為滿意度，它是工作調適度的主要指標，指對個人自身工作（工作需求與工作價值觀）之滿意程度。第二個向度為滿意指標，指個人能力能滿足工作要求的情形【*1111-64；1063-63；1013-39；981-17；1071 術科第六題】。這二個向度具有交互作用，它是一種持續、動態的過程，在這個過程中，工作者不斷尋求並完成及維持和工作環境之間的調和性。工作調適理論也提出適配性和可塑性外，與其它理論不同之處在於強調工作環境中的增強滿意系統的重要，個人能否適應不只是因為個人與環境間的配合而已，環境中具有良好的增強系統也有助於工作的穩定性，且當個人對工作具備高滿意度時，較能持續從事這份工作。

換言之，該理論強調能力（職業需要何種能力）與價值（成就、舒適、地位、利他性、安全、自主性）的評量可促進個體對工作環境的適配，基於工作調適理論觀點，就業服務工作者需特別注意到求職者的工作價值觀與需求，若不這樣個案即使找到工作也作不長久。

【*1091-68；1033-10；1022-13；1021-42；1018 月 -17；1012-9】

另外，該理論提出四種不同的人格類型描述個體與環境互動的特質，敏捷（個體與環境互動的速度）、步調（個體與環境互動的強度或活動力）、節奏（個體與環境互動的型態）、忍受度（個體與環境互動的持續力）。簡言之，工作適應理論強調個人的經驗，以「滿意度」形容個人對工作的滿意情形，以「適任度」形容工作環境對個人的滿意，當個人滿意且有能力擔任工作就會繼續留任。在 TWA 中，若想知道個案的潛在能力，該理論常傾向於使用通用性向測驗。 【*1032-32；1021-63】

### 2. Hershenson 生涯發展與工作調適理論 【*1101 術科第十題】

Hershenson 提出一個能考量身心障礙狀況的工作適應理論。工作適應要素與基本主張工作適應的發展是一個動態的過程，影響工作適應的三個主要因素包括：工作人格、工作能力、工作目標。

(1) 工作人格（Work personality）：包含了成為工作者的自我概念、及個人參與工作的動機系統。它通常是在學前的階段便已經發展了，受到家庭的影響是最多的。

(2)工作能力（Work competence）：包含了工作習慣、適合工作的身心技能及有關工作的人際技能。它主要是在就學的階段內發展出來的，它是影響個人能否成功的達到學校環境要求的重要條件。

(3)適當而具體的工作目標（Work goal）：它主要受到同儕及未來將進入的工作團體的影響。

　　Hershenson 認為工作適應的情況是這三個因素和環境互動之後所呈現的一種平衡狀況。

工作適應包含的成份有三：　　　　　　　　　　　　　　　　　　　　　　　　【*1061-34】

(1)工作表現（Task performance），即工作結果的量和質。

(2)工作角色行為（Work role behavior），即適合工作場合的行為，例如，穿著適當的服裝、負責任、服從指令、和督導及同事在一起等。

(3) 工作滿意度（Work satisfaction），即個人從工作中獲得滿意的程度。

這三個成份是工作適應中三個因素的外在表現，也是用以預測工作適應的一個指標。其中工作角色的行為，即是與工作有關的社會技能，從 Hershenson 的理論中可以看出，工作社會技能是影響身心障者能否在職場有良好適應的一個重要預測指標。

## 重要觀點

主計總處人力運用調查報告顯示：「100 年 5 月失業者計 47 萬 6 千人，曾遇有工作機會之失業者（24 萬人），其未去就業主要原因為待遇太低、地點不理想；而未曾遇有工作機會之失業者（23 萬人），其尋職主要困難為技術不合或工作性質不合」。這種現象可從工作調適理論的觀點解釋，工作調適度的主要指標為滿意度，指對個人自身工作滿意之滿意度與個人能力能滿足工作要求的情形。　　　　　　　　　　　　　　　　　　　　　　　　　　　　　【*1013-39】

## （九）需求理論

### 1. 馬斯洛的需求層級理論 / 需求金字塔理論　　　　　　　　　　　　　　【*1121 術科第十題】

人本取向的理論主要是相信人有向上、向善發展的潛能，只要提供其正向、信任與溫暖的環境，就可以使其朝向自我實現。馬斯洛（Abraham Maslow）即為人本取向派的代表人物。馬斯洛的需求層級理論，將許多需求按層次排列成五個基本類別（圖 7-3）。最底層為生理需求（如滿足對食物、空氣、水等生理所需）【*991-72】，其次為安全需求（尋求安全與穩定的環境，免於痛苦、威脅或疾病之需求）【*1001-44】，其三為歸屬感需求（包括對愛、情感及與他人互動等社會需求），其四為自尊需求（透過個人

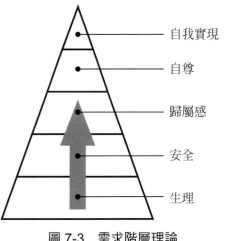

圖 7-3　需求階層理論

成就而達成的自尊，獲得他人所認同或尊敬的社會地位），以及第五層為自我實現（自我達成目標的需求）【\*1091-3；1083-32；1082-59；1043-19；963-17】。第一層至第四層又稱為基本需求（Basic need）或匱乏需求（Deficiency need）的層次【\*1102-77；1062-44】。第五層又稱為衍生需求（Meta need）或存在需求（Being need）【\*1111-19；1092-43】

所謂需求指會激勵或觸發行為來使其獲得滿足，而需求越強烈就越有動機要滿足它們。馬斯洛的需求層次認為個體滿足較低層次需求後，較高層次的需求會變成主要的動機來源，這種關係又稱為滿足前進過程。需求層次論讓我們清楚每人都有基本需求，而需求的滿足有其不同優先次序，「自我實現」是最高需求，也是人本取向諮商追求的目標，而治療的目的就是協助當事人可以盡量達成自己想要成就的目標。

**2. ERG 需求理論** 【\*1061-15；1053-1】

美國耶魯大學的克雷頓·奧爾德弗（Clayton Alderfer）在馬斯洛需求層次理論的基礎下，進一步改進需求層級，提出了生存需要（Existence needs）、相互關係需要（Relatedness needs）和成長發展需要（Growth needs）三大人類的核心需要。這三種需求不具先後關係；高成就需求挫折會退化並強化低層次需求滿足；無論哪一種層次，其滿足需求越少，則越希望被滿足；較低層次需求滿足後會對高層次需求的強度增強；若高層次需求滿足較少對低層次需求會越覺得需要。

**3. 親和動機**

親和動機是指需要與人親近的內在動機。例如，需要別人關心、幫助，需要友誼，需要愛情，需要別人的承認和接納，需要別人的支持與合作等都屬親和動機。由親和動機所驅動而表現於外在的社會行為，最主要的有依戀親人、交友、家人團聚、參與社會性團體（包括職業性、學術性、政治性和娛樂性等團體）等等。親和動機純屬社會性的，通過學習而形成。它的滿足，可增加個人安全感，從而免於孤獨寂寞而產生的焦慮之苦。用投射法可測定它的個體差異。親和動機是指爭取在社會基礎上與人交往的驅力。親和動機是一種重要的社會性動機，當它引發的親和行為得以順利進行時，個人就感到安全、溫暖、有信心；當親和行為受到挫折時，個人就感到孤獨、無助、焦慮和恐懼。

美國社會心理學家沙克特（Schachter, 1959）假定高度恐懼的個體比低度恐懼的個體有更強的親和動機。為了檢驗這個假設，他做了一項實驗。實驗者首先選擇基本條件相同的被試，然後用實驗操縱他們的恐懼程度，再給被試一個親和的機會，用他們顯示出來的親和行為量作對比，由此產生的任何差別都可以歸因於他們已經喚起的恐懼程度。結果表明，恐懼程度越高，親和動機越強。發現在恐怖時，親和動機增強；而在焦慮時親和傾向較低【\*1092-57；1072-40；1051-34】。沙克特還發現親和動機較強者多為家庭中的長女和獨女。關於長子長女獨子獨女的親和動機較高，很可能與育兒方式有關。一般來說，母親對第一孩子（包括獨生子女在內）總是給與較多的注意與關懷，因而養成孩子對母親更多的依賴。

親和動機對管理行為的兩個相對影響：一方面，高親和動機容易使個體力圖迴避衝突與競爭，有時易形成宗派，對一個強有力的領導者可能產生一定的消極影響。另一方面，適度的親和對團體的維繫，加強組織的凝聚力有著重要的作用，良好的人際關係和合作環境是企業獲得成功的主要條件之一，也是領導者領導藝術的體現。

## （十）霍布森生涯轉換模式

霍布森（B. Hopson）從情緒發展提出中年生涯轉換模式，說明中年生涯轉換的七個過程。每個過程會歷經不同的心情與危機【*963-11】。每個階段與心情狀態不一定呈現漸進式的發展，且並非所有人皆適合這個分析模型。雖此，這個模型可以讓我們理解各轉換階段的心情狀態。

這七個階段與心情狀態如下（圖 7-4）：(1) 固著與震撼期（Immobilization），此期若所發生的生涯轉換是其所想要的結果，個體心情會呈現愉快或高興，反之心情會處於低落或消沉；(2) 減退期（Minimization），生涯轉換不管是高興或消沉，會漸漸地恢復並適應之；(3) 自我懷疑期（Self doubt），對現狀與自我產生懷疑，常伴隨著負面情緒發生；(4) 放下期（Letting go），個體漸漸放下負面情緒，正面情緒漸漸回升；(5) 充分檢驗期（Testing out），此階段心情狀態呈現高昂或急躁，對周邊的人要求很高；(6) 尋求意義期（Search for meaning），開始尋找轉換對自己所帶來的正面意義；(7) 統整與更新期（Integration），統整轉換對自己的正面與負面意義。接納轉換是生命中的一部分，是另一種未來發展，個體投入此新的生涯。

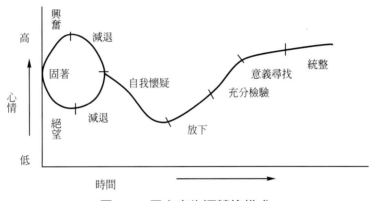

**圖 7-4　霍布森生涯轉換模式**

## （十一）史賓瑟夫婦的冰山模式　　　　　　　　　　　　　　　　【*1052 術科第九題】

史賓瑟夫婦（Lyle M. Spencer and Signe M. Spencer）針對職能（Competency）進行研究，於 1993 年提出「冰山模型」概念（Iceberg model of competencies），將職能區分為五層特質（5 types of competencies），運用冰山被海平面切分為可見（外顯性）與不可見（內隱性）兩部分的概念，將五種基本特質用冰山的形狀形容（圖 7-5）。冰山最底層（最不易被察覺的地方）為核心動機（Motives），它是指個人經常進行的思考或產生的欲望，這些思想會引導出個體行為。第二層為特質（Traits），亦即個體的生理特質如反應時間、視力與行為。通常會呈現穩定的狀態如個人對情緒的控制，也可以人格特質做為第二層的代表（Personality traits）。開始較容易辨識的是第三層行為特質，通常是指自我概念（Self-concept），如個人表現出的態度、價值觀、自我形象。在海面下的這三層冰山是難以進行訓練與改變其既有的特質。核心動機和人格特質的才能，是在冰山裡位於底層隱藏部分、且比較難以探索與發展。　【*1122-77；1121-59；1113-67；1012-1；1012-5；1002-46；983-43；1012 術科第八題】

而呈現在海面上的冰山為第四層的知識（Knowledge）與第五層的技巧（Skill）屬於可見的外顯行為部分，也是比較容易進行職能發展的部分，容易運用教育訓練提升個人素質的職能。所謂的知識是指個人在特定範圍中已經獲得的知能；而技能是指個人完成某項體能或心理層面的任務所會使用的技能（如分析或概念性思考）。

註：職業興趣測驗或「通用性向測驗」，大多在測量冰山模式中個人的人格特質。【\*1083-45；1043-63；1018月-39；1012-1；1012-5；1111術科第十題】；工作適應理論（Theory of work adjustment）為依據所編制的工作價值觀測驗，大抵是在測量冰山模式的動機與特質。【\*1018月-59】

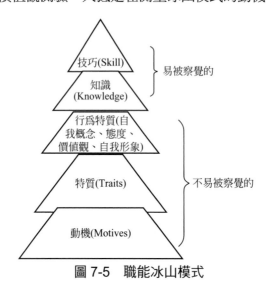

圖 7-5 職能冰山模式

## （十二）派特森等「訊息處理層面的金字塔」模式

以派特森（Gary W. Peterson）為首的認知心理學派學者，將認知心理學中訊息處理模式，應用到生涯輔導與諮商上。這派學者認為認知訊息處理模式分析個人對資訊處理的歷程，是個人有效進行生涯選擇的重要條件，在快速變遷的社會中，可以應用自我的知識與職業訊息，來解決生涯困境。根據派特森等學者提出「訊息處理層面的金字塔」（Pyramid of information processing domains）（圖7-6），此金字塔有三個層面：1.知識層面（Knowledge domains）；2.決策層面（Decision-making skills domain）；3.執行層面（Executive processing domain），若要提昇個人的生涯問題解決能力，則可從增強訊息處理能力著手。 【\*1091-63；1071-57；1023-27；1092術科第十題；1023術科第九題】

1. 知識層面：金字塔的底層需有充分的自我知識（Self-knowledge）與職業世界知識（Occupational knowledge）為資源。知識層面儲存了有關個人經驗、個人興趣、能力、價值與需求等訊息，而這些訊息的統合形成了一個人對自我的認知推論，因此唯有對自己的能力、價值…等有相當的了解才能對生涯選項有正確的判斷指標。而自我知識的來源主要是事件記憶，也就是個人的直接經驗，因此對個人經驗的了解也有助於增進生涯探索的能力。職業世界知識是對個別職業的了解及知道職業之間的關聯與異同。

2. 決策層面：金字塔的中層即是做生涯決定的能力，須依賴第一層對職業世界與自我知識的訊息來做決定。鑑於此決定能力之重要性，派特森提出五步驟 CASVE cycle，進行生涯決定。透過 CASVE 五個步驟循環模式（Communication → Analysis → Synthesis → Valuing → Execution）可了解如何做生涯抉擇。 【\*1023術科第九題】

   (1)溝通（Communication）：具備看清與確認真正問題出在哪裡的能力。

   (2)分析（Analysis）：要對職業知識與自我知識進行分析，察覺兩者間的關聯、矛盾之處，並思考替代方案。

(3)綜合（Synthesis）：以目前的訊息廣泛的聯想，選出較可能的替代方案。

(4)評價（Valuing）：一種抉擇過程，對可行的替代方案評價取捨或順序先後。　　　　【*1051-59】

(5)執行（Execution）：將決定落實行動，設定具體目標與行動步驟。

3. 執行層面：金字塔的最上層即是後設認知（Meta cognitions），一種自我觀察評估的內在思考歷程（個人對於自己的認知過程、結果或與之有關的任何事物之了解），也就是做個人想法中的監督者，在腦中出現自問自答來回思考，如「我這樣做，對嗎？」。由於內在思考歷程（自我對話、自我警覺、監督、控制）【*1071-61】會左右我們整體的生涯抉擇，因此在此自我效能會有所作用【*1123-79；1031-36；1023-12；1011-57】。所謂的自我效能，簡單地來說就是一個人自己認為能否勝任工作的程度，也就是當其自我效能高時，愈能對自己的生涯有更正確的決定和方向。一個人自我效能的高低會影響其對日後生涯的選擇，然而自我效能的高低也受到過去的成功經驗及替代經驗等的影響，因此藉由探討過去成功正向的經驗以提升個人的自我效能將能對生涯的方向有更清楚的認知和了解，進而調整自己的行為或重新做決定。

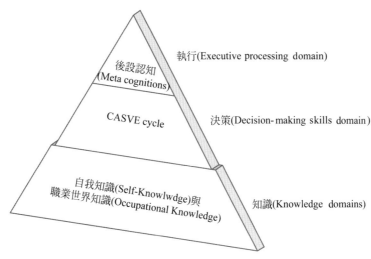

**圖 7-6　訊息處理層面的金字塔**

## （十三）薩維克斯的生涯建構論

　　薩維克斯（Mark L. Savickas, 2001）針對舒伯（Super）在 1957 年所提出的職業發展理論（Seminal theory of vocational development）進一步提出修正。薩維克斯的生涯建構論（the Theory of Career Construction）提供給我們了解心理諮商師如何利用方法與工具幫助諮詢者在跨越各個生命週期，如何做職業選擇以及維持成功的職業發展。Savickas（1995）提出敘事諮商五個步驟分別為：(1) 聽取當事人的故事，並用心聽出其中的生命主題；(2) 將此一生命主題反映給當事人，讓當事人思索此一生命主題；(3) 回到當事人所呈現的生涯困境，並探索生涯困境與此一生命主題之間的關連；(4) 嘗試將生命主題延伸至未來；(5) 發展並練習做決定所必須具備的技巧。【*1101-70；1063 術科第十題】

　　生涯建構論特別強調特定的態度（Attitudes）、信念（Beliefs）和能力（Competencies），薩維克斯稱之為生涯建構的 ABCs。ABCs 形塑了每個人的問題解決策略，這些因應行為使得每個人歸納出在工作角色中的職業自我概念。Savickas 認為在當代職業環境中生涯適應力日形重要，而提升

生涯適應力的要素包含：真心關切自己生涯（Concern）、對生涯有主控感（Control）、好奇性地開展生涯（Curiosity）、有信心地向前進（Confidence），這四個向度可提昇每個人的生涯適應力，是生涯建構諮商諸多目的的核心目標，藉此瞭解案主需要哪些方法？如何達成生涯目標？

【*1112-28；1111-39；1018 月 -15.；1012-35】

### （十四）凱利的職業建構系統理論
【*1103-45】

　　職業建構系統理論依據個人建構理論（Personal construct theory）而發展形成的職業理論。個人建構理論由凱利（G. Kelly）在 1955 年從人格理論觀點發展出來的學說，凱利認為每個人的生活裡，會經驗到很多發生在自己身上的現象，自己有預測自己行為的能力，也能漸漸地了解自己的行為理論，也會逐步地發展出個人的模型或框架，例如建構出自己對事物「好 - 壞」、「喜歡 - 不喜歡」等二極化假設，因此與職業有關的個人特殊的系統建構（例如辛苦工作 - 輕鬆工作），稱為職業建構系統（Vocational construct system）【*1062-76】。凱利的個人建構理論應用在生涯諮商中，可協助案主清楚自己真正要的是什麼。在生涯方格技術的實施過程中，鼓勵案主將產生職業名稱及與生涯建構的思考過程說出來，以避免產生無效或意義不明的建構。生涯建構系統的評量基本形式為方格技術（Grid technique）【*1093-49；1092-3】，係為「用以評量建構之間關係的組合測驗，可以用矩陣的形式列出主要的數據」（Bannister & Mair, 1968）。方格技術評量步驟，有 3：

1. 產生「要素」：如職業、人物角色，一般為 10 ～ 12 個之間。
2. 產生「建構」：建構以兩極對立的形式並存，10×10 的方格矩陣係最佳的方格結構。
3. 按建構的順序逐一評量每個要素的差異性。

### （十五）加特福德森的框限妥協理論
【*1122-60；1092-15】

　　加特福德森（Linda Gottfredson）的框限妥協理論是一種發展觀點的生涯選擇理論，其特色在於將生涯選擇視為是一種歷程（從兒童到成年所發展的職業認知地圖及自我概念）而非事件，而將發展的概念結合在該歷程的分析裡，強調對職業及自我的正確知覺。

　　加特福德森（1981）以框限（Circumscription）與妥協（Compromise）二個概念，提出職涯框限與妥協理論（Theory of circumscription and compromise, TCC），說明職業發展的過程中，框限和妥協如何發生。根據加特福德森的觀點，框限是指兒童藉由淘汰無法接受或與自我概念相衝突的選擇，縮小「可接受的職業範圍」的過程，最後在發展職業偏好選擇時，會限縮在三個重要因素如適當的性別（男性或女性），職業聲望（從低到高）和興趣（如發自內心的興趣）等框限的條件內。也就是說，個體在評估不同的職涯選擇，通常會以最大化的努力，使其自我概念和性別、職業聲望間達到一致性。而這一致化的過程，關鍵在於自我概念和職涯選擇之間的一致性。

　　所謂發生不一致，乃指選擇錯誤職業性別類型、職業不具吸引力或個性和工作類型的不一致，而導致自我概念遭受破壞而不能接受所選之職業。發生這樣的情況時，會使個體進一步排除不能接受的職業選擇，或者藉由投入時間和資源來辨認適合的選擇與自我概念，進而縮小不一致性的差距。基於此，加特福德森認為透過分析框限，個體也可能得到可接受的潛在職業範圍，但是可接受的職涯選擇，總是不容易產生。

　　另外，加特福德森也指出當個體在估計職涯選擇的可達成性，或個體知覺外在障礙會使原本的職涯選擇變成無法達成時，此時職涯妥協便會發生。若外部事件阻礙個體達到最中意的職涯選擇時，個體會再重新評估其選擇，或者會重新考慮原本較不中意但更容易實踐的職業。因此，職涯妥協（Career compromise）常是職涯發展與選擇過程中，非常有可能發生的現象。加特福德森指出個人在選擇符合志趣的工作過程中，易受到職涯妥協的影響，例如在各種因素的擠壓下，造成個人修正職業志趣偏好，因此，加特福德森將職涯妥協的概念，視為個人期望和實際從事工作所產生的認知差異。她也指出職涯妥協發生的原因，通常會在無法控制的生活事件、或外在的環境限制下產生，如工作能力低、財務能力限制、家庭因素、無法預期的工作需求、未來訓練的需求等因素。當人們因條件所限，不得不進行妥協與犧牲某部分的自我形象時，那些愈晚形成的自我部分，就比較會被先犧牲。　　　　　　　　　　　　　　　　　　　　【*1018 月 -24；1012-44】

## （十六）施恩的生涯錨定模式

　　生涯錨定模式（Career anchors model）由麻省理工大學斯隆商學院施恩教授（Edgar. H. Schein）的研究小組所提出的理論，研究小組以該學院 44 名 MBA 畢業生的職業生涯發展進行 12 年的職業生涯研究，以面談、追蹤調查、公司調查、能力測量、問卷等多種方式，最終分析總結生涯錨定（又稱職業定位）理論。生涯錨，又稱職業系留點。錨是使船隻停泊定位用的鐵制器具。生涯錨，實際就是人們選擇和發展自己的職業時所圍繞的中心，它是當一個人面對須做出選擇時，他無論如何都不會放棄的職業中的那種極為重要的東西或價值觀。它也是一種自我意向。個人剛進入工作情境後，由學得的實際工作經驗所決定，與在經驗中自省的動機、價值觀、才能相符合，達到自我滿足和補償的一種穩定的職業定位。生涯錨強調個人能力、動機和價值觀三方面的相互作用與整合。生涯錨是個人同工作環境互動作用的產物，在實際工作中是不斷地進行調整。

　　生涯錨定（Career anchors）指的是自省的才能、動機和價值觀的模式【*1031-5】。就業決定時，對自己認識愈多，就愈能堅持既有的價值觀。以下說明生涯錨的具體意義：

1. 生涯錨以員工習得的工作經驗為基礎。生涯錨發生於早期的職業階段，新進員工已經工作若干年，習得工作經驗後，才能夠選定自己穩定的長期貢獻區。個人在面對各式各樣的實際工作生活情境之前，不可能真切地了解自己的能力、動機和價值觀以及有多大程度能適應自己的職業選擇。因此，新員工的工作經驗及累積會發展出生涯錨。換言之，生涯錨在某種程度上由員工的實際工作所決定，而不只是取決於潛在的才能和動機。

2. 生涯錨不是員工根據各種測驗出來的能力、技能或者工作動機、價值觀，而是在工作實務中，依據自省和已被證明的才能、動機、需求和價值觀，進行選擇和確認職業定位。

3. 生涯錨是員工自我發展過程中的動機、需求、價值觀與能力間相互作用和逐步整合的結果。

4. 員工個人及其職業不是固定不變的。生涯錨是個人穩定的職業貢獻區和成長區。但是，這並不是意味著個人將停止變化和發展。員工以生涯錨為其穩定源，可以獲得該職業工作的進一步發展，以及個人生命周期和家庭生命周期的成長、變化。此外生涯錨本身也可能變化，員工在職業生涯的中、後期可能會根據變化的情況，重新選定自己的生涯錨。

　　施恩在1978年提出的生涯錨理論包括五種類型：自主型生涯錨、創業型生涯錨、管理能力型生涯錨、技術職能型生涯錨、挑戰型生涯錨。到了90年代，又發現了三種類型的生涯錨如下：安全穩定型、生活型、服務型。之後施恩將生涯錨增加八種類型，研製出生涯錨測驗量表40題的問卷，該問卷可作為職業生涯規劃諮詢、自我了解的工具，能夠協助組織或個人進行更理想的職業生涯發展規劃。

(1) 自主／獨立型（Autonomy independence）：自主／獨立型的人希望隨心所欲安排自己的工作方式、工作習慣和生活方式。追求能施展個人能力的工作環境，最大限度地擺脫組織的限制和制約。他們會願意放棄升遷或工作發展的機會，也不願意放棄自由與獨立。

(2) 創業型（Entrepreneurial creativity）：創業型的人希望使用自己能力去建立屬於自己的公司或設計完全屬於自己的產品（或服務），而且願意去冒風險，並克服會面臨的障礙。他們想向世界證明公司是他們靠自己的努力創建。他們可能正在別人的公司工作，但同時他們在學習並評估未來的機會。一旦他們感覺時機成熟，便會自己走出去創立自己的事業。

(3) 管理型（General managerial competence）：管理型的人追求並致力升遷，傾心於全面管理與獨自負責，可跨部門整合其他人的努力成果，承擔整個或部分的責任，視公司的成功與否為自己的工作責任。擁有具體的技術與能力僅僅是被看作升遷更高、更全面管理層的必經之路。

(4) 技術／職能型（Technical functional competence）：技術／職能型的人，追求在技術／職能領域的成長和技能的不斷提高，以及應用這種技術職能的機會。他們對自己的認可是來自他們的技能專業水準，他們喜歡面對專業技能領域的挑戰。他們一般不喜歡從事一般行政管理工作，因為這意味著他們會放棄在技能職能領域的成就。

(5) 挑戰型（Pure challenge）：挑戰型的人喜歡解決看上去無法解決的問題，戰勝強硬的對手，克服無法克服的困難障礙等。對他們而言，參加工作或職業的原因是工作允許他們去戰勝各種不可能。而新奇、變化和困難是他們的終極目標。如果事情非常容易，它馬上變得非常令人厭煩。

(6) 安全／穩定型（Security stability）：安全／穩定型的人追求工作中的安全與穩定感。他們可以預測將來的成功從而感到放鬆。他們關心財務安全，例如：退休金和退休計畫。穩定感包括誠信、忠誠、以及完成老闆交待的工作。僅管有時他們可以達到高的職位，但他們並不關心具體的職位和具體的工作內容。

(7) 服務型（Service dedication to a cause）：服務型的人指那些一直追求他們認可的核心價值，例如：幫助他人，改善人們的安全，以新的產品消除疾病。他們一直追尋這種機會，即使這意味著要轉換公司，他們也不會接受不允許他／她們實現這種價值的工作需要轉調或升遷。

(8) 生活型（Lifestyle）：生活型的人是喜歡允許他們平衡並結合個人的需要、家庭的需要和職業的需要的工作環境。他們希望將生活的各個主要方面整合為一個整體。正因為如此，他們需要一個能夠提供足夠的彈性讓他們實現這一目標的職業環境。甚至可以犧牲

他們職業的某些方面，如：因為升遷須轉換工作，他們將成功定義得比職業成功更廣義。他們認為自己在如何去生活，在那裏居住，以及如何處理家庭事情，及在組織中的發展道路是與眾不同的。

## （十七）Swain 的生涯黃金三角形理論

Robin Swain（1984）所提出的生涯黃金三角形理論，發展出成人生涯問題診斷架構，可用於成人生涯輔導之輔導架構，依問題診斷將成人生涯問題之原因歸納五個向度，提供諮商輔導人員生涯諮商的參考架構，協助求職者做出生涯目標的決定【*1053-48】。圖 7-7 中 1 ～ 5 所代表之意涵或內容如下。　　　　　　　　　　　　　　　　　　　　　　　　　　　　　　　　【*1023 術科第十題】

1 代表「自我向度」，包括特質、性向、價值觀等因素。

2 代表「環境向度」，家庭、工作、社會環境中之人際相處及物理環境之助力及阻力。

3 代表「生涯發展時機向度」，如社會變遷、需求、個人生涯階段發展任務之達成等。

4 代表「生涯因應向度」，包含個人由過去生涯經驗中之體驗及自「生涯因應方式」。

5 代表「生涯資訊向度」，生涯資訊管道，資源是否了解，能否善用等。

擴展建構成「成人生涯問題診斷架構」，以便就業服務人員提供就業服務時之參考。

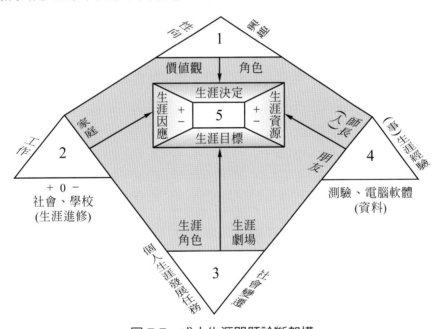

圖 7-7　成人生涯問題診斷架構

## （十八）社會認知生涯理論（Social Cognitive Career Theory, SCCT）

【*1113-66；1091-42；1072-73；1063-23；1062-53】

蘭特、布朗和海克凱特（Lent, Brown, & Hackett）的社會認知生涯理論（Social cognition career theory, SCCT）強調個體的信念有助於形塑與改變職業、學業興趣、選擇與表現的動態過程，可以幫助個體調節生涯行為，促進生涯發展。SCCT 以社會學習理論（SCT）為基礎，依此來理解個體的認知變項，預測個體的職業興趣與生涯選擇，也探討認知變項對個人工作績效的影響。SCCT 的主要有三個概念所建構，分別為 1. 自我效能與信念（Self-efficacy beliefs）、2. 結果預期（Outcome expectations）與 3. 個人目標（Personal goals）。

1. 自我效能是指個人對自己是否有能力成功地完成一項任務的信念,較偏重的是能力問題。
   【*1123-25;1122-17】

2. 結果預期是指個人表現某一特定行為後,認為可能會有什麼結果的個人看法,較著重個人的心像,正面的結果預期可促進個人在某方面的行動,這方面與個人的價值觀念有關。

3. 個人目標的選擇則引導個人更多的日後活動。

　　SCCT 基於前述三個概念,構成出興趣發展模式(Model of interest development)、生涯選擇模式(Model of career choice)與表現模式(Model of performance)等三個重要的互動模式,主要探討個體生涯興趣的發展、生涯選擇與行動、生涯成就表現,以及影響此三大歷程的發生與驗證,形塑成一個有助於暸解個體生涯行為的參考架構。　　　　　　　　　　　　　　【*1102-61;1083-63;1081-80】

1. 興趣發展模式:指個體受到自覺能勝任與能成功的活動所吸引,興趣會直接影響個體選擇職業目標,進而與其所選擇的行動以及表現成就有所關聯。在興趣發展模式中,自我效能與結果預期對於生涯興趣的形成具有重要的影響。

2. 生涯選擇模式:係指個體確立目標、採取行動以達成目標、決定未來生涯行為方向以獲得表現水準。在生涯選擇模式中,自我效能與結果預期皆被視為是共同促進生涯相關興趣的因素,興趣可以促進選擇目標的協調。

3. 表現模式:「表現」主要是受到能力、自我效能、結果預期與表現目標的影響,表現目標主要是指在某個領域胸懷大志以達到成就的程度,只要個體擁有在某一個領域內所要求的最基本程度的技能,正面的自我效能信念就能培養個體在特定表現領域的成就,表現經驗是持續的,它提供充足的機會讓個體去修正自我效能與結果預期,並且依序對個體的興趣與目標也提供修正機會。

## 立即演練 1

( )1. 何倫(Holland)的人格類型理論將人格分成 6 種類型,且分別用一個英文字母來代表其中「S」代表的是哪種類型? ①藝術型 ②社交型 ③務實型 ④守規型

( )2. 何倫(Holland)的人格類型理論將人格分成 6 種類型,以下敘述何者是正確的? ①「R」是藝術型 ②「S」是社交型 ③「L」是務實型 ④「A」是守規型

( )3. 從 John Holland 的職業導向 6 種類型,就業服務人員較介於哪兩種類型之間? ①研究型(Investigative)與藝術型(Artistic) ②藝術型(Artistic)與社交型(Social) ③社交型(Social)與企業型(Enterprising) ④企業型(Enterprising)與事務型(Conventional)

( )4. 依據何倫(Holland)人格類型分析,與傳統型互斥的是下列哪一種類型? ①研究型 ②藝術型 ③企業型 ④社會型

( )5. 下列何者是舒伯(Super)青少年晚期和成年人早期生涯發展的重要任務? ①興趣發展 ②能力發展 ③價值觀發展 ④職業選擇

( )6. 工作價值觀(Work Value Inventory)係美國 Dr. Donald E. Super 於一九七〇年所創,我國陳英豪等修訂其目的在藉由受測者得分,幫助了解自己在選擇工作時所秉持的價值觀,進而做適合自己之職業選擇。有關本量表內容下列何者為非? ①自利主義 ②創意尋求 ③管理的權利 ④變量性

（　　）7. 一般常在進行犯罪矯治之職業策略中的職（就）業態度研究時，其常選用舒伯（Super）的理論變項不包括下列何者？　①職業適應　②職業價值觀　③職業選擇　④職業自我觀念

（　　）8. 下列哪一個選項不是舒伯（Super）職涯發展「自我發展建立」階段的目標？　①嘗試　②成就　③進步　④維持

（　　）9. 對於生涯所下的定義各有不同層面論點，其中強調是「一個人終生經歷的一連串有酬或無酬職位的綜合」之學者是誰？　①舒伯（Super）　②哈爾（Hall）　③何倫（Holland）　④米勒（Miller）

（　　）10. 下列哪一個選項最能說明舒伯（Super）生涯發展階段的順序？　①成長→探索→建立→維持→衰退　②探索→成長→建立→維持→衰退　③建立→成長→維持→探索→衰退　④維持→探索→建立→成長→衰退

（　　）11. 馬斯洛的需求層次中，在生理需求滿足後，接下來會追求的是哪一種需求？　①自尊需求　②社會需求　③安全需求　④和平需求

（　　）12. 下列哪一個選項是馬斯洛的需求層次的最高層次？　①自我實現　②自我要求　③自我管理　④自立自強

（　　）13. 馬斯洛（Maslow）階層需求理論的最基礎階層是下列哪一個選項？　①自尊的需求　②生理的需求　③安全的需求　④自我實現

（　　）14. 有關職業生涯諮商理論中強調自我認定及發展 7 階段的學者是誰？　① Freud（佛洛伊德）　② Erikson（艾力克遜）　③ David Tiedeman（泰德曼）　④ John Holland（何倫）

（　　）15. 達文斯和羅夫魁斯特（Dawise & Lofquist）的工作調適理論對工作的預估強調 2 個向度，其中對個人自身工作滿意之滿意程度稱為？　①適任度　②滿意度　③調適度　④深度

（　　）16. 下列哪一個生涯諮商理論的核心是「由工作特質的角度來看工作適應的問題」？　①特質與因素理論　②工作適應理論　③類型理論　④生涯發展理論

（　　）17. 最初用來探討個人職業生涯規劃的心理測驗係源自於？　①生涯發展論　②特質因素論　③心理動力論　④生涯決定論　的觀點

（　　）18. 下列何者不屬於克魯巴滋（Krumboltz）於 1977 年所提出之「生涯決定法」的 7 個步驟之一？　①行動計畫　②性向　③定義問題　④選擇方案

（　　）19. 霍布森（Hopson）曾經倡導下述何者與生涯規劃相關的理論？　①生涯危機與生涯轉型理論　②鏡中之我　③何倫職業適性理論　④社會交換理論

（　　）20. 小強是社會服務機構轉介到就業服務站的中輟生，個案管理員依規定開案，並運用 Williamson 的職涯輔導步驟協助案主，請問其輔導步驟的順序為何？　①分析→綜合→診斷→預斷→諮商→追蹤　②診斷→分析→綜合→預斷→諮商→追蹤　③諮商→分析→診斷→綜合→預斷→追蹤　④諮商→診斷→分析→綜合→預斷→追蹤

（　　）21. Spencer & Spencer 在 1993 年提出何種膾炙人口的模型？　①職業性向組型　②職能冰山模型　③職業興趣模型　④中高齡勞工的工作能力與績效方程式

（　　）22. 在 Spencer & Spencer（1993）所建構的職能冰山模式中，下列何者非屬該模式的隱藏因素？　①自我概念　②特質　③技術　④動機

( )23. Savickas 的生涯建構論符合下列哪項敘述？ ①就業服務工作者之所以需特別注意到求職者的工作價值觀與需求，是因為若不這樣，個案即使找到工作也作不長久 ②在當代職業環境中生涯適應力日形重要，而提升生涯適應力的要素包含：真心關切自己生涯（concern）、對生涯有主控感（control）、好奇性地開展生涯（curiosity）、有信心地向前進（confidence） ③人們的人格特質與職業特徵是可以用同一種印象架構來分類，而愈能反映自我形象的工作，人們就愈滿意；因此，協助人們朝向人境契合乃是職業生涯諮詢工作的重要方式與目標 ④當人們因條件所限，不得不進行妥協與犧牲某部分的自我形象時，那些愈晚形成的自我部分，就比較會被先犧牲

( )24. 工作適應理論（Theory of Work Adjustment）符合下列哪項敘述？ ①就業服務工作者之所以需特別注意到求職者的工作價值觀與需求，是因為若不這樣，個案即使找到工作也作不長久 ②在當代職業環境中生涯適應力日形重要，而提升生涯適應力的要素包含：真心關切自己生涯（concern）、對生涯有主控感（control）、好奇性地開展生涯（curiosity）、有信心地向前進（confidence） ③人們的人格特質與職業特徵是可以用同一種印象架構來分類，而愈能反映自我形象的工作，人們就愈滿意；因此，協助人們朝向人境契合乃是職業生涯諮詢工作的重要方式與目標 ④當人們因條件所限，不得不進行妥協與犧牲某部分的自我形象時，那些愈晚形成的自我部分，就比較會被先犧牲

( )25. Gottfredson 的框限妥協理論符合下列哪項敘述？ ①就業服務工作者之所以需特別注意到求職者的工作價值觀與需求，是因為若不這樣，個案即使找到工作也作不長久 ②在當代職業環境中生涯適應力日形重要，而提升生涯適應力的要素包含：真心關切自己生涯（concern）、對生涯有主控感（control）、好奇性地開展生涯（curiosity）、有信心地向前進（confidence） ③人們的人格特質與職業特徵是可以用同一種印象架構來分類，而愈能反映自我形象的工作，人們就愈滿意；因此，協助人們朝向人境契合乃是職業生涯諮詢工作的重要方式與目標 ④當人們因條件所限，不得不進行妥協與犧牲某部分的自我形象時，那些愈晚形成的自我部分，就比較會被先犧牲

( )26. 一般而言，冰山模式將職能分為行為、知識、技能、動機、特質等層面，勞動力發展署所編制的「工作氣質測驗」，大抵是在測量冰山模式的那一層： ①知識 ②技能 ③動機 ④特質

( )27. 一般而言，冰山模式將職能分為行為、知識、技能、動機、特質等層面，生涯與職業測驗中以工作適應理論（Theory of Work Adjustment）為依據所編制的工作價值觀測驗，大抵是在測量冰山模式的那一層： ①行為 ②知識 ③技能 ④動機與特質

解 1.② 2.② 3.③ 4.② 5.④ 6.① 7.① 8.④ 9.① 10.①

11.③ 12.① 13.② 14.③ 15.② 16.① 17.① 18.② 19.① 20.①

21.② 22.③ 23.② 24.① 25.④ 26.④ 27.④

## 7-2　就業諮詢與技巧

### 一、諮商與就業諮詢概念

#### （一）諮商

　　**諮商**（Counseling）是一種語言溝通過程，由受過專業訓練的諮商員或諮詢員以平等對待關係，運用適當輔導措施，陪伴個案成長的歷程，協助當事人思考抉擇的歷程，運用技巧如心理上的協助、強調自助、重視個案的選擇。諮商的目標在使個人能自我實現，增加反應和應變能力，愛及工作的能力，處理自己事情的能力以及做真正的「自己」。　　　　　　　　　　【*1043-65】

　　因此，輔導員在諮商情境下所表現出的諮商基本態度，從非語言行為表現，主要是在接待個案時，輔導員應誠懇地面對案主，展現開放的肢體動作（不交叉雙腿和雙臂），身體微微向對方的位置前傾，保持良好的眼神接觸，不要目瞪相視。

　　諮商過程可從下列各階段步驟展開：(1) 起始關係的建立；(2) 發展親密關係；(3) 問題的確認；(4) 探索自我、知覺領域和行為；(5) 對環境輸入的評估（如訊息吸收）；(6) 問題的解決；(7) 產生決策；(8) 行動計畫；(9) 追蹤或者可能發展另外的策略；(10) 結束諮商過程。　　　　【*1031-9】

#### （二）就業諮詢

　　就業諮詢是由專業職涯諮商人員協助個人克服和職涯準備、職涯試探、職涯選擇、與職涯商應有關的因難與問題、袪除情緒與認知上的障礙，達成職涯工作角色與各種生活角色之間的融洽和諧，以增進個人的職涯發展與生活適應。諮詢人員應具有的特質，包括：(1) 善於與人相處；(2) 豐富的知識與判斷能力；(3) 良好的道德素養；(4) 尊重別人的信念；(5) 心胸開朗且具自信；(6) 對自己能力極限的洞察力；(7) 對人關心；(8) 肯定自我；(9) 保持彈性；(10) 了解人的特質與行為法則；(11) 敏銳的觀察力與敏感度；(12) 良好的溝通能力。　　　　　　【*1093-33；1032 術科第八題】

　　就業諮詢的目標與功能有【*1082-53；1041-17】：(1) 協助個人生涯發展；(2) 提升就業輔導工作的專業地位；(3) 有效運用人力資源。就業服務人員於接到就業諮詢個案時，首先須充分暸解背景資料，然後建立諮商關係，從諮商及觀察中暸解主要問題所在，進行諮商診斷，最後依諮商結果給予案主適當的建議與輔導。一般而言就業服務專業人員是扮演著人與事二者間之橋樑【*1052-29；1013-70】。就業服務專業人員為了有效促進求職者的暸解，需要注意的事項有，(1) 與求職者建立好關係；(2) 求職者準備好要進行自我暸解；(3) 衡量求職者的接受程度，採取必要的後續回應【*1083-33；1018 月 -26】。為了確保會談的品質與效果，就業服務專業人員在進行會談時需要準備的事項有，(1) 會談筆記與輔助器材之運用；(2) 角色形象確定；(3) 針對「非自願求職者」應事先作準備會談。

　　　　　　　　【*1018 月 -40；992-34；1011 術科第九題；961 術科第七題】

## 重要觀點

◎ 依就業保險法規定，就業諮詢包括提供選擇職業之諮詢、提供就業促進研習活動與協助工作適應。　　　　　　　　　　　　　　　　　　　　【*1053-29；1053-61；981-14】

◎ 就業服務中心擬將就業諮詢業務分為「簡易諮詢」、「就業促進研習」及「深度就業諮商」三個類型。

## 二、就業諮詢技巧

就業諮詢員為協助個人克服和職涯準備、職涯試探、職涯選擇、與職涯商應有關的困難與問題、去除情緒與認知上的障礙，就業諮詢員在進行會談時，應具有的技巧，包括：(1) 會談的技巧；(2) 分析的技巧；(3) 執簡馭繁的書寫技巧；(4) 溝通的能力等。就業諮詢需善用的基本技巧羅列說明如下：　　　　　　　【*1122 術科第八題；1112 術科第八題；1111 術科第八題；1101 術科第八題；1013 術科第七題】

(1) 傾聽：亦即用耳、眼、心並用的聽，案主的每一個訊息（他們的經驗、行為、感受、觀點）。有學者將傾聽分為三階段，接納訊息、處理訊息與傳達訊息。　　【*1101-16；1041-39；1032-19；1022-14；1002-22；991-70；981-79；972-43；963-58；961-61；1072 術科第七題】

(2) 同理心：從他人而非自己的參考架構去了解他人的能力，陪伴案主一同思考或表達對當事人感覺與經驗的瞭解。一些傳達同理心的口語與非口語技巧包括，「當我們穿著他們的鞋子、用他們的眼睛看著他們的生命」、「表現出想要了解的欲望」、「與案主討論什麼對她/他是重要的」、「使用口語反應案主的情感」、「使用口語反應顯現隱含的訊息」（高層次同理心）。　　【*1093-60；1091-55；1053-78；1043-20；1041-54；1033-20；1032-22；1013-12；1013-72；1001-3；1001-20；991-48；981-20；972-63；971-34】

(3) 場面構成：場面構成意味著諮商員與案主之間的互動歷程。例如諮商員為了讓案主可以有「安全感」，讓案主固定時間與諮商師碰面（例如一週二次），而且是在固定時間，增進案主對諮商員的角色、諮商歷程，以及諮商目標達成共識和協議。自己行為的覺察與頓悟，也了解徵狀的意義，當事人知道每周有固定時間與諮商師工作，也可以讓當事人有安全的感覺。

(4) 澄清：將當事人模糊的隱含的且未能明白表達的理想與感覺說出來。澄清是要求案主詳述所使用的曖昧片語（如你知道的），這些訊息是諮商員所接收的不確定的訊息，為確定案主的訊息，諮商員以問句的形式表達，如：「你能不能說明…」、「你的意思是…嗎？」。　　　　　　　　　　　　　　　　　　【*1073-13；1063-31；1061-51；1021-12；1011-41】

(5) 真誠：意指做真正的自己而不是偽裝成在扮演一個角色。傳達真誠的非口語行為包括「直接但間歇的神情接觸」、「間歇的微笑」、「偶而坐著時身體傾向案主」就業服務專業人員將案主行為影響的來龍去脈理清楚，表現出真誠的回應。　　　　　　　【*1013-18】

(6)面質：諮商員描述案主在感受、想法和行動中所出現的矛盾、衝突、混淆或逃避的口語反應。面質的目的之一乃在協助案主透過其他方式來了解自己或自己所困惑的問題，引導出不同的行動或行為。目的之二協助案主更能覺察出想法、感受和行動的矛盾或不一致。【\*1122-27；1101-31；1018 月 -35；1002-2；991-9；1093 術科第八題；1083 術科第十題；1043 術科第九題】

(7)立即性：諮商員自我揭露自己在諮商現場所觀察、感受到的，包含對當事人與諮商關係的看法與感覺，著重在「此時此刻」，或「自我揭露」（諮商師表露個人感受、反應或對當事人與諮商關係的經驗）或是「挑戰」（用來面質當事人在諮商關係中的議題），或是提供資訊（當事人行為模式）的方式，與當事人就目前的諮商關係，進行直接而開放的討論。

【\*1123-13；1121-16；1103-54；1072-15；1071-42；1012-65】

(8)自我開放 / 自我揭露：諮商員在必要的情況下，適當的將自己的感覺、經驗、行為與當事人分享。諮商員藉由語言文字將有關個人的隱私或人生經歷傳達給案主，亦即與案主分享關於諮商員自己的某些事。　　　　　　　　　【\*1123-30；1102-36；1053-40】

(9)接納：接受當事人的想法、感受、行為，而不批判、拒絕。　　【\*1063-20；1032-22；1032-17】

(10) 反映：重複或精簡個案所說的重點，反應出當事人的情緒，或反映其語義。例如在晤談中，像鏡子一樣映照出個案的訊息內容與情緒，用感受的字眼傳達出個案當下經驗到的情緒（情緒反應）。

【\*1123-21；1082-2；1041-43；1033-54；1033-59；1032-16；1022-23；1021-16】

(11) 具體化：使用「人、事、時、地、物、6W」，將焦點放在發生的事件為何，將混亂的思考引導至特定層面。　　　　　　　　　　　　　　　【\*1061-38；1053-22】

(12) 摘述：諮商員對當事人晤談的內容，摘要整理出重點、統整內容架構，也可以讓當事人試著回顧摘述，讓當事人對自己的問題有更清楚的概念。

(13) 專注：全心專注於當事人的語言與非語言（正視對方、身體前傾、眼神接觸）訊息，也要注意肢體語言展現出溝通誠意，讓當事人感受到你願意且一直與她 / 他同在、協力合作。【\*1123-63；1121-38；1102-28；1052-24；1042-79；1041-37；1033-19；1032-34；1022-4；1012-27；1001-75；972-38；971-44；963-10；1093 術科第八題】

(14) 目標設定：設定諮商目標是協助諮商員與當事人建立同盟關係的主要步驟，不管是正式或非正式，提供當事人一種方向感，有目的的感覺，以及適當地自我增強的行為模式。【\*1122-6】

(15) 安慰：諮商員支持當事人紓緩情緒、調適壓力與協助當事人認清危機。【\*1093 術科第八題】

(16) 引導：諮商員適當地運用口語或非口語來促進當事人順利地表達自己的想法、感受、行為或經驗，增進對自己的了解。

(17) 轉介：當事人的問題與需要已經超過諮商員的專業能力或者諮商機構本身服務範圍時，基於當事人的權益以及專業倫理的維護，必須將當事人轉由其他輔導機構來協助其問題解決【*1113-72；1061-79；1022-54】。轉介技巧是就業服務人員可讓求職者從各項社會資源獲得協助，而開啟外部社會資源鑰匙之技巧【*1122-19；1103-46；1103-4；1092-49；1072-49；1043-30；1032-70；1022-76】。就業服務轉介過程中，容許求職者拒絕轉介、也要考慮轉介時機與轉介資源、慎選轉介機構。　　　　　　　　　　　　　　【*1102-69；1022-71】

(18) 尊重：無條件的積極關懷、接納，願意與當事人在一起，一切以當事人最高福祉為考慮；尊重當事人是獨特的個體與當事人的自我決定。　　　　　　　　　　【*1041-56】

(19) 打破僵局：打破僵局是諮商員與當事人之間建立一個溝通的橋樑，而非諮商目的。

(20) 結束：當當事人的進步情形已達諮商目標，或在此時當事人已不再有改善的可能性，可以進行結束諮商關係。

## 三、就業諮商師應具備的特質與基本態度 ❋❋❋

就業諮商師應具備的特質與心理諮商師一樣，至少具有下列基本特質：(1) 了解他人：包括開放性、敏感性、同理心、客觀性等；(2) 了解自己人格特質：創造自己輔導諮商風格【*1102-23】；(3) 了解人的特質與行為法則：以利與案主建立專業關係獲得案主的信任感、安全感；(4) 人我互動能力：對人關心使個案感到尊重、真誠、積極專注、溝通技巧等；(5) 保持彈性，不過度剛毅、不獨斷或自我；(6) 控制自己的情緒與態度。　　【*1061-65；1032-56；1022-59；1022-19；971-66；961-1；963-78】

另外，就業諮詢員的基本態度，包括有 (1) 無條件接納求職者，使其感受到被尊重與獨立個體之對待；(2) 真誠對待求職者，使其感受到同理心的誠摯關懷；(3) 尊重求職者；(4) 恪遵專業道德與發揮專業精神；(5) 抱持顧客導向的觀念：不可專為雇主甄選員工，而應抱持「顧客導向」觀念，使求才者能順利找到所需員工，求職者得以適性就業。　【*1101-63；1042-67；963-12；961-27；1032 術科第八題】

 **立即演練 2**

( ) 1. 下列何者不是針對就業會談的就業諮詢員，進行的適當教育訓練內容？　①告知就業會談流程　②模擬演練就業會談進行方式　③討論就業會談之注意事項　④說明尋職者 ( 案主 ) 個別背景資料

( ) 2. 下列何者對於諮商師的條件敘述是正確？　①是工具　②了解自我　③沒有被諮商的經驗最好　④人我互動能力差

( ) 3. 下列何者不是就業諮詢 ( 商 ) 人員在諮詢過程中所扮演的角色？　①協調者　②教導者　③治療者　④診斷評估者

( ) 4. 下列何者不是罪犯矯治職業輔導諮詢 ( 商 ) 人員基本工作態度？　①有條件接受求職者　②真誠對待求職者　③不專門為工作人員選擇案主　④恪守專業道德

（　）5. 一般而言就業媒合是扮演著下列哪兩者之間的橋樑？　①物與人　②事與人　③物與事　④職業與福利

（　）6. 下列何者不是就業服務人員在就業媒合會談前應準備事項？　①思考會談想達成的目標　②會談場所的佈置　③閱讀求職者資料　④誠懇傾聽

（　）7. 關於就業會談前應準備事項的敘述下列何者是錯誤的？　①環境佈置　②了解案主需求　③心理準備　④誠懇語言

（　）8. 有關就業面談應有的技巧，下述何者為非？　①面談前應充分蒐集相關的資訊　②面談時對主試者的問題要肯定正確且從容不迫的回答　③面談結束後應主動追蹤了解面談結果　④得知未被錄取時，不要自怨自艾，也不要打電話給主試者請教未被錄取的原因

（　）9. 求職者在諮詢過程中一定會出現抗拒期，此時不適宜的處理技巧是什麼？　①自我表露　②尊重　③同理　④規勸

（　）10. 下列何者非封閉式問句的優點？　①讓個案容易回答　②快速收集資訊　③快速釐清訊息　④邀請個案探討內在思維與感受

（　）11. 將不被社會認同的慾望轉化成積極的創作行動的形式是指哪一種防衛機制？　①反射　②攻擊　③協同　④昇華

（　）12. 下列何者不是就業服務人員在就業媒合初次會談開場白所使用的表達技巧原則？　①表示關懷　②自我介紹　③打招呼　④詢問對方目前的情緒

（　）13. 王明是為大學畢業生，半年了都還沒找到工作，他剛接到面談通知；然後對你說「我恐怕這一次面談又不會成功，像前幾次一樣，又沒有希望了」你要運用「同理心」的原則來回答他，請問下列哪個選項最適當？　①你好像不太有信心，你擔心和過去一樣也會失敗　②找那些面談成功的同學談，也許你就能知道一些竅門了　③不要這麼想，不要這麼悲觀　④要有信心，就會成功

（　）14.「直接指出求職者所敘述內容不合理或矛盾之處」是指哪一種就業諮詢的技巧？　①傾聽　②探問　③面質　④高層次同理心

（　）15.「指出案主行為中的矛盾或逃避的部分，協助案主了解其自我破壞性的行為，以及未曾善加利用的資源」是哪一種助人的技巧？　①同理心　②摘要　③面質　④引導

（　）16. 同理心與下列何項輔導技術較無直接關係？　①瞭解　②傾聽　③專注　④轉介

（　）17. 同理心反應最避諱的是什麼？　①簡述語意　②鸚哥式模仿　③情緒反應　④辨識溝通

（　）18. 下列何者最符合同理心的定義？　①反應對方情緒　②了解對方想法和感受　③了解對方理性思考　④簡述對方語意

（　）19. 下列何者不符合「同理心」的定義？　①是一種經驗的反應　②是一種特質或能力　③是一種正確了解他人情緒與認知的過程　④一般常用高層次同理心開案

（　）20.「比案主還要更瞭解他的內在想法和感覺」是指哪一種就業諮詢的技巧？　①傾聽　②探問　③面質　④高層次同理心

( )21.下列何者不屬於助人歷程的自我洞察階段之技巧？　①傾聽　②具體化　③自我開放　④立即性

( )22.「ENCOURAGES（鼓勵）」是哪一個就業諮詢技巧常注重的口語及非口語行為策略的簡稱？　①傾聽　②簡述語意　③探問　④真誠與尊重

( )23.傾聽在諮商過程中是一種專業技術，尤其完全的傾聽更是重要，下列何者是「心理專注」？　①集中注意力　②眼神　③表情　④輕鬆自然

( )24.「瞭解」技術的第一步是施行何種方法？　①面質　②安慰　③轉介　④傾聽

( )25.下列何者不是實施「傾聽」的方式？　①引導　②專注　③同理心　④簡述意義

( )26.「維持適量的眼神接觸」是哪一種會談技巧中的要項？　①專注　②澄清　③引導　④面質

( )27.下列何者不是輔導者實施「專注」的方式？　①注視　②雙手下垂的姿勢　③上半身微向前傾　④重述受輔導者的重點內容

( )28.有關助人會談技巧中的專注行為的敘述，下面何者是正確的？　①斜向對方　②簡述語意　③保持輕鬆自然　④身體上半身微向對方後傾

( )29.下列何者不是助人技術？　①瞭解技術　②安慰技術　③行為改變技術　④治療技術

( )30.下列何者不是實施「安慰」技術的目標？　①支持受輔導者紓緩情緒　②協助受輔導者調適壓力　③協助受輔導者認清危機　④擬定行為改變方案轉介

( )31.就業諮詢服務人員遇到不屬於就業服務業務領域可提供的服務時，其處理方式下列何者較為適當？　①回絕　②轉介　③斥責　④不予回應

( )32.下列何者不是「轉介」技術的實施方式？　①先確認受輔導者同意轉介　②說明轉介機構的優點與能力　③承認輔導者能力有限　④轉介後持續維持助人關係

( )33.「指出案主話中感受的部分」是哪一種助人的技巧？　①反映情緒　②摘要　③初層次同理　④具體化

解　1.④　2.②　3.③　4.①　5.②　6.④　7.④　8.④　9.④　10.④

11.④　12.④　13.①　14.③　15.③　16.④　17.②　18.②　19.④　20.④

21.①　22.①　23.①　24.④　25.①　26.①　27.②　28.③　29.④　30.④

31.②　32.④　33.①

## 7-3　助人關係與人際溝通

　　助人是一種關係型態，助人關係也是人際關係具有專業服務的過程，有助人者、受助者與助人行為等三種元素組成。　　　　　　　　　　　　　　　　　　　　　　　　　【*1051 術科第七題】

### 一、助人關係、歷程與技巧

#### （一）助人關係

　　關係本身是助人的核心，因此有些學者強調關係的本質（如同理關係），也有學者強調透過助人關係來完成工作（用關係達成助人的目標），也有學者重視透過關係來達成結果（案主能自己處理問題）等觀點，來進行助人行為。

　　結構式助人關係是指輔導員助人關係【*1072-48；1063-3；981-51；971-53】。助人關係的特色是：(1) 受助者的困擾問題常是多面向【*1093-36；971-37】；(2) 不一定是完全的互惠或互相，助人關係中是為求助者尋求的利益，而不是為助人者找尋利益；(3) 助人關係與朋友關係是有所區隔的，助人關係的首要意義是受助者能獲得成長與自我充實的關係，這也是助人協議的主要內涵【*1063-73；981-80；981-13；961-66；961-30】；(4) 助人時應避免要求受助者限期改善【*1063-46；961-19】。

#### （二）助人歷程

　　助人關係的形成有階段的順序，須先進行探索、其次是洞察，其三是行動階段，助人三階段是 Clara E. Hil 從相關研究中發展出來的跨治療學派的助人模式與技巧【*1053-31；991-37】，此模式以實務、理論、研究為基礎，涵蓋個人情感、認知、行為上的改變歷程。助人過程須重視三點，第一為助人者的人格，如：(1) 對人關心；(2) 肯定自我；(3) 保持彈性；(4) 具有自我覺察能力及了解自己；(5) 了解人的特質與行為法則；(6) 善於控制自己，身心靈成熟；(7) 時時進修專業知能，有豐富的知識；(8) 具備敏銳的觀察力與敏感度；(9) 對個案、同仁能展現真誠的態度；(10) 良好的溝通能力【*1091-31；1052-33；963-36】。第二為尊重受助者的意願，第三為了解助人相關技術。而助人決策有五個歷程，包括 (1) 注意 (2) 對事件的解釋 (3) 承擔責任 (4) 知道如何著手 (5) 決定幫助【*1052-21】。

#### （三）助人歷程的基本溝通策略與技巧

　　助人關係中，助人者所持有的基本態度包括：(1) 態度表現應是適合受助者的需求【*981-78】；(2) 不論受助者的經驗是好或壞，皆尊重受助者自己的感受與經驗【*961-76】；(3) 促使受助者了解自我；(4) 協助受助者願意改變自己；(5) 促使受助者提升自我。【*972-14；971-71】。若遇到抗拒時處理的策略，如 (1) 避免自我譴責、(2) 檢視個案抗拒的心理意義、(3) 使用反映技術、(4) 適當的使用解釋技術、(5) 適時的自我表達。【*961-40】

　　助人歷程的基本技術如同諮商歷程所使用的技巧，如在 1. 建立關係階段可使用 (1) 打破僵局、(2) 建立信任、(3) 增進安全感等技巧。2. 自我探討階段可運用 (1) 傾聽、(2) 反映情緒、(3) 反映內容、(4) 摘要、(5) 引導、(6) 同理心、(7) 回饋與 (8) 自我揭露。3. 採取行動階段主要使用提供資訊、角色扮演、解決問題策略與作決定的策略【*1123-76】。最後 4. 結束階段可用 (1) 支持、(2) 鼓勵、(3) 肯定。

## 二、人際溝通

　　所謂溝通是指二個或二個以上的個人或群體之間分享資訊，並達成對彼此正確的理解。也就是發送者與接受者間訊息交換，以及有關個體對訊息意義的解釋（認知）。溝通是雙向的歷程，並會受到相關因素的影響。溝通的認知歷程模式（圖 7-8）中各元素說明如下：　　　　　　　【*1081-48】

1. 發送者：需要或希望和其他個人、群體或組織分享資訊的個人、群體或組織。
2. 接收者：接收資訊的個人、群體或組織。
3. 訊息：發送者想要與其他人分享的資訊。
4. 編碼：將訊息轉換成收訊者可以瞭解的符號或語言。
5. 解碼：解釋或試圖理解發送者的訊息。
6. 媒介：訊息經過編碼後，傳送給接收者的途徑（①語言溝通：以文字分享資訊，包括口說或書寫在內；②非語言溝通：以臉部表情、肢體語言和衣著等方式分享資訊）。

【*1112-46；1061-43；1042-75；1062 術科第八題；1053 術科第六題】

7. 噪音：干擾溝通過程的任何事物。ex: 潦草的筆跡。

　　溝通的認知歷程模式（圖 7-8）中，有效溝通存有多重的障礙，如過程、人為、物理空間以及語意等不同障礙，具體說明如下：　　　　　　　　　　　　　　　　【*1122 術科第十題】

1. 過程障礙：傳送者產生的障礙、編碼障礙、訊息障礙、媒介障礙、譯碼障礙、接受者的障礙、回饋障礙。
2. 人為障礙：能力、處理與解釋訊息的方式、人與人之間的信任感、刻板印象與偏見、自我意識過強、不良的傾聽技巧、個人對他人所發送的訊息具有批判的自然傾向、無法了解所聽到的訊息。
3. 物理上的障礙：當員工在受限的空間或是遙遠的距離之下工作，溝通的進行也會受到影響。
4. 語意障礙：發生在訊息的編碼與譯碼時，因為它與文字和符號的傳遞與接收有關。

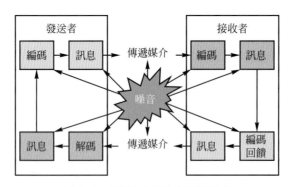

圖 7-8　溝通的認知歷程模式

## 三、戈登（Gordan）的 12 種溝通障礙類型

　　心理學家戈登（Gordan）提出 12 種人們情感交流的溝通障礙，這些障礙讓你覺得很難與別人溝通，自己會漸漸從社會關係中退縮。以下為 12 種不良的溝通習慣。　　【*1111-19；1081-38；1061-10；1053-51】

1. 批評：如「你實在太笨了！」。

2. 標籤：如給別人一個「矮仔冬瓜」的稱號，讓自己與對方之間築一道牆，難以溝通。

3. 診斷：喜歡當業餘心理學家，為別人的行為找原因。如「他老是遲到，可能對我有敵意！」找到一個自以為是的原因，急著下診斷！

4. 評價性讚美：如「我知道你很有才華，一定能完成這個任務」，此話會讓對方感受到很大的壓力，而對方還會認為「你根本不能體會我的處境」。　　　　　　　　　　【\*1051-58】

5. 命令：指揮對方、不顧對方的想法與感受，無「心」傾聽對方的聲音！

6. 說教：老是告訴別人「你應該 ...」。

7. 威脅：「你一定要幫我，不然我就 ...」，以威脅暫時達成目的。

8. 不適當或太多的問題：單為了滿足自己的好奇心而挖掘對方的隱私！

9. 忠告：常說「我建議你 ....」，讓對方很可能認為「你懷疑我解決問題的能力」。【\*1113-35；1092-54；1083-42】

10. 改變話題：告訴對方「你的話不重要」，降低對方繼續和你談話的意願。

11. 邏輯論證：吵架時當對方在氣頭上時，你告訴他（她）問題出在哪裡！不管你將問題分析得多麼透徹，當忽略對方的情緒還是會捱對方一頓罵？（如只希望你了解感受，不需要你告訴他（她）問題出在哪裡！）

12. 保證：告訴對方「放心，不會有事的！」並不能減輕對方的焦慮，無法讓對方知道你能體會對方的感受。　　　　　　　　　　　　　　　　　　　　　　　【\*1072-57；1043-71】

## 四、人際關係學派或理論

### （一）戲劇理論（Dramaturgical theory）

　　社會學家高夫曼（Erving Goffman, 1959）從戲劇表演的觀點來看社會互動，並將此觀點稱為戲劇理論（Dramaturgical theory），Goffman 將生活看成一個舞臺，每個人與他人在舞臺上互動，每個人既是演員也是觀眾。因此社會生活是由影響他人對於我們的印象所組成的，而影響別人印象的方式，就是讓人知道我們是「有所為」和「有所不為」。人在日常生活的不同場合中，會基於文化價值觀、社會禮儀、以及人對彼此的預期，而作出不同的類似於戲劇表演的行為。

　　戲劇理論觀點在看與他人活動背後的框架（Frmes），即那些無形中約束活動的規則，高夫曼注重的不僅是互動的獨特性質，也包括舞臺上的表演規則，觀點如下：

1. 印象處理（Impression management）：人在表演時會受到社會印象的操縱，稱為印象處理。高夫曼認為每個人都很在乎別人對自己的評論，因為只有從別人那裏才可以滿足自己的社會需要，因此在面對面的關係中，每個人都只公開對自己有利的部分，而不隱藏不利的部分。

2. 場地（Regions）：印象處理的方式之一就是場地布置。一場地視線所及於否而有前後臺之分，而前後臺的表演都是互相牴觸的。前臺（Front stage）即是面對那些觀眾的演出部分，包括了佈景及個人門面，個人門面又可進一步區分為外表和行為舉止。後臺（back stage）是前臺所隱藏的事實，或是非正式的行為舉止。

3. 表面工夫（Face-work）：表面工夫是指人們採取行動使別人對自己產生好印象，人們想控制自己與別人之間的尷尬。

　　戲劇理論為人際關係學派理論之一，個人在舞臺上演出社會所賦予的角色，而為了維護顏面，便賣力的扮演好各自的角色。所以，個人必須透過角色價值的體認與闡釋，經過一連串試驗的過程，才能夠成功的擁有該角色所代表的面子。因此，面子功夫有「臺前」與「臺後」之分。

【*1113-1；1112-30；1103-61；1102-43；1101-4；1083-74；1073-69；1043-29；1103 術科第九題】

## （二）周哈里窗理論（**Johari Window Theory**）

【*1122-67；1101-54；1082-64；1073-71；1071-71；1051-28；1091 術科第九題；1073 術科第七題；1052 術科第七題】

　　周哈里窗理論（Johari Window）是由 Joseph Luft 與 Harry Ingram 這兩位美國心理學家在 1955 年提出的理論。周哈里窗從與他人互動中，進而增進自我認識與自我了解，依「自我揭露」與「他人回饋」的程度，他們以窗戶作為比喻，分成下列四個區域（四個自我）（圖 7-9），這四個區域是相互影響的，任何一區變大，其他區域就會縮小，反之亦然。當個人對自己的認識愈多瞭解自己愈深，也就愈能夠清楚地向他人表露自己內在的想法、態度、情感、喜惡等等，讓別人更加瞭解及認識自己，這就是自我揭露（self-disclosure）。透過「自我揭露」與「他人回饋」有助於促進人際溝通。

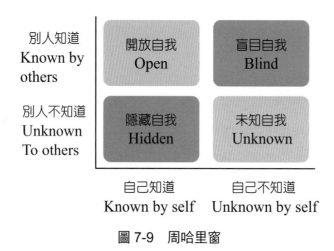

圖 7-9　周哈里窗

1. 開放自我（Open self）：自己和別人都知道的訊息，所有人都看得見的區域。

2. 盲目自我（Blind self）：自己看不到，他人卻一目瞭然的區域，也就是所謂的盲點，包含一些個人未意識到的習慣或口頭禪，不一定全部是缺點。

3. 隱藏自我（Hidden self）：對外封閉的區域，這裡的訊息只有自己知道，他人無從得知，像是個人有意隱藏的祕密或想法。

4. 未知自我（Unknown self）：這個區域誰都看不到，例如個人未曾覺察的潛能，或壓抑下來的記憶、經驗等，通常在愈年輕的人身上，這個區域的範圍愈大。

　　周哈里窗理論是希望人們能清楚掌握自己的四個部份並且透過自我省察、自我坦誠、他人的回饋…等方式，使開放我能越來越大，而其他三部份越來越小。從與他人互動中，進而增進自我

認識與自我了解，有效地促進人際溝通。根據這個理論，溝通的成功視我們配合對方調整表達自我和窗戶開關的程度而定。我們在與對方閒聊時要了解周哈里窗道理，我們應該觀察對方、視對方的不同，注意調整自我表達的方式。當我和熟朋友見面時，可以很風趣、坦率直言；但是和比較著重分析的人開會時，就會收斂一點，較為審慎嚴謹。

## 7-4　情緒與壓力管理

### 一、情緒與情緒智商

　　情緒（Emotion）系指對於人事物的心理及生理上所生的片段現象，它具有一股強而有力，卻無法控制的感覺，常伴隨著生理上的變化，以及行為的意向。過度的情緒激起（Emotional Arousal）卻可能妨礙我們因應壓力，阻礙我們的注意力與回憶。丹尼高曼（Daniel Goleman）認為情緒智商（Emotional Intelligence Quotient, EQ）指的是個人對自己情緒的把握和控制、駕馭，對他人情緒能夠感知、揣摩、表達，在思考中消化吸收、了解並勸說，以及對人生的樂觀程度和面對挫折的承受力。高曼（Goleman）指出情緒智力包含下列五項能力元素：(1) 自我情緒察覺：精準察覺自己的情緒；(2) 自我情緒管理：積極、適當地控制和表達情緒；(3) 自我激勵行為：善用情緒來達成自我激勵、自我驅動，以專注投入、完成目標；(4) 同理他人情緒：敏感地感受到他人的需求和欲望，辨別他人的情緒；(5) 處理人際關係：靈活因應、調節、管理他人情緒，以維持良好人際關係。

【*1053-59；1123 術科第十題；1113 術科第九題】

　　如何有效面對他人的情緒，可以採用 (1) 積極的傾聽—接受情緒訊息；(2) 非口語行為的觀察—如聲音、姿勢來澄清對方的感覺；(3) 同理心的練習；(4) 溫暖的鼓勵—建立自信與自尊的過程；(5) 平靜—學習放下使心靈平靜等策略。另外，在職場情緒管理上也可以採用下列的原則，促進人際關係的和諧，(1) 原則一：先處理情緒，再解決問題；(2) 原則二：避免火上加油；(3) 原則三：積極行動以排解負向情緒；(4) 原則四：認清各種情緒的差異；(5) 原則五：在可能的情況下，力圖解決問題；(6) 原則六：學習「主動接受」現實；(7) 原則七：善用每個人的情緒優勢。

### 二、壓力管理

　　壓力是個人對加諸在其身上的任何要求所產生的一種的回應情況，引起生理及心理上感受到威脅。心理壓力乃指認知一種情境並將干擾視為挑戰或威脅；生理壓力主要會呈現一些生理反應如血壓升高、手心流汗、心跳加速。產生壓力的來源，可分為 (1) 實體環境壓力來源：工作環境中吵雜的聲音、不良的照明、以及安全威脅均會造成壓力。(2) 角色相關的壓力來源：角色衝突、角色模糊、工作負擔、任務特性。(3) 人際間壓力來源：包括不好的上司、與同事或客戶的衝突、性騷擾，以及工作場所的暴力與攻擊等。(4) 組織的壓力來源：組織變遷的形式，重整、私有化、合併、裁員等均會帶來工作不安全的壓力。(5) 非工作壓力來源：包括時間、緊張衝突、角色行為衝突、失業或不易找到工作而感到壓力。

壓力會導致身心受到的影響，在 (1) 生理上的影響，包括緊張性頭痛、肌肉酸痛、心臟血管疾病等。(2) 心理上的影響，常見的是低工作滿意度、工作耗竭（情緒疲勞、人格分裂和降低個人成就）以及負面情緒（憂鬱、焦慮、無助、困擾）。(3) 行為影響如工作場所發生意外，錯誤率、缺席率，甚至產生破壞性的行為（酗酒、暴力）。

## 三、壓力緩衝盾（Stress buffer shield）　　　　【*1111-38；992-35；972 術科第 8 題】

壓力的因應對策（Coping strategies）指個體在面對壓力與困境時，由個體與環境間互動的結果，所採行的調適方法。壓力緩衝（Stress buffer）是一種壓力管理的回應技巧，可以幫助個人將壓力轉換為正面的力量，並保護個人處在壓力的身心狀態中迎刃而解。對於緩衝壓力，可以「壓力緩衝盾」（Stress buffer shield）的方式進行舒壓。壓力緩衝盾由 Nancy Loving Tubesing 與 Donald A. Tubesing 所研製，他們將壓力緩衝分成 5 區塊，形狀類似盾牌（圖 7-10），盾牌中每一區塊各有一項可資應用的資源或方法。個人可以透過對這 5 個區塊進行自我對話與資源尋找，而紓緩壓力：

1. 生活經驗（Life experience）：多參加社團活動與公益活動，增進生活經驗智慧，建立自己處理壓力的能力。
2. 我的支援系統（My support networks）：與師長的協助、好朋友的支持，專業人士（包括心理諮商師、輔導老師等）諮商、紓解壓力。　　　　【*1043-36；1031-12】
3. 我的態度與信念（Attitudes / Beliefs）：提升 EQ 能力、解決問題的技巧、時間管理的方法、積極正面心態。
4. 作息正常身體健康（Physical self-care habits）：養成規律的生活秩序，飲食均衡與運動品質，以身心健康來降低壓力。
5. 行動技巧（Action skills）：靜坐、冥想、瑜珈、呼吸、研讀有關情緒與壓力方面的書籍，以增進因應技巧以克服困難，處理壓力。

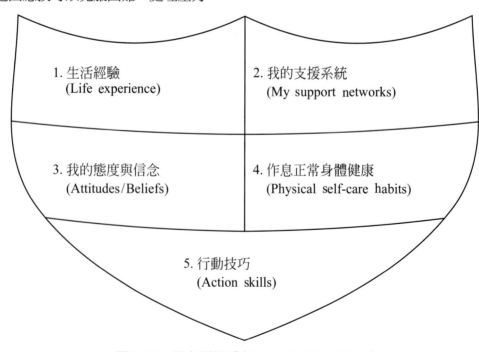

圖 7-10　壓力緩衝盾（Stress Buffer Shield）

## 立即演練 3

( 　 )1. 下列哪個選項符合助人三階段的順序？　①探索→行動→洞察　②探索→洞察→行動　③洞察→探索→行動　④洞察→行動→探索

( 　 )2. 針對「助人關係」的描述，下列何者正確？　①輔導者自我實現的關係　②輔導者協助受輔導者自我成長與自我充實的關係　③輔導者自我成長的關係　④輔導者發揮專業能力助人的關係

( 　 )3. 下列對助人關係的敘述何者較為正確？　①受助者的困擾問題常是多面向的　②助人關係是完全的互惠　③助人行為不是一種關係型態　④助人關係形同於朋友關係

( 　 )4. 下列何者是結構式的助人關係？　①朋友助人關係　②家人助人關係　③輔導員助人關係　④社團成員助人關係

( 　 )5. 助人的基本態度，下列何者正確？　①適合受輔導者的需求　②符合輔導者的期望　③適合輔導者的專業　④促成輔導者的成績

( 　 )6. 對於助人會談的基本態度，下列敘述何者是較為適宜的？　①重感情的　②接受的　③排斥的　④尊重的

( 　 )7. 助人協議的主要內涵，下列何者較為正確？　①一種具有法律效力的契約　②規定受輔導者行為的條文　③受輔導者成長的協定　④規定輔導者行為的條文

( 　 )8. 下列何者不是助人的主要目標？　①促使受輔導者了解自我　②協助受輔導者願意改變自己　③促使受輔導者提升自我　④輔導者能夠主動幫助他人

( 　 )9. 下列何者不屬於助人歷程的採取行動階段之技巧？　①解決問題　②角色扮演　③反映情緒　④提供資訊

( 　 )10. 下列何者不屬於助人歷程的建立關係階段之技巧？　①打破僵局　②澄清　③建立信任　④增進安全感

( 　 )11. 下列何者是屬於助人技巧模式中的行動計畫階段之目標？　①關係建立　②自我探索　③自我瞭解　④角色扮演

( 　 )12. 下列何者不是助人過程的主要構成要素？　①輔導者的人格　②尊重受輔導者的意願　③了解技術　④專業術語

( 　 )13. 助人時，應避免下列何種事項？　①安撫受輔導者情緒　②要求受輔導者限期改善　③說明助人目的　④支持受輔導者調適壓力

( 　 )14. 助人的首要意義為何？　①家庭和樂　②社會和諧　③受輔導者成長　④輔導者成長

( 　 )15. 下列何者不是情緒表達在人際溝通上的正向功能？　①彼此更瞭解　②變得更真誠　③關係更牢固　④軟弱情緒反應

( 　 )16. 下列何者不屬於問題解決的步驟？　①澄清問題　②找關鍵人物詳談　③想出幾個解決問題的方案　④選擇一個最佳方案去實行

( )17.下列何者與人際溝通的自我表達技巧無關？ ①明確 ②具體 ③避免不當的推論 ④尊重

( )18.下列何者不屬於成功處理衝突的方式？ ①以合作代替競爭 ②察覺非語言行為 ③運用幽默 ④避免直接溝通

( )19.人際衝突解決的最高境界為何？ ①共創雙贏 ②犧牲小我 ③人人為我 ④離群索居

( )20.有關輔導諮商服務具有的特性，下列敘述何者較不恰當？ ①僅是一種語言溝通的傳達信息之表現 ②是一種助人信念的表現 ③是一種專業知能的動態歷程之表現 ④是一種真誠平等對待關係的表現

( )21.孫中山先生說：「人生以服務為目的」，可見服務動機的重要性，下列有關阻礙服務動機的死水之敘述，何者較不妥適？ ①有思想沒感覺 ②有耳聞無動機 ③有耳聞有動機有行動力 ④不喜歡受拘束

( )22.下列敘述者何者不是個案工作紀錄的主要內容？ ①社區居民的需求與行動計畫 ②處遇服務診斷與經過 ③基本資料表 ④問題分析與建議

( )23.有關就業服務專業人員之首要責任敘述，下列何者為非？ ①協助當事人學習解決問題之知識 ②提供當事人主觀的資訊 ③提供當事人客觀的資訊 ④提供當事人完整與正確的資訊

( )24.有關就業服務人員必備之相關知識中，下列敘述何者較為不當的運用？ ①尊重而不侵犯案主之權益 ②應盡可能對案主做正確的判斷 ③增加案主適應能力 ④影響案主之選擇

( )25.當求職者專長經評估不適合當前就業市場需求時，可建議他向哪一個單位求助？ ①張老師 ②健康保險機構 ③職業訓練機構 ④生命線與補習班

( )26.下列敘述何者是錯的？ ①心理治療是以神經病者為對象 ②諮商是強調認知、情感與行為 ③輔導是以學校、社會教育機構為主 ④諮商以學校、社區心理衛生機構為主

( )27.有關就業服務專業人員對個案的基本權益的敘述，下列何者為非？ ①當事人有權益接受或拒絕輔導 ②當事人有查詢輔導人員的專業資格權利 ③當事人不能拒絕為其安排的活動 ④當事人有權不接受輔導員之價值觀

( )28.力場分析與腦力激盪是在諮商歷程與技術中哪一個階段的技術？ ①準備階段 ②探索階段 ③洞察階段 ④行動階段

解 1.② 2.② 3.① 4.③ 5.① 6.④ 7.③ 8.④ 9.③ 10.②
11.④ 12.④ 13.② 14.③ 15.④ 16.② 17.④ 18.④ 19.① 20.①
21.③ 22.① 23.② 24.④ 25.③ 26.① 27.③ 28.④

# Chapter 8　職業心理測驗理論

| | | 年度梯次 | 961 | 963 | 971 | 972 | 981 | 983 | 991 | 992 | 1001 | 1002 | 1011 | 1012 |
|---|---|---|---|---|---|---|---|---|---|---|---|---|---|---|
| 第8章 | 學科 | 題數 | 2 | 3 | 4 | 6 | 9 | 4 | 5 | 2 | 4 | 4 | 5 | 4 |
| | | %（80題中出現題數） | 3% | 4% | 5% | 8% | 11% | 5% | 6% | 3% | 5% | 5% | 6% | 5% |
| | 術科 | 題數 | 無 | 第八題 | 第八題 | 無 | 第六題 | 第十題 | 第二題 | 無 | 第十題 | 第十題 | 第七題 | 第九題 |
| | | %（10題中出現題數） | 0% | 10% | 10% | 0% | 10% | 10% | 10% | 0% | 10% | 10% | 10% | 10% |

| | | 年度梯次 | 1018月 | 1013 | 1021 | 1022 | 1023 | 1031 | 1032 | 1033 | 1041 | 1042 | 1043 |
|---|---|---|---|---|---|---|---|---|---|---|---|---|---|
| 第8章 | 學科 | 題數 | 5 | 4 | 6 | 6 | 3 | 5 | 4 | 3 | 4 | 4 | 4 |
| | | %（80題中出現題數） | 6% | 5% | 8% | 8% | 4% | 6% | 5% | 4% | 5% | 5% | 5% |
| | 術科 | 題數 | 本年度增加一梯次學科考試 | 第一題 | 第九題第十題 | 第九題第十題 | 第七題 | 第九題 | 第九題 | 無 | 第八題第九題 | 第八題第九題 | 第七題 |
| | | %（10題中出現題數） | | 10% | 20% | 20% | 10% | 10% | 10% | 0% | 20% | 20% | 10% |

| | | 年度梯次 | 1051 | 1052 | 1053 | 1061 | 1062 | 1063 | 1071 | 1072 | 1073 | 1081 | 1082 | 1083 |
|---|---|---|---|---|---|---|---|---|---|---|---|---|---|---|
| 第8章 | 學科 | 題數 | 5 | 3 | 3 | 5 | 5 | 5 | 9 | 9 | 8 | 7 | 4 | 8 |
| | | %（80題中出現題數） | 6% | 4% | 4% | 6% | 6% | 6% | 11% | 11% | 10% | 9% | 5% | 10% |
| | 術科 | 題數 | 第六題 | 無 | 第十題 | 無 | 第六題 | 第八題 | 第八題 | 第九題 | 第七題 | 第九題 | 第九題第十題 | 無 |
| | | %（10題中出現題數） | 10% | 0% | 10% | 0% | 10% | 10% | 10% | 10% | 10% | 10% | 20% | 0% |

| | | 年度梯次 | 1091 | 1092 | 1093 | 1101 | 1102 | 1103 | 1111 | 1112 | 1113 | 1121 | 1122 | 1123 |
|---|---|---|---|---|---|---|---|---|---|---|---|---|---|---|
| 第8章 | 學科 | 題數 | 4 | 8 | 9 | 2 | 6 | 5 | 3 | 8 | 4 | 4 | 6 | 6 |
| | | %（80題中出現題數） | 5% | 10% | 11% | 3% | 8% | 6% | 4% | 10% | 5% | 5% | 8% | 8% |
| | 術科 | 題數 | 無 | 無 | 第十題 | 無 | 第十題 | 無 | 無 | 第九題 | 第十題 | 第九題 | 第九題 | 第九題 |
| | | %（10題中出現題數） | 0% | 0% | 10% | 0% | 10% | 0% | 0% | 10% | 10% | 10% | 10% | 10% |

## 8-1 心理測驗概念

### 一、心理測驗概念 ✪✪✪

心理測驗專家阿那斯塔西（Anastasi, 1961）定義心理測驗是一種對行為樣本做客觀和標準化的測量，且包括 5 個因素：【*1113-65；1113-58；1112-80；1082-78；1073-56；1073-45；1071-25；1063-77；1062-66；1023-20；1122 術科第九題；1072 術科第九題；1051 術科第六題】

1. 具代表性的行為樣本。

2. 測驗過程、情境與計分等均達標準化水準，方能獲得真實的結果。

3. 以客觀性和實徵性為基礎的測驗項目難度。

4. 信度：係指測驗分數或結果均能達穩定性。　　　【*1018 月 -67；1002-68；991-1；991-74；972-15】

    檢驗信度最常用的方法有：

    (1)折半信度（內在信度）【*1121-20；981-6；963-69】：將受測題目分成兩半，然後再以前半段之題目與後半段之題目做相關，若相關程度很高就代表折半信度很高。

    (2)再測信度（重測信度）【*1093-51；1081-40；1042-54；1033-36；1022-11；1002-68】：同一個案前後兩次施以同一個測驗，兩次所得分數的一致情形，再測信度達 0.8 以上算擁有良好信度【*1093-51；1042-43；1032-21】。

    (3)複本信度：指將受試者在同一個時間點，接受兩份測驗（一份為正本，另一份為複本），然後以受試者在正本與複本的兩個總分，求其相關係數，即可得到複本信度。複本測驗必須在內容、題型、題數、難度、測試時間等均須相同，才能稱為複本測驗。

    (4)庫李信度：庫德（G.F. Kuder）和李查遜（M.W. Richardson）在 1937 年設計一種分析項目間一致性（inter-item consistency）以估計信度的方法，以此求得的信度即為庫李信度。在估計信度上，最常用的是庫李 20 號公式。

    (5)評分者信度（scorer reliability）：主要針對不同的評分者，對同一表現評分的一致性程度。

    註：生涯發展師學習手冊中指出測驗信度係數的一般接受標準為 0.8【*1041-15；1022-34】，而多數社會科學的研究多要求係數要達 0.7。

5. 效度：係指測驗測量某行為的真確度【*1082-48；1001-22；991-74；972-15】。檢驗效度最常用的方法如下：　　　　　　　　　　　　　　　　　【*1123-73；1083-72；1071-69；1041 術科第九題】

    (1)內容效度（content validity）：指測驗題目內容是否周延、具代表性、適切性、並確實包含所欲測量主題的內涵；通常為了讓問卷具有內容效度，可盡量詢問專家的意見或參考文獻。

    (2)效標關聯效度（criterion-related validity）：效標關聯效度可顯示測驗成績與工作績效之間是否具有關聯性。例如智力測驗以及大學平均成績與工作績效間的關係。【*1042 術科第九題；1041 術科第九題】。找出足以代表所欲測量的特質之另一種指標，作為考驗效度的另一種標準。效標關聯效度可以依照效標取得的時間分成下列幾種，(1) 同時效度（concurrent validity）、(2) 預測效度（predictive validity）、(3) 區分效度（differential validity）。

(3)建構效度（construct validity）：測量工具是根據某一理論設計而來，將測量所得到的結果加以分析，當結果越符合原始理論、其建構效度越好。

(4)學說效度（nomological validity）：當理論與實證之證據愈來愈明顯時，支持之程度即愈高，此時學說效度即逐漸成立。　　　　　　　　　　　　　　　　　　　　【*1021-47】

(5)表面效度（face validity）：這是最容易達成及最基本的效度。此類效度就是由學界來判斷指標是否真的測量到所欲測量到的構念。　　　　　　　　　　　【*1041-38；1022-30】

## 二、心理測驗類別

　　職業輔導運用心理測驗在協助案主了解自我、增進案主對環境知識的理解，甚至協助案主生涯探索、生涯選擇與進行興趣與職業（人境）媒合等等功效【*1123-71；1112-33；1112-65；1101-33；1083-65；1081-75；1042-8；1013-10；1062 術科第六題】。而依測驗目標分有智力測驗、成就測驗、性向測驗、人格測驗、興趣量表，職業測驗等【*1013-42】，各種測驗使用目的說明如下：【*1121-77；1121-74；1082-6；1073-78；1072-21；1063 術科第八題；1043 術科第六題】

**1. 智力測驗**

　　智力測驗在衡量個人心智能力，大略測量個人在學習、反應、適應環境、解決問題等基本能力。傳統智力測驗將智力視為一個總體性的能力，以「智商」分數做為智力的代表，有些測驗則進一步將智商分語文智商和非語文智商，藉以做為解釋個體智力與適合從事的事業之基礎架構進行輔導。例如魏氏兒童智力量表、社會適應表現檢核表。

**2. 成就測驗**

　　成就測驗是檢驗個人在接受教育或訓練後習得相關知識、技能的學習成果【*1092-62；1052-36】，可解釋個體能力潛能與適合從事的事業之基礎架構。例如求學階段各種考試、聯考、國民中等學生基本學力測驗、大學學科能力測驗。　　　　　　　　【*1103-68；991-64；1023 術科第七題】

**3. 性向測驗**

　　性向的概念如同天份，探索個人適合的工作或個人的工作潛力【*1111-26；1091-21；1083-20；1063-29；1061-42；1052-5；1031-33；972-5】。性向測驗的項目包括：語文能力、數字能力、知覺度和正確度、空間關係、邏輯或抽象推理能力等，藉以分析個體能力之潛能進行諮商輔導。例如通用性向測驗。

**4. 人格測驗**

　　人格與個性同義，常由性向、氣質與機動三類特質所組成【*1093-59】。一般呈現如內外向、情緒穩定度、親和力、自主性、成就取向等。常見測驗形式有二：一是列出一系列的描述句，請受測者評估每一描述符合自己的程度；另一種是在每題列出兩個或多個描述句，請受測者在每題中選擇最（不）符合自己的描述或依符合程度排序。結果大致分成兩種：第一種是列出受測者在每個向度上的分數，第二種是將受測者予以歸類，藉由每個類別的屬性來解釋個人的特質。常用量表如基氏人格量表或賴氏人格量表、工作氣質測驗。

5. **興趣量表**

興趣的評量有不同方式，主要有：表達的興趣、表現的興趣、測驗的興趣等類別【\*1112-38；1063-56】。興趣是指個人對某些事物或活動有所喜好而主動接觸、參與的積極心理傾向【\*1103-68；1102-55；1102-21；1092-62；1063-54；1052-36；1031-53】。興趣量表通常在測量個體如藝術、科學、動植物、保全、機械、工業生產、企業事務、銷售、個人服務、社會福利、領導與體能表演等職業之興趣趨向實際情況，藉以做為解釋分析潛在之基礎架構，以進行諮商輔導【\*1092-20；1092-21；1081-29】。例如生涯興趣量表、大學入學考試中心學系探索量表、職業興趣組合卡、我喜歡做的事－職業興趣量表。E. K. Strong 最早發現此類量表【\*1023-32】。

6. **工作樣本（Work sample）評量**　　　　　　　　　　　　　　【\*1052-25；1081 術科第九題】

工作樣本是指一種具有明確目的操作性之活動，活動的內容可模擬一個或一群真實工作裏所用到的工具、材料以及作業步驟。其目的是要評估個案的職業性向、工人特質、工作習慣與行為、學習模式、了解指令（口頭或書面）的能力與職業興趣。工作樣本之種類可分成：單一特質和多重特質。單一特質只評量一種工作特質，如手指靈巧度；而多重特質則測量一群工作特質，如力量、耐力、關節活動度、速度與靈巧度等等。美國自 1960 年代即陸續發展了適用於各類障礙之工作樣本，其型態包括 (1) 特質評量（Trait assessment）、(2) 作業評量（Task assessment）。

7. **情境測驗**　　　　　　　　　　　　　　　　　　　　　　　【\*1052-25；1081 術科第九題】

情境測驗將案主安置於模擬的（有時是真實的）工作情境中，有計畫的安排各種情況，採取系統化的觀察，來分析或評量案主在這些情境下，在目標行為之反應與表現。情境評量的特點有三，模擬的工作環境、採取系統化的觀察、評量重點兼顧工作能力與工作人格。適用於各類障礙的身心障礙人士。

8. **個別測驗與團體測驗**　　　　　　　　　　　　【\*1123-72；1083-75；1082-79；1072-71】

(1) 個別測驗：如「基氏人格測驗量表」（探討分析其人格特質）、「大學科系興趣量表－社會組」（探討分析其適合就讀的大學科系）、「工作價值觀量表」（了解自己在選擇工作時，所秉持之價值觀）、「職業探索量表－教育與職業計畫指南」（找出自己所喜歡從事的工作）、「我喜歡做的事－職業興趣量表」等。　　　　　　　　　　【\*963 術科第八題】

(2) 團體測驗：在同一個時間內可多人一同實施的測驗【\*1062-16】。團體測驗多運用於教育或人事單位中。團體測驗最先在美國陸軍招募甄選中實施，美國當時在第一次世界大戰急需徵選大量士兵擔任軍中各種勤務工作，美軍透過美國心理學會編製陸軍甲種測驗和陸軍乙種測驗二套問卷，以團體智力測驗方式同時施測於多人，快速獲得新兵人選。

【\*981-43】

# 三、心理測驗之常模　　　　　　　　　　　　　　　　　　　　　✪✪✪

常模（Norm）乃指特定參照團體在測驗上的平均數或平均表現水準。一般而言常模是解釋測驗結果的參照依據，所有測驗分數必須與常模比較，以顯示個體在所屬團體中的相對位置，藉此

說明一群受測者之間的個別差異現象。基本上測驗所得原始分數不具意義，必須對照各種常模表轉換成可相互比較的量數，因此常模也稱為「衍生分數」或「導來分數」。　　　　　　　　【*1002-42】

　　常模在某種程度上代表一種外在標準，用來協助評定受測者在測驗上分數之高低或表現優劣。依解釋測驗分數所用的參照標準共有二種：第一種為常模參照測驗，第二種為標準參照測驗。

【*963 術科第八題】

### 1. 常模參照測驗

　　常模參照測驗是根據測驗的原始分數在團體中相對位置來加以解釋的一種測驗，此測驗的目的在區分受測者之間的成就水準，例如升學考試。大部分心理測驗屬常模參照測驗。其作法首先將測驗所得原始分數轉化為成長分數（如年齡當量、成長商數）、百分等級（百分位分數）、標準分數（Z 分數、T 分數）、或常態化標準分數（常態化 T 分數、離差智商、標準九分數）等。以下說明幾個常模參照的意義：　　　　　　　　　　　　　　【*963 術科第八題】

(1)百分等級常模：將個人原始分數與參照團體比較高低，比較個人比參照團體高過多少百分比。

(2)T 分數常模：顯示出個人分數（X）與參照團體平均數（M）相差多少個標準差（SD）。即將個人原始分數（X）減去參照團體的平均數（M），將餘數除以標準差（SD）再乘以 10 後，再加上 50 計算而成。T 分數若是 50，表示個人分數與某個團體分數相同，T 分數相差 10 表示與平均數相差一個標準差距的單位。

$$T = 10[(X - M) \div SD] + 50$$

### 2. 標準參照測驗

　　標準參照測驗是根據測驗前所訂定的標準來解釋測驗結果的一種測驗。目的在了解受測者通不通過或及格與否，不需要與他人比較。最常見者如各種檢定考試、證照考試等。

## 立即演練 1

( 　) 1. 今天給甲班施測了職業性向測驗，隔了兩個星期再測一次，並計算這兩次測量結果的相關，這是在反映心理測驗的哪一個特性？　①信度　②效度　③準確度　④常模

( 　) 2.「對同一受試者，不同時間下對同份測驗施測所得分數的一致性」是下列哪一個選項的定義？　①信度　②效度　③常模　④建構

( 　) 3. 一份測驗沒有複本且只能施測一次情況下，可採取何種分法來分析其信度？　①再測信度法　②折半信度法　③複本信度法　④評分者信度法

( 　) 4. 下列何者是在反映「性格心理測驗是否真的可以把我們想要測量的性格特質測量出來」？　①信度　②效度　③漸近性　④常模

( 　) 5.「心理測驗再測量其所預測的特質或行為時所具有的真確性」是下列哪一個選項的定義？　①信度　②效度　③常模　④建構

（　　）6. 一份好的心理測驗應具備哪些條件？　①樣本、客觀化、標準化　②信度、效度與常模　③人格、性向與興趣　④正向、理性與價值

（　　）7. 一般而言，測驗的基本原理包括四種，及信度、效度、常模、實用性等，其中強調測驗的意義常需藉由哪一種原理解釋其意義？　①信度　②效度　③常模　④實用性

（　　）8. 下列何者是在反映「職業興趣測驗的結果與同年齡的人做比較，而得知自己坐落在某個職業類別的興趣傾向」？　①信度　②效度　③準確度　④常模

（　　）9. 下列何者不是評量個人情感面向的測驗？　①人格　②價值　③動機　④體能

**解** 1.①　2.①　3.②　4.②　5.②　6.②　7.③　8.④　9.④

---

## 8-2　職業心理測驗介紹

　　在進行生涯諮商時，常會利用職業心理測驗作為職涯探索的工具或諮商輔導的依據，以下針對一些經常使用的職業心理測驗之使用目的與內容做簡單說明。

### 一、基氏人格測驗量表　❀❀❀

　　**基氏人格測驗量表**（The Guilford Martin Personality Inventory）為 J. P. Guilford 博士所創，由國內專家賴保禎所修編。分析受測者人格特質，以協助受測者做自我之調適與修正，而受試者的人格特徵可供輔導諮商之參考。該量表以情緒、社會適應、內外性定向、反省等 4 個人格類型為主，再細分 13 個分量表，共計有 130 個題目。13 個分量表構成 4 種人格因素，每一因素代表一種二次元的人格特徵。例如觀察情緒穩定或情緒不穩定、內向或外向（表 8-1）。

表 8-1　基氏人格測驗 13 個分量表

| 人格因素 | 情緒穩定 VS 情緒不穩定 | | | |
|---|---|---|---|---|
| 分量表 | (1) D 抑鬱性大小 | (2) C 感情變異性大小 | (3) I 自卑感 | (4) N 神經質有無 |
| 人格因素 | 社會適應良好 VS 社會適應不良 | | | |
| 分量表 | (5) O 客觀與主觀性 | (6) Co 協調性有無 | | (7) Ag 攻擊性有無 |
| 人格因素 | 內向性 VS 外向性 | | | |
| 分量表 | (8) G 活動性高低 | (9) A 服從與領導性 | | (10) S 社會的內外向 |
| 人格因素 | 反省的 VS 不反省的 | | | |
| 分量表 | (11) T 思考的外向 | (12) R 安閒與憂慮性 | | (13) L 誠實與虛偽 |

　　透過上述 130 題可描繪出側面圖，側面圖上端有 5 等級，從左向右、由低而高分為 1、2、3、4、5 等五個等級。如果得 1 或 5 就是偏於兩端，如果得 2 或 4 就是接近兩端，如果得 3 就是居中的位置（如圖 8-1）。再者可從側面圖整個趨向，以五種典型（ABCDE）按其類似程度來客觀解釋判斷【*1122-70；1112-76；1102-63；981-8】。各典型說明如下：

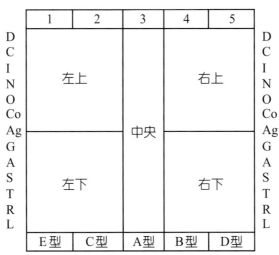

圖 8-1　基氏人格測驗等級表圖

1. A 型（Average type）：平均型，係指有九個以上居中位置（3 等級）。其此類型者是平凡人，被動性格。　　　　　　　　　　　　　　　　　　　　　　　　　　　【*1062-17】

2. B 型（Blacklist type）：偏右型，係指有八個以上在偏右位置。其此類型者，情緒不安、社會不適應、活動外向的，又稱「暴力型」。

3. C 型（Calm type）：偏左型，係指七個以上在偏左位置。其此類型者，情緒安定，社會適應良好、不活動內向的，又稱「鎮定型」。　　　　　　　　　【*1122-16；1073 術科第七題】

4. D 型（Director type）：右下型，係指有九個以上在右下位置。其此類型者，情緒安定、社會適應普通，活動積極外向的性格，又稱「指導型」。　　　　　　　　　　　　【*1051-80】

5. E 型（Eccentric type）：左下型，係指有九個以上在左下位置。具此類型者，情緒不安、社會適應不良、不活動、消極內向的性格，又稱「怪癖型」。

 **立即演練 2**

（　　）1. 基氏人格測驗量表（The Guilford Martin Personality Inventory）係 J. P. Guilford 博士所創，用來敘述分析受測者之人格特質，以協助受測者做自我之調適與修正之參考。其五種典型下列敘述何者為非？　①A 型，平均型（Average type），此類型是平凡人，被動性格　②B 型，偏右型，此類型者，情緒不安，又稱「暴力型」（Blacklist type）　③C 型，偏左型，此類型者，情緒安定，又稱「鎮靜型」（Calm type）　④D 型，右下型，此類型消極內向的性格，又稱「怪癖型」（Eccentric type）

（　　）2.「基氏人格測驗量表」，共有 13 個分量表，可從並側面圖整個趨向，以 5 種典型按其類似程度來客觀解釋判斷，下列何者不屬於 D 型的敘述？　①是屬於右下型　②又稱指導型　③有 9 個以上在右下位置　④此類型者情緒安定，活動積極外向，又稱鎮靜型。

解　1. ④　　2. ④

## 二、大學科系興趣量表

**大學科系興趣量表**由劉兆明、余德慧、林邦傑等專家所編製,本量表兼顧升學與就業的需要,而不同於一般職業興趣量表,目的在測量個案對於自己的興趣及大學各科系特質的瞭解程度,以作為科系選擇、轉系輔導的參考。　　　　　　　　　　　　　　　【*1122-73;1091-65;1071-31】

此量表藉由受測者於中文、外文、歷史等 16 個大學科系所得分數,於百分位數中所佔等級程度,測出受測者對大學科系之興趣程度,以協助其選擇適合自己就讀之科系。分為自然組和社會組兩種,每組各有 240 題,由 16 個科系量尺的項目交錯排列而成。每一量尺包括 15 個項目,可提供 16 個量尺分數。計分時應將受試者在每一個橫欄各題上所圈選的數字相加,依序填入答案紙右上角計分欄 R.S. 欄中。每一橫欄均有 15 題,代表一個科系量尺分數,將 15 個量尺所得原始分數對照常模換算成百分等級後,即可繪製側面圖。

表 8-2 為張三在大學科系興趣量表測驗結果,經由測試可發現張三有三科分數頗高,最高分為教育系 96 分,其次為教心系 95 分;再其次為社會系與公行系 94 分;若張三表示自己最喜歡科系是社工系、法律系、教育系等三科之間,則諮商人員可綜觀表 8-2 興趣量表測驗結果,提供張三更確定自己的興趣科系,建議張三未來就讀社工系時進一步加強專業能力與心理準備。使張三更清楚自己的潛能,而得以適性發揮所學及所長之生涯規劃。

表 8-2　大學科系興趣量表計分欄

| 計分欄 | | | | | |
|---|---|---|---|---|---|
| | R.S. | P.R. | | R.S. | P.R. |
| Cn 中文 | 50 | 90 | La 法律 | 52 | 92 |
| Fo 外文 | 50 | 84 | Po 政治 | 46 | 90 |
| Hi 歷史 | 52 | 90 | Pu 公行 | 41 | 94 |
| Pi 哲學 | 51 | 91 | Ec 經濟 | 44 | 87 |
| Li 圖管 | 49 | 93 | So 社會 | 49 | 94 |
| Ed 教育 | 52 | 96 | Ab 會銀 | 42 | 86 |
| Ep 教心 | 53 | 95 | St 統計 | 46 | 94 |
| Jo 新聞 | 49 | 85 | Ib 管貿 | 46 | 83 |

 **立即演練 3**

(　　) 1. 有關就業諮詢服務人員在協助已畢業之青少年求職者時,常運用的職業適性心理測驗種類中,下列何者較為不適當?　①人格測驗量表　②價值觀量表　③職業興趣量表　④大學科系興趣量表

 1.④

## 三、工作價值觀量表　　　　　　　　　　　　　　　　　　　　✪✪

　　舒伯（1970）假設一個人若能從事其認為有價值的職業，則較易得到滿足而充分發揮其能力【*1053-8】，因此研製「**工作價值觀量表**（Work value inventory）」，評量與工作情境有關的價值觀，後經國內專家陳英豪、汪榮才、劉佑星、歐滄和李坤崇等修定。其目的在測量與工作有關的各種價值，此量表藉由受測者測驗得分，所佔的百分位數等級，幫助受測者了解自己在選擇工作時所秉持的價值觀，進而做適合自己之職業選擇【*1002-64】。本量表也可協助大專學生作為選讀科系或未來職業之參考。

　　工作價值觀量表內容架構分為「自我表達」、「報酬」和「人物環境」等三個因素，再包括「利他主義」【*1073 術科第七題】、「美的追求」、「創意尋求」、「智性的激發」、「獨立性」、「成就感」、「聲望」、「管理的權力」、「經濟報酬」、「安全感」、「工作環境」、「與上司的關係」、「與同事的關係」、「變異性」和「生活方式的選擇」等 15 個代表不同工作價值觀的分量表，全部共 60 題。受試者根據每道題目評估對自己從事工作的重要程度，給予「非常重要」（五分）、「很重要」（四分）、「重要」（三分）、「不太重要」（二分）、或「不重要」（一分）【*981-44】，最後依據測驗結果所得原始分數對照常模，換算成百分等級後，同時繪製側面圖（圖 8-2），可供解釋分數之用。

| 工作價值觀量表 15 個因素 | 原始分數 | 百分等級 | 百分等級側面圖 1　5　15　20　25 ------------------------- ＞ 90　　95　99 |
|---|---|---|---|
| 1. 利他主義 | | | |
| 2. 美的追尋 | | | |
| 3. 尋求創意 | | | |
| 4. 激發智性 | | | |
| 5. 獨立作業 | | | |
| 6. 成就感 | | | |
| 7. 追求聲望 | | | |
| 8. 管理的權力 | | | |
| 9. 經濟報酬 | | | |
| 10. 生活安定 | | | |
| 11. 工作環境 | | | |
| 12. 與上司關係 | | | |
| 13. 與同事關係 | | | |
| 14. 富變異性 | | | |
| 15. 選擇理想生活 | | | |

圖 8-2　工作價值觀量表剖面圖示

**立即演練 4**

( ) 1. 下列何者是舒伯（Super）青少年晚期和成年人早期生涯發展的重要任務？ ①興趣發展 ②能力發展 ③價值觀發展 ④職業選擇

( ) 2. 工作價值觀（Work Value Inventory）係美國 Dr. Donald E. Super 於一九七○年所創，我國陳英豪等修訂。其目的在藉由受測者得分，幫助了解自己在選擇工作時所秉持的價值觀，進而做適合自己之職業選擇。有關本量表內容下列何者為非？ ①自利主義 ②創意尋求 ③管理的權利 ④變量性。

解 1. ④  2. ①

## 四、明尼蘇達工作價值觀量表

明尼蘇達大學教授達文斯（René V. Dawis）和羅夫魁斯特（Lloyd H. Lofquist）提出的工作調適理論（The Theory of Work Adjustment, TWA），主要探討個人與環境因素的適配性，對工作績效的影響。該調適理論討論個人需求（工作價值觀）及能力、工作環境需求（員工的工作能力）及能提供的滿足員工需求的增強物。而個人特質多是指工作價值觀及能力，而工作環境所提供的增強物與個人工作價值觀的適配程度被稱為滿足度（satisfaction），而個人能力符合工作要求的程度則是適任度（satisfactoriness）【*1063-63】。當工作與個人有達到適配，則他們之間的合作關係就能長久，否則，個人、工作單位、或兩方面都會做調適，以維持合作關係，如果調適沒有得到滿意的結果，個人就會離職，另覓新工作，而公司則將會辭掉員工。

TWA 關注於人類的個別差異（Human variability），強調不同人、境及其互動的差異，解釋在多樣化、充滿變異的工作環境中，個人的行為反應自然也不盡相同的現象。TWA 以四種不同人格類型，描述個體與環境互動的特質，敏捷（個體與環境互動的速度）、步調（個體與互動的強度或活動力）、節奏（個體與環境互動的型態）、忍受度（個體與環境互動的持續力）。工作適應理論進一步說明，個人在工作環境中的適應模式（adjustment style）包括，彈性（flexibility）、主動性（activeness）、反應性（reactiveness）、以及堅持度（perseverance）四種特質，這四種工作適應模式的特質與工作適應過程的循環息息相關。個人對於工作適應的行為始於工作滿足個人的需要與符合其工作價值觀，然而，一個人感覺到工作所提供的回饋或酬償無法與其需要一致時，個人會開始覺得不滿足而需要再採行一些調適行為。反之，當工作環境要求未達成，即個人不適任時，環境亦會產生負向回饋，要求個人工作調適直到達成一致性為止。

這個理論解釋工作價值觀與能力如何影響個人生涯發展的歷程，同時也用來幫助個人找到適合他的工作價值觀及能力之工作。後者可利用美國勞工局所發展出來的線上職業資料庫（O*NET），列出各項工作的工作價值觀及需要之滿足程度，及對於不同工作能力之要求。在工作調適理論（TWA）中，若想知道個案的潛在能力，該理論常傾向於使用美國勞動部開發的通用性向測驗（the General Aptitude Test Battery, GATB）【*1022-37；1021-63】。另外為瞭解工作滿意度，可以使用明尼蘇達工作價值觀量表（Minnesota Importance Questunnaire, MIQ）的研究。工作滿意度是由 20

種不同工作需求或價值的重要性研製。透過因素分析產生六種因素為：1. 成就感；2. 舒適感；3. 身分地位；4. 利他性；5. 安全性；6. 自主性等價值【*1093-64；1091-68；1022-51；1021-14】。MIQ 有分完整版（190 個配對題項）與簡易版（21 組題目）二種版本。

## 重要觀點

◎ 主計總處人力運用調查報告顯示：「100 年 5 月失業者計 47 萬 6 千人，曾遇有工作機會之失業者（24 萬人），其未去就業主要原因為待遇太低、地點不理想；而未曾遇有工作機會之失業者（23 萬人），其尋職主要困難為技術不合或工作性質不合」。這種現象可從工作調適理論的觀點解釋，工作調適度的主要指標為滿意度，指對個人自身工作滿意之滿意度與個人能力能滿足工作要求的情形。　　　　　　　　　　　　　　　　　　　　　　　　　【*1013-39】

## 立即演練 5

(　　) 1. 在工作調適理論 TWA 中，若想知道個案的潛在能力，該理論常傾向於使用下列哪一種測驗？　①工作滿意量表　②通用性向測驗　③工作描述量表　④工作價值量表

(　　) 2. 以工作調適理論 TWA 所編製的工作價值量表，其測驗結果包含 6 項工作價值，下列何者不屬於此 6 項工作價值：　①安全（或支持）　②利他（或關係）　③成就　④研究

解　1.②　　2.④

## 五、職業探索量表

### （一）人格類型與職業興趣類型

　　何倫認為興趣為個人的人格表現，因而界定六種主要人格與興趣類型（表 8-3），每一種類型凸顯一種人格類型及此種類型的人士會感到適切的職類環境。何倫的職業人格與工作環境理論是人格特質與職業特徵可用同一種印象架構來分類，愈能反映自我形象的工作，人們就愈滿意；因此，協助人們朝向人境契合乃是職業生涯諮詢工作的重要方式與目標【*1012-73】。在何倫人格類型分析中，相鄰的類型（圖 8-3），表示其心理上相似程度最高（具有高的一致性），如果二個類型的位子是相對的，代表心理上相似程度最低（具有低的一致性）。例如與事務型（或稱傳統型）互斥的類型是藝術型【*1002-39】，與實際型互斥的類型是社交型，與研究型（或稱探索型）互斥的類型是企業型。透過何倫的職業探索量表，受測者可以計算出自己在何倫碼（Holland Code）中三個排列分數高的前三碼，這意味著個人在這三個類型較為強勢，提醒當事人在生活經驗中這三個類型較其他三個類型興趣上較強。例如在這職業導向六種類型組合中，就業服務相關人員較偏向社交型（Social）與企業型（Enterprising）。　　　　　　　　　　　　　　　　【*1013-27；1012-80；1011-70；992-36】

表 8-3　何倫（Holland）人格類型分析與職業興趣類型組合

【*1073 術科第七題；1041 術科第八題；1022 術科第九、十題；1002 術科第十題】

| 類型 | 職業類型 | 人格 / 自我概念 / 認知風格 | 對人態度 | 工作環境 | 工作類型 |
|---|---|---|---|---|---|
| 工 (P) | 實際型 | 約束的<br>腳踏實地<br>順從、坦率<br>實在的<br>情緒穩定<br>忍耐力強 | 迴避的<br>較不喜歡社交或與人接觸的活動<br>重視具體的事物或個人明確的特性，如金錢、地位 | 多以戶外爲主，需要機械能力、耐力與體力 | 電子器材維護<br>一般勞工<br>機械員<br>農夫<br>航空塔臺管理人員<br>齒模技師 |
| 理 (S) | 研究型<br>（探索型）<br>【*1043-28】 | 內斂、內向<br>抽象思考<br>理性、科學<br>獨立、批判<br>有理解力、謹愼<br>【*1062-15】 | 以腦力、語言、文字、概念的能力解決問題，不喜歡用體力或人際技巧解決問題<br>缺乏領導力，重視科學 | 工作需要抽象思考、理解力與智力來執行職務。有一套客觀方法論來評量工作績效<br>【*1061-32】 | 工程師<br>科學家<br>電腦程式設計師<br>醫師<br>數學家<br>經濟家<br>化學家 |
| 文 (H) | 藝術型 | 獨立、想像、不安定、無秩序、情緒化、不順從、自我中心、不重實際、熱情、衝動、創意 / 思想活躍<br>【*1011-60】 | 以自己的知識、直覺與感情作爲整合，解決環境中的問題<br>重視審美的特質 | 工作需要以感性、想像、品味等來創作或建賞藝術作品 | 藝術 / 音樂家<br>自由文字工作者<br>詩人<br>小說家<br>建築師<br>演員 |
| 人 (I) | 社交型<br>（社會型） | 溫暖助人、善體人意、合作、歸納推理、敏銳、寬宏、有責任心、支持依靠 | 以社交方面的能力解決工作或其他方面的問題<br>自覺喜歡幫助別人、教導別人，重視社會福利與社會正義 | 工作中以教導人或助人爲主，在與人溝通中增強他人的自尊心 | 教師 / 治療師<br>婚姻諮商師<br>諮商心理師<br>教師<br>傳教士<br>社工師 |
| 商 (E) | 企業型 | 進取的、獨斷、衝動、樂觀、自信、精力充沛、獲取注意、善於社交、愛冒險競爭、控制、邏輯、做事有組織計畫 | 以企業管理方面的能力解決環境中的問題 | 工作中以說服力、管理權力來影響別人。重視政治、經濟上的成就 | 經理主管<br>保險業務員<br>政治家<br>銀行家<br>律師 |

| 類型 | 職業類型 | 人格 / 自我概念 / 認知風格 | 對人態度 | 工作環境 | 工作類型 |
|------|---------|------------------------|---------|---------|---------|
| 事（C） | 傳統型（事務型） | 退隱迴避、保守、順從、責任、約束、守本分、嚴格、缺乏想像力、進度控管【*1093-48】 | 以系統且具體的程序去處理工作或人際關係問題【*1022-2】 | 工作需以系統、有規則程序、具體的處理文書、語文或數字的訊息【*1061-32；1022-12】 | 秘書<br>會計師<br>精算師<br>行政助理<br>簿記<br>銀行員 |

**註**：第一列及括弧內所列英文字乃指本土化「生涯發展量表」（工理文人商事）對應何倫 RIASEC 之關係類型。

## （二）職業探索量表簡介

職業探索量表（The vocational self-direct search inventory, SDS）的主要目的，是在幫助受測者找出幾種值得考慮的職業，以做為將來選擇職業之參考，而能夠喜歡的去做從事所選擇的工作。而該量表係多層面評量可提供諮商人員更多分析（一致性程度、興趣的差異性強弱、適配性、個人認同與職業環境認同）與訊息，及協助當事人對自己的職業興趣及能力作整體充分的了解【*1031-33】。本量表共包括 5 個部份【*1072-62；981-76】，由當事人自行填答，可探索自己的特質所適配的工作領域。各部分說明如下：

第 1 部分為「職業憧憬」。當事人不管是哪種情況（過去、現在、未來），依順序寫出自己最想做的工作或想讀的三種憧憬的職業。

第 2 部分「活動」乃針對何倫六大類型設計各類型相關的活動。依當事人直接判斷喜歡參與各類型職業活動內容，圈選「是」（喜歡）或「否」（不喜歡）。例題如下表 8-4。

表 8-4　六類型職業活動內容範例

| R 型活動 | I 型活動 | A 型活動 | S 型活動 | E 型活動 | C 型活動 |
|---------|---------|---------|---------|---------|---------|
| 裝配修理電器 | 閱讀科技書刊 | 素描、製圖或繪圖 | 幫助別人解決困難 | 對他人做勸說工作 | 上打字課或學速記法 |
| □是 □否 | □是 □否 | □是 □否 | □是 □否 | □是 □否 | □是 □否 |

第 3 部分「能力」，針對這六類職業具體的活動。當事人認為擅長或能勝任從事某一活動，就圈選「是」，不擅長者圈選「否」。例題如下表 8-5。

表 8-5　六類型職業能力範例

| R 型技能 | I 型技能 | A 型技能 | S 型技能 | E 型技能 | C 型技能 |
|---------|---------|---------|---------|---------|---------|
| 使用萬能電表 | 使用顯微鏡 | 演奏一種樂器 | 善於向別人解釋問題 | 善於督促他人工作 | 記帳或開發票時既快又準確 |
| □是 □否 | □是 □否 | □是 □否 | □是 □否 | □是 □否 | □是 □否 |

第 4 部分則為「職業興趣」。針對六類型職業各類具體列舉職業的基本情況，評量當事人自己的喜好評價，某項職業喜歡的話，圈選「是」，如果不喜歡則圈選「否」。例題如下表 8-6。

表 8-6 六類型職業興趣範例

| R 型興趣 | I 型興趣 | A 型興趣 | S 型興趣 | E 型興趣 | C 型興趣 |
|---|---|---|---|---|---|
| 自動化和工程技術人員 | 氣象研究人員 | 記者 | 中學教師 | 推銷員 | 會計師 |
| □是 □否 | □是 □否 | □是 □否 | □是 □否 | □是 □否 | □是 □否 |

第 5 部分為「自我評估」（與同齡者相較的能力評估、自我能力的評估），當事人在六類職業能力方面的自我評分表（每類能力評分最高者為 7 分，最低能力為 1 分）。例題如下表 8-7 與 8-8。

表 8-7 六類型職業與同齡者比較自我評估能力範例 A

| R 型職能評估 | I 型職能評估 | A 型職能評估 | S 型職能評估 | E 型職能評估 | C 型職能評估 |
|---|---|---|---|---|---|
| 7654321 | 7654321 | 7654321 | 7654321 | 7654321 | 7654321 |
| 7= 最高～<br>1= 最低 | 7= 最高～<br>1= 最低 | 7= 最高～<br>1= 最低 | 7= 最高～<br>1= 最低 | 7= 最高～<br>1= 最低 | 7= 最高～<br>1= 最低 |

表 8-8 六類型職業自我評估能力範例 B

| R 型職能評估 | I 型職能評估 | A 型職能評估 | S 型職能評估 | E 型職能評估 | C 型職能評估 |
|---|---|---|---|---|---|
| 7654321 | 7654321 | 7654321 | 7654321 | 7654321 | 7654321 |
| 7= 最高～<br>1= 最低 | 7= 最高～<br>1= 最低 | 7= 最高～<br>1= 最低 | 7= 最高～<br>1= 最低 | 7= 最高～<br>1= 最低 | 7= 最高～<br>1= 最低 |

第 2 ～ 5 部分皆完成後，當事人將各分量全部測驗分數加總，並依據加總好的六類職業傾向（R 型、I 型、A 型、S 型、E 型和 C 型）得分填入分析表，再作各類型縱向累加（表 8-9）。作答及計分方式，「活動」、「能力」、「職業興趣」部分，是（或喜歡）給分為一分；否（或不喜歡）給分為 0 分，當事人在各類原始分數可用來查百分等級常模及繪製側面圖。加總各類型結果可獲得當事人在「實用 / 現實」R（Relistic）、「研究 / 探索」I（Investigation）、「藝術」A（Artistic）、「社會」S（Social）、「企業」E（Enterprising）、「事務 / 傳統」C（Conventional）等六類型測驗分數。

【*1092-40；1018 月 -3；1018 月 -46.；1012-38；1013 術科第一題】

表 8-9 測驗分數加總表

| 測驗 | R 型 | I 型 | A 型 | S 型 | E 型 | C 型 |
|---|---|---|---|---|---|---|
| 第 2 部分 | | | | | | |
| 第 3 部分 | | | | | | |
| 第 4 部分 | | | | | | |
| 第 5 部分（A） | | | | | | |
| 第 5 部分（B） | | | | | | |
| 總分 | | | | | | |

最後，從當事人各量表的六類型的總分，找出三個數值最高者，取為綜合代碼，查閱「職業索引」以探索自己與那些職業之從業者有較高之相似性，及比較與自己目前所屬專業團體類型是否相符。此類型量表亦可適用於一般求職者外，也適用於了解學生大學主修系的選擇情形，做職業輔導參考。

【*1001-11；1001-74；991-33；981-76；972-79；971-43；1012 術科第九題】

**（三）範例**

舉例而言，表 8-10 為張四在職業探索量表測驗的分數結果。由測量結果得知張四最高分三者為 C（47）、A（44）、S（44）。因此推動張四職業興趣類別可由 C、A、S 組合加以探討，如 CSA、CAS、ACS、ASC、SCA、SAC 等職業類別，經查指導手冊獲知 CSA 組成的工作為文獻檔案管理等業別。ACS 則有公關……等多種代表性職業。ASC 則代表幼保、幼教……等多種職業。SCA 以兵役行政、法律行政……等相關職業為代表。SAC 主要以社工、法律事務（服務）、律師、書記官、特教等相關職業為依。

又，張四在表 8-10「職業憧憬」欄位中所填寫欲從事職業有教師、公務員、司法人員（或律師）、社會服務人員等職業。故，由張四所填職業憧憬與測驗結果相對照，可查知張四興趣的職業屬於藝術性與社會性等兩大類相關性之職業，因此判斷張四興趣與適合的職業應該是社會服務、法律服務、幼教、公關及一些管理職業。

表 8-10　職業探索量個案測驗結果表

| 代號 | R | I | A | S | E | C |
|---|---|---|---|---|---|---|
| 活動得分 | 10 | 10 | 11 | 9 | 10 | 11 |
| 能力得分 | 11 | 10 | 10 | 11 | 10 | 11 |
| 興趣得分 | 6 | 11 | 11 | 11 | 10 | 11 |
| 自我評估　（對照） | 5 | 4 | 6 | 7 | 6 | 7 |
| （自評） | 6 | 5 | 6 | 6 | 7 | 7 |
| 總分 | 38 | 40 | 44 | 44 | 43 | 47 |

## 重要觀點

◎ 基於 RIASEC 理論，生涯錦囊（Career chips）的概念主要從「人格特質」（A 理智型；B 組織型；C 感覺型；D 開創型）、「生涯興趣」（R 實際型；I 研究型；A 藝術型；S 社會型；E 商業型；C 傳統型）、「職業興趣」（P 工型；S 理型；H 文型；I 人型；E 商型；C 事型）等向度進行生涯的組合分析。如「DSI」向度的組合分析屬於開創－社會－人型組合。　【*961-58】

**註：** 1. 大學入學考試中心興趣量表，採以何倫六個類型的分數，自 1995 年開始建立興趣類型的文字解釋，先從單碼的文字著手（如以藝術行為例），再逐步完成雙碼的解釋（例如 AS）。

2. 若某人透過測驗得知自己的何倫興趣碼後，通常可進一步查詢契合於自己興趣碼組型的職業。通常透過該測驗所提供之職業常模、或者美國勞動部職業訊息網 O*NET 系統以及我國教育部 UCAN、輔大 CVHS 或彰師大 CCN 等之生涯規劃系統等可查詢得到可能興趣的職業分析說明。【*1092-64；1073-61；1013-60】

## 立即演練 6

( ) 1. 職業探索量表（The Vocational Self-direct Search Inventory）係 Dr. John Holland 所著的「自我引導探索」，路君約等修訂。該測量表共包括五大分測驗，下列敘述何者為非？ ①職業憧憬 ②職業興趣 ③能力 ④活動變異量評估

( ) 2. 秘書及行政助理是屬於興趣測驗中的哪個類別？ ①工業生產 ②企業事務 ③銷售 ④個人服務

( ) 3. 依據職業探索量表測驗結果 ACS 的主要職業類別，下列何者正確？ ①公關 ②文獻檔案 ③職業軍人 ④律師

( ) 4. 職業探索量表測驗結果最高分為 C.A.S 組型，則組合的主要職業類別中，SCA 是代表何種職業類別？ ①法律事務 ②公關 ③文獻檔案 ④社會工作。

( ) 5. 依據何倫（Holland）人格類型分析，下列哪一種職業興趣類型會有「迴避的」對人態度？ ①工 ②文 ③人 ④事

( ) 6. 某人的何倫（Holland）人格類型的二個英文字母是 RC，請問下列哪一種工作最適合他？ ①研究助理 ②會計人員 ③舞蹈老師 ④直銷人員

( ) 7. 依據何倫（Holland）人格類型分析，與傳統型互斥的是下列哪一種類型？ ①研究型 ②藝術型 ③企業型 ④社會型

( ) 8. 在生涯錦囊（Career chips）中「人格特質」、「生涯興趣」、「職業興趣」等向度的組合分析中「BAS」是屬於何組型？ ①感覺－藝術－文型 ②理智－社會－事型 ③開創－社會－人型 ④組織－藝術－理型

解 1.④ 2.② 3.① 4.① 5.① 6.② 7.② 8.④

## 六、職業興趣量表——我喜歡做的事 ⭐⭐⭐⭐⭐

**職業興趣量表**（Interest Inventory）－**我喜歡做的事**是勞動部 1984 年委託中國測驗學會黃堅厚、林一真、范德鑫等委員修訂的興趣量表，量表依修訂先後有綠版及紫版二套題目，紫版為目前版本【*1102 術科第十題】。該量表主要用途協助我國國中程度以上學生及成人了解其職業興趣，作為其選擇職業的一種參考【*1122-9；1102-55；1033-45；1082 術科第九題】。

我喜歡做的事量表共有 168 題（圖 8-3），每題設計與某職類有關的活動、生活經驗的描述與職業名稱，適合團體及個別施測，施測時間約 15 ～ 20 分鐘可完成。試測者必須對每一項目在「喜歡」、「還好」、「不喜歡」三種答案中選擇一個作答，且不能有不答之情形發生。

原始計分方式，首先計算每一個興趣範圍內，受試者答「喜歡」的題數（給予計算 1 分）。由於每類興趣設有 14 題，因此各類興趣原始分數最高分為 14 分，最低分為 0 分（圖 8-4）。測驗結果將受試者在「藝術」、「科學」、「動植物」、「保全」、「機械」、「工業生產」、「企業事務」、「銷售」、「個人服務」、「社會福利」、「領導」、「體能表演」等 12 方面的興趣【*1121-7；1112-45；1043-55】原始分數（Raw Score, RS）相加，總分最高分為 168 分，最低分為 0 分【*1001-72；991-11；972-1；961-79；1112 術科第九題；1011 術科第七題；1001 術科第十題；991 術科第二題；981 術科第六題】。最後再將受試者量表分數與一個以上的常模表（如全體受試人員、全體男性受試）做比較，查詢受試者職業興趣分數高過多少參照團體。

依據「我喜歡做的事」—職業興趣量表指導手冊專業版，該量表常模可分專業團體的興趣組型、興趣真分數、百分等級、T 分數常模等四種【*1072-5：1043 術科第七題】。由受試者在 12 個方面的興趣分數，繪製興趣側面圖（圖 8-4），使受試者能對自己的興趣做更多角度的分析與了解，供受試者瞭解其本身喜歡做的事情，進而做為職業抉擇之參考。

原始分數側面圖的繪製會將受試者原始分數加減 2【專業手冊指出，綠版或紫版各分量表測量標準誤相當，為便於使用統一將測量標準誤（Standard Error）訂為 2】，表示各分量表（12 興趣類型）原始分數加減 2 之後，約有 84% 的把握，可估計受測者興趣真正分數會落在「RS-2 < RS < RS + 2」的興趣真正範圍分數【*1102 術科第十題】。利用圖 8-4 可以將原始分數進行興趣真分數的分析。

利用「我喜歡做的事」的測驗，進行下列解釋【*1053 術科第十題】：

（一）自我比較：了解個人的職業興趣分數與排名。如找出 12 大類中分數最高的類別。

（二）與他人比較：與他人比較自己對某項興趣類別的喜好程度。如某類 PR 值為 40，代表您與該族群比較，平均每 100 人中能贏過 40 人（可查藍線分布）。

（三）了解職業興趣：了解各職業特性與求職方向。可連結台灣就業通上求才資訊。

（四）選擇不同族群比較：讓個人知道對某項職業興趣的喜好程度與他人比較後，落在哪個位置。

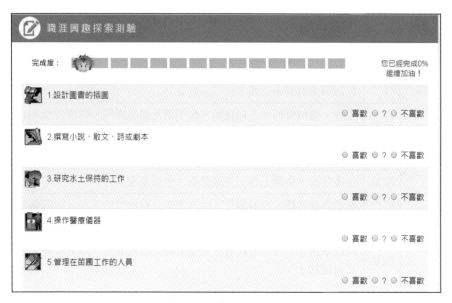

圖 8-3 我喜歡做的事 168 題組範例（新版）

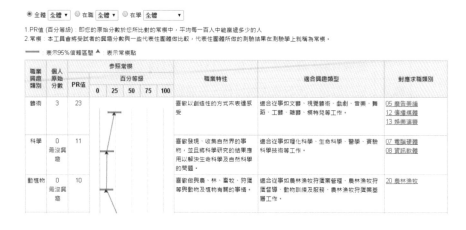

圖 8-4 我喜歡做的事 12 類職類興趣原始分數與常模（新版）

12 類興趣之職業分述如表 8-11【*1071-52；1112 術科第九題】：

**表 8-11　12 類興趣之職業分述**

| 項目 | | 特性及職業說明 |
|---|---|---|
| 藝術<br>（Artistic） | 特性 | 具此種興趣的人喜歡以創造性的方式來表達感受及意念。與這個興趣範圍有關的職業可分為八大類。【*1043 術科第七題】 |
| | 職業 | 文藝、視覺藝術、戲劇、音樂、舞蹈、工藝、雜藝、模特兒。 |
| 科學<br>（Scientific） | 特性 | 具有這類興趣的人喜歡發現、收集及分析自然界的事物，並且將科學研究的結果應用以解決醫學、生命科學及自然科學的問題。與這個興趣範圍有關的職業可分為四大類。 |
| | 職業 | 理化科學、生命科學、醫學、實驗科學技術。 |
| 動植物<br>（Plants & Animals） | 特性 | 具有這類興趣的人喜歡與農、林、畜、牧、漁撈、狩獵等與動物及植物有關的事情。與這個興趣範圍有關的職業可分成四大類。 |
| | 職業 | 農林漁牧狩獵業管理、農林漁牧狩獵業督導、動物訓練及服務、農林漁牧狩獵業基層工作。 |
| 保全<br>（Protecting） | 特性 | 具有這類興趣的人喜歡為人保護生命及財產，這個興趣範圍有關的職業可分為兩大類。 |
| | 職業 | 公共安全及法律執行、保全服務。 |
| 機械<br>（Mechanical）<br>【*1102-34】 | 特性 | 具此類興趣者喜好使用機具、手工具及有關技術與原理應用於日常生活中。其有關職業共有十二類。 |
| | 職業 | 工程、機械管理、工程技術、航空器及船舶操作、精機技術、系統操作、品管、水陸運輸工具操作、物料管制、精細手工、設備操作、機械業基層工作。 |
| 工業生產<br>（Industrial） | 特性 | 具此種興趣者喜好在工廠做重複、具體而有組織工作，其相關職業共四大類。 |
| | 職業 | 生產技術、生產工作、生產品管、生產基層工作。 |
| 企業事務<br>（Business detail）<br>【*1122-47；1112-14；<br>1092-8；1081-39；<br>991-11】 | 職業 | 喜做非常具體、很組織化、注意細節及精確性的工作。有關職業共七大類。<br><br>行政事務、業務資料計算、財金業務、語言溝通、檔案處理、事務性機械操作、文書雜物。 |
| 銷售<br>（Selling） | 特性 | 具此類興趣者，喜歡用個人說服方法及銷售的技術讓別人聽從己見，與此有關職業共三大類。 |
| | 職業 | 專技銷售、一般銷售、販賣。 |
| 個人服務<br>（Accomodating） | 特性 | 具此類興趣者喜歡依別人的個別需要及期望，提供照顧性的服務。與這個興趣範圍有關的職業共五大類。【*1043 術科第七題】 |
| | 職業 | 接待服務、美容及美髮服務、客運服務、顧客服務、隨從服務。【*1062-43】 |
| 社會福利<br>（Social welfare or<br>humanitarian） | 特性 | 具此類興趣者喜歡助人解決心理、精神、社會、生理及職業上困難。與其相關職業其三大類。【*1043 術科第七題】 |
| | 職業 | 社會服務、護理、治療及特殊教育服務、兒童及成人照顧。 |
| 領導<br>（Leading-influencing） | 特性 | 具此類興趣者喜歡用高等語文及數理能力來影響別人，與其相關職業共十二大類。 |
| | 職業 | 數理及統計、教育與圖書館服務、社會研究、法律、行政主管、財經、服務性行政、傳播、促銷、法規執行、企業管理、合約及申訴。 |
| 體能表演<br>（Physical performing） | 特性 | 具此類興趣者喜歡在觀眾前面表演體能活動。與其相關職業共兩大類。 |
| | 職業 | 運動、體能特技。 |

**立即演練 7**

( 　 )1. 王友明高中剛畢業，想確定自己的職業興趣，此時最適合他的職業心理測驗是哪一個？　①我喜歡做的事　②職業性向測驗　③工作氣質測驗　④工作價值觀測驗

( 　 )2. 下列何者是職業興趣量表之 12 項職業代表之名稱？　①社工諮商師　②銷售人員　③會計助理人員　④保全

( 　 )3. 勞動部（前身為行政院勞工委員會）研發的「職業興趣量表」將職業興趣分為十二個職業範圍結構，英英經過測試後所得的分數「企業事務」最高，則其不適合下列哪一個職業的選擇？　①噴漆工　②社工行政人員　③文書收發員　④人事佐理員

**解** 1.①　2.④　3.①

## 七、通用性向測驗 ★★★

　　**通用性向測驗**（GATB）是勞動力發展署參考美國勞動部 1930 年代所研發，職訓局編制的本土第一個職業適性測驗【*972-48】。通用性向測驗共有 12 個分量測驗，前 8 個屬紙筆測驗，後 4 個為操作測驗。12 個分量測驗可測出 9 種性向，除可供專業人員針對高中與高職學生及社會青年，在進行職業選擇之就業諮詢（商）與輔導時運用，更可提供各企業機構甄選員工及職業訓練中心甄選受訓學員時使用【*1082 術科第九題】。12 個分測驗分述如下：

1. 文字校對：比較左右兩邊的文字或符號，辨別是否完全相同。時間限制 6 分，共 150 題。
2. 計算：加減乘除運算，時間限制 6 分，共 60 題。
3. 空間關係：將畫有折線的平面圖形轉換成立體圖形。時間限制 6 分，共 40 題。
4. 詞彙：從四個詞彙中找出意義非常相似或完全相反的兩個詞彙。時間限制 6 分，共 60 題。
5. 工具辨認：從四個工具圖形中，找出與左邊的基準圖完全相同的那一個。時間限制 5 分，共 49 題。
6. 算術推理：數學的應用問題。時間限制 10 分，共 48 題。
7. 圖形配對：把上面和下面的圖形，依形狀、大小相同配對。時間限制 6 分，共 60 題。
8. 畫記：在 60 秒內儘可能完成越多「⊥」的圖形。【*1011-12】
9. 移置：運用雙手將置於樺板上方的木柱移到下方。移動時依一定的順序且兩手必須同時移動。總共測量三次，每次 15 秒。
10. 轉動：將木柱依一定的順序倒轉，並插回原處。總共測量三次，每次 30 秒。
11. 組合：將插釘和墊圈結合，再插入裝卸板下方的洞中。時間限制 90 秒。
12. 拆開：將插釘和墊圈分離，放回銅桿及上方的洞中。時間限制 60 秒。

　　上述 12 個分量測驗可測出受試者之 9 種性向【*1111-76；1101-73；1092-71；1091-78】，簡要說明如下。

1. 一般學習（G）：能瞭解別人說明或掌握基本原理原則的能力，能作推理、判斷的能力；它常與學業成就有密切的關係。此種性向可由空間關係、詞彙及算術推理等三個分測驗測量之。

2. 語文（V）：能瞭解文字的意義，並有效使用文字的能力；能瞭解他人語言，掌握字與字之間的意義，以及整句或整段文字意義的能力。此種性向可由詞彙分測驗測量之。

3. 數目（N）：能正確、迅速的作加減乘除運算的能力；能知道在何種情況下，應採取何種數學運算以求得所要結果的能力。此種性向可由計算和算術推理二個分測驗測量之。

4. 空間關係（S）：能看出平面圖，而在思考時將它轉換成立體影像的能力；能由不同的角度認出同一物體的能力。此種性向可由空間關係分測驗測量之。

5. 圖形知覺（P）：能覺察到實物或圖形細節；能對圖形與外形與明暗上的差異，或線條在長、寬上的細小差別作正確的比較和辨別。此種性向可由工具辨認和圖形配對兩個分測驗測量之。

6. 文書知覺（Q）：能察覺文字、符號、表格上細微差異的能力，能快速校對文字、數目、符號以避免抄寫或計算錯誤的能力。此種性向可由文字校對分測驗測量之。

7. 動作協調（K）：能使眼睛和手或手指相互協調配合，作出快速且精確的細微動作的能力。此種性向可由畫記分測驗測量之。【*1123-33；1073-57；1071-58；1043-80】

8. 手指靈巧（F）：能靈活運用手指，以雙手手指快速、精確的分解或組合小物體的能力。此種性向可由組合或拆開兩個分測驗測量之。【*1061-42；1051-44】

9. 手部靈巧（M）：能靈活運用手腕、手肘，以手將物快速、精確移動或轉動的能力。此性向可由移動或轉動兩個分測驗測量之。

　　通用性向測驗記分，依標準答案算出各分測驗之原始分數。將原始分數對照指導手冊「性向分數轉換表」，可轉換成 9 個標準化性向分數，亦即將九種性向的每一名稱下的方格內數值相加，即得各性向之標準分數（表 8-12），並根據各性向之標準分數繪製側面圖。

表 8-12　通用性向測驗性向分析表

| 12 個分量測驗 | 原始分數 | 9 種性向 | | | | | | | | |
|---|---|---|---|---|---|---|---|---|---|---|
| | | G 一般學習 | V 語文 | N 數目 | S 空間關係 | P 圖形知覺 | Q 文書知覺 | K 動作協調 | F 手指靈巧 | M 手部靈巧 |
| 1. 文字校對 | 49 | | | | | | 103 | | | |
| 2. 計算 | 26 | | | 62 | | | | | | |
| 3. 空間關係 | 26 | 23 | | | 122 | | | | | |
| 4. 詞彙 | 15 | 60 | 93 | | | | | | | |
| 5. 工具辨認 | 33 | | | | | 72 | | | | |
| 6. 算術推理 | 10 | 18 | | 56 | | | | | | |
| 7. 圖形配對 | 29 | | | | | 33 | | | | |
| 8. 畫記 | 81 | | | | | | | 95 | | |
| 9. 移置 | 81 | | | | | | | | | 23 |
| 10. 轉動 | 99 | | | | | | | | | 70 |
| 11. 組合 | 32 | | | | | | | | 54 | |
| 12. 拆開 | 33 | | | | | | | | 54 | |
| 標準化性向分數 | | 101 | 93 | 118 | 122 | 105 | 103 | 95 | 108 | 93 |

　　通用性向測驗所用的常模有三種：(1) 一般在職母群體常模用來讓受試者知道自己的各項能力與一般在職人員比起來究竟優劣程度如何；(2) 個別職業常模除知道個人在各方面的能力外，還知道各種職業所最需要的能力要高到何種程度才能勝任這工作，因此個別職業常模能判斷某個人是否適合從事某種職業，在人員甄選上有客觀的標準；(3) 職業性向組型：在建立許多個別職業常模後，可進一步把所需能力相類似的職業組合成一個職群，建立該職群的常模，適用於職業諮商或供青少年作職業探索之用。

### 立即演練 8

( 　 ) 1. 下列哪一個測驗是行政院勞工委員會職業訓練局參考美國勞動部所研發編制的本土第一個職業適性測驗？　①我喜歡做的事測驗　②通用性向測驗　③職業興趣量表　④工作氣質測驗

( 　 ) 2. 下列哪一個測驗是最適合用來瞭解求職者的工作潛能與能力？　①職業興趣測驗　②職業性向測驗　③職業成就測驗　④職業價值觀測驗

解　1. ②　　2. ②

## 八、工作氣質測驗　✪✪✪✪

　　**工作氣質測驗**係勞動部勞發署委託中華民國測驗學會，參酌美國就業服務局（U.S. Department of Labor, 1979）工作氣質架構，編制正式之工作氣質測驗（個人工作態度問卷），除協助受試者了解自己對於選擇職業的態度及適應性，以做為職業選擇與就業參考外，此測驗也是常用的成人人格測驗之一【\*1103-74；1083-60；1072-37；1053-27；992-19；1082 術科第九題】。使用本測驗有助於評估者瞭解受試者之選擇職業的態度與適應性，增進對受試者人格的了解，使從事職業諮商時，能找出受試者在性向、興趣及氣質測驗三合一的輔導功效【\*1032-45】。

　　工作氣質量表在考慮本國文化因素的影響，在原始的 11 種氣質外多加兩項，合為 13 種工作氣質（表 8-13）。量表由人際效能量表、優柔猶豫量表、審慎精確量表、偏好單純量表、堅忍犯難量表、獨處自為量表、世故順從量表，以及虛飾量表等分量表組成，包括 200 個有關個人感受、習慣及行為方式有關之項目（簡版則有 66 個），由受試者判斷自己對各問項實際符合情形。其計分方法包含 3 分、2 分、1 分【\*991-29；981-65；963-3】。各分量表之操作列舉如下：

1. 人際效能量表（共 64 題）：得高分者善於面對、因應及處理人際之間及團體之內的事務，而能在督導他人、說服他人、與親和及向人表達等方面產生良好的效果。

　(1)督導性分量表（16 題）：得高分者善於做工作規劃，能督導部屬執行工作，並會分派與約制部屬的活動。

　(2)說服性分量表（16 題）：得高分者具備良好的說服技巧，能夠改變別人的判斷、想法及態度。　　　　　　　　　　　　　　　　　　　　　　　　　　　　　　【\*1051 術科第六題】

(3) 親和性分量表（16 題）：得高分者善於與人相處，能與人打成一片，以建立良好的人際關係。【*1081-27；983-22；1051 術科第六題】

(4) 表達性分量表（16 題）：得高分者善於表達個人的感受與想法，並能以創意的眼光加以展現。

2. 優柔猶豫量表（20 題）：得高分者難以依據個人的主觀感受與事物的客觀資料，進行工作評核或下決定。【*1093 術科第十題】

3. 審慎精確量表（20 題）：得高分者做事力求精確，不會發生錯誤，能夠接受精確的標準，否則會造成重大的災害。【*1103-39】

4. 偏好單純量表（20 題）：得高分者能執行重複性或例行性工作，而不覺得單調或厭煩。得低分者能夠同時執行各種性質不同的工作職務，而不覺得力不從心。

5. 堅忍犯難量表（20 題）：得高分者在危險或惡劣的環境下，亦能有效執行工作。

6. 獨處自為量表（20 題）：得高分者能與別人分開，自己單獨工作，而不感到難受。

7. 世故順從量表（20 題）：得高分者能依照既定的工作指示，忠實地推行工作；能守本份，不冒犯上司，並能順從上司，考慮上司的感受，與上司維持良好的關係；能謹守人與人之間的傳統關係，注重和諧，不得罪人。【*1103-34；1093-41；1071-43；1051 術科第六題】

8. 虛飾量表（16 題）：測量答題時之說謊傾向、自我防衛傾向與社會讚許傾向。其總分是一綜合評量分數，兼含上述三項有害量表效度的反應傾向。原始分數低於 9 分（200 題）或低於 3 分（66 題），測驗結果可信度偏低。【*1093 術科第十題】

表 8-13　13 種工作氣質特質、典型職業或工作

【*1121 術科第八題；1051 術科第六題；983 術科第十題】

| 氣質類別 | 特質 | 典型職業或工作 |
|---|---|---|
| 1. 督導性強 | 善於做規劃工作，能監督部屬執行工作，並會分派與約制部屬的活動。 | 工廠領班、護士長、小學校長、電視製作人 |
| 2. 影響力大 | 具備良好的說服技巧，能夠改變別人的判斷、想法及態度。【*1073 術科第七題】 | 傳教士、推銷員、諮商員【*1123 術科第九題】 |
| 3. 單調忍受性高 | 能執行重複性或例行性工作，而不覺得單調或厭煩。 | 警衛、電話接線生、複印員、包裝工 |
| 4. 變化性大 | 能同時執行各種性質不同的工作職務，而不覺得力不從心。【*1043-52；1011-33】 | 警察、總經理、部門經理 |
| 5. 堅忍性高 | 在危險或惡劣的環境下，能夠有效的執行工作。 | 消防人員、礦工、建築工 |
| 6. 精確性高 | 做事力求精確，不會發生錯誤，能夠接受精確的標準，否則會造成重大的災害。 | 鐵路號誌工、模具製造工、會計員、土木測量員 |
| 7. 親和性大 | 善於與人相處，能與人打成一片，以建立良好的人際關係。【*1081-27；1051 術科第六題】 | 旅館接待員、公共關係員、售貨員、導遊、人事管理員【*1123 術科第九題】 |
| 8. 表達力強 | 善於表達個人的感受與想法，並以創意的眼光加以展現。 | 作家、演員、廣告文案員、卡通畫家、作曲家、攝影家【*1123 術科第九題】 |

| 氣質類別 | 特質 | 典型職業或工作 |
|---|---|---|
| 9. 決斷力強 | 能依據個人的主觀感受與事物的客觀資料，進行工作評核或下決定。 | 外科醫師、總編輯、推事 |
| 10. 遵從性高 | 能夠依照既定的工作指示，忠實地執行工作。【*1051 術科第六題】 | 檔案管理員、剪裁工、調劑藥師、機械繪圖員、翻譯人員 |
| 11. 獨處性高 | 能與別人分開，自己單獨工作，而不感到難受。【*1073 術科第七題】 | 貨車駕駛員、實驗室工作者、塔臺管制員、燈塔管理員、森林防火員 |
| 12. 上下關係好 | 能守本分，不冒犯上司，並能順從上司，考慮上司的感受，與上司維持良好關係。【*1051-36；1051 術科第六題】 | 軍人、公務員 |
| 13. 世故性高 | 謹守人與人之間的傳統關係，注重合諧，不得罪人。【*1051 術科第六題】 | 傳統性公務員 |

　　根據受試者在各工作氣質測驗的原始分數，比對適當常模，即可得受測者在各工作氣質的百分位與 T 分數。據此，可找出分數最高的一項或數項較高氣質，以及最低的一項或數項較低氣質，根據較高與較低氣質，或者比較受測者之較高氣質與各職種之工作氣質組型的相似性，可協助探索受試者比較適合擔任的職種與工作。受測者之較高氣質與哪一項或數項職種之工作氣質組型相似，即表示受測者在氣質上與該項或該等職種之工作氣質需求較一致。

 **立即演練 9**

(　　) 1. 「人際效能」及「優柔寡斷」是屬於哪一個職業心理測驗所測量的向度？　①我喜歡做的事　②職業性向測驗　③工作氣質測驗　④工作價值觀測驗

(　　) 2. 「工作氣質測驗」(個人工作態度問卷)的建立，係行政院勞工委員會職業訓練局委託依據美國就業服務局根據工作分析與氣質分析的結果所擬定之十三種工作氣質，本測驗結果的實際應用，下列敘述何者為非？　①適合做為職業訓練輔導的參考　②較不適用作為工作分析之用　③適合做為制定前程輔導的依據　④適合作為人員甄試及安置的指標

(　　) 3. 勞動力發展署(前身為行政院勞工委員會職業訓練局)研發之「工作氣質測驗」，其計分方法不包含下列何者？　①4 分　②3 分　③2 分　④1 分

(　　) 4. 會影響一個人在自己的職業中，以何種方式、格調或節奏，來從事與適應工作之職業心理測驗是為　①通用性向測驗　②職業興趣測驗　③工作氣質測驗　④成就測驗

(　　) 5. 「親和性大」是屬於職業心理測驗中的何種測驗？　①工作氣質測驗　②工作價值測驗　③職業興趣測驗　④通用性向測驗

　　**解**　1. ③　　2. ②　　3. ①　　4. ③　　5. ①

## 九、卡萊特斯特質因素生涯諮商模式

卡萊特斯（John O. Crites）最初是針對失業與殘障者的職業復健設計一套生涯諮商模式與方法，建立個案生涯選擇問題診斷系統。該特質因素諮商模式利用統計預測，分析個案職業選擇方向，以標準化測驗評量個案，勾畫出其特質，使其了解自我。依科學解決問題方式，以及按疾病分類學觀念做診斷，透過諮商過程完成明確的職業決定。該模式諮商流程分別有診斷、諮商過程、結果等流程，說明如下。

### （一）診斷

卡萊特斯（1969）將個案生涯選擇問題做成分類並定義各問題的標準，製成一份生涯選擇確定表（表 8-14）。此確定表依系統性原則，設計的問題與個案的性向、興趣和選擇有一致性。若諮商員根據個案在選擇確定表問項所提供的客觀資料，可將個案的問題依據系統來分類。該系統內項目具有獨立性和互斥性，以性向、興趣和選擇為分類標準，因此此系統也具有限制，諮商員對受輔導者的問題必須參考其他資料以幫助診斷。例如個案無法做決定時，若諮商員將個案分類至「未做決定」，是因他們無法做選擇，則缺乏充分基礎去區分是否單純無法做決定，或者是無法做明確決定。因此，諮商員必須就性向、興趣等資料來協助個案的問題及診斷其問題屬性。

表 8-14　生涯選擇確定表

---

1. 什麼是你的生涯選擇？完成你的學業或訓練後，你要選什麼職業？請儘可能明確地寫出職業名稱，如電機工程師、護士等。

2. 請您將生涯選擇的「確定」程度評量如下，劃（一）符號在量表上，以指出你對選擇未來生計的確定性。

   **高確定**　我不懷疑我選擇的生涯，我認為我會改變我的決定。我計畫去從事這項職業。

   **一般確定**　我有一些疑慮我所選擇的生涯。我有時會懷疑我是否做了正確選擇。

   **低確定**　我很疑慮我所選擇的生涯，雖然我做了選擇，但我常常懷疑我做了正確選擇。

3. 不智的選擇：來談者所做的選擇，其興趣與能力無法與執業的要求配合。一般而言，不智的選擇表示來談者做生涯選擇，但其能力與性向不足。

4. 興趣與性向不符合（Discrepancy）：此可分為三種類型：(1) 對職業有興趣，但缺乏必要的性向；(2) 來談者的能力超過了其所感興趣的職業；(3) 興趣與能力相符合，但是各屬不同範疇。

---

### （二）諮商過程

特質因素生涯諮商模式具有理性主義特質，其諮商過程再細分為三個階段、五個步驟。說明如下：

**1. 三階段**

　　(1) 了解問題背景（蒐集個人資料）：建立諮商員與個案的良好關係。諮商員傾聽個案所提出的問題，了解個案的背景和教育，測驗個案興趣與性向。

　　(2) 陳述問題：此一階段經過多次面談了解社經資料、與個案做心理測驗，有系統解釋各種測驗分數的意義。

(3)解決問題（提供職業資料）：此一階段諮商員關切的不僅是幫助個案解決面臨即刻問題或做即刻決定，且必須使個人能夠有更好的能力以解決未來的問題。因此諮商提供個案適合資料或參考其他相關資料，如職業分類典、就業指南等，使個案了解到自己的優點與缺點，及其生活目標與生涯發展間之關係。

**2. 五步驟**

(1)分析：諮商員運用主觀和客觀方法蒐集有關態度、興趣、家庭社經背景、知識、性向等相關資料。

(2)綜合：諮商員運用個案法和敘述法描述個案的人格特質，對照所蒐集綜合資料。

(3)診斷：諮商員描述出個案明顯特質和問題。比較個案資料與教育背景與職業資料，找出問題原因。

(4)諮商或治療：建議個案做適當調整，促使個案積極參與。

(5)繼續諮商：重複上述步驟，來幫助個案解決問題。

## （三）結果

透過諮商過程完成個案明確的職業決定。當諮商診斷正確時，其諮商的成果有二：第一個成果是解決個案問題，如無法做決定者可做出決定，或選擇不切實際者，可了解到自己能力與適任工作，而做出符合實際選擇。第二個成果是個案了解如何做決定和解決的問題，能使個案具有良好的自我了解與自我管理能力，且能夠有更好能力以解決未來問題。

## 十、克魯巴滋生涯信念量表

生涯信念（Career beliefs）是一組對自己，以及對自己在工作世界未來發展的綜合性假設，這些假設會影響個人的生涯選擇行為，阻礙生涯目標。**生涯信念量表**（Career beliefs inventory, CBI）是由克魯巴滋（John D. Krumboltz）耗時 8 年篩選一千多筆資料，於 1991 年編制完成。生涯信念量表共 96 題，以李克特量尺計分（從非常同意到非常不同意）的問題。歸納為 5 大類，包括：1. 我目前的生涯狀態；2. 我的快樂來源；3. 影響決定的因素；4. 我願意做的改變；5. 我願意做的努力，再區分為開放性、控制性、冒險性等 25 種量表分數。這些信念對個人來說沒有好與壞，但是個人通常會抱持著一些對自己和生涯的假設，可能影響個人的生涯計劃。如果受試者在 25 種量表分數是屬於低分，表示受試者在生涯信念可能會在個體不同的狀況造成問題。

生涯信念量表是讓使用者的信念無所遁形，透過量表查看是否這些信念阻礙生涯決定。克魯巴滋提出幾個澄清生涯信念的步驟，如下：

1. 傾聽與了解。
2. 確定生涯信念量表的類型。
3. 探究特別的信念。
4. 提出反證。
5. 列出求證信念的具體步驟。
6. 要求行動以確認其信念。

## 十一、職業組合卡

　　**職業組合卡**（Vocation Card Sort）的創始人為泰勒（L.E. Tyler, 1961）。泰勒最初對個別差異的研究有興趣，認為個別差異的觀察核心是一個人的決定（Choice），以及如何形成這個決定。要了解一個人的做決定方式，可以由四個方面的決定來評量：職業、休閒活動、社區組織以及教名（First names）。她所設計出來的工具便是卡片的組合。職業組合卡的基本形式是卡片的組合，有別於一般紙筆式測驗，每一張職業組合卡正面會呈現一個職業名稱（圖 8-5），卡片背面陳述這個職業相關內容【*1031-48】。受測者針對每張職業卡中的職業依自己的偏好與反應，進行「喜歡」、「不喜歡」與「不知道」三個類別的歸類，最後經由諮商師的提問，透過 Q&A 的過程幫助受測者了解自己的職業興趣，以及選擇有興趣的職業卡組合背後的理由。職業組合卡至少可以達到 3 個目的，1.釐清受測者在評量職業時的內在信念；2.探討受測者生涯探索可能障礙與內在衝突矛盾之處【*1073-55；1072-24；1053-34】，諮商人員可以依此建立結構化的晤談技術；3.協助不同的諮商對象，如生涯未決定的個案、年長者、身心障礙者、口語表達能力較差者等等。

　　杜立福（Robert H. Dolliver, 1967）進一步對組合卡的職業部份在技術上做了一些修改，卡片以職業名稱為主，並且設計由諮商師來實施，稱為「泰勒氏職業組合卡」（Tyler Vocational Card Sort）。杜立福的設計理念沿襲著泰勒的構想，將職業組合卡定位在「具有測驗的特徵」，不過就實施的形式與功能來看，職業組合卡已有一種結構式諮商的雛形。目前組合卡的型式五花八門，大致分為二類，第一類是職業組合，如史氏職業組合卡（Slaney Vocational Card Sort）、金樹人編制職業興趣組合卡（國中版）與（高中職以上版）；第二類是非職業組合，如生涯價值組合卡、興趣與能力組合卡、技能動機組合卡。

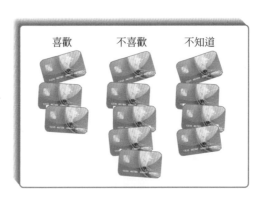

圖 8-5　職業組合卡

## 十二、梅氏－布氏 MB 類型指標

　　梅爾（Isabel Briggs Myers）與布里格斯（Katherine Briggs）為確認個人對感知與處理資訊的基本偏好，以心理學家容格（Jung）的論點而設計人格量表。容格認為人類的內外向性格及跨心理面向的心理組合是影響人類行為的主因。**MB 類型指標測驗**（Myers-Briggs type indicator, MBTI）將人類行為差異及偏好，以四個構面分析 (1) 社會互動方式（外向 E 與內向 I），(2) 資訊蒐集方式（理性型 S 與直覺型 N），(3) 決策偏好（思考型 T 與感覺型 F），(4) 生活風格（判斷型 J 與知覺型 P），結果產生 16 個不同的組合結果（表 8-15）。　　　　　　　　　　　　　　　　　　　【*963-55】

此測驗能確定員工社會互動方式、資訊收集方式、決策偏好與生活風格，找出最能影響某人行為的人格偏向。測驗結果可成為團體建構及領導能力發展的資訊。亦即利用員工偏好或傾向等類型資訊，可協助組織瞭解員工的溝通、動機、團隊合作、工作風格及領導力測驗包括 100 個以上的題目，主要在瞭解受測者在不同情境下的行為或反應模式。MB 人格類型表中 ESTJ 特質組合是經理人最普遍的類型之一，E 是外向、S 是理性、T 是思考、J 是判斷。而 ENTJ 的人格類型被認為是天生的領導者。　　　　　　　　　　　　　　　　　　　　　　　　　　　　　　　　【*1011-43】

表 8-15　MB 人格類型表

| | 理性型（S） | | 直覺型（N） | |
|---|---|---|---|---|
| | 思考型（T） | 感覺型（F） | 感覺型（F） | 思考型（T） |
| 內向者（I） | ISTJ | ISFJ | INFJ | INTJ |
| 判斷型（J） | 性格沉靜嚴肅。以細心及可靠贏得成功。俱備腳踏實地、凡事講求證據、實事求是與負責等人格特色。能不畏阻擾，穩健、頭腦清楚地往目標前進。喜歡將每樣事情處理得井然有序。善於安排工作、家庭與個人生活。重視傳統，具忠誠度。 | 沉靜、友善、負責且謹慎。能專注投入，並達成目標。細心、努力，實事求是。忠心、體貼，能注意並記得他們覺得重要的人之特性。在乎他人感受。希望營造辦公室及家庭和諧有序的氣氛。 | 喜歡找出人事物的意義及彼此間的相關性。希望了解如何激勵一名員工，善於觀察他人。謹慎，對於個人重要理念不會輕易妥協。能謀求對多數人最有利的處理方案。能有組織且果斷地執行。 | 具原創性，且有達成理想與目標的強烈動機。能很快抓住外在變動的脈絡，並看出未來發展走向。當專注投入某事時，可有效規劃並整理出適當作法，一步步達成目標。不妄下斷言，能獨立完成工作。不論是處理個人或他人的事務，都能有出色表現。 |
| 內向者（I） | ISTP | ISFP | INFP | INTP |
| 知覺型（P） | 具包容力及彈性。沉著面對問題，即刻想出有效解決方案。慣於分析事情的成功因素，且能從大量資訊中，很快找出影響事務成敗的關鍵要素。喜歡找出事情因果，能利用邏輯思維組織問題，重視效率。 | 沉靜、友善、敏感、仁慈。樂於享受當下，隨遇而安。喜歡有個人辦公空間，並自己訂定工作時間。忠心、堅持個人理念，並能注意且記得他們覺得重要的人之特性。不喜歡爭執或衝突。不會硬把自己的價值觀套在別人身上。 | 具理想性格。忠於個人理念，同時，對於他們所重視的人具有極高忠誠度。追求與個人價值相符的生活型態。喜歡探索事物，能看出各種不同可能性。能將抽象想法化為具體行動。希望了解他人，並協助別人成就理性。具適應能力與彈性。除非核心價值受到挑戰，否則極易順服他人。 | 對於引起自己注意的事項，總要找到合理解釋。能作理性及抽象思考。喜歡獨立思考，對人際互動興趣不大。安靜、沉著、有彈性，並具適應力。在深入處理個人偏好領域的問題方面，具有不凡能力。不妄下斷言，有時較為吹毛求疵。具分析能力。 |

（續表 8-15）

| | 理性型（S） | | 直覺型（N） | |
|---|---|---|---|---|
| | 思考型（T） | 感覺型（F） | 感覺型（F） | 思考型（T） |
| 外向者（E） | ESTP | ESFP | ENFP | ENTP |
| 知覺型（P） | 具彈性、能忍耐。方法務實，講求成效。對抽象理論及概念不感興趣，喜歡以實際行動處理問題。看重當下，自動自發。樂於與人互動。在乎物質生活品質與格調。「從做中學」可得到最佳工作成效。 | 外向、友善，能接受他人意見。熱愛生命、人群，重視生活品質。樂於與他人合力完成工作。會把生活經驗運用到工作上，並運用務實手段處理問題。喜歡營造快樂的辦公氣氛。具彈性、自動自發，適應新人及新環境。能從與他人合作嘗試新技術、作法中獲益。 | 熱情、想像力豐富。隨生命有無限可能。能很快掌握事件重點，並依據所掌握的環節做處理。亟需他人認可，也願意表達欣賞與贊同他人的態度。自動自發，具彈性。善用個人機智及口才能力。 | 有效率、具智謀、機靈、善於觀察、言行坦率。以機智的方式處理新興問題與挑戰。精於提出解決方案的構想進行策略性分析。具洞察他人的能力。不喜歡一成不變的事物，喜歡嘗試完成工作的各種方法。興趣廣泛且多變。 |
| 外向者（E） | ESTJ | ESFJ | ENFJ | ENTJ |
| 判斷型（J） | 腳踏實地、凡事講求證據、實事求是。具決斷性，即知即行。能妥善運用人員計畫，有效達成目的。在例行事務細節。處理事情原則清楚且有系統，也期望別人和自己一樣。貫徹個人意志，實現既定規劃。 | 熱心、謹慎、能與他人合作。重視周遭氣氛。不達目標，不輕易中止。喜歡與他人合作，並能精確準時地完成工作。具忠誠度。重視細節。不時留心別人是否有所需要。 | 溫和、有同理心、關懷別人，有責任感。能夠高度理解他人的情緒、需求及動機。能夠發掘他人的潛能，願意儘可能協助別人達成理想。能扮演個人及團體成長催化劑的角色。具忠誠度。面對正反評價，均能適度回應。善於社交以及照顧團體成員。以激勵人心爲領導特色。 | 坦誠、果決，是能很快上手的領導人才。有辦法馬上看出程序或政策的謬誤之處。能發展解決組織問題的全方位方案，並能有效執行。喜歡作長程規劃，並設定目標。通常見識廣、知識多，並樂於將所知傳授給別人。貫徹個人意志，實現既定規劃。 |

## 十三、生涯與就業協助系統（Career & Vocational Helping System，簡稱 CVHS）

【*1021 術科第十題】

　　生涯與就業協助系統（CVHS）是為了回應近十年全球所面臨的一個普遍性問題：高等教育學生面臨到畢業後的高失業率、學用的不契合、生涯未決定等問題。大抵上，這問題是相當複雜的，無法只用單一學門的角度來看待，也無法只依賴以往累積的理論與工具。因此，臺灣一些大學引入資訊科技，採用決策支援系統的角度，以跨領域的工作方式，輔仁大學人才測評發展與職場健康研究中心嘗試開發 CVHS 來回應問題。利用美國勞工部 O*NET、財團法人大學入學考試中心、以及相關專案調查收集資料，提供學生瞭解學系、生涯探索、能耐發展與學職轉換的自我認知。CVHS 系統檢測的評量分為兩部份，一為知識評量（表 8-16），一為技能評量。簡介如下：

### （一）知識（Knowledge）評量

　　大學有相當豐富的資源，您可以在貴系選課，也可以跨系選修、輔系與雙主修，逐漸長出屬於您自己的知識組合，據以開拓您的生涯。本評量即協助您評估目前您的知識組合樣貌與水準，以進一步規劃您選課發展方向。該自評量表來自美國勞工部 O*NET 職業資訊系統，將知識分為 33 個類別，每一題為一種知識領域。

表 8-16　CVHS 知識評量定義

| K1 數學 | 關於算術、代數、幾何、微積分、統計及其應用的知識。 | K18 哲學與宗教 | 關於不同哲學系統及宗教的基本原則、價值、倫理、思考方式、習慣常規及其對人類文化影響等知識。 |
|---|---|---|---|
| K2 物理 | 關於物理原理與定律的知識，包括在流體、物質、大氣力學與力學、電學、原子、次原子等之結構和過程等的了解與應用。 | K19 治療與諮商 | 關於身心功能失常的診斷、治療及復健的原則、方法和程序，及生涯諮商與輔導等知識。 |
| K3 化學 | 關於化學組成、結構、物性、化學過程與轉化等知識，包括使用化學藥品及化學作用、危險標誌、生產技術和廢棄物處理等。 | K20 本國語文與文學 | 關於本國語文結構與內容的知識，包括文字的意義、聲韻與寫作。 |
| K4 資訊與電子 | 關於電路板、處理器、晶片、電子設備、電腦軟硬體及程式的知識。 | K21 外國語文與文學 | 關於某一外國之語文結構與內容及該國文學的知識，包括文字意義、拼音、發音及文法，以及文學。 |
| K5 網路與電信 | 關於播放、轉換、控制及操作電腦網路與電信系統等知識。 | K22 人力資源 | 關於人員招募、選拔、訓練的原則、程序、福利津貼、勞工關係、協商及員工資訊等知識。 |
| K6 工程與科技 | 關於工程科學與技術的實際應用知識，包括應用原理、技術、過程與設備，設計與生產各種物品與勞務。 | K23 顧客與人群服務 | 關於顧客及人群服務的原則與程序的知識，包括顧客需求調查、服務水準及顧客滿意度的評量。 |

（續表）

| | | | |
|---|---|---|---|
| K7 機械 | 關於機器與工具的知識，包括其設計、使用、修理與維護。 | K24 管理 | 關於經營管理策略的制定、資源的分配、人力資源模型、領導技巧、生產方法、人員與資源的協調等知識。 |
| K8 建築營造 | 關於房屋、道路結構之建築或修繕所牽涉的材料、方法、工具等知識。 | K25 銷售與行銷 | 關於產品或服務的展示、促銷和銷售的原則和方法，包括市場策略、產品展示、銷售技巧及銷售控制系統等知識。 |
| K9 設計 | 關於計畫、藍圖、製圖和模型製作等的設計技巧、工具與原理的知識。 | K26 經濟與會計 | 關於經濟和會計原則與工作、財務市場、銀行及財務資訊的分析與報告等知識。 |
| K10 生命科學 | 關於植物、動物等有機體的組織、細胞、功能、相互依存性及其彼此間與環境相互作用的知識。 | K27 法律與政治 | 關於法律、法典、法庭程序、判例、行政規章、行政命令、機構規則及民主政治程序等知識。 |
| K11 醫學 | 關於診斷、疾病治療、殘障等所需資訊和技術等知識，包括症狀、治療方式、藥物性質及其與人體相互作用、預防保健措施等。 | K28 行政 | 關於行政程序與管理系統等知識，包括資料處理、檔案管理、表格設計及其他行政程序。 |
| K12 藝術 | 關於音樂、舞蹈、視覺藝術、戲劇和雕塑等創作與表演所需理論和技術的知識。 | K29 生物資源與食品生產 | 關於種植植物、養殖動物、食品生產、食品保存與處理等技術與設備設置等知識。 |
| K13 歷史與文化 | 關於歷史事件及其起因、指標及對文明與文化影響的知識。 | K30 地理與環境 | 關於描述地貌、海洋及氣團的原則與方法等知識，包括其區域特色、位置、與環境交互關係及動植物與人類的分佈區域等。 |
| K14 傳播與媒體 | 關於媒體製作、通訊、傳播技術和方法的知識，包括經文字、口語及視覺等之傳播媒體。 | K31 公共安全 | 關於為有效促進資料、財產、制度與人身安全所需之設備、政策、程序與策略的知識。 |
| K15 教育與訓練 | 關於課程設計及教育訓練的原理原則及方法、個別和團體教學及訓練成效評量等知識。 | K32 生產與作業 | 關於追求有效生產所需的物流、製程、品管與成本的知識。 |
| K16 心理學 | 關於人類行為表現、能力與性格的個別差異、學習和動機、行為及情緒異常的評量及治療等知識。 | K33 交通運輸 | 關於航空、鐵路、航海、道路運輸的原理與方法，及有關成本與利潤的知識。 |
| K17 社會學與人類學 | 關於團體行為及團體動力、社會發展趨勢與影響、人類遷移、種族、文化及其起源等知識。 | | |

網址：http://www.cvhs.fju.edu.tw/

## （二）技能（Skill）評量

技能（Skill）是一項在長期訓練或經驗中獲得有關完成工作任務的能力，也是生涯發展的重要一環。透過學校課程內與課外活動中，逐漸長出屬於自己的技能組合，據以開拓您的生涯。技能評量即協助評估目前的技能組合樣貌與水準，以進一步規劃發展方向（譬如到學校教務處的課務資

訊系統中，查詢有關某技能之全校所有課程）。本技能自評量表運用美國勞工部的 O*NET 職業資訊系統，設計題項共 42 題。

- S1 閱讀理解：理解文件或文章中文句與段落的意義。
- S2 積極傾聽：當他人說話時能注意聆聽，了解重點並適時發問。
- S3 文字表達：透過書寫和他人達到有效溝通。
- S4 口語表達：透過口語有效的傳達訊息。
- S5 數學：用數學解決問題。
- S6 科學：運用科學規則和方法解決問題。
- S7 批判思考：運用邏輯與推理，評價不同觀點、方案與取向的優缺點。
- S8 主動學習：主動了解某些新資訊在解決問題或做決策時的用途。
- S9 學習策略：當學習或教導新事物時，選擇適當的方法和程序。
- S10 監督：監督與評估自己、他人或組織的表現，以提出改善的方案。
- S11 人際覺察：察覺他人的反應並理解其原因。
- S12 合作：為完成任務，在團隊中調整自己以配合他人行動。
- S13 說服：說服他人改變想法或行為。
- S14 協調：在討論會議中，協商各種不同意見使大家達到共識。
- S15 教導：教導或指導他人。
- S16 服務導向：主動察覺並幫助他人。
- S17 解決複雜問題：針對複雜問題認定其性質，搜尋並整理相關資料，發展與評估可行方案並付諸執行。
- S18 作業分析：分析需求，規劃出新的作業程序。
- S19 技術設計：調整或改進現有設備與技術，以滿足使用者的需求。
- S20 設備選用：挑選適當的工具和設備以完成工作。
- S21 設備安裝：安裝設備、機器、線路或程式。
- S22 程式撰寫：撰寫電腦程式。
- S23 設備監控：監控儀錶或其他指標，使設備正常運作。
- S24 儀器操控：操作、控制儀器或系統的運作。
- S25 設備保養：為器材進行週期性的保養。
- S26 偵除錯誤：發現操作錯誤的原因，並解決問題。
- S27 維修：使用適當的工具維修機器或系統。
- S28 品質管理分析：透過檢測，評估產品、服務或程序的品質。
- S29 判斷和決策：從成本與利益的觀點判斷出最佳的方案。
- S30 系統分析：確定社會系統或技術系統的運作機制及環境因素對成果的影響。
- S31 系統評估：評估社會系統或技術系統之效能、問題與矯正方向。
- S32 管理時間資源：安排自己與他人的時間。

- S33 管理財務資源：管理金錢支出效率與帳務管控。
- S34 管理實體性資源：管理並恰當使用儀器設備和材料。
- S35 管理人力資源：激勵、調度他人工作，使成員適才適所。
- S36 創意力：能流暢地進行分析思考、產生點子之認知能力。
- S37 原創力：在面對特定領域、真實情境或實際問題時，能提出新穎與原創方案之認知能力。
- S38 彈性應變 / 適應：在多變環境中，能開放地面對不確定與模糊之心理能力。
- S39 壓力調適：在壓力情境下，能有效且平靜地與壓力源共處之心理能力。
- S40 主動任事：能主動迎接挑戰與責任、慣於積極任事的心理能力。
- S41 追求卓越：能自我挑戰地設定合理目標、且能努力以赴之心理能力。
- S42 韌性堅持：面對困難時能韌性地堅持以對之心理能力。

## 十四、勞動部勞動力發展署編製之「工作價值觀量表」 【\*1093-72：1051-38】

勞動部勞動力發展署編製之工作價值觀量表原為委託簡茂發、盧欽銘與吳武典（1998）編製，為考慮我國高中學生的特性及利於學生升學與生涯輔導，簡茂發與吳武典（2008）重新修訂這份工作價值觀量表，仍分成十個分量表、三大價值取向，共計六十項題目（每個分量表有 6 題，少數題目為負向題）。

十個分量表分別為：1. 社會地位（Social status, SS）；2. 工作報酬（Work reward, WR）；3. 工作展望（Work perspectives, WP）；4. 社會公益（Social welfare, SW）；5. 勞碌偏好（Labor preference, LP）；6. 工作榮譽（Work honor, WH）；7. 接受挑戰（Accepting challenge, AC）；8. 力求上進（Social enterprising, SE）；9. 工作投入（Task commitment, TC）；及 10. 個人成長（Personal growth, PG）。三大價值取向分別為外部價值（Internal value）、交互價值（Interactive value）與內部價值（External value）。

## 十五、勞動部編製之「TWS 測評（臺灣工作風格測評）」

「工作風格」是每個人的人格特質在工作中，會展現出不同的行事方法，形成個人慣有的表現方式。有些工作風格對於工作有助益，有些則可能造成阻礙。例如親和性高，工作時會願意關懷、鼓勵同事；外向性較高，喜歡接觸人群、在工作互動中展現熱情。人格特質雖穩定，但行為可以調整。個人可在職場中調整工作風格作為職場溝通、人際關係經營、提升工作表現的策略。

臺灣工作風格測驗的目的是讓工作者與求職者，能找到最適合自己的工作，依據測驗結果，提供工作者與求職者自己的工作風格樣貌，讓工作者與求職者知道自己適合從事感興趣的工作外，也協助釐清自我的工作風格，知道自己的行事特點，作為選擇不同工作的參考指標。臺灣工作風格測試以五大人格理論（BIG FIVE）為架構，依照臺灣職場現況，區分成 13 種工作風格（圖 8-6）。13 種風格的概念內涵說明如表 8-17，測驗共有 59 個簡短描述，以 5 度量表計分，非常不符合計分 1 分，非常符合計分 5 分。個人可根據本職類探索結果，至台灣就業通的求職網站，找尋特定職類的職缺資訊，也可以進入 JOBOOKS 工作百科，深入認識工作內容、職能基準、平均薪資、職訓課程及工作機會等資訊。

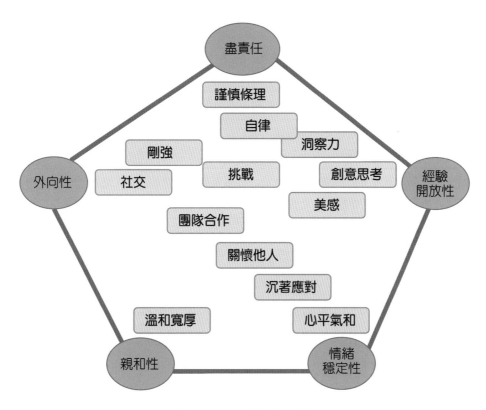

圖 8-6 13 種工作風格

表 8-17 13 種風格的概念內涵說明

| 風格 | 內涵定義 |
|---|---|
| 溫和寬厚 | 溫和寬厚得分越高的人,對人友善、寬厚而且溫和,不喜歡衝突。對他人不會批評、貶低、更不會有報復或怨恨的念頭。 |
| 關懷他人 | 關懷他人越高,表示越能理解、同理他人的感受,展現關懷的心,且常給予別人支持與鼓勵。 |
| 團隊合作 | 團隊合作得分越高,偏好與他人合作,善於協商、合作與化解衝突,且能信任夥伴、互相幫助,且有極佳的團隊精神。 |
| 挑戰 | 如果挑戰分數越高,表示您有挑戰心,日常工作表現出積極進取的態度,能奮發向上、求取進步、力圖有所作為;面對挑戰不認輸、也不想輸。 |
| 謹慎條理 | 謹慎條理高的人,傾向反覆思量或徹底檢查,注意細節、力求精準以避免犯錯,且喜歡環境保持的井然有序。 |
| 自律 | 若自律得分越高,面對任務時,不需督促就能自我約束、立刻開始、專心執行,而不會拖延、分心或怠惰。 |
| 社交 | 若您的社交分數很高,表示您工作中不但喜歡接觸他人,融入群體,善於人際交往,且常在互動中展現熱情。 |
| 剛強 | 越是剛強的人,自身想法越是堅定、不易被說服改變,與他人溝通時能清楚自信的表達觀點、進而說服與影響他人、或掌控情境,且在團隊中善於領導、管理與帶動團隊,為團隊做決定與負責。 |
| 沉著應對 | 若在沉著應對得分高,表示您在面對急迫、危急、艱困、繁雜、或不合預期之事務時,仍能保持沉著與鎮定。 |

| 風格 | 內涵定義 |
|------|----------|
| 心平氣和 | 心平氣和高的人，更能在面對工作壓力情境時，不易焦慮、沮喪或感到脆弱，能忍受壓力，甚或能以正向、安穩放鬆的心態面對。 |
| 洞察力 | 若洞察力高的話，表示您善於從複雜的樣貌中洞悉輪廓與重點，快速掌握或反應問題的本質。 |
| 美感 | 美感高的人，能敏銳地感知與感受美，偏好從事具藝術性成分之工作，傾向於開闊地尋求美好的事物、挖掘事務的美好。 |
| 創意思考 | 如果您的創意思考分數很高，代表您偏好從事可發揮創意的工作，您的思維富有想像力，擅於轉換思考角度與框架，並願意多元嘗試，熱衷於分析與研究抽象或複雜的難題。 |

　　測驗結果提供 505 職類「選擇比對常模」（常模使用美國 O*NET，本測驗國內常模尚在建置中，部分職類缺乏常模可比對），讓受測者選擇想了解的職類。另外「工作風格契合度分數」乃指獲得個人工作風格與該職類 0 到 100 分契合度指數。結果分析解釋可獲得 1. 個人絕對標準判斷（看自己個人分數），2. 職業絕對標準判斷（看選擇的職類常模分數），3. 個人與職類風格差異判斷（比較自己分數與職類分數的差異）。

## 立即演練 10

( ) 1. 密爾斯‧朴瑞格斯（Myers-Briggs）人格類型理論之主要內涵，下列何者是對的？①「F」是代表感覺式　②「E」是代表內省式　③「N」是代表判斷式　④「S」是代表外向式

( ) 2. 想要了解求職者的學習成效或工作表現時，使用的心理測驗類型是哪一個？　①興趣測驗　②性向測驗　③成就測驗　④人格測驗

( ) 3. 欲探索個人適合的工作或發現個人的工作潛力時，可藉助　①人格測驗　②興趣測驗　③成就測驗　④性向測驗

( ) 4. 就業服務人員實施職業心理測驗工具時，應遵守事項為何？　①做為人員推介時的唯一依據　②為協助受試者了解自己職業方面之心理特質，除實施職業心理測驗外，應輔之以其他方式，以為互相佐證解釋　③將受試者之姓名及其答案紙公開　④各種職業心理測驗工具可任意提供有施測需求之單位使用

( ) 5. 有關就業服務諮商人員在為個案解釋測驗之結果的敘述，下列何者為非？　①應力求客觀，正確　②應避免主觀、成見與偏見　③解釋之資料應視為專業之機密　④不須配合其他資料以免畫蛇添足

( ) 6. 團體測驗開始在第一次世界大戰的何國之陸軍使用之測驗？　①英國　②德國　③美國　④義大利

( ) 7. 有關職業心理測驗類別的敘述，下列何者是正確的？　①測量案主能不能做是興趣職業測驗　②測量案主願不願意是性向測驗　③測量案主追求什麼是性格測驗　④測量案主採用什麼方式去做是智力測驗

( 　　)8. 下列何者屬職業心理測驗所要測的興趣範圍？ ①圖形知覺 ②動作協調 ③變化性 ④藝術

( 　　)9. 心理測驗在職涯輔導與生涯規劃的應用概念中，主要在幫助個體 ①尋找工作 ②探索職業 ③瞭解自我 ④目標設定

( 　　)10.下列哪一種測驗是用來瞭解案主的親和性、表達力、決斷力等工作特質的測驗？ ①職業興趣測驗 ②職業性向測驗 ③職業成就測驗 ④職業性格測驗

解 1.① 　 2.③ 　 3.④ 　 4.② 　 5.④ 　 6.③ 　 7.③ 　 8.④ 　 9.③ 　 10.④

## 8-3 心理測驗之運用

### 一、運用心理測驗之步驟　　　　　　　　　　　【*1073-40；1072-75；1071-68；1071 術科第八題】

1. 決定測驗目標：如了解個案智力、性向、人格特質、興趣、態度。

2. 心理測驗的選擇：如使用智力測驗、性向測驗。

3. 準備測驗所需器材及情境：施測者應在事先詳讀測驗手冊、熟悉測驗程序與內容、牢記施測的指導語、手續、時間限制等。其次，對所需要的材料做周詳的檢查；另外也須對場所大小、光線、溫度、空氣、設備和安靜程度等測驗環境進行安排。

4. 施測：確實依照手冊的指示進行。

5. 評分：項目評分、分測驗與總測驗原始分數之計分、常模之使用，以及將原始分數轉化成其他分數等程序。

6. 解釋測驗：不應以分數的狹義說明為滿足，而應以測驗的目的界定結果所具有的意義。

【*1018 月-62】

7. 撰寫報告：包括受測者身分資料、引介來源、引介問題、觀察和面談經過、測驗程序、結果解釋、結論與建議等要項。

8. 視需要作進一步諮商：可安排與受測者或引介來源者作一會談，以口頭說明測驗結果並提供共同討論的機會。

### 二、測驗使用者應注意的道德考慮　　　　　　　　　　　【*1122-76；1111-63；1102-62】

1. 受測者隱私權的保護。

2. 測驗資料的保密性。

3. 測驗內容的保密性。

## 8-4　應用統計

　　心理諮商師針對案主進行各項心理測驗施測後，須使用統計學相關理論，計算加總個案在各測驗之原始分數及常模參照等統計技巧的運用，以下針對基礎描述性統計作簡單介紹。

### 一、集中量數

#### （一）平均數

　　平均數（Mean, M）又稱為算術平均數，是一群資料集內所有原始資料（$x_i$）的總和除以資料個數。如果資料來自樣本，稱為樣本平均數，即 $\bar{x} = \frac{\Sigma x_i}{n}$；如果資料來自母體，稱為母體平均數，亦即 $\mu = \frac{\Sigma x_i}{N}$。

#### （二）中位數

　　中位數（Median, Md）是指一群資料集合內，將資料項目由小排到大後，位置在中間的資料值。若資料個數為奇數，中位數即為排在中間位置的數值；若資料數目為偶數，中位數是中間的兩個資料值的平均數。

#### （三）百分位數

　　百分位數（PR）為提供有關資料在最小值到最大值間的分佈情況。即在一個對照團體中，當分數依高低次序排列後，位於某一個原始分數以下人數百分比【*1102-11】。通常大學的入學測驗分數均使用百分位數來表示。一般百分位數表現方式為 p- 百分位數，其意義為至少有 p 百分比的觀察值小於或等於它，而至少有（100 － p）的觀察值大於或等於它。

　　p- 百分位數的求法步驟為：(1) 將資料由小到大排列；(2) 計算指標 i，p- 百分位數的位置；(3) 如果 i 不是整數，去掉小數值。p- 百分位數就是第 i 個資料；(4) 如果 i 不是整數，p- 百分位數就是第 i 個資料與第 i ＋ 1 個資料的平均數，即 i ＝（p÷100）n。

### 二、離散量數

#### （一）全距

　　最簡單的離散量數就是全距（Rang, R）。全距＝最大值—最小值。全距僅用到資料中的兩個值，所以深受極端值的影響。

#### （二）四分位數距

　　四分位數距（Interquartile, IQR）是資料集的第三四分位數與第一四分位數的差距。四分位數距即中間 50% 的資料的全距。四分位數距能克服極端資料值的影響。

#### （三）變異數

　　變異數（Variance, Var）是根據每一個資料值（$x_i$）與平均數之差（樣本平均數 $\bar{x}$，或母體平均數 $\mu$）。對樣本資料而言，變異數表示為 $s^2$。對母體資料而言，變異數表示為 $\sigma^2$。

$$S^2 = \frac{\Sigma(x_i - \bar{x})^2}{n-1} \qquad \sigma^2 = \frac{\Sigma(x_i - \bar{\mu})^2}{N}$$

### （四）標準差

標準差（Standard deviation, SD）是變異數的正平方根（S, $\sigma$）。標準差比變異數容易解釋，因標準差的衡量單位與觀察值相同。在次數分配所構成的鐘形曲線，若標準差的數值越大時，表示測驗分數從平均數越往兩端分散。在常態曲線上，標準差的數值是將原始分數大約分割為六部分，三個在平均數之上，三個在平均數之下，而分數會落在三個標準差之上或之下的機率很渺小（圖 8-7）。對樣本資料而言，標準差表示為 s。對母體資料而言，標準差表示為 $\sigma$。

【*971-75；961-9】

$$s = \sqrt{s^2} \qquad \sigma = \sqrt{\sigma^2}$$

## 三、相對位置的量數與離群值的偵測

### （一）常態分配

真實世界中有很多現象屬於常態分配或近似常態分配，以心理學上的智商（IQ）而言，大部分的人智商在 85 至 115 之間，只有少部分的人其智商會高於 145 或低於 55。因此只要確定某個事件是常態事件或近似常態事件，其發生機率分配可用常態機率計算。常態分配可運用於描述分數的分配，以及由樣本推論母群體的統計決策。而常態曲線是一對稱曲線，其對稱的中心點為群體的平均數（M）、眾數（Mo）與中位數（Md），亦即群體 M＝群體 Mo＝群體 Md＝母體 $\mu$ 的分數（圖 8-7）。

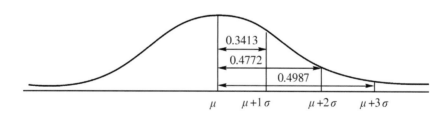

**圖 8-7　常態分配下平均數與 1 倍～ 3 倍標準差之間所涵蓋之面積比率**

常態曲線可以幫我們了解標準差的意義。一般的常態值（隨機變數 X）只要經過標準化，便稱為標準常態隨機變數 Z 分數，可以透過標準常態機率表，求出任何兩點之間在標準化常態曲線下所涵蓋的機率。透過平均數、眾數與中位數三個集中量數的差異，可以推論所收集的一群資訊是否有偏態。如果平均數大於中位數（M＞Md），則該群分數會呈現正偏態；如果平均數小於中位數（M＜Md），則該群分數會呈現負偏態。在一群資訊是偏態時，中位數成為最重要的集中量數，因為它不會受到極端值所影響。在常態分配中大約有 34% 的樣本落在中位數和高於一個標準差的距離內，其他的 34% 則落於低中位數的一個標準差內，接下來落在第二個標準差之下與之上的各有 14% 的樣本，最後，在第三個標準差之下與之上的各有 2% 的樣本。

## （二）標準分數

【\*1083-17】

標準分數（Standard scores）是以標準差和平均數為基礎，也就是標準分數是以標準差為單位的轉換分數，用來表示原始分數到平均數的距離。最基本的標準分數是 Z 分數、T 分數。

### 1. Z 分數

Z 分數通常稱之為標準化值（Standardized value）。被解釋為原始資料與群體平均數之間有幾個標準差的差距。當原始資料值小於群體樣本平均數時，Z 分數為負。如在 Z 分數表上為 –1.5 表示原始分數和對照團體的平均數之間有 1.5 個標準差的距離。因原始分數低於平均數，所以 Z 分數是負值。當原始資料值大於群體樣本平均數時，Z 分數為正。Z 分數為 0 表示資料值等於樣本平均數。因為 Z 分數會有正值與負值的不同，在解釋與計算上有所差異。

### 2. T 分數

T 分數常用在教育與心理測驗。T 分數的原理和 Z 分數相同，但是其平均數為 50 及標準差為 10。T 分數幾乎為整數，因為大多數原始分數不會超過平均數正三個或負三個標準差，而T 分數的範圍通常是從 20 到 80。大多數性向測驗、興趣測驗和人格測驗的標準化分數常用T 分數來解釋。

$$Z = \frac{x - \mu}{\sigma} \text{ , } Z \sim N(0,1)$$

## 四、相關分析

現實生活上許多問題都涉及到不同變項之間的相關程度。所謂相關程度是指某一變項 (X) 變動的程度與另一個變項 (Y) 變動的程度，二個變項彼此間的關係。若某一變項 (X) 增加時，另一個變項 (Y) 的變動也會增加，或者若某一變項 (X) 減少時，另一個變項 (Y) 的變動也會降低，通常稱呼變項 (X) 與另一個變項 (Y) 有正向關係。又若某一變項 (A) 增加時，另一個變項 (B) 的變動會下降，或者若某一變項 (A) 減少時，另一個變項 (B) 的變動會增加，通常稱呼變項 (A) 與另一個變項 (B) 有負向關係。又若某一變項（甲）增加時，另一個變項（乙）的變動不會發生，或者若某一變項（甲）減少時，另一個變項（乙）的變動維持不動，通常稱呼變項（甲）與另一個變項（乙）的關係為無相關。一般而言，二個變項相關程度（Relationship）會以相關係數值 (r) 作為判斷，相關係數最大值為正 1【\*1123-22；1081-7；1041-14；1033-16】，相關係數之最小值為負 1【\*1032-30】，亦即相關係數為介於 -1 ≦ r ≦ +1。【\*1123-52；1093-55；1042-64】

## 五、範例

1. 12 位員工月薪分別為表 8-18，請求出各種統計量數：

表 8-18　12 位員工薪資表

| 員工編號 | 月薪（NT） | 員工編號 | 月薪（NT） |
|---|---|---|---|
| 1 | 23,500 | 7 | 23,900 |
| 2 | 24,500 | 8 | 26,300 |
| 3 | 25,500 | 9 | 24,400 |
| 4 | 23,800 | 10 | 28,250 |
| 5 | 22,550 | 11 | 24,200 |
| 6 | 22,100 | 12 | 23,800 |

(1) 平均月薪為多少？

$$\bar{x} = \frac{292,800}{12} = 24,400$$

(2) 中位數

若有 12 筆薪資為 22,100、22,550、23,500、23,800、23,800、23,900、24,200、24,400、24,500、25,500、26,300、28,250，請問中位數為多少？

中位數＝ (23,900+24,200)÷2 ＝ 24,050

(3) 85 百分位數（同前例）

步驟 1：將資料集的 12 個數由小排到大。

22,100、22,550、23,500、23,800、23,800、23,900、24,200、24,400、24,500、25,500、26,300、28,250

步驟 2：$t = \left(\frac{p}{100}\right)n = \left(\frac{85}{100}\right)12 = 10.2$

步驟 3：因為 i 不為整數，無條件進位為 11，為 85 百分位數的位置指標。

85 百分位數是第 11 位的 26,300。

(4) 全距

全距＝最大值－最小值

全距＝ 28,250 － 22,100 ＝ 6,150

(5) 四分位數距

第三四分位數（Q3）＝ 25,000

第一四分位數（Q1）＝ 23,650

四分位數距＝ Q3 － Q1 ＝ 25,000 － 23,650 ＝ 1,350

2. 大學一年級學生測驗英文成績呈常態分配，班上平均分數為 75 分，標準差為 10 分，請試算下列各情形： 【*971-75；961-9】

(1) 60 分以下的同學占多少％？

$$P(x < 60) = p(\frac{x-\mu}{\sigma} < \frac{60-75}{10})$$

$$= p(z < -1.5) = 0.5 - p(0 < z < 1.5)$$

$$= 0.5 - 0.4332$$

$$= 0.0668$$

60 分以下的同學占 6.7%。

(2) A 生考 88 分，A 生的百分等級（PR）是多少？

$$P(x < 88) = p(-\infty < x < 88)$$

$$= p(-\infty < Z < \frac{88-75}{10}) = p(-\infty < x < 1.3)$$

$$= 0.5 + 0.4032 = 0.9032$$

A 生的 PR 為 90.32，約有百分之九十的學生英文分數比 A 生低。

## 立即演練 11

(　) 1. 請問下列哪一種抽樣方法適合用來調查國內企業使用派遣勞動的情形？ ①滾雪球抽樣 ②分層抽樣 ③簡單隨機抽樣 ④群集抽樣

(　) 2. 下列哪種統計方法可以預測未來當經濟成長率增加一個百分點時，就業人數會增加多少個百分點？ ①次數分配 ②迴歸分析 ③變異數分析 ④均值分析

(　) 3. 小英接受測驗之原始分數為 75，團體的標準差為 5，團體的平均數 65，則小英的標準分數為多少？ ①+1.50 ②+2.0 ③+2.5 ④-2.5

(　) 4. 下列敘述何者是對的？ ①百分位數不是以人數的百分比來表示 ②假設原始分數在標準化樣本中最高其百分數為 0 ③百分比分數是測驗所得的原始分數 ④第 50 百分位數相當於眾數

解 1.① 2.② 3.② 4.③

# Chapter 9　求職安全與就業諮詢

<table>
<tr><th colspan="2">年度梯次</th><th>961</th><th>963</th><th>971</th><th>972</th><th>981</th><th>983</th><th>991</th><th>992</th><th>1001</th><th>1002</th><th>1011</th><th>1012</th></tr>
<tr><td rowspan="2">學科</td><td>題數</td><td>9</td><td>7</td><td>9</td><td>5</td><td>10</td><td>7</td><td>9</td><td>11</td><td>9</td><td>9</td><td>0</td><td>7</td></tr>
<tr><td>%<br>(80題中出現題數)</td><td>11%</td><td>9%</td><td>11%</td><td>6%</td><td>13%</td><td>9%</td><td>11%</td><td>14%</td><td>11%</td><td>11%</td><td>0%</td><td>9%</td></tr>
<tr><td rowspan="2">術科</td><td>題數</td><td>第七題</td><td>第七題</td><td>第十題</td><td>無</td><td>第七題</td><td>無</td><td>第三題</td><td>第二題</td><td>第六題<br>第九題</td><td>第九題</td><td>第九題</td><td>第十題</td></tr>
<tr><td>%<br>(10題中出現題數)</td><td>10%</td><td>10%</td><td>10%</td><td>0%</td><td>10%</td><td>0%</td><td>10%</td><td>10%</td><td>20%</td><td>10%</td><td>10%</td><td>10%</td></tr>
</table>

<table>
<tr><th colspan="2">年度梯次</th><th>1018月</th><th>1013</th><th>1021</th><th>1022</th><th>1023</th><th>1031</th><th>1032</th><th>1033</th><th>1041</th><th>1042</th><th>1043</th></tr>
<tr><td rowspan="2">學科</td><td>題數</td><td>3</td><td>5</td><td>1</td><td>3</td><td>6</td><td>5</td><td>2</td><td>3</td><td>4</td><td>8</td><td>1</td></tr>
<tr><td>%<br>(80題中出現題數)</td><td>4%</td><td>6%</td><td>1%</td><td>4%</td><td>8%</td><td>6%</td><td>3%</td><td>4%</td><td>5%</td><td>10%</td><td>1%</td></tr>
<tr><td rowspan="2">術科</td><td>題號</td><td rowspan="2">本年度增加一梯次學科考試</td><td>無</td><td>無</td><td>第八題</td><td>無</td><td>第八題</td><td>無</td><td>無</td><td>無</td><td>第七題</td><td>第六題</td></tr>
<tr><td>%<br>(10題中出現題數)</td><td>0%</td><td>0%</td><td>10%</td><td>0%</td><td>10%</td><td>0%</td><td>0%</td><td>0%</td><td>10%</td><td>10%</td></tr>
</table>

<table>
<tr><th colspan="2">年度梯次</th><th>1051</th><th>1052</th><th>1053</th><th>1061</th><th>1062</th><th>1063</th><th>1071</th><th>1072</th><th>1073</th><th>1081</th><th>1082</th><th>1083</th></tr>
<tr><td rowspan="2">學科</td><td>題數</td><td>3</td><td>6</td><td>0</td><td>4</td><td>8</td><td>1</td><td>7</td><td>4</td><td>4</td><td>9</td><td>9</td><td>4</td></tr>
<tr><td>%<br>(80題中出現題數)</td><td>4%</td><td>8%</td><td>0%</td><td>5%</td><td>10%</td><td>1%</td><td>9%</td><td>5%</td><td>5%</td><td>11%</td><td>11%</td><td>5%</td></tr>
<tr><td rowspan="2">術科</td><td>題號</td><td>第七題</td><td>第七題</td><td>第六題<br>第八題</td><td>第十題</td><td>第九題<br>第十題</td><td>第七題</td><td>無</td><td>無</td><td>無</td><td>無</td><td>無</td><td>第八題<br>第十題</td></tr>
<tr><td>%<br>(10題中出現題數)</td><td>10%</td><td>10%</td><td>20%</td><td>10%</td><td>20%</td><td>10%</td><td>0%</td><td>0%</td><td>0%</td><td>0%</td><td>0%</td><td>20%</td></tr>
</table>

<table>
<tr><th colspan="2">年度梯次</th><th>1091</th><th>1092</th><th>1093</th><th>1101</th><th>1102</th><th>1103</th><th>1111</th><th>1112</th><th>1113</th><th>1121</th><th>1122</th><th>1123</th></tr>
<tr><td rowspan="2">學科</td><td>題數</td><td>4</td><td>5</td><td>8</td><td>5</td><td>6</td><td>6</td><td>8</td><td>4</td><td>5</td><td>6</td><td>3</td><td>6</td></tr>
<tr><td>%<br>(80題中出現題數)</td><td>5%</td><td>6%</td><td>10%</td><td>6%</td><td>8%</td><td>8%</td><td>10%</td><td>5%</td><td>6%</td><td>8%</td><td>4%</td><td>8%</td></tr>
<tr><td rowspan="2">術科</td><td>題號</td><td>無</td><td>無</td><td>第八題</td><td>無</td><td>第八題</td><td>第八題</td><td>無</td><td>無</td><td>第八題</td><td>第八題</td><td>無</td><td>第八題<br>第九題</td></tr>
<tr><td>%<br>(10題中出現題數)</td><td>0%</td><td>0%</td><td>10%</td><td>0%</td><td>10%</td><td>10%</td><td>0%</td><td>0%</td><td>10%</td><td>10%</td><td>0%</td><td>20%</td></tr>
</table>

## 9-1　面試

　　面試是企業招募員工的過程中一項重要的活動，有效的面試可以使求才企業與求職者獲得彼此在工作與能力的完整資訊，有效提升招募效果。以下針對面試進行簡介。

### 一、初步面試

1. 決定應徵者的技能、能力及工作偏好是否與組織中任何新職位相符合。
2. 向應徵者解釋新職務及它們的資格條件。
3. 回答應徵者對於新職務或雇主相關的任何問題。

### 二、面試類型（正式）

1. 結構式面試：一種根據預設大綱來引導的面試。結構性面談的優點：①面談前預設好問題清單②問題清單扣緊工作要求③面談者和求職者的資訊交流較有效率。【*1112-63；1111-66；1082-69；1031-29；1113 術科第八題；1031 術科第八題】

2. 非結構式面試：一種不以預設的問題清單來引導的面試。非結構性面談的缺點：①因面談人員的自由裁量太多而降低信度②面談人員的問題品質影響效度③缺乏經驗者可能問不出與工作有關的重點。　　　　　　　　　　　　　【*1121-73；1093-61；1023-79；1031 術科第八題】

3. 壓力面試：一種將應徵者置於壓力之下，從而確定他／她是否非常情緒化的面試方法。
　　　　　　　　　　　　　　　　　　　　　　　　　　　　　　　【*1121 術科第八題】

4. 小組面試：一種以兩個以上的人來面試一個應徵者的面試方法。

5. 團體面試：一種同時詢問多個應徵者的面試方法。

6. 行為面談：面試場合中，企業主邀請求職者針對其過去實際的工作狀況，例：如何處理與同事意見不同的情況，說明他（她）實際的反應。　　　【*1093-53；1052-28；1102 術科第八題】

7. 情境式面談（Situational interview）與問題：詢問工作候選人在某特定情境中他或她會有什麼舉動或行為。例如，詢問主管職的候選人，如果你的部屬連續遲到三天，你會怎麼做。
　　　　　　　　　　　　　　　　　　　　　　　　　　　　　　　【*1121 術科第八題】

### 三、面試時的問題

1. 第一印象：面試人員在面試的前十分鐘內，即對應徵者下定論。

2. 月暈效應：發生於當管理者容許員工的單一重要特質去影響他們在績效評核中對多個項目的判斷。

3. 應徵者順序誤差：將一位中等程度的應徵者安排在好幾位不理想的應徵者之後接受面談，結果他的評分比原先高出很多，因為與其他不理想的應徵者對比，中等程度的應徵者似乎被高估其表現，形成應徵者順序所導致的面試誤差。　　　　　　　　【*1102-46；1052-40】

4. 六何分析法（5W1H）：面試官利用「六何法」在面試時收集面試者資訊，找出那些零散的觀察、想法之中還未清晰的人、時、地和各種因素，嘗試將它們串連和整合起來，思考面試者適性的問題。5W1H 為六個與「W」有關的字眼。Who= 背景資料：面試者為何人（人物）、When= 何時（時間）、Where= 何地（地點）分析理解：What= 何事（做什麼）、Why= 何故（為什麼）、How= 如何（怎樣做 / 結果怎樣）。　　　　　　　　　　　　　　　【*1053 術科第八題】

## 四、有效的面試應注意的事項

1. 特別注意面試人員的甄選及訓練。
2. 面試計畫應包括一個列明欲知資料的大綱及詢問的問題。
3. 面試人員應儘量使申請人放輕鬆。
4. 面試中獲得的事實應於面試後立即做成書面紀錄。
5. 面試過程的有效性評估。

## 五、求職管道與求職行為

　　根據主計總處調查就業者之獲得現職方法（人力運用調查報告）有，託親友師長介紹、學校就業輔導室介紹、向公立就業服務機構登記求職、向私立就業服務機構登記求職、工會介紹、應徵廣告招貼、上網路尋職、參加政府考試分發、同一企業不同場所間的職位調動、自家經營、其他等國人主要的求職方法或管道中，最多人使用的求職管道為應徵廣告招貼【*1013-76】；而在 2005 ～ 2010 年間成長最快的求職管道為向私立就業服務機構登記求職【*1013-69】。

　　求職是一種雇主與員工之間雙向溝通的過程【*1012-69】，在求職活動的過程中，撰寫履歷、面試、接受通知錄用等等過程都是常會經歷的溝通過程。因此，有意或無意的求職行為，間接地代表出雙方的訊息與意思的傳送，求職者不得不注意這個過程中的印象管理，如有意義與無意義的求職行為的管理，列舉如下：

**（一）有意義的求職行為與印象管理**　　　　　　　　　　　　　【*1123-66；1093-67】

1. 特地為應徵的職缺設計客製化履歷表。　　　　　　　　　　【*1033-50；1018 月 -10】
2. 甄選後收到拒絕錄取的通知信，詢問未能錄取的理由，請教未來應徵類似職位時，可以改善之處。　　　　　　　　　　　　　　　　　　　　　　　　　【*1071-76；1018 月 -44】
3. 面試後寫感謝信給雇主，表達對此職位非常有興趣。　　　　　　　　　　【*1012-72】
4. 嘗試不同的求職管道。　　　　　　　　　　　　　　　　　【*1033-50；1032-31】
5. 動用人際關係網絡。　　　　　　　　　　　　　　　　　　【*1033-50；1032-31】

**（二）無意義的求職行為與印象管理**

1. 覺得面試表現很差時，要求和另一位面試官進行第二次的面試。　　　　【*1018 月 -28】
2. 被邀請進行第二次的面試，但因為面試時間和既定行程有衝突，要求安排別的時間。
　　　　　　　　　　　　　　　　　　　　　　　　　　　　　　　　　【*1012-25】
3. 面試時虛偽意思表示什麼工作都可以做或願意做。　　　　　　　　　　【*1012-48】

## 六、履歷撰寫 【*1061-49】

### (一) 時間序列型格式

時序型履歷以時間倒序排列，即把最近的排在前面，最早的放在後面。這種履歷非常傳統，強調的重點是工作經歷，適合在長期做同樣類型的技術工作，且準備繼續從事這種工作的人，如律師、學術界人士。建議用這種格式時最好包括具體事例或工作經歷摘述之類的內容，以利面試官抓住重點。這種履歷的優點是能突顯出工作過的有名的單位；缺點是如果工作績效不突出者，反而會對想專業形象不利。時序型履歷的優點①強調穩定的工作紀錄②呈現職業責任的累進③容易準備。 【*1042-53】

### (二) 功能型格式

功能型格式在履歷陳述一開始就強調技能、能力、自信、資質以及成就，但不用把這些內容與某特定雇主作關聯性陳述。這種類型不針對職務、工作時間和經歷特別強調，主要是凸顯個人人格特質為目的。功能型履歷並不凸顯教育和經歷，其標題是與實質工作內容相關的能力，功能型履歷可以不包含時間或者特定受雇經驗，或者在履歷最後的很小區域標出這些資訊。採用功能型履歷的好處，①離職一段時間又回到勞動市場的人②聘用時期斷斷續續③經常做短期工作【*1081-67；1073-33；1041-66】。功能型履歷比較不利於凸顯有連續而豐富工作紀錄者的優勢【*1081-49】。

## 9-2 求職陷阱與求職安全守則

目前企業求才管道多元化，如廣告徵才（雜誌、電視、電臺、網路）、校園博覽會、就業博覽會、電子報、人力公司媒介等多元途徑，其主要的目的在使應徵者感覺到應徵公司具有前途、增強求職者前往應試，但往往有些徵才廣告暗藏玄機，以下針對求職安全進行說明。 【*1002-72】

### 一、求職安全－「面試前」注意事項 【*1001-55；983-16；981-49；961-65】✪✪✪

#### (一) 檢視自己

求職人應明確知道自己要應徵什麼行業、什麼職務。

#### (二) 過濾工作

看報紙或網路時應注意，可能隱含了求職陷阱：

1. 不載明公司的名稱、地址、電話及聯絡人，僅留電話或郵政信箱者。
2. 應徵前先打電話求證是否有此公司（應以 104、105 查詢該公司行號電話，而非廣告上所留電話反向查詢）。
3. 徵求的職位沒有資格、條件的限制，或條件過於寬鬆。
4. 應徵的職稱眾多，但是都很含糊。如儲備幹部、兼職助理。
5. 不可思議的高薪或高福利。
6. 當您電詢該公司之業務性質、服務項目及工作內容時，該公司不予以明確答覆或語焉不詳或交代模糊者。

7. 很頻繁地登廣告，常連登一週，甚至一個月者。

8. 要先繳納報名費、保證金、訓練費、材料費等的職業機會。

9. 謹慎過濾求職廣告，避免應徵刊登浮誇不實、含糊其辭、註記不詳廣告的公司（提供待遇豐厚、工作輕鬆、純內勤、免經驗、可先貸款等；沒有載明公司名稱及地址、僅留電話、聯絡人、郵政信箱或手機號碼）。

10.儘量選擇信譽佳的公司應徵。

11.切記清楚告訴家人或親友面談之時間、地點。

12.求職面談時，最好有友人相伴，並備有適當的防範器物。

## （三）求職前的心理準備

1. 因為勞動力無法儲存，所以失業一天就等於損失一筆錢。所以求職者必須積極地全力以赴。

2. 若能輕易找到適合的工作固然幸運，但是一下子找不到的話，則一定要有鍥而不捨、百折不撓、絕不放棄的精神。

3. 不能將注意力放在某公司給我一個好工作，要將注意力放在我最可以貢獻出來的是什麼？需要我的才能的地方在哪裡？

4. 在沒有找到工作以前，亦勿浪費光陰，要多多充實專業、語文及電腦知能。

5. 若實在找不到工作，就要到職業訓練機構學習第二及第三專長。

6. 參與義工工作，啟動良性循環會有助於找到工作。

7. 人生不是只有找工作一條路好走，也可以創業或再度進入學校學習。

## （四）填寫履歷的要點

1. 先自問自答以下兩個問題：
   (1)我能提供什麼讓雇主覺得值得聘用我？
   (2)我有什麼特色或相關的工作經驗可以適合這項工作，讓雇主覺得我能勝任？

2. 內容簡明扼要有力、據實以告，資料完整。

3. 多使用正向積極的字眼撰寫

4. 將個人特色與風格展現出來，讓人過目不忘。將個人優點及過去的優良績效以量化的方式show 出來。

5. 避免寫（打）錯別字。

6. 附推薦函加強力道。

7. 寄出後一直沒有回音，應去電詢問。

# 二、求職安全－「面試中」注意事項　【*983-16；981-49；961-65】 ✪✪✪

## （一）進公司時應觀察事項

1. 觀察該公司是否部門清楚，每個人都有工作在做？

2. 正常的公司，通常是人事單位在辦理面試求職人的工作；但有問題的公司，則是所有職員的工作就是在接待新進面試者。另外應注意，面試的過程是否很草率？

3. 是否天天都是應徵者川流不息，好似該公司的主要業務就是登報應徵人員？

4. 留意所應徵的職位是否真實存在？有時候職位的名稱好聽，但是不符合實際功能。

5. 注意看該公司的擺設，是否像是天天都有人在辦公？還是辦公桌上空空如也，甚至連檔案夾裡面也是空的。

6. 需有應急的心理準備，注意面試場地的外觀與對外通道。

7. 初次面試儘量不飲用點心或飲料，注意觀察面試者之言行舉止，如有曖昧不清，應立即離開。

## （二）面試及報到時應觀察事項

1. 當前往面試的第一天或職前訓練的前幾天，該公司繼續隱瞞工作性質及業務性質。

2. 面試時以不食用他人提供的飲食為宜。

3. 主試官說話輕浮，眼神不正經等都是危險的前兆。

4. 感覺到有不安全、不對勁的味道或不正常的狀況，以某種藉口來迅速離開該公司為宜。

5. 面試地點偏僻隱密或是轉換面試地點的狀況，或是要求夜間面試者，皆應加倍小心。

6. 面試時應詳記該公司及主試官的基本資料及特徵。

7. 面試前後打一通電話讓親友知道實際的狀況。

8. 不帶信用卡，不隨意答應允諾任何事情、購買產品或材料費；如要求先繳交報名費、工作保證金、訓練費或拍照費、材料費等，應慎防為不良之公司行號；如需繳交證件，只能交影印本而不應給原件；不帶印章及任意簽署任何不明文件

# 三、求職安全－「面試後」注意事項 　【*1002-45：983-16：981-49：961-65】❸❸❸

1. 上經濟部或市府建設局網站查看，公司登載的營業項目、報上刊登的項目、面試現場所見三者是否相符？

2. 上勞工局的網站或其它網站查看，或與親友交談，看看該公司是否被列入不肖公司的黑名單之中。

3. 問問自己，面試的職務內容是否與自己找工作時的初衷相符？並且所獲得的待遇是否合乎期待值？

4. 當面試當天或初進該公司的數天內，求職者即需要付給該公司一筆錢者，就要特別注意。

5. 勿輕易簽下任何合／契約。在簽署勞動契約之前，必須看清是否侵犯勞工的個人權益。

6. 面試前後請勿將任何證件或證書交給公司保管。出具影印本時應加註用途，例如：辦理勞健保之用。

7. 試用期間不辦理勞健保的公司是違法的。若已錄取，到職時，就可以要求公司辦理勞健保。

8. 需要花錢才能錄取成為公司員工或職位的，或者是購買產品才能領到底薪者，就是有問題的公司。

9. 該公司承諾將給予的薪水比市場的行情高太多，就要特別小心。若已受騙，應儘速向勞工局或治安機關檢舉。

10. 勿接受不道德或違法的工作。若已受騙，應儘速向勞工局或治安機關檢舉。

## 四、求職安全七不原則　　　　　　　　　　　　　【*983-16】✪✪✪✪✪

1. 不繳款。
2. 不購買。
3. 證件不離身。
4. 不應公司要求辦理信用卡。
5. 不簽署文件。
6. 不喝不明飲料。
7. 不從事非法工作。

## 五、求職安全 535 守則　　　　　　　【*1002-36；961-31】✪✪✪✪✪

### （一）5 不為

1. 「不」繳不知用途的款。
2. 「不」購買自己不清楚的產品。
3. 「不」將證件及信用卡交給該公司保管。
4. 「不」隨便簽署文件。
5. 「不」為薪資待遇不合理的公司工作。

### （二）3 必問

1. 「問」自己是要找一份工作還是找一個事業。
2. 「問」明薪資、勞健保、出缺勤規定等勞動條件。
3. 「問」明確實的工作性質（內勤還是外勤）及職務內容。

### （三）5 必看

1. 是否是「合法正派」經營的公司。
2. 是否是「正常運作」的公司。
3. 是否有潛在的人身「安全危險」或暗藏求職陷阱。
4. 面試時是否「草率」、輕易就「錄取」。
5. 是否「待遇」優厚得「不合」乎常情。

## 六、求職受騙案例　　　　　　　　　　　　　　　　　✪✪✪✪✪

### （一）就業陷阱

就業陷阱指不法雇主或業者利用求職者尋找工作機會，使用報紙、媒體或網路等管道，欺騙求職者以達牟利或詐財之目的。　　　　　　　　　　　　　　　　【971 術科第十題】

### （二）求職詐騙手法與案例

求職詐騙手法大約可分成：

1. 假徵才真銷售產品或服務：小玲是應屆畢業的新鮮人，急著找工作，在報紙上看到某公司職缺是「行政職員」，前往應徵，當天即被錄用，並依公司要求接受 2 星期的教育訓練。上班

不久，主管遊說小玲和其他新進同仁，購買公司的「生前契約」產品。小玲沒有購買，主管以「對公司經營理念無法認同，無法成為共同打拼及開創事業的好夥伴」為由，極盡刁難的迫使她離職。小玲因無多餘現金，在無奈下，由公司人員陪同到銀行辦理「現金卡」，購買了1份生前契約。

2. 假徵才真傳銷：刊登徵才廣告實為推銷產品遊說加入事業。

3. 假徵才真騙色：海外打工陷阱多，最常見的是被騙到他國賣春，或成為詐騙集團人頭戶。

4. 假徵才真詐財：經紀公司以替各類廣告商推介模特兒為由，賺取高額的拍照費、加洗費、V8試鏡費、保證金、造型費、宣傳費、Model 卡等費用。又例如徵口罩業務員，徵才說明工廠設在中南部，臺北要找推銷員，先匯錢再交貨，匯錢然後雇主就不見了。又例如以知名品牌等名義刊登代工廣告巧立名目，要求家庭代工前需要匯款購買材料。

5. 假徵才真誘使求職人投資：替知名公司子公司徵才，須先入股投資表現組織忠誠度。

6. 假徵才真招生：應徵模特兒，須先繳訓練費 6000 元。

7. 勞動條件刊載不實：刊登保證月入數十萬元，工作時間短，無經驗者佳等。

【*1001-19；992-12；983-28；971-16；971-52；961-13；1001 術科第六題；971 術科第十題】

## 七、就業服務法求職安全相關規範

### (一)就業服務法第 5 條之就業歧視禁止規定　　　　　　　　　❺❺❺❺❺

1. 為保障國民就業機會平等，雇主對求職人或所僱用員工，不得以種族、階級、語言、思想、宗教、黨派、籍貫、出生地 <96.5.23 增修>、性別、性傾向 <96.5.23 增修>、年齡 <96.5.23 增修>、婚姻、容貌、五官、身心障礙、星座 <107.11.28 增修>、血型 <107.11.28 增修> 或以往工會會員身分為由，予以歧視；其他法律有明文規定者，從其規定。　　　　【處 30 ～ 150 萬元罰鍰】【經處以罰鍰者，直轄市、縣 ( 市 ) 主管機關應公布其姓名或名稱、負責人姓名，並限期令其改善；屆期未改善者，應按次處罰。<107.11.28 增修 >】【*1052-48；1042-29；1032-20；1013-24；1012-67；992-49；1101 術科第三題；1082 術科第七題；1081 術科第五題；1052 術科第三題；1041 術科第四題；983 術科第八題】

2. 雇主招募或僱用員工，不得有下列情事：【*1113 術科第三題；1053 術科第三題；1001 術科第六題；991 術科第六題；983 術科第八題】

(1)為不實之廣告或揭示。　　　【處 30 ～ 150 萬元罰鍰】【*1103-55；1081-32；1063-45；1052-35；981-31】

(2)違反求職人或員工之意思，留置其國民身分證、工作憑證或其他證明文件，或要求提供非屬就業所需之隱私資料。【處 6 ～ 30 萬元罰鍰】【*1092-1；1091-1；1081-18；1022-46；1023 術科第三題】

(3)扣留求職人或員工財物或收取保證金。　　　　　　　　【處 6 ～ 30 萬元罰鍰】【*1102-59】

(4)指派求職人或員工從事違背公共秩序或善良風俗之工作。

【處 30 ～ 150 萬元罰鍰】【*1063-15；981-5】

(5)辦理聘僱外國人之申請許可、招募、引進或管理事項，提供不實資料或健康檢查檢體。
【處幣 30 ～ 150 萬元罰鍰】【*1112-44；1073-60；1051 術科第五題；992 術科第九題】

(6)提供職缺之經常性薪資未達新臺幣四萬元而未公開揭示或告知其薪資範圍。<107.11.28 增修 >
【處 6 ～ 30 萬元罰鍰】【*1091 術科第一題】

## （二）就業服務法第 40 條就業服務業務禁止之事項　❺❺❺❺❺

私立就業服務機構及其從業人員從事就業服務業務，不得有下列情事：

【*1083-28；1063-44；1012-78；963-79；1002 術科第七題；992 術科第五題】

1. 辦理仲介業務，未依規定與雇主或求職人簽訂書面契約。

【處 6 ～ 30 萬元罰鍰。未經許可從事就業服務業務此項行為亦同】【*1101 術科第三題】

2. 為不實或違反第五條第一項規定之廣告或揭示。

【處 30 ～ 150 萬元罰鍰，未經許可從事就業服務業務此項行為亦同；主管機關得廢止其設立許可】【*1002-3；971-16】

3. 違反求職人意思，留置其國民身分證、工作憑證或其他證明文件。

【處 6 ～ 30 萬元罰鍰。未經許可從事就業服務業務此項行為亦同】

4. 扣留求職人財物或收取推介就業保證金。

【處 6 ～ 30 萬元罰鍰。未經許可從事就業服務業務此項行為亦同；主管機關處 1 年以下停業處分】【*961-45；991 術科第九題】

5. 要求、期約或收受規定標準以外之費用，或其他不正利益。

【按其要求、期約或收受超過規定標準之費用或其他不正利益相當之金額，處 10 倍至 20 倍罰鍰。未經許可從事就業服務業務此項行為亦同；主管機關處 1 年以下停業處分】【*1082-8；1033-34；1043 術科第五題；1021 術科第三題；991 術科第九題】

6. 行求、期約或交付不正利益。

【處 6 ～ 30 萬元罰鍰。未經許可從事就業服務業務此項行為亦同；主管機關處 1 年以下停業處分】【*1023 術科第一題；991 術科第九題；972 術科第六題】

7. 仲介求職人從事違背公共秩序或善良風俗之工作。

【處 30 ～ 150 萬元罰鍰。未經許可亦同】【主管機關得廢止其設立許可】

8. 接受委任辦理聘僱外國人之申請許可、招募、引進或管理事項，提供不實資料或健康檢查檢體。【處 30 ～ 150 萬元罰鍰。未經許可亦同】【主管機關處 1 年以下停業處分】【*1041 術科第二題；991 術科第九題；972 術科第六題】

9. 辦理就業服務業務有恐嚇、詐欺、侵占或背信情事。

【處 3 ～ 150 萬元罰鍰。未經許可亦同】【主管機關得廢止其設立許可】

10.違反雇主之意思，留置許可文件或其他相關文件。

【處 6 ～ 30 萬元罰鍰。未經許可從事就業服務業務此項行為亦同】

11.對主管機關規定之報表，未依規定填寫或填寫不實。　　　　　　　【處 6 ～ 30 萬元罰鍰】

12.未依規定辦理變更登記、停業申報或換發、補發證照。

【處 6 ～ 30 萬元罰鍰。未經許可從事就業服務業務此項行為亦同】

13.未依規定揭示私立就業服務機構許可證、收費項目及金額明細表、就業服務專業人員證書。

【處 6 ～ 30 萬元罰鍰】

14.經主管機關處分停止營業，其期限尚未屆滿即自行繼續營業。

【處 6 ～ 30 萬元罰鍰】【得廢止其設立許可】

15.辦理就業服務業務，未善盡受任事務，致雇主違反本法或依本法所發布之命令。

【處 6 ～ 30 萬元罰鍰】【*1123-32；1043-22；1042-27；1101 術科第三題；1041 術科第二題】

16. 租借或轉租私立就業服務機構許可證或就業服務專業人員證書。【處 6～30 萬元罰鍰】【*1062-69】

17. 接受委任引進之外國人入國三個月內發生行蹤不明之情事，並於一年內達一定之人數及比率者。 【處 6～30 萬元罰鍰】【*1032-14】

18. 對求職人或受聘僱外國人有性侵害、人口販運、妨害自由、重傷害或殺人行為。<107.11.28 增修> 【處 30～150 萬元罰鍰；未經許可亦同處 30～150 萬元罰鍰】

19. 知悉受聘僱外國人疑似遭受雇主、被看護者或其他共同生活之家屬、雇主之代表人、負責人或代表雇主處理有關勞工事務之人為性侵害、人口販運、妨害自由、重傷害或殺人行為【*1102 術科第二題】，而未於二十四小時內向主管機關、入出國管理機關、警察機關或其他司法機關通報。<107.11.28 增修>【處 6～30 萬元罰鍰】【*1102 術科第二題；1081 術科第四題】

20. 其他違反本法或依本法所發布之命令。

前項第 17 款之人數、比率及查核方式，由中央主管機關定之。<107.11.28 增修>

## 立即演練 1

(　) 1. 為維護求職安全，下列敘述何者不正確？　①要了解工資待遇　②只要是高科技業，不必詢問產業環境　③要了解工作環境　④要詢問工作內容

(　) 2. 有關應注意求職安全的階段，下列敘述何者正確？　①只需注意面試中的階段　②只需注意面試後的階段　③只需注意面試前的階段　④面試前、面試中、面試後都需注意求職安全

(　) 3. 在求職經驗過程中，為防遭一些不法的陷阱，前往應徵工作前應做好的準備工作，下列敘述何者不正確？　①請家人、朋友陪同　②事先打電話告知親友欲前往面試之地點　③檢視欲應徵公司之廣告內容真實情況　④應相信公司的誠意，不必小心，庸人自擾，以免喪失優厚待遇工作機會

(　) 4. 就業服務員為提醒求職者不要受騙，會提醒求職者應徵當天堅守的「七不原則」，不包括下列哪一項？　①證件及信用卡隨身攜帶，不給求職公司保管　②不繳交任何不知用途之費用　③不購買公司以任何名目要求購買之有形、無形之產品　④不請朋友、家人陪同面試，或事先打電話告知親友欲前往面試之地點

(　) 5. 有關求職人員的安全守則下列何者為非？　①穿著正式服裝　②不支付任何保證金　③第一天上班前問明勞健保情況　④穿著緊身短裙

(　) 6. 有關求職安全的 535 守則是指「5 不為」，「3 必問」，「5 必看」，以下敘述何者違反該守則？　①不必管待遇只要有工作就好　②不隨便簽署文件　③問明勞動條件　④不購買不清楚的產品

(　) 7. 求職安全的 535 守則是指「5 不為」、「3 必問」、「5 必看」，下列何者違反該守則？　①不問明勞動條件　②不隨便簽署文件　③不能懷抱只要有工作就好的心態　④不購買不清楚的產品

(　) 8. 經推介要前往應徵公司的資訊蒐集應該避免下述哪一種方法？　①道聽塗說　②閱讀財經雜誌　③瀏覽企業網站　④參加就業博覽會

(　　)9. 應屆畢業的新鮮人在求職過程中，有時會遇到一些不實招募廣告及不法的求職陷阱，依就業服務法第 65 條規定，應處雇主新臺幣多少元罰鍰？　①6 萬元以上 30 萬元以下　②15 萬元以上 75 萬元以下　③30 萬元以上 150 萬元以下　④50 萬元以上 150 萬元以下

(　　)10. 假使有一家補習班在報上刊登不實職業訓練，聲稱接受職訓局委辦電腦訓練，廣招學生先繳費，結訓後輔導到政府機關就業，該公司違法行為會被處新臺幣多少罰款？　①30 萬元以上 150 萬元以下　②30 萬元以上 180 萬元以下　③50 萬元以上 180 萬元以下　④50 萬元以上 250 萬元以下

(　　)11. 有關求職防騙案例中，刊登徵才廣告，實為公司要求求職者必須購買公司產品，才能成為正式員工；或是會誘逼應徵人員購買商品，是屬於哪一種詐騙之態樣？①假徵才真銷售產品或服務　②假徵才真誘使加入多層次傳銷或加盟　③假徵才真誘使求職人投資　④假徵才真招生

(　　)12. 有關求職防騙的案例中，刊登徵才廣告實為推銷產品遊說加入事業是屬於哪一種案例？　①不實生前契約　②違法家庭代工　③不實電子商務　④不實多層次傳銷

(　　)13. 有關求職防騙案例中，經紀公司以替各類廣告商推介模特兒為由，賺取高額的拍照費、加洗費、V8 試鏡費、保證金、造型費、宣傳費、Model 卡等費用，是屬於哪一種詐騙之態樣？　①假徵才真騙色　②假徵才真詐財　③假徵才真誘使求職人投資　④假徵才真招生

(　　)14. 小玲是應屆畢業的新鮮人，急著找工作，在報紙上看到某公司職缺是「行政職員」，前往應徵，當天即被錄用，並依公司要求接受 2 星期的教育訓練。上班不久，主管遊說小玲和其他新進同仁，購買公司的「生前契約」產品。小玲沒有購買，主管以「對公司經營理念無法認同，無法成為共同打拼及開創事業的好夥伴」為由，極盡刁難的迫使她離職。小玲因無多餘現金，在無奈下，由公司人員陪同到銀行辦理「現金卡」，購買了 1 份生前契約，此一情況是哪一種「求職陷阱類型」？　①假徵才真詐財　②假徵才真誘使加入多層次傳銷　③假徵才真誘使投資　④假徵才真銷售產品

**解** 1.②　　2.④　　3.④　　4.④　　5.④　　6.①　　7.①　　8.①　　9.③　　10.①
　　11.①　　12.④　　13.②　　14.④

## 9-3　就業媒合與諮詢相關理論

　　諮詢是一種二個人面對面會談的行動過程，其目的在協助接受諮詢者在行為、觀念上有所改進，其困惑獲得解決。就業諮詢就是協助個人解決其選擇職業、轉業及工作適應問題的行動過程。就業諮詢是就業服務中一種高度專業性的服務工作，其成敗關鍵在於諮詢人員對諮詢哲理的正確認識，對人類行為、職業世界、諮詢技巧等具有豐富的知識，及其如何將這些理念貫徹到實際諮商行為上。
【*1071-75】

就業諮詢的目的，希望經由諮詢服務，協助個人解決選擇職業、轉業及工作適應問題後，能順利找到一份適性工作，或參加適合個人性向、興趣、性格的職業訓練，或重返學校繼續就讀，或重返原來的工作崗位，愉快的工作【*1111-23；1092-13；1092-34；1072-70；1032-50】。一般接受就業諮詢者多是遭遇就業障礙較多的求職人，但經諮詢後，其推介就業成功比率較大。就業諮詢員為更加了解個案所困惑的問題，可善用心理諮商相關理論給予心理上的協助外，透過使用適當的理論與技巧，提升就業輔導工作的專業地位。以下所列就業媒合／諮詢相關理論，可提升諮商專業能力與會談時適當技巧之運用。

## 一、精神分析治療法

精神分析治療法（Psychoanalytic Therapy）是歷史上第一個有系統的心理治療學說，佛洛依德（Sigmund Freud）以生物遺傳和環境影響的觀點，將人一生的性與生理發展分成五個階段，1. 口腔期（0～1歲）、2. 肛門期（1～3歲）、3. 性蕾期（3～6歲）、4. 潛伏期（6～12歲）、5. 二性期（12歲以後）。佛洛依德透過人格結構（本我、自我及超我三系統所組成）探討潛意識，從過去了解現在，強調早期經驗的重要性，闡明行為的因果性，使當事人不再防衛，而勇敢面對原來不敢面對的經驗。注重6歲以前發生的事，視其對往後人格發展有決定性。

佛洛依德認為在日常生活中，當受到外界的壓力、挫折與威脅或內在的爭執與衝突而引起無法負荷之焦慮或不安時，人們會在不知不覺中用一些方法來歪曲事實，以保護自己免因面對現實而引起之創痛，此現象為防衛機制，是個人用來降低焦慮、減少內心的爭執和不安的潛意識過程。各類防衛機制說明如下【*1073 術科第九題】。

1. 壓抑作用：將威脅性較大而不被意識所接受的痛苦、念頭、感情或衝動，在不知不覺中排除到意識外，以避免經驗焦慮，而保持心境之安寧。

2. 否認作用：將無法接受之悲傷或有威脅性之事件加以否定，使自己確信它根本沒有發生過，以減低面對現實所引起之焦慮。

3. 投射作用：將自己無法接受的內在特質、意念、動機或欲望轉移到別人身上而斷言別人擁有該特質。

4. 反向作用：為「矯枉過正」現象，將不為自己或社會所許可的原始衝動和欲望壓抑到潛意識中，而誇大相反的情緒以解除因衝突或罪惡感所帶來的焦慮。

5. 隔離作用：將引起焦慮的部分感覺從意識中隔離，以免引起不愉快的情緒。

6. 抵消作用：以象徵性的言語或行為來預防或彌補已發生或不被自己接受的想法、衝動或罪惡感所引起的焦慮。

7. 退化作用：面對無法負荷的挫折或衝突時，放棄成人較成熟的處事方式，而以較原始的本能衝動或欲求面對事情。

8. 轉移作用：將正面或負面的情緒因無法適當的表現而引發的焦慮，發洩到較不具威脅性，或較為大眾所接受的對象。

9. 合理化作用：當個人情緒或動機不符合社會規範或不為自己之道德觀所接受，或無法達到個人所追求的目標時，對自己的行為給個合理的解釋以沖淡其潛意識中因衝動而引起之不安。

10. 認同作用：一種無意識的、有選擇性地吸收、模仿或順從，另外一個自己敬愛和尊崇的人或團體的態度或行為的傾向，將對方之優點歸為已有，視為自己行為的一部分，吸收他人優點增強自己的能力、安全感以及接納等方面的感受。

11. 補償作用：為克服因心（生）理之缺陷而產生之自卑感，採取一些行為或措施以減輕不適感覺。

12. 昇華作用：一種較具建設性的防衛機制；個人將其所壓抑的衝動或欲望導往較崇高，其建設性、創造性及有利於社會的方向。

表 9-1　佛洛依德人格結構說明

| 三個我 | 本我（id） | 自我（superego） | 超我（ego） |
|---|---|---|---|
| 意　義 | 生物的我 | 眞實的我 | 道德的我 |
| 人格與道德發展（主要原則） | 沒有邏輯道德觀念，依享樂主義滿足本能的需求（快樂原則） | 調節本能與周遭環境之間的關係，會以符合實際與邏輯的思考，擬定計畫滿足需求（現實原則） | 良心掌管道德規範，關心行為的好壞與善惡，追求完美（完美原則） |
| 內　涵 | 原始的衝動、內在的驅力 | 調節本我與超我的緊張 | 道德規範、社會約束的力量 |
| 作　用 | 追求個人欲望的立即性滿足【*1093-34】 | 調整個人的行爲，使個人的需求在現實生活中得到滿足【*1123 術科第九題：1043 術科第六題】 | 管制或壓抑本我的衝動，以滿足社會的期待與要求 |

　　佛洛依德的精神分析的治療目標就是將潛意識「意識化」（或把潛意識裡的否認或壓抑的素材轉為意識），因為這些潛意識裡所埋藏的並不輕易被顯示得出來，它可能是以夢境或對話中不小心洩漏出來等方式展示出來。因此佛洛依德創造「夢的解析」、「自由聯想」、「詮釋」、「催眠」等方式，讓「潛意識」現出原形，透過這些技術讓當事人明瞭自己行為背後的潛意識、欲望或動機，希望當事人可以在未來做更妥當的選擇。

　　艾力克・艾力克森（Erik Erikson）為此學派另一大將，他認為人的心理與人格發展不全然受到性影響，社會因素也會影響一個人的人格發展，因此他提出「自我心理學」理論、「社會心理發展」理論，他提出社會因素在兒童期後的人格發展對個人一生的影響更為重大，人的心性與社會發展是同時發生的，在生命發展的歷程中所發生的各種「危機」，都是生命的轉振點，危機處理的好就成為轉機，他更提出心理－社會發展有八階段，1. 嬰兒期（0～1 歲）的信任對不信任、2. 幼兒期（1～3 歲）的自主對羞愧與懷疑、3. 學齡前兒童（3～6 歲）的創造進取對罪惡感、4. 學齡兒童（6～12 歲）的勤勉對自卑、5. 青少年期（12～18 歲）的自我認同對角色混淆、6. 成年初期（18～35 歲）的親密對孤立、7. 中年期（35～60 歲）的生產對停滯、8. 老年期（60 歲以上）的統整對破滅。這八個階段發展可以做為治療當事人生命發展的藍圖，讓當事人在各階段的發展危機上，能體會更清晰的觀察與概念，也能讓諮商員在發展危機時介入協助。西蒙・佛洛依德（Sigmund Freud）、艾力克・艾力克森（Erik Erikson）為代表。

**重要觀點**

◎ 諮詢技巧 → 夢的解析、自由聯想、詮釋（移情或抗拒的解釋、分析）等。

## 二、現實治療法

【*1041-29：1042 術科第七題：981 術科第七題】★★★★

現實治療法（Reality therapy）創始者葛樂賽（William Glasser）。葛樂賽認為人都是因為某種驅動力去做某些事情，人們的行為都是來自於個人的內在，而非來自於外在的刺激，因此「需求」、「欲望」、「行為」、「感覺」四大概念是現實治療法最重要的原理。關於需求，現實治療法主張人類有「生存」、「愛與歸屬」、「權力 / 自我價值感」、「歡樂 / 享樂」，及自由等五種需求。這些需求是否能得到滿足，端賴於個體是否能做出有效的行為抉擇，控制自己的生活與周遭環境【*1102-19：991-69】。

現實治療人的心理需求有兩種基本的假設：一是愛與被愛的需求；另一個需求則是感覺自己是有價值的。依現實治療理論採用的諮商方法，諮商員先與受輔導者建立良好的諮商關係，再協助受輔導者根據自己的需求，鼓勵受輔導者提出各種行為抉擇（即各種方案），而後諮商員藉由面質技術（行為與需求的符合與否），協助受輔導者產生有效的、適當的行動抉擇，並為自己的行為負完的責任。現實治療理論的重點在於探索受輔導者的價值觀及行為選擇間二者的不一致，促使受輔導者面對現實，對自己的行為抉擇負起責任。葛樂賽主張當事人與諮商員間建立融洽友誼的關係基礎後，便可以進行「WDEP」四個階段的諮商療程。　　　　　　　　　【*1013-15】

需求「W」（Wants）：諮商員經由詢問鼓勵當事人確認、界定及重新探索自己內在的生理與心理需求，及要如何計畫以滿足這些需求；若從當事人為求職者，則協助界定與澄清當事者的真正期待（面質當事人對自己需求的評量）、瞭解其問題或需求，如何計畫以滿足這些需求。

行動「D」（Doing）：引導當事人改變思想（Think）、確認如何實踐所抉擇適當的行為（Act）、改變行為、形成為具體行動。若從當事人為求職者，先確認其選擇某職業的看法，確認其如何實踐自己所抉擇職業發展計畫所付出的行為。

評估「E」（Evaluation）：要求當事人對所抉擇之行動評估其可行性，如「有用嗎？」、「能滿足自我需求嗎？」。例如請求職者評估自己求職行動的有效性。

計畫「P」（Planning）：當事人必須承諾執行計畫、同時與諮商員共同擬定具體可達成的計畫。

簡言之，現實治療法是一個短期、重視現在及強調個人力量的治療【*1122-54：1093-27】。基本上注重案主現在行為，以面對現實，對自己的行為負責。關鍵人物：葛樂賽（William Glasser）和屋柏登（Robert Wubbldung）。

 **重要觀點**

◎ 諮詢技巧→友誼關係、專注、同理心、WDEP。

## 三、理性情緒治療法

【*1083-15；1071-2；1083 術科第十題；1051 術科第七題；1042 術科第七題；961 術科第七題】❂❂❂❂

　　理性情緒治療法（Rational emotive therapy, RET）是一套治療情緒失調（Emotive disturbance）的方法，也屬於認知行為治療學派（CBT），由艾里斯（Albert Ellis）發展出來的學派。艾里斯把信念區分為理性的信念與非理性的信念二種基本的類型。理性的信念是指有助於個人福祉、滿足或快樂的一些想法；非理性的信念則是，足以引發重大情緒失調和行為失當的偏頗思想，這也是造成心理困惑的主要因素。非理性信念（Irrational beliefs）指不合理、不合邏輯、或與事實不合的想法，這些想法多半暗藏著許多的「應該」、「必須」、「一定要」、「從來不」等，容易造成不安、焦慮、沮喪、或嚴重的自我挫敗感，世界的樣貌，決定於我的眼光，而不是由於它本來的模樣【*1051 術科第七題】。因此他認為人們需要改變思考模式（重建認知架構），以修正其錯誤（不合理）的思考（找出「不合理信念或信念迷失」）。

　　RET 是一種以教導、認知、行為為主的治療，強調思考和信念，亦即情緒反應是隨著刺激事件發生，但實際上是個人信念體系所造成，只要以理性有效制止，便可終止困擾。RET 基於人必須為自己及命運承擔完全的責任，主張個體可以學習控制自己的情緒及行為，而減少許多問題與適應不良的情況。而理情治療的諮商關係較重視諮商員的權威性與溝通說服的能力，將受輔導者視為犯錯的個體，為了避免產生依賴心，阻礙錯誤思想的更正，他們會批評與指出受輔導者的錯誤。諮商員所該做的，只是指導受輔導者，增強其對理性與非理性的區辨能力，排除所有非理性的思想，重新以理性的方式面對生活。

　　ABC 模式（引發事件→信念→情緒／行為後果）是 Ellis 用來概念化情緒失調與脫序行為的解釋工具，其中 A（Activating event）代表真實生活的經驗及事件（即個人對於與自己產生衝擊的事件和生活條件所做的解釋和推論），B（Beliefs）代表個人本身的信念系統（理性與非理性的思考模式）【*1113-34；1103-2】，C（Emotional consequences）則代表行為結果，亦即個人在持有某種特定的信念下所衍生的情緒或行為結果。ABC 三者中，產生 C 的起因應該是 B，但受輔導者常會誤以為起因是 A【*981-16】。亞伯特·艾里斯（Albert Ellis）為代表。

重要觀點

◎ 諮詢技巧→摘述、面質、反駁、自我揭露。

## 四、溝通分析治療法

【*1042-37；1123 術科第九題；1043 術科第六題；963 術科第七題】❂❂❂❂

　　溝通分析治療法（Transactional analysis, TA）是一種針對個人成長與改變，有系統的心理治療方法，由伯恩（Eric Berne）所創。溝通分析治療主要分析的是人際互動中的一些內在動力情況，其治療的過程多以「教育」為主要，其中有極大部份屬於認知成份，也可歸為認知行為學派。

溝通分析治療運用人格理論分析內在人格結構、探討團體中人際關係，主張個體的發展是與他人互動時發生的。該理論的重點強調認知與溝通層面，幫助案主評估早年決定，並做新的與適當的決定。溝通分析治療法假定人際溝通多層的變化主因，係個人在存有不同的自我狀態模式（Ego-state model）或「PAC 模式」，做出不同的表現。自我狀態是一種發展模式，主要是早期的兒童時期經驗（C：Child）、重要他人的影響（父母）（P：Parent），以及前二者所整合到目前的現實（成人）（A：Adult），一般人可以在適當的時機選擇最有用的自我狀態，通常這三個狀態會維持一種平衡，發生了一些問題時，自我狀態才會出現問題。諮商員初次見到個案時，就可以觀察與了解當事人自我狀態為何，例如從言行上進行觀察、人際互動、童年經驗分享等等線索得知案主所產生的「明顯的與隱藏的心理資訊」。TA 學派主張溝通交流（Transactions）就是內心世界的直接反映，任何溝通的行為受取決於心理層面。艾瑞克‧伯恩（Eric Berne）為代表。

◎ 諮詢技巧→親和力、同理心、安慰、尊重。

## 五、個人中心治療法　　【*1081-2；1063-69；1023-29；1042 術科第七題；981 術科第七題】★★★

羅傑斯（Carl R. Rogers）和馬斯洛（Abraham Maslow）同為非指導性取向的諮商學派（Nondirective Counseling）與人本取向學派的關鍵人物。羅傑斯對於人性的基本假設主張：（一）每個人都有自尊與價值；（二）人對自己的行為是有知覺的；（三）人有自我實現的傾向；（四）人是良善的、值得信賴的。因此羅傑斯創立「個人中心」（Person-centered）學派。Rogers 所創的「個人中心」學派，主要經過三個時期的改變（從「非指導性治療」到「當事人中心」治療，然後才是「個人中心」治療）。該學派認為生涯選擇不能只是重視個人特質與職業條件的配對，還必須加入當事人情意與動機因素；而當事人的自我了解（「理想的」我與「現實的」我之間的差距與不一致）與自我接納是諮商的首要目標，諮商師必須更關心其與當事人之間的互動與諮商過程中口語表達內容【*1101-13】。亦即該學派重視個人中心治療法（Person-centered therapy）。該法基於人類經驗的主觀論，相信當事人並將處理問題的責任放在當事人身上，當事人有潛力變成能覺察到問題和解決方法的人，相信當事人有自我引導的能力，能使心理健康達到「理想我」與「現實我」的一致，而適應不良是個人想要成為的樣子與實際狀況有落差的結果。諮商員輔導的焦點放在此時此刻，以同理心、無條件的尊重及誠摯等概念的治療，以促使案主開放自己的經驗，更相信自己，發揮自我導向的能力【*1103-57；1082-20；1033-33】。創始者：卡爾‧羅傑斯（Carl R. Rogers）。關鍵人物：Natalie Rogers。

◎ 諮詢技巧→真誠、同理心、無條件積極關注、立即性、自我揭露。

## 六、完形治療法

【*1121-41：981 術科第七題】

　　波爾斯（Fritz Perls）是完形治療法（Gastalt Therapy）的創始者。波爾斯反對以過度簡化、宿命化和理智化的分析觀點，他認為需要重新建立一個新的精神疾病治療的方法，同時主張應該整合個人身體、認知和感覺，並在社會互動的情境中，觀察出個人最基本的需求。在論述個人需求的展現、重要性及其滿意等課題時，「圖像和背景」的關係是完型治療的重要概念，它說明個人需求或經驗的整體性所構成的基本知覺。

　　就該理論發展而言，完形治療法是立基於存在主義（強調藉由觀察、察覺和實驗等方法結合心理分析和專業知識）的哲學基礎，屬於一種整合性的諮商策略。完形治療法是一種經驗性療法，強調每個人、每個當下和每一個生活事件的認知和體驗皆有其整體性。重視在此時此地體會到「什麼」（What）及如何（How）體驗，幫助當事人接受自己的所有面向。完形治療法之重要概念包括整體性、主體形成的歷程、覺察、未盡事務與逃避、接觸，及精神能量。該法強調覺察與統整，反對分析式療法，主張整合生理與心靈的功能，把不協調的狀態引出來，以使個人自覺，尋求解決的方法，進而達到心理上的整合，解決內在的衝突【*1083-13：1082-7】。因此，完形治療的目標在於：（一）協助當事人承擔自己的責任，讓他／她從「環境支持」到「自我支持」；（二）達到統整（情緒行為一致，也能適當滿足自身需求）；（三）為了達到自我統整與協調，就需要有「自我察覺」。完形學派有存在主義的思維，認為治療過程中，治療師與當事人都冒著危險做對話，而真誠關係就是治療的核心。諮商師將當事人的「內在對話」以實際形式呈現，讓當事人可以在「當下」將那些對話作演練、表達出來，就可以更清楚地實際「體驗」感受與檢視這些想法。關鍵人物：Mirian 和 Ervung Polster。

### 重要觀點

　◎ 諮詢技巧→專注、暗喻、幻想、意象、演出、視覺化、時間倒轉。

## 七、存在主義治療 / 意義治療法

【*991-72：981 術科第七題】 ★★★

　　存在主義主張人類有自我覺察與反思的能力，有別於其他生物，因此必須負起個人責任，了解自己是誰、在生命中的實況、該如何創造自己的生命意義是最重要的，而所謂的「我」（Self）是一個過程，隨時在變動與形成。一般而言，人格發展奠基於每一個體的獨特性。從嬰兒期開始，自我意識便已發展，所以此派理論將焦點放在當下和個體正成為怎樣的人。存在主義治療學者認為，人類的生存現實是「像動詞的過程」，是開展的、不固定的，因為每個人都是獨特的、有選擇的能力與自由（人可以選擇自己的存在樣態），人是未來導向，不是受過去經驗所決定，儘管人的存在也受許多限制，但是人與世界、與他人的關係是重要的，要努力從生活中衍生創造意義。

　　存在主義治療 / 意義治療法（Existential therapy）基本上是一種經驗取向的諮商派別，它強調行動前的自我覺察，反對將治療視為一套定義良好的技術所構成的系統，強調治療應建立在人類

存在的基本狀態下，例如選擇、塑造個人生活的自由與責任，以及自我決定。使用存在主義治療法，諮商員的焦點訪談在於個人對個人的治療關係品質。諮商員進入案主的世界，並參與案主的現實，以了解案主，協助案主體驗自己存在的真實性，以發展潛能及力行實踐的態度，協助案主發現、欣賞、認同所處的世界，以發現生活意義。關鍵人物：梅依（Rollo May）、法蘭克（Viktor Frankl）、馬斯洛（Abraham Maslow）和亞倫（Irvin Yalom）。

◎ 諮詢技巧→察覺、面質、身體察覺。

## 八、行為治療法 　　　　【*1042-76；1001-65；991 術科第三題；981 術科第七題】★★★

　　1970 年代社會工作者開始認知到行為治療，分析行為是如何學習而來，如何維持以及如何消除。行為治療法（Behavior therapy）將學習原理（古典制約、操作制約）應用於解決特定行為問題，目的在協助案主去除不良適應的行為，進而幫助其學習建設性的行為，也就是人類的學習是受到「刺激－反應」模式規範，而某個特殊問題就是對於一套刺激的反應，適應與不適應的行為都可以經由「學習」獲得。

### （一）古典制約理論

　　古典制約（Classical conditioning）理論是俄國心理學家 Ivan Palov 在進行小狗分泌唾液的實驗中所提出的理論。該實驗內容是讓實驗對象的小狗挨餓，讓牠對食物（非制約刺激）產生強烈的需求動機，小狗聞到食物的味道之後，自然會分泌唾液（非制約反應），後來將鈴聲（制約刺激）與食物同時出現多次，發現到小狗只要聽到鈴聲（制約刺激），就算沒有食物，也會分泌唾液（制約反應）。這說明原本無意義的鈴聲（非制約刺激），在刻意操弄後也可以引發小狗唾液（制約刺激）的分泌，鈴聲成為「制約刺激」。古典制約學習，認為人類的行為猶如動物可以透過刺激反應的連結來達成強化或削弱的目的。強化作用又分為連續性強化與間歇性強化。連續性強化是指良好的行為一出現就給予強化，而間歇性強化則是間歇性的給予強化，而且增強的頻率足以引發該項行為的再次出現。

### （二）操作制約理論

　　史金納（B.F. Skinner, 1969）的操作制約（Operant conditioning）理論，進一步修正古典制約理論，她認為，人類的學習應該跳脫古典制約的「刺激－反應」（Stimulus-response）的機械性行為，應該用更多元的學習。人類的行為不只是被動地反應（例如「罵人－被罵」），還有積極、主動的一面（如「罵人－心受創－回擊」）。如果「罵人」是「刺激」，被罵者覺得疼痛，卻不一定會直接罵回去，因為被罵的人會思考行為可能的後果（如被罵得更慘，或是因此而破壞和諧關係），因此被罵者反映出的行為會有所不同。所以其關係就變成「刺激－個體思考可能結果－採取反應」（Stimulus-Organism-Response），基於此「刺激物」會引發人類進行思考。行為主義認為「酬賞」是

一般人喜歡的;「處罰」是一般人趨避的,藉由操弄「酬賞」與「處罰」,就可以增加或減少某類型的學習行為,因此操作制約學派研發多項增強規則來提供實務應用。

1. 增強理論:增強亦指給予當事人喜歡的酬賞,讓她／他更願意表現出所酬賞的行為;若要削弱某行為,就慢慢地減少增強次數,最後移去增強物。增強的最終目的是希望當事人可以「自我增強」,不需要仰賴外力。

2. 正增強:正增強物是指可以讓當事人產生我們期望的行為的刺激物,如當事人喜歡的物品等。代幣制(Token economy)屬於正增強的技巧。代幣制度的作法是,先規劃一個有系統的酬賞與處罰方式,讓某種行為可以建立起來,在施行前與當事人約定酬賞與處罰的方式、次數,然後正確紀錄。例如若當事人出現期望的行為就獲得一個微笑獎章,集滿五個可以兌獎或累積次數換取更大的獎項。代幣制度採用的是「次級增強物」,先要確定目標行為(如主動發問),然後確定「基準線」(Baseline,如觀察一週主動發問次數的平均,必要時可適時做調整或更換)、「代幣」類型與增強方式。　　　　　　　　　　　　　　　【*1052-20;1042-76】

3. 負增強:負增強物是指可以讓當事人產生我們期望的行為,所需要移除的刺激物,如當事人的不舒服、負面情緒等。

4. 懲罰:對目前已經發生或正在發生的不良行為制止,以防止更多不良的行為發生。

5. 行為改變技術:行為改變技術是採用一系列的步驟進行評估與操作的方式,如前面四種技巧的使用,萬一行為修正或改變不可行,就必須要改變「環境」。此法也是就業諮詢中常用的方法。行為改變技術或諮詢技巧有增強、形塑行為改變技術、模仿與預演、代幣制等。正增強是指當個體出現某種行為後,「增強」某種對個體有價值的事物,如讚美或食物。負增強是指個體想逃避或避免不愉快的情境,會受驅動去展現一個好的行為。物質增強物如消費類(食品、飲料)、操弄類(打電動、玩積木)、擁有類(貼紙、髮夾、文具)。社會增強物如言語或動作的肯定讚美、身體接觸。代幣制度也是屬於一種行為改造技術,其原理就是操作制約學習。代幣制度是從個體(持有代幣者)的自發性反應中選擇適當反應,以具有交換價值的象徵物代替金錢的獎勵,作為人出現適當反應的正增強物。以老虎跳火圈為例,一個目標行為(老虎跳火圈)的出現,會透過增強多種性質不同的行為(跳過障礙物、跳高……),而這些行為構成一個行為鏈。漸進原則,以老虎跳火圈為例,分解跳火圈的各個連續性反應的行為,將行為的各項反映依序進行操作制約學習,最後會學習到一連串正確連續行為,形成新的複雜行為的塑造。【*1002 術科第九題】

　　運用學習原理的行為治療是指導性及控制性較強的一種方法,諮商員在過程中找出不適當的行為及行為與反應的聯結,之後設計干擾或消除不適當行為的計畫,並執行之以求問題的解決(ABC 模式)。根據 ABC 模式,行為的發生(Behaviors),是受影響於某些先前事件(Antecedents),也就是先前因子 A,而接著在行為事件後發生的事件則稱後續事件(Consequences)。關鍵人物:史金納(B.F. Skinner)、班都拉(Albert Bandura)、包姆(Meichen Baum)、馬哈尼(Mahoney)、貝克(Beck)、沃爾波(Wolpe)、拉薩爾斯(Lazarus)、卡茲丁(Kazdin)為代表。

┌─────────────────────────────────────────┐
│ 🔍 **重要觀點** │
│ ◎ 諮詢技巧→增強、代幣制、行為改變技術、模仿。 │
└─────────────────────────────────────────┘

## 九、家族治療法　　　　　　　　　　　　　　　【*981 術科第七題】★★★

　　家族治療的起源在 1940 到 1950 年代，臨床治療師對精神分裂症者的治療研究。例如包文（Murray Bowen）對精神分裂症者的觀察研究，發現病人一回家就發病，探究其原因發現了家庭的影響力，後來發展出家族譜檢視家人與代間關係，讓個案更了解自己與家人的關係，減少其過度的情緒反應，同時尋找改變這種關係的動力來源。家族治療法（Family therapy）焦點放在當事人無力去控制家庭中所發生的問題，如家庭內的溝通型態，包括語文與非語文的，家庭關係的問題可能會一代接一代的傳遞下去。家族治療將症狀視為一種其目的為控制其它家庭成員的溝通方式。該法重視現在甚於探索過去的經驗。基於假定改變個人的關鍵是了解家庭並透過對家庭的工作。改變家庭溝通和互動關係，以使得癥候的行為消失於無形的治療方法，包括開放系統、結合的三角關係、回饋、家庭體系及自動調適等概念。

　　有許多重要人物為家庭系統取向的先驅，如阿德勒（Alfred Adler）、包文（Murray Bowen）、維薩提爾（Virginia Satir）、懷鐵克（Carl Whitaker）、米紐慶（Salvador Minuchin）、傑哈利（Jay Haley）和馬丹妮絲（Cloe Madanes）。

　　維薩提爾是具有影響力的心理師之一，她提出「冰山」一詞，隱喻每個人都是一座冰山，能被看見的只是水平面以上很少的一部分，而更大一部分，則藏在更深的層次，那是人的內在。冰山模式的目的，並不是要解決問題，也不是要說服別人，而是要覺察自己的冰山，與別人連結。冰山模式一共分成七層（圖 9-1），只有七分之一露出水面，另外的七分之六藏在水面下，這七分別是，1. 行為（Behavior）：大家都可以看得見的外在表現。2. 感受（Fellings）：身體的感受以及心裡的感受。3. 感受的感受（Feelings About Feelings）：對於感受所產生的評價引起的感受。4. 觀點（Perceptions）：一個人的思想、看法、信念。5. 期待（Expectations）：對自己和對他人的期待。6. 渴望（Yearnings）：人生長的基本條件。7. 自我（The Self）：每個人心底最底層的力量。

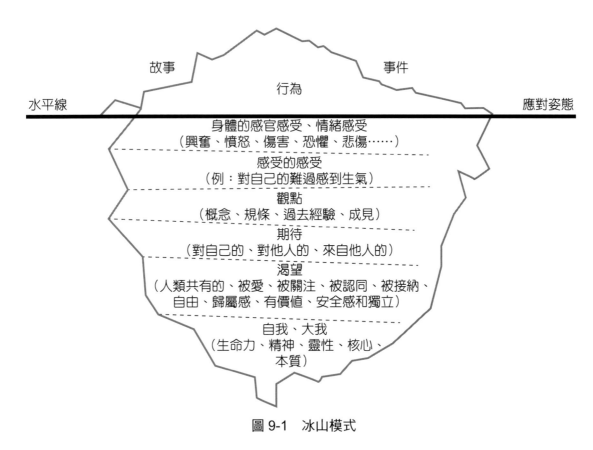

圖 9-1　冰山模式

　　薩提爾指出冰山圖上有一條遊走於水平面的線，那是人為了求生存，應對環境而發展的生存姿態，這並不是與人連結，而是自保。當面對壓力時，人際溝通有三個要素「自己」（指的是了解自己的困難、想法和情緒）、「他人」（指的是能夠同理對方的困難、想法或情緒）和「事情」互動下，人們會出現 5 種習慣性的反應或求生存的姿態，也就是 5 種人際溝通的型態（求生存的應對姿態（Survival Stance）我是誰？），「討好」、「指責」、「超理智或電腦」、「打岔」及「一致性」【*1092-73；1083-62；1053 術科第六題】。實務上的統計，「一致性」的溝通者，大約僅佔 5% 的比例；「討好」的最多，約佔 50%；【*1073-9；1051-60】「指責」型次之，約佔 30%；「超理智或電腦」型約佔 15%【*1062-62】；「打岔」型最少，只有 0.5% 左右。各類型說明如下。【*1101-65；1093-76】

「討好型」：　忽略自己、在乎情境、在乎他人。以「好」、「答應」來溝通，並不是表達自己。在人際溝通三要素裡，忽略「自己」，只關注「他人」的困難、想法或情緒，以及討論的事情。缺乏「自己」這個立足點要素。需要耗費龐大的能量，容易引起很大的焦慮。這類型的人，容易有低落的自我價值。長期，甚至會產生很多身心的不適症狀。

「指責型」：　在乎自己、在乎情境、忽略他人。總是用否定、命令來溝通，並不是表達自己。明顯忽略「別人」的困難、想法及感受，很容易經歷內在的孤單感，甚至失敗感。身心上，都會有許多的後遺症。【*1071-33；963-8】

「超理智／電腦型」：忽略自己、在乎情境、忽略他人。溝通時總是爭辯，認為自己是對的，並不是表達自己。同時忽略「自己」和「別人」，只注意「事情」的部分，避免有任何的感覺，甚至刻意否認感受，如此就可感覺不到任何的威脅。長期下來，身心的後遺症不少，包括容易出現分泌性乾枯疾病（包括黏液、淋巴及其他腺體癌症）、心臟病發、背痛等。心理上，容易出現強迫心理、社交退縮、僵直不動等。

「打岔型」：忽略自己、忽略情境、忽略他人。溝通時不表達自己，而是用不溝通來溝通。不僅忽略自己和別人（困難、想法和感受），也忽略了事情。在溝通時，會岔開原來的主題，談論另外一個話題，使自己和別人往來時，把威脅移開，或是讓自己跟威脅隔離。

「一致型」：在乎自己、在乎情境、在乎他人。溝通時懂得表達自己自己、他人和事情，三者同等重要，都沒有被忽略。一致性的姿態，在薩提爾的模式中，是最健康的姿態。

**重要觀點**

◎ 諮詢技巧→壓力處理、問問題、接納、反映、澄清。

## 十、認知行為治療　✪✪✪

　　認知行為治療（Cognitive behavior therapy，簡稱 CBT）是從憂鬱症研究發展出來，貝克（Aaron Temkin Beck）發現憂鬱症患者在解釋生活事物時很明顯有負向偏誤，而導致他們認知失調。認知行為的核心理念是人的行為基本上受到自己的信念所影響，因此有些信念是不證自明、卻被視為是真理、奉行不渝。認知治療基本上要辨識個案的認知、情緒或感受、行為與生理等系統間互動關係與影響，特別是人的情緒反應與行為深受其認知理念所影響。因此，認知重建是認知治療法的核心技術，用來教導人們如何重建信念以取代錯誤的認知，以提升自己。CBT 強調要認出與改變負面思考或不適當的信念（或稱基模），諮商員可以教導當事人先與自己的認知保持一段距離，然後客觀地檢視與評估自己的思考，分辨評估與現實的差距，接著修正自己扭曲的認知。認知行為治療是心理諮商學派中，最重視讓求職者對自己思考型態的瞭解與改變的諮商理論。關鍵人物：貝克（Aaron Temkin Beck）。　　　　　　　　　　　　　　【＊1093-28：991-16】

**重要觀點**

◎ 諮詢技巧→辯駁非理性想法、記錄內心對話、改變語言等。

## 十一、女性主義治療

　　女性主義的基本信念是男性與女性能在社會、政治、經濟上達到平等。女性主義治療（Feminist Therapy）將性別和權力視為治療歷程的核心。形成女性主義治療基礎的核心原理有：個人即政治（每個女性所經驗到的問題都必須有政治上的了解與解決）、對社會改革的許諾、重視女性聲音與思維方式，並以女性經驗為榮、諮商關係是平等的（強調姐妹情誼）、著重力量、重新界定心理疾病，以及認出各種形式的壓迫。

　　女性主義治療技巧較屬於技巧統整取向，如意識察覺、性別角色分析、權力分析、閱讀治療、影片欣賞與討論、社會行動等等。女性主義產自許多女性的努力，其中少數的人如米勒（Jean Baker Miller）、殷（Carolyn Zerbe Enns）、亞斯賓（Oliva Espin）和布朗（Laura Brown）。核心概念為對女性所受心理壓抑的關切。焦點放在貶抑女性的社政地位對其施加的束縛，探索女性的認同發展、自我概念、目標與抱負及情緒安適。

**重要觀點**

◎ 諮詢技巧→性別角色分析、社會文化、知覺、自我揭露、家庭作業。

## 十二、阿德勒治療

　　阿德勒（Alfred Adler）基本上與 Freud 一樣相信有的行為受若干需求所驅動，而最重要的一項就是「社會興趣」。阿德勒治療核心概念為人格的獨特性、從個人主觀角度來看待人們的需求，以及為人生目標提供行為指引的重要性，也是一種重視成長模式，強調承擔責任、創造自己的命運及尋找意義和目標以賦予人生方向。人們受到「社會興趣」（努力追求未來）與尋找目標以賦予生命意義所驅動。其他重要概念包括力求重要與卓越、發展獨特的生活方式，以及了解家庭星座。

　　阿德勒最著名的就是提出「社會興趣」這個觀念。社會興趣是與生俱來的潛能，指個體對他人的正向態度，與自我認同、同理他人有關，需要在日常生活中練習才能獲得發展。人類行為主要是受到社會興趣所驅動，而「社會興趣」也是評估一個人適應情況的指標，適應良好的人認為自己是社會的一分子，也欣賞彼此的不同；適應不良的人則是以自己的需求為主，沒有看到他人的需求或社會脈絡重要性。該學派的治療技術如下：（一）悖論（或矛盾意向）技巧（Paradox intention）、（二）逮到自己（Catching oneself）、（三）彷彿好像（Acting as if）、（四）在湯裡吐口水或是潑冷水（Spitting in the soup）、（五）按鈕技巧（Pushing the button）、（六）鼓勵、（七）逃避陷阱（Avoiding the tar baby）、（八）早期記憶（Early recollections）。

　　關鍵人物：亞彿烈德・阿德勒（Alfred Adler）。在 Alfred Adler 之後，Rudolf Dreikurs 對此取向在美國盛行有相當大的貢獻。

**重要觀點**

◎ 諮詢技巧→立即性、面質、家庭氣氛分析、家庭星座分析、早期記憶分析等。

## 十三、後現代取向－敘事治療 【*1081-77；1061-24】

後現代主義者（Postmodernism）相信真實並不獨立於觀察過程而是客觀地存在。而語言本身和故事中所使用的語言會創造出不同的意義。在後現代治療取向（Postmodern）中，治療過程中合作關係的建立比技術更為重要。White 和 Epston 是敘事治療（Narrative style）主要關鍵人物。White 和 Epston 認為人們在關係與所屬的生活社群中，為了表達、詮釋自己的生活經驗，常會將自己的經驗說成故事，說自己經驗故事的過程中便建立人際關係、透過詮釋生活經驗，人們會更了解自己的方法，如果這樣詮釋成功，人們便容易與自己的生活與生活中的其他人產生連繫感，生活便感到有意義。

敘事治療的觀點以當事人的故事為核心，也關懷人們生活所在文化脈絡中的權力問題。White 和 Epston 認為尋求治療的人們因為感覺到生活產生問題而求助，治療中可以發現求助這個生活經驗與主流的權力/知識經常存在極大的矛盾與衝突。治療包括治療者與當事人的合作式對話，一起創造出解決方式。藉由找出問題不存在的例外狀況，當事者可以為他們自己創造出新意義以及形塑新的生命故事。治療師會將治療過程中所有的一切都記錄下來或蒐集起來，也鼓勵當事人跟著做，主要是因為這些紀錄或是資料都是有關當事人的想法、發現，這些紀錄以後還可以多次重複閱讀。

在國內針對敘事的相關研究中，可分成諮商實務、生涯敘事、和敘說研究三種。在諮商實務的相關研究多著重於案例討論與成效評估，只有少部分的研究討論敘事治療中的其他面向。敘事取向的生涯諮商主要是讓當事人了解自我狀態，並且重寫或精緻個人敘說內容，讓當事人能有自主賦能為自己劃出人生藍圖，有意義的朝向未來建構生涯計畫。因此，述說自己的故事除了幫助當事人統整過去和現在，也是賦予生命經驗意義的最好方法，以豐厚未來生涯選擇的基礎。

Cochran（1997）認為生涯諮商的單位應是情節（episodes）而非步驟（steps）。不同的當事人需要不同的情節，為了要了解當事人的問題，情節應被設計為能促進當事人的實踐性智慧及擁有自主的力量【*1052-9】。情節包含以下七種：

1. 精緻化生涯問題：生涯問題的本質可能是現實和期待間的差距因而產生了問題。精緻化問題可以透過職業組合卡、方格技術、繪畫、測驗、軼事（anecdotes）等方式來達成。

2. 組成生命故事：諮商心理師可以透過八種方法協助當事人延伸故事：澄清個人「天堂」與「地獄」的組成部分、強調力量處、強調渴望、教育、編寫劇本、強調個人選擇的主體性、詮釋與重構。

3. 建立對未來的敘說：建構未來的敘說，乃是將個人最基本的動機、顯著的長處、興趣、價值觀加以整合為一整體的嘗試。

4. 建構真實：個體探索現實狀況，真實的工作世界，建構出有意義的描繪。

5. 改變生命建構：個體致力於改變現有生命建構，朝著改變情境、改變自己兩個方向進行，以促成更好的未來。

6. 扮演角色：指的是當事人在「現在」採取行動以實現理想。

7. 具體化決定：具體化決定的形成，即是理想與可能性間的辯證的過程，包含了探索性決定、選擇、適當的決定。

## 重要觀點

◎ 諮詢技巧→尊重、開放、問問題、紀錄、閃亮時刻、尋找獨特事件。

## 立即演練 2

(　　) 1. 下列哪一個選項不是行為矯正理論對於「求職面試時，會面紅耳赤、說不出話來」的論點？　①古典制約　②工具制約　③模仿學習　④認知學習

(　　) 2. 哪一個心理諮商學派最重視求職者思考型態的瞭解與改變？　①心理分析　②認知治療　③行為治療　④現實治療

(　　) 3. 主張生存、歸屬、權力、歡樂及自由五種人類需求的心理諮商理論是下列哪一個選項？　①認知治療　②現實治療　③行為治療　④個人中心治療

(　　) 4. 下例何者不是「行為改變」技術？　①酬賞技術　②範例建立技術　③減敏技術　④引導技術

(　　) 5. 下列哪一個心理諮詢學派認為求職者的性格問題與童年時期的創傷經驗有關？　①心理分析學派　②個人中心學派　③現實治療學派　④完形治療學派

(　　) 6. 下列有關「理性情緒治療法」（RET）之敘述，何者不正確？　①強調思考與信念　②以教導、認知、行為的治療法　③又稱 ABC 理論　④代表人物是 Friz Perls

(　　) 7. 艾利斯（Ellis）的理情療法（RET）在人格結構理論強調 ABC 模式，其中所指的「B」是代表何者？　①信念　②結果　③事件　④行為

(　　) 8. 下列針對焦點解決法之敘述何者是錯的？　①又稱策略學派　②該方法運用於中長期的諮商　③該方法運用於短期的諮商　④發展者早年追隨過心理諮商大師學習催眠及心理治療多年

(　　) 9. 就業服務人員在進行就業媒合諮詢（商）過程中，常因人因時因事，而應用不同的會談技術，下列相關基礎理論及代表人物的敘述，何者正確？　①家族治療法：一種採用開放系統，結合三角關係概念，使得症候的行為消失於無形的治療　②現實治療法：一種協助案主體驗自己存在的真實性，發展潛能及力行實踐的態度，去發現、欣賞、認同所處的世界　③現實治療法的代表人物是 Virginia Satir　④家族治療法的代表人物是 William Glasser

( )10.「你沒做過一件對的事」這種溝通模式的口語被稱為何種溝通模式？ ①討好型 ②電腦型 ③一致型 ④責備型

**解** 1.④ 2.② 3.② 4.④ 5.① 6.④ 7.① 8.② 9.① 10.④

## 9-4 就業安置與就業會談

就業服務中最主要的措施，使求職者所具備的資格條件與求才雇主所需要的用人條件相吻合的工作組合。就業安置的方式分為非正式（親友推薦、員工推薦）與正式管道（公立就業服務）。

### 一、就業安置實施的原則與要領

1. 發展與應用就業會談技巧。
2. 培養就業服務工作人員就業市場相關資訊與諮詢之專業技能。
3. 與轄區內產業與企業人事主管保持聯繫。
4. 協助人力過剩地區求職者進入勞力不足地區工作。
5. 事先做好聯繫工作。

### 二、就業服務初期「安置諮商階段」的諮商重點 ✪✪✪

就業服務及諮商過程中，首先要處理的職業信念，以免影響一個人的生涯行動或是發展方向【*972-68】。而初期「安置諮商階段」的諮商重點有：(1) 釐清適用其他組織的經驗與技巧；(2) 識別個人的興趣；(3) 澄清個人的價值觀。 【*1091-77；972-67】

### 三、就業媒合會談目標與功能 【*1101-3；981-59】

1. 僅能有效處理已發生的困難與問題。
2. 直接幫助得到應有照顧與享有最高生活權利。
3. 改善社會環境。

### 四、就業會談的主要目的 【*963-14】

1. 了解尋職者（案主）的工作經驗。
2. 了解尋職者（案主）的工作態度。
3. 探詢尋職者（案主）的工作期望。

### 五、就業媒合會談過程（階段） 【*1103 術科第八題】✪✪✪

#### （一）會談前準備階段（建立輔導關係）

會談前準備階段為初步建立輔導關係，應注意的事項說明如下： 【*1113-64；1082-80；1081-23】

1. **環境佈置與工具**

    (1)環境的選擇：依會談地點的不同可區分機構會談與非機構會談，機構會談多由來談者主動求助，透過正式的程序安排、進行；非機構會談的限制，容易受到外在環境干擾，在非機構會談受談者可能不清楚正在被會談，而使會談效果受到影響【*1012-13】。機構會談與非機構會談應避免環境干擾外，選擇氣氛融洽、充足陽光或空氣流通的場所。【*963-50】適宜的就業面談場地如會談室、會議室、訓練教室。　　　　　　　　【*1012-65；972-3；971-45】

    (2)安排就業會談時間：安排考量就業諮詢員準時出現、不中斷會談、不讓尋職者（案主）等候過久為原則。　　　　　　　　　　　　　　　　【*1111-37；971-65；961-57】

    (3)工作環境佈置：雙方成 90 度角【*1041-70】，面對面坐著，小桌子或茶几則放置在中間稍後處，以利雙方非語言的行為表達及觀察，達到案主感覺安全、舒適而敢於表達自己內心的痛苦、疑惑，利於雙方溝通和了解。

    (4)工作諮詢工具及物品：包括家庭背景資料、個人資料、電腦設備、測驗、紙筆、茶水及面紙等。會談前閱讀尋職者（案主）履歷資料，需特別標示的質疑點有中斷的工作年資、過短的工作時間、頻繁轉換工作。　　　　【*1111-73；1101-9；1042-77；971-14；1022 術科第八題】

    (5)尋職者（案主）就業會談事前準備適合詢問的問題：了解招募組織的背景、分析自己的工作能力、了解應試工作要求的職能、尋職者（案主）先前的職務負責範圍、尋職者（案主）過去的工作成績、對職業生涯的未來規劃、應徵這項職務的理由、個人的夢想為何、工作時間觀、工作衝突之處理原則、工作經常出差的配合度。

    　　【*1091-32；1073-21；1072-69；1072-54；1061-64；971-64；971-74；963-52；961-33】

2. **該階段以語言與非語言技巧的運用，蒐集資訊建立專業關係階段**【*1101-20】。**使用相關技術如下**

    (1)溫暖。　　　　　　　　　　　　　　　　　【*1103-27；1062-22；1032-22；972-29】

    (2)專注：上半身微向前傾、注視、重述受輔導者的重點內容【*972-38；963-10；1093 術科第八題；1083 術科第八題】、保持輕鬆自然【*971-44】。輔導者透過各種訊息傳達出對成員專心、注意的態度，成員將會感受到尊重、接納，進而信任輔導員與積極參與團體活動。

    (3)反映：分為情感反映、經驗反映與內容反映三個技巧。融入情感語言讓當事人知道你已經知道其感受，由身體語言暗示當事者之經驗感受、將對方所述活動內容以簡潔的語言重述。　　　　　　　　　　　　　　　　　　　　　　　　　　　　【*1002-78】

    (4)初次同理心：表現出是站在對方的立場上去了解他的感覺及世界等情緒反映與簡述，利用情緒反應（如嗯、我懂）與簡述語意（用自己的言語把當事人所說的內容再敘述一遍）。　　　　　【*1123-47；1122-53；1103-36；1013-12；991-35；991-48；1083 術科第八題】

    (5)傾聽：常以口語及非口語的行為為策略如鼓勵亦傾聽的一種。　　　【*1002-22；991-70】

## （二）探討階段（建立專業關係）

第二階段為探討階段，以語言與非語言的運用建立專業關係。此階段可採用的技巧包括：

1. 摘述：輔導員摘扼要敘述團體互動或活動內容，使用轉換主題或結束活動等技術。

2. 面質：當求職者的自我概念與他人印象不一致時，或發現其言行表現與情境氛圍不一致時，可以使用質疑、對立、對質、對抗、正視現實等面質技巧，直接指出個案所敘述內容不合理或矛盾之處。例如就業服務專業人員針對求職者的正向、負向的言行表現，利用面質指出求職者的不一致。 【*1018 月 -35；1002-2；991-19；1093 術科第八題；1083 術科第十題】

3. 自我揭露：讓個案表達出在團體中此時此地事件的感受或人生經歷，以引導成員自我開放，增進個案成員對輔導員信任。

4. 立即性：諮商員與當事人就目前的諮商所生的情況，做出立即、坦承與直接溝通、開放性討論。 【*1072-15；1071-42；1012-65；1083 術科第八題】

5. 高層次同理心：針對當事人隱含真正問題，說了一半和暗示的部分，更深入地探索，使其對問題能更真確的了解，導向有效的問題解決。

6. 目標設立：聚焦個案問題，設定個人化的目標等。 【*1111-8】

## （三）分析統整階段（發展階段）

第三階段主要是分析統整，通常會使用的技巧說明如下： 【*1042 術科第七題】

1. 高層次同理心：比案主還要更瞭解他的內在想法和感覺。 【*1001-20】

2. 自我表露：讓個案表達出在團體中此時此地事件的感受或人生經歷，以引導成員自我開放，增進個案成員對輔導員信任。 【*1012-65】

3. 面質：指出案主行為中的矛盾或逃避的部分，協助案主了解其自我破壞性的行為，以及未曾善加利用的資源。 【*1083-27；1012-65；1002-2；1093 術科第八題】

4. 立即性：與案主就目前的諮商關係，進行直接而開放的討論。
 【*1072-15；1071-42；1012-65；1083 術科第八題】

5. 釐清：為確定案主的訊息，諮商員以問句的形式表達。 【*1012-65；1083 術科第八題】

6. 有效提問：了解問題和問題情境的具體細節。 【*1012-65；1083 術科第八題】

7. 建議：告訴案主應該如何感覺、思考、溝通、行動。【*1012-65；1093 術科第八題；1083 術科第八題】

8. 角色扮演：進行模擬演練，了解案主的問題與問題的情境，針對修正改過的溝通方式和想法進行預演。 【*1113-41；1083-27；1061-23；1012-65；1083 術科第十題】

9. 問題解決技術。 【*1012-65】

10. 角色易位。 【*1012-65】

11. 資訊提供。 【*1083-27；1081-66；1061-70；1012-65】

## （四）行動階段（擬定行動計畫） 【*1042 術科第七題】

行動階段係指個案工作人員根據求助者的領悟，以創造性問題解決的過程，採取力場分析觀念說明問題解決原理，協助其探討各種可能產生建設性改變的方法，再依其抉擇協助擬定行動計畫鼓勵其採取行動，並於執行時適時給予支持和回饋之階段。通常會使用的技巧說明如下：

 【*1123-4；1082-72】

1. 力場分析：利用 7W（Who,Where,When,What,How,Why,for Whom）找出解決問題的阻力與助力，鼓勵實際行動。

2. 行為改變：利用制約技巧設計一些刺激反應的事務、利用正負增強與削弱技巧使個體行為反應獲得改善。或者採取行為塑造，使個案可以漸進的方式養成理想的行為的呈現。

【*971-36；991 術科第三題】

3. 家庭作業：以個案的意願及其配合能力為前題，讓個案在諮商過程中所習得的認知或問題解決方式，帶入日常生活中進行練習。

4. 角色扮演：將已發生或未來會發生的事情，進行重演或預演，讓個案體驗、探索和學習。

【*1071-41；963-5】

### （五）檢討階段（成效檢討）

檢討階段係指個案工作人員就整個協助過程的目標、方法及效果，與求職者、同事或督導共同檢討，以增進諮詢知能，同時亦可追蹤了解求助者生活與適應情況，必要時在給予適當的協助之階段。

## 六、就業媒合會談內涵

就業媒合會談為一特殊性的談話，其形式雖與一般人際談話有相似之處，但其性質與一般談話有相當大的差異，具有其特色。例如就角色、運作、互動方式、溝通及責任等，會談的內涵與一般人際關係會話存有差異。　　　　　　　　　　　　　　　【*1001 術科第九題】

### （一）角色

就業諮詢員的角色包括擔任：　　　　　　　　　　【*1121-79；1081-66；1032 術科第八題】

1. 協調者：**透過協調相關資源，以提供案主了解與選擇、運用**。

2. 教導者：教導求職者求職應對與技巧、做好生涯規劃與準備。

3. 研究者：透過個案分析與輔導經驗，提供當事人或就業諮詢員參考運用。

4. 引導者：就自己的經驗指導新進就服人員技巧，使其適應工作。

5. 保密者：從事就業服務須遵守對雇主與求職人資料之保密。

6. 資訊與資源提供者。

### （二）運作

會談會經歷不同的發展階段與使用不同的技巧，基本上會以探索、洞察、行動計畫以及檢討等階段來運作。

### （三）互動方式

職涯輔導人員面對求職者與求才者，成為雙方的最佳仲介橋樑，應具備與人互動能力，包括溝通能力、壓力管理能力、情緒管理能力、表達能力、引導能力等；同時亦應具備了解他人、了解自我的能力。

### （四）溝通

就業會談常使用語言與非語言的溝通方式，蒐集資訊建立專業關係。

## （五）責任

協助個人克服和職涯準備、職涯試探、職涯選擇、與職涯適應有關的困難與問題、袪除情緒與認知上的障礙，達成職涯工作角色與各種生活角色之間的融洽和諧，以增進個人的職涯發展與生活適應。

 **立即演練 3**

（　）1. a 了解當事人的世界；b 建立關係；c 接案；d 個案概念化；e 結案；f 介入協助改變，以上是一般的諮詢歷程要素，如果依開始到結束進行排序，則下列組合何者是對的？　①acbedf　②cadbfe　③cbadfe　④adfecb

（　）2. 下列何者是就業會談過程中「探討階段」（語言與非語言運用建立專業關係階段）目標的主要技巧？　①溫暖　②面質　③自我表露　④高層次同理心

（　）3. 在就業服務初期，以下敘述何者不是「安置諮商階段」的諮商重點　①釐清適用其他組織的經驗與技巧　②識別個人的興趣　③澄清個人的價值觀　④要求個案馬上選擇職業

（　）4. 就業服務及諮商過程中，首先要處理的是　①職業興趣　②職業性向　③職業信念　④職業項目，以免影響一個人的生涯行動或是發展方向

（　）5. 依就業保險法規定，就業諮詢不包括下列哪一項？　①提供選擇職業之諮詢　②提供就業促進研習活動　③協助工作適應　④發放各項津貼給付

（　）6. 有關就業媒合會談目標與功能，下列敘述何者較為恰當？　①僅能有效處理已發生的困難與問題　②直接幫助得到應有照顧與享有最高生活權利　③改善社會環境　④協助個人運用社區組織力量與發展方式，強化生活適應力

（　）7. 下列何者不是適宜的就業面談場地？　①會談室　②會議室　③一樓大廳　④訓練教室

（　）8. 在安排就業面談時間時，何者不是安排原則？　①就業諮詢員準時出現　②不中斷會談　③不讓尋職者（案主）等候過久　④會談時間因人而異

（　）9. 求職者常因為失業或不易找到工作而感到壓力大，此時，就業服務人員可以運用「壓力緩衝盾」（Stress Buffer Shield）協助求職者紓壓，下列哪一項不是屬於「壓力緩衝盾」可用的資源或方法？　①冥想　②負向思考　③找專業人員　④適當運動或睡眠

（　）10. 在就業諮詢（商）服務中，主要是以短期諮商為主，因此，焦點解決短期心理諮商經常被使用，請問下列何者不是諮商流程中「設立目標」的要訣？　①越具體越好　②由小步驟開始　③可用理情治療來釐清個案的非理性思考習慣　④不在個案能控制的範圍內

（　）11. 下列何者不是就業服務人員在就業媒合會談時，所要達成的目標？　①瞭解失業民眾的就業意願　②瞭解失業民眾的就業能力　③釐清失業民眾的職涯目標　④評估失業民眾的社區人際互動情形

（　）12. 下列何者不是就業會談的主要目的？　①了解尋職者（案主）的工作經驗　②了解尋職者（案主）的工作態度　③了解尋職者（案主）的穿著打扮　④探詢尋職者（案主）的工作期望

（　）13.下列何者是不適合尋職者（案主）在就業會談前做的準備事項？　①了解招募組織的背景　②分析自己的工作能力　③了解應試工作要求的職能　④熬夜不睡準備應試資料

（　）14.就業會談前閱讀尋職者（案主）履歷資料，何者不是需特別標示的質疑點？　①中斷的工作年資　②過短的工作時間　③頻繁轉換工作　④工作待遇期望

（　）15.就業媒合初次會談在開場白時，就業服務人員首先應　①減輕失業民眾的緊張與不安　②詢問失業民眾的失業原因　③瞭解失業民眾的職涯目標　④瞭解失業民眾的期待薪資

（　）16.下列何者是就業服務人員在就業媒合會談時，所應表現的技巧行為？　①直接詢問失業民眾為何失業　②自己侃侃而談失業經驗　③以誠懇態度表達對失業民眾的關懷　④持續詢問失業對失業民眾的負面影響

（　）17.下列何者不是就業會談時初步了解尋職者（案主），適合詢問的問題？　①先前的職務負責範圍　②過去的工作成績　③對職業生涯的未來規劃　④對勞動法令的看法

（　）18.下列何者不是就業會談時，了解尋職者（案主）工作企圖心的適合問題？　①個人的職涯規劃為何　②應徵這項職務的理由　③個人的溝通方式　④個人的夢想為何

（　）19.下列何者不是就業會談時，了解尋職者（案主）工作價值觀的適合問題？　①工作時間觀　②工作衝突之處理原則　③工作經常出差的配合度　④人際關係建立能力

（　）20.就業會談剛開始時，何者不是安排原則？　①簡要的自我介紹　②說明職涯發展途徑　③微笑招呼　④致歡迎詞

解　1.③　　2.①　　3.④　　4.③　　5.④　　6.④　　7.③　　8.④　　9.②　　10.④

11.④　　12.③　　13.④　　14.④　　15.①　　16.③　　17.④　　18.③　　19.④　　20.②

## 9-5　就業諮詢個案管理服務

### 一、個案管理

　　個案管理是當今非常受歡迎的一種服務策略。根據樓斯門（J. Rothman）的見解，個案管理者藉由與案主共同完成下列工作來協助他們，包括探索問題與需求、評估案主家庭的功能與案主的支持系統、設定近期與長期的目標、規劃處遇計畫、確認及彙整資源、將案主與相關資源連結、監督與再評估實際的服務輸送、成果評估等。　　　　　　　　　　　　　　　【*1092-75；1012術科第十題】

　　個案管理是一種社會工作最常使用的工具，個案管理傾向強調運用社區資源以協助案主滿足其需求，其主要功能是將資源管理以一個系統化、組織化的行動計畫，提供實務上執行的架構，

所以個案管理是一系列的行動與一種過程，在確保案主可以接收到服務、處置、照顧與機會，並能協調各項資源的運用及達成持續性服務。一般而言個案管理的運用步驟有六個，說明如下：

1. 接觸（Engaging）：建立信任關係、澄清個別角色；協商案主與工作者間個別的期待。

2. 診斷與評估（Assessing）：包括接案、連絡電話、在辦公室及在家裡接電話；進行家庭會談、蒐集案主資料、從其機關或會談紀錄摘要資料。

3. 計劃（Planning）：形成服務計畫，與其他有關的機關或治療服務團隊接觸，安排個案參加會議等。

4. 獲取資源（Asessing resources）：安排約定會談時間，跟其他機關協調親自帶領個案前往其他機關；與其它機關的工作人員一起與個案碰面討論與服務。

5. 協調（Coordinating）：調解或仲裁個案與家人間的問題與糾紛；或者仲裁案主與服務機關間的服務輸送問題，使案主獲得服務。

6. 結束關係（Disengaging）：發展以證據為基礎的實務方式，研判案主進步的程度，評估考核服務成效。

個案管理過程中，鼓勵服務對象積極參與，而非視服務對象為被動或處於全然被安排的情境。個案管理期待藉由各種支持性服務之提供，尤其是受到正式資源的支持，讓服務對象在其熟悉的社區中生活，以鼓勵服務對象朝自立之目標努力。個案管理者在整個過程中都要全程負責，主要的行動是作為案主、團隊與其他服務提供者間的聯絡，並要尋求與應用社區資源，以確保方案獲得成功的結果。樓斯門認為個案管理基本上結合了兩項功能，1.提供個別化的諮詢、諮商與治療，2.將案主與所需服務的正式、非正式助人網絡加以連結。因此個案管理員主要扮演的角色有倡導者、經紀人、問題解決者。　　　　　　　　　　　　　　　　　　　　　　　　　【*992-11】

## 二、就業諮詢個案管理

就業諮詢是由專業職涯諮商人員協助個人克服和職涯準備、職涯試探、職涯選擇、與職涯適應有關的困難與問題、袪除情緒與認知上的障礙，達成職涯工作角色與各種生活角色之間的融洽和諧，以增進個人的職涯發展與生活適應。公立就業服務為因應勞動市場快速轉變，即時回應弱勢對象就業服務需求。就業諮詢服務區的個案管理員，可以依據求職者的需要提供之個案管理服務，包括轉介衛生機構、就業諮詢、職訓諮詢【*992-40】。就業服務專業人員對個案的基本權益應尊重，亦即：(1)當事人有權接受或拒絕輔導；(2)當事人有查詢輔導人員的專業資格權利；(3)當事人有權不接受輔導員之價值觀。　　　　　　　　　　　　　　　　　　　【*1113-80；961-51】

目前公立就業服務站個案管理服務流程分為六個步驟，每個步驟可使用的技巧或資料收集羅列在表 9-2，個案管理服務標準流程如圖 9-1。　　　　　　　　　　　　　【*992 術科第二題】

表 9-2　公立就業服務站個案管理服務流程 ❀❀❀

| 步　驟 | | 工　具 | 備　註 |
|---|---|---|---|
| 一、求職者需求評估 | | 1. 就業諮詢技巧。<br>2. 求職登記表。<br>3. 簡易諮詢紀錄表。 | 派案轉送之個案資料（求職登記表、簡易諮詢紀錄表）。 |
| 二、開案晤談 | | 1. 個案管理工作紀錄表。<br>2. 個管員了解案主之基本資料、家庭背景、工作史、健康史等。 | 開案標準：<br>1. 就業意願不高。<br>2. 缺乏擬從事的工作經驗、技能。<br>3. 工作價值觀不正確。<br>4. 職涯目標不清楚或不實際。<br>5. 待業超過六個月以上。<br>6. 重新進入勞動市場者（離開職場約 2 年以上）。<br>7. 經本中心推介工作 3 次以上仍未能順利就業之特定對象。<br>8. 經個管員初步評估認為有必要者。<br>9. 其他。 |
| 三、擬定處遇計畫（評估） | | 介紹卡、轉介單、職業訓練諮詢紀錄表。 | 依據個案資料及晤談結果擬定處遇計畫。<br>1. 推介就業。<br>2. 就業諮詢。<br>3. 創業諮詢。<br>4. 職訓諮詢。<br>5. 就業促進研習活動。<br>6. 資源連結。<br>7. 求職交通補助金。<br>8. 情緒支持。 |
| 四、依據處遇計畫提供相關服務 | （一）就業諮詢 | 個案管理工作紀錄表。 | 1. 依據求職者需求，推介就業。<br>2. 針對現實感不足、工作價值觀不正確、職涯規劃不清者，需作多次諮詢協助其釐清問題並解決之。<br>3. 提供個案情緒支持。<br>4. 追蹤關懷。<br>5. 郵寄關懷信件。<br>6. 協助申請就業相關補助津貼。 |
| | （二）推介就業 | 工作機會名冊、介紹卡。 | 由個案管理員依據案主需求予以推介就業。 |
| | （三）轉介參加就業促進研習活動 | 辦理就業促進研習活動。 | 1. 評估個案適合參加之課程。<br>2. 依處遇計畫，轉介謀職能力不足者參加就業促進研習活動。 |
| | （四）職訓諮詢 | 職業訓練諮詢紀錄表。 | 評估個案是否適合參訓，適合者推介職業訓練。 |
| | （五）創業諮詢 | 個案管理工作紀錄表。 | 1. 評估個案創業需求。<br>2. 提供個案創業前準備諮詢服務。<br>3. 轉介創業輔導專案。 |
| | （六）資源連結【*1111-42】 | 轉介單、社會福利機構名冊、自殺防治通報表、高風險家庭評估通報表、特定對象資源手冊。 | 1. 評估個案其他資源需求。<br>2. 轉介或連結其他相關資源。<br>3. 自殺防治或高風險家庭通報。 |
| 五、個案追蹤輔導 | | 追蹤紀錄。 | 1. 追蹤個案應徵結果。<br>2. 定期了解個案轉介及就業情形。<br>3. 個案成功就業後追蹤 3 個月。 |
| 六、結案 | | 完整個案記錄及相關報表結案標準。【*992-70】 | 1. 穩定就業三個月。<br>2. 無意願接受服務。<br>3. 無法合作。<br>4. 求職者死亡。<br>5. 仍具有多重問題，但暫不宜就業。<br>6. 失去聯絡（不同日期、時間聯絡 3 次仍聯絡不上）。<br>7. 其他。 |

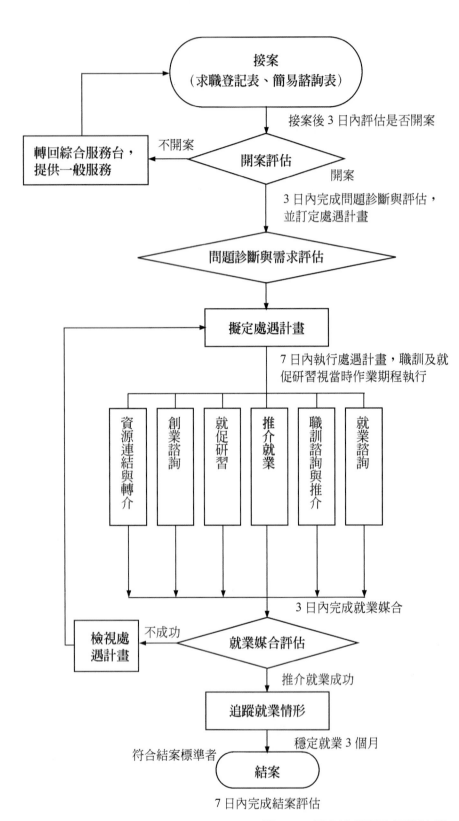

個案來源：
1. 櫃檯經簡易諮詢後，派案之求職者
2. 由中心派案或其他機構轉介之專案
3. 個管員自行開案

開案標準：
1. 就業意願不高
2. 缺乏擬從事的工作經驗、技能
3. 工作價值觀不正確
4. 職涯目標不清楚或不實際
5. 待業超過六個月以上
6. 重新進入勞動市場者〈離開職場約 2 年以上〉
7. 經本中心推介工作 3 次以上仍未能順利就業之特定對象
8. 經個管員初步評估認為有必要者
9. 其他

就業諮詢：
1. 提供就業服務相關資訊
2. 就業諮商
3. 追蹤關懷
4. 郵寄關懷信件
5. 協助申請就業相關補助津貼
6. 情緒支持
7. 其他

結案標準：【＊992-70】
1. 穩定就業 3 個月
2. 無意願
3. 無法合作
4. 失聯
5. 仍具有多重問題，但暫不宜就業
6. 死亡
7. 其他

**圖 9-2 個案管理服務標準流程**

## 三、就業服務一案到底

　　勞動力發展署就業服務中心自民國 101 年 11 月全面實施「失業認定一案到底」服務。「就業服務一案到底」採預約的方式；由就服員先直接與民眾確認下次辦理時間並直接預約，如果民眾需更改時間亦可隨時打電話來更改約定時間【*1043-9】。就業服務、職業訓練、技能檢定及創業等多項服務在內的單一服務架構，不論是失業認定、求才、求職服務都可透過「單一窗口」、「固定專人」及「一案到底」的方式深化就業服務。因應一案到底的作業模式，有感就服員素質再提升的重要性，須規劃定期個案服務的分享會，讓每位就服員將經手的輔導案例彼此分享交流，強化就服員的諮商能力。一案到底的概念好比家庭醫生，當家中任何成員有就業需求時，就服員便透過深度關心並了解求才及求職者的需求後再開立處方，以求職者而言，就服員可充份掌握求職民眾的家庭狀況後再做適性轉介或推介媒合，由專責人員與求職者會談後評估求職者需求及就業能力，協助求職者擬定就業協助行動計畫，並適時提供職業訓練諮詢、運用職業訓練、各項專案或就業促進工具，或預約參加就業促進研習活動等，對於求職者在職涯的規劃上給予更多的協助。

 **重要觀點**

◎ 勞動力發展署所屬公立就業服務中心推動「一案到底」的個案管理服務模式，主要是在協助個案強化「自我功能」與解決問題能力，得以順利找到理想工作，此種就業媒合概念是屬於問題解決學派【*1021-58】。此種就業媒合的特性，同時具有 ①建立信賴關係 ②達到適性與穩定就業 ③客製化的服務模式【*1123-77；1111-75；1092-61；1033-53；1023-36】。

 **立即演練 4**

(　　) 1. 個案管理是當今非常受歡迎的一種服務策略，許多專業人員都認為他們正提供此服務，包括社工師、特教老師、就業服務人員等，請問下列何者不是個案管理員主要的角色？　①倡導者　②經紀人　③使能者　④問題解決者

(　　) 2. 根據公立就業服務站的設置，諮詢服務區的個案管理員，可以依據求職者的需要提供之個案管理服務，不包括下列哪一項？　①轉介衛生機構　②申請社會福利補助　③就業諮詢　④職訓諮詢

(　　) 3. 小強是社會服務機構轉介到就業服務站的中輟生，個案管理員依規定開案，並運用 Williamson 的職涯輔導步驟協助案主，請問其輔導步驟的順序為何？　①分析→綜合→診斷→預斷→諮商→追蹤　②診斷→分析→綜合→預斷→諮商→追蹤　③諮商→分析→診斷→綜合→預斷→追蹤　④諮商→診斷→分析→綜合→預斷→追蹤

( ) 4. 依公立就業服務機構規定，下列何者不是個案管理員的結案標準？　①穩定就業 1個月　②失去聯絡　③求職者死亡　④無意願接受服務

( ) 5. 下列敘述者何者不是個案工作紀錄的主要內容？　①社區居民的需求與行動計畫　②處遇服務診斷與經過　③基本資料表　④問題分析與建議

( ) 6. 有關就業服務專業人員對個案的基本權益的敘述，下列何者為非？　①當事人有權益接受或拒絕輔導　②當事人有查詢輔導人員的專業資格權利　③當事人不能拒絕為其安排的活動　④當事人有權不接受輔導員之價值觀

**解**　1.③　　2.②　　3.①　　4.①　　5.①　　6.③

第 **4** 篇

# 顧客關係管理與服務

 **重點摘要**

# Chapter 10　個人資料保護

考情趨勢分析

| 年度梯次 | | 961 | 963 | 971 | 972 | 981 | 983 | 991 | 992 | 1001 | 1002 | 1011 | 1012 |
|---|---|---|---|---|---|---|---|---|---|---|---|---|---|
| 第10章 學科 | 題數 | 2 | 2 | 3 | 3 | 1 | 1 | 2 | 2 | 2 | 2 | 1 | 1 |
| | %（80題中出現題數） | 3% | 3% | 4% | 4% | 1% | 1% | 3% | 3% | 3% | 3% | 1% | 1% |
| 第10章 術科 | 題數 | 無 | 無 | 第四題 | 第四題 | 無 | 無 | 無 | 無 | 無 | 無 | 無 | 無 |
| | %（10題中出現題數） | 0% | 0% | 10% | 10% | 0% | 0% | 0% | 0% | 0% | 0% | 0% | 0% |

| 年度梯次 | | 1018月 | 1013 | 1021 | 1022 | 1023 | 1031 | 1032 | 1033 | 1041 | 1042 | 1043 |
|---|---|---|---|---|---|---|---|---|---|---|---|---|
| 第10章 學科 | 題數 | 1 | 1 | 1 | 1 | 1 | 2 | 2 | 2 | 1 | 1 | 2 |
| | %（80題中出現題數） | 1% | 1% | 1% | 1% | 1% | 3% | 3% | 3% | 1% | 1% | 3% |
| 第10章 術科 | 題數 | 本年度增加一梯次學科考試 | 無 | 無 | 無 | 無 | 無 | 無 | 無 | 無 | 無 | 無 |
| | %（10題中出現題數） | 0% | 0% | 0% | 0% | 0% | 0% | 0% | 0% | 0% | 0% | 0% |

| 年度梯次 | | 1051 | 1052 | 1053 | 1061 | 1062 | 1063 | 1071 | 1072 | 1073 | 1081 | 1082 | 1083 |
|---|---|---|---|---|---|---|---|---|---|---|---|---|---|
| 第10章 學科 | 題數 | 1 | 1 | 1 | 2 | 2 | 2 | 2 | 2 | 0 | 0 | 2 | 2 |
| | %（80題中出現題數） | 1% | 1% | 1% | 3% | 3% | 3% | 3% | 3% | 0% | 0% | 3% | 3% |
| 第10章 術科 | 題數 | 無 | 無 | 無 | 無 | 無 | 無 | 無 | 第一題 | 第三題 | 第二題 | 第五題 | 第三題 |
| | %（10題中出現題數） | 0% | 0% | 0% | 0% | 0% | 0% | 0% | 10% | 10% | 10% | 10% | 10% |

| 年度梯次 | | 1091 | 1092 | 1093 | 1101 | 1102 | 1103 | 1111 | 1112 | 1113 | 1121 | 1122 | 1123 |
|---|---|---|---|---|---|---|---|---|---|---|---|---|---|
| 第10章 學科 | 題數 | 0 | 1 | 0 | 2 | 1 | 0 | 0 | 2 | 1 | 2 | 2 | 0 |
| | %（80題中出現題數） | 0% | 1% | 0% | 3% | 1% | 0% | 0% | 3% | 1% | 3% | 3% | 0% |
| 第10章 術科 | 題數 | 無 | 無 | 無 | 第五題 | 無 | 無 | 無 | 第五題 | 無 | 第五題 | 無 | 第三題 |
| | %（10題中出現題數） | 0% | 0% | 0% | 10% | 0% | 0% | 0% | 10% | 0% | 10% | 0% | 10% |

## 10-1　個人資料保護

### 一、個人資料保護法（民國 104 年 12 月 30 日修法）

**第一章　總則**

第 1 條　為規範個人資料之蒐集、處理及利用，以避免人格權受侵害，並促進個人資料之合理利用，特制定本法。
【\*1071-46】

第 2 條　本法用詞，定義如下：　　　　　　　　　　　　　　　　　　　　　　　❀❀❀

一、個人資料：指自然人之姓名、出生年月日、國民身分證統一編號、護照號碼、特徵、指紋、婚姻、家庭、教育、職業、病歷、醫療、基因、性生活、健康檢查、犯罪前科、聯絡方式、財務情況、社會活動及其他得以直接或間接方式識別該個人之資料。

【\*1113-25；1083-11；1063-21；1031-10；1002-6；992-41；971-23；1121 術科第五題】

 **重要觀點**

1. 所稱得以間接方式識別，指保有該資料之公務或非公務機關僅以該資料不能直接識別，須與其他資料對照、組合、連結等，始能識別該特定之個人。

2. 所稱病歷之個人資料，指醫療法第 67 條第 2 項所列之各款資料，即如下所示：
   (1) 醫師依醫師法執行業務所製作之病歷。
   (2) 各項檢查、檢驗報告資料。
   (3) 其他各類醫事人員執行業務所製作之紀錄。

3. 所稱醫療之個人資料，指病歷及其他由醫師或其他之醫事人員，以治療、矯正、預防人體疾病、傷害、殘缺為目的，或其他醫學上之正當理由，所為之診察及治療；或基於以上之診察結果，所為處方、用藥、施術或處置所產生之個人資料。

4. 所稱基因之個人資料，指由人體一段去氧核醣核酸構成，為人體控制特定功能之遺傳單位訊息。

5. 所稱性生活之個人資料，指性取向或性慣行之個人資料。

6. 所稱健康檢查之個人資料，指非針對特定疾病進行診斷或治療之目的，而以醫療行為施以檢查所產生之資料。

7. 所稱犯罪前科之個人資料，指經緩起訴、職權不起訴或法院判決有罪確定、執行之紀錄。

二、個人資料檔案：指依系統建立而得以自動化機器或其他非自動化方式檢索、整理之個人資料之集合。

　　註：包括備份檔案

三、蒐集：指以任何方式取得個人資料。

四、處理：指為建立或利用個人資料檔案所為資料之記錄、輸入、儲存、編輯、更正、複製、檢索、刪除、輸出、連結或內部傳送。

 **重要觀點**

1. 所稱刪除，指使已儲存之個人資料自個人資料檔案中消失。
2. 所稱內部傳送，指公務機關或非公務機關本身內部之資料傳送。

五、利用：指將蒐集之個人資料為處理以外之使用。　　　　　　　　　【*972-11】
六、國際傳輸：指將個人資料作跨國（境）之處理或利用。　　　　　　【*1033-31】
七、公務機關：指依法行使公權力之中央或地方機關或行政法人。
八、非公務機關：指前款以外之自然人、法人或其他團體。
九、當事人：指個人資料之本人。

第 3 條　當事人就其個人資料依本法規定行使之下列權利，不得預先拋棄或以特約限制之：

【*1083-22；1112 術科第五題】

一、查詢或請求閱覽。
二、請求製給複製本。
三、請求補充或更正。
四、請求停止蒐集、處理或利用。
五、請求刪除。

第 4 條　受公務機關或非公務機關委託蒐集、處理或利用個人資料者，於本法適用範圍內，視同委託機關。　　　　　　　　　　　　　　　　　【*1092-52；1082-25；1062-80】

 **重要觀點**

1. 委託他人蒐集、處理或利用個人資料時，委託機關應對受託者為適當之監督。委託機關應定期確認受託者執行之狀況，並將確認結果記錄與監督之。監督至少應包含下列事項：

(1) 預定蒐集、處理或利用個人資料之範圍、類別、特定目的及其期間。

(2) 受託者採取下列各項適當安全維護措施，並以與所欲達成之個人資料保護目的間，具有適當比例為原則。　　　　　　　　　　　　　　　　　【*972 術科第四題】

　　(2.1) 配置管理之人員及相當資源。

　　(2.2) 界定個人資料之範圍。

　　(2.3) 個人資料之風險評估及管理機制。

　　(2.4) 事故之預防、通報及應變機制。

　　(2.5) 個人資料蒐集、處理及利用之內部管理程序。

　　(2.6) 資料安全管理及人員管理。

　　(2.7) 認知宣導及教育訓練。

**重要觀點**

    (2.8) 設備安全管理。

    (2.9) 資料安全稽核機制。

    (2.10) 使用紀錄、軌跡資料及證據保存。

    (2.11) 個人資料安全維護之整體持續改善。

  (3) 有複委託者，其約定之受託者。

  (4) 受託者或其受僱人違反本法、其他個人資料保護法律或其法規命令時，應向委託機關通知之事項及採行之補救措施。

  (5) 委託機關如對受託者有保留指示者，其保留指示之事項。

  (6) 委託關係終止或解除時，個人資料載體之返還，及受託者履行委託契約以儲存方式而持有之個人資料之刪除。

2. 受託者僅得於委託機關指示之範圍內，蒐集、處理或利用個人資料。受託者認委託機關之指示有違反本法、其他個人資料保護法律或其法規命令者，應立即通知委託機關。

第 5 條　個人資料之蒐集、處理或利用，應尊重當事人之權益，依誠實及信用方法為之，不得逾越特定目的之必要範圍，並應與蒐集之目的具有正當合理之關聯。

第 6 條　有關病歷、醫療、基因、性生活、健康檢查及犯罪前科之個人資料，不得蒐集、處理或利用。但有下列情形之一者，不在此限：【施行日期由行政院定】【非公務機關違反規定者，由中央目的事業主管機關或直轄市、縣（市）政府處 5 ～ 50 萬元罰鍰，並令限期改正，屆期未改正者，按次處罰】【足生損害於他人者，處 2 年以下有期徒刑、拘役或科或併科 20 萬元以下罰金】【意圖營利犯損害於他人之罪者，處五年以下有期徒刑，得併科 100 萬元以下罰金】【*1011-20；1001-31；1123 術科第三題】

  一、法律明文規定。　　　　　　　　　　　　　　【指法律或法律具體明確授權之法規命令】

  二、公務機關執行法定職務或非公務機關履行法定義務必要範圍內，且事前或事後有適當安全維護措施。

 **重要觀點**

1. 法定職務，指於下列法規中所定公務機關之職務：

  (1) 法律、法律授權之命令。

  (2) 自治條例。

  (3) 法律或自治條例授權之自治規則。

  (4) 法律或中央法規授權之委辦規則。

2. 法定義務，指非公務機關依法律或法律具體明確授權之法規命令所定之義務。

3. 所稱適當安全維護措施、或安全維護事項、或適當之安全措施，指公務機關或非公務機關為防止個人資料被竊取、竄改、毀損、滅失或洩漏，採取技術上及組織上之措施。這些措施，得包括下列事項，並以與所欲達成之個人資料保護目的間，具有適當比例為原則：

**重要觀點**

(1) 配置管理之人員及相當資源。

(2) 界定個人資料之範圍。

(3) 個人資料之風險評估及管理機制。

(4) 事故之預防、通報及應變機制。

(5) 個人資料蒐集、處理及利用之內部管理程序。

(6) 資料安全管理及人員管理。

(7) 認知宣導及教育訓練。

(8) 設備安全管理。

(9) 資料安全稽核機制。

(10) 使用紀錄、軌跡資料及證據保存。

(11) 個人資料安全維護之整體持續改善。

　　　　三、當事人自行公開或其他已合法公開之個人資料。

 **重要觀點**

1. 所稱當事人自行公開之個人資料，指當事人自行對不特定人或特定多數人揭露其個人資料。

2. 所稱已合法公開之個人資料，指依法律或法律具體明確授權之法規命令所公示、公告或以其他合法方式公開之個人資料。

　　　　四、公務機關或學術研究機構基於醫療、衛生或犯罪預防之目的，為統計或學術研究而有必要，且資料經過提供者處理後或經蒐集者依其揭露方式無從識別特定之當事人。

　　　　五、為協助公務機關執行法定職務或非公務機關履行法定義務必要範圍內，且事前或事後有適當安全維護措施。

　　　　六、經當事人書面同意。但逾越特定目的之必要範圍或其他法律另有限制不得僅依當事人書面同意蒐集、處理或利用，或其同意違反其意願者不在此限。

　　依前項規定蒐集、處理或利用個人資料，準用第八條、第九條規定；其中前項第六款之書面同意，準用第七條第一項、第二項及第四項規定，並以書面為之。

第 7 條　第 15 條第 2 款及第 19 條第 5 款所稱同意，指當事人經蒐集者告知本法所定應告知事項後，所為允許之書面意思表示。

　　　　第 16 條第 7 款、第 20 條第 1 項第 6 款所稱同意，指當事人經蒐集者明確告知特定目的外之其他利用目的、範圍及同意與否對其權益之影響後，單獨所為之意思表示。

公務機關或非公務機關明確告知當事人第八條第一項各款應告知事項時，當事人如未表示拒絕，並已提供其個人資料者，推定當事人已依第十五條第二款、第十九條第一項第五款之規定表示同意。

蒐集者就本法所稱經當事人同意之事實，應負舉證責任。

第 8 條　公務機關或非公務機關依第 15 條或第 19 條規定向當事人蒐集個人資料時，應明確告知當事人下列事項：

一、公務機關或非公務機關名稱。

二、蒐集之目的。

三、個人資料之類別。

四、個人資料利用之期間、地區、對象及方式。

五、當事人依第三條規定得行使之權利及方式。

六、當事人得自由選擇提供個人資料時，不提供將對其權益之影響。

【告知之方式，得以言詞、書面、電話、簡訊、電子郵件、傳真、電子文件或其他足以使當事人知悉或可得知悉之方式為之】【違者，中央目的事業主管機關或直轄市、縣（市）政府限期改正，屆期未改正者，按次處 2 ～ 20 萬元罰鍰】

有下列情形之一者，得免為前項之告知：

一、依法律規定得免告知。　　　　　　　　　　　　　　【指法律或法律具體明確授權之法規命令】

二、個人資料之蒐集係公務機關執行法定職務或非公務機關履行法定義務所必要。

三、告知將妨害公務機關執行法定職務。

四、告知將妨害公共利益。

五、當事人明知應告知之內容。

六、個人資料之蒐集非基於營利之目的，且對當事人顯無不利之影響。

第 9 條　公務機關或非公務機關依第十五條或第十九條規定蒐集非由當事人提供之個人資料，應於處理或利用前，向當事人告知個人資料來源及前條第一項第一款至第五款所列事項。

【*1061-14】

有下列情形之一者，得免為前項之告知：

一、有前條第二項所列各款情形之一。

二、當事人自行公開或其他已合法公開之個人資料。

三、不能向當事人或其法定代理人為告知。

四、基於公共利益為統計或學術研究之目的而有必要，且該資料須經提供者處理後或蒐集者依其揭露方式，無從識別特定當事人者為限。【指個人資料以代碼、匿名、隱藏部分資料或其他方式，無從辨識該特定個人】

五、大眾傳播業者基於新聞報導之公益目的而蒐集個人資料。

第一項之告知，得於首次對當事人為利用時併同為之。【違者，中央目的事業主管機關或直轄市、縣（市）政府限期改正，屆期未改正者，按次處 2 ～ 20 萬元罰鍰】

第 10 條　公務機關或非公務機關應依當事人之請求，就其蒐集之個人資料，答覆查詢、提供閱覽或製給複製本。但有下列情形之一者，不在此限：

一、妨害國家安全、外交及軍事機密、整體經濟利益或其他國家重大利益。

二、妨害公務機關執行法定職務。

三、妨害該蒐集機關或第三人之重大利益。

　　【指有害於第三人個人之生命、身體、自由、財產或其他重大利益】【違者，中央目的事業主管機關或直轄市、縣（市）政府限期改正，屆期未改正者，按次處2～20萬元罰鍰。】

第 11 條　公務機關或非公務機關應維護個人資料之正確，並應主動或依當事人之請求更正或補充之。　　　　　　　　　　　　　　　　　　【*1112-54；1072-52；1063-71；1021-56】

個人資料正確性有爭議者，應主動或依當事人之請求停止處理或利用。但因執行職務或業務所必須，或經當事人書面同意，並經註明其爭議者，不在此限。

個人資料蒐集之特定目的消失或期限屆滿時，應主動或依當事人之請求，刪除、停止處理或利用該個人資料。但因執行職務或業務所必須或經當事人書面同意者，不在此限。

【*1101 術科第五題】

 **重要觀點**

1. 所稱特定目的消失，指下列各款情形之一：

   (1) 公務機關經裁撤或改組而無承受業務機關。

   (2) 非公務機關歇業、解散而無承受機關，或所營事業營業項目變更而與原蒐集目的不符。

   (3) 特定目的已達成而無繼續處理或利用之必要。

   (4) 其他事由足認該特定目的已無法達成或不存在。

2. 所定因執行職務或業務所必須：

   (1) 有法令規定或契約約定之保存期限。

   (2) 有理由足認刪除將侵害當事人值得保護之利益。

   (3) 其他不能刪除之正當事由。

違反本法規定蒐集、處理或利用個人資料者，應主動或依當事人之請求，刪除、停止蒐集、處理或利用該個人資料。

因可歸責於公務機關或非公務機關之事由，未為更正或補充之個人資料，應於更正或補充後，通知曾提供利用之對象。【違者，中央目的事業主管機關或直轄市、縣（市）政府限期改正，屆期未改正者，按次處 2～20 萬元罰鍰】

第 12 條　公務機關或非公務機關違反本法規定，致個人資料被竊取、洩漏、竄改或其他侵害者，應查明後以適當方式通知當事人。　【違者，中央目的事業主管機關或直轄市、縣（市）政府限期改正，屆期未改正者，按次處 2～20 萬元罰鍰】【*1083 術科第三題】

**重要觀點**

1. 所稱適當方式通知，指即時以言詞、書面、電話、簡訊、電子郵件、傳真、電子文件或其他足以使當事人知悉或可得知悉之方式為之。但需費過鉅者，得斟酌技術之可行性及當事人隱私之保護，以網際網路、新聞媒體或其他適當公開方式為之。

2. 規定通知當事人，其內容應包括個人資料被侵害之事實及已採取之因應措施。

第 13 條　公務機關或非公務機關受理當事人依第十條規定之請求，應於十五日內，為准駁之決定【*1122-5；1112-41；1013-35】；必要時，得予延長，延長之期間不得逾十五日，並應將其原因以書面通知請求人。

公務機關或非公務機關受理當事人依第十一條規定之請求，應於三十日內，為准駁之決定；必要時，得予延長，延長之期間不得逾三十日【*1122-34；1033-77】，並應將其原因以書面通知請求人。

　　註：〔違者，中央目的事業主管機關或直轄市、縣（市）政府限期改正，屆期未改正者，按次處 2 ～ 20 萬元罰鍰。〕　　　　　　　　　　　　　　【*971-20；963-67】

第 14 條　查詢或請求閱覽個人資料或製給複製本者，公務機關或非公務機關得酌收必要成本費用。

## 第二章　公務機關對個人資料之蒐集、處理及利用

第 15 條　公務機關對個人資料之蒐集或處理，除第六條第一項所規定資料外，應有特定目的，並符合下列情形之一者：

【意圖營利而損害他人者，處 5 年以下有期徒刑、拘役或科或併科 100 萬元以下罰金】

一、執行法定職務必要範圍內。

二、經當事人同意。

三、對當事人權益無侵害。

第 16 條　公務機關對個人資料之利用，除第六條第一項所規定資料外，應於執行法定職務必要範圍內為之，並與蒐集之特定目的相符。但有下列情形之一者，得為特定目的外之利用：

【意圖營利而損害他人者，處 5 年以下有期徒刑、拘役或科或併科 100 萬元以下罰金】【*1121-28；1101-8；

1082-34；1018 月 -41】

一、法律明文規定。　　　　　　　　　　　　　【指法律或法律具體明確授權之法規命令】

二、為維護國家安全或增進公共利益所必要。

三、為免除當事人之生命、身體、自由或財產上之危險。

四、為防止他人權益之重大危害。

五、公務機關或學術研究機構基於公共利益為統計或學術研究而有必要，且資料經過提供者處理後或蒐集者依其揭露方式無從識別特定之當事人。

六、有利於當事人權益。

七、經當事人書面同意。

第 17 條　公務機關應將下列事項公開於電腦網站，或以其他適當方式供公眾查閱；其有變更者，
　　　　　亦同：　　　　　　　　　　　　　　　　　　　　　　　　　【*1032-41；972-20；971-27】

　　　　　一、個人資料檔案名稱。

　　　　　二、保有機關名稱及聯絡方式。

　　　　　三、個人資料檔案保有之依據及特定目的。

　　　　　四、個人資料之類別。

 **重要觀點**

1. 規定為公開，應於建立個人資料檔案後一個月內為之；變更時，亦同。公開方式應予以特定，並避免任意變更。

2. 所稱其他適當方式，指利用政府公報、新聞紙、雜誌、電子報或其他可供公眾查閱之方式為公開。

第 18 條　公務機關保有個人資料檔案者，應指定專人辦理安全維護事項，防止個人資料被竊取、竄改、毀損、滅失或洩漏。

 **重要觀點**

1. 所稱專人，指具有管理及維護個人資料檔案之能力，且足以擔任機關之個人資料檔案安全維護經常性工作之人員。

2. 公務機關為使專人具有辦理安全維護事項之能力，應辦理或使專人接受相關專業之教育訓練。

## 第三章　非公務機關對個人資料之蒐集、處理及利用

第 19 條　非公務機關對個人資料之蒐集或處理，除第六條第一項所規定資料外，應有特定目的，並符合下列情形之一者：

　　　　　【意圖為自己或第三人不法之利益或損害他人之利益，處 5 年以下有期徒刑，得併科 100 萬元以下罰金】

　　　　　【非公務機關違反規定者，由中央目的事業主管機關或直轄市、縣（市）政府處 5～50 萬元罰鍰，並令限期改正，屆期未改正者，按次處罰。】【*1092-52；1043-56；972-12；971 術科第四題】

　　　　　一、法律明文規定。　　　　　　　　　　　　　　　【指法律或法律具體明確授權之法規命令】

　　　　　二、與當事人有契約或類似契約之關係，且已採取適當之安全措施。

**重要觀點**

1. 所定契約或類似契約之關係，不以本法修正施行後成立者為限。
2. 所定契約關係，包括本約，及非公務機關與當事人間為履行該契約，所涉及必要第三人之接觸、磋商或聯繫行為及給付或向其為給付之行為。
3. 所稱類似契約之關係，指下列情形之一者：
   (1) 非公務機關與當事人間於契約成立前，為準備或商議訂立契約或為交易之目的，所進行之接觸或磋商行為。
   (2) 契約因無效、撤銷、解除、終止而消滅或履行完成時，非公務機關與當事人為行使權利、履行義務，或確保個人資料完整性之目的所為之連繫行為。

　　三、當事人自行公開或其他已合法公開之個人資料。

　　四、學術研究機構基於公共利益為統計或學術研究而有必要，且資料經過提供者處理後或經蒐集者依其揭露方式無從識別特定之當事人。

　　五、經當事人同意。

　　六、為增進公共利益所必要。

　　七、個人資料取自於一般可得之來源。但當事人對該資料之禁止處理或利用，顯有更值得保護之重大利益者，不在此限。

　　八、對當事人權益無侵害。

 **重要觀點**

　　所稱一般可得之來源，指透過大眾傳播、網際網路、新聞、雜誌、政府公報及其他一般人可得知悉或接觸而取得個人資料之管道。

　　蒐集或處理者知悉或經當事人通知依前項第七款但書規定禁止對該資料之處理或利用時，應主動或依當事人之請求，刪除、停止處理或利用該個人資料。

第 20 條　非公務機關對個人資料之利用，除第六條第一項所規定資料外，應於蒐集之特定目的必要範圍內為之【\*1123 術科第三題】。但有下列情形之一者，得為特定目的外之利用：【意圖為自己或第三人不法之利益或損害他人之利益，處 5 年以下有期徒刑，得併科 100 萬元以下罰金】

【非公務機關違反規定者，由中央目的事業主管機關或直轄市、縣（市）政府處 5 ～ 50 萬元罰鍰，並令限期改正，屆期未改正者，按次處罰】

　　一、法律明文規定。　　　　　　　　　　　　　　【指法律或法律具體明確授權之法規命令】

　　二、為增進公共利益所必要。

　　三、為免除當事人之生命、身體、自由或財產上之危險。

　　四、為防止他人權益之重大危害。

五、公務機關或學術研究機構基於公共利益為統計或學術研究而有必要，且資料經過提供者處理後或經蒐集者依其揭露方式無從識別特定之當事人。

六、經當事人書面同意。

七、有利於當事人權益。

非公務機關依前項規定利用個人資料行銷者，當事人表示拒絕接受行銷時，應即停止利用其個人資料行銷。【違者，中央目的事業主管機關或直轄市、縣（市）政府限期改正，屆期未改正者，按次處 2～20 萬元罰鍰】 　　　　　　　　　　　　　　　【*1123 術科第三題】

非公務機關於首次行銷時，應提供當事人表示拒絕接受行銷之方式，並支付所需費用。【違者，中央目的事業主管機關或直轄市、縣（市）政府限期改正，屆期未改正者，按次處 2～20 萬元罰鍰】

第 21 條　非公務機關為國際傳輸個人資料，而有下列情形之一者，中央目的事業主管機關得限制之：【非公務機關違反規定者，由中央目的事業主管機關或直轄市、縣（市）政府處 5～50 萬元罰鍰，並令限期改正，屆期未改正者，按次處罰】 　　　　　　【*1072-4；1012-21；1123 術科第三題】

一、涉及國家重大利益。

二、國際條約或協定有特別規定。

三、接受國對於個人資料之保護未有完善之法規，致有損當事人權益之虞。

四、以迂迴方法向第三國（地區）傳輸個人資料規避本法。 　　　　【*1012-21】

第 22 條　中央目的事業主管機關或直轄市、縣（市）政府為執行資料檔案安全維護、業務終止資料處理方法、國際傳輸限制或其他例行性業務檢查而認有必要或有違反本法規定之虞時，得派員攜帶執行職務證明文件，進入檢查，並得命相關人員為必要之說明、配合措施或提供相關證明資料。 　　　　　　　　　　　　　　　　　　【*1121 術科第五題】

中央目的事業主管機關或直轄市、縣（市）政府為前項檢查時，對於得沒入或可為證據之個人資料或其檔案，得扣留或複製之。對於應扣留或複製之物，得要求其所有人、持有人或保管人提出或交付；無正當理由拒絕提出、交付或抗拒扣留或複製者，得採取對該非公務機關權益損害最少之方法強制為之。

中央目的事業主管機關或直轄市、縣（市）政府為第一項檢查時，得率同資訊、電信或法律等專業人員共同為之。

對於第一項及第二項之進入、檢查或處分，非公務機關及其相關人員不得規避、妨礙或拒絕。 　　　【非公務機關無正當理由違反第 22 條第 4 項規定者，由中央目的事業主管機關或直轄市、縣（市）政府處 2～20 萬元罰鍰】【*1041-58】

參與檢查之人員，因檢查而知悉他人資料者，負保密義務。

第 23 條　對於前條第二項扣留物或複製物，應加封緘或其他標識，並為適當之處置；其不便搬運或保管者，得命人看守或交由所有人或其他適當之人保管。扣留物或複製物已無留存之必要，或決定不予處罰或未為沒入之裁處者，應發還之。但應沒入或為調查他案應留存者，不在此限。

第 24 條　非公務機關、物之所有人、持有人、保管人或利害關係人對前二條之要求、強制、扣留或複製行為不服者，得向中央目的事業主管機關或直轄市、縣（市）政府聲明異議。

前項聲明異議，中央目的事業主管機關或直轄市、縣（市）政府認為有理由者，應立即停止或變更其行為；認為無理由者，得繼續執行。經該聲明異議之人請求時，應將聲明異議之理由製作紀錄交付之。

對於中央目的事業主管機關或直轄市、縣（市）政府前項決定不服者，僅得於對該案件之實體決定聲明不服時一併聲明之。但第一項之人依法不得對該案件之實體決定聲明不服時，得單獨對第一項之行為逕行提起行政訴訟。

第 25 條　非公務機關有違反本法規定之情事者，中央目的事業主管機關或直轄市、縣（市）政府除依本法規定裁處罰鍰外，並得為下列處分：

一、禁止蒐集、處理或利用個人資料。

二、命令刪除經處理之個人資料檔案。

三、沒入或命銷燬違法蒐集之個人資料。

四、公布非公務機關之違法情形，及其姓名或名稱與負責人。　　　　【*1043-78】

中央目的事業主管機關或直轄市、縣（市）政府為前項處分時，應於防制違反本法規定情事之必要範圍內，採取對該非公務機關權益損害最少之方法為之。

第 26 條　中央目的事業主管機關或直轄市、縣（市）政府依第二十二條規定檢查後，未發現有違反本法規定之情事者，經該非公務機關同意後，得公布檢查結果。

第 27 條　非公務機關保有個人資料檔案者，應採行適當之安全措施，防止個人資料被竊取、竄改、毀損、滅失或洩漏。　【違者，中央目的事業主管機關或直轄市、縣（市）政府限期改正，屆期未改正者，按次處 2 ～ 20 萬元罰鍰】【*1071-48：1032-57】

中央目的事業主管機關得指定非公務機關訂定個人資料檔案安全維護計畫或業務終止後個人資料處理方法。　　　　【違者，中央目的事業主管機關或直轄市、縣（市）政府限期改正，屆期未改正者，按次處 2 ～ 20 萬元罰鍰】

前項計畫及處理方法之標準等相關事項之辦法，由中央目的事業主管機關定之。

## 第四章　損害賠償及團體訴訟

第 28 條　公務機關違反本法規定，致個人資料遭不法蒐集、處理、利用或其他侵害當事人權利者，負損害賠償責任。但損害因天災、事變或其他不可抗力所致者，不在此限。

被害人雖非財產上之損害，亦得請求賠償相當之金額；其名譽被侵害者，並得請求為回復名譽之適當處分。

依前二項情形，如被害人不易或不能證明其實際損害額時，得請求法院依侵害情節，以每人每一事件新臺幣五百元以上二萬元以下計算。　　　　【*1101-37：1023-75：1002-4】

對於同一原因事實造成多數當事人權利受侵害之事件，經當事人請求損害賠償者，其合計最高總額以新臺幣二億元為限。但因該原因事實所涉利益超過新臺幣二億元者，以該所涉利益為限。　　　　【*992-4】

同一原因事實造成之損害總額逾前項金額時，被害人所受賠償金額，不受第三項所定每人每一事件最低賠償金額新臺幣五百元之限制。

第二項請求權，不得讓與或繼承。但以金額賠償之請求權已依契約承諾或已起訴者，不在此限。

第 29 條 非公務機關違反本法規定，致個人資料遭不法蒐集、處理、利用或其他侵害當事人權利者，負損害賠償責任【*1072 術科第一題】。但能證明其無故意或過失者，不在此限。

依前項規定請求賠償者，適用前條第二項至第六項規定。

第 30 條 損害賠償請求權，自請求權人知有損害及賠償義務人時起，因二年間不行使而消滅；自損害發生時起，逾五年者，亦同。　　　　　　　　　　【*961-38；1081 術科第二題】

第 31 條 損害賠償，除依本法規定外，公務機關適用國家賠償法之規定，非公務機關適用民法之規定。　　　　　　　　　　　　　　　　　　　　　　　【*1073 術科第三題】

第 32 條 依本章規定提起訴訟之財團法人或公益社團法人，應符合下列要件：

一、財團法人之登記財產總額達新臺幣一千萬元或社團法人之社員人數達一百人。

二、保護個人資料事項於其章程所定目的範圍內。

三、許可設立三年以上。

第 33 條 依本法規定對於公務機關提起損害賠償訴訟者，專屬該機關所在地之地方法院管轄。對於非公務機關提起者，專屬其主事務所、主營業所或住所地之地方法院管轄。

前項非公務機關為自然人，而其在中華民國現無住所或住所不明者，以其在中華民國之居所，視為其住所；無居所或居所不明者，以其在中華民國最後之住所，視為其住所；無最後住所者，專屬中央政府所在地之地方法院管轄。

第一項非公務機關為自然人以外之法人或其他團體，而其在中華民國現無主事務所、主營業所或主事務所、主營業所不明者，專屬中央政府所在地之地方法院管轄。

第 34 條 對於同一原因事實造成多數當事人權利受侵害之事件，財團法人或公益社團法人經受有損害之當事人二十人以上以書面授與訴訟實施權者【*1053-24】，得以自己之名義，提起損害賠償訴訟。當事人得於言詞辯論終結前以書面撤回訴訟實施權之授與，並通知法院。

前項訴訟，法院得依聲請或依職權公告曉示其他因同一原因事實受有損害之當事人，得於一定期間內向前項起訴之財團法人或公益社團法人授與訴訟實施權，由該財團法人或公益社團法人於第一審言詞辯論終結前，擴張應受判決事項之聲明。

其他因同一原因事實受有損害之當事人未依前項規定授與訴訟實施權者，亦得於法院公告曉示之一定期間內起訴，由法院併案審理。

其他因同一原因事實受有損害之當事人，亦得聲請法院為前項之公告。

前二項公告，應揭示於法院公告處、資訊網路及其他適當處所；法院認為必要時，並得命登載於公報或新聞紙，或用其他方法公告之，其費用由國庫墊付。

依第一項規定提起訴訟之財團法人或公益社團法人，其標的價額超過新臺幣六十萬元者，超過部分暫免徵裁判費。【*1052-10】

第 35 條　當事人依前條第一項規定撤回訴訟實施權之授與者，該部分訴訟程序當然停止，該當事人應即聲明承受訴訟，法院亦得依職權命該當事人承受訴訟。

　　　　財團法人或公益社團法人依前條規定起訴後，因部分當事人撤回訴訟實施權之授與，致其餘部分不足二十人者，仍得就其餘部分繼續進行訴訟。

第 36 條　各當事人於第三十四條第一項及第二項之損害賠償請求權，其時效應分別計算。

第 37 條　財團法人或公益社團法人就當事人授與訴訟實施權之事件，有為一切訴訟行為之權。但當事人得限制其為捨棄、撤回或和解。

　　　　前項當事人中一人所為之限制，其效力不及於其他當事人。

　　　　第一項之限制，應於第三十四條第一項之文書內表明，或以書狀提出於法院。

第 38 條　當事人對於第三十四條訴訟之判決不服者，得於財團法人或公益社團法人上訴期間屆滿前，撤回訴訟實施權之授與，依法提起上訴。

　　　　財團法人或公益社團法人於收受判決書正本後，應即將其結果通知當事人，並應於七日內將是否提起上訴之意旨以書面通知當事人。

第 39 條　財團法人或公益社團法人應將第三十四條訴訟結果所得之賠償，扣除訴訟必要費用後，分別交付授與訴訟實施權之當事人。

　　　　提起第三十四條第一項訴訟之財團法人或公益社團法人，均不得請求報酬。

第 40 條　依本章規定提起訴訟之財團法人或公益社團法人，應委任律師代理訴訟。

## 第五章　罰則

第 41 條　意圖為自己或第三人不法之利益或損害他人之利益，而違反第 6 條第 1 項、第 15 條、第 16 條、第 19 條、第 20 條第 1 項規定，或中央目的事業主管機關依第 21 條限制國際傳輸之命令或處分，足生損害於他人者，處五年以下有期徒刑，得併科新臺幣一百萬元以下罰金。<104.12.31 新修>　　　　　　　　　　　【*1001-31；991-9】✪✪✪

　　　　意圖營利犯前項之罪者，處五年以下有期徒刑，得併科新臺幣一百萬元以下罰金。

第 42 條　意圖為自己或第三人不法之利益或損害他人之利益，而對於個人資料檔案為非法變更、刪除或以其他非法方法，致妨害個人資料檔案之正確而足生損害於他人者，處五年以下有期徒刑、拘役或科或併科新臺幣一百萬元以下罰金。　　　　　　　　【*1031-60】

第 43 條　中華民國人民在中華民國領域外對中華民國人民犯前二條之罪者，亦適用之。

第 44 條　公務員假借職務上之權力、機會或方法，犯本章之罪者，加重其刑至二分之一。

　　　　　　　　　　　　　　　　　　　　　　　　　　　　　　　　　　【*1062-61】

第 45 條　本章之罪，須告訴乃論。但犯第四十一條之罪者，或對公務機關犯第四十二條之罪者，不在此限。

第 46 條　犯本章之罪，其他法律有較重處罰規定者，從其規定。

第 47 條　非公務機關有下列情事之一者，由中央目的事業主管機關或直轄市、縣（市）政府處新臺幣五萬元以上五十萬元以下罰鍰，並令限期改正，屆期未改正者，按次處罰之：

一、違反第六條第一項規定。

二、違反第十九條規定。

三、違反第二十條第一項規定。

四、違反中央目的事業主管機關依第二十一條規定限制國際傳輸之命令或處分。

第 48 條　非公務機關有下列情事之一者，由中央目的事業主管機關或直轄市、縣（市）政府限期改正，屆期未改正者，按次處新臺幣二萬元以上二十萬元以下罰鍰：

一、違反第八條或第九條規定。

二、違反第十條、第十一條、第十二條或第十三條規定。

三、違反第二十條第二項或第三項規定。

四、違反第二十七條第一項或未依第二項訂定個人資料檔案安全維護計畫或業務終止後個人資料處理方法。

第 49 條　非公務機關無正當理由違反第二十二條第四項規定者，由中央目的事業主管機關或直轄市、縣（市）政府處新臺幣二萬元以上二十萬元以下罰鍰。　　　　　　　　　【*1041-58】

第 50 條　非公務機關之代表人、管理人或其他有代表權人，因該非公務機關依前三條規定受罰鍰處罰時，除能證明已盡防止義務者外，應並受同一額度罰鍰之處罰。【*1082 術科第五題】

## 第六章　附則

第 51 條　有下列情形之一者，不適用本法規定：　　　　　　　　　　　　　　　【*1022-68】

一、自然人為單純個人或家庭活動之目的，而蒐集、處理或利用個人資料。

二、於公開場所或公開活動中所蒐集、處理或利用之未與其他個人資料結合之影音資料。

公務機關及非公務機關，在中華民國領域外對中華民國人民個人資料蒐集、處理或利用者，亦適用本法。　　　　　　　　　　　　　　　　　　　　　【*1102-13：1042-60】

第 52 條　第二十二條至第二十六條規定由中央目的事業主管機關或直轄市、縣（市）政府執行之權限，得委任所屬機關、委託其他機關或公益團體辦理；其成員因執行委任或委託事務所知悉之資訊，負保密義務。

前項之公益團體，不得依第三十四條第一項規定接受當事人授與訴訟實施權，以自己之名義提起損害賠償訴訟。

### 重要觀點

所稱之公益團體，指依民法或其他法律設立並具備個人資料保護專業能力之公益社團法人、財團法人及行政法人。

第 53 條　法務部應會同中央目的事業主管機關訂定特定目的及個人資料類別，提供公務機關及非
　　　　　公務機關參考使用。　　　　　　　　　　　　　　　　　　　　　　　　　【*1061-2】

第 54 條　本法中華民國九十九年五月二十六日修正公布之條文施行前，非由當事人提供之個人資
　　　　　料，於本法一百零四年十二月十五日修正之條文施行後為處理或利用者，應於處理或利
　　　　　用前，依第九條規定向當事人告知。

　　　　　前項之告知，得於本法中華民國一百零四年十二月十五日修正之條文施行後首次利用時
　　　　　併同為之。

　　　　　未依前二項規定告知而利用者，以違反第九條規定論處。　　　　　【施行日期由行政院定】

第 55 條　本法施行細則，由法務部定之。

第 56 條　本法施行日期，由行政院定之。

　　　　　現行條文第十九條至第二十二條及第四十三條之刪除，自公布日施行。

　　　　　前項公布日於現行條文第四十三條第二項指定之事業、團體或個人應於指定之日起六個
　　　　　月內辦理登記或許可之期間內者，該指定之事業、團體或個人得申請終止辦理，目的事
　　　　　業主管機關於終止辦理時，應退還已繳規費。

　　　　　已辦理完成者，亦得申請退費。

　　　　　前項退費，應自繳費義務人繳納之日起，至目的事業主管機關終止辦理之日止，按退
　　　　　費額，依繳費之日郵政儲金之一年期定期存款利率，按日加計利息，一併退還。已辦
　　　　　理完成者，其退費，應自繳費義務人繳納之日起，至目的事業主管機關核准申請之日
　　　　　止，亦同。

 **立即演練 1**

(　　) 1. 公立就業服務機構對求職者個人資料之蒐集或電腦處理，應遵守之原則不包括下
　　　　　列何項？　①於法令規定職掌必要範圍內者　②經當事人書面同意者　③對當事
　　　　　人權益無侵害之處者　④提供私立就業服務機構協助媒合

(　　) 2. 某公司就業服務人員在執行業務時，違反 99 年 5 月 26 日修正公布之「個人資料
　　　　　保護法」，致求職者個人資料遭不法蒐集、處理、利用或有其他侵害當事人權利
　　　　　者，負損害賠償責任，且對於同一原因事實，造成多數當事人權利受侵害之事
　　　　　件，經當事人請求損害賠償者，其合計最高總額以新臺幣多少元為限？　① 500
　　　　　萬元　② 1,000 萬元　③ 2,000 萬元　④ 2 億元

(　　) 3. 依據個人資料保護法第 6 條規定，有關醫療、基因、性生活、健康檢查及犯罪前
　　　　　科之個人資料，除非法律有明文規定，否則不得蒐集、處理或利用。違反此規
　　　　　定者，應如何處罰？　① 2 年以上有期徒刑、拘役或科或併科新臺幣 20 萬元以
　　　　　下罰金　② 2 年以下有期徒刑、拘役或科或併科新臺幣 20 萬元以下罰金　③ 3
　　　　　年以上有期徒刑、拘役或科或併科新臺幣 30 萬元以下罰金　④ 3 年以下有期徒
　　　　　刑、拘役或科或併科新臺幣 30 萬元以下罰金

( )4. 依 99 年 5 月 26 日修正公布之個人資料保護法第 28 條規定，公務機關違反個人資料保護法規定，致個人資料遭不法利用，被害人不易或不能證明其實際損害額時，得請求法院依侵害情節，以每人每一事件新臺幣多少元計算？ ①3 百元以上 5 千元以下 ②5 百元以上 2 萬元以下 ③1 千元以上 3 萬元以下 ④1 萬元以上 10 萬元以下

( )5. 非公務機關對個人資料的利用，符合下列哪一項情形，不可以為特定目的以外的利用？ ①經當事人口頭同意者 ②為免除當事人之生命上之急迫危險者 ③為防止他人權益之重大危害而有必要者 ④為增進公共利益

( )6. 根據個人資料保護法的規定，損害賠償請求權自損害發生時起，超過多少年不行使而消滅？ ①一年 ②二年 ③三年 ④五年

( )7. 依個人資料保護法規定，公務機關受理當事人請求適時更正時，應於多少日之內處理？ ①七日 ②十日 ③十五日 ④三十日

( )8. 為規範電腦處理個人資料，以避免人格權受侵害，個人資料保護法之保護對象為何？ ①公務機關 ②非公務機關 ③法人 ④自然人

( )9. 公務機關保有個人檔案資料者，下列那一事項不應該在政府公報公告？ ①保有機關名 ②個人資料的類別 ③個人資料的範圍 ④關於行政罰及強制執行事務者

( )10.公務機關對個人資料的利用，有下列哪一情形時，尚非得為特定目的以外的利用？ ①經當事人口頭同意 ②有利於當事人權益 ③為維護國家安全 ④為增進公共利益

( )11.99 年 5 月 26 日修正公布之「個人資料保護法」，對於個人資料之保護範圍，增列下列哪一個項目？ ①姓名 ②聯絡方式 ③職業 ④財務情況

( )12.依 99 年 5 月 26 日修正公布之個人資料保護法第 2 條規定，下列何者不屬於自然人之「個人資料」？ ①血型 ②基因 ③醫療 ④特徵

( )13.依個人資料保護法規定，下列個人資料，何者原則上得蒐集、處理或利用？ ①基因 ②財務 ③性生活 ④犯罪前科

**解** 1.④　　2.④　　3.②　　4.②　　5.①　　6.④　　7.④　　8.④　　9.④　　10.①
11.②　12.①　13.②

## 10-2 人力仲介業個人資料檔案安全維護

人力仲介業個人資料檔案安全維護計畫及處理辦法（民國 110 年 9 月 27 日修正）

**第一章 總則**

第 1 條 本辦法依個人資料保護法（以下簡稱本法）第二十七條第三項規定訂定之。

第 2 條 本辦法適用之人力仲介業，指下列機構：

一、依就業服務法第三十四條規定經許可設立之私立就業服務機構。

二、依身心障礙者權益保障法第三十五條第三項規定經許可設立從事身心障礙者就業服務之機構。

第 3 條 人力仲介業為落實個人資料檔案之安全維護及管理，防止個人資料被竊取、竄改、毀損、滅失或洩漏，應訂定個人資料檔案安全維護計畫（以下簡稱本計畫）。

本計畫內容，應包含業務終止後個人資料處理方法。

人力仲介業應定期檢視及配合相關法令修正本計畫。

**第二章 個人資料保護規劃**

第 4 條 人力仲介業就個人資料檔案安全維護管理，應指定專人或建立專責組織負責，並配置相當資源。

前項專人或專責組織之任務如下：

一、訂定個人資料保護管理原則，將其所蒐集、處理及利用個人資料之依據、特定目的及其他相關保護事項公告，使其所屬人員瞭解。

二、規劃、訂定、修正及執行本計畫。

三、定期對所屬人員施以基礎認知宣導或專業教育訓練，使其瞭解個人資料保護相關法令規定、責任範圍、管理措施或方法。

第 5 條 人力仲介業訂定之個人資料保護管理原則，應包括下列事項：

一、個人資料保護相關法令規定之遵守。

二、於特定目的範圍內，蒐集、處理及利用個人資料之合理安全方法。

三、保護所蒐集、處理、利用之個人資料檔案之合理安全水準技術。

四、供當事人行使個人資料之相關權利或提出相關申訴及諮詢之聯絡窗口。

五、處理個人資料被竊取、竄改、毀損、滅失或洩漏等事故之緊急應變程序。

六、委託蒐集、處理及利用個人資料，監督受託者之機制。

七、確保個人資料檔案之安全，維持運作本計畫之機制。

第 6 條 人力仲介業應依據個人資料保護相關法令，清查所保有之個人資料，界定納入本計畫之範圍及建立檔案，並定期確認有否變動。

第 7 條　人力仲介業應依據前條所界定之範圍，分析蒐集、處理及利用過程中可能產生之風險，依據分析之結果，訂定適當管控措施。

第 8 條　人力仲介業為因應所保有之個人資料被竊取、竄改、毀損、滅失或洩漏等事故，應建立下列機制：

一、採取適當應變措施，以控制事故對當事人之損害。<110.9.27 修正 >

二、查明事故狀況，以適當方式通知當事人，並告知已採取之因應措施。

三、檢討預防機制，避免類似事故再次發生。

人力仲介業發生前項事故時，應於七十二小時內填具通報紀錄表，通報所在地之直轄市、縣（市）政府，並副知中央目的事業主管機關；中央目的事業主管機關或直轄市、縣（市）政府接獲通報後，得依本法第二十二條至第二十五條規定所賦予之職權，為適當之監督管理措施。<110.9.27 修正 >

## 第三章　個人資料管理程序

第 9 條　人力仲介業就本法第六條第一項規定之個人資料，應於蒐集、處理或利用前，確認符合相關法令規定。

第 10 條　人力仲介業依本法第八條及第九條規定之告知義務，應建立下列作業程序：

一、依據蒐集資料情況，採取適當之告知方式。

二、確認符合免告知當事人之事由。

第 11 條　人力仲介業對個人資料之蒐集、處理或利用，除第六條第一項所規定資料外，應建立下列作業程序：

一、確認蒐集、處理個人資料具有特定目的及法定要件。

二、確認利用個人資料符合特定目的必要範圍內利用；於特定目的外利用個人資料時，應檢視是否具備法定特定目的外利用要件。

第 12 條　人力仲介業委託他人蒐集、處理或利用個人資料之全部或一部時，應對受託者建立下列監督作業程序：

一、確認所委託蒐集、處理或利用之個人資料之範圍、類別、特定目的及期間。

二、確認受託者採取必要安全措施。

三、有複委託者，確認複委託之對象。

四、受託者或其受僱人違反個人資料保護法令或委託契約條時，要求受託者向委託人通知相關事項，及採行補救措施。

五、委託人對受託者有保留指示者，其保留指示之事項。

六、委託關係終止或解除時，要求受託者返還個人資料之載體，及銷毀或刪除因委託事項儲存而持有之個人資料。

七、確認受託者執行第一款至第六款要求事項之情況。

第 13 條　人力仲介業利用個人資料行銷時，應建立下列作業程序：

一、首次行銷時，應提供當事人表示拒絕接受行銷之方式，並支付所需費用。

二、當事人表示拒絕接受行銷時，立即停止利用其個人資料行銷，並通知所屬人員。

第 14 條　人力仲介業進行個人資料國際傳輸前，應檢視有無中央目的事業主管機關依本法第二十一條規定所為之限制。

第 15 條　當事人就其個人資料行使本法第三條所定之權利，人力仲介業應建立下列作業程序：

一、確認當事人為個人資料之本人。

二、提供當事人行使權利之方式，並依本法第十三條所定處理期限辦理。

三、確認有無本法第十條及第十一條得拒絕當事人行使權利之事由，並附理由通知當事人。

四、告知得收取之費用標準。

第 16 條　人力仲介業為維護其保有個人資料之正確性，應建立下列作業程序：

一、檢視個人資料於蒐集、處理或利用過程，有無錯誤。

二、定期檢查資料，發現錯誤者，適時更正或補充。未為更正或補充者，於更正或補充後，通知曾提供利用之對象。

三、有爭議者，依本法第十一條第二項規定就爭議資料之處理或利用，建立相關作業程序。

第 17 條　人力仲介業應定期確認所保有個人資料之特定目的有無消失或期限屆滿。

個人資料之特定目的消失或期限屆滿時，應依本法第十一條第三項規定辦理。

## 第四章　個人資料管理措施

第 18 條　人力仲介業就人員管理，應採取下列措施：

一、確認蒐集、處理及利用個人資料之各相關業務流程之負責人員。

二、依據作業之需要，建立管理機制，設定所屬人員不同權限，並定期確認權限內容之適當及必要性。

三、與所屬人員約定保密義務。

四、所屬人員離職時取消其識別碼，並收繳其通行證（卡）及相關證件。

五、所屬人員持有個人資料者，於其離職時，應要求其返還個人資料之載體，並銷毀或刪除因執行業務儲存而持有之個人資料。

第 19 條　人力仲介業蒐集、處理或利用個人資料，就資料安全管理，應採取下列措施：

一、訂定作業注意事項。

二、運用電腦或自動化機器相關設備，訂定使用可攜式設備或儲存媒體之規範。

三、保有之個人資料內容，有加密或遮蔽之必要時，採取適當之加密或遮蔽機制。
　　　　<110.9.27 修正 >

四、傳輸個人資料時，因應不同之傳輸方式，有加密必要時，採取適當加密機制，並確認資料收受者之正確性。

五、依據保有資料之重要性，評估有備份必要時，予以備份，並比照原件加密。儲存備份資料之媒介物，以適當方式保管，且定期進行備份資料之還原測試，以確保有效性。

六、儲存個人資料之媒介物於報廢或轉作其他用途時，以物理或其他方式確實破壞或刪除媒介物中所儲存之資料。

七、妥善保存管理機制及加密機制中所運用之密碼。

第 20 條　人力仲介業就設備安全管理，應採取下列措施：

一、依據作業內容不同，實施必要之進出管制方式。

二、妥善保管個人資料之儲存媒介物。

三、針對不同作業環境，加強天然災害及其他意外災害之防護，並建置必要之防災設備。

第 21 條　人力仲介業就技術管理，應採取下列措施：

一、於電腦、自動化處理設備或系統上設定認證機制，對有存取個人資料權限之人員進行識別及控管。

二、認證機制使用之帳號及密碼，具備一定之複雜度，並定期更換密碼。

三、於電腦、自動化處理設備或系統上設定警示與相關反應機制，以對不正常之存取進行適當之反應及處理。

四、個人資料存取權限之數量及範圍，依作業必要予以設定，且不得共用存取權限。

五、採用防火牆或入侵偵測等設備，避免儲存個人資料之系統遭受無權限之存取。

六、使用能存取個人資料之應用程式時，確認使用者具備使用權限。

七、定期測試權限認證機制之有效性。

八、定期檢視個人資料之存取權限設定。

九、於處理個人資料之電腦系統中安裝防毒、防駭軟體，並定期更新病毒碼。

十、對於電腦作業系統及相關應用程式之漏洞，定期安裝修補程式。

十一、對於具備存取權限之電腦或自動化處理設備，不得安裝檔案分享軟體。

十二、測試處理個人資料之資訊系統時，不使用真實個人資料，有使用真實個人資料之情形時，明確規定使用程序。

十三、處理個人資料之資訊系統有變更時，確認其安全性並未降低。

十四、定期檢查處理個人資料資訊系統之使用狀況，及個人資料存取情形。

## 第五章　業務終止後個人資料處理方法

第 22 條　人力仲介業業務終止後之個人資料處理，應採取下列措施：

一、刪除或銷毀儲存個人資料之媒介物中所儲存之資料，紀錄並留存刪除或銷毀之方法、時間、地點及證明刪除或銷毀之方式。

二、受移轉之對象得合法保有該項個人資料，紀錄並留存移轉原因、方法、時間及地點。

## 第六章　紀錄機制

第 23 條　人力仲介業執行本計畫各項程序及措施，應保存下列紀錄：

一、因應事故發生所採取之行為。

二、受託者執行委託人要求之事項。

三、提供當事人行使之權利。

四、個人資料之維護及修正。

五、所屬人員權限之異動。

六、所屬人員違反權限之行為。

七、備份及還原之測試。

八、個人資料之交付及傳輸。

九、個人資料之刪除、銷毀或移轉。

十、存取個人資料之系統。

十一、定期檢查處理個人資料之資訊系統。

十二、教育訓練。

十三、計畫稽核及改善措施之執行。

## 第七章　附則

第 24 條　人力仲介業應定期檢查本計畫執行情形，並建立未落實執行之改善措施。

第 25 條　本辦法自發布日施行。

# Chapter 11　專業精神與職業倫理

## 考情趨勢分析

| 第11章 | | 年度梯次 | 961 | 963 | 971 | 972 | 981 | 983 | 991 | 992 | 1001 | 1002 | 1011 | 1012 |
|---|---|---|---|---|---|---|---|---|---|---|---|---|---|---|
| | 學科 | 題數 | 3 | 0 | 1 | 1 | 2 | 0 | 1 | 0 | 2 | 3 | 5 | 3 |
| | | %（80題中出現題數） | 4% | 0% | 1% | 1% | 3% | 0% | 1% | 0% | 3% | 4% | 6% | 4% |
| | 術科 | 題數 | 第十題 | 無 | 無 | 無 | 無 | 無 | 無 | 無 | 無 | 第七題 | 無 | 無 |
| | | %（10題中出現題數） | 10% | 0% | 0% | 0% | 0% | 0% | 0% | 0% | 0% | 10% | 0% | 0% |

| 第11章 | | 年度梯次 | 1018月 | 1013 | 1021 | 1022 | 1023 | 1031 | 1032 | 1033 | 1041 | 1042 | 1043 |
|---|---|---|---|---|---|---|---|---|---|---|---|---|---|
| | 學科 | 題數 | 4 | 0 | 3 | 1 | 6 | 4 | 0 | 9 | 9 | 0 | 0 |
| | | %(80題中出現題數) | 5% | 0% | 4% | 1% | 8% | 5% | 0% | 11% | 11% | 0% | 0% |
| | 術科 | 題數 | 本年度增加一梯次學科考試 | 第八題 | 第六題 | 第七題 | 無 | 無 | 第七題 | 無 | 無 | 第十題 | 第十題 |
| | | %(10題中出現題數) | | 10% | 10% | 10% | 0% | 0% | 10% | 0% | 0% | 10% | 10% |

| 第11章 | | 年度梯次 | 1051 | 1052 | 1053 | 1061 | 1062 | 1063 | 1071 | 1072 | 1073 | 1081 | 1082 | 1083 |
|---|---|---|---|---|---|---|---|---|---|---|---|---|---|---|
| | 學科 | 題數 | 10 | 7 | 2 | 0 | 0 | 4 | 1 | 5 | 1 | 1 | 0 | 4 |
| | | %(80題中出現題數) | 13% | 9% | 3% | 0% | 0% | 5% | 1% | 6% | 1% | 1% | 0% | 5% |
| | 術科 | 題數 | 無 | 無 | 第九題 | 無 | 無 | 無 | 無 | 第十題 | 無 | 無 | 無 | 無 |
| | | %(10題中出現題數) | 0% | 0% | 10% | 0% | 0% | 0% | 0% | 10% | 0% | 0% | 0% | 0% |

| 第11章 | | 年度梯次 | 1091 | 1092 | 1093 | 1101 | 1102 | 1103 | 1111 | 1112 | 1113 | 1121 | 1122 | 1123 |
|---|---|---|---|---|---|---|---|---|---|---|---|---|---|---|
| | 學科 | 題數 | 4 | 2 | 3 | 3 | 2 | 1 | 1 | 2 | 2 | 2 | 0 | 1 |
| | | %(80題中出現題數) | 5% | 3% | 4% | 4% | 3% | 1% | 1% | 3% | 3% | 3% | 0% | 1% |
| | 術科 | 題數 | 無 | 第七題 | 第七題 | 無 | 無 | 第七題 | 無 | 第六題 | 無 | 無 | 無 | 第七題 |
| | | %(10題中出現題數) | 0% | 10% | 10% | 0% | 0% | 10% | 0% | 10% | 0% | 0% | 0% | 10% |

## 11-1　專業與職業倫理

### 一、倫理（Ethics）與道德

倫理是希臘文的字根（Etho），意指風俗、習俗或習慣；與我國所謂的「禮」概念相近。然而當代倫理的主題不僅僅是風俗或習慣。倫理是處在什麼是道德權的問題，一般對倫理的定義，即是指人與人之間各種正常關係的道德法律，為人類倫常觀念與人倫道理。

道德的廣泛定義多指風俗習慣及社會傳統；如社會道德風氣奢侈。而道德亦是一種價值，是與人的品行、操守及人格有關的價值，是人類生活中與是非、對錯、善惡及好壞有關的價值。有學者認為道德較著眼於個人對自我的要求，而倫理較著眼於客觀性和普遍性的原則；道德較偏重於一般性地判斷個人與他人互動行為的對錯，而倫理較強調客觀性的理由。因此，將「道德」與「倫理」仔細的加以區分則可發現，「道德」比較是偏重個人行為對錯的判斷，往往較為抽象與主觀；「倫理」則較強調人際關係中互動行為的規範，通常較為具體和客觀。　　　　　【*1092-17】

### 二、專業（職業）倫理與職業道德

專業（職業）倫理與一般的倫理規範相互比較之下，特別針對職業領域中的人員所制定之道德規範【*1092-17；981-1；961 術科第十題】。專業倫理是指將一般性的倫理原則應用至某一特殊專業領域，藉以協助其從業人員釐清並解決實際工作中所面臨的許多具體道德問題。也就是指專業團體或專業實務者之社會價值觀念與行為準則，專業倫理是專業實務者之集體次文化（為了達到某一專業目的，形成某一專業行為之標準）。亦即，專業人員在專業中「應該作些什麼」，代表的是行為的期望和選擇，以及社工人員的專業責任、一套價值觀與行為標準與規範。專業倫理重視個人在職場社群各種人際關係中，推己及人，主動積極促進改善互動關係，提昇團隊績效，完就社群全體價值者。

職業道德個人在職場上盡己之力，認真負責，具備健康從業觀念、思考邏輯以及語言習慣，終能在職涯中創造個人生命價值者。　　　　　【*1092-25】

### 三、專業倫理與一般社會倫理

專業倫理與一般社會倫理兩者密切相關的，來源亦相同，但不完全相同。以優先權、內涵和運用方面而言，他們全然不同，最大差異是倫理原則影響二個人之間的關係。此種倫理體系是強調平等原則，但是專業倫理卻以案主的興趣為優先，忽略了其他個人的興趣而行事。專業倫理則關切專業行動的正確進行方向。專業倫理還具有消極義務與積極義務，說明如下：

#### （一）專業倫理與消極義務

即專業工作者「應以人為目的，不可以人為工具」，不可欺騙案主、傷害案主，以及妨害案主的權利等等，又稱為「完全義務」。

### （二）專業倫理與積極義務

要求專業人員以其專業的知識與判斷能力，並考慮工作中的環境與條件，盡力為案主服務同時也應致力於機構政策與服務效能之改進【\*1033-2】。在未能達此服務時，只能視為工作表現上的不夠完美而已，因此這種義務屬於一種「作為的義務」又稱為「不完全義務」。

## 四、專業倫理守則的功能

針對職業領域中的人員所制定之專業從業人員所遵守的一套價值觀與行為標準，可產生對從事專業領域的人員有下列功能：

1. 提供實務工作者在實務工作中下決策的倫理指導。
2. 提供案主和潛在案主如何去評估專業人員是否正直和具有能力。
3. 有系統地管理專業人員的行為，和調整他們與案主、同事、其他專業人員、雇主以及有關團體間的關係。
4. 提供專業活動的評估基礎。

## 五、社會工作者之工作倫理

### （一）美國社會工作協會（NASW）（http://www.socialworkers.org/）所列舉工作倫理分為下列四者。

1. 社會工作對案主的倫理責任

   社會工作對案主的倫理責任包括有：(1) 對案主的承諾、(2) 自我決定、(3) 知後同意、(4) 能力、(5) 文化能力與社會多元、(6) 利益衝突、(7) 隱私與保密、(8) 紀錄的取得、(9) 性關係、(10) 肢體接觸、(11) 性騷擾、(12) 誹謗的語言、(13) 服務的付費、(14) 缺乏決定能力的案主、(15) 服務的中斷、(16) 服務的終止。

2. 社會工作對同僚的倫理責任

   社會工作對同僚的倫理責任包括有：(1) 尊重、(2) 保密、(3) 科際合作、(4) 同僚涉入爭議、(5) 諮詢、(6) 轉介服務、(7) 性關係、(8) 性騷擾、(9) 同僚之個人問題、(10) 同僚之能力不足、(11) 同僚之不合乎倫理的行為。

3. 社會工作者在實務機構的倫理責任

   社會工作者在實務機構的倫理責任包括有：(1) 督導與諮詢、(2) 教育和訓練、(3) 績效評估【\*1112-50；1102-30；1033-68】、(4) 個案紀錄、(5) 付帳、(6) 個案轉介、(7) 行政、(8) 延續教育與人力發展、(9) 對雇主的承諾、(10) 勞資爭議。

4. 社會工作者作為專業人員的倫理責任

   社會工作者作為專業人員的倫理責任包括有：(1) 能力、(2) 歧視、(3) 個人行為、(4) 不誠實、詐欺、誘騙、(5) 個人問題、(6) 詐稱、(7) 請求、(8) 自陳功績。

### （二）我國社會工作倫理守則

依據社會工作師法第十七條社會工作師公會全國聯合會訂定社會工作倫理守則，作為實務指引及處理倫理申訴陳情之基礎。我國社會工作倫理守則如下。

# 社會工作師倫理守則（108.4.26）

中華民國 97 年 3 月 28 日內政部核備

中華民國 107 年 12 月 15 日經中華民國社會工作師公會

全國聯合會會員大會通過修訂，108 年 4 月 26 日衛福部核備

## 第一章　總則

本著社會工作追求社會公平正義的思潮，本守則提出以維護社會相對弱勢者的基本人權，讓每個人都能獲有人性尊嚴的生活條件，讓所有不同文化的族群，都能同等受到尊重，做為現階段我國社會工作的最高使命。而為達成實踐人權、人性尊嚴和族群平等的使命，要重視社會工作專業工作者和專業組織的相關倫理責任的釐清，並積極重視實務研究、設計、發展等價值實踐相關的制度的建構，進而導引推演形成各面向專業行動的倫理標準。

一、使命

社會工作以人的尊嚴與價值為核心，使服務對象都能獲人性尊嚴的生活條件，讓所有不同文化的族群，都能同等受到尊重。

二、適用對象

社會工作倫理守則適用對象為社會工作師。

三、核心價值

努力促使服務對象免於貧窮、恐懼、不安、壓迫及不正義對待，維護服務對象基本生存保障，享有尊嚴的生活。

四、社會工作倫理原則

1. 促進服務對象的最佳福祉。

2. 實踐弱勢優先及服務對象最佳利益。

3. 尊重服務對象的個別性及價值。

4. 理解文化脈絡及人際關係是改變的重要動力。

5. 誠信正直的專業品格及態度。

6. 充實自我專業知識和能力。

五、倫理衝突的處理原則

社會工作師面對倫理衝突時，應以保護生命為最優先考量原則，並在維護人性尊嚴、社會公平與社會正義的基礎上作為。

1. 所採取之方法有助於服務對象利益之爭取。

2. 有多種達成目標的方法時，應選擇服務對象的最佳權益、最少損害的方法。

3. 保護服務對象的方法所造成的損害，不得與欲達成目的不相符合。

4. 尊重服務對象自我決定的權利。

六、社會工作師執業，應遵守法令、社會工作師公會章程及本守則。

## 第二章　守則

一、社會工作師對服務對象的倫理守則

1. 社會工作師應基於社會公平、正義，以促進服務對象福祉為服務之優先考量。

2. 社會工作師應尊重並促進服務對象的自我決定權，除為防止不法侵權事件、維護公眾利益、增進社會福祉外，不可限制服務對象自我決定權。服務對象為未成年人、身心障礙者，若無法完整表達意思時，應尊重服務對象監護人、法定代理人、委託人之意思；除非前開人員之決定侵害服務對象或第三人之合法利益，否則均不宜以社會工作者一己之意思取代有權決定者之決定。

3. 社會工作師服務時，應明確告知服務對象有關服務目標、限制、風險、費用權益措施等相關事宜，協助服務對象作理性的分析，以利服務對象作最佳的選擇。

4. 社會工作師應與服務對象維持正常專業關係，不得與服務對象有不當雙重或多重關係而獲取不當利益。

5. 社會工作師基於倫理衝突或利益迴避，須終止服務服務對象時，應事先明確告知服務對象，並為適當必要之轉介服務。

6. 社會工作師應保守業務秘密；服務對象縱已死亡，仍須重視其隱私權利。服務對象或第三人聲請查閱個案社會工作紀錄，應符合社會工作倫理及政府法規；否則社會工作者得拒絕資訊之公開。但有下列特殊情況時保密須受到限制：

    a. 隱私權為服務對象所有，服務對象有權親自或透過監護人或法律代表而決定放棄時。

    b. 涉及有緊急的危險性，基於保護服務對象本人或其他第三者合法權益時。　　　　【*1111-12】

    c. 社會工作師負有警告責任時。

    d. 社會工作師負有法律規定相關報告責任時。

    e. 服務對象有致命危險的傳染疾病時。

    f. 評估服務對象有自殺危險時。

    g. 服務對象涉及刑案時。

7. 社會工作師收取服務費用時，應事先告知服務對象收費標準，所收費用應合理適當並符合相關法律規定，並不得收受不當的餽贈。

8. 未經服務對象同意不得於公開或社群網站上公開其他足以直接或間接方式識別服務對象之資料。

9. 運用社群網站 或網路溝通工具與服務對象互動時，應避免傷害服務對象之法定權益。

二、對同仁的倫理守則

1. 社會工作師應尊重同仁，彼此支持、相互激勵，與社會工作及其他專業人員合作，共同增進服務對象的福祉。

2. 社會工作師不宜或無法提供服務對象適切服務時，應透過專業或跨專業分工，尋求資源整合或為適當之專業轉介；在完成轉介前，應採取適當之措施，以保護服務對象權益；轉介時應充分告知服務對象未來轉介服務方向，並將個案服務資料適當告知未來服務機構，以利轉銜服務。

3. 當同仁與服務對象因信任或服務爭議，應尊重同仁之專業知識及服務對象合法權益，以維護服務對象權益與同仁合理之專業信任。

4. 社會工作師為維護社會工作倫理，協助保障同仁合法權益，面對不公平或不合倫理規範之要求，當事人或代理人應向服務機構或各地區社會工作師公會、中華民國社會工作師公會全國聯合會、社會工作主管機關申訴，以保障合法權益，落實社會工作專業倫理。

三、對實務工作的倫理守則

1. 社會工作師應致力社會福利政策的推展，增進福利服務效能，依法公平進行福利給付與福利資源分配。

2. 社會工作師應具備社會工作專業技能，不斷充實自我；擔任教育、督導時，應盡力提供專業指導，公平、客觀評量事件；接受教育、督導時應理性、自省，接納批評與建議。

3. 社會工作師的服務紀錄應依法令相關規範，適時、正確及客觀的記載並妥善保存，以確保服務對象之權益及隱私。

4. 社會工作師在轉介服務對象或接受服務對象轉介，應審慎評估轉介後可能的利益與風險，並忠實提供服務對象轉介諮詢服務。

5. 社會工作師應恪遵法律規範，忠實有效呈現工作成果，協助社會工作教育與人力發展；爭取社會工作師公平合理的工作環境。

6. 社會工作師應在社會工作倫理規範下，參與權益爭取活動，並忠實評估其對服務對象、社會大眾所衍生可能之利益與風險。

四、對社會工作師專業的倫理責任

1. 社會工作師應包容多元文化、尊重多元社會現象，防止因種族、宗教、性別、性傾向、國籍、年齡、婚姻狀態及身心障礙、宗教信仰、政治理念等歧視，所造成社會不平等現象。

2. 社會工作師應注意自我言行對服務對象、服務機構、社會大眾所生影響。

3. 社會工作師應提升社會工作專業形象，及服務品質，重視社會工作價值，落實倫理守則，充實社會工作知識與技術。

4. 社會工作師應致力社會工作專業的傳承，促進社會福利公正合理的實踐。

5. 社會工作師應增進社會工作專業知能的發展，進行研究及著作發表，遵守社會工作研究倫理。

6. 社會工作師應推動社會工作專業制度建立，發展社會工作的各項措施與活動。

五、對社會大眾的倫理守則

1. 社會工作師應促進社會福利的發展，倡導人類基本需求的滿足，促使社會正義的實現。

2. 社會工作師應致力於社會公益的倡導與實踐。

3. 社會工作師應維護弱勢族群之權益，協助受壓迫、受剝削、受欺凌者獲得社會安全保障。

4. 社會工作師與媒體互動或接受採訪時，若涉及服務對象，應徵得知情同意並保護其隱私。

5. 社會工作師應促使政府機關、民間團體、及社會大眾履行社會公益，並落實服務對象合法權益保障。

6. 社會工作師面對災害所致社會安全緊急事件，應提供專業服務，以保障弱勢族群免於生命、身體、自由、財產的危險與意外風險。

## 第三章　附則

一、社會工作師違反法令、社會工作師公會章程或本倫理守則者，除法令另有處罰規定者外，由違反倫理行為所在地或所屬之社會工作師公會審議、處置。

二、本守則經中華民國社會工作師公會全國聯合會會員代表大會通過後施行，並呈報衛生福利部備查，修改時亦同。

## 六、戈登（Gordon）社會工作價值觀

戈登認為「社會工作價值」是指社會工作對人類為及社會關係所建立的基本假設，不同的價值觀點及偏好會影響工作者對於他人行為的歸因方式、反應態度、協助意願，並進而影響工作者在助人過程中所採取的工作方法與技巧。戈登曾指出種建構社會工作實務基礎的價值觀：　【*1041-16】

1. 社會中最基本的關注對象是個人。
2. 社會中的每個人都是互相依賴的。
3. 社會中的每個人對他人負有社會責任。
4. 社會中的每個人都有相同的需要，但也都有其獨特之處。
5. 每一個社會成員都應經由積極的社會與盡社會的責任。
6. 社會有責任協助每一個成員自我實現。

## 11-2　就業服務專業人員專業倫理規範

## 一、就業服務法與就業服務專業人員專業倫理規範

法律是職業道德與專業倫理的最低界線【*1023-59】，就業服務專業人員在從事就業服務業務時，應遵守就業服務法規定的基本職業道德與專業倫理。依照就業服務法規定，私立就業服務機構及其就業服務專業人員，從事就業服務業務時，在法規性專業倫理規範上不得有之情事如下各相關法規所規範者。

### （一）就業服務法（民國 112 年 5 月 10 日修正）

第 9 條 　（雇主與求職人資料之保密）　　　　　　　　　　　　　　　　　　❂❂

就業服務機構及其人員，對雇主與求職人之資料，除推介就業之必要外，不得對外公開。【處 3-15 萬元】　　　　　　　　　　　　　　　【*1053-71；992-71；971-76】

第 37 條 　（就業服務專業人員行為之禁止）【*1043-33；1083 術科第二題；1022 術科第二題；961 術科第五題】❂

就業服務專業人員不得有下列情事：

一、允許他人假藉本人名義從事就業服務業務。

二、違反法令執行業務。

【處 6～30 萬元罰鍰；得廢止就業服務專業人員證書】

第 71 條　（廢止就業服務專業人員證書）　　　　　　　　　　　　　　　　　　　　✪

就業服務專業人員違反第 37 條規定者，中央主管機關得廢止其就業服務專業人員證書。　　　　　　　　　　　　　　　　　　　　　【\*1022 術科第二題；961 術科第五題】

**（二）私立就業服務機構許可及管理辦法（民國 113 年 1 月 30 日修正）**

第 7 條　就業服務專業人員之職責如下：

　　　　　　　【\*1092-59；1082-71；1022-15；1002-66；1083 術科第二題；981 術科第五題；961 術科第五題】

一、辦理暨分析職業性向。

二、協助釐定生涯發展計畫之就業諮詢。

三、查對所屬私立就業服務機構辦理就業服務業務之各項申請文件。

四、依規定於雇主相關申請書簽證。

就業服務專業人員執行前項業務，應遵守誠實信用原則。

第 9 條　私立就業服務機構，受理求職登記或推介就業，不得有下列情形：<110.3.23 修正>【\*1091-67】

一、推介十五歲以上未滿十六歲之童工及十六歲以上未滿十八歲之人，從事危險性或有害性之工作。

二、受理未滿十五歲者之求職登記或為其推介就業。但國民中學畢業或經主管機關認定其工作性質及環境無礙其身心健康者，不在此限。

三、推介未滿十八歲且未具備法定代理人同意書及其年齡證明文件者就業。

第 23 條　私立就業服務機構之就業服務專業人員異動時，應自異動之日起 30 日內，檢附下列文件報請原許可機關備查：　　　　　　　　　　　【\*1043-79；1033-8；1001-13】

一、就業服務專業人員異動申請表。

二、異動後之從業人員名冊。

三、新聘就業服務專業人員證書及其國民身分證正反面影本。

四、主管機關規定之其他文件。

## 二、就業服務人員必備相關知識與運用　　　　　　　　　　　　✪✪✪

【\*1121-67；1093-70；1073-68；1072-68；1031-11；1002-24；981-11；972-77；971-33；963-12；961-49；961-27】

1. 尊重而不侵犯案主之權益。

2. 應儘可能對案主做正確的判斷。

3. 增加案主適應能力。

4. 協助當事人學習解決問題之知識。

5. 提供當事人客觀的資訊。

6. 提供當事人完整與正確的資訊。

7. 遇到不屬於就業服務業務領域可提供的服務時，應以轉介方式處理之。

8. 應倡導新的就業政策或方案。

9. 應監督法律程序正義。

## 三、就業服務專業倫理觀 ✪✪✪

**（一）影響就業服務專業倫理觀之因素：** 【*1093-78；1091-76；1051-68；1041-77；971-46；961-16】

1. 團體壓力。

2. 社會態度與價值。

3. 個人價值觀。

**（二）就業服務人員的職業道德行為：** 【*1051-75；1041-34；1002-21；1002-13】 ✪

1. 協助推介失業民眾尋職。

2. 鼓勵失業民眾積極尋職。

3. 協助失業民眾瞭解就業服務相關法令。

4. 以誠懇態度表達對失業民眾的關懷。

5. 尊重求職者對選擇職業的意願。

6. 結合轄區內公民營機構共同協助就業。

7. 針對失業者就業助力與阻力之診斷／評估而直接開立介紹卡。

8. 協助求職者排除就業障礙。

## 四、就業服務專業人員對個案的基本權益 ✪

個案的基本權益，應有之準則： 【*1113-80；1102-68；961-51】

1. 當事人有權接受或拒絕輔導。

2. 當事人有查詢輔導人員的專業資格權利。

3. 當事人有權不接受輔導員之價值觀。

## 五、測驗卷解釋之專業倫理 ✪

就業服務諮商人員在為個案解釋測驗之結果應有之準則： 【*1083-29；981-24】

1. 力求客觀、正確。

2. 避免主觀、成見與偏見。

3. 解釋之資料應視為專業之機密。

## 六、就業服務人員必備的專業能力 【*1031-56】

1. 會談技巧能力。

2. 資訊處理能力。

3. 就業諮詢能力。

## 七、企業倫理與工作倫理 【*1123-61；1123 術科第七題；1023 術科第八題】

（一）雇主倫理係指對所僱用員工在生存權及人格權給予尊重。因此雇主倫理包括的範圍有給付的
義務（勞務提供、合理待遇與勞動條件）、僱用義務（長期提供所僱員工僱用機會、保護生
命、健康、財產、名譽、家庭、風紀、信仰等、提供良好安全衛生的工作環境）、生涯發展

義務（協助員工知識、技能及職涯發展提升）、尊重的義務（尊重員工在工作與生活能感受到生命意義與尊嚴）。公平義務（對所僱用員工不因其性別、種族、籍貫、信仰及其他非工作因素而給予不公平對待）。基於此，

1. 企業對員工的 3 個基本倫理，如同勞基法第 14 條規定
   (1)雇主不得違反勞動契約或勞工法令，致有損害勞工權益之虞。
   (2)雇主應改善契約所訂之工作，對於勞工健康有危害之虞的工作環境。
   (3)雇主依勞動契約給付工作報酬，或對於按件計酬之勞工供給充分之工作。
2. 企業對員工 3 個積極的倫理作為，如同
   (1)勞基法第 25 條規定：雇主對勞工不得因性別而有差別之待遇。工作相同、效率相同者，給付同等之工資。
   (2)勞基法第 51 條，女工在妊娠期間，如有較為輕易之工作，得申請改調，雇主不得拒絕，並不得減少其工資。
   (3)勞基法第 52 條，員工之子女未滿 1 歲須女工親自哺乳者，於第 35 條規定之休息時間外，雇主應每日另給哺乳時間 2 次，每次以 30 分鐘為度。
   (4)性平法第 18 條，子女未滿 2 歲須受僱者親自哺（集）乳者，除規定之休息時間外，雇主應每日另給哺（集）乳時間六十分鐘。受僱者於每日正常工作時間以外之延長工作時間達一小時以上者，雇主應給予哺（集）乳時間 30 分鐘。項哺（集）乳時間，視為工作時間。

（二）工作倫理係指對員工對工作所抱持的看法、態度等的一組價值體系。工作倫理原則以「勞動者於工作本身及對雇主之經營權、管理權與分配權應加以尊重。」其倫理範圍有，勞動義務（依法律及契約完整提供勞務）、服務義務（認同公司使命、維護企業形象）、忠實的義務（誠實信用、盡力避免或減少雇主的損害、服從、不洩露營運機密、守紀律、誠信、廉潔、兼職限制、競業禁止）、敬業義務（專精、勤奮、研究、改進、發展）、協同義務（其同事分工合作、溝通協調、工作教導及生活關懷）。基於此，1. 員工對企業主應有的 2 個倫理作為，如同勞基法第 12 條規定：(1) 勞工不得故意損耗機器、工具、原料、產品，或其他雇主所有物品，或故意洩漏雇主技術上、營業上之秘密，致雇主受有損害者。(2) 勞工不得無正當理由繼續曠工三日，或一個月內曠工達六日者。2. 員工對同事應有的 2 個倫理作為，如同勞基法第 12 條規定：(1) 勞工不得對於雇主、雇主家屬、雇主代理人或其他共同工作之勞工，實施暴行或有重大侮辱之行為者。(2) 雇主代理人或其他勞工患有惡性傳染病，有傳染之虞，雇主已將該代理人解僱或已將患有惡性傳染病者送醫或解僱，勞工不得終止契約。

## 八、職業重建服務專業人員倫理守則

## 身心障礙者職業重建服務專業人員倫理守則（民國 104 年 6 月 5 日訂定）

（一）本守則依據身心障礙者職業重建服務專業人員遴用及培訓準則（以下簡稱本準則）第十五條第二項訂定之。

（二）身心障礙者職業重建服務（以下簡稱職業重建服務）專業人員應致力於增進當事人個人、社會、經濟方面之獨立與自主，以達成職涯目標，促進其社會參與及提升生活品質。

前項當事人指接受職業重建服務者。

（三）本守則所稱職業重建服務專業人員（以下簡稱專業人員）係指本準則第三條所稱之人員。

（四）專業人員提供當事人服務時，應遵守下列原則　　　　　　　　　　　　【*1093 術科第七題】

1. 尊重並致力於當事人自主權之維護。

2. 以當事人最大福祉為考量。

3. 對待當事人應公平，不得有差別待遇。

4. 以誠信方式對待當事人。

5. 面對倫理衝突時，應以保護生命為最優先考量原則。

6. 不斷充實自我，提升專業知能。

7. 尊重同僚且彼此支持及合作，共同增進當事人的福祉。

8. 努力促進社會大眾對身心障礙者的認識與接納。

9. 熟稔及遵守相關法令，維護社會大眾對職業重建服務的聲譽及信任。

（五）對當事人的倫理守則　　　　　　　　　　　　　　【*1121-52；1093 術科第七題】

1. 尊重當事人之自我決定能力，致力於當事人自主權之維護。當事人若因身心障礙特質而影響自我決定時，仍應透過各種方法增進當事人參與決定過程。

2. 提供服務時，不得因個人因素犧牲當事人之利益。

3. 對待當事人，不得以障礙類別、種族、階級、語言、思想、宗教、黨派、籍貫、出生地、性別、性傾向、年齡、婚姻、容貌、五官及社經地位為由而有差別待遇。

4. 應力求當事人能獲得所需服務，並盡可能提供多元服務，供當事人選擇使用。

5. 應重視當事人隱私權利，並保守秘密。有關當事人服務資料之蒐集、處理或利用應遵守個人資料保護法等相關法規之規定。

前項保守秘密於下列情況時，應予限制：

a. 經當事人或其法定代理人書面同意。

b. 涉及緊急的危險性，基於保護當事人或其他第三者合法權益。　　　　【*1111-12】

c. 專業人員負有警告責任時。

d. 專業人員依相關法令負有報告責任。

e. 當事人有致命危險的傳染疾病。

f. 經評估，認為當事人有自殺危險。

6. 提供服務時，應避免與當事人有雙重關係，以免影響客觀判斷，對當事人造成傷害。

前項雙重關係包含親屬、專業關係外之社交、商業、志工、行政、督導、評鑑、親密的個人關係與性關係。

7. 協助當事人規劃職涯目標時，應將當事人特質、意願與需求等納入考量，並獲得當事人同意。

8. 提供各項服務時，應提供當事人無障礙環境與設施，使當事人或其法定代理人充分參與服務的過程。

9. 對限制行為能力或無行為能力之當事人提供服務時，應取得法定代理人之書面同意。

10. 基於倫理衝突、利益迴避或其他原因無法提供當事人服務時，應事先明確告知當事人，經其同意轉介或連結適當之服務，並於完成轉介或連結前，採取適當之措施，以保護當事人權益。

11. 應了解轉介或連結之合作機構所提供之各項服務，以維護當事人權益，並確保服務之有效提供。

（六）對其他人員與合作機構的倫理守則

1. 應尊重同僚，彼此支持、相互激勵，並與其他專業同僚合作，共同增進當事人的福祉。

2. 對於其他專業人員或相關機構，不應以貶抑之言論論述其職業重建服務能力及品質。

3. 得知當事人與其他專業人員有持續之服務關係時，知會其他專業人員前，應充分向當事人說明，並盡力建立彼此之正向專業合作關係。

4. 應確保參與服務當事人之所有合作機構充分了解當事人的服務計畫與目標。

5. 作成服務計畫及流程時，應遵守並協助推動團隊之決議共識，但不得牴觸本守則。

6. 不得利用督導、評鑑，或教學之權威要脅同僚。

（七）作為專業人員的倫理守則

1. 應擔任本身專業經驗相符之職位。
   前項專業經驗包含學校教育、在職教育訓練、受督導經驗及專業認證。

2. 應致力於提升專業知能，與服務當事人之技巧及敏銳度。

3. 應努力消除本身對身心障礙者的刻板印象與歧視，並提升個人對身心障礙者的認知與接納。

4. 在個人和組織層次上，應支持當事人自我倡導。

5. 提供服務時，應確認當事人可適當運用之方案與設施，若資源不足，應進行服務資源的開發與倡議。

6. 應以真實、準確、及時及客觀之方式呈現第三方報告之專業活動及意見內容。
   前項第三方包括政府單位、法院及轉介單位。

7. 應對其他公眾表明在職業重建服務領域之專業知識和能力，但不應超越職業重建服務資格認證之內容。

8. 因身體、心理或情緒上的問題自覺可能危及專業服務時，應尋求協助，必要時應進行轉介服務。

9. 於公開場合之陳述，應敘明為個人觀點，不代表所有專業人員，或整個職業重建服務專業體制。

10. 督導他人提供當事人職業重建服務時，應善盡督導責任，並確保受督導者提供適當的服務予當事人，不會對當事人造成傷害。

11. 擔任督導時，應維持與受督導者之專業關係，避免雙重關係的發展。

12. 以人為對象進行研究時，有責任在研究歷程中維護參與者之福祉，並事先採取預防傷害之合理步驟，以避免造成參與者生理、心理以及社會方面之傷害。

（八）對社會大眾的倫理守則

1. 應努力促進職業重建服務之發展，協助社會大眾對職業重建服務之認識及支持。

2. 應積極消弭社會大眾對身心障礙者的刻板印象與歧視，並提升對身心障礙者的認識及接納度。

3. 應努力向社會大眾進行宣導，建立友善支持環境，增加當事人社會參與之機會。

（九）爭議處理方式

1. 專業人員對自己的倫理判斷存疑時，除依循法律規定外，應向熟悉專業倫理之同僚徵詢，或向其他適當之相關專業領域者諮詢。

2. 專業人員提供服務遇有倫理守則與相關法令或判決衝突之情形時，應立即尋求諮詢和建議。

3. 專業人員與其服務之機構發生倫理衝突時，應表明自己需遵守專業倫理守則的責任，並設法尋求合理的解決。

4. 專業人員有合理之理由，認定另一位專業人員違反倫理守則時，應予以規勸；規勸無效時，應通報該專業人員之單位主管或各級勞工主管機關，以維護職業重建服務聲譽及當事人權益。

5. 專業人員應維護職業重建服務工作倫理，面對不符本守則規範之要求時，得向服務機構或各級勞工主管機關申訴。

   前項單位於處理申訴案件時，除法令另有處罰規定者外，應依本守則規定辦理，以落實專業倫理守則。

 **立即演練 1**

（　　）1. 下列何者是就業服務人員在就業媒合會談時，所應表現的技巧行為？　①直接詢問失業民眾為何失業　②自己侃侃而談失業經驗　③以誠懇態度表達對失業民眾的關懷　④持續詢問失業對失業民眾的負面影響

（　　）2. 下列何者不是就業服務人員應有的職業道德？　①協助推介失業民眾尋職　②鼓勵失業民眾積極尋職　③詢問失業民眾涉及隱私的問題　④協助失業民眾瞭解就業服務相關法令

（　　）3. 下列何者是就業服務人員在服務失業民眾時，符合專業倫理的行為表現？　①遇到不屬於就業服務領域之事務時予以婉拒服務　②遇到不屬於就業服務領域之事務時予以轉介服務　③遇到不屬於自己職責的事務時予以婉拒服務　④遇到不屬於自己職責的事務時予以延遲服務

（　　）4. 下列何者不是影響就業服務人員專業倫理觀之因素？　①團體壓力　②社會態度與價值　③家人相處情形　④個人價值觀

（　　）5. 下列何者不是就業服務人員從事就業服務活動時，應遵守的職業道德？　①保守機密　②誠實信用　③自我優先　④依法執行

（　　）6. 有關就業服務人員必備之相關知識中，下列敘述何者較為不適當的運用？　①尊重而不侵犯案主之權益　②應儘可能對案主做正確的判斷　③增加案主適應能力　④影響案主之選擇

（　　）7. 有關就業服務專業人員之首要責任敘述，下列何者為非？　①協助當事人學習解決問題之知識　②提供當事人主觀的資訊　③提供當事人客觀的資訊　④提供當事人完整與正確的資訊

（　　）8. 有關影響就業服務專業倫理觀之因素，下列敘述何者是錯誤的？　①家人相處情形　②團體壓力　③社會態度與價值　④個人價值觀

（　　）9. 關於就業服務轉介過程中，下列何種情形應該要小心與避免的？　①慎選轉介對象　②考慮轉介資源　③考慮轉介時機　④不容許案主拒絕轉介

（　　）10. 有關就業服務專業人員對個案的基本權益的敘述，下列何者為非？　①當事人有權接受或拒絕輔導　②當事人有查詢輔導人員的專業資格權利　③當事人不能拒絕為其安排的活動　④當事人有權不接受輔導員之價值觀

（　　）11. 依據就業服務法第 40 條規定，下列敘述何者不屬於就業服務人員不得作為之情事？　①扣留求職人　②收取推介就業服務費財物　③違反求職人意思，留置其國民身分證　④收取推介就業保證金

（　　）12. 依據就業服務法第 9 條規定：就業服務機構及其人員，對雇主與求職人之資料，除推介就業之必要外，不得對外公開。該項規定是屬於就業服務專業人員之何種原則？　①保密原則　②禁止就業歧視原則　③平等原則　④公開原則

**解**　1.③　　2.③　　3.②　　4.③　　5.③　　6.④　　7.②　　8.①　　9.④　　10.③
11.②　　12.①

---

## 11-3　諮商倫理

### 一、諮商倫理

諮商倫理建基在人與人的特殊關係，其定義及諮商員與當事人的角色關係說明如下：

1. 諮商倫理的定義：諮商員在諮商實務中，根據個人哲學理念及價值觀、服務機構的規定、諮商專業倫理規範等，作合理而正直的道德抉擇之系統方式。

2. 諮商員的角色關係：諮商員對當事人，當事人的關係人，及社會負有倫理責任，自己也應有適當的專業修養、專業準備及專業造詣。

## 二、諮商心理專業人員應有之能力核心領域內涵

1. 人類的成長與發展：諮商員應對正常和不正常的發展與行為、人格理論以及生命全程的改變，有一個深入的瞭解。

2. 社會和文化的基礎：諸如性別、種族關係、不同的生活方式、貧窮和其他文化的與環境的變化因素等，對社會的改變和趨勢、社會的風俗和互動方式、多元文化主義和多元論、以及攸關社會的事項等，提供一個寬廣的瞭解。

3. 助人的關係：助人歷程的哲學基礎，提供一個基本的以及深層諮詢技巧的架構。

4. 團體動力和團體諮商：這個範圍包括將諮商理論應用到團體工作，團體引導能力的形式及團體諮商的技術與方法。

5. 生命風格和生涯發展：學生應獲得生涯發展、休閒教育和諮商、生命風格的理論與實務架構，並做生涯抉擇。

6. 個體的評估：包含客觀與投射測驗與其他評量方法的選擇、測驗解釋以及應用的知識和技巧。它也提供對於團體、個人教育和心理測驗理論的瞭解。

7. 研究與評鑑諮商員對個體和團體諮商以及心理治療的評量方法、研究、需求評估、績效評量等應有所瞭解。這個範圍也包括研究的倫理考量。

8. 專業的定向諮商員對專業的角色和功能、倫理和法律的標準、以及諮商專業者的管理和證照制度，應有深入瞭解。

## 三、就業諮商的倫理　　　　　　　　　　　　　　　　　❂❂❂

1. 保密。

2. 勿以自己的價值觀強加至當事人。

3. 勿替當事人決定並尊重當事人的決定。

　(1)瞭解自己能力的限制。

　(2)避免問及不相關的細節。

4. 諮商的倫理與限制中，以當事人福祉為最高指導原則。【*1101-1；1093-9；1083-23；972-65；961-36】

## 四、倫理決策與倫理兩難　　　　　　　　　　　　　　【*1042 術科第十題】

　　專業人員個人的內在動機、態度、以及偏好，也會影響到他們面對決策的決定。有時這些因素會在不知不覺中影響他們的決策行為，甚是進而影響他們最終決定時所抱持的價值信念。同時在實務工作中，專業人員會面對某一種問題情境或是問題無法獲得滿意解決的困境；或是必須由兩個相近的選擇或在相等的價值之間做二選一的困境。因此倫理決策模式便提供出指導原則，讓專業人員在面臨必須解決衝突及倫理兩難（Professional Ethical Dilemmas）問題時，可以澄清他們的想法。倫理決策是指針對別人產生重大影響時，所做的一種抉擇。抉擇的過程受到價值觀的考慮，思考有哪一些規範及原則，能提供決策者基本的指引【*1101-11】。以下介紹數位學者對倫理決策的步驟建議。

## （一）Joseph 的論點

美國社會工作倫理守則起草人 Joseph（Mary Vincentia Joseph, 1985）就認為處理倫理決策時，可以先從實務環境或機構裡分析實務情境存在的兩難或困境。就情境的事實，相關的實證資料或是倫理研究等來源，收集完整的背景資料，並且從事實面、實證資料面、倫理面、法律面與倫理守則分析，提出贊成或反對的觀點，進而做出價值判斷。他指出在做出價值判斷時，應同時界定出個人價值觀，將這些價值觀的評量排出優先順序，檢視其中是否有偏誤和怎麼樣的偏誤。如此，社工人員才做出選擇的原則，利用這些原則提出贊成與反對兩方的證明或者辨正其選擇合理性的說明。最後，表明立場，陳述理由，提出合理的辯解說明。

## （二）Reamer 倫理決策模式之步驟　　　　　　　【\*1018 月 -30；1022 術科第七題；1013 術科第八題】

芮摩（Frederic G. Reamer, 1999）以倫理學中的義務論以及神學論為基礎，反映社工專業中的基本價值的優先順序，發展倫理決策模式。這模式立基於系列步驟，有系統地排列責任的先後順序，引導專業人員在不同的專業責任發生衝突時，如何進行不同的選擇，同時能協助專業人員有效地解決倫理兩難的困惑問題。

**第一個步驟**：釐清倫理議題。要找出互相矛盾的倫理議題，包括專業人員自身的價值、職務上義務責任、以及這些義務責任相衝突的情形（工作價值觀與職務衝突）。

**第二個步驟**：找出受倫理決策影響的客體，包括受決策影響的個人、團體以及組織。

**第三個步驟**：找出方案評估得失。必須擬出暫時可行的各種行動方案，以及每個行動方案的特色、參與者及其潛在利益和危險。

**第四個步驟**：全面性檢查每種可能行動之喜歡與不喜歡的原因，考慮 (1) 倫理守則和法律原則 (2) 倫理理論、原則和指南。積極收集與倫理理論有關的資料、規則、原則、倫理守則、法律原則、實務相關之原則、專業及個人價值觀念、注意哪些是屬於可能互相衝突之宗教或政治價值觀念。

**第五個步驟**：向同事或專家（督導、律師、倫理學家）諮詢。

**第六個步驟**：下決策與紀錄決策過程。決定並將整個過程之相關資料作成檔案。

**第七個步驟**：對結果追蹤與評量。

Reamer（1999）提供的模式，用以協助社工師組織他們的想法，讓他們在面臨必須解決衝突及倫理兩難問題時，可以澄清他們的想法。Reamer 提供之 5 項原則模式標準協助社工師組織他們想法，Reamer 知道要找到統一一致的且完整的解決辦法，不只是受到專業角色及義務所影響，個人的內在動機、態度、以及偏好，也會影響到他們面對決策的決定。有時這些因素會在不知不覺中影響他們的行為，進而影響他們最終決定時所抱持的價值信念。因此，Reamer（1999）也提供 5 項原則模式標準，協助專業人員組織他們的想法，讓他們在面臨必須解決衝突及倫理兩難問題時，可以澄清他們的想法。

【\*1041-30；1033-62；1092 術科第七題；1072 術科第十題；1053 術科第九題；1013 術科第八題】

1. **避免傷害、生命安全重於個人隱私**

   對抗傷及案主的基本人類生存、健康、食物、住宅、心理健康的需求考量，優先於欺騙、揭露隱私、或是教育與財富。

**2. 案主自決權**

個人基本福祉權利優先於其他人的自我決定權。個人自我決定權優先於其自己的基本福祉。

**3. 工作者遵守法律規定重於個人價值或原則**

個人在自願與自由下，同意遵守法律、原則和規定的義務高於我們自己的信仰、價值與原則。

**4. 個人福祉先於法令或機構規定**

當個人基本福祉的權利與法律、規定、民間組織中的政策衝突時，個人基本福祉權為優先。

**5. 防止傷害、公共利益先於個人財產**

防止傷害（如防止飢餓）、提升公共利益（居住、教育、社會救助）的義務優先於保護個人財產。

這 5 項決策指標和優先順序對就業服務專業人員在協助求職者媒合工作時，遇到機構價值干擾專業價值，產生倫理判斷與兩難的問題，可作為處理倫理抉擇優先順序的決策指標。　【*1052-71】

對案主的告知能夠協助案主做出最符合自己利益的決定，也是判斷社會工作是否具專業表現的標準之一。芮摩（Reamer, 1987）認為，告知義務（informed consent）是案主權利的中心議題，意指社會工作員或實務工作者有責任告訴案主何種處遇將會介入其生活且事先徵得案主的同意。就廣義而言，告知義務具有兩項目標，分別為提升個體自治以及鼓勵作理性的抉擇。芮摩認為有意義的告知義務具備下列五個要素：　　　　　　　　　　　　　　　　　　　　　　【*1043 術科第十題】

1. 所提供的資訊充分地足供案主權衡將進行的處遇之利弊或風險。

2. 對於將進行的處遇之可預見的利弊或風險，案主確實已被告知。

3. 案主確實具備接受訊息（被告知）的能力。

4. 案主的同意係在自願且無任何強迫影響的前提下所做的。

5. 案主有被告知其有權拒絕或撤回其同意（強制性案主不適用此原則）。

## （三）Loewenberg 和 Dologoff 的論點

絡溫格（Frank M. Loewenberg）與多戈彿（Ralph Dologoff）在 1992 年提出社會工作倫理的兩難（Ethical Choices in the Helping Professions），指出專業上所面臨兩難的處境有以下：1. 倫理定義的不明確與意義含糊；2. 社會工作員職責與期望的衝突；3. 社會工作專業知識與案主權利的兩難；4. 案主的需求與分享有限資源的兩難；5. 案主的興趣與社會工作者的興趣之優先權的期望兩難；6. 案主的同意與有效調適方法、策略選擇的兩難。

之後，他們（Dolgoff, Loewenberg and Harrington, 2009）又陸續找出實務中經常面對的倫理兩難情境至少歸納包括九類，有 1. 意義含糊和不確定；2. 職責和期望的衝突；3. 專業知識和案主利益的衝突；4. 徵求同意；5. 分享有限資源；6. 案主的興趣與社會工作者的興趣之優先權的衝突；7. 有效調適方法的選擇；8. 專業關係的有限性；9. 不做價值判斷等。進一步地，絡溫格他們為專業人員列出倫理決策優先順位，原則一：保護生命原則【*1113-52；1063-80；1052-45；1011-21】；原則二：差別平等原則；原則三：自主自由原則；原則四：最小傷害原則；原則五：生活品質原則；原則六：

隱私守密原則；原則七：真誠原則。也就是原則一優於原則二到七，原則二優於三到七，以此類推。

## （四）**Van Hoose 和 Kottler** 的論點　　　　　　　　　　　　　　　　　　　【*1012-8】

Van Hoose 和 Kottler 定義諮商專業倫理為：諮商專業人員諮商實務工作中，根據 1. 個人的哲學理念與價值觀，識別衝突或兩難問題及問題發生的真實情況【*1101-49；1083-54；1081-31；1052-60；1033-18】；2. 做倫理決策時，參考諮商專業倫理守則；3. 服務機構的規定；4. 評估關係人的權責與福祉；以及 5. 社會的規範，依此作出合理而公正之道德抉擇的系統性方式。

## （五）**Tett 和 McCulloch** 的論點

Tett 與 McCulloch（1999）從事青年社會工作的實務中，提出社會工作者有四類的倫理類型，第 1 類專業型的倫理（Professional Ethic）：指專業人員在專業的前提下進行倫理運作；第 2 類規範型的倫理（Regulatory Ethic）：指專業人員在機構規範的前提下進行倫理運作；第 3 類父母型的倫理（Parental Ethic）：專業人員在扮演親職角色中進行倫理運作；第 4 類為科層型的倫理（Bureaucratic Ethic）：專業人員以組織為主的思維來成就機構。　　　　　　　　　【*1052-27；1033-79；1012-77】

## （六）**Van Hoose 和 Paradise** 五級倫理思考模式　　　　【*1112 術科第六題；1021 術科第六題】

Van Hoose 和 Paradise（1977）根據 Kohlberg 的道德發展理論，提出「五級倫理思考模式」，從五個不同導向階段來思考倫理判斷發展的過程，其發展階段是連續漸進的，其觀念分述如下：

1. 獎懲導向（Punishment Orientation）：諮商員的決定、建議和行動方向都必須嚴格地遵守既有的規定與標準，亦即好的行為接受獎勵，壞的行為接受處罰。
2. 機構導向（Institutional Orientation）：諮商員的決定、建議與行動方向，都必須遵守團體規定與政策，亦即其立場是否正確必須依據上級的期望。
3. 社會導向（Societal Orientation）：諮商員的決定、建議與行動方向必須符合他人的認可、社會的法律與一般民眾之看法，亦即其立場重視社會責任與福祉。
4. 個人導向（Individual Orientation）：在避免觸犯法律及侵犯他人權益的情況下，諮商員最主要關切的是個人的福祉。
5. 原則導向（Principle Orientation）：諮商員的決定、建議與行動方向必須符合個人良心的自我決定與內在的倫理衡量。

# 五、案主自決

## （一）案主自決（**Client Self-determination**）　　　　　　　　　　　　　　【*1103 術科第七題】

案主自決係指「尊重個人有選擇行動的權利」。也就是自決應為案主個人的權利，自決是案主有權積極選擇的過程。協助案主自決的過程包括 1. 協助案主看清自己的問題及需要；2. 協助案主看清自己可取得的資源；3. 引導出案主潛在的能力；4. 建立專業協助的關係；5. 協助案主成長，培養解決自己問題的能力。社會工作者應該考慮到案主自我決定的內容，是否會對自己或他人的生命財產造成威脅，基於保護生命原則的需要，應由社會工作者即時的介入。例如下列情況發生時：

1. **案主自決與規範發生的衝突**

   案主自決與規範發生衝突是指社會工作者與其他工作者、機構、社會規範間的衝突。亦即，社會工作者除要鼓勵案主針對問題，形成案主的自決能力，也要顧及社工人員本身、機構，以及整體社會規範對於個人行為要求與社會期望的符合，但是這二者會常發生衝突。

2. **保密原則與案主最佳利益的衝突**

   保密原則與案主最佳利益的衝突是指在社工人員應維護案主隱私權，對案主資料應予以保密。但是當實務執行過程中隱私權與社會情境規範甚至案主生命維護有衝突時，需與其他機構進行協調時，案主的隱私揭露與保密原則發生衝突。

3. **案主權益與機構目標的衝突**

   案主權益與機構目標的衝突是指社工人員與案主間在專業關係裡，以強調案主自決、最佳利益的立場出發，希望案主在問題解決上能自動自發參與，產生解決問題的動力，提出有效的解決策略，維護案主最佳利益。但是社工人員因所屬的機構在既有的規範、設施、服務成本、以及服務效率下產生限制導致案主權益與機構目標的衝突【*1052-50】。此時專業人員遇到必須在倫理的兩難中選擇一個決定時，應依其倫理判斷做最後決策，決策的來源依據分別有①專業倫理守則、②應用智慧、③意識與個人專業經驗。　　　　　　　　　　　　　【*1018月-71】

## （二）Abramson 的案主自決意涵

Abramson（1985）對於特殊個案與情境進行的適度干預是正當的，主張父權主義的社會工作專業行動應具有五項指標，分別為 1. 為了案主好；2. 為了案主的利益；3. 該專業行動必然會牽涉到道德規則的破壞，例如破壞告知義務；4. 為了案主利益的專業行動不必考慮案主的過去、現在或未來；5. 案主終究會相信，該行動確實是為他好。從助人工作的實踐層面而言，Abramson 認為「案主自決」至少包括 4 種意涵，1. 自主性就是真誠一致；2. 自主性是一項有效的討論過程；3. 自主性是經過深思熟慮；4. 自主性就是有意圖的行動。　　　　　　【*1052-31；1033-42；1012-71】

## （三）Rothman 的案主自決意涵

Rothman 指出「案主自決」原則的概念建構最早是由個案工作的知識體系中發展出來，其概念的思考來源為康德學派的哲學格言【*1051-22；1041-3】。Rothman（1989）認為案主自決絕不是什麼事都由案主自己決定，或依案主自己的意思來決定。Rothman 建議應將案主自決的概念改變為「在介入計畫過程中讓案主適度的貢獻」原則。案主參與介入的程度是可變的，取決於個案的條件，介入的重心仍然在專業本身而非案主，案主投入的應該是界定問題，以及解決問題的進程。能力、資訊、知識、權力越強的案主，社會工作者應減少引導，而多給案主機會參與介入過程。

**立即演練 2**

( ) 1. 與一般的倫理規範相互比較之下，特別針對職業領域中的人員所制定之道德規範稱為何者？　①工作倫理　②專業倫理　③職業倫理　④勞動倫理

( ) 2. 為協助生活扶助戶中有工作能力者就業，下列何者是就業服務員不應有的思維？①協助參加就業研習活動，導正職業價值觀　②推介就業時應以低薪或部分工時之工作機會為主，以避免喪失低收入戶資格　③與職業訓練單位結合，協助學習一技之長　④與縣市政府之社政單位結合協助脫貧

( ) 3. 下列哪一項職業道德與專業倫理是公立就業服務機構個案管理就業服務原應避免？　①未經評估直接依據失業者之要求開立職業訓練推介單　②結合轄區內之社政等相關單位共同協助就業　③尊重求職者對選擇職業的意願　④協助求職者排除就業障礙

( ) 4. 諮商的倫理與限制中，下列敘述何者正確？　①可傷害當事人　②可無條件運用自己的影響力　③諮商員沒有影響力　④以當事人福祉為最高指導原則

( ) 5. 當就業服務專業人員協助求職者就業媒合時，遇到倫理兩難的議題時，根據Reamer 提出的優先順序，下列何者是最優先要處理的？　①法律的要求　②是否傷及基本需求　③機構的規定　④就業服務專業人員自身信仰與價值

( ) 6. 為協助助人工作者發展個人的倫理決策模式，Van Hoose 和 Kottler 擬定一個做倫理決策的流程，其中第一步驟應為何者？　①助人工作者在做倫理決策時，應參考專業倫理規範　②評估關係人的權責與福祉　③找出衝突或問題的關鍵所在④識別衝突或兩難問題及問題發生的真實情況

( ) 7. 按照 Tett 和 McCulloch 的論點，在助人工作中的倫理表現可分為 4 類，下列敘述何者正確？　①專業型的倫理是指專業人員在機構規範的前提下進行倫理運作②父母型的倫理是指專業人員倫理的落實旨在提升機構的地位　③規範型的倫理是指機構組織與專業倫理的契合　④科層型的倫理是透過組織為主的思維來成就機構

( ) 8. 從助人工作的實踐層面而言，Abramson 認為「案主自決」至少包括 4 種意涵，下列何者不正確？　①自主性就是無意圖的行動　②自主性就是真誠一致　③自主性是一項有效的討論過程　④自主性是經過深思熟慮

( ) 9. 當民意代表介入或政治力介入，施壓就業服務人員優先服務被轉介的求職者時，應以民意代表介入或政治力介入為優先，或為維持機構原有政策而以需求為優先？以上是屬於何種專業倫理兩難之類型？　①專業價值與個人價值之間的衝突②資源分配的兩難抉擇　③專業價值與機構科層體制之衝突　④專業價值與法令或政策不當之衝突

( )10. 當就業服務人員的專業自主性在主管的權威下，形成服從行政倫理與專業自主倫理間的衝突時，就業服務人員面臨的是何種專業倫理兩難之類型？ ①保密與保護權益或遵守法令之間的兩難 ②案主自決與干涉主義之間的兩難 ③專業價值與機構科層體制之衝突 ④專業價值與個人價值之間的衝突

( )11. 當就業服務人員因為追求績效，或為減少求職者的糾纏，在與求職者互動過程，操弄求職者的自主權，甚至操弄處遇結果，導致求職者權益受損。此時就業服務人員顯然違背何種專業倫理規範？ ①對求職者的偏見 ②處遇過程過於草率 ③忽略了「知後同意」原則 ④個人價值凌駕專業價值

解 1.③ 2.② 3.① 4.④ 5.② 6.④ 7.④ 8.① 9.② 10.③

11.②

## 考情趨勢分析

| 第12章 | | 年度梯次 | 961 | 963 | 971 | 972 | 981 | 983 | 991 | 992 | 1001 | 1002 | 1011 | 1012 |
|---|---|---|---|---|---|---|---|---|---|---|---|---|---|---|
| | 學科 | 題數 | 1 | 2 | 1 | 1 | 1 | 3 | 0 | 1 | 3 | 4 | 4 | 3 |
| | | %（80題中出現題數） | 1% | 3% | 1% | 1% | 1% | 4% | 0% | 1% | 4% | 5% | 5% | 4% |
| | 術科 | 題數 | 無 | 第十題 | 無 | 第七題 | 無 | 無 | 第七題 | 無 | 第七題 | 無 | 無 | 無 |
| | | %（10題中出現題數） | 0% | 10% | 0% | 10% | 0% | 0% | 10% | 0% | 10% | 0% | 0% | 0% |

| 第12章 | | 年度梯次 | 1018月 | 1013 | 1021 | 1022 | 1023 | 1031 | 1032 | 1033 | 1041 | 1042 | 1043 |
|---|---|---|---|---|---|---|---|---|---|---|---|---|---|
| | 學科 | 題數 | 3 | 4 | 3 | 5 | 4 | 3 | 8 | 1 | 0 | 10 | 8 |
| | | %（80題中出現題數） | 4% | 5% | 4% | 6% | 5% | 4% | 10% | 1% | 0% | 13% | 10% |
| | 術科 | 題數 | 本年度增加一梯次學科考試 | 無 | 無 | 無 | 無 | 無 | 無 | 第十題 | 第十題 | 無 | 無 |
| | | %（10題中出現題數） | 0% | 0% | 0% | 0% | 0% | 0% | 0% | 10% | 10% | 0% | 0% |

| 第12章 | | 年度梯次 | 1051 | 1052 | 1053 | 1061 | 1062 | 1063 | 1071 | 1072 | 1073 | 1081 | 1082 | 1083 |
|---|---|---|---|---|---|---|---|---|---|---|---|---|---|---|
| | 學科 | 題數 | 1 | 3 | 11 | 0 | 3 | 3 | 1 | 0 | 0 | 1 | 2 | 2 |
| | | %（80題中出現題數） | 1% | 4% | 14% | 0% | 4% | 4% | 1% | 0% | 0% | 1% | 3% | 3% |
| | 術科 | 題數 | 第十題 | 第六題 | 第四題 | 無 | 無 | 無 | 無 | 無 | 無 | 無 | 無 | 無 |
| | | %（10題中出現題數） | 10% | 10% | 10% | 0% | 0% | 0% | 0% | 0% | 0% | 0% | 0% | 0% |

| 第12章 | | 年度梯次 | 1091 | 1092 | 1093 | 1101 | 1102 | 1103 | 1111 | 1112 | 1113 | 1121 | 1122 | 1123 |
|---|---|---|---|---|---|---|---|---|---|---|---|---|---|---|
| | 學科 | 題數 | 2 | 1 | 1 | 0 | 0 | 0 | 2 | 2 | 3 | 2 | 2 | 2 |
| | | %（80題中出現題數） | 3% | 1% | 1% | 0% | 0% | 0% | 3% | 3% | 4% | 3% | 3% | 3% |
| | 術科 | 題數 | 無 | 無 | 無 | 第七題 | 無 | 無 | 無 | 第七題 | 無 | 無 | 無 | 無 |
| | | %（10題中出現題數） | 0% | 0% | 0% | 10% | 0% | 0% | 0% | 10% | 0% | 0% | 0% | 0% |

## 12-1　社會資源

### 一、社會資源

【*963 術科第十題】

　　Susan Hall 認為「資源」可界定為：(1) 可以用來支持或幫助者；(2) 需要時可以擷取的物品；(3) 有效處理困難或問題的能力；(4) 可以用來因應困難情境的方法。亦有人提出「資源」是指「實際的資源」，包括貨物、服務及社會意識。社會資源（Social resources）或稱為民間資源或稱為社區資源，它係指社會或民間所擁有的潛在資產與力量，不論是屬於物質的或非物質的，只要能善加運用，增強其效能，對於個人及家庭均有所貢獻。

　　廣義的社會資源係指凡因應社會需要，滿足社會需求，所有可以提供而足以轉化為具體服務內涵的資源，自然物質資源及人文社會文化的各項制度，包括社會經濟、政治、法律、社會教育、宗教、社會醫療、社會福利資源，以及可以用來幫助個人或團體之相關人員、服務、財物或材料皆可稱為社會資源。狹義的社會資源係指社會福利資源，能夠滿足社會福利體系中之案主需要而言。

　　梁偉康等人將社會資源分為廣義與狹義等兩方面，加以定義。廣義資源泛指方案資源（社會資源協調會議、個案研討會、臨時性的個案協調、提供社區服務、轉案或轉介、轉介輔導或安置輔導、合辦活動、資訊的交換等）、人力資源（機構及其他相關或機構的專任人員、志工以及個案的朋友、鄰居、親屬在內）及策略資源（獲得或發展方案與人力資源的的方法，包括基金、設備、供應品、政治影響力、社會地位、專業知識與技能、個人和組織的精力，以及合法地位等。採用的方式有：成立基金會、業務研討會、經費的籌湊、分享資源、互惠服務、觀摩訪問等）等三種資源，它是社會服務機構用來達成其「衝擊性目標」（Impact objectives）的主要工具；狹義的社會資源則係指社區資源【*1053-14】，即社區內任何有助於社區居民發展或困擾解決之人員或機構【*1032-78】，包括：內部資源（同事、各處室行政人員、機關首長（或機構負責人）、社團活動組織等）和外部資源（家庭及其社區、當地社會服務機構醫療機構）。　　　　　　　　　　【*1013-51；1011-32】

### 二、社會資源的類別

　　社會資源的分類方式繁多，第一組是分為有形資源與無形資源。

**1. 有形資源**

　　如人力資源（社區理事長、村（里）長、居民、各行各業專業資源、組織資源、內在創新知識資源、志工、腦力、人際關係、體力）【*1053-9；1053-56；1043-2；1042-2；1032-68】、物力資源（天然資源、生物資源、器材設備：電腦、開會桌椅、音響設備；文物：刊物、簡介手冊等）、財力資源（民間贊助經費、捐款、義賣、文教慈善贊助、政府補助、會費、活動收費）【*1121-1；1092-78；1083-70；1082-29；1043-47；1042-25】、活動空間（活動中心、圖書館、公園）。

【*1031-18；1022-35；1022-64；1018 月 -31；1011-3；981-69；963-32；1112 術科第七題】

**2. 無形資源**

　　如專業技術（政府的行政支援與技術指導、專家學者的專業指導、社區各級工作幹部累積之經驗、技術與作業模式）、社團組織、社會關係。　【*1032-39；1023-16；1021-28；1112 術科第七題】

第二組分類是以社區照顧為出發發掘誰是「照顧者」，包括：

**1. 正式資源**

　　如公部門資源（社政單位、衛政單位、民政單位、勞政單位所提供的服務）【*1112-49；1093-75；1083-2】，例如公立就業服務的正式資源如進用身心障礙加值輔導補助計畫、希望就業專案、青年就業讚計畫，衛生福利部的祥和計畫【*1023-48；1001-28】。私部門資源，如非營利組織所提供的免費，或由使用者付費，或第三者付費，亦是營利組織提供公益贊助。

 **重要觀點**

◎ 為增進青少年技能可用的社會資源有①青年旗鑑計畫②產業人才投資方案③財團法人附設職業訓練機構開設之技能訓練。【*1023-13】

**2. 非正式資源**

　　包括親朋好友鄰居與志工所提供的服務，社區支援網絡或社會網絡等。

第三組分類以協助案主輔導工作為出發，包括：　【*972 術科第七題；963 術科第十題】

**1. 機構內資源**

　　機構內全體工作人員及社團活動組織的資源，如就業服務人員、社工人員、社工團體。

**2. 機構外資源**

　　可協助案主輔導工作的社會機構或專家學者等，如社區心理衛生中心、救國團張老師、基金會、心理師、諮商師。　【*1121-68；1111-68；1002-31】

也有研究者將案主為主體，社會資源區分為內在與外在資源等兩種：

**1. 內在資源**

　　內在社會資源是指個人潛力、人格特質與家庭中的某些有助於解決問題或滿足需要的特性，包括：知識、能力或態度等。　【*1053-16；1021-05】

**2. 外在資源**

　　係指具體的物質或服務，通常它可以提供有關的物資或服務的人或機構。外在資源進一步可分為正式和非正式等兩種。　【*1113-12；1042-61；1021-05】

## 三、社會資源運用　【*972 術科第七題】

　　社會資源運用是指如何利用機構內外資源來協助案主輔導工作的推動。所謂機構內的資源指全體工作人員及社團活動組織；而機構外資源則為可協助案主輔導工作的社會機構或專家學者等。內外資源的運用可以達成至少三項功能，1. 提供案主全面性服務；2. 幫助工作人員紓解輔導工作壓力；3. 促進輔導知能的交流。　【*1122-65；1042-78；1002-51】

在社會資源的運用上可包括，1.資源運用之組織結構：機構服務及資源體系以供需調節、資源交換及服務之轉介為功能運作目標，兼具規劃決策及執行之功能。2.社會資源供需之結合與規劃：社會資源供需必須結合人力、財力及專業知能的服務，藉調節、資源轉換及轉介服務等功能之運作，來滿足民眾對福利需求。在架構上必須先建立一個整合資源及需求之轉介中心，以規劃供輸送系統達成、決策、服務評價之運作功能。

運用社會資源之 6 個原則：1.瞭解提供社會資源者的心態及其與機構的關係。2.瞭解個人所擁有的所有資源。3.訂定個人目標與需求的優先順序。4.考慮機會成本的因素。5.瞭解資源在分配與使用時的限制因素。6.依正義原則發展一套資源分配與使用的計畫。

【*1123-20：1033-72：1018 月 -74】

社會資源運用成功與否，須仰賴社區工作者靈活的智慧、良好的人際關係以及有統整專業知識、經驗累積、技巧熟練、正確溝通才能在最短的時間解決社區的問題。對於社會資源運用技巧歸納如下：1.瞭解政府年度編列預算中與單位業務相關者。2.主動提供媒體工作者有關本單位各項服務成果。3.主動接觸社區資源網絡中的相關組織及個人。4.個人方面應培養氣質及服務精神。

## 四、社會資源運用時的問題分析

社會資源涵蓋政治、經濟、文化、醫療等各種面向，而社會資源整合，只在特定的需求或目標下，有效結合多種資源以便資源能發揮更多的效益。故社會資源運用的問題分析步驟如下：

1. 誰需要幫助？
2. 需要什麼幫助？
3. 有哪些資源可以提供？
4. 在什麼時間提供服務？
5. 服務內容是什麼？

例如，主管機關對就業服務法第 24 條特定對象（獨立負擔家計者、中高齡者、身心障礙者、原住民、長期失業者…等），有自願就業的人員，應訂定計畫，致力促進其就業。身心障礙者權益保障法中，各級勞工主管機關應依身心障礙者之需求，自行或結合民間資源，提供無障礙個別化職業重建服務。公立就業服務機構在就業服務工作上，尤其是特定對象的就業服務，其社會資源的運用是非常重要的，而對求職者的需求與資源之間更需要達到持續有效的連續關係，其中以失業者有就業機會提供為最需要的服務措施【*1113-22：1053-54：1032-40】。為使求職者的需求與社會資源之間要達到持續有效的連續關係必須具備 4 項特質：資源平衡、資源妥適、資源存在可用性、資源可信賴性【*1011-3：1041 術科第十題】。

## 五、社會資源網絡與連結方式

網絡（Network）是人或組織機構間彼此交往互動的一種型態，它是由許多個體或單位相互關連或連結所構成。網絡必須是經由「合作」與「協調」的過程，才能順利運作，以完成共同的任務，達致預定的目標。社區資源網絡係指凡為了因應社會需要，滿足社會需求，所有足以轉化為具體服務內涵的客體，彼此相互協調合作，以便共同有效的滿足被服務者的需求，其目的在於善

用社區資源，以促成社區自立與自主，滿足自己社區之需求而社會資源網絡的單位涵括個人、部門、機構、或機構與機構之聯合與結盟。建構社區資源網絡是有效「媒合需要與服務提供」的過程。建構社會資源的方法，包括下列各項方法。

**1. 確立服務方案**

服務方案內容是尋求資源的重要產品，惟有符合大眾需求的服務方案，才易獲資源之贊助。

**2. 設立專責單位運作**

開發社會資源是一門須結合企劃、行銷、公關等專業工作，設立專責單位運作，有助於資源開發工作作妥善的整合規劃。

**3. 運用媒體資源**

新聞媒體或社區自己發行的刊物是最有影響力且容易運用的傳播媒介，懂得善用這些媒體，可以將服務計畫迅速大量傳播，並藉以募集更多社會資源。專業人員建置現有社會資源的途徑可從刊物蒐集、從機構簡介瞭解、購買或索取社會資源手冊、自編社會資源手冊。

【*1052-75；1032-26；1013-3；1012-30】

**4. 尋求合作對象**

在眾多社會資源網絡中的個人、機構或團體，選擇較為關心該議題的單位，提出合作企劃，尋求合作。

**5. 執行合作方案**

合作之前可以先確立雙方在合作上的角色與任務，並簽定合作備忘錄或契約書，以確立資源的有效性。

**6. 維繫合作關係**

適時將工作成果回饋給合作單位，並定期寄發單位發行之刊物，持續與合作過的單位保持友好互動關係，亦即責信（Accountability）制度的共識。

> 註：1.「責信」的內涵包括可受公評及負責任。可受公評是指非營利組織與外部人之間，隱含有約束力的雙向溝通關係；而責任則是主觀上負起義務的概念，負責任的組織會在必要時修正其做法與提升績效，以回應利益關係人的需求及看法。「責信」意涵也包括「必須向他人報告、交代」、「必須符合被告人的期望與標準」、「願意主動公開」以及「是一種受託者與委託者間的特殊關係」。
>
> 　　2.在就業服務工作上社會資源的運用是非常重要的，惟仍有實務上的限制。以特定對象的就業服務為例，各機關（機構）很清楚彼此業務相關的情形，惟機關間主動合作等仍有成長空間。機關的責信性是國內社會資源輸送的問題之一。　　　　　【*1071-39；1053-6；1052-70；1042-14；1012-16】

**7. 其他**

為了發掘資源、運用資源，並對資源做有效的利用，建立一個通暢且清楚的連結方式至為重要，主要方式包括個案管理、通報體系、轉介服務與連線服務四項。

 **重要觀點**

◎ 社會資源運用的前提或目的是以需求為主要考量，而需求會因個人主觀價值及期待而有所不同。福利服務需求理論所強調的類型有：①比較性需求②規範性需求③表達性需求。

【*1112-70；1111-80】

◎ 就業服務人員運用社會資源的主要方式：①發掘②規劃③評定④運用。

【\*1081-30；1042-6；1032-36】

◎ 就業服務專業人員建立現有社會資源時，適宜的途徑①自編社會資源手冊②從機構簡介瞭解③購買或索取社會資源手冊。　　　　　　　　　【\*1082-74；1053-70；1052-75；1032-26】

◎ 社會資源建構有效網絡的原則：①溝通與理解②信任與尊重③情感與關懷。

【\*1043-37；1031-22】

◎ 弱勢單親父母就業的協助資源：①家扶中心②公立職業訓練中心③公立就業服務機構。

【\*1031-73】

◎ 社會資本指個人在組織結構中，利用自己特殊位置而獲取利益的能力。一般就是指個人的親戚、朋友、同學、同事、鄰里等關係，個人能從這些關係中獲取得利益越高，代表個人社會資本越高。勞動就業是社會資本理論應用較早的一個研究領域。人們對社會關係網路在個人求職中作用，在相關研究顯示，即使在歐美等勞動力市場制度較完善的國家，就業者在就業和求職過程中，還是依靠自己的社會網路關係，求職者透過自己的社會關係網路來獲得資訊與協助，利用此資本也較容易找到理想的工作。對雇主而言，使用社會網路尋找員工，所獲得的人才在品質上也較佳。

◎ 林南（Nan Lin）透過對社會網絡的研究提出其社會資源理論。林南認為資源是指：「在一個社會或群體中，經過某些程式而被群體認為是有價值的東西，這些東西的占有會增加占有者的生存機遇。」他把資源分為個人資源和社會資源。個人資源指個人擁有的財富、器具、自然稟賦、體魄、知識、地位等可以為個人支配的資源；社會資源指那些嵌入於個人社會關係網路中的資源，如權力、財富、聲望等，這種資源存在於人與人之間的關係之中，必須與他人發生交往才能獲得。社會資源的利用是個人實現其目標的有效途徑，個人資源又在很大程度上影響著他所能獲得的社會資源。林南提出社會資源僅僅與社會網路相聯繫，而社會資本是從社會網路中動員了的社會資源。林南認為社會資本是「投資在社會關係中並希望在市場上得到回報的一種資源，是一種鑲嵌在社會結構之中並且可以通過有目的的行動來獲得或流動的資源」。

◎ 理查‧柯克（Richard Koch）與葛雷格‧洛克伍德（Greg Lockwood）二位出版超級關係（Super connect）乙書中指出，現今高科技時代，人與人的連結程度愈高，網絡效應也愈明顯。掌握網絡規則，就能掌握成功的機會。該書探討構成網絡的三項元素：1. 強連結（Strong links）：親密的家人與朋友關係。2. 弱連結（Weak links）：泛泛之交，不太熟悉的相識者。3. 社群（Hubs）：個人所參與的或大或小的團體或組織。該書引用芝加哥大學出版《勞動經濟期刊》（Journal of Labor Economics）一篇研究發現，幫忙求職者找到工作的朋友，90％都是屬於弱連結。

【\*1062-60】

## 六、社會資源評估運用理論架構 　　　　　　　　　　　　【*1053-14；1011-31；1033 術科第十題】

### （一）教育動員的過程論

對已發現的資源提供管道運用，並使運用過程系統化。

### （二）優先順序行動論

冀望每個人或機構先行運用現有的各種資源，再繼續發掘潛在資源備用。

### （三）差別潛力的功能論

冀望每個人或機構截長補短、相輔相成，以達到最大的效能。

### （四）系統運用的結合論

綜合規劃運用機構內、機構外之資源以及機構間互為資源後的再創資源。

### （五）互為資源的互動論

冀期每個人或機構可主客易位、相互支援、互通有無，與互成資源。

### （六）社會網絡介入模式

社會網絡介入模式至少有七種： 　　　　　　　　　　　　　　　　　　　　　　【*1012-58】

1. **臨床治療模式**

   專業人員為主要的協助者，將家庭、鄰里、朋友納入對案主的協助。

2. **家庭照料者之增強模式**

   主要協助照料案主者為案主的家庭成員，專業人員提供諮商的角色，連絡非正式的網絡成員，提供資源給照料者減輕家庭照料者的負擔。

3. **個案管理模式**

   專業人員著重資源的整合，連結正式與非正式的支持網絡，且特別重視非正式網絡支持系統，尋求新資源。 　　　　　　　　　　　　　　　　　　　　　　【*1052-17；1032-2】

4. **鄰里協助模式**

   專業人員扮演促進，發動與連結鄰里互助體系的建立。

5. **互助 / 自助模式**

   專業人員扮演倡導互助、發展互助、資源提供的角色。

6. **增強社會權能模式**

   與互助模式類似，專業人員的角色增加網路與網路系統的連結。

7. **志工連結模式**

   使志工成為社會支持網絡中的一部分，專業人員對志工提供諮商、發動志工提供服務與管理督導志工。

立即演練 1

( ) 1. 所謂社會資源（Social Resources）係指在社會環境中，可以用來幫助個人或團體之相關人員、服務、財物或材料的總稱。亦即如何利用機構內外資源來協助案主輔導工作的推動，至為重要。而機構外資源是指協助案主輔導工作的社會機構及專家學者等，其不含下列何者？　①本機構中的工作人員　②社區心理衛生中心　③救國團張老師　④信誼基金會

( ) 2. 一般而言，機構內、外資源的運用具有三種功能，其不含下列何者？　①提供案主全面性的服務　②提供案主片面性的服務　③幫助工作人員紓解輔導工作上之壓力　④促進輔導知能的交流

( ) 3. 社會資源運用的前提或目的是以需求為主要考量，而需求會因個人主觀價值及期待而有所不同。因此，下列何者不屬於福利服務需求理論所強調的類型？　①規範性需求　②比較性需求　③表達性需求　④感情性需求

( ) 4. 下列何者不是可供就業服務人員運用的正式社會資源？　①地方政府勞工局（處）　②社區協會　③地方政府社會局（處）　④公立職業訓練中心

( ) 5. 為協助更生受保護人就業，下列何者非就業服務員可以運用的社會資源？　①更生保護協會　②監獄　③地方法院觀護人室　④非營利組織

( ) 6. 下列何者不是可供就業服務人員運用的非正式社會人力資源？　①心理諮詢專家　②學者的創新知識資源　③公立職業訓練中心內的人力資源　④各行各業專業人力資源

( ) 7. 有關就業服務的社會人力資源之敘述不包含下列何項？　①民間贊助經費　②各行各業專業資源　③組織資源　④內在創新知識資源

( ) 8. 下列有關就業服務的經濟資源之敘述，何者較不適當？　①就業保險基金之孳息　②民間贊助經費　③就業安定基金之孳息　④就業服務機構的預算

( ) 9. 下列敘述何者不屬於就業服務的物力資源？　①民間捐款　②土地、開放空間　③建築物　④設施設備

( ) 10. 有關就業服務的經濟資源之敘述，下列何者較不適當？　①就業安定基金之孳息　②政府預算　③組織資源　④民間贊助經費

( ) 11. 社會資源的種類，學者間有不同的看法，梁偉康等人將社會資源分為廣義與狹義兩方面，下列何者是屬於狹義的社會資源？　①方案資源　②人力資源　③策略資源　④社區資源

( ) 12. 若以求職者為主體，社會資源可區分為內在與外在資源兩種，下列何者是指內在資源？　①助人者　②家庭　③親友　④鄰居

解　1.①　2.②　3.④　4.②　5.②　6.③　7.①　8.①　9.①　10.③

11.④　12.②

## 12-2　政府就業服務資源

### 一、多元就業開發方案（112.3.13修正）　　　　　　　　　　　　　　　【*1062-65】

勞動部為建構民間團體與政府部門間促進就業之合作夥伴關係，透過具創意性、地方性及發展性之計畫，如文化保存、工藝推廣、照顧服務或環境保護等，改善地方之整體居住環境及生活條件，促成在地產業發展，帶動其他工作機會，以引導失業者參與計畫工作，重建工作自信心，培養再就業能力，民國91年訂定多元就業開發方案。多元就業開發方案包括社會型與經濟型二類計畫。

1. 「社會型計畫」：係指「各部會、直轄市、縣（市）政府或民間團體所提為增進社會公益，且具有就業促進效益之計畫」。以弱勢族群及其他經勞動部指定之對象為限。

2. 「經濟型計畫」：係指「民間團體所提具有產業發展前景，而能提供或促進失業者就業之計畫」。以非自願性失業者、中高齡失業者為優先。

### 二、職場學習及再適應計畫（110.9.2修正）

1. 勞動部為協助就業弱勢者（以下簡稱個案）就業準備及就業適應，透過事業單位或團體（以下簡稱用人單位），提供職場學習及再適應之機會，使其重返職場，特訂定本計畫。

2. 本計畫主辦單位為勞動部勞動力發展署（以下簡稱本署）；執行單位為各公立就業服務機構。

3. 本計畫所稱個案，指依附表一認定，並有就業意願之下列失業者：

   (1) 獨力負擔家計者。

   (2) 中高齡者。

   (3) 高齡者。

   (4) 身心障礙者。

   (5) 原住民。

   (6) 低收入戶或中低收入戶中有工作能力者。

   (7) 長期失業者。

   (8) 二度就業婦女。

   (9) 家庭暴力及性侵害被害人。

   (10) 更生受保護人。

   (11) 十五歲以上未滿十八歲之未就學未就業少年。

   (12) 新住民。

   (13) 犯罪被害人。

   (14) 人口販運被害人。

   (15) 施用毒品者。

   (16) 其他經公立就業服務機構評估認定需要協助者。

   個案經公立就業服務機構推介，並於參與本計畫前填寫參與意願書始得參與。

4. 參加本計畫之用人單位如下：

(1)民間團體：指依人民團體法或其他法令設立者。但不包括政治團體及政黨。

(2)事業單位：指依法登記或立案之下列單位：

①民營事業單位。

②公營事業機構。

③非營利組織。

④學術研究機構。

5. 本計畫補助個案職場學習及再適應津貼及用人單位行政管理及輔導費，標準如下：

(1)個案職場學習及再適應津貼：按中央主管機關公告之每小時基本工資核給，且不超過每月基本工資。

(2)用人單位行政管理及輔導費：以實際核發職場學習及再適應津貼金額之百分之三十核給。

前項補助期間，每次最長以三個月為限。但屬第三點第一項第三款、第四款、第十款、第十一款及第十五款之個案，經執行單位評估同意後得延長至六個月。

6. 執行單位核發前點補助，應依下列各款規定辦理：

(1)用人單位補助人數，以申請日前最近一個月之勞工保險投保人數之百分之三十為限（不足一人者以一人計）。但用人單位員工數為十人以下者，最多得補助三人。

(2)同一用人單位於各年度最高補助人數不得超過十人。

(3)執行單位得依權責綜合考量，核定用人單位職場學習及再適應計畫人數。

(4)用人單位遞補職場學習及再適應之個案時，不受第二款最高補助人數限制。但不得逾總補助額度。總補助額度依核定人數乘以每人三個月計算。屬前點第二項但書所列情形之個案，以六個月計算。

(5)轉換職場學習及再適應單位之個案，其職場學習及再適應期間應合併計算。但二年內合計補助不得逾六個月。

(6)個案參與計畫期間另行兼職，不予補助個案職場學習及再適應津貼，行政管理及輔導費依實際執行期間補助用人單位。

7. 用人單位應檢附下列文件、資料，向提供職場學習及再適應機會所在地之執行單位提出申請：

(1)職場學習及再適應申請書。

(2)依法設立、登記或立案之證明文件影本。

(3)申請日前最近一個月之勞工保險投保人數，非強制投保之用人單位需提出足以證明員工數之文件。

(4)已依身心障礙者權益保障法及原住民族工作權保障法規定，足額進用身心障礙者及原住民或繳納差額補助費、代金之文件。

(5)其他經本署規定之文件、資料。

前項計畫用人單位於執行單位核定後欲變更內容者，應於變更前，先送執行單位重新核定。

8. 執行單位辦理前點之審查方式如下：

(1)採書面審查，必要時得進行實地訪查。

(2)於用人單位提出申請或補正文件後七個工作日內完成審查。

(3)用人單位所提職場學習及再適應內容，不符合計畫目的者，得不予核定。

(4)執行單位應核定申請職場學習及再適應計畫之內容、人數、地點及補助金額等事項。

(5)執行單位應依用人單位申請順序依序核定個案數，且各執行單位核定之總個案數應以當年度計畫編列之預算為限。

9. 用人單位進用第三點第一項第三款、第四款、第十款、第十一款及第十五款之個案，如有延長補助之需求，應依下列規定向執行單位提出申請：

(1)個案參與職場學習及再適應計畫滿三十日後十四個工作日內提出。

(2)檢附原核定函影本、個案基本資料、進用個案投保資料、申請原因等相關文件、資料。

前項申請，經執行單位評估核定後，執行單位始得領取延長補助。

10.補助個案之職場學習及再適應津貼，由用人單位按月先行支付，用人單位於計畫執行完畢或經終止後六十日內，向執行單位提出申請。

用人單位請領津貼及補助，應檢附下列文件、資料：

(1)本計畫核准函影本。

(2)領據。

(3)個案職場學習及再適應津貼與行政管理及輔導費之印領清冊。

(4)用人單位工作輔導紀錄。

(5)參加計畫個案之簽到表或足以證明參加計畫之出勤文件影本。

(6)參加計畫個案之勞工保險投保資料（含加保證明文件，例如勞保卡或加保人員名冊），或其他投保資料（例職業災害保險或意外險）影本。

用人單位請領延長補助者，除前項各款所定文件資料外，應另檢附前點所定延長補助之核准函影本。

11.執行單位應於核定用人單位計畫後六十日內，協助完成人力遴用，另於個案於離開用人單位後三十日內協助完成遞補，未遴用之名額，用人單位得於期限屆滿日七日前以書面申請展延一次，展延期限以三十日為限。

個案職場學習及再適應期間，中途離開者，執行單位應於其離開當日起三十日內，評估個案意願及實際情形，協助其轉換至本計畫其他用人單位或提供相關就業服務措施與方案。

個案職場學習及再適應期滿後，執行單位應視其需求，運用其他相關就業促進工具，協助個案於原用人單位留用或推介至其他職場就業，但未能推介就業者，執行單位應予後續輔導及協助。

12.用人單位有下列情形之一者，執行單位得不予核發補助；已核發補助者，經撤銷或廢止全部或一部之補助後，應以書面行政處分命其限期返還：

(1)進用負責人之配偶或三親等內之親屬。

(2)同一用人單位再進用離職未滿一年之個案。

(3)進用之個案,於同一時期已領取政府機關其他相同性質之就業促進相關補助或津貼。

(4)有規避、妨礙或拒絕本署或執行單位查核之情事。

(5)不實申領補助,經查屬實。

(6)自行進用未經執行單位推介之失業者。

(7)違反勞工法令之相關規定,情節重大。

(8)違反本計畫其他規定。

用人單位有前項第五款情形者,執行單位得停止補助二年。

用人單位領取補助,經執行單位書面通知限期返還,屆期未返還者依法移送行政執行。

13.參與計畫個案有下列情形之一者,執行單位得終止計畫,不予補助個案職場學習及再適應津貼:

(1)參與計畫期間另行兼職者。

(2)二年內領取本計畫津貼逾六個月。

已領取職場學習及再適應津貼個案,經執行單位撤銷或廢止全部或一部之補助後,應以書面行政處分命其限期返還,屆期未返還者,依法移送行政執行。

14.督導及查核工作:

(1)執行單位應於個案參與職場學習及再適應三十日內,至少進行一次的職場訪視。

(2)用人單位應接受執行單位現場、電話查核,並提供執行本計畫相關文件,無故拒絕接受查核者,執行單位得立即終止或撤銷資格。

(3)前款查核結果應列管追蹤,有缺失者,應督促用人單位改善,並得隨時辦理複查,經複查仍未改善者,停止對該用人單位之行政管理及輔導費補助。

(4)執行單位於次月五日前,將每月執行情形及年度執行報告送本署備查。

15.其他規範事項如下:

(1)用人單位申請本計畫及各項補助,未檢齊規定文件者,應於執行單位通知補正文件之日起七個工作日內補正,屆期未補正者,不予受理。

(2)個案於職場學習及再適應期間請假規定或本計畫未規範之事項,依用人單位之規定辦理。用人單位之規定不得違反勞工法令之相關規定。

(3)用人單位應於個案參與職場學習及再適應之當日,為其投保勞工保險、職業災害保險及全民健康保險;已領取勞工保險老年給付者,須投保職業災害保險或意外險,保險額度每人上限二百萬元。

16.本計畫所需經費由執行單位於當年度編列就業安定基金相關預算項下支應。

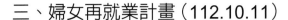

## 三、婦女再就業計畫（112.10.11）

1. 計畫緣起

近年面臨少子化、高齡化衝擊，及零工經濟等多元就業型態發展，產業出現人力缺口，配合國內疫後產業復甦需求，亟需開發勞動力供給，勞動部規劃整合跨部會資源營造友善職場，建構就業服務網絡，並運用獎勵措施，協助婦女及早規劃重返就業，提升女性勞動參與，紓解缺工情形，爰訂定本計畫。

2. 計畫目標

(1)深化就業服務，善用就業促進措施，促進就業。

(2)精進職業技能，運用就業獎勵，穩定就業。

(3)跨部會合作營造友善職場，鼓勵工時調整，提升勞動參與。

3. 計畫執行

(1)實施期程：112 年 9 月 1 日至 115 年 8 月 31 日。

(2)適用對象：

婦女：因家庭因素退出勞動市場 180 日以上之婦女。

雇主：請領雇主工時調整及期間，為就業保險投保單位之民營事業單位、團體或私立學校，並向公立就業服務機構辦理求才登記者。但不包括政治團體及政黨。

(3)獎勵項目及標準

(3.1) 自主訓練獎勵：鼓勵婦女規劃自主訓練以精進原有職能，訓練完成並辦理求職登記，發給 2 萬元，完成訓練 180 日內經推介就業或自行就業者，再發給 1 萬元，最高發給 3 萬元。

(3.2) 再就業獎勵：鼓勵重返職場並穩定就業，婦女向公立就業服務機構辦理求職登記並經推介，按月計酬全時工作且連續受僱同一雇主 90 日，發給 3 萬元；部分工時受僱期間滿 90 日，且每月薪資達月基本工資二分之一以上者，發給 1 萬 5 千元。

(3.3) 雇主工時調整獎勵：鼓勵雇主提供有照顧家庭需求之婦女工時調整工作或部分工時工作，雇主向公立就業服務機構辦理求才登記並僱用經推介之婦女，僱用滿 30 日，每一職缺每月發給 3 千元獎勵，最長 12 個月。

4. 申請方式

(1)自主訓練獎勵：於公告受理期間向本署所屬分署提出申請，分署審查以書面為原則，如有疑義案件，分署可審酌並視案件類型及疑義，必要時得邀集相關領域學者專家 3 至 5 人召開會議審查，經審核通過後，始得適用自主訓練獎勵。

(2)再就業獎勵：逐案審查，隨到隨審。

(3)雇主工時調整獎勵：逐案審查，隨到隨審。

# 參考文獻

1. Allen E. Ivey, Mary Bradford Ivey, Lynn Simek-Morgan 著，陳金燕譯（2002），諮商與心理治療：多元文化觀點，五南圖書出版股份有限公司。

2. Gerald Corey 著，李茂興譯（1994），諮商與心理治療的理論與實務，揚智文化事業股份有限公司。

3. Raymond A. Noe 等著、王精文編譯（2008），人力資源管理：全球經驗本土實踐，雙葉總經銷。

4. Virginia Satir 等著，林沈明瑩、陳登義、楊蓓（譯）（1998），薩提爾的家族治療模式。張老師文化。

5. 王世英、韓楷檉、洪寶蓮（2007），高中生涯輔導工作成效對大學生生涯決定狀態之影響研究，國立教育資料館。

6. 王麗容（2004），社會資源的結合及運用（收錄於內政部、中華民國志願服務協會共同編印，社會福利類志工成長訓練教材）。

7. 台灣就業通，線上資料，http://www.taiwanjobs.gov.tw/。

8. 行政院主計總處，人力資源調查，線上資料，http://www.dgbas.gov.tw/ct.asp?xItem = 16954&ctNode = 3244。

9. 行政院主計總處，人力運用調查，線上資料，http://www.dgbas.gov.tw/lp.asp?ctNode = 4987&CtUnit = 1183&BaseDSD = 7。

10. 行政院主計總處，中華民國行業標準分類，線上資料，http://www.stat.gov.tw/public/Attachment/652511153571.pdf。

11. 行政院主計總處，事業人力僱用狀況調查，線上資料，http://www.dgbas.gov.tw/lp.asp?CtNode = 3314&CtUnit = 946&BaseDSD=7。

12. 行政院主計總處，受僱員工動向調查，線上資料，http://www.dgbas.gov.tw/np.asp?ctNode =v2845。

13. 行政院主計總處，受僱員工薪資調查，線上資料，http://www.dgbas.gov.tw/ct.asp?xItem = 9648&ctNode =3 251。

14. 行政院主計總處，家庭收支調查，線上資料，http://www.stat.gov.tw/lp.asp?ctNode=772&CtUnit=1088&BaseDSD =7。

15. 行政院青年輔導委員會（2010），協助青年就業接軌方案，行政院青年輔導委員會。

16. 吳來信、黃源協、廖榮利（2004），社會工作管理。臺北：國立空中大學。

17. 李庚霈（2004），就業安全理論與實務，揚智出版。

18. 李健鴻（2010），「積極促進」治理下就業保險給付制度的實踐困境，臺灣民主季刊，7(2)，125-76。

19. 汪光慧（2004），諮商師生涯轉換的職性研究：細說生命的轉彎處，國立屏東師範學院教育心理與輔導學系未出版碩士論文。

20. 邱珍琬（2012），諮商理論與技術，五南出版。

21. 金樹人（2011），生涯諮商與輔導（重修版），東華書局。

22. 國家發展委員會人力處，2015 年經濟發展願景第一階段三年衝刺計畫（2007-2009 年），線上資料 http://www.cepd.gov.tw/business/business_sec3.jsp?businessID=3351&parentLinkID=8&linkid=91。

23. 陳武宗（2004），社會資源的結合及運用。收錄於內政部、中華民國志願服務協會共同編印，社會福利類志工成長訓練教材。

24. 勞動力發展署技能檢定中心，歷屆試題，http://www.labor.gov.tw/home.jsp?pageno=201109290021&contlink=ap/job5_1.jsp&qclass=201111010001

25. 勞動部（2006），中華民國 94 年勞動派遣業營運狀況調查報告，勞動部出版。

26. 勞動部，全民共通核心職能，線上資料，http://www.b-training.org.tw/btraining/Activity/activity/act931027/act931027.htm# 緣起。

27. 勞動部，性別僱用管理調查，線上資料，http://www.cla.gov.tw/cgi-bin/Message/MM_msg_control?mode=viewnews&ts=4cdb9fdc:7ca7&theme=。

28. 勞動部，視覺障礙者勞動狀況調查，線上資料，http://opendoor.evta.gov.tw/sub.aspx?a =0009002&p=0007727。

29. 勞動部，職類別薪資調查，線上資料，http://www.cla.gov.tw/cgi-bin/Message/MM_msg_control?mode=viewnews&ts=44c9af05:7ea5。

30. 勞動部勞動力發展署（1991），職業心理使用手冊，勞動部勞動力發展署。

31. 勞動部勞動力發展署（1999），我喜歡做的事 - 職業興趣量表指導手冊（專業版），勞動部勞動力發展署。

32. 勞動部勞動力發展署，職業興趣探索，線上資料，http://php.ejob.gov.tw/interest/。

33. 勞動部勞動力發展署編印（1988），職業分析手冊，勞動部勞動力發展署發行。

34. 勞動部勞動力發展署編印（1991），就業安全辭典，勞動部勞動力發展署發行。

35. 曾華源、胡慧嫈、李仰慈、郭世豐（2006），社會工作專業價值與倫理概論，洪葉文化事業。

36. 黃玉真（2003），消費金融業帳款催收專員職能模型之建立，國立中央大學人力資源管理研究所未出版碩士論文。

37. 黃敏菁（2008），高職生生涯決定困難與自我認定狀態相關之研究 - 以嘉義縣市地區為例，國立嘉義大學家庭教育與諮商研究所未出版碩士論文。

38. 黃惠惠（2005），助人歷程與技巧（增訂版），張老師文化。

39. 楊政學（2006），企業倫理，揚智出版社。

40. 葛樹人（1991），心理測驗學（二版），桂冠。

41. 詹火生等編著（2003），職業訓練與就業服務（修訂三版），國立空中大學出版社。

42. 蕭景容、徐巧玲（2011），生涯未確定當事人對敘事取向生涯諮商之經驗內涵分析，教育心理學報，42(3)，445-466，國立臺灣師範大學教育心理與輔導學系。

43. 賴兩陽（2005），志願服務的資源結合與運用，線上資料 http://vol.moi.gov.tw/ScholarArticle_1.aspx?NO=8&ClickNo=1&CurPageNo=1。

44. 蘇鈺婷（2002），在學青少年生涯發展之相關因素研究，國立成功大學教育研究所未出版碩士論文。

45. 鐘美育譯（1992），社會工作的倫理判斷，桂冠社會工作叢書 5，桂冠出版。

# 就業服務乙級技術士技能檢定完全指導手冊(第十三版)(附學術科歷屆試題)

作者／張秋蘭

發行人／陳本源

執行編輯／楊琍婷

封面設計／盧怡瑄

出版者／全華圖書股份有限公司

郵政帳號／0100836-1 號

圖書編號／081090E6-202404

定價／新台幣 760 元

ISBN／978-626-328-883-6

全華圖書／www.chwa.com.tw

全華網路書店 Open Tech／www.opentech.com.tw

若您對本書有任何問題，歡迎來信指導 book@chwa.com.tw

---

**臺北總公司(北區營業處)**
地址：23671 新北市土城區忠義路 21 號
電話：(02) 2262-5666
傳真：(02) 6637-3695、6637-3696

**南區營業處**
地址：80769 高雄市三民區應安街 12 號
電話：(07) 381-1377
傳真：(07) 862-5562

**中區營業處**
地址：40256 臺中市南區樹義一巷 26 號
電話：(04) 2261-8485
傳真：(04) 3600-9806(高中職)
　　　(04) 3601-8600(大專)

歡迎加入 **全華會員**

● **會員獨享**

會員享購書折扣、紅利積點、生日禮金、不定期優惠活動⋯等。

● **如何加入會員**

掃 QRcode 或填妥讀者回函卡直接傳真 (02) 2262-0900 或寄回，將由專人協助登入會員資料，待收到 E-MAIL 通知後即可成為會員。

## 如何購買 **全華書籍**

### 1. 網路購書

全華網路書店「http://www.opentech.com.tw」，加入會員購書更便利，並享有紅利積點回饋等各式優惠。

### 2. 實體門市

歡迎至全華門市（新北市土城區忠義路 21 號）或各大書局選購。

### 3. 來電訂購

(1) 訂購專線：(02) 2262-5666 轉 321-324

(2) 傳真專線：(02) 6637-3696

(3) 郵局劃撥：0100836-1　戶名：全華圖書股份有限公司）

※ 購書未滿 990 元者，酌收運費 80 元。

**OpenTech** 全華網路書店
.com.tw

全華網路書店 www.opentech.com.tw
E-mail: service@chwa.com.tw

※ 本會員制如有變更則以最新修訂制度為準，造成不便請見諒。

# 讀者回函卡

掃 QRcode 線上填寫 ▶▶

姓名：　　　　　　　　　　　生日：西元　　　年　　　月　　　日　　性別：□男 □女

電話：（　　　）　　　　　　　手機：

e-mail：　　　　　　　　　（必填）

註：數字零，請用 ф 表示，數字 1 與英文 L 請另註明並書寫端正，謝謝。

通訊處：□□□□□

學歷：□高中・職 □專科 □大學 □碩士 □博士

職業：□工程師 □教師 □學生 □軍・公 □其他

學校／公司：　　　　　　　　　　　　科系／部門：

· 需求書類：

□A. 電子 □B. 電機 □C. 資訊 □D. 機械 □E. 汽車 □F. 工管 □G. 土木 □H. 化工 □I. 設計

□J. 商管 □K. 日文 □L. 美容 □M. 休閒 □N. 餐飲 □O. 其他

· 本次購買圖書為：　　　　　　　　　　　書號：

· 您對本書的評價：

封面設計：□非常滿意 □滿意 □尚可 □需改善，請說明

內容表達：□非常滿意 □滿意 □尚可 □需改善，請說明

版面編排：□非常滿意 □滿意 □尚可 □需改善，請說明

印刷品質：□非常滿意 □滿意 □尚可 □需改善，請說明

書籍定價：□非常滿意 □滿意 □尚可 □需改善，請說明

整體評價：請說明

· 您在何處購買本書？

□書局 □網路書店 □書展 □團購 □其他

· 您購買本書的原因？（可複選）

□個人需要 □公司採購 □親友推薦 □老師指定用書 □其他

· 您希望全華以何種方式提供出版訊息及特惠活動？

□電子報 □DM □廣告 （媒體名稱　　　　　　　　　）

· 您是否上過全華網路書店？ (www.opentech.com.tw)

□是 □否　您的建議

· 您希望全華出版哪方面書籍？

· 您希望全華加強哪些服務？

感謝您提供寶貴意見，全華將秉持服務的熱忱，出版更多好書，以饗讀者。

填寫日期：　／　／

2020.09 修訂

---

親愛的讀者：

感謝您對全華圖書的支持與愛護，雖然我們很慎重的處理每一本書，但恐仍有所疏漏之處，若您發現本書有任何錯誤，請填寫於勘誤表內寄回，我們將於再版時修正，您的批評與指教是我們進步的原動力，謝謝！

全華圖書 敬上

## 勘 誤 表

| 書號 | 頁數 | 行數 | 書名<br>錯誤或不當之詞句 | 作者<br>建議修改之詞句 |
|---|---|---|---|---|
|  |  |  |  |  |
|  |  |  |  |  |
|  |  |  |  |  |
|  |  |  |  |  |
|  |  |  |  |  |
|  |  |  |  |  |

我有話要說：（其它之批評與建議，如封面、編排、內容、印刷品質等...）

乙級

依勞動部最新公告之學術科試題編寫

# 就業服務

## 技能檢定學術科 第13版
### 歷屆試題

張秋蘭 編著

78109-0E

全華

78109-0E

# 就業服務乙級技能檢定學術科歷屆試題

張秋蘭　編著

全華圖書股份有限公司

# 目錄

# 技術士技能檢定就業服務規範說明

　　為促進國民就業，增進社會及經濟發展，我國於 81 年 5 月 8 日制定「就業服務法」，開放民間設立私立就業服務機構從事就業服務業務，並為提昇私立就業服務機構從業人員之素質，依據「就業服務法」第 36 條規定，私立就業服務機構應備置一定資格及數額之就業服務專業人員（以下簡稱專業人員），其資格及數額規範於「私立就業服務機構許可及管理辦法」第 5 條及第 6 條中。

　　隨著經濟發展及開放引進外籍勞工，就業服務業務蓬勃發展，私立就業服務機構家數倍增，亦因同業競爭，產生不實廣告、超收費用等非法情事，故勞動部除積極修改相關法令加強規範外，亦辦理就業服務專業人員講習及測驗，以期提昇私立就業服務機構從業人員素質。

　　為配合就業服務業多元化，提昇私立就業服務機構從業人員專業知識及倫理道德，並為節省行政成本及定期舉辦測驗，經參考安全衛生管理員及經濟部自來水管配管等測驗方式，將就業服務專業人員測驗納入技術士技能檢定，並規劃本項檢定之工作規範，作為未來檢定作業實施之準則。

　　相關就業服務技術士之檢定架構如下：

一、有關學科與術科之範圍，包括職業介紹及人力仲介、招募、職涯諮詢輔導等三項目，請參照規範所列各項技能種類，含技能標準與相關知識。

二、就業服務乙級技術士之檢定之標準，概以就業服務管理人員應具備之熟悉相關法令、蒐集分析與應用就業市場、專業精神與職業倫理及顧客關係管理……等，為主要檢定內容。

# 103年度第一梯次就業服務乙級技術士技能檢定術科測驗試題

第一題題目：甲營造工程公司經中央主管機關許可，招募引進外籍營造工299人。請依雇主聘僱外國人許可及管理辦法回答下列問題：

　　㈠ 甲於所聘僱之外籍營造工中，至少應配置具有雙語能力者幾人？（3分）

　　㈡ 甲於所招募之外籍營造工入國後15內，應備妥哪些文件向中央主管機關申請聘僱許可？（7分）

參考答案㈠ 依據外國人從事就業服務法第46條第1項第8款至第11款工作資格及審查標準第41條規定，雇主聘僱就服法第46條第1項第9款與10款之外國人達30人以上者，應依規定配置具有雙語能力者。而甲營造工程公司招募引進外籍營造工299人，應至少配置2人（因符合聘僱人數達100以上未滿200人者，至少配置2人。但未達符合200人以上者，每增加聘僱100人者至少增配1人的規定）。

㈡ 雇主聘僱外國人許可及管理辦法第28條 雇主於所招募之第二類外國人入國後15日內，應備下列文件申請聘僱許可：【103年3月28日修法前】

　　1. 申請書。

　　2. 招募許可。【103年3月28日修法後刪除本款】

　　3. 外國人名冊。【103年3月28日修法後刪除本款】

　　4. 中央衛生主管機關指定之國內醫院出具之健康檢查證明。

　　5. 審查費收據正本。

　　6. 依前條規定，經當地主管機關核發受理通報之證明文件。

　　7. 其他經中央主管機關規定之文件。

第二題題目：甲因其父患有重病，生活無法自理，欲向中央主管機關申請外籍家庭看護工照顧其父；另其開設短期語文補習班，近日因學生人數增加，欲增聘外籍語文教師。請回答下列問題：

　　㈠ 依就業服務法規定，雇主聘僱外國人從事家庭看護工作，因不可歸責於雇主之原因，並有哪些情事之一者，得向中央主管機關申請遞補？（6分）【舊法】

　　㈡ 依外國人從事就業服務法第46條第1項第1款至第6款工作資格及審查標準規定，外國人受聘僱於依法立案之短期補習班擔任專任外國語文教師，應具備哪些條件？（4分）【舊法】

參考答案㈠ 依就業服務法第58條第2項規定，雇主聘僱外國人從事第46條第1項第9款指定之家庭看護工作，因不可歸責之原因，並有下列情事之一者，亦得向中央主管機關申請遞補：

　　1. 外國人於入出國機場或收容單位發生行蹤不明之情事，依規定通知入出國管理機關及警察機關。

　　2. 外國人於雇主處所發生行蹤不明之情事，依規定通知入出國管理機關及警察機關滿三個月仍未查獲。

　　3. 外國人於聘僱許可有效期間內經雇主同意轉換雇主或工作，並由新雇主接續聘或出國者。

㈡ 外國人受聘僱從事本法第46條第1項第4款規定之外國語文教師之工作，每週從事教學相關工作時數不得少於14小時，且應具備下列資格：

1. 年滿 20 歲。

2. 大專以上學校畢業（未取得學士學位者，另應具有語文師資訓練合格證書）。

3. 教授之語文課程為該外籍教師護照國籍之官方語言。

**第三題題目：依據身心障礙者權益保障法第 33 條規定，請回答下列問題**

(一) 各級勞工主管機關應依身心障礙者之需求，自行或結合民間資源，提供哪些職業重建服務？（4 分）

(二) 承上，其所定之職業重建服務，應包括哪幾項服務？（6 分）

**參考答案** (一) 身心障礙者權益保障法第 33 條明定各級勞工主管機關應依身心障礙者之需求，自行或結合民間資源，提供無障礙個別化職業重建服務。

(二) 所定職業重建服務，包括 1. 職業輔導評量、2. 職業訓練、3. 就業服務、4. 職務再設計、5. 創業輔導及 6. 其他職業重建服務。

**第四題題目：請依勞資爭議處理法規定，回答下列問題：**

(一) 勞資爭議非經調解不成立，不得為何種行為？（2 分）權利事項之勞資爭議，不得為何種行為？（2 分）

(二) 勞資爭議經調解成立或仲裁者，依其內容當事人一方負私法上何種義務？（2 分）不履行時，他方當事人得向該管法院聲請裁定強制執行並暫免繳交何種費用？（2 分）聲請強制執行時，暫免繳交何種費用？（2 分）

**參考答案** (一) 依勞資爭議處理法第 53 條規定，1. 勞資爭議，非經調解不成立，不得為爭議行為；2. 權利事項之勞資爭議，不得罷工。

(二) 依勞資爭議處理法第 59 條規定，勞資爭議經調解成立或仲裁者，依其內容當事人一方負私法上給付之義務，而不履行其義務時，他方當事人得向該管法院聲請裁定強制執行並暫免繳裁判費；於聲請強制執行時，並暫免繳執行費。

**第五題題目：甲公司僱有員工 201 人。某日其新進 3 個月之女性員工乙申訴其受主管性騷擾；另因適逢金融風暴，甲公司除大量解僱員工外，亦積欠員工之退休金、資遣費及工資。請回答下列問題：**

(一) 性別工作平等法規定，甲公司於知悉乙遭受性騷擾時，應採取何種措施？（2 分）另員工為撫育未滿 3 歲子女，得向甲公司請求為哪兩款事項之一？（4 分）

(二) 依大量解僱勞工保護法規定，前述甲公司積欠全體被解僱員工之總金額達新臺幣多少元，經主管機關限期令其清償；屆期未清償者，中央主管機關得函請人出國管理機關禁止甲公司之特定人員出國？（2 分）其禁止出國之對象為何？（2 分）

**參考答案** (一) 依性別工作平等法第 13 條第 2 項規定，雇主於知悉性騷擾之情形時，應採取立即有效之糾正及補救措施。又依性別工作平等法第 19 條規定受僱於僱用 30 人以上雇主之受僱者，為撫育未滿 3 歲子女，得向雇主請求為下列二款事項之一：

1. 每天減少工作時間 1 小時；減少之工作時間，不得請求報酬。

2. 調整工作時間。

（二）1. 僱用勞工人數在 201 人以上者，積欠全體被解僱勞工之總金額達新臺幣 2,000 萬元。

2. 禁止其代表人及實際負責人出國。

第六題題目：行政院主計總處現行行業分類標準是將所有行業分「大」、「中」、「小」、「細」四個層級，請問：

（一）目前「大類」的行業共分為幾類？（2分）「印刷及其輔助業」、「成衣及服飾品製造業」各分別屬於哪一個層級的分類？（2分，每一個行業各1分）

（二）假設有家廠商生產多種產品，其產品名稱、產值比重與所屬行業編碼如下表所示，請問這家廠商在「大」、「中」、「小」、「細」四個層級應各別被歸在哪一類？（6分）

| 大類 | 中類 | 小類 | 細類 | 名稱 | 比重（%） |
|---|---|---|---|---|---|
| C | 25 | 253 | 2531 | 鍋爐、金屬貯槽及壓力容器製造業 | 7 |
| | 29 | 291 | 2912 | 金屬切削工具機製造業 | 8 |
| | | 292 | 2921 | 農用及林用機械設備製造業 | 21 |
| | | | 2925 | 木工機械設備製造業 | 8 |
| | | 293 | 2938 | 動力手工具製造業 | 3 |
| | 30 | 303 | 3030 | 汽車零件製造業 | 5 |
| G | 45-46 | 461 | 4615 | 金屬建材批發業 | 7 |
| | | 464 | 4643 | 農用及工業用機械設備批發業 | 28 |
| M | 71 | 711 | 7112 | 工程服務及相關技術顧問業 | 13 |

參考答案（一）依主計總處行業標準分類，目前「大類」的行業共 19 類。「印刷及其輔助業」（161）屬於小類、「成衣及服飾品製造業」（12）屬於中類。

（二）依主計總處行業標準分類歸類一般原則，以場所單位之附加價值最大的主要經濟活動作為判定行業細類基礎，若無法取得附加價值資料，可採生產總額、營業額等產出替代指標或勞動報酬、工時、員工人數等投入替代指標作為判定依據。查表該廠商在「農用及工業用機械設備批發業」比重最大，判定其屬 G 批發及零售業大類，中類為 46，小類為 464 機械器具批發業，細類為 4643 農用及工業用機械設備批發業。

第七題題目：老王因職業災害致失能無法恢復原工作，經查他未加入勞工保險，且雇主未依勞動基準法規定予以補償，請分別從協助申領職業災害補助、協助就業、參加職業訓練等三項措施，寫出就業服務人員進行協助時，可運用的政府財力資源有哪些？（10分）

參考答案依據職業災害勞工保護法第9條與第18條規定，未加入勞工保險之勞工，於職業災害勞工保護法施行後，遭遇職業災害，符合條件者，得申請補助。其中有關職業災害補助、參加職業訓練、協助就業等三項財力補助措施如下：

（一）職業災害補助

1. 職業疾病生活津貼：罹患職業疾病，喪失部分或全部工作能力，經請領勞工保險各項職業災害給付後，得請領生活津貼。職業病失能達第 1 至第 15 級，每月補助 1,800 元至 8,200 元。

2. 身體障礙生活津貼：因職業災害致身體遺存障礙，喪失部分或全部工作能力，適合勞工保險殘廢給付標準表第 1 等級至第 7 等級規定之項目，得請領殘廢生活津貼。每月補助 5,850 或 8,200 元。

3. 看護補助：因職業災害致喪失全部或部分生活自理能力，確需他人照顧，且未依其他法令規定領取有關補助，得請領看護補助。職業災害失能達第 1 等級或第 2 等級，終身無工作能力，每月補助 11,700 元。

(二) 訓練補助生活津貼

職業訓練津貼：發生職業災害後，參加職業訓練期間，未請領訓練補助津貼或職業疾病、身體障礙之生活津貼，得請領生活津貼。職業災害失能達第 2 等級至第 15 等級，仍具工作能力，每月訓練時數 100 小時以上，訓練期間，每月補助 14,050 元。

(三) 協助就業

職業災害勞工保護法第 18 條，主管機關得依其意願及工作能力，協助其就業。對於缺乏技能者，得輔導其參加職業訓練，協助其迅速重返就業場所。

第八題題目：有關就業媒合會談形式，請回答下列問題：

(一) 說明何謂結構式面談？(3 分) 並任舉二種結構式面談的缺點。(2 分)

(二) 說明何謂非結構式面談？(3 分) 並任舉二種非結構式面談的缺點。(2 分)

參考答案 (一) 1. 結構式面談：面談前預設好問題清單，根據預設清單來引導的面試。

2. 結構性面談的缺點：較無彈性、受拘束。

(二) 1. 非結構式面談：一種不以預設的問題清單來引導的面試。

2. 非結構性面談的缺點：因面談人員的自由裁量太多而降低信度。面談人員的問題品質影響效度，缺乏經驗者可能問不出與工作有關的重點。

第九題題目：就業服務人員以「職業組合卡」，引導小明找出他最喜歡的六個職業及其何倫碼（Holland Code），其資料分別為，電機設計人員（RIA）、電腦輔助教學程式設計人員（SCI）、航空地勤人員（CSE）、資訊程式設計師（ICR）、土木工程設計人員（IRS）、航空工程人員（RIS）。請依上述資料：

(一) 依首碼、次碼及三碼，分別計算出小明的 R、I、A、S、E、C 各代碼之值。(每項 1 分)

(二) 請列出正確的何倫綜合碼。(每項 2 分)

參考答案 (一) 1. 先依照喜歡順序排列，最喜歡的列在前面。

| 職業名稱 | 何倫碼 |
| --- | --- |
| 電機設計人員 | RIA |
| 電腦輔助教學程式設計人員 | SCI |
| 航空地勤人員 | CSE |
| 資訊程式設計師 | ICR |
| 土木工程設計人員 | IRS |
| 航空工程人員 | RIS |

2. 根據以上的資料，計算當事人的何倫綜合碼。

```
      首碼  次碼  三碼
R      2     1     1
I      2     2     1
A      0     0     1
S      1     1     2
E      0     0     1
C      1     2     0
```

第一列的 R，首碼 2，表示在所有的何倫碼中，R 置於首碼的有 2 個。次碼 1，表示在所有的何倫碼中，R 置於次碼的有 1 個。三碼 1，表示在所有的何倫碼中，R 置於第三碼的有 1 個。

3. 分別計算 R、I、A、S、E、C 各代碼之值。

```
                              總計
R   2*3=6    1*2=2    1*1=1    9
I   2*3=6    2*2=4    1*1=1    11
A   0*3=0    0*2=0    1*1=1    1
S   1*3=3    1*2=2    2*1=2    7
E   0*3=0    0*2=0    1*1=1    1
C   1*3=3    2*2=4    0*1=0    7
```

計算出來小明在 R、I、A、S、E、C 各類的總分，分別為 9、11、1、7、1、7。

(二) 綜合碼通常只取最高分的前三碼，所以小明綜合碼為 IRS 或 IRC 兩組。

第十題題目：就業諮商是透過有系統、有技巧的會談過程，達到就業服務的目的。美國的輔導專家H.Williamson，在西元1939年整合各家之言，才有了第一套系統化的諮商步驟可循，其中除第1步驟為分析外，請依序列出其餘 5 大步驟。（10分，每項2分）

**參考答案** 威廉森（Williamson）的職涯輔導六步驟，第 1 步驟為分析，其他五個步驟說明如下。

1. 綜合（synthesis）：針對前一步驟所獲得的資訊或記錄，組織諮詢者的問題。
2. 診斷（diagnosis）：解釋諮詢者的問題。
3. 預斷／預測（prejudge）：依各項資料，推估諮詢者職業成功的可能性，或可能的後果。
4. 進行諮商（counseling）／建議：協助諮詢者了解、接受與發現個人職業選擇的問題，與當事人晤談解決之道。
5. 後續行動及追蹤（follow-up）：確認經過諮詢後是否有獲得適當的協助或支持。

# 103年度第二梯次就業服務乙級技術士技能檢定術科測驗試題

第一題題目：A 公司為製造業，且經勞動部許可聘僱 19 名外國人從事製造工作，因越南暴動，訂單暴增，卻非法聘僱 B 私立就業服務機構媒介之行蹤不明之外國人 2 人，經移民署查獲，請問：

(一) A 公司第一次非法聘僱外國人，應處罰鍰額度為何？（2 分）

(二) 依就業服務法第 72 條及相關裁量基準規定，A 公司因非法聘僱 2 名外國人，應廢止其合法聘僱之幾名外國人之聘僱許可？（3 分）

(三) B 私立就業服務機構第一次非法媒介外國人從事工作，應處罰鍰額度為何？（2 分）

(四) 承上，依就業服務法第 69 條，B 私立就業服務機構最長應處多久之停業處分？（3 分）

參考答案 (一) A 公司第一次非法聘僱外國人，處 15~75 萬元罰鍰。

(二) 依就業服務法第 72 條及相關裁量基準規定，雇主非法聘僱之外國人符合就服法第 56 條規定之行蹤不明外國人者，按雇主非法聘僱行蹤不明外國人之人數與應廢止許可外國人人數，採 1：5 之比例，廢止雇主有效許可外國人人數之招募許可及聘僱許可。因 A 公司非法聘僱 2 名外國人，應廢止其合法聘僱之 10 名外國人之聘僱許可。

(三) B 私立就業服務機構第一次非法媒介外國人從事工作，處 10~50 萬元罰鍰。

(四) 依就業服務法第 69 條，由主管機關處 B 私立就業服務機構 1 年以下停業處分。

第二題題目：雇主申請聘僱外國人從事製造業工作，應以合理勞動條件辦理國內招募，向工作場所所在地之公立就業服務機構辦理求才登記，請回答下列問題：【舊法】

(一) 試述雇主刊登求才廣告之二種方式及其辦理招募本國勞工時間為幾日？（8 分）

(二) 雇主為前開招募時，仍應通知何對象及於何處所公告？（2 分）

參考答案 (一) 雇主刊登求才廣告之 2 種方式及其辦理招募本國勞工時間。

1. 應辦理求才登記後次日起，在全國就業資訊網登載求才廣告（ejob），並自登載之次日起至少 21 日辦理招募本國勞工。

2. 同時於中央主管機關指定之國內新聞紙中選定一家連續刊登 3 日者，自刊登期滿之次日起至少 14 日辦理招募本國勞工。

(二) 雇主應通知其事業單位之工會或勞工，並於事業單位員工顯明易見之場所公告之。

第三題題目：依據就業保險促進就業實施辦法第 4 章其他促進就業措施中，有關異地就業之交通、搬遷及租屋費用等補助，請分別說明其補助規定與金額。（10 分）

參考答案 (一) 異地就業交通補助金

1. 補助規定：依據就業保險促進就業實施辦法第 26 條，失業被保險人親自向公立就業服務機構辦理求職登記，經諮詢及開立介紹卡推介就業，並符合下列情形者，得向就業當地轄區之公立就業服務機構申請核發異地就業交通補助金：

(1) 失業期間連續達 3 個月以上或非自願性離職。

(2) 就業地點與原日常居住處所距離 30 公里以上。

(3) 因就業有交通往返之事實。

(4) 連續 30 日受僱於同一雇主。

2. 補助金額：依據就業保險促進就業實施辦法第 28 條，異地就業交通補助金，依下列規定核發：

(1) 勞工就業地點與原日常居住處所距離 30 公里以上未滿 50 公里者，每月發給新臺幣 1,000 元。

(2) 勞工就業地點與原日常居住處所距離 50 公里以上未滿 70 公里者，每月發給新臺幣 2,000 元。

(3) 勞工就業地點與原日常居住處所距離 70 公里以上者，每月發給新臺幣 3,000 元。

前項補助金最長發給 12 個月。

補助期間 1 個月以 30 日計算，其末月期間逾 20 日而未滿 30 日者，以 1 個月計算。

(二) 搬遷補助金

1. 補助規定：依據就業保險促進就業實施辦法第 29 條，失業被保險人親自向公立就業服務機構辦理求職登記，經諮詢及開立介紹卡推介就業，並符合下列情形者，得向就業當地轄區之公立就業服務機構申請核發搬遷補助金：

(1) 失業期間連續達 3 個月以上或非自願性離職。

(2) 就業地點與原日常居住處所距離 30 公里以上。

(3) 因就業而需搬離原日常居住處所，搬遷後有居住事實。

(4) 就業地點與搬遷後居住處所距離 30 公里以內。

(5) 連續 30 日受僱於同一雇主。

2. 補助金額：依據就業保險促進就業實施辦法第 31 條，搬遷補助金，以搬遷費用收據所列總額核實發給，最高發給新臺幣 30,000 元。

(三) 租屋費用補助

1. 補助規定：依據就業保險促進就業實施辦法第 32 條失業被保險人親自向公立就業服務機構辦理求職登記，經諮詢及開立介紹卡推介就業，並符合下列情形者，得向就業當地轄區之公立就業服務機構申請核發租屋補助金：

(1) 失業期間連續達 3 個月以上或非自願性離職。

(2) 就業地點與原日常居住處所距離 30 公里以上。

(3) 因就業而需租屋，並有居住事實。

(4) 就業地點與租屋處所距離 30 公里以內。

(5) 連續 30 日受僱於同一雇主。

2. 補助金額：依據就業保險促進就業實施辦法第 34 條 租屋補助金，自就業且租賃契約所記載之租賃日起，以房屋租賃契約所列租金總額之 60% 核實發給，每月最高發給新臺幣 5,000 元，最長 12 個月。

前項補助期間 1 個月以 30 日計算，其末月期間逾 20 日而未滿 30 日者，以 1 個月計算。

第四題題目：請依大量解僱勞工保護法規定，回答下列問題：

(一) 事業單位於大量解僱勞工時，積欠勞工退休金、資遣費或工資，有哪些情形之一，主管機關即應限期令其清償？（8 分）

(二) 承上，該事業單位屆期未清償，中央主管機關得函請入出國管理機關禁止何種身分之人出國？（2 分）

**參考答案** (一) 依大量解僱勞工保護法第 12 條規定，事業單位於大量解僱勞工時，積欠勞工退休金、資遣費或工資，有四種情形之一，主管機關即應限期令其清償。

1. 僱用勞工人數在 10 人以上未滿 30 人者，積欠全體被解僱勞工之總金額達新臺幣 300 萬元。

2. 僱用勞工人數在 30 人以上未滿 100 人者，積欠全體被解僱勞工之總金額達新臺幣 500 萬元。

3. 僱用勞工人數在 100 人以上未滿 200 人者，積欠全體被解僱勞工之總金額達新臺幣 1,000 萬元。

4. 僱用勞工人數在 200 人以上者，積欠全體被解僱勞工之總金額達新臺幣 2,000 萬元。

(二) 該事業單位屆期未清償，中央主管機關得函請入出國管理機關禁止代表人及實際負責人出國。

第五題題目：為處理勞資爭議，保障勞工權益，依勞資爭議處理法規定，中央主管機關應捐助設置勞工權益基金，該基金來源有哪些？（10 分）

**參考答案** 依勞資爭議處理法第 65 條規定，為處理勞資爭議，保障勞工權益，中央主管機關應捐助設置勞工權益基金。基金來源如下：

一、勞工權益基金（專戶）賸餘專款。
二、由政府逐年循預算程序之撥款。
三、本基金之孳息收入。
四、捐贈收入。
五、其他有關收入。

第六題題目：根據行政院主計總處的分類標準，我國就業者依其從業身分可分為哪四類？（4 分）其中哪一類佔總就業者的比例最低？（2 分）其中受僱者分幾類？（4 分）

**參考答案** (一) 根據行政院主計總處的分類標準，就業者依其從業身分可分為
　　1. 雇主、2. 自營作業者、3. 受僱者、4. 無酬家屬工作者。
(二) 根據人力運用調查統計，雇主佔總就業者的比例最低。
(三) 受僱者分為受私人僱用者及受政府僱用者二類。

第七題題目：就業服務人員基於哪 5 種主要原因，需要專業倫理？（10 分）

**參考答案** 專業倫理乃特別針對職業領域中的人員所制定之道德規範，除此就業服務人員尊循專業倫理主要原因；

1. 須遵守法規性專業倫理規範：就業服務法明確規範，就業服務專業人員從事就業服務業務時，不得有之禁止行為情事。
2. 協助就業服務人員釐清並解決實際工作中所面臨的許多具體道德問題。
3. 遵守專業團體或專業實務者之社會價值觀念與行為準則。
4. 評估就業服務人員是否具備就業服務專業能力。
5. 有系統地管理專業人員的行為。

第八題題目：就業諮詢的會談技術，是就業服務人員在適性的就業推介媒合過程中，非常重要的專業知能的展現。因此，其人格特質與態度及角色良否，是影響求職者能否採取積極主動的尋職行為的關鍵因素之一，請回答下述問題：

(一) 請任舉 5 種就業諮詢服務專業人員應有的人格特質或基本態度？（5 分）
(二) 請任舉 5 種在就業諮詢過程中就業服務專業人員應扮演的角色？（5 分）

**參考答案** (一) 就業諮詢服務專業人員的基本態度，包括有，1. 無條件接納求職者。2. 真誠對待求職者。3. 尊重求職者意願與選擇。4. 恪遵專業道德與發揮專業精神。5. 安全氣氛的營造。6. 同理的引導。應有的人格特質 1. 對人關心。2. 肯定自我。3. 保持彈性。4. 了解人的特質與行為法則。5. 敏銳的觀察力與敏感度。6. 良好的溝通能力。

(二) 就業諮詢過程中就業服務專業人員應扮演的角色，包括有，1. 協調者：透過協調相關資源，以提供案主了解與選擇、運用。2. 教導者：教導求職者求職應對與技巧、做好生涯規劃與準備。3. 研究者：透過個案分析與輔導經驗，提供當事人或就業諮詢員參考運用。4. 引導者：就自己的經驗指導新進就服人員技巧，使其適應工作。5. 保密者：從事就業服務須遵守對雇主與求職人資料之保密。

第九題題目：下圖為某甲的之何倫碼（Holland Code）興趣測驗的結果，請問某甲的分化性（differentiation）是高或低？（5分）其一致性（consistency）是高或低？（5分）

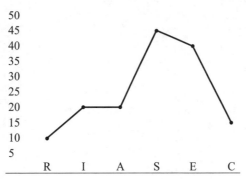

**參考答案** 1. 甲的之何倫碼（Holland Code）興趣測驗的結果 R：10、I：20、A：20、S：45、E：40、C：15，根據理論取出分數較高的前三碼，作為「興趣代碼」，所以甲興趣代碼為 SEA 或 SEI。

2. 分化性（differentiation）是指個人興趣清楚的程度，當一個人在喜歡與不喜歡之間有清楚的區辨，就具有分化性。甲興趣碼最高分為 45 分，最低分為 10 分，二者相差 35 分區分性高。

3. 一致性（consistency）是以興趣首碼、次碼及第三碼在六角型關係中屬於相鄰或對角關係，界定個人興趣一致性高低，甲興趣代碼為 SEA 或 SEI，首碼 S 與次碼 E 相鄰，且次碼 E 與三碼 A 也相鄰，另外一個組合 SEI 也未有對角關係，其興趣一致性高。

第十題題目：John Krumboltz 認為，雖然遺傳和環境對人們的行為影響深遠，但學習也是影響人們行為發展的一項有力因素，傳統生涯理論太過依賴特質與特徵論，但在目前多變與不確定的時代，生涯協助的重心應放更多於「學習」上，因此其以學習理論的角度提出七步驟生涯決策模式 DECIDES，作為協助個案在職業和教育等領域做出生涯決定的架構。請問此決策模式包含哪七步驟？（10分）

**參考答案** 「生涯決定法」七個步驟，包括：

1. 界定問題（defining the problem）：描述必須完成的決策，及估計完成該決策所需花的時間。

2. 擬定行動計畫（establishing an action problem）：描述採用那些行動或規劃來做決策，如何達成這些步驟，並估計每一個步驟所花的時間。

3. 澄清價值（clarifying value）：描述個人將採取哪些標準，評價每種可能選擇的依據。

4. 找出可能的選擇（identify alternatives）：描述找出的可能選擇。

5. 發現或評價可能的結果（discovering problem outcomes）：依據所訂的評分標準，一一評價每一個可能的選擇。

6. 系統的刪除不適合方案，挑選做最合適的選擇（eliminating alternatives systematically）：比較每一個可能的選擇符合價值標準的情形，從中選取最符合決策者理想的可能選擇。

7. 開始執行行動方案（starting action）：描述將採取何種行動以達成選出的目標。

# 103年度第三梯次就業服務乙級技術士技能檢定術科測驗試題

第一題題目：請依 103 年 1 月 15 日修正公布之勞工退休金條例規定，回答下列問題：

(一) 雇主應為哪些適用勞動基準法之人員，負擔提繳不得低於該等勞工每月工資 6% 之退休金？（6分）

(二) 另雇主得為哪些人員，於每月工資 6% 範圍內提繳退休金？（4分）

[參考答案] (一) 勞工退休金條例第 7 條第 1 項規定，本條例適用對象為適用勞動基準法之下列人員，但依私立學校法之規定提撥退休準備金者，不適用之：

1. 本國籍勞工。

2. 與在中華民國境內設有戶籍之國民結婚，且獲准居留而在臺灣地區工作之外國人、大陸地區人民、香港或澳門居民。

3. 前款之外國人、大陸地區人民、香港或澳門居民，與其配偶離婚或其配偶死亡，而依法規規定得在臺灣地區繼續居留工作者。

(二) 根據勞工退休金條例施行細則第 20 條第 2 項規定，不適用勞動基準法之本國籍工作者或委任經理人自願提繳時，雇主得在 6% 之提繳範圍內，另行為其提繳。

第二題題目：甲科技公司僱有員工 60 人。A 初任該公司之會計人員，育有未滿 1 歲之子女 B。請依性別工作平等法規定，回答下列問題：

(一) 若B須由A親自哺乳，除規定之休息時間外，甲公司應如何另外給予哺乳時間？（4分）

(二) A 如欲向甲公司申請育嬰留職停薪，依規定應任滿多久？（2分）

(三) A 為撫育 B，得向甲公司請求哪 2 款事項之一？（4分）

[參考答案] (一) 性別工作平等法第第18條規定，子女未滿1歲須受僱者親自哺乳者，除規定之休息時間外，雇主應每日另給哺乳時間2次，每次以30分鐘為度。

(二) 性別工作平等法第 16 條第 1 項規定，受僱者任職滿 1 年後（民國 103 年 12 月 11 日修法前，之後為任職滿 6 個月後），於每 1 子女滿 3 歲前，得申請育嬰留職停薪，期間至該子女滿 3 歲止，但不得逾 2 年。同時撫育子女 2 人以上者，其育嬰留職停薪期間應合併計算，最長以最幼子女受撫育 2 年為限。

(三) 性別工作平等法第19條規定，受僱於僱用30人以上雇主之受僱者，為撫育未滿3歲子女，得向雇主請求為下列2款事項之一：

1. 每天減少工作時間 1 小時；減少之工作時間，不得請求報酬。

2. 調整工作時間。

第三題題目：A 公司因違反就業服務法（以下簡稱本法）經勞動部廢止所聘僱之外國人之聘僱許可，外國人因有本法第 59 條規定情事，勞動部限期外國人轉換雇主或工作。請回答下列問題：

(一) 公立就業服務機構為外國人辦理轉換作業期間最長為幾日？但外國人有特殊情形經核准者，得延長轉換作業期間，並以幾次為限？（6分）

(二) 接續聘僱之雇主應於取得接續聘僱證明書之翌日起最長幾日內，向勞動部申請核發聘僱許可或展延聘僱許可？（2分）

㈢ 接續聘僱之雇主應於取得接續聘僱證明書之日起最長幾日內，檢附文件通知當地主管機關實施檢查？（2分）

**參考答案** ㈠ 依據外國人受聘僱從事就業服務法第46條第1項第8款至第11款規定工作之轉換雇主或工作程序準則第11條規定，公立就業服務機構應自中央主管機關廢止或不予核發聘僱許可，並核准外國人轉換雇主或工作之日起60日內，依規定辦理外國人轉換作業。但外國人有特殊情形經中央主管機關核准者，得延長轉換作業期間60日，並以1次為限。

㈡ 依據同準則第13條規定，接續聘僱之雇主應於取得接續聘僱證明書之翌日起15日內，檢具文件向中央主管機關申請核發聘僱許可或展延聘僱許可。

㈢ 依據同準則第18條規定，雇主接續聘僱從事本法第46條第1項第8款至第10款規定工作之外國人者，應於公立就業服務機構發給接續聘僱證明書之日起3日內。檢附文件通知當地主管機關實施檢查。

**第四題題目：** 依就業服務法第57條第4款等相關法令規定，因應被看護者照護需要，雇主得指派所聘僱外籍家庭看護工至醫院、養護機構、雇主親戚之住居所或醫療院所附設護理之家等處所隨同照料。請回答下列問題：

㈠ 指派至上述哪2個工作場所，須事先向勞動部申請許可？（4分）

㈡ 每次申請變更工作場所最長多久？期滿後可再延長，一年內累計最長為多久？（4分）

㈢ 雇主如未經許可指派所聘僱外籍家庭看護工變更工作場所，依規定可處新臺幣多少罰鍰？（2分）

**參考答案** ㈠ 依據103年11月21日公布修訂之「雇主指派所聘僱從事就業服務法第46條第1項第8款至第10款規定工作之外籍工作者變更工作場所認定基準」，雇主僱用家庭看護工得免經勞動部許可，逕調派所聘僱之外籍工作者，

1. 調派至雇主或他人之住（居）所：雇主得免經勞動部許可，逕調派所聘僱之外籍工作者隨同被看護者從事家庭看護工作。

2. 調派至醫療院所：雇主得免經勞動部許可，逕調派所聘僱之外籍工作者隨被看護者至醫療院所照該被看護者。但調派所聘僱之外籍工作者至上開醫療院所附設之護理之家機構、慢性病床、呼吸照顧病床照料該被看護者，須事先由雇主檢附相關文件向本部申請許可後始得調派所聘僱之外籍工作者隨同被看護者至上開病床從事家庭看護工作，每次申請調派期間原則不得超過2個月，期滿後，雇主得申請延長，惟1年內累計調派期間不得超過6個月。

3. 雇主調派所聘僱之外籍工作者隨同被看護者至養護機構從事家庭看護工作，須事先由雇主檢附相關文件向勞動部申請許可後始得調派所聘僱之外籍工作者隨同被看護者至養護機構從事家庭看護工作，每次申請調派期間原則不得超過2個月，期滿後，雇主得申請延長，惟1年內累計調派期間不得超過6個月。

基於上述本題正解為養護機構與醫療院所附設護理之家。

㈡ 同上，每次申請調派期間原則不得超過2個月，期滿後，雇主得申請延長，惟1年內累計調派期間不得超過6個月。

㈢ 依就業服務法第57條第4款規定雇主聘僱外國人不得未經許可，指派所聘僱從事第46條第1項第8款至第10款規定工作之外國人變更工作場所。違者處3~15萬元罰鍰。

第五題題目：依據身心障礙者權益保障法第 38 條規定，不列入定額進用總人數計算範圍之單位有哪些？請任舉 5 個單位。（10 分）

參考答案 依據身心障礙者權益保障法第 38 條第 7 項規定，政府機關中之警政、消防、關務、國防、海巡、法務及航空站等 7 類單位不列入定額進用總人數之計算範圍。

第六題題目：下圖為某甲的之何倫瑪（Holland Code）興趣測驗的結果，請問某甲的分化性（differentiation）是高或低（5 分）？其一致性（consistency）是高或低（5 分）？

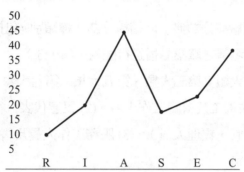

參考答案 1. 甲的之何倫碼（Holland Code）興趣測驗的結果 R：10、I：20、A：45、S：20、E：25、C：40，根據理論取出分數較高的前三碼，作為「興趣代碼」，所以甲興趣代碼為 ACE。
2. 分化性（differentiation）是指個人興趣清楚的程度，當一個人在喜歡與不喜歡之間有清楚的區辨，就具有分化性。甲興趣碼最高分為 45 分，最低分為 10 分，二者相差 35 分區分性高。
3. 一致性（consistency）是以興趣首碼、次碼及第三碼在六角型關係中屬於相鄰或對角關係，界定個人興趣一致性高低，甲興趣代碼為 ACE，首碼 A 與次碼 C 為不相鄰的類型，一致性較低，表示興趣不穩定。

第七題題目：John Krumboltz 認為，雖然遺傳和環境對人們的行為影響深遠，但學習也是影響人們行為發展的一項有力因素，傳統生涯理論太過依賴特質與特徵論，但在目前多變與不確定的時代，生涯協助的重心應放在更多於「學習」上，並應更重視以往傳統理論所忽略的機緣（happenstance），因此其提出「計畫性機緣」（planned happenstance）概念，並提出職涯協助者可用三個步驟來協助案主善用機緣。請問是哪三步驟？（10 分）

參考答案 John Krumboltz 提出計畫性機緣（planned happenstance）概念協助案主善用機緣的三個步驟如下：
㈠ 教導個案接受計畫之外的事件對生涯的影響會是常態的，意外事件通常是不可避免其發生而且也值得注意。
㈡ 不需要將生涯猶豫視為是需要治療的問題，以開放性積極型態度來規劃未來。
㈢ 教導個案意外的事件將其視為機會，嘗試著冒險，從事新的活動發展新的興趣，抱持著學習的態度。

第八題題目：任舉 5 個用以評析就業市場供需狀況變化的統計指標，及提供該項指標之政府機關。（10 分）

**參考答案** 1. 人力資源調查，辦理單位為主計總處。
2. 人力運用調查，辦理單位為主計總處。
3. 受僱員工動向調查，辦理單位為主計總處。
4. 受僱員工薪資調查，辦理單位為主計總處。
5. 事業人力僱用狀況調查，辦理單位為主計總處。

第九題題目：依據「中華民國職業分類典」之結構分為 4 種類別，包括大類、中類、小類及細類等，請就下列 5 大類名稱之職業名稱進行配對。（10 分）

大類名稱：第一大類、第三大類、第五大類、第七大類、第○大類

職業名稱：(1) 技術工及有關工作人員，(2) 民意代表、行政主管、企業主管及經理人員（或民代及主管、經理人員），(3) 服務工作人員及售貨員，(4) 現役軍人，(5) 技術員及助理專業人員。

**參考答案** 第一大類：民意代表、行政主管、企業主管及經理人員（或民代及主管、經理人員）。
第三大類：技術員及助理專業人員。
第五大類：服務工作人員及售貨員。
第七大類：技術工及有關工作人員。
第○大類：現役軍人。

第十題題目：就業服務人員在運用社會資源進行評估時，可參考的理論架構有哪五種？（10 分）

**參考答案** 就業服務人員運用社會資源進行評估，可參考的理論架構有下列五種：
㈠ 差別潛力的功能論：冀期每個人或機構截長補短、相輔相成，以達到最大的效能。
㈡ 互為資源的互動論：冀期每個人或機構可主客易位、相互支援、互通有無，與互成資源。
㈢ 優先順序的行動論：冀期每個人或機構先行運用現有的各種資源，再繼續發掘潛在資源備用。
㈣ 教育動員的過程論：對已發現的資源提供管道運用，並使運用過程系統化。
㈤ 系統運用的結合論：即綜合規劃運用，一個機構的資源，它包括：機構內、機構外之資源以及機構間互為資源後的再創資源。

# 104年度第一梯次就業服務乙級技術士技能檢定術科測試試題

第一題題目：甲公司僱有員工300人，其女性員工乙育有3歲及未滿1歲之子女。依性別工作平等法規定，甲公司應提供哪些設施、措施？（10分）

參考答案（一）托兒設施或措施：

依性平法第23條，僱用受僱者250人以上之雇主，應提供下列設施、措施：　　【舊條文】

1. 哺（集）乳室。

2. 托兒設施或適當之托兒措施。

（二）其他措施：另外依據性平法，第4章促進工作平等措施還有下列措施。

1. 生理假。

2. 產假、安胎假、流產假、產檢假以及陪產假。

3. 育嬰留職停薪假。

4. 哺乳時間。

5. 調整或縮減工時。

6. 家庭照顧假。

第二題題目：A私立就業服務機構接受B雇主委任辦理聘僱外籍看護工，入國後經B雇主指派該看護工從事果樹種植等農業工作，經地方主管機關查獲。請依就業服務法規定回答下列問題：

（一）B雇主違反就業服務法第57條第3款，指派外籍看護工從事許可以外之工作，應處罰鍰金額為何？（2分）

（二）B雇主經當地主管機關限期改善而未改善，經勞動部廢止聘僱外國人之許可，其於多久時間內再申請外籍看護工將不予許可？（2分）

（三）A私立就業服務機構如未善盡委任事務，致B雇主違反就業服務法上開規定，應處A私立就業服務機構罰鍰金額為何？（2分）

（四）A私立就業服務機構如以不實資料提供B雇主申請聘僱外籍看護工，應處罰鍰金額及停業之期間為何？（4分）

參考答案（一）B雇主違反就業服務法第57條第3款，指派外籍看護工從事許可以外之工作，應處3~15萬元罰鍰。

（二）依據就業服務法第54條第2項規定B雇主經當地主管機關限期改善而未改善，經勞動部廢止聘僱外國人之許可，其於2年內再申請外籍看護工將不予許可。

（三）A私立就業服務機構如未善盡委任事務，致B雇主違反就業服務法上開規定，應處A私立就業服務機構罰鍰處6~30萬元。

（四）A私立就業服務機構如以不實資料提供B雇主申請聘僱外籍看護工，應處罰鍰金30~150萬元罰鍰及停業1年以下。

第三題題目：依照就業服務法相關規定，甲雇主聘僱引進178名外國人入國從事製造工作，請回答下列問題：

㈠ 甲雇主應設置生活照顧服務員幾人？（2分）

㈡ 生活照顧服務員應具備之條件有哪三種規定？（6分）

㈢ 其聘僱178名外國人中，依規定配置應至少具有雙語能力者幾人？（2分）

**參考答案** ㈠ 甲雇主應設置生活照顧服務員2人。

㈡ 生活照顧服務員應具備之條件有，1.取得就業服務專業人員證書者。2.從事外國人生活照顧服務工作2年以上經驗者。3.大專校院畢業，並具1年以上工作經驗者。

㈢ 其聘僱178名外國人中，依規定配置應至少具有雙語能力者2人。

**第四題題目：** 依照就業服務法第5條規定，為保障國民就業機會平等，雇主對求職人或所僱用員工，不得有的歧視之項目，除了種族、階級、語言、思想、宗教、黨派、籍貫、容貌、五官、婚姻或以往工會會員身分外，尚還有哪些項目？（10分，每項2分）　　　　【舊條文】

**參考答案** 出生地、性別、性傾向、年齡、身心障礙。

**第五題題目：** 依照就業保險促進就業辦法規定，補助之異地交通補助金及租屋費用，請依與日常居住處所距離三十公里以上未滿五十公里、五十公里以上未滿七十公里及七十公里以上等三種情形，分別敘明每月異地交通補助金額（6分，每項2分）？另租屋費用請敘明依租金總額補助之比率及每月最高補助金額上限（4分，每項2分）？

**參考答案** ㈠ 異地交通補助金：依照就業保險促進就業辦法第28條規定，異地就業交通補助金，依下列規定核發：

1. 勞工就業地點與原日常居住處所距離30公里以上未滿50公里者，每月發給新臺幣1,000元。

2. 勞工就業地點與原日常居住處所距離50公里以上未滿70公里者，每月發給新臺幣2,000元。

3. 勞工就業地點與原日常居住處所距離70公里以上者，每月發給新臺幣3,000元。前項補助金最長發給12個月。

補助期間1個月以30日計算，其末月期間逾20日而未滿30日者，以1個月計算。

㈡ 租屋費用之補助：依照就業保險促進就業辦法第34條規定，租屋補助金自就業且租賃契約所記載之租賃日起，以房屋租賃契約所列租金總額之60%核實發給，每月最高發給新臺幣5,000元，最長12個月。

**第六題題目：** 小智為某一公立就業服務機構之就業服務人員，為積極主動有效的提供求才雇主與求職者，有關轄區的行職業發展現況與未來情形資料，依據勞動部勞動力發展署（前行政院勞工委員會職業訓練局）所編訂的「職業分析手冊」，有關職業分析的流程有7個先後步驟，包括：擬定職業分析計畫、擬定機構調查計畫、進行機構調查、整理職業資料、進行職業分析、選定擬分析之職業、評定分析所得資料等步驟。請回答下列問題：

㈠ 請寫出上述7個步驟之先後順序。（7分）

㈡ 另依據上述分析資料，請列舉3種可運用在專業的就業促進或建構勞資雙贏的服

務工作用途。（3 分）

參考答案 (一) 1. 選擇所要分析的職業→ 2. 擬定機構調查計畫→ 3. 進行機構調查→ 4. 擬訂職業分析計畫
→ 5. 進行職業分析→ 6. 評定分析所得資料評定→ 7. 整理職業資料。

(二) 1. 招募與甄選。2. 薪酬給付水準。3. 績效評估。4. 職業訓練。5. 工作職責的分配完整。
6. 職業介紹。7. 職業輔導。8. 職業評鑑。9. 企業合理化經營。10. 防止職災。（任舉 3 種）

第七題題目：依據行政院主計總處人力資源調查統計結果顯示，中華民國 103 年年平均 15 歲以
上民間人口 19,705 千人，勞動力人數 11,535 千人，就業人數為 11,079 千人，失業
人數為 457 千人，非勞動力 8,170 千人，想工作而未找工作者 144 千人，請回答下
列問題：

(一) 103 年年平均勞動力參與率、失業率、廣義失業率分別是多少（均計算至小數點
第二位）？（6 分）

(二) 另依上述調查統計，所稱之「受失業波及人口」，是指依據該調查之失業者的那些
項目推估而得到的數據？（4 分）

參考答案 (一) 1. 勞動力參與率指（民間）勞動力除以 15 歲以上民間人口之比率。故勞動力參與率
=11,535 千人 /19,705 千人。勞動力參與率 0.58538 計算至小數點第二位，再取百分比為
59%。

2. 狹義失業率乃計算勞動力中失業者所佔的百分比。因勞動力人數 11,535 千人，就業人
數為 11,079 千人，故失業人數為 456 千人。狹義失業率 =456 千人 /11,535 千人 *100%=
失業者 /（失業者＋就業者）*100%。狹義的失業率 0.03953 計算至小數點第二位，再取
百分比 4%。

3. 廣義的失業率是將失業者人數也納入「想工作而未找工作且隨時可以開始工作者」的
人口數，計算勞動力中廣義的失業者所佔的百分比。廣義的失業率 =（456 千人 +144 千
人）/（11,535 千人 +144 千人）*100%= 失業者 /（失業者＋就業者）*100%。廣義的失業率
0.05137 計算至小數點第二位，再取百分比為 5%。

(二) 受失業波及人口是依據按月人力資源調查之失業者家庭戶內人口特性及其就業、失業狀況
推估而得，考慮情形如下：1. 若失業者為單身戶，或是戶內有其他就業者之非單身戶中，
屬 15 至 24 歲之青少年或 60 歲以上之中老年失業人口，因其影響僅及於個人，受失業波
及人數僅以該個人推計。2. 若失業者屬非單身戶且戶內並無其他就業者，或是戶內有其他
就業者但該失業者之年齡介於 25 至 59 歲者（可能為家計主要負責人），則受失業波及人
數，以全戶人口扣除就業者推計。將上述 1、2 項受失業者波及人數加總，即得出整體受
失業波及人口數。

第八題題目：某甲興趣測驗的何倫碼（Holland Code）結果為 RI( R：務實型或實用型；I：研究
型），若以人境契合性作為協助方式，請於下表十個職業中，推薦五個較契合其何倫
碼之職業給某甲。作答時，請依「職業編號」回答。（10 分）

| 職業編號 | 職業名稱 | 職業簡介 |
|---|---|---|
| 1 | 遙測科學家與技師 | 應用遙測原理和方法分析資料與解決問題，如自然資源管理、都會規劃以及國土安全之領域。可以開發新的分析技術與感應系統，或現有系統新的應用。 |
| 2 | 調查研究員 | 設計或執行調查。可以監督執行面訪或電訪的訪問員。可以呈現調查結果給顧客。 |
| 3 | 審計師 | 檢查並分析會計記錄，以確認公司財務現況並編製有關營運流程的財務報表。 |
| 4 | 汽車工程師 | 借助電腦科技，開發或修正汽車設計，包含汽車結構構件、引擎、傳動器等。 |
| 5 | 旅遊領隊 | 為個體旅行者或旅行團組織、安排長途旅行或探險活動。 |
| 6 | 單車/腳踏車/自行車修理匠 | 腳踏車之修理和服務。 |
| 7 | 電話推銷員 | 透過電話以銷售品或服務。 |
| 8 | 收銀員 | 在商業機關（不含銀行機關）中收取與支付現金，通常會使用條碼掃瞄機、收銀機等設備。也常需進行信用卡或銀行卡之刷卡或支票擬付事宜。 |
| 9 | 汽車維修技匠 | 修理汽車、卡車、巴士和其他車輛。專長於車輛之機械維修，或專精於維修傳動系統。 |
| 10 | 裝潢木作師傅 | 用手工具或電動工具，以原木、夾板和牆板等建材建造、架設、安裝及修補建物之結構與裝潢。 |

**參考答案** 所謂務實型或實用型（R）的人境契合特質有：喜歡在講求實際、需要動手環境中，從事明確固定的工作，依既定的規則，一步一步地製造完成有實際用途的物品。喜歡從事機械、電子、土木建築、農業等工作。研究型（I）人境契合特質有：善於觀察、思考、分析與推理，喜歡用頭腦依自己的步調來解決問題，並追根究底。喜歡從事生物、化學、醫藥、數學、天文等相關工作。因此，提供五個較契合其何倫碼之職業給某甲的職業名稱編號為 1、4、6、9、10。

第九題題目：依就業服務法第五條第二項第二款，雇主招募或僱用員工，不得違反求職人員或員工之意思，要求提供非屬就業所需之隱私資料。而依就業服務法施行細則第 1-1 條規定，智力測驗與心理測驗屬隱私資料之範疇。因此，雇主招募或僱用員工時，除非是「就業所需」之心理測驗（含智力測驗），否則雇主不得求求職人或員工填寫心理測驗。以工業與組織心理學的觀點而言，所謂心理測驗是「就業所需」或「非就業所需」，端視該測驗是否具有恰當的效度檢驗（validation），請問：檢驗是否「就業所需」時，常使用哪幾種效度檢驗方式？（10 分）

參考答案 效度係指測驗測量某行為的真確度。檢驗效度最常用的方法如下：

1. 內容效度（content validity）：測驗內容或問題與現實工作可能發生的情境或問題類型間的一致性。此類效度關心的是是否定義的內容都在測量中呈現出來。多由專家依題項反映實際工作情況衡量。

2. 效標關聯效度（criterion-related validity）：效標關聯效度可顯示測驗成績與工作績效之間是否具有關聯性。例如智力測驗與工作績效間的關係。

3. 建構效度（或構念效度）（construct validity）：建構效度是用於多重指標的測量情況，評量抽象能力的測量（如智力測驗或領導能力測驗）。例如某測量工具可衡量受測者機械能力，且越具有此能力者越是能成為優秀的組裝人員，因此這個評量工具越具有建構效度。

第十題題目：就業服務人員要協助求職者在需求與社會資源之間取得平衡關係，首先必須評估求職者與環境間的互動關係是否達到一種連續狀況。而需求與資源要達到持續有效的連續關係必須具備哪四項特質？（10分）

參考答案 就業服務人員協助求職者在需求與資源之間要達到持續有效的連續關係，必須具備 4 項特質，(1) 資源平衡 (2) 資源妥適 (3) 資源存在可用性 (4) 資源可信賴性。

# 104年度第二梯次就業服務乙級技術士技能檢定術科測試試題

**第一題題目**：依 104 年 2 月 4 日總統公布之勞動基準法第 28 條規定，雇主有歇業、清算或宣告破產之情事時，勞工有哪些債權受償順序與第一順位抵押權、質權或留置權所擔保之債權相同？（10 分）

**參考答案** 雇主有歇業、清算或宣告破產之情事時，勞工之下列債權受償順序與第一順位抵押權、質權或留置權所擔保之債權相同，按其債權比例受清償；未獲清償部分，有最優先受清償之權：

1. 本於勞動契約所積欠之工資未滿 6 個月部分。
2. 雇主未依本法給付之退休金。
3. 雇主未依本法或勞工退休金條例給付之資遣費。

**第二題題目**：有關雇主因故需與所聘僱之外籍看護工終止聘僱關係，請依就業服務法相關規定回答下列問題：（10 分）

（一）雇主辦理所聘僱外國人終止聘僱關係之驗證程序，請敘明哪四種情形為免踐行驗證程序？（8 分）

（二）雇主辦理所聘僱外國人終止聘僱關係之驗證程序，應檢附雇主與外國人簽名或蓋章之通知書，並於合意終止聘僱關係至少應於幾日前通知當地主管機關？（2 分）

**參考答案** （一）4 種免踐行驗證情況：

1. 預定於聘僱許可期限屆滿前 14 日內出國。
2. 外國人於受聘僱期間罹患中央衛生主管機關指定之傳染病或健康檢查不合格，經所在地衛生主管機關不予備查。
3. 因違反就業服務法相關規定，經廢止聘僱許可或不予核發聘僱許可並限令出國。
4. 經司法機關、中央主管機關、衛生主管機關、警察機關或入出國及移民機關依相關法令限期出國。

（二）通知書應於第 2 類外國人與雇主合意終止聘僱關係日 14 日前，連同外僑居留證影本等資料，送達第 2 類外國人工作所在地之直轄市或縣（市）政府（簡稱當地主管機關）辦理驗證手續。

**第三題題目**：有關私立就業服務機構接受雇主委任辦理外籍製造工之生活照顧者，請依就業服務法相關規定回答下列問題：（10 分）

（一）依外國人之生活照顧服務計畫書，私立就業服務機構應規劃哪些事項？（8 分）

（二）如外國人住宿地點變更，至遲應於幾日內通知工作所在地及住宿地點之哪一機關？（2 分）

**參考答案** （一）依據雇主聘僱外國人許可及管理辦法第 19-1 條第 1 項規定，外國人生活照顧服務計畫書，應規劃下列事項：　　　　　　　　　　　　　　　　【修法改為第 33 條】

1. 飲食及住宿之安全衛生。
2. 人身安全之保護。
3. 文康設施及宗教活動資訊。
4. 生活諮詢服務。
5. 住宿地點及生活照顧服務人員。

（二）依據雇主聘僱外國人許可及管理辦法第 19-1 條第 3 項規定，雇主為住宿地點變更，應於變更後 7 日內，以書面通知外國人工作所在地及住宿地點之當地主管機關。

第四題題目：甲公司因故關廠，需要資遣員工若干名，部分員工 A、B 可於資遣之次日轉移至乙公司，部分員工 C、D 則因乙公司無所需之工作而失業。請依就業服務法及就業保險法規定回答下列問題：（10 分）

（一）甲公司是否需要針對 A、B 員工辦理資遣通報？（1 分）

（二）甲公司因上述情形而須資遣 C、D 員工，至遲應在幾日前向當地主管機關及公立就業服務機構辦理資遣通報？（2 分）

（三）A、B 員工依就業保險法，是否可以領取提早就業獎助津貼？（1 分）

（四）提早就業獎助津貼之申請要件為何？（6 分）

參考答案 （一）需要。

（二）員工離職之 10 日前。

（三）A、B 於甲公司資遣之次日轉移至乙公司，未向公立就業服務機構辦理求職登記，也未由其推介就業或安排職業訓練等故無法申請。

（四）申請提早就業獎助津貼須符合失業給付請領條件，於失業給付請領期間屆滿前受僱工作，並參加本保險 3 個月以上。

第五題題目：依照就業服務法第 5 條第 2 項第 2 款規定，雇主招募或雇用員工，不得有違反求職人或員工之意思，留置其國名身分證、工作憑證或其他證明文件，或要求提供非屬就業所需之隱私資料。依施行細則第 1-1 條規定之隱私資料，包括哪三個類別？（6 分）且雇主要求求職人或員工提供隱私資料，應尊重當事人之權益，不得逾越基於哪兩種特定目的的之必要範圍？（4 分）

參考答案 （一）隱私資料，包括下列 3 類別：

　　1.生理資訊：基因檢測、藥物測試、醫療測試、HIV 檢測、智力測驗或指紋等。

　　2.心理資訊：心理測驗、誠實測試或測謊等。

　　3.個人生活資訊：信用紀錄、犯罪紀錄、懷孕計畫或背景調查等。

（二）雇主要求求職人或員工提供隱私資料，應尊重當事人之權益，不得逾越基於經濟上需求或維護公共利益等特定目的之必要範圍，並應與目的間具有正當合理之關聯。

第六題題目：依據勞動部統計資料顯示，透過各公立就業服務機構（含就業 e 網）及直轄市、縣市就業服務據點，辦理一般職業介紹、就業甄選（代招代考）等就業服務業務情形，於中華民國 103 年 11 月新登記求職人數為 56,393 人，新登記求才人數為 105,918 人，求職推介就業人數 31,154 人，求才雇用人數 58,206 人，請回答下列問題：（10 分）

（一）103 年 11 月之求職就業率、求才利用率、求供倍數分別是多少（均計算至小數點第二位）？（6 分）

㈡ 依據前述調查統計，所稱之「求供倍數」，是反映就業市場榮枯的重要指標之一，如果「求供倍數」等於 1、大於 1、小於 1，各代表什麼意涵？（3 分）

㈢ 基本上，「求供倍數」和失業率的高低，是呈現統計上的正向或反向相關性？（1 分）

**參考答案** ㈠ 1. 求職就業率：求職就業率指安置就業人數除以求職人數之比率。計算方式如下：31,154/56,393=55.24%。

2. 求才利用率是指求才僱用人數占求才人數之百分比。計算方式如下：58,206/105,918=54.95%。

3. 求供倍數指求才人數除以求職人數之比率。計算方式如下：105,918/56,393=1.88。

㈡ 1. 求供倍數等於 1，即表示當時就業市場的勞力供需處於平衡狀態，平均每一位求職人恰有一個工作機會供其運用。

2. 當求供倍數小於 1，不但表示勞力供給超過勞力需求，其比值愈小，就業市場勞力供給超過勞力需求愈多，就業市場對人力需求愈有限，勞力過剩現象亦趨明顯。

3. 當求供倍數大於 1，表示就業市場的勞力需求大於勞力供給，且比值愈大，就業市場的需求越超過供給，亦即就業市場對人力需求愈殷切，而勞力不足現象亦愈明顯。

㈢「求供倍數」和失業率的高低在統計上為反向關係，亦即求供倍數越高失業率越低。

第七題題目：小業因不得已非自願離職，情緒沮喪激動的來到公立就業服務機構尋求服務，經由就業服務人員小慧接案，提供就業諮詢服務過程中，採取下列相關專業技巧。請回答下列問題：（10 分）

㈠ 小慧採取尊重等技巧，鼓勵小業：「開放自己的經驗，相信自己，發揮自我導向的能力」之作法，是屬於哪一種基礎理論？（2 分）

㈡ 小慧採取：「情緒反應是隨著刺激事件發生，但實際上是個人信念體系所造成，只要能理性有效制止，便可終止困擾」之強調思考和信念作法，是屬於哪一種基礎理論？（2 分）

㈢ 小慧採取：「協助小業體驗自己存在的真實性，發展淺能及力行實踐的態度，發現、欣賞、認同所處的世界」之作法，是屬於哪一種基礎理論？（2 分）

㈣ 小慧在提供就業諮詢服務的模式（流程、過程、階段）中，請任舉四種，有關「分析統整階段」與「行動階段」，可採取的技巧，給予小業適當的協助與支持回饋？（4 分）

**參考答案** ㈠ 個人中心治療法。

㈡ 理性情緒治療法。

㈢ 現實治療法。

㈣「分析統整階段」可採取的技巧，1. 高層次同理心、2. 面質。

「行動階段」可採取的技巧，1. 力場分析、2. 角色扮演。

第八題題目：某甲興趣測驗的何倫碼（Holland Code）結果為 AR（A：藝術型；R：務實型或實用型），若以人境契合性作為協助方式，請於下表十個職業中，推薦五個較契合其何倫碼之職業給某甲。請以「職業編號」回答。（10分）

| 職業編號 | 職業名稱 | 職業簡介 |
|---|---|---|
| 1 | 平面設計師 | 利用各種多媒體材料做出藝術性或裝飾的視覺效果，以設計或創作圖樣，來符應諸如包裝、展覽或商標的廣告需要或宣傳需求。 |
| 2 | 收銀員 | 在商業機關（不含銀行機關）中收取與支付現金，通常會使用條碼掃瞄機、收銀機等設備。也常需進行信用卡或銀行卡之刷卡或支票支付事宜。 |
| 3 | 佈景／展場設計師 | 為展覽、電影、電視與劇場做特別的設計。應該在研讀腳本，與導演討論等方式探究後，決定合適的背景風格。 |
| 4 | 汽車工程師 | 借助電腦科技，開發或修正汽車設計，包含汽車結構構件、引擎、傳動器等。 |
| 5 | 流行設計師 | 設計服裝、飾品和配件。掌握時尚趨勢以設計或創新服飾商品。也可研發色彩的調配與材質的種類。 |
| 6 | 旅遊領隊 | 為個體旅行者或旅行團組織、安排長途旅行或探險活動。 |
| 7 | 商品展示與櫥窗佈置工作者 | 規劃並設計商業場所的物品擺置，例如櫥窗設計、商店規劃，以及貿易展覽中的商品。 |
| 8 | 舞者 | 舞蹈演出；也可能唱歌或表演。 |
| 9 | 遙測科學家與技師 | 應用遙測原理和方法分析資料與解決問題，如自然資源管理、都會規劃以及國土安全之領域。可以開發新的分析技術與感應系統，或現有系統新的應用。 |
| 10 | 調查研究員 | 設計或執行調查。可以監督執行面訪或電訪的訪問員。可以呈現調查結果給顧客。 |

參考答案 1，3，5，7，8。

第九題題目：就業服務法第5條第2項第2款指出，雇主招募或僱用員工，不得違反求職人或員工之意思，要求提供非屬就業所需之隱私資料。而依就業服務法施行細則第1-1條規定，心理測驗屬隱私資料之範疇。因此，雇主招募或僱用員工時，除非是「就業所需」之心理測驗，否則雇主不得要求求職人或員工填答心理測驗。請問：以效標關連效度（criterion-related validity）的角度而言，什麼情況是「就業所需」測驗？請您以校標關連效度來說明何謂「就業所需」測驗。（10分）

參考答案 效標關聯效度（criterion-related validity）是指測驗成績與校標之間是否具有關聯性。例如將求職者的智力測驗或大學平均成績當成測驗成績，求職受測者日後的工作績效當成校標，再計算智力測驗或大學平均成績所獲得分數與將來工作績效之相關係數（R）（−1＜R＜1）。又例如在招募時以人格測驗當成測驗成績，求職受測者日後的團隊合作表現當成校標，再計算人格測驗所獲得分數與團隊合作表現之相關係數（−1＜R＜1）。若測驗成績與校標間相關係數越高，則測驗工具效標關聯效度越高，此時可主張透過測驗工具實施的測驗為「就業所需」的測驗。

第十題題目：就業服務人員在對求職者之直接服務工作的倫理兩難議題中，最凸出的主題有哪五項？（10分）

參考答案 1. 確保隱私的兩難：雇主希望提供求職者隱私資訊（如卡奴、犯罪等紀錄），忠實告知的兩難。

2. 尊重個案的自主決定與個案福祉兩難：推介求職者工作促使其就業，但是求職者不積極面試。

3. 就業服務人員協助求職者媒合工作時，遇到機構價值干擾專業價值。

4. 就業服務人員以自己的工作價值觀強加於當事人。

5. 求職者的興趣與就服員的興趣之優先權期望的兩難。

# 104年度第三梯次就業服務乙級技術士技能檢定術科測試試題

第一題題目：甲事業單位僱有員工 50 人。某日其女性員工乙遭受男性員工性騷擾，乙立即向主管丙告知；另有女性員工丁懷孕，亦向丙告知。請依性別工作平等法規定，回答下列問題：

　　㈠甲事業單位知悉乙遭受性騷擾，未採取立即有效之糾正及補救措施，應處新臺幣多少元之罰鍰？（3分）

　　㈡甲事業單位知悉丁懷孕，即以該事由將其解僱，應處新臺幣多少元之罰鍰？（3分）

　　㈢甲事業單位有前述違反規定之行為，除罰鍰外，另應對其為何種裁罰？（4分）

**參考答案**㈠依性別工作平等法第 38-1 條第 2 項規定，甲事業單位知悉乙遭受性騷擾，未採取立即有效之糾正及補救措施，應處新臺幣 10 萬元以上 50 萬元以下罰鍰。

　　㈡依性別工作平等法第 38-1 條第 1 項規定，甲事業單位知悉丁懷孕，即以該事由將其解僱，應處新臺幣多處新臺幣 30 萬元以上 150 萬元以下罰鍰。

　　㈢甲事業單位有前述違反規定之行為，除罰鍰外，公布其姓名或名稱、負責人姓名，並限期令其改善；屆期未改善者，應按次處罰。

第二題題目：請依勞動基準法規定，回答下列問題：

　　㈠勞工符合哪三種法定情形，始得自請退休？（6分）

　　㈡勞工退休金給與標準之基數，最高總數上限為何？（2分）另雇主應於勞工退休之日起幾日內給付退休金（2分）

**參考答案**㈠1.工作 15 年以上年滿 55 歲者。

　　　　2.工作 25 年以上者。

　　　　3.工作 10 年以上年滿 60 歲者。

　　㈡1.45 個基數。

　　　　2.30 日。

第三題題目：請依職業訓練法第 4 條及其施行細則第 2 條規定，回答下列問題：

　　㈠職業訓練機構規劃及辦理職業訓練時，應配合哪種需要？（4分）

　　㈡職業訓練機構為協助推介就業，應提供未就業之結訓學員名冊至哪一機構（3分）

　　㈢職業訓練機構應接受哪一機構之委託，辦理職業訓練？（3分）

**參考答案**㈠職業訓練法第 4 條規定，職業訓練應與職業教育、補習教育及就業服務，配合實施。職業訓練法施行細則第 2 條規定，職業訓練機構規劃及辦理職業訓練時，應配合就業市場之需要。

　　㈡職業訓練法施行細則第 2 條規定，職業訓練機構應提供未就業之結訓學員名冊，送由公立就業服務機構推介就業。

　　㈢職業訓練法施行細則第 2 條規定，職業訓練機構應接受公立就業服務機構之委託，辦理職業訓練。

第四題題目：請依照就業服務法規定，回答下列問題：

(一) 建立全國性之就業資訊網是哪一機關的權責？(3分)

(二) 前開機關目前提供之全國性就業資訊網站名稱為何？(4分)

(三) 蒐集、整理、分析其業務區域內之薪資變動、人力供需及未來展望等資料，而提供就業市場資訊是哪一機構之權責？(3分)

**參考答案** (一) 就業服務法第22條規定，中央主管機關為促進地區間人力供需平衡並配合就業保險失業給付之實施，應建立全國性之就業資訊網。根據第6條規定主管機關在中央為勞動部。

(二) 台灣就業通。

(三) 就業服務法第16條規定，公立就業服務機構應蒐集、整理、分析其業務區域內之薪資變動、人力供需及未來展望等資料，提供就業市場資訊。

第五題題目：A私立營利就業服務機構接受甲雇主委任辦理製造業外籍勞工引進，且接受外籍勞工委任辦理就業服務業務，請依就業服務法相關規定，回答下列問題：

(一) A私立營利就業服務機構得向甲雇主收取登記費及介紹費（招募之員工第一個月薪資在平均薪資以下者），每一員工不得超過金額為何？(2分)

(二) A私立營利就業服務機構得向甲雇主收取服務費，每一員工每年不得超過金額新臺幣多少元？(2分)

(三) A私立營利就業服務機構得向外國人收取服務費，第一年每月不得超過金額為何？但曾受聘僱工作二年以上，因聘僱關係終止或聘僱許可期間屆滿出國後再入國工作，並受聘僱於同一雇主之外國人，每月不得超過金額新臺幣多少元？(4分)

(四) 如A私立營利就業服務機收受規定標準以外之費用，應處超收費用金額多少倍罰鍰？(2分)

**參考答案** (一) 依據私立就業服務機構收費項目及金額標準第3條規定，營利就業服務機構接受雇主委任辦理就業服務業務，得向雇主收取登記費及介紹費，招募之員工第1個月薪資在平均薪資以下者，合計每1員工不得超過其第1個月薪資。

(二) 依據私立就業服務機構收費項目及金額標準第3條規定，私立營利就業服務機構得向甲雇主收取服務費，每1員工每年不得超過金額新臺幣2,000元。

(三) 依據私立就業服務機構收費項目及金額標準第6條規定，私立營利就業服務機構得向外國人收取服務費，第1年每月不得超過新臺幣1,800元。但曾受聘僱工作2年以上，因聘僱關係終止或聘僱許可期間屆滿出國後再入國工作，並受聘僱於同一雇主之外國人，每月不得超過金額新臺幣1,500元。

(四) 依就業服務法第66條規定，收受規定標準以外之費用，處10倍至20倍罰鍰。

第六題題目：在職業生涯諮商的相關理論中，「人格理論」是許多人常常討論運用的，所謂「人格」就是個人對自己或別人、對環境事物等各方面適應時，在行為上所表現出來的獨特個性。請回答下列問題：

(一) 請將「A. 氣質」、「B. 動機」、「C. 興趣」、「D. 能力」、「E. 價值觀」、「F. 社會態度」等6個人格特質名詞，與下列比較吻合接近意涵說明者，進行配對：(6分，可以編號配對作答)

| 編號 | 意涵 |
|---|---|
| 1 | 性向與成就 |
| 2 | 能滿足動機與興趣的事物 |
| 3 | 對社會事物的個人意見 |
| 4 | 性情或脾氣 |
| 5 | 促使行為與引導行為的內在力量 |
| 6 | 個人對事務的愛好與重視 |

(二) 馬碧經過人格測驗結果，具備能夠調整自己的心態與言行，以適應現在職場的各種文化與規定。請問這種人格是 1. 佛洛依德（Freud）心理分析理論及 2. 伯尼（Eric Berne）溝通分析治療法（Transactional Analysis therapy, TA）中，所指稱的哪一個人格結構？（4 分；必須寫出學者名字（或理論名詞）與其所指稱相配對之人格結構名稱，缺一項或配對錯誤都不給分）

參考答案 (一)「A. 氣質」比較吻合接近意涵為「4」、「B. 動機」比較吻合接近意涵為「5」、「C. 興趣」比較吻合接近意涵為「2」、「D. 能力」比較吻合接近意涵為「1」、「E. 價值觀」比較吻合接近意涵為「6」、「F. 社會態度」比較吻合接近意涵為「3」。

(二) 1. 佛洛依德心理分析理論透過人格結構（本我、自我及超我三系統所組成）探討潛意識，從過去了解現在，強調早期經驗的重要性，闡明行為的因果性，使當事人不再防衛，而勇敢面對原來不敢面對的經驗。其中自我（superego）的作用具有調整個人的行為，使個人的需求在現實生活中得到滿足。

2. 伯尼溝通分析治療法以父母 P（parents），成人 A（adults）和兒童 C（children）三種自我狀態（ego statue）分析個體人格，其中「成人」自我狀態具有分析與評估功能，可以處理父母與兒童的資料，然後作可能性的評估和決定。

第七題題目：沈小雲經由就業服務人員協助下，採用勞動部勞動力發展署所編製的「我喜歡做的事－職業興趣量表」，進行施測結果顯示，在「A. 藝術」、「B. 個人服務」、「C. 社會福利」等 3 個職業興趣範圍得分較高，請回答下列問題：

(一) 請在下表職業工作者中選擇 3 個，與沈小雲在 3 個得分較高之職業興趣範圍相配對。（3 分，可寫出職業興趣範圍名稱或編號及與其配對的職業工作者名稱或編號）

| 編號 | 職業工作者名稱 | 編號 | 職業工作者名稱 |
|---|---|---|---|
| 1 | 駐衛警察 | 6 | 倉庫管理員 |
| 2 | 精神科醫師 | 7 | 空中服務員 |
| 3 | 品管員 | 8 | 保全人員 |
| 4 | 馬戲團工作者 | 9 | 金融業櫃員 |
| 5 | 日用品小販 | 10 | 少年觀護人 |

(二) 請寫出此一測驗量表有哪三種常模？（6 分）

(三) 沈小雲對藝術的興趣分數高，從事藝術工作一定會成功和滿足嗎？（1 分）

**參考答案** (一) 1.「A. 藝術」與 4.「馬戲團工作者」。
　　　　2.「B. 個人服務」與 7.「空中服務員」。
　　　　3.「C. 社會福利」與 10.「少年觀護人」。

(二) 依據「我喜歡做的事」- 職業興趣量表指導手冊專業版，該量表常模可分專業團體的興趣組型、興趣真分數、百分等級、T 分數常模等四種。

(三) 沈小雲對藝術的興趣分數高，但是其從事藝術工作不一定就會成功和滿足，因為此量表在於了解個人職業興趣高低，且完成測試後，依常模推估的正確率約為 81~86%，無法完全判定沈小雲藝術的興趣分數高，從事藝術工作一定就會成功和滿足。

**第八題題目**：民國 103 年臺灣地區青年（15-24 歲）失業率為平均失業率的 3.2 倍，依行政院主計總處人力資源調查報告對失業原因結構的分類，青年失業的主要原因為何？（4 分）針對該原因如何作最有效處理？（6 分）

**參考答案** (一) 青年失業者在找尋工作過程中主要困難，1. 專長技能不合，2. 找不到想要之職業，3. 勞動條件不理想，4. 待遇不符期望，5. 教育程度不合。

(二) 針對這些原因有效處理作法，1. 提供失業青年職前與在職的技能訓練方案，2. 落實失業青年專長技能訓練技能養成檢核機制（如日式 JOB CARD 機制），3. 改善勞動需求端工作環境的提升，4. 建立青年個人生涯規劃的能力，5. 改善青年創業環境，6. 進駐校園宣導青年就業資訊。

**第九題題目**：就業媒合會談技巧中，通常在求職者有哪 5 種狀況會使用面質（confrontation）技術？（10 分）

**參考答案** 就業會談可透過面質技巧協助案主透過其他方式來了解自己或自己所困惑的問題，引導出不同的行動或行為，協助案主更能覺察出想法、感受和行動的矛盾或不一致。求職者若發生以下 5 種狀況，通常可以使用面質技巧。1. 當求職者的自我概念與他人印象不一致時；2. 發現求職者其言行表現與情境氛圍不一致時；3. 求職者講述自己對求職行為出現逃避的口語反應時；4. 發現求職者所談內容有前後矛盾或表裡不一時；5. 基於關心邀請求職者自我檢核，以提高自我察覺時。

**第十題題目**：助人工作者履行告知義務的行為中，告知義務之內容，根據 Reamer 所言，必須告知的基本要項有哪些？（10 分）

**參考答案** Reamer（1987）認為，告知義務（informed consent）是案主權利的中心議題，意指社會工作員或實務工作者有責任告訴案主何種處遇將會介入其生活且事先徵得案主同意。就廣義而言告知義務具有兩項目標，分別為提升個體自治以及鼓勵作理性的抉擇。Reamer 指出有意義的告知義務具五個要素：

1. 所提供的資訊充分地足供案主權衡將進行的處遇之利弊或風險。

2. 對於將進行的處遇之可預見的利弊或風險，案主確實已被告知。

3. 案主確實具備接受訊息（被告知）的能力。

4. 案主的同意係在自願且無任何強迫影響的前提下所做的。

5. 案主有被告知其有權拒絕或撤回其同意（強制性案主不適用此原則）。

# 105年度第一梯次就業服務乙級技術士技能檢定術科測試試題

第一題題目：甲女育有 1 歲子女，向雇主申請育嬰留職停薪 1 年，期滿後申請復職。依性別工作平等法規定，有哪四種法定情形，並經主管機關同意者，雇主得拒絕其復職？（8分）並應於多久之前通知甲女？（2分）

**參考答案** 依據性別工作平等法第 17 條規定，

(一) 受僱者於育嬰留職停薪期滿後，申請復職時，除有下列情形之一，並經主管機關同意者外，雇主不得拒絕：1. 歇業、虧損或業務緊縮者。2. 雇主依法變更組織、解散或轉讓者。3. 不可抗力暫停工作在 1 個月以上者。4. 業務性質變更，有減少受僱者之必要，又無適當工作可供安置者。

(二) 雇主因前項各款原因未能使受僱者復職時，應於 30 日前通知之，並應依法定標準發給資遣費或退休金。

第二題題目：大學生甲利用暑假至僱有 5 人以上員工之速食店打工，於工作中不幸遭燙傷。請回答下列問題：

(一) 依勞工保險條例規定，速食店應於何時列表通知勞工保險局為甲辦理投保？（2分）

(二) 甲平日加班延長工作時間 4 小時，依勞動基準法規定，應按平日每小時工資額分別加給幾分之幾？（6分）

(三) 甲因燙傷在醫療中不能工作時，依勞動基準法規定，速食店應如何補償其工資？（2分）

**參考答案** (一) 依勞工保險條例第 11 條規定符合該條例第 6 條規定之勞工，各投保單位應於其所屬勞工到職、入會、到訓、離職、退會、結訓之當日，列表通知保險人；其保險效力之開始或停止，均自應為通知之當日起算。

(二) 依勞動基準法第 24 條規定，雇主延長勞工工作時間者，工資標準加給為 1. 延長工作時間在 2 小時以內者，按平日每小時工資額加給 1/3 以上。2. 再延長工作時間在 2 小時以內者，按平日每小時工資額加給 2/3 以上。

(三) 依勞動基準法第 59 條規定，勞工因遭遇職業災害而致…傷害…時，雇主應依規定予以補償。但如同一事故，依勞工保險條例或其他法令規定，已由雇主支付費用補償者，雇主得予以抵充之。如勞工在醫療中不能工作時，雇主應按其原領工資數額予以補償。

第三題題目：依照就業服務法第 24 條規定，主管機關針對特定對象之自願就業人員，應訂定計畫，致力促進其就業。請問前開特定對象，除了獨力負擔家計者、中高齡者、身心障礙者、原住民、長期失業者、及其他經中央主管機關認為有必要者外，還包含哪五個特定對象？（10分）

**參考答案** 低收入戶或中低收入戶中有工作能力者、二度就業婦女、家庭暴力被害人、更生受保護人。

第四題題目：小英為中高齡者，其前就業保險投保年資已滿一年，從 102 年 1 月 1 日起之就業史如下：

102 年 1 月 1 日 因個人因素而辭職離開甲公司

102 年 3 月 1 日 至乙公司任職

102 年 3 月 31 日因乙公司關廠而被資遣，並於次日至公立就業服務機構登記求職

103 年 10 月 1 日至丙公司任職

104 年 7 月 31 日因丙公司裁員而被資遣，並於次日至公立就業服務機構登記求職

請依就業服務法及就業保險法規定，回答下列問題：

(一) 甲公司依小英實際離職原因協助開立離職證明，小英是否可以依甲公司之離職證明，向公立就業服務機構申請辦理失業給付？（2 分）

(二) 如乙公司未依法向公立就業服務機構及直轄市、縣（市）政府辦理資遣通報，應處罰鍰新臺幣多少元？（2 分）

(三) 小英經申請核發 6 個月之失業給付後，復於 103 年 10 月 1 日至丙公司上班，請問小英在 104 年 2 月可否依法請領提早就業獎助津貼？（2 分）

(四) 如可以請領提早就業獎助津貼，依法可取得多少個月之月投保薪資金額？（4 分）

**參考答案** (一) 申請辦理失業給付的條件為非自願離職，小英因個人因素而辭職離開甲公司非屬就業保險法所認定之「非自願離職」。

(二) 乙公司未進行關廠資遣員工通報，處 3~15 萬元罰鍰。

(三) 提早就業獎助津貼為符合失業給付請領條件，於失業給付請領期間屆滿前受僱工作，並參加本保險 3 個月以上。由於小英是中高齡失業者，失業給付最長發給 9 個月，她於失業給付請領期間屆滿前受僱工作，故符合請領。

(四) 失業給付是按申請人離職辦理就業保險退保之當月起前 6 個月平均月投保薪資 60% 按月發給。而小英得向保險人申請，按其尚未請領之 3 個月失業給付金額之 50%，一次發給提早就業獎助津貼，因此約當為小英 1.5 個月平均月投保薪資。

第五題題目：甲公司為製造業者，尚未取得工廠登記證，卻提供不實之工廠登記證辦理申請聘僱外國人，後因訂單暴增，又違法聘僱 A 私立就業服務機構媒介之行蹤不明之外國人，並於入出國移民機關派員檢查時妨礙並拒絕檢查，後經入出國移民機關所查獲，請依就業服務法規定，回答下列問題：

(一) 甲公司於辦理申請聘僱外國人，提供不實之工廠登記證資料，應處罰鍰新臺幣多少元？（3 分）

(二) 甲公司妨礙並拒絕入出國移民機關派員檢查，及首次非法聘僱外國人，各應處罰鍰新臺幣多少元？（4 分）

(三) A 私立就業服務機構非法媒介外國人，應處罰鍰新臺幣多少元？（3 分）

**參考答案** (一) 處 30~150 萬元罰鍰。

(二) 1. 甲公司妨礙並拒絕入出國移民機關派員檢查，處 6~30 萬元罰鍰。

2. 處 15~75 萬元罰鍰。

(三) 處 10~50 萬元罰鍰。

第六題題目：韋小堡經由就業服務人員協助下，採用勞動部勞動力發展署所編製的「工作氣質測驗」，進行施測結果顯示，在「A.說服性」、「B.親和性」、「C.世故順從」等3個氣質得分較高，請回答下列問題：

(一) 請在下表有關氣質的特質內涵說明中選擇3個，與韋小堡在3個得分較高的氣質相配對。（3分，可寫出得分較高的氣質名稱或編號及與其配對的特質內涵說明或編號）

| 編號 | 特質內涵 |
|------|----------|
| 1 | 能夠守本分，順從上司。 |
| 2 | 不依照既定工作指示，忠實執行工作。 |
| 3 | 能夠改變別人的判斷、想法及態度。 |
| 4 | 善於表達個人感受與想法，並以創意眼光展現。 |
| 5 | 能夠謹守人際間傳統關係，注重和諧，不得罪人。 |
| 6 | 做事力求精確，不發生錯誤。 |
| 7 | 能與人打成一片，建立良好關係。 |
| 8 | 能在惡劣或危險環境下執行工作。 |

(二) 此一測驗量表可配合「通用性向測驗」與「職業興趣量表」，組成一套兼顧「性向」、「興趣」及「氣質」等3種性格特質的職業生涯輔導工具。上述3種性格特質，何者「外控性」較強？何者受「遺傳」的影響程度較小？（2分）

(三) 根據心理測驗專家阿那斯塔西〈Anastasi,1961〉的定義，心理測驗是一種對行為樣本做客觀和標準化的測量。請簡述其定義的5個因素。（5分）

**參考答案**
(一)「A.說服性」氣質相配對為3、「B.親和性」氣質相配對為7、「C.世故順從」氣質相配對為1。

(二)「外控性」較強是「C.世故順從」；受「遺傳」的影響程度較小是「A.說服性」。

(三) 1. 具代表性的行為樣本。
2. 測驗過程、情境與計分等均達標準化水準，方能獲得真實的結果。
3. 以客觀性和實徵性為基礎的測驗項目難度。
4. 信度：係指測驗分數或結果均能達穩定性。
5. 效度：係指測驗測量某行為的真確度。

第七題題目：所謂「情緒」，是指對某人某事所產生的熱切感覺（intense feeling），或因為某個事情、某個人而發生的反應。請回答下述問題：

(一) 請各任舉2種正向情緒與負向情緒種類。（4分）

(二) 引發情緒的原因很多，其中不合理的信念會引發內在情緒衝突。下列何者非屬「信念迷思」：（3分，寫出編號即可）

| 編號 | 內容 |
|:---:|:---|
| 1 | 事情不如意並不是一件很可怕的事，也不是很悲慘的。 |
| 2 | 我應該被眾人喜歡、接受和稱讚。 |
| 3 | 我應該很有能力或很有成就才有價值。 |
| 4 | 不管好人或壞人都應該受到刑罰、懲治和責難。 |
| 5 | 應該時時刻刻擔憂、思慮危險、可怕的事，及歹事會發生。 |
| 6 | 面對困難和責任重大之事務，不以逃避應對較為妥適。 |
| 7 | 我應該找一位比我自己更剛強有力的人來作倚靠。 |
| 8 | 過去的經驗決定了我現今的處境，並且我的境遇不會永遠無法改變。 |
| 9 | 生命中的每一個問題，都應該有一個完美的答案，否則會很痛苦。 |

㈢ 助人者在協助個案情緒管理過程中，扮演著非常重要的角色與功能。而助人是一種關係型態，一般而言，其包含哪三種元素？（3分）

**參考答案** ㈠ 正向情緒：快樂、高興；負向情緒：憂慮、生氣。

㈡ 1、6、8。

㈢ 助人者、受助者與助人行為。

**第八題題目**：臺灣就業通（www.taiwanjobs.gov.tw）號稱五網合一，是結合哪五個網？（10分）

**參考答案** 勞動部勞動力發展署於民國103年起將「全國就業e網」、「職訓e網」、「身心障礙者就業開門網」、「微型創業鳳凰網」以及「技能檢定中心」等五個網結成整合性臺灣就業通服務系統。

**第九題題目**：職業分析的內容一般包括職業內容分析與從業人員條件分析，試說明從業人員條件分析的其中5項。（10分，每項2分）

**參考答案** 最低學歷、所需技術訓練、工作經驗、證照、性向、興趣、職業性格、隸屬關係等等項目。

**第十題題目**：有關談到如何分配資源，請回答下列問題：

㈠ 依據社會福利學者的最標準答案是什麼？（2分）

㈡ 根據 Bradshaw 的分類，可分為哪四種類型？（8分）

**參考答案** ㈠ 社會福利學者認為因依公平、平等、需求等原則分配資源。

㈡ Bradshaw(1972) 將福利需求的評估分為四類：

1. 規範性需求（normative need）：即專家學者所界定的需求。例如，某社區可能需要的醫院或養護中心之床位數量。

2. 感覺性需求（perceived need）：即標的人口群透過想像與感受覺知的需求，主要限制在於感受性需求沒有絕對唯一的標的。

3. 表達性需求（expressed need）：即有需求者實際嘗試或接受滿足需求的服務，例如，社區中正在等候家庭諮商的人數。

4. 比較性需求（relative need）：亦稱為相對性需求。亦即比較類似的情境與服務差距所存在的需求。

# 105年度第二梯次就業服務乙級技術士技能檢定術科測試試題

第一題題目：試述依勞動基準法規定，在符合哪四項情事下，雇主得與勞工為離職後競業禁止之約定？（10分）

參考答案 依據勞動基準法第 9-1 條 符合下列規定者，雇主得與勞工為離職後競業禁止之約定：

1. 雇主有應受保護之正當營業利益。
2. 勞工擔任之職位或職務，能接觸或使用雇主之營業秘密。
3. 競業禁止之期間、區域、職業活動之範圍及就業對象，未逾合理範疇（不包括勞工於工作期間所受領之給付）。
4. 雇主對勞工因不從事競業行為所受損失有合理補償。

第二題題目：試述雇主與勞工為最低服務年限之約定時，依勞動基準法規定，應綜合考量哪四種事項，並不得逾合理範圍？（10分）

參考答案 依據勞動基準法第 15-1 條第 2 項規定雇主得與勞工為最低服務年限之約定，應就下列事項綜合考量，不得逾合理範圍：

1. 雇主為勞工進行專業技術培訓之期間及成本。
2. 從事相同或類似職務之勞工，其人力替補可能性。
3. 雇主提供勞工補償之額度及範圍。
4. 其他影響最低服務年限合理性之事項。

第三題題目：依據就業服務法規定，為保障國民就業機會平等，雇主對求職人或所僱用員工，除不得以種族、階級、黨派、籍貫、思想或以往工會會員身分為由予以歧視外，請試述另有哪 10 種不可歧視之事由？（10分）　　　　　　【舊法】

參考答案 另外尚有語言、宗教、出生地、性別、性傾向、年齡、婚姻、容貌、五官、身心障礙為由予以歧視。

第四題題目：依就業保險法第 12 條規定，中央主管機關得於就業保險年度應收保險費百分之十及歷年經費執行賸餘額度之範圍內提撥經費，請試述其應辦理哪四種事項？（10分）

參考答案
1. 被保險人之在職訓練。
2. 被保險人失業後之職業訓練、創業協助及其他促進就業措施。
3. 被保險人之僱用安定措施。
4. 雇主僱用失業勞工之獎助。

第五題題目：依就業服務法第 55 條規定，雇主聘僱外國人從事第 46 條第 1 項第 8 款至第 10 款規定之工作，應向中央主管機關設置之就業安定基金專戶繳納就業安定費，請回答下列問題：

（一）請敘明雇主或被看護者須符合哪三種法律所定之身分，其聘僱外國人從事第 46 條第 1 項第 9 款規定之家庭看護工作，免繳納就業安定費。（6分）

（二）雇主聘僱外國人從事第 46 條第 1 項第 9 款規定之家庭看護工作，雇主或被看護者非符合前項免繳身分者，每月應繳納就業安定費為新臺幣多少元？（2分）

（三）受聘僱之外國人有哪二種情事，經雇主依規定通知而廢止聘僱許可者，雇主無須再繳納就業安定費。（2分）

**參考答案** ㈠ 雇主或被看護者符合社會救助法規定之低收入戶或中低收入戶、依身心障礙者權益保障法領取生活補助費，或依老人福利法領取中低收入生活津貼者，其聘僱外國人從事家庭看護工作，免繳納就業安定費。

㈡ 2,000 元。

㈢ 受聘僱之外國人有連續曠職 3 日失去聯繫或聘僱關係終止之情事，經雇主依規定通知而廢止聘僱許可者，雇主無須再繳納就業安定費。

第六題題目：勞動部勞動力發展署為促進特定對象就業，提供許多的就業獎補助津貼及就業促進工具等公部門的社會資源，請回答下列問題：

㈠ 職場學習及再適應計畫有哪些項目？（4分）

㈡ 跨域就業津貼的補助津貼有哪些項目？（6分）

**參考答案** ㈠ 職場學習及再適應計畫提供個案職場學習及再適應津貼及用人單位工作教練輔導費，每次補助期間最長以 3 個月為限；屬身心障礙之個案，經執行單位評估同意後得延長至六個月。

㈡ 依據青年跨域就業促進補助實施辦法規定跨域就業補助，分下列三種：

1. 異地就業交通補助金：未就業青年就業地點與原日常居住處所距離 30 公里以上，因就業有交通往返之事實，且連續 30 日受僱於同一雇主。

2. 搬遷補助金：未就業青年就業地點與原日常居住處所距離 30 公里以上，因就業而需搬離原日常居住處所，搬遷後有居住事實，就業地點與搬遷後居住處所距離 30 公里以內，且連續 30 日受僱於同一雇主。

3. 租屋補助金：未就業青年就業地點與原日常居住處所距離 30 公里以上，因就業而需租屋，並有居住事實。就業地點與租屋處所距離 30 公里以內，且連續 30 日受僱於同一雇主。

第七題題目：周哈里窗理論（Johari Window Theory）展示了關於自我認知、行為舉止和他人對自己的認知之間，在有意識或無意識的前提下形成的差異，請回答下列問題；

㈠ 由此分割成哪四個範疇的我？（4分）

㈡ 發展周哈里窗理論至少有哪三個目的？（6分）

**參考答案** ㈠「周哈里窗理論」（Johari Window）是由 Joseph Luft 與 Harry Ingram 這兩位美國心理學家在 1955 年提出的理論，說明大家開放自我的多寡，如自己的行為、態度、感情、動機、想法等訊息。依「自我揭露」與「他人回饋」的程度，他們以窗戶作為比喻，分成下列四個區域（四個自我）（表1），這 4 個區域是相互影響的，任何一區變大，其他區域就會縮小，反之亦然。

| | 自己知道<br>Known by self | 自己不知道<br>Unknown by self |
|---|---|---|
| 別人知道<br>Known by others | 1 開放自我 Open | 2 盲目自我 Blind |
| 別人不知道<br>Unknown To others | 3 隱藏自我 Hidden | 4 未知自我 Unknown |

表 1　周哈里窗

1. 開放自我（open self）：所有人都看得見的區域。

2. 盲目自我（blind self）：自己看不到，他人卻一目瞭然的區域，也就是所謂的盲點，包含一些個人未意識到的習慣或口頭禪，不一定全部是缺點。

3. 隱藏自我（hidden self）：對外封閉的區域，這裡的訊息只有自己知道，他人無從得知，像是個人有意隱藏的祕密或想法。

4. 未知自我（unknown self）：這個區域誰都看不到，例如個人未曾覺察的潛能，或壓抑下來的記憶、經驗等，通常在愈年輕的人身上，這個區域的範圍愈大。

當個人對自己的認識愈多瞭解自己愈深，也就愈能夠清楚地向他人表露自己內在的想法、態度、情感、喜惡等等，讓別人更加瞭解及認識自己，這就是自我揭露（self-disclosure），自我揭露高的人，「開放的我」便會擴大。另外，若我們可以由他人回饋（feedback solicitation）中反省學習，對自我認識與瞭解也會有幫助，這樣的行為也會讓「開放我」區域擴大。

(二)「周哈里窗理論（Johari Window Theory）」展示了關於自我認知、行為舉止和他人對自己的認知之間，在有意識或無意識的前提下形成的差異。希望人們能清楚掌握自己的四個部份並且透過自我省察、自我坦誠、他人的回饋…等方式，使開放我能越來越大，而其他三部份越來越小。從與他人互動中，進而增進自我認識與自我了解，有效地促進人際溝通。

第八題題目：目前我國各地公立就業服務機構，結合轄區內各項資源網絡，辦理校園徵才及就業博覽會等徵才活動，聲稱可於全國 1 萬多個觸控式設備與相關資源網絡，查詢各項就業資訊，請回答下列問題：

(一) 上述 1 萬多個觸控式設備在哪四種連鎖商店？（8 分）

(二) 查詢全國公立就業服務機構之就業資訊，可撥打勞動部勞動力發展署設置之免付費就業服務科技客服專線號碼為何？（2 分）

**參考答案** (一) 2014 年「台灣就業通」與 7-ELEVEN、OK、萊爾富、全家四大超商合作，透過全國一萬多個門市觸控式設備提供工作機會、徵才活動，與職訓課程查詢。

(二) 0800-777-888

第九題題目：Spencer & Spencer（1993）提出「冰山模型」的理論，將職能分為五種基本特質，請說明此一理論的五種基本特質。（10 分）

**參考答案** 1. 最底層為「動機」，最不易被察覺的地方，指個人經常進行的思考或產生的欲望，這些思想會引導出個體行為。

2. 第二層為「特質」，亦即個體的生理特質如反應時間、視力與行為。通常會呈現穩定的狀態如個人對情緒的控制，也可以人格特質做為第二層的代表。

3. 第三層「行為特質」，較容易辨識，通常是指自我概念，如個人表現出的態度、價值觀、自我形象。

4. 第四層的「知識」，呈現在海面上的冰山，亦指個人在特定範圍中已經獲得的知能。

5. 第五層的「技巧」，是指個人完成某項體能或心理層面的任務所會使用的技能（如分析或概念性思考）。第四與第五層屬於可見的外顯行為部分，也是比較容易進行職能發展的部分，容易以教育訓練提升個人素質的職能。

**第十題題目：請敘述生涯發展大師 Super 將人的生涯發展歷程劃分成哪五個階段？（10分）**

**參考答案**
1. 成長期（growth）：約為 0~14 歲間，此期為經由重要他人的認同結果發展自我概念。此階段需要與幻想為此一時期最主要的特質，隨年齡增長、社會參與及現實考驗逐漸增加，興趣與能利益逐漸重要。

2. 探索期（exploration）：約為 15~24 歲間，此階段在學校、休閒活動及各種工作經驗中，進行自我檢討、角色探索及職業探索。

3. 建立期（establishment）：約為 25~44 歲間，此階段尋獲適當的職域，逐步建立穩固的地位、職位，工作可能變邊但職業不會改變。

4. 維持期（maintenance）：約為 45~64 歲間，此階段漸取得相當地位，重點至於如何維持地位，甚少新意、面對新進人員的挑戰。

5. 衰老期（decline）：約為 65 歲以後，此階段身心狀況衰退，原工作停止，發展新的角色，尋求不同方式以滿足需要。

# 105年度第三梯次就業服務乙級技術士技能檢定術科測試試題

第一題題目：試述依勞動基準法之規定，在符合哪二項情事下，雇主得與勞工為最低服務年限之約定？（10分）

**參考答案** 勞動基準法第15-1條第1項規定，未符合下列規定之一，雇主不得與勞工為最低服務年限之約定：

1. 雇主為勞工進行專業技術培訓，並提供該項培訓費用者。
2. 雇主為使勞工遵守最低服務年限之約定，提供其合理補償者。

第二題題目：試述雇主調動勞工工作時，除不得違反勞動契約之約定外，依勞動基準法之規定，並應符合哪五項原則？（10分）

**參考答案** 勞動基準法第10-1條規定，雇主調動勞工工作，不得違反勞動契約之約定，並應符合下列原則：

1. 基於企業經營上所必須，且不得有不當動機及目的。但法律另有規定者，從其規定。
2. 對勞工之工資及其他勞動條件，未作不利之變更。
3. 調動後工作為勞工體能及技術可勝任。
4. 調動工作地點過遠，雇主應予以必要之協助。
5. 考量勞工及其家庭之生活利益。

第三題題目：依據就業服務法第5條規定，雇主招募或僱用員工除不得有「辦理聘僱外國人之申請許可、招募、引進或管理事項，提供不實資料或健康檢查檢體」外，請試述不得另有哪四種情事？（8分）又如有違法之裁罰機關為何？（2分）　　　　【舊法】

**參考答案** (一) 依據就業服務法第5條第2項規定，雇主招募或僱用員工，尚有下列四種不得有之情事：

1. 為不實之廣告或揭示。
2. 違反求職人或員工之意思，留置其國民身分證、工作憑證或其他證明文件，或要求提供非屬就業所需之隱私資料。
3. 扣留求職人或員工財物或收取保證金。
4. 指派求職人或員工從事違背公共秩序或善良風俗之工作。

(二) 雇主招募或僱用員工，違法上述四種情事，裁罰機關為直轄市政府或縣（市）政府。

第四題題目：政府為解決產業缺工問題，並減少外籍勞工之引進，訂定鼓勵失業勞工受僱特定行業作業要點（簡稱缺工就業獎勵要點）。依缺工就業獎勵要點規定，請試述應向哪一單位申請？（2分）並辦理何種手續？（2分）獎勵之期間最長為多久？（3分）獎勵津貼之最高總額度為新臺幣多少元？（3分）

**參考答案** (一) 公立就業服務機構

(二) 辦理手續：

1. 勞工：待業期間達30日以上之失業勞工。向公立就業服務機構辦理「求職登記」，經「就業諮詢」，評估其確有需要，並由公立就業服務機構發給特定行業推介卡。失業勞工經推介至符合標準之事業單位受僱，並於同一事業單位連續就業滿30日，且平均每週工時達35小時以上。

2. 雇主：向公立就業服務機構辦理「求才登記」。雇主持有「經濟部工業局或自由貿易港區管理機關核發特定製程或特殊時程之行業」證明文件或屬於照護服務行業。雇主提供薪資達就業服務法第47條規定公告之合理勞動條件薪資基準以上。

㈢ 最長以 18 個月為限。

㈣ 6 個月 *5,000 元 +6 個月 *6,000 元 +6 個月 *7,000 元 =108,000 元

第五題題目：甲雇主因營運轉型需要，將改組並解僱勞工，並計劃於 60 日內解僱 250 名勞工，請依大量解僱勞工保護法相關規定，回答下列問題：

㈠ 甲雇主於通知主管機關之解僱計畫書中，除解僱理由、解僱部門外，還應記載哪些事項。（8分）

㈡ 甲雇主於提出解僱計畫書之日起至遲幾日內，勞雇雙方應即本於勞資自治精神進行協商？（2分）

**參考答案** ㈠ 還有應記載解僱日期、解僱人數、解僱對象之選定標準、資遣費計算方式及輔導轉業方案等事項。

㈡ 提出解僱計畫書之日起 10 日內。

第六題題目：我們一般在做決定或採取行動時，應掌握有效的人際溝通方式，使自己能愉快的工作，充分發揮所長，由此顯見人際溝通的重要性。請回答下列問題：

㈠ 所謂：「意在言外、一切盡在不言中、此時無聲勝有聲。」，即人與人溝通互動不需言語做為管道之意思，稱為何種溝通類型（方法）？（1分）而此一溝通方法至少有哪四個主要的功能？（4分）

㈡ 依據心理學家維吉尼亞薩提爾（Virginia Satir）的觀點，認為溝通類別（方式）至少有哪五個？（5分）

**參考答案** ㈠ 1. 非言語溝通：不需要使用言語，運用身體動作、體態、語氣語調、空間距離、臉部表情、肢體語言和衣著等方式交流信息，稱為非言語溝通。

2. 非言語溝通主要的功能如下：

　(1) 重覆言語所表達的意思或來加深印象的作用：如言語溝通時，附帶有相應的表情和其他非言語符號。

　(2) 替代語言：即使沒有說話，以面部表情代表情緒的意思，以非言語符號代替言語傳達意思。

　(3) 作為言語溝通的輔助工具（伴隨語言），語言表達的更準確、有力、生動、具體。

　(4) 調整和控制語言，藉助非言語符號來表示交流溝通中不同階段的意向，傳遞自己的意向變化的信息。

㈡ Virginia Satir 認為溝通類別至少有下列五種類型。

1. 「討好型」：關注「他人」的困難、想法或情緒以及討論的事情，缺乏「自己」立足點。

2. 「指責型」：明顯忽略「別人」的困難、想法及感受。

3. 「電腦型」：同時忽略「自己」和「別人」，只注意「事情」的部分，避免有任何的感覺。

4. 「打岔型」：在溝通時會岔開原來的主題，談論另外一個話題，把威脅移開。

5. 「一致型」：自己、他人和事情，三者同等重要，都沒有被忽略。

第七題題目：所謂「勞動 / 就業市場分析」，係指針對勞動 / 就業市場的各項人力重要指標的變動，進行探討分析，藉以瞭解勞動市場人力供需情形。請任舉五種人力重要指標變動分析範圍。（10分）

**參考答案** 勞動供給面重要指標有：工作年齡、就業及失業之人數，教育程度、職業訓練質與量。勞動需求面重要指標：產業結構變遷、產業技術、薪資、工時及進退狀況、經濟景氣等。

第八題題目：企業在進行人員招募時，除了筆試之外，通常會安排面試。面試時，面試官常會運用 5W1H 又稱六何分析法，對求職者進行提問，甚至會請求職者對自己進行 SWOT 分析。請回答下列問題：㈠請說明何謂 5W1H。（6分）㈡請說明何謂 SWOT。（4分）

**參考答案** ㈠ 5W1H 為六個與「W」有關的字眼。Who 指求職者背景資料；When 意旨求職者過去經歷中與時間有關的資訊；Where 主要針對求職者過去經歷中與地點有關的事物資訊；What 為詢問求職者過去經歷中與面試職務有關之事蹟；Why 探討求職者應徵此工作的想法；How 請求職者說明如何說服面試官自己適合這項工作，或者過去如何完成哪些任務。

㈡ SWOT 分析原為企業策略管理規劃分析工具，針對企業內部優勢（Strength）與劣勢（Weakness），以及外部環境的機會（Opportunity）與威脅（Threat）來進行分析，SWOT 除了是在企業策略擬定的重要參考之外，亦可用在個人身上，作為分析個人競爭力與生涯規劃的基礎架構。作法首先確認就業市場求才機會（工作機會多寡、工作要求條件、失業率高低、技術能力、產業發展趨勢），然後根據自己的優勢（自身的傾向、能力、興趣、志向、資源、專長）、規劃自己如何把握就業機會，以及分析自己有哪些劣勢（限制、態度、技能不足、無就業經驗），足以形成求職困難所產生的威脅（如工作所持技能易被自動化取代）。

第九題題目：就業服務專業人員在協助求職者媒合工作時，有時候會遇到機構價值干擾專業價值，而產生倫理判斷與兩難的問題，根據 Reamer 處理倫理抉擇的解決方法，有哪些決策指標？（10分）

**參考答案** Reamer 處理倫理抉擇的解決方法提出五項決策指標，這些指標對就業服務專業人員遇到機構價值干擾專業價值產生兩難的問題，可作為抉擇指標。五項決策指標說明如下：

1. 避免傷害、生命安全重於個人隱私：對抗傷及案主的基本人類生存、健康、食物、住宅、心理健康的需求考量，優先於欺騙、揭露隱私、或是教育與財富。

2. 案主自決權：個人基本福祉權利優先於其他人的自我決定權。個人自我決定權優先於其自己的基本福祉。

3. 工作者遵守法律規定重於個人價值或原則：個人在自願與自由下，同意遵守法律、原則和規定的義務高於我們自己的信仰、價值與原則。

4. 個人福祉先於法令或機構規定：當個人基本福祉的權利與法律、規定、民間組織中的政策衝突時，個人基本福祉權為優先。

5. 防止傷害、公共利益先於個人財產：防止傷害（如防止飢餓）、提升公共利益（居住、教育、社會救助）的義務優先於保護個人財產。

第十題題目：黃藍是高中畢業生，因為家庭經濟問題，決定白天工作、晚上就讀大學進修部。他剛剛做了「我喜歡做的事」，請說明生涯輔導人員如何進行「測驗解釋」（例如：應包含哪些態度或進行方法）？（10分）

**參考答案** 黃藍進行「我喜歡做的事」測驗結果，經由 168 題可探索黃藍在「藝術」、「科學」、「動植物」、「保全」、「機械」、「工業生產」、「企業事務」、「銷售」、「個人服務」、「社會福利」、「領導」、「體能表演」等 12 個興趣分數的剖面圖，作為生涯輔導人員分析職業興趣探索中，符合其基本職業興趣的興趣範圍。此測驗在解釋黃藍興趣可用下列方法得知。

㈠ 自我比較：了解個人職業興趣分數與排名。如找出 12 大類中分數最高 2 至 3 個的興趣分數別。

㈡ 與他人比較：與他人比較自己對某項興趣類別的喜好程度。如某類 PR 值為 40，代表黃藍與該族群比較，平均每 100 人中能贏過 40 人（可查藍線分布）。

㈢ 了解職業興趣：了解各職業特性與求職方向，亦可連結台灣就業通網站之上求才資訊。

㈣ 選擇不同族群比較：讓黃藍知道對某項職業興趣的喜好程度與他人比較後，落在哪個位置。

# 106年度第一梯次就業服務乙級技術士技能檢定術科測試試題

**第一題題目：**勞工在同一雇主或事業單位，繼續工作滿一定期間者，雇主應給予特別休假。請依勞動基準法規定，回答下列所定期間，應予特別休假之日數？（10分）

　　㈠ 六個月以上一年未滿者。（2分）

　　㈡ 一年以上二年未滿者。（2分）

　　㈢ 二年以上三年未滿者。（2分）

　　㈣ 三年以上五年未滿者。（2分）

　　㈤ 五年以上十年未滿者。（2分）

**參考答案** ㈠ 6個月以上1年未滿者，3日。

　　㈡ 1年以上2年未滿者，7日。

　　㈢ 2年以上3年未滿者，10日。

　　㈣ 3年以上5年未滿者，每年14日。

　　㈤ 5年以上10年未滿者，每年15日。

**第二題題目：**請依勞工保險條例第9條規定，試述被保險人有哪五種情形，其中之一者，得繼續參加勞工保險？（10分）

**參考答案** ㈠ 應徵召服兵役者。

　　㈡ 派遣出國考察、研習或提供服務者。

　　㈢ 因傷病請假致留職停薪，普通傷病未超過1年，職業災害未超過2年者。

　　㈣ 在職勞工，年逾65歲繼續工作者。

　　㈤ 因案停職或被羈押，未經法院判決確定者。

**第三題題目：**從事跨國人力仲介業務之私立就業服務機構有從業人員50人，並接受委託管理外國人（計有印尼籍250人，越南籍40人，菲律賓籍40人，泰國籍40人）。請回答下列問題：

　　㈠ 依據外國人從事就業服務法第46條第1項第8款至第11款工作資格及審查標準，該機構可申請聘僱雙語翻譯最多幾人？（3分）

　　㈡ 依據雇主聘僱外國人許可及管理辦法，該機構至少須置生活照顧服務人員幾人？（3分）

　　㈢ 依據外國人從事就業服務法第46條第1項第8款至第11款工作資格及審查標準，該機構可申請聘僱何國籍廚師？（2分）最多聘僱幾人？（2分）

**參考答案** ㈠ 以機構從業人員人數1/5為限，故可申請聘僱最多10人；又該機構接受委託管理外國人中印尼籍有250人，故可以再聘5人（250/50）。因此該機構可申請聘僱雙語翻譯最多15人。

　　㈡ 該私立就業服務機構接受委託管理外國人共計370人，應設置生活照顧服務人員5人。

　　㈢ 印尼籍，可僱3名廚師。

第四題題目：請依據身心障礙者權益保障法規定，回答下列問題：

　　(一) 依據第 38 條規定，哪七種單位得不列入定額進用總人數計算範圍？(7分)

　　(二) 依據第 47 條規定，為因身心障礙者提前老化，哪一個主管機關？應建立身心障礙勞工何種機制？以保障其何種生活品質？(3分)

**參考答案** (一) 警政、消防、關務、國防、海巡、法務及航空站等單位。

　　(二) 為因應身心障礙者提前老化，中央勞工主管機關（勞動部）應建立身心障礙勞工提早退休之機制，以保障其退出職場後之生活品質。

第五題題目：請依據就業服務規定，回答下列問題：

　　(一) 第 12 條規定：主管機關在直轄市、縣（市）轄區內原住民人口達多少以上者，得設立因應原住民族特殊文化之原住民公立就業服務機構？該公立就業服務機構設置準則，由哪一個機關定之？(2分)

　　(二) 第 14 條規定：公立就業服務構對於哪二種對象、申請哪二種事項，不得拒絕。但其申請事項，在哪二種情況下得予拒絕？(6分)

　　(三) 第 16 條規定：公立就業服務機構應蒐集、整理、分析其業務域內之薪資變動、人力供需及未來展望等資料，提供何種資訊？(1分)

　　(四) 第 17 條規定：公立就業服務機構對求職人應先何種服務再依結果或職業輔導評量，推介就業、職業訓練、技能檢定、創業輔導、進行轉介或失業認定及轉請核發失業給付？(1分)

**參考答案** (一) 1.2 萬人以上；2. 中央主管機關（勞動部）。

　　(二) 公立就業服務機構對於求職人及雇主申請求職、求才登記，不得拒絕。但其申請有違反法令或拒絕提供為推介就業所需之資料者，不在此限。

　　(三) 公立就業服務機構應蒐集、整理、分析其業務區域內之薪資變動、人力供需及未來展望等資料，提供就業市場資訊。

　　(四) 就業諮詢。

第六題題目：情緒管理是一門學問，也是一種藝術，尤其在職場上，個人與主管及同事間之相處時，情緒理更要掌控得恰當好處，方能建立良好的職場人際關係。請任舉 10 種個人與主管及同事之間，處理憤怒情緒的管理處方或對策？(10分)

**參考答案** (一) 個人與主管之間，處理憤怒情緒的管理處方或對策

　　　1. 克制負向情緒的產生如忍氣吞聲。

　　　2. 移轉憤怒源，培養幽默感。

　　　3. 平靜 - 學習放下使心靈平靜。

　　　4. 避免火上加油，調節自己情緒表達。

　　　5. 培養同理心，試圖了解主管憤怒之起因。

　　(二) 個人與同事之間，處理憤怒情緒的管理處方或對策

　　　1. 積極傾聽，接受憤怒情緒訊息。

　　　2. 積極行動以排解同事憤怒情緒。

　　　3. 在可能的情況下，力求解決問題。

　　　4. 接納並重視生氣的感受。

　　　5. 澄清問題所在。

第七題題目：近年來全球資訊網路的盛行與技術快速進展，網路服務已蔚為風尚。儘管已有眾多民間人力銀行網站設置，但我國政府依然設立台灣就業通網站（https：//www.taiwanjobs.gov.tw/），請任舉說明政府建置「台灣就業通網站」的 5 個立場或原則。（10 分）

参考答案 (一) 整合性：全國性之就業資訊網，整合公私部門職缺。
(二) 服務性：以免費為原則。
(三) 保密性：對雇主與求職人之資料，除推介就業之必要外，不對外公開。
(四) 即時性：會員可即時獲得職場及政府就業政策等相關資訊。
(五) 便利性：與四大超商合作，就業市場資訊貼近民眾生活，資源隨手可得。

第八題題目：生涯目標是指引當事人發展未來的行動方向，管理學大師 Peter Drucker 強調目標管理有助於提升實踐效能，主張目標設定要符合 SMART 原則。請說明 SMART 五個英文字母分別代表的中文字詞及意涵為何？（每個中文字詞各 1 分及意涵各 1 分，共 10 分）

参考答案 SMART 原則為達到目標的一種方法，五個英文字母運用在生涯目標與管控上的意涵如下：S（Specific）代表生涯目標擬定要有明確性；M（Measurable）代表實現生涯目標應可衡量；A（Attainable）代表設定的生涯目標水準可經由努力達成；R（Relevant）代表生涯目標設定可分短、中、長，且各階段性目標具有相關性；T（Time-bound）代表生涯目標須具有明確的截止期限（Time-based）及可追蹤的（Track-able）。

第九題題目：依身心障礙者權益保障法第 33 條第 2 項規定，職業重建服務內容共有 7 種，除提供就業服務及其他職業重建服務外，尚包括哪 5 種重要的服務？（10 分）

参考答案 (一) 職業重建個案管理服務。
(二) 職業輔導評量。
(三) 職業訓練。
(四) 職務再設計。
(五) 創業輔導。

第十題題目：根據 Brown 和 Brown 的架構，在就業媒合會談中，請說明常用的四類主要技巧？（10 分）

参考答案 布朗的價值基礎生活角色選擇理論基本觀點，認為我們可從認知、情緒及行為幾個不同角度來看一個人的價值觀念，我們會以價值為基礎來進行職業選擇。因此在就業媒合會談中，可利用價值觀的評量，可透過質化或量化的技巧探知個人的價值觀念。
(一) 質化：可利用故事敘說技巧，解構個人價值觀發展歷程，亦可以使用認知取向（ABC），探討個人信念與想法。也可以啟用職業興趣組合卡了解其價值與信念。
(二) 量化：可以施測各種不同的價值觀量表，如工作價值觀量表、職業興趣量表等等。

# 106年度第二梯次就業服務乙級技術士技能檢定術科測試試題

**第一題題目**：勞工發現事業單位違反勞動基準法及其他勞工法令規定時，得向雇主、主管機關或檢查機構申訴。依勞動基準法規定，試述雇主不得因勞工之上述申訴，而予以哪些不法行為？（10分）

**參考答案** 依勞動基準法第74條規定，勞工發現事業單位違反本法及其他勞工法令規定時，得向雇主、主管機關或檢查機構申訴。雇主不得因勞工為前揭申訴，而予以解僱、降調、減薪、損害其依法令、契約或習慣上所應享有之權益，或其他不利之處分。

**第二題題目**：請依勞工退休金條例規定，試述勞工年滿六十歲，依其工作年資不同，得請領退休金之方式？（10分）

**參考答案** 依勞工退休金條例第24條規定，勞工年滿60歲，得依下列規定之方式請領退休金：
　（一）工作年資滿15年以上者，選擇請領月退休金或一次退休金。
　（二）工作年資未滿15年者，請領一次退休金。

**第三題題目**：依據就業服務法第48條規定，雇主聘僱外國人工作，應向中央主管機關申請許可，但有3種情形，不須申請許可，請分述之。（10分）

**參考答案** 依據就業服務法第48條但書規定，有下列3種情形，不須申請許可：
　（一）各級政府及其所屬學術研究機構聘請外國人擔任顧問或研究工作者。
　（二）外國人與在中華民國境內設有戶籍之國民結婚，且獲准居留。
　（三）受聘僱於公立或經立案之私立大學進行講座、學術研究經教育部認可者。

**第四題題目**：近年來許多國家面臨「高齡化」與「少子女化」情形，因而致力於加強人力資源的有效開發、培育與運用對策之規劃，以提升專業職能。請依據相關法令規定回答下列問題：

　（一）職業訓練法第19條規定：主管機關為因應社會經濟變遷，得辦理哪一種職業訓練需要之調查及受理登記，配合哪一種措施，訂定訓練計畫？（2分）

　（二）請依據就業服務法與就業保險法相關規定，回答下列有關職業訓練生活津貼給付問題：

　1.各依哪一種標準核算？發給多少比率之津貼？（4分）

　2.各最長給付期間為何？（3分）

　3.依據就業保險法規定，有受其扶養之眷屬者，最多計至多少比率？（1分）

**參考答案**（一）職業訓練法第19條：主管機關為因應社會經濟變遷，得辦理轉業訓練需要之調查及受理登記，配合社會福利措施，訂定訓練計畫。

　（二）1.依就業服務法附屬法規，就業促進津貼實施辦法的規定，職業訓練生活津貼以每月基本工資的60%發給，最長發給6個月。身心障礙者，最長發給1年。

　2.依就業保險法規定，職業訓練生活津貼以辦理就業保險退保之日前6個月平均月投保薪資之60%發給，最長發給6個月。

　3.依就業保險法規定，職業訓練生活津貼之受扶養眷屬，每一人按照申請人辦理就業保險退保之日前6個月平均月投保薪資之10%加給，最多加給20%。

第五題題目：近年來針對社會新鮮人的失業概況與促進就業策略探討中，有指出是「學用落差」與「職涯迷惘」等重要因素。因此，政府非常重視此一問題，而成立「青年職涯發展中心」、「學習主題館」等積極協助青年之職涯發展規劃與促進就業作為，請任舉10個「青年職涯發展中心」提供就業促進之服務？（10分）

**參考答案** 職涯探索、職場體驗、名人講堂、菁英面談、履歷健檢、模擬面試、職涯諮詢、職業訓練、創業研習、創業顧問諮詢服務。

第六題題目：職業心理測驗的主要目的，是在提供客觀的以及具有代表性的行為樣本，以協助求職者對自我進行探索與釐清職涯方向，是生涯決定過程中最重要的方法之一。請任舉5項職業心理測驗的功用。（10分）

**參考答案** (一) 可以迅速蒐集求職者有關資料，對求職者做客觀的判斷。
(二) 澄清求職者的自我概念與價值觀，協助其探索自我、了解自我、增進其對環境知識的理解。
(三) 協助求職者生涯選擇與進行興趣與職業（人境）媒合。
(四) 找出對求職者生涯發展各種可能性和選擇。
(五) 協助求職者轉業或工作適應。

第七題題目：勞參率的全稱為何（2分）？其定義為何（4分）？勞動力中包括就業者與失業者，假設15歲以上民間人口20,000,000人，其中勞動力為12,000,000人，就業者為11,500,000人，請問勞參率（2分）及失業率（2分）各多少？（答案請四捨五入至小數點第二位數）。

**參考答案** (一) 勞參率的全稱為勞動力參與率。
(二) 勞動力參與率的定義為勞動力占15歲以上民間人口的比率。
(三) 勞動力參與率＝（12,000,000/20,000,000=0.6）＝60%。
(四) 失業率＝【（12,000,000-11,500,000）/12,000,000=0.041666】＝4%

第八題題目：人際溝通有65%是經由非語言訊息傳達，其中，非語言管道的肢體動作，可提供許多重要的訊息，請列出5種非語言溝通中肢體動作的類型。（每類型各2分，共計10分）

**參考答案** (一) 面部表情：眼神、臉部情緒表情。
(二) 肢體：手勢、握拳、點頭或搖頭。
(三) 空間距離：身體距離、親密距離。
(四) 空間位置：面對面、側座、並肩同座。
(五) 身體姿勢：坐姿、站姿、身體面向、手臂交叉放胸前。

第九題題目：在職業決定過程，有許多職涯諮詢者會使用傑尼斯與曼安（Janis & Mann, 1977）的「平衡單」（balance sheet）與求職者一起討論職業選擇，幫助個體具體的分析每一個可能的選擇方案，研判各個方案實施後的利弊得失，最後排定優先順序，擇一而行。請寫出金樹人（1990）所提及「平衡單」中影響個人做決定的四大層面因素為何（每項2分，計8分），每個層面各舉一個具體考慮因素（每層面最多1項給分，每項0.5分，計2分）。

參考答案 Janis 和 Mann（1977）設計的平衡單（balance sheet）是用來協助當事人做好重大決定前，幫助當事人具體分析每一個可能的選擇方案。金樹人（1990）舉出影響個人做決定的四大層面因素如下：

（一）自我物質得失：就業前所需要的金錢、就業機會的獲得。

（二）他人物質得失：家人協助家庭開銷支出、幫助父母經濟收入。

（三）自我精神得失：成就感、興趣發揮。

（四）他人精神得失：家人擔心找不到工作、家人感到光榮。

第十題題目：美國生涯發展學會（National Career Development Association，簡稱 NCDA）規定了 11 項生涯諮商（就業諮詢）能力（career counseling competencies）範疇，請任舉其中 5 項。（每項 2 分，計 10 分）

參考答案（一）生涯發展理論（career development theory）

（二）個人和團體諮商技巧（individual and group counseling skills）

（三）個人和團體諮商評量技巧（individual/group assessment）

（四）資訊／資源運用（information/resources）

（五）生涯方案之計畫、管理與執行（program promotion, management and implementation）

（六）生涯教練、企業諮詢與方案執行（coaching, consultation, and performance improvement）

（七）具有多元族群生涯諮商技能（diverse populations）

（八）督導（supervision）

（九）專業倫理與法律議題（ethical/legal issues）

（十）研究或評估（research/evaluation）

（土）科技運用（technology）　　　　　　　　　　　　　　　　　　　　　　【請自選 5 項】

# 106年度第三梯次就業服務乙級技術士技能檢定術科測試試題

第一題題目：雇主因照顧被看護者而申請聘僱外國人從事家庭看護工作，請依就業服務法相關規
定回答下列問題：

　　㈠ 依外國人從事就業服務法第 46 條第 1 項第 8 款至第 11 款工作資格及審查標準規
　　　定，受僱外國人年齡須幾歲以上？（2 分）

　　㈡ 雇主於聘僱外國人聘僱許可有效期間將屆，有繼續聘僱外國人之必要，應於外國
　　　人聘僱許可有效期間屆滿前多久期間內，備齊文件向勞動部申請期滿續聘許可？
　　　（2 分）

　　㈢ 外國人經專業訓練或自力學習，而有特殊表現，符合勞動部所定資格及條件者，
　　　其在我國工作期間累計最長不得逾幾年？（2 分）

　　㈣ 外國人受雇主聘僱從事家庭看護工作者，同一被看護者以 1 人為限，但同一被看
　　　護者有哪 2 種情形，得增加 1 人？（4 分）

　参考答案 ㈠ 20 歲。
　　　㈡ 聘僱許可有效期間屆滿前 2 個月至 4 個月內。
　　　㈢ 14 年。
　　　㈣ 有身心障礙手冊記載為植物人，或經醫療專業診斷巴氏量表評為零分，且於 6 個月內病情
　　　　無法改善者，得增加 1 人。

第二題題目：請依就業服務法及就業保險法規定，回答下列問題：

　　㈠ 依就業保險法規定，失業給付申請人不接受公立就業服務機構推介工作，有哪 2
　　　種情事，仍得請領失業給付？（4 分）

　　㈡ 依就業服務法規定，雇主招募或僱用本國員工，除不得有不實之廣告或揭示之情
　　　事外，並不得有哪 3 種情事？（6 分）

　参考答案 ㈠ 1. 工資低於其每月得請領之失業給付數額。
　　　　　2. 工作地點距離申請人日常居住處所 30 公里以上。
　　　㈡ 1. 違反求職人或員工之意思，留置其國民身分證、工作憑證或其他證明文件，或要求提供
　　　　　非屬就業所需之隱私資料。
　　　　2. 扣留求職人或員工財物或收取保證金。
　　　　3. 指派求職人或員工從事違背公共秩序或善良風俗之工作。

第三題題目：依身心障礙者權益保障法規定，請回答下列問題：

　　㈠ 各級勞工主管機關應參考身心障礙者之就業意願，由何種人員評估其能力與需求，
　　　訂定適切之個別化職業重建服務計畫，並結合相關資源，提供職業重建服務？（2
　　　分）

　　㈡ 承上，前項所定各項職業重建服務，得由誰向各級勞工主管機關提出申請？（2 分）

　　㈢ 各級勞工主管機關應提供身心障礙者支持性就業服務及庇護性就業服務之對象，
　　　請依第 34 條規定分別敘明之。（6 分）

參考答案 (一) 職業重建個案管理員。
(二) 身心障礙者本人或其監護人。
(三) 1. 各級勞工主管機關對於具有就業意願及就業能力，而不足以獨立在競爭性就業市場工作之身心障礙者，應依其工作能力，提供個別化就業安置、訓練及其他工作協助等支持性就業服務。
2. 各級勞工主管機關對於具有就業意願，而就業能力不足，無法進入競爭性就業市場，需長期就業支持之身心障礙者，應依其職業輔導評量結果，提供庇護性就業服務。

第四題題目：雇主使勞工於勞動基準法第 36 條所定休息日工作，有關休息日之工作時間及工資之加給與計算，請依勞動基準法規定，回答下列問題：
(一) 工作時間在 2 小時以內者，其工資按平日每小時工資額另再加給多少以上？（2分）
(二) 承上，工作 2 小時後再繼續工作者，按平日每小時工資額另再加給多少以上？（2分）
(三) 工作時間 4 小時以內者，以多少小時計？（2分）【107.1.31 修法刪除該規定】
(四) 工作時間逾 4 小時至 8 小時以內者，以多少小時計？（2分）【107.1.31 修法刪除該規定】
(五) 工作時間逾 8 小時至 12 小時以內者，以多少小時計？（2分）【107.1.31 修法刪除該規定】

參考答案 (一) 1 又 3 分之 1 以上。
(二) 1 又 3 分之 2 以上。
(三) 休息日之工作時間，4 小時以內者，以 4 小時計。【107.1.31 修法刪除該規定】
(四) 休息日之工作時間，逾 4 小時至 8 小時以內者，以 8 小時計。【107.1.31 修法刪除該規定】
(五) 休息日之工作時間，逾 8 小時至 12 小時以內者，以 12 小時計。【107.1.31 修法刪除該規定】

第五題題目：依性別工作平等法規定，請回答雇主僱用因哪 5 種事由而離職之受僱者成效卓著者，主管機關得給予適當之獎勵？（10分）

參考答案 雇主僱用因結婚、懷孕、分娩、育兒或照顧家庭而離職之受僱者成效卓著者，主管機關得給予適當之獎勵。

第六題題目：依據勞動部統計資料顯示，透過各公立就業服務機構（含就業 e 網）及直轄市、縣市就業服務據點，辦理一般職業介紹、就業甄選（代招代考）等就業服務業務情形，假設：新登記求職人數為 56,000 人，新登記求才人數為 105,000 人，推介就業人數 31,000 人，求才僱用人數 58,000 人，請回答下述問題：
(一) 求職就業率、求供倍數分別是多少（算到小數點第二位，四捨五入）？（4分）
(二) 依據前述調查統計，所稱之「求供倍數」，是反映就業市場榮枯的重要指標之一，如果「求供倍數」等於 1、大於 1、小於 1，各代表什麼意涵？（6分）

參考答案 (一) 求職就業率 = 31,000/56,000 = 0.553，求職就業率為 0.55。
求供倍數 = 105,000/56,000 = 1.875，求供倍數為 1.88。
(二) 求供倍數等於 1，表示當時就業市場的勞力供需處於平衡狀態，平均每一位求職者恰有一個工作機會供其運用。求供倍數大於 1，表示就業市場的勞力需求大於勞力供給，就業市

場對人力需求殷切，勞力有不足現象。當求供倍數小於 1，表示勞力供給超過勞力需求，就業市場對人力需求有限，勞力有過剩現象。

第七題題目：阿政對職涯服務具有高度興趣，期許自己成為全職的職涯諮詢師，並能參與國內、外專業職涯組織，以協助國人做好職涯規劃與管理。請你列出：

㈠ 職涯探索（含興趣、能力、價值觀等）資源網站名稱 2 個。（5 分，每個 2.5 分）

㈡ 專業職涯組織 2 個。（5 分，每個 2.5 分）

以上資源網站或組織，國內或國外均可，公立或私立均可。

**參考答案** ㈠ 1. 生涯與就業協助系統 CVHS（Career & Vocational Helping System）【輔仁大學人才測評發展與職場健康研究中心】

2. 華人生涯網 CCN（Chinese Career Net）【國立彰化師範大學華人生涯研究中心】

㈡ 1. 臺灣生涯發展與諮詢學會

2. 全美生涯發展協會

第八題題目：測驗的分類可依據編製方式分為標準化與非標準化測驗，亦可根據測驗所測量的特質進行分類。請針對被測量的特質，列出 5 種常見的生（職）涯測驗類型。（10 分）

**參考答案** ㈠ 智力測驗：智力測驗在衡量個人心智能力，大略測量個人在學習、反應、適應環境、解決問題等基本能力。

㈡ 成就測驗：成就測驗檢驗個人在接受教育或訓練後習得相關知識、技能的學習成果，可以解釋個體能力淺能與適合從事的事業之基礎架構。

㈢ 性向測驗：性向的概念如同天份，探索個人適合的工作或個人的工作潛力。性向測驗的項目包括：語文能力、數字能力、知覺度和正確度、空間關係、邏輯或抽象推理能力等，藉以分析個體能力之潛能進行諮商輔導。

㈣ 人格測驗：人格與個性同義，常由性向、氣質與機動三類特質所組成。一般呈現如內外向、情緒穩定度、親和力、自主性、成就取向等。

㈤ 興趣量表：興趣是指個人對某些事物或活動有所喜好而主動接觸、參與的積極心理傾向。

第九題題目：瞭解面對衝突時的反應行為，將有助人際衝突的處理，請列出博德柏克和博德柏（Verderberc & Verderber, 1995）所提出的 5 種主要衝突處理模式。（10 分）

**參考答案** Verderberc 和 Verderber（1995）提出的處理衝突模式有五種，因不同的情境五種模式有其不同適用處理模式。

㈠ 迴避（withdrawal）：例如和朋友意見不相同時，你可能會選擇暫時離開衝突現場以避免衝突繼續擴大。

㈡ 放棄（surrender）：想待在家但好友找你一同出遊，因而改變自己立場和好友一起出去。

㈢ 攻擊（aggression）：和他人意見不相同時，有可能以出言抱怨、威脅或甩門等方式，強迫對方接受自己的想法。

㈣ 說服（persuasion）：和他人意見不相同時，提出更多說明，企圖改變對方的態度。

㈤ 問題解決式討論（problem-solving discussion）：與室友生活習慣不同時，共同討論衝突的問題，尋找可能的解決方案。

第十題題目：請說明沙維卡斯（Savickas）提出的建構取向生涯諮商的 5 個步驟。（每個步驟 2 分，共 10 分）

參考答案 Savickas（1995）提出敘事諮商五個步驟分別為：

(一) 聽取當事人的故事，並用心聽出其中的生命主題。

(二) 將此一生命主題反映給當事人，讓當事人思索此一生命主題。

(三) 回到當事人所呈現的生涯困境，並探索生涯困境與此一生命主題之間的關連。

(四) 嘗試將生命主題延伸至未來。

(五) 發展並練習做決定所必須具備的技巧。

# 107年度第一梯次就業服務乙級技術士技能檢定術科測試試題

第一題題目：依就業服務法規定，雇主聘僱外國人有連續曠職三日失去聯繫情事，請回答下列問題：

(一) 雇主應於幾日內，以書面通知哪3個機關？（4分）

(二) 雇主所聘僱之外國人，經入出國管理機關依規定遣送出國者，其遣送所需之旅費及收容期間之必要費用，請回答3個應負擔者之優先順序。（6分）

參考答案 (一) 雇主應3日內，以書面通知當地主管機關、入出國管理機關及警察機關。

(二) 應負擔者之優先順序為下列順序：

1. 非法容留、聘僱或媒介外國人從事工作者。

2. 遣送事由可歸責之雇主。

3. 被遣送之外國人。

第二題題目：請依就業服務法相關規定，回答下列問題：

(一) 依青年跨域就業促進補助實施辦法所定跨域就業補助，有哪4種補助金？（4分）

(二) 就業服務法所定隱私資料，依就業服務法施行細則規定，有哪3種類別之資訊？（3分）

(三) 勞動部於經濟不景氣致大量失業時，為避免裁減員工，得鼓勵雇主協商工會或勞工，循哪3種方式辦理？（3分）

參考答案 (一) 跨域就業補助為求職交通補助金、異地就業交通補助金、搬遷補助金以及租屋補助金。

(二) 隱私資料包括下列三種：

1. 生理資訊：基因檢測、藥物測試、醫療測試、HIV檢測、智力測驗或指紋等。

2. 心理資訊：心理測驗、誠實測試或測謊等。

3. 個人生活資訊：信用紀錄、犯罪紀錄、懷孕計畫或背景調查等。

(三) 鼓勵雇主協商工會或勞工循縮減工作時間、調整薪資、辦理教育訓練等方式。

第三題題目：依就業保險法與就業服務法相關規定，均有職業訓練生活津貼，請回答下列問題：

(一) 二者之給付金額分別為何？又給付期間最長分別為何？（6分）

(二) 承上，適用對象參加「全日制」訓練課程方可發給津貼，所稱「全日制」需符合哪些要件？（4分）

參考答案 (一) 1. 就業保險法：被保險人非自願離職，向公立就業服務機構辦理求職登記，經公立就業服務機構安排參加全日制職業訓練。非自願離職被保險人，於受全日制職業訓練期間，每月按申請人離職辦理就業保險退保之當月起前6個月平均月投保薪資60%，發給職業訓練生活津貼，最長發給6個月。

2. 就業服務法：針對就業服務法第24條第1項各款所列之失業者，經公立就業服務機構就業諮詢並推介參訓，或經政府機關主辦或委託辦理之職業訓練單位甄選錄訓，其所參訓性質為各類全日制職業訓練，得發給職業訓練生活津貼。職業訓練生活津貼，每月按基本工資60%發給，最長以6個月為限。申請人為身心障礙者，最長發給1年。

(二) 全日制訓練課程指訓練期間1個月以上、每星期訓練4日以上、每日訓練日間4小時以上或每月總訓練時數100小時以上之課程。

第四題題目：依性別工作平等法規定，雇主對受僱者薪資之給付，不得因性別或性傾向而有差別待遇；其工作或價值相同者，應給付同等薪資。請回答基於哪 5 種正當理由，不在此限？（10 分）

**參考答案** 基於年資、獎懲、績效或其他非因性別或性傾向因素之正當理由者。

第五題題目：請依勞動基準法規定，回答下列問題：

(一) 何謂童工？（2 分）

(二) 童工及 16 歲以上未滿 18 歲之人，不得從事哪 2 種性質之工作？（2 分）

(三) 童工不得於 1 天中哪一時間內工作？（2 分）

(四) 女工因健康或其他正當理由，雇主不得強制其於 1 天中哪一時間內工作？（2 分）

(五) 勞工之特別休假，因年度終結或契約終止而未休之日數，雇主應如何辦理？（2 分）

**參考答案** (一) 15 歲以上未滿 16 歲之受僱從事工作者為童工。

(二) 不得從事危險性或有害性之工作。

(三) 童工不得於午後 8 時至翌晨 6 時之時間內工作。

(四) 女工因健康或其他正當理由，不能於午後 10 時至翌晨 6 時之時間內工作者，雇主不得強制其工作。

(五) 勞工之特別休假，因年度終結或契約終止而未休之日數，雇主應發給工資。但年度終結未休之日數，經勞雇雙方協商遞延至次一年度實施者，於次一年度終結或契約終止仍未休之日數，雇主應發給工資。<107.1.31 新規定>

第六題題目：王安是超市收銀員，他覺得目前的工作很好，每天吹冷氣，大部分時間客人不多、工作不忙；但王安的主管對他不太滿意，希望他去考個會計證照，可以額外幫忙會計業務。請根據工作調適理論的滿意指標或滿意度（satisfactoriness）、滿意感受或滿足感（satisfaction）、辭職傾向、被解僱傾向等向度，從雇主及王安本人各 2 種向度來說明上述向度的高或低？（每項 2.5 分，共 10 分）

**參考答案** 工作調適理論工作的強調二個向度：第一個向度為滿意度，指對個人自身工作（工作需求與工作價值觀）之滿意程度。第二個向度為滿意指標，指個人能力能滿足工作要求的情形。這二個向度具有交互作用，它是一種持續、動態的過程，在這個過程中，工作者不斷尋求並完成及維持和工作環境之間的調和性。

(一) 對王安的主管而言，重視學習力，因而要求王安未來能幫忙會計業務，盡速可取會計證照，不希望王安僅安逸於收銀員的工作。因此，王安若安逸於現狀，從工作調適理論解釋主管對王安滿意指標或滿意感受應是滿意指標低、滿意感受低，王安可能會有被解僱的傾向。

(二) 對王安而言，目前超市收銀員的工作覺得輕鬆，工作壓力不多，因此王安對收銀員工作滿意感受高；但是超市收銀員不需要太多能力就可以勝任，然而目前零售商繼續推動無人超市，利用臉部辨識進行消費和結帳之商業模式發展下，王安的工作隨時都可被科技取代，王安目前工作能力無法因應環境變化能力需求。目前王安屬於滿意指標低、滿意感受高的情況，如果不進行調適，王安可能會離職或有被解僱的危機。

第七題題目：小芬在 A 公司工作了五年，最近因故失業了，她希望運用政府提供的就業資源來幫助自己度過此一失業危機。請列出政府對失業者提供的相關就業促進的措施或津貼協助，任舉 5 項。（每項 2 分，共 10 分）

**參考答案** 根據就業保險促進就業實施辦法第 3 條規定，促進就業措施之範圍包括，㈠僱用安定措施、㈡僱用獎助措施以及㈢其他促進就業措施。所謂「其他促進就業措施」包括有 1. 補助求職交通、異地就業之交通、搬遷及租屋費用。2. 推介從事臨時工作。3. 辦理適性就業輔導。4. 協助雇主改善工作環境及勞動條件。5. 促進職場勞工身心健康、工作與生活平衡。6. 促進職業災害勞工穩定就業。

第八題題目：明仁在求職之前，做了興趣測驗。他遇到一位未受過職涯專業訓練的解測人員。這位解測人員提供明仁 3 個數字，並以此數值作為唯一資料，解釋明仁的能力偏低，並在明仁不知情的情況下，將他的測驗分數公告周知，導致明仁將興趣解讀為能力，並對自己失去信心，也擔心個資外洩。請您根據上述案例，寫出使用或解釋測驗分數應注意的原則 4 項。（每項 2.5 分，共 10 分）

**參考答案** 測驗結果的解釋應謹慎並注意原則，避免誤用造成受測者受到傷害。

㈠ 應瞭解測驗的性質與功能：各測驗具有其編制目的及獨特功能，測驗施測者應瞭解標準化和測驗信效度與常模是否適當，才能進行施測。

㈡ 測驗分數保密原則：測驗分數屬於個人資料，不應公開給予其他無關人員，以免對受測者造成不良影響。

㈢ 分數解釋應參考其他資料：單一測驗分數不足以代表所有結果，應參考相關資料與數據進行綜合研判。

㈣ 態度應謹慎小心：對於分數之解釋態度要誠懇，用詞要委婉，避免有強烈的批判字眼，以免打擊受測者。

㈤ 解釋分數只做建議，可信範圍亦受限，切勿依此做決定：測驗分數雖能預測受測者表現情形，但在無其他經驗性資料做參考前，應避免依此為受測者做決定。

第九題題目：溝通是人與人之間分享資訊、思想、情感的歷程，聽覺障礙求職者由於受限於聽力及語言表達能力，常有溝通的困難，因此多元的溝通方式是非常重要的，請任列 4 種與聽覺障礙求職者常用的溝通方式。（每項 2.5 分，共 10 分）

**參考答案** ㈠ 手語：一種視覺性語言，將所有語音化為手勢，有特定的形式（手形、句構）及語意，再加上面部表情或肢體動作。

㈡ 口語：教導聽障者利用殘存聽力，運用讀話技術接受外來的訊息，再利用視覺觸覺及殘存聽力學習說話表達自己。

㈢ 綜合溝通法：合併口語及手語，充份利用聲音、唇形及手語將訊息傳給聽障生，讓在溝通過程中，聽覺、視覺達到相輔相成。

㈣ 筆談：以日常生活經驗及將來在社會上生活可能遭遇事務為範圍，增進聽障者與一般人從事語文溝通的能力。方法除使用紙筆書寫外，尚可採取手指在空中拼字或寫字「空書」，以及用手指在掌心寫字的「畫掌法」等型式。

第十題題目：李開復（2016）推測未來 10 年，以 AlphaGo 為代表的新人工智慧（AI，Artificial Intelligence）可能造成約 50％的白領智慧工作者失業。請回答下列有關就業市場資訊蒐集與分析運用統計方法的相關問題：

㈠ 全球已歷經 3 次工業革命，時至今日，大數據、物聯網、智能機器人等技術的興起，正掀起再次的工業革命，即是智慧製造，簡稱為：「工業 3.0」或「工業 4.0」？（2 分）

(二) 密度比例法（the density quotient method）係常用的人力需求推計方法之一。例如，以醫師（白領智慧工作者）與人口比例推估醫師需求。一般而言，此方法的優缺點：

1. 優點是：計算簡單或計算複雜？（2分）

2. 缺點是：僅適用於少數技術性職類或少數行政性質職類？（2分）

(三) 時間數列（time series）是依時間發生先後順序，排列的一群性質相同的統計資料，一般而言：

1. 影響其變動的成分主要有4個：長期趨勢、季節變動、循環變動、不規則變動。其中季節變動是所有週期變動中最主要的一種，其變動幅度週期恰為1年或3年？（2分）

2. 假設醫師勞動力在某季的失業人數有25,000人，且若已知該季的季節指數為125，則得知在不受季節變動影響下，該醫生勞動力在該季的失業人數應僅有20,000人或25,000人？（2分）

參考答案 (一) 工業4.0。

(二) 1. 優點是簡單。

2. 缺點是適用於少數技術性職類人力需求推估。

(三) 1. 1年。季節變動是指由自然條件、生產條件和生活習慣等因素的影響，隨著季節的轉變而呈現的周期性變動。這種周期通常為1年，有規律性，逐年同月（或季）有相同和大致相同的變化幅度。

2. 20,000人。公式為季節指數（％）=（歷年同季平均數／趨勢值)*100％。亦即，125=（25,000人/X)*100％，X=20,000人。

# 107年度第二梯次就業服務乙級技術士技能檢定術科測試試題

第一題題目：甲為電子科技公司之裝配作業員，於公司工作滿 1 年後分娩，並於小孩滿 1 歲時向雇主申請育嬰留職停薪，請回答下列問題：

(一) 公司在訂單旺季，須請甲加班時，依 107 年 3 月 1 日施行之勞動基準法規定，其延長之工作時間（加班）1 個月不得超過 46 小時，但經工會或勞資會議同意後，延長之工作時間，1 個月不得超過幾小時？（1 分）每 3 個月不得超過幾小時？（1 分）

(二) 甲於分娩後，依勞工保險條例規定，按其平均月投保薪資一次給與生育補助費多少日？（2 分）

(三) 公司依勞工退休金條例規定，應為甲每月負擔提繳不得低於工資百分之 6 退休金，而勞工亦得在每月工資百分之多少範圍內，自願提繳退休金？（2 分）

(四) 甲向公司申請育嬰留職停薪，依性別工作平等法規定，期間至該子女滿 3 歲止，但最長不得逾幾年？（2 分）

(五) 甲同意公司對其個人資料加以蒐集或處理，但公司因未採取適當之安全措施，致甲之個人資料遭不法利用而侵害甲之權利，依個人資料保護法規定，公司應對甲負何種責任？（2 分）

**參考答案** (一) 延長之工作時間，1 個月不得超過 54 小時，每 3 個月不得超過 138 小時。
(二) 60 日。
(三) 6%。
(四) 2 年。
(五) 損害賠償。

第二題題目：王大明 107 年 5 月 1 日始滿 45 歲，其自 100 年 1 月 1 日起任職於甲公司，107 年 1 月 1 日因甲公司經營不善關廠而被資遣退保後，截至目前仍失業中，請依就業服務法及就業保險法規定，回答下列問題：

(一) 王大明至公立就業服務機構求職，是否需要繳交登記費及介紹費？（1 分）又公立就業服務機構首先會提供就業諮詢的服務，再依就業諮詢結果或職業輔導評量，提供推介就業等服務，請說明其中 3 項服務項目為何？（3 分）

(二) 王大明經勞動部勞工保險局審查符合失業給付請領條件，請問依規定最長可以請領幾個月？（2 分）如他於失業給付請領期限屆滿前受僱工作，並參加就業保險滿 3 個月，得向勞動部勞工保險局申請何種津貼？（2 分）又此津貼給付的標準為何？（2 分）

**參考答案** (一) 1. 否，以免費為原則。
2. 職業訓練、技能檢定、創業輔導、進行轉介或失業認定及轉請核發失業給付。
(二) 1. 王大明 107 年 1 月 1 日因甲公司經營不善關廠而被資遣退保，且退保時已年滿四十五歲，最長發給九個月。
2.(1) 提早就業獎助津貼。(2) 得向保險人申請，按王大明尚未請領之失業給付金額之 50%，一次發給。

第三題題目：依就業服務法規定，本國雇主於第一次聘僱外國人從事家庭看護工作或家庭幫傭者，應於申請聘僱或接續聘僱許可前參加聘前講習。請回答下列問題：

(一) 聘僱家庭看護工之雇主無法參加聘前講習，得由與被看護者具有何種關係者，且共同居住或代雇主對家庭看護工行使管理監督地位之人參加，請依「雇主聘僱外國人從事家庭看護工作或家庭幫傭前講習實施辦法」敘明其中3種與被看護者身分之關係？（6分）

(二) 聘前講習辦理方式除可以預約方式至直轄市或縣（市）政府所指定場所，參加10人以上之團體講習外，還有哪2種方式辦理？（4分）

參考答案 (一) 配偶、直系血親、三親等內之旁系血親或一親等之姻親、祖父母與孫媳婦或祖父母與孫女婿、雇主為被看護者時，受其委託處理聘僱管理事務之人。

(二) 網路講習、臨櫃講習。

第四題題目：甲君是肢體障礙者，無任何眷屬，經過某就業中心職訓諮詢後，推介參加6個月期之全日制工業設計資訊職類訓練，依法他可以申請職訓生活津貼。請回答下列問題：

(一) 假設甲君符合就業保險給付資格，且就業保險退保之當月起前6個月平均月投保薪資是新臺幣3萬元，依法甲君全部可以申請多少職業訓練生活津貼？（5分）

(二) 假設甲君未具有就業保險身分，依據就業服務法令規定，申領該法令之職業訓練生活津貼，依法甲君全部可以申請多少職業訓練生活津貼？（5分）

參考答案 (一) 30,000元×60%（受訓期間每月按其平均月投保薪資60%發給）×6個月=108,000元。

(二) 22,000元（107年之基本工資水準為例）×60%×6個月=79,200元。

第五題題目：甲公司因業務緊縮擬解僱勞工，請依大量解僱勞工保護法及勞資爭議處理法，回答下列問題：

(一) 解僱情形如屬「大量解僱勞工」，事業單位應於符合規定情形之日起幾日前，將解僱計畫書通知主管機關及相關單位或人員，並公告揭示？（2分）又依前項規定，應通知哪3種相關單位或人員，請依順位依序回答？（3分）

(二) 被解僱勞工如認解僱為非法，而生勞資爭議，此種勞資爭議係屬權利事項或調整事項之勞資爭議？（2分）該勞資爭議得依勞資爭議處理法所定之哪3種程序處理之？（3分）

參考答案 (一) 60日。

1. 事業單位內涉及大量解僱部門勞工所屬之工會。
2. 事業單位勞資會議之勞方代表。
3. 事業單位內涉及大量解僱部門之勞工。

(二) 1. 權利事項。2. 調解、仲裁、裁決。

第六題題目：請依我國身心障礙者就業服務相關法令規定，請列出 5 項就業安置（模式）資源？
（10分）

**參考答案** 1. 支持性就業服務型態：身心障礙者經職業輔導評量單位評量後，符合支持性就業服務對象者，可提供個別或群組服務模式。

 (1) 個別服務模式：由就業服務員以一對一個別服務方式，協助身障者在競爭性職場就業。

 (2) 群組服務模式：就業服務員以每組至少三人服務方式，協助身障者在競爭性職場就業。

2. 庇護性就業服務型態：身心障礙者經職業輔導評量單位評量後，不符合支持性就業服務對象者，由職業重建（就業轉銜）窗口轉介其他適合單位接受服務。

 (1) 經職業輔導評量後符合資格者，派案至適合的庇護工場，庇護工場評估適合者予以進用；不符合者，由職業重建窗口轉介其他適合單位接受服務。

 (2) 庇護工場依業務需要設置主管人員、專業人員或營運人員等，提供現場協助及輔導。庇護工場提供庇護性就業身心障礙者庇護支持、就業轉銜及相關服務，工場設施依身心障礙者需要，提供無障礙環境。

3. 庇護性職場見習：對具有就業意願，但就業能力不足，短期內無法進入競爭性就業市場或庇護職場就業的身心障礙者，經直轄市、縣（市）政府職業重建個案管理員推介後進入庇護工場職場見習，並以擬進入庇護工場就業者優先。見習期間，提供其庇護職場適應學習、工作技能訓練、就業轉銜及資源協助等相關服務。

4. 居家就業：協助無法久坐或外出、不易進入一般性職場或無法自行創業，但可在他人協助下，於家中工作的身心障礙者可以更順利進入職場。服務模式有二種：

 (1) 具有專業生產能力但尚無法創業之中、重度以上身心障礙者，由承辦單位以團隊方式協助提升其專業、行銷、管理能力，以成立個人工作室或創業為目標。

 (2) 對尚未具備至一般就業市場就業能力，且因行動限制、雇主僱用意願不高而無法就業者，協助尋找企業合作，以僱用、勞務承攬或外包方式，提供全職或兼職在家工作機會。

5. 身心障礙者創業輔導：受僱就業之外提供另一種服務，如創業輔導服務、身心障礙者創業貸款利息補貼、自力更生創業補助、創業諮詢、創業指導、創業知能研習等。

第七題題目：小花因求職困擾前去公立就業服務機構尋求就業諮詢，晤談一開始，如果就業諮詢人員雙手交叉抱胸、身體後傾，談話時，還會分心看看天花板甚至檢查自己的手機簡訊，與小花的眼神接觸不多。小花說：「我不知道自己怎麼了，今天來這裡，也很怕浪費你的時間，⋯⋯」，就業諮詢人員很快打斷小花，說：「你只要講重點就好了」，晤談結束時對小花說：「不要想太多」。整個晤談過程，就業諮詢人員選擇自己有興趣的部分做回應，雖然聽了小花所說的話，但沒有真正掌握小花內心的想法。請你根據上述敘述，分別列舉促進積極傾聽在非口語行為與口語行為應注意的原則各 2 項。（每項 2.5 分，共 10 分）

**參考答案** 積極傾聽功能在於建立案主的自信與自我負責的人生態度，同時培養思考溝通及解決問題的能力。而積極傾聽三要素為尊重、信任、言語正向。因此在非口語行為應注意的原則，正視對方、身體前傾、眼神接觸，用耳、眼、心並用地聽案主的每一個訊息。口語行為應注意採用正向情緒言語為原則，可採基本鼓勵及開放性問句，讓案主感受到你願意且一直與案主同在、協力合作。

第八題題目：阿文即將自大學畢業，為尋找適合的工作，特定上台灣就業通網站搜尋相關的就業市場資訊，以便能順利返鄉就業。請回答下列問題：

㈠ 就業市場區域的劃分標準，有的從地理因素上考量，有的從行政因素上考量，或者從經濟、社會、政治等因素上考量。目前勞動部以行政因素劃分的就業市場區域，例如以北部地區為例，有北基宜花金馬區，另外還有哪 4 個區域？（4分）

㈡ 針對各界不同的需要，以及各地區不同的特性，就業市場資訊的彙編，即應以滿足求職人、雇主或其他應用者的需要為導向。請任舉 4 個就業市場資訊應包括的項目。（4分）

㈢ 由公立就業服務機構編印，以時間序列定期報導之就業市場報告，任舉 2 種？（2分）

参考答案 ㈠ 桃竹苗、中彰投、雲嘉南、高屏澎東。
㈡ 1. 人口結構資料、2. 全國經濟變動資料、3. 地區性工商活動報導、4. 教育統計資料、5. 人力資源資料、6. 職業訓練訊息、7. 求職求才訊息、8. 勞動條件資料、9. 職業指導資料報導、10. 技能檢定消息、11. 新職類特徵報導、12. 有關法令增修報導。
㈢ 就業市場月報、就業市場分析季報。

第九題題目：為了增進求職者阿菊對自己職能表現的瞭解，諮詢人員決定實施測驗，他找到 A、B、C 等 3 份職能測驗。首先，諮詢人員查看測驗的內部一致性係數值：「A 測驗」為 0.5、「B 測驗」為 0.9、「C 測驗」也是 0.9；其次，查看因素分析的解釋變異量：「A 測驗」為 23%、「B 測驗」為 56%、「C 測驗」為 33%；最後檢視參照團體，「A 測驗」採便利抽樣（convenience sampling），在 1990 年建立常模、「B 測驗」採隨機抽樣，在 2015 年建立常模、「C 測驗」採便利抽樣，在 2017 年建立常模。如果你是這位諮詢人員，請根據上述敘述內容重點，請回答下列問題：

㈠ 寫出良好品質的測驗應具備的 3 個要素？（6分）

㈡ 這 3 測驗中，寫出哪 1 份測驗的品質最適切？（4分）

参考答案 ㈠ 信度、效度及常模。
㈡ B 測驗。

第十題題目：在生涯服務過程中，生涯專業人員應尊重當事人的下列權益：(A) 自主權：尊重並促進服務對象的自我決定權，(B) 受益權：以促進服務對象福祉為服務之優先考量，(C) 免受傷害權：避免倫理或利益衝突，以避免傷害當事人，(D) 公平待遇權：基於社會公平、社會正義，而促進服務對象獲得均等服務的權利，(E) 忠誠保密權：保守業務秘密，尊重當事人重視隱私權利。但在實際服務過程中，往往會面臨上述權利之間的衝突，請針對下列情境，依據上開定義說明，就服人員面臨哪 2 項權利的衝突？寫出 A、B、C、D、E 代碼或名稱均可。

㈠ 小藍 20 歲，上個月因為常常晚上打電玩以致上班遲到或打瞌睡被辭退，他來到公立就業服務機構，要求做求職登記，並且說：「現在的工作都不好賺，事一堆、錢一點，你也不用給我介紹什麼工作了，14 天之後給我開證明領錢就好」。如果就服人員判斷小藍真正想要的應該不是求職，而是申請失業給付，也就未積極幫小藍找工作。請說明：

1. 這位就服人員照顧到上述哪 1 項權利？為什麼？(2.5 分)

2. 這位就服人員如果也能照顧上述哪 1 權利將可以更周延照顧小藍的權益？為什麼？(2.5 分)

㈡ 小黃 30 歲，從青春期開始就飽受躁鬱症之苦，上個月因為工作壓力大而離職之後，鬱症發作，常有自殺念頭。但小黃還是強打精神找工作，並懇請就服人員不要跟任何人說起他的自殺念頭。如果就服人員了解小黃迫切需要工作才能繳房租、吃飯，就沒有跟任何人提到小黃的自殺念頭，也未積極建議小黃尋求自殺防治的專業協助。請說明：

1. 這位就服人員照顧到上述哪 1 項權利？為什麼？(2.5 分)

2. 這位就服人員如果也能照顧上述哪 1 項權利將可以更周延照顧小黃的權益？為什麼？(2.5 分)

**參考答案** ㈠ 1. 如果就服人員判斷小藍真正想要的應該不是求職，而是申請失業給付，也就未積極幫小藍找工作，是照顧到小藍的自決權 (A)，因為尊重其自我決定。

2. 就服人員應依據就業保險法，告知小藍失業給付之條件的受益權 (B)，協助小藍作出最符合自己利益的決定。

㈡ 1. 就服人員了解小黃迫切需要工作，沒有跟任何人提到小黃的自殺念頭，是尊重小黃當事人隱私權利，亦即忠誠保密權 (E)。

2. 就服人員應可選擇避免讓小黃受到傷害、生命安全，澄清小黃免受傷害權 (C) 重於個人隱私。

# 107年度第三梯次就業服務乙級技術士技能檢定術科測試試題

第一題題目：請依就業服務法、雇主聘僱外國人許可及管理辦法相關規定，回答下列問題：

（一）依就業服務法第 48 條規定，雇主聘僱外國人工作，應檢具有關文件，向中央主管機關申請許可。但雇主聘僱與在中華民國境內設有戶籍之國民結婚且獲准居留之外國人，不須申請許可；惟雇主聘僱前，應核對該外國人哪一文件及哪一資料正本？（4分）

（二）依就業服務法第 52 條規定，受聘僱之外國人於聘僱許可期間無違反法令規定情事而因聘僱關係終止、聘僱許可期間屆滿出國或因健康檢查不合格經返國治療再檢查合格者，得再入國工作。但從事就業服務法第 46 條第 1 項第 8 款至第 10 款規定工作之外國人，其在中華民國境內工作期間，累計不得逾 12 年。前開規定已取消外國人須出國 1 日再入國之規定，請問：

1. 從事就業服務法第 46 條第 1 項第 8 款至第 10 款規定工作之外國人聘僱許可將期滿，雇主有繼續聘僱之必要，應於其聘僱許可有效期間屆滿前哪一期間內，檢附申請書及應備文件，向中央主管機關申請期滿續聘許可？（2分）

2. 承上，如無繼續聘僱該外國人之必要，也應於前開所詢期間內，檢附申請書及應備文件，向中央主管機關申請哪一作業程序？（2分）

（三）雇主申請聘僱外國人，依勞動部公告採網路傳輸方式申請者，申請文件書面原本應自行保管至少幾年？（2分）

参考答案（一）外僑居留證及依親戶籍資料正本。

（二）1. 依雇聘辦法第 28-3 條規定，應於聘僱許可有效期間屆滿前二個月至四個月內，申請續聘許可。

2. 申請期滿轉換。

（三）五年。

第二題題目：甲為醫院之護理人員，為照顧病患，工作採輪班制，每週更換班次，請回答下列問題：

（一）依勞動基準法規定，輪班更換班次時，至少應有連續 11 小時之休息時間。但因哪 2 種事由，經中央目的事業主管機關商請中央主管機關公告者，得變更休息時間不少於連續 8 小時？（4分）

（二）甲因生理日致工作有困難，依性別工作平等法規定，每月得請生理假 1 日，全年請假日數未逾多少日者，不併入病假計算？（2分）

（三）醫院（雇主）依勞工退休金條例規定，應為甲按月負擔提繳不得低於工資百分之 6 退休金，儲存於勞保局設立之勞工退休金個人專戶，而該勞工退休基金除作為哪 2 項之用外，不得扣押、供擔保或移作他用？（4分）

参考答案（一）因工作特性或特殊原因。

（二）3 日。

（三）勞工退休基金除作為給付勞工退休金及投資運用之用外，不得扣押、供擔保或移作他用。

第三題題目：甲自高中畢業後為習得一技之長，至公立職業訓練機構參加職業訓練，結業後報名
技術士技能檢定取得技術士證，並透過公立就業服務機構推介至某事業單位就業，
請回答下列問題：

(一) 事業單位進用技術性職位之人員甲，依職業訓練法規定，取得乙級技術士證者，
得比照哪一層級學校畢業程度遴用？（2分）取得甲級技術士證者，得比照哪一層
級校院以上畢業程度遴用？（2分）

(二) 事業單位應為所僱用人員甲投保勞工保險，依勞工保險條例規定，被保險人或其
受益人或其他利害關係人，為領取保險給付，故意造成保險事故者，勞工保險局
除給與哪一津貼外，不負發給其他保險給付之責任？（2分）

(三) 公務機關或非公務機關違反個人資料保護法規定，致甲之個人資料遭不法蒐集、
處理、利用或其他侵害當事人權利者，負損害賠償責任。該損害賠償，除依個人
資料保護法規定外，公務機關適用哪一法律之規定？（2分）非公務機關適用哪一
法律之規定？（2分）

**參考答案** (一) 職訓法第 34 條，進用技術性職位人員，取得乙級技術士證者，得比照專科學校畢業程度
遴用；取得甲級技術士證者，得比照大學校院以上畢業程度遴用。

(二) 喪葬津貼。

(三) 公務機關適用國家賠償法之規定，非公務機關適用民法之規定。

第四題題目：甲公司因國際貿易市場景氣影響而業務緊縮，擬解僱勞工。請回答下列問題：

(一) 依大量解僱勞工保護法規定，解僱如屬大量解僱勞工情形，在無天災、事變或突
發事件情況下，甲公司逾 60 日仍未將解僱計畫書通知主管機關及相關單位或人
員，並公告揭示。對甲公司違法行為，依該法第 17 條規定，主管機關可採取哪 3
種行政處分？（6分）

(二) 依勞資爭議處理法規定，上開解僱如滋生勞資爭議，勞資雙方應本哪 2 種原則，
解決勞資爭議？（4分）

**參考答案** (一) 甲公司違反規定，處新臺幣 10 萬元以上 50 萬元以下罰鍰，並限期令其通知或公告揭示；
屆期未通知或公告揭示者，按日連續處罰至通知或公告揭示為止。

(二) 勞資雙方當事人應本誠實信用及自治原則，解決勞資爭議。

第五題題目：甲為大學應屆畢業生，希望能至科技公司擔任工程師，但住家附近並無相關職缺，
經公立就業服務機構諮詢後推介至新竹某科技公司順利錄取上班，因距離住家超過
30 公里未滿 50 公里，公立就業服務機構協助其申請跨域就業補助。請依青年跨域就
業促進補助實施辦法規定，回答下列問題：

(一) 甲如決定通勤，則其得申請哪一種跨域就業補助？（2分）依該辦法之補助標準為
每個月可領新臺幣多少元及最長可領多少個月？（2分）

(二) 甲如決定搬至新竹居住，則其得申請哪 2 種跨域就業補助？（2分）依該辦法之補
助標準最高各可領新臺幣多少元？（4分）

**參考答案** (一) 1. 異地就業交通補助金。

2. 就業地點與原日常居住處所距離 30 公里未滿 50 公里者，每月發給新臺幣 1,000 元，最長發給 12 個月。

(二) 1. 搬遷補助金、租屋補助金。

2. 搬遷補助金補助標準最高新臺幣 3 萬元；租屋補助金補助標準每月最高發給新臺幣 5,000 元，最長 12 個月。

第六題題目：請先閱讀小故事，再根據 Krumboltz 的生涯社會學習論回答問題。

（故事 A）(a-1) 小如愛看電視的美食節目，因為片中主廚戴著高帽子，非常帥氣，端出來的美食更是色香味俱全。小如因此學到：(a-2) 廚師世界充滿各種精緻美好的事物。

（故事 B）(b-1) 小如很喜歡上家政課，他的烹調作品總是受到老師同學的稱讚。小如因此學到：(b-2) 自己具有烹調方面的興趣和能力。

（故事 C）(c-1) 跟小如一起進餐廳工作的小華，最近考上中餐烹調丙級技術士證照，馬上被加薪。小如因此學到：(c-2) 在餐飲界工作，要努力考上證照才有好前途。

（故事 D）(d-1) 小如在做獅子頭的時候，突發奇想，在碎肉中加點義大利香料沒想到獲得客人好評，師傅因此誇小如有天分。小如因此學到：(d-2) 自己具有發展出新食譜的創造力。

(一) 影響個人生涯發展的學習經驗包括聯結學習（associative learning）、工具性學習（operational learning）兩種，請逐一說明：A、B、C、D 四則小故事分別代表哪一種學習經驗？（8 分）

(二) 個人會在學習經驗中學到自我觀察的推論（self-observation generalization）或世界觀的推論（world-view generalization），請問 (a-2)、(b-2)、(c-2)、(d-2) 這四段描述之中，(1) 何者屬於自我觀察推論？請寫出 1 個。(2) 何者屬於世界觀推論？請寫出 1 個。（請用上述所列之 (a-2)、(b-2)、(c-2)、(d-2) 代碼作答）（2 分）

**參考答案** (一) 聯結學習包含觀察學習和古典制約兩個類型，故 A 故事、C 故事較屬之。工具性學習包括前因、行為、後果三個重要的成因，故 B 故事、D 故事較屬之。

(二) 自我觀察的推論是指個人對自己的看法與評估。世界觀的推論是指個體對工作世界的看法。因此，較屬於自我觀察的推論為 (b-2)、(d-2)；較屬於世界觀的推論為 (a-2)、(c-2)。

第七題題目：甲與乙是大學畢業的新鮮人，二人想找工作，但是又不知道要找什麼工作，便相約到公立就業服務機構尋求協助，經過就業服務人員丙提供相關的專業諮詢服務，請回答下列問題：

(一) 丙發現二人的情緒狀態及自我概念如下：1. 甲屬於「常面帶微笑愉快心情」，及「不瞭解自己，且別人也不瞭解他」的情況。2. 乙屬於「略顯有點焦慮」，及「不瞭解自己，而別人瞭解他」的情況。如果依據「正、負向情緒狀態」，及「周哈里窗」的 4 個自我概念分析。請問：甲與乙分別屬於下表的哪一種情緒狀態及自我概念？（4 分）

| 狀態及概念 | 選項 | | | |
|---|---|---|---|---|
| 情緒狀態 | A. 正向情緒狀態 | | B. 負向情緒狀態 | |
| 「周哈里窗」的 4 個自我概念 | A. 盲目我／已矇我（blind spot） | B. 隱藏我（façade） | C. 未知我／封閉我（unknown） | D. 開放我（arena） |

(二) 二人經過職業心理測驗結果如下：

1. 甲在「基氏人格測驗量表」(the guilford martin personality inventory) 方面，是個「情緒安定、社會通識良好、不活動內向」的人格。請問甲是該測驗的 5 種人格類型（如下表）的哪一種類型？（1 分）

| 基氏人格測驗量表的 **5** 種人格類型 | | | | |
|---|---|---|---|---|
| A 型／「平均型」(average type) | B 型／「暴力型」(blacklist type) | C 型／「鎮靜型」(calm type) | D 型／「指導型」(director type) | E 型／「怪癖型」(eccentric type) |

2. 乙在「工作價值觀量表」(work value inventory) 方面，是個「樂於助人」的工作價值觀者。請問乙是該測驗的 2 種價值觀類型（如下表）的哪一種類型？（1 分）

| 「工作價值觀量表」的 **2** 種價值觀類型 | |
|---|---|
| 「利他主義」者 | 「利己主義」者 |

3. 在「職業探索量表」(the vocational self-directed search inventory) 方面：(1) 甲是個「喜歡觀察、研究、分析和解決問題」職業趨向類型者，(2) 乙是個「喜歡聽從指示，完成細瑣工作」職業趨向類型者。請問他們 2 個人分別是該測驗的 6 種類型（如下表）的哪一種類型？（2 分）

| 「職業探索量表」的 **6** 種職業趨向類型 | | | | | |
|---|---|---|---|---|---|
| 「實用 (R)」 | 「研究 (I)」 | 「藝術 (A)」 | 「社會 (S)」 | 「企業 (E)」 | 「事務 (C)」 |

4. 在「工作氣質測驗（個人工作態度問卷）」(the working temperament scale/the personal work aptitude questionnaire) 方面，(1) 甲是個「獨處性高」氣質者；(2) 乙是個「影響力大」氣質者。請就下表任選出比較適合他們的典型職業或工作名稱各 1 個？（2 分）

| 相關氣質之典型職業或工作名稱 | | | |
|---|---|---|---|
| A. 傳教士 | B. 實驗室工作者 | C. 諮商員 | D. 貨車駕駛員 |

**參考答案** (一) 甲屬於表中正向情緒與 C. 未知我／封閉我（unknown）；乙屬於負向情緒狀態與 A. 盲目我／已矇我（blind）。

(二) 1. 甲是 C 型「鎮靜型」(calm type)。

2. 乙是「利他主義」者。

3. 甲是「研究 (I)」型；乙是「事務 (C)」型。

4. 甲為 D. 貨車駕駛員；乙為 A. 傳教士。

第八題題目：我國國家發展委員會與行政院主計總處每月都會分別公布「景氣指標及對策信號」
及「人力資源調查統計結果」，說明景氣與人力運用狀況，請回答下列問題：

　　㈠ 假設國家發展委員會公布：某年月臺灣地區景氣對策信號為「黃藍燈」，則此信號
　　　 所代表的景氣意義為何？（1分）

　　㈡ 假設行政院主計總處公布：某年月臺灣地區 15 歲以上民間人口為約 2,012 萬 4 千
　　　 人，勞動力參與率為 58.92％，其中第三級（服務業）、二級（工業）、一級（農、
　　　 林、漁、牧業）產業（行業）的就業人數，分別居於第一、第二題題目： 三位；
　　　 失業率為 3.70％，請就下表的統計數字判讀，何者為 1. 勞動力人數 2. 就業人數
　　　 3. 第一級產業（行業）人數 4. 第二級產業（行業）人數 5. 第三級產業（行業）人
　　　 數 6. 失業人數 7. 非勞動力？（可用英文字母代號作答）（7分）

| A.559 千人 | B.826 萬 7 千人 | C.43 萬 9 千人 | D.1,141 萬 8 千人 |
|---|---|---|---|
| E.1,185 萬 7 千人 | F.4,078 千人 | G.6,781 千人 | H.0.78 |

　　㈢ 承前開 2 項的現象，除了特殊狀況外，一般而言求供倍數與失業率及就業率，比
　　　 較會呈現何種關係？（2分）

**參考答案** ㈠ 黃藍燈表示景氣欠佳，亦為注意性燈號，均宜密切注意其後續之景氣動向，而適時採取因
　　　應措施。

　　㈡ 1. 勞動力人數為 E 、2. 就業人數為 D 、3. 第一級產業（行業）人數為 A 、4. 第二級產業
　　　（行業）人數為 F 、5. 第三級產業（行業）人數為 G 、6. 失業人數為 C 、7. 非勞動力為
　　　 B。

　　㈢ 求供倍數與失業率呈現負向關係，求供倍數與就業率呈現正向關係。

第九題題目：最近大明與阿德二人因失業問題至公立就業服務機構求助。大明提及自己原有的工
作技術被公司新採用的機器人取代，但新的技術又學不來。阿德表示自己的工作受
季節性材料原料影響，常常失業。經由就業服務人員的引導與關懷，二人漸能敞開
心扉，分享自己的故事。諮詢中，就業服務人員使用情感反映，對著大明與阿德說：
「從你們的表情以及訴說的事情內容，我可以感受到諸多壓力與擔心。換成是我處在
你們的處境，我也會感到焦慮與挫折」。諮詢過後，二人都體會到有負面情緒並不
代表自己就是壞的、不好的，進而願意進入內在經驗，檢視自己真正的感受與想法。
大明覺察自己會把失業的情緒壓力發作到比較沒有威脅性的子女身上；阿德則是隱
藏自己內心的焦慮，拒絕對家人承認自己有失業焦慮。覺察之後，二人在就業服務
人員持續的協助下，啟動許多改變行動，最後順利找到新的工作職務。請回答下列
問題：

　　㈠ 就失業類型來看，大明與阿德分別屬於哪一種失業類型？（4分）

　　㈡ 從佛洛依德（Freud）的防衛機轉（defense）概念來看，大明與阿德各使用了哪一
　　　 種防衛機制？（4分）

㈢ 根據上述就業服務人員對大明與阿德所做的情感反映話語內容，請列出覺察個案情感線索的來源與方法各 1 個？（2 分）

**參考答案**㈠ 大明屬於結構性失業（亦稱技術性失業）類型，阿德屬季節性失業。

㈡「大明覺察自己會把失業的情緒壓力發作到比較沒有威脅性的子女身上」屬於轉移作用。「阿德則是隱藏自己內心的焦慮，拒絕對家人承認自己有失業焦慮」屬於否認作用。

㈢ 就業服務人員使用「引導」技巧，讓當事人順利地表達自己的想法。情感線索的來源：「就業服務人員的引導與關懷，二人漸能敞開心扉，分享自己的故事。」亦使用「同理心」技巧，如「對著大明與阿德說：『從你們的表情以及訴說的事情內容，我可以感受到諸多壓力與擔心。換成是我處在你們的處境，我也會感到焦慮與挫折』。」

第十題題目：視覺功能障礙者的重建服務是頗特別的群組，往往需能整合職業重建服務及生活重建服務後，才能看到服務的成效。以明立為例，他是伴隨有輕度智障的重度視障者，居家生活可完全自理，但因視野小，有安全顧慮，不曾獨立外出至社區，不熟悉環境，不喜歡使用白手杖；特殊學校畢業結束前有取得丙級按摩技術士證，畢業後曾在按摩小棧工作幾日，即因與顧客言語互動不佳等原因而離職，已待業 3 年（在家待業時間久，與他人互動和手部用力操作機會少，以致能力退化），挫折感大，他希望能趕快就業，做什麼都好，按摩也可以。依上述的例子，請回答下列問題：

㈠ 依明立的需求，是否需要同時考量到職業重建服務及生活重建服務嗎？（2 分）

㈡ 請列出其可能需要的職業重建服務及生活重建服務各 2 項。（8 分）

**參考答案**㈠ 是，需要同時考量。生活重建目的讓其居家和社區活動具有盡可能獨立的能力；職業重建服務目的讓視障者上下班通勤、職場空間移動及工作機具上具有盡可能獨立的能力。

㈡ 1. 明立生活重建服務需求可能是：(1) 安排定向行動訓練，身心障礙者服務人員給予定向行動基本技能課程，起始點為住家到社區客運站牌。(2) 提供資訊溝通能力及輔具訓練。

2. 明立職業重建服務需求可能是：(1) 身心障礙者服務人員將明立同時轉介到該縣市職業重建個案管理人員，並告知個案目前無法從事按摩工作的困難在於怯於與顧客言語互動，提供職場環境定向行動訓練。(2) 因為明立表達可作按摩且有按摩師執照，但久未從業，按摩技術生疏，可提供職業輔導評量服務，針對按摩技術職評。

# 108年度第一梯次就業服務乙級技術士技能檢定術科測試試題

第一題題目：甲君為某房屋仲介公司之專業仲介員，某日客戶至公司洽談業務，對其性騷擾，請回答下列問題：

㈠ 依性別工作平等法規定，雇主於知悉性騷擾之情形時，應採取立即有效之哪 2 項措施？（4 分）

㈡ 依 107 年 11 月 21 日總統公布修正之勞動基準法第 54 條第 1 項規定，勞工除因有年滿 65 歲外，另有哪一情形，雇主始得強制其退休？（2 分）

㈢ 依勞工保險條例規定，被保險人因執行職務而致傷害不能工作，以致未能取得原有薪資，正在治療中者，自不能工作之第 4 日起，發給職業傷害補償費，每多久給付一次？（2 分）被保險人遭遇職業傷害，經勞工保險局自設或特約醫院診斷為永久失能，並符合失能給付標準規定發給一次金者，得按其平均月投保薪資，依規定之給付標準，增給百分之多少，請領失能補償費？（2 分）

參考答案 ㈠ 應採取立即有效之糾正及補救措施。

㈡ 身心障礙不堪勝任工作者。

㈢ 1. 每半個月給付一次。

2. 增給百分之五十。

第二題題目：甲君於大學畢業後進入某知名精密工具製造公司擔任技術員，該公司為增進在職技術員工專業技能與知識，以提高勞動生產力，自行辦理員工專業進修訓練，並鼓勵甲君結訓後參加技能檢定，請回答下列問題：

㈠ 依職業訓練法規定，事業機構辦理進修訓練，應於年度終了後幾個月內將辦理情形，報主管機關備查？（2 分）另中央主管機關辦理技能檢定之職類，依其技能範圍及專精程度，除不宜分級外，可分哪幾級？（2 分）

㈡ 依勞工退休金條例規定，甲君得在其每月工資百分之 6 範圍內，自願提繳退休金，其自願提繳部分，得自其當年度哪一所得總額中全數扣除？（2 分）另雇主提繳之金額，應每多久以書面通知勞工？（2 分）

㈢ 依個人資料保護法規定，甲君因公司違反規定致其個人資料遭不法蒐集、處理或利用，而侵害其權利者，其損害賠償請求權，自其知有損害及賠償義務人時起，因多久不行使而消滅？（1 分）另自損害發生時起，逾多久，亦同？（1 分）

參考答案 ㈠ 1. 年度終了後 2 個月內。

2. 分甲、乙、丙三級。

㈡ 1. 自當年度個人綜合所得總額。

2. 每月以書面通知勞工。

㈢ 1. 2 年。

2. 5 年。

第三題題目：依勞動部 107 年底統計資料顯示，雇主聘僱從事就業服務法第 46 條第 1 項第 8 款至第 10 款規定工作之外國人在臺人數，已突破 70 萬人。請依就業服務法回答下列問題：

(一) 基於國民工作權之保障，依就業服務法第 42 條規定，聘僱外國人工作，有哪 4 種不得妨礙之事項？(8 分)

(二) 本題之受聘僱外國人每年得引進總人數，依就業服務法第 52 條第 3 項規定，應依據什麼指標，由中央主管機關邀集相關機關、勞工、雇主、學者代表協商之？(2 分)

參考答案 (一) 不得妨礙本國人之就業機會、勞動條件、國民經濟發展及社會安定。

(二) 外籍勞工聘僱警戒指標。

第四題題目：報載甲私立就業服務機構知悉所引進之外籍看護工疑似遭受雇主性侵害，但未依就業服務法第 40 條第 1 項第 19 款規定通報相關單位處理，經主管機關處新臺幣 30 萬元罰鍰。請依就業服務法規定，回答下列問題：

(一) 該項通報應於知悉該情事多少小時內為之？(2 分)

(二) 該項通報之受理機關為哪 4 類？(8 分)

參考答案 (一) 24 小時內。

(二) 向主管機關、入出國管理機關、警察機關或其他司法機關通報。

第五題題目：甲君為符合請領就業保險給付資格的下肢障失業者，想了解政府對身心障礙者就業權益相關規定及相關資源，請依序依就業服務法第 5 條、就業保險促進就業實施辦法第 46 條及身心障礙者權益保障法第 33 條相關規定，回答甲君所詢下列問題：

(一) 請問我去面試時，如果雇主以我是身心障礙者為由而不錄用我，政府會對雇主罰新臺幣多少元的罰鍰？(2 分)

(二) 請問我去公立就業服務機構求職登記，公立就業服務機構會提供我哪 4 種適性就業輔導事項？(4 分)

(三) 請問我想申請職業重建之職務再設計的服務，是要向哪一主管機關申請？(2 分) 依規定除本人外，還有誰可提出申請？(2 分)

參考答案 (一) 30 萬元以上 150 萬元以下罰鍰。

(二) 職涯規劃、職業心理測驗、團體諮商與就業觀摩等適性就業輔導事項。

(三) 1. 各級勞工主管機關。

2. 得由身心障礙者本人或其監護人提出申請。

第六題題目：小資經高考分發服務於公立就業服務機構，由於近年來青年失業率一直居年齡組別首位，及就業機會開發與提升薪資不易，經主管指示，要利用歷年來的產業結構與經濟及勞動力供需等議題之「大數據（big data）」統計資料，運用統計方法推估預測發展趨勢，研擬如何有效的運用就業促進工具，建構該地區之「就業服務雲」。請回答下列問題：

㈠ 請任舉 2 個適用於建構「就業服務雲」大數據的技術。（2 分）

㈡ 假設相關機關機構公布：臺灣地區某年月景氣對策信號為「黃紅燈」，則此信號所代表的景氣意義為何？（1 分）

㈢ 假設相關機關機構公布：臺灣地區某年月民間人口之勞動力人數、勞動力參與率、三級產業（行業）就業人數、就業率、失業人數、失業率、求供倍數、武裝勞動、監管人口及非勞動力等人力資源統計資料，請指出：目前臺灣地區之人力資源調查對象不包括上述哪 2 種調查對象資料？（2 分）

㈣ 檢閱有關青年失業資料發現：近年日本「繭居族青年」（ひきこもり，Yiju youth）約 100 多萬人，似與過去所稱之「尼特族」和「啃老族」（Not-Education-Employment-Training，NEET）等名詞相仿，他們是不想工作也不願出門、不接受教育與職業訓練等人口族群，造成社會問題。請問：此類族群在我國行政院主計總處的「人力資源運用統計」的名稱為何？（1 分）近 5 年（103-107 年）來人數約多少人，下列何者正確？(1)10~13 萬、(2)14~17 萬、(3)18~21 萬。（2 分）

㈤ 任舉 1 個常運用歷年統計數據推估預測解釋力的主要統計方法為何？（2 分）

參考答案 ㈠ 分散式文件系統、互聯網。

㈡ 表示景氣活絡，宜密切注意其後續之景氣動向，而適時採取因應措施。

㈢ 武裝勞動力、監管人口。

㈣ 1. 想工作而未找工作者。

　　2. 答案為 (2)14~17 萬。

㈤ 回歸法。

第七題題目：請任舉 5 個「就業服務法」總則章所規範就業服務人員（含私立就業服務機構就業服務專業人員）的職業倫理？（10 分）

參考答案 1. 第 3 條　國民有選擇職業之自由。但為法律所禁止或限制者，不在此限。

2. 第 4 條　國民具有工作能力者，接受就業服務一律平等。

3. 第 5 條　（第 1 項）為保障國民就業機會平等，雇主對求職人或所僱用員工，不得以種族、階級、語言、思想、宗教、黨派、籍貫、出生地、性別、性傾向、年齡、婚姻、容貌、五官、身心障礙、星座、血型或以往工會會員身分為由，予以歧視；其他法律有明文規定者，從其規定。

　　第 5 條　（第 2 項）雇主招募或僱用員工，不得有下列情事：

　　　　1. 為不實之廣告或揭示。

　　　　2. 違反求職人或員工之意思，留置其國民身分證、工作憑證或其他證明文件，或要求提供非屬就業所需之隱私資料。

　　　　3. 扣留求職人或員工財物或收取保證金。

　　　　4. 指派求職人或員工從事違背公共秩序或善良風俗之工作。

　　　　5. 辦理聘僱外國人之申請許可、招募、引進或管理事項，提供不實資料或健康檢查檢體。

　　　　6. 提供職缺之經常性薪資未達新臺幣四萬元而未公開揭示或告知其薪資範圍。

4. 第 9 條　就業服務機構及其人員，對雇主與求職人之資料，除推介就業之必要外，不得對外公開。

5. 第 10 條 在依法罷工期間，或因終止勞動契約涉及勞方多數人權利之勞資爭議在調解期間，就業服務機構不得推介求職人至該罷工或有勞資爭議之場所工作。

第八題題目：阿國擔任會計工作 8 年，前 3 年在民宿，後 5 年在果菜市場，考量父母年紀邁入高齡，決定轉職至「醫療保健及社會工作服務業」，一方面可以跨領域體驗不同職場，另方面也能夠多加學習老人照護，藉此有更好的能力照顧父母。為此，阿國到公立就業服務機構求職，當天就業服務人員經查詢後，提供「醫院行政人員」以及「陪病人員」2 個工作機會，並向阿國說明各自的工作內容與薪資。請回答下列問題：

(一) 根據我國於民國 105 年第 10 次所修訂「行業標準分類」之大類分類包括：甲、住宿及餐飲業；乙、批發及零售業；丙、支援服務業；丁、農林漁牧業……等 19 大類，請回答：

1. 阿國前 3 年在民宿的會計工作是在哪一行業類別？(2 分)

2. 阿國後 5 年在果菜市場的會計工作是在哪一行業類別？(2 分)

(二) 根據我國於民國 99 年第 6 次修訂「職業標準分類」所屬職業類別包含：甲、專業人員；乙、技術員及助理專業人員；丙、事務支援人員；丁、服務及銷售工作人員……共 10 大類。請回答：

1. 「醫院行政人員」是屬於上述哪一職業類別？(3 分)

2. 「陪病人員」是屬於上述哪一職業類別？(3 分)

參考答案 (一) 1. 甲、住宿及餐飲業

2. 乙、批發及零售業

(二) 1. 丙、事務支援人員

2. 丁、服務及銷售工作人員

第九題題目：評量服務對象的工作潛能時，最主要的評量方式有四：(甲) 標準化心理測驗 - 在標準化情境，測量其心理特質；(乙) 工作樣本 - 以具體目的的操作性活動，模擬真實工作中所用到的工具、材料，及作業步驟；(丙) 情境評量 - 在真實或模擬的工作場所，評估者可操弄情境（如：工作數量、速度、態度等），有系統的觀察其工作相關能力；(丁) 現場試作 - 在真實的工作或生活環境觀察個體的功能，以判斷其在相似環境的潛能。請依據上述意涵，逐一歸類下列各小題的評量方式分屬於 (甲)、(乙)、(丙)、(丁) 之哪一類？（作答必須標示下列題號，並依題號順序逐一寫出 (甲)、(乙)、(丙)、(丁) 之代碼始給分）。（每小題各 1 分，共計 10 分）

(一) 服務對象被安排在障礙發生前的職場來評量，以瞭解回原職場的可能性。

(二) 「我喜歡做的事」量表。

(三) 配合在庇護工場上下班一天，評估服務對象的體力及交通的情形。

(四) 「傑考氏職前技能評估」。

(五) 「工作氣質測驗」。

(六) 安排服務對象在超商最忙時段工作一整天，觀察其忍受工作壓力的情形。

(七)「明尼蘇達手部操作測驗」。

(八) 服務對象被安排在未來可能工作的職場，以瞭解未來所需的職務再設計。

(九)「通用性向測驗」。

(十)「育成綜合工作能力評量」。

**參考答案** (一) 丁、(二) 甲、(三) 丙、(四) 乙、(五) 甲、(六) 丙、(七) 乙、(八) 丁、(九) 甲、(十) 乙。

第十題題目：小明 22 歲大學畢業後就結婚了，由妻子負責經濟重擔，他則處理家務以及擔任網路經營者（youtuber）分享家庭主夫的故事。不料，在 32 歲時妻子意外過世，留下 3 歲和 6 歲的兩個孩子。考慮到自己的網路經營者（youtuber）收入有限，為了養家活口，他首先用妻子的保險理賠回學校進修碩士學位，接著進入一間中小企業擔任基層員工，五年下來，因表現良好而晉升到主管層級。在這 5 年之間，他仍持續投入自己喜愛的網路經營者（youtuber）工作，分享單親爸爸的故事。由於父兼母職，又投入兩份工作，最近孩子常抱怨很少看到爸爸（小明），小明的健康檢查也出現免疫力下降的問題。請根據上述案例回答下列問題：

(一) 根據何倫（Holland）的興趣類型論，小明喜歡主管工作、網路經營者（youtuber）、照顧孩子，顯示他喜歡的興趣類型可能包含哪 3 個類型？（6 分）

(二) 根據舒波（Super）的生涯發展論，哪個概念最能充分說明小明對主管工作、網路經營者（youtuber）、照顧孩子等的看重程度與投入時間？（2 分）

(三) 根據克倫巴茲（Krumboltz）的機緣學習論，小明在碰到妻子過世的意外時，能夠以開放的胸襟來調整應對，展現出哪 1 種偶發力（serendipity）？（2 分）

**參考答案** (一) EAS。
(二) 生命週期理論。
(三) 堅持。

# 108年度第二梯次就業服務乙級技術士技能檢定術科測試試題

第一題題目：報載甲公司塑料工廠宿舍發生火災，致有本、外國員工及消防員死傷，當地主管機關表示，甲公司涉有違反就業服務法及職業安全衛生法等多項勞動法規情事。請依就業服務法及相關辦法規定，回答下列問題：

(一) 甲公司於此事件中，如有違反職業安全衛生法規定，致所聘僱外國人發生死亡，喪失部分或全部工作能力，且未依法補償或賠償情事時，依就業服務法規定，中央主管機關得為哪3種處分？(6分)

(二) 為防止雇主聘僱外國人疏於管理規劃，依據雇主聘僱外國人許可及管理辦法第19條規定，雇主就外國人之飲食、住宿、人身安全……等安排，應規劃於哪一文件中，並確實執行？(2分) 又雇主未依規定辦理者，在罰鍰處分前，當地主管機關應如何處理？(2分)

**參考答案** (一) 依據就業服務法第54條第1項第15款規定，中央主管機關應 1. 不予核發招募許可、2. 聘僱許可或展延聘僱許可之一部或全部；3. 其已核發招募許可者，得中止引進等3種處分。

(二) 1. 生活照顧服務計畫書。2. 當地主管機關應以書面通知限期改善。

第二題題目：勞動市場變動易受長短期因素影響，前者如少子女化、老年化等發展趨勢；後者如經貿情勢波動或國家經濟社會建設的開辦等。為因應此種變動，彌補所產生的勞動力缺口，開放補充性外國人工作，成為解決問題的一種選項。請依就業服務法及相關子法規定，回答下列問題：

(一) 為確保補充性原則，依就業服務法第46條第1項規定，雇主聘僱外國人得從事之工作，以該項所列共11款為限，請問其中第10款所列之規定為何？(3分)

(二) 承上規定，勞動部於108年4月3日修正發布「外國人從事就業服務法第46條第1項第8款至第11款工作資格及審查標準」（以下簡稱新修正審查標準）第4規定，新增列指定之工作有哪2種？(4分)

(三) 承上規定，雇主如符合行政院107年12月7日核定之「歡迎臺商回臺投資行動方案」資格，經依新修正審查標準第14條之10第2項規定，得提高聘僱外國人比率為多少？(1分) 但合計比率最高不得超過多少？(2分)

**參考答案** (一) 為因應國家重要建設工程或經濟社會發展需要，經中央主管機關指定之工作。

(二) 乳牛飼育工作與外展農務工作。

(三) 1. 10%、2. 40%。

第三題題目：為促進失業者迅速重回就業市場以及照顧其一定期間之基本生活，依就業促進津貼實施辦法（以下稱本辦法）規定，勞動部得視國內經濟發展、國民失業及經費運用等情形，發給哪5種就業促進津貼（補助金）？(5分) 此5種津貼發給業務，得委任或委託哪一機構及哪一單位辦理？(4分) 如本辦法適用對象因不實領取津貼，經依規定撤銷者，自撤銷之日起幾年內不能申領本辦法之津貼？(1分)

**參考答案** ㈠ 5 種就業促進津貼（補助金）為，1.求職交通補助金、2.臨時工作津貼、3.職業訓練生活津貼、4.創業貸款利息補貼、5.就業推介媒合津貼。【舊法】

㈡ 津貼發給業務，得委任、委託公立就業服務機構或職業訓練單位辦理。

㈢ 2 年。

第四題題目：甲君大學畢業後至乙派遣事業單位應徵，經面試錄取後擔任派遣勞工，被派至丙要派單位從事文書整理工作，請依 108 年 5 月 15 日總統公布修正之勞動基準法及勞工退休金條例規定，回答下列問題：

㈠ 勞動契約分為定期契約及不定期契約。依勞動基準法規定，乙派遣事業單位與甲派遣勞工訂定之勞動契約，應為哪一種契約？（2 分）

㈡ 乙派遣事業單位積欠甲派遣勞工工資，經主管機關處罰或限期令其給付而屆期未給付者，甲派遣勞工得請求丙要派單位給付。依勞動基準法規定，丙要派單位應自甲派遣勞工請求之日起至遲多少日內給付之？（2 分）

㈢ 乙派遣事業單位應按月為甲派遣勞工提繳不得低於每月工資百分之 6 的退休金，儲存於勞工保險局設立之勞工退休金個人專戶。依勞工退休金條例規定，勞工之遺屬或指定請領人退休金請求權，自得請領之日起，因多少年不行使而消滅？（2 分）承上，勞工保險局對於乙派遣事業單位未依勞工退休金條例規定繳納之哪 2 種款項，可優先於普通債權受清償？（4 分）

**參考答案** ㈠ 不定期契約。

㈡ 30 日。

㈢ 1.10 年、2.退休金及滯納金。

第五題題目：甲女經友人介紹至乙食品麵包店擔任店員工作，某日丙顧客至該店購買麵包時，趁機對其性騷擾，甲女為閃避不慎跌倒而流產，請回答下列問題：

㈠ 依性別工作平等法規定，受僱者或求職者因遭受性騷擾之情事受有損害，雇主於賠償損害時，對於為性騷擾之行為人，有何種之請求權？（2 分）承上，受僱者或求職者雖非財產上之損害，亦得為如何之請求？（2 分）另其名譽被侵害者，並得請求何種之適當處分？（2 分）

㈡ 依勞工保險條例規定，被保險人或其配偶分娩或早產者，其生育給付按被保險人平均月投保薪資一次給與分娩費 30 日，惟如流產者，應如何給付？（2 分）

㈢ 依個人資料保護法規定，非公務機關無正當理由拒絕中央目的事業主管機關或直轄市、縣（市）政府執行資料檔案安全維護檢查而受罰鍰處罰時，該非公務機關之代表人、管理人或其他有代表權人除能證明已盡防止義務者外，應並受如何之處罰？（2 分）

**參考答案** ㈠ 1.求償權、2.得請求賠償相當之金額、3.名譽被侵害者並得請求回復名譽之適當處分。

㈡ 15 日。

㈢ 受同一額度（2 萬元以上 20 萬元以下）罰鍰之處罰。

第六題題目：小市為研擬有效的失業者就業促進計畫，於是想蒐集失業者的相關資料，據以進行分析思考相關對策方向。其中參考行政院主計總處每月發布的「人力資源調查統計結果」資料中，有關失業者的失業原因，共分「初次尋職者」與「非初次尋職者」2 類，其中「非初次尋職者」的失業原因，除了其他原因外，請任舉 5 個非初次尋職者的失業原因。（10 分）

**參考答案** 1. 工作場所業務緊縮或歇業緊縮、2. 對原有工作不滿意、3. 健康不良、4. 季節性或臨時性工作結束、5. 女性結婚或生育、6. 退休、7. 家務太忙等等，以上請任舉五個作答。

第七題題目：阿明有弱視，戴著厚重眼鏡，大學音樂相關科系畢業，之後又學習鍵盤、絃樂器調音，現前往一家私立就業服務機構（以下稱該機構）請其推介就業，情形如下：

1. 他告訴該機構服務人員上述背景，表明想找一份全時工作，又因準備購屋，希望待遇在新臺幣 3 萬元以上，並從事與其所學和專業背景相關之工作。

2. 該機構服務人員因最近有業績壓力，乃回答：「啊，有一家專做國內旅遊的企業社最近要徵行政助理，因業務關係，這個職缺一週只須工作 3 天而已，但是薪資會依全時的薪資打一些折扣，又依你的情形，我跟雇主聯繫後，雇主說：『求職者因為是弱視，如果一週要工作 5 天，視力一定無法負荷，這樣的視力條件應該不是很好找工作哦，有就好啦，隨時都可以來上班哦。』」請回答下列問題：

㈠ 該機構服務人員推介給阿明的這個工作，會造成哪 3 種低度就業的情形？（9 分）

㈡ 根據該機構服務人員轉達雇主的說詞，雇主會有違反就業服務法第 5 條第 1 項所列的哪一種歧視之虞？（1 分）

**參考答案** ㈠ 1. 工資不足、2. 工時不足、3. 職業與教育不相稱。
㈡ 身心障礙。

第八題題目：為能掌握不同職務的工作內涵，某機構邀請甲、乙、丙、丁四人使用不同的方法，進行職業分析。四個人所採用的分析方法如下：

甲：請某一職業的工作者詳細描述其職務的主要工作活動與責任並舉例說明，以歸納整理出工作任務與職能標準。

乙：請某一職業的工作者回憶其最近半年與此工作有關的 5 個重要（關鍵）事件，包括事件的起因、進行活動描述、結果、採取的解決方法以及未來可能的改變等，據此整理出工作任務與職能標準。

丙：透過實地觀察，記錄某一職業的工作者在其工作職位上所做的事、發生的事以及所需能力，並且根據這些資料進行分析，建立工作任務與職能標準。

丁：邀請某一職業領域的專家，以匿名作業方式，請每位專家表達其對該職務應具備工作任務與職能標準之看法，透過數回合意見徵詢，多次反覆蒐集意見，最後取得共識。

根據上述，回答下列問題：

(一) 請依序寫出甲、乙、丙、丁四人各自使用的職業分析方法？（8分）

(二) 甲、乙、丙、丁四人所使用的職業分析方法，哪一種方法的分析結果最精確？（2分）

**參考答案** (一) 甲採用工作日誌法、乙採關鍵事件分析法、丙採用實作法、丁採德爾菲法或稱專家調查法。

(二) 丁所採德爾菲法或稱專家調查法，因具有社會科學研究程序。

**第九題題目**：勞動部勞動力發展署研發並訂有職業心理測驗使用管理要點（勞動部勞動力發展署職業心理測驗發行目錄），以維護各種職業心理測驗之有效使用，並促進就業服務工作之推行。其中常用的職業心理測驗包括：(一)通用性向測驗（GATB）（3分）、(二)我喜歡做的事測驗（3分）、(三)工作氣質測驗（3分）、(四)成人生涯轉換需求量表（1分）。請分別敘明上述4種測驗的目的。

**參考答案** (一) 通用性向測驗（GATB）：在就業諮詢及職業輔導過程中，透過測驗所得之性向資料，以協助受試者了解自己的潛在能力，做為擇業、就業之參考。

(二) 我喜歡做的事測驗：協助受試者了解自己的職業興趣，以做為擇業、就業之參考。

(三) 工作氣質測驗：協助受試者了解自己對於選擇職業的態度及適應性，以做為擇業、就業之參考。

(四) 成人生涯轉換需求量表：具體探測成人的生涯需求，以協助有需要的成人進行生涯轉換。

**第十題題目**：身心障礙者職業行為的生態學模式包括5個彼此相關的構念因素：(一)個人因素（個人的生理和心理特徵）、(二)背景因素（個人現在或過去的情形，對一個人來說，它是外在的）、(三)中介因素（影響個人和環境間互動的個人、文化和社會的想法）、(四)環境因素（工作環境中的特性或條件）、(五)結果因素（因素群的交互作用所產生的狀態）。請依序將上述5個構念因素與下列5項的說明配對。（甲）工作的持久性、滿意度；（乙）社經地位、家庭、教育；（丙）需求、工作能力、興趣、價值觀、身心障礙；（丁）任務要求、組織接納度、職務再設計；（戊）世界觀、就業歧視。（10分）

**參考答案**

| 構念因素 | 說明配對 |
|---|---|
| (一) 個人因素（個人的生理和心理特徵） | (丙) 需求、工作能力、興趣、價值觀、身心障礙 |
| (二) 背景因素（個人現在或過去的情形，對一個人來說，它是外在的） | (乙) 社經地位、家庭、教育 |
| (三) 中介因素（影響個人和環境間互動的個人、文化和社會的想法） | (戊) 世界觀、就業歧視。 |
| (四) 環境因素（工作環境中的特性或條件） | (丁) 任務要求、組織接納度、職務再設計 |
| (五) 結果因素（因素群的交互作用所產生的狀態） | (甲) 工作的持久性、滿意度 |

# 108年度第三梯次就業服務乙級技術士技能檢定術科測試試題

第一題題目：雇主所聘僱之外國人，經入出國管理機關依規定遣送出國者，其遣送之旅費及收容期間之必要費用，請依就業服務法第 60 條規定之順序，說明應由哪些人負擔？（6 分）承上，有關外國人遣送之旅費及收容期間之必要費用，會先由哪一基金先行墊付？（2 分）另並於墊付後，由該基金主管機關通知應負擔者限期繳納，倘屆期不繳納者，依規定應如何處理？（2 分）

**參考答案** 1.應由下列順序之人負擔，(1)非法容留、聘僱或媒介外國人從事工作者。(2)遣送事由可歸責之雇主、(3)被遣送之外國人。2.就業安定基金。3.移送強制執行。

第二題題目：某一家私立就業服務機構的從業人員甲君，係技術士技能檢定就業服務職類乙級及格，並取得就業服務專業人員證書；而乙君為該私立就業服務機構新進之從業人員，其對就業服務專業人員之職責及會被廢止就業服務專業人員證書的相關規定不太瞭解，就請教甲君，請回答下列問題：

(一) 請依私立就業服務機構許可及管理辦法第 7 條規定，回答就業服務專業人員的職責有哪 4 項？（8 分）

(二) 就業服務專業人員違反就業服務法第 37 條所定之哪 2 項情事者，勞動部依第 71 條規定得廢止其就業服務專業人員證書？（2 分）

**參考答案** (一) 1.辦理暨分析職業性向。2.協助釐定生涯發展計畫之就業諮詢。3.查對所屬私立就業服務機構辦理就業服務業務之各項申請文件。4.依規定於雇主相關申請書簽證。

(二) 1.允許他人假藉本人名義從事就業服務業務。2.違反法令執行業務。

第三題題目：甲君為水果攤商，除已僱有員工 5 人外，本人並實際從事進出貨事宜，因業務需要遂另僱用乙女從事會計出納工作，雙方約定每月薪資新臺幣 3 萬元整，請回答下列問題：

(一) 依勞工保險條例規定，實際從事勞動之雇主得準用該條例規定，參加勞工保險，其普通事故保險費由被保險人甲君負擔百分之多少？（1 分）投保單位負擔百分之多少？（1 分）中央政府補助百分之多少？（1 分）

(二) 依勞工退休金條例第 7 條第 2 項及第 14 條第 4 項規定，哪 3 類人員得在其每月執行業務所得百分之 6 範圍內，自願提繳退休金？（3 分）

(三) 依性別工作平等法規定，工作規則、勞動契約或團體協約，不得規定或事先約定受僱者如有結婚、懷孕及哪 2 項之情事，就應行離職或留職停薪？（2 分）

(四) 依個人資料保護法規定，公務機關或非公務機關違反該法規定，致個人資料被竊取、洩漏、竄改或其他侵害者，應查明後以適當方式通知哪一對象？（2 分）

**參考答案** (一) 普通事故保險費由被保險人甲君負擔 20%，投保單位負擔 70%，中央政府補助 10%。

(二) 1.本國籍勞工 2.與在中華民國境內設有戶籍之國民結婚，且獲准居留而在臺灣地區工作之外國人、大陸地區人民、香港或澳門居民。3.外國人（不含第 7 條第 1 項第 2 與第 3 款

外國人），經依入出國及移民法相關規定許可永久居留，且在臺灣地區工作者。此三類具有實際從事勞動之雇主或自營作業者或受委任工作者或不適用勞動基準法之勞工之任一身分者。

(三) 分娩或育兒之情事。

(四) 當事人。

第四題題目：甲君於大學畢業後，經由網路徵才資訊至乙派遣事業單位應徵，惟應徵當日卻由丙要派單位進行面試及指定後，乙派遣事業單位始與甲簽訂勞動契約，並指派甲至丙要派單位從事工作，請依 108 年 6 月 19 日總統公布增訂之勞動基準法第 17 條之 1 及第 63 條之 1 規定，回答下列問題：

(一) 乙派遣事業單位與甲派遣勞工簽訂勞動契約前，丙要派單位有面試甲派遣勞工或其他指定特定派遣勞工之行為，且已受領派遣勞工勞務者，該派遣勞工得於要派單位提供勞務之日起多少日內，以書面向要派單位提出訂定勞動契約之意思表示？（2 分）

(二) 承上，丙要派單位應自甲派遣勞工意思表示到達之日起多少日內，與其協商訂定勞動契約？（2 分）又如逾期未協商或協商不成立者，視為雙方自期滿之何時起成立勞動契約？（2 分）

(三) 如果要派單位使用派遣勞工發生職業災害時，要派單位應與派遣事業單位連帶負勞動基準法所定雇主應負之哪一責任？（2 分）另要派單位及派遣事業單位因違反勞動基準法或有關安全衛生規定，致派遣勞工發生職業災害時，應連帶負哪一責任？（2 分）

參考答案 (一) 90 日。

(二) 1.10 日，2. 雙方自期滿翌日。

(三) 1. 雇主應負職業災害補償之責任，2. 應連帶負損害賠償之責任。

第五題題目：甲君是職業災害勞工，乙君是領有身心障礙證明（手冊）者，2 人想找工作或參加職業訓練，一起到公立就業服務機構尋求協助。請回答下列問題：

(一) 甲君及乙君 2 人是否可適用身心障礙者權益保障法所定的「職業重建服務項目」，請分別敘述之？（2 分）

(二) 依職業訓練法規定，職業訓練的實施類型，除了身心障礙者職業訓練外，還有哪 4 種？（8 分）

參考答案 (一) 甲君是職業災害勞工依身心障礙者權益保障法第 5 條規定，應先接受鑑定及評估，領有身心障礙證明才適用該法第 33 條職業重建服務。乙君為領有身心障礙證明（手冊）者，適用前項規範。

(二) 職業訓練之實施，分為養成訓練、技術生訓練、進修訓練及轉業訓練。

第六題題目：行政院主計總處以聯合國最新版國際行業標準分類（簡稱 ISIC）為基準，在行業分類上，請回答下列問題：

(一) 以場所單位為分類對象中，依據行政院主計總處行業判定基本原則，請寫出其判定業別之基礎為何？（2分）

(二) 請寫出行業分類的 4 個主要層級？（4分）

(三) 行業統計單位（statistical unit）之實體，實務上多以哪 2 類作為統計單位？（4分）

參考答案 (一) 該標準分類係供統計分類之用，以場所單位實際從事之主要經濟活動作為業別判定之基礎。

(二) 行業標準分類分為大、中、小、細類等 4 個層級。

(三) 行業統計單位係指可據以陳示經濟活動數據之實體，實務上多以「場所」或「企業」作為統計單位。

第七題題目：小美婚後配合丈夫小明期望辭去工作，成為全職家庭主婦。婚後 15 年，小明因車禍造成下半身癱瘓，經鑑定持有身心障礙證明，接著小明所經營的工廠倒閉、負債累累。請回答下列問題：

(一) 為了解決工作技能不足造成二度就業困難的問題，小美經公立就業服務機構職訓諮詢推介參加 3 個月一期、每週 4 天、每天 8 小時的職業訓練。為解決受訓期間家庭沒有收入的問題，她可以申請哪 1 項津貼？（2分）

(二) 小美完成職業訓練後，經公立就業服務機構推介，順利應徵到工作。但工作地點離小美目前住處 30 公里以上，小美一家打算搬到公司附近 2 公里處租屋，她可以申請哪 2 項補助？（4分）

(三) 小明後來應徵到一份行銷的工作，希望購置電動輪椅，以便拜訪客戶，他可以依哪一方案，向公立就業服務機構申請就業所需之輔具補助？（2分）

(四) 小明新設立的非營利民間組織，致力為二度就業婦女、身心障礙者、高齡者之類的弱勢求職者創造在地就業機會。他可以依什麼方案申請用人費用等相關補助？（2分）

參考答案 (一) 職業訓練生活津貼。

(二) 搬遷補助金、租屋補助金。

(三) 推動身心障礙者職務再設計服務實施計畫。【109.3.26 廢止該計畫】

(四) 依據就業促進津貼實施辦法第 2 條，成為受託單位。亦即成為中央主管機關委託之就業促進相關機關（構）。【舊法】

第八題題目：甲君原本是籃球國手，20 歲時在一場比賽中脊椎受傷，從此無法站立。過去 10 年，他都靠著社會福利以及家人的金錢接濟過活。兩個月前，甲君開始接受青年職涯發展中心的職涯諮詢。請說明就業諮詢人員在下列情況中所使用的是什麼諮詢技巧。

(一) 在第 1 次晤談中，甲君情緒消沉地抱怨著目前生活的種種，就業諮詢人員沒有打斷甲君，也沒有安慰或勸阻甲君，只是上身前傾、注視著甲君，聆聽甲君說的每一句話並頻頻點頭。請問就業諮詢人員使用的是什麼諮詢技巧？（2分）

㈡ 在第 2 次晤談中，甲君反覆描述過去在籃球場上的風光與現在依賴別人生活的窩囊，就業諮詢人員說：「從大家瘋迷的籃球國手，變成接受協助的待業者，讓你感到沮喪。」請問就業諮詢人員使用的是什麼諮詢技巧？（2分）

㈢ 在第 3 次晤談中，就業諮詢人員數次邀請甲君談談自己對「有工作的新生活」的期望，甲君都說「像我這樣，還能怎樣」，並接著滔滔不絕訴說著過去的風光與現在的窩囊。就業諮詢人員認為彼此已經建立信任關係，就說：「你申請諮詢時說你想要『嘗試去工作，過新生活』，但到目前為止，你卻一直在談過去的風光和現在的悲慘，一再拒絕相信自己可以有新生活。你是真的想要去過『有工作的新生活』嗎？」請問就業諮詢人員使用的是什麼諮詢技巧？（2分）

㈣ 在第 4 次晤談中，甲君描述過去擔任籃球國手時愈挫愈勇的種種經驗，就業諮詢人員說：「在你過去練籃球碰到挫折時，是什麼幫助你繼續努力尋求突破呢？」請問就業諮詢人員使用的是什麼諮詢技巧？（2分）

㈤ 在第 5 次晤談中，就業諮詢人員邀請甲君：「你提到過去練籃球碰到挫折時都是靠著告訴自己『繼續努力就有機會』來幫助自己撐過去，你可以用同樣的方法來面對目前的『嘗試工作』的困難。」請問就業諮詢人員使用的是什麼諮詢技巧？（2分）

**參考答案** ㈠ 專注。
㈡ 初次同理心。
㈢ 立即性。
㈣ 釐清。
㈤ 建議。

第九題題目：提供身心障礙者職業重建服務時，對於輔導需求的評估與運用可能的資源息息相關，請依輔導需求項目的序號，分別配對最適合使用的 1 類資源。（10分）

㈠ 輔導需求項目：

1、增進職涯抉擇；2、增進求職技巧；3、增進工作技能；4、增進工作態度；5、增進職場支持環境。

㈡ 可使用資源類別：

甲、庇護工場職場見習計畫；職業訓練；在職技能訓練。乙、職業輔導評量；職涯輔導諮商（個別與團體諮商）。丙、穩定就業服務；輔具資源；職務再設計。

丁、面試技巧、履歷表撰寫之研習；就業準備團體。

戊、職場學習及再適應計畫；成長團體活動；雇主及同儕的回饋。

**參考答案** 1與乙；2與丁；3與甲；4與戊；5與丙。

第十題題目：甲女與乙女經某一私立就業服務機構推介至養護機構擔任照顧服務員工作。甲女今年 21 歲，雇主對她相當關照，然而甲女卻擔心自己不能勝任雇主交付的任務，一直有個內在聲音對自己說：「我是一個差勁的人，不可能把事情做好」甚至有焦慮與失眠現象。乙女今年 50 歲，過去曾有 3 年照護工作經驗，依然保有良好的能力水準而且工作勝任愉快。某次休假乙女與家人發生衝突，因而干擾工作心情。經該私立就業服務機構安排個別諮詢服務，隨後專業諮詢人員協助甲女從不同和較正面的角度解讀她看待自己的方式，讓甲女不再陷入錯誤信念中；至於乙女，則在會談中安排乙女扮演家人的角色，專業諮詢人員扮演當事人乙女的角色，協助乙女體驗不同角色行為進而練習衝突解決技巧，用以修復關係。請依上列所述，回答下列問題：

㈠ 根據 Super 的生涯發展階段，包括成長、探索、建立、維持以及衰退五個階段以及甲女、乙女兩人的年齡，分別寫出甲女與乙女所處的生涯發展為哪一階段？（4分）

㈡ 根據 Bandura 在自我效能概念中所提及的難度知覺，有關甲女和乙女兩人，哪一位的工作難度知覺較低？（2分）

㈢ 請寫出專業諮詢人員分別對甲女、乙女使用哪一種職涯諮詢技巧？（4分）

參考答案 ㈠ 甲女所處的生涯發展為探索階段，乙女為維持階段。

㈡ 甲女。

㈢ 甲女為認知行為治療法可用面質技巧，乙女為角色扮演技巧。

# 109年度第一梯次就業服務乙級技術士技能檢定術科測試試題

第一題題目：甲公司為紡織業，因其工廠缺工而申請外籍勞工，請依就業服務法相關規定回答下列問題：

(一) 依就業服務法第47條規定，甲公司應先以合理勞動條件在國內辦理招募，並應於招募時，將招募全部內容通知其事業單位之哪一單位？（1分）或人員？（1分）

(二) 依雇主聘僱外國人許可及管理辦法第15條規定，甲公司辦理國內招募時，對於公立就業服務機構所推介之人員或自行應徵之求職者，不得有哪3項情事之1，該3項情事為何？（6分）

(三) 依雇主聘僱外國人許可及管理辦法第18條規定，甲公司除有正當理由外，不得於辦理國內招募前幾個月內撤回求才登記？（2分）

**參考答案** (一) 工會。

(二) 1. 不實陳述工作困難性或危險性等情事。

2. 求才登記之職類別屬非技術性工或體力工，以技術不合為理由拒絕僱用求職者。

3. 其他無正當理由拒絕僱用本國勞工者。

(三) 前六個月內。

第二題題目：甲君為某公司人力資源單位的職員，該公司研發單位需要招募研發人員，甲君檢視該單位所提供的需求條件、薪資及福利等，發現薪資項目只填了面議，甲君認為有違反就業服務法第5條第2項第6款規定之虞，爰請其提供明確薪資或範圍，請依就業服務法規定回答下列問題：

(一) 甲君認為該公司研發單位未提供明確薪資或範圍，有違法之虞，依就業服務法第5條第2項第6款規定，雇主招募或僱用員工，不得為哪一情事？（4分）其立法目的為何？（4分）

(二) 承上，違反者處新臺幣多少罰鍰？（2分）

**參考答案** (一) 1. 提供職缺之經常性薪資未達新臺幣4萬元而未公開揭示或告知其薪資範圍。

2. 以勞動部統計目前平均起薪低於4萬元以下外，而現有求職網中，雇主往往以薪資面議做為薪資待遇條件，不難推斷薪資面議為雇主為隱藏低薪或其他不利徵才之工作內容，在與勞工面談時才予以提出。而社會新鮮求職者通常未有類似議談經驗，為求得工作，因此往往因情勢遷就同意，損害求職者工作權，亦不利於我國勞動市場之發展，故立法要求雇主徵才須公告或通知求職者最低薪資，以杜絕薪資面議資訊不對稱之情形發生。

(二) 處6~30萬元罰鍰。

第三題題目：甲君大學畢業後，受僱於乙派遣事業單位，每月工資新臺幣3萬5千元整，並被派遣至丙要派單位從事文書處理工作，請回答下列問題：

(一) 依勞動基準法規定，派遣事業單位積欠派遣勞工工資，經主管機關處罰或依第27條規定限期令其給付而屆期未給付者，派遣勞工得請求要派單位給付。要派單位

應自派遣勞工請求之日起至遲多少日內給付之？（2分）承上，要派單位依上述規定給付者，得向派遣事業單位求償或扣抵哪一契約之應付費用？（2分）

(二) 依性別工作平等法規定，主管機關應就該法所訂之哪三項納入勞動檢查項目？（6分）

**參考答案** (一) 1. 30 日。

2. 扣抵要派契約之應付費用。

(二) 1. 性別、性傾向歧視之禁止。

2. 性騷擾之防治。

3. 促進工作平等措施。

第四題題目：甲為身心障礙者，經公立就業服務機構推介至乙事業單位從事電話服務工作，請回答下列問題：

(一) 依身心障礙者權益保障法第40條第1項規定，進用身心障礙者之機關（構），對於所進用之身心障礙者，應本哪一原則，不得為任何歧視待遇？（2分）承上，其所核發之正常工作時間薪資，不得低於哪一工資？（2分）

(二) 依大量解僱勞工保護法規定，僱用勞工人數30人以上200人以下之事業單位，積欠勞工工資達2個月；僱用勞工人數逾200人者，積欠勞工工資達1個月者，哪一相關單位或人員即可向主管機關通報？（4分）

(三) 依勞資爭議處理法規定，勞資爭議經調解成立者，視為爭議雙方當事人間之契約；當事人一方為工會時，視為當事人間之哪一協約？（2分）

**參考答案** (一) 1. 同工同酬。

2. 基本工資。

(二) 工會或該事業單位之勞工。

(三) 團體協約。

第五題題目：甲君經公立就業服務機構推介就業，受僱於5人以上員工之乙公司擔任全職工程師。依據相關勞動法令規定，乙公司應該為甲君投保勞工保險之普通事故保險、就業保險及按月提繳勞工退休金，請回答下列問題：（10分）

(一) 依勞工保險條例所定之普通事故保險及就業保險法所定就業保險之保險費率，現行分別為百分之多少？（4分）

(二) 承上，上述2種保險之保費，甲君與乙公司分別要負擔百分之多少？（4分）

(三) 依勞工退休金條例規定，乙公司應按月為甲君提繳勞工退休金，該退休金提繳分級表共分為11組62級，其中第11組第62級（最高一級）的提繳金額為新臺幣多少元？（2分）

**參考答案** (一) 勞工保險普通事故保險費率自108年1月1日起為10%，就業保險費率1%。

(二) 甲君負擔百分之20，乙公司負擔百分之70。

(三) 9,000元。

第六題題目：蒐集、分析及運用就業市場資訊，對於職業的選擇與瞭解是相當重要的事。請依下列五個與職業相關的名詞「（甲）線上（即時）媒合/職業交換、（乙）職業適應、（丙）職業介紹、（丁）職業輔導、（戊）職業分析」，請寫出下列每一題與上述相關名詞最適切的對應代號。（10分）

(一) 以就業服務機構為工作與人才予以媒合，促使雇主及求職人，彼此獲得最適合的人才及職業。（2分）

(二) 透過對一個職業所涵蓋的職務或工作內容所做的分析，以正確完整地蒐集及分析職業資料，並以簡明、扼要方式表達，以供就業服務、職業諮詢、人事管理和職業訓練等參考。（2分）

(三) 將各地區的就業機會，在人力網站提供即時求才訊息，提供求職者於線上即時找到就業機會，促進人才供需媒合。（2分）

(四) 主要內容包括：職業選擇、職業準備、職業安置、追蹤輔導。（2分）

(五) 促使個人與所處環境間處於和諧狀態，使個人生涯的發展過程順利，不但有利於個人及工作，便有利於未來事業的發展。（2分）

**參考答案**
(一) 丙：職業介紹。
(二) 戊：職業分析。
(三) 甲：線上（即時）媒合/職業交換。
(四) 丁：職業輔導。
(五) 乙：職業適應。

第七題題目：V. M.Tarvydas 將專業倫理的標準，分為三大類：專業的內部標準、專業實務工作者的臨床標準、外部規範標準。請依下列專業倫理的特色，依序寫出其歸屬上述 3 大類之哪一類專業倫理的標準？（10分）

(一) 以規範或機構為標準、以法律及風險管理的觀點為考量、以經費及機構或信託觀點為考量。（3分）

(二) 較為聚焦在專業的考量、較為特定的各種專業標準、涉及專業認同與義務。（3分）

(三) 較為聚焦在職場場域、適用於單一領域或多重領域的標準、依個案或情境不同而異、可用於評量個別專業人員的表現、可用於測量成果。（4分）

**參考答案**
(一) 外部規範標準。
(二) 專業的內部標準。
(三) 專業實務工作者的臨床標準。

第八題題目：請依私立就業服務機構許可及管理辦法規定，回答下列問題：

(一) 私立就業服務機構評鑑成績分為哪幾個等級？（3分）

(二) 私立就業服務機構若經主管機關評鑑為哪一等級時？（1分）承上，在哪 2 項情況下主管機關應不予許可？（6分）

**參考答案** (一) 評鑑成績分為 A、B 及 C 三級。
(二) 私立就業服務機構若經主管機關最近一次評鑑成績評鑑為 C 級時，私立就業服務機構及其分支機構申請籌設許可、設立許可或重新設立許可，主管機關應不予許可。

第九題題目：甲君是公司主管，致力營造良好的組織溝通並關切員工情緒健康，其將「周哈里窗」及「愛語」概念轉化為關懷員工的行動。周哈里窗源自 Joseph 與 Harry，把人際溝通分為 (A) 開放自我、(B) 盲目自我、(C) 隱藏自我、(D) 未知自我等四個區域，這四個區域相互影響，任何一個區域變大，其他區域就會縮小，反之亦然。愛語源自 Chapman 所倡導，包括：(E) 肯定語詞、(F) 精心時刻、(G) 接受禮物、(H) 服務行動、(I) 身體接觸等五種方法。請針對下列所述情境，寫出上述區域或方法之最適切對應代碼

(一) 主動關懷員工，除了分享主管自身的心情，也會引導員工談自己的背景及興趣，增進主管與員工的正向情誼。此一作法，最能擴展員工在周哈里窗的哪一個區域？（2分）

(二) 提供心靈成長課程，協助員工知道與自己本身有關，但平常不會察覺或注意的事，例如個人未意識到的習慣或口頭禪。此一作法，最能縮小員工在周哈里窗的哪一個區域？（2分）

(三) 規劃公司旅遊，安排員工聚在一起，相互陪伴、聆聽及分享心情。此種做法，最符合哪一種愛語的方法？（2分）

(四) 鼓勵員工參與志工活動，每位員工一年有 4 天公假，以行動關懷社會弱勢。此種作法，最符合哪一種愛語的方法？（2分）

(五) 尋找員工的優點並告訴員工主管欣賞其哪些優點。此種作法，最符合哪一種愛語的方法？（2分）

**參考答案** (一) (A) 開放自我。
(二) (B) 盲目自我。
(三) (F) 精心時刻。
(四) (H) 服務行動。
(五) (E) 肯定語詞。

第十題題目：甲君是某就業服務機構的就業諮詢人員，提供求職者測驗服務。因此，在實際辦理過程中，必須注意多項測驗要素，包括下列：(A) 測驗時效、(B) 知後同意權、(C) 測驗保密原則、(D) 測驗施測環境、(E) 測驗智慧財產權、(F) 測驗結果解釋、(G) 測驗分級、(H) 專業知能。請針對下列所述情境，寫出上述測驗要素之最適切對應代碼。

(一) 甲君具備此項測驗使用資格而為求職者施測。（2分）

(二) 甲君評估求職者的需求，選擇具有測驗編製者同意授權的測驗進行施測。（2分）

(三) 進行施測前，甲君告知求職者此一測驗的性質、目的及結果如何運用。（2分）

㈣ 施測結束後，甲君針對本次測驗結果，使用求職者理解的用語，清楚說明測驗數據與結果代表的涵義，提供符合求職者志趣及能力的職業選擇。（2 分）

㈤ 求職者對甲君的服務感到滿意，主動表示願意提供其測驗結果作為教學範例。甲君將測驗結果資料中求職者真實姓名完全移除，才用於培訓教學。（2 分）

参考答案 ㈠ (H) 專業知能。
㈡ (E) 測驗智慧財產權。
㈢ (B) 知後同意權。
㈣ (F) 測驗結果解釋。
㈤ (C) 測驗保密原則。

# 109年度第二梯次就業服務乙級技術士技能檢定術科測試試題

第一題題目：甲君之父母親年邁相繼病倒，均符合申請外籍看護工之資格條件，於是甲君以雇主名義申請外籍看護 A 君照顧父親，另申請外籍看護 B 君照顧母親，惟近日父親往生，因 B 君曾有逾假遲歸之情形，且 A 君平日表現亦較 B 君為優，爰經家人討論決定留下 A 君照顧母親，經詢問 A 君及 B 君均無異議。請依外國人受聘僱從事就業服務法第 46 條第 1 項第 8 款至第 11 款規定工作之轉換雇主或工作程序準則（以下簡稱外籍移工轉換準則）規定，回答下列問題：

㈠ 甲君辦理 B 君轉換雇主，得透過哪一機構辦理？（2 分）或哪一種合意方式辦理？（2 分）另 B 君得否轉換為家庭幫傭？（2 分）

㈡ 承上，如甲君後續依外籍移工轉換準則第 17 條第 1 項及第 4 項所定親屬關係，辦理接續聘僱 A 君之相關程序，應向哪一機關提出申請？（2 分）該申請期間，應自事由發生日（父親往生）起多少日內提出？（2 分）

參考答案 ㈠ 1. 中央主管機關；2. 外國人同意轉換雇主或工作之證明文件；3. 看護工及家庭幫傭視為同一工作類別，B 君得轉換家庭幫傭。

㈡ 1. 中央主管機關；2. 60 日。

第二題題目：政府為促進國人就業，依據不同情形，推動不同的就業促進相關津貼，請依據就業服務法及就業保險法授權所定之法規命令，回答下列問題：

㈠ 依就業促進津貼實施辦法規定，中央主管機關得視國內經濟發展、國民失業及經費運用等情形，發給哪四種就業促進津貼？（4 分）　　　　　　　　【舊法】

㈡ 依就業保險促進就業實施辦法規定，中央主管機關於每月領取失業給付人數占該人數加上每月底被保險人人數之比率，連續 3 個月達百分之多少以上，得辦理僱用安定措施？（2 分）

㈢ 依就業保險促進就業實施辦法規定，甲公司僱用中高齡之乙君及家庭暴力被害人之丙君，則甲公司依規定可分別申領僱用乙君及丙君每 1 個月各新臺幣多少金額之僱用獎助？（4 分）

參考答案 ㈠ 1. 求職交通補助金；2. 臨時工作津貼；3. 職業訓練生活津貼；4. 創業貸款利息補貼。【舊法】

㈡ 1%。

㈢ 乙君 13,000 元，丙君 11,000 元。

第三題題目：甲為派遣事業單位，僱用員工（含派遣勞工)100 人，因嚴重特殊傳染性肺炎（新型冠狀病毒肺炎 COVID-19）疫情影響，導致業務經營遭受衝擊。請回答下列問題：

(一) 依勞動基準法規定，派遣事業單位積欠派遣勞工工資，經主管機關處罰或依第 27 條規定限期令其給付而屆期未給付者，派遣勞工得向哪一單位請求給付？（2 分）承上，派遣勞工發生職業災害，該單位或派遣事業單位依本法規定給付之補償金額，依第 63 條之 1 第 4 項規定，得抵充同一事故哪一種金額？（2 分）

(二) 依職業訓練法規定，進修訓練係為增進在職技術員工專業技能與知識，以提高勞動生產力所實施之訓練，請試述進修訓練之方式，除由事業單位自行辦理外，還有那 2 種方式？（4 分）

(三) 依性別工作平等法規定，主管機關為協助因結婚、懷孕、分娩、育兒或照顧家庭而離職之受僱者獲得再就業之機會，應採取其他必要之措施及哪二種作為？（2 分）

參考答案 (一) 1. 要派單位；2. 得抵充就同一事故所生損害之賠償金額。
(二) 委託辦理或指派其參加國內外相關之專業訓練。
(三) 就業服務、職業訓練。

第四題題目：甲為身心障礙者，於大學觀光系所畢業之後，在某觀光飯店擔任電話服務工作。請回答下列問題：

(一) 依大量解僱勞工保護法規定，經預告解僱之勞工於協商期間就任他職，原雇主仍應依法發給資遣費或哪一種金額？（2 分）承上，於協商期間，雇主不得任意將經預告解僱勞工為解僱或哪一行為？（2 分）

(二) 依勞資爭議處理法規定，工會非經會員以直接、無記名投票且經全體過半數同意，不得宣告罷工及為哪一行為？（2 分）承上，重大災害發生或有發生之虞時，各級政府為執行災害防治（救）法所定災害預防工作或有應變處置之必要，得於哪一期間禁止、限制或停止罷工？（2 分）

(三) 甲經大量解僱後，經職業輔導評量符合庇護性就業，依身心障礙者權益保障法第 41 條第 1 項規定，由辦理庇護性就業服務之單位提供工作，並由雙方以哪一方式簽訂契約？（2 分）

參考答案 (一) 1. 退休金；2. 調職。
(二) 1. 設置糾察線；2 災害防救期間。
(三) 經職業輔導評量符合庇護性就業之身心障礙者，由辦理庇護性就業服務之單位提供工作，並由雙方簽訂書面契約。

第五題題目：甲君及乙君為親兄弟，目前均為勞工保險之被保險人（甲君平均月投保薪資新臺幣 4 萬 5,800 元；乙君平均月投保薪資為 2 萬 3,800 元），其父親係公務員退休多年，於近日往生，請依勞工保險條例規定，回答下列問題：

㈠ 依第 62 條規定，甲君及乙君可請領哪一種保險給付（津貼）？（2 分）該保險給付（津貼）之給付標準，係按被保險人之平均月投保薪資，發給幾個月？（3 分）

㈡ 依第 63 條之 3 規定，該保險給付（津貼）係以一人請領為限，甲君及乙君均符合請領條件，應共同具領或協議一人代表請領；惟乙君未與甲君協議即自行申請，甲君得知後亦提出申請，經勞工保險局通知後，該 2 人仍未能取得協議，勞工保險局得逕核發新臺幣多少金額？（2 分）承上，甲君及乙君各可得新臺幣多少金額？（3 分）

參考答案 ㈠ 喪葬津貼；三個月。

㈡ 未能協議者，喪葬津貼應以其中核計之最高給付金額，故為 45,800 元 *3=137,400。甲君及乙君各可得新臺幣多少金額 68,700 元。

第六題題目：就業市場基本概念與資訊蒐集及分析運用之專業知能，為就業服務專業人員提供諮詢服務時之重要項目之一，其中常用之就業市場相關專業名詞如下：1. 就業市場特報、2. 就業市場快報、3. 季節調整、4. 勞動力參與率、5. 就業媒合率、6. 求供倍數、7. 求才利用率、8. 密度比例法、9. 有效求職人數、10. 有效求才人數。請逐一針對下列敘述，依序寫出對應上述哪一專業名詞：（10 分）

㈠ 依時間發生先後順序排列之一群性質相同的統計資料。例如，假設某一教育程度勞動力在某季的失業人數有 2 萬 5 千人，且若已知該季的季節指數為 125，經調整後，得知在不受該變動影響下，該教育程度勞動力在該季之失業人數應僅有 2 萬人。（2 分）

㈡ 由公立就業服務機構編印，報導就業市場專題性研究或探討突發性就業問題之就業市場報告。（2 分）

㈢ 人力需求推計方法。例如，以護理人員與醫師比例，推計護理人員之需求。（2 分）

㈣ 勞動力占 15 歲以上人口之比率。（2 分）

㈤ 求才人數除以求職人數之比值。（2 分）

參考答案 ㈠ 3. 季節調整。

㈡ 1. 就業市場特報。

㈢ 8. 密度比例法。

㈣ 4. 勞動力參與率。

㈤ 6. 求供倍數。

第七題題目：在就業服務過程中，就業服務人員應尊重當事人之下列權益：

(A) 自主權：除為防止不法侵權事件、維護公眾利益及增進社會福祉外，不可限制服務對象之自我決定權，並應明確告知服務對象有關服務目標、限制、風險、費用權益措施等相關事宜，協助服務對象作理性之分析，以利服務對象作最佳之選擇。

(B) 受益權：基於社會公平及正義，以促進服務對象福祉為服務之優先考量。

(C) 免受傷害權：避免關係、倫理或利益衝突，以避免傷害當事人。

(D) 要求忠誠權：保守業務秘密，重視當事人之隱私權利。

在實際服務過程中，往往會面臨上述權利之間的衝突。請針對下列情境，說明就業服務人員之做法顧及到服務對象之哪一項權利及忽略掉哪一項權利？

㈠ 小新領有身心障礙證明（手冊），被鑑定為中度智能障礙，致過去 2 年持續在競爭性職場遭遇困難，因此來到公立就業服務機構求職。經就業服務人員評估，原本打算轉介小新去直轄市、縣（市）政府職業重建服務窗口尋求支持性就業服務，但小新無法理解這個建議，堅持拒絕轉介，他說：「你們不是幫忙做職業介紹的嗎？你可不可以幫我介紹？不要再叫我去找其他地方了，好麻煩喔！」。就業服務人員遂依照一般求職者的程序幫他做就業媒合。請說明：

(1) 這位就業服務人員目前之做法顧及到上述哪一項權利？（2 分）

(2) 這位就業服務人員如更積極轉介，可以顧及上述哪一項權利？（2 分）為什麼？（1 分）（寫出代碼或名稱均可）

㈡ 小雯因為嚴重特殊傳染性肺炎（新型冠狀病毒肺炎 COVID-19）疫情嚴峻而關閉自助餐店，並且憂鬱症發作，常有自殺念頭。但小雯還是想找工作，並懇請就業服務人員不要跟任何人說起她的自殺念頭。就業服務人員了解小雯迫切需要工作才能維持基本生活，就沒有跟任何人提到小雯的自殺念頭。請說明：

(1) 這位就業服務人員目前之作法顧及到上述哪一項權利？（2 分）

(2) 這位就業服務人員如更積極轉介或通報心理衛生專業人員，可以顧及上述哪一項權利？（2 分）為什麼？（1 分）

參考答案 ㈠ (1) (B) 受益權。

(2) (A) 自主權。個人基本福祉權利優先於其他的自我決定權。就服員詳實說明職業重建服務窗口可協助服務對象作理性之分析，以利服務對象作最佳之選擇。

㈡ (1) (D) 要求忠誠權。

(2) (C) 免受傷害權。就服員應避免個案傷害、生命安全重於個人隱私，因此提供就業服務過程中，如遇到自殺暨高危險群之求職者，應適當的轉介各縣市社區心理衛生機構。

第八題題目：職務再設計服務是協助身心障礙工作者排除職場障礙之非常好用的社會資源，政府相關單位會安排專家親赴職場深入瞭解並提供建議，並藉由工作環境、工作設備、工作條件改善、提供就業輔具及調整工作方法等，且提供申請單位（者）最高新臺幣 10 萬元補助。依據身心障礙者權益保障法第 37 條授權所定之「推動身心障礙者職務再設計服務實施計畫」規定，除部分就業輔具得由身心障礙者個人提出申請外，還有哪 5 種單位可以申請職務再設計服務之補助？（10 分）

**參考答案** 109 年 3 月 26 日勞動部勞動發特字第 0905009903 號令發布廢止身心障礙者職務再設計服務實施計畫；並自即日生效。依此另外頒布「推動職務再設計服務計畫」（109.3.26）。依該計畫第六點，下列五個單位可提出申請。

(一) 僱用身心障礙者、中高齡、逾 65 歲高齡者以及失智症且尚未取得身心障礙證明者等等第五點所定對象之公民營事業機構、政府機關、學校或團體。

(二) 自營作業者。

(三) 公私立職業訓練機構。

(四) 接受政府委託辦理職業訓練之單位。

(五) 接受政府委託或補助辦理居家就業服務之單位。

【註：該題因命題前已被廢止原服務計畫，因此技能檢定中心公告此題免計分】

第九題題目：根據中華民國行業統計分類，針對下列 5 種通俗職業名稱，請依序寫出每一個職業名稱屬於中華民國行業統計分類之哪一個大類？寫出代碼或名稱均可。（10 分）

職業名稱：

(一) 觀光飯店的服務經理

(二) 銀行的櫃員

(三) 大賣場的收銀員

(四) 醫院的清潔工

(五) 醫院的藥師

中華民國行業統計分類之大類：

1. 民意代表、主管及經理人員

2. 專業人員

3. 技術員及助理專業人員

4. 事務支援人員

5. 服務及銷售工作人員

6. 農、林、漁、牧業生產人員

7. 技藝有關工作人員

8. 機械設備操作及組裝人員

9. 基層技術工及勞力工

**參考答案** (一) 1. 民意代表、主管及經理人員。

(二) 4. 事務支援人員。

(三) 5. 服務及銷售工作人員。

(四) 9. 基層技術工及勞力。

(五) 2. 專業人員。

第十題題目：甲君是某公立就業服務機構之就業服務人員，他應用「認知訊息處理」（簡稱 CIP）取向之「訊息處理層面的金字塔」模式，協助中年轉業之乙君進行諮詢。甲君依此模式所涵蓋之 4 要項如下：(A) 後設認知－係指高層次的認知，自我檢視或反省過去的想法及言行表現、(B) 生涯決定－係指生（職）涯之思考評估及規劃、(C) 職業知識－係指了解職業應具備之工作內容及資格條件等、(D) 自我知識－係指了解自己的興趣、能力及個性特質等。提出下列 5 種輔導策略，請寫出每 1 種輔導策略最可能對應模式中之哪一要項？（每個配對選項各 2 分，共 10 分）

㈠ 列出各種職業選擇之機會與發展方向。

㈡ 應用職業組合卡，將相關之職業分類成堆，並說明各堆卡片之相似點。

㈢ 應用「華格納人格測驗」及自傳速寫。

㈣ 列出各種職業技能學習目標及計畫。

㈤ 學習自我覺察，並監督自己每一個行為之有效性及進行必要修正。

參考答案 ㈠ (B) 生涯決定－係指生（職）涯之思考評估及規劃。

㈡ (C) 職業知識－係指了解職業應具備之工作內容及資格條件等。

㈢ (D) 自我知識－係指了解自己的興趣、能力及個性特質等。

㈣ (B) 生涯決定－係指生（職）涯之思考評估及規劃。

㈤ (A) 後設認知。

# 109年度第三梯次就業服務乙級技術士技能檢定術科測試試題

第一題題目：甲君未經許可，聘僱來臺遊學的外國人 A 君到其經營的菜攤從事賣菜工作；另乙君
經勞動部許可聘僱外國人 B 君來臺從事家庭看護工作，卻指派外國人 B 君至其經營
的自助餐店從事餐食料理工作，請依就業服務法規定回答下列問題：

　　㈠ 甲君的行為已違反就業服務法第 57 條第 1 款規定，應處多少新臺幣罰鍰？（3分）
　　　 如甲君於 5 年內再有違反就業服務法第 57 條第 1 款的行為，應處幾年以下有期徒
　　　 刑？（3分）

　　㈡ 乙君的行為已違反就業服務法第 57 條第 3 款規定，應處多少新臺幣罰鍰？（4分）

> 參考答案 ㈠ 1. 處 15~75 萬元罰鍰；2. 甲君 5 年內再犯，處 3 年以下有期徒刑。
> ㈡ 處 3~15 萬元罰鍰。

第二題題目：外國人甲君受聘僱從事家庭看護工作，並依「外國人受聘僱從事就業服務法第
四十六條第一項第八款至第十一款規定工作之轉換雇主或工作程序準則」規定，經
勞動部廢止原雇主乙君與甲君的聘僱許可，及同意甲君轉換雇主，請回答下列問題：

　　㈠ 依上述準則第 4 條規定，應由誰向公立就業服務機構辦理甲君轉換登記？（3分）
　　　 公立就業服務機構應自轉換登記的次日起，辦理為期多長的外國人轉換雇主作
　　　 業？（3分）

　　㈡ 依上述準則第 10 條及第 11 條規定，甲君應參加公立就業服務機構辦理的公開協
　　　 調會議，請問公立就業服務機構應每幾週辦理公開協調會議？（2分）又，甲君若
　　　 是無正當理由未依規定出席協調會議，應依公立就業服務機構通知，在協調會議
　　　 次日起多少日內出國？（2分）

> 參考答案 ㈠ 1. 原雇主乙君；2. 60 日內。
> ㈡ 1. 每週；2. 14 日內。

第三題題目：依勞動部 108 年 3 月 5 日公告認定 15 歲以上未滿 18 歲的未就學未就業少年為就業
服務法第 24 條第 1 項第 10 款所定人員，甲君屬上述人員，於 109 年 1 月起連續失
業 2 個月，到公立就業服務機構辦理求職登記，經就業服務人員就業諮詢後推介工
作未被錄用，請回答下列問題：

　　㈠ 甲君經就業服務人員評估後，運用僱用獎助推介受僱於 A 公司，並依法參加就業
　　　 保險，經 A 公司連續僱用滿 30 天後，A 公司每個月可申請的僱用獎助金額為新臺
　　　 幣多少元？（2分）

　　㈡ A 公司因公司決策決定搬遷，甲君考量後無法配合到新址繼續工作，由公司依法
　　　 辦理資遣，依就業服務法第 33 條第 1 項規定，A 公司應於甲君離職幾日前辦理甲
　　　 君資遣通報？（2分）向何機關通報？（2分）違反上述通報規定應處多少新臺幣罰
　　　 鍰？（2分）

(三) 承上，甲君再到公立就業服務機構求職，因居住處所附近一直沒有適合的工作，就業服務人員建議甲君擴大尋職範圍，並推介甲君到 B 公司，如甲君符合相關規定申請新臺幣 3 千元的異地就業交通補助金，請問 B 公司上班地點距離甲君原日常居住處所至少應達多少公里以上？（2 分）

**參考答案** (一) 新臺幣 11,000 元。

(二) 1. 10 日前；2. 當地主管機關及公立就業服務機構；3. 處 3~15 萬元罰鍰。

(三) 70 公里。

第四題題目：請依身心障礙者權益保障法規定，回答下列問題：

(一) 依身心障礙者權益保障法第 34 條規定，庇護性就業服務的對象為何？（4 分）

(二) 申請設立庇護工場的主管機關為何？（2 分）

(三) 庇護性就業的身心障礙者如依產能核薪的薪資訂定程序為何？（4 分）

**參考答案** (一) 各級勞工主管機關對於具有就業意願，而就業能力不足，無法進入競爭性就業市場，需長期就業支持之身心障礙者，應依其職業輔導評量結果，提供庇護性就業服務。

(二) 私立庇護工場，應向當地直轄市、縣（市）勞工主管機關申請設立許可。

(三) 薪資由進用單位與庇護性就業者議定，並報直轄市、縣（市）勞工主管機關核備。

第五題題目：A 公司僱用的員工人數計 31 人，請依性別工作平等法及大量解僱勞工保護法規定，回答下列問題：

(一) 依性別工作平等法規定，A 公司僱用受僱者 30 人以上，雇主為防治性騷擾行為的發生，應訂定並於工作場所公開揭示何種辦法？（2 分）承上，雇主如違反此規定，應處多少新臺幣罰鍰？（2 分）

(二) 依大量解僱勞工保護法規定，倘 A 公司發生大量解僱情事，係指 A 公司於 60 日內解僱勞工逾僱用勞工人數幾分之幾？（2 分）或單日解僱勞工人數逾多少人？（2 分）

(三) 上述兩種法規中所稱主管機關，在中央及地方分別為何機關？（2 分）

**參考答案** (一) 1. 性騷擾防治措施、申訴及懲戒辦法；2. 處新臺幣 10~50 萬元罰鍰。

(二) 於 60 日內解僱勞工逾所僱用勞工人數 1/3 或單日逾 20 人。

(三) 在中央為勞動部；在直轄市為直轄市政府；在縣（市）為縣（市）政府。

第六題題目：甲君今年滿 49 歲，需撫育 2 個尚在國中就學的小孩，受僱 A 公司擔任專案管理員工作滿 15 年，並依法參加法定相關保險，今（109）年因故非自願離職，請回答下列問題：

(一) 依勞動基準法及其相關法令有關「勞動契約」規定，甲君與 A 公司訂定的勞動契約是屬於定期契約或不定期契約？（2 分）

(二) 依就業保險法及其相關法令規定，甲君完成相關程序後，最長可以申領幾個月的「失業給付」？（2 分）如甲君依規定接受公立就業服務機構推介參加全日制職業訓

練時，每月最長可申領的「職業訓練生活津貼」是甲君離職退保當月起前 6 個月平均月投保薪資的多少％？（2分）

（三）承上，依勞工保險條例及其相關法令規定，甲君依規定參加職業訓練期間，薪資報酬未達基本工資，其參加勞工保險的月投保薪資第一級是新臺幣多少元？（2分）又，依勞工退休金條例及其相關法令規定，該職業訓練機構是否要為甲君負擔提繳 6％的退休金？（2分）

**參考答案** （一）不定期契約。

（二）1. 9 個月；2. 60%。

（三）1. 按 109 年 1 月 1 日施行勞工保險投保薪資分級表，職業訓練機構受訓者之薪資報酬未達基本工資者，其月投保薪資分 10 級，其薪資總額超過 23,100 元而未達基本工資者，應依分級表第一級 23,800 元申報；2. 否。

第七題題目：下列哪 5 項敘述違反了職業重建服務時對服務對象的倫理守則？（10分）

（一）經評估發現服務對象有自殺危險，故依相關流程處理。

（二）服務對象若因身心障礙特質而無法自我決定時，就業服務人員可代為做決定。

（三）協助服務對象規劃職涯目標時，只考量服務對象的職業性向，以協助其進入職場。

（四）讓服務對象能獲得所需服務，並盡可能提供多元服務，供服務對象選擇使用。

（五）對限制行為能力或無行為能力的服務對象提供服務時，就業服務人員可直接為他們做決定。

（六）就業服務人員因家裡有私事，就跟求才廠商取消身心障礙求職者的面談，等待日後有機會再推介。

（七）提供服務時，應避免與服務對象有雙重關係，以免影響客觀判斷，對服務對象造成傷害。

（八）轉介或連結之合作機構所提供之各項服務時，應完全相信該單位。

**參考答案** （二）、（三）、（五）、（六）、（八）敘述違反職業重建服務時對服務對象的倫理守則。

第八題題目：甲君高職畢業後從事平面設計工作 10 年，之後因為結婚辭職成為家庭主婦，30 歲時成為兩個孩子的媽，家庭生活幸福美滿。40 歲時丈夫車禍過世。為了撫養孩子，甲君決定重新投入職場，兩年以來持續換了 10 個工作、每個工作都沒辦法持續 1 個月以上。於是，甲君至就業服務機構求職及接受就業諮詢。請針對下列 5 種晤談對話中就業服務人員所使用的諮詢技巧，從 (A) 至 (L) 選項中依序選出最適合的 1 項（寫出代碼或名詞皆可）：(A) 安慰、(B) 支持、(C) 允許、(D) 專注、(E) 同理、(F) 分析、(G) 解釋、(H) 建議、(I) 面質、(J) 澄清、(K) 比較、(L) 自我揭露。

晤談對話：

（一）在第 1 次晤談中，甲君情緒消沉地抱怨著目前生活的種種，就業服務人員沒有打斷甲君，也沒有安慰或勸阻甲君，只是上身前傾、注視著甲君，聆聽甲君說的每一句話並頻頻點頭。（2分）

㈡ 在第 2 次晤談中，甲君反覆描述過去從事平面設計工作的風光與現在求職處處碰壁的窩囊，就業服務人員說：「聽起來，你年輕時做什麼都得心應手、人人誇讚，現在卻處處格格不入、經常被嫌東嫌西，讓你感到沮喪。」（2 分）

㈢ 在第 3 次晤談中，就業服務人員數次邀請甲君談談自己對「好好工作撫養孩子」的期望，甲君都說「我想有什麼用，老闆不懂得欣賞，一切白搭」，並接著滔滔不絕訴說著過去的風光與現在的窩囊。於是，就業服務人員說：「你求職時說你想要『好好工作撫養孩子』，但到目前為止，你卻一直在談過去的風光和現在的悲慘，似乎拒絕討論如何尋找與維持工作。我想邀請你問問自己，你是真的期待透過我們的討論以便『好好工作撫養孩子』嗎？」（2 分）

㈣ 在第 4 次晤談中，甲君描述過去從事平面設計時總是不斷挑戰與超越自己既有風格的經驗，就業服務人員說：「在你過去做設計尋求自我挑戰時，你認為是什麼幫助你持續努力尋求突破呢？」（2 分）

㈤ 在第 5 次晤談中，就業服務人員對甲君說：「你提到過去做設計自我挑戰時都是靠著告訴自己『超越自己才能擁有更美好的明天』來激勵自己，你不妨想想，如何用類似的方法來把『手上的工作做好』。」（2 分）

**參考答案** ㈠ (D) 專注、㈡ (A) 安慰、㈢ (I) 面質、㈣ (F) 分析、(H) 建議。

第九題題目：情緒勞動（emotional labor）在職場的人際往來中是一項能否將工作做好的重要因素。以下敘述 5 項不同的情緒類別和情緒掌握的情況：

㈠ 員工為符合情緒表現的規定而隱藏內心感受，放棄真實情緒表達而仍對顧客微笑。（2 分）

㈡ 員工基於符合情緒表現的規定而嘗試修正自己內心的感受而對顧客有更多的同理心。（2 分）

㈢ 員工感受到一種情緒卻必須展現另一種情緒，因而產生情緒的不一致現象。（2 分）

㈣ 員工在組織中被要求展現且被視為與工作相符的情緒。（2 分）

㈤ 員工個人的真實情緒。（2 分）

請依據上述 5 項情緒類別和情緒掌握的情況，就以下所列名詞定義，依序寫出 1 個最符合的正確答案。（每個選項僅能對應 1 次）

A. 感知情緒

B. 顯示情緒

C. 情緒失調

D. 深層偽裝

E. 表層偽裝

參考答案 (一) E. 表層偽裝。

(二) D. 深層偽裝。

(三) C. 情緒失調。

(四) B. 顯示情緒。

(五) A. 感知情緒。

第十題題目：就業服務人員對前來求職的甲君、乙君及丙君實施「工作氣質測驗」，並將其測驗得分換算為百分等級。另外，也整理求才職缺中的「觀光導遊」、「鑄造工」及「餐飲服務員」等 3 個職業種類所強調的工作氣質組型如下表。

| 工作氣質測驗 | | ■表示該職業種類強調的工作氣質組型 | | | 百分等級 | | |
|---|---|---|---|---|---|---|---|
| 分量表 | 分量表涵義 | 觀光導遊 | 鑄造工 | 餐飲服務員 | 甲君 | 乙君 | 丙君 |
| A 人際效能 1 督導性 | 善於做工作規劃，督導與分派工作 | ■ | － | － | 88 | 46 | 32 |
| 2 說服性 | 具備良好說服技巧，能夠改變別人的判斷、想法與態度 | ■ | － | ■ | 90 | 70 | 34 |
| 3 親和性 | 善於與人相處，能與人打成一片，建立良好關係 | ■ | － | ■ | 88 | 81 | 25 |
| 4 表達性 | 善於表達個人的感受與想法 | ■ | － | ■ | 91 | 88 | 38 |
| B 優柔猶豫 | 無法依據個人的主觀意念與客觀資料下決定 | － | － | | 6 | 41 | 32 |
| C 審慎精確 | 做事力求精確，不會發生錯誤 | － | ■ | ■ | 80 | 80 | 99 |
| D 偏好單純 | 能執行重複性或例行性工作，不覺得單調或厭煩 | － | ■ | － | 15 | 41 | 98 |
| E 堅忍犯難 | 在危險或惡劣的環境下，也能有效執行工作 | ■ | ■ | － | 93 | 81 | 94 |
| F 獨處自為 | 能與別人分開，單獨工作而不感到難受 | － | ■ | － | 69 | 52 | 91 |
| G 世故順從 | 遵從上司之工作指示並能考量上司感受 | － | ■ | ■ | 59 | 89 | 82 |
| H 虛飾傾向 | 原始分數若低於 9 分，測驗結果可信度偏低 | | | | | | |

請按照上表揭示的測驗資料，回答下列問題：

(一) 根據受測者測驗得分的百分等級與職種的氣質組合相似性做判斷，針對甲君、乙君及丙君 3 人，與「觀光導遊」、「鑄造工」及「餐飲服務員」3 種不同職種，寫出每人相符程度最高的 1 項職種配對。（6 分）

㈡檢視甲君、乙君及丙君 3 人在「優柔猶豫」的百分等級，哪 1 位在下決定方面的能力最強？(2 分)

㈢在「虛飾傾向」的原始分數：甲君 15 分、乙君 8 分及丙君 14 分，哪 1 位最可能有作答不實的情況？(2 分)

**參考答案**　㈠甲君與「觀光導遊」、乙君與「餐飲服務員」、丙君與「鑄造工」相符程度較相似。

㈡甲君。

㈢乙君。

# 110年度第一梯次就業服務乙級技術士技能檢定術科測試試題

第一題題目：依就業服務法第 51 條第 1 項規定，雇主聘僱同條文各款規定之外國人從事工作，得不受工作類別、工作年限、定期健檢、期滿出國等規定限制，並免依第 55 條規定繳納就業安定費，請回答下列問題：

㈠ 就業服務法第 51 條第 1 項規定之外國人為哪 4 類？（8 分）

㈡ 其中哪 1 類外國人不得依同條文第 2 項規定，逕向中央主管機關申請許可？（2 分）

**參考答案** ㈠ 1. 獲准居留之難民。

2. 獲准在中華民國境內連續受聘僱從事工作，連續居留滿 5 年，品行端正，且有住所者。

3. 經獲准與其在中華民國境內設有戶籍之直系血親共同生活者。

4. 經取得永久居留者。

㈡ 獲准在中華民國境內連續受聘僱從事工作，連續居留滿 5 年，品行端正，且有住所者。

第二題題目：外國人甲君受雇主乙公司聘僱從事製造之體力工作，雇主乙公司於外國人甲君入國日當天安排住宿地點在丙地址。請回答下列問題：

㈠ 依「雇主聘僱外國人許可及管理辦法」第 27 之 1 條第 1 項規定，雇主乙公司應自外國人甲君入國後幾日內，通知住宿地點丙地址的勞工主管機關實施檢查？（2 分）

㈡ 若住宿地點丙地址經當地勞工主管機關實地檢查發現，因入住的外國人人數增加，導致外國人每人居住面積小於 3.6 平方公尺而違反規定標準，並認定情節輕微：

1. 依 110 年 1 月 6 日修正發布「雇主聘僱外國人許可及管理辦法」第 19 條第 3 項規定，當地勞工主管機關得通知雇主乙公司做何處置？（3 分）【編者註：正確條文號碼為第 19 條第 4 項】

2. 承上，當地勞工主管機關以何種法定方式通知？（2 分）

㈢ 若雇主乙公司決定將外國人甲君的住宿地點丙地址，搬遷至新的住宿地點丁地址，則依「雇主聘僱外國人許可及管理辦法」第 19 條第 4 項規定，雇主乙公司應在變更外國人甲君住宿地點後幾日內，通知外國人甲君工作所在地及住宿地點的當地勞工主管機關？（3 分）【編者註：正確條文號碼為第 19 條第 5 項】

**參考答案** ㈠ 入國後 3 日內。

㈡ 1. 先以書面通知限期改善。2. 書面通知。

㈢ 應於變更後 7 日內。

第三題題目：㈠ 促進中高齡者及高齡者就業是勞動部一直以來積極推動的政策之一。甲公司透過私立就業服務機構刊登求才職缺，如經該機構之就業服務專業人員乙君推介之求職人中有逾 65 歲的高齡求職人，因甲公司以 B 型血型的人比較適合這個職缺理由，經甲公司私下要求，並由乙君提供 B 型之求職人履歷給甲公司篩選後予以僱用，請依據就業服務法及就業保險法之相關規定回答下列問題：

1. 甲公司以血型作為選僱勞工之違法行為，應處多少新臺幣罰鍰？（1 分）

2. 乙君未善盡受任事項，致甲公司違法，私立就業服務機構應處多少新臺幣罰鍰？（1 分）

3. 甲公司僱用年齡逾 65 歲之求職人，可否為該員工投保就業保險？（1 分）

㈡ 私立就業服務機構為國人丙君介紹工作，請回答下列問題：

1. 私立就業服務機構免費為丙君介紹工作，但未依規定與丙君簽訂書面契約，應處多少新臺幣罰鍰？（1 分）

2. 勞動部已訂定職業介紹服務定型化契約範本，範本中載明私立就業服務機構接受委任辦理就業服務業務，應依『私立就業服務機構收費項目及金額標準』收費，依上述收費標準，私立就業服務機構可以向本國求職人收費的項目為何，及金額各為新臺幣多少元？（6 分）

參考答案 ㈠ 1. 處 30~150 萬元罰鍰。

2. 處 6~30 萬元罰鍰。

3. 否。

㈡ 1. 處 6~30 萬元罰鍰。

2. 登記費及介紹費：合計不得超過求職人第一個月薪資百分之五。

就業諮詢費：每小時不得超過新臺幣 1,000 元。

職業心理測驗費：每項測驗不得超過新臺幣 700 元。

第四題題目：依職業訓練法規定，職業訓練機構之設立應經中央主管機關登記或許可，並訂有職業訓練機構設立及管理辦法，請依該辦法第 6 條及第 7 條規定回答下列問題：

㈠ 請分別說明採登記制、許可制之設立主體為何？（6 分）

㈡ 申請設立登記應先報請何機關核准？（1 分）再送請何機關登記？（1 分）申請設立許可應報請何機關審核？（1 分）再送請何機關許可？（1 分）

參考答案 ㈠ 1. 登記制：政府機關設立職業訓練機構及公營事業機構或公立學校附設職業訓練機構。

2. 許可制：財團法人設立職業訓練機構及民營事業機構、社團法人或財團法人附設職業訓練機構。

㈡ 登記制：1. 應先報請各該直接監督機關核准。2. 送請中央主管機關登記及發給設立證書。

許可制：1. 應報請申請設立職業訓練機構所在地之地方主管機關審核後。2. 送請中央主管機關許可及發給設立證書。

第五題題目：甲君已婚並撫育一位 2 歲小孩，及受僱於員工有 30 人以上乙公司，請回答下列問題：

(一) 依據勞動基準法第 2 條規定，有關乙公司給付的「工資」，除了現金方式給付外，還可以用什麼方式給付？（2 分）

(二) 依據勞工退休金條例第 7 條規定，甲君應為該條例之適用對象；但哪一種人員不是該條例之適用對象？（2 分）

(三) 依據勞工保險條例相關法令規定，目前（110 年）乙公司應該為甲君投保勞工保險之普通事故保險的保險費率是多少？（2 分）

(四) 依據性別工作平等法第 19 條規定，甲君為撫育小孩，除得向乙公司請求調整工作時間外，還可以請求哪一種事項？（2 分）

(五) 依據個人資料保護法第 11 條規定，乙公司因執行職務或業務所必須或經甲君書面同意者外，在哪 2 個情況，對甲君個人資料之蒐集，應主動或依甲君之請求，刪除、停止處理或利用其該個人資料？（2 分）

參考答案 (一) 工資：指勞工因工作而獲得之報酬；包括工資、薪金及按計時、計日、計月、計件以現金或實物等方式給付之獎金、津貼及其他任何名義之經常性給與均屬之。

(二) 私立學校法之規定提撥退休準備金者。

(三) 勞工保險普通事故保險費率自 110 年 1 月 1 日起調整為 10.5%。

(四) 每天減少工作時間一小時；減少之工作時間，不得請求報酬。

(五) 個人資料蒐集之特定目的消失或期限屆滿時。

第六題題目：John Atkinson（約翰・阿特金森）於 1984 提出「勞動彈性化」的概念，描述企業面對市場景氣變動與不確定時，在僱用人力部分採用數量彈性化，除了縮減核心人力的僱用，其他採用非典型勞動人力，請寫出 5 種非典型勞動工作型態。（10 分）

參考答案 (一) 派遣勞動。

(二) 定期契約工。

(三) 部分時間工作者。

(四) 臨時工。

(五) 外包。

第七題題目：政府與社會資源運用，會因應不同時空變遷，而依據政策法令擬定不同類型的就業促進計畫或方案，促進勞動者就業或職能提升之資源。而目前一般對福利服務資源需求指標的界定方式，常以 Jonathan Bradshaw（珍娜布雷・蕭，1972 年）所提出的下列四種需求理論為論證依據。

(A) 規範性需求（normative need）：係指由專家學者或實務的專業工作者及社會學家來界定共同性標準，以規範民眾之需求。

(B) 比較性需求（comparative need）：對需求的界定是針對某些特徵與條件等作為基礎，所作的比較。

(C) 感覺性需求（felt need）：係指直接問諸於被服務的對象，對某一種福利服務是否有需要，亦即是指人們內心裡覺得迫切需要，而提出書面或口頭的需求。

(D) 表達性／行動性需求（expressed need）：個體將感覺性需求透過行動或社會運動或走上街頭等方式來表示，這一類需求受限於個體對情境的瞭解和自己的標準。

承上，請回答下列問題，分別是屬於哪一種需求類型：（10分）

(一) 特定對象團體依據規定申請集會遊行，要求政府應該儘速依據受當前疫情（COVID-19）影響而失業的特定對象，提出立即性就業促進計畫或方案。（2分）

(二) 非自願失業者，函請政府應提供 12 個月的失業給付津貼之期待。（2分）

(三) 為了解決勞動者工作技能不足造成二度就業困難的需求，召開專家會議，訂定職業訓練生活津貼的實施辦法。（2分）

(四) 前述的職業訓練生活津貼會因為適用者的身分不同，而有不同的請領額度。（2分）

(五) 又，請任舉 2 種勞動部因應當前疫情（COVID-19）影響，而實施的對策措施項目。（2分）

**參考答案** (一) (D) 表達性／行動性需求（expressed need）。

(二) (C) 感覺性需求（felt need）。

(三) (A) 規範性需求（normative need）。

(四) (B) 比較性需求（comparative need）。

(五) 1. 充電再出發訓練計畫：補助可能受疫情影響減班休息之事業單位訓練費用，鼓勵勞工利用該時段參加訓練，並給予津貼（參訓勞工每小時 160 元，每月最高 120 小時）；及事業單位辦理教育訓練補助（最高 350 萬）。

　　2. 失業勞工子女就學補助：109 學年度第 2 學期，符合條件之失業勞工子女之學生身分，從公立高中職學生每名 4,000 元，至私立大專校院學生每名 24,000 元等不同額度之就學補助。

第八題題目：甲君是 18 歲男性，他在 15 歲時因為販毒而被判進入少年觀護所，三個月前剛離開少年觀護所。他前往公立就業服務機構登記求職，他說他不想在家吃閒飯，也不想回頭做販毒或其他涉及不法的營生活動，請就業服務人員幫甲君介紹「賺乾淨錢」的工作。請說明就業諮詢人員在下列對話中所使用的是什麼諮詢技巧。回答時，請標出對話序號與最合適的一個答案的代碼。

(一) 對話 1：因為甲君並沒有接受過專業技能訓練，又可能在 10 個月後被徵調去服兵役，連續 4 次媒合都沒成功。甲君對就業服務人員說：「我什麼都不會，還被關過，難怪沒有人要我，再試也是白費力氣。」就業服務人員說：「接連著應徵都碰釘子，真的很讓人沮喪。」

(二) 對話 2：甲君接著跟就業服務人員說：「其實輕鬆的快錢多的是，也有兄弟一直跟我說，我們這些被關過的人，跟你們這些規規矩矩的人沒緣，要我別再肖想『賺乾淨錢』。」就業服務人員說：「也許事情還沒糟糕到那個地步，你要不要說說看你去應徵時的狀況？我們來看看可以怎樣做調整，說不定就可以找到適合你的雇主和工作。」

㈢ 對話3：甲君對就業服務人員說：「我就跟他們說，我不貪心，什麼工作都可以做，只要工作不要太累、薪水不要太苛，做什麼都可以，他們就說要考慮看看，然後就都沒再通知。」就業服務人員說：「你雖然說『你不貪心，做什麼都可以』，好像要求很低的樣子，但你又說『工作不要太累、薪水不要太苛』，你如果是老闆，聽到應徵的人這樣說，你真的會覺得他要求很低嗎？」

㈣ 對話4：甲君對就業服務人員說：「嘿嘿，好像是齁，那怎麼辦咧？要怎樣說才好。」就業服務人員說：「這裡有一份資料，介紹雇主在應徵過程會怎麼看應徵人，應徵人要怎麼做比較能夠給未來的雇主留下好印象。我們來練習看看，你下次去應徵時可以怎麼做。」他們接著討論出四個可以在下次應徵時派上用場的具體原則和做法，並做了簡單的演練。

㈤ 對話5：甲君後來真的成功被聘僱從事搬家公司的搬運工作。但，工作二週之後，甲君回來找就業服務人員，他說：「我受不了了，你幫我換個工作吧，我覺得這個工作我做不來，與其等著被人家開除，不如自己走路。」就業服務人員說：「這個工作要背重物，真的很不容易，你沒做兩天就跑掉，一直撐到現在，可見你很看重這個得來不易的工作，相信你的老闆和同事都會看在眼裡。」

(A) 專注，或傾聽。(B) 同理，或情感反映。(C) 鼓勵，或支持。(D) 運用契約取向。(E) 澄清，或開放式問句，或探問，或詢問，或探究。(F) 聚焦。(G) 立即性。(H) 面質，或挑戰。(I) 建議，或提供訊息。

**參考答案** ㈠ (B) 同理，或情感反映。
㈡ (F) 聚焦。
㈢ (E) 澄清，或開放式問句，或探問，或詢問，或探究。
㈣ (I) 建議，或提供訊息。
㈤ (C) 鼓勵，或支持。

第九題題目：政府每年皆會進行就業、失業調查，作為人力規劃、職業訓練及就業輔導決策之參考。表1揭示我國就業者人數、失業者人數、以及勞動力相關數據，其中 (1) 民間勞動力係指就業者人數及失業者人數之合計。(2) 勞動力參與率指民間勞動力占15歲以上民間人口之比率。(3) 失業率指失業者占民間勞動力之比率。請依據上列說明及表1所擬訂之數據，回答下列問題：

㈠ 民國109年我國就業者人數為多少千人？（2分）自民國105年至109年，哪一年的就業者人數最多？（2分）

㈡ 民國105年與109年的失業者人數一樣多，若以失業率來看，哪一年的失業率較高？（2分）其失業率是多少？（2分）（失業率計算以4捨5入計算，取至小數點第1位）

㈢ 民國 105 年至 109 年，這 5 年之間，哪 1 年的勞動力參與率最高？（2 分）

表 1　臺灣地區就業者、失業者及勞動力人數（年度平均）　　　　單位：千人

| 年（民國） | 就業者人數 | 失業者人數 | 失業率 | 勞動力參與率 | 民間勞動力 | 15 歲以上民間人口 |
|---|---|---|---|---|---|---|
| 105 | 11,267 | 460 | -- | 58.7 | 11,727 | 19,962 |
| 106 | 11,352 | 443 | 3.8 | 58.8 | 11,795 | 20,049 |
| 107 | 11,434 | 440 | 3.7 | 59.0 | 11,874 | 20,129 |
| 108 | 11,500 | 446 | 3.7 | -- | 11,946 | 20,189 |
| 109 | -- | 460 | 3.84 | 59.1 | 11,964 | 20,231 |

參考答案 ㈠ 1. 就業者人數為 11,964－460＝11,504（千人）。2. 109 年。
㈡ 1. 105 年失業率較高。2. 105 年失業率是 3.9。
㈢ 108 年 59.2。

第十題題目：Hershenson 的工作適應理論主張，工作者在職場的工作適應，和工作者工作概念發展以及與職場環境有關。工作概念的發展有三個主要的影響因素，依序為：在學前即已發展之「工作人格」（如：工作者的自我概念、工作動機、工作價值觀等）、在學習過程中所學習到之「工作能力」（工作習慣、工作技巧、與工作有關的人際關係等）與在各個階段所學習到的知能而建構之「工作目標」，上述三者彼此影響，也會和環境交互作用，而形成工作適應的結果（包括：工作角色行為、工作表現、工作滿意的程度）。通常工作人格主要會連結到工作角色行為，工作能力主要會連結到工作表現，工作目標主要會連結到工作滿意的程度，而上述的理論對障礙者或非障礙者都適用。

㈠ 承上，一位已在職場工作 10 年的工作者，發生中途致障的情形但仍很想工作，所發生的障礙情形，最先會影響到個人在工作概念發展的哪一個因素？（5 分）

㈡ 再者，對於一位先天的障礙者而言，最先會影響到個人在工作概念發展的哪一個因素？（5 分）

參考答案 ㈠ 工作人格。
㈡ 工作能力。

# 110年度第二梯次就業服務乙級技術士技能檢定術科測試試題

第一題題目：雇主聘僱外國人從事就業服務法第46條第1項第8款至第10款規定之工作，應向中央主管機關勞動部設置之就業安定基金專戶繳納就業安定費，請依「就業服務法」第55條規定，回答下列問題：

㈠ 雇主聘僱外國人從事就業服務法第46條第1項第9款規定之家庭看護工作，雇主或被看護者符合哪3種法令及對象之情形，免繳納就業安定費？（6分）

㈡ 受聘僱之外國人有哪2種情事，經雇主依規定通知而廢止聘僱許可者，雇主無須再繳納就業安定費？（2分）

㈢ 雇主未依規定期限繳納就業安定費者，得寬限幾日？（1分）於寬限期滿仍未繳納者，自寬限期滿之翌日起至完納前1日止，每逾1日加徵其未繳就業安定費0.3%滯納金。但加徵滯納金最多以雇主未繳之就業安定費多少百分比為限？（1分）

**參考答案**㈠ 雇主或被看護者符合1.社會救助法規定之低收入戶或中低收入戶，2.依身心障礙者權益保障法領取生活補助費，或3.依老人福利法領取中低收入生活津貼者，其聘僱外籍家庭看護工，免繳納就業安定費。

㈡ 1.有連續曠職3日失去聯繫。
2.聘僱關係終止之情事。

㈢ 1.30日。
2.30%。

第二題題目：依就業服務法第40條第1項第19款、第67條、第69條等規定，私立就業服務機構及其從業人員知悉受聘僱外國人疑似遭受雇主有重傷害等5種行為後，應在一定時間內向主管機關、入出國管理機關、警察機關或其他司法機關通報。根據上述回答下列問題：

㈠ 除了重傷害以外，請任列其他2種應通報的行為。（4分）

㈡ 請問自知悉後最遲幾小時內要通報？（2分）

㈢ 若未於規定時間內，通報任何一個規定的機關，依就業服務法第67條第1項規定，會被地方政府處最高新臺幣多少金額罰鍰？（2分）

㈣ 有家A私立就業服務機構已陸續有違反上述規定未通報的情形，而受地方政府罰鍰處分達3次，卻仍未改善，又發生第4次未通報的情形，勞動部依就業服務法第69條第2款規定，應處以何種處分？（2分）

**參考答案**㈠ 性侵害、人口販運、妨害自由或殺人行為等任寫2種。

㈡ 24小時。

㈢ 處6~30萬元罰鍰。

㈣ 處1年以下停業處分。

第三題題目：(一)受嚴重特殊傳染性肺炎（COVID-19）影響，甲公司與勞工協商同意實施減班休息3個月，並向地方政府通報在案，甲公司受僱勞工A君（48歲）實施減班休息期間之協議薪資為每月新臺幣（以下同）30,000元，A君就業保險平均月投保薪資為42,000元，A君符合政府安心計畫薪資補貼條件，請問A君可申領之每月薪資補貼金額為多少元？（2分）

(二)承上，甲公司經評估後決定先行休業，A君考量對收入的影響後決定離職，依就業保險法規定，A君符合非自願離職，因A君未曾申請失業給付，故至公立就業服務機構向就服員詢問下列失業給付申請問題：

1. 失業給付是按A君離職退保之當月起前6個月平均月投保薪資百分之60%按月發給，但有受其扶養之眷屬者，每人可加給給付10%，最多計至20%，上述受扶養之眷屬條件是指哪三類？（3分）

2. A君最長可以領幾個月的失業給付？（2分）

3. 就業保險之保險給付中，針對A君及同A君辦理加保之眷屬可給付何種保費補助？（1分）

4. A君請領失業給付期間，為增加家庭收入，另找了一份兼職工作，第一個月工作收入為25,000元，則該月A君可請領之失業給付金額為多少元？（2分）

**參考答案** (一)依安心就業計畫「三級定額補貼」的計算方式，A君就業保險平均月投保薪資為42,000元扣除協議薪資為每月新臺幣30,000後，薪資差額為12,000元，屬於第二級定額補貼，故A君可申領之每月薪資補貼金額為7,000元。

(二)1.指受被保險人扶養之無工作收入之配偶、未成年子女或身心障礙子女。

2. 9個月。

3. 全民健康保險保險費補助。

4. 依規定被保險人於失業期間另有工作，其每月工作收入超過基本工資者，不得請領失業給付。2021年1月1日起月基本工資為24,000元，故該月A君不得請領失業給付。

第四題題目：為計算民營事業機構是否足額進用身心障礙者，及未足額進用身心障礙者應繳納之差額補助費，請依身心障礙者權益保障法第38條、第43條規定，回答下列問題：

(一)A公司與B公司於110年7月1日參加勞保員工總人數皆為200人，各含197名非身心障礙之全職及兼職員工、3名身心障礙員工：

1. A公司3名身心障礙員工為輕、中度障礙者且皆為部分工時員工，其月領薪資分別為16,000元、15,000元及8,000元，請問依法計算A公司在當月進用身心障礙者人數為幾人？（3分）

2. B公司3名身心障礙員工中1名中度障礙者月領薪資為24,000元，另2名部分工時員工分別為1名中度障礙者月領薪資為15,000元、1名重度障礙者月領薪資為12,000元，請問依法計算B公司在當月進用身心障礙者人數為幾人？（3分）

(二)未達身心障礙者權益保障法第38條規定應進用身心障礙者人數標準之機關（構），應定期向所在地直轄市、縣（市）勞工主管機關繳納差額補助費之金額如何計算？（4分）

參考答案 (一) 1. 110 年 1 月 1 日起月基本工資額為 24,000 元，A 公司 3 名部分工時身心障礙員工有二人薪資達基本工資數額二分之一以上，適用「進用二人得以一人計入身心障礙者人數」，故 110 年 7 月 A 公司進用身心障礙者人數為 1 人。

2. 依規定進用重度以上身心障礙者，每進用一人以二人核計，故 110 年 7 月 B 公司進用身心障礙者人數為 3 人。

(二) 身心障礙者就業基金繳納差額補助費，依差額人數乘以每月基本工資計算。

第五題題目：A 要派公司在甲君和 B 派遣公司簽訂勞動契約前，A 要派公司已和甲君面試，並指定他為 A 要派公司工作，請回答下列問題：

(一) 甲君可以在為 A 要派公司工作之日起最遲幾日內，向 A 要派公司提出訂定勞動契約之意思？(2 分)

(二) 甲君應以何方式向 A 要派公司提出訂定勞動契約之意思表示？(2 分)

(三) A 要派公司自甲君訂定勞動契約之意思表示到達之日起，最遲幾日內要與甲君協商訂定勞動契約？(2 分)

(四) 除了有協商而訂定勞動契約之外，另有哪 2 種情況，可視為甲君與 A 要派公司自期滿翌日勞動契約成立？(4 分)

參考答案 (一) 90 日內。

(二) 書面。

(三) 10 日內。

(四) 逾期未協商或協商不成立者。

第六題題目：職場遵守法律規範是最基本的要求，而職場倫理則講求超越法律之外，側重與利害關係人之間關係的職業素養和工作倫理，常見與利害關係人包含：(A) 雇主關係、(B) 顧客關係、(C) 主管關係、(D) 部屬關係，下例情境各違反哪一類職場倫理？

(一) 甲君為某單位清潔隊長，假日喜歡海釣，因為習慣在上班地點用餐，所以常在上班日要求其隊員在辦公室幫忙殺魚。(2 分)

(二) 乙君與一位公司顧客交情很好，在該顧客要求下，未依任職公司規定而利用所任職公司的機具設備私下接單，並協助生產新產品。(2 分)

(三) 丙君是某辦公室承辦人員，丙君的科長因剛上任不熟悉業務但又不喜歡找轄下股長討論，丙君揣摩科長心思，時常在與科長商議公務後，並未向直屬股長說明與科長討論的情形。(2 分)

(四) 丁君某日與家人大吵而情緒大壞，索性就不去上班也沒有跟老闆聯絡，認為反正明日去上班老闆就知道了。(2 分)

(五) 戊君是工廠的排程主管，在與老闆商量後，選擇以讓公司獲利最大但生產時間最長，再慢慢交貨的生產流程。(2 分)

参考答案 (一) D
(二) A
(三) C
(四) A
(五) B

第七題題目：國內提供身心障礙者的職業重建服務主要包括：職業重建個案管理服務、職業輔導評量、職業訓練、就業服務、職務再設計、創業輔導及其他職業重建服務。茲有 4 位朋友，如下所述：

甲君：普通高中綜合職能科的學生，持有智能障礙重度的身心障礙證明，畢業後原實習階段的雇主願意繼續僱用。

乙君：甲君的同校同學，只持有情緒行為障礙的鑑定證明，畢業後想隨即找工作，不想再升學。

丙君：五十歲的自營工作者，最近半年記性嚴重退化，經醫療院所確診為失智症，但尚未取得身心障礙證明，需要個別化的設計和訓練等支持服務，幫助他記得工作的程序、調整工作方法，來穩住現有的工作。

丁君：大學畢業且領有輕度肢體障礙證明，因家中有經濟壓力，也不打算升學，希望能找到工作。

依上述 4 位的資格及初步需求，請回答下列問題：（10 分）

(一) 哪幾位具備資格可至各直轄市及縣（市）政府身心障礙者職業重建服務窗口獲得職業重建服務？

(二) 若上述 4 位都找到工作或已經在工作，哪幾位具備申請職務再設計服務的資格？

参考答案 (一) 甲君、丁君。
(二) 甲君、丙君、丁君。

第八題題目：甲君經某就業服務機構媒合，至 A 公司應徵業務工作。公司基於營業上需要，在面試前徵得甲君同意，提供過去共事過的主管或同事 1 至 2 位之聯絡方式，作為公司詢問使用。A 公司進行下列各題甄選活動，請從下表所示之招募及面談方法，擇一個最適合答案，寫出代號或名稱，回答各題活動屬於哪一種甄選方法：

(一) A 公司詢問甲君過去一起共事過的主管或同事，對其看法並作為是否錄用的參考。（2 分）

(二) A 公司選出完成業務工作所需之關鍵任務，請甲君實際演練一段客戶拜訪及推銷產品的情形。（2 分）

(三) A 公司提問甲君：「行銷組合 4P 是指哪四大要素？」。（2 分）

(四) A 公司描述一種顧客情境，請甲君說明過去對這類情況，會如何處理？（2 分）

(五) A 公司將業務主管每天日常處理的書面文件抽樣選出，請甲君在一定的時間之內，擬定處理的步驟。（2 分）

招募及面談方法

| (a) 團體式面談<br>group interview | (b) 意願問題<br>willingness questions | (c) 裙帶關係查核<br>nepotismcheck |
|---|---|---|
| (d) 行為式問題<br>behavioral question/ interview | (e) 壓力式面談<br>stress interview | (f) 工作價值問題<br>work value questions |
| (g) 興趣問題<br>interest questions | (h) 資歷查核 / 人事查核<br>作業 / 背景查核<br>reference check | (i) 公文籃技術<br>in-basket technique |
| (j) 工作知識問題<br>work knowledge questions | (k) 工作抽樣技術<br>work sampling technique | (l) 管理競賽<br>management games |

參考答案 (一) h

(二) k

(三) j

(四) d

(五) i

第九題題目：近一年來有些公司為因應嚴重特殊傳染性肺炎（COVID-19）緊急需求人力，欲招募如下員工：（一）專業人員、（二）事務工作人員、（三）技術員及助理專業人員、（四）服務工作人員及售貨員、（五）清潔人員等 5 種職缺工作人員。依據《中華民國職業分類典》10 大類職業分類，前述欲招募的 5 種職缺工作人員，依序是屬於《中華民國職業分類典》之 10 大類職業（第 1 至第 10 大類）的第幾大類職業？（10 分）

參考答案 (一) 專業人員屬於第 2 大類。

(二) 事務工作人員屬於第 4 大類。

(三) 技術員及助理專業人員屬於第 3 大類。

(四) 服務工作人員及售貨員屬於第 5 大類。

(五) 清潔人員屬於第 9 大類。

第十題題目：甲君在台灣就業通填寫〈我喜歡做的事〉，得到下表的結果。請根據下表資料回答下列問題：

(一)〈我喜歡做的事〉紫版的測量標準誤為 2，表示下列哪個陳述是正確的？請寫出編號。（2 分）

　　1、甲君真實的「科學」分數有 84% 的可能性會落在 -1 到 3 之間。

　　2、甲君真實的「藝術」分數有 84% 的可能性會落在 1 到 5 之間。

　　3、甲君真實的「社會福利」分數不可能是 5。

(二) 甲君的「藝術」的原始分數是 3、該份量表最高分 14 分、PR 值 23，據此推測，平均來說，每一百人之中，甲君喜歡以創造性的方式來表達感受程度，能贏過多少人呢？（3 分）

(三) 根據下表的資料，甲君最有興趣的3個類型依序是哪3個？請依序寫出該類型的 A、B、C、……代碼。（2 分）

㈣ 根據甲君最有興趣的 3 個類型，在照顧身心障礙兒童及少年的機構任職並執行下面哪 1 組編號的工作任務最能同時契合甲君這 3 方面的興趣呢？請寫出編號。（3 分）

1. 進行教育訓練，幫助服務對象學習自理生活，並記錄與統計他們的進步程度。

2. 推動職能治療，幫助服務對象學習園藝技能，並觀察與歸納他們常出現的錯誤操作。

3. 製作畫冊，教導服務對象的父母學習照顧孩子的情緒問題，並記錄銷售人員回報的銷售狀況。

4. 籌辦募款晚會，安排藝人演出，藉以籌措機構營運基金，並分析成本與營收狀況。

| 興趣類別 | 原始分數 | PR 值 | 職業特性 |
|---|---|---|---|
| A 藝術 | 3 | 23 | 喜歡以創造性的方式來表達感受。 |
| B 科學 | 1 | 21 | 喜歡發現、收集自然界的事物，並且將科學研究的結果應用以解決生命科學及自然科學的問題。 |
| C 動植物 | 0 | 10 | 喜歡做與農、林、畜牧、狩獵等與動物及植物有關的事情。 |
| D 保全 | 0 | 14 | 喜歡為人保護生命及財產。 |
| E 機械 | 0 | 17 | 喜歡使用機器、手、工具及有關技術、把機械原理應用於日常生活中。 |
| F 工業生產 | 0 | 17 | 喜歡在工廠中作重覆、具體而有組織的工作。 |
| G 企業事務 | 1 | 24 | 喜歡做非常具體、很組織化、需要注意細節及精確性的工作。 |
| H 銷售 | 0 | 16 | 喜歡用個人說服的方法及銷售的技術讓別人聽從自己意見。 |
| I 個人服務 | 0 | 13 | 喜歡依別人的個別需要及期望以提供照顧性的服務。 |
| J 社會福利 | 2 | 29 | 喜歡幫助人解決心理、精神、社會、生理及職業上的困難。 |
| K 領導 | 2 | 19 | 喜歡用高等語文及數理能力來影響別人。 |
| L 體能表演 | 0 | 20 | 喜歡在觀眾前面表演體能活動。 |

參考答案 ㈠ 2。

㈡ 該興趣 100 人中高過 23 人。

㈢ 以甲君自己分數來說以 A、J、K 三類個人興趣分數較高。

㈣ 2。

# 110年度第三梯次就業服務乙級技術士技能檢定術科測試試題

第一題題目：依「雇主聘僱外國人許可及管理辦法」第 16 條規定，雇主申請第 2 類外國人之招募許可，應備相關文件向勞動部提出申請，請回答下列問題：　　　　　　　　　　【舊法】

　　(一) 依第 16 條第 1 項第 3 款、第 4 款規定，雇主申請聘僱第 2 類外國人從事哪一項工作可免附求才證明書及國內招募時之聘僱國內勞工名冊？（1 分）

　　(二) 第 16 條第 1 項第 5 款規定之證明文件係由何政府機關開具？（1 分）

　　(三) 依第 16 條第 3 項規定，雇主申請聘僱外國人，符合哪 3 種情形之一，可免附第 16 條第 1 項第 5 款規定之證明文件？（8 分）

参考答案 (一) 聘僱家庭看護工。
　　(二) 直轄市或縣（市）政府。
　　(三) 1. 聘僱家庭幫傭及家庭看護工。
　　　　 2. 未聘僱本國勞工之自然人雇主與合夥人約定採比例分配盈餘，聘僱外國人從事海洋漁撈工作。
　　　　 3. 未聘僱本國勞工之自然人雇主，聘僱外國人從事乳牛飼育工作。

第二題題目：請依「私立就業服務機構許可及管理辦法」（簡稱管理辦法）規定，回答以下問題：

　　(一) 依管理辦法第 20 條規定，私立就業服務機構為雇主辦理聘僱外國人在臺灣地區工作之申請許可或管理事項前，應與雇主訂定契約，並以何種方式為之？（2 分）

　　(二) 依管理辦法第 4 條第 3 項規定，雇主與求職人之間的聘僱契約生效後多少日內？（2 分），如因可歸責於求職人之事由，致聘僱契約終止，雇主得請求私立就業服務機構免費重行推介幾次？（3 分）或退還百分之多少的介紹費？（3 分）

参考答案 (一) 書面契約。
　　(二) 1. 40 日。
　　　　 2. 重行推介一次。
　　　　 3. 退還百分之 50。

第三題題目：(一) 請依下列情境自 (a)～(i) 選擇正確答案並依序寫出英文代碼：

　　(a)1　(b)2.2　(c)3　(d)3.3　(e)4　(f)4.5　(g)6　(h)9　(i)10

　　1. 近期 COVID-19 疫情對國內部分產業的衝擊，也反應在失業率上，依就業保險法第 16 條第 2 項及「就業保險延長失業給付實施辦法」第 2 條規定，中央主管機關審酌失業狀況等情形，得公告延長失業給付，最長發給九個月。請問認定標準包括每月領取失業給付人數占每月領取失業給付人數加計每月底被保險人人數之比率，連續 4 個月達百分之多少以上？（3 分）

　　2. 失業給付係按申請人平均月投保薪資 60% 按月發給，請問如果投保單位違反規定將投保薪資金額以多報少或以少報多者，自事實發生之日起，按其短報或多報之保險費金額，處多少倍罰鍰？（2 分）

3. 甲君 46 歲，因公司歇業遭非自願離職，甲君於領滿失業給付後 3 個月始找到工作並參加就業保險，但工作 1 年後又再次遭非自願離職，於是再次向公立就業服務機構申請失業給付，請問甲君如符合失業給付申請資格，最多可以申領幾個月失業給付？（3 分）

(二) 依就業促進津貼實施辦法，為協助非自願離職者、就業服務法第 24 條特定對象失業者就業，公立就業服務機構除運用相關就業促進措施外，得指派其至用人單位從事臨時性工作，並發給臨時工作津貼，該項津貼係按中央主管機關公告之每小時基本工資核給，請問 1 個月津貼的領取上限為多少？（2 分）

參考答案 (一) 1. (d) 3.3。

　　　　2. (e) 4。

　　　　3. (f) 4.5。

(二) 一個月合計不超過月基本工資。

第四題題目：請依職業訓練法授權訂定的技術士技能檢定及發證辦法第 49 條規定，回答下列問題：

(一) 取得技術士證者有何種情形作為，中央主管機關應廢止其技術士證。（4 分）

(二) 請依第 49 條第 2 項第 1 款至第 6 款規定，中央主管機關應撤銷技術士技能檢定應檢人報檢資格或學、術科測試成績或已發技術士證的 6 種情形中，任舉 3 種違反規定情形。（6 分）

參考答案 (一) 技術士證不得租借他人使用。違反規定者，中央主管機關應廢止其技術士證。

(二) 任寫下列 3 款。

1. 參加技能檢定者之申請檢定資格與規定不合。

2. 參加技能檢定違反學、術科測試規定。

3. 冒名頂替。

4. 偽造或變造應考證件。

5. 擾亂試場內外秩序，經監場人員勸阻不聽。

6. 以詐術或其他不正當手法，使檢定發生不正確結果。

7. 其他舞弊情事。

第五題題目：甲君在僱有 20 個員工的 A 公司工作，請依據相關勞動法令回答下列問題：

(一) A 公司應依據勞工保險條例第 15 條規定，每一個月為甲君負擔多少百分比（%）的勞工保險普通事故保險費？（2 分）

(二) 甲君應依據勞工退休金條例第 14 條規定，每一個月最高 / 最多可自願提繳退休金多少百分比（%）？（2 分）

(三) A 公司剛好遇到疫情期間訂單減少，不得已宣布要進行大量解僱勞工。準此，依據大量解僱勞工保護法第 2 條第 1 款規定，該公司之「大量解僱勞工」情形，係指於 60 日內解僱勞工逾多少人？（2 分）

㈣ 如果甲君是 A 公司要大量解僱勞工之一的員工，則甲君與 A 公司之間因而發生勞動契約規定之勞資爭議時，依據勞資爭議處理法第 5 條規定，是屬於哪一種爭議事項之勞資爭議？（2 分）

㈤ 依據大量解僱勞工保護法第 2 條規定：「所稱大量解僱勞工，係指事業單位有勞動基準法第11條所定各款情形之一、……」，請在法定5種情形中，任舉 2 種勞動基準法第11條所定的各款情形。（2 分）

**參考答案** ㈠ 70%。

㈡ 6%。

㈢ 10。

㈣ 權利事項勞資爭議。

㈤ 任寫下列 2 款。

1. 歇業或轉讓時。

2. 虧損或業務緊縮時。

3. 不可抗力暫停工作在一個月以上時。

4. 業務性質變更，有減少勞工之必要，又無適當工作可供安置時。

5. 勞工對於所擔任之工作確不能勝任時。

第六題題目：近一年多以來，一些醫療保健用品公司因為大量訂單湧進，緊急需要用人，便向公立就業服務機構登記求才，公立就業服務機構依據現有就業服務系統中之求職登記人數，進行就業媒合。假設：新登記求職人數有 1 萬人，有效求職人數有 2 萬人，有效求職就業人數 5 千人，新登記求才人數有 2 萬人，有效求才人數有 3 萬人，有效求才僱用人數 1 萬 5 千人，請回答下列問題：

㈠ 1. 求職就業率為多少？（2 分）

2. 求才利用率為多少？（2 分）

3. 求供倍數為多少？（2 分）

㈡ 上述所謂的「有效求職人數或有效求才人數」之有效期限，一般訂為幾個月？（2 分）

㈢ 請任舉二種，一般求才僱主申請求才登記之方式。（2 分）

**參考答案** ㈠ 1. 求職就業率為 0.5。

2. 求才利用率為多少為 0.75。

3. 有效求供倍數為 1.5，新登記求供倍數為 2。

㈡ 2 個月。

㈢ 前往公立就業服務機構登記，或自行在台灣就業通登錄。

第七題題目：在就業服務過程中，就業服務人員應尊重與維護求職者的下列權益：

A. 最佳福祉：促進服務對象的最佳福祉。

B. 尊重差異：讓不同文化的族群都能同等受到尊重。

C. 免受傷害：促使服務對象免於恐懼、不安、壓迫及不正義對待。

D. 自主決定：不可限制服務對象自我決定權。

請針對下列 4 種情境說明，就業服務人員的做法是維護上述的哪一項權益？每個情境寫出一個最適合的權益，每個權益只能出現在其中一個情境，作答時請填寫 A、B、C、D 代碼。

㈠ 甲君 30 歲，領有身心障礙證明，被鑑定為中度肢體障礙。他來到就業服務機構求職，就業服務人員依甲君需求，除成功幫他媒合就業外，並協調雇主依甲君的職務及工作環境，向地方政府申請職務再設計服務。（2.5 分）

㈡ 乙君對學校工作沒興趣，決定放棄公立高中正式教師工作，轉投入商場工作，並願意因為缺乏經驗而從只有基本薪資的基層業務工作做起。就業服務人員配合他的期望幫他做媒合。（2.5 分）

㈢ 丙君是印尼籍外國人，信奉伊斯蘭教，因與本國人結婚而來臺獲准居留。他來到就業服務機構求職，就業服務人員在媒合過程中主動關心他是否因為印尼生活習慣或宗教信仰而對工作有特別考量。（2.5 分）

㈣ 丁君因為不堪性騷擾而離開前一個工作，就業服務人員除了配合丁君期望介紹可能的工作機會，還主動提供防範與申訴性騷擾的相關資源。（2.5 分）

**參考答案** ㈠ A。

㈡ D。

㈢ B。

㈣ C。

第八題題目：甲君，女性，31 歲，高中畢業，未婚，自述過去找工作時，有很長一段時間由於自己的身心障礙而處處受挫，會來到公立就業服務機構尋求協助，是因為一位好朋友的介紹和鼓勵。就業服務人員在提供就業諮詢的 4 個階段（建立關係階段、議題開展與揭露階段、促進改變階段，以及關係結束的準備階段），分別運用了許多相關的會談技巧，請問下列 4 組會談技巧（技術），一般而言，各主要對應到上述哪一階段？（每組技巧只對應 1 個階段，每個階段只對應 1 組技巧）

㈠ 面質、賦能／賦權。（2.5 分）

㈡ 反映／回應、確認、鼓勵。（2.5 分）

㈢ 連結、理解、高層次同理心。（2.5 分）

㈣ 接納、傾聽、初層次同理心、觀察。（2.5 分）

**參考答案** ㈠ 建立關係階段：接納、傾聽、初層次同理心、觀察。

㈡ 議題開展與揭露階段：連結、理解、高層次同理心。

㈢ 促進改變階段：面質、賦能／賦權。

㈣ 關係結束：反映／回應、確認、鼓勵。

第九題題目：甲君最近一直處理不同求職者的客訴問題而深感困擾，因此，

(一) 甲君去跟同事乙君說：我對有些求職者的耐性已快到極限，而感覺這樣的狀況很糟。

(二) 甲君說：因為服務單位規定員工對求職者不可以冒犯，所以面對求職者的無禮，仍然要和顏悅色的解釋。

(三) 甲君又說：有一天一位求職者一來，我還沒搞清楚狀況就被大罵了 3 分鐘，當下我也很生氣，但是我請同事先處理，然後跑進廁所用冷水沖臉。

(四) 乙君向甲君表示：我面對來客訴的求職者，都能同理他們一定是在接受服務過程不開心了才有這些舉動，所以可以冷靜的跟求職者談問題。

(五) 甲君又說：那次被求職者大罵 3 分鐘後，我想應該找出那位求職者的服務紀錄，再對應他抱怨的內容，把重點放在他的問題，而不是把求職者暫時推給同事服務。

從下列 5 項情緒調節技巧：(A) 表層演出、(B) 深層演出、(C) 認知重評、(D) 情緒壓抑、(E) 社交分享，請根據(一)～(五)描述的情境，回答各屬哪一類情緒調節技巧？（10 分）

**參考答案** (一) (D) 情緒壓抑。
(二) (A) 表層演出。
(三) (B) 深層演出。
(四) (E) 社交分享。
(五) (C) 認知重評。

第十題題目：受到 COVID-19 疫情影響，甲君的餐飲專賣店開幕不到 10 天即因配合防疫而停業，惟仍需支付店租、水電及人事等費用。面對外部環境驟變，不僅沒有收入尚有大筆開銷要支付，甲君因此失眠、焦慮，同時在腦海裡一再出現：「我慘了」。為了度過此一難關，甲君求助就業服務人員。請依上列敘述及下列各問題情境，自下表所列職涯理論、概念與技巧，選擇 1 個最適合的答案或代號，依序回答下列問題：

(一) 甲君初見就業服務人員有感而發的說：「一個小病毒竟能撼動我的職業生涯而且改變人們的日常生活」。依甲君所言，即使是一個微小的起始差異，也能產生巨大改變，係屬職涯混沌理論的何種概念？（2 分）

(二) 就業服務人員邀請甲君閉上眼睛，想像自己處在一個心情平靜的地方，並進入此一畫面，直到有比較放鬆的感覺才張開眼睛，以緩和焦慮，係屬何種諮詢技巧？（2 分）

(三) 就業服務人員引導甲君使用：「我會辛苦，但不會被擊垮」的話語取代「我慘了」的負面想法，幫助甲君從正向的觀點看問題，係屬何種諮詢技巧？（2 分）

(四) 就業服務人員陪伴甲君辨識壓力來源，探討有哪些可以改變、哪些無法改變，然後學習問題解決技巧、資源應用並建立支持系統，以協助其度過難關，係屬何種諮詢技巧？（2 分）

㈤ 透過諮詢，甲君學會以彈性、樂觀的心態，面對此一偶發疫情事件，對其餐飲事業造成的影響，而且找到新的應變策略。此一諮詢策略最接近何種職涯理論觀點？（2分）

| 職業理論與概念 | | |
|---|---|---|
| (A)<br>奇異吸子<br>strange attractor | (B)<br>蝴蝶效應<br>butterfly effect | (C)<br>鐘擺效應<br>pendulum effect |
| (D)<br>善用機緣論<br>planned happenstance theory | (E)<br>生涯建構論<br>career construction theory | (F)<br>社會認知生涯論<br>social cognitive career theory |
| 職業諮詢策略與技巧 | | |
| (G)<br>引導式心像<br>visual imagery | (H)<br>漸進式肌肉放鬆<br>progressive relaxation | (I)<br>壓力免疫訓練<br>stress inoculation training |
| (J)<br>奇蹟問句<br>miracle question | (K)<br>過度糾正<br>overcorrection | (L)<br>消弱<br>extinction |
| (M)<br>系統檢敏感法<br>systematic desensitization | (N)<br>普力馬原則<br>premack principle | (O)<br>重新框架<br>reframing |

**參考答案** ㈠ B。

㈡ G。

㈢ J。

㈣ I。

㈤ D。

# 111年度第一梯次就業服務乙級技術士技能檢定術科測試試題

第一題題目：A 公司從事製造業，聘僱菲律賓籍外國人甲君；另乙君聘僱印尼籍外國人丙君從事家庭看護工作。請依就業服務法第 58 條規定回答下列問題：【舊法】

　　(一) 依第 58 條第 1 項規定，外國人甲君於聘僱許可有效期間內，因不可歸責於 A 公司之原因，並有哪 3 種情事，A 公司得向勞動部申請遞補？（3 分）

　　(二) 依第 58 條第 2 項規定，乙君聘僱外國人丙君，因不可歸責之原因，並有哪 3 種情事，乙君亦得向勞動部申請遞補？（6 分）

　　(三) 依第 58 條第 3 項規定，A 公司若有符合得向勞動部申請遞補之情事，其經勞動部核發聘僱外國人甲君之聘僱許可所餘期間應足幾個月以上，始得予以遞補？（1 分）

**參考答案** (一) 1. 出國、2. 死亡者、3. 發生行蹤不明之情事，經 A 公司依規定通知入出國管理機關及警察機關滿六個月仍未查獲者，雇主得向中央主管機關申請遞補。

　　(二) 1. 外國人於入出國機場或收容單位發生行蹤不明之情事，依規定通知入出國管理機關及警察機關。

　　　　2. 外國人於雇主處所發生行蹤不明之情事，依規定通知入出國管理機關及警察機關滿三個月仍未查獲。

　　　　3. 外國人於聘僱許可有效期間內經雇主同意轉換雇主或工作，並由新雇主接續聘或出國者。

　　(三) 足六個月者以上。

第二題題目：請依「外國人受聘僱從事就業服務法第四十六條第一項第八款至第十一款規定工作之轉換雇主或工作程序準則」（簡稱轉換準則）規定，回答以下問題：

　　(一) 依轉換準則規定，公立就業服務機構應依規定的順位，辦理雇主接續聘僱外國人，請依照轉換準則第 7 條第 1 項規定，將下列五項順位資格之代碼，依序由第 1 順位排至第 5 順位（須依序填答代碼）：（4 分）

　　　　A. 屬製造業或營造業之事業單位未聘僱外國人或聘僱外國人人數未達中央主管機關規定之比率或數額上限，並依本法第四十七條規定辦理國內招募，經招募無法滿足其需要者。

　　　　B. 符合中央主管機關規定聘僱外國人資格，且與外國人原從事同一工作類別，於聘僱外國人人數未達審查標準規定之比率或數額上限者。

　　　　C. 符合中央主管機關規定聘僱外國人資格，且聘僱外國人人數未達審查標準規定之比率或數額上限者。

　　　　D. 持外國人原從事同一工作類別之招募許可函，在招募許可函有效期間，得引進外國人而尚未足額引進者。

　　　　E. 在招募許可函有效期間，得引進外國人而尚未足額引進者。

　　(二) 接上題，再依轉換準則第 10 條第 7 項規定，外國人在勞動部規定之期間內（現行令釋為 14 日），若無符合上述轉換準則第 7 條第 1 項規定中哪兩個順位資格的雇主登記接續聘僱，才可以由其他順位資格的雇主依序合意接續聘僱（請填答代碼）？（4 分）

㈢ 若有一名外國人、原雇主及同一工作類別的新雇主三方合意接續聘僱,依轉換雇主準則第 17 條第 1 項第 6 款規定,則應簽署什麼證明文件?申請人得直接向何機關申請接續聘僱外國人?(2 分)

**參考答案** ㈠ 依序由第 1 順位排至第 5 順位為 D、B、E、C、A。

㈡ D、B。

㈢ 1. 三方合意接續聘僱證明文件。2. 中央主管機關。

第三題題目:㈠ 甲君非自願離職後到公立就業服務機構辦理求職登記,同時詢問相關給付津貼申請資格,請依就業保險法規定回答下列問題:

1. 甲君符合失業給付申領資格,失業給付自哪一日起算?(2 分)

2. 甲君參加職業訓練並符合職業訓練生活津貼申領資格,職業訓練生活津貼的給付自哪一日起算?(2 分)

3. 就業保險法第 19 條之 1 已修正擴大受扶養眷屬範圍,並自 111 年 1 月 18 日起施行,甲君因有扶養眷屬便詢問就業服務人員,第 19 條之 1 修正將哪一類受扶養眷屬納為失業給付及職業訓練生活津貼之眷屬加給範圍?(2 分)

4. 甲君經就業服務人員推介於 111 年 2 月 1 日受僱,其雇主以月薪投保就業保險薪資等級第 1 級,請問甲君的月投保薪資為多少?(2 分)

㈡ 甲君規劃受僱一年後,考慮要申請,獲悉近期就業保險法第 19 條之 2 配合《性別工作平等法》之修正,修正請領育嬰留職停薪津貼規定,亦自 111 年 1 月 18 日起施行,請說明第 19 條之 2 修正重點?(2 分)

**參考答案** ㈠ 1. 失業給付自向公立就業服務機構辦理求職登記之第 15 日起算。

2. 職業訓練生活津貼自受訓之日起算。

3. 新修受扶養眷屬指有受被保險人扶養之無工作收入之父母。

4. 25,250 元。

㈡ 自 111 年 1 月 18 日起,父母同為就業保險法被保險人,可同時請領育嬰留職停薪津貼。惟請領津貼期間之起日在 111 年 1 月 18 日前者,基於法律不溯及既往原則,除父母於撫育 2 名以上未滿 3 歲子女,得同時請領不同子女之育嬰留職停薪津貼外,如係撫育 1 名未滿 3 歲之子女者,仍應分別請領育嬰留職停薪津貼,不得同時為之。

第四題題目:非視覺功能障礙者不得從事按摩業的規定已於 100 年 10 月 31 日失其效力,為增進視覺功能障礙者就業機會及從事按摩工作之競爭力,依身心障礙者權益保障法第 46 條第 5 項規定,不得提供場所供非視覺功能障礙者從事按摩或理療按摩工作有哪 5 類單位或場所?(10 分)

**參考答案** 1. 醫療機構、2. 車站、3. 民用航空站、4. 公園營運者、5. 政府機關(構)。

第五題題目:A 公司聘僱員工有 41 人,因市場生態不變,業務緊縮,決定裁減資遣解僱 10 位員工。請依相關勞動法令之規定,回答下列問題:

㈠ 依據勞動基準法規定,被 A 公司裁減資遣解僱的員工,應如何給付資遣費?(3 分)

㈡ 依據勞工退休金條例規定，如果其餘未資遣員工仍繼續於 A 公司服務，而選擇適用勞工退休金條例之退休金制度者（新制），其適用該條例前之工作年資（舊制），應如何處理？（2分）

㈢ 依據性別工作平等法規定，A 公司員工之「陪產檢及陪產假」，如果是為陪伴配偶生產時，應在配偶分娩的當日及其前後合計多少日期間內請休完畢？（2分）又，A 公司是否應訂定性騷擾防治措施、申訴及懲戒辦法？（1分）

㈣ 依據勞工保險條例規定，被 A 公司裁減資遣之員工，如果自願繼續由 A 公司為其辦理參加勞工保險普通事故保險，至符合請領老年給付之日止時，這類員工其參加勞工保險年資合計要滿多少年？（2分）

參考答案 ㈠ 1. 勞工資遣費計算為 (1) 在同一雇主之事業單位繼續工作，每滿一年發給相當於一個月平均工資之資遣費。(2) 依前款計算之剩餘月數，或工作未滿一年者，以比例計給之。未滿一個月者以一個月計。

2. 資遣費，雇主應於終止勞動契約 30 日內發給。

㈡ 保留。

㈢ 1. 陪產檢及陪產假，除陪產檢於配偶妊娠期間請假外，受僱者陪產之請假，應於配偶分娩之當日及其前後合計 15 日期間內為之。

2. 應訂定。

㈣ 參加保險年資合計滿 15 年，被裁減資遣而自願繼續參加勞工保險者，由原投保單位為其辦理參加普通事故保險，至符合請領老年給付之日止。

第六題題目：請依據就業市場基本概念及資訊蒐集與分析運用，回答下列問題：

㈠ 假設依據行政院主計總處人力資源調查統計結果顯示，某一年年平均 15 歲以上民間人口 20,231 千人，勞動力人數 11,964 千人，就業人數為 1,504 千人，失業人數為 460 千人，非勞動力 8,267 千人，想工作而未找工作且隨時可以開始工作者 158 千人，則此一統計結果之年平均勞動力參與率、失業率、廣義失業率分別是多少（計算均四捨五入及呈現小數點第二位）？（6分）

㈡ 假設要針對就業者或原有職業者之離職失業前行業之第二級行業（工業）進行統計分析時，則依據行政院主計總處第 11 次（110 年 1 月）修正之行業統計分類大類共有 5 種行業，請任舉 2 種行業大類名稱。（4分，答英文或中文大類名稱均可）

參考答案 ㈠ 1. 年平均勞動力參與率＝59.14、2. 失業率＝3.84、3. 廣義失業率＝5.1。

㈡ 1. C 大類製造業、2. D 大類電力及燃氣供應業。

第七題題目：就業服務人員在提供就業服務時應重視當事人隱私的權利，並保守秘密，有關當事人服務資料之蒐集、處理或利用，應遵守個人資料保護法等相關法規之規定，請問下列哪 5 個情況是違反保護當事人隱私權？（10分，請寫出 5 個正確代號，超過 5 個代號者，以前 5 項答案為計分基準）

A. 所使用的資料是經當事人或其法定代理人書面同意。

B. 因為要倡議，所以提供當事人資料給媒體報導。

C. 依相關法令負有報告責任時。

D. 當事人是屬於心智障礙者，不知道隱私會被侵犯，就可以直接使用。

E. 在做單位的文宣時，以單位為主體，使用當事人的相片。

F. 經評估，當事人有自殺危險時。

G. 在電梯內高談闊論當事人的私事。

H. 因上班時間做不完紀錄，故將當事人資料帶回家處理。

I. 為推介就業之必要，而提供雇主與求職人資料。

**參考答案** B、D、E、G、H。

第八題題目：A 君的父母在他高三時因經商失敗而破產，因此他一畢業就參加了職訓機構的培訓課程，以期謀得一技之長，好儘快就業、協助父母還債。當時他挑選了「人工智慧」的課程，認為這個領域前景看好，將來可找到待遇好的工作。在 352 個小時訓練中，他愈學愈覺得興趣缺缺，但為了將來找到好工作，他努力撐到了結訓。沒想到他獲得推介的工作待遇跟原本預期差很多，於是 A 君來找就業服務人員幫忙就業推介。請根據基本會談技巧和生涯渾沌理論來說明就業諮詢人員在下列對話中所使用的是什麼諮詢技巧或策略。回答時，請寫出對話序號與最合適的一個答案的代碼。（10 分）

對話 1：A 君說：「不是我愛錢，而是家裡真的有需要，拜託你儘快幫我介紹『比較好』的工作。」就業服務人員說：「到現在還沒找到待遇好的工作來分擔家裡經濟壓力，讓你很焦慮。」

對話 2：A 君說：「其實我對人工智慧沒什麼興趣，但是為了讓爸媽可以不要過得那麼苦，我還是堅持學完了，拿到結業證書時我都不敢相信我真的辦到了。」就業服務人員說：「為了追求自己設定的目標，能夠忍受過程中的辛苦、堅持不放棄，你這種吃苦耐勞和毅力，想必可以成為你未來在職場上獲得成功的重要資產。」

對話 3：A 君說：「現在的問題是我的結業成績不好，推介給我的工作待遇都不好，你可不可以幫我找薪水好一點的工作，只要錄取我我一定會認真做，加班加多晚都沒關係。」就業服務人員說：「你剛才說『沒興趣也會堅持學完』，現在說『願意多加班』，這是你面對困難挑戰的習慣反應嗎？如果要給你這個習慣反應一個名字，你會取什麼名字？」A 君說：「不屈不撓的勤奮工蟻！」

對話 4：就業服務人員說：「每一個工作的優點不一樣，有的是起薪高，有的是獎金多，有的是福利好，你想想看，對於『不屈不撓的勤奮工蟻』來說，哪一種報酬結構最有利呢？」A 君說：「對呀，既然我願意多做，要看的就不是底薪高，而是加班費或按件計酬的獎金高。」就業服務人員說：「你目前被推介的工作之中，有類似這樣的嗎？」A 君說：「有喔，甲公司的底薪很低，所以我本來完全不考慮，但經你這樣一說，我想到的好處是會有加班費，而且加班費蠻優的，應該很適合我。」

對話 5：就業服務人員說：「把我們剛才談的綜合起來，你覺得你現在心目中的好工作是怎樣的呢？」A 君說：「我覺得我學的人工智慧就是我的保障，真的不怕沒工作，與其東挑西挑等等等，不如騎驢找馬，先從目前的工作機會中挑出把加班費算進去能賺到最多錢的工作，反正我的優勢就是勤奮、願意做，將來做熟以後，也可以考慮另外接 CASE、賺外快，總之，只要不放棄，靠著 AI 的硬技術，總是能賺到錢的。」

A. 專注，或傾聽。　　　　B. 同理，或情感反映。　　　C. 鼓勵，或支持。

D. 立即性。　　　　　　　E. 解釋。　　　　　　　　　F. 面質，或挑戰。

G. 辨認出行為模式。　　　H. 蒐集多元資訊。　　　　　I. 對機會保持開放的心靈。

J. 回饋個人的生命故事。　K. 調整或添加新的元素在現有的生涯目標中。

參考答案 對話 1：B、對話 2：C、對話 3：G、對話 4：K、對話 5：I。

第九題題目：組成個人情感有許多不同的心情（moods）構面，這些構面有正向、負向，也有身心驅動程度高低之分。請從下列各種心情構面，選出 5 種屬於高程度的心情構面：（10 分，請寫出 5 個正確代號，超過 5 個代號者，以前 5 項答案為計分基準）

A. 安詳、B. 警覺、C. 著急、D. 疲乏、E. 興奮、F. 得意、G. 緊張

參考答案 B、C、E、F、G。

第十題題目：甲君、乙君、丙君、丁君 4 位求職者在何倫碼（Holland Code）興趣測驗的施測結果如下表一，請根據此一測驗類型及表列測驗分數，回答下列問題。

（一）以史賓賽與史賓賽（Spencer & Spencer）職能冰山模型之外顯性與內隱性二個層面來看，興趣測驗主要在測量哪 1 層面的職能？（2 分）

（二）就人境適配的分化性（differentiation）而言，4 位求職者中哪 1 位的興趣多元且分化明確？（2 分）哪 1 位最可能缺乏熱情與動機且分化低？（2 分）

（三）就人境適配的一致性（consistency）而言，4 位求職者中哪 1 位的一致性最高？（2 分）哪 1 位的一致性最低？（2 分）

表 1　4 位求職者的興趣測驗分數

| 何倫碼<br>求職者 | R | I | A | S | E | C |
|---|---|---|---|---|---|---|
| 甲君 | 22 | 15 | 35 | 30 | 25 | 14 |
| 乙君 | 3 | 2 | 10 | 1 | 1 | 5 |
| 丙君 | 22 | 23 | 31 | 22 | 27 | 22 |
| 丁君 | 2 | 3 | 3 | 4 | 3 | 4 |

參考答案 （一）內隱性（人格特質）。

（二）1. 興趣多元且分化明確為甲君；2. 最可能缺乏熱情與動機且分化低為丁君。

（三）1. 一致性最高為甲君；2. 一致性最低為乙君。

# 111年度第二梯次就業服務乙級技術士技能檢定術科測試試題

第一題題目：依「雇主聘僱外國人許可及管理辦法（以下簡稱雇聘辦法）」第 2 條第 3 款規定，第三類外國人指受聘僱從事就業服務法第 46 條第 1 項第 11 款規定工作之外國人，請依「雇聘辦法」及「外國人從事就業服務法第四十六條第一項第八款至第十一款工作資格及審查標準（以下簡稱審查標準）」規定，回答下列問題：

(一) 第三類外國人受聘僱從事就業服務法第 46 條第 1 項第 11 款規定工作之類別，依「審查標準」第 6 條規定，除雙語翻譯工作、廚師及其相關工作、其他經中央主管機關專案核定之工作外，還包括哪 8 類之中階技術工作（8 類任寫 4 類，答對 1 個給 1 分，最高給 4 分）？(4 分)　　　　　　　　　　　　　　　　　　　　【舊法】

(二) 依「審查標準」第 62 條規定，外國人受聘僱從事第 6 條第 3 款之中階技術工作，應符合附表 13 所定專業證照、訓練課程或實作認定資格條件，並具備哪 4 種資格之一？(4 分)

(三)「雇聘辦法」第 47 條第 1 項規定，雇主申請聘僱外國人從事中階技術工作，應規劃並執行「雇聘辦法」第 33 條規定之外國人生活照顧服務計畫書，並依規定期間，通知當地主管機關實施檢查，請依規定回答下列問題：

　1. 雇主由國外引進外國人從事中階技術工作，應於外國人入國後幾日內通知實施檢查？(1 分)

　2. 雇主於國內聘僱中階技術外國人，應自申請聘僱許可日起幾日內通知實施檢查？(1 分)

**參考答案** (一) 1. 中階技術工作：符合審查標準第十四章所定工作年資、技術或薪資，從事下列工作，(1) 中階技術海洋漁撈工作；(2) 中階技術機構看護工作；(3) 中階技術家庭看護工作；(4) 中階技術製造工作；(5) 中階技術營造工作；(6) 中階技術外展農務工作；(7) 中階技術農業工作；(8) 其他經中央主管機關會商中央目的事業主管機關指定工作場所之中階技術工作。(8 類任寫 4 類)【舊法】

(二) 1. 現受聘僱從事就業服務法第 46 條第 1 項第 8 款至第 10 款工作，且連續工作期間達六年以上者。

　2. 曾受聘僱從事就業服務法第 46 條第 1 項第 8 款至第 10 款工作，工作期間累計達六年以上出國後，再次入國工作者，其工作期間累計達十一年六個月以上者。

　3. 曾受聘僱從事就業服務法第 46 條第 1 項第 8 款至第 10 款工作，累計工作期間達十一年六個月以上，並已出國者。

　4. 在我國大專校院畢業，取得副學士以上學位之外國留學生、僑生或其他華裔學生。

(三) 由國外引進外國人從事中階技術工作，於外國人入國後三日內。於國內聘僱中階技術外國人，自申請聘僱許可日起三日內。

第二題題目：外國留學生甲君今年已經大學三年級，並會利用課餘時間工作賺取生活費。在甲君期中考前一週的某一天，縣政府勞工局的檢查人員到甲君打工的 A 公司訪查，A 公司適用勞動基準法，且發現甲君有合法工作許可，在前一週的工作時間累計達 32 小時。請依就業服務法及勞動基準法規定，回答下列問題：

(一) 依就業服務法第 50 條及勞動基準法第 30 條第 1 項規定：

　1. 甲君在不是寒暑假的期間，每星期的工作時間最長可以工作多少小時？（2 分）

　2. 若是在寒暑假期間，每星期的正常工時最多幾小時？（2 分）

(二) 在上述的訪查結果，A 公司聘僱甲君的工作時間在前一週累計達 32 小時，是否違反就業服務法第 50 條規定？（2 分）

(三) 如果 A 公司聘僱甲君的工作時數，經過縣政府勞工局認定，A 公司違反就業服務法第 50 條規定的工作時數，則依違反同法第 57 條規定，應處 A 公司罰鍰新臺幣至少幾萬元？（2 分）最多幾萬元？（2 分）

**參考答案** (一) 1. 20 小時；2. 40 小時。

(二) 是。

(三) 1. 6 萬元；2. 30 萬元。

第三題題目：(一) 就業市場失業與缺工並存，請說明失業類型中「摩擦性失業」及「結構性失業」之定義（2 分）？面對我國產業缺工問題，如果要針對「摩擦性失業」及「結構性失業」之失業者協助投入缺工產業，請依現行政府資源，分別列出可運用之作法？（2 分）

(二) 我國已進入高齡社會，照顧服務需求漸增而有人力短缺的情形，為鼓勵雇主聘僱本國籍照顧服務員，依雇主聘僱本國籍照顧服務員補助辦法，已符合聘僱外籍家庭看護工之雇主僱用本國籍照顧服務員可申請補助金，依該辦法第 2 條第 2 項規定，本國籍照顧服務員應具有中華民國國籍，並具備 3 款資格之一，請回答是哪 3 款資格？（3 分）【舊法】

(三) 甲君經推介到照顧服務機構面試，該機構基於防疫考量，要求甲君需先提供二日內 PCR 核酸檢驗結果文件。請問依就業服務法施行細則第 1-1 條規定，該檢驗結果屬哪一類就業隱私資料？（1 分）雇主要求提供就業隱私資料，除法規要求外，不得逾越哪 2 個特定目的之必要範圍，並應與目的間具有正當合理之關聯，始得要求求職者提供？（2 分）

**參考答案** (一) 1. 摩擦性失業係指由一個工作或職業轉換到另一個工作或職業，所造成的短期失業現象。結構性失業係指因產業結構轉變或區域經濟發展的變化，造成求才與求職發生不能配合的失業狀態。

2. (1) 摩擦性失業可運用之現行政府資源如青年職得好評計畫、青年就業獎勵計畫、應屆畢業青年尋職津貼計畫。

(2) 結構性失業可運用之現行政府資源如缺工就業獎勵、跨域就業津貼。

(二) 本國籍照顧服務員，應具有中華民國國籍，並具備下列資格之一者：

1. 領有照顧服務員訓練結業證明書。

2. 領有照顧服務員職類技術士證。

3. 高中（職）以上學校護理、照顧相關科（組）畢業。

(三) 1. 生理資訊。2. 應尊重當事人之權益，不得逾越基於經濟上需求或維護公共利益等特定目的之必要範圍。

第四題題目：請依身心障礙者權益保障法規定回答下列問題：

㈠ 該法規定未經許可不得提供身心障礙者就業服務，請依第 35 條規定回答民間單位有哪 2 種途徑才能提供身心障礙者就業服務？（8 分）

㈡ 為提供身心障礙者適切的職業重建服務，請依第 33 條規定回答是哪 1 種專業人員與身心障礙者訂定個別化職業重建服務計畫？（2 分）

**參考答案** ㈠ 依法設立之機構、團體或學校接受政府委託辦理者。

㈡ 職業重建個案管理員。

第五題題目：A 公司是製造醫療器材業，聘僱員工有 201 人，因市場生態丕變及 COVID-19 經指定為俗稱的「國家 "家用快篩試劑" 製造團隊」廠商之一，隨時要因應不同突發事件事況，遣調員工處理相關業務。請依相關勞動法令之規定，回答下列問題：

㈠ 依據勞動基準法第 40 條規定，因突發事件，雇主認有繼續工作之必要時，得停止法定勞工之假期，並於事後依規定報請當地主管機關核備。此一停止假期之工資與假期應如何處理？（4 分）

㈡ 依據勞工退休金條例第 35 條規定，A 公司經工會或勞資會議同意後，是否得為以書面選擇投保年金保險之勞工，投保符合保險法規定之年金保險？（2 分）

㈢ 依據個人資料保護法及其相關子法第 3 條規定，任舉 2 項，A 公司之員工就其個人資料依法規定行使之那些權利，不得預先拋棄或以特約限制之？（4 分）

**參考答案** ㈠ 停止假期之工資，應加倍發給，並應於事後補假休息。

㈡ 是。

㈢ 1.查詢或請求閱覽。2.請求製給複製本。3.請求補充或更正。4.請求停止蒐集、處理或利用。5.請求刪除。（任寫 2 項）

第六題題目：就業服務人員在提供求職求才服務過程中，為解決問題及化解衝突，有時會面對兩難的困境，而必須做出實務的專業倫理抉擇。有關倫理決策模式很多，其中由 Hoose 和 Paradise（胡斯和派瑞戴斯）根據 Kohlberg（柯爾堡）的道德發展理論，所提出之「五級倫理思考模式」，是從 5 個不同導向階段來思考，包括：A.獎懲導向、B.機構導向、C.社會導向、D.個人導向、E.原則或良心導向等 5 個不同導向。而 V.M. Tarvydas(塔夫達斯) 也將專業倫理的標準，分為三大類，包括：F.專業的內部標準、G.專業實務工作者的臨床標準、H.外部規範標準。請依據下列 5 個概念的敘述，回答是屬於哪一個倫理導向或類型？（每題 2 分，共 10 分，寫出文字或序號均可）

㈠ 遵從機構的規定和政策，關心倫理決策是否符合機構主管或督導的期望。

㈡ 焦點在案主的權益，以避免侵犯案主的權益為優先考量，做倫理決策時，不僅考慮社會規範、法律，同時更考慮案主的需求。

㈢ 完全根據個人的原則及倫理意識，不考慮社會、專業的價值或倫理，或對社會可能的影響。

㈣ 聚焦在專業的考量、特定的各種專業標準、涉及專業認同與義務。

(五) 聚焦在職場場域、適用於單一領域或多重領域的標準、依個案或情境不同而異、可用於評量個別專業人員的表現、可用於測量成果。

參考答案 (一) B。
(二) D。
(三) E。
(四) A。
(五) C。

第七題題目：就業服務工作是助人的專業，在服務過程中，社會資源的運用和助人服務的成效有密切關聯。請就下列 A～O 社會資源，列出（一）無形資源與（二）有形資源各 5 項（請寫出編號即可）。（10分）

A‧財力。　　　　　　B‧社會關係。　　　　C‧物力。
D‧職業訓練機構。　　E‧專業技術。　　　　F‧地方法院觀護人室。
G‧勞動力市場變化。　H‧家扶中心。　　　　I‧社區心理衛生中心。
J‧信念。　　　　　　K‧庇護工場。　　　　L‧教會。
M‧就業服務機構。　　N‧機會。　　　　　　O‧家暴防治中心。

參考答案 (一) 無形資源：B、E、J、G、N。
(二) 有形資源：A、C、D、F、H、I、K、L、M、O（任寫五項）。

第八題題目：甲君是 56 男性，受疫情影響，失業在家已逾 3 個月，希望再就業，以維持家庭經濟收入。因此前往公立就業服務機構登記求職。請說明就業服務人員在對話中所使用的諮詢技巧。回答時，請就每一題的提問，從下表所擇一最適合答案，寫出代號或名稱。（每題 2 分，共 10 分）

(一) 對話 1：甲君對就業服務人員說：「我是一名專業經理人，也是家中主要經濟來源，誰知道疫情攪局，我竟然失業了，很多事都不在我的掌控中… 我覺得自己真沒價值…。」就業服務人員說：「失業，讓你感到失落，也擔心家裡的收入甚至自我懷疑，一定很不好受。」

(二) 對話 2：甲君對就業服務人員說：「還好你瞭解我的心情，我也常告訴自己危機就是轉機。」就業服務人員說：「雖然不好受，但你能坦然面對失業，主動求詢，將艱難的處境，視為自己重新出發的機會。」

(三) 對話 3：三週後，就業服務人員媒合甲君至一家民營事業機構就職。不久，甲君再次前來諮詢，對就業服務人員說：「公司參與政府的『青銀共事』計畫，老闆也支持我加入，我不知要選擇哪一種方式。」就業服務人員說：「你指的是『世代合作、青銀共舞計畫』的推動方式，這個理解是否正確？」

(四) 對話 4：甲君對就業服務人員說：「沒錯，就是這個。但我不知如何選擇。」就業服務人員對甲君說：「我可以陪伴你分析每一個推動方式的利弊得失，並針對你考慮的各個因素進行加權計分與計算，我們可以透過這個方式一起討論你想要的優先順序。」

(五) 對話 5：甲君對就業服務人員說：「這個分析方式真不錯，讓我知道最適合自己的方式就是互為導師型，我可以運用自己的知識及實務經驗結合年輕同事的構想、意見與新技術，一起為公司提升營運績效。」就業服務人員對甲君說：「很欣賞你的韌性與勇氣，努力克服失業危機，重新找到自己的工作發揮方向。」

| (A) 同情反映<br>Reflection of sympathy | (B) 情感反映<br>Reflection of feeling | (C) 結構化<br>Structuring |
|---|---|---|
| (D) 決策平衡單<br>Decision balance sheet | (E) 決策樹<br>Decision tree | (F) 重新框架<br>Reframing |
| (G) 解釋<br>Interpretation | (H) 澄清<br>Clarification | (I) 優點轟炸<br>Strength bombardment |
| (J) 自我揭露<br>Self-disclosure | | |

**參考答案** (一) A。

(二) B。

(三) H。

(四) D。

(五) I。

第九題題目：甲君填寫〈我喜歡做的事〉興趣量表，得到下表的結果。請根據下表資料回答下列問題：

(一) 根據下表的資料，甲君最有興趣的三個類別依序是哪 3 個？請依興趣高低順序寫出 3 個類別的 ABC……代碼。（3 分）

(二) 甲君的「藝術」的原始分數是 5、該分量表最高分 28 分、PR 值是 39，據此推測，相較之下，甲君比多少百分比的人都還喜歡以創造性的方式來表達感受呢？（2 分）

1、39。　2、61。　3、5。　4、13。

(三) 下列有關甲君的區分性描述，哪個完全正確？（2 分）

1、區分性高，甲君和常模有差異。

2、區分性高，甲君各興趣類型分數有差異。

3、區分性低，甲君和常模沒有顯著差異。

4、區分性低，甲君各興趣類型分數沒有差異。

(四) 甲君看到測驗結果後說：「我的『個人服務』怎麼可能這麼高？」根據心理測驗解釋的基本原則，就業服務人員的第一個回應應該採用下列哪一個最好？（3分）

1.「做測驗的好處，就是它能夠幫你做整理，讓你對自己有更清楚、甚至不一樣的想法，可見這個測驗真的對你有幫助，讓你發現自己的『個人服務』比你原本想的還要高。」

2.「你的『個人服務』真的非常高，我們來看看，有哪些職業特別適合『個人服務』高的人。」

3.「你似乎對自己得到『個人服務』高分很訝異，你以前沒考慮『個人服務』是覺得『個人服務』有什麼不好嗎？」

4.「你的『個人服務』比你想的還要高，我們來看看這是怎麼回事，首先，這個分量表的題目是這些，所謂的『個人服務』分數就是由你對這些題目的回答得到的，你想像中的『個人服務』，會是類似這些題目的內容嗎？」

| 興趣<br>類別 | 原始<br>分數 | PR 值 | 職業特性 |
|---|---|---|---|
| A 藝術 | 5 | 39 | 喜歡以創造性的方式來表達感受 |
| B 科學 | 4 | 47 | 喜歡發現、收集自然界的事物，並且將科學研究的結果應用以解決生命科學及自然科學的問題。 |
| C 動植物 | 9 | 74 | 喜歡做與農、林、畜牧、狩獵等與動物及植物有關的事情。 |
| D 保全 | 8 | 81 | 喜歡為人保護生命及財產。 |
| E 機械 | 0 | 13 | 喜歡使用機器、手、工具及有關技術、把機械原理應用於日常生活中。 |
| F 工業生產 | 0 | 15 | 喜歡在工廠中作重覆、具體而有組織的工作。 |
| G 企業事務 | 1 | 25 | 喜歡做非常具體、很組織化、需要注意細節及精確性的工作。 |
| H 銷售 | 2 | 30 | 喜歡用個人說服的方法及銷售的技術讓別人聽從自己意見。 |
| I 個人服務 | 10 | 90 | 喜歡依別人的個別需要及期望以提供照顧性的服務。 |
| J 社會福利 | 8 | 69 | 喜歡幫助人解決心理、精神、社會、生理及職業上的困難。 |
| K 領導 | 4 | 36 | 喜歡用高等語文及數理能力來影響別人。 |
| L 體能表演 | 2 | 38 | 喜歡在觀眾前面表演體能活動。 |

參考答案 (一) I、D、C。

(二) 1. 39%。

(三) 2。

(四) 4。

第十題題目：生涯諮商採勞動經濟學觀點學者認為，在勞動市場中一直存在勞動市場區隔現象，不同勞動市場的工作難以相互流動。二元勞動市場論者認為工作可區隔為主要勞動市場工作和次要勞動市場工作，之後又有學者將主要勞動市場工作又再區分為高層主要勞動市場工作和基層主要勞動市場工作。就業服務人員應協助服務個案了解不同市場工作的特徵，做適當的工作特性分析和媒合。請從下列 A～H 特徵，選出：

(一) 哪 2 項屬於基層主要勞動市場工作特徵？（4分）

(二) 哪 3 項屬於高層主要勞動市場工作特徵？（6分）

A. 擁有多的自主性 　　　　　　B. 鼓勵服從性

C. 工作規則較無制度化 　　　　D. 很容易因季節因素失業

E. 較高的職業流動和工作轉換 　F. 工作環境惡劣

G. 收入及地位都高 　　　　　　H. 工作穩定但薪水較低

**參考答案** (一) E、H。

(二) A、C、G。

# 111年度第三梯次就業服務乙級技術士技能檢定術科測試試題

第一題題目：勞動部已修正「雇主聘僱外國人許可及管理辦法」（以下簡稱雇聘辦法）及「外國人從事就業服務法第四十六條第一項第八款至第十一款工作資格及審查標準（以下簡稱審查標準）」規定，並指定自111年4月30日起實施。在臺工作滿一定年限之第二類外國人或取得我國副學士學位以上之外國留學生、僑生或其他華裔學生，符合規定資格標準，可由雇主申請聘僱從事中階技術工作，請依「雇聘辦法」及「審查標準」規定，回答下列問題：

㈠ 依「審查標準」第64條規定，雇主依第62條規定聘僱外國人從事中階技術工作，其核配比率、僱用員工人數及聘僱外國人總人數之認定，應符合附表14規定，有關收容養護中度以上身心障礙者、精神病患及失智症患者之長期照顧機構、養護機構、安養機構或財團法人社會福利機構，申請聘僱外國人從事中階技術機構看護工作，以各機構實際收容人數每幾人可聘僱1人？（2分），且合計不得超過本國看護工人數之百分之多少？（2分）

㈡ 依「審查標準」第61條第2項規定，同一雇主聘僱外國人從事中階技術家庭看護工作，且被看護者符合「審查標準」第19條附表3規定適用情形之一，則被看護者符合得免經醫療機構專業評估之條件，除申請聘僱之外國人現從事家庭看護工作，且照顧同一被看護者外，還有符合哪1種條件，被看護者亦得免經醫療機構專業評估？（2分）

㈢ 1. 依「雇聘辦法」第46條規定，雇主如自國外引進從事中階技術工作外國人，應自何日起，依就業服務法之規定負雇主責任？（2分）

2. 雇主如於境內申請聘僱從事中階技術工作外國人，則應自何日起負雇主責任？（2分）

**參考答案** ㈠ 以各機構實際收容人數每三人聘僱一人，合計不得超過本國看護工人數之百分之二十五。
㈡ 申請展延聘僱許可。
㈢ 1. 自引進外國人入國日。
2. 聘僱許可生效日。

第二題題目：請依「就業服務法」及「外國人從事就業服務法第四十六條第一項第八款至第十一款工作資格及審查標準（以下稱審查標準）」規定，針對甲營造公司承建下列工程案件的工程金額及工期，回答下列問題：

A案：公共工程，工程金額新臺幣（以下同）3億5千萬元，工期4年。
B案：公共工程，工程金額5千萬元，工期1年。
C案：公共工程，工程金額1億5千萬元，工期2年。

D案：民間重大經建工程，工程金 2 億 2 千萬元，工期 2 年 6 個月。

E案：民間重大經建工程，工程金額 3 億 1 千萬元，工期 1 年 8 個月。

F案：民間重大經建工程，工程金額 9 千萬元，工期 2 年。

㈠ 甲營造公司依審查標準第 42 條規定，以承建公共工程案件的資格申請招募外籍營造工，上述哪些案件符合申請資格？（4分）

㈡ 甲營造公司若依審查標準第 43 條規定，以承建民間重大經建工程案件的資格，申請招募外籍營造工，上述哪些案件符合申請資格？（4分）

㈢ 甲營造公司若未經許可，指派公共工程案件所聘僱的外籍營造工，至民間重大經建工程案件的工地從事營造工作，已違反就業服務法第 57 條第 4 款規定，應依同法第 68 條第 1 項規定，處新臺幣多少元罰鍰處分？（2分）

**參考答案** ㈠ A 案、C 案。

㈡ D 案、E 案。

㈢ 處 3~15 萬元罰鍰。

第三題題目：請說明下列情形有無違反就業服務法規定？如有，請寫「有」，並寫出涉及違反之條文規定內容始給分，如無違反，請寫「無」。（不用寫出涉及之條次）（10分，每小題 2 分）

㈠ A 君的個人網頁可免費加入成為會員，A 君在網頁上免費提供會員人力仲介媒合服務。

㈡ 甲公司在人才招募廣告之應徵條件，要求限○○大學畢業者。

㈢ 乙公司招募員工，徵才廣告載明具經驗者為優，薪資面議，錄取後給予剛畢業青年薪資新臺幣 3 萬 2 千元，具相關工作經驗者給予 4 萬 2 千元。

㈣ 丙公司在人力銀行徵求工程技術人員，於錄取後要求員工從事網路行銷業務。

㈤ 丁公司於 8 月 1 日僱用 B 君 3 日後，丁公司認為 B 君無法適任該職務故予以資遣，離職日為同年 8 月 5 日，丁公司於同年 8 月 6 日辦理資遣通報。

**參考答案** ㈠ 有。就服法第 34 條第 2 項規定未經許可，不得從事就業服務業務。違者處 30~150 萬元罰鍰。

㈡ 無。

㈢ 有。就服法第 5 條第 2 項第 6 款規定，提供職缺之經常性薪資未達新臺幣四萬元而未公開揭示或告知其薪資範圍，為雇主招募或僱用員工，不得有之情事。違者處 6~30 萬元罰鍰。

㈣ 有。就服法第 5 條第 2 項第 1 款規定，雇主招募或僱用員工不得有為不實之廣告或揭示。違者處 30~150 萬元罰鍰。

㈤ 有。就服法第 33 條第 1 項規定，雇主資遣員工時，應於員工離職之十日前，將被資遣員工之姓名、性別、年齡、住址、電話、擔任工作、資遣事由及需否就業輔導等事項，列冊通報當地主管機關及公立就業服務機構。違者處 3~15 萬元罰鍰。

第四題題目：請依身心障礙者權益保障法規定回答下列問題：

　　　　　　(一)應進用身心障礙者人數未達該法第 38 條第 1 項、第 2 項標準之機關（構），應定期向所在地方政府的哪一個基金繳納差額補助費？請回答該基金名稱（3 分）；又差額補助費金額如何計算？(3 分)

　　　　　　(二)地方政府核發超額進用身心障礙者之私立機構獎勵金，其發給最高金額如何計算？(4 分)

**參考答案** (一)應定期向所在地直轄市、縣（市）勞工主管機關之身心障礙者就業基金繳納差額補助費；其金額，依差額人數乘以每月基本工資計算。

(二)獎勵金最高按超額進用人數乘以每月基本工資二分之一計算。

第五題題目：A 公司經營餐飲業多年，聘僱有 30 位員工，近期因為 Covid-19 疫情關係，業績受到影響，發生一些問題，請依據相關勞動法令規定回答下列問題：(10 分，每小題 2 分)

　　　　　　(一)依據勞動基準法規定，主管機關裁處 A 公司違反行為罰鍰時，得審酌與違反行為有關之哪些事項，為量罰輕重之標準？

　　　　　　(二)依據勞工保險條例規定，被保險人有未償還第 67 條第 1 項第 4 款之貸款本息者，於"誰"請領保險給付時逕予扣減之？

　　　　　　(三)依據性別工作平等法第 19 條規定，A 公司有員工為撫育未滿三歲子女，得請求哪 2 款事項？

　　　　　　(四)依據勞工退休金條例規定，勞工選擇繼續自本條例施行之日起，適用勞動基準法之退休金規定者，於幾年內仍得選擇適用本條例之退休金制度？

　　　　　　(五)依據大量解僱勞工保護法規定，A 公司是僱用勞工人數在二百人以下者，積欠勞工工資達幾個月時，要由相關單位或人員向主管機關通報？

**參考答案** (一)依據勞動基準法第 80-1 條第 2 項規定，主管機關裁處罰鍰，得審酌與違反行為有關之勞工人數、累計違法次數或未依法給付之金額，為量罰輕重之標準。

(二)被保險人或其受益人。

(三)1.每天減少工作時間一小時，減少之工作時間，不得請求報酬。2.調整工作時間。

(四)5 年。

(五)積欠勞工工資達二個月。

第六題題目：A 公司經營餐飲業，B 公司經營資訊製造業，C 公司經營畜牧業，為拓展業務，在"台灣就業通"刊登求才訊息，包括：區域業務代表、大數據分析人員、行政文書事務人員、現場手工商品分類及打包人員等職缺，請依據就業市場基本概念及行職業相關概念回答下列問題：

　　　　　　(一)請說明行業與職業的相關性情形為何？(2 分)

　　　　　　(二)依據行政院主計總處"人力資源調查統計指標摘要表"之"就業者結構比"指標項目，及"就業市場資訊基本概念"，所稱之"3 大行業或產業"，說明 A、B、C 等 3 間公司分屬哪一種行業或產業？(3 分)

㈢ 依據行政院主計總處之 "職業標準分類（十大職業）" 概念，說明 3 間公司所刊登的 4 種求才訊息職缺人員，分屬十大職業（大類）中的哪一種職業名稱（從業人員）？（4 分）其中哪一種職類人員（從業人員）在統計上，所占的從業人數是最少的？（1 分）

**參考答案**
㈠ 行業係指經濟活動部門之種類，包括從事生產各種有形物品及提供各種服務之經濟活動在內。職業係指個人所擔任的工作或職務種類。

㈡ A 為住宿及餐飲業歸屬服務產業、B 為製造業歸屬工業、C 為畜牧業歸屬農、林、漁、牧業。

㈢ 1. 區域業務代表為第一大類民意代表、主管及經理人員；大數據分析人員為第二大類專業人員；行政文書事務人員為第四類事務支援人員、現場手工商品分類及打包人員為第九類基層技術工及勞力工。

2. 第一大類民意代表、主管及經理人員。

第七題題目：我國的身心障礙者職業重建服務專業人員包括：A 職業訓練師、B 職業訓練員、C 職業輔導評量員、D 就業服務員、E 職業重建個案管理員、F 督導，他們各司其職。請依據職業重建服務專業人員的職掌，回答下列情況適合尋求上述哪一類專業人員的協助？（10 分，每小題 2 分）

㈠ 已在職場的身心障礙工作者，需職場適應的協助時。

㈡ 身心障礙者第一次尋求職業重建服務時。

㈢ 就業服務員需要情緒或專業支持或協助，卻不適合找同儕時。

㈣ 當身心障礙個案想進庇護工場，需要適切的評估時。

㈤ 身心障礙個案參加養成或進修訓練期間，需學習專業技能時。

**參考答案**
㈠ D 就業服務員。
㈡ E 職業重建個案管理員。
㈢ F 督導。
㈣ C 職業輔導評量員。
㈤ B 職業訓練師。

第八題題目：結構性面談是執行有效面談的方法之一，運用工作知識、背景、情境、行為等問題類別設計結構性面談問題，可增進對求職者是否適合欲推介工作之了解。請針對下列 5 種面談問題中，從 A 至 D 選項中依序寫出正確的 1 項（寫出英文代碼或問題類別皆可）：A. 工作知識問題、B. 背景問題、C. 情境問題、D. 過去行為問題。

面談問題：

㈠ 請問「假設你正要向客戶做業務簡報時，但發現帶錯簡報資料，你會怎麼處理？」。（2 分）

㈡ 請問「你若進入仲介公司要規劃每半年的員工教育訓練，製作計畫時用 6W 設計是指哪些面向？」。（2 分）

㈢ 請問「你可否舉例說說曾經對客戶做過最成功的業務簡報？」。（2 分）

　　㈣ 請問「你要應徵導遊工作，過去有哪些相關工作經驗、有拿到什麼證照或參加什麼相關訓練？」。（2分）

　　㈤ 請問「你若幫公司撰寫徵才廣告，可否說說哪些資格設定是違反法令，而不可以出現的？」。（2分）

**參考答案** ㈠ C。
　　　　　 ㈡ A。
　　　　　 ㈢ D。
　　　　　 ㈣ B。
　　　　　 ㈤ A。


第九題題目：高曼（Goleman）在情緒智力（Emotional Intelligence）一書中指出，情緒智力包含下列五項能力元素：

　　(A)　自我情緒察覺：精準察覺自己的情緒；

　　(B)　自我情緒管理：積極、適當地控制和表達情緒；

　　(C)　自我激勵行為：善用情緒來達成自我激勵、自我驅動，以專注投入、完成目標；

　　(D)　同理他人情緒：敏感地感受到他人的需求和欲望，辨別他人的情緒；

　　(E)　處理人際關係：靈活因應、調節、管理他人情緒，以維持良好人際關係。

下面各題項所描述的甲君行為，分別反應出上面哪個情緒智力的能力元素？請寫出題號以及能力元素或其英文代碼。（10分，每小題2分）

　　㈠ 甲君在求職面試等候區，發現自己胃部緊縮、手腳冰冷，覺得自己應該是正在「緊張」。

　　㈡ 甲君擔心等一下面試官發現自己的緊張，做了深呼吸，努力舒緩心情。

　　㈢ 甲君看到旁邊的求職者也在深呼吸，對他說：「要被考，很焦慮齁。」

　　㈣ 甲君看到面試官放在桌面上的手機一直震動，主動說：「您若有事需要處理的話，我可以等一等。」

　　㈤ 甲君本來想：「天啊，這麼多人來！我的學經歷都不漂亮，這下沒希望了。」但一轉念就告訴自己：「絕對不能自己先放棄，願意學習是我的優勢，我一定要讓考官看到我的優勢。」

**參考答案** ㈠ A。
　　　　　 ㈡ B。
　　　　　 ㈢ D。
　　　　　 ㈣ E。
　　　　　 ㈤ C。

第十題題目：就業服務人員（簡稱甲君）應用測驗檢測學員參與「職前訓練課程」的培訓成果。編製測驗時，甲君設計一張表格，在直欄部分，列出培訓的教材內容，共有 8 個單元；在橫列部分，列出學習目標，以布洛姆（Bloom）六大認知領域分類呈現，包括：知識、理解、應用、分析、綜合、評鑑；在縱橫交叉所形成的細格中標示題數，作為各教材在六大認知領域的學習比重。甲君事先訂好標準，檢視學員是否達到標準，希望瞭解學員真正學會的程度。請依上列敘述及下列各問題，自下表選擇 1 個最適合的答案或代號，依序作答。（10 分，每小題 2 分）

㈠ 甲君所繪製包含直欄與橫列之表格，測驗人員通常以何種名稱表示？

㈡ 甲君所繪製之表格最能掌握何種測驗效度？

㈢ 就功能而言，甲君編製的測驗，最可能是哪一種測驗類型？

㈣ 甲君只看個人的成績是否達到預定標準，而不比較不同人得分的高低，此一做法係選用何種參照測驗？

㈤ 參訓學員能夠「將職訓所學，應用在新工作情境」，若以 Bloom 的六大認知領域來看，最符合哪一項學習目標之達成？

| A 雙向細目表<br>（Two-way specification table） | B 項目分析<br>（Item analysis） | C 內容效度<br>（Content validity） | D 效標關聯效度<br>（Criterion-related validity） |
|---|---|---|---|
| E 價值觀測驗<br>（Value test） | F 成就測驗<br>（Achievement test） | G 常模參照測驗<br>（Norm-referenced test） | H 標準參照測驗<br>（Criterion-referenced test） |
| I 分析<br>（Analysis） | J 應用<br>（Application） | K 知識<br>（Knowledge） | L 理解<br>（Comprehension） |

參考答案 ㈠ A。

㈡ D。

㈢ F。

㈣ H。

㈤ C。

# 112年度第一梯次就業服務乙級技術士技能檢定術科測試試題

第一題題目：依就業服務法第 34 條第 1 項、第 3 項規定，私立就業服務機構及其分支機構，應向主管機關申請設立許可，經發給許可證後，始得從事就業服務業務；其許可證並應定期更新之。第 1 項私立就業服務機構及其分支機構之設立許可條件、期間、廢止許可、許可證更新及其他管理事項之辦法，由中央主管機關定之。同法第 36 條第 1 項規定，私立就業服務機構應置符合規定資格及數額之就業服務專業人員。請回答下列問題：

㈠ A 公司未經許可從事就業服務業務，違反就業服務法第 34 條第 2 項規定，依就業服務法第 65 條第 1 項規定，應處多少新臺幣罰鍰？（2 分）

㈡ 依「私立就業服務機構許可及管理辦法」第 11 條第 2 項規定，仲介外國人至中華民國工作之營利就業服務機構，最低實收資本總額為多少新臺幣？（2 分）

㈢ 依「私立就業服務機構許可及管理辦法」第 14 條第 1 項規定，辦理仲介外國人至中華民國工作之營利就業服務機構，依同辦法第 13 條第 1 項第 5 款規定應繳交由銀行出具金額多少新臺幣保證金之保證書，作為民事責任之擔保？（2 分）

㈣ 依「私立就業服務機構許可及管理辦法」第 25 條第 1 項規定，私立就業服務機構許可證有效期限為幾年？（1 分）有效期限屆滿前幾日內，應備規定文件重新申請設立許可及換發許可證？（1 分）

㈤ B 公司為經許可從事就業服務業務之私立就業服務機構，所屬從業人員之人數為 9 人，依就業服務法第 36 條第 1 項及「私立就業服務機構許可及管理辦法」第 6 條第 1 項規定，應置就業服務專業人員至少幾人？（2 分）

**參考答案** ㈠ 處 30~150 萬元罰鍰。

㈡ 新臺幣 500 萬元。

㈢ 新臺幣 300 萬元。

㈣ (1) 許可證有效期限為 2 年；(2) 有效期限屆滿前 30 日內應備文件重新申請設立許可及換發許可證。

㈤ 2 人。

第二題題目：甲君經營湯包店，於 108 年 12 月間因非法容留未經許可之外國人乙君於店內從事備料等工作，違反就業服務法第 44 條規定，經地方政府查獲後，於 109 年 3 月間依法裁處罰鍰，並已合法送達裁處書，復於 111 年 12 月間又再經查獲非法容留未經許可之外國人丙君從事店內打掃工作，請依就業服務法規定回答下列問題：

㈠ 甲君於 108 年 12 月間第 1 次經查獲非法容留未經許可之外國人乙君從事工作，依就業服務法第 63 條第 1 項規定，最低應處新臺幣多少元罰鍰？（3 分）又甲君於 111 年 12 月間第 2 次經查獲非法容留未經許可之外國人丙君從事工作，依就業服務法第 63 條第 1 項規定，應處幾年以下有期徒刑、拘役或科或併科新臺幣 120 萬元以下罰金？（3 分）

㈡ 外國人乙君及丙君係違反就業服務法第 43 條規定，依就業服務法第 68 條第 1 項規定，最低應處新臺幣多少元罰鍰？（2 分）另依就業服務法第 68 條第 3 項規定，應即限期令外國人乙君及丙君出國，屆期不出國者，依就業服務法第 68 條第 5 項規定，應由何機關強制出國？（2 分）【註：應為第 4 項：故技檢中心公告本子題設計錯誤，將分數調整至第㈠小題計分】

**參考答案** ㈠ (1) 15 萬元；(2) 3 年。
㈡ (1) 3 萬元；(2) 出國管理機關。

第三題題目：依中高齡者及高齡者就業促進法規定，雇主對於所僱用之中高齡者及高齡者有工作障礙時得提供職務再設計，主管機關得予輔導或補助。又依在職中高齡者及高齡者穩定就業辦法第 12 條規定，雇主向主管機關申請職務再設計之輔導或補助項目有哪 5 項？（10 分）

**參考答案** 一、提供就業輔具：為排除中高齡者及高齡者工作障礙，維持、改善、增加其就業能力之輔助器具。
二、改善工作設備或機具：為提高中高齡者及高齡者工作效能，增進其生產力，所進行工作設備或機具之改善。
三、改善職場工作環境：為穩定中高齡者及高齡者就業，所進行與工作場所環境有關之改善。
四、改善工作條件：為改善中高齡者及高齡者工作狀況，提供必要之工作協助。
五、調整工作方法：透過分析與訓練，按中高齡者及高齡者特性，安排適當工作。

第四題題目：C 餐館於 96 年 7 月 1 日開業，即聘僱甲員工做外場服務，因生意興隆於 108 年 7 月 1 日又增聘乙員工；因受疫情影響虧損，依據勞動基準法第 11 條規定於 110 年 6 月 30 日同時與上述 2 位員工終止勞動契約，請依勞動法令之規定回答下列問題：

㈠ C 餐館所聘僱之甲、乙 2 位員工，雖非屬勞工保險條例之強制納保的投保單位，惟依勞動相關法規其仍需為員工投保何種保險，方不致影響上述 2 位員工請領失業給付之權益？（2 分）

㈡ C 餐館依勞動基準法第 16 條規定應於幾日前，分別向甲、乙 2 位員工預告終止勞動契約？（2 分）如未預告，雇主應如何處理才不致違法？（2 分）

㈢ 甲、乙 2 位員工於接到預告後，為另謀工作得於工作時間請假外出，其請假時數，每星期最多不得超過幾日之工作時間，其請假之工資照給？（2 分）

㈣ 甲、乙 2 位員工均適用勞工退休金條例新制之人員，依該條例之規定，於 110 年 6 月 30 日終止勞動契約時，雇主應個別發給幾個月之平均工資資遣費？（2 分）

**參考答案** ㈠ 勞工保險。
㈡ (1) 30 日；(2) 給付預告期間之工資。
㈢ 2 日。
㈣ 甲資遣費為 2 個月的平均工資；乙資遣費為 1 個月的平均工資。

第五題題目：甲君與乙君均受僱於 D 公司之男性員工，甲君擔任業務部經理，每月薪資為新臺幣 5 萬元，乙君擔任業務部業務員，每月薪資為新臺幣 3 萬元，請依據相關勞動法令規定回答下列問題：

(一) 依據個人資料保護法第 2 條規定，甲君應受到保護的「個人資料」，請任舉 2 種該法所訂的個人之資料？（2 分）又我國目前個人資料保護法之中央主管機關是哪一個機關？（1 分）

(二) 依據勞工保險條例規定，D 公司應為甲君投保勞工保險的月投保薪資新臺幣 45,800 元，請問：D 公司 112 年起每個月要負擔的費率是多少％？（2 分）而甲君每個月應負擔的勞工保險費用中，政府補助多少％？（1 分）

(三) 依據性別工作平等法第 12 條規定，乙君認為甲君對他有不當肢體接觸的性騷擾，而向 D 公司雇主投訴，依規定 D 公司雇主要針對此一性騷擾事件處理時，所謂的「性騷擾之認定」，應就個案審酌事件發生之具體事實為之，請任舉 2 種所謂的「事件發生之具體事實」的項目。（2 分）

(四) 依據勞工職業災害保險及保護法規定，D 公司應為甲君投保勞工職業災害保險，並負擔多少％保險費？（2 分）

**參考答案** (一) (1) 個人資料指自然人之姓名、出生年月日、國民身分證統一編號、護照號碼、特徵、指紋、婚姻、家庭、教育、職業、病歷、醫療、基因、性生活、健康檢查、犯罪前科、聯絡方式、財務情況、社會活動及其他得以直接或間接方式識別該個人之資料。請認列舉二種；(2) 中央目的事業主管機關。

(二) (1) 勞工保險普通事故保險費率，112 年 1 月 1 日起調高為 12%；(2) 10%。

(三) 性騷擾之認定，應就個案審酌事件發生之背景、工作環境、當事人之關係、行為人之言詞、行為及相對人之認知等具體事實為之。請任選二項。

(四) 100%。

第六題題目：(一) 國內經濟景氣好壞影響國內就業市場，國家發展委員會定期發布景氣對策信號，以 5 種不同顏色的信號燈來代表當前景氣狀況為熱絡、穩定、低迷或注意性燈號。依 111 年 11 月發布景氣燈號，其中批發、零售及餐飲業營業額均由綠燈轉呈藍燈，機械及電機設備進口值由紅燈轉呈綠燈，請說明景氣燈號之綠燈、紅燈、藍燈所代表的景氣狀況。（各 1 分，共 3 分）

(二) 隨 COVID-19 疫情趨緩邊境管制陸續解封，國內旅館業業者反映一般所僱用的房務及清潔人員需求殷切，請問依主計總處行業統計分類之 19 個大類，旅館業屬於哪一個大類行業別（請寫出行業別名稱）？（2 分）另依主計總處職業標準分類之 10 個大類，房務及清潔人員屬哪一個大類職業別（請寫出職業別名稱）？（2 分）

㈢ 請依下表 1 行政院主計總處 111 年 5 月人力運用調查統計結果，回答下列問題：

1、 111 年 5 月從事非典型工作者計 79.8 萬人，與 110 年 10 月比較，從事非典型工作主要原因中，哪一項增幅（％）最多？（1 分）哪一項減幅（％）最多？（1 分）

2、 15~24 歲從事非典型工作的主要原因為何？（1 分）

表 1　從事非典型工作主要原因

| | 總計 | | 兼差 | 兼顧家務 | 求學及受訓 | 找不到全時、正式工作 | 職類特性 | 健康不良或傷病 | 準備就業與證照考試 | 偏好此類工作型態 | 其他 |
|---|---|---|---|---|---|---|---|---|---|---|---|
| | 千人 | % | | | | | | | | | |
| 110 年 10 月 | 797 | 100.00 | 0.76 | 12.70 | 12.82 | 20.47 | 35.57 | 1.53 | 1.13 | 14.69 | 0.33 |
| 111 年 5 月 | 798 | 100.00 | 0.73 | 13.19 | 15.08 | 13.22 | 39.36 | 3.24 | 0.48 | 14.38 | 0.31 |
| 性　　別 | | | | | | | | | | | |
| 男 | 449 | 100.00 | 0.84 | 1.92 | 12.79 | 10.61 | 57.24 | 3.07 | 0.24 | 12.73 | 0.56 |
| 女 | 349 | 100.00 | 0.59 | 27.68 | 18.03 | 16.56 | 16.36 | 3.47 | 0.79 | 16.51 | - |
| 年　　齡 | | | | | | | | | | | |
| 15~24 歲 | 153 | 100.00 | 0.69 | - | 72.22 | 7.95 | 11.68 | 0.30 | 0.43 | 6.73 | - |
| 25~44 歲 | 267 | 100.00 | 0.21 | 14.88 | 3.59 | 15.51 | 45.01 | 6.45 | 1.16 | 12.72 | 0.47 |
| 44 歲以上 | 377 | 100.00 | 1.12 | 17.35 | - | 13.74 | 46.60 | 2.17 | 0.03 | 18.67 | 0.33 |

**參考答案** ㈠ 綠燈表示當時的景氣穩定。紅燈表示景氣過熱，政府宜採取緊縮措施，使景氣逐漸恢復正常狀況。藍燈表示景氣衰退，政府須採取強力刺激景氣復甦的政策。

㈡ (1) 住宿及餐飲業；(2) 基層技術工及勞力工。

㈢ (1) 增幅最多為職類特性；減幅最多為找不到全時、正式工作。(2) 求學及受訓。

第七題題目：E 企業總共僱有 1,200 位員工，其中有 60 位員工即將年滿 65 歲，該企業欲依照「在職中高齡者及高齡者穩定就業辦法」規定，在不低於這些屆退員工原有薪資下仍繼續僱用一部分的人，並向政府申請繼續僱用補助，如繼續僱用年滿 65 歲的員工中有 5 人做滿 6 個月後即離職、其他繼續僱用者則做滿 12 個月後即離職，且有 2 位高齡員工公司會再申請就業輔具補助。請針對下列四項問題依序作答：

㈠ 請問 E 企業至少要繼續僱用多少人才可以申請「繼續僱用補助」？（2 分）

㈡ 請問 E 企業僅以符合規定最低比例繼續僱用這群年滿 65 歲員工，E 企業針對這 5 位做滿 6 個月即離職的高齡員工，可以申請新臺幣多少元之補助？（3 分）

㈢ 承上，E 企業針對其他做滿 12 個月即離職的繼續僱用者，可以申請新臺幣多少元之補助？（3 分）

㈣ 請問 E 企業另外可針對 2 位高齡員工經評估後在沒有特殊需求情況下，2 人最高總共可申請新臺幣多少元之就業輔具補助？（2 分）

**參考答案** (一) 至少要僱用 18 人。

(二) 可以申請 39 萬元。

(三) 可以申請 218 萬 4 千元。

(四) 20 萬元。

第八題題目：F 公司在過年後，展開人員招募，其招募方式包括：公司電子布告欄張貼工作告示（job posting）、校園徵才、獵人頭公司（head hunting）、員工推薦等方式。此外也透過會員方式，至台灣就業通網站招募中高齡就業人員。此次求才強調：(1) 良好溝通能力。(2) 主動解決問題。(3) 有效分配時間，規劃行程。(4) 掌握時事，為公司提供新資訊等四大能力。為有效衡量求職者的職能，F 公司規劃三關面試。第一關：刻意在面試過程，製造緊張氣氛，甚至提出相當困難的問題，用以判斷求職者的承受能力。第二關：給予求職者一個假定情況並詢問求職者如何回應這個事件。第三關：安排認知能力測驗。請根據上述敘述，回答下列問題：

(一) F 公司以會員方式登入台灣就業通網站，能否在網站查詢到求職者全名（姓氏及名字）？(2 分)

(二) F 公司使用的招募方式，哪 2 項屬於內部招募？(2 分)

(三) 假設甲君經錄取後，F 公司老闆想要舉辦聚餐慰勞大家，並將辦理餐會活動任務交付給甲君。甲君在接到後立即向大家宣布餐會事項。結果陸續有同事問：「辦在假日還是平日」、「可不可以帶家眷參加」、「需要準備表演嗎」。若以上述四大能力來看，甲君在哪 1 能力的表現最不理想？(2 分)

(四) 面試第一關屬於何種方式的面談？(2 分)

(五) 面試第二關屬於何種方式的面談？(2 分)

**參考答案** (一) 可以，只要是會員而且求職者同意公開就可以查詢全名。

(二) 公司電子布告欄張貼工作告示（job posting）、員工推薦。

(三) 有效分配時間，規劃行程。

(四) 壓力面談。

(五) 情境式面談。

第九題題目：甲君為了找到適合自己的職業，他在勞動力發展署網站的職涯測評專區填答了「工作氣質測驗」，得到下面的百分等級，以及跟印刷職業常模相較的結果，如下方表、圖。甲君帶著測驗結果前來尋求就業服務人員的協助。

| 氣質因素 | 百分等級 | 結果解釋 |
|---|---|---|
| A1 督導性 | 34 | 得高分者善於做工作規劃，能督導部屬執行工作，並會分派與約制部屬的活動。 |
| A2 說服性 | 50 | 得高分者具備良好的說服技巧，能夠改變別人的判斷、想法及態度。 |
| A3 親和性 | 21 | 得高分者善於與人相處，能與人打成一片，以建立良好的人際關係。 |
| A4 表達性 | 21 | 得高分者善於表達個人的感受與想法，並能以創意的眼光加以展現。 |
| B. 決策果斷（擅於決策） | 63 | 得高分者較能依據個人的主觀感受與事物的客觀資料，進行工作評核或下決定。 |
| C. 審慎精確 | 30 | 得高分者做事力求精確，不會發生錯誤，能夠接受精確的標準，否則會造成重大的災害。 |
| D. 偏好單純 | 69 | 得高分者能執行重複性或例行性工作，而不覺得單調或厭煩。得低分者能夠同時執行各種性質不同的工作職務，而不覺得力不從心。 |
| E. 擔險耐勞（堅忍犯難） | 86 | 得高分者在危險或困難的環境下，亦能有效執行工作。 |
| F. 獨處自為 | 91 | 得高分者能與別人分開，自己單獨工作，而不感到難受。 |
| G. 敬上順從 | 31 | 得高分者能依照既定的工作指示，忠實地推行工作；能守本分，並能順從上司，考慮上司的感受，與上司維持良好的關係；能謹守人與人之前的傳統關係，注重和諧，不得罪人。 |

和印刷之常模相較結果如下：

「▨」表示常模百分等級；「—」表示個人在某一氣質的高低程度（百分等級）。

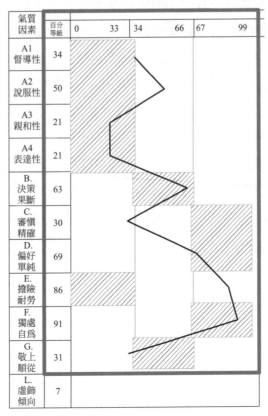

請回答下列問題：

(一) 甲君詢問就業服務人員：「網頁上說超過66算高分，但我只有『偏好單純』、『擔險耐勞』、『獨處自為』這三項的百分等級超過66，是否表示我的個性跟職場需要不合呢？」請問：就業服務人員最適合採用A、B、C之中的哪一種反應來說明「工作氣質測驗」的性質和功用？（3分）

　　A. 工作有很多，高高低低都有，雖然你只有三項比別人強，但好好利用這三項，還是能夠找到工作。

　　B. 個性是可以學習改變的，你的「說服性」、「決策果斷」分數也不低，好好培養，就可以提升你的市場競爭力。

　　C. 各個工作需要的氣質組型不同，因此重要的不是你那些氣質高分，而是你跟哪種職業的氣質組型相合。

(二) 甲君接著提問：「我覺得很奇怪，我的『獨處自為』怎麼會這麼高，我其實平常也喜歡交朋友、有不少朋友啊？」請問：根據「工作氣質測驗」，就業服務人員比較適合採用D、E之中的哪一種反應？（2分）

　　D. 百分等級是跟別人比較出來的，雖然你平常朋友不少，但根據統計，別人的朋友更多，所以你的「獨處自為」才會這麼高。

　　E. 生活時和工作時的偏好不一定會一樣，你平常生活中喜歡交朋友是一回事，但你工作時是否喜歡「與別人分開，單獨工作」呢？

(三) 甲君詢問就業服務人員：「我適合做印刷工作嗎」。

　　1. 請問：根據帕森斯（Parsons）生涯特質理論所關注的客觀適配，就業服務人員最適合採用F、G、H之中的哪一種反應？（2分）

　　2. 請問：根據薩維克（Savickas）生涯建構理論所關注的主觀建構，就業服務人員最適合採用F、G、H之中的哪一種反應。（3分）

　　F. 你可以算算看，在10個工作氣質中，你的個人百分等級有幾個落在常模範圍中。如果落在印刷常模百分等級的數目比其他職業常模多，就表示你比較適合印刷工作。

　　G. 你可以挑出你比較看重的幾個工作氣質來看，如果這幾工作氣質的個人百分等級有落在印刷常模百分等級中，就表示你適合這個工作。

　　H. 最重要的是你對印刷工作的印象，只要你真心喜歡印刷工作，就不必管這個測驗結果。

**參考答案** (一) C。

　　(二) E。

　　(三) (1) G；(2) H。

第十題題目：Maslow（馬斯洛）的需求層次理論將人的需求歸納為 5 種，由低到高層次，滿足初階需求後，才會進展到高階需求，依序是 (A) 生理需求（Physiological Needs）、(B) 安全需求（Safety Needs）、(C) 愛與歸屬需求（Affiliation Needs）、(D) 自尊需求（Esteem Needs）、(E) 自我實現（Self-actualization Needs）。僱用單位想激發員工動力，宜先評估員工正處於什麼層次的需求，以提供或調整對應的相關措施。請將下列的需求依序歸類至上述五類的需求，每題只能有一個答案。（填答英文代碼、中文或英文皆可）

㈠ 甲君很希望職場是友善、溫暖，而且有談得來的同事或支持自己的主管。（2分）

㈡ 乙君期待在職場能受尊重。（2分）

㈢ 丙君喜歡職場能免費提供茶和咖啡、中午可以休息一下、辦活動有便當。（2分）

㈣ 丁君期待從工作中獲得成就感。（2分）

㈤ 戊君最重視職場要工作穩定。（2分）

**參考答案** ㈠ C。
㈡ D。
㈢ A。
㈣ E。
㈤ B。

# 112年度第二梯次就業服務乙級技術士技能檢定術科測試試題

第一題題目：依「外國人從事就業服務法第四十六條第一項第一款至第六款工作資格及審查標準（以下簡稱審查標準）」第2條第1項規定：「外國人受聘僱從事本法第46條第1項第1款、第2款、第4款至第6款規定之工作，其工作資格應符合本標準規定。」請依規定回答下列問題：

㈠ 依審查標準第2條第2項規定，外國人受聘僱從事就業服務法第46條第1項第3款規定之學校教師工作，其工作資格應符合何機關？（2分）訂定之何辦法規定？（2分）

㈡ 依審查標準第5條規定，外國人受聘僱從事第4條規定之專門性或技術性工作，除符合審查標準其他規定外，仍應符合4款資格之一，請回答下列各款資格規定之內容是否正確？

1. 外國人應依專門職業及技術人員考試法規定取得證書或執業資格？（1分）

2. 外國人應取得國內外大學相關系所之博士以上學位者，或取得相關系所之學士學位而有2年以上相關工作經驗？（1分）

3. 外國人應服務跨國企業滿2年以上經指派來我國任職？（1分）

4. 外國人應經專業訓練，或自力學習，有6年以上相關經驗，而有創見及特殊表現？（1分）

㈢ 依審查標準第5條之1規定，外國留學生、僑生或其他華裔學生具有在我國大學畢業，取得學士以上學位，或具有在我國大專校院畢業，取得製造、營造、農業、長期照顧或電子商務等相關科系之副學士學位，除符合審查標準其他規定外，依審查標準附表計算之累計點數應滿幾點，即得受聘僱從事審查標準第4條之專門性或技術性工作，且不受審查標準第5條規定之限制？（2分）

**參考答案** ㈠ 工作資格應符合教育部訂定之各級學校申請外國教師聘僱許可及管理辦法規定。

㈡ 1. 正確；2. 不正確；3. 不正確；4. 不正確。

㈢ 70點。

第二題題目：甲君為持工作簽證及聘僱許可在我國從事律師工作已多年之外國人，於112年10月10日取得移民署之永久居留許可，請回答下列問題：

㈠ 甲君與雇主（即律師事務所）於111年10月10日合意終止聘僱契約，甲君想繼續在我國從事律師工作，請問律師工作是否為外國專業人才延攬及僱用法規定之專業工作？（2分）

㈡ 承上，其他雇主為甲君申請聘僱許可從事律師工作，應依外國專業人才延攬及僱用法與就業服務法申請，請問是否正確？（3分）

㈢ 甲君原聘僱許可於112年12月12日到期，雇主如擬與甲君續約從事律師工作，

依外國專業人才延攬及僱用法第 7 條規定，請問下列何者正確？(A) 應由雇主為甲君申請許可、(B) 甲君自己申請許可、(C) 不須申請許可即可在我國從事律師工作。(5 分)

**參考答案** (一) 是。
(二) 是。
(三) C。

第三題題目：A 企業（事業機構）目前僱用若干位中高齡及高齡員工，因人力短缺有增加僱用員工需要，欲依照中高齡者及高齡者就業促進法、職業訓練法授權所定之法規命令向政府申請補助，請回答下列問題：

(一) A 企業指派所僱用之中高齡者及高齡者參加國內訓練單位公開招訓之訓練課程，得申請訓練費用最高百分之多少之補助？(2 分) 企業每年補助總額上限為新臺幣多少元？(2 分)

(二) A 企業增僱領有僱用獎助推介卡之 1 位全時高齡者及 2 位全時中高齡者連續滿 30 日，依規定 A 企業僱用前述 3 位，每個月合計可獲得新臺幣多少元之僱用獎助？(2 分)

(三) A 企業如僱用 6 名依法退休之高齡者（非雇主配偶或三親等以內親屬），傳承其專業技術及經驗，當年度最高可獲得新臺幣多少元之補助？(2 分)

(四) 依據技術士技能檢定及發證辦法第 21 條規定：A 企業申請為技能檢定術科測試場地及機具設備評鑑之單位，除經中央主管機關專案核定者外，應符合其所營事業與申請評鑑職類相關，且登記資本額在新臺幣多少元以上？(1 分) 或僱用員工人數達多少人以上？(1 分)

**參考答案** (一) 依在職中高齡者及高齡者穩定就業訓練補助實施計畫，補助訓練課程費用之 70%；每一雇主每年最高以 30 萬元為限。

(二) 全時高齡者每人每月發給新臺幣 15,000 元，全時中高齡者每人每月新臺幣 13,000 元，三人合計 15,000+13,000*2=41,000 元。

(三) 50 萬元。

(四) 登記資本額在新臺幣 1,500 萬元以上或僱用員工人數達 100 人以上。

第四題題目：甲君畢業後透過公立就業服務機構之推介，媒合至 B 公司工作，請依勞工退休金條例之規定回答下列問題：

　　㈠ B 公司於甲君到職之日起幾日內，需列表通知勞動部勞工保險局，辦理開始提繳勞工退休金？（4 分）

　　㈡ B 公司依規定應為甲君負擔提繳之退休金，不得低於甲君每月工資百分之多少？（2 分）

　　㈢ 承上，B 公司如未按時提繳或繳足退休金者，自期限屆滿之次日起至完繳前 1 日止，每逾 1 日加徵其應提繳金額百分之多少滯納金至應提繳金額之 1 倍為止？（4 分）

**參考答案**　㈠ 7 日。

　　　　　㈡ 6%。

　　　　　㈢ 3%。

第五題題目：甲君任職於臺北市 C 公司，上班時間遭受同事性騷擾，甲君向 C 公司反映，C 公司未採取立即有效之補救措施，致甲君遭受損害；另甲君的太太懷孕生產，甲君向 C 公司申請陪產檢及陪產假，C 公司僅同意給甲君 3 日陪產檢及陪產假。請問以下問題：

　　㈠ 甲君知有損害及賠償義務人時起，幾年間不行使損害賠償請求權而消滅？（2 分）

　　㈡ 甲君知有性騷擾行為時起，逾幾年不行使損害賠償請求權而消滅？（2 分）

　　㈢ 甲君發現 C 公司違反性別工作平等法陪產檢及陪產假規定，得向哪個機關申訴？（2 分）又該機關應於接獲申訴後幾日內展開調查？（2 分）

　　㈣ 承上，若甲君向勞動部提出申訴，勞動部應於收受申訴案件之日起幾日內移送前項機關？（2 分）

**參考答案**　㈠ 2 年。

　　　　　㈡ 10 年。

　　　　　㈢ 地方主管機關；7 日。

　　　　　㈣ 7 日。

第六題題目：行政院主計總處為了解國人就業與失業狀況，以及蒐集臺灣地區人力供應資料，每個月動用各直轄市縣市基層調查員近 700 人，向被抽選到的樣本住戶 2.1 萬戶辦理「人力資源調查」。依據該總處調查 112 年 3 月臺灣地區 15 歲以上民間人口為 2,013 萬 2 千人，勞動力約為 1,191 萬 9 千人，就業人數約為 1,149 萬 4 千人，失業人數約為 42 萬 4 千人，請依據該總處 112 年 3 月「人力資源調查」結果回答下列問題：

　　㈠ 依據調查結果就業者按各「行業」就業人數分別是：(A)4,042 千人、(B)520 千人、(C)6,932 千人等數據；請就專業與實務判斷，上述 3 個數據，分別是下述哪一個行業之該月數據？1.「工業」、2.「農、林、漁、牧業」、3.「服務業」？（可用英

文字母或統計數據配對回答，共 3 分）

(二) 依據調查結果就業者按各「職業」就業人數分別是：(D)3,432 千人、(E)356 千人、(F)461 千人等數據；請就專業與實務判斷，上述 3 個數據，分別是下述哪一個職業之該月數據？1．「技藝有關工作人員、機械設備操作及勞力工」、2．「民意代表、主管及經理人員」、3．「農、林、漁、牧生產人員」？（可用英文字母或統計數據配對回答，共 3 分）

(三) 依據該總處「就業失業統計常用統計指標概念」中，所謂「就業者或失業者」，是指在資料標準週內，年齡滿 15 歲，而且符合所定情形之一的人。請回答：上述之「資料標準週」，是指每個月的哪一日（含此一日）的那一週內？（1 分）又所謂「就業者」，是指年齡滿 15 歲，而且符合所定的哪 3 種情形之一的人？（3 分）

參考答案 (一)「工業」為 A；

「農、林、漁、牧業」為 B；

「服務業」為 C。

(二)「技藝有關工作人員、機械設備操作及勞力工」為 D；

「民意代表、主管及經理人員」為 E；

「農、林、漁、牧生產人員」為 F。

(三) 1. 15 日。

2. 就業者定義為在調查資料標準週（每個月含 15 日之一週）內，年滿 15 歲且符合下列情形之一：第一為從事有酬工作（不論時數多寡）或每週工作 15 小時以上之無酬家屬工作；第二為有工作而未做之有酬工作者；第三為已受僱用領有報酬但因故未開始工作者。

第七題題目：身心障礙者求職或諮詢相關服務，通常會依需求向公立就業服務機構、身心障礙者職業重建機構，或社政相關機構尋求如後的服務：(A) 庇護性就業服務、(B) 大專青年學生公部門暑期工讀服務、(C) 居家就業服務、(D) 社區式日間作業服務措施、(E) 一般性就業服務、(F) 中高齡者及高齡者就業服務。請依據下列題目，寫出上述服務之英文代碼。

(一) 請寫出 3 項身心障礙者職業重建機構有提供的服務。（6 分）

(二) 請寫出 2 項公立就業服務機構有提供的服務。（4 分）

參考答案 (一) A、C、E。

(二) B、F。

第八題題目：甲君從高一開始就靠飲料店打工養活自己並完成高職餐飲科學業。他高職畢業後的第一個工作是小吃店的廚師，甲君覺得工作環境狹小悶熱、薪水少、升遷無望，領到第一個月薪水就辭職了。沒想到接下來三個月應徵了十幾個工作都沒被錄取。甲君希望就業諮詢人員幫他找到比較好的工作。一般就業諮詢人員所應用的諮詢技巧或策略，包括下列基本會談技巧、敘事取向生涯諮商技巧等：

(A) 專注，或傾聽。(B) 同理，或情感反映。(C) 鼓勵，或支持。(D) 面質，或挑戰。(E) 建議，或忠告。(F) 解釋。(G) 立即性。(H) 保持樂觀的態度。(I) 保持開放的態度。(J) 創造性思考。(K) 歸納性思考。(L) 閃亮時刻的問話。(M) 辨認行為模式。(N) 擬定行動計畫。(O) 評估行動成效。

請回答就業諮詢人員在對話中所使用的是上列哪個諮詢技巧或策略？回答時，請標出題號與最合適的一個答案的英文代碼。（10分，每小題2分）

㈠ 對話1：甲君說：「我從小就喜歡看 YouTuber 的廚師做菜，廚師很優雅，做出來的菜就是高級，小吃店那個根本不叫廚房，做的菜也上不了臺面！」就業諮詢人員說：「你很清楚自己喜歡什麼，你的渴望可以成為你的力量！」

㈡ 對話2：甲君說：「可是沒用啊，附近幾個縣市的大飯店我都投了，可是他們都沒回 我親自跑去問 他們也都懶得聽，直接拒絕我。實在是 齁！」就業諮詢人員說：「一再被拒絕，你很著急！」

㈢ 對話3：甲君說：「對呀，怎麼辦？」就業諮詢人員說：「知己知彼，百戰百勝。你可以先上網去蒐集資料，看大飯店廚師有什麼條件、有什麼本事。」

㈣ 對話4：甲君說：「哇，他們好厲害，不但有乙級證照，還有國際證照！可是我沒錢沒時間去學，我得工作才能生活。」就業諮詢人員說：「職訓機構有一些訓練機會和津貼，你可以怎樣運用這些資源來實現夢想呢？」

㈤ 對話5：甲君說：「成為大飯店廚師的路好遙遠喔！我真的走得到嗎？」就業諮詢人員說：「別人讀高中時，都還靠家裡養，你卻能夠靠自己工作養活自己！說說看你當時怎麼做到的？」

**參考答案**
㈠ A、專注，或傾聽。
㈡ B、同理，或情感反映。
㈢ E、建議，或忠告。
㈣ F、解釋。
㈤ L、閃亮時刻的問話。

第九題題目：一般公司在進用員工時，常會透過職業心理測驗的施測結果，確定是否僱用員工之依據。而影響一般受測者在職業心理測驗結果正確性的主要因素，包括：(A) 受測者的心理狀態、(B) 測驗的效度、(C) 測驗的信度、(D) 測驗的常模、(E) 測驗環境的影響、(F) 受測者的背景經歷、(G) 解釋分析者的知識與經驗。

請根據下列各情境描述，依序寫出題號以及每題最可能反映的上述影響因素之英文代碼或名稱一個。(10 分，每小題 2 分)

㈠ 由於天氣炎熱，在施測時特別為受測者安排一個通風、安靜且舒適的空間，進行職業心理測驗施測。

㈡ 受測者具大學畢業文憑，因長期在外國生活，對所實施測驗內容的中文字句較難理解，需要更多時間進行測驗填答。

㈢ 受測者做測驗時，情緒起伏很大，擔心自己的測驗分數表現太低，無法獲得聘用。

㈣ 三週後，使用同一份職業心理測驗，通知進入第二次面談的受測者再做一次測驗。經查這些受測者在此期間的經驗並無太大變化，而其前後二次的測驗分數，得到幾乎一樣的計分結果。

㈤ 以過去三年受測者的測驗分數作為參照分數標準並進行比較，發現此次受測者在「開放」向度的測驗分數，其平均分數明顯高於過去三年的平均分數。

**參考答案**
㈠ E、測驗環境的影響。
㈡ F、受測者的背景經歷。
㈢ A、受測者的心理狀態。
㈣ C、測驗的信度。
㈤ D、測驗的常模。

第十題題目：甲君 55 歲時退休，休息了 3 年之後再就業，好不容易找到的工作又一直做的不順利，因此找到員工關係室的同事乙君幫他釐清與主管溝通過程有哪些障礙存在。一般溝通過程會有許多的障礙因素，影響有效的溝通，這些常見障礙因素有：(A) 過濾作用、(B) 選擇性知覺、(C) 情緒、(D) 語言、(E) 沉默、(F) 資訊過荷、(G) 溝通焦慮。以下為甲君與同事乙君的對話和情境：

㈠ 乙君：「你剛才說上週主管指導你做專案時，你當時的反應是什麼？」甲君：「這個專案又複雜又很多人一起做，主管講的若跟我特別有關的和我比較覺得有興趣的就會多記下來，其他的就讓他講他的。」

㈡ 甲君：「我跟主管相差 20 歲，他講專案時一下又 K 啊 I 啊，一下又什麼 M…」乙君：「喔，你主管可能要你注意 KPI，績效指標啦？專案的專業用語。」甲君：「我有年紀了，聽不懂這些專案用的啦。」。

㈢ 乙君：「你主管知道你進公司沒有多久，會提供你一些協助吧？」甲君：「有啊！像上週我的主管給我厚厚一本資料，說隔天後跟我討論第一個部分我的專案直接會用到的，99 頁吧。」。

㈣ 乙君：「沒關係，你以前很有職場經驗，應該可以應付。」甲君：「齁！像那天主管走過來說他剛被總經理訓了一頓，他跟我講話的時候就是特別針對我，我實在很不想聽。」

㈤ 乙君：「也不一定只有你的內容有問題啦，你主管也要回應總經理的指示啊。」甲君：「好啊！反正我現在開始就挑不會被盯的內容向他報告和討論，其他的先放著不講。」。

請根據上述 A～G，分別回答（一）～（五）對話和情境相對應的 1 個溝通障礙因素。（10 分，每小題 2 分）

**參考答案** ㈠ B、選擇性知覺。

㈡ D、語言。

㈢ F、資訊過荷。

㈣ C、情緒。

㈤ A、過濾作用。

# 112年度第三梯次就業服務乙級技術士技能檢定術科測試試題

**第一題題目**：依「外國人從事就業服務法第四十六條第一項第八款至第十一款工作資格及審查標準（以下簡稱審查標準）」第2條規定：「外國人受聘僱從事本法第46條第1項第8款至第11款規定之工作，其資格應符合本標準規定。」請依規定回答下列問題：

(一) 依審查標準第8條第1項規定，外國人受聘僱從事就業服務法第46條第1項第9款規定之家庭幫傭及看護工作，其年齡須為幾歲以上？（2分）

(二) 依審查標準第8條第1項規定，從事家庭幫傭或家庭看護工作之外國人，入國時應於中央主管機關指定地點，接受幾小時以上之講習？（2分）但曾於幾年內完成講習者，免予參加？（2分）

(三) 依審查標準第9條規定，雇主申請聘僱外國人從事製造工作或中階技術製造工作，其所聘僱就業服務法第46條第1項第1款及第8款至第11款規定工作總人數，不得超過雇主申請當月前2個月之前1年僱用員工平均人數之百分之多少？（2分）

(四) 依審查標準第63條規定，外國人受聘僱從事審查標準第6條第3款第3目之中階技術家庭看護工作，其每月總薪資不得低於審查標準附表十三之一所定新臺幣多少元之薪資基本數額？（2分）

**參考答案** (一) 20歲。
(二) 8小時；5年。
(三) 百分之五十。
(四) 24,000元。

**第二題題目**：請依照職業訓練法及授權所定之法規命令，回答下列問題：

(一) 職業訓練之實施，除技術生訓練、進修訓練外，還有哪2項實施方式？（各2分，共4分）

(二) 依據職業訓練法施行細則規定，事業機構辦理技術生訓練，屬未辦技能檢定之職類，應由具有幾年以上相關工作經驗之技術熟練人員擔任技術訓練及輔導工作？（2分）

(三) 依據職業訓練機構設立及管理辦法規定，企業欲申請為職業訓練機構，辦理電腦軟體應用單一職類進修訓練，訓練容量為40人，其專用教室面積不得少於多少平方公尺？（2分）按其訓練容量至少需有職業訓練師幾人？（2分）

**參考答案** (一) 養成訓練、轉業訓練。
(二) 五年。
(三) 30平方公尺；3人。

第三題題目：㈠ 依個人資料保護法第 20 條規定，請回答下列內容是否正確？

　　1. 依該條第 1 項規定，非公務機關對個人資料之利用，除第 6 條第 1 項所規定資料外，應於蒐集之特定目的必要範圍內為之。（2 分）

　　2. 依該條第 2 項規定，非公務機關依前項規定利用個人資料行銷者，當事人表示拒絕接受行銷時，仍可繼續利用其個人資料行銷。（2 分）

㈡ 依個人資料保護法第 21 條規定，非公務機關為國際傳輸個人資料，而有下列情形之一者，中央目的事業主管機關得限制之，下列何者是錯的？（單選題，3 分）

　　(A) 未涉及國家重大利益。

　　(B) 國際條約或協定有特別規定。

　　(C) 接受國對於個人資料之保護未有完善之法規，致有損當事人權益之虞。

　　(D) 以迂迴方法向第三國（地區）傳輸個人資料規避本法。

㈢ 下列何者不是個人資料保護法第 6 條規定之特種個人資料？（單選題，3 分）

　　(A) 基因資料、(B) 醫療資料、(C) 個人學歷、(D) 健康檢查。

参考答案 ㈠ 1. 正確；2. 不正確。

㈡ (A) 未涉及國家重大利益。

㈢ (C) 個人學歷。

第四題題目：A 派遣公司聘僱甲君於 B 要派公司工作，請依勞動基準法之規定回答下列工資給付之相關問題：

㈠ 工資由勞雇雙方議定為基本工資，請問甲君係與何公司議定工資？（2 分）

㈡ 承上，目前基本工資係由中央主管機關設基本工資審議委員會擬訂後，報請何機關核定之？（2 分）

㈢ 工資之給付，除當事人有特別約定或按月預付者外，每月至少定期發給多少次？（3 分）

㈣ A 派遣公司如積欠甲君工資，經主管機關處罰或依勞動基準法第 27 條規定限期令其給付而屆期未給付者，甲君得請求 B 要派公司給付。B 要派公司應自甲君請求之日起多少日內給付之？（3 分）

参考答案 ㈠ A 派遣公司。

㈡ 行政院。

㈢ 每月至少定期發給 2 次。

㈣ 30 日。

第五題題目：新北市 A 公司僱用員工（均為不定期契約）有 150 人，因 B 公司併購，致發生全數解僱勞工之情事。請回答下列問題：

(一) A 公司全數解僱勞工屬於大量解僱勞工保護法的大量解僱情形，是因符合該法第 2 條第 1 項第 2 款規定，於同一廠場僱用之勞工，於幾日內解僱勞工？（2 分）逾所僱用勞工人數 1/3 或單日逾多少人？（2 分）

(二) A 公司提出解僱計畫書之日起幾日內，勞雇雙方應即本於勞資自治精神進行協商？（2 分）

(三) A 公司員工因特別休假等相關事宜與公司發生勞資爭議，向新北市政府勞工局申請調解委員會調解，依據勞資爭議處理法第 15 條規定，新北市政府勞工局應於調解委員完成選定或指定之日起幾日內，組成調解委員會並召開調解會議？（2 分）

(四) 調解委員會應於收到調查結果及解決方案後幾日內開會？（2 分）

參考答案 (一) 60 日；單日逾 20 人。
(二) 10 日。
(三) 14 日。
(四) 15 日。

第六題題目：某公立就業服務中心統計 112 年 7 月份的各項就業市場資訊如下：求職人數（含 7 月份新登記求職人數及有效期限內已登記尚未介紹就業者）為 15,000 人。求才人數（含 7 月份新登記求才人數及有效期限內已登記尚未填補空缺者）為 9,000 人。求職推介就業人數為 6,000 人。求才僱用人數為 4,500 人。

(一) 請計算此公立就業服務中心的求供倍數為何？（2 分）

(二) 勞動力市場平衡時求供倍數 =1；當經濟受到通膨影響而出口不佳，導致勞動力市場不平衡，因此求供倍數的比值為何？（2 分）

(三) 請計算此公立就業服務中心的求才利用率為何？（3 分）

(四) 請計算此公立就業服務中心的求職就業率為何？（3 分）

參考答案 (一) 9,000/15,000=0.6。
(二) 小於 1。
(三) 4,500/9,000=0.5。
(四) 6,000/15,000=0.4。

第七題題目：㈠「工作倫理」與「職業道德」二個概念，皆為職業活動進行過程所強調的約束機制。企業較常將上述哪一個概念轉化為勞雇契約，作為勞雇雙方遵守的義務？（2分）

　　　　　　㈡甲君擔任 C 公司的食品包裝設計師。設計過程中，C 公司要求甲君採用某知名網站的設計元素，同時在包裝上聲稱食品具有醫療效果，以提高銷售量。甲君未經授權使用以及沒有相關證據支持食品好處的情況下，配合 C 公司所有要求。此一做法，涉及下列哪二種不道德行為？（各3分，共6分）

　　　　　　　　(A) 侵犯版權、(B) 虛假宣傳、(C) 非法製藥、(D) 賄賂、(E) 期約。

　　　　　　㈢乙君為某企業員工，因為睡過頭，導致上班遲到。從敬業態度來看，乙君選擇下列哪一種做法最為恰當？（2分）

　　　　　　　　(A) 善用科技工具，以 LINE 傳送訊息至工作小組。

　　　　　　　　(B) 親自向直屬主管報告，說明原因並依規定辦理請假。

　　　　　　　　(C) 應用人際關係，請要好的同事向主管轉達。

　　參考答案 ㈠ 工作倫理。

　　　　　　㈡ (A) 侵犯版權、(B) 虛假宣傳。

　　　　　　㈢ (B) 親自向直屬主管報告，說明原因並依規定辦理請假。

第八題題目：面試時可提供職場面試官很多的資訊，以選用最適當的人才，因此面試一開始、進行中、結束時、結束後等流程的掌握，對面試官取得應徵者資訊而言極為重要。請回答下列問題：

　　　　　　㈠下列 (A)~(H) 哪 2 項是面試進行中的重要內涵？（各3分，共6分）

　　　　　　㈡下列 (A)~(H) 哪 2 項是面試結束時的重要內涵？（各2分，共4分）

　　　　　　　　(A) 簡介組織與應徵的職務。

　　　　　　　　(B) 對應徵者表達由衷的謝意。

　　　　　　　　(C) 審慎澄清並評估各項來自應徵者的資訊。

　　　　　　　　(D) 立刻填寫相關面試的評估表。

　　　　　　　　(E) 決定僱用人選。

　　　　　　　　(F) 寒暄並歡迎應徵者，閒話家常，讓應徵者感到輕鬆自在。

　　　　　　　　(G) 再次確定是否有任何訊息遺漏，並鼓勵應徵者發問。

　　　　　　　　(H) 依實際工作需要，詢問應徵者各項相關問題。

　　參考答案 ㈠ (C) 審慎澄清並評估各項來自應徵者的資訊、(H) 依實際工作需要，詢問應徵者各項相關問題。

　　　　　　㈡ (B) 對應徵者表達由衷的謝意、(G) 再次確定是否有任何訊息遺漏，並鼓勵應徵者發問。

第九題題目：㈠甲君為了解自己尋找工作的方向，透過公立就業服務機構就業服務諮詢人員的協助，進行工作氣質測驗（個人工作態度問卷）及何倫碼（Holland Code）興趣測驗的施測，2種測驗施測結果如下：

1. 在工作氣質測驗（個人工作態度問卷）方面的氣質類型，包括：(1). 影響力大、(2). 親和性大、(3). 表達力強等三種類型。

2. 在何倫碼（Holland Code）興趣測驗方面的人格傾向類型，包括：(1). 溫暖助人、(2). 進取的等二種類型。

請就下列的工作類型，回答公立就業服務機構就業服務諮詢人員，得依據前述2種測驗施測結果，為甲君提供最適合考慮尋找的4種工作類型之建議：（各2分，共8分）

(A) 推銷員、(B) 廣告文案員、(C) 警衛、(D) 工程師、(E) 機械繪圖員、(F) 包裝工、(G) 複印員、(H) 教師、(I) 軍人、(J) 旅館接待員。

（回答時，請寫出最合適的答案或代碼。）

㈡公立就業服務機構就業服務諮詢人員也建議甲君能夠思考調整自己的人格特質，以符合工作職場所需要的人格特質。依據公立就業服務機構就業服務諮詢人員建議的人格特質：

1. 是精神分析學派學者佛洛伊德（Freud）所強調的哪一個人格結構？（1分）

2. 是溝通分析治療學派學者伯尼（Eric Berne）所強調的哪一個人格結構？（1分）

參考答案 ㈠ (A) 推銷員、(B) 廣告文案員、(H) 教師、(J) 旅館接待員。
㈡ 1. 自我；2. 成人。

第十題題目：Salovey 與 Mayer（1990）首先提出「情緒智力」一詞，隨後，高夫曼（Goleman）在情緒智力〔Emotional Intelligence〕一書中指出，情緒智力包含下列 5 項能力元素：

(A) 自我情緒覺察：精準覺察自己的情緒。

(B) 自我情緒管理：積極、適當地控制和表達自我情緒。

(C) 自我激勵行為：善用情緒來達成自我激勵、自我驅動，以專注投入、完成目標。

(D) 同理他人情緒：敏銳地感受到他人的需求和欲望，辨別他人的情緒。

(E) 處理人際關係：靈活因應、調節、管理他人情緒，以維持良好人際關係。

下列（一）～（五）題所描述的甲君行為，分別反應出上面哪個情緒智力的能力元素？請依題號順序寫出正確的情緒智力能力元素或英文代碼。（10 分，每小題 2 分）

甲君 6 月剛從高中畢業，7 月經媒合前往飲料店擔任正職人員，2 天後他回來就業服務站要求換工作，抱怨「那地方太恐怖了，生意好到都沒休息時間，不但要幫客人點餐，還要提早去備料，飲料桶重的要命，關店後還要點收、關帳，差一毛都不行！」

㈠ 就業服務人員問：「你在那樣的忙碌中，感覺如何？」

甲君說：「第一天蠻興奮的，鬥志滿滿，第二天就悲劇了，我不小心多放了一包茶，那個店長就整天挑我毛病，害我好緊張。」

㈡ 就業服務人員問：「你當時怎麼反應？」

甲君說：「當然只能化緊張為謹慎啦！加倍集中精神，做好每個細節。」

㈢ 就業服務人員說：「你真了不起，第一次出社會工作，就懂得怎麼應付這種情況！」

甲君說：「有嗎？我倒是覺得店長很可憐，差 10 分鐘就要開賣了，出了差錯他會被上面罰！難怪他會那麼緊張。」

㈣ 就業服務人員說：「你很難得，自己不好受時，還能想到店長的難處。」

甲君說：「還好啦！那我明天去跟店長說，很抱歉給他造成這麼大的災難，謝謝他幫我善後！」

㈤ 就業服務人員說：「我猜店長會接受你的道歉。」

甲君說：「其實，我昨天就想跟他道歉，只是太害怕了，才會躲著他。我明天一定要克服自己的害怕，誠心跟他道歉。」

參考答案 ㈠ A。

㈡ C。

㈢ D。

㈣ E。

㈤ B。

# 113年度第一梯次技術士技能檢定就業服務乙級術科測試試題

第一題題目：依「就業服務法」第 59 條第 1 項規定：「外國人受聘僱從事第 46 條第 1 項第 8 款至第 11 款規定之工作，有下列情事之一者，經中央主管機關核准，得轉換雇主或工作：一、雇主或被看護者死亡或移民者。二、船舶被扣押、沈沒或修繕而無法繼續作業者。三、雇主關廠、歇業或不依勞動契約給付工作報酬經終止勞動契約者。四、其他不可歸責於受聘僱外國人之事由者。」，勞動部並依「就業服務法」第 59 條第 2 項規定，訂定「外國人受聘僱從事就業服務法第四十六條第一項第八款至第十一款規定工作之轉換雇主或工作程序準則（以下簡稱轉換雇主或工作程序準則）」，請依規定回答下列空格：（每空格 1 分，共 10 分）

(一) 依「轉換雇主或工作程序準則」第 8 條第 1 項規定，外國人辦理轉換登記，以原從事同一工作類別為限。但有下列情事之一者，不在此限：

　1. 由具有「轉換雇主或工作程序準則」第 7 條第 1 項第 3 款或第 4 款規定資格之雇主申請接續聘僱。

　2. 遭受 (1)、(2)、(3) 或經鑑別為 (4)。（(1)、(2)、(3) 答案不限順序）

　3. 經中央主管機關核准。

(二) 依「轉換雇主或工作程序準則」第 8 條第 2 項規定，(5) 及 (6) 視為同一工作類別。（(5)、(6) 答案不限順序）

(三) 依「轉換雇主或工作程序準則」第 11 條第 1 項規定，公立就業服務機構應自原雇主依第 4 條第 2 項規定辦理轉換登記之翌日起 (7) 日內，依前 2 條規定辦理外國人轉換作業。但外國人有特殊情形經中央主管機關核准者，得延長轉換作業期間 (8) 日，並以 (9) 次為限。

(四) 依「轉換雇主或工作程序準則」第 11 條第 5 項規定，符合第 1 項但書規定特殊情形之外國人，應於原轉換作業期間屆滿前 (10) 日內，申請延長轉換作業期間。

参考答案 (一) (1) 性侵害、(2) 性騷擾、(3) 暴力毆打或 (4) 經鑑別為人口販運被害人。
(二) (5) 看護工、(6) 家庭幫傭。
(三) (7)60、(8)60、(9)1。
(四) (10)14。

第二題題目：請依照職業訓練法回答下列問題：

(一) 依據職業訓練法第 4 條規定，職業訓練應與哪 3 項措施配合實施？（每項 2 分，共 6 分）

(二) 依據職業訓練法第 4 條之 1 規定，推動國民就業所需之職業訓練及技能檢定。依照現況，目前各目的事業主管機關辦理各式各樣的職業訓練課程，應由何機關整合？（2 分）整合的具體內容除了訓練課程外 請任列舉 2 項服務資訊。（每項 1 分，共 2 分）

參考答案 (一) 職業教育、補習教育及就業服務。

(二) 1. 勞動部。

2. 職能基準、訓練課程、能力鑑定規範與辦理職業訓練等服務資訊【請任寫 2 項】。

第三題題目：台北市 A 公司僱用甲君專責於桃園市工作，並負責行銷業務，甲君因 A 公司未依法給予特休日數，致生勞資爭議，爰提出調解申請，並請求組成勞資爭議調解委員會。請回答以下問題：

(一) 甲君應向哪一縣市主管機關申請調解？（2 分）

(二) 甲君應選定調解委員幾人？（2 分）A 公司應選定調解委員幾人？（2 分）

(三) 調解委員會置委員幾人（1 分）或幾人（1 分）？依本題，主席由誰代表擔任？（2 分）

參考答案 (一) 桃園市政府（勞動局）。

(二) (1)1 人、(2)1 人。

(三) (1) 調解委員會置委員 3 人或 5 人、(2) 桃園市政府（勞動局）代表 1 人為主席。

第四題題目：請依失業中高齡者及高齡者就業促進辦法之規定回答下列問題：

(一) 第 12 條第 1 項規定，第 10 條所定創業貸款，其利息補貼之最高貸款額度為新臺幣多少元？（3 分）所營事業為商業登記法第條規定得免辦理登記之小規模商業，並辦有稅籍登記者，利息補貼之最高貸款額度為新臺幣多少元？（3 分）

(二) 第 12 條第 2 項規定，貸款人貸款日起幾年內之利息，由中央主管機關全額補貼？（2 分）

(三) 第 12 條第 3 項規定，第 10 條第 1 項失業者與 29 歲以下之青年共同創業，貸款日起幾年內之利息，由中央主管機關全額補貼？（2 分）

參考答案 (一) (1) 新臺幣 200 萬元、(2) 新臺幣 50 萬元。

(二) 貸款人貸款期間前 2 年之利息，由中央主管機關全額補貼。

(三) 貸款期間前 3 年之利息，由中央主管機關全額補貼。

第五題題目：B 公司聘僱員工 5 人，其中甲君及乙君 2 人為年滿 18 歲未婚無子女的基層作業人員，係自中華民國 113 年 1 月 1 日開始僱用，且雙方同意以月薪薪資總額為政府規定的基本工資敘薪進用。請依相關勞動法令之規定，回答下列問題：

(一) 依據勞工保險條例規定，B 公司應該為所聘僱之員工甲君及乙君 2 人，投保的勞工保險普通事故保險之投保薪資是新臺幣多少元？（2 分）每個月政府應該補助甲君及乙君 2 人每 1 人的勞工保險普通事故保險保費是新臺幣多少元？（2 分）

(二) 依據勞工職業災害保險及保護法規定，甲君及乙君 2 人的勞工職業災害保險費，由誰負擔？（2 分）另，假設未依規定辦理投保、退保手續者，處新臺幣多少元罰鍰？（2 分）

(三) 依據勞工退休金條例規定，雇主應為甲君及乙君 2 人，按什麼期間提繳退休金？（2 分）

參考答案 (一) (1)27,470 元、(2)330 元。

(二) (1)B 公司、(2) 處新臺幣 2 萬元以上 10 萬元以下罰鍰。

(三) 按月提繳。

第六題題目：目前工作型態很多元，包括：(A) 典型全職員工、(B) 部分時間工作員工、(C) 企業承攬人員、(D) 企業派遣工、(E) 個人承攬人員。請依據下列各情境描述，依序寫出題號及上述工作型態之英文代碼或名稱 1 個。（每題 2 分，共 10 分）目前工作型態很多元，包括：(A) 典型全職員工、(B) 部分時間工作員工、(C) 企業承攬人員、(D) 企業派遣工、(E) 個人承攬人員。請依據下列各情境描述，依序寫出題號及上述工作型態之英文代碼或名稱 1 個。（每題 2 分，共 10 分）

(一) 甲君屬於 C 公司員工，2024 年全年因任務分派需在 D 公司辦公處所全職上下班，C 公司經理會督導甲君出勤及工作執行進度與品質。

(二) 乙君屬於 C 公司員工，因為公司的工作設計，乙君一週工作 5 天，但其中只需 3 天進辦公室，其他時間不限辦公地點，但因任務要求及工作性質，乙君偶爾需要上班日與主管在晚上 6 點至 8 點線上會議。

(三) 丙君接受某法院甄選委員會評選，決定將丙君列為法院庭訊錄音打字稿整理的派案對象，法院並提供辦公室及電腦供丙君在院內處理打字稿，但留在院內打字並非必要；丙君在經錄用後，透過一個職業工會投保勞健保。

(四) 丁君是 C 公司員工，因先生過年後到海外工作，自己 1 人留在臺灣照顧 2 個尚在幼兒園階段的小孩，因此丁君與公司商量過年後，早上上班時間不變但每日下班時間由下午 5 點 30 分提前到 3 點，以方便她接小孩及做家事。

(五) 戊君屬於 D 公司員工，因為 C 公司新增一個職務，戊君被派到 C 公司執行這個職務的工作，出勤及工作內容由 C 公司部門主管指揮和督導。

**參考答案** (一) C 企業承攬人員。

(二) A 典型全職員工。

(三) E 個人承攬人員。

(四) B 部分時間工作員工。

(五) D 企業派遣工。

第七題題目：對專業人員而言，職業道德與專業倫理是必要的、不可或缺的，在「以公司與客戶為優先的最大利益考量」下，請依每題敘述，分別寫出正確的題號及錯誤的題號（共 10 分）

1、選擇工時較長、獲利較多的方法服務客戶。

2、服務時首先考慮公司的利益，然後再考量顧客權益。

3、利用雇主的機具設備私自接單生產。

4、當發現公司的產品可能會對顧客身體產生危害時，立即向主管或有關單位報告。

5、服務顧客時應選擇最安全、經濟及有效的方法完成工作。

6、未經顧客同意，任意散佈或利用顧客資料。

7、從事專業性工作，在與客戶約定時間應保持彈性，任意調整。

8、未經雇主同意，於上班時間從事私人事務。

9、上班遲到，應該親自打電話給主管，說明請假理由，並指定工作代理人。

10、盡力維護雇主及客戶的權益。

參考答案 (一) 正確的題號:4、5、9、10。

(二) 錯誤的題號:1、2、3、6、7、8。

第八題題目：為了協助求職者或在職者排除職場障礙，勞動部推動職務再設計措施，鼓勵事業單位運用該措施來協助員工穩定就業，同時也提供申請單位（者）最高新臺幣 10 萬元補助。針對這個重要的社會資源，請回答以下問題：

(一) 請寫出勞動部針對身心障礙者與中高齡者及高齡者推動職務再設計措施，所依據的 2 種「法律」名稱為何？（每種 2 分，共 4 分）

(二) 針對身心障礙者推動職務再設計所進行協助的措施項目，請列舉 3 項且至多列舉 3 項。（每項 2 分，共 6 分）

參考答案 (一) 身心障礙者權益保障法、中高齡者及高齡者就業促進法。

(二) 1. 改善工作設備或機具：為提高個案工作效能，增進其生產力，所進行工作設備或機具之改善。

2. 提供就業輔具：為排除個案工作障礙，增加、維持或改善個案就業能力之輔助器具。

3. 改善工作條件：

(1) 為改善個案工作狀況，提供必要之工作協助，如職場適應輔導、彈性工作安排等。

(2) 為身心障礙者就業提供所需手語翻譯、聽打服務、視力協助或其他與工作職務相關之職場人力協助。

(3) 調整工作方法，透過評量分析及訓練，按個案特性，分派適當工作，如工作重組、調派其他員工共同合作、簡化工作流程、調整工作場所等。

(4) 改善職場工作環境，為穩定個案就業，所進行與工作場所環境有關之改善。

(5) 為協助身心障礙者就業有關之評量、訓練所需之職務再設計服務。

第九題題目：甲君看到 E 公司招募美白防皺精華霜業務員，底薪為基本工資，但業績獎金無上限，在應徵過程碰到下列 5 個情況：

情況 1：經過 3 份筆試之後，E 公司宣布 100 位應徵者之中有 90 人通過第一階段甄選，但沒有公布每個人的各份筆試之評分。

情況 2：E 公司要求通過第一階段的人購買 1 罐 20,000 元（高於一般行情）的美白防皺精華霜，並參與為期 1 週的第二階段培訓。

情況 3：E 公司在第二階段培訓結束時宣布錄取其中的 80 人，並宣布第三階段甄選任務是要在 1 週內銷售出 1 罐美白防皺精華霜，以及召募 1 位新人來應徵這個業務員職位。E 公司說明正式錄用之後，每銷售 1 罐產品獎金僅有 100 元（低於一般行情），但每邀 1 位新人成為業務員之獎金高達 20,000 元，累積這 2 種業績獎金總額未超過基本薪資時以基本薪資給付、超過基本薪資的部份業績獎金加倍給付。

情況 4：E 公司在 2 週後宣布正式錄取完成任務的 20 人，並要求他們在 2 週後報到

　　　　　　並遞交 1 份一般勞工體檢報告。

情況 5：E 公司要求被錄取者留下含括國民身分證在內的雙證件、金融機構存摺及其
　　　　　密碼，並承諾將於他們報到時歸還所有證件。

請逐一判斷上述各情況具有下列哪一種屬性：（請依序寫出情況編號及其屬性之英文
代碼，每情況 2 分，共 10 分）

A、違反就業服務法第 5 條第 2 項第 2 款至第 6 款規定之不當招募或僱用。

B、違反就業服務法第 5 條第 2 項第 1 款或疑似不實或不法的求職陷阱。

C、正當合法的招募或僱用。

参考答案 情況 1：C。
　　　　 情況 2：B。
　　　　 情況 3：A。
　　　　 情況 4：C。
　　　　 情況 5：A。

第十題題目：良好的職場溝通能夠促進團隊合作、提高工作效率，並減少誤解和衝突。美國心理
　　　　　治療師薩提爾（Satir）提出 5 種常見溝通姿態，協助人們覺察與理解每個人的外在行
　　　　　為如何反映內在心理。請依上列敘述及下列各問題情境描述，自下表所列溝通類型，
　　　　　依序寫出題號及其最適合之溝通類型英文代碼或名稱 1 個。（每題 2 分，共 10 分）

| 溝通類型 | | |
| --- | --- | --- |
| A、討好型 | B、指責型 | C、超理性型 |
| D、冰山型 | E、一致型 | F、打岔型 |

㈠ 甲君重視職場情境而且在乎他人，但卻忽略自己，很害怕被拒絕，就算有自己的
　　想法或意見，也不太敢表達。遇到與同事有不同的工作觀點，通常選擇讓步或配合。
　　即使同事有不合理要求，也常回答「好」或「沒關係」。

㈡ 乙君總是理性分析，與人應對時，很重視當下的職場情境，卻忽略自己與他人的
　　感受，為避免讓自己的情緒過於高漲，常表現出一種不帶感情的冷靜，常會說：「沒
　　什麼感覺」、「哎呦，想太多」。

㈢ 丙君在職場的應對方面，容易忽略自己與當下的互動情境，尤其跟他討論工作上
　　遇到的問題時，會讓人感覺到他並不想面對問題，反而會選擇轉移話題，說出與
　　當下無關的事情，要與他討論，常會說：「我有急事得走了，先這樣」、「好啦，別
　　說了」。

㈣ 丁君在工作團隊中，像個權威者，習慣使用否定、命令來溝通。在乎情境也重視
　　自己，卻常忽略別人的想法，甚至會批評、評斷別人的錯誤，很容易脫口說出：「你
　　不懂啦」、「怎麼連這麼簡單的，你也不會」。

㈤ 戊君能觀察別人的狀況及兼顧身處的情境，也會「反求諸己」遇到工作上的不同

意見，不僅能把內在感受，以平穩、誠懇的姿態如實說出來，同時也願意傾聽及
關注他人。

**參考答案** (一) A、討好型。

(二) C、超理性型。

(三) F、打岔型。

(四) B、指責型。

(五) E、一致型。

# 就業服務乙級技能檢定學術科歷屆試題

編著者／張秋蘭

發行人／陳本源

執行編輯／楊琍婷

封面設計／盧怡瑄

出版者／全華圖書股份有限公司

郵政帳號／0100836-1 號

圖書編號／781090E-202404

全華圖書／www.chwa.com.tw

全華網路書店 Open Tech／www.opentech.com.tw

若您對本書有任何問題，歡迎來信指導 book@chwa.com.tw

---

**臺北總公司(北區營業處)**
地址：23671 新北市土城區忠義路 21 號
電話：(02) 2262-5666
傳真：(02) 6637-3695、6637-3696

**南區營業處**
地址：80769 高雄市三民區應安街 12 號
電話：(07) 381-1377
傳真：(07) 862-5562

**中區營業處**
地址：40256 臺中市南區樹義一巷 26 號
電話：(04) 2261-8485
傳真：(04) 3600-9806(高中職)
　　　(04) 3601-8600(大專)

## 乙級
# 就業服務 第13版 技能檢定學術科歷屆試題

▶ 本書提供完整考情趨勢分析,快速掌握應考重點。

▶ 內容架構完整,收錄最新完整法規,學習效率百分百。

▶ 必考焦點結合相關試題,使觀念更易釐清。

▶ 題目豐富多元,解題確切詳實,幫助讀者第一次應試就上手。

▶ 全書另贈《就業服務乙級技能檢定學術科歷屆試題》,準備考試一本就夠!

78109-0E